법무사

부동산등기법 · 공탁법

SD에듀
(주)시대고시기획

SD에듀 법무사 1차
부동산등기법 · 공탁법

Always **with you**

사람의 인연은 길에서 우연하게 만나거나 함께 살아가는 것만을 의미하지는 않습니다.
책을 펴내는 출판사와 그 책을 읽는 독자의 만남도 소중한 인연입니다.
SD에듀는 항상 독자의 마음을 헤아리기 위해 노력하고 있습니다. 늘 독자와 함께하겠습니다.

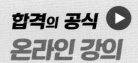

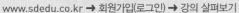

보다 깊이 있는 학습을 원하는 수험생들을 위한
SD에듀의 동영상 강의가 준비되어 있습니다.
www.sdedu.co.kr ➔ 회원가입(로그인) ➔ 강의 살펴보기

머리말

법무사는 일반인에게 법률서비스 및 조언을 제공하는 인력으로, 타인의 위촉에 의하여 법원과 검찰청에 제출할 서류나 등기 · 등록과 관련된 서류를 작성하고, 등기 · 공탁사건의 신청을 대리합니다. 갈수록 심화되는 사회의 복잡성으로 인하여 소송 관련 법무는 끊임없이 늘어나고, 이에 따라 법무사의 필요성과 수요는 그 어느 때보다 증가하고 있으나, 방대한 시험범위와 장문의 지문, 높아져만 가는 난도 등으로 인한 수험생들의 부담감 역시 상당한 것이 현실입니다.

「SD에듀 법무사 1차 부동산등기법 · 공탁법[최신판]」은 법무사시험을 준비하는 수험생들에게 가장 확실한 합격의 길을 제시하기 위한 수험서로, 단 한 과목도 소홀히 할 수 없는 수험생 여러분을 위하여 최신 출제경향과 학계동향을 반영한 핵심이론과, 주요 기출문제 및 상세해설을 한 권에 모두 수록하여 효율적인 시험 준비에 도움이 되고자 하였습니다.

「SD에듀 법무사 1차 부동산등기법 · 공탁법[최신판]」의 특징

❶ 최신 개정법령 및 판례와 더불어 기출문제의 출제경향을 완벽하게 반영하였습니다.

❷ 법원실무제요 및 법원공무원교육원 교재와 같은 실무서의 내용을 직접 인용하였고, 가능한 가장 최신 개정판의 내용을 반영하였습니다.

❸ 최신 법령 · 예규 · 판례 · 선례 및 실무제요에 근거하여 해설하였으며, 반드시 짚고 넘어가야 할 주요 기출문제에는 [빈출]표시를 하였습니다.

❹ 제1권(부동산등기법)과 제2권(공탁법)으로 분권하여 편하게 휴대할 수 있도록 하였습니다.

❺ 보다 깊이 있는 학습을 원하는 수험생들을 위하여 본서를 교재로 사용하는 동영상 강의(유료)를 준비하였습니다.

본서가 법무사시험에 도전하는 수험생들에게 합격의 길잡이가 될 것을 확신하며, 본서로 학습하는 모든 수험생 여러분에게 합격의 영광이 함께하기를 기원합니다.

대표 편저자 씀

이 책의 구성과 특징

핵심이론

기출문제 보기지문을 바탕으로 핵심이론을
구성하였고, 반드시 짚고 넘어가야 할 중요
내용은 밑줄로 표시하였습니다.

CHAPTER

제1편 | 총 론

01 부동산등기제도

제1절 | 부동산등기의 의의

Ⅰ 정 의

1. 부동산등기제도의 의의
   ① 물권은 절대권으로서 배타성을 가지므로 물권 거래를 하고자 하는 자는 물권의 대상인 물건의 현황이나
   권리의 내용, 권리자 등을 조사할 필요가 있다. 이러한 조사의 어려움을 덜고 거래의 안전과 신속을
   위하여 물권의 귀속과 그 내용을 외부에서 쉽게 알 수 있는 공시제도가 필요하다.
   ② 물권 중 동산물권은 불완전하지만 간편한 공시방법인 사실적 지배인 점유에 의하여 공시된다.
   ③ 그러나 부동산물권은 점유만으로 복잡한 거래관계를 공시하는 것이 불가능하고, 부동산 소유권과 저당

법령박스

학습의 토대가 되는 조문을 수록하여 어떠한
조문이 중요한지, 시험에 자주 출제되는지를
쉽게 파악할 수 있습니다.

Ⅰ 공탁물 출급 · 회수청구

공탁물 출급 · 회수청구서(공탁규칙 제32조)
① 공탁물을 출급 · 회수하려는 사람은 공탁관에게 공탁물 출급 · 회수청구서 2통을 제출하여야 한다.

공탁물 출급 · 회수의 일괄청구(공탁규칙 제35조)
같은 사람이 여러 건의 공탁에 관하여 공탁물의 출급 · 회수를 청구하려는 경우 그 사유가 같은 때에는 공탁종류에
따라 하나의 청구서로 할 수 있다.

1. 서 설
   ① 공탁물을 출급 · 회수하려고 하는 사람은 2통의 공탁물출급 · 회수청구서를 작성하여 관할공탁소(공탁
   관)에 제출하여야 한다(공탁규칙 제32조 제1항).
   ② 일괄청구[35] : 같은 사람이 여러 건의 공탁에 관하여 공탁물의 출급 · 회수를 청구하려는 경우 그 사유가
   같은 때에는 공탁종류에 따라 하나의 청구서로 할 수 있다(공탁규칙 제35조).

2. 우편에 의한 지급청구
   공탁물출급 · 회수청구서 제출은 우편으로 할 수는 없다(공탁선례 제1-69호).

3. 대리인 등에 의한 지급청구
   ① 출급 또는 회수청구는 대표자나 관리인 또는 대리인에 의하여도 할 수 있다(공탁규칙 제32조 제2항). 근로기
   준법은 근로자를 보호하기 위하여 사용자가 직접 임금을 근로자에게 지급하도록 하고 있으므로, 근로자

심화박스

핵심이론과 관련한 판례 및 선례, 예규를
수록하여 심화학습이 가능하도록 하였고,
기출사례를 진도별로 배치하여 학습에 이해
를 높였습니다.

7. 권리승계사실 증명서면

사례

甲은 乙을 피공탁자로 한 변제공탁을 하였다.
1. 乙은 공탁금 출급청구권을 丙에게 양도하였으나 채권양도통지를 하지 않자, 丙은 국가를 상대로 출급청구권을
   양도받았다는 사실을 이유로 공탁금수령권한이 있다는 확인판결을 받았다. 丙은 이를 첨부하여 출급청구할 수
   있는가?
2. 乙이 가지고 있는 공탁금 출급청구권에 대하여 乙의 채권자 丙이 압류 및 추심명령을 얻었다. 丙은 다시 이를
   丁에게 양도하였다. 丁은 어떠한 서류를 첨부하여 출급청구할 수 있는가?

출급청구권자가 피공탁자의 권리승계인인 때에는 출급청구권입증서면과 승계사실증명 서면을 함께 첨부하
여야 한다.

(1) 양수인
   ① 피공탁자로부터 출급청구권을 양도받은 양수인은 그 양도를 증명하는 서면을 첨부하여야 하는 외에 양
   도인이 제3채무자인 국가에게 그 사실을 통지하는 것이 필요하므로, 공탁금 출급청구권을 양도받은 사
   실을 이유로 국가를 상대로 공탁금수령권한이 있다는 확인판결을 받은 것만으로는 양도를 증명하는 서
   면은 갖추었으나 양도인의 적법한 통지가 있다고 볼 수 없으므로 공탁금을 출급할 수 없다(공탁선례 제
   1-141호).
   ② 공탁금 지급청구권의 양도통지서에 날인된 인영에 대하여 인감증명서가 첨부되지 않은 경우에는 양수인
   의 공탁물 지급청구 시 양도인의 인감증명서를 제출하여야 한다. 그러나 양도증서를 공증받은 경우에는
   양도인의 인감증명서 제출 없이도 양수인은 공탁물을 지급청구할 수 있다(행정예규 제779호).

기출문제

각 장 말미에 수록한 기출문제를 통해 문제 해결능력을 습득하고, 최근 출제경향을 파악할 수 있도록 하였습니다.

제1절 | 등기기관과 그 설비

01 등기부와 등기기록에 관한 다음 설명 중 가장 옳지 않은 것은? 2023년

① 등기부란 1필의 토지 또는 1개의 건물에 관한 등기정보자료를 의미한다.
② 1동의 건물을 구분한 건물에 있어서는 1동의 건물에 속하는 전부에 대하여 1개의 등기기록을 사용한다.
③ 등기기록상 토지의 표시가 지적공부와 일치하지 아니한 경우 지적소관청은 그 사실을 관할 등기관서에 통지하여야 하고, 통지를 받은 등기관은 등기명의인으로부터 일정한 기간 내에 등기신청이 없을 때에는 통지서의 기재내용에 따른 변경등기를 직권으로 하여야 한다.
④ 건물의 등기기록 표제부에는 건물의 종류, 구조와 면적 등을 기록하되, 부속건물이 있는 경우에는 부속건물의 종류, 구조와 면적도 함께 기록한다.
⑤ 등기부가 아닌 신청서나 그 밖의 부속서류는 법원의 명령 또는 촉탁이 있거나 법관이 발부한 영장에 의하여 압수하는 경우에 등기소 밖으로 옮길 수 있다.

[**❶** ▸ ×] 부동산등기법 제2조 제1호, 제3호

부동산등기법 제2조(정의)
이 법에서 사용하는 용어의 뜻은 다음과 같다.
1. '등기부'란 전산정보처리조직에 의하여 입력·처리된 등기정보자료를 대법원규칙으로 정하는 바에 따라 편성한 것을 말한다.

상세해설

최신 법령·예규·판례·선례 및 실무제요에 근거하여 해설하였고, 각 지문마다 ○× 표시를 하여 지문별 개별학습이 가능하도록 하였습니다.

[**❶** ▸ ○] 보상금을 받을 자가 주소불명으로 인하여 그 보상금을 수령할 수 없는 때에 해당함을 이유로 하여 공익사업을 위한 토지 등의 취득 및 보상에 관한 법률 제40조 제2항 제1호의 규정에 따라 사업시행자가 보상금을 공탁한 경우에 있어서는, 변제공탁제도가 본질적으로는 사인 간의 법률관계를 조정하기 위한 것이라는 점, 공탁공무원은 형식적 심사권을 가질 뿐이므로 피공탁자와 정당한 보상금수령권자라고 주장하는 자 사이의 동일성 등에 관하여 종국적인 판단을 할 수 없고, 이는 공탁공무원의 처분에 대한 이의나 그에 대한 불복을 통해서도 해결될 수 없는 점, 누가 정당한 공탁금수령권자인지는 공탁자가 가장 잘 알고 있는 것으로 볼 것인 점, 피공탁자 또는 정당한 공탁금수령권자라고 하더라도 직접 국가를 상대로 하여 민사소송으로써 그 공탁금의 지급을 구하는 것은 원칙적으로 허용되지 아니하는 점 등에 비추어 볼 때, 정당한 공탁금수령권자이면서도 공탁공무원으로부터 공탁금의 출급을 거부당한 자는 그 법률상 지위의 불안·위험을 제거하기 위하여 공탁자인 사업시행자를 상대방으로 하여 그 공탁금출급권의 확인을 구하는 소송을 제기할 이익이 있다(대판 2007.2.9. 2006다68650·68667).
[**❷** ▸ ×] 기업자가 토지수용법 제61조 제2항에 따라서 관할 토지수용위원회가 재결한 토지수용보상금을 공탁한 경우, 그 공탁서에 공탁물을 수령할 자가 재결서에 수용대상토지의 소유자로 표시된 갑과 을의 2인으로 기재되어 있다면, 갑이 단독으로 공탁금출급청구를 하면서 수용대상토지가 갑 한 사람의 소유임을 증명하는 서류를 첨부하였더라도, 공탁공무원으로서는 공탁금출급청구를 불수리할 수밖에 없는 것이다(대결 1989.12.1. 89마621).
[**❸** ▸ ×] 토지수용 절차에서 사업시행자가 사망한 등기부상 소유자를 상대로 수용재결하고 그를 피공탁자로 하여 보상금을 공탁한 경우, 피공탁자인 망인의 상속인들이 공탁금을 출급받기 위하여는 상속을 증명하는 서면(호적·제적등본 등)을 첨부하여 상속인 전원이 출급청구하거나 상속인 각자가 자기 지분에 해당하는 공탁금을 출급청구할 수 있다(공탁선례 제2-222호).
[**❹** ▸ ×] 매수인이 매도인인 등기부상 소유명의인을 상대로 매매를 원인으로 한 토지소유권이전등기 절차 이행의 승소판결을 받았으나 그에 따른 소유권이전등기를 경료하지 않고 있던 중 대한주택공사에서 위 토지를 수용하고 그 보상금을 매도인 앞으로 공탁함으로써 수용의 시기에 수용의 효력이 발생하였다

▶ 동영상 강의

보다 깊이 있는 학습을 원하는 수험생들을 위하여 SD에듀 동영상 강의(유료)를 준비하였습니다.

자격시험 소개

※ 2023년 제29회 시험공고 기준

⬡ 법무사란?

일반인에게 법률서비스 및 조언을 제공하는 인력으로, 타인의 위촉에 의하여 법원과 검찰청에 제출할 서류나 등기·등록과 관련된 서류를 작성하고, 등기·공탁사건의 신청을 대리하는 자

⬡ 주요업무

❶ 법무사의 업무는 다른 사람이 위임한 다음 각 호의 사무로 한다.

> [1] 법원과 검찰청에 제출하는 서류의 작성
> [2] 법원과 검찰청의 업무에 관련된 서류의 작성
> [3] 등기나 그 밖에 등록신청에 필요한 서류의 작성
> [4] 등기·공탁사건신청의 대리
> [5] 「민사집행법」에 따른 경매사건과 「국세징수법」이나 그 밖의 법령에 따른 공매사건에서의 재산취득에 관한 상담, 매수신청 또는 입찰신청의 대리
> [6] 「채무자 회생 및 파산에 관한 법률」에 따른 개인의 파산사건 및 개인회생사건신청의 대리. 다만, 각종 기일에서의 진술의 대리는 제외한다.
> [7] [1]부터 [3]까지의 규정에 따라 작성된 서류의 제출대행
> [8] [1]부터 [7]까지의 사무를 처리하기 위하여 필요한 상담·자문 등 부수되는 사무

❷ 법무사는 [1] ~ [3]까지의 서류라고 하더라도 다른 법률에 따라 제한되어 있는 것은 작성할 수 없다.

⬡ 응시자격

❶ 법무사법 제6조 각 호의 결격사유에 해당하지 아니하는 자

> 다음 각 호의 어느 하나에 해당하는 자는 법무사가 될 수 없다.
> [1] 피성년후견인 또는 피한정후견인
> [2] 파산선고를 받은 자로서 복권되지 아니한 자
> [3] 금고 이상의 실형을 선고받고 그 집행이 종료(집행이 종료된 것으로 보는 경우를 포함한다)되거나 집행이 면제된 날부터 5년이 경과되지 아니한 자
> [4] 금고 이상의 형의 집행유예를 선고받고 그 유예기간이 만료된 날부터 2년이 경과되지 아니한 자
> [5] 금고 이상의 형의 선고유예를 받고 그 유예기간 중에 있는 자
> [6] 공무원으로서 징계처분에 따라 파면된 후 5년이 경과되지 아니하거나 해임된 후 3년이 경과되지 아니한 자
> [7] 이 법에 따라 제명된 후 5년이 경과되지 아니한 자

❷ 2차시험은 당해 연도 1차시험 합격자 및 면제자(법무사법 제5조의2) 또는 전년도 1차시험 합격자

시험과목

구 분	1차시험(객관식)	2차시험(주관식)
1과목	• 헌법(40) • 상법(60)	• 민법(100)
2과목	• 민법(80) • 가족관계의 등록 등에 관한 법률(20)	• 형법(50) • 형사소송법(50)
3과목	• 민사집행법(70) • 상업등기법 및 비송사건절차법(30)	• 민사소송법(70) • 민사사건 관련 서류의 작성(30)
4과목	• 부동산등기법(60) • 공탁법(40)	• 부동산등기법(70) • 등기신청서류의 작성(30)

※ 괄호 안의 숫자는 각 과목별 배점비율입니다.

시험일정

구 분	1차시험	2차시험	최종합격자 발표
2023년 제29회	2023.09.02	2023.11.03 ～ 11.04	2024.02.01

※ 선발예정인원 및 시험일정은 시행처의 사정에 따라 변경될 수 있으니, 2024년 시험일정은 반드시 대한민국 법원 시험정보 홈페이지(exam.scourt.go.kr)에서 확인하시기 바랍니다.

합격기준

구 분	합격자 결정
1차시험	매 과목 100점을 만점으로 하여 매 과목 40점 이상을 득점한 자 중에서 시험성적과 응시자수를 참작하여 전 과목 총득점의 고득점자순으로 합격자를 결정
2차시험	매 과목 100점을 만점으로 하여 매 과목 40점 이상을 득점한 자 중 선발예정인원(1·2차시험 일부면제자는 포함하지 아니한다)의 범위 안에서 전 과목 총득점의 고득점자순으로 합격자를 결정
일부면제자	매 과목 100점을 만점으로 하여 매 과목 40점 이상을 득점한 자 중 최종순위합격자의 합격점수 (2차시험 일부면제자에 대하여는 과목별 난이도를 반영하여 일정 산식에 따라 산출되는 응시과목들의 평균점수를 합격점수로 한다) 이상 득점한 자를 합격자로 결정

※ 동점자로 인하여 선발예정인원을 초과하는 경우에는 해당 동점자 모두를 합격자로 합니다. 이 경우 동점자의 점수는 소수점 이하 둘째자리까지 계산합니다.

이 책의 차례

법무사

부동산등기법 · 공탁법

1권 부동산등기법

SD에듀
(주)시대고시기획

이 책의 차례

1권 부동산등기법

CONTENTS

이 책의 차례

제1편
총 론

CHAPTER 01 부동산등기제도

제1절 | 부동산등기의 의의

I 정 의

1. 부동산등기제도의 의의

① 물권은 절대권으로서 배타성을 가지므로 물권 거래를 하고자 하는 자는 물권의 대상인 물건의 현황이나 권리의 내용, 권리자 등을 조사할 필요가 있다. 이러한 조사의 어려움을 덜고 거래의 안전과 신속을 위하여 물권의 귀속과 그 내용을 외부에서 쉽게 알 수 있는 공시제도가 필요하다.

② 물권 중 동산물권은 불완전하지만 간편한 공시방법인 사실적 지배인 점유에 의하여 공시된다.

③ 그러나 부동산물권은 점유만으로 복잡한 거래관계를 공시하는 것이 불가능하고, 부동산 소유권과 저당권을 관념적 권리로 인식하는 근대법하에서는 점유를 대신하는 공시방법이 필요하게 됨에 따라 부동산등기제도가 고안되었다.

2. 부동산등기의 의의

① 이러한 부동산등기제도의 기능을 고려해 볼 때 부동산등기란 ㉠ 부동산물권의 변동을 ㉡ 등기관이라는 국가기관이 ㉢ 등기부라는 공적인 전자적 정보저장매체에 ㉣ 부동산의 표시와 그에 대한 일정한 권리관계에 관한 정보자료를 ㉤ 「부동산등기법」 등의 법령이 정하는 절차에 따라 작성하는 것 또는 그렇게 작성된 정보자료 자체를 말한다.

② 현재 등기사무는 전산정보처리 조직에 의하여 처리되므로 등기부는 전산정보처리조직에 의하여 입력·처리된 등기정보자료 전체를 의미한다(부동산등기법 제2조 제1호). 그리고 등기부 중 1필의 토지 또는 1개의 건물에 관한 등기정보자료를 등기기록이라고 한다(부동산등기법 제2조 제3호, 제15조 제1항).

Ⅱ 우리나라의 등기제도

1. 우리 등기제도의 연혁

(1) 현행법 제정 이전

① 우리나라에 등기제도가 도입된 때는 일제강점기였다. 일제 당국은 1912년 3월에 조선 부동산등기령을 공포하여 일본의 부동산등기법을 조선에 의용하도록 하였다. 그러나 지적제도의 미비 등으로 부동산등기제도를 전면적으로 시행할 제반 여건이 갖추어지지 않았기 때문에 일부의 지역에만 등기령을 시행하였다.

② 그 후 1912년 8월에 토지조사령을 공포하고, 토지와 소유자의 조사 및 재결에 착수하여 토지소유자를 확정하기 시작하였다.

③ 일제 당국은 1914년 4월 토지대장규칙을 제정하여 토지조사 결과를 바탕으로 토지대장을 새로 만들면서 이를 기초로 등기부를 작성하였다. 토지조사사업이 진행됨에 따라 부동산등기령이 시행되는 지역이 확대되었으며 1918년에는 전국에 걸쳐 시행되었다.

(2) 현행법의 제정 및 개정

① 1945년 해방 이후에도 구 일본 법령이 계속 유지되었기 때문에 등기제도 역시 일제 강점기와 특별히 다른 점이 없었다. 그러다가 1960년 「민법」의 시행과 더불어 부동산등기법도 같은 날 제정·공포되어 즉시 시행에 들어갔고 부동산등기령은 폐지되었다.

② 제정 이후 부동산등기법은 2022년 7월 현재까지 41차례에 걸쳐 개정되었다.

③ 2011년 4월 12일 제27차 개정(부동산등기법률 제10580호)에서 전부개정이 이루어졌는데, 이 전부개정으로 법령이 체계적으로 정비되었고 법령과 등기현실이 일치하게 되었다.

④ 이러한 전부개정 이후에도 일부개정이 이루어졌는데, 그중 2013년 5월 28일 제31차 개정(부동산등기법률 제11826호)은 「신탁법」 전부개정(부동산등기법률 제10924호)의 내용을 반영하기 위한 것으로서, 신탁과 관련된 등기절차에 일부 변화가 있게 되었다.

2. 우리 부동산등기제도의 특색

(1) 법원의 등기사무 관장

등기사무의 관장을 사법부가 하느냐 행정부가 하느냐는 나라마다 다르다. 우리나라는 법원이 등기사무를 관장하고 있다(법원조직법 제2조 제3항).

(2) 물적 편성주의 및 토지·건물등기부의 이원화

현행 등기제도는 물적 편성주의 원칙에 따라 1개의 부동산마다 1개의 등기기록을 개설하여 등기사무를 처리한다(부동산등기법 제15조 제1항 본문). 이를 "1부동산 1등기기록"의 원칙이라고 한다. 토지만을 독립한 부동산으로 하는 다른 대부분의 나라들과 달리 우리나라와 일본은 토지 외에 건물도 독립한 부동산으로 보아 토지등기부와 별도로 건물등기부도 두고 있다(부동산등기법 제14조 제1항).

제1장
제2장
제3장
제4장
제5장
제6장
제7장
제8장
제9장

(3) 등기부와 대장의 이원화

① 등기는 부동산에 관한 권리관계를 공시하여 거래안전을 도모하는 제도임에 반하여, 대장은 부동산의 사실적 상태나 현황을 파악하여 과세 등의 행정목적을 달성하도록 하는 제도로서 등기와 대장은 둘 다 국가기관이 관리하는 점에서는 같지만 제도의 목적은 다르다.

② 일본은 등기와 대장을 모두 법무성에서 관리하고 있으나, 우리나라는 등기부는 법원에서, 대장은 대장소관청이 관리하는 이원체계를 취하고 있다.

③ 부동산등기법은 등기와 대장의 기록을 일치시키기 위하여 양자가 불일치하는 경우를 등기신청의 각하사유로 규정하였다(부동산등기법 제29조 제11호).

④ 부동산의 표시는 대장을 기준으로 하고, 권리관계는 등기부를 기준으로 정한다. 따라서 부동산표시가 불일치하는 경우에는 대장을 기준으로 한 부동산표시변경등기를 선행해야 하고, 소유명의인이 불일치하는 경우에는 등기를 기준으로 대장을 먼저 변경 등록해야 한다.

(4) 공동신청주의의 원칙

① 부동산등기법은 등기는 법률에 다른 규정이 없는 한 당사자의 신청 또는 관공서의 촉탁에 따라 하고 등기권리자와 등기의무자가 공동으로 신청한다(부동산등기법 제22조 제1항, 제23조 제1항)고 하여 공동신청주의를 채택하고 있다.

② 공동신청주의는 실체관계에 대한 공증 대신 양 당사자가 공동으로 등기신청을 하게 함으로써 등기의 진정을 확보하고자 하는 제도이다.

③ 또한 등기를 서면으로 신청할 때에는 양 당사자 또는 그 대리인이 등기소에 출석하도록 하고(부동산등기법 제24조 제1항 제1호) 전산정보처리조직을 이용하여 신청할 때에도 먼저 등기소에 출석하여 사용자등록을 하도록 하고 있는바(부동산등기규칙 제68조 제2항), 모두 등기관이 신청인의 동일성을 확인할 수 있도록 하기 위한 것이다.

④ 등기의 신청은 신청정보 및 첨부정보를 적은 서면을 제출하는 방법으로 하거나 신청정보 및 첨부정보를 전산정보처리조직을 이용하여 보내는 방법으로 하여야 하며(부동산등기법 제24조 제1항), 구술신청은 허용되지 않는다.

(5) 형식적 심사주의

① 등기신청을 심사하는 등기관의 심사범위에 관하여, 등기절차상의 적법성 여부만 심사하게 하는 형식적 심사주의와 등기신청의 실질적인 이유 내지 원인의 존부, 효력 유무까지 심사할 수 있도록 하는 실질적 심사주의가 있다.

② 명문의 규정은 없으나, 부동산등기법 제29조에서 각하사유를 한정적으로 열거하고 있을 뿐 심사권한에 관한 일반적인 규정이 없는 점 등을 고려할 때 우리는 형식적 심사주의를 채택하고 있다고 할 수 있다.

③ 판례도 "등기관은 등기신청에 대하여 「부동산등기법」상 그 등기신청에 필요한 서면이 제출되었는지 여부 및 제출된 서면이 형식적으로 진정한 것인지 여부를 심사할 권한을 갖고 있으나 그 등기신청이 실체법상의 권리관계와 일치하는지 여부를 심사할 실질적인 심사권한은 없으므로, 등기관으로서는 오직 제출된 서면 자체를 검토하거나 이를 등기부와 대조하는 등의 방법으로 등기신청의 적법 여부를 심사하여야 한다(대판 2005.2.25. 2003다13048)."라고 하고 있다.

(6) 성립요건주의

① 「민법」은 등기의 효력과 관련하여 제186조에서 "부동산에 관한 법률행위로 인한 물권의 득실변경은 등기하여야 그 효력이 생긴다."고 규정함으로써 부동산물권변동에 관하여 성립요건주의를 채택하였다.

② 상속, 공용징수, 판결, 경매 기타 법률의 규정에 의한 부동산에 관한 물권의 취득은 등기 없이도 그 효력이 생긴다(민법 제187조). 그 성질(상속)이나 법정책(판결, 공용징수 등)상의 이유로 등기 없이도 물권을 취득하도록 하는 특칙을 둔 것이다. 다만, 등기 없이 부동산물권을 취득하였더라도 다시 법률행위에 의해 처분하기 위해서는 반드시 등기를 하도록 함으로써 물권변동의 과정을 공시하고 있다(민법 제187조).

(7) 공신력의 불인정

① 우리 부동산등기제도는 공신의 원칙을 채택하지 않고 있다는 것이 통설·판례(대판 1980.3.11. 80다49 등)이다. 따라서 등기기록을 믿고 거래하였더라도 상대방이 진정한 권리자가 아닌 경우에는 물권을 취득하지 못한다.

② 다만, 「민법」은 거래의 안전을 위하여 제107조부터 제110조까지와 제548조에서 원인행위가 무효, 취소, 해제 등으로 실효된 경우에도 선의의 제3자를 보호하는 규정을 두고 있다.

③ 법에서도 등기의 말소를 신청하는 경우에 그 말소에 대하여 등기상 이해관계 있는 제3자가 있을 때에는 그 승낙이 있어야 한다(부동산등기법 제57조 제1항)고 함으로써 말소 대상인 등기를 믿고 거래한 자의 등기상 권리를 보장하고 있다.

Ⅲ 부동산등기제도의 작용

1. 개 요

부동산등기는 부동산물권을 공시하기 위하여 근대법이 고안한 고도의 법기술적 제도의 하나인데, 구체적인 기능은 각국의 사회적·역사적 배경에 따라 다르다. 우리 법은, 법률행위로 인한 부동산물권변동은 등기하여야 효력이 생기며(민법 제186조), 법률의 규정에 의하여 취득한 부동산물권은 등기를 하지 아니하면 처분하지 못한다(민법 제187조)고 규정하고 있다.

2. 부동산물권의 공시

부동산등기는 부동산에 관한 일정한 사항, 즉 부동산의 현황과 권리관계를 등기부에 기록하여 널리 알림으로써 거래의 안전과 신속을 도모하는 공시제도이다.

3. 물권변동의 효력발생요건

① 법률행위로 인한 물권변동이 당사자의 의사표시만으로 효력이 생기느냐(의사주의 또는 대항요건주의) 또는 그 밖의 형식을 구비하여야 하느냐(형식주의 또는 성립요건주의) 하는 것은 각 나라의 입법정책에 따라 다른데, 우리는 "부동산에 관한 법률행위로 인한 물권의 득실변경은 등기하여야 그 효력이 생긴다."고 규정하여(민법 제186조) 성립요건주의를 취하고 있다.

② 따라서 당사자 사이에 물권변동에 관한 계약이 유효하게 성립되었더라도 등기를 하지 아니하면 물권변동은 생기지 아니한다.

4. 부동산물권의 처분요건

법률의 규정에 의한 물권의 취득은 등기 없이도 할 수 있지만 취득한 부동산을 처분하고자 할 때에는 먼저 취득에 따른 등기를 하여야 한다(민법 제187조).

5. 대항력 요건

임차권(민법 제621조 제2항), 신탁재산(신탁법 제4조), 환매권(민법 제592조) 등은 그 등기가 있어야 제3자에 대한 효력이 생긴다. 지상권·지역권·전세권·저당권 등의 존속기간이나 지료, 이자와 그 지급시기 등도 등기를 하여야 제3자에 대하여 주장할 수 있다.

제2절 │ 등기의 종류

Ⅰ 등기의 내용에 의한 분류

1. 기입등기

새로운 등기원인에 의하여 어떤 사항을 등기부에 새로이 기입하는 등기로서, 보통 등기라고 하면 이것을 가리킨다. 소유권보존등기, 소유권이전등기, 저당권설정등기 등이 이에 해당한다.

2. 변경등기

어떤 등기가 행하여진 후에 등기된 사항에 변경이 생겨서 나중에 등기와 실체관계 사이에 생긴 불일치를 바로잡기 위한 등기이다. 등기명의인표시변경등기, 토지합필등기, 근저당권변경등기 등이 이에 해당한다.

3. 경정등기

이미 행하여진 등기의 일부에 착오 또는 누락이 있어서 원시적으로 등기와 실체관계 사이에 불일치가 생긴 경우 이를 바로잡기 위한 등기이다. 등기명의인표시경정등기, 근저당권경정등기 등이 이에 해당한다.

4. 말소등기

어떤 등기의 등기사항 전부가 원시적 또는 후발적으로 실체관계와 불일치하게 된 경우에 해당 등기 전부를 법률적으로 소멸시킬 목적으로 행하여지는 등기이다. 말소등기는 기존의 어떤 등기를 전부 말소한다는 점에서 기존의 어떤 등기를 존속시키면서 그 일부만을 보정하는 변경등기와 구별된다.

5. 멸실등기

부동산이 전부 멸실된 경우에 행하여지는 등기이다. 토지나 건물의 일부가 멸실된 때에는 변경등기를 하여야 하고 멸실등기를 할 것이 아니다.

6. 말소회복등기

기존등기의 전부 또는 일부가 부적법하게 말소된 경우에 처음부터 그러한 말소가 없었던 것과 같은 효력을 보유하게 할 목적으로 행하여지는 등기이다.

Ⅱ 등기의 방법 내지 형식에 의한 분류

1. 주등기(독립등기)

부기등기에 대응되는 용어로서 독립한 순위번호를 부여해서 하는 보통의 등기를 말한다. 독립등기라고도 한다. 등기는 원칙적으로 이러한 주등기의 형식으로 이루어지는데, 표시에 관한 등기를 할 때에는 표시번호란에 번호를 기록하고 권리에 관한 등기를 할 때에는 순위번호란에 번호를 기록하여야 한다.

2. 부기등기

① 부기등기는 독립한 순위번호를 갖지 않는 등기를 말한다. 어떤 등기로 하여금 기존 등기의 순위를 그대로 보유시킬 필요가 있는 경우, 즉 어떤 등기와 기존 등기의 동일성을 표시하거나(변경 또는 경정의 등기) 기존 등기에 의하여 표시된 권리와 동일한 순위나 효력을 가진다는 것을 명백히 하려고 할 때(소유권 외의 권리의 이전등기 등)에는 부기등기의 방식으로 한다.

② 부기등기를 할 때에는 「부동산등기규칙」 제2조에 따라 그 부기등기가 어느 등기에 기초한 것인지 알 수 있도록 주등기 또는 부기등기의 순위번호에 가지번호를 붙여서 한다.

③ 부기등기의 순위는 주등기의 순위에 따른다. 다만, 같은 주등기에 관한 부기등기 상호 간의 순위는 그 등기 순서에 따른다(부동산등기법 제5조).

④ 환매권에 관한 등기와 권리소멸의 약정등기, 공유물분할금지의 약정등기도 부기등기의 형식으로 한다. 부기등기도 하나의 등기이므로 등기기록의 내용에 일정 사항을 추가 기록하는 단순한 부기(전사 또는 이기 시 그 사유 등의 부기)와 다르다.

⑤ 1개의 주등기에 대한 여러 부기등기나 환매권이전등기와 같은 부기등기에 대한 부기등기도 가능하다.

Ⅲ 등기의 효력에 의한 분류

1. 종국등기

등기 본래의 효력인 물권변동의 효력(임차권인 경우에는 대항력)을 발생케 하는 등기로서 보통의 등기는 모두 이에 속한다. 가등기에 대응하여 본등기라고도 한다.

2. 예비등기

① 등기 본래의 효력인 물권변동과는 직접 관계가 없고 이에 대비하여 하는 등기로서, 현행법상 가등기만 이에 해당한다. 구법에는 예고등기도 있었으나 2011년 개정법에서 삭제되었다.

② 가등기는 부동산물권 또는 임차권 등에 관한 등기를 하기 위한 실체법상 또는 절차법상의 요건이 갖추어지지 아니한 경우에 장래 그 요건이 갖추어지면 행할 본등기의 순위를 보전하기 위하여 하는 등기이다(부동산등기법 제88조). 소유권이전청구권 보전을 목적으로 하는 가등기가 대부분이나 채권담보를 목적으로 하는 담보가등기도 있다(가등기담보법 제2조).

③ 일반적으로 가등기 자체만으로는 물권변동을 일으키는 효력은 없고 본등기를 한 때에 순위보전의 효력을 가질 뿐이지만, 채권담보를 목적으로 하는 담보가등기에는 특수한 실체법적 효력이 주어져 있다(우선변제권, 경매청구권 등).

CHAPTER 01 부동산등기제도

| 제1절 | 부동산등기의 의의

| 제2절 | 등기의 종류

01 □□□ 부기등기에 관한 다음 설명 중 가장 옳지 않은 것은? 2023년

① 근저당권 이전의 부기등기가 마쳐진 경우 그 이전 원인이 무효이거나 취소 또는 해제된 때에는 부기등기인 이전등기만을 말소하여야 한다.

② 저당권으로 담보한 채권을 질권의 목적으로 한 때에는 그 저당권등기에 질권의 부기등기를 하여야 그 효력이 저당권에 미친다.

③ 가등기상 권리를 제3자에게 양도하는 경우 양도인과 양수인은 공동신청으로 가등기상 권리의 이전등기를 신청할 수 있고, 그 이전등기는 가등기에 대한 부기등기의 형식으로 한다.

④ 매각으로 인한 소유권이전등기 촉탁을 할 때에 매수인이 인수하지 아니하는 전세권등기에 이전등기가 부기되어 있는 경우 집행법원은 주등기인 전세권설정등기와 함께 그 이전의 부기등기도 말소 촉탁하여야 한다.

⑤ 부기등기의 순위번호에 가지번호를 붙이는 형식의 부기등기도 가능하다.

··

[❶ ▶ ○] 소유권 외의 제한물권(저당권 등)이나 가등기가 이전된 경우에 그 이전의 원인만이 무효 또는 취소되거나 해제된 경우에는 부기등기인 이전등기만을 말소하여야 하므로 이러한 경우에는 부기등기만이 말소등기의 대상이 될 수 있다.

> 근저당권이전의 부기등기가 기존의 주등기인 근저당권설정등기에 종속되어 주등기와 일체를 이룬 경우에는 부기등기만의 말소를 따로 인정할 아무런 실익이 없지만, 근저당권의 이전원인만이 무효로 되거나 취소 또는 해제된 경우, 즉 근저당권의 주등기 자체는 유효한 것을 전제로 이와는 별도로 근저당권이전의 부기등기에 한하여 무효사유가 있다는 이유로 부기등기만의 효력을 다투는 경우에는 그 부기등기의 말소를 소구할 필요가 있으므로 예외적으로 소의 이익이 있다(대판 2005.6.10. 2002다15412 · 15429).

[**❷** ▸ O] 저당권으로 담보한 채권을 질권의 목적으로 한 때에는 그 저당권등기에 질권의 부기등기를 하여야 그 효력이 저당권에 미친다(민법 제348조).

[**❸** ▸ O] 가등기상 권리를 제3자에게 양도한 경우에 양도인과 양수인은 공동신청으로 그 가등기상 권리의 이전등기를 신청할 수 있고, 그 이전등기는 가등기에 대한 부기등기의 형식으로 한다[등기예규 제1632호 3. (1)].

[**❹** ▸ ✕] 매각으로 인한 소유권이전등기촉탁을 할 때에, 매수인이 인수하지 아니하는 부담의 기입이 부기등기로 되어 있는 경우, ㉠ 저당권, 전세권 등 소유권 이외의 권리의 전부 또는 일부이전으로 인한 부기등기가 마쳐진 경우 또는 ㉡ 저당권부채권가압류등기, 전세권저당권설정등기 등과 같이 매수인이 인수하지 아니하는 등기의 말소에 관하여 이해관계 있는 제3자 명의의 부기등기가 마쳐진 경우에, 집행법원은 주등기의 말소만 촉탁하면 되고 부기등기에 관하여는 별도로 말소 촉탁을 할 필요가 없으며 등록세는 주등기의 말소에 대한 것만 납부하면 된다(등기선례 제7-436호).

[**❺** ▸ O] 등기관이 부기등기를 할 때에는 그 부기등기가 어느 등기에 기초한 것인지 알 수 있도록 주등기 또는 부기등기의 순위번호에 가지번호를 붙여서 하여야 한다(부동산등기규칙 제2조).

답 ❹

주등기와 부기등기에 관한 다음 설명 중 가장 옳지 않은 것은?

① 부기등기는 주등기에 종속되어 주등기와 일체성을 이루는 등기로서 주등기와 별개의 등기는 아니다.
② 신탁재산이 수탁자의 고유재산으로 된 경우에 그 뜻의 등기는 주등기로 하여야 한다.
③ 부동산등기법에 따라 환매특약등기나 권리소멸약정등기는 부기등기로 하여야 한다.
④ 주택건설사업이 완성되어 건설된 주택에 대하여 사업주체가 주택법상 입주예정자 앞으로 소유권이 전등기를 신청한 경우, 등기관은 그 소유권이전등기를 실행할 때에 당사자 신청으로 주택에 대한 금지사항부기등기를 말소한다.
⑤ 전세권변경등기는 부기등기에 의하나, 등기상 이해관계 있는 제3자의 승낙서 또는 이에 대항할 수 있는 재판의 등본을 첨부하지 못한 때에는 주등기 방법에 의한다.

──

[**①** ▸ ○] 채무자의 변경을 내용으로 하는 근저당권 변경의 부기등기는 기존의 주등기인 근저당권설정 등기에 종속되어 주등기와 일체를 이루는 것이고 주등기와 별개의 새로운 등기는 아니라 할 것이다(대판 2000.10.10. 2000다19526).
[**②** ▸ ○] 신탁재산이 수탁자의 고유재산이 되었을 때에는 그 뜻의 등기를 주등기로 하여야 한다(부동산 등기규칙 제143조).
[**③** ▸ ○] [**⑤** ▸ ○] 부동산등기법 제52조 제5호·제6호·제7호

┌───┐
부동산등기법 제52조(부기로 하는 등기)
등기관이 다음 각 호의 등기를 할 때에는 부기로 하여야 한다. 다만, 제5호의 등기는 등기상 이해관계 있는 제3자의 승낙이 없는 경우에는 그러하지 아니하다.
  1. 등기명의인표시의 변경이나 경정의 등기
  2. 소유권 외의 권리의 이전등기
  3. 소유권 외의 권리를 목적으로 하는 권리에 관한 등기
  4. 소유권 외의 권리에 대한 처분제한등기
  5. 권리의 변경이나 경정의 등기
  6. 제53조의 환매특약등기
  7. 제54조의 권리소멸약정등기
  8. 제67조 제1항 후단의 공유물 분할금지의 약정등기
  9. 그 밖에 대법원규칙으로 정하는 등기
└───┘

[**④** ▸ ×] 주택건설사업이 완성되어 건설된 주택에 대하여 사업주체가 주택법상 입주예정자 앞으로 소유권이전등기를 신청한 경우, 등기관은 그 소유권이전등기를 실행한 후 직권으로 주택에 대한 금지사 항부기등기를 말소한다(등기예규 제1616호 3. 나.).

답 **④**

02 등기사항

제1절 등기할 수 있는 물건

부동산등기법의 규정에 의하여 등기할 수 있는 물건은 부동산 중 토지와 건물이다.

I 토 지

1. 토지의 개수

토지는 연속되어 있으므로 물리적으로는 구분할 수 없지만, 인위적으로 경계선을 긋고 구획하여 개수를 정한다. 「공간정보의 구축 및 관리 등에 관한 법률」에 의하여 소재·지번·지목·면적·경계 또는 좌표를 정하여 등록함으로써 1필의 토지가 된다.

2. 등기능력 여부

① 일반적으로 우리나라 영토 내에 있는 육지 부분은 전부 등기능력이 있는 토지라고 할 수 있다. 다만 토지도 사권의 목적이 될 수 없는 것은 등기능력도 없으므로 공유수면(사인의 지배가능성이 없는 해면 아래의 토지 부분)은 등기의 대상이 되지 않는다.

② 대한민국의 영해가 아닌 공해상에 위치한 수중암초나 구조물은 등기의 대상이 될 수 없다(등기선례 제7-4호). 또한 대한민국의 행정력이 미치지 않는 군사분계선 이북지역의 토지에 대하여는 소유권보존등기를 신청할 수 없다(등기선례 제200506-1호).

③ 「도로법」상 도로부지나 「하천법」상 하천은 사권행사의 제한을 받지만 소유권이전과 저당권설정이 가능하므로 그 범위 내에서는 등기능력이 있다(도로법 제4조, 하천법 제4조 제2항). 다만 지상권·지역권·전세권 또는 임차권에 대한 권리의 설정, 이전 또는 변경의 등기는 하천법상의 하천에 대하여는 할 수 없다(등기예규 제1387호).

II 건 물

1. 건물의 등기능력 요건

① 부동산등기법은 건물을 토지와는 별개의 독립한 부동산으로 보고 있다(부동산등기법 제14조). 건물 이외의 토지의 정착물은 「입목에 관한 법률」등과 같이 특별법에 의하여 인정된 경우를 제외하고는 독립하여 등기의 대상이 되지 않는다.

② 토지 또는 토지의 정착물과 별개의 독립된 부동산으로 등기능력 있는 건물이란 지붕과 주벽 또는 이와 유사한 것이 구비되고 토지에 정착하여 쉽게 해체·이동을 하지 못하는 건조물로서 그 목적하는 용도에 제공될 수 있는 것을 말한다.

③ 건축법상의 건축물은 부동산등기법상 등기능력이 있는 건물보다는 넓은 개념으로서 건축물대장에 등록 되었다고 하여 모두 등기능력이 있는 것은 아니다.

④ 건축물의 등기능력 유무에 대한 판단 기준은 부동산등기법이 아니라 등기예규에서 규정하고 있는데, 「건축법」상 건축물에 대하여 소유권보존등기를 신청한 경우 등기관은 그 건축물이 토지에 견고하게 정 착되어 있는지(정착성), 지붕 및 주벽 또는 그에 유사한 설비를 갖추고 있는지(외기분단성), 일정한 용도 로 계속 사용할 수 있는 것인지(용도성) 여부를 당사자가 제공한 건축물대장정보 등에 의하여 종합적으 로 심사하여야 한다(등기예규 제1086호).

⑤ 어떠한 건물이 토지와 구별되는 독립된 부동산인지 판단하기 어려운 경우 등기관이 물건의 이용 상태 등을 고려하여 개별·구체적으로 판단하여야 한다. 건축물대장정보 등에 의하여 알 수 없는 경우 등기관 은 신청인에게 소명자료로서 건축물에 대한 사진이나 도면을 제공하게 할 수 있다(등기예규 제1086호).

⑥ 건물의 개수는 물리적인 구조(구조상 독립성), 거래·이용상의 독립성, 소유자의 의사에 따라 정해진다.

2. 등기할 수 있는 건축물에 관한 구체적 판단

(1) 등기가 가능한 경우

① 지붕 및 주벽 또는 그에 유사한 설비를 갖추고 토지에 견고하게 정착되어 있는 것으로서 유류저장탱크, 사일로(Silo), 농업용 고정식 온실, 비각, 경량철골조 경량패널지붕 건축물, 조적조 및 컨테이너 구조 슬레이트지붕 주택 등은 보존등기를 할 수 있다.

② 가설건축물 대장에 등록된 농업용 고정식 온실도 대장상의 존속기간에 관계없이 보존등기를 할 수 있는 경우가 있다(등기선례 제201602-1호).

(2) 등기가 불가능한 경우

① 지붕 및 주벽 또는 그에 유사한 설비를 갖추지 않고 있거나 토지에 견고하게 부착되어 있지 않은 것으로 서 농지개량시설의 공작물(방수문, 잠관 등), 방조제 부대시설물(배수갑문, 권양기, 양수기 등), 건물의 부대설비(승강기, 발전시설, 보일러시설, 냉난방시설, 배전시설 등), 지하상가의 통로, 컨테이너, 비닐 하우스, 주유소 캐노피, 일시 사용을 위한 가설건축물, 양어장, 옥외 풀장, 경량철골조 혹은 조립식 패널 구조의 건축물 등은 건물로서 소유권보존등기를 할 수 없다.

② 폐유조선 및 플로팅 도크(물위에 떠 있는 건조용 도크)는 호텔 및 상업시설로 수선하고 해안가의 해저 지면에 있는 암반에 앵커로 고정하여도 건물소유권보존등기의 대상이 될 수 없으며(등기선례 제200607-8 호), 해수면 위에서 호텔 또는 상가로 사용할 목적으로 선박을 개조하고 해저 지면에 설치한 다수의 'H빔' 형식의 기둥에 고정시켰더라도 부동산인 토지에 견고하게 정착한 건물로 인정될 수 없으므로 소유권보 존등기를 할 수 없다(등기선례 제200901-1호).

(3) 개방형 축사

① 개방형 축사란 소의 질병을 예방하고 통기성을 확보할 수 있도록 둘레에 벽을 갖추지 아니하고 소를 사육하는 용도로 사용할 수 있는 건축물을 말한다. 이에 관해서는 2019.8.20.에 개정되어 2019.11.21.부터 시행되고 있는 축사등기법 제3조에서 정하는 토지에 견고하게 정착되어 있을 것, 소를 사육할 용도로 계속 사용할 수 있을 것, 지붕과 견고한 구조를 갖출 것, 건축물대장에 축사로 등록되어 있을 것, 연면적이 100제곱미터를 초과할 것의 요건을 모두 갖춘 경우 건물로 보고 동법 제4조에 따라 건물등기부에 등기할 수 있도록 하고 있다.

② 1개의 건축물대장에 주된 건물인 축사와 그 축사의 사용에 제공하기 위해 부속하게 한 퇴비사, 착유사 등이 등록되어 있는 경우에도 축사와 부속건물의 연면적이 100제곱미터를 초과한다면 축사의 소유권보존등기를 신청할 수 있다(등기선례 제201011-1호).

③ 다만, 하나의 대지 위에 2개 이상의 축사가 건축되어 총괄표제부가 작성되고 건축물대장도 각각 별개로 작성된 경우에는 각각의 건축물대장별로 축사의 소유권보존등기를 신청하여야 한다(등기선례 제201011-1호).

④ 개방형 축사에 대한 보존등기를 신청할 때에는 이 법에 따라 등기를 신청한다는 뜻과 신청 근거규정으로 동법 제4조 및 법 제65조 각 호의 어느 하나에 해당하는 규정을 신청정보의 내용으로 등기소에 제공하여야 하며, 등기관은 표제부의 등기원인 및 기타사항란에 이 법에 따른 등기임을 기록한다(축사등기규칙 제2조, 등기예규 제1587호).

⑤ 부동산등기규칙 제121조 제2항(건물의 표시를 증명하는 건축물대장정보나 그 밖의 정보를 제공하여야 함)에도 불구하고 건물의 표시를 증명하는 정보로 건축물대장정보만을 제공하여야 하며, 건축물대장정보에 의하여 등기할 건축물의 용도가 개방형 축사임을 알 수 없는 경우에는 동법 제3조 제2호의 "소를 사육할 용도로 계속 사용할 수 있을 것"을 소명하는 정보로 건축허가신청서나 건축신고서(각 설계도 포함)의 사본 또는 그 밖에 시·구·읍·면의 장이 작성한 서면을 제공하여야 한다(축사등기규칙 제3조).

(4) 집합건물의 경우

집합건물의 공용부분 중 구조상 공용부분(복도, 계단 등)은 전유부분으로 등기할 수 없다. 공용부분이라 하더라도 아파트 관리사무소, 노인정 등과 같이 독립된 건물로서의 요건을 갖춘 경우에는 독립하여 등기할 수 있다(등기예규 제1086호).

(5) 구분건물의 경우

1동의 건물에 속하는 구분건물 중 일부만에 관하여 소유권보존등기를 하기 위해서는 그 일부 구분건물뿐만 아니라 나머지 구분건물도 등기능력이 있어야 한다.

(6) 그 밖의 공유수면 등

공유수면을 구획지어 보존등기를 신청하거나 굴착한 토굴에 대하여 보존등기를 신청할 경우 등기관은 각하하여야 한다. 방조제(제방)는 토지대장에 등록한 후(공간정보의 구축 및 관리 등에 관한 법률 제67조 참조) 그 대장정보를 제공하여 토지로서 보존등기를 신청할 수 있다.

제2절 | 등기할 수 있는 사항

I 의 의

1. 등기사항의 의의

① 등기사항에는 실체법상 등기사항과 절차법상 등기사항이 있다.

② 실체법상 등기사항이란 등기를 필요로 하는 사항, 즉 등기를 하지 않으면 실체법상의 일정한 효력(물권변동 등의 효력)이 생기지 아니하는 사항으로서 주로 「민법」 제186조와 제187조에 의하여 결정된다.

③ 절차법상 등기사항이란 등기를 할 수 있는 사항, 즉 당사자가 등기를 신청할 수 있고 등기관은 등기할 직책과 권한을 가지게 되는 사항을 말한다. 등기능력이라고 일컫기도 한다.

2. 등기사항 여부의 판단

① 어떤 사항을 등기할 수 있으려면 법령에 그 사항을 등기할 수 있다는 취지의 규정이 있어야 한다. 이러한 원칙을 '등기사항법정주의'라고 한다.

② 일반적으로 실체법상 등기사항은 모두 절차법상의 등기사항에 해당하나, 절차법상 등기사항에는 실체법상 등기사항이 아닌 것도 있다. 예컨대 피담보채권의 소멸로 인한 저당권의 소멸은 등기를 하지 않더라도 당연히 발생하므로 실체법상의 등기사항에 해당되지 않으나, 절차법상 등기사항에는 해당된다.

II 등기할 수 있는 권리

1. 부동산 물권

현행 「민법」상 원칙적으로 등기를 할 수 있는 권리는 부동산물권이다. 소유권, 지상권, 지역권, 전세권, 저당권 등이 등기할 수 있는 물권이다. 그러나 부동산물권이 모두 등기할 수 있는 권리는 아니다. 점유권, 유치권은 등기할 수 없다.

2. 권리질권, 채권담보권

저당권에 의하여 담보된 채권을 질권 또는 채권담보권의 목적으로 하는 경우 질권 또는 채권담보권의 효력을 저당권에도 미치게 하기 위한 때에는 부동산물권은 아니지만 권리질권이나 채권담보권에도 등기능력이 인정된다(부동산등기법 제3조 참조).

3. 채 권

① 부동산임차권과 부동산환매권은 물권은 아니지만 법률 규정에 의하여 등기능력이 인정되고 있다.

② 물권변동을 목적으로 하는 청구권에 관하여서는 가등기능력이 인정된다.

Ⅲ 등기할 수 있는 권리변동

1. 보존 · 이전 · 설정 · 변경 · 처분제한 · 소멸

등기할 수 있는 권리변동이란, 등기할 수 있는 권리의 보존, 이전, 설정, 변경, 처분의 제한 또는 소멸을 말한다(부동산등기법 제3조).

(1) 보 존

① 보존이란 미등기 부동산에 관하여 최초의 등기를 함으로써 이미 가지고 있는 소유권의 존재를 확인하고 공시하는 등기로서, 소유권만이 보존등기를 할 수 있는 권리이다.

② 그러나 소유권보존등기가 소유권의 취득요건은 아니다. 예를 들어 건물을 신축한 자는 건물의 완성으로 그 건물의 소유권을 취득하는 것이고 보존등기 시에 취득하는 것은 아니다.

(2) 이 전

① 이전이란 어떤 사람에게 귀속되어 있던 권리가 다른 사람에게 옮겨가는 것을 의미한다. 소유권뿐만 아니라 양도성이 있는 권리라면 소유권 외의 권리에도 인정된다.

② 소유권이전등기는 주등기에 의하고, 소유권 외의 권리의 이전등기는 부기등기에 의한다(부동산등기법 제52조 제2호).

(3) 설 정

설정이란 현재 유효한 물권 위에 새로이 소유권 외의 권리를 창설하는 것을 말한다. 설정등기를 할 수 있는 권리는 제한물권(지상권, 지역권, 전세권, 저당권, 권리질권, 채권담보권)과 임차권이다.

(4) 변 경

① 변경에는 협의의 변경등기와 광의의 변경등기가 있다.

② 협의의 변경등기란 등기된 사항의 일부가 후발적으로 변경된 경우 이를 실체관계에 부합되게 하는 등기를 말한다.

③ 광의의 변경등기란 협의의 변경등기와 경정등기를 포함하는데, 경정등기란 등기된 사항의 일부가 당초부터 실체관계와 부합하지 않는 경우에 이를 바로잡는 등기이다.

④ 부동산등기법 제3조의 변경은 광의의 변경을 말한다. 변경의 대상에는 권리 내용뿐만 아니라 부동산 표시와 등기명의인 표시가 모두 포함된다.

(5) 처분의 제한

① 처분의 제한은 소유자나 그 밖의 권리자가 가지는 처분권능을 제한하는 것을 말한다.

② 처분의 제한은 법률에 규정되어 있는 경우에 한한다. 헌법상 재산권은 법률에 의하지 아니하고는 제한할 수 없기 때문이다. 따라서 임의의 계약에 의한 처분 제한은 여기에서 말하는 처분의 제한에는 포함되지 않는다.

③ 법률에 규정되어 있지 아니한 처분의 제한은 등기할 사항이 아니며, 처분제한(특약사항 또는 금지사항)에 관한 사항이 법률에 규정되어 있더라도 등기할 수 있도록 하는 별도의 규정이 없으면 등기할 수 없다.

(6) 소 멸

어떤 부동산이나 권리가 원시적 또는 후발적 사유로 없어지는 것을 말한다. 등기원인의 무효나 취소로 인한 각종 권리의 소멸이나 목적 부동산의 멸실에 의한 권리의 소멸 등을 예로 들 수 있다.

제1장

제2장

제3장

제4장

제5장

제6장

제7장

제8장

제9장

Ⅳ 권리변동과 무관한 등기사항

1. 부동산의 표시에 관한 사항

① 구법에서는 부동산의 표시에 관한 등기는 소유권보존등기의 한 부분이며 독립하여 등기할 수 없다는 입장에서 부동산의 표시에 관한 등기 중 "구분건물의 표시"만 등기사항에 해당한다고 보았다(구법 제2조).

② 그러나 부동산의 표시에 관한 등기가 반드시 소유권등기와 무관하게 독립적으로 이루어지는 것만을 의미하는 것은 아니다. 이미 등기되어 있는 부동산의 표시에 관한 사항을 변경하는 것도 부동산의 표시에 관한 등기에 해당한다. 이에 개정법은 부동산의 표시에 관한 사항을 등기사항으로 규정하였다(부동산등기법 제3조).

2. 등기명의인표시의 변경등기

등기명의인이란 권리에 관한 등기의 현재의 명의인인 권리자를 말하고, 등기명의인의 표시란 등기명의인의 성명(명칭), 주소(사무소소재지), 주민등록번호(부동산등기용등록번호)를 말한다. 등기명의인의 표시에 변경사유가 있으면 변경등기를 할 수 있다(부동산등기법 제48조 제1항 제5호·제2항·제3항, 부동산등기규칙 제112조 제2항).

제3절 | 등기의 효력

Ⅰ 등기의 효력발생 시기

① 수작업으로 등기사무를 처리한 시기에는 등기관이 등기를 완료한 시점이 언제인지 알 수 없었으므로 등기의 효력발생시기를 등기부에 기재되어 있는 등기신청서의 접수연월일로 보는 것이 당연하였다. 하지만 등기전산화로 이제는 등기를 완료한 시점(등기관이 미리 부여받은 식별부호를 기록한 시점)에 관한 정보가 전산정보처리조직에 그대로 저장되어 정확하게 알 수 있다.

② 개정법에서는 등기의 효력발생시기에 관한 분쟁을 방지하기 위하여 등기관이 등기를 마친 경우 그 등기는 접수한 때부터 효력을 발생하는 것으로 하였다(부동산등기법 제6조 제2항).

Ⅱ 등기의 구체적 효력

1. 권리변동의 효력

물권변동에 관한 형식주의를 채택하고 있는 현행법하에서는 부동산에 관한 법률행위로 인한 물권의 득실변경은 등기하여야 그 효력이 생긴다(민법 제186조).

2. 순위확정의 효력

① 같은 부동산에 관하여 등기한 권리의 순위는 법률에 다른 규정이 없으면 등기한 순서에 따르는데(부동산등기법 제4조 제1항), 이를 등기의 순위확정의 효력이라고 한다.

② 등기의 순서는 등기기록 중 같은 구에서 한 등기 상호 간에는 순위번호에 따르고, 다른 구에서 한 등기 상호 간에는 접수번호에 따른다(부동산등기법 제4조 제2항).

③ 부기등기의 순위는 주등기의 순위에 따른다. 다만, 같은 주등기에 관한 부기등기 상호 간의 순위는 그 등기 순서에 따른다(부동산등기법 제5조).

④ 같은 부동산에 관하여 등기한 권리의 순위가 반드시 등기의 순서에만 따르는 것은 아니다. 예를 들어 저당권설정등기청구권을 피보전권리로 한 가처분등기 후 채무자가 제3자를 위하여 저당권설정등기를 해 준 경우 가처분권자가 판결에서 승소하였다 하더라도 제3자보다 앞선 순위번호로 등기를 할 수는 없다. 이때에는 제3자보다 후순위로 저당권설정등기를 하되 그 등기가 가처분에 의한 것이라는 뜻을 등기기록 중 등기목적란에 표시한다. 이 경우 나중에 등기된 권리가 먼저 등기된 권리보다 우선하게 된다.

3. 대항력

① 어느 권리를 등기하지 않으면 그 권리는 당사자 사이에서 채권적 효력이 있을 뿐이나 이를 등기한 때에는 제3자에 대해서도 주장할 수 있는 효력이 생기는데, 그 효력을 대항력이라고 한다. 물권변동에 있어서 형식주의를 채택한 우리 법제에서는 물권변동이 등기의 본래의 효력이고 대항력은 예외적인 효력이다.

② 임차권의 등기(부동산등기법 제74조), 환매특약의 등기(부동산등기법 제53조), 지상권 또는 전세권의 존속기간 등에 관한 약정의 등기(부동산등기법 제69조, 제72조), 저당권의 변제기 등에 관한 약정의 등기(부동산등기법 제75조 제1항) 등에는 대항력이 있다.

4. 점유적 효력

① 부동산의 소유자로 등기되어 있는 자는 10년의 자주점유로 소유권을 취득할 수 있다(민법 제245조 제2항). 이때의 등기는 마치 동산의 점유취득시효에서의 점유와 같은 효력을 갖게 되는데, 이를 등기의 점유적 효력이라고 한다.

② 점유로 인한 부동산의 시효취득기간은 20년이지만(민법 제245조 제1항), 등기부취득시효기간은 10년이므로(민법 제245조 제2항) 등기에는 시효취득기간을 단축하는 효력이 있다고 할 수 있다.

5. 후등기저지력

① 후등기저지력이란 현재 등기가 형식적으로 존재하는 이상 그것이 비록 실체법상 무효라고 하더라도 현재 등기를 먼저 말소하지 않고서는 그것과 양립할 수 없는 등기를 할 수 없게 하는 효력을 말한다.

② 건물 전세권의 존속기간이 만료된 경우에도 그 전세권설정등기를 말소하지 않고는 후순위로 중복하여 전세권설정등기를 신청할 수 없다(등기선례 제7-268호).

③ 이미 보존등기가 마쳐진 토지에 관하여 그 명의인을 상대로 말소판결을 얻은 경우 그 판결에 의해 보존등기를 말소한 후 자기 명의로 새로이 보존등기를 신청할 수 있다.

④ 이미 전세권설정등기가 마쳐진 주택에 대하여 전세권자와 동일인이 아닌 자를 등기명의인으로 하는 주택임차권등기명령에 따른 등기의 촉탁이 있는 경우 등기관이 당해 등기촉탁을 수리할 수 있는지 여부와 관련하여, 임대차는 그 등기가 없는 경우에도 임차인이 주택의 인도와 주민등록을 마친 때에는 그 다음 날부터 제3자에 대하여 효력이 생기고(「주택임대차보호법」 제3조 제1항), 그 주택에 임차권등기명령의 집행에 따라 임차권등기가 마쳐지면 그 대항력이나 우선변제권은 그대로 유지된다는 점(같은 법 제3조의 3 제5항), 위 임차권등기는 이러한 대항력이나 우선변제권을 유지하도록 해 주는 담보적 기능만을 주목적으로 하는 점(대판 2005.6.9. 2005다4529) 및 임차인의 권익보호에 충실을 기하기 위하여 도입된 임차권등기명령제도의 취지 등을 볼 때, 주택임차인이 대항력을 취득한 날이 전세권설정등기의 접수일자보다 선일이라면, 기존 전세권의 등기명의인과 임차권의 등기명의인으로 되려는 자가 동일한지 여부와는 상관없이 주택임차권등기명령에 따른 등기의 촉탁이 있는 경우 등기관은 그 촉탁에 따른 등기를 수리할 수 있을 것이다(부동산등기선례 제202210-2호).

6. 권리추정력

① 어떠한 등기가 있으면 그에 대응하는 실체적 권리관계가 존재하는 것으로 추정되게 하는 효력을 말한다. 우리 「민법」은 점유의 추정력에 관한 규정을 두고 있을 뿐이지만(민법 제200조), 등기의 추정력도 학설 · 판례상 인정되고 있다(대판 2000.3.10. 99다65462 등).

② 등기의 추정력은 가등기, 허무인 · 사자명의의 등기, 표제부, 중복등기 중 후등기에는 인정되지 않는다.

7. 가등기의 효력

(1) 본등기 순위보전의 효력

① 가등기에 의하여 본등기를 한 경우에 본등기의 순위는 가등기의 순위에 따른다(부동산등기법 제91조). 이를 가등기의 순위보전적 효력이라고 한다.

② 가등기에 의한 본등기를 한 경우 물권변동의 효력은 가등기를 한 때로 소급하는 것이 아니라 본등기를 한 때부터 생기지만(대판 1981.5.26. 80다3117), 그 순위를 결정하는 기준은 가등기를 한 때이다. 그 결과 가등기 이후에 마쳐진 제3자의 권리에 관한 등기(소위 중간처분의 등기)는 본등기의 내용과 저촉되는 범위에서 실효되거나 후순위로 된다.

(2) 본등기 전의 가등기의 효력

가등기만으로는 가등기설정자의 처분행위를 저지하거나 제3취득자에게 대항하는 등의 실체법상 효력이 없다는 것이 판례 및 일반적인 견해이다.

(3) 담보가등기의 특수한 효력

등기되어 있는 가등기가 담보가등기인 경우에는 그 권리자에게 우선변제권이나 경매청구권 등이 주어진다(가등기담보법 참조).

제4절 | 등기의 유효요건

등기가 유효하기 위하여서는 등기에 부합하는 실체법상의 권리관계가 존재하고(실질적 유효요건 또는 실체적 유효요건), 등기가 법이 정하는 절차에 따라 행해져야 한다(형식적 유효요건 또는 절차적 유효요건).

I 실질적 유효요건

1. 등기에 부합하는 실체관계의 존재

등기에 부합하는 부동산, 진정한 등기명의인, 등기에 부합하는 실체적 권리변동 원인이 있어야 한다. 실체관계에 부합하지 않는 등기는 효력이 없다. 문제는 등기와 실체관계가 어느 정도 부합하여야 유효한 등기가 될 수 있느냐에 있다.

2. 등기와 실체관계의 부합의 정도

(1) 부동산 표시에 관한 부합의 정도

① 부동산의 물리적 현황과 등기기록 사이에 다소의 불일치가 있더라도, 해당 부동산을 공시하고 있다고 할 수 있을 정도의 동일성이 인정되면 그 등기는 유효하다.

② 토지의 경우에는 소재·지번이 동일성을 인정할 수 있는 가장 중요한 요소이다. 따라서 지번이 다른 등기는 원칙적으로 무효이지만, 지목·면적 등이 약간 다르더라도 지번이 같으면 특별한 사정이 없는 한 동일성을 인정할 수 있다.

③ 건물의 경우에는 건물의 소재와 대지 지번의 표시가 다소 다르더라도 건물의 종류·구조·면적 및 인근에 유사한 건물이 있는지 여부 등을 종합적으로 고려하여 등기가 해당 건물을 표시하고 있다고 인정되면 유효한 등기로 보고 있다(대판 1981.12.8, 80다163).

(2) 권리의 질적·양적 불부합

① 질적 불부합 – 권리의 주체·객체·종류의 불부합 : 권리의 주체가 부합하지 않은 경우(예 실제 권리자는 갑인데 을로 등기된 경우), 권리의 객체가 부합하지 않은 경우(예 갑 토지의 등기기록에 하여야 할 등기를 을 토지의 등기기록에 한 경우)와 권리의 종류가 서로 부합하지 않은 경우(예 전세권설정계약을 했는데 저당권등기가 된 경우) 해당 등기는 무효이다.

② 권리 내용의 양적 불부합

㉠ 권리의 주체, 객체, 종류는 부합하나 그 양이 일치하지 않는 경우에는 불일치의 정도에 따라 등기의 효력이 결정된다. 일반적으로 다음과 같이 볼 수 있다.

㉡ 등기된 양이 물권행위의 양보다 클 때에는 물권행위의 한도에서 효력이 있고, 반대로 물권행위의 양이 등기된 양보다 클 때에는 법률행위의 일부무효에 관한 「민법」 제137조에 의하여 판단한다.

㉢ 다만, 불일치가 착오에 의한 것임이 등기기록상 명백히 인정되면 경정등기에 의해 고칠 수 있다.

(3) 권리변동 과정의 일치

등기는 현재의 권리관계만 공시하는 것이 아니고 그 변동과정도 공시하는 기능을 수행하므로 권리의 변동과정도 실제와 일치하여야 하는 것이 부동산등기법의 이상이다. 그러나 거래의 안전을 위해 판례는 등기기록이 실제의 권리변동 과정과 일치하지 않더라도 등기된 결과가 현재의 진실한 권리상태를 공시하면 그 등기는 유효한 것으로 보고 있다(대판 2000.3.10. 99다65462, 대판 1993.5.11. 92다46059 등).

① 모두생략등기

ㄱ) 등기는 소유권보존등기를 기초로 하여 그에 터 잡아 이전, 설정 등의 등기를 하게 되어 있다(등기연속의 원칙). 그러나 모두생략등기란 미등기부동산의 대장상 소유자로부터 양수인이 이전 받아 양수인 명의로 소유권보존등기를 하는 것을 말한다.

ㄴ) 이러한 모두생략등기는 당사자 사이의 합의만으로 물권이 변동하는 것이 되어 「민법」 제186조에 위배되고 권리변동 과정이 등기기록에 왜곡되어 나타나므로 논란의 여지가 있다. 그러나 판례는 실체관계와 등기기록이 부합함을 근거로 그러한 등기도 유효하다고 보고 있다(대판 1984.1.24. 83다카1152).

ㄷ) 「부동산등기 특별조치법」은 소유권보존등기가 되어 있지 아니한 부동산에 대하여 소유권이전을 내용으로 하는 계약을 체결한 자는 일정한 기간 내에 먼저 소유권보존등기를 완료하고 이어서 양수인에게 이전등기를 하도록 규정하고 있다. 이를 위반한 경우에는 과태료의 처분을 받게 된다(부동산등기 특별조치법 제11조).

② 중간생략등기

ㄱ) 의의 : 중간생략등기란 물권변동의 중간 과정을 생략하여 소유권이전등기 등을 하는 것을 말한다. 중간생략등기는 등기기록상 물권변동의 과정을 왜곡시킨다. 이러한 등기를 유효라고 할 것인가에 관하여 논란이 있다.

ㄴ) 원 칙

㉮ 학설과 판례는 일정한 요건하에 중간생략등기의 유효성을 인정하고 있다. 판례는 최초매도인·중간자·최종매수인의 제3자 합의가 있으면 유효하고, 더 나아가서 제3자의 합의 없이 마쳐진 중간생략등기도 당사자들 사이에 양도계약이 적법하게 성립·이행되었다면 무효라고 할 수 없다고 한다(대판 1969.7.8. 69다648).

㉯ 중간생략등기가 유효하기 위해서는 최종소유자가 권리변동의 실체법상 요건은 모두 갖추고 있어야 한다(대판 1971.3.23. 71다178, 대판 1985.4.9. 84다카130 참조).

㉰ 「부동산등기 특별조치법」은 '부동산의 소유권이전을 내용으로 하는 계약을 체결한 자는 일정한 기간 내에 그 계약에 따른 소유권이전등기신청을 하여야 하고, 그 계약으로 소유권이전을 받기로 한 자가 그 부동산에 대하여 다시 제3자와 소유권이전을 내용으로 하는 계약이나 제3자에게 계약당사자의 지위를 이전하는 계약을 체결하고자 할 때에는 먼저 체결된 계약에 따라 소유권이전등기를 하여야 한다.'라고 규정하여(부동산등기 특별조치법 제2조 제1항, 제2항) 중간생략등기를 금지하고 있다. 이에 위반하는 경우에는 징역·벌금(부동산등기 특별조치법 제8조), 과태료(부동산등기 특별조치법 제11조)를 부과하도록 하고 있다.

㉱ 판례는 위와 같은 금지규정을 단속규정으로 해석하면서, 부동산등기 특별조치법이 중간생략등기 합의의 사법상 효력까지 무효로 한다는 취지는 아니라고 하여(대판 1993.1.26. 92다39112) 중간생략등기의 유효성을 인정하였다.

ㄷ) 예외 : 토지거래계약허가 구역 내 토지의 경우 그 규제를 회피하기 위한 목적으로 행해진 중간생략등기는 전원의 합의가 있더라도 무효라는 것이 판례의 입장이다(대판 1997.11.11. 97다33218).

③ 실제와 다른 등기원인에 의하여 경료된 등기

　㉠ 이러한 등기는 물권변동의 과정을 제대로 공시하지 못하는 문제는 있다. 그러나 판례는 증여로 부동산을 취득하였음에도 등기원인이 매매로 등기기록에 기록된 경우 그 등기가 당사자 사이의 실체적 권리관계에 부합하는 한 유효하다고 한다(대판 1980.7.22. 80다791).

　㉡ 「부동산등기 특별조치법」은 등기신청서에 허위의 등기원인을 기재하거나 실제로는 소유권을 이전하면서 소유권이전등기가 아닌 다른 등기를 신청하는 등의 행위를 금지하고 있고(부동산등기 특별조치법 제6조), 이를 위반한 경우에는 징역·벌금(부동산등기 특별조치법 제8조)에 처하도록 하고 있다.

(4) 무효등기의 유용

① 의의 : 실체적 유효요건에 흠이 있는 등기에 부합하는 실체관계가 등기 후에 있게 된 때에 그 등기의 효력 유무가 문제될 수 있다.

② 인정되는 경우

　㉠ 실체적 유효요건의 추완 : 원인 없이 갑으로부터 을로 소유권이전등기가 된 후 갑과 을이 그 등기에 부합하는 적법한 매매를 한 경우 등기의 유용을 허용하여도 부당한 결과를 초래하지 않으므로 그 등기는 유효한 것으로 보고 있다(대판 1986.12.9. 86다카716 참조).

　㉡ 좁은 의미의 무효등기의 유용 : 처음에는 유효하였던 등기가 후에 실체관계를 잃게 되어 무효로 되었으나 다시 그 후 처음의 등기와 내용이 유사한 실체관계가 생긴 경우 그 등기를 후의 실체관계의 공시방법으로서 이용할 수 있는가에 대하여 저당권이나 가등기의 유용에 관하여는 이해관계인이 없는 한 유효한 것으로 보고 있다(대판 1994.1.28. 93다31702 참조).

③ 부정되는 경우 : 기존 건물이 멸실되어 무효로 된 멸실건물의 소유권보존등기를 멸실 후에 다시 신축한 건물의 소유권보존등기로 유용하는 것은 동일성이 없어 허용되지 않는다는 것이 판례의 태도이다(대판 1992.3.31. 91다39184). 즉 부동산표시에 관한 유용은 부정된다.

Ⅱ　형식적 유효요건

1. 의 의

부동산등기는 등기자체가 존재하고, 적법한 절차에 따라 이루어진 것이어야 한다.

2. 등기의 존재

(1) 등기의 기록

등기관이 등기기록에 등기사항을 기록하고 부동산등기규칙 제7조에 따라 식별부호를 기록하면 그때부터 등기가 존재하게 된다. 따라서 등기신청이 있었다 하더라도 어떤 사정으로 등기기록에 기록되지 않았다면 등기가 있다고 할 수 없다.

(2) 등기부의 손상

① 등기부가 손상된 경우 전산운영책임관은 등기부부본자료에 의하여 등기부를 복구하여야 한다(부동산등기 규칙 제17조 제2항). 구법 제24조는 소정의 기간 내에 멸실회복등기를 하면 그 등기의 순위는 멸실되었던 등기부에서 가지고 있던 순위를 보유한다고 규정하여, 적법한 멸실회복등기를 하면 멸실되었던 등기부의 등기가 표상하던 권리는 멸실기간 중에도 존속하였던 것으로 볼 수 있었다. 이와 같은 구법의 취지는 개정법에서도 그대로 유지된다.

② 만일 적법한 복구등기가 없으면 등기가 표상하던 권리도 소멸하는지 여부에 관하여 판례는 과거 종이등기부가 멸실된 사안에서 "회복등기 기간 내에 회복등기를 하지 못한 등기부멸실 당시의 소유자는 소유권을 상실한다는 취지로 판단한 원심판결에는 재산권을 보장하는 헌법 규정을 간과하고 (구)법 제24조를 잘못 해석한 위법이 있다(대판 1968.2.20. 67다1797)."고 하여 멸실회복등기가 없더라도 소유권은 소멸하지 않는 것으로 보았다.

(3) 등기의 불법말소

등기에는 공신력이 없을 뿐만 아니라, 등기는 물권변동의 효력발생요건이지 존속요건은 아니다. 따라서 부적법하게 말소등기가 마쳐진 경우 그 말소등기는 실체관계에 부합하지 않는 것이어서 무효라고 함이 판례이고(대판 1982.9.14. 81다카923), 불법하게 말소된 등기의 권리자는 권리를 잃지 않으며 말소된 등기의 회복등기를 신청할 수 있다.

3. 적법한 절차

(1) 관할 등기소에서의 등기일 것

① 등기는 관할이 있는 등기소에서 하여야 한다. 등기사무는 부동산의 소재지를 관할하는 등기소에서 처리함이 원칙이다(부동산등기법 제7조).
② 관할위반의 등기는 당연무효이며 그 등기신청은 각하된다(부동산등기법 제29조 제1호).
③ 관할위반의 등기는 등기관이 직권말소하여야 하며, 관할의 변경 등의 방법으로 처리하여서는 안 된다.

(2) 사건이 등기할 수 있는 사항일 것

등기신청은 법률상 허용되는 것이어야 한다. 법률상 허용되지 않는 등기신청은 부동산등기법 제29조 제2호에 해당되므로 등기관은 각하하여야 한다. 등기관이 각하하지 않고 등기를 하였더라도 그 등기는 당연무효이며 등기관은 직권으로 말소하여야 한다.

(3) 그 밖의 절차 위배와 등기의 유효 문제

① 부동산등기법 제29조에서는 신청절차에 어긋나는 등기신청의 경우를 나열하고 그중 어느 하나에라도 해당하는 등기신청은 각하하도록 하고 있다. 부동산등기법 제29조의 각하사유는 제1호부터 제11호까지 있다. 크게 두 부분으로 나눌 수 있다.
② 첫째는 제1호와 제2호의 경우이다. 앞에서 본 바와 같이, 제1호와 제2호에 위반한 등기신청은 각하되어야 하고, 등기관이 간과하여 등기하였더라도 당연무효이다. 그 등기가 실질적 유효요건을 갖추고 있더라도 무효임에는 변함이 없다.
③ 둘째는 제3호 이하의 경우이다. 제3호 이하의 각하사유에 해당하는 등기신청도 각하되어야 함은 제1호 및 제2호와 경우와 같다. 문제는 이를 간과하여 등기가 마쳐졌을 경우 그 등기를 당연무효라고 할 것인지 여부이다. 실체관계와 일치하는 등기를 절차법에 어긋난다고 하여 무효로 한다면 공시제도로서의 등기제도의 효용을 해치게 되므로 그 효력을 유지시킬 필요가 있다. 판례도 등기신청이 법 제29조 제3호 이하의 각하사유에 해당하여 형식적 요건이 구비되지 않은 경우에도 일단 수리되어 등기가 완료된 때에는 그 등기가 실질적 유효요건을 구비하였으면 유효하다고 한다(대결 1968.8.23. 68마823 참조).

02 등기사항

제1절 등기할 수 있는 물건

01 부동산의 등기능력에 관한 다음 설명 중 가장 옳지 않은 것은? 2023년
□□□

① 1동의 건물이 여러 개의 건물부분으로 이용상 구분된 구분점포가 구분소유의 목적이 되기 위해서는 그 용도가 건축법상 판매시설 또는 운수시설이고 경계표지와 건물번호표지가 견고하게 설치되어 있어야 하며, 바닥면적의 합계가 1천제곱미터 이상일 것을 요한다.

② 개방형 축사가 건물로 인정되기 위하여는 토지에 견고하게 정착되어 있고, 소를 사육할 용도로 계속 사용할 수 있어야 하며, 또한 지붕과 견고한 구조를 갖추고, 건축물대장에 축사로 등록되어 있어야 하며, 연면적이 100제곱미터를 초과하는 요건을 갖추어야 한다.

③ 구분소유권의 객체로서 적합한 물리적 요건을 갖추지 못한 건물의 일부는 그에 관한 구분소유권이 성립할 수 없는 것이어서, 건축물관리대장상 독립한 별개의 구분건물로 등재되고 등기기록에도 구분소유권의 목적으로 등기되어 있어 이러한 등기에 기초하여 경매절차가 진행되어 매각허가를 받고 매수대금을 납부하였다 하더라도, 그 등기는 그 자체로 무효이므로 매수인은 소유권을 취득할 수 없다.

④ 부동산이 아닌 공유수면을 구획지어 이에 대한 소유권이전등기를 구하는 것은 부동산등기법상 허용될 수 없다.

⑤ 건물의 구조상 구분소유자의 공용으로 된 건물부분에 대하여는 현행 부동산등기법상 등기능력을 인정할 수 없다.

[❶ ▸ ×] 소규모 집합건물의 이용 편의를 증진하기 위하여 구분점포의 성립에 요구되는 <u>합계 1천제곱미터 이상의 바닥면적 요건을 삭제하였다.</u>

> **집합건물의 소유 및 관리에 관한 법률 제1조의2(상가건물의 구분소유)**
> ① 1동의 건물이 다음 각 호에 해당하는 방식으로 여러 개의 건물부분으로 이용상 구분된 경우에 그 건물부분(이하 "구분점포"라 한다)은 이 법에서 정하는 바에 따라 각각 소유권의 목적으로 할 수 있다.
> 1. 구분점포의 용도가 건축법 제2조 제2항 제7호의 판매시설 및 같은 항 제8호의 운수시설일 것
> 2. 삭제 〈2020.2.4.〉
> 3. 경계를 명확하게 알아볼 수 있는 표지를 바닥에 견고하게 설치할 것
> 4. 구분점포별로 부여된 건물번호표지를 견고하게 붙일 것

제1장

제2장

제3장

제4장

제5장

제6장

제7장

제8장

제9장

[**❷** ▸ O] 축사의 부동산등기에 관한 특례법 제3조

> **축사의 부동산등기에 관한 특례법 제3조(등기 요건)**
> 다음 각 호의 요건을 모두 갖춘 개방형 축사는 건물로 본다.
> 1. 토지에 견고하게 정착되어 있을 것
> 2. 소를 사육할 용도로 계속 사용할 수 있을 것
> 3. 지붕과 견고한 구조를 갖출 것
> 4. 건축물대장에 축사로 등록되어 있을 것
> 5. 연면적이 100제곱미터를 초과할 것

[**❸** ▸ O] 구분소유권의 객체로서 적합한 물리적 요건을 갖추지 못한 건물의 일부는 그에 관한 구분소유권이 성립할 수 없는 것이어서, 건축물관리대장상 독립한 별개의 구분건물로 등재되고 등기부상에도 구분소유권의 목적으로 등기되어 있어 이러한 등기에 기초하여 경매절차가 진행되어 매각허가를 받고 매수대금을 납부하였다 하더라도, 그 등기는 그 자체로 무효이므로 매수인은 소유권을 취득할 수 없다(대결 2010.1.14. 2009마1449).

[**❹** ▸ O] 공유수면을 구획지어 소유권보존등기신청을 하거나 굴착한 토굴에 관하여 소유권보존등기신청을 할 경우 등기관은 그 등기신청을 각하하여야 한다. 방조제(제방)는 토지대장에 등록한 후(지적법 제5조의 규정에 의하여 제방으로 등록) 그 대장등본을 첨부하여 토지로서 소유권보존등기를 신청할 수 있다(등기예규 제1086호 3.).

[**❺** ▸ O] 집합건물의 공용부분 중 구조적, 물리적으로 공용부분인 것(복도, 계단 등)은 전유부분으로 등기할 수 없다(등기예규 제1086호 2. 가.).

답 ❶

02
□□□ **등기할 수 있는 물건에 관한 다음 설명 중 가장 옳지 않은 것은?** 　　　2019년

① 하천법상 하천에 대하여는 소유권보존등기나 소유권이전등기를 신청할 수 있으나, 저당권설정등기나 신탁등기는 신청할 수 없다.

② 대한민국의 영해가 아닌 공해상에 위치한 수중암초나 구조물은 등기의 대상이 될 수 없다.

③ 유류저장탱크가 지붕과 벽면을 갖추고 토지에 견고하게 부착되어 쉽게 해체·이동할 수 없는 독립된 건물로 볼 수 있다면 그 건물에 대한 소유권보존등기를 신청할 수 있다.

④ 가설건축물대장에 등록된 "농업용 고정식 비닐온실"이 철근콘크리트기초 위에 설치됨으로써 토지에 견고하게 정착되어 있고, 경량철골구조 및 내구성 10년 이상의 내재해형 장기성 필름(비닐)에 의하여 벽면과 지붕을 구성하고 있다면 이 건축물에 대하여 소유권보존등기를 신청할 수 있다.

⑤ 대한민국의 행정력이 미치지 않는 군사분계선 이북지역의 토지에 대하여는 소유권보존등기를 신청할 수 없다.

[❶ ▸ ✕] 하천법상의 하천으로 편입된 토지의 경우 소유권·저당권·권리질권의 설정, 보존, 이전, 변경, 처분의 제한 또는 소멸에 대하여 등기할 수 있다. 또한 신탁등기도 할 수 있다. 다만 지상권·지역권·전세권 또는 임차권에 대한 권리의 설정, 이전 또는 변경의 등기는 하천법상의 하천에 대하여는 할 수 없다(등기예규 제1387호 3., 4. 참조).

> **등기예규 제1387호[하천법 제4조 제2항에 따른 등기할 사항의 범위 등에 관한 업무처리지침]**
> 3. 등기를 할 수 있는 경우
>   가. 하천법상의 하천에 대한 등기는 다음 각 호의 1에 해당하는 권리의 설정, 보존, 이전, 변경, 처분의 제한 또는 소멸에 대하여 이를 할 수 있다.
>   1) 소유권
>   2) 저당권
>   3) 권리질권
>   나. 가등기는 위 가.의 각 호의 1에 해당하는 권리의 설정, 이전, 변경 또는 소멸의 청구권을 보전하려 할 때에 이를 할 수 있다.
>   다. 삭제(2011.10.11. 제1387호)
>   라. 신탁등기
>   마. 부동산표시변경등기
>   바. 등기명의인의 표시변경등기
>   사. 부동산등기법, 민법 또는 특별법에 따른 특약 또는 제한사항의 등기
> 4. 등기를 할 수 없는 경우
>   지상권·지역권·전세권 또는 임차권에 대한 권리의 설정, 이전 또는 변경의 등기는 하천법상의 하천에 대하여는 이를 할 수 없다.

[❷ ▸ ○] 부동산등기법상 등기할 수 있는 물건은 토지와 건물이 있으며 특별법상으로 등기할 수 있는 물건으로서는 입목, 선박, 공장재단·광업재단 등이 있으나, 영해 및 접속수역법에 따른 대한민국의 영해가 아닌 공해상에 위치한 수중암초나 구조물은 등기의 대상이 될 수 없다(등기선례 제7-4호).

[❸ ▸ ○] 유류저장탱크가 손쉽게 이동시킬 수 있는 구조물이 아니고, 그 토지에 견고하게 부착시켜 그 상태로 계속 사용할 목적으로 축조된 것이며 거기에 저장하려고 하는 유류를 자연력으로부터 보호하기 위하여 벽면과 지붕을 갖추어 독립된 건물로 볼 수 있는 경우라면 그 탱크의 높이와는 관계없이 그 건물에 대한 소유권보존등기를 할 수 있을 것이다(등기선례 제3-4호).

[❹ ▸ ○] 가설건축물대장에 등록된 "농업용 고정식 비닐온실"이 철근콘크리트기초 위에 설치됨으로써 토지에 견고하게 정착되어 있고, 경량철골구조 및 내구성 10년 이상의 내재해형 장기성 필름(비닐)에 의하여 벽면과 지붕을 구성하고 있다면 독립된 건물로 볼 수 있으므로 이 건축물에 대하여 소유권보존등기를 신청할 수 있을 것이나, 구체적인 사건에서 등기할 수 있는 건물인지 여부는 담당등기관이 판단할 사항이다(등기선례 제201903-8호).

[❺ ▸ ○] 대한민국의 행정력이 미치지 않아 등기할 대상지역이 아닌 군사분계선 이북지역의 토지에 대한 소유권보존등기 및 이에 터 잡은 소유권이전등기 또는 근저당권설정등기 등 각종 등기는 부동산등기법 제175조 내지 제177조의 절차에 의하여 모두 직권말소하고 등기부를 폐쇄하여야 한다(등기선례 제200506-1호).

답 ❶

03
□□□

다음 중 부동산등기법상 등기할 수 있는 권리만을 옳게 열거한 것은? 2022년

① 채권담보권, 부동산환매권
② 부동산질권, 채권담보권
③ 분묘기지권, 부동산유치권
④ 부동산유치권, 부동산환매권
⑤ 부동산질권, 분묘기지권

[❶ ▸ O] [❷ ▸ ×] [❸ ▸ ×] [❹ ▸ ×] [❺ ▸ ×] 현행법상 등기할 수 있는 권리는 부동산물권이다. 따라서 소유권, 지상권, 지역권, 전세권, 저당권 등은 등기할 수 있는 물권이다. 그러나 부동산 물권 중 점유권, 유치권, 민법 제302조의 특수지역권이나 관습법상의 물권인 분묘기지권은 절차법상 근거규정이 없으므로 등기능력이 없다. 반면에 저당권에 의하여 담보된 채권을 질권 또는 채권담보권의 목적으로 하는 경우 질권 또는 채권담보권의 효력을 저당권에도 미치게 하기 위한 때에는 부동산물권은 아니지만 권리질권이나 채권담보권(부동산등기법 제3조 제7호)에도 등기능력이 인정된다. 또한 부동산임차권과 부동산환매권(민법 제592조, 부동산등기법 제53조)도 물권은 아니지만 제3자에 대한 대항력을 공시하기 위하여 법률규정에 의하여 등기능력이 인정되고 있다.

부동산등기법 제3조(등기할 수 있는 권리 등)
등기는 부동산의 표시(表示)와 다음 각 호의 어느 하나에 해당하는 권리의 보존, 이전, 설정, 변경, 처분의 제한 또는 소멸에 대하여 한다.
　1. 소유권
　2. 지상권
　3. 지역권
　4. 전세권
　5. 저당권
　6. 권리질권
　7. 채권담보권
　8. 임차권

부동산등기법 제53조(환매특약의 등기)
등기관이 환매특약의 등기를 할 때에는 다음 각 호의 사항을 기록하여야 한다. 다만, 제3호는 등기원인에 그 사항이 정하여져 있는 경우에만 기록한다.
　1. 매수인이 지급한 대금
　2. 매매비용
　3. 환매기간

민법 제592조(환매등기)
매매의 목적물이 부동산인 경우에 매매등기와 동시에 환매권의 보류를 등기한 때에는 제3자에 대하여 그 효력이 있다.

답 ❶

04 다음 중 물권변동의 시기와 관련하여 성질이 다른 하나는? 2023년

① 공유물분할의 소에서 공유부동산의 특정한 일부씩을 각각의 공유자에게 귀속시키는 것으로 현물분할하는 내용의 조정이 성립한 경우의 물권변동
② 공익사업에 필요한 토지를 수용한 경우 사업시행자의 부동산 소유권 취득
③ 경매절차에서 매각대금을 완납한 매수인의 소유권 취득
④ 피상속인의 사망으로 인한 상속인의 상속부동산에 대한 소유권 취득
⑤ 구 농지개혁법에 따라 농지를 분배받은 농가가 농지대가의 상환을 완료하고 분배농지에 대한 소유권을 취득하는 경우

[❶ ▸ 등기○] 공유물분할의 소송절차 또는 조정절차에서 공유자 사이에 공유토지에 관한 현물분할의 협의가 성립하여 그 합의사항을 조서에 기재함으로써 조정이 성립하였다고 하더라도, 그와 같은 사정만으로 재판에 의한 공유물분할의 경우와 마찬가지로 그 즉시 공유관계가 소멸하고 각 공유자에게 그 협의에 따른 새로운 법률관계가 창설되는 것은 아니고, 공유자들이 협의한 바에 따라 토지의 분필절차를 마친 후 각 단독소유로 하기로 한 부분에 관하여 다른 공유자의 공유지분을 이전받아 등기를 마침으로써 비로소 그 부분에 대한 대세적 권리로서의 소유권을 취득하게 된다고 보아야 한다(대판[전합] 2013.11.21. 2011두1917).

[❷ ▸ 등기×] [❸ ▸ 등기×] [❹ ▸ 등기×] 상속, 공용징수, 판결, 경매 기타 법률의 규정에 의한 부동산에 관한 물권의 취득은 등기를 요하지 아니한다. 그러나 등기를 하지 아니하면 이를 처분하지 못한다(민법 제187조).

[❺ ▸ 등기×] 농지대가의 상환을 완료한 수분배자는 구 농지개혁법에 의하여 등기 없이도 완전히 그 분배농지에 관한 소유권을 취득하게 되는 것이고, 구 농지법 부칙 제3조의 규정도 '농지대가 상환 또는 등기 등'이라고 하지 아니하고 '농지대가 상환 및 등기 등'이라고 규정함으로써 농지대가 상환 및 등기가 모두 종료되지 아니한 경우에 관하여 정하고 있는 것이라고 해석되므로, 농지대가 상환을 완료하여 구 농지개혁법에 의하여 등기 없이 완전한 소유권을 취득한 자가 농지법 시행일부터 3년 내에 등기를 마치지 아니하였다고 하여 그 소유권을 상실한다고는 볼 수 없다(대판 2007.10.11. 2007다43856).

답 ❶

05

등기의 유효요건에 대한 내용 중 가장 옳지 않은 것은? 　　　2009년

① 부적법하게 말소등기가 마쳐진 경우 그 말소등기는 실체관계에 부합하지 않는 것이어서 무효라고 함이 판례의 입장이다.
② 건물의 종류와 구조, 면적이 동일한 경우에는 멸실건물의 보존등기를 멸실 후에 신축한 건물의 보존등기로 유용할 수 있다.
③ 원인 없이 소유권이전등기가 마쳐진 후에 그 당사자 간에 적법한 매매계약이 체결되었다면 그때부터 종전의 등기는 유효하다 할 것이다.
④ 중간생략등기가 유효하기 위해서는 최종소유자가 소유자로서의 실체법상의 요건은 모두 갖추고 있어야 한다.
⑤ 건물에 있어서는 건물의 소재와 대지 지번의 표시가 다소 상위하더라도 건물의 종류·구조·면적 등의 기록 및 그 인근에 유사한 건물의 존부 등을 종합적으로 판단하여 그 등기가 당해 건물을 표시하고 있는 것으로 인정되는 경우에는 유효한 등기로 보고 있다.

[❶ ▸ O] 부적법하게 말소등기가 마쳐진 경우 그 말소등기에는 등기의 추정력도 인정되지 않는다(대판 1997.9.30. 95다39526). 따라서 말소된 등기명의인은 말소 당시의 소유자를 등기의무자로 하여 말소회복등기를 신청할 수 있다.

[❷ ▸ ✕] 건물이 멸실되어 무효로 된 멸실건물의 소유권보존등기를 멸실 건물과 동일하게 다시 건축한 신축건물의 소유권보존등기로 유용하는 것은 동일성이 전혀 없어 허용되지 않는다(대판 1976.10.26. 75다2211). 따라서 이 경우에는 멸실등기를 하고 새로운 소유권보존등기를 하여야 할 사안에 해당한다.

[❸ ▸ O] 어떠한 등기가 마쳐질 당시에는 무효라 하더라도 그 후에 이 등기에 부합하는 실체적 권리상태가 있게 된 때에는 이 등기는 실체관계를 구비한 것이므로 이를 유효로 하는 것이 등기의 공시 목적에도 합당하다 할 것이다.

[❹ ▸ O] 중간생략등기가 유효하기 위해서는 최종소유자가 소유자로서의 실체법상의 요건을 갖추어야 하는 것은 당연하고, 중간자를 포함한 전원의 동의가 있어야 한다.

> 최종 양수인이 중간생략등기의 합의를 이유로 최초 양도인에게 직접 중간생략등기를 청구하기 위하여는 관계 당사자 전원의 의사합치가 필요하지만, 당사자 사이에 적법한 원인행위가 성립되어 일단 중간생략등기가 이루어진 이상 중간생략등기에 관한 합의가 없었다는 이유만으로는 중간생략등기가 무효라고 할 수는 없다(대판 2005.9.29. 2003다40651).

[❺ ▸ O] 건물에 관한 보존등기상의 표시와 실제건물과의 사이에 건물의 건축시기, 건물 각 부분의 구조, 평수, 소재 지번 등에 관하여 다소의 차이가 있다 할지라도 사회통념상 동일성 혹은 유사성이 인식될 수 있으면 그 등기는 당해 건물에 관한 등기로서 유효하다(대판 1981.12.8. 80다163).

답 ❷

CHAPTER 03 등기기관과 등기부

| 제1절 | 등기기관과 그 설비

I 등기소

1. 등기소의 의의

등기사무를 담당하는 국가기관을 등기소라고 한다. 따라서 등기소라는 명칭을 가진 관서뿐만 아니라 등기사무를 담당하는 지방법원의 등기국, 등기과와 그 지원의 등기과 또는 등기계도 등기소이다. 법원행정처 부동산등기과는 직접 등기사건을 처리하고 있지 않으므로 여기에서 말하는 등기소는 아니다.

2. 등기소의 관할

① 구체적인 등기신청에 관하여 현실적으로 어느 등기소가 그 등기사무를 처리할 것이냐 하는 것이 관할의 문제이다. 등기사무는 부동산의 소재지를 관할하는 지방법원, 그 지원 또는 등기소(이하 "등기소"라 한다)에서 담당하는 것이 원칙이다(부동산등기법 제7조 제1항).

② 등기소의 관할구역은 법률(각급 법원의 설치와 관할구역에 관한 법률)과 대법원규칙(등기소의 설치와 그 관할구역에 관한 규칙)에 의하여 정해지는데, 광역 등기국을 제외하고는 대체로 행정구역인 구·시·군을 기준으로 정하여져 있다.

3. 관할의 지정

① 1개의 부동산(건물)이 여러 등기소의 관할구역에 걸쳐 있을 때에는 신청에 의하여 각 등기소를 관할하는 상급법원의 장(여러 등기소가 같은 지방법원 관내일 때에는 그 지방법원의 장, 같은 고등법원 관내일 때에는 그 고등법원의 장, 고등법원의 관할구역을 달리할 때에는 대법원장)으로부터 관할의 지정을 받은 등기소만이 관할권을 갖는다(부동산등기법 제7조 제2항).

② 관할 등기소 지정 신청서는 해당 부동산의 소재지를 관할하는 등기소 중 어느 한 곳에 제출하며, 그 등기소에서는 신청서 및 첨부서면의 적정 여부를 심사한 후 즉시 상급법원의 장에게 송부하여야 한다(등기예규 제1521호).

③ 관할의 지정을 받아 등기를 신청할 경우에는 신청서에 관할지정이 있음을 증명하는 정보를 첨부정보로서 등기소에 제공하여야 하며(부동산등기규칙 제5조 제4항), 지정 관할 등기소의 등기관이 등기를 한 때에는 지체 없이 그 사실을 다른 등기소에 통지하고(부동산등기규칙 제5조 제5항), 통지를 받은 등기소는 전산정보처리 조직으로 관리되고 있는 관할지정에 의한 등기부목록에 통지받은 사항을 기록하여야 한다(부동산등기규칙 제5조 제6항).

④ 위의 규정은 단지를 구성하는 여러 동의 집합건물 중의 일부 건물의 대지가 다른 등기소의 관할에 속하는 경우에 준용한다(부동산등기규칙 제5조 제7항).

⑤ 이미 등기된 건물이 행정구역 등의 변경으로 인하여 나중에 여러 등기소의 관할구역에 걸치게 된 때에는 관할의 지정을 받을 필요 없이 종전의 관할 등기소가 관할하되 관할의 지정이 있는 경우와 같은 통지절차 등을 이행하여야 한다(등기예규 제1433호).

4. 관할의 위임

① 대법원장은 어느 등기소의 관할에 속하는 사무를 다른 등기소에 위임하게 할 수 있다(부동산등기법 제8조). 천재지변, 등기업무의 과다, 그 밖의 사유로 관할 등기소에서 등기사무를 처리하는 것보다 다른 등기소에서 처리하는 것이 편리할 수가 있기 때문이다.

② 관할의 위임이 있게 되면 등기사무는 위임받은 등기소만이 관할권을 갖게 된다.

5. 관할의 변경 등(등기예규 제1433호)

(1) 의 의

관할의 변경이란 행정구역의 변경 또는 등기소의 신설·폐지 등으로 인하여 어느 부동산의 소재지가 다른 등기소의 관할로 변경되는 경우를 말한다. 이때의 등기업무 처리절차는 다음과 같다.

(2) 관할 변경의 경우

① 구관할 등기소

㉠ 등기기록의 이관조치 등 : 부동산의 소재지가 다른 등기소의 관할로 변경된 경우에는 관할이 변경된 부동산의 등기기록의 처리권한을 전산정보처리조직을 이용해 신관할 등기소로 넘겨주는 조치를 하여야 한다. 이 조치가 완료된 경우에는 등기관은 전산정보처리조직을 이용하여 인수인계서를 작성하여야 한다.

㉡ 건물대지 일부의 관할 변경으로 인하여 1개의 건물이 2개 이상의 등기소의 관할에 걸치게 된 때 : 종전 관할 등기소에서 관할하되 관할의 지정을 받아 등기하려는 경우에 준하여 건물대지의 일부를 관할하는 등기소에 그 뜻을 통지하여야 한다.

㉢ 안내사항 : 관할의 변경이 있는 등기소에서는 관할변경일 2주일 전부터 4주간 등기소 창구에 관할변경사실을 고지하는 안내문을 게시하여 신청인들의 편의를 도모한다.

㉣ 보고사항 : 인수인계가 완료된 때에는 위 인수인계서의 부본 1부를 첨부한 보고서를 작성하여 소속 지방법원장에게 보고하고 지방법원장은 대법원장에게 그 결과를 보고하여야 한다.

② 신관할 등기소

㉠ 구관할 등기소로부터 관할변경된 부동산에 대한 처리권한을 넘겨주는 조치가 완료된 때에는 등기기록의 표제부 등기원인 및 기타사항란에 관할변경의 사유와 그 연월일을 기록하고 등기관이 부동산등기규칙 제7조의 식별부호를 기록하여야 한다.

㉡ 등기관은 부동산등기법 제31조(행정구역의 변경)에도 불구하고 표제부에 기록되어 있는 행정구역의 명칭을 변경하여야 한다.

(3) 등기소의 신설

1개 또는 여러 등기소의 관할구역을 분리하여 등기소를 신설한 경우에도 위의 요령에 준하여 처리한다.

(4) 관할 내의 행정구역 또는 그 명칭이 변경된 경우

행정구역 또는 그 명칭이 변경된 경우에 등기관은 직권으로 그 변경에 따른 부동산의 표시변경등기를 하여야 한다. 이 변경등기는 등기소의 업무사정을 고려하여 순차로 하여야 하며, 표시변경등기가 완료되기 전에 그 부동산에 관한 다른 등기의 신청이 있는 때에는 즉시 그 등기에 부수하여 표시변경등기를 하여야 한다.

6. 등기사무의 정지

① 대법원장은 등기소에서 등기사무를 정지하여야 하는 사유(예 관할 등기소의 화재로 인한 소실)가 발생하면 기간을 정하여 등기사무의 정지를 명령할 수 있다(부동산등기법 제10조).

② 등기사무가 정지된 기간 중의 새로운 등기신청은 부동산등기법 제29조 제2호의 사유에 해당하여 각하한다.

Ⅱ 등기관

1. 의 의

등기관은 지방법원장(등기소의 사무를 지원장이 관장하는 경우에는 지원장을 말한다. 이하 같다)의 지정을 받아 지방법원, 그 지원 또는 등기소에서 등기사무를 처리하는 자를 말한다(부동산등기법 제11조 제1항).

2. 등기관의 지정

① 등기사무는 등기소에 근무하는 법원서기관·등기사무관·등기주사 또는 등기주사보(법원사무관·법원주사 또는 법원주사보 중 2001년 12월 31일 이전에 시행한 채용시험에 합격하여 임용된 사람을 포함한다) 중에서 지방법원장이 지정하는 자가 처리한다(부동산등기법 제11조 제1항).

② 등기과·소장은 별도로 등기관으로 지정한다는 명령이 없더라도 등기과·소장의 지정에 그 뜻이 당연히 포함된 것으로 보아야 한다.

ㄱ 등기관이 별도로 지정되어 근무하는 등기과·소의 장은 조사·교합업무의 직접 처리를 가급적 자제한다.

ㄴ 특히 등기과·소장 외에 등기관이 3인 이상인 등기과·소의 경우에는 특별한 경우(등기관의 휴가·병가 등으로 결원이 발생한 경우 또는 신청사건이 폭주하여 등기관의 업무처리가 불가능하다고 판단되는 경우)를 제외하고는 조사·교합업무를 처리하지 아니하고, 일반 대민업무와 등기업무의 개선 및 등기관 상호 간의 업무통일 등 등기소 업무의 전반적인 지휘·감독에 전념하여야 한다(등기예규 제1049호).

③ 1일 평균 등기사건 70~80건마다 1인의 등기관을 지정할 수 있으며(등기예규 제1364호), 법원(등기)주사보 또는 법원행정고등고시 출신 사무관은 1년 이상 근무한 자 중에서 지정함이 원칙이다(행정예규 제384호).

④ 등기관으로 지정되었던 자가 전임·퇴직 등의 사유로 해당 관직을 이탈할 때, 휴직 또는 정직의 경우에는 등기관 지정이 취소된 것으로 본다(등기예규 제1364호).

3. 등기관의 권한과 책임

① 등기관은 그 직무권한에 있어 독립성을 가진다. 이때의 독립성이란 자기 명의로 단독으로 등기사무를 처리하는 것을 뜻한다. 등기관도 법원직원으로서 상사의 지휘감독에 복종하고 일반 행정지시에 따라야 함은 물론이다.

② 등기관은 자기 책임으로 등기사건을 처리하며 위법·부당한 사건처리에 대하여는 책임을 진다.

③ 사권관계에 중대한 영향을 미치는 등기사무의 성질상 등기관의 직무집행은 공평·엄정하여야 하므로 일정한 등기사건에 관하여는 업무처리가 제한된다. 즉, 등기관은 자기, 배우자 또는 4촌 이내의 친족(이하 "배우자등"이라 한다)이 등기신청인인 때에는 그 등기소에서 소유권등기를 한 성년자로서 등기관의 배우자등이 아닌 자 2명 이상의 참여가 없으면 등기를 할 수 없다. 배우자등의 관계가 끝난 후에도 같다 (부동산등기법 제12조 제1항).

④ 이때에는 등기관이 조서를 작성하여 참여인과 함께 기명날인 또는 서명하여야 한다(부동산등기법 제12조 제2항).

⑤ 등기관이 고의·과실로 부당한 처분을 함으로써 사인에게 손해를 입힌 경우에는 「국가배상법」에 따라 국가가 배상책임을 지며, 등기관에게 고의 또는 중대한 과실이 있으면 국가는 그 등기관에게 구상할 수 있다(국가배상법 제2조).

Ⅲ 등기에 관한 장부

1. 장부의 종류

등기에 관한 장부는 크게 등기부와 그 외의 장부로 나눌 수 있다. 등기부 외의 장부 중 다음의 장부는 등기소에 비치하여야 한다(부동산등기규칙 제21조).

① 부동산등기신청서 접수장
② 기타 문서 접수장
③ 결정원본 편철장
④ 이의신청서류 편철장
⑤ 사용자등록신청서류 등 편철장
⑥ 신청서 기타 부속서류 편철장
⑦ 신청서 기타 부속서류 송부부
⑧ 각종 통지부
⑨ 열람신청서류 편철장
⑩ 제증명신청서류 편철장
⑪ 그 밖에 대법원예규로 정하는 장부

2. 등기부

(1) 의의 및 보관

등기부란 전산정보처리조직에 의하여 입력·처리된 등기정보자료를 말한다(부동산등기법 제2조 제1호). 등기부 전산화 이전에는 등기부도 등기소에 비치하여야 했으나, 전산화 이후에는 등기정보중앙관리소에 보관한다(부동산등기규칙 제10조).

(2) 등기부의 종류

토지등기부와 건물등기부의 2종으로 한다(부동산등기법 제14조 제1항). 이 규정은 등기부의 종류를 한정하고 있을 뿐만 아니라 등기의 대상을 정하고 있는 규정이기도 하다.

(3) 등기부의 편성

① **물적 편성주의** : 우리나라는 권리의 객체인 부동산을 편성의 단위로 하는 물적 편성주의를 취하고 있다.

② **1부동산 1등기기록의 원칙** : 1개의 부동산, 즉 1필의 토지 또는 1동의 건물에 대하여는 1개의 등기기록만을 사용함을 말한다(부동산등기법 제15조 제1항).

③ **구분건물의 등기기록에 관한 특칙**

ㄱ 1동의 건물을 구분한 건물에 있어서는 1동의 건물에 속하는 전부에 대하여 1등기기록을 사용한다(부동산등기법 제15조 제1항 단서).

ㄴ 구분건물의 등기기록에 대지권등기를 한 때에는 처분의 일체성이 있는바, 하나의 구분건물 등기기록에 의하여 전유부분뿐만 아니라 대지권의 목적인 토지에 관한 권리도 공시하게 된다.

(4) 등기기록의 양식

① **일반 등기기록의 양식**(부동산등기규칙 제13조)

ㄱ 등기기록을 개설할 때에는 1필의 토지 또는 1개의 건물마다 부동산고유번호를 기록하여야 한다(부동산등기규칙 제12조 제1항).

ㄴ 표제부

㉮ 표제부에는 부동산의 표시에 관한 사항을 기록한다(부동산등기법 제15조 제2항).

㉯ 토지등기기록의 표제부에는 표시번호란, 접수란, 소재지번란, 지목란, 면적란, 등기원인 및 기타사항란을 둔다(부동산등기규칙 제13조 제1항).

㉰ 건물등기기록의 표제부에는 표시번호란, 접수란, 소재지번 및 건물번호란, 건물내역란, 등기원인 및 기타사항란을 둔다(부동산등기규칙 제13조 제1항).

ㄷ 갑구 : 갑구에는 소유권에 관한 사항을 기록하며(부동산등기법 제15조 제2항) 순위번호란, 등기목적란, 접수란, 등기원인란, 권리자 및 기타사항란을 둔다(부동산등기규칙 제13조 제2항).

ㄹ 을구 : 을구에는 소유권 외의 권리에 관한 사항을 기록하며(부동산등기법 제15조 제2항) 갑구와 같은 란을 둔다(부동산등기규칙 제13조 제2항).

② **구분건물 등기기록의 양식**(부동산등기규칙 제14조)

ㄱ 구분건물의 등기기록에는 1동의 건물에 대한 표제부를 두고 구분한 각 건물마다 표제부, 갑구, 을구를 둔다.

ㄴ 구분건물의 등기기록을 개설할 때에는 전유부분마다 부동산고유번호를 부여한다(부동산등기규칙 제12조 제2항).

ⓒ 1동의 건물의 표제부 : 1동의 건물의 표제부에는 표시번호란, 접수란, 소재지번·건물명칭 및 번호란, 건물내역란, 등기원인 및 기타사항란을 둔다. 대지권이 있는 건물의 경우에는 1동의 건물의 표제부에 대지권의 목적인 토지의 표시를 위하여 표시번호란, 소재지번란, 지목란, 면적란, 등기원인 및 기타사항란을 둔다.

ⓔ 구분한 각 건물의 표제부 : 전유부분의 표제부에는 표시번호란, 접수란, 건물번호란, 건물내역란, 등기원인 및 기타사항란을 둔다. 대지권이 있는 경우에는 대지권의 표시를 위한 표시번호란, 대지권종류란, 대지권비율란, 등기원인 및 기타사항란을 둔다.

③ 공용부분의 등기기록

ⓐ 규약상의 공용부분은 전유부분 또는 부속건물이거나 1단지 내의 부속시설인 건물로서 규약에 의하여 구분소유자의 전원 또는 일부의 공용부분으로 한 것이므로 그들의 공유에 속하고, 공유등기를 할 수 있다.

ⓑ 이러한 공용부분에 관하여 공용부분이라는 뜻의 등기를 하게 되면 그 공용부분에 대한 지분은 전유부분의 처분에 따르고 그에 관한 물권의 득실변경에는 등기가 필요하지 않게 된다(집합건물법 제10조 제1항, 제13조 제1항·제3항).

(5) 등기부부본자료의 작성과 보관

① 등기관이 등기를 마쳤을 때에는 등기부부본자료를 작성하여야 한다(부동산등기법 제16조).

② 등기부부본자료는 전산정보처리조직으로 작성하여야 하며, 법원행정처장이 지정하는 장소에 보관하고 등기부와 동일하게 관리하여야 한다(부동산등기규칙 제15조).

3. 접수장

① 같은 부동산에 관하여 등기한 권리의 순위는 원칙적으로 등기한 순서에 따르고 등기의 순서는 신청정보 접수의 순서에 의하여 결정되는데(부동산등기법 제4조), 신청서 접수의 순서를 기록해서 비치하는 장부가 접수장이다.

② 등기관이 신청정보를 접수할 때에는 접수장에 등기의 목적·신청인의 성명·접수연월일과 접수번호 등을 기록하여야 한다(부동산등기규칙 제22조 제1항).

③ 등기관은 접수번호의 순서에 따라 등기사무를 처리하여야 한다(부동산등기법 제11조 제3항). 등기권리자 또는 등기의무자가 여러 명인 경우 부동산등기신청서 접수장에 신청인의 성명 또는 명칭을 적을 때에는 신청인 중 1명의 성명 또는 명칭과 나머지 인원을 적는 방법으로 할 수 있다(부동산등기규칙 제22조 제3항).

④ 같은 부동산에 관하여 동시에 여러 개의 신청이 있는 경우에는 같은 접수번호를 부여하여야 한다(부동산등기규칙 제65조 제2항).

4. 신청서 기타 부속서류 편철장

① 등기를 완료한 후 신청서(촉탁서)와 그 부속서류 등을 접수번호의 순서에 따라 편철한 것으로, 통상 200건의 신청서를 1책으로 편철한다. 전자신청이나 전자촉탁의 경우에는 굳이 신청정보와 첨부정보를 출력·편철할 필요가 없다.

② 등기신청서나 그 부속서류는 등기신청의 진부에 대한 다툼이 있을 경우 중요한 증거자료가 된다. 법원의 송부명령 또는 촉탁이 있으면 송부할 수 있으며(부동산등기규칙 제11조), 압수·수색영장의 집행대상이 된다.

③ 통상 신청서 등의 사본을 송부(제출)하는 방법으로 문서송부촉탁(압수)에 응하면 되지만, 문서감정 등을 위하여 원본의 송부(제출)가 필요한 경우에는 해당 서류의 사본을 작성하여 그 서류가 반환될 때까지 보관한다(등기예규 제1548호).

④ 법원의 명령 또는 촉탁에 의하여 송부하거나 영장에 의하여 수사기관이 압수할 수 있는 신청서나 그 밖의 부속서류는 등기신청서 및 그 부속서류 또는 이와 동일시할 수 있는 등기신청취하서 등이며, 등기부의 일부로 보는 도면, 신탁원부, 공동담보(전세)목록, 공장저당법 제6조의 목록, 공장(광업)재단목록은 이에 포함되지 않는다(등기예규 제1548호).

5. 폐쇄등기기록(부동산등기법 제20조)

① 등기관이 등기기록에 등기된 사항을 새로운 등기기록에 옮겨 기록한 때에는 종전 등기기록을 폐쇄한다. 폐쇄한 등기기록은 영구히 보존하여야 한다.

② 등기기록의 폐쇄 사유는 신 등기기록 이기(등기기록의 매수 과다 등), 멸실등기, 합필 또는 건물의 합병등기, 건물의 구분등기, 중복등기기록 정리, 소유권보존등기의 말소등기 등이다.

③ 폐쇄등기기록에는 현재 효력 있는 등기의 연혁이라고 할 종전의 등기가 기록되어 있으므로 현 등기의 효력이 문제될 경우에는 중요한 역할을 한다.

④ 등기사항의 열람과 증명에 관한 규정은 폐쇄등기기록에 준용된다(부동산등기법 제20조 제3항).

6. 장부의 관리

(1) 의 의

등기에 관한 장부(특히 등기부)와 서류는 위·변조 및 멸실 등을 방지하여 권리공시기능을 충분히 발휘하도록 세심히 관리하여야 한다.

(2) 장부의 관리 철저

① **장부의 이동금지**(부동산등기법 제14조 제3항·제4항) : 등기부와 그 부속서류는 전쟁, 천재지변, 그 밖에 이에 준하는 사태를 피하기 위한 경우 외에는 보관되어 있는 장소 밖으로 옮기지 못한다. 다만, 신청서와 그 부속서류는 법원의 명령 또는 촉탁이 있거나 법관이 발부한 영장에 의해 압수하는 경우에는 보관장소 밖으로 옮길 수 있다.

② **등기부 등의 손상방지 처분**(부동산등기법 제17조) : 법원행정처장은 등기부의 전부 또는 일부가 손상되거나 손상될 염려가 있을 때에는 등기부의 복구·손상 방지 등 필요한 처분과 전자문서로 작성된 등기부 부속서류의 멸실방지 등에 필요한 처분을 명할 수 있다(부동산등기규칙 제16조 제1항·제2항). 지방법원장은 등기신청서 및 그 밖의 부속서류의 멸실방지 등에 필요한 처분을 명할 수 있다(부동산등기규칙 제16조 제2항).

③ **열람업무의 관리** : 누구든지 수수료를 내고 등기사항의 전부 또는 일부에 대하여 열람을 청구할 수 있다. 등기기록의 부속서류는 이해관계 있는 부분만 열람을 청구할 수 있다(부동산등기법 제19조). 등기기록의 열람은 등기기록에 기록된 등기사항을 전자적 방법으로 그 내용을 보게 하거나 그 내용을 적은 서면을 내어 주는 방법으로 한다(부동산등기규칙 제31조 제1항).

(3) 등기부 등의 보존기간(부동산등기법 제14조, 규칙 제20조, 제25조)

① **영구 보존장부**
    ㉠ 등기부(부동산등기법 제14조)
    ㉡ 폐쇄등기기록(부동산등기법 제20조 제2항)
    ㉢ 신탁원부(부동산등기규칙 제20조 제1항)
    ㉣ 공동담보(전세)목록(부동산등기규칙 제20조 제1항)
    ㉤ 도면(부동산등기규칙 제20조 제1항)
    ㉥ 매매목록(부동산등기규칙 제20조 제1항)

② **20년 보존장부** : 폐쇄확정일자부(행정예규 제340호)

③ **10년 보존장부**
    ㉠ 기타 문서 접수장
    ㉡ 결정원본 편철장
    ㉢ 이의신청서류 편철장
    ㉣ 사용자등록신청서류 등 편철장

④ **5년 보존장부**
    ㉠ 부동산등기신청서 접수장
    ㉡ 신청서 기타 부속서류 편철장
    ㉢ 신청서 기타 부속서류 송부부(송부한 신청서 등이 반환된 날부터 기산)
    ㉣ 등기필정보 실효신청서 기타 부속서류 편철장(등기예규 제1749호)

⑤ **1년 보존장부**
    ㉠ 각종 통지부
    ㉡ 열람신청서류 편철장
    ㉢ 제증명신청서류 편철장

(4) 장부의 폐기

장부의 보존기간은 해당 연도의 다음 해부터 기산하며, 보존기간이 만료된 장부 또는 서류는 지방법원장의 인가를 받아 보존기간이 만료되는 해의 다음 해 3월까지 폐기한다(부동산등기규칙 제25조).

제2절 | 등기부의 손상과 복구

Ⅰ 등기부의 복구·손상방지 등 처분명령

① 과거 종이 형태의 등기부를 사용하던 시기에는 등기부가 멸실되거나 등기부 중 일부가 훼손되는 일이 종종 발생하였다.

② 이 경우 구법에서는 고시 등의 절차를 거쳐서 등기부를 복구하도록 하고 있었으나(구법 제24조), 전산정보처리조직을 이용하여 등기사무를 처리한 때에는 등기관이 등기를 완료함과 동시에 등기부부본이 생성되므로 손상된 등기부의 복구절차를 구법과 같이 복잡하게 할 필요가 없어졌다. 등기부가 손상되면 즉시 등기부부본에 의하여 복구가 가능하기 때문이다.

③ 개정법에서는 등기부 손상 시 신속하고 효율적인 복구를 위하여 대법원장은 대법원 규칙으로 정하는 바에 따라 복구에 필요한 처분을 명령할 수 있고, 아울러 등기부의 손상방지 등 필요한 처분도 명령할 수 있도록 하였다(부동산등기법 제17조).

④ 규칙에 따르면 등기부의 손상방지 또는 손상된 등기부의 복구 등의 처분명령에 관한 권한 및 전자문서로 작성된 등기부 부속서류의 멸실방지 등의 처분명령에 관한 권한을 법원행정처장이 행하고, 등기신청서나 그 밖의 부속서류의 멸실방지 등의 처분명령에 관한 권한은 지방법원장이 행한다(부동산등기규칙 제16조 제1항·제2항).

Ⅱ 손상 등의 보고, 복구 등

① 등기부의 전부 또는 일부가 손상되거나 손상될 염려가 있을 때에는 전산운영책임관은 지체 없이 그 상황을 조사한 후 처리방법을 법원행정처장에게 보고하여야 한다(부동산등기규칙 제17조 제1항).

② 등기부의 전부 또는 일부가 손상된 경우에 전산운영책임관은 등기부부본자료에 의하여 그 등기부를 복구하여야 한다(부동산등기규칙 제17조 제2항). 전산운영책임관이 등기부부본자료에 의하여 등기부를 복구한 경우에는 지체 없이 그 경과를 법원행정처장에게 보고하여야 한다(부동산등기규칙 제17조 제3항).

③ 구법에서는 등기부의 전부 또는 일부가 멸실된 경우에 회복등기신청에 관한 규정을 두었는데(구법 제24조) 개정법에서는 삭제하였다. 등기부가 손상된 경우 등기부부본자료에 의하여 즉시 복구가 가능하고 만일 등기부부본자료마저 손상되었더라도 백업된 데이터에 의해 복구가 가능하기 때문이다.

④ 하지만 당사자의 회복등기신청에 의한 등기부 복구 방법이 완전히 배제되었다고 보기는 어렵다. 등기부를 복구할 수 있는 모든 전산자료가 파기된 경우 법원행정처장은 구법에서 정한 방법에 의해 복구하도록 처분을 할 수 있기 때문이다.

제3절 | 등기의 공시

I 인증사무

① 부동산등기제도의 목적은 부동산에 관한 권리관계를 공시하는 데 있으므로 등기에 관한 장부는 공개해서 널리 일반 공중이 이용할 수 있게 하여야 한다.

② 법은 누구든지 원하는 경우에는 수수료를 내고 등기기록에 기록되어 있는 사항의 전부 또는 일부의 열람과 이를 증명하는 등기사항증명서의 발급을 청구할 수 있도록 하였다. 다만 등기기록의 부속서류에 대해서는 이해관계 있는 부분만 열람을 청구할 수 있다(부동산등기법 제19조 제1항).

③ 이와 같은 등기기록이나 그 밖의 장부 등의 공개에 관한 사무를 인증사무라 한다. 등기는 궁극적으로 공시를 위하여 행하여진다. 그러므로 이 사무가 적정하게 행하여지지 않으면 부동산등기제도의 의의마저 잃게 된다.

II 수수료의 납부방법 등

1. 납부방법

① 신청인은 「등기사항증명서 등 수수료규칙」에서 정하는 바에 따라 현금 또는 신용카드(제3조 중 신청서 기타 부속서류의 열람 부분은 제외한다)로 납부하여야 하며, 등기관은 등기사항증명서 또는 열람신청서 여백에 기기를 이용하여 그 영수필의 취지를 표시하여야 한다(동 규칙 제6조 제1항).

② 다만, 무인발급기를 이용하여 등기사항증명서 또는 인감증명서를 교부받는 경우에는 현금 또는 신용카드로 수수료를 납부하거나 고주파송수신칩이 내장된 매체 또는 이동통신단말장치에서 사용되는 애플리케이션을 통한 신용카드, 전자화폐 등으로 수수료를 납부할 수 있고, 인터넷을 이용하여 등기사항증명서를 발급받거나 등기기록을 열람하거나 인감증명서 발급을 신청하는 경우에는 신용카드, 금융기관 계좌이체, 전자화폐 등으로 수수료를 납부하여야 한다(동 규칙 제6조 제1항 단서).

2. 수수료액(등기예규 제1679호)

신청구분	내용	액수
등기사항증명서 발급(1통)	창구	1,200원
	무인	1,000원
	인터넷	1,000원
등기기록 열람(1등기기록)	창구	1,200원
	인터넷	700원
신청서 기타 부속서류 열람(1사건)	창구	1,200원

※ 등기사항증명서나 열람출력물 1통이 20장을 초과하는 때에는 초과 1장마다 추가로 50원의 수수료를 납부하되, 100원 미만의 단수는 계산하지 아니한다(등기사항증명서 등 수수료규칙 제2조 제1항, 제3조 제1항).

3. 수수료의 면제

① 등기사항증명서 발급 및 열람 수수료는 다른 법률에 수수료를 면제하는 규정이 있거나 「국유재산법」상의 분임재산관리관 이상의 공무원이 「징발법」, 「징발재산정리에 관한 특별조치법」 시행의 필요에 의하여 청구하는 때에는 면제된다(동 규칙 제7조 제1항).

② 제7조 제1항에 따라 수수료를 면제하는 경우에는 인증문 여백에 "이 증명은 「등기사항증명서 등 수수료 규칙」 제7조 제1항에 따라 수수료를 면제함"이라는 면제사유를 기재하여 교부한다(동 규칙 제6조 제2항). 면제에 관한 규정이 없으면 수수료는 면제되지 않는다.

③ 다른 법률에서 청구인이 국가기관(정부기관 또는 행정기관 등을 포함한다)에 대하여 필요한 자료의 제공 또는 관계서류의 열람 등을 요청하거나 요구할 수 있도록 규정한 경우에도 열람수수료를 면제한다(동 규칙 제7조 제2항).

④ 다른 법률에 수수료를 면제하는 규정이 있거나 국가가 자기를 위하여 하는 등기의 신청의 경우에는 위 규칙 제5조의2 내지 제5조의5에서 규정하는 수수료를 면제한다(동 규칙 제7조 제3항). 다른 법률에 사용료를 면제하는 규정이 있거나 국가 또는 지방자치단체에 대하여는 위 규칙 제5조의6에서 규정하는 사용료를 면제한다(동 규칙 제7조 제4항).

⑤ 「전자정부법」 제38조에 의하여 행정기관이 업무처리를 위해 행정정보공동이용 대상인 등기정보를 열람하는 경우에는 수수료를 면제한다(동 규칙 제7조 제5항).

⑥ 위 규칙 제5조의5의 전자신청에 의한 등기사건이 처리완료된 후 신청인 또는 대리인이 해당 등기사건에 대하여 신청하는 제2조 제2항의 인터넷에 의한 등기사항증명서 교부수수료 또는 제3조 제2항의 등기기록 열람수수료는 1회에 한하여 면제한다(동 규칙 제7조 제7항).

⑦ 세무공무원이 과세자료를 조사하기 위하여 또는 지적소관청 소속 공무원이 지적공부와 등기기록의 부합 여부를 확인하기 위하여 등기기록이나 신청서 그 밖의 부속서류의 열람을 신청하는 때에는 열람수수료를 면제한다(등기예규 제1409호).

⑧ 국유재산관리사무를 위임받은 공무원이나 위탁받은 자가 국유재산관리사무의 필요에 의하여 이를 청구한다는 사실을 소명하여 등기사항증명서의 교부 등을 신청하는 경우에는 이에 대한 수수료를 면제한다(등기예규 제1409호).

⑨ 「국유재산법」 제66조 제5항에 의하여 무료로 등기사항증명서의 발급이나 등기사항의 열람을 할 수 있는 것은 국유재산관리를 위하여 필요한 때에 한정되므로, 국유재산이 아닌 사유재산에 대하여는 등기사항증명서를 발급받거나 등기사항을 열람하기 위해서는 수수료를 납부하여야 한다(등기선례 제4-966호).

⑩ 무인발급기나 인터넷에 의한 등기사항증명서의 발급 및 인터넷을 통한 등기기록의 열람의 경우에는 수수료 면제규정이 적용되지 않는다(동 규칙 제7조 제6항).

III 주민등록번호 등의 공시제한(등기예규 제1672호)

1. 개 관

등기사항증명서를 발급하거나 등기기록을 열람하게 할 때에는 등기명의인의 표시에 관한 사항 중 주민등록번호 또는 부동산등기용등록번호의 일부를 공시하지 아니할 수 있다(부동산등기규칙 제32조, 등기예규 제1672호). 법원행정처장은 등기기록의 분량과 내용이 무인발급기나 인터넷에 의하여 공개하는 것이 적합하지 않다고 인정되는 경우 공시를 제한할 수 있다(등기예규 제1774호·제1775호).

2. 공시 제한 대상

① 등기명의인의 주민등록번호 등이 기록되는 모든 등기(소유권보존·이전등기, 저당권설정등기, 가등기 등) 중 그 등기명의인이 개인(내국인, 재외국민, 외국인)인 경우 및 등기명의인이 법인 아닌 사단·재단 인 경우에 한해서 그 개인 및 대표자의 주민등록번호 등의 일부가 제한의 대상이 된다.

② 법인, 법인 아닌 사단이나 재단, 국가, 지방자치단체 등 단체의 등록번호는 공시를 제한하지 않는다.

3. 공시 제한 범위

주민등록번호 등의 뒷부분 7자리 숫자는 공시하지 아니한다.

4. 등기사항증명서 발급 및 등기기록 열람 방법

(1) 원 칙

① 등기사항증명서는 등기명의인의 표시에 관한 사항 중 주민등록번호 등의 뒷부분 7자리 숫자를 가리고 (예 750215 - *******) 작성하여 발급한다.

② 등기기록의 열람(인터넷열람 포함)은 등기명의인의 표시에 관한 사항 중 주민등록번호 등의 뒷부분 7자리 숫자를 가린 등기기록을 열람에 제공한다.

(2) 예 외

다음 각 호의 어느 하나에 해당하는 경우에는 공시를 제한하지 아니한다.

① 대상 등기명의인(말소사항 포함)의 주민등록번호 등을 입력하고, 등기기록에 그와 일치하는 주민등록번호 등이 존재하는 경우

② 공용목적(수용, 토지대장정리 등)으로 국가, 지방자치단체, 「공익사업을 위한 토지 등의 취득 및 보상에 관한 법률」(이하 "토지보상법"이라 한다) 제8조에 의한 사업시행자 등이 그 신청과 이해관계가 있음을 소명한 경우

③ 재판상 목적으로 신청인이 그 신청목적과 이해관계가 있음을 소명한 경우

④ 수사기관이 범죄의 수사에 필요함을 소명한 경우

(3) 수작업폐쇄등기부 및 이미지폐쇄등기부의 특례

수작업폐쇄등기부 및 이미지폐쇄등기부의 경우 앞의 (1) 및 (2)에 따라 처리하되, 신청사건수·발급면수·등기명의인 수 등이 과다하거나 등기부의 상태상 등기명의인의 주민등록번호 등의 식별이 용이하지 않아 주민등록번호 등의 공시를 제한하기 어려운 사정이 있는 경우에는 주민등록번호 등의 전부 또는 일부의 공시를 제한하지 아니할 수 있다.

5. 주민등록번호 등의 입력 절차 등

(1) 등기소의 담당직원이 신청을 받은 경우

① 신청인이 주민등록번호 등이 기재된 등기사항증명서를 발급받고자 하거나 주민등록번호 등이 가려지지 않은 등기기록을 열람하고자 할 경우, 담당직원은 신청인으로 하여금 해당 등기기록상 등기명의인의 주민등록번호 등을 등기사항증명서의 발급신청서에 기재하게 하거나 또는 구두나 메모형식으로 이를 확인하여 입력하여야 한다.

② 이때 담당직원은 주민등록번호 등이 기재된 교부신청서 등을 즉시 폐기하는 등 주민등록번호 등이 유출되지 않도록 세심한 주의를 기울여야 한다.

③ 위 4. (2) ②·③·④에 해당하는 경우에는 신청인의 성명, 주민등록번호 및 주민등록번호 등의 공시를
제한하지 아니하는 사유(부동산 관련 소송절차에서 필요한 주소보정용 발급의 경우 관할지방법원, 사건
번호, 원·피고 등)를 구체적으로 입력하여야 한다. 이때 담당직원은 주민등록번호 등의 공시를 제한하
지 아니하는 사유를 소명하는 서면(신청기관의 공문 및 신청인의 신분증, 소송수행상 필요한 경우에는
이를 입증할 수 있는 자료)을 확인하여야 하며, 그 소명서면은 전산 입력 후 신청인에게 즉시 반환한다.
④ 담당직원은 공시를 제한하지 아니하는 사유가 없음에도 공시를 제한하지 아니한 채 등기사항증명서를
발급하거나 등기기록을 열람에 제공하지 않도록 주의하여야 한다.

(2) 무인발급기 또는 인터넷을 이용하는 경우

등기명의인의 주민등록번호 등이 기록된 등기사항증명서를 발급받고자 하거나, 주민등록번호 등이 가려지
지 않은 등기기록을 열람하고자 할 경우 신청인이 해당 등기명의인의 주민등록번호 등을 입력하여야 한다.

Ⅳ 등기기록 등의 열람(등기예규 제1653호)

1. 열람의 의의

① 등기기록은 누구나 제한 없이 열람할 수 있지만(주민등록번호 등의 공시 제한은 예외) 등기기록의 부속
서류에 대한 열람은 이해관계 있는 부분으로 한정된다(부동산등기법 제19조 제1항 단서).
② 등기소를 방문하여 등기사항의 전부 또는 일부에 대한 증명서를 발급받거나 등기기록 또는 신청서나
그 밖의 부속서류를 열람하고자 하는 사람은 신청서를 제출하여야 한다(부동산등기규칙 제26조 제1항).
③ 대리인이 신청서나 그 밖의 부속서류의 열람을 신청할 때에는 신청서에 그 권한을 증명하는 서면을 첨부
하여야 한다(부동산등기규칙 제26조 제2항). 전자문서로 작성된 신청서나 그 밖의 부속서류의 열람 신청은
관할 등기소가 아닌 다른 등기소에서도 할 수 있다(부동산등기규칙 제26조 제3항).

2. 열람업무담당자

각 등기과·소의 접수창구에는 등기과·소장이 지정하는 열람업무담당자를 배치하여야 하며, 열람업무담
당자는 등기관의 지시에 따라 열람에 관한 업무를 처리한다.

3. 열람신청인(등기예규 제1653호)

(1) 신청정보 및 첨부정보에 대하여 열람을 신청할 수 있는 자

① 해당 등기신청의 당사자 및 그 포괄승계인
② 해당 등기신청에 따른 등기가 실행됨으로써 직접 법률상 이해관계를 가지게 되었거나 그 등기를 기초로
하여 법률상의 이해관계에 영향을 받게 되었음을 소명한 자
③ 다른 법률에서 허용하는 자

(2) 몇 가지의 예

① 매도인의 상속인은 매매를 원인으로 하는 소유권이전등기의 신청정보 및 첨부정보를 열람할 수 있다.
② 유증자의 상속인은 그 유증을 원인으로 유언집행자와 수증자가 공동으로 신청한 소유권이전등기의 신청
정보 및 첨부정보를 열람할 수 있다.

③ 장래 가등기에 의한 본등기를 할 때 직권말소의 대상이 되는 등기의 명의인은 해당 가등기의 신청정보 및 첨부정보를 열람할 수 있다.

④ (근)저당권자는 그보다 앞선 순위에 있는 (근)저당권설정등기의 신청정보 및 첨부정보를 열람할 수 있으나, 그보다 나중의 순위에 있는 (근)저당권설정등기의 신청정보 및 첨부정보는 열람할 수 없다.

⑤ (근)저당권설정자는 그 (근)저당권을 이전하는 등기의 신청정보 및 첨부정보를 열람할 수 있다.

⑥ 위탁자나 수익자는 수탁자로부터 제3자에게 신탁부동산의 소유권을 이전하는 등기의 신청정보 및 첨부정보를 열람할 수 있다.

⑦ 가등기에 대한 사해행위취소를 원인으로 하는 말소등기청구권을 피보전권리로 하는 가처분권자는 그 가등기의 신청정보 및 첨부정보를 열람할 수 있다.

⑧ 종원명부, 결의서, 회의록, 판결 및 족보 등에 의하여 종원임을 확인할 수 있는 자는 종중이 당사자인 등기신청사건의 신청정보 및 첨부정보를 열람할 수 있다.

⑨ 자격자대리인이 등기신청사건을 위임받아 등기를 마친 후에 그 등기의 신청정보 및 첨부정보에 대하여 열람을 신청한 경우, 열람에 대한 별도의 위임이 없다면 신청정보와 위임장 및 확인정보를 제외한 다른 첨부정보는 열람할 수 없다.

⑩ 단순히 부동산을 매수하고자 하는 자나 소유권이전(보존)등기의 명의인에 대하여 금전채권을 가지고 있음에 불과한 자는 그 소유권이전(보존)등기의 신청정보 및 첨부정보를 열람할 수 없다.

⑪ 세무공무원은 과세자료를 조사하기 위하여 「과세자료의 제출 및 관리에 의한 법률」 제8조, 「지방세기본법」 제130조 제2항, 제3항 및 제141조에 따라 신청정보 및 첨부정보를 열람할 수 있다.

⑫ 수사기관이 수사의 목적을 달성하기 위하여 필요한 경우라도 법관이 발부한 영장을 제시하지 않는 한 신청정보 및 첨부정보를 열람할 수 없다.

4. 열람신청 등기과 · 소

신청정보 및 첨부정보가 서면으로 작성된 경우에는 이를 보존하고 있는 등기과 · 소에서 열람을 신청할 수 있고, 신청정보 및 첨부정보가 전자문서로 작성된 경우에는 관할 등기과 · 소가 아닌 다른 등기과 · 소에서도 열람을 신청할 수 있다.

5. 열람신청의 대상

① 등기신청이 접수된 후 등기가 완료되기 전의 신청정보 및 첨부정보에 대하여는 열람을 신청할 수 없다.

② 부동산등기규칙 제20조 제1항 또는 제25조 제1항의 보존기간이 만료된 신청정보 및 첨부정보에 대하여도 같은 규칙 제20조 제3항의 삭제인가 또는 제25조 제3항의 폐기인가를 받기 전까지는 열람을 신청할 수 있다.

6. 열람신청의 방법

① 열람신청인은 등기과 · 소에 출석하여 열람업무담당자에게 본인의 주민등록증이나 운전면허증 그 밖에 이에 준하는 신분증(이하 "신분증"이라 한다)을 제시하고, 「부동산등기사무의 양식에 관한 예규」 별지 제24호 양식에 따른 신청서를 제출하여야 한다.

② 열람신청인은 「등기사항증명서 등 수수료규칙」 제3조 제1항에 따라 수수료를 납부하고, 열람하고자 하는 신청정보 및 첨부정보와의 이해관계를 소명하여야 한다.

③ 대리인이 열람을 신청할 때에는 대리권한을 증명하는 서면(例 법정대리의 경우에는 가족관계등록사항 별증명서, 임의대리의 경우에는 위임장)을 함께 제출하여야 한다. 위임장을 제출할 때에는 위임인의 인감증명서(위임장에 서명을 하고 본인서명사실확인서를 첨부하거나 전자본인서명확인서의 발급증을 첨부하는 것으로 갈음할 수 있다) 또는 신분증 사본을 같이 첨부하여야 한다.

7. 열람신청의 조사

① 열람업무담당자는 열람신청인이 제시한 신분증에 의하여 열람신청인 또는 그 대리인이 본인인지 여부를 확인하고, 위 신분증의 사본을 열람신청서와 함께 열람신청서류 편철장에 편철하여야 한다.

② 열람업무담당자는 요건을 조사하고 의심이 있는 경우에는 등기관의 지시에 따라야 한다.

8. 열람의 방법

① 열람업무담당자는 신청정보 및 첨부정보가 서면으로 작성된 경우에는 등기관의 인증이 없는 단순한 사본을 교부하는 방법 또는 열람업무담당자가 보는 앞에서 그 내용을 보게 하거나 사진촬영을 하게 하는 방법으로 열람신청인이 열람하게 하고, 신청정보 및 첨부정보가 전자문서로 작성된 경우에는 이를 출력한 서면을 교부하는 방법 또는 모니터를 이용하여 그 내용을 보게 하거나 사진촬영을 하게 하는 방법으로 열람신청인이 열람하게 한다.

② 열람업무담당자는 열람에 제공하는 신청정보 및 첨부정보에 다음의 정보가 포함된 때에는 이를 가리고 열람하게 하여야 한다. 다만, 다음 중 ㉠의 정보는 열람신청인이 이를 알고 있다는 사실을 소명하거나 재판상 목적 등으로 모두 공개될 필요가 있다고 소명한 경우에는 가리지 않고 열람하게 할 수 있다.

㉠ 주민등록번호 또는 개인의 부동산등기용등록번호 뒷부분 7자리

㉡ 개인의 전화번호

㉢ 금융정보(계좌번호, 신용카드번호, 수표번호 등)

9. 열람거부에 대한 이의신청

① 열람신청인은 부동산등기법 제100조에 따라 열람을 거부하는 처분에 대하여 관할 지방법원에 이의신청을 할 수 있다.

② 이의신청은 이의신청서를 해당 등기소에 제출하는 방법으로 하며, 이의신청인은 이의신청서에 이의신청인의 성명·주소, 이의신청의 대상이 된 열람을 거부하는 처분, 이의신청의 취지와 이유, 신청연월일 및 관할 지방법원의 표시를 기재하고, 기명날인 또는 서명하여야 한다.

Ⅴ 등기사항증명서의 발급(등기예규 제1775호)

1. 등기사항증명서의 종류(부동산등기규칙 제29조)

발급이 가능한 등기사항증명서의 종류는 다음과 같다.

① 등기사항전부증명서(말소사항 포함) : "등기사항전부증명서(말소사항 포함)"는 말소된 등기사항을 포함하여 등기기록에 기록된 사항의 전부를 증명하는 증명서를 말한다.

② 등기사항전부증명서(현재 유효사항) : "등기사항전부증명서(현재 유효사항)"는 현재 효력이 있는 등기사항 및 그와 관련된 사항을 증명하는 증명서를 말한다.

③ **등기사항일부증명서(특정인 지분)** : "등기사항일부증명서(특정인 지분)"는 특정 공유자의 지분 및 그 지분과 관련된 사항을 공시하기 위하여 지정된 특정인의 지분을 표시하고 해당 지분과 관련된 사항을 발췌하여 증명하는 증명서를 말한다.

④ **등기사항일부증명서(현재 소유현황)** : "등기사항일부증명서(현재 소유현황)"는 해당 부동산의 현재 소유자(또는 공유자)만을 밝히고, 공유의 경우에는 공유지분을 증명하는 증명서를 말한다.

⑤ **등기사항일부증명서(지분취득 이력)** : "등기사항일부증명서(지분취득 이력)"는 특정 공유지분이 어떻게 현재의 공유자에게로 이전되어 왔는지를 쉽게 확인할 수 있도록 해당 지분의 취득경위와 관련한 등기사항만을 발췌하여 증명하는 증명서를 말한다.

⑥ **등기사항일부증명서(일부사항)** : "등기사항일부증명서(일부사항)"는 이미지폐쇄등기부(전산이기 전)에 기재된 사항 중 신청인이 청구한 일부 면을 증명하는 증명서를 말한다.

⑦ **말소사항포함등기부등본** : "말소사항포함등기부등본"은 말소된 등기사항을 포함하여 수작업폐쇄등기부에 기재된 사항의 전부를 증명하는 등본을 말한다.

⑧ **일부사항증명등기부초본** : "일부사항증명등기부초본"은 수작업폐쇄등기부에 기재된 사항 중 신청인이 청구한 일부 면을 증명하는 초본을 말한다.

등기부의 종류		발급가능한 등기사항증명서의 종류	비 고
전산등기부		• 등기사항전부증명서(말소사항 포함) • 등기사항전부증명서(현재 유효사항) • 등기사항일부증명서(특정인 지분) • 등기사항일부증명서(현재 소유현황) • 등기사항일부증명서(지분취득 이력)	전산등기부 중 AROS TEXT · 전산과부하 · 원시오류코드가 부여된 등기부 · 전산화 이후 오류코드가 부여된 등기부의 경우는 등기사항전부증명서(말소사항 포함)만 발급 가능
전산폐쇄등기부		등기사항전부증명서(말소사항 포함)	전산폐쇄등기부는 전산등기부가 폐쇄된 것을 말함
이미지 폐쇄 등기부	전산 이기 전	• 등기사항전부증명서(말소사항 포함) • 등기사항일부증명서(일부사항)	전산이기 전에 폐쇄된 수작업등기부를 촬영한 이미지형태의 등기부를 말함
	전산 이기 시	등기사항전부증명서(말소사항 포함)	등기부를 전산화함에 따라 폐쇄된 수작업등기부를 촬영한 이미지형태의 등기부를 말함
수작업폐쇄등기부		• 말소사항포함 등기부등본 • 일부사항증명 등기부초본	폐쇄된 종이등기부(종전의 수작업폐쇄등기부)를 말함

2. 일반사항

(1) 등기사항증명서 발급창구

등기과(소)장은 등기사항증명서 발급신청의 접수·발급 등 사무의 처리를 위하여 등기사항증명서 발급창구(또는 담당자)를 개설(또는 지정)하여야 하고, 11통 이상의 전산등기부나 이미지 폐쇄등기부 등기사항증명서의 다량발급, 수작업 폐쇄등기부의 등기사항증명서 발급 등을 위하여 등기과(소)의 운영상황에 맞추어 특수발급창구(또는 담당자)를 개설(또는 지정)하여야 한다.

(2) 신탁원부 또는 공동담보목록 등의 발급

신탁원부, 공동담보(전세)목록, 도면, 매매목록 또는 공장저당목록은 발급신청 시 그 사항의 증명도 함께 신청하는 뜻의 표시가 있는 경우에만 포함하여 발급한다(부동산등기규칙 제30조 제2항). 발급담당자는 신탁원부, 공동담보(전세)목록, 도면, 매매목록 또는 공장저당목록과 등기사항증명서를 합철하여 1통의 등기사항증명서로 발급한다.

(3) 중복등기가 된 부동산의 등기사항증명서

중복등기가 된 토지의 등기기록에는 중복등기라는 뜻을 부전하고, 등기사항증명서의 발급신청이 있는 때에는 중복등기기록 전부를 출력하여 보존등기 순서대로 합철한 후 그 말미에 인증문을 부기해 발급한다(등기예규 제1431호).

(4) 멸실등기 통지기간 중의 등기사항증명서

건물멸실등기 통지기간의 경과 전에 해당 건물에 대한 등기사항증명서를 발급할 때에는 등기기록의 표제부 상단에 기록한 「○○년 ○월 ○일 멸실등기 통지 중」이라는 부전지가 함께 표시되도록 하여야 한다(등기예규 제1428호).

(5) 등기신청 중인 부동산의 등기사항증명서

등기신청이 접수된 부동산에 관하여는 등기관이 등기를 마칠 때까지 등기사항증명서를 발급하지 못한다. 다만, 그 부동산에 등기신청사건이 접수되어 처리 중에 있다는 뜻을 등기사항증명서에 표시하여 발급할 수 있다(부동산등기규칙 제30조 제4항).

3. 등기사항증명서 발급

① 발급신청
   ㉠ 신청인은 해당 부동산의 종류, 소재지번, 신청통수, 발급받고자 하는 등기사항증명서의 종류 등을 특정하여 신청하여야 하고, 발급 통수가 11통 이상인 경우에는 부동산등기사무의 양식에 관한 예규 별지 제23호 양식의 발급신청서를 제출하여야 한다.
   ㉡ 등기과(소)는 다량발급신청 등을 이유로 등기사항증명서의 발급신청을 거부하지 못한다. 다만, 부당한 적용을 받기 위한 행위임이 명백한 경우(발급 통수를 나누어 신청하는 등)에는 그러하지 아니하다.
② 등기사항증명서 발급신청 처리기준 : 증명서 발급담당자는 증명서 발급신청을 접수한 즉시 해당 증명서를 교부하여야 한다. 다만, 11통 이상의 다량발급의 경우에는 다음의 기준에 따르며, 접수증에 발급 예정 시간을 기재하여 교부한다.
   ㉠ 11~50통 : 신청 후 1시간 이내 작성 교부
   ㉡ 51~100통 : 신청 후 2시간 이내 작성 교부
   ㉢ 101~200통 : 오전에 접수된 사건은 당일까지, 오후에 접수된 사건은 익일 오전까지 작성 교부
   ㉣ 201~300통 : 신청 후 24시간 이내 작성 교부
   ㉤ 301통 이상 : 300통당 1일의 비율로 작성 교부
③ 등기과(소)는 다른 다량신청사건의 유무, 신청인의 주소, 신청 부동산의 종류와 개수, 발행예상 면수 등을 고려하여 필요한 경우 합리적인 범위 내에서 위의 기준과 다르게 처리할 수 있고, 이 경우 신청인에게 그 사유를 설명하여야 한다.
④ 등기사항증명서 교부 지연시의 통지 : 위의 경우 담당 직원의 유고나 질병, 기계의 고장 등의 사유로 접수증에 기재된 예정시간 내에 발급이 불가능할 경우에는 신청인에게 미리 전화나 팩스 등을 통해 그 사유를 설명하고, 새로운 발급예정시간을 고지하여야 한다.

⑤ 등기사항증명서 작성

　　㉠ 등기사항증명서를 발급할 때에는 등기사항증명서의 종류를 명시하고, 등기기록의 내용과 다름이 없음을 증명하는 내용의 증명문을 기록하며, 발급연월일과 중앙관리소 전산운영책임관의 직명을 적은 후 전자이미지관인을 기록하여야 한다.

　　㉡ 등기사항증명서가 여러 장으로 이루어진 경우에는 연속성을 확인할 수 있는 조치를 하여 발급하고, 그 등기기록 중 갑구 또는 을구의 기록이 없을 때에는 증명문에 그 뜻을 기록하여야 한다(부동산등기규칙 제30조 제1항). 부동산등기사항증명서에 갑구, 을구의 기록사항이 없을 경우 기록 사항 없는 갑구, 을구는 "기록사항 없음"으로 표시한다(등기예규 제1775호 별지양식).

　　㉢ 등기사항증명서는 그 진위 여부를 등기과(소)에서나 인터넷으로 확인할 수 있도록 발급확인번호 12자리를 부여하여야 한다.

　　㉣ 증명서의 매 장마다 등기정보를 암호화하여 저장한 2차원 바코드가 인쇄되도록 하고, 이를 스캐너 등으로 복원할 수 있도록 하여야 한다.

　　㉤ 다만, 복사기술이 발달하여 "대법원"이라는 문구가 음영이 반전되어 인쇄되는 복사방지마크가 무용해짐에 따라 복사방지장치와 관련된 내용은 삭제하였다.

⑥ 무인발급기를 이용한 등기사항증명서의 발급

　　㉠ 발급가능한 등기사항증명서의 종류 : 무인발급기를 이용하여 발급할 수 있는 등기사항증명서는 등기사항전부증명서에 한하며 신청인은 직접 지번 등을 입력하여 발급받는다. 다만, 증명서의 매수가 16장 이상인 경우 등과 같이 등기기록의 분량과 내용에 비추어 무인발급기로 발급하기에 적합하지 않다고 인정되는 때에는 제한할 수 있다.

　　㉡ 민원안내 : 등기소는 해당 등기소의 실정에 맞추어 신청인을 위한 무인발급기의 사용방법을 게시하여야 하고, 신청인의 문의가 있으면 그 사용방법에 관하여 안내하여야 한다.

⑦ 인터넷에 의한 등기사항증명서의 발급

　　㉠ 인터넷에 의하여 발급하는 등기사항증명서의 종류는 등기사항전부증명서(말소사항 포함)·등기사항전부증명서(현재 유효사항)·등기사항일부증명서(특정인 지분)·등기사항일부증명서(현재 소유현황)·등기사항일부증명서(지분취득 이력)로 한다. 다만, 등기기록상 갑구 및 을구의 명의인이 500인 이상인 경우 등과 같이 등기기록의 분량과 내용에 비추어 인터넷에 의한 열람 또는 발급이 적합하지 않다고 인정되는 때에는 제한할 수 있다.

　　㉡ 위 ㉠에도 불구하고 모바일 기기에서 사용되는 인터넷등기소 애플리케이션에 의하여 발급할 수 있는 전자등기사항증명서의 종류는 등기사항전부증명서(말소사항 포함)·등기사항전부증명서(현재 유효사항)로 한다.

제4절 | 등기정보자료의 제공

1. 의 의

① 행정기관등의 장은 소관 업무의 처리를 위하여 필요한 경우에 관계 중앙행정기관의 장의 심사를 거치고 법원행정처장의 승인을 받아 등기정보자료의 제공을 요청할 수 있다. 다만, 중앙행정기관의 장은 법원행정처장과 협의를 하여 협의가 성립되는 때에 등기정보자료의 제공을 요청할 수 있다(부동산등기법 제109조의2 제1항).

② 행정기관등의 장이 아닌 자는 수수료를 내고 등기정보자료를 제공받을 수 있지만 등기명의인별로 작성되어 있거나 그 밖에 등기명의인을 알아볼 수 있는 사항을 담고 있는 등기정보자료는 다른 법률에 특별한 규정이 있는 경우를 제외하고는 해당 등기명의인이나 그 포괄승계인만이 제공받을 수 있다(부동산등기법 제109조의2 제2항).

③ 등기정보자료의 제공절차 및 그 수수료에 관한 사항을 규정하기 위해 「등기정보자료의 제공에 관한 규칙」이 시행되고 있다.

2. 행정기관등의 장의 이용

(1) 제공요청

부동산등기법 제109조의2 제1항 본문에 따라 등기정보자료의 제공을 요청하려는 행정기관등의 장은 자료의 이용 목적 및 근거, 자료의 대상 및 범위 및 자료의 제공방식·보관기관 및 안전관리대책을 승인신청 시 신청정보의 내용으로 제공하고 관계 중앙행정기관의 장의 심사결과를 첨부정보로 제공하여 법원행정처장에게 등기정보자료의 제공을 승인하여 줄 것을 신청하여야 한다. 다만, 중앙행정기관의 장은 법원행정처장에게 위 신청정보의 사항을 협의내용으로 제공하고, 이에 대한 협의를 요청하여야 한다(등기정보자료의 제공에 관한 규칙 제3조, 제4조).

(2) 법원행정처장의 심사

법원행정처장이 행정기관등의 장의 승인신청 또는 중앙행정기관의 장의 협의요청을 받았을 때에는 신청 내용의 타당성·적합성·공익성, 개인의 사생활 침해의 가능성 또는 위험성 여부, 자료의 목적 외 사용방지 및 안전관리대책, 신청한 사항의 처리가 전산정보처리조직으로 가능한지 여부 및 신청한 사항의 처리로 인하여 등기사무처리에 지장이 발생하는지 여부를 심사하여 등기정보자료의 제공 여부를 결정하여야 한다. 심사결과 행정기관등의 장 또는 중앙행정기관의 장이 요청한 등기정보자료를 제공하기로 한 경우에는 등기정보자료제공대장에 그 내용을 기록하여야 한다(등기정보자료의 제공에 관한 규칙 제5조).

3. 행정기관등의 장이 아닌 자의 이용

행정기관등의 장이 아닌 자의 등기정보자료의 이용대상에는 특정의 개인이나 법인 또는 단체 등을 식별할 수 있는 내용을 포함하고 있지 아니한 등기정보자료(이하 "비식별 등기정보자료"라 한다)와 등기명의인별로 작성된 부동산의 권리현황에 관한 사항(이하 "명의인별 등기정보자료"라 한다)이 있다. 행정기관등의 장이 아닌 자의 등기정보자료의 제공절차 및 수수료에 관한 사항을 정하기 위해 「등기정보자료의 제공에 관한 업무처리지침」이 마련되어 있다(등기예규 제1750호).

(1) 비식별 등기정보자료의 이용

① 법원행정처장은 누구나 쉽고 편리하게 등기정보자료를 이용할 수 있도록 인터넷 활용공간(이하 "등기정보광장"이라 한다)을 구축하여 운영한다. 등기정보광장에 공개된 비식별 등기정보자료는 별도의 신청 없이 누구나 이용할 수 있다. 다만, 등기정보광장에 공개되지 아니한 비식별 등기정보자료를 이용하고자 하는 자는 「등기정보자료의 제공에 관한 업무처리지침」에서 정하는 절차에 따라 그 제공을 신청할 수 있다(등기정보자료의 제공에 관한 규칙 제7조).

② 법원행정처장은 등기정보광장에 공개되지 아니한 비식별 등기정보자료의 제공 신청을 받은 날부터 10일 이내에 신청한 등기정보자료가 비식별 등기정보자료인지 여부 및 신청한 사항의 처리가 전산정보처리조직으로 가능한지 고려하여 등기정보자료의 제공 여부를 결정하여야 한다(등기정보자료의 제공에 관한 규칙 제8조).

(2) 명의인별 등기정보자료의 이용

① 명의인별 등기정보자료의 제공 범위 : 등기명의인 또는 그 포괄승계인이 제공받을 수 있는 명의인별 등기정보자료는 등기명의인의 부동산 소유현황(소유형태가 공유·합유인 경우를 포함한다)에 관한 사항으로 한정한다.

② 신청절차

㉠ 등기소에 방문하여 명의인별 등기정보자료의 제공을 신청하고자 하는 사람은 본인의 주민등록증이나 운전면허증 그 밖에 이에 준하는 신분증(이하 "신분증"이라 한다)을 제시함과 동시에 신청서를 제출하여야 한다. 법인의 대표자, 법인 아닌 사단이나 재단의 대표자·관리인, 법정대리인, 임의대리인 또는 등기명의인의 포괄승계인이 신청하는 경우에는 등기명의인과의 관계를 증명할 수 있는 서류(인감증명서, 본인서명사실확인서, 부동산등기사항증명서, 법인등기사항증명서, 가족관계등록사항별증명서는 발행일부터 3개월 이내의 것이어야 한다)도 함께 제출하여야 한다.

㉡ 인터넷등기소를 이용하여 자신의 명의인별 등기정보자료를 제공받고자 하는 사람은 인터넷등기소에 접속하여 '부동산 소유현황' 메뉴를 선택한 후 신청정보를 입력하고 「전자서명법」 제2조 제6호에 따른 인증서(법인의 경우 「상업등기법」의 전자증명서)로 본인인증을 하여야 한다.

㉢ 신청인이 사망한 등기명의인의 배우자 또는 자녀인 경우 위 절차를 거친 후에 사망한 등기명의인에 관한 정보 입력 및 가족관계등록정보 이용에 관한 동의를 하여야 한다. 다만 가족관계등록에 관한 전산정보를 통하여 등기명의인의 사망 여부나 신청인이 사망한 등기명의인의 배우자 또는 자녀임을 확인할 수 없는 경우에는 인터넷등기소를 이용하여 신청할 수 없다.

③ 제공방법

㉠ 신청인이 등기소에 방문하여 신청한 경우 신청인의 요청에 따라 명의인별 등기정보자료를 담고 있는 서면을 교부하거나 인터넷등기소를 이용하여 명의인별 등기정보자료를 송신하는 방법으로 제공한다. 인터넷등기소를 이용하여 신청한 경우에는 인터넷등기소를 이용하여 명의인별 등기정보자료를 송신하는 방법으로 제공한다.

㉡ 신청한 명의인별 등기정보자료가 전산정보처리조직에 의하여 조회되지 아니하는 경우에 신청을 받은 등기소의 등기관은 해당 등기명의인에 대하여 명의인별 등기 정보자료가 조회되지 아니한다는 사실을 말로 신청인에게 알려주어야 하며, 그 사실을 담고 있는 서면은 교부하지 아니한다. 인터넷등기소를 이용하여 신청한 경우에는 전산운영책임관은 해당 등기명의인에 대하여 명의인별 등기정보자료가 조회되지 아니한다는 사실을 전산정보처리조직을 이용하여 신청인에게 알려주어야 하며, 그 사실에 관하여 서면으로 출력할 수 있는 별도의 정보는 제공하지 아니한다.

(3) 민원접수 · 처리기관을 통한 등기정보자료의 제공

민원인이 「민원 처리에 관한 법률」 제10조의2 제1항에 따라 민원접수 · 처리기관을 통하여 본인에 관한 등기 정보자료의 제공을 요구하는 경우 법원행정처장은 해당 정보를 지체 없이 제공하여야 한다(등기정보자료의 제공에 관한 규칙 제17조의2).

(4) 정보주체 본인의 요구에 의한 등기정보자료의 제공

정보주체가 「전자정부법」 제43조의2 제1항에 따라 본인에 관한 등기정보자료의 제공을 요구하는 경우 법원 행정처장은 해당 정보를 정보주체 본인 또는 본인이 지정하는 자로서 「전자정부법」 제43조의2 제1항 각 호의 자에게 지체 없이 제공하여야 한다. 이 경우 정보주체는 정확성 및 최신성이 유지될 수 있도록 정기적 인 제공을 요구할 수 있다(등기정보자료의 제공에 관한 규칙 제17조의3).

(5) 수수료

① 등기정보광장에 공개된 비식별 등기정보자료와 신청에 따라 공개되지 아니한 비식별 등기정보자료는 누구든지 무료로 제공받을 수 있다.

② 명의인별 등기정보자료를 제공받을 때에 서면을 교부받는 방법으로 제공받는 경우에는 1통에 대하여 20장까지는 1,200원의 수수료를 납부하되, 1통이 20장을 초과하는 때에는 초과하는 1장마다 50원의 수수료를 납부하여야 한다.

③ 인터넷등기소를 이용하여 명의인별 등기정보자료를 송신하는 방법으로 제공받을 때에는 1건에 대하여 1,000원의 수수료를 납부하여야 한다.

※ 위 (3), (4)에 따라 제공되는 등기정보자료에 대하여는 수수료를 면제한다.

| 제5절 | 중복등기기록의 정리

I 중복등기기록의 의의와 정리방법

1. 중복등기기록의 의의

① 중복등기란 하나의 부동산에 관하여 2개 이상의 등기기록이 개설되어 있는 것을 말한다. 따라서 같은 부동산에 관하여 중복하여 마쳐진 소유권보존등기나 멸실회복등기는 중복등기에 해당한다.

② 반면에 동일한 소유권에 관하여 이중으로 이전등기가 되어 있는 경우처럼 하나의 등기기록에 중복하여 마쳐진 등기는 중복등기라고 할 수 없다.

2. 중복등기의 효력

(1) 등기명의인이 동일한 경우

동일부동산에 관하여 동일인 명의로 중복보존등기가 경료된 경우 부동산등기법이 1부동산 1용지주의를 채택하고 있는 이상 뒤에 경료된 등기는 무효이고 이 무효인 등기에 터잡아 타인명의로 소유권이전등기가 경료되었다고 하더라도 실체관계에 부합하는 여부를 가릴 것 없이 이 등기 역시 무효이다(대판 1983.12.13. 83다카743).

(2) 등기명의인이 상이한 경우

동일부동산에 관하여 등기명의인을 달리하여 중복된 소유권보존등기가 경료된 경우에는 먼저 이루어진 소유권보존등기가 원인무효가 되지 아니하는 한 뒤에 된 소유권보존등기는 비록 그 부동산의 매수인에 의하여 이루어진 경우에도 1부동산 1용지주의를 채택하고 있는 부동산등기법 아래에서는 무효이다(대판 1990.11.27. 87다카2961, 87다453).

3. 외관상 중복등기기록인지 여부의 판단

지번과 지목이 일치하고 지적의 차이가 전체 면적에 비하여 비교적 근소하여 지적이 전혀 상이하다고 보기 어려운 경우임에도 불구하고 등기관이 이를 허무의 토지에 관한 외관상 중복등기라고 인정하여 직권말소하고 그 등기기록을 폐쇄한 것은 직무상 주의의무를 위반한 것이다(대판 2014.12.11. 2011다84830).

4. 중복등기 정리절차의 이원화

① 부동산등기법은 1필의 토지 또는 1동의 건물에 관하여 1등기기록만을 사용토록 규정(1부동산 1등기기록주의)함으로써 1개의 부동산에 관하여 2개 이상의 등기기록을 개설하는 것을 금지하고 있으므로(부동산등기법 제15조 제1항, 제21조), 이미 등기된 부동산에 관하여 이중으로 소유권보존등기의 신청이 있을 경우 그 신청은 부동산등기법 제29조 제2호의 "사건이 등기할 것이 아닌 경우"에 해당하여 각하된다.

② 착오로 새로 등기기록이 개설되고 이중으로 등기되었다면 그 중복등기는 토지의 경우 부동산등기법 제21조 및 부동산등기규칙 제33조부터 제41조까지의 규정에 따라 해소되어야 하고 건물의 경우에는 관련 예규(등기예규 제1374호)에서 정하는 절차에 따라 해소되어야 한다.

5. 잠정적인 조치

① 부동산등기규칙에 의하여 정리된 등기가 반드시 실체관계에 부합하는 것은 아니므로 중복등기기록의 정리는 실체권리관계에 영향을 미치지 않는 잠정적 해소에 불과하다(부동산등기규칙 제33조 제2항).

② 반면에 판결에 의한 중복등기의 해소는 중복등기라고 인정되는 등기기록의 모든 등기를 말소한 후 그 등기기록을 폐쇄하므로 중복등기가 영구적으로 해소된다. 따라서 판결에 의한 중복등기 말소는 부동산등기법시행규칙 및 중복등기의 정리에 관한 사무처리 지침에 따라 폐쇄할 수는 없다(등기선례 제5-549호).

Ⅱ   토지 중복등기기록의 정리절차(등기예규 제1431호)

1. 동일한 토지의 판단기준

① 일반적 기준 : 토지의 동일성은 지번, 지목, 지적을 종합하여 실질적으로 판단한다. 따라서 지번이 일치되더라도 지목과 지적이 전혀 상이한 경우에는 동일한 토지로 볼 수 없다. 반대로 지목이 일치하지 않더라도 지번과 지적이 일치하거나 지적이 근소하게 차이가 나는 등의 사정으로 동일 토지로 봄이 상당하다고 인정되는 경우도 있다.

② 외관상 중복등기인 경우

   ㉠ 동일한 지번으로 2개 이상의 등기가 존재하지만 그 등기기록이 각각 다른 토지를 표상하거나, 어느 한 등기기록을 제외하고 다른 등기기록은 모두 존재하지 않는 토지에 관한 등기기록인 경우에는 중복등기는 아니지만 외관상 중복등기처럼 보이는 경우가 있다.

   ㉡ 외관상 중복등기는 등기기재의 착오, 환지등기과정에서의 착오, 분필, 합필등기 과정의 착오, 존재하지 않는 토지에 대한 소유권보존등기나 멸실회복등기가 이루어짐으로써 발생한다.

   ㉢ 외관상 중복등기는 중복등기가 아니므로 부동산등기법과 부동산등기규칙에서 정한 절차에 의하여 정리할 수 없다.

2. 소유권의 최종 등기명의인이 동일한 경우의 정리

(1) 적용유형

① 최종 소유권의 등기명의인이 동일하다는 것은 해석상 동일인으로 인정할 수 있는 경우도 포함한다. 따라서 국(國)과 1945.8.9. 이전에 등기된 일본인은 동일인이 되며, 피상속인과 상속인 또한 동일인으로 취급된다. 국유재산의 경우에는 관리청이 다른 경우에도 동일인으로 보아야 함은 당연하다.

② 중복등기기록으로서 최종 소유권의 등기명의인이 동일한 경우는 아래 표의 4가지로 유형화가 가능하다.

구 분	사례 1	사례 2	사례 3	사례 4
선등기기록	갑	갑	을-(병)-갑	을-(병)-갑
후등기기록	갑	을-(병)-갑	갑	정-(무)-갑

※ ( )는 소유권 외의 권리의 등기임

(2) 정리방법

① 중복등기기록의 최종 소유권의 등기명의인이 같은 경우에는 원칙적으로 후등기기록을 폐쇄한다(부동산등기규칙 제34조 본문). 대법원판례상 후등기기록을 폐쇄하는 것이 실체관계에 부합될 가능성이 높기 때문이다. 따라서 사례 1의 경우에는 후등기기록을 폐쇄하여야 한다.

② 후등기기록에 소유권 외의 권리 등에 관한 등기가 있고 선등기기록에는 그와 같은 등기가 없는 경우에는 선등기기록을 폐쇄한다(부동산등기규칙 제34조 단서). 그렇게 함이 이해관계인을 보호하고 법률관계를 간명히 해결할 수 있으며 등기경제에도 맞기 때문이다. 따라서 사례 2에서는 선등기기록을 폐쇄하고 사례 3에서는 후등기기록을 폐쇄한다. 사례 4의 경우처럼 양 등기기록에 모두 소유권 외의 권리가 등기되어 있는 때에는 후등기기록을 폐쇄한다.

③ 소유권 외의 권리 등에 관한 등기로는, 갑구에 하는 등기로서 소유권이전청구권가등기, 담보가등기와 가압류, 가처분 등 소유권에 관한 처분제한의 등기 등을 들 수 있고, 을구에 하는 등기로는 지상권, 지역권, 전세권 등 용익물권에 관한 등기와 저당권 등 담보물권에 관한 등기 및 소유권 외의 권리에 관한 가등기, 처분제한에 관한 등기 등을 들 수 있다.

(3) 3개 이상의 중복등기의 경우

3개 이상의 중복등기기록이 개설되고 그중 2개 이상 중복등기의 소유권 등기명의인이 같은 경우에는 일단 본조에 의하여 등기명의인이 같은 등기기록을 해소한 후 남은 등기기록과 등기명의인이 다른 등기기록을 부동산등기규칙 제35조부터 제37조까지에서 정한 방법으로 정리한다.

(4) 정리절차

최종 소유권의 등기명의인이 같은 경우의 중복등기기록을 정리할 때에는 등기관은 사전에 폐쇄될 등기기록의 최종 소유권의 등기명의인과 등기상의 이해관계인에게 통지를 할 필요가 없으며, 관할 지방법원장의 허가를 받을 필요도 없다(부동산등기규칙 제38조).

3. 최종 소유권의 등기명의인이 다른 경우

(1) 최종 소유권명의인으로부터 승계가 있는 경우

① 중복등기기록 중 어느 한 등기기록의 소유권의 등기명의인이 다른 등기기록의 최종 소유권의 등기명의인으로부터 직접 또는 전전하여 소유권을 이전받은 경우로서, 다른 등기기록이 후등기기록이거나 소유권 외의 권리 등에 관한 등기가 없는 선등기기록일 때에는 그 다른 등기기록을 폐쇄한다(부동산등기규칙 제35조). 이는 당사자들 사이에 권리변동이 있었던 것으로 추정되는 한 그 권리변동을 공시하는 등기기록이 실체관계에 부합할 가능성이 높으므로 이해관계인에게 피해가 발생하지 않는 한 이를 존치시켜야 하기 때문이다.

구 분	사례 1	사례 2	사례 3
선등기기록	갑	갑-을	갑
후등기기록	갑-을	갑	갑-병-(정)-을

② 사례 1과 3에서는 선등기기록을 폐쇄하고 후등기기록을 존치하며, 사례 2에서는 선등기기록을 존치하고 후등기기록을 폐쇄한다.

③ 「부동산소유권 이전등기 등에 관한 특별조치법」에 의한 소유권보존등기로 토지의 등기기록이 개설되고, 그 후 같은 토지에 대한 분필등기로 등기기록이 다시 개설됨으로써 같은 토지에 대하여 서로 소유명의인이 다른 중복등기기록이 존재하게 된 경우에도 어느 한 등기기록의 소유권의 등기명의인이 다른 등기기록의 최종소유권의 명의인으로부터 직접 또는 전전하여 사실상 양수하였거나 상속받았음이 토지대장이나 「부동산소유권 이전등기 등에 관한 특별조치법」 제11조에 따른 관련 확인서 등에 의하여 인정되는 때에도 부동산등기규칙 제35조에 따라 중복등기기록을 정리할 수 있다(등기선례 제202206-1호).

④ **정리절차** : 이 경우 등기관은 사전에 폐쇄될 등기기록의 최종 소유권의 등기명의인과 등기상의 이해관계인에게 통지를 할 필요가 없으며, 관할 지방법원장의 허가를 받을 필요도 없다(부동산등기규칙 제38조).

(2) 어느 한 등기기록에만 원시취득 또는 분배농지의 상환완료를 원인으로 한 등기가 있는 경우

① 원시취득 등기의 종류 : 원시취득의 등기로 볼 수 있는 것은 토지수용을 원인으로 한 소유권 보존 또는 이전등기, 농지개혁법에 의한 농지취득을 원인으로 한 국(國) 명의의 소유권 보존 또는 이전등기, 귀속재산에 관한 국(國) 명의의 소유권 보존 또는 이전등기, 토지조사령·임야조사령에 의한 토지사정·임야사정을 원인으로 한 소유권보존등기 등을 들 수 있다.

② 정리의 원칙

　ㄱ 정리방법 : 원시취득 또는 분배농지의 상환완료를 원인으로 한 소유권이전등기 또는 소유권보존등기가 있는 등기기록을 제외한 나머지 등기기록을 폐쇄한다(부동산등기규칙 제36조 제1항). 원시취득을 원인으로 한 등기가 마쳐진 등기기록이 실체관계에 부합할 가능성이 많기 때문이다.

　ㄴ 원시취득의 등기 여부 판단

　　㉮ 소유권이전등기의 경우에는 등기 원인이 등기기록에 기록되므로 원시 취득의 등기임을 판단하는 데에 문제가 없으나, 소유권보존등기의 경우에는 등기기록에 등기원인이 나타나지 않으므로 등기관은 등기기록만으로는 판단할 수 없다.

　　㉯ 그래서 부동산등기규칙 제36조 제2항에서는 소유권보존등기의 경우에는 원시취득 여부를 소명하는 경우에 중복등기기록을 정리할 수 있도록 하였다. 소명은 원칙적으로 판결정본, 상환증서, 수용재결서 등 공문서에 의하고, 사문서에 의한 경우에는 특별히 적용에 신중을 기해야 한다.

　ㄷ 원시취득 등의 등기가 2개의 등기기록 이상에 존재하는 경우 : 2개 이상의 등기기록에 원시취득 또는 분배농지의 상환완료를 원인으로 한 등기가 있는 경우에는 후의 원시취득 또는 분배농지의 상환완료를 원인으로 한 등기가 있는 등기기록을 존치한다. 여기서 후의 등기라 함은 점유취득시효 완성으로 인한 경우에는 후에 마쳐진 등기를 말하고, 그 외의 경우에는 등기원인일자가 후인 등기를 의미한다.

③ 정리절차

　ㄱ 사전통지

　　㉮ 이러한 유형의 중복등기기록 정리에는 직권말소등기의 말소통지절차를 준용하므로(부동산등기규칙 제36조 제3항), 사전에 폐쇄될 등기기록의 최종 소유권의 등기명의인과 등기상 이해관계인에게 폐쇄의 뜻을 일정한 양식에 의해 통지하여야 한다.

　　㉯ 통지는 「민사소송법」에 의하여 등기기록상의 주소로 송달하되, 송달되지 않을 경우에는 통지에 갈음하여 통지서를 1개월 동안 등기소의 게시장에 게시한다. 관리청 등기가 되지 아니한 국유부동산의 중복등기말소통지는 총괄청인 기획재정부장관에게 한다.

　ㄴ 사전통지에 대하여 이의가 있는 경우 : 등기관은 이의에 대하여 인용결정이나 각하결정을 하여야 한다.

　ㄷ 지방법원장의 허가와 그 사무처리절차

　　㉮ 이러한 유형의 중복등기기록을 정리하기 위해서는 지방법원장(등기소의 사무를 지원장이 관장하는 경우에는 지원장을 말함)의 허가를 받아야 한다(부동산등기규칙 제38조). 등기소에서는 중복등기사건처리부를 비치하고, 등기관은 중복등기정리허가신청서를 작성하여 첨부서류의 원본 또는 등본과 함께 지방법원장에게 송부하여야 한다.

　　㉯ 지방법원장은 허가 또는 불허가를 해당 허가신청서 하단에 그 뜻을 기재하고 날인하는 방식으로 하며, 허가신청서를 다시 해당 등기소로 관련서류와 함께 송부하여야 한다. 지방법원에는 중복등기정리허가신청사건처리부를 비치한다. 중복등기사건처리부에 편철된 허가신청서 등의 서류는 해당 중복등기가 정리된 날의 다음 해부터 10년간 보존한다.

② 정리 후 그 결과에 대하여 이의가 있는 경우 : 중복등기의 정리결과에 대하여 이의를 진술하는 자가 있는 때에는 통상의 등기관의 처분에 대한 이의로 보아 부동산등기법 제5장에 의하여 처리한다. 다만, 등기관의 적극적 부당에 대한 이의는 부동산등기법 제29조 제1호 또는 제2호에 위배되는 처분에 대하여만 가능한데, 중복등기기록의 폐쇄는 이러한 사유에 해당되지 않아 이의를 각하하여야 할 것이다.

④ **부동산등기규칙 제35조와 제36조가 중복되는 경우 적용순위** : 최종 소유권의 등기명의인이 다른 중복등기기록으로서 부동산등기규칙 제35조와 제36조가 모두 적용될 수 있는 경우에는 제35조를 우선 적용한다. 제35조에 따른 정리가 실체관계에 부합되는 등기기록을 존치시킬 가능성이 높고, 절차도 보다 간단하기 때문이다.

(3) 부동산등기규칙 제35조와 제36조에 해당되지 않는 경우

① 정리절차

㉠ 사전통지

㉮ 최종 소유권의 등기명의인이 다른 경우로서 부동산등기규칙 제35조와 제36조에 해당되지 않는 경우에는 각 등기기록상의 최종 소유권의 등기명의인과 등기상 이해관계인 전원에게 1월 이상의 기간을 정하여 기간 내에 이의를 진술하지 아니하면 그 등기기록을 폐쇄할 수 있다는 뜻을 통지하여야 한다(부동산등기규칙 제37조 제1항).

㉯ 이러한 통지는 일정한 양식의 통지서에 의해서 하며 「민사소송법」에 따라 등기기록상의 주소로 송달한다. 중복등기기록 정리의 직권발동을 촉구하는 의미의 신청을 한 신청인에게는 이러한 통지를 할 필요가 없으며, 송달되지 않았다 하여 등기소 게시장에 게시함으로써 갈음할 수는 없다.

㉡ 지방법원장의 허가와 그 사무처리절차 : 부동산등기규칙 제37조에 의한 정리대상에 해당되는 중복등기기록으로 판정되어 정리를 하기 위해서는 지방법원장의 허가를 받아야 한다(부동산등기규칙 제38조). 그 허가를 받는 절차는 부동산등기규칙 제36조의 경우에 언급한 바와 같다.

② 정리방법

㉠ 제1의 정리방법(부동산등기규칙 제37조 제2항)

㉮ 중복등기기록의 각 최종 소유권의 등기명의인과 등기상 이해관계인 전원에게 통지가 되었는데, 어느 일방의 등기기록의 최종 소유권의 등기명의인 또는 등기상 이해관계인 중 1인은 이의를 진술하였지만 다른 등기기록의 최종 소유권의 등기명의인 및 등기상 이해관계인은 모두 이의하지 아니한 경우에는 이의를 진술하지 아니한 등기기록을 폐쇄한다.

㉯ 각 중복등기기록의 각 최종 소유권의 등기명의인이나 등기상 이해관계인 중 1인에게라도 통지가 되지 아니하였거나, 전원에게 통지가 되었더라도 두 등기기록 이상의 등기명의인이 이의를 하거나 아무도 이의하지 않는 경우에는 이 방법에 의해서는 정리할 수 없고 다음의 제2의 정리방법을 적용한다.

㉡ 제2의 정리방법(부동산등기규칙 제37조 제3항) : 제1의 정리방법에 의하여 정리할 수 없는 경우에는 대장과 부합되지 않는 등기기록을 폐쇄한다. 지적공부와 부합되는 등기기록인지 여부를 판단함에 있어서는 등기기록의 소유권 등기명의인 변동 상황과 지적공부의 소유자 변동 상황을 종합적으로 비교 검토하여야 하고, 단순히 최종 소유권의 등기명의인과 지적공부의 최종 소유자만을 비교하여 판단해서는 안 된다.

③ 사후통지
   ⊙ 위의 제1 또는 제2의 정리방법에 의하여 중복등기기록을 정리한 경우 등기관은 그 뜻을 폐쇄한 등기기록의 최종 소유권의 등기명의인과 등기상 이해관계인에게 통지하여야 한다(부동산등기규칙 제37조 제4항).
   ⊙ 이러한 사후통지는 「민사소송법」이 규정한 송달의 방법에 따라 등기기록상의 주소로 하고, 송달되지 않을 경우에는 통지를 갈음하여 통지서를 1개월 동안 등기소의 게시장에 게시한다. 이 경우에 폐쇄된 등기기록의 최종 소유권의 등기명의인이 2인 이상인 때에는 1인에게만 통지하면 된다.

④ 정리결과에 대하여 이의가 있는 경우 : 중복등기기록의 정리결과에 대하여 이의를 진술하는 자가 있는 때에는 통상의 등기관의 처분의 대한 이의로 보아 법 제5장에 의해 처리한다. 다만, 등기관의 적극적 부당에 대한 이의는 부동산등기법 제29조 제1호 또는 제2호에 위배되는 처분에 대하여만 가능한데, 중복등기기록의 폐쇄는 이러한 사유에 해당되지 않아 이의를 각하하여야 할 것임은 부동산등기규칙 제36조의 경우와 같다.

(4) 당사자의 신청에 의한 정리(부동산등기규칙 제39조)

① 우선 적용의 원칙
   ⊙ 중복등기기록 중 1등기기록의 최종 소유권의 등기명의인은 자기 명의의 등기기록을 폐쇄하여 중복등기를 정리하도록 신청할 수 있다(부동산등기규칙 제39조 제1항). 등기기록상 최종 소유권의 등기명의인이 스스로 자기 명의의 등기기록을 정리하겠다고 하면 그에 따라 정리하는 것이 가장 실체관계에 부합한다고 볼 수 있기 때문이다.
   ⊙ 당사자의 중복등기정리신청이 있는 경우에는 부동산등기규칙 제34조 내지 제37조에도 불구하고 우선적으로 그 신청에 의하여 등기기록을 폐쇄한다(부동산등기규칙 제39조 제2항). 최종 소유권의 등기명의인이 동일한 경우이든 다른 경우이든 구분하지 아니하고 곧바로 신청에 의하여 정리하도록 한 것이다.

② 정리신청의 절차(등기예규 제1431호 10.)
   ⊙ 폐쇄될 등기기록의 최종 소유권의 등기명의인과 등기상의 이해관계인이 공동으로 신청하거나, 그중 1인이 다른 사람의 승낙서를 첨부하여 신청하거나, 존치할 등기기록의 등기명의인 중 1인이 폐쇄될 등기기록의 최종 소유권의 등기명의인과 등기상의 이해관계인의 승낙서를 첨부하여 신청할 수 있다.
   ⊙ 위 신청을 함에 있어서는 폐쇄될 등기기록의 최종 소유권의 등기명의인과 등기상의 이해관계인의 인감증명서를 첨부하여야 한다.

③ 직권발동을 촉구하는 신청
   ⊙ 중복등기기록의 최종 소유권의 등기명의인 또는 등기상 이해관계인은 등기관에게 부동산등기규칙 제34조 내지 제37조에 의한 중복등기기록정리의 직권발동을 촉구하는 신청을 할 수 있다.
   ⊙ 이 신청은 직접 자기 명의의 등기기록을 폐쇄하여 중복등기를 정리하도록 신청하는 것은 아니지만, 등기관에게 규칙에서 정한 절차에 따라 중복등기를 해소하여 주도록 촉구할 수 있게 한 것이다. 이러한 신청에 의한 중복등기 정리를 위하여 소요되는 통지비용은 신청인이 부담한다.

(5) 정리취지의 등기기록에의 표시

규칙 및 관련 예규에 의하여 중복등기기록을 정리한 경우 등기관은 그 뜻을 존치하는 등기기록과 폐쇄되는 등기기록의 표제부에 각각 기록하여야 한다.

(6) 폐쇄된 등기기록의 부활(부동산등기규칙 제41조)

① 의의 : 등기관이 직권으로 중복등기를 정리한 경우라도 그러한 정리결과가 해당 토지에 대한 실체의 권리관계에 영향을 미치지는 아니하므로(부동산등기규칙 제33조 제2항), 폐쇄된 등기기록상의 권리자는 언제든지 일정한 요건을 갖추어 부활신청을 할 수 있다.

② 부활신청

　㉠ 폐쇄된 등기기록의 소유권 등기명의인 또는 등기상 이해관계인은 폐쇄되지 아니한 등기기록의 최종 소유권 등기명의인과 등기상 이해관계인을 상대로 그 토지가 폐쇄된 등기기록의 소유권 등기명의인의 소유임을 확정하는 판결(판결과 동일한 효력이 있는 조서를 포함)을 받아 폐쇄된 등기기록의 부활을 신청할 수 있다(부동산등기규칙 제41조 제1항).

　㉡ 여기서 그 토지가 폐쇄된 등기기록의 소유권 등기명의인의 소유임을 확정하는 판결이라 함은 주문(소유권확인판결) 또는 이유(소유권이전등기말소판결)에 위와 같은 취지가 기재된 판결을 의미한다.

　㉢ 폐쇄된 등기기록의 소유권 등기명의인에는 최종 소유권의 등기명의인과 그 이전의 등기명의인이 포함되며, 부활신청은 부활될 등기기록의 소유권 등기명의인이나 등기상 이해관계인 중 1인이 할 수 있다.

③ 부활방법 : 위와 같은 요건을 갖춘 부활신청이 있는 때에는 폐쇄된 등기기록을 부활하고 다른 등기기록을 폐쇄한다(부동산등기규칙 제41조 제2항).

4. 그 밖에 중복등기의 정리와 관련된 사항

(1) 중복등기기록의 해소를 위한 직권분필 등(부동산등기규칙 제40조)

① 등기된 토지의 일부에 관하여 별개의 등기기록이 개설되어 있는 경우 등기관은 직권으로 분필등기를 한 후 중복등기를 정리한다.

② 분필등기를 하기 위해 필요한 경우에는 지적공부 소관청에 지적공부의 내용이나 토지의 분할, 합병 과정에 대한 사실조회를 하거나 등기명의인에게 지적공부 등본 등을 제출하게 할 수 있다.

(2) 중복등기 중 어느 일방의 등기를 기초로 한 새로운 등기신청이 있는 경우

① 그 중복등기가 부동산등기규칙 제34조와 제35조에 의하여 정리되어야 할 경우에는 규칙에 따라 중복등기를 정리한 다음 등기신청의 수리 여부를 결정하여야 한다.

② 부동산등기규칙 제36조와 제37조에 의하여 정리되어야 할 경우에 어느 일방의 등기를 기초로 하는 새로운 등기신청이 있는 때에는 중복등기기록이라는 이유로 각하할 수는 없고 이를 수리하여 기록한다. 이 경우 규칙에 의한 중복등기 정리절차를 진행 중이었다면 다시 정리절차를 밟아야 한다. 그러나 같은 규칙 조항에 의하여 정리하여야 할 경우에는 이미 통지한 자에게는 통지를 할 필요가 없다.

(3) 중복등기의 표시와 등기사항증명서 교부

중복등기가 된 토지의 등기기록에는 중복등기라는 뜻을 부전하고 등기사항증명서의 교부신청이 있는 경우에는 중복등기기록 전부를 출력하여 보존등기 순서대로 합철한 후 그 말미에 인증문을 부기하여 교부한다.

(4) 중복등기에 해당하지 않는 지번이 같은 수개의 등기기록(외관상의 중복등기)의 처리

① 등기기재의 착오, 환지등기과정에서의 착오, 분필, 합필등기 과정의 착오 등으로 인하여 외관상 지번이 동일한 등기기록이 존재하는 경우 직권경정등기가 가능한 것은 즉시 직권경정등기절차를 취하여 외관상의 중복등기를 해소하고, 직권경정이 불가능한 것은 당사자에게 경정등기 신청 등을 하도록 유도하여야 한다.

② 존재하지 않는 토지에 대하여 등기가 됨으로 인하여 외관상 지번이 동일한 중복등기기록이 있는 경우 진정한 등기기록상의 소유권의 등기명의인은 존재하지 않는 토지를 표상하는 등기기록상의 최종 소유권의 등기명의인을 대위하여 토지의 멸실등기에 준하는 등기의 신청을 하여 그 등기기록을 폐쇄시킬 수 있으므로 등기관은 진정한 등기기록상의 소유권의 등기명의인으로 하여금 이와 같은 신청을 하도록 적극 유도하여 외관상의 중복등기를 해소하도록 하여야 한다.

Ⅲ **건물 중복등기기록의 정리**(등기예규 제1374호)

1. 중복등기 여부의 판단

① 건물등기기록이 중복등기인지 여부는 둘 이상의 등기기록이 표상하는 건물이 동일한지 여부에 달려 있다.

② 건물의 동일성은 지번 및 종류, 구조, 면적과 도면에 나타난 건물의 길이, 위치 등을 종합하여 판단한다. 따라서 지번이 일치되더라도 종류와 구조, 면적 또는 도면에 나타난 건물의 길이, 위치 등이 다른 경우에는 동일한 건물로 볼 수 없다.

③ 건물의 종류와 구조, 면적 등 일부가 일치하지 않더라도 건축물대장의 변동사항 등에 의하여 동일한 건물로 봄이 상당하다고 인정되면 동일한 건물로 보아야 한다.

④ 각각 일반건물과 구분건물로 보존등기가 경료되어 있는 경우라도 그 지번 및 도로명주소, 종류, 구조, 면적이 동일하고 도면에 나타난 건물의 길이, 위치 등이 동일하다면 동일건물로 볼 수 있다.

⑤ 등기공무원으로서의 통상의 주의를 기울여 이미 마쳐진 동일 지번상의 건물에 대한 등기기록과 대조하고 제출된 건축물관리대장 등을 검토하였다면 보존등기를 신청하는 건물이 이미 등기된 건물과 동일한 경우임을 식별할 수 있는데도 불구하고 이를 간과하였다면 등기관의 형식적 권한을 행사함에 있어 지켜야 할 주의의무를 위반한 것이다(대판 1995.5.12. 95다9471).

2. 정리방법

(1) 건물의 보존등기명의인이 동일한 경우

① 후행 보존등기를 기초로 한 새로운 등기가 없는 경우 : 등기관은 부동산등기법 제58조에 따라 후행 보존등기를 직권으로 말소한다.

② 선행 보존등기를 기초로 한 새로운 등기는 없으나 후행 보존등기를 기초로 한 새로운 등기가 있는 경우

　㉠ 등기관은 부동산등기법 제58조에 따라 후행 등기기록에 등기된 일체의 등기를 직권으로 말소하여 그 등기기록을 폐쇄함과 동시에 그 등기기록에 기록된 소유권보존등기 외의 다른 등기를 선행 등기기록에 이기(미처리된 등기의 실행방법의 의미로서)하여야 한다.

　㉡ 단 일반건물과 집합건물로 종류를 달리하는 경우에는 이와 같은 방법으로 정리할 수 없다.

③ 선행 보존등기 및 후행 보존등기를 기초로 한 새로운 등기가 모두 있는 경우 등기관은 직권으로 정리할 수 없다.

(2) 건물의 보존등기명의인이 서로 다른 경우

① 실질적 심사권이 없는 등기관으로서는 직권으로 정리할 수 없고, 판결로 정리하여야 한다. 즉 어느 일방 보존등기의 등기명의인이 다른 일방 보존등기명의인을 상대로 그 보존등기 말소등기절차의 이행을 명하는 승소 확정판결을 받아 다른 일방 보존등기의 말소등기를 신청할 수 있다.

② 어느 한 쪽의 등기명의인이 스스로 그 보존등기의 말소등기를 신청한 경우에는 그 방법에 의하여 중복등기기록을 정리할 수 있다.

③ 위와 같은 방법으로 중복등기기록 중 어느 한 등기기록의 보존등기를 말소하는 경우 등기상 이해관계인이 있는 경우에는 신청서에 그 승낙서 또는 이에 대항할 수 있는 재판의 등본을 첨부하여야 한다.

(3) 중복등기가 존속하고 있는 동안에 새로운 등기신청이 있는 경우

① 보존등기명의인이 동일한 경우 : 중복등기의 존속 중에 새로운 등기신청이 있는 경우에는 선행 등기기록상의 등기를 기초로 한 새로운 등기신청은 이를 수리하고, 후행 등기기록상의 등기를 기초로 한 새로운 등기신청은 이를 각하한다.

② 보존등기명의인이 서로 다른 경우 : 중복등기의 존속 중에 어느 일방의 등기기록상의 등기를 기초로 하는 새로운 등기신청은 이를 수리한다.

CHAPTER 03 등기기관과 등기부

제1절 │ 등기기관과 그 설비

01 등기부와 등기기록에 관한 다음 설명 중 가장 옳지 않은 것은? 2023년
□□□

① 등기부란 1필의 토지 또는 1개의 건물에 관한 등기정보자료를 의미한다.
② 1동의 건물을 구분한 건물에 있어서는 1동의 건물에 속하는 전부에 대하여 1개의 등기기록을 사용한다.
③ 등기기록상 토지의 표시가 지적공부와 일치하지 아니한 경우 지적소관청은 그 사실을 관할 등기관서에 통지하여야 하고, 통지를 받은 등기관은 등기명의인으로부터 일정한 기간 내에 등기신청이 없을 때에는 통지서의 기재내용에 따른 변경등기를 직권으로 하여야 한다.
④ 건물의 등기기록 표제부에는 건물의 종류, 구조와 면적 등을 기록하되, 부속건물이 있는 경우에는 부속건물의 종류, 구조와 면적도 함께 기록한다.
⑤ 등기부가 아닌 신청서나 그 밖의 부속서류는 법원의 명령 또는 촉탁이 있거나 법관이 발부한 영장에 의하여 압수하는 경우에 등기소 밖으로 옮길 수 있다.

....

[❶ ▸ ×] 부동산등기법 제2조 제1호, 제3호

> **부동산등기법 제2조(정의)**
> 이 법에서 사용하는 용어의 뜻은 다음과 같다.
> 1. "등기부"란 전산정보처리조직에 의하여 입력·처리된 등기정보자료를 대법원규칙으로 정하는 바에 따라 편성한 것을 말한다.
> 3. "등기기록"이란 1필의 토지 또는 1개의 건물에 관한 등기정보자료를 말한다.

[❷ ▸ ○] 등기부를 편성할 때에는 1필의 토지 또는 1개의 건물에 대하여 1개의 등기기록을 둔다. 다만, 1동의 건물을 구분한 건물에 있어서는 1동의 건물에 속하는 전부에 대하여 1개의 등기기록을 사용한다(부동산등기법 제15조 제1항).
[❸ ▸ ○] 등기관이 지적(地籍)소관청으로부터 공간정보의 구축 및 관리 등에 관한 법률 제88조 제3항의 통지(토지의 표시와 지적공부가 일치하지 아니하다는 사실의 통지)를 받은 경우에 제35조의 기간(1개월) 이내에 등기명의인으로부터 등기신청이 없을 때에는 그 통지서의 기재내용에 따른 변경의 등기를 직권으로 하여야 한다(부동산등기법 제36조 제1항).

[**❹ ▸ ○**] 부동산등기법 제40조 제1항 제4호

> **부동산등기법 제40조(등기사항)**
> ① 등기관은 건물 등기기록의 표제부에 다음 각 호의 사항을 기록하여야 한다.
>   1. 표시번호
>   2. 접수연월일
>   3. 소재, 지번 및 건물번호. 다만, 같은 지번 위에 1개의 건물만 있는 경우에는 건물번호는 기록하지 아니한다.
>   4. <u>건물의 종류, 구조와 면적. 부속건물이 있는 경우에는 부속건물의 종류, 구조와 면적도 함께 기록한다.</u>
>   5. 등기원인
>   6. 도면의 번호[같은 지번 위에 여러 개의 건물이 있는 경우와 집합건물의 소유 및 관리에 관한 법률 제2조 제1호의 구분소유권의 목적이 되는 건물(이하 "구분건물"이라 한다)인 경우로 한정한다]

[**❺ ▸ ○**] 등기부의 부속서류는 전쟁·천재지변이나 그 밖에 이에 준하는 사태를 피하기 위한 경우 외에는 등기소 밖으로 옮기지 못한다. 다만, 신청서나 그 밖의 부속서류에 대하여는 법원의 명령 또는 촉탁이 있거나 법관이 발부한 영장에 의하여 압수하는 경우에는 그러하지 아니하다(부동산등기법 제14조 제4항).

답 ❶

02
□□□

다음 중 등기소에 갖추어 두어야 할 장부의 보존기간이 다른 경우는?　　　　2023년

① 이의신청서류 편철장
② 결정원본 편철장
③ 신청서 기타 부속서류 송부부
④ 사용자등록신청서류 등 편철장
⑤ 기타 문서 접수장

···

[**❶, ❷, ❹, ❺ ▸ 10년**]
[**❸ ▸ 5년**]

> **부동산등기규칙 제25조(장부의 보존기간)**
> ① 등기소에 갖추어 두어야 할 장부의 보존기간은 다음 각 호와 같다.
>   1. 부동산등기신청서 접수장 : 5년
>   2. 기타 문서 접수장 : <u>10년</u>❺
>   3. 결정원본 편철장 : <u>10년</u>❷
>   4. 이의신청서류 편철장 : <u>10년</u>❶
>   5. 사용자등록신청서류 등 편철장 : <u>10년</u>❹
>   6. 신청서 기타 부속서류 편철장 : 5년
>   7. 신청서 기타 부속서류 송부부 : 신청서 그 밖의 부속서류가 반환된 날부터 <u>5년</u>❸
>   8. 각종 통지부 : 1년
>   9. 열람신청서류 편철장 : 1년
>   10. 제증명신청서류 편철장 : 1년

답 ❸

등기기록의 폐쇄에 관한 다음 설명 중 옳은 것은 모두 몇 개인가?

A. 소유권보존등기를 말소한 경우에는 그 등기기록을 폐쇄한다.
B. 폐쇄한 등기기록은 영구 보존한다.
C. 등기기록을 폐쇄할 때에는 표제부의 등기를 말소하는 표시를 하고, 등기원인 및 기타사항란에 폐쇄의 뜻과 그 연월일을 기록하여야 한다.
D. 중복등기기록 중 어느 한 등기기록의 최종 소유권의 등기명의인이 다른 등기기록의 최종 소유권의 등기명의인으로부터 직접 또는 전전하여 소유권을 이전받은 경우로서, 다른 등기기록이 후등기기록이거나 소유권 외의 권리 등에 관한 등기가 없는 선등기기록일 때에는 그 다른 등기기록을 폐쇄한다.
E. 등기기록에 기록된 사항이 많아 취급하기에 불편하게 되는 등 합리적 사유로 등기기록을 옮겨 기록할 필요가 있는 경우에 등기관은 현재 효력이 있는 등기만을 새로운 등기기록에 옮겨 기록할 수 있다.

① 5개   ② 4개
③ 3개   ④ 2개
⑤ 1개

....

[A ▶ O]　우리나라의 부동산등기 제도는 원칙적으로 표제부만을 두는 등기는 허용하지 아니하므로(예외 : 구분건물의 표시등기) 소유권보존등기를 말소한 경우에는 그 등기기록을 폐쇄한다.
[B ▶ O]　폐쇄한 등기기록은 영구히 보존하여야 한다(부동산등기법 제20조 제2항).
[C ▶ O]　등기기록을 폐쇄할 때에는 표제부의 등기를 말소하는 표시를 하고, 등기원인 및 기타사항란에 폐쇄의 뜻과 그 연월일을 기록하여야 한다(부동산등기규칙 제55조 제2항).
[D ▶ O]　중복등기기록 중 어느 한 등기기록의 최종 소유권의 등기명의인이 다른 등기기록의 최종 소유권의 등기명의인으로부터 직접 또는 전전하여 소유권을 이전받은 경우로서, 다른 등기기록이 후등기기록이거나 소유권 외의 권리 등에 관한 등기가 없는 선등기기록일 때에는 그 다른 등기기록을 폐쇄한다(부동산등기규칙 제35조).
[E ▶ O]　등기기록에 기록된 사항이 많아 취급하기에 불편하게 되는 등 합리적 사유로 등기기록을 옮겨 기록할 필요가 있는 경우에 등기관은 현재 효력이 있는 등기만을 새로운 등기기록에 옮겨 기록할 수 있다(부동산등기법 제33조).

답 ❶

제2절 | 등기부의 손상과 복구

제3절 | 등기의 공시

04
☐☐☐

등기사항의 공시 및 등기정보자료의 제공에 관한 다음 설명 중 가장 옳지 않은 것은?

2021년

① 등기기록은 누구나 열람할 수 있지만 등기기록의 부속서류에 대한 열람은 이해관계 있는 부분으로 한정된다.
② 등기신청이 접수된 부동산에 관하여는 그 부동산에 등기신청사건이 접수되어 처리 중에 있다는 뜻을 등기사항증명서에 표시하여 발급할 수 있다.
③ 등기사항증명서를 발급할 때 그 등기기록 중 갑구 또는 을구의 기록이 없을 때에는 증명문에 그 뜻을 기록하여야 한다.
④ 명의인별 등기정보자료의 제공은 등기명의인의 부동산소유현황에 관한 사항으로 한정한다.
⑤ 명의인별 등기정보자료를 제공받기 위해서는 등기소에 방문 후 신청하여 서면으로만 정보제공을 받을 수 있고, 인터넷등기소를 이용하여 이를 신청하거나 송신받는 방법으로 정보제공을 받을 수는 없다.

. . . .

[❶ ▸ ○] 누구든지 수수료를 내고 대법원규칙으로 정하는 바에 따라 등기기록에 기록되어 있는 사항의 전부 또는 일부의 열람(閱覽)과 이를 증명하는 등기사항증명서의 발급을 청구할 수 있다. 다만, 등기기록의 부속서류에 대하여는 이해관계 있는 부분만 열람을 청구할 수 있다(부동산등기법 제19조 제1항).

[❷ ▸ ○] 등기신청이 접수된 부동산에 관하여는 등기관이 그 등기를 마칠 때까지 등기사항증명서를 발급하지 못한다. 다만, 그 부동산에 등기신청사건이 접수되어 처리 중에 있다는 뜻을 등기사항증명서에 표시하여 발급할 수 있다(부동산등기규칙 제30조 제4항).

[❸ ▸ ○] 등기사항증명서를 발급할 때에는 등기사항증명서의 종류를 명시하고, 등기기록의 내용과 다름이 없음을 증명하는 내용의 증명문을 기록하며, 발급연월일과 중앙관리소 전산운영책임관의 직명을 적은 후 전자이미지관인을 기록하여야 한다. 이 경우 등기사항증명서가 여러 장으로 이루어진 경우에는 연속성을 확인할 수 있는 조치를 하여 발급하고, 그 등기기록 중 갑구 또는 을구의 기록이 없을 때에는 증명문에 그 뜻을 기록하여야 한다(부동산등기규칙 제30조 제1항).

[❹ ▸ ○] 등기명의인 또는 그 포괄승계인이 제공받을 수 있는 명의인별 등기정보자료는 등기명의인의 부동산소유현황(소유형태가 공유·합유인 경우를 포함한다)에 관한 사항으로 한정한다(등기예규 제1750호 3. 가.).

[❺ ▸ ✕] 명의인별 등기정보자료는 등기소에 방문 후 신청하여 서면으로 제공받을 수 있고, 인터넷등기소를 이용하여 이를 신청하거나 송신받는 방법으로 제공받을 수도 있다.

> **등기정보자료의 제공에 관한 규칙 제10조(신청방법)**
> ① 명의인별 등기정보자료의 제공은 다음 각 호의 어느 하나에 해당하는 방법으로 신청한다.
> 　1. 신청인이 <u>등기소에 방문</u>하여 등기명의인의 성명(명칭), 주민등록번호(부동산등기용 등록번호) 및 그 밖에 대법원예규로 정하는 정보(이하 "등기명의인정보"라 한다)를 담고 있는 서면을 제출하는 방법
> 　2. 신청인이 대법원 <u>인터넷등기소를 이용</u>하여 등기명의인정보를 등기정보중앙관리소에 송신하는 방법

답 ❺

---

05 등기사항증명서의 종류 및 발급에 관한 다음 설명 중 가장 옳지 않은 것은? 2021년

① "등기사항전부증명서(현재 유효사항)"는 현재 효력이 있는 등기사항 및 그와 관련된 사항을 증명하는 증명서를 말한다.
② "등기사항일부증명서(현재 소유현황)"는 해당 부동산의 현재 소유자(또는 공유자)만을 밝히고, 공유의 경우에는 공유지분을 증명하는 증명서를 말한다.
③ "말소사항포함등기부등본"은 말소된 등기사항을 포함하여 전산폐쇄등기부에 기재된 사항의 전부를 증명하는 등본을 말한다.
④ 인터넷에 의하여 발급하는 등기사항증명서의 종류는 등기사항전부증명서(말소사항 포함)·등기사항전부증명서(현재 유효사항)·등기사항일부증명서(특정인 지분)·등기사항일부증명서(현재 소유현황)·등기사항일부증명서(지분취득 이력)로 한다.
⑤ 신탁원부, 공동담보(전세)목록, 도면, 매매목록 또는 공장저당목록은 등기사항증명서의 발급신청 시 그에 관하여 신청이 있는 경우에 한하여 발급한다.

....

[❶ ▸ ○] [❷ ▸ ○] [❸ ▸ ✕] 등기예규 제1775호 1. 가.

> **등기예규 제1775호[부동산등기사항증명서 발급처리지침]**
> 　1. 등기사항증명서의 종류
> 　가. 용어의 정의
> 　　1) 등기사항전부증명서(말소사항 포함) : "등기사항전부증명서(말소사항 포함)"는 말소된 등기사항을 포함하여 등기기록에 기록된 사항의 전부를 증명하는 증명서를 말한다.
> 　　2) <u>등기사항전부증명서(현재 유효사항)</u> : "등기사항전부증명서(현재 유효사항)"는 현재 효력이 있는 등기사항 및 그와 관련된 사항을 증명하는 증명서를 말한다.
> 　　3) 등기사항일부증명서(특정인 지분) : "등기사항일부증명서(특정인 지분)"는 특정 공유자의 지분 및 그 지분과 관련된 사항을 공시하기 위하여 지정된 특정인의 지분을 표시하고 해당 지분과 관련된 사항을 발췌하여 증명하는 증명서를 말한다.

4) 등기사항일부증명서(현재 소유현황) : "등기사항일부증명서(현재 소유현황)"는 해당 부동산의 현재 소유자(또는 공유자)만을 밝히고, 공유의 경우에는 공유지분을 증명하는 증명서를 말한다.

5) 등기사항일부증명서(지분취득 이력) : "등기사항일부증명서(지분취득 이력)"는 특정 공유지분이 어떻게 현재의 공유자에게로 이전되어 왔는지를 쉽게 확인할 수 있도록 해당 지분의 취득경위와 관련한 등기사항만을 발췌하여 증명하는 증명서를 말한다.

6) 등기사항일부증명서(일부사항) : "등기사항일부증명서(일부사항)"는 이미지폐쇄등기부(전산이기 전)에 기재된 사항 중 신청인이 청구한 일부 면을 증명하는 증명서를 말한다.

7) 말소사항포함등기부등본 : "말소사항포함등기부등본"은 말소된 등기사항을 포함하여 수작업폐쇄등기부에 기재된 사항의 전부를 증명하는 등본을 말한다.

8) 일부사항증명등기부초본 : "일부사항증명등기부초본"은 수작업폐쇄등기부에 기재된 사항 중 신청인이 청구한 일부 면을 증명하는 초본을 말한다.

[❹ ▶ O] 인터넷에 의하여 발급하는 등기사항증명서의 종류는 등기사항전부증명서(말소사항 포함)·등기사항전부증명서(현재 유효사항)·등기사항일부증명서(특정인 지분)·등기사항일부증명서(현재 소유현황)·등기사항일부증명서(지분취득 이력)로 한다. 다만, 등기기록상 갑구 및 을구의 명의인이 500인 이상인 경우 등과 같이 등기기록의 분량과 내용에 비추어 인터넷에 의한 열람 또는 발급이 적합하지 않다고 인정되는 때에는 이를 제한할 수 있다[등기예규 제1775호 7. 가. 1)].

[❺ ▶ O] 신탁원부, 공동담보(전세)목록, 도면, 매매목록 또는 공장저당목록은 등기사항증명서의 발급신청 시 그에 관하여 신청이 있는 경우에 한하여 발급한다[등기예규 제1775호 5. 가. 1)].

답 ❸

| 제5절 | 중복등기기록의 정리 |

06
□□□

중복등기기록의 정리에 관한 다음 설명 중 가장 옳지 않은 것은? 　　2023년

① 토지에 대해서는 부동산등기법 및 동 규칙에 규정을 두고 있으나 건물의 경우에는 위 법과 규칙에 따라 규정을 두고 있지 않고 있다.

② 존재하지 않는 토지에 대하여 등기가 됨으로 인하여 외관상 지번이 동일한 중복등기기록이 있는 경우 진정한 등기기록상의 소유권의 등기명의인은 존재하지 않는 토지를 표상하는 등기기록상의 최종 소유권의 등기명의인을 대위하여 토지의 멸실등기에 준하는 등기의 신청을 할 수 있다.

③ 건물의 보존등기명의인이 서로 다른 경우 선행해서 개설된 등기기록상의 등기를 기초로 한 새로운 등기신청은 이를 수리하고, 나중에 개설된 등기기록상의 등기를 기초로 한 새로운 등기신청은 이를 각하한다.

④ 토지의 최종 소유권의 등기명의인이 다른 경우로 어느 한 등기기록에만 분배농지의 상환완료를 등기원인으로 한 등기가 되어 있는 때에는 그 등기기록을 제외한 나머지 등기기록을 폐쇄한다.

⑤ 토지에 있어 최종 소유권의 등기명의인이 동일한 경우의 중복등기기록을 정리할 때에는 사전에 폐쇄될 등기기록의 최종 소유권의 명의인과 등기상의 이해관계인에게 통지할 필요가 없다.

....

[❶ ▶ ○] 중복등기는 토지의 경우 부동산등기법 제21조 및 부동산등기규칙 제33조부터 제41조까지의 규정을 두고 있으므로 이에 따라 정리되어야 하지만, 건물의 경우에는 위 법과 규칙에 따라 규정을 두고 있지 않아 관련 예규(등기예규 제1374호)에서 정하는 절차에 따라 정리되어야 한다.

[❷ ▶ ○] 존재하지 않는 토지에 대하여 등기가 됨으로 인하여 외관상 지번이 동일한 중복등기기록이 있는 경우 진정한 등기기록상의 소유권의 등기명의인은 존재하지 않는 토지를 표상하는 등기기록상의 최종 소유권의 등기명의인을 대위하여 토지의 멸실등기에 준하는 등기의 신청을 하여 그 등기기록을 폐쇄시킬 수 있으므로 등기관은 진정한 등기기록상의 소유권의 등기명의인으로 하여금 이와 같은 신청을 하도록 적극 유도하여 외관상의 중복등기를 해소하도록 하여야 한다. 이 경우 등기관은 폐쇄된 등기기록, 지적공부를 전부 추적하여 이기과정에서의 착오로 지번이 잘못 기재된 등기기록이 존재하지 않는 토지의 등기기록으로 오인되어 폐쇄되는 일이 없도록 각별히 유의하여야 한다(등기예규 제1431호 16. 나.).

[❸ ▶ ✕] 등기예규 제1374호 5. 가., 나.

등기예규 제1374호[건물 중복등기 정리절차에 관한 업무처리지침]

5. 중복등기가 존속하고 있는 동안에 새로운 등기신청이 있는 경우

　가. 보존등기명의인이 <u>동일한 경우</u> 중복등기의 존속 중에 새로운 등기신청이 있는 경우에는 <u>선행 등기기록상의 등기를 기초로 한 새로운 등기신청은 이를 수리하고</u>, <u>후행 등기기록상의 등기를 기초로 한 새로운 등기신청은 이를 각하한다.</u>

　나. 보존등기명의인이 <u>서로 다른 경우</u> 중복등기의 존속 중에 어느 일방의 등기기록상의 등기를 기초로 하는 새로운 등기신청은 이를 <u>수리한다.</u>

[❹ ▸ O] 중복등기기록의 최종 소유권의 등기명의인이 다른 경우로서 어느 한 등기기록에만 원시취득 사유 또는 분배농지의 상환완료를 등기원인으로 한 소유권이전등기가 있을 때에는 그 등기기록을 제외한 나머지 등기기록을 폐쇄한다(부동산등기규칙 제36조 제1항).

[❺ ▸ O] 부동산등기규칙 제34조(소유권의 등기명의인이 같은 경우의 정리)에 의한 중복등기의 정리에 있어서, 등기관은 사전에 폐쇄될 등기기록의 최종 소유권의 등기명의인과 등기상 이해관계인에게 통지를 할 필요가 없으며, 또한 관할 지방법원장의 허가를 받을 필요도 없다(부동산등기규칙 제37조 제1항, 제38조 참조). 등기관이 바로 직권으로 정리절차를 밟으면 된다.

부동산등기규칙 제37조(소유권의 등기명의인이 다른 경우의 정리)

① 중복등기기록의 최종 소유권의 등기명의인이 다른 경우로서 제35조와 제36조에 해당하지 아니할 때에는 각 등기기록의 최종 소유권의 등기명의인과 등기상 이해관계인에 대하여 1개월 이상의 기간을 정하여 그 기간 내에 이의를 진술하지 아니하면 그 등기기록을 폐쇄할 수 있다는 뜻을 통지하여야 한다.

부동산등기규칙 제38조(지방법원장의 허가가 필요한 중복등기기록 정리)

등기관이 제36조와 제37조에 따라 중복등기기록을 정리하려고 하는 경우에는 지방법원장의 허가를 받아야 한다.

 답 ❸

04 등기신청절차

│ 제1절 │ 등기신청방법

Ⅰ 의 의

① 등기는 당사자의 신청 또는 관공서의 촉탁에 따라 한다. 다만, 법률에 다른 규정이 있는 경우에는 그러하지
아니하다(부동산등기법 제22조). 이와 같이 법은 신청주의를 원칙으로 하고 있으나, 예외적으로 등기관이 직권
으로 하는 경우(부동산등기법 제32조, 제66조)와 법원의 명령으로 하는 경우(부동산등기법 제106조, 제107조)가 있다.
당사자에게 신청의무가 부과되는 경우가 있기도 하다(부동산등기법 제35조, 제41조, 제43조, 부동산등기 특별조치법
제2조).
② 이러한 등기신청의 방법에는 방문신청과 전자신청이 있다(부동산등기법 제24조 제1항).

Ⅱ 방문신청

1. **서면주의**(부동산등기규칙 제56조)

(1) **신청정보와 첨부정보의 제공**

① 방문신청을 하는 경우에는 소정의 사항이 기재되어 있는 신청서(신청정보를 담고 있는 서면)와 첨부서면
(첨부정보를 담고 있는 서면)을 제공하고, 신청서에는 신청인이나 그 대리인이 기명날인하거나 서명하여
야 한다. 구술신청은 인정되지 않는다.

② 신청서가 여러 장일 때에는 신청인 또는 그 대리인이 간인하여야 하고, 등기권리자 또는 등기의무자가
여러 명일 때에는 그중 1명이 간인하는 방법으로 한다. 다만, 신청서에 서명을 하였을 때에는 각 장마다
연결되는 서명을 함으로써 간인을 대신한다.

(2) **전자표준양식에 의한 신청**(부동산등기규칙 제64조)

방문신청을 하고자 하는 신청인은 신청서를 등기소에 제출하기 전에 전산정보처리조직에 신청정보를 입력
하고 그 입력한 신청정보를 서면으로 출력하여 등기소에 제출하는 방법으로 등기신청을 할 수 있다.

(3) 도면 등의 제공방법

① 방문신청을 하는 경우라도 등기소에 제공하여야 하는 도면(부동산등기규칙 제63조), 신탁원부 작성을 위한 정보(부동산등기규칙 제139조 제4항) 또는 공장저당목록(공장 및 광업재단 저당등기 규칙 제4조, 제9조 제2항)은 전자문서로 작성하여야 하고, 그 제공은 전산정보처리조직을 이용하여 등기소에 송신하는 방법으로 하여야 한다. 이 경우 신청인 또는 대리인의 전자서명정보를 도면 등과 함께 송신하여야 한다.

② 다만, 자연인 또는 법인 아닌 사단이나 재단이 직접 등기신청을 하는 경우나 자연인 또는 법인 아닌 사단이나 재단이 자격자대리인이 아닌 사람에게 위임하여 등기신청을 하는 경우에는 전자문서로 제공하지 않아도 된다(부동산등기규칙 제63조, 제139조 제4항 단서, 공장 및 광업재단 저당등기 규칙 제9조 제2항 단서).

(4) 첨부서면의 원본 환부의 청구(부동산등기규칙 제59조)

① 신청서에 첨부한 서류 원본의 환부를 청구하는 경우 신청인은 원본과 같다는 뜻을 적은 사본을 첨부하여야 하고, 등기관이 서류의 원본을 환부할 때에는 그 사본에 원본 환부의 뜻을 적고 기명날인하여야 한다.

② 등기신청위임장, 부동산등기규칙 제46조 제1항 제8호(변호사나 법무사 등 자격자대리인이 권리에 관한 등기를 신청하는 경우 위임인이 등기의무자인지 여부를 확인하고 자필서명한 정보), 부동산등기규칙 제111조 제2항(자격자대리인이 등기의무자 또는 그 법정대리인으로부터 위임받았음을 확인한 경우에는 그 확인한 사실을 증명하는 정보)의 정보를 담고 있는 서면은 등기소에서 원본을 보관할 필요가 있고 해당 등기신청만을 위해서 작성되는 것이기 때문에 환부의 대상이 되지 않는다.

③ 인감증명, 법인등기사항증명서, 주민등록표등본·초본, 가족관계등록사항별증명서 및 건축물대장·토지대장·임야대장 등본 등과 같이 별도의 방법으로 신청인이 다시 취득할 수 있는 첨부서면 역시 환부청구를 할 수 없다.

(5) 등기원인증서의 반환(부동산등기규칙 제66조, 등기예규 제1514호)

① 등기를 완료한 후 등기관은 신청서에 첨부된 등기원인증서를 등기필정보통지서(또는 등기완료통지서)와 함께 신청인에게 돌려주어야 한다.

② 여기에서 등기원인증서란 법률행위의 성립을 증명하는 서면과 법률사실의 성립을 증명하는 서면 등을 말한다. 전자에 해당하는 것으로는 매매계약서, 증여계약서, 공유물분할계약서, 매매예약서, 근저당권설정계약서, 권리변경계약서, 해지(해제)증서 등을 들 수 있고, 후자의 예로는 수용재결서 또는 협의성립확인서, 집행력 있는 판결정본 등을 들 수 있다.

③ 그 밖의 등기원인증서에 해당하는 서면으로는 규약상 공용부분이라는 취지의 등기의 신청서에 첨부되는 규약이나 공정증서, 이혼 당사자 사이의 재산분할협의서가 있을 수 있다.

④ 다만, 협의분할에 의한 상속을 원인으로 한 소유권이전등기를 신청할 때에 등기소에 첨부서면으로서 제출한 상속재산분할협의서는 부동산등기규칙 제66조에 따라 등기관이 등기를 마친 후에 신청인에게 돌려주어야 하는 서면에 해당하지 않는다. 다만, 신청인은 이 서면에 대하여 같은 규칙 제59조에 따라 원본 환부의 청구를 할 수 있으며, 이 경우에는 그 원본과 같다는 뜻을 적은 사본을 제출하여야 한다(등기선례 제201912-2호).

⑤ 신청인이 등기를 마친 때부터 3개월 이내에 위의 등기원인증서를 수령하지 아니한 경우에는 이를 폐기할 수 있다.

2. 출석주의(부동산등기법 제24조 제1항 제1호)

① 등기는 원칙적으로 신청인 또는 대리인이 등기소에 출석하여 신청하여야 하고 우편에 의한 신청은 인정되지 않는다. 다만 관공서가 촉탁하는 경우에는 출석을 요하지 아니하므로 우편 촉탁도 할 수 있다. 등기촉탁을 할 수 있는 자는 원칙적으로 국가 및 지방자치단체에 한하며, 공사 등은 촉탁에 관한 특별규정이 있는 경우에만 촉탁할 수 있다(등기예규 제1759호 제1호.).

② 대리인이 변호사나 법무사 등 자격자대리인인 경우에는 그 대리인의 사무소 소재지를 관할하는 지방법원장이 허가하는 사무원이 등기소에 출석하여 등기를 신청할 수 있다.

③ 부동산등기법 제24조 제1항 제1호 단서에 따라 등기소에 출석하여 등기신청서를 제출할 수 있는 자격자대리인의 사무원은 자격자대리인의 사무소 소재지를 관할하는 지방법원장이 허가하는 1명으로 한다. 다만 법무법인·법무법인(유한)·법무조합 또는 법무사법인·법무사법인(유한)의 경우에는 그 구성원 및 구성원이 아닌 변호사나 법무사 수만큼의 사무원을 허가할 수 있다(부동산등기규칙 제58조 제1항).

④ 지방법원장은 상당하다고 인정되는 경우 허가를 취소할 수도 있다(부동산등기규칙 제58조 제4항).

⑤ 방문신청에 있어서 출석주의를 취하는 이유는 당사자가 등기소에 출석하여 등기를 신청하도록 함으로써 등기신청의 진정을 담보하기 위한 것이다.

Ⅲ 전자신청

1. 의 의

① 전자신청은 전산정보처리 조직을 이용하여 신청정보와 첨부정보를 등기소에 송신하는 방법으로 한다(부동산등기법 제24조 제1항 제2호).

② 전자신청은 종이에 의하지 않으며, 신청인이 등기소에 출석할 필요도 없다. 전자신청도 방문신청에서의 서면주의와 마찬가지로, 법령에서 요구하는 일정한 방식에 따라야 한다.

2. 전자신청을 할 수 있는 자(부동산등기규칙 제67조 제1항)

① 전자신청은 당사자가 직접 하거나 자격자대리인이 당사자를 대리하여 한다. 다만, 법인 아닌 사단이나 재단은 전자신청을 할 수 없다. 전자인증을 받을 수 있는 절차가 마련되어 있지 않기 때문이다.

② 외국인의 경우에는 「출입국관리법」 제31조에 따라 외국인등록을 하거나 「재외동포법」 제6조, 제7조에 따른 국내거소신고를 하여야 한다.

③ 전자신청의 대리는 자격자대리인만이 할 수 있고, 자격자대리인이 아닌 경우에는 자기사건이라 하더라도 상대방을 대리하여 전자신청을 할 수 없다.

3. 사용자등록

① 전자신청을 하기 위해서는 그 등기신청을 하는 당사자 또는 등기신청을 대리할 수 있는 자격자대리인이 최초의 등기신청 전에 등기소에 출석하여 사용자등록을 하여야 한다(부동산등기규칙 제68조 제1항).

② 사용자등록을 신청하는 당사자 또는 자격자대리인은 등기소에 출석하여 대법원예규로 정하는 사항을 적은 신청서를 제출하여야 한다(부동산등기규칙 제68조 제2항).

③ 사용자등록신청서에는 「인감증명법」에 따라 신고한 인감을 날인하고 그 인감증명과 주소를 증명하는 서면을 첨부하여야 하며, 신청인이 자격자대리인인 경우에는 그 자격을 증명하는 서면의 사본도 첨부하여야 한다(부동산등기규칙 제68조 제3항, 제4항).

④ 법인이 「상업등기규칙」 제46조에 따라 전자증명서의 이용등록을 한 경우에는 사용자등록을 한 것으로 보므로 별도로 사용자등록을 할 필요가 없다(부동산등기규칙 제68조 제5항).

4. 사용자등록의 유효기간, 효력정지, 정보변경

① 사용자등록의 유효기간은 3년이고, 유효기간이 지난 경우에는 사용자등록을 다시 하여야 한다(부동산등기규칙 제69조 제1항, 제2항).

② 사용자등록의 유효기간 만료일 3개월 전부터 만료일까지는 그 유효기간의 연장을 신청할 수 있으며, 그 연장기간은 3년으로 한다(부동산등기규칙 제69조 제3항).

③ 사용자등록을 한 사람은 사용자등록의 효력정지, 효력회복 또는 해지를 신청할 수 있다(부동산등기규칙 제70조 제1항).

④ 사용자등록 후 등록정보가 변경된 경우에는 변경된 사항을 등록하여야 한다(부동산등기규칙 제71조 제1항).

5. 전자신청의 방법(등기예규 제1725호 4.)

(1) 인터넷등기소 접속

전자신청을 하고자 하는 당사자 또는 자격자대리인은 인터넷등기소에 접속한 후 "인터넷등기전자신청"을 선택하여 모든 문서를 전자문서로 작성하여야 한다. 다만, 신청인이 자격자대리인인 경우 다음의 서면에 대하여는 전자적 이미지 정보로 변환(스캐닝)하여 원본과 상위 없다는 취지의 부가정보와 자격자대리인의 규칙 제67조 제4항 제1호에 따른 개인인증서(이하 "인증서"라 한다)정보를 덧붙여 등기소에 송신하는 것으로 갈음할 수 있다.

① 대리권한을 증명하는 서면(등기원인증서가 존재하지 아니하는 등기유형에 한한다) 및 행정정보 또는 취득세 또는 등록면허세 납부확인정보를 담고 있는 서면

② 다음 ㉠부터 ㉢까지의 경우에 첨부정보를 담고 있는 모든 서면. 다만, 인감증명서와 그 인감을 날인한 서면, 본인서명사실확인서와 서명을 한 서면 및 전자본인서명확인서 발급증과 관련 서면에 서명을 한 서면(예 등기의무자의 위임장, 제3자의 승낙서 등)은 제외

㉠ 국가, 지방자치단체 또는 특별법에 의하여 설립된 공법인(「지방공기업법」에 의하여 설립된 지방공사를 포함한다)이 등기권리자로서 토지보상법에 의하여 토지 등을 협의취득 또는 수용하여 이를 원인으로 소유권이전등기를 신청하는 경우

㉡ 법원행정처장이 지정하는 금융기관이 (근)저당권자로서 (근)저당권 설정등기, (근)저당권 이전등기, (근)저당권 변경(경정)등기 또는 (근)저당권 말소등기를 신청하는 경우(「한국주택금융공사법」 제43조의7에 따른 담보주택에 대한 (근)저당권 말소등기와 동시에 하는 부기등기 또는 부기등기의 말소등기를 포함한다)

㉢ 국가, 지방자치단체, 특별법에 의하여 설립된 공법인(「지방공기업법」에 의하여 설립된 지방공사를 포함한다) 또는 위 ②에 의하여 지정된 금융기관이 지상권자로서 지상권설정등기 또는 지상권말소등기를 신청하는 경우

(2) 사용자 인증

전자신청을 하기 위해서는 개인은 인증서정보 및 사용자등록번호를, 법인인 경우에는 전자증명서정보를, 자격자대리인인 경우에는 인증서정보 및 사용자등록번호를 전산정보처리조직에 입력하여 사용자 인증을 받아야 한다.

(3) 필수정보의 제공 등

① 전자신청의 경우 일정한 유형의 등기를 등기권리자와 등기의무자가 공동으로 하기 위해서는 해당 필수정보를 반드시 전자적으로 첨부하여야 하며, 그 정보가 첨부되지 아니한 때에는 신청정보를 송신할 수 없다.

② 이는 접수번호를 먼저 취득하기 위한 편법으로 전자신청을 이용하는 것을 방지하기 위한 것이다. 등기유형과 필수정보는 다음과 같다.

등기목적	등기원인	필수정보
소유권이전	매 매 공유물분할 교 환 대물변제 신 탁 증 여	매매계약서 공유물분할계약서 교환계약서 대물변제계약서 신탁계약서 증여계약서
지상권설정	지상권설정	지상권설정계약서
지상권말소	해 지	해지증서
전세권설정	전세권설정	전세권설정계약서
전세권말소	해 지	해지증서
근저당권설정	근저당권설정	근저당권설정계약서
근저당권이전	확정채권 양도 대위변제 계약양도 계약가입	채권양도계약서 변제증서 근저당권양도계약서 근저당권양도증서
근저당권변경	계약인수	변경계약서
근저당권말소	해 지	해지증서
임차권설정	임차권설정	임차권설정계약서
임차권말소	해 지	해지증서

③ 첨부하여야 할 정보 중 법인등기부정보 및 부동산등기부정보와 같이 등기소에서 직접 확인할 수 있는 정보는 그 표시만 하고 첨부를 생략하며, 주민등록정보나 토지대장정보 등 행정정보공동이용의 대상이 되는 정보는 행정정보공동이용센터에 연계요청을 하여 수신한 정보를 첨부한다.

④ 작성명의인이 있는 전자문서를 첨부할 경우 그 전자문서는 PDF파일 형식이어야 하며 그 작성자가 개인일 경우에는 인증서 정보를, 관공서인 경우에는 행정전자서명정보를, 법인인 경우에는 전자증명서정보를 함께 첨부하여야 한다.

⑤ 부동산등기규칙 제60조 및 제61조 등에 의하여 인감증명을 제출하여야 하는 자가 인증서정보나 전자증명서정보를 송신한 때에는 인감증명정보의 송신은 필요 없다.

(4) 승 인

① **공동신청의 경우** : 공동신청을 하여야 할 등기신청에 있어서 당사자가 대리인에게 위임하지 않고 직접 신청하는 경우 또는 위임을 서로 다른 대리인에게 한 경우에는 어느 일방이 신청정보와 첨부정보를 입력한 후 승인대상자를 지정하여야 하고, 승인대상자로 지정된 자는 사용자인증을 받은 후 인증서정보나 전자증명서정보를 첨부하여 승인을 하여야 한다.

② **대리인에 의한 신청의 경우** : 대리인이 신청한 경우에는 대리인이 위임에 관한 정보를 입력하고 당사자가 인증서정보(승인대상자로 지정된 자가 당사자로서 법인인 경우에는 '전자증명서정보')를 첨부하여 승인하여야 한다.

③ **승인이 불필요한 경우** : 공동신청이 아닌 단독신청 사건(부동산표시변경, 등기명의인표시변경 사건 등)에서 사용자등록을 한 자가 대리인을 통하지 않고 스스로 전자신청을 하는 경우에는 승인절차를 거치지 아니한다.

(5) 보 정(등기예규 제1725호)

① **보정 통지의 방법** : 보정사항이 있는 경우 등기관이 보정 통지를 반드시 전산정보처리조직을 이용해서 할 필요는 없으며 전자우편, 구두, 전화 기타 모사전송의 방법으로 할 수 있다.

② **보정의 방법** : 반면 보정은 원칙적으로 전산정보처리조직에 의해서 하여야 한다. 다만 행정정보공동이용의 대상이 되는 첨부정보에 관하여 해당 행정기관의 시스템 장애 등으로 그 정보를 첨부할 수 없는 경우 등에 있어서는 그 정보를 담고 있는 서면을 등기소에 직접 제출하거나 신청인이 자격자대리인인 경우에는 그 서면을 스캐닝한 후 원본과 상위 없다는 취지의 부가정보와 인증서정보를 덧붙여 등기소에 송신할 수 있다.

(6) 전자신청의 취하 등

전자신청의 취하는 전산정보처리조직을 이용하여야 하나, 전자신청에 대한 각하 결정의 방식 및 고지 방법은 서면신청의 경우와 같다.

(7) 이의신청

전자신청 사건에 관하여 이의신청이 있어 그 사건을 관할지방법원에 송부하여야 할 경우 등기관은 전자문서로 보존되어 있는 신청정보와 첨부정보를 출력하여 인증한 후 그 출력물을 송부하여야 한다.

제2절 | 등기신청행위

I 의의 및 성질

1. 의 의

등기신청행위는 등기신청인이 국가기관인 등기소에 대하여 일정한 내용의 등기를 할 것을 요구하는 일종의 공법상의 행위로서 등기절차법상 요구되는 의사표시이다.

2. 성 질

등기 사무는 소송사건이 아니라 비송사건이므로(법원조직법 제2조 제3항), 등기신청행위는 비송행위의 일종으로 보아야 한다.

II 유효요건

1. 의 의

① 등기신청행위의 유효요건은 등기의 유효요건의 전 단계에 해당하는 것으로 등기의 유효요건과는 구별하여야 한다.

② 등기신청은 등기신청적격(등기당사자능력)과 등기신청능력을 가지고 있는 신청인의 진정한 의사에 의하고, 소정의 방식을 갖추어야 한다.

2. 신청인

(1) 의 의

등기신청인이라 함은 어떤 구체적인 등기신청행위를 자기 명의로 할 수 있는 자, 즉 특정의 등기를 신청할 수 있는 자를 말한다. 따라서 신청인은 등기명의인이 될 수 있는 자이어야 하고 등기신청능력이 있어야 한다.

(2) 등기신청적격

등기신청적격(등기당사자능력)이라 함은 등기절차상 등기권리자, 등기의무자가 될 수 있는 자격을 말한다. 「민법」상 권리능력에 대응하는 개념으로서, 원칙적으로 권리능력이 있는 자 즉 자연인과 법인이 등기신청적격을 갖는다.

① 태 아

㉠ 「민법」은 상속(민법 제1000조 제3항)과 유증을 받을 권리(민법 제1064조) 등 일정한 경우에는 태아의 권리능력을 예외적으로 인정하고 있다. 즉 태아는 부동산의 상속과 유증 등에 관해 제한적으로 권리능력이 인정되는 셈이다. 그런데 「민법」은 태아에게 권리능력을 인정하는 법률관계에 관하여 "이미 출생한 것으로 본다"고 표현하고 있는데 그 의미가 무엇인지 견해의 대립이 있다. 이 문제는 등기절차상 태아인 상태에서 상속이나 유증에 관한 등기신청을 할 수 있는가와 관련이 있다.

ⓛ 해제조건설은, 태아는 「민법」이 인정하는 법률관계에서는 이미 출생한 것으로 간주되어 그 범위 내에서는 등기신청도 가능하다고 본다. 이 견해에 의하면 망 ○○○ 태아 명의로 등기를 하고 살아서 출생하면 등기명의인표시 변경등기를, 죽어서 출생하면 소유권경정등기를 하게 된다.

ⓒ 정지조건설은 태아로 있는 동안에는 권리능력을 취득하지 못하고 살아서 출생하는 때에 비로소 권리능력을 취득하며, 권리능력이 상속개시 시 등 문제의 시점으로 소급한다고 본다. 이 견해에 의하면 태아인 상태로는 등기신청을 할 수 없다.

ⓔ 판례는 손해배상청구권에 관한 판결에서 정지조건설을 취하고 있다. 등기실무도 태아에게 등기신청 적격을 인정하지 않는다. 따라서 살아서 출생한 태아는 상속등기 경정의 방법으로 자기의 권리를 찾을 수 있다.

② **법인 아닌 사단·재단** : 부동산등기법은 "종중, 문중, 그 밖에 대표자나 관리인이 있는 법인 아닌 사단이나 재단에 속하는 부동산의 등기에 관하여서는 그 사단이나 재단을 등기권리자 또는 등기의무자로 한다."(부동산등기법 제26조 제1항)고 함으로써, 법인 아닌 사단이나 재단의 등기신청적격을 인정하고 있다.

③ **청산법인** : 청산종결등기가 되었더라도 청산사무가 아직 종결되지 아니한 경우에는 청산법인에 해당하는데(대판 1980.4.8. 79다2036), 청산법인의 청산인은 청산법인 명의로 부동산에 관한 등기신청을 할 수 있다.

④ **사립학교, 조합 등** : 사립학교나 「민법」상 조합 등은 등기신청적격이 없다(등기예규 제1621호 제4호 참조).

⑤ **북한주민**(등기예규 제1457호)
ⓐ 남북 주민 사이의 가족관계와 상속 등에 관한 특례법에 따르면 북한 지역에 거주하는 주민(이하 "북한주민"이라 한다)도 남한 내의 부동산에 관한 권리를 취득할 수 있다.

ⓑ 이 특례법에 따라 북한주민이 남한 내의 부동산에 관한 권리를 상속이나 유증 등으로 취득한 경우 그에 따른 등기는 법원이 선임한 재산관리인이 북한주민을 대리하여 신청한다.

ⓒ 재산관리인이 이 특례법에 따른 등기를 신청할 때에는 법무부장관이 발급한 "북한주민 등록번호 및 주소 확인서"에 기재된 사항을 신청인의 성명, 주소 및 부동산등기용등록번호로써 등기신청정보로 등기소에 제공하여야 하고, 법원의 재산관리인 선임을 증명하는 정보와 법무부장관이 발급한 북한주민의 부동산등기용등록번호 및 주소를 확인하는 정보를 첨부정보로 제공하여야 한다.

ⓓ 북한주민의 재산을 재산관리인이 처분하고 등기를 신청하는 경우에는 법무부장관이 발급한 재산처분 허가서를 첨부정보로 제공하여야 한다. 다만, 처분 등을 할 수 있는 허가기간이 도과한 경우에는 위 허가정보를 제공하지 않은 것으로 본다.

ⓔ 부동산등기규칙 제60조 제1항에 따라 인감증명을 제출하여야 하는 경우에는 재산관리인의 인감증명을 제출하여야 한다.

(3) 등기신청능력

① **의사능력** : 등기신청행위는 등기소에 대하여 등기를 요구하는 절차법상의 의사표시이므로 의사능력이 필요하다.

② **행위능력의 요부**
ⓐ 행위능력의 문제는 등기신청행위에도 「민법」 제5조 이하의 적용이 있는가에 귀결된다. 이에 관해서는 의사능력이 있는 것으로 족하다는 견해와 행위능력도 있어야 한다는 견해가 대립되어 있다.

ⓑ 권리를 취득하게 되는 등기권리자는 의사능력을 갖는 것으로 충분하고 행위능력이 있음을 요하지 아니하나, 등기의무자는 등기로 권리를 상실하게 되므로 행위능력을 필요로 한다고 해석함이 타당하다.

③ **행위능력 결여의 효과** : 행위능력이 없는 자의 등기신청은 부동산등기법 제29조 제3호(신청할 권한이 없는 자가 신청한 경우)와 제4호(방문신청에서 당사자나 대리인이 출석하지 아니한 경우) 중 어느 규정을 적용하여 각하할 것인지가 문제된다. 제4호는 전자신청에 적용할 수 없으므로 제3호를 적용하는 것이 타당하다.

3. 신청의 진의

등기신청 행위는 절차법상의 의사표시이므로 신청이라는 표시 행위에 대응하는 진의가 있어야 한다. 등기신청에 있어서 당사자의 출석은 당사자에게 등기신청의 진의가 있음을 확인할 수 있게 하는 중요한 방법이다.

4. 요식의 구비

신청정보의 제공이 대법원규칙으로 정한 방식에 맞아야 한다(부동산등기법 제29조 제5호).

| 제3절 | 등기신청인

I 공동신청주의

1. 공동신청의 원칙

① 누구를 신청권자로 하느냐에 관하여는 대체로 등기권리자 또는 등기의무자가 단독으로 신청하도록 하는 단독신청주의를 채택하고 있는 입법례가 많은데, 이 경우에는 등기의 진정성을 담보할 수 있는 일정한 제도적 장치(공증 등)를 함께 마련해 둔다.
② 우리 법은 등기는 법률에 다른 규정이 없는 경우에는 등기권리자와 등기의무자가 공동으로 신청한다고 규정하여 공동신청주의를 취하고 있다(부동산등기법 제23조 제1항).
③ 그러나 공동신청주의는 법이념적인 원리가 아니고 형식적 심사주의하에서 부실·허위의 등기를 방지하기 위한 제도적·절차적 장치일 뿐이다. 따라서 단독신청을 하더라도 진정을 해할 염려가 없거나 성질상 등기권리자·등기의무자를 생각할 수 없는 경우에는 공동신청이 요구되지 않는다.

2. 등기권자와 등기의무자

① 등기권리자는 등기기록의 형식상 신청하는 등기에 의하여 권리를 취득하거나 그 밖의 이익을 받는 자이고, 등기의무자는 등기기록의 형식상 신청하는 등기에 의하여 권리를 상실하거나 그 밖의 불이익을 받는 자이다(대판 1979.7.24. 79다345 참조).
② 이와 같은 절차법상의 등기권리자와 실체법상의 등기청구권자는 대체로 일치하지만 반드시 그런 것은 아니다. 예컨대, 甲 소유의 부동산이 乙 명의로 소유권보존등기가 되어 있는 경우 甲은 乙에 대하여 실체법상 말소등기청구권을 가지므로 실체법상의 등기청구권자이지만 등기기록의 형식만으로 보면 乙 명의 보존등기의 말소등기에 의하여 권리를 취득하거나 그 밖의 이익을 받는 것은 아니므로 등기권리자는 아니다.

Ⅱ 예외적 단독신청

1. 소유권보존등기 또는 소유권보존등기의 말소등기(부동산등기법 제23조 제2항)

소유권보존등기 또는 소유권보존등기의 말소등기는 등기명의인으로 될 자 또는 등기명의인이 단독으로 신청한다.

2. 포괄승계에 따른 등기(부동산등기법 제23조 제3항)

① 상속, 법인의 합병, 그 밖에 대법원규칙으로 정하는 포괄승계에 따른 등기는 등기권리자가 단독으로 신청한다.

② 이와 관련하여 대법원규칙은 등기권리자가 단독으로 신청할 수 있는 경우에 관하여 두 가지를 규정하고 있다(부동산등기규칙 제42조).

　㉠ 법인의 분할로 인하여 포괄승계가 있는 경우로서 분할 전 법인이 소멸하는 때에는 등기권리자가 단독으로 그에 따른 등기를 신청한다(부동산등기규칙 제42조 제1호). 분할 전 법인이 존속하는 경우에는 존속하는 법인과 공동으로 신청할 수 있으므로 단독신청이 허용되지 않는다.

　㉡ 법령에 따라 법인이나 단체의 권리·의무를 포괄승계하는 경우에도 등기권리자가 단독으로 그에 따른 등기를 신청한다(부동산등기규칙 제42조 제2호). 특별법에 따라 설립된 법인이 법령에 의하여 소멸하고, 신설되는 법인이 소멸한 법인의 권리·의무를 포괄승계하는 경우를 예로 들 수 있다.

3. 판결에 의한 등기(부동산등기법 제23조 제4항)

등기절차의 이행 또는 인수를 명하는 판결에 의한 등기는 승소한 등기권리자 또는 등기의무자가 단독으로 신청하고, 공유물을 분할하는 판결에 의한 등기는 등기권리자 또는 등기의무자가 단독으로 신청한다.

4. 표시 변경이나 경정의 등기(부동산등기법 제23조 제5항·제6항)

① 부동산표시의 변경이나 경정의 등기는 소유권의 등기명의인이 단독으로 신청한다.

② 등기명의인표시의 변경이나 경정의 등기는 해당 권리의 등기명의인이 단독으로 신청한다.

5. 신탁등기와 신탁등기의 말소등기(부동산등기법 제23조 제7항, 제87조 제3항)

① 신탁재산에 속하는 부동산의 신탁등기는 수탁자가 단독으로 신청한다.

② 신탁등기의 말소등기는 수탁자가 단독으로 신청할 수 있다.

6. 가등기나 가등기의 말소등기(부동산등기법 제89조, 제93조)

① 가등기권리자는 가등기의무자의 승낙이 있거나 가등기를 명하는 법원의 가처분명령이 있을 때에는 단독으로 가등기를 신청할 수 있다.

② 가등기명의인은 단독으로 가등기의 말소를 신청할 수 있으며, 가등기의무자 또는 가등기에 관하여 등기상 이해관계 있는 자는 가등기명의인의 승낙을 받아 단독으로 가등기의 말소를 신청할 수 있다.

7. 권리소멸의 약정등기의 말소(부동산등기법 제55조)

등기명의인인 사람의 사망 또는 법인의 해산으로 권리가 소멸한다는 약정이 등기되어 있는 경우에 사람의 사망 또는 법인의 해산으로 그 권리가 소멸하였을 때에는 등기권리자는 단독으로 해당 등기의 말소를 신청할 수 있다.

8. 수용으로 인한 소유권이전등기(부동산등기법 제99조 제1항)

토지수용으로 인한 소유권이전등기는 사업시행자인 등기권리자가 단독으로 신청할 수 있다.

Ⅲ 대리인에 의한 등기신청

1. 의 의

① 등기는 신청인이 직접 신청하거나 그 대리인에 의해 신청하여야 한다(부동산등기법 제24조 제1항). 공동신청·단독신청이나 대위신청의 경우 모두 대리인에 의한 신청이 가능하다.

② 대리인에는 임의대리인과 법정대리인이 포함된다. 대리인에 의하여 등기를 신청하는 경우에는 그 성명과 주소를 신청정보로 제공하고, 권한을 증명하는 정보를 첨부정보로 제공하여야 한다(부동산등기규칙 제43조 제1항, 제46조 제1항).

2. 임의대리인(등기예규 제1221호)

(1) 임의대리인의 자격

등기신청의 대리인이 될 수 있는 자격에는 제한이 없으므로 변호사나 법무사가 아니어도 누구나 등기신청의 임의대리인이 될 수 있다. 그러나 법무사가 아닌 자는 법원에 제출하는 서류의 작성이나 그 서류의 제출대행을 업으로 하지 못하므로(법무사법 제3조), 법무사 또는 변호사 아닌 자(공인중개사, 행정사 등. 이하 "법무사 아닌 자"라 함)는 다른 사람을 대리하여 부동산등기신청을 하거나 등기사항증명서 교부신청서를 작성하여 등기소에 제출하는 행위를 업으로 하지 못한다. 다만, 자기가 등기당사자 중 일방인 경우에는 타방을 대리하여 등기신청을 할 수 있다.

(2) 법무사 아닌 자의 등기신청이 있는 경우 등기관 등의 조치

① 신청인과 대리인의 관계 소명 요청 : 법무사 아닌 자가 다른 사람을 대리하여 수시로 반복하여 등기신청을 하는 등 등기신청의 대리를 업으로 한다는 의심이 있을 경우 등기관 또는 접수공무원은 대리인으로 하여금 신청인 본인과 그 대리인과의 관계를 가족관계증명서나 주민등록표등본 등에 의하여 소명할 것을 요청할 수 있다.

② 대리인이 본인의 가족이나 친족 등에 해당하는 경우 : 위 ①에 따라 신청인이 제출한 소명자료에 의하여 대리인이 신청인의 가족이나 친족에 해당하는 등, 그 대리인이 당해 등기신청을 업으로 하지 않는 것으로 소명된 경우 등기관은 그 등기신청을 즉시 수리한다.

③ 대리인과 본인 사이에 특별한 관계가 없는 경우

ㄱ 위 ①에 따른 소명자료를 대리인이 제출하지 않거나, 대리인이 제출한 소명자료에서 신청인과의 사이에 업으로 하지 않고 등기신청을 대리하여 줄 만한 특별한 관계에 있음이 밝혀지지 않은 경우 등 대리인이 해당 등기신청의 대리를 업으로 한다는 판단을 한 경우, 등기관 또는 접수공무원은 대리인에게 「법무사법」 위반의 사유로 고발조치될 수 있음을 알리고 등기신청의 취하 또는 접수의 자제를 권고할 수 있다.

ㄴ 권고에 응하지 아니하는 경우 등기과·소장이 그 등기신청을 「법무사법」 제3조 제1항에 위반한 것이라고 판단한 때에는 대리인을 고발조치할 수 있다.

ㄷ 위와 같이 수사기관에 고발조치한 때에는 고발조치한 내용과 고발조치에 대한 수사기관의 처분 결과 (수사기관으로부터 통보가 있는 경우)를 법원행정처장에게 보고한다.

3. 법정대리인

(1) 미성년자의 친권자(등기예규 제1088호)

① 친권자에 의한 등기신청

ㄱ 공동친권자가 있는 경우 : 미성년자인 자의 부모가 공동친권자인 경우로서 친권자가 미성년자를 대리하여 등기신청을 할 때에는 부모가 공동으로 하여야 한다. 다만 공동친권자 중 한 사람이 법률상 또는 사실상 친권을 행사할 수 없는 경우(친권행사금지가처분결정을 받은 경우나 장기부재 등)에는 다른 친권자가 그 사실을 증명하는 서면(가처분결정문 등)을 첨부하여 단독으로 미성년자인 자를 대리하여 등기신청을 할 수 있다.

ㄴ 친권행사자로 지정된 자가 친권을 행사할 수 없는 경우 : 친권행사자로 지정된 자가 사망, 실종선고 등으로 친권을 행사할 수 없는 경우에 다른 부 또는 모가 있는 때에는 그 부 또는 모가 미성년자인 자를 대리하여 등기신청을 할 수 있다.

② 특별대리인의 선임 여부

ㄱ 친권자와 그 친권에 복종하는 미성년자인 자 사이에 이해상반되는 행위 또는 동일한 친권에 복종하는 수인의 미성년자인 자 사이에 이해상반되는 행위를 하는 경우 미성년자 또는 미성년자 일방의 대리는 법원에서 선임한 특별대리인이 하여야 한다.

ㄴ 공동친권자 중 한 사람만이 미성년자인 자와 이해가 상반되는 경우 그 친권자는 미성년자인 자를 대리할 수 없고, 특별대리인이 이해가 상반되지 않는 다른 친권자와 공동하여 미성년자를 대리하여야 한다. 이해관계가 상반되는 예와 상반되지 않는 예는 다음과 같다.

상반되는 예	• 미성년자인 자가 그 소유 부동산을 친권자에게 매매 또는 증여하는 경우 • 상속재산협의분할서를 작성하는 데 있어서 친권자와 미성년자인 자 1인이 공동상속인인 경우 (친권자가 당해 부동산에 관하여 권리를 취득하지 않는 경우를 포함한다) • 친권자와 미성년자인 자의 공유부동산을 친권자의 채무에 대한 담보로 제공하고 그에 따른 근저당권설정등기를 신청하는 경우 • 미성년자인 자 2인의 공유부동산에 관하여 공유물분할계약을 하는 경우(미성년자인 자 1인에 관한 특별대리인의 선임이 필요하다)

상반되지 않는 예	• 친권자가 그 소유 부동산을 미성년자인 자에게 증여하는 경우 • 친권자가 미성년자인 자 소유의 부동산을 제3자에게 증여하는 경우 • 친권자가 미성년자인 자 소유의 부동산을 채무자인 그 미성년자를 위하여 담보로 제공하거나 제3자에게 처분하는 경우 • 친권자와 미성년자인 자의 공유부동산에 관하여 친권자와 그 미성년자를 공동채무자로 하거나 그 미성년자만을 채무자로 하여 저당권설정등기를 신청하는 경우 • 친권자와 미성년자인 자가 근저당권을 준공유하는 관계로서 근저당권설정등기의 말소를 신청하는 경우 • 미성년자인 자 1인의 친권자가 민법 제1041조의 규정에 의하여 상속포기를 하고 그 미성년자를 위하여 상속재산분할협의를 하는 경우 • 이혼하여 상속권이 없는 피상속인의 전처가 자기가 낳은 미성년자 1인을 대리하여 상속재산분할협의를 하는 경우

(2) 미성년자의 후견인

① 미성년자에게 친권자가 없거나 친권자가 친권의 전부 또는 일부를 행사할 수 없는 경우에는 미성년후견 인을 두어야 한다. 미성년후견인의 수는 한 명으로 한다.

② 미성년후견인은 피후견인인 미성년자의 법정대리인이 된다. 따라서 미성년후견인은 미성년자를 대리하여 등기신청을 할 수 있다.

③ 미성년후견인이 미성년자 소유 부동산에 대한 소유권이전등기를 신청하거나 미성년자의 그 등기신청에 동의를 할 때 미성년후견감독인이 있으면 그의 동의를 받아야 한다.

④ 미성년후견인과 미성년자 사이에 이해가 상반되는 행위에 관하여는 친권자와 그 자 사이 또는 친권에 따르는 여러 명의 자 사이의 이해상반행위에 관한 「민법」 제921조가 준용된다.

⑤ 다만 미성년후견감독인이 있는 경우에는 미성년후견감독인이 피후견인인 미성년자를 대리하므로 특별 대리인을 선임할 필요가 없다.

(3) 성년자의 후견인

① **성년후견** : 가정법원은 질병 등의 사유로 인한 정신적 제약으로 사무를 처리할 능력이 지속적으로 결여 된 사람에 대하여 일정한 자의 청구에 의하여 성년후견개시의 심판을 하고 직권으로 성년후견인을 선임 한다.

② **한정후견** : 가정법원은 질병 등의 사유로 인한 정신적 제약으로 사무를 처리할 능력이 부족한 사람에 대하여 일정한 자의 청구에 의하여 한정후견개시의 심판을 하고 직권으로 한정후견인을 선임한다.

③ **특정후견** : 가정법원은 질병 등의 사유로 인한 정신적 제약으로 일시적 후원 또는 특정한 사무에 관한 후원이 필요한 사람에 대하여 일정한 자의 청구에 의하여 특정후견의 심판을 한다.

④ **임의후견**

㉠ 후견계약은 질병 등의 사유로 인한 정신적 제약으로 사무를 처리할 능력이 부족한 상황에 있거나 부족하게 될 상황에 대비하여 자신의 재산관리 및 신상보호에 관한 사무의 전부 또는 일부를 다른 자에게 위탁하고 그 위탁사무에 관하여 대리권을 수여하는 것을 내용으로 하는데, 공정증서로 체결하여야 한다.

㉡ 후견계약은 가정법원이 임의후견감독인을 선임한 때부터 효력이 발생한다.

㉢ 가정법원은 후견계약이 등기되어 있고, 본인이 사무를 처리할 능력이 부족한 상황에 있다고 인정할 때에는 일정한 자의 청구에 의하여 임의후견감독인을 선임한다.

⑤ 성년후견인 등의 대리권 범위 : 성년후견인 등의 대리권·동의권 범위는 획일적이지 않고 가정법원이 정하는 바 등에 따라 달라진다. 이러한 사항은 후견등기부로 공시하고 있다. 성년후견인 등이 피성년후견인 등을 대리하여 등기신청을 하는 경우 성년후견인 등에게 대리권이 있는지 여부는 후견등기사항증명서를 제출하게 하여 개별적으로 판단한다.

⑥ 각 후견별 비교

제 도	근 거	본인의 행위능력	후견인과 그 대리권의 범위
성년후견	법 률	• 원칙적으로 없음 • 다만 가정법원은 취소할 수 없는 피성년후견인의 법률행위 범위를 정할 수 있고(민법 제10조 제2항), 일용품의 구입 등 일상생활에 필요하고 대가가 과도하지 아니한 법률행위는 취소할 수 없음(동조 제4항)	• 성년후견인은 필수적이고 가정법원이 직권으로 선임 • 성년후견인은 포괄적인 법정대리인(민법 제938조 제1항). 다만 가정법원은 법정대리권의 범위 및 피성년후견인의 신상에 관하여 결정할 수 있는 권한의 범위를 정할 수 있음(동조 제2항·제3항)
한정후견		• 원칙적으로 있음 • 다만 가정법원이 한정후견인의 동의를 받아야 하는 행위의 범위를 정함으로써 제한(민법 제13조 제1항) • 일용품 구입 등의 경우에는 취소할 수 없음(동조 제4항 단서)	• 한정후견인은 필수적이고 가정법원이 직권으로 선임 • 가정법원이 후견인의 동의를 받도록 한 행위에 대하여 취소 가능 • 가정법원은 한정후견인에게 대리권을 수여하는 심판을 할 수 있고(민법 제959조의4 제1항), 그 범위에서 대리권 존재
특정후견		행위능력 제한되지 않음	• 특정후견인의 선임은 임의적 • 가정법원의 기간이나 범위를 정한 대리권 수여 심판에 의하여 대리권 가짐(민법 제959조의11 제1항)
임의후견	계 약	행위능력 제한되지 않음	각 계약에서 정함

⑦ 후견 등기사항부존재증명서의 제출 요부

ⓐ 성년자가 등기신청을 하는 모든 경우에 그 성년자에게 성년후견개시의 심판 등이 있었는지 여부를 확인하기 위해 후견 등기사항부존재증명서를 제출하게 할 것인지가 문제된다.

ⓑ 피성년후견인 등의 등기신청은 극히 예외적이다. 이렇게 예외적인 등기신청의 적법 여부 확인을 위해 제출하도록 하는 것은 무리이다.

4. 행위능력의 요부

대리인은 행위능력자임을 요하지 아니한다(민법 제117조).

5. 자기계약·쌍방대리의 허용

① 등기신청에 있어서는 자기계약·쌍방대리도 허용된다(대판 1973.10.23. 73다437 참조). 즉 등기권리자가 등기의무자를 대리하여 자기의 등기를 신청할 수 있고, 동일한 법무사나 변호사가 등기권리자와 등기의무자 쌍방을 대리하는 등기신청도 가능하다. 등기실무에서 변호사나 법무사에 의한 대리는 거의 대부분 쌍방대리이다.

② 등기권리자, 등기의무자 쌍방으로부터 위임을 받는 등기신청절차에 관한 위임계약은 그 성질상 등기권리자의 동의 등 특별한 사정이 없는 한 민법 제689조 제1항의 규정에 관계없이 등기의무자 일방에 의한 해제는 할 수 없다고 보아야 할 것이므로 등기권리자와 등기의무자 쌍방으로부터 등기신청절차의 위임을 받은 법무사는 그 절차가 끝나기 전에 등기의무자 일방으로부터 등기신청을 중지해 달라는 요청을 받았다고 할지라도 그 요청을 거부해야 할 위임계약상의 의무가 있다(등기선례 제4-30호).

6. 대리권이 존속하여야 할 시기

① 대리인이나 본인이 사망하면 대리권은 소멸한다(민법 제127조). 그런데 등기신청의 대리는 그 신청행위의 종료 시까지 있으면 족하고, 등기가 완료될 때까지 있을 필요는 없다.

② 따라서 등기신청이 접수된 후 등기 완료 전에 본인이나 대리인이 사망한 경우에도 등기신청은 적법하고, 그 등기를 무효라고 할 수 없다(대판 1989.10.27. 88다카29986 참조).

③ 소유권이전등기의 등기의무자인 회사의 대표이사 갑이 등기신청을 법무사에게 위임한 후 등기신청 전에 대표이사가 을로 변경된 경우에도 법무사의 대리권한은 소멸하지 않는다. 그 등기신청서에는 등기신청을 위임한 대표이사 갑이 위임 당시에 대표이사였음을 증명하는 법인등기사항증명서와 법인인감증명을 첨부하면 된다(등기선례 제5-125호).

Ⅳ 법인의 등기신청

1. 대표자에 의한 등기신청

① 법인의 대표에 관하여는 대리에 관한 규정이 준용되므로(민법 제59조 제2항) 법인 대표자의 행위의 효과는 법인에게 귀속되며, 법인은 대표자를 통하여 등기신청행위를 한다.

② 회사의 대표이사가 공동으로 대표권을 행사하도록 하는 공동대표에 관한 규정이 있는 경우에는 등기신청도 공동으로 하여야 한다. 그러나 법인 등기사항증명서에 공동대표이사가 아닌 각자 대표이사로 등기되어 있는 경우에는 각자가 단독으로 업무집행권을 행사하고 각자가 회사를 대표하므로, 대표이사 A는 대표이사 B가 금융기관과 작성한 근저당권설정계약서를 첨부하여 법인명의의 근저당권설정등기신청을 할 수 있다(등기선례 제201112-3호).

③ 대표자는 법인의 기관일 뿐 법인 자체는 아니며, 대표관계는 별도로 법인등기기록에 의하여 공시되므로 등기할 사항은 아니다. 반면 법인격 없는 사단·재단의 대표자의 인적 사항은 등기사항이다.

④ 법인이 등기를 신청하는 경우에는 대표자 등의 권한 증명 등을 위해 그 주민등록번호가 공시된 법인등기사항증명서를 첨부하여야 한다(등기선례 제7-18호).

2. 청산법인의 등기신청(등기예규 제1087호)

(1) 청산법인의 의의

① 청산법인은 존립기간의 만료나 그 밖의 사유로 해산된 후 청산절차가 진행 중인 법인을 말한다. 청산종결등기가 된 경우라 하더라도 청산사무가 아직 종결되지 아니한 경우에는 청산법인에 해당한다.

② 청산법인의 등기신청은 청산법인의 등기기록이 폐쇄되었는지 및 청산인등기가 되어 있는지 여부와 청산법인이 등기권리자인지 여부에 따라 그 절차가 달라진다.

(2) 청산법인의 등기부가 폐쇄되지 아니한 경우

① 청산법인의 등기기록이 폐쇄되지 아니한 경우 청산인이 등기신청을 하기 위해서는 청산인임을 증명하는 서면으로서 청산인 등기가 되어 있는 법인등기사항증명서를 첨부하고, 인감증명의 제출이 필요한 경우에는 법인인감인 청산인의 인감을 첨부한다.

② 예를 들어 해산간주등기는 되어 있지만 아직 등기기록이 폐쇄되지 않은 회사가 근저당권이전등기의 등기의무자인 경우 해산 당시의 이사가 당연히 청산인이 되어 대표권을 행사한다고 할 수는 없으므로 청산인 선임등기를 반드시 먼저 하여야 한다(등기선례 제201208-5호).

(3) 청산법인의 등기부가 폐쇄된 경우

① 청산법인이 등기권리자인 경우 : 미등기 부동산에 관하여 청산법인이 소유권보존등기를 하는 등 청산법인이 등기권리자로서 부동산등기신청을 하는 경우에는 폐쇄된 청산법인의 등기부를 부활하여야 하고, 청산인임을 증명하는 서면으로는 청산인 등기가 마쳐진 청산법인의 등기부를 제출하여야 한다.

② 청산법인이 등기의무자인 경우

    ㉠ 폐쇄된 등기부에 청산인 등기가 되어 있는 경우 : 폐쇄된 법인등기부에 청산인 등기가 되어 있는 경우 청산인은 그 폐쇄된 법인등기부등본을 청산인임을 증명하는 서면으로 첨부하여 부동산등기신청을 할 수 있고, 인감증명의 제출이 필요한 경우에는 인감증명법에 의한 청산인의 개인인감을 첨부할 수 있다.

    ㉡ 폐쇄된 등기부에 청산인 등기가 되어 있지 아니한 경우 : 청산인 등기가 되어 있지 않은 상태에서 법인 등기부가 폐쇄된 경우(상법 제520조의2의 규정에 의한 휴면회사 등)에는 청산인이 부동산등기신청을 하기 위해서는 폐쇄된 법인등기부를 부활하여 청산인 등기를 마친 다음 그 등기부등본을 청산인임을 증명하는 서면으로 등기신청서에 첨부하여야 하고, 인감증명의 제출이 필요한 경우에는 법인인감인 청산인의 인감을 첨부하여야 한다.

(4) 파산이 종료된 법인에 잔여재산이 있는 경우

파산이 종료된 법인으로서 잔여재산이 있고 그 재산이 추가배당의 대상이 되지 않는 경우 해당 법인은 청산법인으로 존속하므로, 그 법인명의등기의 말소에 관한 절차는 위에서 설명한 바와 같다(등기선례 제201006-1호).

3. 지배인에 의한 등기신청

상인은 지배인을 선임하여 본점 또는 지점에서 영업을 하게 할 수 있는데(상법 제10조), 지배인은 포괄적인 대리권이 있는 상인의 대리인으로서 그 영업에 관한 등기신청을 대리할 수 있다.

Ⅴ   법인 아닌 사단 · 재단의 등기신청

1. 의 의

① 법인 아닌 사단이란 대표자와 총회 등 사단으로서의 조직이 있고 사단의 중요한 사항을 규정하는 정관이나 규칙이 존재하여 사단의 실체를 갖추고 있으나 법인등기를 하지 않은 단체를 말한다.

② 법인 아닌 재단이란 일정한 목적을 위하여 출연된 재산과 그 관리조직을 갖춰 재단의 실체는 있으나 법인등기를 하지 아니하여 법인격을 취득하지 못한 재단을 말한다.

2. 등기신청적격(등기당사자능력)

① 종중(宗中), 문중(門中), 그 밖에 대표자나 관리인이 있는 법인 아닌 사단(社團)이나 재단(財團)에 속하는 부동산의 등기에 관하여는 그 사단이나 재단을 등기권리자 또는 등기의무자로 한다(부동산등기법 제26조 제1항). 따라서 법인 아닌 사단이나 재단은 등기당사자능력이 인정되므로 그 단체의 명의로 등기할 수 있다.

② 등기신청적격이 있는 법인 아닌 사단이나 재단인지 여부는 명칭에 구애받지 않고 사단이나 재단의 실체를 갖추었는지에 따라 판단한다. 예컨대, '○○계(수리계, 어촌계 등)' 명의의 등기신청은 규약 등에 의하여 법인 아닌 사단의 실체를 갖추었음이 인정되는 경우 수리하여야 한다. 반면 각 계원의 개성이 개별적으로 뚜렷하게 계의 운영에 반영되어 있고 계원의 지위가 상속되는 등 단체의 성격을 갖는다고 볼 수 없는 경우에는 각하하여야 한다.

③ 실무상 등기신청적격이 인정된 예로는 서원, 사찰, 종중, 아파트입주자대표회의 등이 있다. 사단법인의 하부조직의 하나라 하더라도 스스로 단체로서의 실체를 갖추고 독자적인 활동을 하고 있다면 사단법인과는 별개의 독립된 비법인사단으로 볼 수 있다(대판 2009.1.30. 2006다60908).

3. 등기신청인

① 법인 아닌 사단이나 재단에 속하는 부동산에 관한 등기신청은 사단이나 재단의 명의로 대표자나 관리인이 한다(부동산등기법 제26조).

② 전통사찰의 소유에 속하는 부동산에 관하여는 전통사찰법 제2조 제2호의 주지가 사찰을 대표하여 등기를 신청한다. 전통사찰은 아니나 소속종단이 있는 사찰인 경우에도 같다(등기예규 제1484호).

4. 법인 아닌 사단이나 재단이 등기신청을 하는 경우 첨부정보(부동산등기규칙 제48조)

(1) 정관이나 그 밖의 규약

① 법인 아닌 사단은 사단의 실체를 가지고 있어야 하므로 해당 정관이나 규약에는 사단의 실체를 증명할 수 있는 사항으로서 단체의 목적, 명칭, 사무소의 소재지, 자산에 관한 규정, 대표자 또는 관리인의 임면에 관한 규정, 사원자격의 득실에 관한 규정 등이 기재되어 있어야 한다(등기예규 제1621호 제3호 가.).

② 법인 아닌 재단의 경우에도 사원자격의 득실에 관한 규정을 제외한 나머지 규정이 기재되어 있어야 한다. 다만, 이러한 사항은 해당 법인 아닌 사단이나 재단의 성격에 따라 탄력적으로 적용될 수 있으므로 정관이나 규약에 어느 하나가 빠져 있더라도 법인 아닌 사단이나 재단으로서의 실체가 인정될 수도 있다.

③ 전통사찰이 등기를 신청하는 경우에는 전통사찰의 정관이나 규약 및 전통사찰이 특정종단의 소속 구성원인 경우에는 소속종단의 정관이나 규약을 제공한다. 전통사찰은 아니나 소속종단이 있는 사찰의 경우에도 위와 같다.

④ 소속종단이 있는 사찰인지 여부는 해당 사찰의 명칭과 정관을 종합적으로 심사하여 판단한다. 특히 명칭에 소속종단으로 볼 수 있는 표시(예 대한불교 ○○종 ○○사) 등이 있으나 소속종단의 정관이나 규약이 제공되지 아니한 경우에는 소속종단이 없는 사찰이라는 소명이 있는 때를 제외하고는 이를 제공하도록 보정을 명하여야 한다(등기예규 제1484호).

(2) 대표자나 관리인임을 증명하는 정보

① 개정규칙은 등기기록에 대표자로 등기되어 있는 자가 등기신청을 하는 경우에는 대표자나 관리인임을 증명하는 서면을 제출할 필요가 없도록 하였다. 그러므로 개정규칙에 따르면 대표자나 관리인임을 증명하는 서면은 등기되어 있는 대표자 아닌 자가 등기신청을 하는 경우에만 제출할 필요가 있다.

② 대표자가 정관에 정해져 있다면 정관이 대표자나 관리인임을 증명하는 서면에 해당하고, 정관에서 대표자를 사원총회 결의로 선임한다고 정한 경우에는 사원총회결의서가 그러한 서면에 해당한다. 부동산등기용등록번호대장이나 그 밖의 단체등록증명서는 대표자임을 증명하는 서면에 해당되지 않는다(등기예규 제1621호).

③ 「민법」 제63조의 임시이사에 관한 규정은 법인 아닌 사단 또는 재단에도 유추적용된다(등기예규 제1621호). 따라서 이사가 없거나 결원이 있는 경우에 이로 인하여 손해가 생길 염려가 있는 때에는 법원은 이해관계인이나 검사의 청구에 의하여 임시이사를 선임한다.

④ 「민법」 제64조의 특별대리인에 관한 규정이 법인 아닌 사단 또는 재단에 유추적용될 수 있는지 여부도 문제되나 마찬가지로 보아야 할 것이다.

⑤ 전통사찰(전통사찰은 아니나 소속종단이 있는 사찰을 포함한다)의 경우 대표자임을 증명하는 정보는 다음과 같다(등기예규 제1484호).

  ㉠ 소속종단의 정관이나 규약에 소속종단의 대표자가 주지를 임면할 권한이 있는 것으로 정한 경우에는 종단 대표자 명의의 주지재직증명정보 및 종단 대표자의 직인 인영정보(예 해당 전통사찰이 대한불교 ○○종 소속인 경우에 대한불교 ○○종 대표자가 발행한 주지재직증명서 및 그 대표자의 직인증명서).

  ㉡ 위와 같은 정함이 없는 경우에는 소속종단의 정관이나 규약에서 정한 방법에 따라 주지로 선임되어 재직하고 있음을 증명하는 정보

  ㉢ 소속종단이 없는 경우에는 전통사찰의 정관이나 규약에서 정한 방법에 의하여 주지로 선임되어 재직하고 있음을 증명하는 정보

(3) 사원총회결의서

① 총유물의 관리 및 처분은 사원총회의 결의에 의하므로(민법 제276조 제1항) 법인 아닌 사단이 등기의무자인 경우에는 사원총회결의서가 필요하다.

② 즉 법인 아닌 사단 소유의 부동산을 처분하거나 그 부동산에 근저당권을 설정하는 등 제한물권을 설정하고 등기를 신청하는 경우에는 사원총회결의서를 제공하여야 한다. 단, 정관이나 규약에서 사원총회 결의가 필요 없다고 규정한 경우에는 제공하지 않아도 된다(등기예규 제1621호).

(4) 인감증명

대표자 또는 관리인임을 증명하는 서면과 사원총회결의서에는 진정성 담보를 위하여 그 사실을 확인하는데 상당하다고 인정되는 2인 이상의 성년자가 사실과 상위 없다는 취지와 성명을 기재하고 인감을 날인하며, 날인한 인감에 관한 인감증명서를 제출하여야 한다. 다만, 변호사 또는 법무사가 등기신청을 대리하는 경우에는 변호사 또는 법무사가 위 각 서면에 사실과 상위 없다는 뜻을 기재하고 기명날인함으로써 이를 갈음할 수 있다.

(5) 그 밖의 정보

① 대표자 또는 관리인의 주민등록표 등본을 제출하여야 한다. 법인 아닌 사단이나 재단이 등기권리자인 경우에는 부동산등기용등록번호를 증명하는 서면과 사무소 소재지를 증명하는 서면을 제출하여야 한다.
② 소유권이전등기의 경우에는 등기의무자인 때에도 사무소 소재지를 증명하는 서면을 제출하여야 한다(부동산등기규칙 제46조 제6호, 등기예규 제1621호).

(6) 채무자로 등기하는 경우

법인 아닌 사단이나 재단을 채무자로 등기하는 경우에는 등록번호나 대표자에 관한 사항을 기록할 필요가 없다(등기예규 제1621호). 등기권리자로서 등기되는 것이 아니기 때문이다. 따라서 정관이나 그 밖의 규약, 대표자임을 증명하는 서면은 제출할 필요가 없다.

법인 아닌 사단·재단의 등기신청 시 첨부정보 정리

첨부정보	등기권리자	등기의무자
대표자 증명정보	○	○(등기되어 있는 경우 불요)
주소 증명정보	○	△(소유권이전등기의 경우 필요)
부동산등기용 등록번호 증명정보	○	×
대표자나 관리인의 주소·주민등록번호 증명정보	○	○
정관이나 그 밖의 규약	○	○
사원총회결의서	정관이나 그 밖의 규약에 따라	○[법인 아닌 사단에만 적용, 임의규정(등기선례 제6-21호)]
인감증명	경우에 따라 필요	

VI   재외국민 및 외국인의 등기신청(등기예규 제1686호)

1. 총 칙

(1) 정 의

① "재외국민"이란 대한민국의 국민으로서 외국의 영주권을 취득한 자 또는 영주할 목적으로 외국에 거주하고 있는 자를 말한다.
② "외국인"이란 대한민국의 국적을 보유하고 있지 아니한 개인(무국적자를 포함한다)을 말한다.
③ "외국인 등"이란 외국인, 외국정부, 외국의 법령에 의하여 설립된 법인·단체 등 「부동산 거래신고 등에 관한 법률」 제2조 제4호 각 목의 어느 하나에 해당하는 개인·법인 또는 단체를 말한다.

(2) 외국 공문서에 대한 확인

① 첨부정보가 외국 공문서이거나 외국 공증인이 공증한 문서인 경우에는 해당 국가에 주재하는 공증담당 영사의 확인을 받거나 「외국 공문서에 대한 인증의 요구를 폐지하는 협약」에서 정하는 바에 따른 아포스티유(Apostille)를 붙여야 한다.

② 다만, 미수교 국가이면서 위 협약의 미가입국인 경우와 같이 부득이한 사유로 문서의 확인을 받거나 아포스티유를 붙이는 것이 곤란한 경우에는 적용하지 않는다(부동산등기규칙 제46조 제9항).

(3) 번역문의 첨부

첨부정보가 외국어로 작성된 경우에는 그 번역문을 붙여야 한다(부동산등기규칙 제46조 제8항). 번역문에는 번역인이 원문과 다름이 없다는 뜻과 번역인의 성명 및 주소를 기재하고 날인 또는 서명하여야 하며, 번역인의 신분증 사본을 제공하여야 한다. 다만, 번역문을 인증받아 제출하는 경우에는 그러하지 아니하다.

(4) 처분권한의 위임과 대리인의 등기신청

① 등기명의인인 재외국민이나 외국인이 국내 또는 국외에서 부동산의 처분권한을 대리인에게 수여한 경우에는 처분대상 부동산과 처분의 목적이 되는 권리 및 대리인의 인적사항을 구체적으로 특정하여 작성한 처분위임장을 등기소에 첨부정보로서 제공하여야 한다.

② 부동산등기규칙 제60조 제1항 제1호부터 제3호까지에 해당하는 등기신청을 하는 경우에는 처분위임장에 등기명의인의 인감을 날인하고 그 인감증명을 제출하여야 한다.

③ 권리의 처분권한을 수여받은 대리인이 본인을 대리하여 등기를 신청할 때에는 등기신청서에, 자격자대리인 등에게 등기신청을 위임할 때에는 등기신청위임장에 대리인의 인감을 날인하고 그 인감증명을 제출하여야 한다.

④ 다만, 매매를 원인으로 하는 소유권이전등기를 신청하는 경우에 대리인의 인감증명은 매도용으로 발급받아 제출할 필요가 없다.

(5) 상속재산분할협의 권한을 위임하는 경우(등기예규 제1686호)

① 상속인인 재외국민이나 외국인이 상속재산분할협의에 관한 권한을 대리인에게 수여하는 경우에는 분할의 대상이 되는 부동산과 대리인의 인적사항을 구체적으로 특정하여 작성한 상속재산분할협의 위임장을 등기소에 첨부정보로서 제공하여야 한다.

② 상속재산분할협의 권한을 수여받은 대리인은 본인의 대리인임을 현명하고 대리인의 자격으로 작성한 상속재산분할협의서를 등기소에 원인증서로서 제공하여야 한다.

③ 상속재산분할협의 위임장에는 상속인 본인의 인감을 날인하고 그 인감증명을 제출하여야 한다.

④ 상속재산분할협의서에는 대리인의 인감을 날인하고 그 인감증명을 제출하여야 한다. 다만, 상속재산분할협의서를 대리인이 작성하였다는 뜻의 공증을 받은 경우에는 인감증명을 제출할 필요가 없다.

(6) 등기필정보가 없는 경우

① 재외국민 또는 외국인이 등기의무자로서 권리에 관한 등기를 신청할 때에 등기필정보가 없다면 부동산등기법 제51조 및 예규 제1747호에서 정하는 바에 따른다.

② 부동산등기법 제51조 단서의 '공증'은 외국인의 경우에는 본국 관공서의 증명이나 본국 또는 대한민국 공증을 말하고, 재외국민의 경우에는 대한민국 공증만을 말한다.

(7) **국적이 변경된 경우 등기명의인표시변경등기 등**(등기예규 제1686호)

① 등기명의인의 국적이 변경되어 국적을 변경하는 내용의 등기명의인표시변경등기를 신청하는 경우에는 국적변경을 증명하는 정보(예 시민권증서, 귀화증서, 국적취득사실증명서, 폐쇄된 기본증명서 등)를 첨부정보로서 제공하고, 신청정보의 내용 중 등기원인은 "국적변경"으로, 그 연월일은 "새로운 국적을 취득한 날"로 제공하여야 한다.

② 국적변경과 동시에 성명이 변경되어 국적변경을 증명하는 정보에 변경된 성명이 기재되어 있는 경우에는 위 등기신청과 함께 성명을 변경하는 내용의 등기명의인표시변경등기를 1건의 신청정보로 일괄하여 신청할 수 있다.

③ 이와 달리 국적을 변경한 이후에 별도의 개명절차를 통하여 성명이 변경된 경우에는 개명을 원인으로 하는 등기명의인표시변경등기를 제1항의 등기신청과 별개의 신청정보로 신청하여야 하며, 개명을 증명하는 정보(예 기본증명서, 법원의 개명허가기록)를 첨부정보로서 제공하여야 한다.

④ 내국인으로서 등기명의인이 되었던 자가 외국국적을 취득한 후 등기의무자로서 등기를 신청하는 경우에 국내거소신고나 외국인등록을 하지 않아 국내거소신고번호나 외국인등록번호를 부여받은 바가 없다면, 등록번호를 변경하는 등기명의인표시변경등기를 선행하여 신청할 필요가 없다.

(8) **부동산양도신고확인서의 제공**

① 재외국민 또는 외국인이 등기의무자로서 부동산에 관한 유상계약(부담부증여 포함)을 원인으로 소유권이전등기를 신청할 때에는 「소득세법」 제108조에 따라 세무서장으로부터 발급받은 '부동산양도신고확인서'를 첨부정보로서 제공하여야 한다.

② 다만, 재외국민이 「인감증명법 시행령」 제13조 제3항 단서에 따라 발급받은 부동산매도용 인감증명서를 첨부정보로서 제공한 경우에는 그러하지 아니하다.

2. 재외국민

(1) **재외국민의 인감증명 제출**

① 재외국민이 부동산등기규칙 제60조 제1항 제1호부터 제3호까지에 해당하는 등기신청을 하거나 같은 항 제4호부터 제7호까지의 서류를 작성하는 경우에 체류국을 관할하는 대한민국 재외공관(「대한민국 재외공관 설치법」 제2조에 따른 대사관, 대표부, 총영사관을 의미하며, 공관이 설치되지 아니한 지역에서 영사사무를 수행하는 사무소를 포함한다, 이하 같다)에서 인감을 날인해야 하는 서면에 공증을 받았다면 인감증명을 제출할 필요가 없다.

② 재외국민이 부동산등기규칙 제60조 제1항 제1호부터 제3호까지에 해당하는 등기신청을 하는 경우에는 등기의무자가 재외국민임을 증명하는 정보로서 재외국민등록부등본을 등기소에 제공하여야 한다.

③ 공증은 인감을 날인해야 하는 서면 그 자체에 받아야 하는 것이며, 그 서면과 별도의 문서에 서명이나 날인을 하고 그에 대한 공증을 받은 것이어서는 안 된다.

(2) 재외국민의 주소증명정보

① 재외국민은 주소를 증명하는 정보로서 재외국민등록부등본「주민등록법」에 따라 주민등록 신고를 한 경우에는 주민등록표등본·초본, 주소증명제도가 있는 외국에 체류하는 재외국민으로서 체류국 법령에 따라 외국인등록 또는 주민등록 등을 마친 경우에는 체류국 관공서에서 발행한 주소증명정보(예 일본국의 주민표, 스페인왕국의 주민등록증명서)를 제공할 수 있다.

② 위의 규정에 따라 주소를 증명하는 것이 불가능한 경우에는 체류국 공증인이 주소를 공증한 서면을 제공할 수 있다.

(3) 재외국민의 부동산등기용등록번호

재외국민의 부동산등기용등록번호는 다음 중 어느 하나로 한다.

① 주민등록번호를 부여받은 적이 있는 재외국민의 경우에는 주민등록번호(주민등록사항이 말소된 경우에도 같다)

② 주민등록번호를 부여받은 적이 없는 재외국민의 경우에는 부동산등기법 제49조 제1항 제2호에 따라 서울중앙지방법원 등기국 등기관이 부여한 부동산등기용등록번호

3. 외국인

(1) 외국인의 인감증명 제출

① 인감증명을 제출하여야 하는 자가 외국인인 경우에는「출입국관리법」에 따라 외국인등록을 하거나「재외동포의 출입국과 법적 지위에 관한 법률」에 따라 국내거소신고를 하여「인감증명법」에 따라 신고한 인감증명을 제출하거나 본국의 관공서가 발행한 인감증명(예 일본, 대만)을 제출하여야 한다.

② 외국인등록이나 국내거소신고를 하지 않아「인감증명법」에 따른 인감증명을 발급받을 수 없고 또한 본국에 인감증명제도가 없는 외국인은 인감을 날인해야 하는 서면이 본인의 의사에 따라 작성되었음을 확인하는 뜻의 본국 관공서의 증명이나 본국 또는 대한민국 공증인의 인증(대한민국 재외공관의 인증을 포함한다, 이하 같다)을 받음으로써 인감증명의 제출을 갈음할 수 있다.

③ 공증은 인감을 날인해야 하는 서면 그 자체에 받아야 하는 것이며, 그 서면과 별도의 문서에 서명이나 날인을 하고 그에 대한 공증을 받은 것이어서는 안 된다.

(2) 외국인의 주소증명정보(인감증명법 제3조)

① 외국인은 주소를 증명하는 정보로서 다음 중 어느 하나에 해당하는 정보를 제공할 수 있다.

　㉠「출입국관리법」에 따라 외국인등록을 한 경우에는 외국인등록 사실증명

　㉡「재외동포의 출입국과 법적 지위에 관한 법률」에 따라 국내거소신고를 한 외국국적동포의 경우에는 국내거소신고 사실증명

　㉢ 본국에 주소증명제도가 있는 외국인(예 일본, 독일, 프랑스, 대만, 스페인)은 본국 관공서에서 발행한 주소증명정보

ⓡ 본국에 주소증명제도가 없는 외국인(예 미국, 영국)은 본국 공증인이 주소를 공증한 서면. 다만, 다음 중 어느 하나에 해당하는 방법으로써 이를 갈음할 수 있다.

㉮ 주소가 기재되어 있는 신분증의 원본과 원본과 동일하다는 뜻을 기재한 사본을 함께 등기소에 제출하여 사본이 원본과 동일함을 확인받고 원본을 환부받는 방법. 이 경우 등기관은 사본에 원본 환부의 뜻을 적고 기명날인하여야 한다.

㉯ 주소가 기재되어 있는 신분증의 사본에 원본과 동일함을 확인하였다는 본국 또는 대한민국 공증이나 본국 관공서의 증명을 받고 이를 제출하는 방법

㉰ 본국의 공공기관 등에서 발행한 증명서 기타 신뢰할 만한 자료를 제출하는 방법(예 주한미군에서 발행한 거주사실증명서, 러시아의 주택협동조합에서 발행한 주소증명서)

② 외국인이 본국을 떠나 대한민국이 아닌 제3국에 체류하는 경우에 체류국에 주소증명제도가 있다면 체류국 관공서에서 발행한 주소증명정보를 제공할 수 있고(예 스페인에 체류하는 독일인이 스페인 법령에 따라 주민등록을 하였다면 스페인 정부가 발행하는 주민등록정보를 제공), 체류국에 주소증명제도가 없다면 체류국의 공증인이 주소를 공증한 서면을 제공할 수 있다. 다만, 주소를 공증한 서면을 제공하는 경우에는 해당 국가에서의 체류자격을 증명하는 정보(예 영주권확인증명, 장기체류 비자증명)를 함께 제공하여야 한다.

(3) 외국인의 부동산등기용등록번호

외국인의 부동산등기용등록번호는 다음 중 어느 하나로 한다.

① 「출입국관리법」에 따라 체류지를 관할하는 지방출입국·외국인관서의 장이 부여한 외국인등록번호

② 국내에 체류지가 없는 경우에는 대법원 소재지를 관할하는 서울출입국·외국인관서의 장이 부여한 부동산등기용등록번호

③ 「재외동포의 출입국과 법적 지위에 관한 법률」에 따라 거소를 관할하는 지방출입국·외국인관서의 장이 외국국적동포에게 부여한 국내거소신고번호

(4) 외국인 등의 토지취득허가증

① 외국인 등이 군사기지 및 군사시설 보호구역, 문화재 보호구역 생태·경관보전지역, 야생생물 특별보호구역에 해당하는 구역·지역에 있는 토지(대지권 포함)를 취득하는 계약을 체결하고 그에 따른 소유권이전등기를 신청하는 경우에는 「부동산 거래신고 등에 관한 법률」 제9조 제1항에 따른 외국인 토지취득허가증을 첨부정보로서 제공하여야 한다.

② 다만, 국내거소신고를 한 외국국적동포의 경우에는 「재외동포의 출입국과 법적 지위에 관한 법률」 제11조 제1항에 따라 군사기지 및 군사시설 보호구역에 있는 토지를 취득하는 경우로 한정한다.

③ 「부동산 거래신고 등에 관한 법률」 제11조에 따라 토지거래계약 허가증을 첨부정보로서 제공한 경우에는 토지취득허가증을 제공할 필요가 없다.

④ 취득하려는 토지가 토지취득허가의 대상이 아닌 경우에는 이를 소명하기 위하여 토지이용계획확인서를 첨부정보로서 제공하여야 한다.

(5) 허가 없이 소유권이전등기가 마쳐진 경우

토지취득허가대상토지에 대하여 허가를 받지 아니한 채 소유권이전등기가 마쳐졌다 하더라도 부동산등기법 제29조 제2호에 해당하는 것은 아니므로 등기관은 이를 직권으로 말소할 수 없다.

(6) 외국법인·단체가 아니라는 소명

국내법에 의하여 설립된 법인 또는 단체라 하더라도 토지취득허가대상토지에 대한 소유권취득등기를 신청하는 경우 그 법인이나 단체가 「부동산 거래신고 등에 관한 법률」에 해당하는 외국법인·단체인지 여부가 의심스러울 때에는 등기관은 그러한 법인·단체가 아니라는 진술서를 제출케 한 후 등기를 하여야 한다.

Ⅶ 포괄승계인에 의한 등기신청

1. 개 설

(1) 의 의

포괄승계인에 의한 등기신청이라 함은 등기원인이 발생한 후에 등기권리자 또는 등기의무자에 대하여 상속이나 그 밖의 포괄승계가 있는 경우에는 상속인이나 그 밖의 포괄승계인이 그 등기를 신청하는 것을 말한다 (부동산등기법 제27조).

(2) 특 색

① 포괄승계인에 의한 등기는 등기권리자 또는 등기의무자와 공동신청의 원칙이 유지되므로 단독신청을 하는 상속·합병·분할등기와 다르다.

② 등기원인을 증명하는 정보가 가족관계등록사항별증명서나 법인등기사항증명서(포괄승계를 증명하는 정보임)가 아니라 매매계약서 등이다.

③ 포괄승계인 앞으로의 상속(합병, 분할)등기 등이 생략된 채 피상속인명의 또는 소멸회사명의로부터 매수인 등의 명의로 직접 등기를 실행하므로 중간생략등기가 명시적으로 인정된다.

④ 신청정보의 등기의무자의 표시가 등기기록의 기록과 일치하지 아니한 경우에 해당하지만 등기관은 등기신청을 각하할 수 없기 때문에 부동산등기법 제29조 제7호의 적용이 없다(부동산등기법 제29조 제7호).

(3) 포괄승계의 범위

부동산등기법 제27조의 포괄승계에는 상속과 법인의 합병, 기타 부동산등기규칙 제42조의 법인의 분할 중 분할 전 법인이 소멸하는 경우의 분할(소멸분할) 및 법령에 의하여 특수한 법인이 소멸한 법인의 권리·의무를 포괄승계하는 경우를 포함한다.

2. 구체적인 예

(1) 등기의무자의 사망 시

갑이 을에게 부동산을 매도하였으나 소유권이전등기를 하지 아니하고 있는 동안에 매도인 갑이 사망하여 병이 상속을 한 경우에는(갑으로부터 병에게로 상속을 원인으로 한 이전등기를 하지 아니하고) 병과 을의 공동신청에 의하여 갑으로부터 을에게 직접 이전등기를 할 수 있다(대판 1995.2.28. 94다23999).

(2) 등기권리자의 사망 시

매도인 갑과 매매계약을 체결한 매수인 을이 사망하여 정이 상속을 한 경우에는 갑과 정의 공동신청에 의하여 갑으로부터 정에게 직접 이전등기를 하여야 한다.

(3) 회사합병의 경우

합병으로 인하여 소멸한 회사가 합병 전에 매도한 부동산에 관한 매수인 명의로의 소유권이전등기는 합병 후 존속회사명의로의 소유권이전등기를 경유하지 않고 합병으로 인하여 소멸한 회사의 명의로부터 직접 매수인 명의로 신청할 수 있다. 이 경우의 등기신청은 합병 후 존속하는 회사와 매수인이 공동으로 하여야 하고 등기원인을 증명하는 서면이 반드시 확정일부 있는 서면일 필요는 없을 것이다(등기예규 제422호, 등기선례 제4-374호).

(4) 회사분할의 경우

매매계약을 체결한 법인(매도인)이 그 법인의 분할 중 소멸한 경우(소멸분할) 분할회사명의로의 회사분할을 원인으로 한 소유권이전등기를 생략하고 소멸회사(분할전 회사)명의로부터 매수인명의로 소유권이전등기를 분할회사와 매수인이 공동으로 신청할 수 있다.

3. 부동산등기법 제27조의 적용 요건

부동산등기법 제27조가 적용되기 위해서는 포괄승계 사유(사망, 합병, 분할 등)가 생기기 전에 등기원인이 존재했던 경우에 한한다. 그리고 등기원인은 법률행위(매매, 증여, 담보권설정 등)이든 법률사실(시효완성)이든 불문하나(등기예규 제1632호), 사망 후에 상속인이 별도의 등기원인을 형성했다면 동조가 적용되지 아니한다.

4. 등기사항

등기관은 부동산등기법 제48조의 일반적 등기사항 외에 상속인(합병회사 · 분할회사)명의로의 상속(합병 · 분할로 인한) 등기를 거치지 아니하고 피상속인(소멸회사)명의로부터 매수인명의로 직접 부동산의 소유권이전등기를 실행한다. 그리고 등기원인은 상속(합병 · 분할)이 아니라, 피상속인 등이 생전에 형성한 원인인 매매 등을 기록한다.

5. 등기신청절차

(1) 신청인

① **포괄승계인의 지위** : 상속에 의해서 피상속인의 법률상 지위 또는 계약상 지위는 상속인에게 포괄적으로 승계되는 것이므로 피상속인이 살아 있었으면 신청했을 등기를 상속인이 자기의 등기신청권에 의해서 등기권리자 또는 등기의무자로서 신청하는 것이다(대판 1989.10.27. 88다카29986).

② **공동신청 원칙** : 예컨대 매도인이 사망한 경우에는 매수인이 등기권리자, 매도인의 상속인이 등기의무자가 되어 공동으로 소유권이전등기를 신청한다.

③ **단독신청** : 매도인이 사망한 경우에 매도인의 상속인이 등기신청에 협력하지 아니하면 매수인은 매도인의 상속인들을 상대로 의사진술을 명하는 판결을 받아서 단독으로 신청할 수 있다(부동산등기법 제23조 제4항).

(2) 신청정보의 내용

일반적인 신청정보(부동산등기규칙 제43조) 외에 등기원인과 그 원인일자는 피상속인 등이 생전에 형성해 놓은 등기원인과 그 원인일자를 신청정보의 내용으로 등기소에 제공해야 한다.

(3) 첨부정보

① 일반적인 첨부정보

㉠ 등기원인을 증명하는 정보 : 피상속인이나 소멸회사가 생전에 작성한 등기원인을 증명하는 정보(매매계약서 등)를 제공하여야 하고(부동산등기규칙 제46조 제1항 제1호), 상속인이나 합병회사가 새로운 등기원인을 형성하여 등기원인을 증명하는 정보를 제공하는 것은 아니다. 다만 이 정보가 확정일부 있는 정보일 것을 요하는 것은 아니다(등기예규 제422호).

㉡ 등기의무자의 인감증명 : 방문신청을 하는 경우에는 인감증명은 피상속인의 인감증명을 제공하는 것이 아니라 등기신청인이 된 상속인 전원의 인감증명을 첨부정보로서 등기소에 제공하여야 한다(부동산등기규칙 제60조 제1항 제1호).

㉢ 등기의무자의 권리에 관한 등기필증 : 등기의무자인 매도인이 사망한 경우에는 그 매도인이 소지하고 있던 등기필증을 첨부정보로서 등기소에 제공하여야 한다(부동산등기법 부칙 제2조). 다만 등기필정보통지서를 소지하고 있는 등기의무자는 일련번호와 비밀번호를 신청정보의 내용으로 등기소에 제공하여야 한다(부동산등기규칙 제43조 제1항 제7호).

㉣ 농지취득자격증명·토지거래계약허가서·검인계약서 등 : 농지매매계약을 하고 사망한 매수인(피상속인)의 상속인은 상속인 명의의 농지취득자격증명을 제공하여야 하며(등기선례 제4-257호). 토지거래계약허가구역인 경우에는 피상속인명의의 허가정보를 제공하여야 한다(부동산등기규칙 제46조 제1항 제2호).

㉤ 예컨대 토지 매매계약 후 매도인 명의의 토지거래계약허가신청서를 허가관공서에 제출하였으나 매도인이 사망한 후에 토지거래계약허가증을 발급받은 경우, 상속인은 상속등기를 거칠 필요 없이 매수인과 공동으로 상속인명의가 아닌 피상속인 명의의 토지거래계약허가정보를 제공하여 피상속인으로부터 매수인 앞으로 소유권이전등기를 신청할 수 있다(등기선례 제200503-4호).

㉥ 또한 매수인이 농지취득자격증명을 발급받고 사망하여 매수인의 상속인이 등기를 신청하는 경우에는 피상속인명의의 농지취득자격증명을 첨부정보로서 등기소에 제공해서는 아니되고, 상속인명의로 신고하여 발급받은 별도의 농지취득자격증명을 제공하여야 한다. 이는 매수인의 상속인이 농지를 취득하기 때문에 상속인 명의의 별도의 농지취득자격증명이 필요하기 때문이다.

② 상속 그 밖의 포괄승계가 있었다는 사실을 증명하는 정보 : 상속 그 밖의 포괄승계가 있었다는 사실을 증명하는 정보로서 가족관계등록에 관한 정보 또는 법인등기사항에 관한 정보 등을 첨부정보로서 등기소에 제공하여야 한다(부동산등기규칙 제49조).

6. 등기관의 심사

(1) 등기신청당사자적격의 심사

포괄승계인에 의한 등기는 상속인 등 포괄승계인만이 등기신청권을 갖는다. 따라서 등기관은 형식적 심사에 의해서 등기신청인이 피상속인의 상속인이 아님이 판명되거나 합병회사나 분할회사가 아님이 판명되면 부동산등기법 제29조 제3호의 사유로 각하할 수 있다.

(2) 부동산등기법 제29조 제7호의 각하 여부

① 신청정보로 제공된 신청인표시(상속인 또는 법인 표시 등)가 포괄승계를 증명하는 정보(가족관계등록사항별증명서 또는 법인등기사항증명서)에 의해서 피상속인의 상속인임이 판명되면 등기관은 등기기록에 기록된 등기의무자표시와 신청정보의 내용으로 제공된 등기의무자표시가 다르다 하여 부동산등기법 제29조 제7호(신청정보의 등기의무자의 표시가 등기기록과 일치하지 아니한 경우)로 등기신청을 각하할 수 없다.

② 따라서 부동산등기법 제29조 제7호 단서에서 제27조에 따라 포괄승계인이 등기신청을 하는 경우를 각하 사유에서 명시적으로 제외하고 있다.

(3) 부동산을 매수한 매수인이 사망한 경우 공동상속인 중 1인이 자신의 법정상속 지분만에 관하여 소유권이전등기를 수리할 수 있는지 여부

① 갑이 을로부터 부동산을 매수하였으나 소유권이전등기를 하기 전에 갑이 사망하고 그 후 갑의 공동상속인 중의 1인인 병이 을을 상대로 병 자신의 법정상속지분만에 관하여 소유권이전등기절차를 이행하라는 소를 제기하여 승소의 확정판결을 받은 경우에, 병은 위 확정판결정본과 확정증명서를 제공하여 자신의 법정상속지분만에 관하여 매매를 원인으로 한 소유권이전등기를 신청할 수 있다(등기선례 제200607-5호).

② 즉 등기원인이 매매이기 때문에 상속지분만큼의 소유권이전등기신청이 수리될 수 있다는 것이다.

7. 관련문제

(1) 피상속인(소멸회사)명의의 등기에 가처분등기의 실행 여부

① 원칙 : 일반적으로는 등기신청당사자능력이 없는 피상속인(소멸회사)명의의 등기에 가처분등기를 할 수는 없고 상속·합병·분할로 인한 등기를 대위한 후에 상속인·합병회사·분할회사 명의의 등기에 가처분등기를 촉탁하여야 한다.

② 예 외

㉠ 소송과 가처분신청 : 매도인의 상속인·합병회사·분할회사가 매수인의 소유권이전등기 신청절차에 협력하지 않는 경우에는 매수인은 상속인·합병회사·분할회사 등을 상대로 소유권이전등기절차를 명하는 소송을 제기하면서 가처분등기신청을 하여 가처분등기를 촉탁한 경우에, 등기관은 포괄승계인에 의한 등기신청의 법리에 의해서 상속·합병·분할로 인한 등기를 거치지 않고 곧바로 피상속인 또는 소멸회사명의의 등기에 처분금지가처분등기를 할 수 있다.

㉡ 촉탁 절차 : 가처분권리자인 매수인이 매도인의 상속인·합병회사·분할회사 등을 상대로 처분금지가처분신청을 하여 집행법원이 부동산등기법 제27의 관계를 인용하고 피상속인 또는 소멸회사명의의 부동산에 관하여 포괄승계관계를 표시하여 즉 등기의무자를 '망 ○○○의 상속인 ○○○'(소멸 ○○○회사의 합병회사 ○○○) 등으로 표시하여 가처분등기를 촉탁하여야 한다(등기예규 제881호, 대판 1995.2.28. 94다23999).

(2) 포괄승계인에 의한 등기신청에 의해서 마쳐진 등기의 유효성과 추정력

① 포괄승계인에 의한 등기신청에 의해서 마쳐진 등기는 중간생략등기에 해당하기 때문에 그 유효성이 문제된다.

② 다만 이 등기는 부동산등기법 제27조가 그 유효성의 근거로 될 수 있기 때문에 논란의 여지는 없다. 판례도 부동산등기법 제27조를 명시적인 근거규정으로 들면서 포괄승계인에 의한 등기신청에 의해서 마쳐진 등기의 유효성을 긍정하고 있다(대판 1995.2.28. 94다23999).

③ 또한 포괄승계인에 의한 등기신청에 의해서 마쳐진 등기는 부동산등기법 제27조에 따라서 적법하게 마쳐진 것이므로 그 등기의 추정력을 인정할 수 있다(대판 1997.11.28. 95다51991).

Ⅷ 대위등기신청

1. 개 설

(1) 의 의

① 등기는 법률에 다른 규정이 없는 경우에는 등기권리자와 등기의무자가 공동으로 신청한다(부동산등기법 제23조 제1항).

② 다만 예외적으로 등기권리자나 등기의무자가 아니면서 법률에 의하여 등기신청권자를 대위하여 자기 이름으로 피대위자 명의의 등기를 신청하는 경우가 있다. 이를 대위등기신청이라고 한다.

③ 이러한 대위등기신청은 민법상 채권자대위(민법 제404조)와 채권자 대위와 무관하게 법률에 의하여 인정되는 법률상대위(부동산등기법 제96조, 제46조 등)로 나눌 수 있다.

(2) 대리인에 의한 등기신청과의 구별

대위등기신청은 채무자의 등기신청권을 채권자가 자기의 이름으로 행사하여 채무자명의의 등기를 신청하는 것이고 대리인의 등기신청은 본인을 위한 것임을 표시하여 본인명의의 등기를 신청한다는 점에서 차이가 있다.

2. 채권자대위권에 의한 대위등기신청

(1) 의 의

채권자의 대위등기신청이라 함은 채권자가 자기채권의 실현을 위하여 채무자가 가지는 등기신청권을 자기의 이름으로 행사하는 것을 말하는데, 부동산등기법 제28조에 의하면 채권자가 민법 제404조에 따라 대위하여 등기를 신청할 수 있다.

(2) 대위등기신청의 요건

① 채무자의 등기신청권이 있을 것

㉠ 대위등기신청은 채권자가 채무자의 등기신청권을 대위행사하는 것이므로 그 전제로서 채무자에게 등기신청권이 있어야 한다. 따라서 채무자에게 등기신청권이 없다면 당연히 대위등기신청도 생각할 수 없다.

㉡ 채무자인 상속인이 상속포기를 한 경우에는 채무자에게 등기신청권이 없으므로 채권자는 상속인을 대위하여 상속등기를 신청할 수 없다.

㉢ 한정승인이나 상속포기를 할 수 있는 기간 내에는 상속인은 상속등기를 신청할 수 있으므로 상속인의 채권자도 상속인을 대위하여 상속등기를 신청할 수 있다.

② 채권자의 피보전채권이 있을 것
  ㉠ 대위의 기초가 되는 채권이 존재할 것
    ㉮ 채권자대위권은 채권자가 자기의 채권을 보전하기 위하여 인정되는 것이므로 채권자가 채무자에
      대하여 채권을 갖고 있어야 한다.
    ㉯ 다만 채권의 종류 및 발생원인은 묻지 않으며 청구권을 포함하므로 채권적 청구권뿐만 아니라
      물권적 청구권도 이에 포함된다(대판 2000.6.9. 98다18155, 대판 1992.2.28. 91다34967). 또한 채권은 채
      무자의 제3채무자에 대한 권리보다 먼저 성립되어 있을 필요도 없다.
  ㉡ 무자력입증정보의 여부
    ㉮ 금전채권 대위 : 등기예규 제1432호에서는 피보전채권이 금전채권인 경우에도 등기관은 무자력
      여부를 심사하지 않고 등기신청을 수리하도록 하였으므로 채권자는 채무자의 무자력입증서면을
      등기소에 제공할 필요는 없다.
    ㉯ 특정채권 대위 : 채권자는 등기와 관련하여 채무자에 대하여 가지는 등기청구권이라는 특정채권
      을 보전할 목적으로 채무자가 가지는 등기신청권을 대위 행사하여 등기신청을 할 수 있다. 다만
      이 경우에는 처음부터 채무자의 무자력을 요건으로 하지 않는다(대판 1992.10.27. 91다483).
③ 대위할 수 있는 등기일 것
  ㉠ 등기의 종류
    ㉮ 대위등기할 수 있는 등기의 종류에는 특별한 제한이 없다. 따라서 원칙적으로 모든 종류의 등기에
      대해서 채권자는 대위신청할 수 있다.
    ㉯ 따라서 근저당자인 채권자가 사망한 채무자 명의의 부동산에 대하여 상속등기를 대위로 신청하여
      공동상속인 전원의 명의로 그 등기를 마쳤으나, 이후 공동상속인 중 일부가 상속을 포기한 사실을
      알게 되었다면 이 상속등기를 신청한 채권자는 이러한 사실을 증명하는 정보를 첨부정보로서 제
      공하여 그 상속등기에 대한 경정등기 또한 단독으로 대위신청할 수 있다(등기선례 제201907-10호).
  ㉡ 유리한 등기 또는 중성적 등기일 것
    ㉮ 채권자대위등기는 채권자가 자신의 권리를 보전하기 위한 것이므로 그 등기자체는 피대위자에게
      도 유리한 것이어야 한다.
    ㉯ 따라서 어떠한 등기가 행하여짐에 따라 불리해질 가능성이 있는 자의 등기신청권을 그 채권자가
      대위행사하여 등기를 실현함은 허용되지 아니한다. 이때 중성적 등기라 함은 등기상 이해관계인
      에게 손해를 줄 염려가 없는 표시변경·경정등기를 말한다.
    ㉰ 다만 진정한 권리자가 권리를 회복할 목적으로 하는 소유권보존등기의 말소등기를 대위로 신청하
      는 것은 비록 소유권보존등기 명의인에게 손해가 된다 하여도 허용된다.
④ **채무자의 권리 불행사가 있을 것** : 채권자는 채무자가 그의 권리를 행사하지 않는 경우에만 채권자 대위
  권을 행사할 수 있다. 즉 채무자가 스스로 등기신청권을 행사하지 않을 때만 채권자가 대위행사할 수
  있을 뿐이다.
⑤ **채권의 이행기가 도래할 것** : 특정채권자나 금전채권자를 불문하고 채권자는 원칙적으로 채권의 이행기
  도래 전에는 채권을 행사할 수 없으므로 채권자 대위권도 행사할 수 없다. 따라서 법원의 허가를 받은
  경우나 미등기 부동산의 대위 소유권보존등기처럼 보존행위를 제외하고는 채권의 이행기 도래 전에는
  채권자 대위권을 행사할 수 없다(민법 제404조).

(3) 대위등기 신청절차(등기예규 제1432호)

① 신청인

　　㉠ 의 의

　　　㉮ 대위에 의한 등기신청은 채무자가 가지는 등기신청권을 채권자가 대위행사하는 것에 불과하므로 본래 단독으로 신청할 수 있는 등기는 채권자 단독으로 대위 신청할 수 있으나 채무자와 제3채무자 간에 공동으로 신청하여야 할 등기를 대위 신청하는 경우에는 대위채권자와 제3채무자가 공동으로 신청하여야 한다.

　　　㉯ 다만 제3채무자가 협력하지 않는 경우에는 채권자는 채무자의 제3채무자에 대한 등기청구권을 대위행사하여 대위승소판결을 받아 단독으로 대위등기신청을 할 수 있다(부동산등기법 제23조 제4항).

　　㉡ 금전채권자가 채무자가 받은 판결정본에 기한 대위신청 : 부동산에 대하여 소유권이전등기절차를 명하는 승소의 확정판결을 받은 채무자 乙이 그 판결에 따른 소유권이전등기절차를 취하지 않는 경우, 그 乙에 대한 금전채권자 丙은 무자력입증서면을 제공할 필요 없이 대위원인을 증명하는 정보로 소비대차계약서 등을 제공하여 위 판결에 의한 乙명의의 소유권이전등기를 乙을 대위하여 신청을 할 수 있다(등기선례 제6-160호).

　　㉢ 채권자의 대위승소판결에 기해 채무자가 단독 신청할 수 있는지 여부 : 채권자대위권에 의한 소송이 제기된 사실을 채무자가 알았을 때에는 그 확정판결의 효력은 채무자에게도 미치므로, 이 경우 대위채권자는 물론 채무자도 확정판결에 의한 등기를 단독으로 신청할 수 있다(대판 1975.5.13. 74다1664, 등기예규 제1692호).

　　㉣ 채권자대위소송의 판결에 기하여 제3의 채권자가 채무자를 대위하여 등기신청을 할 수 있는지 여부 : 예컨대 채권자(丙)가 채무자(乙)를 대위하여 제3채무자(甲)를 상대로 소유권이전등기절차 이행을 청구하는 소송을 제기하여 승소확정판결을 받은 경우, 채무자(乙)가 어떠한 사유로 인하였던 간에 위 소송이 제기된 사실을 알았을 때에는 동 판결의 효력은 채무자(乙)에게 미치고, 채무자(乙)의 다른 채권자(丁)는 위 확정판결의 기판력에 의하여 채무자(乙)를 대위하여 제3채무자(甲)를 상대로 동일한 소송을 제기할 수 없으므로, 채무자(乙)가 위 판결에 기한 등기신청을 하지 않을 때에는 제3채권자(丁)는 채무자(乙)를 대위하여 그 판결의 정본을 제공하여 소유권이전등기신청을 할 수 있다(등기선례 제200704-2호, 대판 2008.7.24. 2008다25510).

　　㉤ 사해행위취소소송에서 승소판결을 받은 자의 대위신청 여부 : 사해행위취소소송에서 승소한 채권자는 말소등기의 등기권리자는 아니기 때문에 부동산등기법 제23조 제4항에 따라 단독으로 소유권이전등기의 말소등기를 신청할 수가 없다. 따라서 위 판결에 따라 단독으로 직접 말소등기를 신청할 수는 없고, 위 판결에 따른 등기를 채무자를 대위하여 단독으로 신청하여야 한다(등기예규 제1692호).

　　㉥ 사해행위취소소송의 당사자가 아닌 다른 채권자가 채무자를 대위하여 말소등기를 신청할 수 있는지 여부 : 채권자가 수익자를 상대로 사해행위 취소 및 원상회복으로 소유권이전등기의 말소를 명하는 판결을 받았으나 말소등기를 마치지 않은 경우, 소송 당사자가 아닌 다른 채권자가 채무자를 대위하여 말소등기를 신청하는 것은 판결문과 신청서의 등기신청인표시가 달라 부동산등기법 제29조 제8호로 각하하여야 한다(대판 2015.11.17. 2013다84995). 다만 이를 간과하고 등기가 마쳐진 경우 채권자가 사해행위 취소의 소를 제기하여 승소한 경우 취소의 효력은 민법 제407조에 따라 모든 채권자의 이익을 위하여 미치므로 실체관계에 부합하는 등기로서 유효하다(대판 2015.11.17. 2013다84995).

② 신청정보의 내용

  ㉠ 신청정보의 내용으로는 일반적 사항(부동산등기규칙 제43조) 외에 피대위자의 성명(또는 명칭), 주소(또는 사무소 소재지) 및 주민등록번호(또는 부동산등기용등록번호), 신청인이 대위자라는 뜻, 대위자의 성명(또는 명칭)과 주소(또는 사무소 소재지), 대위원인 등을 신청정보의 내용으로 등기소에 제공하여야 한다(부동산등기규칙 제50조). 이 경우 대위채권자의 주민등록번호(또는 부동산등기용등록번호)는 신청정보의 내용으로 등기소에 제공할 필요가 없다.

  ㉡ 대위원인을 신청정보의 내용으로 제공할 때는 대위권의 발생원인 즉 보전해야 할 채권이 발생된 법률관계를 간략히 제공하여야 한다(예 대여금채권인 경우에는 ○○년 ○월 ○일 소비대차에 의한 대여금반환청구권, 대위원인이 매매인 경우에는 ○○년 ○월 ○일 매매에 의한 소유권이전등기청구권).

③ 첨부정보의 제공

  ㉠ 대위원인을 증명하는 정보

    ㉮ 일반적인 경우 : 부동산등기규칙 제46조의 일반적 첨부정보 외에 부동산등기법 제28조에 따라 등기를 신청하는 경우 대위원인을 증명하는 정보를 첨부정보로서 등기소에 제공하여야 한다(부동산등기규칙 제50조). 이 대위원인을 증명하는 정보로는 사문서(매매계약서 등), 공문서(체납처분의 압류조서 등), 재판서(가압류결정정본·가처분결정정본 등) 등을 불문하고 제공할 수 있다.

    ㉯ 소제기증명서 : 소제기증명서는 단순히 소송을 제기하였다는 사실을 증명하는 정보일 뿐 채권자의 자격을 증명하는 정보라고는 볼 수 없으므로, 소유권이전등기의 말소 등을 구하는 소송의 원고인 종중이 피고인 합유등기의 명의인들을 대위하여 그 합유명의인 변경등기신청을 함에 있어서 대위원인을 증명하는 정보로 위 소제기증명서만을 제공한 경우 그 대위등기 신청은 수리할 수 없다(등기선례 제2-154호).

    ㉰ 부동산등기사항증명서 : 근저당권설정자가 사망한 경우에 근저당권자가 근저당권에 기한 임의경매를 신청하기 위해서 먼저 상속등기를 대위신청하는 경우에, 대위원인으로 "○○년 ○월 ○일 설정된 근저당권의 실행을 위한 경매에 필요함"을 신청정보의 내용으로 제공하고, 대위원인을 증명하는 정보로는 근저당권설정계약서가 아닌 근저당권이 마쳐진 그 등기사항증명서를 첨부정보로서 등기소에 제공하여야 한다(등기예규 제1432호).

    ㉱ 가압류결정 정본 또는 등본 : 상속등기를 하지 아니한 부동산에 대하여 가압류 결정이 있을 때, 가압류채권자는 그 가압류등기 촉탁 이전에 먼저 대위에 의한 상속등기를 하여야 하는 바 대위원인으로 "○○년 ○월 ○일 ○○지방법원의 가압류 결정"을 신청정보의 내용으로 제공하고, 이때 대위원인을 증명하는 정보로는 가압류결정정본을 첨부정보로서 등기소에 제공하여야 한다(등기예규 제1432호).

  ㉡ 무자력 입증정보의 제공 여부 : 특정채권자나 금전채권자가 대위신청하는 경우에 무자력 입증정보는 첨부정보로서 등기소에 제공할 필요가 없다(등기예규 제1432호, 등기선례 제6-160호).

ⓒ 주소증명정보 제공의 특칙

㉮ 대위에 의한 소유권보존등기를 신청하는 경우 : 원고가 미등기 부동산에 관하여 그 소유자를 피고
로 하여 소유권이전등기절차의 이행을 명하는 판결을 받은 후 피고를 대위하여 소유권보존등기를
신청하는 경우에는 그 소유권보존등기명의인인 피고(피대위자)의 주소를 증명하는 정보를 제공
하여야 한다. 피고에 대한 소송서류의 송달이 공시송달에 의하여 이루어진 경우에도 같다(등기선례
제7-67호).

㉯ 대위에 의한 소유권이전등기를 순차로 신청하는 경우 : 갑은 을에게, 을은 병에게 각각 소유권이
전등기절차를 순차로 이행하라는 판결에 의하여 병이 을을 대위하여 갑으로부터 을로의 소유권이
전등기를 신청할 때에는 피대위자인 을의 주소를 증명하는 정보를 제공하여야 하고, 이 경우 을에
대한 소송서류의 송달이 공시송달에 의하여 이루어진 때에는 그 판결에 기재된 을의 최후 주소를
증명하는 정보를 제공하여야 한다.[1]

(4) 등기절차

① 등기관의 심사 : 채권자가 채무자를 대위하여 등기를 신청하는 경우에 채무자로부터 채권자 자신으로의
등기를 동시에 신청하지 않더라도 등기관은 이를 수리하여야 한다(등기예규 제1432호).

② 등기의 실행

㉠ 등기관은 부동산등기법 제48조의 일반적 등기사항 외에 대위자의 성명 또는 명칭, 주소 또는 사무소
소재지 및 대위원인을 기록하여야 한다(부동산등기법 제28조 제2항). 절차법적으로 등기권리자(또는 등
기명의인)가 아닌 자의 신청에 의해서 어떤 등기가 실행될 경우에는 그 사유를 등기기록에 기록하여
공시할 필요가 있기 때문이다.

㉡ 위 경우 등기관이 등기를 실행함에 있어서 부동산표시변경(경정)등기는 표제부의 등기원인 및 기타
사항란에, 권리등기는 갑구나 을구의 권리자 및 기타사항란에 부동산등기법 제28조 제2항의 내용을
기록하여야 한다.

③ 등기완료 후의 절차

㉠ 등기를 마친 등기관은 피대위자와 대위채권자에게 등기완료통지를 한다(부동산등기규칙 제53조).

㉡ 다만 대위자에게는 전자신청을 한 경우에는 전자적으로 송부하고, 방문신청을 한 경우에는 인터넷등
기소에 게시하는 것이 원칙이다.

㉢ 그러나 피대위자에게는 전자신청이든 방문신청이든 등기기록에 기록된 주소로 우편송달하여야 한다
(등기예규 제1623호).

---

[1] 그러나 대위에 의한 소유권보존등기 또는 소유권이전등기를 신청하는 경우라도 별도의 첨부정보로서 등기소에
제공할 근거가 없는 대위자의 주소증명정보는 첨부정보로서 제공할 필요가 없을 것이다.

3. 「부동산등기법」과 기타 특별법이 인정하는 대위등기 신청

(1) 「부동산등기법」이 특별히 인정하고 있는 대위신청

① 구분건물의 표시에 관한 등기의 대위신청

㉠ 필요성 : 구분건물의 일부만에 대하여 소유권보존등기를 신청하는 경우에는 나머지 구분건물에 대한 표시에 관한 등기를 동시에 신청하여야 한다(부동산등기법 제46조 제1항). 이 경우 구분건물의 소유자는 1동에 속하는 다른 구분건물의 소유자를 대위하여 그 건물의 표시에 관한 등기를 신청할 수 있다(부동산등기법 제46조 제2항). 이처럼 표시에 관한 등기를 동시 또는 대위 신청하게 하는 이유는 현행 「부동산등기법」이 1동의 건물에 속하는 구분건물 전부에 대하여 1등기기록을 사용하고(부동산등기법 제15조 제1항 단서) 있으면서도 1동의 건물 표제부만의 등기신청을 허용하고 있지 않아서 등기관이 1동의 건물의 표제부를 직권으로 조제하여야 할 필요성이 있기 때문이다.

㉡ 내 용

  ㉮ 일부 구분소유자가 최초로 소유권보존등기를 신청하는 경우 : 구분건물의 일부만에 대하여 소유권보존등기를 신청하는 경우에는 나머지 구분건물에 대한 표시에 관한 등기를 동시에 신청하여야 한다. 이 경우 구분건물의 소유자는 1동에 속하는 다른 구분건물의 소유자를 대위하여 그 건물의 표시에 관한 등기를 신청할 수 있다(부동산등기법 제46조 제1항 · 제2항).

  ㉯ 비구분건물이 구분건물로 되는 경우 : 구분건물이 아닌 건물로 등기된 건물에 접속하여 구분건물을 신축한 경우에 그 신축건물의 소유권보존등기를 신청할 때에는 구분건물이 아닌 건물을 구분건물로 변경하는 건물의 표시변경등기를 동시에 신청하여야 한다. 이 경우 신축건물의 소유자는 다른 구분건물 소유자를 대위하여 신청할 수 있다(부동산등기법 제46조 제3항).

㉢ 대지권의 변경 또는 소멸이 있는 경우

  ㉮ 구분건물로서 그 대지권의 변경이나 소멸이 있는 경우에는 구분건물의 소유권의 등기명의인은 1동의 건물에 속하는 다른 구분건물의 소유권의 등기명의인을 대위하여 그 등기를 신청할 수 있다(부동산등기법 제41조 제3항).

  ㉯ 또한 대지권의 표시에 관한 건물의 표시변경등기가 불법하게 말소되었다는 이유로 그 회복등기를 신청하는 경우에도 구분소유자 전원이 신청하거나 일부가 다른 구분소유자를 대위하여 일괄신청하여야 한다(대결 2002.2.27. 2000마7937).

㉣ 대위원인을 증명하는 정보

  ㉮ 위 구분건물표시변경등기나 대지권변경등기를 대위신청의 경우에 대위원인은 구조적으로 1동의 건물의 소유자라는 점이다. 따라서 구분건물의 표시등기를 대위신청하는 경우에는 대위원인을 증명하는 정보로 같은 건물 소유자임을 증명하는 집합건축물대장정보를 첨부정보로서 등기소에 제공할 수 있다.

  ㉯ 또한 대지권의 변경등기를 대위신청하는 경우에도 대위원인을 증명하는 정보로 같은 건물 소유자임을 증명하는 정보인 건물등기사항증명서를 첨부정보로서 등기소에 제공한다(등기선례 제7-236호).

② 멸실등기 등의 대위신청

    ㉠ 건물멸실의 경우나 존재하지 않는 건물에 대한 등기가 있는 경우에 소유권의 등기명의인이 1개월 이내에 멸실등기를 신청하지 아니하면 그 건물대지의 소유자가 건물 소유권의 등기명의인을 대위하여 그 등기를 신청할 수 있다(부동산등기법 제43조 제2항).

    ㉡ 또한 구분건물로서 그 건물이 속하는 1동 전부가 멸실된 경우에는 그 구분건물의 소유권의 등기명의인은 1동의 건물에 속하는 다른 구분건물의 소유권의 등기명의인을 대위하여 1동 전부에 대한 멸실등기를 신청할 수 있다(부동산등기법 제43조 제3항).

③ 신탁등기의 대위신청 : 신탁등기는 수탁자가 단독으로 신청할 수 있다(부동산등기법 제23조 제7항). 이 경우 수탁자가 신탁등기를 신청하지 않는 경우에 수익자 또는 위탁자는 수탁자를 대위하여 신탁등기를 신청할 수 있다(부동산등기법 제82조 제2항).

④ 체납처분으로 인한 압류등기촉탁시의 대위 : 관공서가 체납처분으로 인한 압류등기를 촉탁하는 경우에는 등기명의인 또는 상속인, 그 밖의 포괄승계인을 갈음하여 부동산의 표시, 등기명의인의 표시의 변경, 경정 또는 상속, 그 밖의 포괄승계로 인한 권리이전의 등기를 함께 촉탁할 수 있다(부동산등기법 제96조).

⑤ 토지수용에 의한 등기신청 시의 대위 : 토지의 수용으로 인한 소유권이전의 등기는 등기권리자만으로 이를 신청할 수 있다. 등기권리자는 위 등기를 신청하는 경우에 등기명의인이나 상속인, 그 밖의 포괄승계인을 갈음하여 부동산의 표시 또는 등기명의인의 표시의 변경, 경정 또는 상속, 그 밖의 포괄승계로 인한 소유권이전의 등기를 신청할 수 있다(부동산등기법 제99조 제2항).

⑥ 집행법원이 가압류등기 등을 촉탁하는 경우 상속등기 등의 대위촉탁 여부

    ㉠ 관공서가 체납처분에 의한 압류등기를 촉탁할 때에는 부동산의 표시, 등기명의인의 표시의 변경, 경정 또는 상속, 그 밖의 포괄승계로 인한 권리이전의 등기를 대위촉탁할 수 있다(부동산등기법 제96조).

    ㉡ 그러나 집행법원이 가압류, 가처분, 경매개시결정 등의 처분제한등기를 촉탁하는 때에는 등기명의인 또는 상속인을 갈음하여 부동산의 표시, 등기명의인의 표시의 변경, 경정 또는 상속, 그 밖의 포괄승계로 인한 권리이전의 등기를 대위촉탁할 수 없다(등기선례 제5-671호).

    ㉢ 따라서 현행 실무는 가압류결정상의 부동산 또는 등기명의인의 표시가 등기기록의 기록과 다른 경우 가압류권자 등의 권리자로 하여금 그것을 일치시키는 등기를 대위신청 하도록 하여 그 등기 후에 처분제한의 등기를 촉탁하여야 한다.

(2) 특별법에 의한 대위등기

특별법에 의한 공공사업시행자는 해당 법률에 근거규정이 있는 경우에는 그 사업시행지역 내의 부동산에 관한 변경등기 등을 대위신청할 수 있다. 이러한 예로는 농어촌정비법이나 도시개발법에 의한 대위등기(등기예규 제1588호), 「도시 및 주거환경정비법」에 의한 대위등기(등기예규 제1590호) 등이 있다.

Ⅸ 판결 등 집행권원에 의한 등기신청(등기예규 제1692호)

1. 의 의

부동산등기법 제23조 제4항은 "등기절차의 이행 또는 인수를 명하는 판결에 의한 등기는 승소한 등기권리자 또는 등기의무자가 단독으로 신청하고, 공유물을 분할하는 판결에 의한 등기는 등기권리자 또는 등기의무자가 단독으로 신청한다."고 하여 공동신청주의의 예외를 규정하고 있다. 우리 법은 공동신청주의를 취하고 있는바, 일방 당사자가 등기신청에 협력하지 않으면 판결을 받아 등기신청을 할 수 있도록 하기 위해 규정한 것이다.

2. 판결의 요건

(1) 이행판결

① 부동산등기법 제23조 제4항의 판결은 등기신청절차의 이행을 명하는 이행판결이어야 하며, 주문의 형태는 "○○○등기절차를 이행하라."와 같이 등기신청 의사를 진술하는 것이어야 한다. 다만, 공유물분할판결의 경우에는 예외로 한다.

② 판결에는 등기권리자와 등기의무자가 나타나야 하며, 신청의 대상인 등기의 내용, 즉 등기의 종류, 등기원인과 그 연월일 등 신청서에 기재하여야 할 사항이 명시되어 있어야 한다.

③ 등기신청을 할 수 없는 판결의 예시

　㉠ 등기신청절차의 이행을 명하는 판결이 아닌 경우 : "○○재건축조합의 조합원 지위를 양도하라"와 같은 판결, "소유권지분 10분의 3을 양도한다."라고 한 화해조서, "소유권이전등기절차에 필요한 서류를 교부한다."라고 한 화해조서

　㉡ 이행판결이 아닌 경우 : 매매계약이 무효라는 확인판결에 의한 소유권이전등기의 말소등기신청, 소유권확인판결에 의한 소유권이전등기의 신청, 통행권 확인판결에 의한 지역권설정등기의 신청, 재심의 소에 의하여 재심대상 판결이 취소된 경우 재심판결로 취소된 판결에 의하여 마쳐진 소유권이전등기의 말소등기 신청, 피고의 주소를 허위로 기재하여 소송서류 및 판결정본을 그 곳으로 송달하게 한 사위판결에 의하여 소유권이전등기가 마쳐진 후 상소심절차에서 사위판결이 취소·기각된 경우 그 취소·기각판결에 의한 소유권이전등기의 말소등기 신청

　㉢ 신청정보로 제공하여야 할 필수적 등기사항이 판결주문에 명시되지 아니한 경우 : 근저당권설정등기를 명하는 판결주문에 필수적 기재사항인 채권최고액이나 채무자가 명시되지 아니한 경우, 전세권설정등기를 명하는 판결주문에 필수적 기재사항인 전세금이나 전세권의 목적인 범위가 명시되지 아니한 경우

　㉣ 집행권원에 반대급부와 상환으로 일정한 급부를 할 것을 표시한 경우 반대급부는 급부의무의 태양에 불과하여 집행력이 생기지 아니하므로, "피고는 원고로부터 △△부동산에 관한 소유권이전등기 절차를 이행받음과 동시에 원고에게 ○○○원을 지급하라"는 취지의 판결이 확정된 경우 피고는 위 판결문에 집행문을 부여받아 단독으로 △△부동산에 관한 소유권이전등기를 신청할 수 없다(등기선례 제8-95호).

　㉤ 법원의 신탁종료명령은 판결에 해당하지 않는다. 그러므로 종료명령에 의하여 신탁된 부동산에 대한 소유권이전등기 및 신탁등기의 말소등기를 수익자나 수익자의 채권자(수익자를 대위하여)가 단독으로 신청한 경우 등기관은 각하하여야 한다(등기선례 제201104-1호).

(2) 확정판결

부동산등기법 제23조 제4항의 판결은 확정판결이어야 한다. 따라서 확정되지 아니한 가집행선고가 붙은 판결에 의하여 등기를 신청한 경우 등기관은 각하하여야 한다.

(3) 부동산등기법 제23조 제4항의 판결에 준하는 집행권원

① 화해조서·인낙조서, 화해권고결정, 민사조정조서·조정을 갈음하는 결정, 가사조정조서·조정을 갈음하는 결정 등도 그 내용에 등기의무자의 등기신청에 관한 의사표시가 기재되어 있는 경우에는 등기권리자가 단독으로 등기를 신청할 수 있다.

② 중재판정에 의한 등기신청은 집행결정을, 외국판결에 의한 등기신청은 집행판결을 각 첨부하여야만 단독으로 등기를 신청할 수 있다.

③ 공증인 작성의 공정증서는 채무의 목적이 일정한 금액의 지급이나 대체물 또는 유가증권의 일정한 수량의 급여를 목적으로 하는 청구에 관하여 작성하거나(민사집행법 제56조), 건물이나 토지 또는 동산의 인도 또는 반환을 목적으로 하는 청구에 대하여 작성한다(공증인법 제56조의3). 그러므로 부동산에 관한 등기신청의무를 이행하기로 하는 조항이 기재되어 있더라도 등기권리자는 공정증서에 의하여 단독으로 등기를 신청할 수 없다.

④ 가처분결정에 등기절차의 이행을 명하는 조항이 기재되어 있어도 등기권리자는 이 가처분결정에 의하여 단독으로 등기를 신청할 수 없다. 다만, 가등기권자는 부동산등기법 제89조의 가등기가처분명령을 등기원인증서로 하여 단독으로 가등기를 신청할 수 있다.

(4) 판결의 확정시기

등기절차의 이행을 명하는 확정판결을 받았다면 확정시기에 관계없이, 즉 확정 후 10년이 경과하였더라도 그 판결에 의한 등기신청을 할 수 있다.

3. 신청인

(1) 승소한 등기권리자 또는 승소한 등기의무자

① 승소한 등기권리자 또는 승소한 등기의무자는 단독으로 판결에 의한 등기신청을 할 수 있다.

② 패소한 등기의무자는 그 판결에 기하여 직접 등기권리자 명의의 등기신청을 하거나 승소한 등기권리자를 대위하여 등기신청을 할 수 없다.

③ 승소한 등기권리자에는 적극적 당사자인 원고뿐만 아니라 피고나 당사자참가인도 포함된다.

(2) 승소한 등기권리자의 상속인

① 승소한 등기권리자가 승소판결의 변론종결 후 사망하였다면 상속인이 상속을 증명하는 정보를 제공하여 직접 자기 명의로 등기를 신청할 수 있다.

② 상속인이 등기권리자로서 승소판결을 받아 그 판결에 의하여 소유권이전등기를 신청하는 경우에는 따로 상속을 증명하는 정보를 제공할 필요가 없다(등기선례 제7-179호).

(3) 공유물분할판결에 의한 경우

① 공유물분할판결이 확정되면 소송 당사자는 원·피고인지 여부에 관계없이 그 확정판결을 첨부하여 등기권리자 또는 등기의무자 단독으로 공유물분할을 원인으로 한 지분이전등기를 신청할 수 있다.

② 공유물분할판결은 형성판결로서 그에 의하여 원·피고는 등기 이전에 이미 특정 부분의 소유권을 취득한다.

(4) 채권자대위소송에 의한 경우

① 채권자가 제3채무자를 상대로 채무자를 대위하여 등기절차의 이행을 명하는 판결을 받은 경우 채권자는 부동산등기법 제28조에 의하여 채무자의 대위신청인으로서 그 판결에 의하여 단독으로 등기를 신청할 수 있다.

② 채권자대위소송에서 채무자가 채권자대위소송이 제기된 사실을 알았을 경우에는 채무자 또는 제3채권 자도 채권자가 받은 승소판결에 의하여 단독으로 등기를 신청할 수 있다.

(5) 채권자취소소송의 경우

수익자(甲)를 상대로 사해행위취소판결을 받은 채권자(乙)는 채무자(丙)를 대위하여 단독으로 등기를 신청할 수 있다. 이 경우 등기신청서의 등기권리자란에는 "丙 대위신청인 乙"과 같이 기록하고, 등기의무자란에는 "甲"을 기록한다.

(6) 매도인이 등기 전에 사망한 경우

① 상속인이 신청하는 경우 : 매매로 인한 소유권이전등기 절차이행 전에 매도인이 사망한 경우와 같이 피상속인이 원인행위를 완료하고 등기 전에 사망한 경우, 그 상속인은 포괄승계를 증명하는 정보를 제공하여 등기를 신청할 수 있다(부동산등기법 제27조, 규칙 제49조).

② 매수인이 신청하는 경우

㉠ 피상속인 명의로 된 부동산을 그 생존 시에 매수하였으나, 소유권이전등기를 마치지 못하고 있던 중 피상속인이 사망함에 따라 공동상속인들을 상대로 소유권이전등기절차를 이행하라는 소송을 제기하여 상속인 5인 중 4인에 대하여는 조정에 갈음하는 결정을, 나머지 행방불명된 1인에 대하여는 판결을 받아 모두 확정이 된 경우에는 상속등기를 거칠 필요 없이 피상속인 명의로부터 매수인 명의로 직접 소유권이전등기를 신청할 수 있다.

㉡ 그러나 조정에 갈음하는 결정과 판결의 등기원인일자가 서로 다른 경우, 이는 권리변동의 원인행위인 법률행위의 성립일이 달라 상속인 전부를 상대로 동일한 판결을 받았다고 볼 수 없으므로 소유권이전 등기를 신청하기 위해서는 먼저 상속인들을 대위하여 5인의 상속인 앞으로 상속등기를 마친 후 결정사항 및 판결주문에 따른 소유권이전등기를 신청할 수 있다.

㉢ 상속등기를 신청함에 있어 상속인 중 1인이 행방불명되어 주소를 증명하는 서면으로 주민등록등본을 제출할 수 없는 경우에는 이를 소명하여 가족관계의 등록 등에 관한 법률 제15조 제1항 제2호의 기본 증명서상 등록기준지 또는 제적등본상 본적지를 그 주소지로 기재하고, 이 기본증명서 또는 제적등본을 주소를 증명하는 서면으로 첨부하여 상속등기의 신청을 할 수 있다(등기선례 제201104-2호).

4. 등기원인과 그 연월일

(1) 이행판결

① 원칙 : 등기절차의 이행을 명하는 판결에 의하여 등기를 신청하는 경우에는 그 판결주문에 명시된 등기 원인과 그 연월일을 등기신청서에 기재한다.

② 예외 : 등기절차의 이행을 명하는 판결주문에 등기원인과 그 연월일이 명시되어 있지 아니한 경우 등기 원인은 "확정판결"로, 그 연월일은 "판결선고일"을 기재한다. 이러한 예로는 기존 등기의 등기원인이 부존재·무효이거나 취소·해제에 의하여 소멸하였음을 이유로 말소등기 또는 회복등기를 명하는 판결, 가등기상 권리가 매매예약에 의한 소유권이전등기청구권으로서 가등기에 의한 본등기를 명한 판결의 주문에 등기원인과 그 연월일의 기재가 없는 경우 등을 들 수 있다.

(2) 형성판결

① 권리변경의 원인이 판결 자체 즉 형성판결인 경우 등기원인은 "판결에서 행한 형성처분"을 기재하고, 그 연월일은 "판결확정일"을 기재한다.

② 예 시

　㉠ 공유물분할판결의 경우 등기원인은 "공유물분할"로, 그 연월일은 "판결확정일"을 기재한다.

　㉡ 사해행위취소판결의 경우 등기원인은 "사해행위취소"로, 그 연월일은 "판결확정일"을 기재한다.

　㉢ 재산분할심판의 경우 등기원인은 "재산분할"로, 그 연월일은 "심판확정일"을 기재한다.

(3) 화해조서 등

① 화해조서·인낙조서, 화해권고결정, 민사조정조서·조정에 갈음하는 결정, 가사조정조서·조정에 갈음하는 결정 등(이하 "화해조서 등"이라 한다)에 등기신청에 관한 의사표시의 기재가 있고 그 내용에 등기원인과 그 연월일의 기재가 있는 경우 등기신청서에는 그 등기원인과 그 연월일을 기재한다.

② 화해조서 등에 등기신청에 관한 의사표시의 기재가 있으나 그 내용에 등기원인과 그 연월일의 기재가 없는 경우 등기신청서에는 등기원인은 "화해", "인낙", "화해권고결정", "조정" 또는 "조정에 갈음하는 결정" 등으로, 그 연월일은 "조서기재일" 또는 "결정확정일"을 기재한다.

5. 첨부서면

(1) 판결정본 및 확정증명서와 송달증명서

① 판결에 의한 등기를 신청함에 있어 등기원인증서로서 판결정본과 그 판결이 확정되었음을 증명하는 확정증명서를 첨부하여야 한다.

② 조정조서, 화해조서 또는 인낙조서를 첨부하는 경우에는 확정증명서를 제공할 필요가 없다.

③ 조정을 갈음하는 결정정본 또는 화해권고결정정본을 첨부하는 경우에는 확정증명서를 첨부하여야 한다.

④ 위 ①부터 ③까지의 경우에는 송달증명서를 첨부할 필요가 없다.

(2) 집행문

① 판결에 의한 등기를 신청하는 경우 원칙적으로 집행문의 첨부를 요하지 않는다.

② 그러나 등기절차의 이행을 명하는 판결이 선이행판결, 상환이행판결, 조건부이행판결인 경우에는 집행문을 첨부하여야 한다. 다만 등기절차의 이행과 반대급부의 이행이 각각 독립적으로 기재되어 있다면 그러하지 아니하다.

(3) 승계집행문

① 이행판결

　㉠ 등기청구권이 물권적 청구권인 경우에는 해당 확정판결의 변론종결 후에 권리를 취득한 자는 「민사소송법」 제218조 제1항의 승계인에 해당한다.

　㉡ 등기청구권이 채권적 청구권인 경우 변론종결 후 피고로부터 권리를 취득한 자는 변론종결 후의 승계인에 해당하지 않는다.

© 등기절차의 이행을 명하는 확정판결의 변론종결 후 그 판결에 따른 등기신청 전에 등기의무자인 피고 명의의 등기를 기초로 한 제3자 명의의 새로운 등기가 경료된 경우로서 제3자가 「민사소송법」 제218조 제1항의 변론을 종결한 뒤의 승계인에 해당하여 위 판결의 기판력이 그에게 미친다는 이유로 원고가 위 제3자에 대한 승계집행문을 부여받은 경우에는, 원고는 그 제3자 명의의 등기의 말소등기와 판결에서 명한 등기를 단독으로 신청할 수 있으며, 위 각 등기는 동시에 신청하여야 한다.

② 권리이전등기(예 진정명의회복을 원인으로 하는 소유권이전등기)절차를 이행하라는 확정판결의 변론종결 후 그 판결에 따른 등기신청 전에 그 권리에 대한 제3자 명의의 이전등기가 경료된 경우로서 제3자가 「민사소송법」 제218조 제1항의 변론을 종결한 뒤의 승계인에 해당하여 위 판결의 기판력이 그에게 미친다는 이유로 원고가 위 제3자에 대한 승계집행문을 부여받은 경우에는, 원고는 그 제3자를 등기의무자로 하여 곧바로 판결에 따른 권리이전등기를 단독으로 신청할 수 있다.

② 공유물분할판결

○ 일부 공유자의 지분을 기초로 한 제3자 명의의 새로운 등기(단, 공유지분이전등기를 제외)가 마쳐진 경우 : 공유물분할판결의 변론종결 후 그 판결에 따른 등기신청 전에 일부 공유자의 지분을 기초로 한 제3자 명의의 새로운 등기가 마쳐진 경우로서 제3자가 변론종결 후의 승계인에 해당하여 판결의 기판력이 미친다는 이유로 다른 공유자가 자신이 취득한 분할부분에 관하여 제3자에 대한 승계집행문을 부여받은 경우, 그 공유자는 제3자 명의 등기의 말소등기와 판결에 따른 지분이전등기를 단독으로 신청할 수 있다. 위 각 등기는 동시에 신청하여야 한다.

○ 일부 공유자의 지분이 제3자에게 이전된 경우

㉮ 등기의무자의 승계 : 공유물분할판결의 변론종결 후 그 판결에 따른 등기신청 전에 일부 공유자의 지분이 제3자에게 이전된 경우로서 제3자가 「민사소송법」 제218조 제1항의 변론종결 후의 승계인에 해당하여 판결의 기판력이 미친다는 이유로 다른 공유자가 자신이 취득한 분할부분에 관하여 제3자에 대한 승계집행문을 부여받은 경우, 그 공유자는 제3자 명의의 지분에 대하여 제3자를 등기의무자로 하여 곧바로 판결에 따른 이전등기를 단독으로 신청할 수 있다.

㉯ 등기권리자의 승계 : 공유물분할판결의 변론종결 후 그 판결의 확정 전에 일부 공유자의 지분이 제3자에게 이전된 경우로서 제3자가 「민사소송법」 제218조 제1항의 변론종결 후의 승계인에 해당하여 판결의 기판력이 미친다는 이유로 종전 공유자가 취득한 분할부분에 관하여 자신을 위한 승계집행문을 부여받은 경우, 제3자는 다른 공유자 명의의 지분에 대하여 곧바로 자신 앞으로 판결에 따른 이전등기를 단독으로 신청할 수 있다.

③ **공유물분할화해권고결정과 승계집행여부** : 현물분할을 내용으로 하는 공유물분할에 관한 판결이 확정된 후 그 판결에 따른 등기신청 전에 일부 공유자의 지분이 제3자에게 이전된 경우, 다른 공유자는 자신이 취득한 분할부분에 관하여 위 제3자에 대한 승계집행문을 부여받아 제3자 명의의 지분에 대하여 자신 앞으로의 이전등기를 단독으로 신청할 수 있으나, 현물분할을 내용으로 하는 공유물분할에 관하여 화해권고결정이 확정된 후 그 결정에 따른 등기신청 전에 일부 공유자의 지분이 제3자에게 이전된 경우에는 위와 달리 다른 공유자는 자신이 취득하는 것으로 정해진 분할부분에 관하여 위 제3자에 대한 승계집행문을 부여받아 제3자 명의의 지분에 대하여 자신 앞으로의 이전등기를 단독으로 신청할 수는 없다(등기선례 제201906-4호).

(4) 주소를 증명하는 서면

① 판결에 의하여 소유권이전등기신청을 하는 경우

　㉠ 판결에 의하여 등기권리자가 단독으로 소유권이전등기를 신청할 때는 등기권리자의 주소를 증명하는 서면만 제출하면 된다.

　㉡ 판결문상의 피고의 주소가 등기부상의 등기의무자의 주소와 다른 경우(등기부상 주소가 판결에 병기된 경우 포함)에는 동일인임을 증명할 수 있는 자료로서 주소에 관한 서면을 제출하여야 한다. 다만 판결문상에 기재된 피고의 주민등록번호와 등기부상에 기재된 등기의무자의 주민등록번호가 동일하여 동일인임을 인정할 수 있는 경우에는 그러하지 아니하다.

② 판결에 의한 대위보존등기 시 보존등기명의인의 주소를 증명하는 서면 : 원고가 미등기 부동산에 관하여 소유자를 피고로 소유권이전등기절차의 이행을 명하는 판결을 받은 후 피고를 대위하여 소유권보존등기를 신청하는 경우 보존등기명의인인 피고의 주소를 증명하는 서면을 제출하여야 한다. 피고에 대한 소송서류의 송달이 공시송달에 의하여 이루어진 경우에도 같다. 이 경우 피고의 주민등록이 「주민등록법」에 의하여 말소된 때에는 말소된 주민등록표등본을 첨부하고 최후 주소를 주소지로 하여 피고 명의의 보존등기를 신청할 수 있다.

③ 판결에 의하여 소유권이전등기를 순차로 대위신청하는 경우 : 甲은 乙에게, 乙은 丙에게 각 소유권이전등기절차를 이행하라는 판결에 의하여 丙이 乙을 대위하여 甲으로부터 乙로의 소유권이전등기를 신청할 때에는 乙의 주소를 증명하는 서면을 첨부하여야 하고, 乙에 대한 소송서류가 공시송달에 의하여 이루어진 때에는 판결에 기재된 乙의 최후 주소를 증명하는 서면을 첨부하여야 한다.

(5) 제3자의 허가서

① 신청대상인 등기에 제3자의 허가서 등이 필요한 경우에도 그러한 서면의 제출은 요하지 않는다(부동산등기규칙 제46조 제3항 참조).

② 다만, 등기원인에 대하여 행정관청의 허가, 동의 또는 승낙을 받아야 하는 때에는 해당 허가서 등의 현존사실이 판결서에 기재되어 있는 경우에 한하여 제출의무가 면제된다. 그러나 소유권이전등기를 신청할 때에는 해당 허가서 등의 현존사실이 판결서 등에 기재되어 있더라도 행정관청의 허가 등을 증명하는 서면을 반드시 제출하여야 한다(부동산등기 특별조치법 제5조 제1항 참조).

(6) 등기필정보

① 승소한 등기권리자가 단독으로 판결에 의하여 등기를 신청하는 경우에는 등기의무자의 권리에 관한 등기필정보를 제공할 필요가 없다.

② 다만 승소한 등기의무자가 단독으로 등기를 신청할 때에는 그의 권리에 관한 등기필정보를 제공하여야 한다(부동산등기법 제50조 제2항).

판결에 의한 등기신청 시의 첨부서면

첨부정보	비 고
판결정본 및 확정증명서	• 조정에 갈음하는 결정 정본 또는 화해권고결정 정본 : 확정증명서 첨부 • 조정조서, 화해조서 또는 인낙조서 : 확정증명서 불요 • 송달증명서 : 불요
집행문	• 원칙 : 불요 • 예외 : 선이행판결, 상환이행판결, 조건부이행판결의 경우 필요. 단, 등기절차의 이행과 반대급부의 이행이 독립적으로 기재된 경우 불요

승계집행문	• 이행판결 　– 물권적 청구권 : 승계집행문 　– 채권적 청구권 : 판결의 효력이 미치지 아니하므로 제3자의 등기를 먼저 말소하지 않는 한 　　그 판결에 의해서는 등기신청 불가 • 공유물분할판결
주소증명서면	• 소유권이전등기신청 　– 등기권리자의 주소증명서면만 제출 　– 판결문상 주소≠등기기록상 등기의무자의 주소 → 필요 • 대위보존등기신청 : 보존등기명의인인 피고의 주소증명서면 • 순차 대위 소유권이전등기신청 : 피대위자의 주소증명서면
등기원인에 대한 제3자의 허가서 등	• 제3자의 허가서 등이 필요한 경우 : 원칙적으로 면제 • 예외적으로 제출해야 하는 경우 : 등기원인에 대하여 행정관청의 허가, 동의 또는 승낙을 받아야 　하는 때 　– 판결서에 해당 허가서 등의 현존사실이 기재된 경우 : 면제 　– 소유권이전등기 : 반드시 제출
등기필증 또는 (등기필정보)	• 원칙 : 불요 • 예외 : 승소한 등기의무자의 단독신청 시 제출

6. 등기관의 심사범위

① 등기관은 원칙적으로 판결 주문에 나타난 등기권리자와 등기의무자 및 이행의 대상인 등기의 내용이 신청정보와 일치하는지를 심사하면 된다. 다만, 다음의 경우 등에는 예외적으로 판결 이유를 고려하여 심사를 하여야 한다.

　㉠ 소유권이전등기가 가등기에 의한 본등기인지를 가리기 위한 경우

　㉡ 명의신탁해지를 원인으로 소유권이전등기절차를 명한 판결의 경우 그 명의신탁이 부동산실명법에서 예외적으로 유효하다고 보는 상호명의신탁, 배우자 또는 종중에 의한 명의신탁인지 여부를 가리기 위한 경우

② 판결에 의한 등기신청 심사 시 등기관의 주의의무

　㉠ 판결서가 첨부된 등기신청서류를 접한 등기관이 통상적으로 그 판결서의 위조 여부를 가리기 위하여 인터넷을 통해 이를 검색하여야 할 주의의무는 없다.

　㉡ 확정판결에 기한 등기신청을 접수한 등기관으로서는 판결서의 외형과 작성방법에 비추어 위조된 것이라고 쉽게 의심할 만한 객관적 상황이 없다면 그 기재 사항 중 신청된 등기의 경료와 직접 관련되어 있는 것도 아니고 판결의 효력에 영향을 주지 않는 것까지 일일이 검토하여야 할 주의의무가 없다(대판 2008.10.9. 2007다87979).

| 제4절 | 등기신청에 필요한 정보

I 서설

1. 의의

등기신청은 법령에서 정한 신청정보와 첨부정보를 등기소에 제공해야 하는 요식행위이다(부동산등기법 제24조). 우리 부동산등기법은 등기관에게 형식적 심사권만을 부여하고 있기 때문에 등기관은 신청정보와 첨부정보만에 의하여 등기신청에 관한 심사를 하여야 한다.

2. 신청정보

등기신청정보란 사법상의 권리의 설정, 변경, 소멸의 경우에 일정한 양식을 갖추어 부동산표시, 등기할 사항, 당사자의 표시와 날인을 신청정보의 내용으로 등기소에 제공하여 등기를 신청하는 정보를 말한다.

3. 첨부정보

등기신청에 필요한 일반적인 첨부정보는 부동산등기규칙 제46조에 규정되어 있고, 그 밖의 개별 등기에 필요한 첨부정보에 관하여는 각 관련 조문에서 규정하고 있다.

II 신청정보

1. 신청정보의 제공방법

(1) 1건 1신청주의

등기의 신청은 1건당 1개의 부동산에 관한 신청정보를 제공하는 방법으로 하여야 한다(부동산등기법 제25조 본문). 예를 들면 갑 소유 토지 2필을 을과 병이 각 1필씩 매수하였다면 갑과 을의 등기신청과 갑과 병의 등기신청은 각각 서로 다른 신청서로 하여야 한다.

(2) 일괄신청과 동시신청(부동산등기규칙 제47조)

① 일괄신청

㉠ 등기의 목적과 원인이 동일한 경우에는 동일 등기소 관할 내의 여러 부동산에 관해 일괄하여 등기신청을 할 수 있다(부동산등기법 제25조 단서).

㉡ 등기의 목적이 동일하다 함은 등기의 내용 내지 종류가 동일하다는 것이다. 소유권이전과 저당권설정은 등기의 목적이 다르므로 일괄신청을 할 수 없다.

㉢ 등기원인이 동일하다는 것은 물권변동을 일으키는 법률행위 또는 법률사실이 같다는 것이다. 예를 들어 같은 사람이 여러 부동산에 대해 1개의 매매계약서를 작성한 경우가 그러하다. 그 여러 부동산이 같은 등기소의 관할이라면 일괄신청할 수 있다.

ⓔ 이 밖에도 같은 채권의 담보를 위하여 소유자가 다른 여러 개의 부동산에 대한 저당권설정등기를 신청하는 경우, 공매처분으로 인한 등기를 촉탁(부동산등기법 제97조)하는 경우, 「민사집행법」 제144조 제1항에 따라 매각으로 인한 소유권이전등기를 촉탁하는 경우에는 일괄신청을 할 수 있다(부동산등기규칙 제47조 제1항).

ⓜ 그러나 등기의 목적과 원인이 동일해도 수인의 공유자가 수인에게 지분의 전부 또는 일부를 이전하는 경우에는 일괄신청할 수 없다(등기예규 제1363호). 이 경우 일괄신청을 인정하면 지분이전과정이 명확하게 나타나지 않기 때문이다. 예컨대, 갑·을 공유 부동산을 병·정에게 매도한 경우 1건으로 일괄신청할 수 있다고 하면 등기도 한 번에 이루어져서, 갑 또는 을의 지분이 얼마만큼 누구에게 이전되었는지 알 수 없게 된다.

② **동시신청** : 같은 등기소에 동시에 여러 건의 등기신청을 하는 경우에 첨부정보의 내용이 같은 것이 있을 때에는 먼저 접수되는 신청에만 그 첨부정보를 제공하고, 다른 신청에는 먼저 접수된 신청에 그 첨부정보를 제공하였다는 뜻을 신청정보의 내용으로 등기소에 제공하는 것으로 그 첨부정보의 제공을 갈음할 수 있다(부동산등기규칙 제47조 제2항).

③ **동시접수** : 등기신청의 접수순위는 신청정보가 전산정보처리조직에 저장되었을 때를 기준으로 하고 동일 부동산에 관하여 동시에 수개의 등기신청이 있는 때에는 동일 접수번호를 부여하여 동일 순위로 등기하여야 하므로(부동산등기규칙 제65조 제2항), 처분금지가처분신청이 가압류신청보다 신청법원에 먼저 접수되었더라도 촉탁서를 등기관이 동시에 받았다면 등기관은 동시접수 처리하여야 한다. 이 경우 그 등기의 순위는 같게 된다(등기예규 제1348호).

(3) 신청서의 양식

① 등기신청서의 양식은 예규로 정해져 있다. 용지규격은 A4로 한다(등기예규 제1693호).

② 신청인은 인터넷등기소에서 등기시스템에 접속해 신청서를 작성한 후 출력하여 등기신청을 할 수도 있다(e-Form신청). 이는 당사자의 신청서 작성에 편의를 제공하고 등기업무담당자의 접수·기입 업무를 경감시키기 위한 제도이다.

(4) 신청서의 기재문자와 기재방법

① 신청서나 그 밖의 등기에 관한 서면을 작성할 때에는 자획을 분명히 하여야 한다. 이러한 서면에 적은 문자의 정정, 삽입 또는 삭제를 한 경우에는 그 글자 수를 난외에 적으며 문자의 앞뒤에 괄호를 붙이고 날인 또는 서명하여야 한다. 이 경우 삭제한 문자는 해독할 수 있게 글자체를 남겨두어야 한다(부동산등기규칙 제57조).

② 신청인이 다수인 경우 신청서를 정정할 때에는 날인하지 아니한 신청인과 이해상반되는 경우가 있을 수 있으므로 신청인 전원이 정정인을 날인한다(등기예규 제585호).

(5) 신청인의 기명날인 또는 서명

① 등기신청서에는 일정한 사항을 적고 신청인 또는 그 대리인이 기명날인하거나 서명하여야 한다(부동산등기규칙 제56조 제1항).

② 인감증명을 제출해야 하는 등기신청에 있어서는 신청서에 그 인감을 날인하여야 하므로(부동산등기규칙 제60조) 서명할 수 없다. 본국에 날인제도가 없는 외국인이 신청인인 때에는 날인 대신 서명을 할 수 있다(등기예규 제1686호).

(6) 신청서의 간인

① 신청서가 여러 장일 때에는 신청인 또는 그 대리인이 간인을 하여야 하고, 등기권리자 또는 등기의무자가 여러 명일 때에는 그중 1명이 간인하는 방법으로 한다. 다만, 신청서에 서명을 하였을 때에는 각 장마다 연결되는 서명을 함으로써 간인을 대신한다(부동산등기규칙 제56조 제2항).

② 이것은 등기신청서에 관한 것으로 그 부속서류에는 적용되지 않는다(등기선례 제3-43호). 즉, 여럿이 작성한 부속서류(상속재산분할협의서 등)가 여러 장이면 작성자 전원이 간인하여야 한다.

2. 신청정보의 내용

(1) 의 의

① 신청정보의 내용은 일반적으로 제공해야 하는 것과 등기의 목적에 따라 특별히 제공해야 하는 것이 있다. 또한 각각 필수적 정보와 임의적 정보가 있다.

② 필수적 정보란 신청정보가 유효하기 위하여 반드시 그 내용으로 할 사항으로서, 그 정보가 없으면 신청정보의 제공이 대법원규칙으로 정한 방식에 맞지 아니한 경우로 등기신청이 각하될 수 있는 경우를 말한다.

③ 임의적 정보란 신청정보로 할지 여부가 당사자의 의사에 맡겨져 있는 사항으로서, 이를 신청정보의 내용으로 제공하지 아니하여도 그 등기신청이 부적법해지는 것은 아니다. 다만 등기원인증서에 임의적 정보에 해당하는 내용이 있는 경우에는 반드시 신청정보의 내용으로 제공하여야 한다. 이를 제공하지 않은 때에는 보정하게 하고 보정하지 않을 때에는 '신청정보의 제공이 대법원규칙으로 정한 방식에 맞지 아니한 경우'(부동산등기법 제29조 제5호)에 해당함을 이유로 그 등기신청을 각하하게 된다.

(2) 필수적 정보(부동산등기규칙 제43조 제1항)

① 부동산의 표시에 관한 사항

　㉠ 토 지

　　㉮ 소재와 지번, 지목, 면적을 제공한다(부동산등기규칙 제43조 제1항 제1호 가목).

　　㉯ 소재지 등을 표시할 때에는 "서울특별시", "부산광역시", "경기도", "충청남도" 등을 "서울", "부산", "경기", "충남" 등과 같이 약기하지 않고 행정구역 명칭 그대로 전부 기재하며, "서울특별시 서초구 서초동 967", "서울특별시 서초구 서초대로 219(서초동)" 등과 같이 주소 표기방법에 맞게 띄어 쓴다. 다만 지번은 "번지"라는 문자를 사용함이 없이 108 또는 108-1과 같이 기재하고, 도시개발사업 등으로 지번이 확정되지 않은 경우에는 "○○블록○○로트"와 같이 기재한다(등기예규 제1628호).

　　㉰ 동일한 등기신청서상의 부동산표시란에 2개 이상의 부동산을 기재하는 경우에는 그 부동산의 일련번호를 기재하여야 한다(등기예규 제681호).

　㉡ 일반건물

　　㉮ 소재, 지번 및 건물번호(같은 지번 위에 1개의 건물만 있는 경우에는 건물번호는 제공하지 않는다), 건물의 종류, 구조와 면적(부속건물이 있는 경우에는 부속건물의 종류, 구조와 면적도 함께 제공한다)을 제공한다(부동산등기규칙 제43조 제1항 제1호 나목).

　　㉯ 건물등기기록에 도로명주소가 기록된 경우에는 소재지번과 도로명주소를 함께 제공한다.

　　㉰ 건물등기기록에 도로명주소가 기록되지 않은 경우에는 소재지번을 신청정보로 제공하여야 하고 도로명주소만을 제공해서는 안 된다.

㉣ 건물등기기록에 도로명주소가 기록되지 않았지만 소재지번과 도로명주소가 함께 신청정보로 제
　　　　　공된 경우에는 등기사건을 수리하되, 도로명주소가 표시된 건축물대장정보가 첨부정보로 제공된
　　　　　경우라면 등기관은 직권으로 건물등기기록에 도로명주소를 기록하는 표시변경등기를 하여야 한
　　　　　다(등기예규 제1729호).
　　ⓒ 구분건물
　　　　㉮ 1동의 건물의 표시로서 소재지번·건물명칭 및 번호·구조·종류·면적과 전유부분의 건물의
　　　　　표시로서 건물번호·구조·면적을 신청정보의 내용으로 등기소에 제공한다. 다만 1동의 건물의
　　　　　구조·종류·면적은 건물의 표시에 관한 등기나 소유권보존등기를 신청하는 경우로 한정한다(부
　　　　　동산등기규칙 제43조 제1항 제1호 다목).
　　　　㉯ 대지권이 있는 경우 그 권리의 표시를 제공한다.
　　　　㉰ 도로명주소에 관한 사항은 일반건물에서 설명한 바와 같다.
　② 신청인의 인적사항
　　ⓞ 성명(또는 명칭), 주소(또는 사무소소재지) 및 주민등록번호(또는 부동산등기용등록번호)를 제공한
　　　　다. 주소는 부동산의 소재표시와 마찬가지로 제공하고 '번지'라는 문자는 생략한다.
　　ⓛ 등기권리자가 자연인으로서 우리나라 국민인 경우에는 주민등록번호를 제공하고, 국가·지방자치단
　　　　체·국제기관·외국정부, 법인, 법인 아닌 사단이나 재단, 외국인, 주민등록번호가 없는 재외국민의
　　　　경우에는 부동산등기용등록번호를 제공하여야 한다.
　　ⓒ 신청인이 법인인 경우에는 대표자의 성명과 주소를 제공한다.
　　ⓔ 법인 아닌 사단이나 재단이 신청인인 경우에는 그 대표자나 관리인의 성명, 주소 및 주민등록번호를
　　　　신청정보의 내용으로 등기소에 제공하여야 한다.
　　ⓜ 외국인인 경우에는 국적을 함께 제공한다(등기예규 제1628호).
　③ **지분에 관한 사항** : 등기권리자가 2인 이상인 경우에는 그 지분을 제공하여야 하고, 등기할 권리가 합유인
　　때에는 그 뜻을 제공하여야 한다(부동산등기규칙 제105조). 다만, 합유의 경우 그 지분은 제공하지 않는다.
　④ 대리인에 의하여 신청하는 경우에는 대리인의 성명·주소를 제공한다.
　⑤ 등기원인과 그 연월일
　⑥ 등기의 목적
　⑦ **등기필정보**[2])
　　ⓞ 등기필정보란 등기부에 새로운 권리자가 기록되는 경우에 그 권리자를 확인하기 위하여 등기관이
　　　　작성한 정보를 말한다.
　　ⓛ 등기필정보의 제공은 공동신청 또는 승소한 등기의무자의 단독신청에 의하여 권리에 관한 등기를
　　　　신청하는 경우로 한정한다. 따라서 표시에 관한 등기를 신청하거나 당사자 일방만으로 신청하는 경우
　　　　(상속으로 인한 등기나 판결에 의한 등기 등)에는 제공할 필요가 없다. 공동신청의 경우에 신청정보
　　　　로 등기필정보를 제공하게 하는 이유는 등기의무자의 본인확인을 통하여 등기의 진정을 담보하기
　　　　위한 것이고, 승소한 등기의무자가 단독신청하는 경우는 그 등기의무자의 의사 확인을 위한 것이다.

---

2) 개정법 시행 전에 권리취득의 등기를 한 후 구법 제67조 제1항에 따라 등기필증을 발급받거나 구법 제68조 제1항에
　따라 등기완료의 통지를 받은 자는 개정법 시행 후 등기의무자가 되어 개정법 제24조 제1항 제1호에 따라 등기신청을
　할 때에는 개정법 제50조 제2항에 따른 등기필정보의 제공을 갈음하여 신청서에 구법 제67조 제1항에 따른 등기필증
　또는 구법 제68조 제1항에 따른 등기완료통지서를 첨부할 수 있다(부동산등기법 부칙 제2조). 다만, 등기필정보는
　신청정보의 내용이 되지만, 등기필증 또는 등기완료통지서는 첨부정보가 된다는 점에 차이가 있다.

ⓒ 관공서가 등기의무자나 등기권리자로서 등기를 촉탁하는 경우에도 공동신청이 아니므로 등기필정보는 제공할 필요가 없다. 관공서가 촉탁에 의하지 아니하고 법무사 등에게 위임하여 신청하는 경우에도 등기필정보는 제공할 필요가 없다(등기예규 제1759호).

ⓓ 등기필정보를 제공하여야 하는 등기신청에서 등기필정보를 분실하거나 그 밖의 사유로 제공할 수 없는 경우에는 다음의 방법에 의한다(부동산등기법 제51조, 규칙 제111조).

확인조서	등기의무자 또는 그 법정대리인 본인이 등기소에 직접 출석하고, 등기관은 주민등록증·외국인등록증·국내거소신고증·여권 또는 운전면허증 등의 증명서에 의해 그가 등기의무자 등 본인임을 확인하여 조서를 작성하는 방법
확인서면	등기신청 대리인이 법무사 또는 변호사인 경우에 한해 그들이 등기의무자 또는 법정대리인 본인으로부터 위임받았음을 확인하는 서면을 작성하여 첨부하는 방법. 법무사 등이 자기에 대한 확인서면을 스스로 작성할 수는 없다(등기선례 제201112-4호).
공증서면	등기신청서(또는 위임장) 중 등기의무자의 작성부분에 대한 공증을 받는 방법. 이 경우의 '공증'이란 등기의무자가 등기명의인임을 확인하는 서면에 대한 공증이 아니고 신청서 또는 위임장에 표시된 등기의무자의 작성부분(기명날인 등)이 등기의무자 본인이 작성한 것임을 공증하는 것을 의미한다. 등기의무자의 위임을 받은 대리인이 출석하여 공증을 받을 수는 없다(대판 2012.9.13. 2012다47098).

ⓔ 등기관이 확인조서를 작성하거나 자격자대리인이 확인서면을 작성하는 경우 업무처리에 관한 구체적인 사항을 설명하면 다음과 같다(등기예규 제1747호).

㉮ 등기관은 출석한 사람이 등기의무자나 그 법정대리인임을 확인한다. 법정대리인을 확인하였다면 조서의 [등기의무자]란에 법정대리인임을 표시한다.

㉯ 등기의무자가 법인인 경우에는 출석한 사람이 법인의 대표자임을, 법인 아닌 사단이나 재단인 경우에는 대표자 또는 관리인임을 확인한다. 공동대표의 경우에는 각 공동대표자별로 확인조서를 작성한다.

㉰ 등기관은 주민등록증, 외국인등록증, 국내거소신고증, 여권 또는 국내 운전면허증에 따라 본인 여부를 확인하여야 하고, 확인조서의 [본인확정정보]란에 확인한 신분증의 종류를 기재하며, 그 신분증의 사본을 조서에 첨부하여야 한다.

㉱ 신분증만으로 본인 확인이 충분하지 아니한 경우 등기관은 가능한 여러 방법을 통하여 본인 여부를 확인할 수 있고, 필요한 경우 신분증을 보완할 수 있는 정보의 제출을 요구할 수 있다.

㉲ 등기관은 등기의무자 등으로 하여금 확인조서의 [필적기재]란에 예시문과 동일한 내용 및 본인의 성명을 본인 필적으로 기재하게 한다.

㉳ 자격자대리인은 직접 위임인을 면담하여 위임인이 등기의무자 등 본인임을 확인하고 확인서면을 작성하여야 한다.

㉴ 확인서면의 [특기사항]란에는 등기의무자 등을 면담한 일시, 장소, 당시의 상황 그 밖의 특수한 사정을 기재한다[예 ○○○○. ○○.○○. 오후 세시경 강남구 일원동 소재 ○○병원 ○○호실로 찾아가 입원 중인 등기의무자를 면담하고 본인임을 확인함. 환자복을 입고 있었고 부인과 군복을 입은 아들이 함께 있었음].

㉵ [우무인]란에는 등기의무자 등의 우무인을 찍도록 하되 우무인을 찍는 것이 불가능한 특별한 사정(엄지손가락의 절단 등)이 있는 경우 좌무인을 찍도록 하며, 우무인과 좌무인을 모두 찍을 수 없는 특별한 사정이 있는 경우 날인을 생략하고 [특기사항]란에 날인을 생략하게 된 취지와 구체적 사유를 기재한다[예 양팔이 모두 없어 무인을 찍을 수 없었으며, 주민등록증으로 본인임을 분명히 확인하였음].

㉗ 자격자대리인은 확인서면의 [본인확인정보]란에 확인한 신분증의 종류를 기재하고, 그 신분증의 사본을 서면에 첨부하여야 한다. 다만 신분증이 이동통신단말장치에 암호화된 형태로 설치되는 등 사본화가 적합하지 않은 경우에는 일정한 양식의 서면을 첨부하여야 한다.

㉘ 그 밖에 확인의 대상과 방법 및 필적기재에 관한 사항은 성질에 반하지 아니하는 범위에서 등기관의 확인조서 작성 방법에 관한 것을 준용한다.

㉾ 법인이 등기필정보가 없는 경우에는 그 법인의 지배인을 확인하거나 지배인의 작성부분에 관한 공증으로 대표권을 가진 임원 또는 사원의 본인확인 또는 그 작성부분에 관한 공증을 갈음할 수 있다(등기예규 제1355호). 그러나 대표자로부터 위임을 받은 회사의 담당직원을 확인하는 것으로는 갈음할 수 없다.

㉿ 상반되는 내용의 등기신청이 있는 경우 등기필증(등기필정보)의 심사 사례 : 선행 소유권이전등기신청서에는 등기필증이 아니라 확인서면이 첨부되어 있고 같은 부동산에 대한 후행 소유권이전등기신청서에는 등기필증이 첨부되어 있는 경우 확인서면으로 등기필증을 갈음할 수 없다. 즉 이러한 경우 '등기필증 미첨부'라는 흠결은 그 자체로서 보정이 불가능하므로 담당 등기관은 선행 등기신청을 각하하여야 한다(대판 2007.11.15. 2004다2786).

◎ 등기필정보 제공에 갈음하는 공증 관련 사례 - 반드시 본인을 확인 : 등기관은 등기필증이 멸실되어 신청서 또는 위임장의 공증서가 제출된 경우 등기의무자 본인이 출석하여 공증을 받은 것인지를 확인하여 등기업무를 처리하여야 할 직무상 의무가 있고, 위와 같은 요건을 갖추지 못한 때에는 보정을 명하거나 등기신청을 각하하여야 한다(대판 2012.9.13. 2012다47098).

등기필정보(등기필증)의 제공 요부에 관한 몇 가지 예

원 칙	등기의무자로서 공동신청이 필요한 경우 필요
구분건물	• 보존등기 등기필증에 대지권표시 有 → 토지에 관한 등기필증 불요 • 보존등기 등기필증에 대지권표시 無 → 토지에 관한 등기필증 필요
공유물분할된 부동산 처분	공유물분할을 원인으로 소유권을 취득한 자가 등기의무자가 되어 다시 소유권이전등기를 신청할 경우 공유물분할등기에 관한 등기필정보(등기필증)뿐 아니라 공유물분할등기 전에 공유자로서 등기할 당시 통지받은 등기필정보도 함께 제공
환지된 토지 (등기예규 제1558호)	• 종전 토지에 관하여 소유자로서 등기한 때의 등기필정보(환지 전 토지에 대한 등기필정보) 제공 • 다만, 창설환지나 체비지 등에 대하여 소유권보존등기가 이루어진 경우에는 그 등기필정보 제공
근저당권	• 근저당권이 이전된 후에 말소하는 경우 → 근저당권 양수인의 등기필정보 제공 • 채무자변경으로 인한 근저당권변경 → 근저당권 설정자의 등기필정보 제공
가등기 (등기예규 제1632호)	• 가등기신청의 경우 → 가등기의무자의 등기필정보 제공 • 가등기에 기한 본등기 → 가등기의무자의 등기필정보 제공 • 가등기가처분명령에 의한 가등기권리자의 단독신청 → 제공 불요
유 증	유증자의 등기필정보 제공[등기필정보가 없는 경우 → 등기의무자(유언집행자 또는 상속인)의 확인서면 등 첨부]

⑧ 등기소의 표시

⑨ 신청연월일

⑩ 대위에 관한 사항 : 대위에 의한 등기신청의 경우에는 피대위자의 성명(또는 명칭), 주소(또는 사무소 소재지) 및 주민등록번호(또는 부동산등기용등록번호), 신청인이 대위자라는 뜻, 대위자의 성명(또는 명칭)과 주소(또는 사무소 소재지), 대위원인을 신청정보의 내용으로 등기소에 제공하여야 한다(부동산등기규칙 제50조).

⑪ **취득세·등록면허세액과 과세시가표준액 등**(부동산등기규칙 제44조) : 취득세·등록면허세액과 지방교육세액, 시가표준액과 국민주택채권매입금액을 제공하여야 한다. 비과세의 경우에는 그 뜻과 근거법령을 제공하는 것이 실무이다.

⑫ **등기신청수수료액**(등기사항증명서 등 수수료규칙 제5조의2)
  ㉠ 등기신청수수료는 15,000원(전자표준양식에 의한 신청 : 13,000원, 전자신청 : 10,000원)과 3,000원(전자표준양식에 의한 신청 : 2,000원, 전자신청 : 1,000원)의 두 종류가 있다.
  ㉡ 등기신청수수료는 인터넷등기소를 이용하여 전자적 방법으로 납부하거나, 법원행정처장이 지정하는 수납금융기관에 현금으로 납부하거나, 등기신청수수료 납부기능이 있는 무인발급기가 설치된 경우에는 이를 이용하여 현금 또는 신용카드로 납부를 한 후 영수필확인서를 출력하거나 발급받아 등기신청서에 첨부하여 제출하는 방식으로 한다.

⑬ **첨부정보의 표시와 그 원용의 뜻**
  ㉠ 등기를 신청할 때에는 부동산등기규칙 제46조 또는 그 밖의 법령에 따른 첨부정보를 등기소에 제공하고, 이를 신청정보로 표시하여야 한다.
  ㉡ 동시에 여러 건의 등기신청을 하는 경우 첨부정보의 내용이 같은 것이 있을 때에는 뒤에 접수되는 신청에서는 이를 제공하지 않고 먼저 접수되는 신청의 첨부정보를 원용할 수 있다. 이 경우에는 신청정보로 그 뜻을 표시하여야 한다(부동산등기규칙 제47조 제2항).

(3) 임의적 정보

지상권설정등기의 경우 존속기간과 지료 및 지급시기 등, 전세권설정등기의 경우 존속기간 및 위약금 또는 배상금 등, 그리고 저당권설정등기의 경우 변제기와 이자 및 그 발생시기·지급시기 등과 같이 반드시 기록하도록 법정되어 있는 것은 아니나 등기할 것이 허용되는 정보가 임의적 정보에 해당한다.

Ⅲ 등기원인을 증명하는 정보

1. 의의

① 등기를 신청할 때에는 등기원인을 증명하는 정보를 첨부정보로서 등기소에 제공하여야 한다(부동산등기규칙 제46조 제1항 제1호). 등기원인을 증명하는 정보(이하 "등기원인증명정보"라 한다)는 등기할 권리변동의 원인이 되는 법률행위 또는 그 밖의 법률사실의 성립을 증명하는 정보를 말한다. 예를 들면 매매계약서·저당권설정계약서 등이 이에 해당한다.

② 등기원인증명정보를 제공하게 하는 이유는 등기관으로 하여금 등기원인의 성립을 심사하도록 하여 부실등기를 방지하고 등기의 진정을 보장하기 위한 것이다.

③ 구법하에서는 등기원인증서를 이용하여 등기필증을 만들었다. 과거의 실무에서는 등기원인증서를 좁게 해석하여 어떠한 서면에 부동산 표시가 없거나 등기원인일자가 나타나 있지 않은 경우 등에는 등기원인증서에 해당하지 않는 것으로 보았다.

④ 등기필정보 제도가 도입된 현재에 있어서는 등기원인증서를 가지고 등기필증을 만들지 않고, 등기원인 증명정보도 본래의 의미로 되돌아가서 등기원인의 성립을 인정하게 하는 정보는 모두 등기원인증명정보로 보는 것이 타당하다.

⑤ 종전에는 가족관계등록사항별증명서 또는 제적부 등·초본 등은 부동산의 표시가 없으므로 등기원인증 명정보가 될 수 없다고 하였으나, 지금은 상속을 증명하는 등기원인증명정보에 해당한다고 보아야 할 것이다.

⑥ 종전에는 상속재산 협의분할계약서나 유언증서, 사인증여증서 등은 등기원인일자(피상속인 또는 증여자의 사망일자)가 기재되어 있지 않을 뿐만 아니라 사망사실도 증명되지 않으므로 등기원인증명정보가 될 수 없다고 보았으나, 이러한 서면도 가족관계증명서 등과 더불어 등기원인증명정보가 된다. 즉 협의 분할에 의한 상속의 경우 협의분할계약서와 가족관계증명서 모두가 등기원인증명정보가 된다.

⑦ 판결에 의한 등기신청에 있어서 물권변동이 판결에 의하여 발생하는 형성판결의 경우에는 그 판결이 등기원인증명정보가 된다. 기존의 법률관계가 판결 등에 의하여 확인되고 이를 기초로 등기절차 이행을 명하는 이행판결에 있어서는 판결에서 인정된 법률행위 등이 그 등기원인이 되는데, 이러한 경우 판결정본 외에 별도로 매매계약서 등의 등기원인증명정보를 제공할 필요가 없다.

⑧ 판결과 같은 효력이 있는 조정조서나 화해조서 또는 인낙 조서의 경우에는 그 조서가 등기원인증명정보가 된다.

⑨ 수용에 의한 소유권이전등기의 경우 협의가 성립되었으면 협의성립확인서, 협의가 성립되지 않아 재결을 거쳤으면 재결서가 등기원인증명정보가 된다.

⑩ 경매개시결정등기의 등기원인증명정보는 경매개시결정정본이고, 매각으로 인한 권리의 이전등기에 있어서는 매각허가결정정본이 등기원인증명정보에 해당한다.

⑪ 가압류, 가처분 등기의 경우에는 그 결정서 정본이 등기원인증명정보가 된다.

2. 계약을 원인으로 한 소유권이전등기(계약서 등의 검인)

(1) 의 의

계약을 등기원인으로 하여 1990년 9월 2일 이후에 소유권이전등기를 신청할 때에는 계약서에 검인신청인을 표시하여 부동산의 소재지를 관할하는 시장·군수 또는 그 권한의 위임을 받은 자의 검인을 받아 관할등기소에 이를 제출하여야 한다(부동산등기 특별조치법 제3조 제1항).

(2) 검인을 받아야 하는 경우(등기예규 제1727호)

① 유·무상 불문하고 계약을 원인으로 소유권이전등기를 신청할 때에는 계약의 일자 및 종류를 불문하고 그 계약서 원본 또는 판결서(화해·인낙·조정조서를 포함)의 정본에 검인을 받아 이를 등기원인증서로 제출하여야 한다.

② 부동산의 소유권을 이전받을 것을 내용으로 하는 계약을 체결한 자가 다시 제3자에게 계약당사자의 지위를 이전하는 계약을 체결한 경우, 그 지위이전계약의 체결일이 부동산등기 특별조치법 제2조 제1항 제1호에 정하여진 날(쌍무계약의 경우 반대급부의 이행이 완료된 날) 전인 때에는 먼저 체결된 계약의 매도인으로부터 지위이전계약의 양수인 앞으로 직접 소유권이전등기를 신청할 수 있다. 이 경우에는 먼저 체결된 계약서와 지위이전계약서(지위이전계약이 순차로 이루어진 경우에는 지위이전계약서 전부)는 각각 검인을 받아야 한다(부동산등기 특별조치법 제4조).

③ 매매, 증여, 명의신탁해지, 공유물분할계약서, 양도담보, 공공용지의 협의취득 등의 계약서

　㉠ 소유권이전계약이면 그 계약의 종류 및 유·무상은 불문하므로 그 계약서에 검인을 받아야 한다. 한편 소유자와 사업시행자간에「공익사업을 위한 토지 등의 취득 및 보상에 관한 법률」에 의해서 협의가 성립되어 작성된 공공용지의 취득협의서는 일반 계약서와 동일하다는 판례(대판 1984.5.29. 83누635)에 따라서 공공용지의 취득협의서에는 검인을 받아야 한다.

　㉡「부동산등기 특별조치법」제3조 제1항에 따르면 계약을 원인으로 소유권이전등기를 신청할 때에 등기원인을 증명하는 정보로서 제공하는 계약서에는 시장 등의 검인을 받아야 하는바, "지역주택조합가입계약서"는 등기원인을 증명하는 서면이라고 볼 수 없어 위 규정에 따른 검인을 받아야 하는 것은 아니다(등기선례 제201912-6호).

④ 판결에 의한 소유권이전등기의 판결정본 : 계약에 기한 소유권이전등기절차의 이행을 내용으로 하는 공유물분할 또는 재산분할에 관한 판결(심판)서·조정조서·화해조서·조정을 갈음하는 결정서·화해권고결정서 등에 판결서 등에 검인을 받아 제공하여야 한다(동법 제3조 제2항).

⑤ 미등기건물에 대한 아파트분양계약서 및 지위이전계약서

　㉠ 아파트 분양계약서 : 미등기 건물에 대한 아파트 분양계약서도 소유권이전계약에 해당하므로 검인을 받아야 하나(등기선례 제3-66호) 아파트분양계약사실증명원은 계약서가 아니라 사실 증명서일 뿐이므로 등기원인을 증명하는 정보로 제공할 수도 없고 따라서 검인을 받을 필요도 없다.

　㉡ 계약당사자의 지위이전계약서(주택분양권 전매계약서) : 주택분양계약을 체결하여 분양권을 취득한 자가 해당 주택에 대한 계약당사자의 지위(수분양자로서의 지위)를 제3자에게 이전하는 계약을 체결한 경우, 등기원인을 증명하는 정보로 등기소에 제공하는 주택분양계약서와 지위이전계약서에는 각각 검인을 받아야 한다(등기선례 제6-276호).

⑥ 분양계약서 원본이 멸실한 경우 분양계약서 사본 : 부동산등기특별조치법 제3조의 규정에 의한 검인은 계약서의 원본에 받아야 함이 원칙이나, 분양계약서 원본을 분실한 경우에는 분양계약의 쌍방당사자가 분양계약서 사본에 원본의 분실 및 사본이 원본과 상위 없다는 취지의 기재를 하고 날인한 사본에 검인받을 수 있다(등기선례 제200412-5호).[3]

⑦ 무허가 건물 : 무허가 건물이라도 어떤 사유로 소유권이전등기가 마쳐진 경우에는 소유권이전을 할 수 있으므로 그 매매계약서에는 검인을 받아야 한다(등기선례 제4-93호). 미완성 미등기건물에 대한 아파트분양계약서도 검인의 대상이 된다.

⑧ 가등기에 의한 본등기 시

　㉠ 소유권가등기 신청 시에는 등기원인을 증명하는 정보에 검인받을 필요가 없으나, 소유권이전의 본등기를 신청할 때에는 계약서 또는 예약서에 검인을 받아 제공하여야 한다(등기선례 제3-727호).

　㉡ 예컨대, 당해 매매예약서상에 일정한 시기에 매매예약완결권 행사의 의사표시간주 약정이 있는 때에는 그 예약서는 그대로 다시 가등기에 기한 본등기의 원인증서로도 될 수 있는 것이므로 그 예약서에 시장 등의 검인을 받아 제공하여야 한다(등기선례 제3-727호).

⑨ 검인받은 후 계약 내용이 변경된 경우 : 검인을 받은 후 계약 당사자가 그 계약 내용을 변경하여 새로운 매매 계약서를 작성하였다면 새로운 계약서에 다시 검인을 받아서 제공해야 한다(등기선례 제3-98호).

---

3) 종전의 선례 제4-962호에서는 이 경우에 검인받은 분양계약서 사본에는 당사자의 인감증명을 등기소에 제공할 것을 요구하였으나, 이 선례에 의해서 인감증명의 제공 없이 검인받은 분양계약서 사본을 제공할 수 있게 되었다.

(3) 검인계약서를 제공할 필요가 없는 경우

① 계약에 의한 소유권이전이 아닌 경우 : 수용, 상속, 매각, 공매, 시효취득 등은 계약에 의한 소유권이전이 아니라, 법률 규정에 의한 소유권취득이므로 재결서 등에 검인을 받을 필요는 없다. 또한 진정명의회복을 원인으로 한 소유권이전등기는 새로운 권리를 취득하는 것이 아닌 종전 권리의 회복에 불과하기 때문에 검인을 받을 필요는 없다.

② 소유권이전등기가 아닌 경우 : 소유권이전이 아닌 매매계약해제를 원인으로 한 소유권이전등기의 말소등기를 신청하는 때의 매매계약해제증서나, 소유권청구권가등기를 신청하는 때의 매매예약서 등은 검인받을 필요가 없다.

③ 계약의 일방당사자가 국가 또는 지방자치단체인 경우

㉠ 검인제도는 실체적 권리관계에 부합하는 등기를 신청하게 할 목적으로 요구하는 것이므로 계약의 일방당사자가 국가 등인 경우에는 검인이 불필요하다.

㉡ 그러나 계약의 일방 당사자가 국가 또는 지방자치단체인 경우에도 검인을 받는 것이 금지되는 것은 아니다. 예컨대 구 공공용지의 취득 및 손실보상에 관한 특례법의 규정에 의하여 국가 또는 지방자치단체와 등기명의인 간에 협의가 성립되어 그에 따른 소유권이전등기를 신청하는 경우에 등기원인을 증명하는 정보인 공공용지협의취득서에 검인을 받아 제공할 수 있다(등기선례 제200112-11호)고 한다.

④ 「부동산 거래신고 등에 관한 법률」상의 토지거래계약허가서를 받은 경우 : 부동산거래신고법에 의한 토지거래계약허가서를 받은 경우에는 검인을 받은 것으로 본다(부동산거래신고법 제20조 제2항). 따라서 이 경우에는 검인 없는 매매계약서를 제공하면 된다.

⑤ 토지거래계약 허가구역 내에서 토지에 대해서 허가를 받은 경우 건물에 대한 검인 여부 : 건물부분은 토지거래허가 대상이 아니나 토지거래계약허가 신청서에는 허가대상 토지뿐만 아니라 지상 건물도 기재하도록 하고 있으므로 건물에 대하여 별도로 검인을 받지 않아도 등기신청을 수리할 수 있을 것이다(등기선례 제5-49호).

⑥ 부동산거래계약신고필증을 교부받은 경우 : 「부동산 거래신고 등에 관한 법률」에 의한 부동산거래계약신고필증을 교부받은 때에도 검인을 받은 것으로 본다(부동산거래신고법 제3조 제6항). 따라서 이 경우에는 검인 없는 매매계약서를 제공하면 될 것이나 부동산거래계약신고필증을 첨부정보로 반드시 제공하여야 한다.

⑦ 선박·입목·재단등기의 경우 : 검인제도는 부동산소유권이전등기의 경우에만 적용되므로 선박등기나 재단등기의 경우에는 적용이 없다.

⑧ 한국주택금융공사가 주택담보노후보증과 관련하여 신탁등기 등을 하는 경우 : 한국주택금융공사가 「한국주택금융공사법」 제22조 제1항 제9호의2의 주택담보노후연금보증과 관련된 신탁업무를 수행하기 위하여 신탁을 설정하거나 해지하는 경우에는 검인을 받지 아니하여도 된다.

(4) 검인계약서의 부동산표시

① 검인계약서의 부동산표시는 신청서상의 부동산표시와 일치하여야 하는 것이 원칙이지만, 검인계약서(판결서 등은 제외)의 부동산표시가 신청서의 그것과 엄격히 일치하지 아니하더라도 양자 사이에 동일성을 인정할 수 있으면 그 등기신청은 수리하여도 된다.

② 구분건물과 대지권이 함께 등기신청의 목적인 경우에는 그 검인계약서에 대지권의 구체적인 표시가 없더라도 대지권이 포함된 취지의 표시는 되어 있어야 한다. 만일 계약서에 구분건물의 표시만 되어 있고 특히 대지권을 제외한다는 기재가 따로 없다면 대지권의 표시가 있는 것으로 취급해도 상관없다.

(5) 검인절차

① 검인의 시기

㉠ 등기원인을 증명하는 정보인 계약서는 검인을 받아 첨부정보로서 등기소에 제공하여야 하므로 검인은 등기신청 전에만 받으면 된다.

㉡ 따라서 아파트 및 연립주택 등의 분양계약서 검인은 계약 후 등기신청 시까지 언제든지 신청할 수 있으므로 그 건물이 준공 또는 소유권보존등기가 이루어지기 전이라도 계약서 검인신청은 할 수 있다(등기선례 제4-90호).

② 검인신청권자 : 검인 신청권자가 계약의 당사자로 한정되는 것은 아니므로 검인신청은 계약을 체결한 당사자 중의 1인이나 그 위임을 받은 자, 계약서를 작성한 변호사와 법무사 및 중개사가 신청할 수 있다. 또한 대위에 의한 소유권이전등기를 신청하는 경우에는 그 대위 채권자도 검인신청을 할 수 있다(등기선례 제3-96호).

③ 검인권자 및 일괄 검인신청 : 계약서의 검인은 목적부동산의 소재지를 관할하는 시장·구청장·군수나 그 권한의 위임을 받은 읍·면·동장 등이 한다. 다만, 소재지를 달리하는 수 개의 부동산에 대한 매매계약서의 검인신청은 그중 한 곳의 시장 등에게 일괄하여 검인을 신청할 수 있고, 그 시장 등은 일괄하여 검인할 수 있다(부동산등기 특별조치법에 따른 대법원규칙 제2911호).

④ 검인권자의 형식적 심사

㉠ 형식적 검인권 : 검인신청을 받은 시장·군수·구청장 등은 계약서 또는 판결서 등의 형식적 요건의 구비 여부만을 확인하고 그 기재에 흠결이 없다고 인정한 때에는 지체 없이 검인을 하여 검인신청인에게 교부하여야 한다. 따라서 검인제도의 목적상 거래대금 등 그 거래에 대한 실질심사는 할 수 없다(등기선례 제3-97호).

㉡ 검인거부를 할 수 없는 예

㉮ 매매계약서에 검인을 받은 후 내용을 변경하여 검인신청을 한 경우(등기선례 제3-98호)

㉯ 계약 체결 당시에 매도인 앞으로 소유권이전등기가 되어 있지 아니한 경우(등기선례 제3-95호)

㉰ 확정판결문에 검인을 받은 후 동 부동산에 대하여 또 다른 매매계약서를 작성하여 검인을 신청한 경우(등기선례 제5-54호)

㉱ 등기원인을 실제와 다르게 작성하여 매매계약서의 검인을 신청한 경우(등기선례 제5-54호)

㉲ 판결서정본에 확정증명서를 제공하지 않은 경우(등기선례 제6-34호)

㉳ 토지거래계약 허가구역으로 지정고시하기 전에 작성된 계약서라도 계약일을 입증할 수 있는 서류의 제시를 요구하거나 또는 그러한 서류의 제공이 없음을 이유로 하는 경우(등기선례 제7-34호)

㉴ 목적부동산에 처분금지가처분등기가 마쳐진 임대주택이라는 사실이 있는 경우(등기선례 제7-37호)

㉵ 「부동산 거래신고 등에 관한 법률」 제11조에 의한 토지거래계약허가구역 안에 있는 건물에 대한 소유권이전등기를 신청할 경우 허가대상은 아니지만 검인계약서는 첨부정보로서 등기소에 제공하여야 하므로 시장·군수·구청장은 건물에 대하여 검인을 거부할 수 없다(등기선례 제200511-5호).

(6) 검인계약서를 분실한 경우

① 계약을 원인으로 한 소유권이전등기를 신청하는 경우에는 반드시 검인받은 계약서를 제공하여야 한다(부동산등기 특별조치법 제3조 제1항). 따라서 검인계약서를 분실한 경우에는 계약서를 다시 작성하여 검인받은 검인계약서를 제공하여야 한다.

② 다만 토지거래계약허가를 받았는데 계약서가 멸실된 경우, 국가 또는 지방자치단체가 계약의 일방 당사자인데 계약서를 분실한 경우(등기선례 제200411-10호), 부동산거래계약신고필증을 교부받은 이후에 계약서를 분실한 경우에 검인이 생략되므로 계약서를 다시 작성하여 검인받은 검인계약서를 등기소에 제공할 필요는 없으나 등기관의 심사와 관련하여 등기원인을 증명하는 정보와 신청정보를 대조하여 그 일치 여부를 심사하여야 할 것이기 때문에 계약서를 다시 작성하여, 그 계약서를 첨부정보로서 등기소에 제공하여야 할 것이다.

Ⅳ 등기원인에 대한 제3자의 허가 등을 증명하는 정보

1. 의 의

① 등기원인에 대하여 제3자의 허가, 동의 또는 승낙(이하 '제3자의 허가 등'이라고 한다)이 필요한 경우에는 그 증명 정보를 제공하여야 한다(부동산등기규칙 제46조 제1항 제2호).

② 등기원인에 대하여 제3자의 허가 등이 필요한 경우란 등기원인인 법률행위의 유효요건인 경우(예 토지거래계약허가), 제3자의 허가 등이 없으면 등기원인인 법률행위의 취소사유가 되는 경우(예 미성년자의 행위에 대한 법정대리인의 동의), 임차권의 양도나 임차물 전대에 대한 임대인의 동의(민법 제629조) 등이 포함된다. 제3자의 허가 등이 법률행위의 유효요건인 경우 제3자의 허가 등을 증명하는 정보를 제공하여야 한다는 점에는 이론이 없다. 취소사유 등인 경우에 대하여는 견해가 나뉠 수 있는데, 거래의 안전과 공시제도의 본질에 비추어 제공하도록 함이 타당하다.

③ 제3자의 허가서 등을 제출하게 하는 이유는 무효 또는 취소될 수 있는 권리변동의 등기가 마쳐지는 것을 방지함으로써 해당 부동산에 대하여 거래관계를 맺고자 하는 자의 이익을 보호하기 위함이다.

④ 제3자의 허가서 등의 제출이 필요한지 여부는 등기기록, 신청정보 및 첨부정보 등을 종합적으로 조사하여 판단한다.

2. 농지취득자격증명

(1) 총 설

① 농지를 취득하려는 자는 원칙적으로 농지취득자격증명을 발급받아 소유권에 관한 등기를 신청할 때 제공하여야 한다(농지법 제8조 제1항·제6항).

② 농지취득자격증명은 농지를 취득하는 자에게 농지취득의 자격이 있다는 것을 증명하는 것일 뿐 농지취득의 원인이 되는 법률행위의 효력을 발생시키는 요건은 아니다.

③ 농지에 관해 매매 등을 원인으로 소유권이전등기절차의 이행을 명하는 판결에 따라 소유권이전등기를 신청할 때에도 반드시 농지취득자격증명을 제공하여야 한다.

④ 甲에서 乙, 乙에서 丙으로의 소유권이전등기를 동시에 신청하는 경우 丙 명의의 농지취득자격증명은 물론, 乙 명의의 농지취득자격증명도 제공하여야 한다(등기선례 제7-463호).

(2) 농지취득자격증명의 발급대상 농지

① 「농지법」상의 농지는 전·답·과수원, 그 밖에 그 법적 지목을 불문하고 실제로 농작물 경작지 또는는 다년생식물 재배지로 이용되는 토지(다만, 「초지법」에 따라 조성된 초지 등 대통령령으로 정하는 토지는 제외) 및 위와 같은 토지의 개량시설과 그 토지에 설치하는 농축산물 생산시설로서 대통령령으로 정하는 시설의 부지를 의미한다(농지법 제2조 제1호). 그러나 형식적 심사권밖에 없는 등기관으로서는 농지인지 여부를 공부에 의하여 판단할 수밖에 없다.

② 토지대장상 지목이 전·답·과수원인 토지에 대하여 소유권이전등기를 신청하는 경우에 해당 농지가 어느 시기에 조성, 등록전환 또는 지목변경 되었는지를 불문하고 이를 적용한다(등기예규 제1635호).

③ 토지대장상 지목이 농지라면 현황이 농지가 아니라는 소관청의 확인이 없는 이상 등기관은 농지취득자격증명을 요구할 수밖에 없고, 지목이 전·답 또는 과수원이 아닌 토지, 임야, 「초지법」에 따라 조성된 초지인 경우에는 농지취득자격증명의 제출이 없어도 등기신청을 수리하여야 한다.

④ 공부상 지목이 농지라 하더라도 실제로 경작에 사용되는 농지가 아닌 한 농지취득자격증명은 필요하지 않다. 다만 관할 관청이 발급하는 서면에 의하여 그러한 사실을 증명하여야 한다.

⑤ 농지의 취득으로 인한 소유권이전등기를 신청함에 있어서는 농지의 면적에 관계없이 모두 농지취득자격증명을 제공하여야 한다(등기선례 제5-722호, 제7-44호).

(3) 농지소유의 제한

① 원칙

㉠ 농지는 자기의 농업경영에 이용하거나 이용할 자가 아니면 소유하지 못한다(농지법 제6조 제1항). 「농지법」에서 허용된 경우 외에는 농지 소유에 관한 특례를 정할 수 없다(농지법 제6조 제4항).

㉡ 그러므로 농업인 또는 농업법인(영농조합법인과 농업회사법인)만이 농지를 취득할 수 있고, 이러한 자 외에는 원칙적으로 농지를 취득할 수 없다. 즉 농업법인 외의 법인이나 법인 아닌 사단·재단(사찰, 서원, 영농회, 마을회, 친목계 등)은 농지를 취득할 수 없다(등기선례 제2-635호, 제4-663·668·669·672·683호, 제7-19·20호).

② 예외적인 소유인정(농지법 제6조 제2항) : 다음의 경우에는 자기의 농업경영에 이용하지 않는 경우일지라도 이를 소유할 수 있다. 다만, 소유 농지는 농업경영에 이용되도록 하여야 한다(제2호, 제3호는 제외).

㉠ 국가나 지방자치단체가 농지를 소유하는 경우(농지법 제6조 제2항 제1호)

㉡ 「초·중등교육법」 및 「고등교육법」에 따른 학교, 농림축산식품부령으로 정하는 공공단체·농업연구기관·농업생산자단체 또는 종묘나 그 밖의 농업 기자재 생산자가 그 목적사업을 수행하기 위하여 필요한 시험지·연구지·실습지·종묘생산지 또는 과수 인공수분용 꽃가루 생산지로 쓰기 위하여 농림축산식품부령으로 정하는 바에 따라 농지를 취득하여 소유하는 경우(농지법 제6조 제2항 제2호)

㉢ 주말·체험영농을 하려고 제28조에 따른 농업진흥지역 외의 농지를 소유하는 경우(농지법 제6조 제2항 제3호)

㉣ 상속(상속인에게 한 유증을 포함)으로 농지를 취득하여 소유하는 경우(농지법 제6조 제2항 제4호)

㉤ 대통령령으로 정하는 기간 이상 농업경영을 하던 사람이 이농한 후에도 이농 당시 소유하고 있던 농지를 계속 소유하는 경우(농지법 제6조 제2항 제5호)

ⓗ 농지의 저당권자인 농업협동조합 등이 농지 저당권의 실행을 위한 경매절차에서 담보농지를 취득하여 소유하는 경우(농지법 제6조 제2항 제6호)

ⓢ 농지전용허가(농지전용허가가 의제되는 인가·허가·승인 등을 포함)를 받거나 농지전용신고를 한 자가 그 농지를 소유하는 경우(농지법 제6조 제2항 제7호). 종중도 농지전용허가를 받으면 농지취득자격증명을 첨부하여 종중 명의로 소유권이전등기를 할 수 있다(등기선례 제201304-4호).

ⓞ 농지전용협의를 마친 농지를 소유하는 경우(농지법 제6조 제2항 제8호). 이 경우 등기신청서에 농지전용협의 완료를 증명하는 서면을 첨부하면 된다(농지취득자격증명 불필요)(등기선례 제201304-5호).

ⓩ 농어촌공사법에 따라 한국농어촌공사가 농지를 취득하여 소유하는 경우, 「농어촌정비법」 제16조·제25조·제43조·제82조 또는 제100조에 따라 농지를 취득하여 소유하는 경우, 공유수면법에 따라 매립농지를 취득하여 소유하는 경우, 토지수용으로 농지를 취득하여 소유하는 경우, 농림축산식품부장관과 협의를 마치고 토지보상법에 따라 농지를 취득하여 소유하는 경우, 공공토지비축법 제2조 제1호 가목에 해당하는 토지 중 동법 제7조 제1항에 따른 공공토지비축심의위원회가 비축이 필요하다고 인정하는 토지로서 국토계획법 제36조에 따른 계획관리지역과 자연녹지지역 안의 농지를 한국토지주택공사가 취득하여 소유하는 경우 등(농지법 제6조 제2항 제10호)

(4) 농지취득자격증명의 첨부 요부

① 농지를 취득하려는 자는 원칙적으로 농지취득자격증명을 발급받아야 한다(농지법 제8조 제1항). 농지의 취득원인이 계약인지 여부, 계약이라면 유·무상에 관계없이 그 소유권이전등기신청서에 농지취득자격증명을 첨부하여야 한다(농지법 제8조 제6항).

② 판결에 의하여 소유권이전등기를 순차로 대위 신청하는 경우에도 중간취득자의 농지취득자격증명을 첨부하여야 한다(등기선례 제5-724호, 제6-546호, 제7-461호).

③ 농지의 매매예약에 기한 소유권이전청구권 보전 가등기 신청의 경우에는 농지취득자격증명을 첨부할 필요가 없다(등기선례 제2-548호, 제6-440호). 그러므로 종중이 농지에 대하여 명의수탁자와 공동으로 명의신탁 해지를 원인으로 조건부 소유권이전등기청구권 가등기를 신청하는 것은 가능하다(등기선례 제201010-1호).

④ 농지에 대하여 저당권이나 지상권을 설정하는 것은 농지를 취득하는 것이 아니므로 농지취득자격증명이 필요치 않다(등기예규 제353호, 제555호).

⑤ 농지취득자격증명을 첨부하여야 할 구체적인 경우(등기예규 제1635호)

㉠ 자연인 또는 농어업경영체법 제16조에 따라 설립된 영농조합법인과 동법 제19조에 따라 설립되고 업무집행권을 가진 자 중 3분의 1 이상이 농업인인 농업회사법인이 농지에 대하여 매매, 증여, 교환, 양도담보, 명의신탁해지, 신탁법상의 신탁 또는 신탁해지, 사인증여, 계약해제, 공매, 상속인 이외의 자에 대한 특정적 유증 등을 등기원인으로 하는 경우. 다만, 예규 제3항에서 열거하고 있는 사유를 등기원인으로 하는 경우에는 그러하지 아니하다.

㉡ 「초·중등교육법」 및 「고등교육법」에 의한 학교, 일정한 공공단체 등이 그 목적사업을 수행하기 위하여 농지를 취득하는 경우

ⓒ 「농지법」 제6조 제2항 제9호의2에 따른 영농여건불리농지를 취득하는 경우

ⓓ 국가나 지방자치단체로부터 농지를 매수한 경우 및 농지전용허가를 받거나 농지전용신고를 한 농지의 경우와 동일 가구(세대) 내 친족 간의 매매 등을 원인으로 하는 경우에도 농지취득자격증명을 첨부하여야 한다.

⑥ 농지취득자격증명을 발급받지 아니하고 취득할 수 있는 경우(농지법 제8조 제1항 단서, 등기예규 제1635호)

ⓐ 국가나 지방자치단체가 농지를 취득하여 소유권이전등기를 신청하는 경우

ⓑ 상속 및 포괄유증, 상속인에 대한 특정적 유증, 취득시효완성, 공유물분할, 재산분할(등기선례 제4-261호), 매각, 진정한 등기명의 회복, 농업법인의 합병을 원인으로 하는 경우

ⓒ 토지보상법에 의한 수용·협의취득을 원인으로 하는 경우 및 징발재산법 제20조, 토지보상법 제91조의 규정에 의한 환매권자가 환매권에 기하여 농지를 취득하는 경우

ⓓ 국보위수용토지법 제2조 및 제3조의 규정에 의한 환매권자 등이 환매권 등에 의하여 농지를 취득하는 경우

ⓔ 「농지법」 제17조의 규정에 의한 농지이용증진사업 시행계획에 의하여 농지를 취득하는 경우

ⓕ 도시지역 내의 농지에 대한 소유권이전등기를 신청하는 경우. 다만 도시지역 중 녹지지역 안의 농지에 대하여는 도시·군계획시설사업에 필요한 농지에 한함(국토계획법 제83조 제3호)

ⓖ 「농지법」 제34조 제2항에 의한 농지전용협의를 완료한 농지를 취득하는 경우 및 「부동산 거래신고 등에 관한 법률」 제11조에 의하여 토지거래계약허가를 받은 농지의 경우(부동산 거래신고 등에 관한 법률 제20조 제1항)

ⓗ 「농지법」 제13조 제1항 제1호부터 제6호까지에 해당하는 저당권자가 농지저당권의 실행으로 인한 경매절차에서 매수인이 없어 「농지법」 제13조 제1항의 규정에 의하여 스스로 담보농지를 취득하는 경우 및 자산유동화법 제3조의 규정에 의한 유동화전문회사 등이 「농지법」 제13조 제1항 제1호부터 제4호까지의 규정에 의한 저당권자로부터 농지를 취득 하는 경우

ⓘ 한국농어촌공사가 농어촌공사법에 의하여 농지를 취득하거나, 「농어촌정비법」 제16조에 의하여 농지를 취득하는 경우

ⓙ 「농어촌정비법」 제25조 소정의 농업생산기반 정비사업 시행자에 의하여 시행된 환지계획 및 동법 제43조 소정의 교환·분할·합병에 따라 농지를 취득하는 경우와 동법 제82조 소정의 농어촌관광휴양단지 개발사업자가 사업의 시행을 위하여 농어촌관광휴양단지로 지정된 지역 내의 농지를 취득하는 경우

ⓚ 「농어촌정비법」 제96조의 규정에 의하여 지정된 한계농지 등의 정비사업시행자가 정비지구 안의 농지를 취득하는 경우(농어촌정비법 제100조)

ⓛ 지목이 농지이나 토지의 현상이 농작물의 경작 또는 다년생식물 재배지로 이용되지 않음이 관할관청이 발급하는 서면에 의하여 증명되는 토지의 경우

ⓜ 「산업집적법」 제13조 제1항 또는 제20조 제2항의 규정에 의한 공장설립 등의 승인을 신청하여 공장입지승인을 받은 자 및 「중소기업창업 지원법」 제33조 제1항의 규정에 의한 사업계획의 승인을 신청하여 공장입지승인을 받은 자가 해당 농지를 취득하는 경우(기업규제완화법 제9조 제4항, 제13조)

(5) 농지취득자격증명의 발급절차

① **발급권자**(농지법 제8조 제1항) : 농지 소재지를 관할하는 시장·구청장·읍장 또는 면장에게서 발급받아야 한다.

② **농지취득자격증명 발급신청절차**(농지법 제8조 제2항) : 농지취득자격증명을 발급받으려는 자는 일정한 사항이 기재된 농업경영계획서 또는 주말·체험영농계획서를 작성하고 농림축산식품부령으로 정하는 서류를 첨부하여 농지의 소재지를 관할하는 시·구·읍·면의 장에게 신청하여야 한다.

(6) 종중의 농지취득여부

① 종중은 원칙적으로 농지를 취득할 수 없으므로 위토를 목적으로 새로이 농지를 취득하는 것도 허용되지 않는다. 다만 농지개혁 당시 위토대장에 등재된 기존 위토인 농지에 한하여 그 농지가 위토대장에 등재되어 있음을 확인하는 내용의 위토대장 소관청 발급의 증명서를 첨부하여 종중 명의로 소유권이전등기를 할 수 있다(등기예규 제1635호).

② 종중이 명의신탁해지를 원인으로 하는 소유권이전등기청구소송에서 승소한 경우에도 위토대장 소관청 발급의 증명서를 첨부하지 아니하면 농지에 대한 소유권이전등기를 신청할 수 없다(등기선례 제5-209·640·756호, 제6-571호, 제7-475호).

③ 시효완성을 원인으로 한 소송에서 승소판결을 받았다 하더라도 같다(등기선례 제201301-3호).

④ 다만 국토계획법 제36조의 용도지역 중 도시지역 내의 농지는 종중도 취득할 수 있으며, 그 등기신청 시 농지취득자격증명은 첨부할 필요가 없다(등기선례 제201202-6호).

(7) 그 밖의 사항

① 토지거래계약허가를 받은 경우에는 농지취득자격증명을 받은 것으로 보기 때문에(부동산 거래신고 등에 관한 법률 제20조 제1항) 토지거래계약허가증 외에 별도로 농지취득자격증명을 첨부할 필요가 없다.

② 농업법인이 아닌 법인이거나 법인이 아닌 사단(교회, 종중 등)이 토지거래계약허가를 받은 경우에도 마찬가지이다(등기선례 제201008-1호).

(8) 농지취득자격증명의 첨부 없이 마쳐진 등기의 효력

농지를 취득하려는 자가 농지에 대하여 소유권이전등기를 마쳤다 하더라도 농지취득자격증명을 발급받지 못한 이상 그 소유권을 취득하지 못한다(대판 2012.11.29. 2010다68060).

3. 토지거래계약허가

(1) 의 의

① 허가제도의 취지

㉠ 토지거래계약허가구역(이하 "허가구역"이라 한다)에 있는 토지에 관한 거래계약을 체결하려는 자는 시장, 군수 또는 구청장의 허가를 받아야 한다. 「부동산 거래신고 등에 관한 법률」은 제10조부터 제23조까지에서 토지거래계약허가제에 관하여 규정하고 있다.

㉡ 토지거래계약허가제는 토지의 투기적 거래를 막고 실수요자 중심의 정상적인 거래질서를 확립하는 한편 지가의 안정을 도모하고 토지가 합리적으로 이용될 수 있도록 하기 위한 목적에서 도입되었다.

② 허가의 법적 성질

　ⓐ 허가를 받지 아니하고 체결한 토지거래계약은 효력이 발생하지 아니하므로(부동산 거래신고 등에 관한 법률 제11조 제6항) 허가는 거래계약의 효력발생요건이다. 토지거래계약에 대한 허가만으로 매매계약이 성립되었다고 볼 수는 없다. 그러므로 토지거래계약허가증만 첨부되고 매매계약서는 첨부되지 않은 경우 등기관은 그 등기신청을 각하하여야 한다(등기선례 제201105-3호).

　ⓑ 허가를 받기 전의 매매계약 등의 효력 : 국토이용관리법상의 규제구역 내의 '토지등의 거래계약'허가에 관한 관계규정의 내용과 그 입법취지에 비추어 볼 때 토지의 소유권 등 권리를 이전 또는 설정하는 내용의 거래계약은 관할 관청의 허가를 받아야만 그 효력이 발생하고 허가를 받기 전에는 물권적 효력은 물론 채권적 효력도 발생하지 아니하여 무효라고 보아야 할 것인바, 다만 허가를 받기 전의 거래계약이 처음부터 허가를 배제하거나 잠탈하는 내용의 계약일 경우에는 확정적으로 무효로서 유효화될 여지가 없으나 이와 달리 허가받을 것을 전제로 한 거래계약(허가를 배제하거나 잠탈하는 내용의 계약이 아닌 계약은 여기에 해당하는 것으로 본다)일 경우에는 허가를 받을 때까지는 법률상 미완성의 법률행위로서 소유권 등 권리의 이전 또는 설정에 관한 거래의 효력이 전혀 발생하지 않음은 위의 확정적 무효의 경우와 다를 바 없지만, 일단 허가를 받으면 그 계약은 소급하여 유효한 계약이 되고 이와 달리 불허가가 된 때에는 무효로 확정되므로 허가를 받기까지는 유동적 무효의 상태에 있다(대판[전합] 1991.12.24. 90다12243).

(2) 허가구역의 지정과 허가대상면적

① 허가구역의 지정 : 국토교통부장관 또는 시·도지사는 일정한 지역에 대해서는 중앙도시계획위원회 또는 시·도도시계획위원회의 심의를 거쳐 5년 이내의 기간을 정하여 토지거래계약허가구역으로 지정할 수 있다. 이 경우 국토교통부장관 또는 시·도지사는 대통령령으로 정하는 바에 따라 허가대상자(외국인 등을 포함), 허가대상 용도와 지목 등을 특정하여 허가구역을 지정할 수 있다(부동산 거래신고 등에 관한 법률 제10조 제1항·제2항).

② 허가대상면적

　ⓐ 허가대상이 되는 토지의 면적은 다음과 같다(부동산 거래신고 등에 관한 법률 시행령 제9조 제1항).

지 역		면 적
도시지역 내	주거지역	$60m^2$ 초과
	상업지역	$150m^2$ 초과
	공업지역	$150m^2$ 초과
	녹지지역	$200m^2$ 초과
	용도지역의 지정이 없는 지역	$60m^2$ 초과
도시지역 외	농지	$500m^2$ 초과
	임야	$1000m^2$ 초과
	농지 및 임야 이외의 토지	$250m^2$ 초과

　ⓑ 허가대상면적 이하의 토지의 거래계약에는 허가가 필요 없다(부동산 거래신고 등에 관한 법률 제11조 제2항).

③ 면적산정방법

　　㉠ 토지를 부분적으로 취득하는 경우 : 일단의 토지이용을 위하여 토지거래계약을 체결한 후 1년 내에 다시 같은 사람과 나머지 토지의 일부에 대하여 거래계약을 체결한 경우에는 그 일단의 토지 전체에 대한 거래로 보아 허가대상인지 여부를 판정한다(부동산 거래신고 등에 관한 법률 시행령 제9조 제2항).

　　㉡ 토지의 분할 등의 경우 : 허가구역을 지정할 당시 허가대상면적을 초과하는 토지는 허가구역지정 후 허가기준 미만으로 분할하여 거래하는 경우에도 분할 후 최초의 거래는 허가대상면적을 초과하는 토지로 보아 허가를 받아야 한다. 허가구역의 지정 후 해당 토지를 허가기준 미만의 공유지분으로 거래하는 경우에도 같다(부동산 거래신고 등에 관한 법률 시행령 제9조 제3항).

　　㉢ 공유지의 경우 : 공유지분을 취득하는 경우에는 지분율로 산정한 토지면적으로 계산하고(등기선례 제3-545호), 공유자 2인 이상이 그 토지를 동일인과 동시에 계약하는 경우에는 거래 토지 전체면적을 합산하여 산정한다.

(3) 허가대상이 되는 거래계약

① 허가의 대상이 되는 계약

　　㉠ 허가대상이 되는 토지거래계약은 허가구역 내에 있는 토지에 대하여 대가를 받고 즉 유상으로 소유권, 지상권을 이전 또는 설정하는 계약 또는 예약이다(부동산 거래신고 등에 관한 법률 제11조 제1항).

　　㉡ 유상계약에서 대가는 금전에 한하지 않으므로 교환이나 대물변제는 물론이고 현물출자도 허가의 대상이 된다. 증여계약이나 지료의 지급이 없는 지상권설정계약, 공유지분의 포기, 신탁 및 신탁해지, 명의신탁해지, 진정명의의 회복, 시효취득, 회사분할, 재산분할, 이혼위자료로 취득하는 경우, 공동출자조합의 조합원에 대하여 무상분양하는 경우 등은 허가의 대상이 되지 않는다.

　　㉢ 소유권과 지상권에 관한 계약만이 허가대상이다. 임차권이나 전세권 계약과 토지사용을 목적으로 하는 권리가 아닌 저당권설정계약 등은 허가대상이 아니다.

　　㉣ 예약도 포함되므로 소유권이전이나 지상권설정을 목적으로 하는 가등기신청의 경우에도 토지거래계약허가증을 첨부하여야 한다. 소유권이전청구권보전을 위한 가등기이든 채권담보를 목적으로 한 담보가등기이든 불문한다.

　　㉤ 가등기가처분명령에 의한 가등기를 신청하는 경우에도 가등기의 원인이 토지거래 계약허가의 대상일 때에는 토지거래계약허가증을 첨부하여야 한다(등기선례 제3-715호, 제4-111호, 제5-71호). 가등기에 의한 본등기를 신청할 경우 가등기 당시 토지거래계약허가증을 제출한 때에는 본등기를 신청할 때에 별도로 토지거래계약허가증을 제출할 필요가 없다(등기예규 제1634호).

　　㉥ 매매예약에 의하여 가등기를 한 후 그 토지가 토지거래계약허가구역으로 지정되고 나서 본등기를 신청하는 경우 예약서상 예약완결권 행사의 의사표시 간주시기가 허가구역 지정 전의 일자라면 본등기 신청 시에 토지거래계약허가증을 첨부할 필요가 없다(등기선례 제3-727호).

　　㉦ 또한 토지거래허가구역 내의 토지에 대하여 매매계약을 체결하였으나, 당해 토지에 대한 허가구역의 지정이 해제된 후 소유권이전등기를 신청하는 경우, 그 등기신청서에는 토지거래계약허가증을 첨부할 필요가 없다(등기선례 제6-45호).

◎ 허가구역 지정 후에 예약완결권을 행사한 경우에는 본등기 신청 시 토지거래계약허가증을 첨부하여야 한다(등기선례 제7-52호).

㉣ 토지거래계약허가를 받아 매매를 원인으로 한 소유권이전등기를 마친 후 매매계약 일부를 해제하는 것은 허가받은 토지거래계약의 변경이므로, 그 해제를 원인으로 한 소유권 일부말소 의미의 경정등기를 신청하기 위해서는 토지거래계약허가증을 첨부하여야 한다(등기선례 제7-47호).

㉤ 토지거래계약허가구역 내의 토지에 관하여 신탁종료로 인하여 소유권이전 및 신탁등기말소를 신청하는 경우 등기권리자가 위탁자 아닌 수탁자나 제3자이고 신탁재산의 귀속이 대가에 의한 것인 때에는 토지거래계약허가증을 첨부하여야 한다(등기선례 제201101-1호).

㉦ 「외국인토지법」 제2조의 외국인에 대하여는 2008.1.31. 이후에 계약을 체결하는 경우부터 적용한다. 다만, 「부동산 거래신고 등에 관한 법률」 제2조 제4호의 외국인 등이 동법 제9조에 따른 토지취득허가증을 첨부하여 등기권리자로서 등기신청하는 경우에는 토지거래계약허가증을 첨부할 필요가 없다(등기예규 제1634호).

② 계약의 시기와 등기신청의 시기

㉠ 허가대상이 되는 거래계약은 허가구역 지정 후에 체결된 거래계약(예약완결권을 행사한 경우에는 예약완결일을 말한다) 또는 예약만을 의미하므로, 등기신청을 허가구역 지정 후에 하더라도 계약의 체결일자가 허가구역 지정 전인 경우에는 토지거래계약허가증을 첨부할 필요가 없다(등기예규 제1634호).

㉡ 허가구역 지정기간 중에 허가를 받지 아니하고 토지거래계약을 체결한 후 허가구역 지정이 해제된 때에는 그 토지거래계약이 해제 전에 확정적으로 무효(처음부터 토지거래허가를 배제 또는 잠탈하는 내용의 계약이거나 불허가가 된 때)로 된 경우를 제외하고는 확정적으로 유효가 되어 토지거래계약허가를 받을 필요가 없다(대판[전합] 1999.6.17. 98다40459 및 대판[전합] 1991.12.24. 90다12243, 등기선례 제6-45호, 제7-50호).

③ 계약서 내용과 허가서 내용의 일치 여부

㉠ 토지거래허가구역 내의 토지거래허가 대상인 A, B 두 필지의 토지를 합산하여 토지거래계약 허가를 받은 후 A필지에 대해서만 매매계약을 체결한 경우에는 토지거래계약 허가내용과 계약체결의 내용이 다르므로, 그 토지거래계약허가서에 의하여는 A필지에 대한 소유권이전등기를 신청할 수 없다(등기선례 제5-62호).

㉡ 수 필지의 토지에 대하여 하나의 토지거래계약허가를 받고 그 내용대로 계약을 하였다면, 그 허가서와 원인증서를 첨부하여 전체 토지 중 일부 토지만에 대한 소유권이전등기를 신청할 수 있다.

(4) 허가권자

① 토지거래계약을 체결하려는 당사자는 계약 체결 전에 공동으로 토지 소재지 시장 등의 허가를 받아야 한다. 허가받은 사항을 변경하려는 경우에도 같다(부동산 거래신고 등에 관한 법률 제11조 제1항).

② 매매계약 후 매도인 명의의 토지거래계약허가신청서를 제출하였으나 매도인 사망 후에 토지거래계약허가증을 교부받은 경우 상속인은 상속등기를 거칠 필요 없이 매수인과 공동으로 매도인 명의의 매매계약서 및 토지거래계약허가증을 첨부하여 피상속인으로부터 매수인 앞으로 소유권이전등기를 신청할 수 있다. 이 경우 상속을 증명하는 서면과 함께 상속인의 인감증명을 첨부하여야 한다(등기선례 제8-58호).

(5) 다른 법률과의 관계

① **농지취득자격증명의 제공면제** : 농지에 대하여 토지거래계약허가를 받은 경우에는 농지취득자격증명을 받은 것으로 본다(부동산 거래신고 등에 관한 법률 제20조 제1항). 이는 농업법인 아닌 법인이거나 법인이 아닌 사단(교회, 종중 등)이 토지거래계약허가를 받은 경우에도 같다(등기선례 제201008-1호).

② **계약서 검인의 생략** : 토지거래계약허가증을 발급받은 경우에는 「부동산등기 특별조치법」 제3조에 따른 검인을 받은 것으로 본다(부동산 거래신고 등에 관한 법률 제20조 제2항).

③ **토지취득허가서의 면제** : 외국인 등이 토지거래계약허가증을 등기신청서에 첨부한 때에는 토지취득허가 증 또한 제출할 필요가 없다(부동산 거래신고 등에 관한 법률 제9조 제1항 단서).

4. 학교법인의 기본재산 처분에 대한 관할청의 허가(등기예규 제1255호)

(1) 관할청의 허가

① 학교법인이 그 소유 명의의 부동산에 관하여 매매, 증여, 교환, 그 밖의 처분행위를 원인으로 한 소유권 이전등기를 신청하거나 근저당권 등의 제한물권 또는 임차권의 설정등기를 신청하는 경우에는 관할청의 허가를 증명하는 서면을 첨부하여야 한다.

② 다만, 「사립학교법 시행령」 제11조 제5항 제1호부터 제3호, 제6호, 제7호의 신고사항에 해당하는 경우에 는 소명자료(관할청의 신고수리공문 등)을 첨부한다.

③ 학교법인에게 신탁한 부동산이라 하더라도 그 신탁해지로 인한 소유권이전등기를 신청하는 경우에는 관할청의 허가를 증명하는 서면을 첨부하여야 한다.

④ 공유물분할은 공유지분의 교환 또는 매매의 실질을 가지므로, 학교법인이 공유자 중 1인인 부동산에 관하여 공유물분할을 원인으로 하는 공유지분이전등기를 신청하는 경우에도 관할청의 허가를 증명하는 서면을 첨부하여야 한다.

⑤ 이는 학교법인이 공유물분할에 의하여 종전의 공유지분보다 더 많이 취득하는 경우에도 같다(등기선례 제6-48호).

(2) 관할청의 허가를 받을 필요가 없는 경우

① 「사립학교법」 제28조는 사립학교의 존립 및 목적 수행에 필수적인 교육시설을 보전함으로써 사립학교의 건전한 발달을 도모하는 데 그 목적이 있다. 따라서 학교법인이 매매, 증여, 유증 그 밖의 원인으로 부동산을 취득하는 경우 관할청의 허가를 받을 필요가 없다.

② 학교법인 소유 명의의 부동산에 관하여 시효취득을 원인으로 한 소유권이전등기신청 또는 경락을 원인 으로 한 소유권이전등기촉탁 및 소유권이전청구권 보전의 가등기신청을 하는 경우에는 관할청의 허가를 증명하는 서면을 첨부할 필요가 없다.

③ 학교법인 소유 명의의 부동산에 관하여 계약의 취소 또는 해제(단, 합의해제의 경우는 제외)를 원인으로 한 소유권이전등기말소 또는 진정한 등기명의의 회복을 원인으로 한 소유권이전등기를 신청하는 경우에 도 관할청의 허가를 증명하는 서면을 첨부할 필요가 없다.

④ 명의신탁자가 학교법인 명의의 부동산에 관하여 부동산실명법에서 정한 유예기간 내에 실명등기 등을 하지 않아 종전의 명의신탁약정 및 그에 따른 물권변동이 무효가 되었음을 이유로 등기 말소 또는 진정명의회복을 원인으로 한 소유권이전등기 절차 이행을 구하는 경우 학교법인의 기본재산 처분이 있다고 볼 수 없으므로 관할청의 허가를 받을 필요가 없다(대판 2013.8.22. 2013다31403).

⑤ 학교법인이 기본재산을 담보로 제공할 당시 허가를 받았으면 근저당권의 실행으로 매각이 될 때에 다시 허가를 받을 필요는 없다.

(3) 처분이 절대적으로 금지되는 재산의 범위

① 원칙적 처분 금지

㉠ 학교교육에 직접 사용되는 학교법인의 재산 중 '교지, 교사, 체육장, 실습 또는 연구시설, 그 밖에 교육에 직접 사용되는 시설·설비 및 교재·교구 등'은 매도하거나 담보에 제공할 수 없다(사립학교법 제28조 제2항, 동법 시행령 제12조). 이 규정은 사립학교경영자에게도 준용된다(사립학교법 제51조).

㉡ 이 규정의 취지는 교지 등이 매매계약 등의 목적물이 될 수 없다는 데에 그치는 것이 아니고 매매로 인한 소유권이전 가능성을 전부 배제하는 것이므로, 사립학교경영자가 사립학교의 교지, 교사로 사용하기 위하여 출연·편입시킨 토지나 건물이 등기기록상 경영자 개인 명의로 있는 경우에도 강제집행의 목적물이 될 수 없고, 장래의 강제집행을 보전하기 위한 가압류의 대상도 될 수 없다(대판 2004.9.13. 2004다22643).

㉢ 그 토지나 건물에 관하여 마쳐진 담보목적의 가등기나 근저당권설정등기도 무효이다(대판 2002.6.28. 2001다25078, 대판 2000.6.9. 99다70860).

㉣ '유치원을 설치·경영하는 사인'도 「사립학교법」 제2조 제3호 소정의 사립학교경영자이므로, 그 소유로서 유치원 교육에 직접 사용되는 유치원 건물은 동법 제51조 및 제28조 제2항에 의하여 매도하거나 담보에 제공할 수 없다.

㉤ 따라서 등기관이 이 사건 부동산의 등기기록 표제부 건물내역란에 건물 용도가 '유치원'으로 기재되어 있었음에도 소유자인 등기의무자가 유치원경영자가 아니거나 위 부동산이 실제로 유치원 교육에 사용되지 않고 있다는 소명자료를 요구하지 아니한 채 등기신청을 수리하여 근저당설정등기를 마친 것은 등기업무를 담당하는 평균적 등기관이 갖추어야 할 통상의 주의의무를 다하지 아니한 직무집행상의 과실이 있다(대판 2011.9.29. 2010다5892).

② 예외적 처분 가능

㉠ 학교를 이전하거나 본교와 분교를 통합하려는 경우로서 이전 또는 통합으로 용도가 폐지되는 교지와 체육장을 처분하는 때 및 학교법인 간에 교환의 방법으로 처분하는 때에는 관할청의 허가가 있으면 처분할 수 있다(사립학교법 시행령 제12조). 학교법인이 매도하거나 담보에 제공할 수 없는 재산을 제외한 기본재산은 압류할 수 있다(대결 2004.9.8. 2004마408).

㉡ 유치원의 경우 건축물대장 및 등기기록에 용도가 "유치원"이라고 등록 및 등기된 건물이더라도 건물의 소유자가 사립학교경영자가 아니라면 매도하거나 담보에 제공할 수 있다(등기선례 제4-104·454호, 제7-45호).

㉢ 사립학교인 유치원의 건물 및 토지를 매도하여 그에 대한 소유권이전등기를 신청하는 경우에는 그 소유자는 사립학교경영자가 아니라는 사실을 소명하는 서면을 제출하여야 하는바, 관할 교육장이 발행한 유치원의 "폐쇄 인가서"뿐만 아니라 소유권이전등기를 인가조건으로 한 "설립자 변경 인가서"도 그러한 서면에 해당할 수 있으나, 관할 세무서장 발행의 "폐업사실증명서"는 그에 해당되지 않는다(등기선례 제8-74호).

5. 전통사찰의 부동산 처분에 대한 문화체육관광부장관 등의 허가(등기예규 제1484호)

(1) 의 의

① 전통사찰이란 불교 신앙의 대상으로서의 형상을 봉안하고 승려가 수행하며 신도를 교화하기 위한 시설 및 공간으로서 「전통사찰법」 제4조에 따라 등록된 것을 말한다.

② 전통사찰의 주지는 해당 전통사찰의 전통사찰보존지에 있는 그 사찰 소유 또는 사찰이 속한 단체 소유의 부동산을 양도하려면 문화체육관광부장관의 허가를 받아야 하고, 대여하거나 담보로 제공하려면 시·도지사의 허가를 받아야 한다(전통사찰법 제9조). 허가를 받지 않고 이들 행위를 한 경우에는 무효로 한다(전통사찰법 제9조 제3항).

(2) 첨부정보

전통사찰이 전통사찰보존지 및 전통사찰보존지에 있는 건물에 대한 처분행위를 원인으로 등기신청을 하는 경우 다음 정보를 첨부정보로서 제공한다.

① 전통사찰 소유의 전통사찰보존지 등을 매매, 증여, 그 밖의 원인으로 양도하여 소유권이전등기를 신청하는 경우에는 문화체육관광부장관의 허가를 증명하는 정보. 다만, 시효취득이나 「민사집행법」에 따른 매각을 원인으로 한 소유권이전등기를 신청하거나 촉탁하는 경우에는 제공할 필요가 없다.

② 전통사찰 소유의 전통사찰보존지 등에 근저당권 등의 제한물권 또는 임차권의 설정등기를 신청하는 경우에는 시·도지사의 허가를 증명하는 정보

(3) 등기관의 심사

등기관은 전통사찰에 해당한다고 볼만한 사정이 있음에도 불구하고 사찰 명의의 부동산에 대한 처분을 원인으로 한 등기신청정보에 위 주무관청의 처분허가정보가 제공되지 아니하였다면 해당 사찰이 전통사찰이 아니라는 주무관청의 확인정보 또는 이에 준하는 정보가 제공되거나 전통사찰에 해당되지만 전통사찰보존지 등이 아니라는 정보가 제공된 경우에만 등기신청을 수리할 수 있다.

(4) 허가가 필요 없는 경우

전통사찰이 부동산을 취득하는 경우와 등록된 전통사찰이 아닌 사찰의 부동산 처분 등의 경우에는 허가가 필요 없다. 전통사찰로 지정·등록되지 아니한 사찰의 경우에는 관할청의 허가가 없었다거나 그 부동산이 사찰의 기본재산에 해당한다는 이유만으로 처분행위를 당연무효로 볼 수는 없다(대판 2008.5.29. 2007다14858 참조).

6. 향교재단법인의 부동산 처분에 대한 시·도지사의 허가

① 향교의 유지와 운영을 위하여 조성된 동산, 부동산, 그 밖의 재산을 향교재산이라 한다(향교재산법 제2조). 관할 구역에 있는 향교재산의 관리와 운영을 위하여 특별시·광역시·도 및 특별자치도마다 재단법인을 설립한다(향교재산법 제3조).

② 향교재단이 향교재산인 부동산을 처분하거나 담보로 제공하려는 때에는 시·도지사의 허가를 받아야 한다(향교재산법 제8조 제1항). 허가를 받지 않은 처분행위는 무효이다(대판 1981.9.8. 81다532 참조).

7. 외국인 등의 토지취득에 대한 허가

(1) 개 념

「부동산 거래신고 등에 관한 법률」상 부동산 거래신고, 「외국인토지법」상 외국인의 토지 취득 신고·허가, 국토계획법상 토지거래허가 등 부동산거래 관련 허가 등 제도의 근거 법률을 일원화하기 위하여 「부동산 거래신고 등에 관한 법률」이 제정·시행되고(2017.1.20. 시행), 「외국인토지법」은 폐지되었다. 다음은 「부동산 거래신고 등에 관한 법률」의 관련 규정을 설명한다.

(2) 외국인 등의 의의(부동산거래신고법 제2조 제4호)

① 대한민국의 국적을 보유하고 있지 아니한 개인(무국적자를 포함한다)(등기예규 제1686호)
② 외국의 법령에 따라 설립된 법인 또는 단체
③ 사원 또는 구성원의 2분의 1 이상이 대한민국의 국적을 보유하고 있지 아니한 개인인 법인 또는 단체
④ 업무를 집행하는 사원이나 이사 등 임원의 2분의1 이상이 대한민국의 국적을 보유하고 있지 아니한 개인인 법인 또는 단체
⑤ 대한민국의 국적을 보유하고 있지 아니한 개인이나 외국의 법령에 따라 설립된 법인 또는 단체가 자본금의 2분의 1 이상이나 의결권의 2분의 1 이상을 가지고 있는 법인 또는 단체
⑥ 외국 정부
⑦ 대통령령으로 정하는 국제기구

(3) 원칙 – 부동산 등의 취득계약 신고제

① 외국인 등이 대한민국 안의 부동산 등[부동산(토지 또는 건축물) 또는 부동산을 취득할 수 있는 권리를 말한다]을 취득하는 계약(「부동산 거래신고 등에 관한 법률」 제3조 제1항 각 호에 따른 계약, 즉 부동산 거래신고의 대상인 계약을 제외한다)을 체결하였을 때에는 계약체결일부터 60일 이내에 대통령령으로 정하는 바에 따라 시장·군수 또는 구청장(신고관청)에게 신고하여야 한다(부동산거래신고법 제8조 제1항).
② 외국인 등이 상속·경매, 그 밖에 대통령령으로 정하는 계약 외의 원인으로 대한민국 안의 부동산 등을 취득한 때는 취득한 날부터 6개월 이내에 신고관청에 신고하여야 한다(부동산거래신고법 제8조 제2항).

(4) 예외 – 부동산 등의 취득계약 허가제

① 외국인 등이 취득하려는 토지가 아래의 어느 하나에 해당하는 구역·지역 등에 있으면 토지취득계약을 신고관청으로부터 토지취득의 허가를 받아야 한다. 다만 제11조에 따라 토지거래계약허가를 받은 경우에는 그러하지 아니하다(부동산거래신고법 제9조 제1항). 국내거소신고를 한 외국국적동포는 다음 ㉠의 경우 외에는 대한민국 안에서 부동산을 취득·보유·이용 및 처분할 때에 대한민국의 국민과 동등한 권리를 갖는다. 다만, 위 법률 제3조 제1항 및 제8조에 따른 거래신고나 취득신고를 하여야 한다(재외동포법 제11조 제1항). 따라서 ㉠의 경우에만 허가를 받으면 된다.
  ㉠ 「군사기지법」에 따른 군사기지 및 군사시설 보호구역, 그 밖에 국방목적을 위하여 외국인 등의 토지취득을 특별히 제한할 필요가 있는 지역(대통령령으로 정함)
  ㉡ 「문화재보호법」에 따른 지정문화재와 이를 위한 보호물 또는 보호구역
  ㉢ 「자연환경보전법」에 따른 생태·경관보전지역
  ㉣ 「야생생물법」에 따른 야생생물특별보호구역

② 외국인 등이 위 ①의 구역·지역 내 토지의 취득계약에 따른 소유권이전등기를 신청하는 경우에는 토지취득허가증을 제공하여야 한다. 다만, 위 법률 제11조에 따른 토지거래 계약허가증을 제공하는 경우에는 그러하지 않다.

③ 취득하는 토지가 위 ①의 지역·구역 등에 해당하지 않을 때에는 이를 소명하기 위하여 토지이용계획확인서를 첨부정보로서 제공하여야 한다(등기예규 제1686호).

(5) 외국인 등인 법인 또는 단체가 아니라는 소명의 제출

국내법에 의하여 설립된 법인 또는 단체가 외국인 등인 법인 또는 단체인지 여부가 의심스러울 경우 등기관은 그러한 법인 또는 단체가 아니라는 취지의 진술서를 제출케 한 후 등기를 하여야 한다(등기예규 제1686호).

(6) 허가 없이 소유권이전등기가 마쳐진 경우

① 외국인 등이 허가를 받지 아니하고 체결한 토지취득계약은 무효이다(부동산거래신고법 제9조 제3항).

② 그러나 토지취득허가대상토지에 대하여 허가를 받지 아니한 채 소유권이전등기가 마쳐졌다 하더라도 「부동산등기법」 제29조 제2호에 해당하는 것은 아니므로 등기관은 이를 직권으로 말소할 수 없다(등기예규 제1686호).

8. 「민법」상 재단법인의 부동산 처분에 대한 주무관청의 허가(등기예규 제886호)

(1) 의 의

'재단법인'의 기본재산은 정관의 필수적 기재사항이며(민법 제43조), 그 정관변경은 주무관청의 허가를 받지 아니하면 효력이 없다(민법 제45조 제3항). 따라서 재단법인의 부동산 처분 시에는 주무관청의 허가를 얻어야 효력이 있다.

(2) 처분하는 경우

① 재단법인 소유 명의의 부동산에 관하여 매매, 증여, 교환, 신탁해지, 공유물분할, 그 밖의 처분행위를 원인으로 하는 소유권이전등기를 신청하는 경우에는 주무관청의 허가를 증명하는 서면을 첨부하여야 한다. 다만, 해당 부동산이 재단법인의 기본재산이 아님을 소명하는 경우(해당 재단법인의 정관 등)에는 그러하지 아니하다. 주무관청의 허가를 증명하는 서면 외에 정관과 이사회의사록은 첨부할 필요가 없다(등기선례 제7-66호).

② 재단법인 소유 명의의 부동산에 관하여 취득시효를 원인으로 한 소유권이전등기신청 또는 매각을 원인으로 한 소유권이전등기촉탁의 경우에는 주무관청의 허가를 증명하는 서면을 첨부할 필요가 없다.

③ 재단법인 소유 명의의 부동산에 관하여 원인무효, 계약의 취소 또는 해제(단, 합의해제의 경우는 제외)를 원인으로 한 소유권이전등기말소등기신청 또는 진정한 등기명의의 회복을 원인으로 한 소유권이전등기신청의 경우와 소유권이전청구권 보전의 가등기신청의 경우에도 주무관청의 허가를 증명하는 서면을 첨부할 필요가 없다.

④ 재단법인 소유 명의의 부동산에 관하여 수용으로 인한 소유권이전등기를 촉탁하는 경우에는 그 등기촉탁서에 주무관청의 허가를 증명하는 서면을 첨부할 필요가 없다(등기선례 제7-57호).

⑤ '사단법인'의 경우에는 주무관청의 허가가 원칙적으로 필요 없으며, 기본재산의 처분 시에 사원총회의 결의가 필요하다고 정관에 기재되어 있더라도 내부관계에 불과하므로 결의서 등도 첨부할 필요가 없다(등기선례 제3-35호).

(3) 취득하는 경우

「민법」상 사단법인 또는 재단법인이 부동산을 매매, 증여, 유증, 그 밖의 원인으로 취득하고 법인 명의로의 소유권이전등기를 신청하는 경우 주무관청의 허가서를 첨부할 필요가 없다.

(4) 지상권 등을 설정하는 경우

재단법인이 기본재산인 부동산에 관하여 매매 등 처분행위를 원인으로 한 소유권이전등기를 신청할 때에는 주무관청의 허가를 증명하는 서면을 첨부하여야 하나, 지상권설정등기를 신청할 때에는 이를 첨부할 필요가 없다(등기선례 제201005-3호).

9. 공익법인의 기본재산 처분에 대한 주무관청의 허가

① 공익법인은 재단법인이나 사단법인으로서 사회 일반의 이익에 이바지하기 위하여 학자금·장학금 또는 연구비의 보조나 지급, 학술, 자선에 관한 사업을 목적으로 하는 법인을 말한다(공익법인법 제2조). 공익법인이 기본재산을 매도·증여·임대·교환 또는 용도변경하거나 담보로 제공하려는 경우에는 주무관청의 허가를 받아야 한다(공익법인법 제11조 제3항).

② 따라서 공익법인의 설립·운영에 관한 법률 제2조에 해당하는 사단법인과 재단법인 소유 명의의 부동산에 관하여는 매매, 증여, 교환, 신탁해지, 공유물분할, 그 밖의 처분행위를 원인으로 한 소유권이전등기 신청 이외에 근저당권 등의 제한물권 또는 임차권의 설정등기를 신청함에 있어서도 그 등기신청서에 주무관청의 허가를 증명하는 서면을 첨부하여야 한다. 그러나 기본재산이 아님을 소명하는 경우에는 허가를 증명하는 서면을 첨부할 필요가 없다(등기예규 제886호).

③ 주무관청의 허가를 받지 않은 공익법인의 기본재산 처분행위는 무효이다(대판 2005.9.28. 2004다50044).

10. 회사와 이사 등의 거래에 따른 등기신청의 경우

① 이사 또는 주요주주나 그 배우자 등이 자기 또는 제3자의 계산으로 회사와 거래를 하기 위하여는 이사회의 승인을 받아야 한다(상법 제398조). 이 경우 이사회의 승인이 제3자의 허가에 해당하는지 문제되는데, 현 등기실무는 회사 내부의 의사결정 절차에 불과하여 해당하지 않는 것으로 보고 있다.

② 그러므로 이사 등이 회사와 거래하고 등기를 신청하는 경우 이사회결의서는 제공할 필요가 없다(등기예규 제1444호).

11. 그 밖의 경우

북한이탈주민의 보호 및 정착지원에 관한 법률에 의한 주거지원에 따라 취득하게 된 소유권, 전세권 또는 임차권을 주민등록 전입신고를 한 날부터 2년 내에 양도하거나 저당권을 설정할 때에는 통일부장관의 허가(북한이탈주민의 보호 및 정착지원에 관한 법률 제20조 제2항)를, 의료법인의 기본재산 처분에 대하여는 시·도지사의 허가(의료법 제48조 제3항)를(등기선례 제6-43호), 법원이 선임한 부재자 재산관리인이 처분할 때에는 법원의 허가(민법 제25조)를, 파산관재인이 파산재단에 속하는 부동산을 처분할 때에는 법원의 허가 또는 감사위원의 동의(채무자회생법 제492조)를 받아야 한다.

V 대표자의 자격을 증명하는 정보

1. 제 공

① 법인이 등기권리자나 등기의무자인 경우에는 그 대표자가 법인의 등기신청행위를 하므로 대표자의 자격을 증명하는 정보를 제공한다(부동산등기규칙 제46조 제1항 제4호).

② 법인 대표자의 직무대행자가 등기를 신청하는 경우에는 직무대행자가 등기된 법인등기사항증명서를 제공하면 된다.

③ 법인의 근거 법률에 직무대행자를 등기할 수 있다는 규정이 없어 직무대행자가 등기가 되어 있지 않고, 정관에 대표자 유고시 다른 이사 등이 직무를 대행할 수 있다고 규정되어 있다면 법인등기사항증명정보, 정관, 이사회이사록 등을 제공한다(등기선례 제1-52호, 등기예규 제494호).

2. 생 략

법인이 부동산등기를 신청하는 경우 법인등기를 관할하는 등기소와 부동산을 관할하는 등기소가 동일한 경우에는 제공을 생략할 수 있다(부동산등기규칙 제46조 제5항).

VI 대리권한을 증명하는 정보

1. 임의대리인과 법정대리인

(1) 의 의

대리인이 등기신청을 대리할 경우에는 그 권한을 증명하는 정보를 제공하여야 한다(부동산등기규칙 제46조 제1항 제5호). 위임장은 등기권리자와 등기의무자가 동일한 서면으로 작성할 수 있으며, 수 개의 등기의 신청대리권을 1통의 위임장으로 위임할 수도 있다.

(2) 임의대리인 - 위임장

① 임의대리의 경우에는 위임장을 제출한다. 위임장에는 부동산의 표시, 등기할 권리에 관한 사항, 위임인의 표시, 위임의 취지 및 연월일을 표시하고 위임자가 기명·날인 또는 서명한다. 위임인이 등기의무자로서 인감증명을 제출하여야 하는 경우에는 반드시 「인감증명법」에 의해 신고된 인감을 날인하여야 한다(등기선례 제2-85·87호).

② 특별수권사항(복대리인 선임, 취하 등)은 위임장에 그 권한이 위임된 경우에 한하여 대리할 수 있다(민법 제118조).

③ 법무사가 등기신청을 위임받아 신청서를 작성하는 경우 신청서 끝부분에 있는 대리인란의 날인은 반드시 신고한 직인으로 하고, 신청서의 간인도 직인으로 하여야 한다. 다만 법무사의 실인을 직인과 함께 날인하는 것도 무방하며, 이 경우에는 실인으로 간인할 수 있다(등기선례 제201301-5호).

④ 위임장에는 등기하려는 부동산의 표시가 기재되어 있어야 하지만, 등기소 관할이 각각 다른 부동산들을 공동담보로 하여 저당권설정등기를 신청하는 경우에는 위임장에 다른 관할 등기소의 부동산을 표시할 필요는 없다.

⑤ 위임장에 복대리인 선임 사항의 기재가 없는 경우 복대리인이 신청하는 경우에는 본인의 승낙이 있음을 증명하는 자료를 제공하여야 한다.

⑥ 인감증명의 제출이 필요한 경우에는 교도소에 재감 중인 자라도 위임장에 신고된 인감을 날인하여야 하고, 무인과 교도관의 확인으로 갈음할 수 없다(등기예규 제423호).

(3) 법정대리인

① 친권자, 후견인 등 제한능력자의 법정대리인이 등기신청을 대리하는 경우에는 법정대리권한을 증명하는 정보를 제공하여야 한다.

② 법정대리인이 미성년자의 친권자인 경우 미성년자의 기본증명서와 가족관계증명서(미성년자가 혼인하여 성년의제된 경우에는 혼인관계증명서를 제공하여 직접 신청할 수 있다), 미성년자의 후견인인 경우에는 미성년자의 기본증명서, 성년후견인·한정후견인·특정후견인·임의후견인인 경우에는 후견 등기사항증명서를 제공한다. 위 증명서의 유효기간은 발행일부터 3개월이다(부동산등기규칙 제62조).

Ⅶ 주소 및 주민등록번호 등을 증명하는 정보

1. 개 관

① 등기기록에 권리자에 관한 사항을 기록할 때에는 권리자의 성명 또는 명칭 외에 주민등록번호 또는 부동산등기용등록번호와 주소 또는 사무소 소재지를, 법인 아닌 사단이나 재단 명의의 등기를 할 때에는 대표자나 관리인의 성명, 주소 및 주민등록번호를 함께 기록하여야 한다(부동산등기법 제48조 제2항·제3항).

② 따라서 등기권리자를 새로 등기하는 경우에는 그 주소(또는 사무소 소재지) 및 주민등록번호(또는 부동산등기용등록번호)를 증명하는 정보를 제공하여야 한다(부동산등기규칙 제46조 제1항 제6호 본문).

③ 다만 소유권이전등기를 신청하는 경우에는 등기의무자의 주소(또는 사무소 소재지)를 증명하는 정보도 제공하여야 하나(부동산등기규칙 제46조 제1항 제6호 단서), 판결에 의하여 등기권리자가 단독으로 소유권이전등기를 신청하거나(등기예규 제1692호), 경매 또는 공매처분 등을 원인으로 하여 관공서가 소유권이전등기를 촉탁하는 경우에는(등기예규 제1625) 등기권리자의 주소를 증명하는 정보만을 첨부정보로 제공하면 된다.

2. 주소를 증명하는 정보

(1) 대한민국 국민

① **주소증명정보** : 주소를 증명하는 정보를 제공하여야 하는 자가 대한민국 국민일 경우에는 주소를 증명하는 정보로 3개월 이내의 주민등록등(초)본을 첨부정보로서 등기소에 제공하여야 한다(부동산등기규칙 제62조).

② **인감증명 등** : 소유권이전등기신청서에 첨부된 인감증명서에 주민등록표 초본의 내용과 동일한 인적사항(성명·주소·주민등록번호)이 기재되어 있는 경우라도 인감증명은 원칙적으로 등기의무자의 인감을 증명하기 위한 것이지 본인의 주소를 증명하는 정보라고 볼 수는 없기 때문에 주소증명정보의 제공을 생략할 수 없고(등기선례 제6-76호), 매수인의 주민등록증 대조로써 주소증명정보의 제공을 갈음할 수 없다 (등기선례 제2-91호).

③ **주소가 불명인 경우** : 공동상속인 중 일부가 행방불명되어 주민등록이 주민등록법 제20조 제5항의 규정에 의하여 말소된 경우에는 주민등록표등본을 첨부하여 그 최후 주소를 주소지로 하고, 위 주민등록표등본을 제출할 수 없을 때는 이를 소명하여 호적등본상 본적지를 그 주소지로 하여 재산상속등기의 신청을 할 수 있고(등기선례 제4-265호), 공유자 중 1인이 행방불명되어 주소를 증명하는 서면을 발급받을 수 없는 경우 그 자의 주소가 토지대장에 기재되어 있는 때에는 주소를 증명하는 서면을 제출할 수 없는 사유를 소명하고 그 대장상의 주소를 행방불명된 자의 주소지로 하여 소유권보존등기를 신청할 수 있다(등기선례 제3-353호, 제4-795호).

④ 또한 거주불명자로서 행정상 관리주소가 현재 주소로 등록되어 있는 경우, 그 주민등록표의 등본을 제공할 수 있다(등기선례 제202001-5호).

(2) 법인·외국 회사

법인의 경우에는 발행일로부터 3개월 이내의 법인등기사항증명서를 주소증명정보로 등기소에 제공한다(부동산등기규칙 제62조).

(3) 법인 아닌 사단·재단

① 법인 아닌 사단 또는 재단의 경우에는 정관 기타의 규약이나 결의서 등이 주소를 증명하는 서면이 된다.

② 종중 사무소 소재지가 수차 이전된 경우에는 주소변경을 증명하는 서면으로 주소변동사항을 알 수 있는 신·구 종중 규약을 첨부하되, 그 변경등기는 등기부상 주소로부터 최후 주소로 바로 할 수 있다(등기선례 제2-498호).

(4) 재외국민(등기예규 제1686호)

① 재외국민은 주소를 증명하는 정보로서 재외국민등록부등본「주민등록법」에 따라 주민등록 신고를 한 경우에는 주민등록표등본·초본을, 주소증명제도가 있는 외국에 체류하는 재외국민으로서 체류국 법령에 따라 외국인등록 또는 주민등록 등을 마친 경우에는 체류국 관공서에서 발행한 주소증명정보(예 일본국의 주민표, 스페인왕국의 주민등록증명서)를 제공할 수 있다.

② 위 규정에 따라 주소를 증명하는 것이 불가능한 경우에는 체류국 공증인이 주소를 공증한 서면을 제공할 수 있다.

(5) 외국인(등기예규 제1686호)

① 외국인은 주소를 증명하는 정보로서 다음 중 어느 하나에 해당하는 정보를 제공할 수 있다.

　㉠ 「출입국관리법」에 따라 외국인등록을 한 경우에는 외국인등록 사실증명

　㉡ 「재외동포의 출입국과 법적 지위에 관한 법률」에 따라 국내거소신고를 한 외국국적동포의 경우에는 국내거소신고 사실증명

　㉢ 본국에 주소증명제도가 있는 외국인(예 일본, 독일, 프랑스, 대만, 스페인)은 본국 관공서에서 발행한 주소증명정보

　㉣ 본국에 주소증명제도가 없는 외국인(예 미국, 영국)은 본국 공증인이 주소를 공증한 서면. 다만, 다음 중 어느 하나에 해당하는 방법으로써 이를 갈음할 수 있다.

　　㉮ 주소가 기재되어 있는 신분증의 원본과 원본이 동일하다는 뜻을 기재한 사본을 함께 등기소에 제출하여 사본이 원본과 동일함을 확인받고 원본을 환부받는 방법. 이 경우 등기관은 사본에 원본 환부의 뜻을 적고 기명날인

         ⓔ 주소가 기재되어 있는 신분증의 사본에 원본과 동일함을 확인하였다는 본국 또는 대한민국 공증
           이나 본국 관공서의 증명을 받고 이를 제출하는 방법

         ⓕ 본국의 공공기관 등에서 발행한 증명서 기타 신뢰할 만한 자료를 제출하는 방법(圙 주한미군에서
           발행한 거주사실증명서, 러시아의 주택협동조합에서 발행한 주소증명서)

    ② 외국인이 본국을 떠나 대한민국이 아닌 제3국에 체류하는 경우에 체류국에 주소증명제도가 있다면 체류
      국 관공서에서 발행한 주소증명정보를 제공할 수 있고(圙 스페인에 체류하는 독일인이 스페인 법령에
      따라 주민등록을 하였다면 스페인 정부가 발행하는 주민등록정보를 제공), 체류국에 주소증명제도가
      없다면 체류국의 공증인이 주소를 공증한 서면을 제공할 수 있다. 다만, 주소를 공증한 서면을 제공하는
      경우에는 해당 국가에서의 체류자격을 증명하는 정보(圙 영주권확인증명, 장기체류 비자증명)를 함께
      제공하여야 한다.

3. 주민등록번호 또는 부동산등기용등록번호를 증명하는 정보

(1) 등기권리자가 자연인인 경우(부동산등기규칙 제46조)

주민등록번호를 증명하는 정보 즉 주민등록표등(초)본을 제공한다.

    ① 재외국민의 부동산등기용등록번호는 다음 중 어느 하나로 한다.
       ⓞ 주민등록번호를 부여받은 적이 있는 재외국민의 경우에는 주민등록번호(주민등록사항이 말소된 경
         우에도 같다)
       ⓛ 주민등록번호를 부여받은 적이 없는 재외국민의 경우에는 부동산등기법 제49조 제1항 제2호에 따라
         서울중앙지방법원 등기국 등기관이 부여한 부동산등기용등록번호

    ② 외국인의 부동산등기용등록번호는 다음 중 어느 하나로 한다.
       ⓞ 「출입국 관리법」에 따라 체류지를 관할하는 지방출입국·외국인관서의 장이 부여한 외국인등록번호
       ⓛ 국내에 체류지가 없는 경우에는 대법원 소재지를 관할하는 서울출입국·외국인관서의 장이 부여한
         부동산등기용등록번호

    ③ 「재외동포의 출입국과 법적 지위에 관한 법률」에 따라 거소를 관할하는 지방출입국·외국인관서의 장이
      외국국적동포에게 부여한 국내거소신고번호

(2) 등기권리자가 법인 등인 경우(부동산등기규칙 제46조)

    ① 법인은 법인등기사항증명서를 제공하고, 법인 아닌 사단이나 재단(국내에서 법인등기를 하지 아니한
      외국법인 포함), 외국인, 주민등록번호가 없는 재외국민은 부동산등기용등록번호를 증명하는 서면을
      제공하여야 한다.

    ② 법인등기기록이 폐쇄된 청산법인이 소유권보존등기를 하는 등 등기권리자로서 등기신청을 하는 경우에
      는 폐쇄된 법인등기기록을 부활한 후 법인등기사항증명서를 제공하여야 한다(등기예규 제1087호 참조).

    ③ 법인등기를 관할하는 등기소와 부동산을 관할하는 등기소가 동일한 경우에는 부동산등기용등록번호를
      증명하는 서면의 제공을 생략할 수 있다(부동산등기규칙 제46조 제5항).

(3) 부동산등기용등록번호의 부여절차(부동산등기법 제49조)

① 국가·지방자치단체·국제기관. 외국정부의 등록번호는 국토교통부장관이 지정·고시한다.

② 주민등록번호가 없는 재외국민에게는 대법원 소재지 관할 등기소(서울중앙지방법원 등기국)의 등기관이 부여한다. 재외국민의 등록번호 부여, 등록번호증명사항의 변경 및 등록번호증명서의 발급신청은 어느 등기소에나 할 수 있다(등기예규 제1389호 참조).

③ 법인의 등록번호는 주된 사무소(회사의 경우 본점, 외국법인의 경우에는 국내 영업소나 사무소) 소재지 관할 등기소의 등기관이 부여한다.

④ 법인 아닌 사단이나 재단 및 국내에 영업소나 사무소의 설치 등기를 하지 아니한 외국법인의 등록번호는 시장, 군수 또는 구청장이 부여한다.

⑤ 외국인의 등록번호는 체류지(국내에 체류지가 없는 경우에는 대법원 소재지에 체류지가 있는 것으로 본다)를 관할하는 지방출입국·외국인관서의 장이 부여한다.

(4) 외국국적동포에 관한 특례

재외동포법에 따라 국내거소신고를 한 외국국적동포의 경우에는 국내거소신고번호(재외동포법 제7조 제1항)를 부동산등기용등록번호로 할 수 있다. 부동산등기용등록번호를 국내거소신고번호로 변경하는 등기명의인표시변경등기도 가능하다(등기선례 제201010-5호).

VIII 부동산의 표시를 증명하는 정보

1. 대장등본 등

① 부동산의 물리적 현황 내지 동일성 확인은 대장을 기초로 하므로, 소유권보존등기나 부동산 표시변경등기를 신청하는 경우 대장등본 등을 첨부한다(부동산등기규칙 제72조, 제121조 등).

② 한편 우리나라에서는 부동산의 물리적 현황을 공시하는 대장제도와 권리관계를 공시하는 등기제도가 분리되어 있는바, 이를 일치시킬 필요가 있다.

③ 이를 위하여, 소유권이전등기를 신청하는 경우에는 대장 정보나 그 밖에 부동산의 표시를 증명하는 정보를 제공하고 (부동산등기규칙 제46조 제1항 제7호), 대장과 등기기록의 부동산 표시가 서로 일치하지 아니하면 등기신청을 각하하도록 하고 있다(부동산등기법 제29조 제12호).

IX 자격자대리인의 등기의무자 확인 및 자필서명 정보

1. 의 의

법무사법 제25조의 위임인 확인방법을 부동산등기 제도에 반영하여, 변호사나 법무사 등 자격자대리인이 권리에 관한 등기를 신청하는 경우에는 위임인이 등기의무자인지 여부를 확인하고 자필서명한 정보를 개별 등기사건마다 그 신청정보와 함께 첨부정보로서 등기소에 제공하도록 함으로써, 등기신청의 진정성을 자격자대리인을 통하여 강화하도록 하였다(부동산등기규칙 제46조 제1항 제8호, 등기예규 제1745호 참조).

2. 자필서명 정보의 제공

자격자대리인이 공동으로 신청하는 권리에 관한 등기, 승소한 등기의무자가 단독으로 신청하는 권리에 관한 등기를 신청하는 경우에는 별지 제1호 양식에 따른 자필서명 정보를 제공하여야 한다.

3. 자필서명 정보의 작성 방법

(1) 부동산표시의 기재

① 자필서명 정보의 부동산표시가 신청정보와 엄격히 일치하지 아니하더라도 양자 사이에 동일성을 인정할 수 있으면 그 등기신청을 수리하여도 무방하다.

② 구분건물과 대지권이 함께 등기신청의 목적인 경우에는 그 자필서명 정보에 대지권의 구체적인 표시가 없더라도 대지권이 포함된 취지의 표시는 되어 있어야 한다.

(2) 등기의무자의 기재

별지 제1호 양식의 등기의무자란에는 등기가 실행되면 등기기록의 기록 형식상 권리를 상실하거나 그 밖의 불이익을 받는 자를 기재하여야 한다.

예 1. 미성년자의 법정대리인이 등기신청을 위임한 경우에는 등기기록상 명의인인 미성년자를 기재
2. 외국인으로부터 처분위임을 받은 자가 등기신청을 위임한 경우에는 등기기록상 명의인인 외국인을 기재
3. 법인의 지배인이 등기신청을 위임한 경우에는 등기기록상 명의인인 법인을 기재

(3) 자필서명 방법 등

① 자필서명은 자격자대리인이 별지 제1호 양식 하단에 본인 고유의 필체로 직접 기재하는 방법으로 하여야 하고, 자필서명 이미지를 복사하여 제공하는 방식은 허용되지 아니한다.

② 자필서명 정보가 2장 이상일 때에는 자격자대리인이 앞장의 뒷면과 뒷장의 앞면을 만나게 하여 그 사이에 자필서명을 하거나 자필서명 정보에 페이지를 표시하고 각 장마다 자필서명을 하여야 한다.

4. 자필서명 정보의 제공 방법

① 하나의 등기신청에서 등기의무자가 수인인 경우(예 공유의 부동산을 처분하는 경우)에는 별지 제1호 양식의 등기의무자란에 등기의무자를 추가하여 한 개의 첨부정보로 제공할 수 있다.

② 같은 등기소에 등기의무자와 등기의 목적이 동일한 여러 건의 등기신청을 동시에 하는 경우에는 먼저 접수되는 신청에만 자필서명 정보(이 경우 별지 제1호 양식의 등기할 부동산의 표시란에는 신청하는 부동산 전부를 기재하여야 한다)를 첨부정보로 제공하고, 다른 신청에서는 먼저 접수된 신청에 자필서명 정보를 제공하였다는 뜻을 신청정보의 내용으로 등기소에 제공함으로써 자필서명 정보의 제공을 갈음할 수 있다.

③ 전자신청의 경우 별지 제1호 양식에 따라 작성한 서면을 전자적 이미지 정보로 변환(스캐닝)하여 원본과 상위 없다는 취지의 부가정보와 「부동산등기규칙」 제67조 제4항 제1호에 따른 자격자대리인의 개인인증서 정보를 덧붙여 등기소에 송신하여야 한다.

5. 자필서명 정보의 제공 요부

① 관공서가 등기의무자 또는 등기권리자인 경우에도 자격자대리인이「부동산등기규칙」제46조 제1항 제8호 각 목의 등기를 신청하는 때에는 자필서명 정보를 제공하여야 한다.

② 등기권리자가 등기의무자인 자격자대리인에게 등기신청을 위임하는 경우 자격자대리인은 별도로 자기에 대한 자필서명 정보를 제공할 필요가 없다.

X 인감증명서, 본인서명사실확인서(또는 전자본인서명확인서의 발급증)

1. 의 의

일정한 등기신청 시 인감증명서를 제출하도록 하는 것은 등기의무자나 이해관계 있는 제3자 등(부동산등기규칙 제60조)의 진정한 의사를 확인할 수 있도록 하여 부실등기를 방지하기 위한 것이다.

2. 인감증명을 제출하여야 하는 경우(부동산등기규칙 제60조 제1항)

① 소유권의 등기명의인이 등기의무자로서 등기를 신청하는 경우 등기의무자의 인감증명(부동산등기규칙 제60조 제1항 제1호)

② 소유권에 관한 가등기명의인이 가등기의 말소등기를 신청하는 경우(부동산등기규칙 제60조 제1항 제2호)나, 가등기의무자 또는 가등기에 관하여 등기상 이해관계 있는 자가 가등기명의인의 승낙을 받아 가등기의 말소등기를 신청하는 경우(부동산등기법 제93조 제2항) 가등기명의인의 인감증명

③ 소유권 외의 권리의 등기명의인이 등기의무자로서 부동산등기법 제51조(등기필정보가 없는 경우)에 따라 등기를 신청하는 경우 등기의무자의 인감증명(부동산등기규칙 제60조 제1항 제3호)

> 예 근저당권자가 등기필정보 없이 등기의무자로서 근저당권이전등기를 신청하는 경우에는 확인서면이나 공증에 의하는 경우는 물론이고 등기소에 출석하여 등기관으로부터 등기의무자등임을 확인받고 등기를 신청하는 경우에도 인감증명 제출이 면제되지 않음

④ 부동산등기규칙 제81조 제1항에 따라 토지소유자들의 확인서를 첨부하여 토지합필등기를 신청하는 경우 그 토지소유자들의 인감증명(부동산등기규칙 제60조 제1항 제4호)

⑤ 부동산등기규칙 제74조에 따라 권리자의 확인서를 첨부하여 토지분필등기를 신청하는 경우 그 권리자의 인감증명(부동산등기규칙 제60조 제1항 제5호)

⑥ 협의분할에 의한 상속등기를 신청하는 경우 상속인 전원의 인감증명(부동산등기규칙 제60조 제1항 제6호)

⑦ 등기신청서에 제3자의 동의 또는 승낙을 증명하는 서면을 첨부하는 경우 그 제3자의 인감증명(부동산등기규칙 제60조 제1항 제7호)

⑧ 법인 아닌 사단이나 재단의 등기신청에서 대법원예규로 정한 경우(부동산등기규칙 제60조 제1항 제8호) : 대표자 또는 관리인임을 증명하는 서면을 제공하거나 법인 아닌 사단이 등기의무자인 경우에는 사원총회의 결의서를 제공하여야 하는데, 그 서면에는 그 사실을 확인하는데 상당하다고 인정되는 2인 이상의 성년자가 사실과 상위 없다는 취지와 성명을 기재하고 인감을 날인하여야 하며, 날인한 인감에 관한 인감증명을 제출하여야 한다. 다만 변호사 또는 법무사가 등기신청을 대리하는 경우에는 변호사 또는 법무사가 위 각 서면에 사실과 상위 없다는 취지를 기재하고 기명날인함으로써 이에 갈음할 수 있다.

⑨ 인감증명을 제출하여야 하는 자가 법인·또는 국내에 영업소나 사무소의 설치등기를 한 외국법인인 경우에는 등기소의 증명을 얻은 그 대표자의 인감증명을, 법인 아닌 사단 또는 재단인 경우에는 그 대표자나 관리인의 인감증명을 제출하여야 한다(부동산등기규칙 제61조 제1항).

⑩ 법정대리인이 위 ①부터 ③까지의 등기신청을 하거나 ④부터 ⑦까지의 서류를 작성하는 경우에는 법정대리인의 인감증명을 제출하여야 한다(부동산등기규칙 제61조 제2항).

⑪ 앞의 ①~③ 및 ⑥에 따라 인감증명을 제출하여야 하는 자가 다른 사람에게 권리의 처분권한을 수여한 경우에는 그 대리인의 인감증명을 함께 제출하여야 한다(부동산등기규칙 제60조 제2항).

⑫ 재외국민인 경우에는 위임장이나 첨부서면에 본인이 서명 또는 날인하였다는 뜻의 「재외공관 공증법」에 따른 인증을 받음으로써 인감증명의 제출을 갈음할 수 있다(부동산등기규칙 제61조 제3항).

3. 제출의무가 없는 경우

(1) 관공서

① 인감증명을 제출하여야 하는 자가 국가 또는 지방자치단체인 경우에는 인감증명을 제출할 필요가 없다(부동산등기규칙 제60조 제3항).

② 즉 관공서는 인감증명이 없으므로, 관공서가 등기의무자인 경우에는 인감증명에 관한 규정이 적용되지 않는다. 반대로 관공서가 등기권리자인 경우에는 등기의무자의 인감증명이 필요하다.

(2) 외국인

① 외국인의 경우에도 원칙적으로 「인감증명법」에 따른 인감증명 또는 본국의 관공서가 발행한 인감증명을 제출하여야 한다.

② 다만 본국에 인감증명제도가 없고 또한 「인감증명법」에 따른 인감증명을 받을 수 없는 자는 신청서나 위임장 또는 첨부서면에 본인이 서명 또는 날인하였다는 뜻의 본국 관공서의 증명이나 본국 또는 대한민국 공증인의 인증(「재외공관 공증법」에 따른 인증을 포함한다)을 받음으로써 인감증명의 제출을 갈음할 수 있다(부동산등기규칙 제61조 제4항).

③ 본국 관공서의 증명이나 이에 관한 공정증서에는 번역문을 붙여야 한다(부동산등기규칙 제46조 제8항).

④ 외국인등록을 한 사람이 인감증명을 받으려는 경우에는 미리 체류지를 관할하는 증명청에 인감을 신고하고, 국내거소신고를 한 외국국적동포의 경우에는 미리 국내거소를 관할하는 증명청에 인감을 신고하여야 한다(인감증명법 제3조 제3항·제4항).

(3) 공정증서

부동산등기규칙 제60조 제1항 제4호부터 제7호까지의 규정에 해당하는 서면(확인서, 권리존속확인증명서면, 상속재산분할협의서, 제3자의 승낙서)이 공정증서이거나 당사자가 서명 또는 날인하였다는 뜻의 공증인의 인증을 받은 서면인 경우에는 인감증명을 제출할 필요가 없다(부동산등기규칙 제60조 제4항).

4. 인감증명서의 발급관서

개인의 경우에는 「인감증명법」 제12조에 따라 시장·군수 또는 구청장이나 읍장·면장·동장 또는 출장소장이 발급한다. 법인의 경우에는 「상업등기법」과 「상업등기규칙」에 따라 등기소에서 인감제출자의 인감증명을 발급한다.

5. 인감증명의 유효기간

등기신청서에 첨부하는 인감증명은 발행일부터 3개월 이내의 것이어야 한다(부동산등기규칙 제62조). 기간 계산에 있어 발행일인 초일은 산입하지 아니하고, 기간의 말일이 토요일 또는 공휴일에 해당하는 때에는 그 다음 날로 만료한다(민법 제161조).

6. 인감증명과 사용용도 - 매도용 인감증명(등기예규 제1308호)

① 매매를 원인으로 한 소유권이전등기신청의 경우에는 부동산매도용 인감증명서, 즉 부동산 매수자란에 매수자의 성명(법인은 법인명)·주소 및 주민등록번호(부동산등기용등록번호)가 기재되어 있는 인감증명서(인감증명법 시행령 제13조 제3항)를 첨부하여야 한다.

② 다만 증여·교환 등 매매 이외의 원인으로 인한 소유권이전등기신청의 경우에는 부동산매도용 인감증명서를 첨부할 필요가 없다. 따라서 사용용도란에 가등기용으로 기재된 인감증명서를 근저당설정등기신청서에 첨부하거나, 부동산매도용 인감증명서를 지상권설정등기신청서에 첨부하여도 각하하여서는 아니 된다.

③ 부동산매도용 인감증명서의 매수자와 매매를 원인으로 한 소유권이전등기 신청서의 등기권리자의 인적사항이 일치되지 아니한 등기신청은 수리하여서는 아니 된다.

④ 부동산의 매수인이 다수인 경우 인감증명서상의 매수자란 중 성명란에 "○○○외 ○명"으로 기재하고, 주민등록번호 및 주소란에 첫 번째 매수인 1인의 주소와 주민등록번호를 기재한 다음 나머지 매수인들의 인적사항을 별지에 기재한 부동산매도용 인감증명서를 첨부한 등기신청은 이를 수리하되, 위의 경우 나머지 매수인들의 인적사항이 별지에 기재되지 아니한 채 성명란에 "○○○ 외 ○명"으로만 기재된 부동산매도용 인감증명서가 첨부된 때에는 그 등기신청을 수리하여서는 아니 된다.

7. 그 밖의 유의사항

① 인감증명서상 등기의무자의 주소가 종전 주소로 기재되어 있는 등 현주소와 일치하지 아니하더라도 주민등록표의 주소이동내역에 인감증명서상 주소가 종전 주소로 표시되어 있거나 성명과 주민등록번호 등에 의하여 동일인임이 인정되는 경우에는 수리하여야 한다(대판 1971.8.25. 71마452, 등기예규 제1308호).

② 법인이 등기필정보가 없어 확인서면을 첨부하여 법인 명의의 근저당권에 대한 말소등기를 신청하는 경우 등기의무자 확인은 지배인 확인으로도 가능하다. 이때 등기신청서나 위임장에는 등기소에 신고된 지배인 인감을 날인하고 「상업등기법」 제16조에 따라 발급된 지배인의 인감증명을 제출하여야 한다. 인감이 신고되지 않은 지배인의 사용인감계와 대표자의 인감증명으로 대신할 수는 없다(등기선례 제8-84호).

③ 소유권 이외의 권리의 등기명의인이 등기의무자로서 신청서에 부동산등기법 제51조의 규정에 의한 서면을 첨부하여 등기를 신청하는 경우 등기의무자의 인감증명을 제출하여야 하고, 위 경우 등기의무자 본인이 아닌 법정대리인이 등기를 신청하는 경우에는 법정대리인임을 증명하는 서류와 아울러 그 법정대리인의 인감증명을 제출하여야 하는바, 등기필증을 멸실한 법인의 지배인이 법인 명의의 근저당권에 대한 말소등기를 신청할 경우에는, 지배인의 자격을 증명하는 서류와 아울러 「상업등기법」 제16조의 규정에 의하여 발급된 지배인의 인감증명을 제출하여야 하며, 다른 지배인이나 대표자의 인감증명을 제출할 수는 없다(등기선례 제7-84호).

8. 본인서명사실확인서 또는 전자본인서명확인서의 발급증을 제공한 경우(등기예규 제1609호)

(1) 인감증명서와의 관계

본인서명사실 확인 등에 관한 법률(이하 서명확인법이라 함)에 따라 발급된 본인서명사실확인서 또는 전자본인서명확인서의 발급증을 등기소에 제공한 경우에는 인감증명을 따로 제공할 필요가 없다.

(2) 본인서명사실확인서가 첨부된 경우 서명방법

① 본인서명사실확인서, 신청서나 위임장 등의 첨부서면의 서명은 본인 고유의 필체로 자신의 성명을 기재하는 방법으로 하여야 하며, 등기관이 알아볼 수 있도록 명확하여야 한다.

② 신청서 등의 서명은 본인서명사실확인서의 서명이 한글로 기재되어 있으면 한글로, 한자로 기재되어 있으면 한자로, 영문으로 기재되어 있으면 영문으로 각각 기재하여야 한다.

③ 본인서명사실확인서의 서명이 한글이 아닌 문자로 기재되어 있다 하더라도 등기신청서의 성명은 반드시 한글로 기재하여야 한다.

(3) 등기신청을 불수리하여야 하는 경우

이에 위반하여 서명 문자가 서로 다른 경우, 본인의 성명을 전부 기재하지 아니하거나 서명이 본인의 성명과 다른 경우, 본인의 성명임을 인식할 수 없을 정도로 흘려 쓰거나 작게 쓰거나 겹쳐 쓴 경우, 성명 외의 글자 또는 문양이 포함된 경우, 그 밖에 등기관이 알아볼 수 없도록 기재된 경우 등기관은 그 등기신청을 수리하여서는 아니 된다.

(4) 전자본인서명확인서의 확인 등

① 등기관이 전자본인서명확인서의 발급증을 제출받았을 때에는 전자본인서명확인서 발급시스템에서 전자본인서명확인서를 확인하여야 한다.

② 전자본인서명확인서 발급시스템 또는 등기시스템의 장애 등으로 등기관이 전자본인서명확인서를 확인할 수 없는 경우에는 신청인에게 인감증명서 또는 본인서명사실확인서를 등기소에 제공할 것을 요구할 수 있다. 이 경우 신청인이 인감증명서 또는 본인서명사실확인서를 제출할 때 이미 제출된 신청서 등을 그에 맞게 보정하여야 한다.

③ 등기관은 전자본인서명확인서 발급시스템에서 등기신청을 받은 등기소 외의 기관·법인 또는 단체가 전자본인서명확인서를 열람한 사실이 확인된 경우 해당 등기신청을 수리하여서는 아니 된다.

(5) 주소의 확인 등

등기관은 본인서명사실확인서 또는 전자본인서명확인서상의 등기의무자의 주소가 주민등록표초본 또는 등본의 주소이동 내역에서 확인되거나 성명과 주민등록번호 등에 의하여 같은 사람임이 인정되는 경우에는 해당 등기신청을 각하하여서는 아니 된다.

대한민국 국민		본인의 인감증명(제한능력자는 법정대리인의 인감증명)
법인 · 외국회사		등기소의 증명을 얻은 대표자의 인감증명
법인 아닌 사단 · 재단		대표자 또는 관리인의 인감증명
외국인	인감제도가 있는 경우	• 본국 관공서 발행의 인감증명 • 단 부동산매도용 인감증명을 제공할 필요는 없음
	인감제도가 없는 경우	• 외국인등록 등을 한 경우에는 「인감증명법」에 따른 인감증명 • 본국에 인감증명제도가 없고 또한 「인감증명법」에 따른 인감증명을 받을 수 없는 자는 신청서나 위임장 또는 첨부서면에 본인이 서명 또는 날인하였다는 뜻의 본국 관공서의 증명이나 본국 또는 대한민국 공증인의 인증(「재외공관 공증법」에 따른 인증을 포함한다)을 받음으로써 인감증명의 제공에 갈음
재외국민		• 우리나라 인감증명법상의 인감증명 제공이 원칙 • 위임장이나 첨부서면에 본인이 서명 또는 날인하였다는 뜻의 「재외공관 공증법」에 따른 인증을 받음으로써 인감증명의 제공에 갈음 • 비고란에 부동산명과 소재지가 기재되지 아니한 부동산매도용인감증명 제공

XI 번역문

1. 의 의

번역문이라 함은 외국어로 작성된 문서를 한글로 옮기는 것을 말하고, 첨부정보로서 등기소에 제공된 서류가 외국어로 작성된 경우에는 번역문도 함께 제공하여야 한다(부동산등기규칙 제46조 제8항).

2. 번역문이 갖추어야 할 요건

① 번역문에는 그 번역의 정확성을 보장하기 위하여 번역인의 성명 및 주소를 기재하고, 번역인이 서명 또는 기명날인하여야 하나, 등기신청인의 서명 또는 기명날인은 필요 없다(등기선례 제5-44호).

② 번역인의 자격에는 그 제한이 없으며 그 서면에 공증인의 공증을 받아 제공하여야 하는 것도 아니다(등기선례 제5-44호).

③ 한편 이 번역문에는 번역인의 신분증 사본을 함께 제공하여야 하나 번역문을 인증받아 제공하는 경우에는 신분증 사본을 제공할 필요는 없다(등기예규 제1686호).

XII 건물도면 또는 지적도

1. 서 설

(1) 의 의

넓은 의미의 도면에는 건물도면과 토지에 대한 지적도(이하 도면 등이라 함)가 있다. 이러한 도면 등은 토지의 경우에 1필 토지의 일부에 용익물권과 임차권설정등기를 하는 경우 그 소재를 파악하기 위해서 또는 1필지에 여러 개의 건물이 존재하는 경우 그 소재를 밝히기 위해서 작성하는 장부이고, 건물의 경우에 그 일부에 전세권과 임차권설정등기를 하는 경우, 건물의 분할과 구분등기를 신청하는 경우에 그 소재를 파악하거나 구분건물 소유권보존등기를 하는 경우에도 소재와 건물의 형태를 파악하기 위해서 작성하는 장부이다.

(2) 작성 및 제공방법

① 원 칙
  ㉠ 전자신청하는 경우에는 당연히 전자문서로 작성하여야 하고, 방문신청을 하는 경우라도 첨부정보로서 등기소에 제공하여야 하는 도면은 원칙적으로 전자문서로 작성하여야 한다(부동산등기규칙 제63조).
  ㉡ 즉 자격자대리인이나 법인은 어느 정도 물적설비를 갖추고 있어 도면을 전자적으로 제공함에 어려움이 없을 것이기 때문에 이들이 방문신청을 하는 경우라도 도면은 전자적으로 작성하여 제공하도록 하고 있다.
② 예외 : 자연인 또는 법인 아닌 사단이나 재단이 직접 등기신청을 하는 경우 및 자연인 또는 법인 아닌 사단이나 재단이 자격자대리인이 아닌 사람에게 위임하여 등기신청을 하는 경우에 이들에게까지 전자문서로 작성하여 제공하도록 강제하는 것은 적절하지 않은 것으로 보아 예외적으로 종전과 같이 서면으로 작성하여 첨부정보로서 등기소에 제공하여도 된다(부동산등기규칙 제63조).

2. 소유권보존등기의 경우

(1) 토지의 경우

토지의 경우에는 그 일부에 대한 소유권보존등기를 할 수는 없으므로 지적도를 첨부정보로서 등기소에 제공해야 하는 경우는 없다.

(2) 일반건물의 경우

건물의 소유권보존등기를 신청하는 경우에 그 건물대지상에 여러 개의 건물이 있을 때에는 그 대지 상 건물의 소재도를 첨부정보로서 등기소에 제공하여야 한다. 다만, 건물의 표시를 증명하는 정보로서 건축물대장정보를 등기소에 제공한 경우에는 그러하지 아니하다(부동산등기규칙 제121조 제3항).

(3) 구분건물의 경우

구분건물에 관한 소유권보존등기를 신청하는 경우에는 1동의 건물의 소재도, 각 층의 평면도와 구분한 건물의 평면도를 첨부정보로서 등기소에 제공하여야 한다. 구분건물의 경우에도 건물의 표시를 증명하는 정보로서 건축물대장등본을 등기소에 제공한 경우에는 도면은 제공할 필요가 없다(부동산등기규칙 제121조 제4항).

3. 분필등기 신청 시에 분필되는 토지의 일부에만 용익물권과 임차권이 존재하는 경우

1필의 토지의 일부에 지상권·전세권·임차권이나 승역지(承役地 : 편익제공지)의 일부에 관하여 하는 지역권의 등기가 있는 경우에 분필등기를 신청할 때에는 권리가 존속할 토지의 표시에 관한 정보를 신청정보의 내용으로 등기소에 제공하고, 이에 관한 권리자의 확인이 있음을 증명하는 정보를 첨부정보로서 등기소에 제공하여야 한다. 이 경우 그 권리가 토지의 일부에 존속할 때에는 그 토지부분에 관한 정보도 신청정보의 내용으로 등기소에 제공하고, 그 부분을 표시한 지적도를 첨부정보로서 등기소에 제공하여야 한다(부동산등기규칙 제74조).

4. 건물의 분할·구분등기

① 건물의 일부에 전세권이나 임차권의 등기가 있는 경우에 그 건물의 분할이나 구분의 등기를 신청할 때에는 부동산등기규칙 제74조를 준용한다(부동산등기규칙 제95조).

② 따라서 건물의 분할과 구분등기를 신청하는 경우에 부동산등기규칙 제74조 단서에 의해서 건물의 일부에 존속하던 전세권이나 임차권등기가 분할이나 구분등기 후에 건물의 일부에만 존재할 때 도면을 첨부정보로서 등기소에 제공하여야 한다.

③ 이때 제공할 서면은 분할로 인해 대지상에 수 개의 건물이 되는 경우에는 그 대지 상 건물의 소재도를, 건물의 구분으로 인해 구분건물이 되는 경우에는 1동의 건물의 소재도, 각 층의 평면도와 구분한 건물의 평면도를 첨부정보로서 등기소에 제공하여야 한다.

5. 전세권·지상권·지역권·임차권설정등기 등

(1) 전세권설정등기

① 전세권설정 또는 전전세의 범위가 부동산의 일부인 경우에는 그 부분을 표시한 지적도나 건물도면을 첨부정보로서 등기소에 제공하여야 한다(부동산등기규칙 제128조 제2항).

② 한편 부동산의 일부에 대하여 전세권설정등기를 신청하고자 할 경우에는 전세권의 범위를 특정하고 그 도면을 제공하여야 하는데, 변경된 선례에 의하면 부동산의 일부에 대한 전세권(임차권)설정등기 신청정보에는 그 도면을 첨부정보로서 등기소에 제공하여야 하나 전세권(임차권)의 목적인 범위가 건물의 일부로서 특정 층 전부인 때에는 그 도면을 등기소에 제공할 필요가 없다(등기선례 제200707-4호).

(2) 지상권·지역권설정등기를 신청하는 경우

① 지상권설정의 목적이 부동산의 일부인 경우에는 그 부분을 표시한 지적도를 첨부정보로서 등기소에 제공하여야 한다(부동산등기규칙 제126조 제2항).

② 지역권설정등기를 신청하는 경우에도 지역권 설정의 범위가 승역지의 일부인 경우에는 그 부분을 표시한 지적도를 제공하여야 한다(부동산등기규칙 제127조 제2항).

(3) 임차권설정등기

임차권설정 또는 임차물전대의 범위가 부동산의 일부인 경우에는 그 부분을 표시한 지적도나 건물도면을 첨부정보로서 등기소에 제공하여야 한다(부동산등기규칙 제130조 제2항).

XIII 부동산거래계약신고필증 및 매매목록

1. 서 설

① 의 의

㉠ 부동산 거래신고 등에 관한 법률 제3조 제1항에서 정하는 계약을 등기원인으로 하는 소유권이전등기를 신청하는 경우에는 거래가액을 신청정보의 내용으로 등기소에 제공하고, 시장·군수 또는 구청장으로부터 제공받은 거래계약신고필증정보를 첨부정보로서 등기소에 제공하여야 한다.

㉡ 이 경우 거래부동산이 2개 이상인 경우 또는 거래부동산이 1개라 하더라도 여러 명의 매도인과 여러 명의 매수인 사이의 매매계약인 경우에는 매매목록도 첨부정보로서 등기소에 제공하여야 한다(부동산등기규칙 제124조 제2항).

② 부동산거래계약신고필증과 매매목록을 첨부정보로서 등기소에 제공하게 하는 취지는 이 서면에 기재된 거래가액을 등기기록의 갑구의 권리자 및 기타사항란에 기록하기 위해서이다.

2. 거래가액 등기의 대상(등기예규 제1633호)

(1) 대상 등기

① 거래가액은 2006년 1월 1일 이후 작성된 매매계약서를 등기원인을 증명하는 정보로 제공하여 2006년 6월 1일 이후에 소유권이전등기를 신청한 경우에 등기한다.

② 다만 매매예약을 원인으로 한 소유권이전청구권가등기에 의한 본등기를 신청하는 때에는 매매계약서를 등기원인을 증명하는 정보로 제공하지 않는다 하더라도 거래가액을 등기한다.

(2) 대상이 아닌 등기

다음의 경우에는 등기기록에 거래가액을 기록하지 아니하므로 부동산거래계약신고필증을 첨부정보로서 등기소에 제공할 필요가 없다.

① 2006.1.1.이전에 작성된 매매계약서에 의한 등기신청을 하는 때

② 등기원인이 매매라 하더라도 등기원인을 증명하는 정보가 판결, 조정조서 등인 때

③ 매매계약서를 등기원인을 증명하는 정보로 등기소에 제공하면서 소유권이전등기가 아닌 소유권이전청구권가등기를 신청하는 때

(3) 분양계약의 경우

① 최초의 피분양자가 등기권리자가 된 경우 : 최초의 피분양자가 등기권리자가 되어 소유권이전등기를 신청하는 경우에 등기신청정보에 분양계약서와 함께 거래신고필증이 첨부정보로서 등기소에 제공되어 있을 때에는 거래가액을 등기하고, 거래계약신고 대상이 아니어서(증여한 경우 등) 검인받은 분양계약서만 제공되어 있을 때에는 거래가액을 등기하지 아니한다.

② 최초의 피분양자로부터 그 지위를 이전받은 자가 등기권리자가 된 경우

㉠ 최초의 피분양자로부터 그 지위를 이전받은 자가 등기권리자가 되어 소유권이전등기를 신청하는 경우에는 등기신청서에 등기권리자가 매수인으로 거래계약신고를 하여 교부받은 거래신고필증이 첨부되어 있을 때에만 거래가액을 등기한다. 이 경우 등기권리자가 여러 명일 때에는 그 권리자 전부가 동시에 공동매수인으로 거래계약신고를 하여 교부받은 거래신고필증만을 말한다.

ⓛ 구체적인 예시

㉮ 지위가 매매로 이전된 경우 : 최초의 피분양자로부터 그 지위 전부가 갑에게 매매로 이전되어 갑이 등기권리자가 된 경우로서 그 지위이전계약이 거래계약신고 대상이 되어 갑을 매수인으로 하는 거래계약신고필증이 제공되어 있는 경우에는 그 거래가액을 등기한다.

㉯ 지위가 증여로 전부 이전된 경우 : 최초의 피분양자로부터 그 지위 전부가 갑에게 증여로 이전되어 갑이 등기권리자가 된 경우에는 거래가액을 등기하지 아니한다.

㉰ 지위가 증여로 일부 이전된 경우 : 최초의 피분양자로부터 그 지위 일부지분만이 갑에게 증여로 이전되어 최초의 피분양자와 갑이 공동으로 등기권리자가 된 경우에는 거래가액을 등기하지 아니한다.

③ 최초의 피분양자로부터 그 지위를 전전이전받은 자가 등기권리자가 된 경우

㉠ 지위가 매매로 이전된 경우 : 최초의 피분양자로부터 그 지위 전부가 갑에게 매매로 이전된 후 다시 을에게 피분양자의 지위 전부가 매매로 이전되어 을이 등기권리자가 된 경우로서 각각의 지위이전계약이 거래계약신고 대상이 되어, 여러 개의 거래계약신고필증이 제공되어 있는 경우에는 을을 매수인으로 하는 거래계약신고필증에 기재된 거래가액을 등기한다.

㉡ 지위가 증여로 전부 이전된 경우 : 최초의 피분양자로부터 그 지위 전부가 갑에게 매매로 이전된 후 다시 을에게 피분양자의 지위 전부가 증여로 이전되어 을이 등기권리자가 된 경우에는 거래가액을 등기하지 아니한다.

㉢ 지위가 증여로 일부 이전된 경우 : 최초의 피분양자로부터 그 지위 전부가 갑에게 매매로 이전된 후 다시 을에게 피분양자의 지위 일부지분만이 증여로 이전되어 갑과 을이 공동으로 등기권리자가 된 경우에는 거래가액을 등기하지 아니한다.

3. 거래가액의 등기

(1) 부동산거래계약신고필증만 제공된 경우

부동산거래계약신고필증만 첨부정보로서 등기소에 제공된 경우에는 그 신고필증에 기재된 금액을 등기기록의 갑구의 권리자 및 기타사항란에 거래가액으로 기록한다.

(2) 매매목록이 제공된 경우

매매목록이 신청서에 첨부된 경우에는 등기부 중 갑구의 권리자 및 기타사항란에 매매목록 번호를 기록하고, 매매목록에는 목록번호, 거래가액, 부동산의 일련번호, 부동산의 표시, 순위번호, 등기원인을 전자적으로 기록한다. 다만, 매매목록에 기록된 부동산 중 소유권이전등기를 하지 아니한 부동산이 있는 경우에는 순위번호를 기록하지 않는다.

(3) 매매목록의 경정, 변경

① 경정, 변경의 금지 : 등기된 매매목록은 당초의 신청에 착오가 있는 경우 또는 등기관의 잘못으로 기록된 경우 외에는 경정 또는 변경할 수 없다.

② 부동산의 표시변경이 있는 경우 : 부동산의 분할, 합병 등 기타 사유로 부동산의 개수에 변경이 있는 경우 그 취지는 매매목록에 기록하지 않는다. 예컨대 1개의 토지가 분할되어 2개 이상의 토지가 된 경우 등기관이 매매목록을 새로이 생성할 필요가 없으며, 2개의 토지가 매매되어 매매목록이 등기된 이후 그 토지가 합필되어 1개의 토지가 된 경우라 하더라도 매매목록 등기는 말소하지 않는다.

③ 매매목록에 기재된 부동산 중 일부에 대한 소유권이전등기가 말소된 경우 : 매매목록에 기록된 부동산 중 일부에 대하여 계약의 해제 등으로 소유권이전등기가 말소된 경우라 하더라도 등기된 매매목록에 그와 같은 취지를 기록할 필요가 없으며, 관할이 다른 경우 그와 같은 사실의 통지도 요하지 않는다.

4. 등기원인을 증명하는 정보와 신고필증의 기재사항이 불일치한 경우의 처리

(1) 동일성을 인정할 수 없는 경우

등기원인을 증명하는 정보에 기재된 사항과 신고필증에 기재된 사항이 서로 달라 동일한 거래라고 인정할 수 없는 경우, 등기관은 해당 등기신청을 부동산등기법 제29조 제9호(신고필증을 첨부정보로서 등기소에 제공하지 않은 경우)에 의하여 각하하여야 한다.

(2) 동일성이 인정되는 경우

단순한 오타나 신청인이 제공한 자료에 의하여 등기원인을 증명하는 정보상의 매매와 신고의 대상이 된 매매를 동일한 거래라고 인정할 수 있는 경우(매매당사자의 주소가 불일치하나 주민등록번호가 일치하는 경우 등)에는 부동산등기법 제29조 제9호로 각하하지 않고 수리할 수 있다.

5. 거래가액의 경정 및 말소

(1) 거래가액의 증액

① 매매에 관한 거래계약서를 등기원인을 증명하는 서면으로 하여 거래가액을 기재하는 소유권이전등기를 신청하여 등기가 완료된 후, 종전의 거래신고 내용 중 거래가액에 관하여 허위 신고를 이유로 다시 거래신고를 하여 부동산거래계약신고필증을 재교부 받은 경우, 당해 부동산의 소유권의 등기명의인은 재교부 받은 부동산거래계약신고필증을 첨부정보로 등기소에 제공하여 신청착오를 원인으로 거래가액을 경정하는 등기를 신청할 수 있다(등기선례 제200706-1호).

② 다만, 이 거래가액의 등기는 거래가액의 파악이라는 정책적 이유 때문에 등기하는 것이지 권리 내용이라고 볼 수 없기 때문에 이 소유권경정등기신청은 소유권의 등기명의인이 단독으로 신청할 수 있다.

③ 다만 거래가액을 허위로 신고한 갑이 그 부동산을 을에게 매도하여 을 명의의 소유권이전등기가 이미 마쳐졌다면 갑 명의의 소유권이전등기는 현재 효력 있는 등기가 아니므로, 갑 명의의 소유권이전등기를 할 때에 기록된 거래가액에 대하여는 이를 경정하는 등기를 신청할 수 없다(등기선례 제201906-5호).

(2) 거래가액등기의 말소

「부동산등기특별조치법」 제3조 제1항의 검인 대상인 부동산에 대하여 착오로 거래신고를 하여 소유권이전등기를 마친 후에 다시 검인을 신청하여 매매계약서에 검인을 받았다면, 해당 매매계약서를 첨부정보로서 등기소에 제공하여 거래가액의 등기를 말소하는 경정등기(일부말소의미의 경정등기)를 신청할 수 있으며, 이때 신청정보의 내용으로 등기원인을 "신청착오"로 기재하여야 한다(등기선례 제201205-3호).

XIV 첨부정보의 원용과 원본환부

1. 첨부정보의 원용

① 같은 등기소에 동시에 여러 건의 등기신청을 하는 경우에 첨부정보의 내용이 같은 것이 있을 때에는 먼저 접수되는 신청에만 그 첨부정보를 제공하고, 다른 신청에는 먼저 접수된 신청에 그 첨부정보를 제공하였다는 뜻을 신청정보의 내용으로 등기소에 제공하는 것으로 그 첨부정보의 제공을 갈음할 수 있다(부동산등기규칙 제47조 제2항).

② 여러 신청 사이에는 목적 부동산이나 등기권리자가 달라도 무방하며, 등기되는 권리의 내용도 같을 필요가 없다. 따라서 동일 등기소에 동시에 수개의 근저당권설정등기를 신청할 경우 근저당설정자가 동일하여 등기신청서에 첨부하는 인감증명서가 동일 할 때에는 그중 1개의 신청서에 인감증명서를 첨부하고 다른 각 신청서에는 같은 인감증명서를 첨부하였다는 취지를 기재하면 될 것이며, 이 경우 위 수개의 근저당권설정등기간에 목적 부동산이 동일한지 또는 근저당권자가 동일한지 여부는 관계가 없다(등기선례 제4-160호).

2. 첨부정보의 원본 환부의 청구

① **환부요구 절차** : 신청서에 첨부한 서류의 원본의 환부를 청구하는 경우에 신청인은 그 원본과 같다는 뜻을 적은 사본을 첨부하여야 하고, 등기관이 서류의 원본을 환부할 때에는 그 사본에 원본 환부의 뜻을 적고 기명날인하여야 한다(부동산등기규칙 제59조 본문).

② **환부요구를 할 수 없는 서면**
ㄱ) 해당 등기신청만을 위하여 작성한 서류 : 등기신청위임장, 부동산등기규칙 제46조 제1항 제8호, 제111조 제2항의 확인정보를 담고 있는 서면 등 해당 등기신청만을 위하여 작성한 서류
ㄴ) 별도의 방법으로 다시 취득할 수 있는 서류 : 인감증명, 법인등기사항증명서, 주민등록표등본·초본, 가족관계등록사항별증명서 및 건축물대장·토지대장·임야대장 등본 등 별도의 방법으로 다시 취득할 수 있는 서류

XV 첨부정보 제공면제

1. 행정정보 공동이용을 통한 확인

(1) 내 용

① 등기소에 제공하여야 하는 첨부정보 중 법원행정처장이 지정하는 첨부정보는 「전자정부법」 제36조 제1항에 따른 행정정보 공동이용을 통하여 등기관이 확인하고 신청인에게는 그 제공을 면제한다(부동산등기규칙 제46조 제6항 본문).

② 다만, 그 첨부정보가 개인정보를 포함하고 있는 경우에는 그 정보주체의 동의가 있음을 증명하는 정보를 등기소에 제공한 경우에만 그 제공을 면제한다(부동산등기규칙 제46조 제6항 단서).

③ 이러한 첨부정보의 제공 면제는 법원행정처장이 지정하는 등기소에 한정하여 적용할 수 있다(부동산등기규칙 제46조 제7항).

(2) 행정정보가 개인정보를 포함하고 있는 경우(등기예규 제1717호)

① 부동산등기규칙 제46조 제6항 단서에서 "첨부정보가 개인정보를 포함하고 있는 경우"란 그 정보의 성질 상 누구든지 서류로 발급받거나 열람할 수 있는 행정정보가 아닌 경우를 말한다[「행정정보공동이용지침」 (행정안전부예규) 제26조 제1항 제2호 참조].

② 부동산등기규칙 제46조 제6항 단서에 따른 증명정보를 적은 서면 또는 증명정보의 제출이나 송신 방법

    ㉠ 서면에 의한 방문신청의 경우 : 서면에 의한 방문신청을 하는 경우 규칙 제46조 제6항 단서에 따른 정보주체의 동의가 있음을 증명하는 정보를 적은 서면은 별지 양식에 따르고, 그 서면에는 동의인의 서명 또는 기명날인이 있어야 한다.

    ㉡ 전자신청의 경우 : 「부동산등기법」 제24조 제1항 제2호에 따른 등기신청(전자신청)을 하는 경우 부동 산등기규칙 제46조 제6항 단서에 따른 정보주체의 동의가 있음을 증명하는 정보에는 동의인의 부동 산등기규칙 제67조 제4항 제1호에 따른 인증서 정보를 덧붙여야 한다. 다만 자격자대리인이 「부동산 등기법」 제24조 제1항 제2호에 따른 등기신청(전자신청)을 하는 경우에는 정보주체의 동의서를 전자 적 이미지정보로 변환하여 송신할 수 있다.

(3) 전산정보처리조직의 장애 발생으로 행정정보를 확인할 수 없는 경우

① 해당 행정기관의 시스템 장애, 행정정보 공동이용센터의 시스템 장애 또는 등기시스템의 장애 등으로 등기관이 그 행정정보를 당일 확인할 수 없는 경우에는 신청인에게 그 행정정보를 등기소에 제공할 것을 명할 수 있다.

② 위 ①의 명을 받은 신청인은 등기소에 출석하여 그 행정정보를 담고 있는 서면을 제출하여야 한다. 다만 자격자대리인이 「부동산등기법」 제24조 제1항 제2호에 따라 등기신청(전자신청)을 한 경우에는 그 행정 정보를 담고 있는 서면을 전자적 이미지정보로 변환하여 그 이미지정보를 등기소에 송신하는 방법으로 할 수 있다.

2. 전자신청의 경우 제공 면제

첨부하여야 할 정보 중 법인등기부정보 및 부동산등기부정보와 같이 등기소에서 직접 확인할 수 있는 정보 는 그 표시만 하고 첨부를 생략한다[등기예규 제1725호 4. 라. (2)].

XVI 등기신청과 관련하여 부과된 의무사항

1. 취득세(등록면허세)(등기예규 제1744호)

① 등기권리자 : 부동산등기의 경우 납세의무자는 등기권리자이다. 따라서 소유권보존등기에서의 소유명 의인, 소유권이전등기에서의 매수인, 가압류등기에서의 가압류채권자, 저당권말소등기에서의 저당권설 정자가 납세의무자가 된다.

② 국 명의의 가처분등기말소에 따른 등록면허세 : 국 명의의 가처분등기가 이루어진 후 국가가 본안 소송 에서 승소판결을 받아 이에 따른 등기를 완료한 후라면 위 가처분등기의 말소는 국가가 자기를 위하여 하는 등기에 해당하므로 「지방세법」 제26조 제1항에 따라 등록면허세가 면제되지만, 승소판결에 따른 등기를 하지 않고 위 가처분등기를 말소하는 경우에는 등기부상 소유자가 그 가처분말소등기의 등기권 리자가 되므로 등록면허세를 납부하여야 한다.

③ 국가가 대위하여 촉탁하는 분필등기 등과 등록면허세 : 국가가 1필의 토지의 일부를 매수하고 매도인을 대위하여 촉탁하는 분필등기, 등기명의인표시변경등기와 지목변경등기 등은「지방세법」제26조 제1항에서 말하는 국가가 자기를 위하여 하는 등기에 해당하므로 등록면허세가 면제된다.

④ 담보가등기를 신청하는 경우 등록면허세 : 담보가등기권리는「가등기담보 등에 관한 법률」제17조 제3항에 따라 이를 저당권으로 보고 있으므로, 담보가등기를 신청할 경우 납부할 등록면허세는「지방세법」제28조 제1항의 저당권의 세율을 적용하여야 한다.

⑤ 근저당권설정등기를 신청하는 경우 등록면허세 : 근저당권설정등기를 신청하는 경우에는「부동산등기법」제75조 제2항 제1호의 채권의 최고액을 과세표준으로 하여 등록면허세를 납부하여야 한다.

⑥ 신탁등기의 취득세 및 등록면허세 : 신탁을 원인으로 한 소유권이전등기와 신탁의 등기는 동시에 신청하여야 하나 이들은 각 별개의 등기이므로, 신탁을 원인으로 한 소유권이전등기에 대하여는「지방세법」제9조 제3항 제1호에 따라 취득세를 납부할 필요가 없지만, 신탁등기에 대하여는「지방세법」제28조 제1항 제1호 마목에 따른 등록면허세를 납부하여야 한다.

⑦ 신탁재산의 위탁자 지위의 이전이 있는 경우 신탁원부 기록의 변경등기에 대한 취득세 또는 등록면허세

　ⓐ 신탁재산의 위탁자 지위의 이전을 등기원인으로 하는 신탁원부 기록의 변경등기에 대하여는「지방세법」제7조 제15항 본문에 따라 취득세를 납부하여야 한다. 다만, 위탁자 지위의 이전으로 신탁재산에 대한 실질적인 소유권 변동이 있더라도 관련 법령이 정하는 바에 따라 취득세 비과세·면제 사유가 있는 경우에는 그러하지 아니하다.

　ⓑ 해당 등기신청의 등기원인인 위탁자 지위의 이전이 신탁재산에 대한 실질적인 소유권 변동이 있다고 보기 어려운 경우로서「지방세법」제7조 제15항 단서 및「지방세법 시행령」제11조의3(대통령령 제32293호로 개정되기 전의「지방세법 시행령」제11조의2를 포함한다. 이하 같다)으로 정하는 경우에 해당됨을 소명하는 첨부정보(例 과세권자인 지방자치단체의 장이 등기원인인 위탁자 지위의 이전이「지방세법」제7조 제15항 단서 및「지방세법 시행령」제11조의3으로 정하는 경우에 해당되는지에 대한 질의민원을 심사하여 그에 해당된다는 내용의 처리결과를 통지한 문서 등)가 제공되는 신탁원부 기록의 변경등기에 대하여는「지방세법」제28조 제1항 제1호 마목에 따른 등록면허세를 납부하여야 한다.

⑧ 미등기부동산의 처분제한의 등기 등의 경우 취득세 또는 등록면허세와 국민주택채권 매입

　ⓐ 미등기부동산에 대한 처분제한 등기의 촉탁에 의하여 등기관이 직권으로 소유권보존등기를 완료한 때에는 납세지를 관할하는 지방자치단체 장에게「지방세법」제22조 제1항에 따른 취득세 미납 통지 또는「지방세법」제33조에 따른 등록면허세(「지방세법」제23조 제1호 다목, 라목에 해당하는 등록에 대한 등록면허세를 말한다. 이하 6.에서 같다) 미납 통지를 하여야 하고, 이 경우 소유자가 보존등기를 신청하는 것이 아니므로(「주택도시기금법」제8조 참조) 국민주택채권도 매입할 필요가 없다.

　ⓑ 채권자가 채무자를 대위하여 소유권보존등기를 신청하는 경우에는 본래의 신청인인 채무자가 신청하는 경우와 다르지 않으므로 채권자가 취득세 또는 등록면허세를 납부하여야 하고, 등기하고자 하는 부동산이 토지인 경우에는 국민주택채권도 매입하여야 한다.

⑨ 취득세 및 등록면허세 면제와 국민주택채권의 매입 관계 : 취득세 및 등록면허세가 면제되는 경우라 하더라도 국민주택채권은「주택도시기금법」및 같은 법 시행령 등의 규정에 의하여 그 매입의무가 면제되지 않는 한 매입하여야 한다.

2. 국민주택채권

① 매입의무가 있는 경우 : 국민주택채권 매입의무가 있는 경우는 소유권보존등기, 소유권이전등기, 상속(증여)등기, 저당권의 설정 및 이전등기의 경우 등이다.

② 매입의무자

　　㉠ 소유권보존등기 또는 소유권이전등기의 경우에는 그 등기의무자가 매입의무자이다.

　　㉡ 저당권설정등기의 경우에는 저당권설정자가 매입의무자이다.

　　㉢ 저당권이전등기의 경우에는 저당권을 이전받는 자가 매입의무자이다.

3. 등기신청수수료(등기예규 제1733호)

① 등기신청수수료의 납부의무자 : 등기신청수수료는 등기신청인이 이를 납부하여야 하되, 등기권리자와 등기의무자의 공동신청에 의하는 경우에는 등기권리자가 이를 납부하여야 한다.

② 수개의 부동산에 관한 등기신청을 일괄하여 하나의 신청서(촉탁서를 포함한다. 이하 같다)로써 하는 경우 : 이 경우에는 등기의 목적에 따른 소정의 수수료액에 신청 대상이 되는 부동산 개수를 곱한 금액을 등기신청수수료로 납부하여야 한다.

> **[예 시]**
> ㉠ 하나의 신청서로써 1필지의 토지 및 그 지상의 1개의 건물에 관한 소유권이전등기를 신청하는 경우 :
> 　1만 5천원(소유권이전등기신청수수료) × 2(부동산 개수) = 3만원
> ㉡ 하나의 촉탁서로써 3개의 부동산에 관한 가압류촉탁을 하는 경우 :
> 　3천원(가압류촉탁수수료) × 3(부동산 개수) = 9천원

③ 변경 및 경정등기 신청의 경우 : 변경 및 경정등기 중 아래의 경우에는 등기신청수수료를 받지 아니한다.

　　㉠ 등기관의 과오로 인한 등기의 착오 또는 유루를 원인으로 하는 경정등기 신청의 경우

　　㉡ 부동산표시변경 및 경정등기 신청의 경우

　　㉢ 부동산에 관한 분할·구분·합병 및 멸실등기 신청의 경우(대지권에 관한 등기 제외)

　　㉣ 행정구역·지번의 변경, 주민등록번호(또는 부동산등기용등록번호)의 정정을 원인으로 한 등기명의인표시변경 또는 경정등기 신청의 경우

④ 집합건물에 대한 등기신청의 경우

　　㉠ 각 구분건물별로 등기신청수수료를 납부하되, 대지권등기가 되어 있는 구분건물도 등기신청수수료 산정에 있어서는 1개의 부동산으로 본다.

　　㉡ 대지권의 표시등기 또는 변경·경정등기신청의 경우에도 각 구분건물별로 등기신청수수료를 납부하여야 한다.

⑤ 매각으로 인한 등기촉탁의 경우 : 매각으로 인한 등기 촉탁에 있어 촉탁의 대상이 되는 등기의 목적이 수개인 경우에는 각 등기의 목적에 따른 신청수수료를 합산한 금액을 등기신청수수료로 납부하여야 한다.

> **[예 시]**
> 매각으로 인한 등기 촉탁서에 의하여 소유권이전등기의 촉탁과 아울러 1번 및 2번 근저당권설정등기 및 가압류 등기의 각 말소등기를 촉탁하는 경우 :
> 1만 5천원(소유권이전등기) + 3천원 × 3(말소등기의 개수) = 2만 4천원

⑥ 소유권이전등기와 동시에 신탁등기 또는 환매특약의 등기를 하는 경우 : 소유권이전등기의 신청수수료 이외에 환매특약의 등기의 신청수수료를 별도로 납부하여야 한다. 다만 신탁등기의 신청수수료는 별도로 납부하지 아니한다.

⑦ 전자신청 등에 의한 등기신청수수료의 특례 : 부동산등기를 전자신청 하는 경우 1만 5천원에 해당하는 등기신청수수료는 1만원, 3천원에 해당하는 등기신청수수료는 1천원을 각각 납부하여야 하고, 전자표준 양식에 의하여 신청하는 경우 1만 5천원에 해당하는 등기신청수수료는 1만 3천원, 3천원에 해당하는 등기신청수수료는 2천원을 각각 납부하여야 한다.

CHAPTER 04 등기신청절차

제1장
제2장
제3장
제4장
제5장
제6장
제7장
제8장
제9장

| 제1절 | 등기신청방법

01
☐☐☐

전자신청에 관한 다음 설명 중 가장 옳지 <u>않은</u> 것은?   2022년

① 상업등기법 제17조에 따른 전자증명서를 발급받은 법인은 전자신청을 할 수 있으나, 법인 아닌 사단이나 재단은 전자신청을 할 수 없다.
② 전자신청에 대한 보정 통지는 전자우편의 방법으로만 하여야 하는 것은 아니며, 구두·전화 등의 방법으로도 할 수 있다.
③ 전자신청을 하기 위해서는 최초의 등기신청 전에 사용자등록을 하여야 하는바, 사용자등록의 유효기간은 3년이며, 유효기간 만료일 3개월 전부터 만료일까지는 그 유효기간의 연장을 신청할 수 있다.
④ 자격자대리인이 아닌 사람은 다른 사람을 대리하여 전자신청을 할 수 없다.
⑤ 전자신청에 대한 각하 결정의 고지는 전산정보처리조직을 이용하여 전자우편의 방법으로 하여야 한다.

[❶ ▶ ○] [❹ ▶ ○] 등기예규 제1725호 3.

등기예규 제1725호[전산정보처리조직에 의한 부동산등기신청에 관한 업무처리지침]

3. 전자신청을 할 수 있는 자
   가. 당사자 본인에 의한 신청의 경우
      (1) 부동산등기규칙 제68조 제1항에 따른 사용자등록을 한 자연인(외국인 포함)과 상업등기법 제17조에 따른 전자증명서(이하 "전자증명서"라 한다)를 발급받은 법인은 전자신청을 할 수 있다. 다만 외국인의 경우에는 다음 각 호의 어느 하나에 해당하는 요건을 갖추어야 한다.
         (가) 출입국관리법 제31조에 따른 외국인등록
         (나) 재외동포의 출입국과 법적 지위에 관한 법률 제6조, 재외동포의 출입국과 법적 지위에 관한 법률 제7조에 따른 국내거소신고
      (2) 법인 아닌 사단이나 재단은 전자신청을 할 수 없다.

나. 대리에 의한 신청의 경우

　　　(1) 변호사나 법무사[법무법인·법무법인(유한)·법무사법인·법무사법인(유한)을 포함한다. 이하 "자격자대리인"이라 한다]는 다른 사람을 대리하여 전자신청을 할 수 있다. 다만 자격자 대리인이 외국인인 경우에는 다음 각 호의 어느 하나에 해당하는 요건을 갖추어야 한다.

　　　(가) 출입국관리법 제31조에 따른 외국인등록

　　　(나) 재외동포의 출입국과 법적 지위에 관한 법률 제6조, 재외동포의 출입국과 법적 지위에 관한 법률 제7조에 따른 국내거소신고

　　　(2) 자격자대리인이 아닌 사람은 다른 사람을 대리하여 전자신청을 할 수 없다.

[❷ ▸ O]　보정사항이 있는 경우 등기관은 보정사유를 등록한 후 전자우편, 구두, 전화 기타 모사전송의 방법에 의하여 그 사유를 신청인에게 통지하여야 한다[등기예규 제1725호 7. 다. (1)].

[❸ ▸ O]　부동산등기규칙 제68조 제1항, 제69조 제1항·제3항

부동산등기규칙 제68조(사용자등록)

① 전자신청을 하기 위해서는 그 등기신청을 하는 당사자 또는 등기신청을 대리할 수 있는 자격자대리인이 최초의 등기신청 전에 사용자등록을 하여야 한다.

부동산등기규칙 제69조(사용자등록의 유효기간)

① 사용자등록의 유효기간은 3년으로 한다.

③ 사용자등록의 유효기간 만료일 3개월 전부터 만료일까지는 그 유효기간의 연장을 신청할 수 있으며, 그 연장기간은 3년으로 한다.

[❺ ▸ ×]　전자신청에 대한 각하 결정의 방식 및 고지방법은 서면신청과 동일한 방법으로 처리한다[등 기예규 제1725호 10.).

답 ❺

02 □□□ 다음 중 자기명의로 등기를 할 수 있는 자는? 2013년

① 아직 출생하지 아니한 태아
② 북한지역에 거주하는 주민
③ 민법상 조합
④ 시설물로서의 학교
⑤ 상속인의 지위에 있다가 상속등기를 하기 전에 사망한 자

··

[❶ ▸ ✕] 판례(대판 1976.9.14. 76다1365)는 태아의 권리능력에 관하여 정지조건설을 취하고 있다. 따라서 상속등기를 하는 경우 태아는 상속인이 될 수 없고, 태아가 살아서 출생한 때에 법정대리인이 이미 이루어진 상속등기를 출생자의 상속분에 맞게 경정하는 등기를 신청할 수 있을 뿐이다.

[❷ ▸ ○] 남북 주민 사이의 가족관계와 상속 등에 관한 특례법에 따르면 북한 지역에 거주하는 주민도 남한 내의 부동산에 관한 권리를 취득할 수 있다(등기예규 제1457호).

[❸ ▸ ✕] 조합 자체의 명의로는 등기를 할 수 없고, 조합원 전원의 합유로 등기하게 된다.

민법상 조합은 등기능력이 없는 것이므로 이러한 조합 자체를 채무자로 표시하여 근저당권설정등기를 할 수는 없다(등기선례 제1–59호).

[❹ ▸ ✕] 학교는 하나의 시설물에 불과하므로 학교 명의로 등기를 할 수 없고, 그 설립자(사립학교는 학교법인, 국·공립학교는 국가 또는 지방자치단체)의 명의로 등기를 신청하여야 한다. 설령 학교 명의로 등기되어 있더라도(소유자 ○○초등학교, 대표자 교장), 학교가 등기의무자로서 소유권이전등기를 신청할 수는 없다.

학교는 하나의 시설물에 불과하여 권리의 주체가 될 수 없으므로 진정한 권리주체 명의로 등기가 되지 아니하는 한 부동산소유권이전등기를 신청할 수 없으며, 이미 학교 명의로 소유권등기가 경료된 경우에도 학교가 등기의무자가 되어 소유권이전등기를 신청할 수 없다(등기선례 제7–10호).

[❺ ▸ ✕] 사람은 살아 있는 동안 권리·의무의 주체가 되므로(민법 제3조), 사망한 자는 등기신청당사자 능력이 없다.

답 ❷

03
☐☐☐

공동신청주의의 예외에 관한 다음 설명 중 가장 옳지 않은 것은? 2021년

① 소유권보존등기 또는 소유권보존등기의 말소등기는 등기명의인으로 될 자 또는 등기명의인이 단독으로 신청한다.
② 가등기권리자는 가등기의무자의 승낙이 있을 때에는 단독으로 가등기를 신청할 수 있고, 가등기명의인은 단독으로 가등기의 말소를 신청할 수 있다.
③ 등기명의인표시의 변경이나 경정의 등기는 해당 권리의 등기명의인이 단독으로 신청한다.
④ 공유물을 분할하는 판결에 의한 등기는 등기의무자가 단독으로 신청할 수 없다.
⑤ 수용으로 인한 소유권이전등기는 등기권리자가 단독으로 신청할 수 있다.

··

[**❶** ▸ ○] 소유권보존등기 또는 소유권보존등기의 말소등기는 등기명의인으로 될 자 또는 등기명의인이 단독으로 신청한다(부동산등기법 제23조 제2항).
[**❷** ▸ ○] 부동산등기법 제89조, 제93조 제1항

> **부동산등기법 제89조(가등기의 신청방법)**
> 가등기권리자는 제23조 제1항에도 불구하고 가등기의무자의 승낙이 있거나 가등기를 명하는 법원의 가처분명령(假處分命令)이 있을 때에는 단독으로 가등기를 신청할 수 있다.
>
> **부동산등기법 제93조(가등기의 말소)**
> ① 가등기명의인은 제23조 제1항에도 불구하고 단독으로 가등기의 말소를 신청할 수 있다.

[**❸** ▸ ○] 등기명의인표시의 변경이나 경정의 등기는 해당 권리의 등기명의인이 단독으로 신청한다(부동산등기법 제23조 제6항).
[**❹** ▸ ✕] 등기절차의 이행 또는 인수를 명하는 판결에 의한 등기는 승소한 등기권리자 또는 등기의무자가 단독으로 신청하고, 공유물을 분할하는 판결에 의한 등기는 등기권리자 또는 등기의무자가 단독으로 신청한다(부동산등기법 제23조 제4항).
[**❺** ▸ ○] 수용으로 인한 소유권이전등기는 제23조 제1항에도 불구하고 등기권리자가 단독으로 신청할 수 있다(부동산등기법 제99조 제1항).

답 ❹

등기신청의 대리에 관한 다음 설명 중 가장 옳지 않은 것은?

① 등기신청의 대리인이 될 수 있는 자격에는 제한이 없으므로 당사자 중 일방은 상대방을 대리하여 등기를 신청할 수 있다.

② 미성년자인 자의 부모가 공동친권자인 경우로서 친권자가 미성년자를 대리하여 등기신청을 할 때에는 특별한 사정이 없는 한 부모가 공동으로 하여야 한다.

③ 성년후견인이 선임된 경우 성년후견인과 피성년후견인 사이에 이해가 상반되는 내용의 등기신청의 경우에는 피성년후견인을 위한 특별대리인을 선임하여 그 특별대리인이 피성년후견인을 대리하여 등기를 신청하면 된다(후견감독인은 없는 경우를 전제함).

④ 일반적으로 등기신청의 위임에는 등기신청의 취하, 복대리인의 선임, 처분위임장의 원본환부 등의 권한에 대한 위임이 포함된다.

⑤ 법인의 직원이 법인의 위임을 받아 수회에 걸쳐 반복적으로 등기신청업무를 대리하는 행위는 보수의 유무에 관계없이 '법무사가 아닌 자는 법무사법에서 정한 업무를 업으로 하지 못한다'고 규정하고 있는 법무사법 제3조에 위반된다.

....

[❶ ▸ ○] 등기신청의 대리인이 될 수 있는 자격에는 제한이 없다. 변호사나 법무사가 아니어도 무방하다. 따라서 당사자 중 일방은 상대방을 대리하여 신청할 수 있다.

[❷ ▸ ○] 미성년자인 자의 부모가 공동친권자인 경우로서 친권자가 그 미성년자를 대리하여 등기신청을 할 때에는 부모가 공동으로 하여야 한다. 다만 공동친권자 중 한 사람이 법률상 또는 사실상 친권을 행사할 수 없는 경우(친권행사금지가처분결정을 받은 경우나 장기부재 등)에는 다른 친권자가 그 사실을 증명하는 서면(가처분결정문 등)을 첨부하여 단독으로 미성년자인 자를 대리하여 등기신청을 할 수 있다(등기예규 제1088호 1. 가.).

[❸ ▸ ○] 법정대리인인 친권자와 그 자 사이에 이해상반되는 행위를 함에는 친권자는 법원에 그 자의 특별대리인의 선임을 청구하여야 하고(민법 제921조 제1항), 후견인에 대하여는 민법 제921조를 준용한다. 다만, 후견감독인이 있는 경우에는 그러하지 아니하다(민법 제949조의3). 또한 특별대리인 선임에 관한 내용은 후견인과 피후견인의 이해가 상반되는 경우에도 적용된다(등기예규 제1088호, 3 참조).

[❹ ▸ ×]

- 임의대리권의 범위는 본인의 수권행위에 의하여 정해지나, 일반적으로 부동산에 대한 처분권한의 위임은 등기신청의 위임을 포함한다고 볼 것이다. 다만 <u>등기신청의 취하, 복대리인의 선임</u>(민법 제120조)과 같은 특별수권 사항은 위임장에 그 권한이 위임된 경우에 한하여 대리행위를 할 수 있으므로(민법 제118조 참조), 위임장에 복대리인 선임에 관한 기재가 없는데도 복대리인이 등기를 신청하기 위하여는 본인의 승낙이 있음을 증명하는 정보를 제공하여야 한다(부동산등기규칙 제46조 제1항 제5호).

- 등기신청인 또는 그 대리인은 등기신청을 취하할 수 있다. 다만, <u>등기신청대리인이 등기신청을 취하하는 경우에는 취하에 대한 특별수권이 있어야 한다</u>(등기예규 제1643호 1. 가.).

- 신청인으로부터 등기신청서의 첨부서면 중 재외국민이 작성한 처분위임장과 처분위임장에 날인된 인영을 확인하기 위해 제출한 등기명의인의 인감증명에 대한 환부신청이 있다면 등기관은 제출받은 등본에 환부의 취지를 기재하고 원본을 환부하여야 할 것이나, <u>신청인이 당사자가 아닌 대리인(법무사 등)이 신청할 경우에는 당사자로부터 원본환부신청에 대해서 별도의 수권이 있어야 할 것이다</u>(등기선례 제8-108호).

[**❺** ▶ ○] 변호사 또는 법무사가 아닌 자도 당사자의 위임을 받아 등기신청을 대리할 수 있지만, 변호사 또는 법무사가 아닌 자는 등기신청의 대리를 업으로 할 수 없고(법무사법 제3조), 이를 위반하는 경우에는 형사처벌을 받게 되는바(같은 법 제74조), 법인 직원이 법인의 위임을 받아 수회에 걸쳐 반복적으로 등기신청업무를 대리하는 행위는 변호사나 법무사가 아니면서 등기신청의 대리를 업으로 하는 것이라고 볼 수 있으므로 보수의 유무에 관계없이 법무사법 제3조에 위반된다(등기선례 제6-15호).

답 ❹

05

□□□

대리인에 의한 등기신청에 관한 다음 설명 중 가장 옳지 않은 것은?　　2021년

① 대리인에 의하여 등기를 신청하는 경우에는 그 권한을 증명하는 정보를 첨부정보로서 등기소에 제공하여야 한다.
② 금융기관의 지배인이 등기권리자인 법인의 대리인 겸 등기의무자의 대리인으로서 계속 반복적으로 근저당권설정등기신청업무를 수행하였더라도 신청대행수수료를 받지 않았다면 법무사법 제3조 제1항(법무사가 아닌 자는 법무사의 업무에 속하는 사무를 업으로 하지 못한다)에 위반되지 않는다.
③ 등기권리자와 등기의무자 쌍방으로부터 등기신청절차의 위임을 받은 법무사는 그 절차가 끝나기 전에 등기의무자 일방으로부터 등기신청을 중지해 달라는 요청을 받았다고 할지라도 그 요청을 거부해야 할 위임계약상의 의무가 있다.
④ 등기신청은 그 권리자 또는 의무자가 상대방의 대리인이 되거나 쌍방이 동일인에게 위임하여 할 수 있으므로 등기권리자는 등기의무자로부터 등기신청을 위임받아 등기신청을 할 수 있다.
⑤ 등기신청 대리권한에는 등기필정보수령권한이 포함된다고 볼 것이다.

....

[**❶** ▶ ○] 부동산등기규칙 제46조 제1항 제5호

> **부동산등기규칙 제46조(첨부정보)**
> ① 등기를 신청하는 경우에는 다음 각 호의 정보를 그 신청정보와 함께 첨부정보로서 등기소에 제공하여야 한다.
> 　5. 대리인에 의하여 등기를 신청하는 경우에는 그 권한을 증명하는 정보

[**❷** ▶ ×] 금융기관의 지배인이 등기권리자인 법인의 대리인 겸 등기의무자의 대리인으로서 계속 반복적으로 근저당권설정등기신청업무를 수행하는 행위는 법무사가 아니면서 법원에 제출하는 서류의 작성·제출을 업으로 하는 것이라 볼 수 있으므로, 신청대행수수료를 받지 않는다고 하더라도 법무사법 제3조 제1항에 위반될 수 있다(등기선례 제9-18호).
[**❸** ▶ ○] 등기권리자, 등기의무자 쌍방으로부터 위임을 받은 등기신청절차에 관한 위임계약은 그 성질상 등기권리자의 동의 등 특별한 사정이 없는 한 민법 제689조 제1항의 규정에 관계없이 등기의무자 일방에 의한 해제는 할 수 없다고 보아야 할 것이므로(대판 1987.6.23. 85다카2239 참조), 등기권리자와 등기의무자 쌍방으로부터 등기신청절차의 위임을 받은 법무사는 그 절차가 끝나기 전에 등기의무자 일방으로부터 등기신청을 중지해 달라는 요청을 받았다고 할지라도 그 요청을 거부해야 할 위임계약상의 의무가 있다(등기선례 제201211-1호).

[**❹** ▸ ○] 등기신청은 그 권리자 또는 의무자가 상대방의 대리인이 되거나 쌍방이 동일인에게 위임하여 할 수 있으므로 등기권리자는 등기의무자로부터 등기신청을 위임받아 등기신청을 할 수 있다(등기선례 제4-25호).

[**❺** ▸ ○] 등기신청 대리권한에는 등기필정보수령권한이 포함된다고 볼 것이고, 한편 등기를 신청함에 있어서 임의대리인이 될 수 있는 자격에는 제한이 없으므로, 등기의무자라고 하더라도 등기권리자로부터 등기신청에 대한 대리권을 수여받아 등기를 신청한 경우나 등기권리자로부터 등기필정보수령행위에 대한 위임을 받은 경우에는 등기필정보를 교부받을 수 있다. 다만, 등기필정보수령행위만을 위임받은 경우에는 그 위임사실을 증명하기 위하여 위임인의 인감증명 또는 신분증 사본을 첨부한 위임장을 제출하여야 하고, 가족관계증명서는 위임사실을 증명하는 서면이라고 볼 수 없다(등기선례 제201705-2호).

답 ❷

06 자격자대리인에 관한 다음 설명 중 가장 옳지 않은 것은?　　2022년

① 법무사법인이 대리인인 경우에 등기신청서에 기재된 담당 법무사가 누구인지 관계없이 그 법무사법인 소속으로 허가받은 사무원은 누구나 등기신청서의 제출·등기신청의 보정 및 등기필정보의 수령을 할 수 있다.

② 자기 소유의 부동산을 매도한 법무사가 매수인으로부터 그 소유권이전등기신청을 위임받았으나 등기필정보가 없는 경우에 등기의무자인 자기에 대한 확인서면을 스스로 작성할 수 없다.

③ 자격자대리인으로부터 등기신청서를 제출받은 접수담당자는 변호사신분증이나 법무사신분증 외에 자격확인증으로도 자격자대리인의 출석 여부를 확인할 수 있다.

④ 법무사법인이 당사자로부터 등기신청을 위임받아 甲법무사가 그 업무에 관하여 지정을 받은 경우 A등기신청서에 담당 법무사로 기재되지 않은 乙법무사는 위 법무사법인 소속 법무사임을 소명하여 A등기신청서를 제출할 수 있다.

⑤ 등기신청절차에 관한 위임계약의 성질상 등기권리자와 등기의무자 쌍방으로부터 등기신청절차의 위임을 받은 법무사는 그 절차가 끝나기 전에 등기의무자 일방으로부터 등기신청을 중지해 달라는 요청을 받았다고 할지라도 그 요청을 거부해야 할 위임계약상의 의무가 있다.

....

[**❶** ▸ ○] 법무사법인이 대리인인 경우에 등기신청서에 기재된 담당 법무사가 누구인지 관계없이 부동산등기규칙 제58조 제1항에 따라 그 법무사법인 소속으로 허가받은 사무원은 누구나 등기신청서의 제출·등기신청의 보정 및 등기필정보의 수령을 할 수 있다(등기선례 제202001-6호).

[**❷** ▸ ○] 부동산등기법 제51조에 따라 변호사나 법무사가 확인서면을 작성하는 것은 준공증적 성격의 업무이므로 공증인의 제척에 관한 사항을 규정하고 있는 공증인법 제21조의 취지에 비추어 볼 때, 자기 소유의 부동산을 매도한 법무사가 매수인으로부터 그 소유권이전등기신청을 위임받았으나 등기필정보가 없는 경우에 등기의무자인 자기에 대한 확인서면을 스스로 작성할 수 없다(등기선례 제201112-4호).

[**❸** ▸ ○] 등기예규 제1718호 제4조 제2항

> **등기예규 제1718호[등기신청서의 제출 및 접수 등에 관한 예규]**
>
> **제4조(본인 여부 등의 확인)**
> ① 등기신청서를 제출받은 접수담당자는 제3조 제1항에 따라 당사자 본인이나 그 대리인이 출석하였는지를 확인하여야 하며, 출입사무원이 출석한 경우에는 등기신청서에 제3조 제2항의 표시인을 찍고 그 성명을 기재하였는지도 확인하여야 한다.
> ② 제1항의 경우에 접수담당자는 주민등록증, 운전면허증, 여권이나 그 밖에 이에 준하는 신분증으로 당사자 본인이나 그 대리인이 출석하였는지를 확인한다. 다만 등기과·소에 출석한 자가 변호사 또는 법무사인 경우에는 변호사신분증이나 법무사신분증 또는 자격확인증으로, 출입사무원인 경우에는 전자출입증으로 이를 확인한다.

[**❹** ▸ ×] 법무사법인이 등기신청을 대리할 때에는 그 업무를 담당할 법무사를 지정하여야 하며, 이렇게 지정받은 법무사만이 그 업무에 관하여 법인을 대표하게 되므로(법무사법 제41조), 그 법인 소속 법무사라 하더라도 지정받은 법무사가 아닌 다른 법무사는 해당 등기신청에 관한 행위(신청서 제출, 신청의 보정 및 등기필정보의 수령 등)를 할 수 없다. 다만, 해당 등기신청 업무에 관하여 지정받은 법무사가 등기신청서를 제출한 후에 등기신청서를 제출하지 아니한 그 법인 소속 다른 법무사가 등기필정보의 수령 업무만에 관하여 별도로 지정을 받았다면 그 법무사는 이를 소명하는 자료(지정서)를 제시하고 등기필정보를 수령할 수 있다(등기선례 제202001-6호).

[**❺** ▸ ○] 등기권리자, 등기의무자 쌍방으로부터 위임을 받는 등기신청절차에 관한 위임계약은 그 성질상 등기권리자의 동의 등 특별한 사정이 없는 한 민법 제689조 제1항의 규정에 관계없이 등기의무자 일방에 의한 해제는 할 수 없다고 보아야 할 것이므로(대판 1987.6.23. 85다카2239 참조) 등기권리자와 등기의무자 쌍방으로부터 등기신청절차의 위임을 받은 법무사는 그 절차가 끝나기 전에 등기의무자 일방으로부터 등기신청을 중지해 달라는 요청을 받았다고 할지라도 그 요청을 거부해야 할 위임계약상의 의무가 있다고 할 것이다(등기선례 제4-30호).

답 **❹**

① 청산종결등기가 된 경우라 하더라도 청산사무가 아직 종결되지 아니한 때에는 청산법인으로서 등기당사자능력이 있다.

② 청산법인의 등기기록이 폐쇄되지 아니한 경우 청산인이 등기신청을 하기 위해서는 청산인임을 증명하는 서면으로서 청산인 등기가 되어 있는 법인등기사항증명서를 첨부하고, 인감증명의 제출이 필요한 경우에는 법인인감인 청산인의 인감을 첨부하여야 한다.

③ 청산법인의 등기기록이 폐쇄된 경우 청산법인이 등기권리자인 때에는 폐쇄된 청산법인의 등기기록을 부활하여 청산인임을 증명하는 서면으로 청산인 등기가 마쳐진 등기사항증명서를 제출하여야 한다.

④ 청산법인이 등기의무자인 때에 폐쇄된 법인등기기록에 청산인 등기가 되어 있는 경우에도 인감증명의 제출이 필요한 경우에는 청산법인의 등기기록을 부활하고 법인인감인 청산인의 인감을 첨부하여야 한다.

⑤ 청산법인이 등기의무자인 때에 폐쇄된 법인등기기록에 청산인 등기가 되어 있지 아니한 경우에는 폐쇄된 법인등기기록을 부활하여 청산인 등기를 마친 다음 그 등기사항증명서를 청산인임을 증명하는 서면으로 첨부하고, 인감증명의 제출이 필요한 경우에는 법인인감인 청산인의 인감을 첨부하여야 한다.

···

[❶ ▸ ○] 청산법인이란 존립기간의 만료나 기타 사유로 법인이 해산된 후 청산절차가 진행 중인 법인을 말하며, 청산종결등기가 된 경우라 하더라도 청산사무가 아직 종결되지 아니한 경우에는 청산법인에 해당한다(등기예규 제1087호 1.). 청산법인도 등기당사자능력이 있다.

[❷ ▸ ○] 청산법인의 등기부가 폐쇄되지 아니한 경우 – 청산인이 부동산등기신청을 하기 위해서는 청산인임을 증명하는 서면으로서 청산인 등기가 되어 있는 법인 등기부등본을 등기신청서에 첨부하여야 하고, 인감증명의 제출이 필요한 경우에는 법인인감인 청산인의 인감을 첨부하여야 한다(등기예규 제1087호 2.).

[❸ ▸ ○] 등기예규 제1087호 3. 가.

[❹ ▸ ×] 등기예규 제1087호 3. 나. (1)

[❺ ▸ ○] 등기예규 제1087호 3. 나. (2)

등기예규 제1087호[청산법인의 부동산등기신청절차에 관한 업무처리지침]

3. 청산법인의 등기부가 폐쇄된 경우

　가. 청산법인이 등기권리자인 경우 : 미등기 부동산에 관하여 청산법인이 소유권보존등기를 하는 등 청산법인이 등기권리자로서 부동산등기신청을 하는 경우에는 폐쇄된 청산법인의 등기부를 부활하여야 하고, 청산인임을 증명하는 서면으로는 청산인 등기가 마쳐진 청산법인의 등기부를 제출하여야 한다.

　나. 청산법인이 등기의무자인 경우

　　(1) 폐쇄된 등기부에 청산인 등기가 되어 있는 경우 : 폐쇄된 법인등기부에 청산인 등기가 되어 있는 경우 청산인은 그 폐쇄된 법인등기부등본을 청산인임을 증명하는 서면으로 첨부하여 부동산등기신청을 할 수 있고, 인감증명의 제출이 필요한 경우에는 인감증명법에 의한 <u>청산인의 개인인감을 첨부할 수 있다.</u>

    (2) 폐쇄된 등기부에 청산인 등기가 되어 있지 아니한 경우 : 청산인 등기가 되어 있지 않은
　　　상태에서 법인 등기부가 폐쇄된 경우(상법 제520조의2의 규정에 의한 휴면회사 등), 청산인
　　　이 부동산등기신청을 하기 위해서는 폐쇄된 법인등기부를 부활하여 청산인 등기를 마친
　　　다음 그 등기부등본을 청산인임을 증명하는 서면으로 등기신청서에 첨부하여야 하고, 인감
　　　증명의 제출이 필요한 경우에는 법인인감인 청산인의 인감을 첨부하여야 한다.

탭 ❹

08 법인의 등기신청절차에 관한 다음 설명 중 가장 옳지 않은 것은? 2021년

① 법인의 대표이사가 등기신청을 자격자대리인에게 위임한 후 그 등기신청 전에 대표이사가 변경된
　경우에는 자격자대리인의 등기신청에 관한 대리권한은 소멸한다.
② 해당 법인의 등기를 관할하는 등기소와 부동산 소재지를 관할하는 등기소가 동일한 경우에는 그
　법인의 대표자의 자격을 증명하는 정보의 제공을 생략할 수 있다.
③ 해산간주등기는 되어 있지만 등기기록이 폐쇄되지 않은 회사가 근저당권이전등기의 등기의무자인
　경우에는 청산인 선임등기를 반드시 먼저 하여야 하고, 인감증명이 필요한 경우에는 법인인감인
　청산인의 인감을 제출하여야 한다.
④ 청산인 등기가 된 상태에서 청산법인의 등기기록이 폐쇄된 경우에, 청산법인이 등기의무자로서
　등기를 신청하기 위해서는 그 폐쇄된 법인 등기기록을 제공할 수 있고, 인감증명의 제출이 필요한
　경우에는 인감증명법에 의한 청산인의 개인인감을 제공하면 된다.
⑤ 국내에 영업소나 사무소의 설치 등기를 하지 아니한 외국법인도 등기당사자능력이 있으므로 일반
　적인 첨부정보 외에 시장·군수 또는 구청장이 부여한 등록번호정보와 외국법인의 존재를 인정할
　수 있는 정보를 제공하여 근저당권자로서 등기신청을 할 수 있다.

....

[❶ ▸ ✕]　소유권이전등기의 등기의무자인 회사의 대표이사 갑이 그 소유권이전등기신청을 법무사에
게 위임한 후 그 등기신청 전에 대표이사가 을로 변경된 경우에도 법무사의 등기신청에 관한 대리권한은
소멸하지 않는다고 보아야 할 것이므로, 그 등기신청서에 등기신청을 위임한 대표이사 갑이 위임 당시에
당해 회사의 대표이사임을 증명하는 회사등기부등본(발행일로부터 3월 이내의 것)과 그의 인감증명(발
행일로부터 6월 이내의 것)을 첨부하였다면, 위임장을 당해 회사의 새로운 대표이사 을 명의로 다시
작성하거나 그 을 명의로 된 회사등기부등본과 인감증명을 새로 발급받아 등기신청서에 첨부할 필요는
없다(등기선례 제5-125호).
[❷ ▸ ○]　첨부정보가 상업등기법 제15조에 따른 등기사항증명정보로서 그 등기를 관할하는 등기소와
부동산 소재지를 관할하는 등기소가 동일한 경우에는 그 제공을 생략할 수 있다(부동산등기규칙 제46조
제5항).

[❸ ▸ ○] 상법 제520조의2 규정에 의하여 해산간주등기는 경료되었지만, 아직 등기기록이 폐쇄되지 아니한 회사가 근저당권이전등기의 등기의무자가 되어 등기를 신청하는 경우, 그 회사의 해산 당시의 이사가 당연히 청산인이 되어 대표권을 행사할 수는 없으므로 청산인 선임등기를 반드시 먼저 하여야 한다. 위 근저당권이전등기신청 시에는 등기예규 제1087호 2.에 따라 청산인임을 증명하는 서면으로서 청산인 등기가 되어 있는 법인등기사항증명서를 등기신청서에 첨부하여야 하고, 인감증명이 필요한 경우에는 법인인감인 청산인의 인감을 첨부하여야 한다(등기선례 제201208-5호).

[❹ ▸ ○] 폐쇄된 법인등기부에 청산인 등기가 되어 있는 경우 청산인은 그 폐쇄된 법인등기부등본을 청산인임을 증명하는 서면으로 첨부하여 부동산등기신청을 할 수 있고, 인감증명의 제출이 필요한 경우에는 인감증명법에 의한 청산인의 개인인감을 첨부할 수 있다[등기예규 제1087호 3. 나. (1)].

[❺ ▸ ○] 국내에 영업소나 사무소의 설치 등기를 하지 아니한 외국법인이 근저당권자로서 근저당권설정등기를 신청하는 경우에 법인 아닌 사단의 등기신청에 관한 업무처리지침(등기예규 제1435호)은 적용되지 않는다. 따라서 일반적인 첨부정보 외에 부동산등기용 등록번호 증명서와 외국법인의 존재를 인정할 수 있는 서면을 첨부정보로 제공하면 될 것이다(등기선례 제201310-5호).

답 ❶

09 □□□ **비법인사단 또는 재단의 등기신청에 관한 다음 설명 중 가장 옳지 않은 것은?** 2021년

① 법인 아닌 사단이나 재단에 속하는 부동산에 관한 등기는 그 사단이나 재단의 명의로 그 대표자나 관리인이 신청한다.

② 종중 명의로 된 부동산의 등기부상 주소인 종중의 사무소소재지가 수차 이전되어 그에 따른 등기명의인표시변경등기를 신청할 경우에는, 주소변경을 증명하는 서면으로 주소변동 경과를 알 수 있는 신·구 종중규약을 첨부하면 될 것이고, 그 변경등기는 등기부상의 주소로부터 막바로 최후의 주소로 할 수 있다.

③ '○○계' 명의의 등기신청이 있는 경우, 같은 계의 규약에 의하여 그 실체가 법인 아닌 사단으로서 성격을 갖춘 경우에는 그 등기신청을 수리하여야 할 것이나, 각 계원의 개성이 개별적으로 뚜렷하게 계의 운영에 반영되게끔 되어 있고 계원의 지위가 상속되는 것으로 규정되어 있는 등 단체로서의 성격을 갖는다고 볼 수 없는 경우에는 그 등기신청을 각하하여야 한다.

④ 대표자나 관리인이 있는 법인 아닌 사단이나 재단에 속하는 부동산의 등기에 관하여는 그 사단 또는 재단이 등기권리자 또는 등기의무자로서 등기신청적격이 있으므로 아파트입주자대표회의의 명의로 그 대표자 또는 관리인이 등기를 신청할 수 있다.

⑤ 대표자 또는 관리인을 증명하는 서면 등이 결의서로써 그 결의서 작성 당시에 인감이 날인되어 있다면, 이와는 별도로 2인 이상의 성년자가 사실과 상위함이 없다는 취지와 성명기재 및 인감날인 등을 할 필요가 없다.

[❶ ▸ ○] 부동산등기법 제26조 제2항

> **부동산등기법 제26조(법인 아닌 사단 등의 등기신청)**
> ① 종중(宗中), 문중(門中), 그 밖에 대표자나 관리인이 있는 법인 아닌 사단(社團)이나 재단(財團)에 속하는 부동산의 등기에 관하여는 그 사단이나 재단을 등기권리자 또는 등기의무자로 한다.
> ② 제1항의 등기는 그 사단이나 재단의 명의로 그 대표자나 관리인이 신청한다.

[❷ ▸ ○] 종중 명의로 된 부동산의 등기부상 주소인 종중의 사무소소재지가 수차 이전되어 그에 따른 등기명의인표시변경등기를 신청할 경우에는, 주소변경을 증명하는 서면으로 주소변동경과를 알 수 있는 신·구 종중규약을 첨부하면 될 것이고, 그 변경등기는 등기부상의 주소로부터 막바로 최후의 주소로 할 수 있다(등기선례 제2-498호).

[❸ ▸ ○] '○○계' 명의의 등기신청이 있는 경우, 같은 계의 규약에 의하여 그 실체가 법인 아닌 사단으로서 성격을 갖춘 경우에는 그 등기신청을 수리하여야 할 것이나, 각 계원의 개성이 개별적으로 뚜렷하게 계의 운영에 반영되게끔 되어 있고 계원의 지위가 상속되는 것으로 규정되어 있는 등 단체로서의 성격을 갖는다고 볼 수 없는 경우에는 그 등기신청을 각하하여야 한다(등기예규 제1621호 4. 가.).

[❹ ▸ ○] 대표자나 관리인이 있는 법인 아닌 사단이나 재단에 속하는 부동산의 등기에 관하여는 그 사단 또는 재단이 등기권리자 또는 등기의무자로서 등기신청적격이 있으므로 아파트입주자대표회의의 명의로 그 대표자 또는 관리인이 등기를 신청할 수 있다(등기선례 제4-24호).

[❺ ▸ ×] 법인 아닌 사단이 등기를 신청하는 경우 그 대표자 또는 관리인을 증명하는 서면 등에 성년자 2인 이상의 인감을 날인하도록 한 취지는, 그 서면에 기재된 내용이 사실이며 등기신청을 하는 현재 시점에도 여전히 유효하다는 점을 보증하도록 하고자 하는 것인바, 비록 그 서면이 결의서로써 결의서 작성 당시 인감이 날인되어 있다고 하더라도 이는 그 결의 당시의 사실을 확인하는 의미만 있을 뿐, 그러한 사실이 현재 등기신청하는 시점까지 유효하다는 의미까지 포함될 수는 없는 것이다. 따라서 비록 대표자 또는 관리인을 증명하는 서면 등이 결의서로써 그 결의서 작성 당시에 인감이 날인되어 있다고 하더라도, 이와는 별도로 2인 이상의 성년자(결의서 작성 당시에 날인한 자와 동일인이더라도 무방함)가 사실과 상위함이 없다는 취지와 성명을 기재하고 인감을 날인하여야 할 것이다(등기선례 제 200709-3호).

답 ❺

재외국민 또는 외국인의 등기신청에 관한 다음 설명 중 가장 옳지 않은 것은? 2021년

① 등기명의인인 재외국민이나 외국인이 국내 또는 국외에서 부동산의 처분권한을 대리인에게 수여한 경우에는 처분대상부동산과 처분의 목적이 되는 권리 및 대리인의 인적사항을 구체적으로 특정하여 작성한 처분위임장을 등기소에 첨부정보로서 제공하여야 한다.

② 본국에 인감증명제도가 없고 또한 인감증명법에 따른 인감증명을 받을 수 없는 외국인의 경우에는 인감을 날인해야 하는 서면이 본인의 의사에 따라 작성되었음을 확인하는 뜻의 대한민국 공증인의 인증을 받는 방법으로도 인감증명의 제출에 갈음할 수 있다.

③ 재외국민으로부터 소유권의 처분권한을 수여받은 대리인이 본인을 대리하여 매매를 원인으로 하는 소유권이전등기를 신청하는 경우로서 등기신청서에 대리인의 인감을 날인한 경우에 대리인의 인감증명은 매도용으로 발급받아 제출하여야 한다.

④ 첨부정보가 외국 공문서이거나 외국 공증인이 공증한 문서인 경우에는 재외공관 공증법 제30조 제1항에 따라 공증담당영사로부터 문서의 확인을 받거나 외국공문서에 대한 인증의 요구를 폐지하는 협약에서 정하는 바에 따른 아포스티유(Apostille)를 붙이는 것이 원칙이다.

⑤ 재외국민이 등기권리자가 되는 경우로서 주민등록번호를 부여받은 적이 없는 경우에는 서울중앙지방법원 등기국 등기관이 부여한 부동산등기용 등록번호를 증명하는 정보를 첨부정보로 제공하여야 한다.

....

[❶ ▶ ○] 등기명의인인 재외국민이나 외국인이 국내 또는 국외에서 부동산의 처분권한을 대리인에게 수여한 경우에는 처분대상부동산과 처분의 목적이 되는 권리 및 대리인의 인적사항을 구체적으로 특정하여 작성한 처분위임장을 등기소에 첨부정보로서 제공하여야 한다(등기예규 제1686호 제5조 제1항).

[❷ ▶ ○] 외국인등록이나 국내거소신고를 하지 않아 인감증명법에 따른 인감증명을 발급받을 수 없고 또한 본국에 인감증명제도가 없는 외국인은 인감을 날인해야 하는 서면이 본인의 의사에 따라 작성되었음을 확인하는 뜻의 본국 관공서의 증명이나 본국 또는 대한민국 공증인의 인증(대한민국 재외공관의 인증을 포함한다)을 받음으로써 인감증명의 제출을 갈음할 수 있다. 이 경우 제9조 제3항을 준용한다(등기예규 제1686호 제12조 제2항).

[❸ ▶ ×] 등기예규 제1686호 제5조 제4항

> **등기예규 제1686호[재외국민 및 외국인의 부동산등기신청절차에 관한 예규]**
> **제5조(처분권한의 위임과 대리인의 등기신청)**
> ③ 규칙 제60조 제1항 제1호부터 제3호까지에 해당하는 등기신청을 하는 경우에는 제1항의 처분위임장에 등기명의인의 인감을 날인하고 그 인감증명을 제출하여야 한다. 이 경우 인감증명을 제출하여야 하는 자가 재외국민인 경우에는 제9조를, 외국인인 경우에는 제12조를 준용한다.
> ④ 제3항의 경우 권리의 처분권한을 수여받은 대리인이 본인을 대리하여 등기를 신청할 때에는 등기신청서에, 자격자대리인 등에게 등기신청을 위임할 때에는 등기신청위임장에 대리인의 인감을 날인하고 그 인감증명을 제출하여야 한다. 다만, 매매를 원인으로 하는 소유권이전등기를 신청하는 경우에 <u>대리인의 인감증명은 매도용으로 발급받아 제출할 필요가 없다.</u>

[**❹ ▶ ○**] 첨부정보가 외국 공문서이거나 외국 공증인이 공증한 문서(이하 "외국 공문서 등"이라 한다) 인 경우에는 재외공관 공증법 제30조 제1항에 따라 공증담당영사로부터 문서의 확인을 받거나 외국공문 서에 대한 인증의 요구를 폐지하는 협약에서 정하는 바에 따른 아포스티유(Apostille)를 붙여야 한다. 다만, 외국 공문서 등의 발행국이 대한민국과 수교하지 아니한 국가이면서 위 협약의 가입국이 아닌 경우와 같이 부득이한 사유로 문서의 확인을 받거나 아포스티유를 붙이는 것이 곤란한 경우에는 그러하 지 아니하다(부동산등기규칙 제46조 제9항).
[**❺ ▶ ○**] 등기예규 제1686호 제11조

> **등기예규 제1686호[재외국민 및 외국인의 부동산등기신청절차에 관한 예규]**
> **제11조(재외국민의 부동산등기용 등록번호)**
> 재외국민의 부동산등기용 등록번호는 다음 각 호의 어느 하나로 한다.
>   1. 주민등록번호를 부여받은 적이 있는 재외국민의 경우에는 주민등록번호(주민등록사항이 말소된 경 우에도 같다)
>   2. 주민등록번호를 부여받은 적이 없는 재외국민의 경우에는 법 제49조 제1항 제2호에 따라 서울중앙지 방법원 등기국 등기관이 부여한 부동산등기용 등록번호

답 ❸

11

포괄승계와 관련한 부동산등기에 관한 다음 설명 중 가장 옳지 않은 것은?   2022년

① 피상속인이 생전에 자기 소유 부동산을 매도하고 매매대금을 모두 지급받기 전에 사망한 경우, 상속인은 당해 부동산에 관하여 상속등기를 거칠 필요 없이 상속을 증명하는 서면을 첨부하여 피상속인으로부터 바로 매수인 앞으로 소유권이전등기를 신청할 수 있다.

② 토지 매매계약 후 매도인 명의의 토지거래계약허가신청서를 제출하였으나 매도인이 사망한 후에 토지거래계약허가증을 교부받은 경우, 상속인은 상속인을 거래당사자로 한 토지거래계약허가증을 발급받아야만 피상속인으로부터 매수인 앞으로 소유권이전등기를 신청할 수 있다.

③ 甲 법인과 乙 법인을 합병하여 丙 법인을 신설한 경우 丙이 소멸한 법인 명의로 경료되어 있는 근저당권등기의 말소신청을 함에 있어, 그 등기원인이 합병등기 전에 이미 발생한 것인 때에는 합병으로 인한 근저당권이전등기를 거칠 필요 없이 곧바로 합병을 증명하는 정보를 제공하여 말소 등기를 신청하면 된다.

④ 법률에 의하여 법인의 포괄승계가 있고 해당 법률의 본문 또는 부칙에 등기기록상 종전 법인의 명의를 승계법인의 명의로 본다는 취지의 간주 규정이 있는 경우에는 승계법인이 등기명의인 표시 변경등기를 하지 않고서도 다른 등기를 신청할 수 있다.

⑤ 신청정보의 등기의무자의 표시가 등기기록과 일치하지 아니한 경우 각하사유에 해당하나, 부동산 등기법 제27조에 따라 포괄승계인이 등기신청을 하는 경우는 각하 예외사유에 해당한다.

[❶▸○] 등기원인이 발생한 후에 등기권리자 또는 등기의무자에 대하여 상속이나 그 밖의 포괄승계가 있는 경우에는 상속인이나 그 밖의 포괄승계인이 그 등기를 신청할 수 있으므로(부동산등기법 제27조), 피상속인이 생전에 자기 소유 부동산을 매도하고 매매대금을 모두 지급받기 전에 사망한 경우, 상속인은 당해 부동산에 관하여 상속등기를 거칠 필요 없이 상속을 증명하는 서면을 첨부하여 피상속인으로부터 바로 매수인 앞으로 소유권이전등기를 신청할 수 있다(등기선례 제6-216호).

[❷▸×] 토지거래허가구역 내의 토지 등의 거래를 체결하고자 하는 당사자는 공동으로 토지거래계약 또는 예약을 체결하기 전에 그 허가신청서를 제출하여야 하고, 허가받은 내용을 변경하고자 하는 경우에도 거래계약 또는 예약을 체결하기 전에 다시 허가신청서를 제출하여야 하나, 매도인 명의의 허가신청서를 제출하여 그 허가를 받기 전에 매도인이 사망하여 매도인 명의의 토지거래허가증을 교부받은 경우, 상속인은 매도인을 포괄승계한 것이므로 실질적인 계약내용의 변경이 없다면, 상속인은 매도인 명의의 토지거래허가증에 상속사실을 증명하는 서면을 첨부하여 등기신청을 할 수 있다(등기선례 제5-69호).

[❸▸○] 합병 후 존속하는 회사 또는 합병으로 인하여 설립된 회사는 합병으로 인하여 소멸된 회사의 권리의무를 포괄승계하므로(상법 제530조 제2항, 제235조), 합병으로 인하여 소멸된 회사가 합병 전에 그 회사명의로 설정받은 근저당권에 관하여는 합병으로 인한 근저당권이전등기를 거치지 아니하고서도 합병 후 존속하는 회사 또는 합병으로 인하여 설립된 회사가 그 권리행사를 할 수 있을 것이다. 다만 그 근저당권등기의 말소등기는 그 등기원인이 합병등기 전에 발생한 것인 때에는 합병으로 인한 근저당권이전등기를 거치지 아니하고서도 합병 후 존속하는 회사 또는 합병으로 인하여 설립된 회사가 합병을 증명하는 서면을 첨부하여 신청할 수 있을 것이나, 그 등기원인이 합병등기 후에 발생한 것인 때에는 먼저 합병으로 인한 근저당권이전등기를 거치지 않고서는 신청할 수 없을 것이다(등기선례 제2-385호).

[❹▸○] 특별법에 의하여 법인이 해산됨과 동시에 설립되는 법인이 해산되는 법인의 재산과 권리·의무를 포괄승계하는 경우, 그 법에 "해산법인의 등기명의는 신설법인의 등기명의로 본다"는 특별규정이 있는 때에는 새로운 법인은 자신 명의로의 등기절차를 밟지 않고 직접 제3자 명의로 소유권이전등기를 신청할 수 있으므로, "농어촌진흥공사", "농업기반공사" 또는 "한국농촌공사" 소유명의의 부동산에 대하여 매매를 원인으로 소유권이전등기를 신청할 때에 소유명의인의 명칭을 "한국농어촌공사"로 변경하는 등기명의인표시 변경등기를 선행할 필요는 없다(등기선례 제201908-3호).

[❺▸○] 부동산등기법 제29조 제7호

> **부동산등기법 제29조(신청의 각하)**
> 등기관은 다음 각 호의 어느 하나에 해당하는 경우에만 이유를 적은 결정으로 신청을 각하(却下)하여야 한다. 다만, 신청의 잘못된 부분이 보정(補正)될 수 있는 경우로서 신청인이 등기관이 보정을 명한 날의 다음 날까지 그 잘못된 부분을 보정하였을 때에는 그러하지 아니하다.
> 　7. 신청정보의 등기의무자의 표시가 등기기록과 일치하지 아니한 경우. 다만, 제27조에 따라 포괄승계인이 등기신청을 하는 경우는 제외한다.

답 ❷

12

대위등기에 관한 다음 설명 중 가장 옳지 않은 것은? 2022년

① 채권자는 채무자가 상속을 포기한 경우에도 채무자를 대위하여 상속을 원인으로 하는 소유권이전 등기를 신청할 수 있다.

② 부동산에 대하여 소유권이전등기절차를 명하는 승소의 확정판결을 받은 甲이 그 판결에 따른 소유 권이전등기절차를 취하지 않는 경우, 그 甲에 대한 금전채권이 있는 자는 대위원인을 증명하는 서면인 소비대차계약서 등을 첨부하여 위 판결에 의한 甲 명의의 소유권이전등기를 甲을 대위하여 신청을 할 수 있다.

③ 관공서가 체납처분으로 인한 압류등기를 촉탁하는 경우에는 등기명의인 또는 상속인을 갈음하여 부동산의 표시, 등기명의인의 표시의 변경, 경정 또는 상속등기를 함께 촉탁할 수 있다.

④ 수용을 위한 사업시행자라도 대상 토지에 대하여 토지소유자와 그 소유권이전에 대한 협의가 이루 어지거나 또는 수용의 효력이 발생하기 전까지는 대위원인이 있다고 볼 수 없으므로 토지소유자를 대위하여 토지표시변경등기를 신청할 권한이 없다.

⑤ 근저당권설정자가 사망한 후 근저당권자가 근저당권을 실행하기 위해서는 근저당권설정자의 상속 인을 채무자 겸 소유자로 표시하고 상속을 증명하는 서면을 첨부하여 경매신청을 하거나, 근저당권 설정자의 상속인을 대위하여 상속등기를 먼저 한 후 상속인을 소유자로 표시하여 경매신청을 하여 야 하는데 어느 경우든 근저당권자는 대위 상속등기를 하여야 한다.

. . . .

[❶ ▶ ×] 대위등기신청은 채권자가 채무자의 등기신청권을 대위 행사하는 것이므로 그 전제로서 채무 자에게 등기신청권이 있어야 한다. … 채무자에게 등기신청권이 없으면 당연히 대위등기신청도 생각할 수 없다. 예를 들어 <u>채무자인 상속인이 상속포기를 한 경우에는 채무자에게 등기신청권이 없으므로 채권자는 상속인을 대위하여 상속등기를 신청할 수도 없다.</u>

[❷ ▶ ○] 부동산에 대하여 소유권이전등기절차를 명하는 승소의 확정판결을 받은 갑이 그 판결에 따른 소유권이전등기절차를 취하지 않는 경우, 그 갑에 대한 금전채권이 있는 자는 대위원인을 증명하는 서면인 소비대차계약서 등을 첨부하여 위 판결에 의한 갑 명의의 소유권이전등기를 갑을 대위하여 신청 을 할 수 있다(등기선례 제6-160호).

[❸ ▶ ○] 관공서가 체납처분으로 인한 압류등기를 촉탁하는 경우에는 등기명의인 또는 상속인, 그 밖의 포괄승계인을 갈음하여 부동산의 표시, 등기명의인의 표시의 변경, 경정 또는 상속, 그 밖의 포괄승 계로 인한 권리이전의 등기를 함께 촉탁할 수 있다(부동산등기법 제96조).

[❹ ▶ ○] 일반적으로 채무자를 대위하여 등기신청을 하기 위하여는 그 대위원인이 존재하여야 하는 바, 주택건설촉진법, 택지개발촉진법, 도시계획법상의 사업시행자라도 대상 토지에 대하여 토지소유자 와 그 소유권이전에 대한 협의가 이루어지거나 또는 수용의 효력이 발생하기 전까지는 위 대위원인이 있다고 볼 수 없을 것이며 따라서 토지소유자를 대위하여 토지표시변경등기를 신청할 권한이 없다(등기선 례 제4-264호).

[❺ ▶ ○] 갑 소유의 부동산에 대하여 을을 근저당권자, 갑을 채무자로 하는 근저당권설정등기를 한 후 경매신청을 하기 전에 갑이 사망하였으나 그 상속인 앞으로의 상속등기가 경료되지 아니한 상태에서, 을이 그 부동산에 대한 임의경매신청을 하여 경매개시결정기입등기를 하기 위하여는, [가] 을은 경매신 청서에 갑의 상속인을 채무자 겸 소유자로 표시하고 상속을 증명하는 서류를 첨부하여 경매신청을 먼저 하거나, 갑의 상속인을 대위하여 상속등기를 먼저 한 후에 그 상속인을 소유자로 표시하여 경매신청을 할 수 있을 것이다. [나] 경매법원이 갑의 상속인 앞으로 상속등기가 경료되기 전에 갑의 상속인을 소유자 겸 채무자로 표시하여 경매개시결정을 한 경우, 경매법원이 경매개시결정의 기입등기촉탁과

함께 갑의 상속인 앞으로의 상속등기를 촉탁할 수 있다는 민사소송법상의 규정이나 등기관이 직권으로 그 상속등기를 한 후에 경매개시결정 기입등기를 하여야 한다는 부동산등기법상의 근거규정은 없으므로, 경매법원이 상속으로 인한 소유권이전등기를 촉탁하거나, 경매기입등기의 촉탁 시 등기관이 직권으로 상속으로 인한 소유권이전등기를 경료할 수는 없다. 따라서 이러한 경우에는 을이 갑의 상속인을 대위하여 상속등기를 먼저 한 후에 경매기입등기의 촉탁을 하여야 할 것이다(등기선례 제5-671호).

답 ❶

13
□□□

판결에 의한 등기신청에 관한 다음 설명 중 가장 옳지 않은 것은? 2023년

① 승소한 등기의무자가 판결에 의하여 단독으로 등기를 신청할 때에는 그의 권리에 관한 등기필정보를 제공하여야 한다.
② 근저당권설정등기를 명하는 판결주문에 채권최고액이 명시되지 않은 경우에는 이 판결에 의하여 등기권리자는 단독으로 근저당권설정등기를 신청할 수 없다.
③ 판결문상에 기재된 피고의 주민등록번호와 등기부상 기재된 등기의무자의 주민등록번호는 동일하나 주소가 서로 다른 경우에는 피고의 주소에 관한 서면을 제출하여야 한다.
④ 패소한 등기의무자는 승소한 등기권리자를 대위하여 등기신청을 할 수 없다.
⑤ 甲이 승소판결을 받아 확정된 후 10년이 지났고, 그 판결에 의해 등기를 신청하여도 등기관은 이를 수리하여야 한다.

·····

[❶ ▶ ○] 승소한 등기권리자가 단독으로 판결에 의하여 등기를 신청하는 경우에는 등기의무자의 권리에 관한 등기필정보를 제공할 필요가 없다. 다만 승소한 등기의무자가 단독으로 등기를 신청할 때에는 그의 권리에 관한 등기필정보를 제공하여야 한다(부동산등기법 제50조 제2항, 등기예규 제1692호 5. 바.).
[❷ ▶ ○] 등기예규 제1692호 2. 가. 3) 다) (1)

등기예규 제1692호[판결 등 집행권원에 의한 등기의 신청에 관한 업무처리지침]
 	
  2. 법 제23조 제4항 판결의 요건
    가. 이행판결
      3) 등기신청할 수 없는 판결의 예시
        다) 신청서에 기재하여야 할 필수적 기재사항이 판결주문에 명시되지 아니한 경우
          (1) 근저당권설정등기를 명하는 판결주문에 필수적 기재사항인 채권최고액이나 채무자가 명시되지 아니한 경우

[❸ ▶ ×] 판결문상의 피고의 주소가 등기부상의 등기의무자의 주소와 다른 경우(등기부상 주소가 판결에 병기된 경우 포함)에는 동일인임을 증명할 수 있는 자료로서 주소에 관한 서면을 제출하여야 한다. 다만 판결문상에 기재된 피고의 주민등록번호와 등기부상에 기재된 등기의무자의 주민등록번호가 동일하여 동일인임을 인정할 수 있는 경우에는 그러하지 아니하다(등기예규 제1692호 5. 라. 1) 나)].

[**❹ ▸ ○**] 패소한 등기의무자는 그 판결에 기하여 직접 등기권리자 명의의 등기신청을 하거나 승소한 등기권리자를 대위하여 등기신청을 할 수 없다[등기예규 제1692호 3. 가. 2)].

[**❺ ▸ ○**] 등기절차의 이행을 명하는 확정판결을 받았다면 그 확정시기에 관계없이, 즉 확정 후 10년이 경과하였다 하더라도 그 판결에 의한 등기신청을 할 수 있다[등기예규 제1692호 2. 라.).

답 ❸

14 □□□ **판결에 의한 등기에 관한 다음 설명 중 가장 옳지 않은 것은?** 2022년

① 피고의 주소를 허위로 기재하여 소송서류 및 판결정본을 그곳으로 송달하게 한 사위판결에 의하여 소유권이전등기가 경료된 후 상소심절차에서 그 사위판결이 취소·기각된 경우 그 취소·기각판결에 의하여 소유권이전등기의 말소등기를 신청할 수 있다.

② 공증인 작성의 공정증서는 설령 부동산에 관한 등기신청의무를 이행하기로 하는 조항이 기재되어 있더라도 등기권리자는 이 공정증서에 의하여 단독으로 등기를 신청할 수 없다.

③ 판결에는 등기권리자와 등기의무자가 나타나야 하며 신청의 대상인 등기의 내용, 즉 등기의 종류, 등기원인과 그 연월일 등 신청서에 기재하여야 할 사항이 명시되어 있어야 한다. 전세권설정등기를 명하는 판결주문에는 신청서에 기재하여야 할 필수적 기재사항인 전세금이나 전세권의 목적인 범위가 명시되어야 한다.

④ 판결에 의한 등기신청이 가능한 승소한 등기권리자에는 적극적인 당사자인 원고뿐만 아니라 피고나 당사자참가인도 포함된다.

⑤ 수익자(甲)를 상대로 사해행위취소판결을 받은 채권자(乙)는 채무자(丙)를 대위하여 단독으로 등기를 신청할 수 있으며, 이 경우 등기신청서의 등기권리자란에는 "丙 대위신청인 乙"과 같이 기재하고 등기의무자란에는 "甲"을 기재한다.

⋯⋯⋯⋯⋯⋯⋯⋯⋯⋯⋯⋯⋯⋯⋯⋯⋯⋯⋯⋯⋯⋯⋯⋯⋯⋯⋯⋯⋯⋯⋯⋯⋯⋯⋯⋯⋯⋯⋯

[**❶ ▸ ✕**] 판결에 의하여 등기권리자가 단독으로 등기신청을 하기 위하여는 그 판결주문에 어떠한 등기절차의 이행을 명하는지가 나타나 있어야 하는바, 원고가 피고의 주소를 허위로 기재하여 소송서류 및 판결정본을 그곳으로 송달하게 한 소위 사위판결에 의하여 소유권이전등기가 경료된 후 상소심절차에서 그 사위판결이 취소·기각된 경우, 그 취소·기각 판결에는 등기절차의 이행을 명하는 취지가 나타나지 아니하므로 <u>그 취소·기각판결에 의하여는 위 소유권이전등기의 말소등기를 단독으로 신청할 수 없고</u>, 당사자가 공동으로 신청하거나 등기의무자가 협조하지 아니하는 때에는 다시 소유권이전등기말소 등기절차의 이행을 명하는 판결을 받아 단독으로 그 말소등기를 신청할 수 있다[등기선례 제4-486호).

[**❷ ▸ ○**] 공증인 작성의 공정증서는 설령 부동산에 관한 등기신청의무를 이행하기로 하는 조항이 기재되어 있더라도 등기권리자는 이 공정증서에 의하여 단독으로 등기를 신청할 수 없다[등기예규 제1692호 2. 다. 3)].

[**❸** ▸ ○] 등기예규 제1692호 2. 가.

[**❹** ▸ ○] 등기예규 제1692호 3. 가. 3)

[**❺** ▸ ○] 수익자(갑)를 상대로 사해행위취소판결을 받은 채권자(을)는 채무자(병)를 대위하여 단독으로 등기를 신청할 수 있다. 이 경우 등기신청서의 등기권리자란에는 "병 대위신청인 을"과 같이 기재하고, 등기의무자란에는 "갑"을 기재한다(등기예규 제1692호 3. 마.).

답 ❶

집행문 및 공유물분할판결에 따른 등기신청에 관한 다음 설명 중 가장 옳지 않은 것은?

2021년

① 공유물을 분할하는 판결에 의한 등기는 등기권리자 또는 등기의무자가 단독으로 신청한다.
② 진정명의 회복을 원인으로 하는 소유권이전등기절차를 이행하라는 확정판결의 변론종결 후 그 판결에 따른 등기신청 전에 그 권리에 대한 제3자 명의의 이전등기가 경료된 경우, 제3자가 변론종결 뒤의 승계인에 해당하여 위 판결의 기판력이 그에게 미친다는 이유로 원고가 위 제3자에 대한 승계집행문을 부여받은 경우에는, 원고는 그 제3자를 등기의무자로 하여 곧바로 판결에 따른 권리이전등기를 단독으로 신청할 수 있다.
③ 등기신청서에 기재하는 등기원인과 그 연월일은 공유물분할판결의 경우 등기원인은 "공유물 분할"로, 그 연월일은 "판결확정일"을 기재한다.
④ 공유물분할판결의 변론종결 후 그 판결의 확정 전에 일부 공유자의 지분이 제3자에게 이전된 경우, 위 제3자가 변론을 종결한 뒤의 승계인에 해당하여 위 판결의 기판력이 그에게 미친다는 이유로 종전 공유자가 취득한 분할부분에 관하여 자신을 위한 승계집행문을 부여받은 경우에는, 그 제3자는 다른 공유자 명의의 지분에 대하여 곧바로 자신 앞으로 판결에 따른 이전등기를 단독으로 신청할 수 있다.
⑤ 공유물분할판결의 경우와 마찬가지로, 현물분할을 내용으로 하는 공유물 분할에 관하여 조정이나 화해권고결정이 확정된 후 그 조정이나 화해권고결정에 따른 등기신청 전에 일부 공유자의 지분이 제3자에게 이전된 경우에 다른 공유자는 자신이 취득하는 것으로 정해진 분할부분에 관하여 위 제3자에 대한 승계집행문을 부여받아 제3자 명의의 지분에 대하여 자신 앞으로의 이전등기를 단독으로 신청할 수 있다.

··

[**❶** ▸ **○**] 등기절차의 이행 또는 인수를 명하는 판결에 의한 등기는 승소한 등기권리자 또는 등기의무자가 단독으로 신청하고, 공유물을 분할하는 판결에 의한 등기는 등기권리자 또는 등기의무자가 단독으로 신청한다(부동산등기법 제23조 제4항).
[**❷** ▸ **○**] 등기예규 제1692호 5. 다. 1) 나)

> **등기예규 제1692호[판결 등 집행권원에 의한 등기의 신청에 관한 업무처리지침]**
>   5. 첨부서면
>   다. 승계집행문
>   1) 이행판결
>   가) 등기절차의 이행을 명하는 확정판결의 변론종결 후 그 판결에 따른 등기신청 전에 등기의무자인 피고 명의의 등기를 기초로 한 제3자 명의의 새로운 등기가 경료된 경우[단, 아래 나)의 경우를 제외한다]로서 제3자가 민사소송법 제218조 제1항의 변론을 종결한 뒤의 승계인에 해당하여 위 판결의 기판력이 그에게 미친다는 이유로 원고가 위 제3자에 대한 승계집행문을 부여받은 경우에는, 원고는 그 제3자 명의의 등기의 말소등기와 판결에서 명한 등기를 단독으로 신청할 수 있으며, 위 각 등기는 동시에 신청하여야 한다.
>   나) 권리이전등기([예] <u>진정명의 회복을 원인으로 하는 소유권이전등기</u>)절차를 이행하라는 확정판결의 변론종결 후 그 판결에 따른 등기신청 전에 그 권리에 대한 <u>제3자 명의의 이전등기가 경료된 경우</u>로서 제3자가 민사소송법 제218조 제1항의 변론을 종결한 뒤의 승계인에 해당하여 위 판결의 기판력이 그에게 미친다는 이유로 <u>원고가 위 제3자에 대한 승계집행문을 부여받은 경우에는, 원고는 그 제3자를 등기의무자로 하여 곧바로 판결에 따른 권리이전등기를 단독으로 신청할 수 있다.</u>

[**❸** ▸ ○] 등기예규 제1692호 4. 나. 2) 가)

등기예규 제1692호[판결 등 집행권원에 의한 등기의 신청에 관한 업무처리지침]

4. 등기원인과 그 연월일

나. 형성판결

1) 권리변경의 원인이 판결 자체, 즉 형성판결인 경우 등기신청서에는 등기원인은 "판결에서 행한 형성처분"을 기재하고, 그 연월일은 "판결확정일"을 기재한다.

2) 예 시

가) 공유물분할판결의 경우 등기원인은 "공유물 분할"로, 그 연월일은 "판결확정일"을 기재한다.

나) 사해행위취소판결의 경우 등기원인은 "사해행위 취소"로, 그 연월일은 "판결확정일"을 기재한다.

다) 재산분할심판의 경우 등기원인은 "재산분할"로, 그 연월일은 "심판확정일"을 기재한다.

[**❹** ▸ ○] 등기예규 제1692호 5. 다. 2) 나) (2)

등기예규 제1692호[판결 등 집행권원에 의한 등기의 신청에 관한 업무처리지침]

5. 첨부서면

다. 승계집행문

2) 공유물분할판결

나) 일부 공유자의 지분이 제3자에게 이전된 경우

(1) 등기의무자의 승계 : 공유물분할판결의 변론종결 후 그 판결에 따른 등기신청 전에 일부 공유자의 지분이 제3자에게 이전된 경우로서 제3자가 민사소송법 제218조 제1항의 변론을 종결한 뒤의 승계인에 해당하여 위 판결의 기판력이 그에게 미친다는 이유로 다른 공유자가 자신이 취득한 분할부분에 관하여 위 제3자에 대한 승계집행문을 부여받은 경우에는, 그 공유자는 제3자 명의의 지분에 대하여 그 제3자를 등기의무자로 하여 곧바로 판결에 따른 이전등기를 단독으로 신청할 수 있다.

(2) 등기권리자의 승계 : 공유물분할판결의 변론종결 후 그 판결의 확정 전에 일부 공유자의 지분이 제3자에게 이전된 경우로서 위 제3자가 민사소송법 제218조 제1항의 변론을 종결한 뒤의 승계인에 해당하여 위 판결의 기판력이 그에게 미친다는 이유로 종전 공유자가 취득한 분할부분에 관하여 자신을 위한 승계집행문을 부여받은 경우에는, 그 제3자는 다른 공유자 명의의 지분에 대하여 곧바로 자신 앞으로 판결에 따른 이전등기를 단독으로 신청할 수 있다.

[**❺** ▸ ×] 현물분할을 내용으로 하는 공유물 분할에 관한 판결이 확정된 후 그 판결에 따른 등기신청 전에 일부 공유자의 지분이 제3자에게 이전된 경우, 다른 공유자는 자신이 취득한 분할부분에 관하여 위 제3자에 대한 승계집행문을 부여받아 제3자 명의의 지분에 대하여 자신 앞으로의 이전등기를 단독으로 신청할 수 있으나, 현물분할을 내용으로 하는 공유물 분할에 관하여 화해권고결정이 확정된 후 그 결정에 따른 등기신청 전에 일부 공유자의 지분이 제3자에게 이전된 경우에는 위와 달리 다른 공유자는 자신이 취득하는 것으로 정해진 분할부분에 관하여 위 제3자에 대한 승계집행문을 부여받아 제3자 명의의 지분에 대하여 자신 앞으로의 이전등기를 단독으로 신청할 수는 없다(등기선례 제201906-4호).

답 ❺

16
☐☐☐

다음의 등기신청 중 한 개의 신청서(촉탁서)로 신청(촉탁)할 수 있는 경우는? 2023년

① 甲이 하나의 계약에 의해 관할이 다른 X 부동산과 Y 부동산을 乙에게 매도하여 X · Y 부동산에 대해 乙 앞으로 소유권이전등기를 신청하는 경우

② 甲 소유의 X 부동산에 대하여 乙 앞으로 소유권이전등기를 신청하면서 동시에 甲을 근저당권자로 하는 근저당권설정등기를 신청하는 경우

③ 甲과 乙의 공유인 X 부동산에 대하여 甲과 乙이 그 지분의 전부를 丙과 丁에게 이전하는 경우

④ 경매절차에서 매각대금이 지급된 후 법원사무관등이 매수인 앞으로 소유권을 이전하는 등기, 매수인이 인수하지 아니한 부동산의 부담에 관한 등기의 말소등기, 경매개시결정등기의 말소등기를 촉탁하는 경우

⑤ 甲과 乙 두 사람이 각각 별도로 피담보채권의 일정 금액씩을 대위변제하고 저당권일부이전등기를 신청하는 경우

··

> **부동산등기법 제25조(신청정보의 제공방법)**
> 등기의 신청은 1건당 1개의 부동산에 관한 신청정보를 제공하는 방법으로 하여야 한다. 다만, <u>등기목적과 등기원인이 동일</u>하거나 그 밖에 대법원규칙으로 정하는 경우에는 <u>같은 등기소의 관할</u> 내에 있는 여러 개의 부동산에 관한 신청정보를 일괄하여 제공하는 방법으로 할 수 있다.

[**❶ ▸ 일괄신청×**] 등기소의 관할이 다른 여러 개 부동산에 관한 등기신청이므로 <u>별개의 신청정보를 제공하여야 한다.</u>

[**❷ ▸ 일괄신청×**] 1개의 부동산이지만 등기의 목적이 소유권이전과 근저당권설정으로 다르므로 <u>별개의 신청정보를 제공하여야 한다.</u>

[**❸ ▸ 일괄신청×**] 수인의 공유자가 수인에게 지분의 전부 또는 일부를 이전하려고 하는 경우 등기신청인은 등기신청서에 등기의무자들의 각 지분 중 각 ○분의 ○ 지분이 등기권리자 중 1인에게 이전되었는지를 기재하고 <u>신청서는 등기권리자별로 작성하여 제출</u>하거나 또는 등기의무자 1인의 지분이 등기권리자들에게 각 ○분의 ○ 지분씩 이전되었는지를 기재하고 <u>등기의무자별로 신청서를 작성하여 제출하여야 한다.</u> <u>한 장의 신청서에 함께 기재한 경우 등기관은 이를 수리해서는 아니 된다</u>(등기예규 제1363호 2.).

[**❹ ▸ 일괄신청○**] 부동산등기규칙 제47조 제1항 제3호

> **부동산등기규칙 제47조(일괄신청과 동시신청)**
> ① 법 제25조 단서에 따라 다음 각 호의 경우에는 1건의 신청정보로 일괄하여 신청하거나 촉탁할 수 있다.
>   1. 같은 채권의 담보를 위하여 소유자가 다른 여러 개의 부동산에 대한 저당권설정등기를 신청하는 경우
>   2. 법 제97조 각 호의 등기를 촉탁하는 경우

3. 민사집행법 제144조 제1항 각 호의 등기를 촉탁하는 경우

> **민사집행법 제144조(매각대금 지급 뒤의 조치)**
> ① 매각대금이 지급되면 법원사무관등은 매각허가결정의 등본을 붙여 다음 각 호의 등기를 촉탁하여야 한다.
> 1. 매수인 앞으로 소유권을 이전하는 등기
> 2. 매수인이 인수하지 아니한 부동산의 부담에 관한 기입을 말소하는 등기
> 3. 제94조 및 제139조 제1항의 규정에 따른 경매개시결정등기를 말소하는 등기

[❺ ▸ 일괄신청 ✕] 부동산등기법 제25조 단서의 등기원인의 동일성이란 물권변동을 일으키는 법률행위 또는 법률사실의 내용과 그 성립 또는 발생일자가 같다는 것을 의미한다. 따라서 甲과 乙 두 사람이 각각 별도로 피담보채권의 일정 금액씩을 대위변제하고 저당권일부이전등기를 신청하는 경우는 등기원인이 동일하다고 할 수 없으므로 일괄신청할 수 없다.

답 ❹

17 □□□ **등기신청방법에 관한 다음 설명 중 가장 옳지 않은 것은?** 2022년

① 같은 채권의 담보를 위하여 소유자가 다른 여러 개의 부동산(같은 등기소의 관할 내)에 대한 저당권설정등기를 신청하는 경우 1건의 신청정보로 일괄하여 신청할 수 있다.
② 같은 채권의 담보를 위하여 소유자가 동일한 여러 개의 부동산(같은 등기소의 관할 내)에 대한 저당권설정등기를 신청하는 경우 1건의 신청정보로 일괄하여 신청할 수 있는 이유는 등기목적과 등기원인이 동일하기 때문이다.
③ 동일한 부동산에 대하여 순위번호가 다른 수개의 근저당권이 설정되어 있으나 채무자 변경계약의 당사자가 동일하다면 하나의 신청서에 변경할 근저당권의 표시를 모두 기재하여 동시에 그 변경등기를 신청할 수 있다.
④ 신탁계약을 원인으로 한 소유권이전등기의 신청과 신탁등기의 신청은 1건의 신청정보로 일괄하여 신청할 수 있다.
⑤ 동일 부동산에 관하여 동일인 명의로 수개의 근저당권설정등기가 되어 있는 경우 근저당권자의 주소변경을 원인으로 한 위 수개의 등기명의인 표시의 변경등기는 1개의 신청서에 일괄하여 신청할 수 있다.

....

[❶ ▸ ○] [❷ ▸ ○] 부동산등기법 제25조, 부동산등기규칙 제47조 제1항 제1호

> **부동산등기법 제25조(신청정보의 제공방법)**
> 등기의 신청은 1건당 1개의 부동산에 관한 신청정보를 제공하는 방법으로 하여야 한다. 다만, <u>등기목적과 등기원인이 동일</u>하거나 그 밖에 대법원규칙으로 정하는 경우에는 같은 등기소의 관할 내에 있는 여러 개의 부동산에 관한 신청정보를 일괄하여 제공하는 방법으로 할 수 있다.

[❸ ▶ ○] 근저당권의 기본계약상의 채무자 지위를 채권자 및 신·구채무자 사이의 3면계약에 의하여 교환적으로 승계하거나 추가적으로 가입하는 경우에는 "채무자 변경계약"을 등기원인으로 하여 근저당권의 채무자변경등기를 신청할 수 있으며, 그 경우 동일한 부동산에 대하여 순위번호가 다른 수개의 근저당권이 설정되어 있으나 채무자 변경계약의 당사자가 동일하다면 하나의 신청서에 변경할 근저당권의 표시를 모두 기재하여 동시에 그 변경등기를 신청할 수 있다(등기선례 제3-591호).

[❹ ▶ ×] 신탁행위에 의하여 소유권을 이전하는 경우에는 신탁등기의 신청은 신탁을 원인으로 하는 소유권이전등기의 신청과 함께 1건의 신청정보로 일괄하여 하여야 한다. 등기원인이 신탁임에도 신탁등기만을 신청하거나 소유권이전등기만을 신청하는 경우에는 부동산등기법 제29조 제5호에 의하여 신청을 각하하여야 한다. 등기의 목적은 "소유권이전 및 신탁", 등기원인과 그 연월일은 "○○년 ○월 ○일 신탁"으로 하여 신청정보의 내용으로 제공한다(등기예규 제1726호 1. 나. (2)]. 즉, 일괄하여 신청할 수 있는 것이 아니라 일괄하여 하여야 하는 것이다.

[❺ ▶ ○] 동일 부동산에 관하여 동일인 명의로 수개의 근저당권설정등기가 되어 있는 경우 근저당권자의 주소변경을 원인으로 한 위 수개의 등기명의인의 표시 변경등기는 1개의 신청서에 일괄하여 신청할 수 있으며, 위 등기신청을 하지 않더라도 다음 순위의 새로운 근저당권설정등기를 신청할 수 있다(등기선례 제2-40호).

답 ❹

18
☐☐☐

등기신청 시 제공하여야 할 첨부정보에 관한 다음 설명 중 가장 옳지 않은 것은?   2022년

① 상속 및 포괄유증, 공유물분할, 진정한 등기명의 회복을 원인으로 하여 소유권이전등기를 신청하는 경우에는 농지취득자격증명을 제공할 필요가 없다.

② 같은 등기소에 동시에 여러 건의 등기신청을 하는 경우에 첨부정보의 내용이 같은 것이 있을 때에는 먼저 접수되는 신청에만 그 첨부정보를 제공하고, 다른 신청에는 먼저 접수된 신청에 그 첨부정보를 제공하였다는 뜻을 신청정보의 내용으로 등기소에 제공하는 것으로 그 첨부정보의 제공을 갈음할 수 있으나 여러 신청 사이에는 목적 부동산이 동일하여야 한다.

③ 판결에 의한 소유권이전등기를 신청할 때에 등기원인에 대하여 행정관청의 허가서의 현존사실이 그 판결서에 기재되어 있다 하더라도 행정관청의 허가를 증명하는 서면을 반드시 제공하여야 한다.

④ 학교법인이 그 기본재산을 매도하여 소유권이전등기를 신청하는 경우에는 관할청의 허가를 증명하는 서면을 첨부하여야 한다.

⑤ 미등기건물에 대한 집행법원의 처분제한등기촉탁에 따른 소유권보존등기를 하는 경우에 제공되어야 할 첨부정보 중 건물의 표시를 증명하는 정보는 명칭에 관계없이 집행법원에서 인정한 건물의 소재와 지번·구조·면적이 구체적으로 기재된 서면이 될 것이나, 건축사 또는 측량기술자가 작성한 서면은 이에 해당하지 않는다.

[**❶** ▸ O] 상속 및 포괄유증, 상속인에 대한 특정적 유증, 취득시효완성, 공유물분할, 매각, 진정한 등기명의 회복, 농업법인의 합병을 원인으로 하여 소유권이전등기를 신청하는 경우에는 농지취득자격증명을 첨부하지 아니하고 소유권이전등기를 신청할 수 있다(등기예규 제1635호 3. 나.).

[**❷** ▸ ×] 같은 등기소에 동시에 여러 건의 등기신청을 하는 경우에 첨부정보의 내용이 같은 것이 있을 때에는 먼저 접수되는 신청에만 그 첨부정보를 제공하고, 다른 신청에는 먼저 접수된 신청에 그 첨부정보를 제공하였다는 뜻을 신청정보의 내용으로 등기소에 제공하는 것으로 그 첨부정보의 제공을 갈음할 수 있다(부동산등기규칙 제47조 제2항). 여러 신청 사이에는 목적 부동산이나 등기권리자가 달라도 무방하며, 등기되는 권리의 내용도 같을 필요가 없다.

[**❸** ▸ O] (판결 등 집행권원에 의한 등기의 경우) 신청대상인 등기에 제3자의 허가서 등이 필요한 경우에도 그러한 서면의 제출은 요하지 않는다(부동산등기규칙 제46조 제3항 참조). 다만, 등기원인에 대하여 행정관청의 허가, 동의 또는 승낙 등을 받을 것이 요구되는 때에는 해당 허가서 등의 현존사실이 그 판결서에 기재되어 있는 경우에 한하여 허가서 등의 제출의무가 면제된다. 그러나 소유권이전등기를 신청할 때에는 해당 허가서 등의 현존사실이 판결서 등에 기재되어 있다 하더라도 행정관청의 허가 등을 증명하는 서면을 반드시 제출하여야 한다[부동산등기 특별조치법 제5조 제1항 참조, 등기예규 제1692호 5. 마. 1), 2)].

[**❹** ▸ O] 학교법인이 그 소유 명의의 부동산에 관하여 매매, 증여, 교환, 그 밖의 처분행위를 원인으로 한 소유권이전등기를 신청하거나 근저당권 등의 제한물권 또는 임차권의 설정등기를 신청하는 경우에는 그 등기신청서에 관할청의 허가를 증명하는 서면을 첨부하여야 한다. 다만, 사립학교법 시행령 제11조 제5항 제1호부터 제3호, 제6호, 제7호의 신고사항에 해당하는 경우에는 이를 소명할 수 있는 서면(관할청의 신고수리공문 등)을 첨부하여야 한다(등기예규 제1255호 제3조 제1항).

[**❺** ▸ O] 미등기건물에 대한 집행법원의 처분제한등기촉탁에 따른 소유권보존등기를 하는 경우에 제공되어야 할 첨부정보 중 건물의 표시를 증명하는 정보는 부동산등기법 제65조의 건축물대장이나 특별자치도지사, 시장, 군수 또는 구청장(자치구의 구청장을 말한다)의 확인서로 국한되지 아니하고, 명칭에 관계없이 집행법원에서 인정한 건물의 소재와 지번·구조·면적이 구체적으로 기재된 서면이 될 것이나, 건축사법 제23조에 의한 건축사업무신고를 한 건축사 또는 측량·수로조사 및 지적에 관한 법률 제39조에 의한 측량기술자가 작성한 서면은 위 건물의 표시를 증명하는 정보에 해당되지 아니한다(등기선례 제201207-1호).

답 ❷

① 방문신청의 경우 신청인이 등기신청서와 함께 등기필정보통지서 송부용 우편봉투를 제출한 경우에는 등기필정보통지서를 우편으로 송부한다.
② 등기관이 착오로 여러 명의 등기권리자 중 일부를 누락하여 직권으로 등기권리자를 추가하는 경정등기를 하는 경우에는 그 추가되는 등기권리자에 대한 등기필정보를 작성하지 않는다.
③ 등기의무자인 법인이 등기필정보가 없는 경우에 그 지배인이 회사를 대리하여 등기신청을 하는 경우에는 그 지배인이 출석하여 지배인임을 확인받을 수 있다.
④ 등기필정보가 없을 때에는 등기신청을 위임받은 자격자대리인인 법무사가 등기의무자 또는 그 법정대리인 본인으로부터 위임받았음을 확인하고 그 확인한 사실을 증명하는 정보를 작성하여 제공할 수 있다.
⑤ 구분건물을 신축하여 분양한 자가 집합건물의 소유 및 관리에 관한 법률 제2조 제6호의 대지사용권을 가지고 있는 경우에 대지권등기를 하지 아니한 상태에서 수분양자에게 구분건물에 대하여만 소유권이전등기를 마친 경우 현재의 구분건물의 소유명의인과 공동으로 대지사용권에 관한 이전등기를 신청하는 경우에는 등기필정보를 제공하지 않아도 된다.

┈┈

[❶ ▸ ○] 부동산등기규칙 제107조 제1항 제1호

> **부동산등기규칙 제107조(등기필정보의 통지방법)**
> ① 등기필정보는 다음 각 호의 구분에 따른 방법으로 통지한다.
>   1. 방문신청의 경우 : 등기필정보를 적은 서면(이하 "등기필정보통지서"라 한다)을 교부하는 방법. 다만, 신청인이 등기신청서와 함께 대법원예규에 따라 등기필정보통지서 송부용 우편봉투를 제출한 경우에는 등기필정보통지서를 우편으로 송부한다.
>   2. 전자신청의 경우 : 전산정보처리조직을 이용하여 송신하는 방법

[❷ ▸ ✕] 등기필정보는 등기부에 새로운 권리자가 기록되는 경우에 그 권리자를 확인하기 위하여 등기관이 작성한 정보로서 등기관의 착오로 인한 것이라도 권리자를 추가하는 경정등기를 하는 경우에는 그 추가되는 등기권리자에 대한 등기필정보를 작성하여야 한다[등기예규 제1749호 2. (3)].

> **등기예규 제1749호[등기필정보의 작성 및 통지 등에 관한 업무처리지침]**
>   2. 등기필정보의 작성 : 등기관이 등기권리자의 신청에 의하여 다음 각 호 중 어느 하나의 등기를 하는 때에는 등기필정보를 작성하여야 한다. 그 이외의 등기를 하는 때에는 등기필정보를 작성하지 아니한다.
>   (1) 부동산등기법 제3조 기타 법령에서 등기할 수 있는 권리로 규정하고 있는 권리를 보존, 설정, 이전하는 등기를 하는 경우
>   (2) 위 (1)의 권리의 설정 또는 이전청구권 보전을 위한 가등기를 하는 경우
>   (3) 권리자를 추가하는 경정 또는 변경등기(갑 단독소유를 갑, 을 공유로 경정하는 경우나 합유자가 추가되는 합유명의인표시변경 등기 등)를 하는 경우

[❸ ▸ ○] 부동산등기법 제51조의 규정에 의하여 확인조서나 확인서면 또는 공정증서를 작성함에 있어서 등기의무자가 법인인 경우에는 그 지배인을 확인하거나 지배인의 작성부분에 관한 공증으로 대표권을 가진 임원 또는 사원의 본인확인 또는 그 작성부분에 관한 공증에 갈음할 수 있다(등기예규 제1355호).

[**❹ ▸ ○**] 제50조 제2항의 경우에 등기의무자의 등기필정보가 없을 때에는 등기의무자 또는 그 법정대리인(이하 "등기의무자등"이라 한다)이 등기소에 출석하여 등기관으로부터 등기의무자등임을 확인받아야 한다. 다만, 등기신청인의 대리인(변호사나 법무사만을 말한다)이 등기의무자등으로부터 위임받았음을 확인한 경우 또는 신청서(위임에 의한 대리인이 신청하는 경우에는 그 권한을 증명하는 서면을 말한다) 중 등기의무자등의 작성부분에 관하여 공증을 받은 경우에는 그러하지 아니하다(부동산등기법 제51조).

[**❺ ▸ ○**] 구분건물을 신축하여 분양한 자가 대지권등기를 하지 아니한 상태에서 수분양자에게 구분건물에 대하여만 소유권이전등기를 마친 다음, 부동산등기법 제60조 제1항 및 제2항에 따라 현재의 구분건물의 소유명의인과 공동으로 대지사용권에 관한 이전등기를 신청하는 경우에는 등기필정보를 제공하지 않아도 된다(등기예규 제1647호 3. 나.).

답 ❷

20
☐☐☐

다음 중 등기필정보를 작성하여 등기권리자에게 통지하여야 하는 등기신청에 해당하는 것은?

2022년

① 말소된 전세권설정등기에 대한 회복등기를 등기권리자가 판결을 받아 단독으로 신청한 경우
② 甲, 乙 공유를 甲, 乙 합유로 변경하는 등기를 甲과 乙이 공동으로 신청한 경우
③ 합유자 甲, 乙, 丙 중 丙의 사망을 원인으로 잔존 합유자 甲, 乙이 합유명의인 변경등기신청을 한 경우
④ 소유권이전등기절차의 인수를 명하는 판결에 의하여 승소한 등기의무자가 단독으로 소유권이전등기를 신청한 경우
⑤ 소유권이전청구권 가등기를 등기권리자가 법원의 가등기가처분명령을 받아 단독으로 신청한 경우

···

[**❶ ▸ ✕**] 말소회복등기는 보존, 설정, 이전등기에 해당되지 아니하므로 등기필정보를 작성·통지하지 아니한다[등기예규 제1749호 2. ⑴ 참조].

[**❷ ▸ ✕**] [**❸ ▸ ✕**] 권리자를 추가하는 변경등기가 아니므로 등기필정보를 작성·통지하지 아니한다[등기예규 제1749호 2. ⑶ 참조].

[**❹ ▸ ✕**] 부동산등기법 제50조 제1항 제3호, 부동산등기규칙 제109조 제2항 제3호

> **부동산등기법 제50조(등기필정보)**
> ① 등기관이 새로운 권리에 관한 등기를 마쳤을 때에는 등기필정보를 작성하여 등기권리자에게 통지하여야 한다. 다만, 다음 각 호의 어느 하나에 해당하는 경우에는 그러하지 아니하다.
> 1. 등기권리자가 등기필정보의 통지를 원하지 아니하는 경우
> 2. 국가 또는 지방자치단체가 등기권리자인 경우
> 3. 제1호 및 제2호에서 규정한 경우 외에 대법원규칙으로 정하는 경우

부동산등기규칙 제109조(등기필정보를 작성 또는 통지할 필요가 없는 경우)

② 법 제50조 제1항 제3호에서 "대법원규칙으로 정하는 경우"란 다음 각 호의 어느 하나에 해당하는 경우를 말한다.

1. 등기필정보를 전산정보처리조직으로 통지받아야 할 자가 수신이 가능한 때부터 3개월 이내에 전산정보처리조직을 이용하여 수신하지 않은 경우
2. 등기필정보통지서를 수령할 자가 등기를 마친 때부터 3개월 이내에 그 서면을 수령하지 않은 경우
3. 법 제23조 제4항에 따라 승소한 등기의무자가 등기신청을 한 경우

> **부동산등기법 제23조(등기신청인)**
>
> ④ 등기절차의 이행 또는 인수를 명하는 판결에 의한 등기는 승소한 등기권리자 또는 등기의무자가 단독으로 신청하고, 공유물을 분할하는 판결에 의한 등기는 등기권리자 또는 등기의무자가 단독으로 신청한다.

4. 법 제28조에 따라 등기권리자를 대위하여 등기신청을 한 경우
5. 법 제66조 제1항에 따라 등기관이 직권으로 소유권보존등기를 한 경우

[❺ ▶ ○] 등기예규 제1749호 2. (2)

등기예규 제1749호[등기필정보의 작성 및 통지 등에 관한 업무처리지침]

2. 등기필정보의 작성 : 등기관이 등기권리자의 신청에 의하여 다음 각 호 중 어느 하나의 등기를 하는 때에는 등기필정보를 작성하여야 한다. 그 이외의 등기를 하는 때에는 등기필정보를 작성하지 아니한다.
   (1) 부동산등기법 제3조 기타 법령에서 등기할 수 있는 권리로 규정하고 있는 권리를 보존, 설정, 이전하는 등기를 하는 경우
   (2) 위 (1)의 권리의 설정 또는 이전청구권 보전을 위한 가등기를 하는 경우
   (3) 권리자를 추가하는 경정 또는 변경등기(갑 단독소유를 갑, 을 공유로 경정하는 경우나 합유자가 추가되는 합유명의인표시변경등기 등)를 하는 경우

답 ❺

등기신청 시 제공하는 등기필정보에 관한 다음 설명 중 가장 옳지 않은 것은?

① 甲 토지를 乙 토지에 합병한 경우, 합병 후의 乙 토지에 대하여 등기신청을 할 때에는 乙 토지에 대한 등기필정보만을 제공하면 되고, 등기기록이 폐쇄된 甲 토지의 등기필정보는 제공할 필요가 없다.

② 판결에 의하여 승소한 등기의무자가 등기신청 하는 경우나 채권자가 대위에 의하여 등기신청 하는 경우에 등기필정보를 작성·통지하지 아니한다.

③ 개정 부동산등기법 시행 전에 권리취득의 등기를 한 후 등기필증을 교부받은 경우, 현재 등기의무자가 되어 등기신청을 할 때 등기필정보의 제공에 갈음하여 당시에 교부받은 등기필증을 첨부할 수 있다.

④ 공유물 분할을 원인으로 소유권을 취득한 자가 등기의무자가 되어 분할된 부동산에 대해 등기신청을 할 때에는 위 공유물 분할을 원인으로 한 지분이전등기를 마친 후 수령한 등기필정보만 제공하면 되며, 공유물 분할 이전에 공유자로서 지분을 취득할 당시 수령한 등기필정보는 제공할 필요 없다.

⑤ 구법의 등기필증 '멸실'의 경우의 의미에 대하여, 판례는 등기필증에 갈음하여 본인이 출석하거나 등기필증에 갈음하는 서면을 제출할 수 있는 제도를 두고 있으나, 이는 등기필증이 멸실된 경우에 인정되는 제도로서 분실의 경우를 포함하지만, 등기필증이 현재 다른 사람의 수중에 있기 때문에 사실상 돌려받기 어려운 경우까지 포함하는 것은 아니라고 본다.

··

[**❶** ▸ ○] 갑 토지를 을 토지에 합병한 경우, 합병 후의 을 토지에 대하여 등기신청을 할 때에는 을 토지에 대한 등기필정보만을 제공하면 되고, 등기기록이 폐쇄된 갑 토지의 등기필정보는 제공할 필요가 없다. 합병 후의 건물에 대해 등기신청을 할 때에도 마찬가지이다[등기예규 제1647호 2. 나. 4) 가)].

[**❷** ▸ ○] 부동산등기규칙 제109조 제2항 제3호·제4호

> **부동산등기규칙 제109조(등기필정보를 작성 또는 통지할 필요가 없는 경우)**
> ② 법 제50조 제1항 제3호에서 "대법원규칙으로 정하는 경우"란 다음 각 호의 어느 하나에 해당하는 경우를 말한다.
> 1. 등기필정보를 전산정보처리조직으로 통지받아야 할 자가 수신이 가능한 때부터 3개월 이내에 전산정보처리조직을 이용하여 수신하지 않은 경우
> 2. 등기필정보통지서를 수령할 자가 등기를 마친 때부터 3개월 이내에 그 서면을 수령하지 않은 경우
> 3. 법 제23조 제4항에 따라 승소한 등기의무자가 등기신청을 한 경우
> 4. 법 제28조에 따라 등기권리자를 대위하여 등기신청을 한 경우
> 5. 법 제66조 제1항에 따라 등기관이 직권으로 소유권보존등기를 한 경우

[**❸** ▸ ○] 이 법 시행 전에 권리취득의 등기를 한 후 종전의 제67조 제1항에 따라 등기필증을 발급받거나 종전의 제68조 제1항에 따라 등기완료의 통지를 받은 자는 이 법 시행 후 등기의무자가 되어 제24조 제1항 제1호의 개정규정에 따라 등기신청을 할 때에는 제50조 제2항의 개정규정에 따른 등기필정보의 제공을 갈음하여 신청서에 종전의 제67조 제1항에 따른 등기필증 또는 종전의 제68조 제1항에 따른 등기완료통지서를 첨부할 수 있다(부동산등기법 부칙 법률 제10580호 제2조).

[**❹** ▸ ×] 공유물 분할을 원인으로 소유권을 취득한 자가 등기의무자가 되어 분할된 부동산에 대해 등기신청을 할 때에는 위 공유물 분할을 원인으로 한 지분이전등기를 마친 후 수령한 등기필정보뿐만 아니라 공유물 분할 이전에 공유자로서 지분을 취득할 당시 수령한 등기필정보도 함께 제공하여야 한다 [등기예규 제1647호 2. 나. 4) 다)].

[**⑤ ▸ O**] 구 부동산등기법 제49조에서는 등기필증에 갈음하여 본인이 출석하거나 등기필증에 갈음하는 서면을 제출할 수 있는 제도를 두고 있으나, 이는 등기필증이 멸실된 경우에 인정되는 제도로서 분실의 경우를 포함하지만, 등기필증이 현재 다른 사람의 수중에 있기 때문에 사실상 돌려받기 어려운 경우까지 포함하는 것은 아니다(대판 2007.11.15. 2004다2786).

답 ④

22

등기신청에 필요한 첨부정보에 관한 다음 설명 중 가장 옳지 않은 것은? 2023년

① 계약을 원인으로 소유권이전등기를 신청할 경우 등기원인증명정보가 집행력 있는 판결인 경우에는 판결서 정본에 검인을 받을 필요가 없다.
② 매매로 인한 소유권이전등기청구권을 보전하기 위하여 소유권이전청구권가등기를 마친 상태에서 제3자에 대한 채무를 담보하기 위하여 소유권이전등기청구권을 양도하고 가등기의 이전등기를 신청하는 경우에는 매도인인 소유명의인의 승낙이 있음을 증명하는 정보와 인감증명을 첨부정보로서 제공하여야 한다.
③ 부동산 거래신고 등에 관한 법률에 의한 허가의 대상이 되는 토지에 관하여 소유권·지상권의 이전 또는 설정청구권을 보전하기 위한 가등기를 신청하기 위해서는 원칙적으로 신청서에 시장, 군수 또는 구청장이 발행한 토지거래계약허가증을 첨부하여야 한다.
④ 사립학교법에 의한 학교법인에게 신탁한 부동산에 대하여 그 신탁을 해지하고 해지로 인한 소유권이전등기를 신청하는 경우에는 관할청의 허가를 증명하는 서면을 첨부하여야 한다.
⑤ 전통사찰의 보존 및 지원에 관한 법률에 따라 등록된 전통사찰 소유의 전통사찰보존지에 대하여 민사집행법에 따른 매각을 원인으로 하여 소유권이전등기를 촉탁하는 경우에는 문화체육관광부장관의 허가를 증명하는 정보를 제공할 필요가 없다.

....

[**❶ ▸ ✕**]
1. 계약을 등기원인으로 하여 1990.9.2. 이후 소유권이전등기를 신청할 때에는 계약의 일자 및 종류를 불문하고 검인을 받은 계약서 원본(이하 "검인계약서"라 한다) 또는 검인을 받은 판결서(화해·인낙·조정조서를 포함한다) 정본을 등기원인증서로 제출하여야 한다(등기예규 제1727호 1. 가. (1)].
2. 제1항의 경우에 등기원인을 증명하는 서면이 집행력 있는 판결서 또는 판결과 같은 효력을 갖는 조서(이하 "판결서등"이라 한다)인 때에는 판결서등에 제1항의 검인을 받아 제출하여야 한다(부동산등기특별조치법 제3조 제2항).

[**❷ ▸ O**] 소유권이전등기청구권을 보전하기 위하여 소유권이전청구권가등기를 마친 상태에서 제3자에 대한 채무를 담보하기 위하여 소유권이전등기청구권을 양도한 경우에는, 양도담보를 원인으로 가등기된 권리의 이전등기를 신청할 수 있고, 이후 양도담보계약이 해제된 경우에는 양도담보계약의 해제를 원인으로 이전등기의 말소등기를 신청할 수 있다. 다만, 매매로 인한 소유권이전등기청구권은 특별한 사정이 없는 이상 그 권리의 성질상 양도가 제한되고 그 양도에 매도인의 승낙이나 동의를 요한다고 할 것이므로(대법원 2001.10.9. 선고 2000다51216 판결 참조), 위 가등기의 이전등기를 신청하는 경우에는 매도인인 소유명의인의 승낙이 있음을 증명하는 정보와 인감증명을 첨부정보로서 등기소에 제공하여야 한다(등기선례 제201803-1호).

[❸ ▸ ○] 부동산 거래신고 등에 관한 법률 제11조 제1항의 규정에 의한 허가의 대상이 되는 토지에 관하여 소유권·지상권을 이전 또는 설정하는 계약(예약을 포함한다)을 체결하고 그에 따른 등기신청을 하기 위해서는 신청서에 시장, 군수 또는 구청장이 발행한 토지거래계약허가증을 첨부하여야 한다. 다만, 그 계약이 증여와 같이 대가성이 없는 경우에는 그러하지 아니하다[등기예규 제1634호 1. (1)].

[❹ ▸ ○] 학교법인에게 신탁한 부동산이라 하더라도 그 신탁해지로 인한 소유권이전등기를 신청하는 경우에는 관할청의 허가를 증명하는 서면을 첨부하여야 한다(등기예규 제1255호 제3조 제2항).

[❺ ▸ ○] 전통사찰 소유의 전통사찰보존지등을 매매, 증여, 그 밖의 원인으로 양도하여 소유권이전등기를 신청하는 경우에는 법 제9조 제1항에 따른 문화체육관광부장관의 허가를 증명하는 정보를 등기소에 제공하여야 한다. 다만, 시효취득을 원인으로 한 소유권이전등기를 신청하거나 민사집행법에 따른 매각을 원인으로 한 소유권이전등기를 촉탁하는 경우에는 그러하지 아니한다(등기예규 제1484호 제4조 제1호).

답 ❶

농지에 대한 등기신청에 관한 다음 설명 중 가장 옳지 않은 것은?

① 농지소유권이전등기신청 시 농지취득자격증명의 첨부 여부는 해당 농지면적과는 관계가 없으므로 종전에 소유하고 있던 농지를 타인에게 처분한 후 새로이 농지를 매수하는 경우에도 그 매수 농지에 대한 소유권이전등기신청 시에는 소유농지의 면적에 상관없이 농지취득자격증명을 첨부하여야 한다.

② 국가나 지방자치단체가 농지를 취득하여 소유권이전등기를 신청하는 경우에는 농지취득자격증명을 첨부하지 아니하고 소유권이전등기를 신청할 수 있다.

③ 동일 가구(세대)내 친족 간의 매매 등을 원인으로 하여 소유권이전등기를 신청하는 경우에도 농지취득자격증명을 첨부하여야 한다.

④ 농지에 대한 소유권이전청구권의 보전을 위한 가등기의 신청서에도 농지취득자격증명을 첨부하여야 한다.

⑤ 공익사업을 위한 토지 등의 취득 및 보상에 관한 법률에 의한 수용 및 협의취득을 원인으로 하여 소유권이전등기를 신청하는 경우에는 농지취득자격증명을 첨부하지 아니하고 소유권이전등기를 신청할 수 있다.

[❶ ▶ ○] 농지소유권이전등기신청 시 농지취득자격증명의 첨부 여부는 해당 농지면적과는 관계가 없으므로 종전에 소유하고 있던 농지를 타인에게 처분한 후, 새로이 농지를 매수하는 경우에도 그 매수 농지에 대한 소유권이전등기신청 시에는, 소유농지의 면적에 상관없이 농지취득자격증명을 첨부하여야 한다(등기선례 제5-722호).

[❷ ▶ ○] [❺ ▶ ○] 등기예규 제1635호 3. 가 · 다.

> **등기예규 제1635호[농지의 소유권이전등기에 관한 사무처리지침]**
> 3. 농지취득자격증명을 첨부할 필요가 없는 경우 : 아래의 경우에는 농지취득자격증명을 첨부하지 아니하고 소유권이전등기를 신청할 수 있다.
>   가. 국가나 지방자치단체가 농지를 취득하여 소유권이전등기를 신청하는 경우
>   다. 공익사업을 위한 토지 등의 취득 및 보상에 관한 법률에 의한 수용 및 협의취득을 원인으로 하여 소유권이전등기를 신청하는 경우 및 징발재산정리에 관한 특별조치법 제20조, 공익사업을 위한 토지 등의 취득 및 보상에 관한 법률 제91조의 규정에 의한 환매권자가 환매권에 기하여 농지를 취득하여 소유권이전등기를 신청하는 경우

[❸ ▶ ○] 국가나 지방자치단체로부터 농지를 매수하여 소유권이전등기를 신청하는 경우 및 농지전용허가를 받거나 농지전용신고를 한 농지에 대하여 소유권이전등기를 신청하는 경우와 동일 가구(세대)내 친족 간의 매매등을 원인으로 하여 소유권이전등기를 신청하는 경우에도 농지취득자격증명을 첨부하여야 한다(등기예규 제1635호 2. 나.).

[❹ ▶ ✕] 농지에 대한 소유권이전청구권가등기의 신청서에는 농지취득자격증명을 첨부할 필요가 없으나, 부동산 거래신고 등에 관한 법률에 의한 토지거래허가구역 내의 토지에 대한 소유권이전청구권가등기의 신청서에는 토지거래허가서를 첨부하여야 한다(등기예규 제1632호 2. 라.).

답 ❹

토지거래계약 허가에 관한 다음 설명 중 가장 옳지 않은 것은?

① 매매계약의 체결일자는 허가구역으로 지정된 후이나 토지거래계약허가를 받지 못하여 등기신청을 못 하고 있던 중 일시 허가구역 지정이 해제되었다가 다시 허가구역으로 지정된 후 소유권이전등기를 신청하는 경우 토지거래계약허가증을 첨부정보로 제공할 필요가 없다.

② 가등기를 신청할 당시 그 등기원인이 된 토지거래계약 또는 예약에 대한 토지거래계약허가증을 제출한 경우, 그 가등기에 의한 본등기를 신청할 때에 별도로 토지거래계약허가증을 첨부정보로 제공할 필요가 없다.

③ 허가대상 토지를 수인에게 공유지분으로 나누어 처분하는 경우에는 그 지분율에 따라 산정한 면적이 허가대상 면적의 미만이더라도 그에 따른 최초의 지분이전등기를 신청하는 때에는 토지의 분할에 준하여 토지거래계약허가증을 첨부정보로 제공하여야 한다.

④ 토지거래허가구역 내의 토지에 대하여 토지거래계약허가를 받아 매매를 원인으로 한 소유권이전등기를 경료한 후 그 매매계약의 일부를 해제하는 것은 당초에 허가받은 토지거래계약을 변경하고자 하는 경우에 해당한다 할 것이므로, 그 해제를 원인으로 한 소유권일부말소의미의 소유권경정등기를 신청하기 위해서는 토지거래계약허가증을 첨부정보로 제공하여야 한다.

⑤ 가등기가처분명령에 의하여 가등기를 신청하는 경우 가등기의 원인이 토지거래계약허가의 대상이더라도 토지거래계약허가증을 첨부정보로 제공할 필요가 없다.

∙∙∙

[❶ ▸ ○]   부동산매매계약의 체결 당시에는 토지거래허가구역이었으나 그 후 허가구역 지정이 해제되었으면 등기신청 당시 다시 허가구역으로 지정되었다 하더라도 소유권이전등기 신청서에 토지거래허가서를 첨부할 필요가 없다(등기선례 제8-63호).

[❷ ▸ ○]   가등기를 신청할 당시 그 등기원인이 된 토지거래계약 또는 예약에 대한 토지거래계약허가증을 제출한 경우, 그 가등기에 의한 본등기를 신청할 때에 별도로 토지거래계약허가증을 제출할 필요가 없다(등기예규 제1634호 2. 나.).

[❸ ▸ ○]   허가대상 토지를 수인에게 공유지분으로 나누어 처분하는 경우에는 그 지분율에 따라 산정한 면적이 허가대상 면적의 미만이더라도 그에 따른 최초의 지분이전등기를 신청하는 때에는 토지의 분할에 준하여 토지거래계약허가증을 신청서에 첨부하여야 한다(등기예규 제1634호 3.).

[❹ ▸ ○]   토지거래허가구역 내의 토지에 대하여 토지거래계약허가를 받아 매매를 원인으로 한 소유권이전등기를 경료한 후 그 매매계약의 일부를 해제하는 것은 당초에 허가받은 토지거래계약을 변경하고자 하는 경우에 해당한다 할 것이므로, 그 해제를 원인으로 한 소유권일부말소의미의 소유권경정등기를 신청하기 위해서는 관할청의 허가서를 첨부하여야 한다(등기선례 제7-47호).

[❺ ▸ ✕]   가처분결정에 의한 가등기신청의 경우에도 일반 가등기와 마찬가지로 등기원인이 존재하여야 하는 것이며 단지 가등기의무자의 협력을 얻을 수가 없을 때 관할법원의 가등기가처분명령에 의하여 가등기권리자가 단독으로 가등기를 신청할 수 있는 특례를 인정한 것에 불과하므로, 가등기가처분의 명령에 의한 가등기신청 시 그 가등기의 원인이 국토이용관리법상 토지거래허가의 대상일 때에는 토지거래허가서를 첨부하여야 한다(등기선례 제4-111호).

답 ❺

등기원인에 대한 제3자의 허가에 관한 다음 설명 중 가장 옳지 않은 것은?

① 사립학교의 기본재산에 편입되어 학교교육에 직접 사용되는 부동산은 그것이 학교법인이 아닌 사립학교 경영자 개인 소유라 하더라도 이를 매도하거나 담보에 제공할 수 없다.

② 토지거래허가구역 내의 토지에 관하여 허가를 받지 아니하고 매매계약을 체결한 경우 그 효력에 대하여, 판례는 허가를 받을 때까지는 법률상 미완성의 법률행위로서 거래의 효력이 전혀 발생하지 않는 확정적 무효의 경우와 다를 바 없지만, 일단 허가를 받으면 그 계약은 소급하여 유효한 계약이 되므로 허가를 받기까지는 유동적 무효의 상태에 있다고 보는 입장이다.

③ 토지거래계약허가를 받아 소유권이전등기가 이루어졌으나 사후에 허가관청이 허가를 취소하고 이를 등기과(소)에 통보하였다고 하더라도 그 등기는 등기관이 이를 직권으로 말소할 수는 없다.

④ 학교법인이 공유자 중 1인인 부동산에 관하여 공유물분할등기를 신청하는 경우에도 관할청의 허가를 증명하는 서면을 첨부하여야 한다.

⑤ 영유아보육시설(어린이집 등)도 교육기관이므로, 영유아보육법에 의하여 민간 보육시설로 인가받아 그 소유건물 전부를 보육시설로 운영 중인 자는 사립학교법 제2조 제3항 소정의 사립학교 경영자에 해당되어 그 소유건물에 대하여는 매매 또는 담보제공 등 처분행위를 할 수 없다.

[**❶** ▶ ○] 사립학교(특수학교, 유치원 등 포함)의 기본재산에 편입되어 학교교육에 직접 사용되는 부동산은 그것이 학교법인이 아닌 사립학교경영자 개인 소유라 하더라도 이를 매도하거나 담보에 제공할 수 없다(사립학교법 제51조, 제28조 제2항, 등기예규 제1255호 제5조 제1항).

[**❷** ▶ ○] 국토이용관리법상 토지의 거래계약허가구역으로 지정된 구역 안의 토지에 관하여 관할행정청의 허가를 받지 아니하고 체결한 토지거래계약은 처음부터 그 허가를 배제하거나 잠탈하는 내용의 계약일 경우에는 확정적 무효로서 유효화될 여지가 없으나, 이와 달리 허가받을 것을 전제로 한 거래계약일 경우에는 일단 허가를 받을 때까지는 법률상 미완성의 법률행위로서 거래계약의 채권적 효력도 전혀 발생하지 아니하지만, 일단 허가를 받으면 그 거래계약은 소급해서 유효로 되고 이와 달리 불허가가 된 때에는 무효로 확정되는 이른바 유동적 무효의 상태에 있다고 보아야 한다(대판[전합] 1999.6.17. 98다40459).

[**❸** ▶ ○] 국토의 계획 및 이용에 관한 법률 제118조 제1항의 토지거래계약허가를 받아 소유권이전등기가 이루어졌으나 사후에 그 허가가 사위 또는 부정한 방법으로 받은 사실이 확인되어 허가관청이 허가를 취소하고 이를 등기과(소)에 통보하였다고 하더라도 그 등기는 부동산등기법 제29조 제9호에 해당하여 등기관이 이를 직권으로 말소할 수는 없다(등기선례 제201012-6호).

[**❹** ▶ ○] 공유물 분할은 공유지분의 교환 또는 매매의 실질을 가지는 것이므로, 학교법인이 공유자 중 1인인 부동산에 관하여 공유물 분할을 원인으로 하는 공유지분이전등기를 신청하는 경우에도 관할청의 허가를 증명하는 서면을 첨부하여야 하는바, 이는 학교법인이 공유물 분할에 의하여 종전의 공유지분보다 더 많은 공유지분을 취득하게 되는 경우에도 마찬가지이다(등기선례 제6-48호).

[**❺** ▶ ✕] 영유아보육시설은 교육법 제81조의 교육기관이 아니므로, 유치원 및 영유아보육시설용 건물의 소유자가 영유아보육법에 의하여 민간 보육시설로 인가받아 그 소유건물 전부를 보육시설로 운영 중인 자는 사립학교법 제2조 제3항 소정의 사립학교 경영자에 해당되지 않으므로, 그 소유건물에 대하여는 매매 또는 담보제공 등 처분행위를 할 수 있을 것이다(등기선례 제5-433호).

답 ❺

학교법인의 등기신청과 관련한 다음 설명 중 가장 옳지 않은 것은?

① 학교법인의 기본재산에 대하여 담보로 제공할 당시에 관할청의 허가를 받았더라도 저당권의 실행으로 매각이 될 때에는 다시 관할청의 허가를 받아야 한다.

② 학교교육에 직접 사용되는 학교법인의 재산 중 교지, 교사, 체육장 등은 관할청의 허가 여부와 관계없이 매도나 담보의 대상이 되지 않는다.

③ 건축물대장 및 등기기록에 용도가 유치원이라고 등록 및 등기된 건물은 그 소유자가 사립학교법 제2조 제3호 소정의 사립학교 경영자가 아닌 경우 관할청의 허가 없이 매도하거나 담보에 제공할 수 있다.

④ 학교법인에게 신탁한 부동산이라 하더라도 그 신탁해지로 인한 소유권이전등기를 신청하는 경우에는 감독관청의 허가를 증명하는 정보를 첨부정보로서 등기소에 제공하여야 한다.

⑤ 사립학교 경영자가 사립학교의 교지, 교사로 사용하기 위하여 출연시킨 부동산을 등기기록상 학교경영자 개인 명의로 있는 경우에도 강제집행대상이 되지 못한다.

[❶ ▶ ✕] 학교법인이 기본재산에 대하여 담보로 제공할 당시에 관할청의 허가를 받았을 때에는 저당권의 실행으로 매각이 될 때에 <u>다시 관할청의 허가를 받을 필요는 없다.</u>

[❷ ▶ ○] 사립학교법 제28조 제2항에 따르면 학교교육에 직접 사용되는 재산은 관할청의 허가 여부를 묻지 않고 매도 또는 담보의 대상이 될 수 없다. 위 학교교육에 직접 사용되는 재산이란 교지, 교사(강당을 포함한다), 체육장(실내체육장을 포함한다), 실습 및 연구시설, 그 밖에 교육에 직접 사용되는 시설·설비 및 교재·교구를 의미한다(사립학교법 시행령 제12조).

[❸ ▶ ○] 유치원을 설치·경영하는 사인은 사립학교법 제2조 제3항 소정의 사립학교경영자이므로, 그 소유로서 유치원교육에 직접 사용되는 부동산은 동법 제51조 및 제28조 제2항에 의하여 이를 매도하거나 담보에 제공할 수 없으나, 토지대장·건축물대장 또는 등기부 등에 의하여 당해 부동산이 유치원교육에 직접 사용되는 부동산임을 알 수 있는 경우에도 그 소유자가 사립학교법상 사립학교경영자가 아닌 때에 한하여 그 소유명의인은 그 부동산을 매도하거나 담보에 제공할 수 있는바, <u>사인 소유인 토지 및 건물의 등기부상 지목 및 용도가 각 학교용지와 유치원으로 등기되어 있더라도 그 소유자가 아직 유치원설립인가신청을 하지 않은 상태라면, 그 부동산의 소유자는 사립학교경영자라고 볼 수 없을 것이므로, 그 소유명의인은 그 부동산을 매도하거나 담보에 제공할 수 있을 것이다.</u> 다만 그러한 등기신청서에는 그 소유명의인이 사립학교경영자가 아니라는 사실을 증명하는 서면을 첨부하여야 할 것이다(등기선례 제5-82호).

[❹ ▶ ○] 학교법인에게 신탁한 부동산이라 하더라도 그 신탁해지로 인한 소유권이전등기를 신청하는 경우에는 관할청의 허가를 증명하는 서면을 첨부하여야 한다(등기예규 제1255호 제3조 제2항).

[❺ ▶ ○] 사립학교법 제28조 제2항, 같은 법 시행령 제12조가 학교교육에 직접 사용되는 학교법인의 재산 중 교지·교사·체육장 등은 이를 매도하거나 담보에 제공할 수 없다고 규정하고 있는 취지는, 그것이 매매계약의 목적물이 될 수 없다는 데에 그치는 것이 아니고 매매로 인한 소유권 이전가능성을 전부 배제하는 것이다. 그런데 같은 법 제51조는 사립학교 경영자에게도 학교법인에 관한 같은 법 제28조 제2항을 준용한다고 규정하고 있으므로, <u>사립학교 경영자가 사립학교의 교지·교사·체육장 등으로 사용하기 위하여 출연·편입시킨 토지나 건물이 학교경영자 개인 명의로 등기되어 있는 경우에도 그 토지나 건물에 관하여는 같은 법 제51조에 의하여 준용되는 같은 법 제28조 제2항, 같은 법 시행령 제12조에 의하여 강제집행의 목적물이 될 수 없고,</u> 이와 같이 강제집행의 목적 대상이 될 수 없는 이상, 장차의 강제집행을 보전하기 위한 보전처분인 가압류의 목적 대상도 될 수 없다고 할 것이다(대결 2011.4.4. 2010마1967).

답 ❶

민법상 재단법인의 기본재산 처분 허가에 관한 다음 설명 중 가장 옳지 않은 것은? 2018년

① 재단법인의 기본재산을 처분하고 그에 따른 등기를 신청하는 경우에는 주무관청의 허가를 증명하는 서면을 첨부하여야 하는데, 여기서 처분이란 재단법인 소유 명의의 기본재산인 부동산에 관하여 매매, 증여, 교환, 신탁 해지, 공유물 분할, 그 밖의 원인으로 소유권을 양도하는 것을 말한다.

② 공익법인이 아닌 재단법인인 경우에는 기본재산이 정관기재사항이어서 기본재산의 처분은 필연적으로 정관의 변경을 초래하고 정관의 변경은 주무관청의 허가를 받아야 그 효력이 있으므로 기본재산의 변동으로 인한 정관변경에 대한 주무관청의 허가서를 첨부하여 등기신청을 하여야 한다.

③ 재단법인 소유 명의의 기본재산인 부동산에 관하여 매매 등 처분행위를 원인으로 한 소유권이전등기를 신청하는 경우 그 등기신청서에 처분에 대한 주무관청의 허가를 증명하는 서면만 첨부하면 되고, 법인 정관과 이사회회의록은 첨부할 필요가 없다.

④ 공익법인 아닌 재단법인이 기본재산인 부동산에 관하여 지상권설정등기를 신청할 때에는 주무관청의 허가를 증명하는 서면을 첨부할 필요가 있다.

⑤ 재단법인의 기본재산이 아닌 보통재산의 처분에 따른 소유권이전등기신청서에 주무관청의 허가서를 첨부할 필요가 없지만, 처분대상인 부동산이 재단법인의 기본재산이 아님을 증명하기 위하여는 해당 재단법인의 정관을 첨부하여야 한다.

....

[❶ ▸ ○] 재단법인 소유 명의의 부동산에 관하여 매매, 증여, 교환, 신탁해지, 공유물 분할, 그 밖의 처분행위를 원인으로 한 소유권이전등기를 신청하는 경우에는 그 등기신청서에 주무관청의 허가를 증명하는 서면을 첨부하여야 한다. 그러나 당해 부동산이 재단법인의 기본재산이 아님을 소명하는 경우에는 위 허가를 증명하는 서면을 첨부할 필요가 없다(등기예규 제886호 2) 가.).

[❷ ▸ ○] 재단법인이 그 기본재산처분에 대하여 주무관청의 보고사항으로 하는 정관변경을 하였고 주무관청이 그러한 정관변경을 허가하였더라도, 그 재단법인이 공익법인인 경우에는 기본재산의 처분에 대한 주무관청의 허가서를, 공익법인이 아닌 재단법인인 경우에는 기본재산이 정관기재사항이어서 기본재산의 처분은 필연적으로 정관의 변경을 초래하고 정관의 변경은 주무관청의 허가를 받아야 그 효력이 있으므로 기본재산의 변동으로 인한 정관변경에 대한 주무관청의 허가서를 각 첨부하여 등기신청을 하여야 한다(등기선례 제200702-2호).

[❸ ▸ ○] 재단법인 소유 명의의 기본재산인 부동산에 관하여 매매 등 처분행위를 원인으로 한 소유권이전등기를 신청하는 경우, 그 등기신청서에 그 처분에 대한 주무관청의 허가를 증명하는 서면 외에 법인정관과 이사회회의록은 첨부할 필요가 없다(등기선례 제7-66호).

[❹ ▸ ✕] 공익법인의 설립·운영에 관한 법률의 적용을 받지 않는 공익법인 아닌 재단법인이 기본재산인 부동산에 관하여 매매 등 처분행위를 원인으로 한 소유권이전등기를 신청할 때에는 주무관청의 허가를 증명하는 서면을 첨부하여야 하나, 지상권설정등기를 신청할 때에는 이를 첨부할 필요가 없다(등기선례 제201005-3호).

[❺ ▸ ○] 재단법인의 보통재산의 처분은 정관의 변경사항에 속하지 아니하므로 보통재산의 처분에 따른 소유권이전등기신청서에는 주무관청의 허가서는 첨부할 필요는 없으나 위 보통재산이 재단법인의 기본재산이 아님을 증명하기 위하여는 당해 재단법인의 정관을 첨부하여야 한다(등기선례 제3-34호).

답 ❹

외국인이 등기신청을 할 때에 등기소에 제공하여야 하는 주소를 증명하는 정보로서 적절하지 아니한 것은?

① 본국에 거주하는 외국인이 부동산을 처분하기 위하여 국내에 입국한 경우에는 국내 공증인이 주소를 공증한 서면
② 재외동포의 출입국과 법적 지위에 관한 법률에 따라 국내거소신고를 한 외국국적동포의 경우에는 국내거소신고 사실증명
③ 본국에 주소증명제도가 있는 외국인의 경우에는 본국 관공서에서 발행한 주소증명정보
④ 본국에 주소증명제도가 없는 외국인의 경우에는 본국 공증인이 주소를 공증한 서면
⑤ 출입국관리법에 따라 외국인등록을 한 경우에는 외국인등록 사실증명

[**❶** ▸ ✕] 본국에 거주하는 외국인이 부동산을 처분하기 위하여 국내에 입국한 경우 그 외국인이 등기신청을 할 때에 등기소에 제공하여야 하는 주소를 증명하는 정보로서 <u>국내 공증인이 주소를 공증한 서면은 원칙적으로 인정되지 않는다.</u>

> **등기선례 제201012-2호**
> 1. 등기를 신청할 때 부동산등기법 제40조 제1항 제6호 소정의 주소를 증명하는 서면을 제출하여야 하는 외국인이 본국에 주소증명서 또는 거주사실증명서를 발급하는 기관이 없는 경우 제출하는 주소를 공증한 서면에는 본국 공증인의 공증을 받아야 하고, 재외국민이 주재국에 우리나라 대사관 또는 영사관이 없어 재외국민 거주사실증명 또는 재외국민등록부등본을 발급받을 수 없는 경우 제출하는 주소를 공증한 서면에는 주재국 공증인의 공증을 받아야 하며, 국내 공증인의 공증으로 이를 대신할 수 없다.
> 2. 다만, 위 두 경우 주소증명서를 대신할 수 있는 증명서(운전면허증 또는 신분증 등)를 본국(주재국) 관공서에서 발급하는 경우에는 그 증명서의 사본에 원본과 동일하다는 취지를 기재하고 그에 대하여 공증인의 공증을 받아 그 증명서의 사본으로 주소를 증명하는 서면에 갈음할 수 있는데, 이때에는 국내 공증인의 공증으로서도 가능하다.

[**❷** ▸ ○] 등기예규 제1686호 제13조 제1항 제2호
[**❸** ▸ ○] 등기예규 제1686호 제13조 제1항 제3호
[**❹** ▸ ○] 등기예규 제1686호 제13조 제1항 제4호
[**❺** ▸ ○] 등기예규 제1686호 제13조 제1항 제1호

> **등기예규 제1686호[재외국민 및 외국인의 부동산등기신청절차에 관한 예규]**
> **제13조(외국인의 주소증명정보)**
> ① 외국인은 주소를 증명하는 정보로서 다음 각 호의 어느 하나에 해당하는 정보를 제공할 수 있다.
> 1. 출입국관리법에 따라 외국인등록을 한 경우에는 외국인등록 사실증명
> 2. 재외동포의 출입국과 법적 지위에 관한 법률에 따라 국내거소신고를 한 외국국적동포의 경우에는 국내거소신고 사실증명
> 3. 본국에 주소증명제도가 있는 외국인(예 일본, 독일, 프랑스, 대만, 스페인)은 본국 관공서에서 발행한 주소증명정보

4. 본국에 주소증명제도가 없는 외국인(예) 미국, 영국)은 본국 공증인이 주소를 공증한 서면. 다만, 다음 각 목의 어느 하나에 해당하는 방법으로써 이를 갈음할 수 있다.

   가. 주소가 기재되어 있는 신분증의 원본과 원본과 동일하다는 뜻을 기재한 사본을 함께 등기소에 제출하여 사본이 원본과 동일함을 확인받고 원본을 환부받는 방법. 이 경우 등기관은 사본에 원본 환부의 뜻을 적고 기명날인하여야 한다.

   나. 주소가 기재되어 있는 신분증의 사본에 원본과 동일함을 확인하였다는 본국 또는 대한민국 공증이나 본국 관공서의 증명을 받고 이를 제출하는 방법

   다. 본국의 공공기관 등에서 발행한 증명서 기타 신뢰할 만한 자료를 제출하는 방법(예) 주한미군에서 발행한 거주사실증명서, 러시아의 주택협동조합에서 발행한 주소증명서)

답 ❶

---

29 인감증명에 관한 다음 설명 중 가장 옳은 것은?　　2023년

① 소유권 외의 권리의 등기명의인이 등기의무자로서 등기필정보가 없어 등기소에 출석하여 등기관으로부터 등기의무자임을 확인받는 때에는 등기의무자의 인감증명을 제출하지 않아도 된다.

② 등기신청서에 첨부하는 인감증명은 발행일부터 1개월 이내의 것이어야 한다.

③ 부동산매도용 인감증명서를 지상권설정등기신청서에 첨부하여도 등기관은 이를 수리하여야 한다.

④ 등기신청서 등에 인감을 날인하고 본인서명사실 확인 등에 관한 법률에 따라 발급된 본인서명사실 확인서를 첨부한 경우에는 인감증명서를 제출한 것으로 본다.

⑤ 인감을 날인하고 인감증명의 제출이 필요한 경우 교도소에 재감 중인 자라면 인감을 날인하여야 하는 서면에 무인하고 교도관의 확인을 받아 인감증명의 제출에 갈음할 수 있다.

....

[❶ ▸ ✕] 부동산등기규칙 제60조 제1항 제3호

부동산등기규칙 제60조(인감증명의 제출)

① 방문신청을 하는 경우에는 다음 각 호의 인감증명을 제출하여야 한다. 이 경우 해당 신청서(위임에 의한 대리인이 신청하는 경우에는 위임장을 말한다)나 첨부서면에는 그 인감을 날인하여야 한다.

3. 소유권 외의 권리의 등기명의인이 등기의무자로서 법 제51조에 따라 등기를 신청하는 경우 등기의무자의 인감증명

> **부동산등기법 제51조(등기필정보가 없는 경우)**
> 제50조 제2항의 경우에 등기의무자의 등기필정보가 없을 때에는 등기의무자 또는 그 법정대리인(이하 "등기의무자등"이라 한다)이 등기소에 출석하여 등기관으로부터 등기의무자등임을 확인받아야 한다. 다만, 등기신청인의 대리인(변호사나 법무사만을 말한다)이 등기의무자등으로부터 위임받았음을 확인한 경우 또는 신청서(위임에 의한 대리인이 신청하는 경우에는 그 권한을 증명하는 서면을 말한다) 중 등기의무자등의 작성부분에 관하여 공증을 받은 경우에는 그러하지 아니하다.

[❷ ▸ ×] 등기신청서에 첨부하는 인감증명, 법인등기사항증명서, 주민등록표등본·초본, 가족관계등록사항별증명서 및 건축물대장·토지대장·임야대장 등본은 발행일부터 <u>3개월 이내</u>의 것이어야 한다(부동산등기규칙 제62조).

[❸ ▸ ○] 매매를 원인으로 한 소유권이전등기신청의 경우 위 제4조 제1항 본문과 같이 반드시 부동산매도용 인감증명서를 첨부하여야 하지만 매매 이외의 경우에는 등기신청서에 첨부된 인감증명서상의 사용용도와 그 등기의 목적이 다르더라도 그 등기신청은 이를 수리하여야 한다. 따라서 사용용도란에 가등기용으로 기재된 인감증명서를 근저당권설정등기신청서에 첨부하거나 부동산매도용 인감증명서를 지상권설정등기신청서에 첨부하여도 그 등기신청을 각하하여서는 아니 된다(등기예규 제1308호 제5조).

[❹ ▸ ×] 부동산등기법 및 부동산등기규칙, 상업등기법 및 상업등기규칙 그 밖의 법령, 대법원예규에서 등기소에 제출하는 신청서 등에 인감증명법에 따라 신고한 인감을 날인하고 인감증명서를 첨부하여야 한다고 정한 경우, <u>이에 갈음하여 신청서 등에 서명을 하고 본인서명사실확인서를 첨부하거나 발급증을 첨부할 수 있다</u>(등기예규 제1609호 제2조). 즉, 본인서명사실확인서는 신청서에 서명을 한 경우에 인감증명서를 갈음할 수 있는 것이고 인감을 날인한 경우에는 인감증명서를 제출해야 하는 것이다.

[❺ ▸ ×] 교도소에 재감 중인 자라 하여 그의 인감증명서를 발급받을 수 없는 것은 아니므로(인감증명법 제7조, 같은 법 시행령 제8조, 제13조 참조) 그가 인감 제출을 요하는 등기신청을 함에 있어서는 <u>인감증명서를 제출하여야 하고 재감자가 무인한 등기신청의 위임장이 틀림없다는 취지를 교도관이 확인함으로써 인감증명서의 제출을 생략할 수는 없을 것이다</u>(등기예규 제423호).

답 ❸

30
□□□

등기신청 시 첨부정보로 제공하는 인감증명에 관한 다음 설명 중 가장 옳지 않은 것은?

2022년

① 인감증명정보를 제공하여야 하는 자가 법인 아닌 사단이나 재단인 경우에는 그 대표자나 관리인의 인감증명을 첨부정보로 제공하여야 한다.

② 인감증명을 제출하여야 하는 등기신청 유형을 열거한 부동산등기규칙 제60조 각 호의 경우에 해당되지 않는 사항에 대하여 등기의무자를 대리하여 등기를 신청하는 경우, 대리권 수여의 소명자료로 위임장 외에 등기의무자의 인감증명을 첨부할 필요는 없다.

③ 1필의 토지의 일부에 지상권등기가 있는 경우에 그 토지의 분필등기를 신청할 때에는 그 권리가 존속할 토지의 표시에 관한 정보를 신청정보의 내용으로 제공하여야 하고 이에 관한 권리자의 확인이 있음을 증명하는 정보를 첨부정보로 제공하여야 하는데 이를 증명하는 지상권자의 확인서와 그 지상권자의 인감증명을 제출하여야 한다.

④ 근저당권이전청구권가등기의 말소등기를 등기의무자와 등기권리자가 공동으로 신청하는 경우에는 등기의무자의 인감증명을 첨부정보로 제공하여야 한다.

⑤ 관공서는 인감증명이 없으므로 관공서가 등기의무자인 경우에는 인감증명에 관한 규정이 적용되지 않으며, 관공서가 동의 또는 승낙 권한을 갖는 경우 등에 있어서도 관공서의 인감증명은 제출하지 않는다.

[**❶** ▶ **O**]　제60조에 따라 인감증명을 제출하여야 하는 자가 법인 또는 국내에 영업소나 사무소의 설치등기를 한 외국법인인 경우에는 등기소의 증명을 얻은 그 대표자의 인감증명을, 법인 아닌 사단이나 재단인 경우에는 그 대표자나 관리인의 인감증명을 제출하여야 한다(부동산등기규칙 제61조 제1항).

[**❷** ▶ **O**]　등기권리자가 부동산등기법 시행규칙 제53조[현 제60조(註)] 각 호의 경우에 해당되지 않는 사항에 대하여 등기의무자를 대리하여 등기를 신청하는 경우, 대리권 수여의 소명자료로 위임장 외에 등기의무자의 인감증명을 첨부할 필요는 없다(등기선례 제5-120호).

[**❸** ▶ **O**]　부동산등기규칙 제60조 제1항 제5호, 제74조

> **부동산등기규칙 제60조(인감증명의 제출)**
> ① 방문신청을 하는 경우에는 다음 각 호의 인감증명을 제출하여야 한다. 이 경우 해당 신청서(위임에 의한 대리인이 신청하는 경우에는 위임장을 말한다)나 첨부서면에는 그 인감을 날인하여야 한다.
> 　5. 제74조에 따라 권리자의 확인서를 첨부하여 토지분필등기를 신청하는 경우 그 권리자의 인감증명
>
> **부동산등기규칙 제74조(토지분필등기의 신청)**
> 1필의 토지의 일부에 지상권·전세권·임차권이나 승역지(承役地 : 편익제공지)의 일부에 관하여 하는 지역권의 등기가 있는 경우에 분필등기를 신청할 때에는 권리가 존속할 토지의 표시에 관한 정보를 신청정보의 내용으로 등기소에 제공하고, 이에 관한 권리자의 확인이 있음을 증명하는 정보를 첨부정보로서 등기소에 제공하여야 한다. 이 경우 그 권리가 토지의 일부에 존속할 때에는 그 토지부분에 관한 정보도 신청정보의 내용으로 등기소에 제공하고, 그 부분을 표시한 지적도를 첨부정보로서 등기소에 제공하여야 한다.

[**❹** ▶ **X**]　소유권에 관한 가등기명의인이 가등기의 말소등기를 신청하는 경우 가등기명의인의 인감증명을 제출하여야 한다(부동산등기규칙 제60조 제1항 제2호). 소유권에 관한 가등기는 소유권이전청구권가등기와 소유권이전담보가등기를 말하고, 말소신청을 가등기명의인이 단독으로 하거나 가등기명의인이 등기의무자로서 공동으로 하거나를 불문한다. 다만 소유권에 관한 가등기가 아닌 근저당권이전청구권가등기의 말소와 같은 경우에는 등기의무자가 소유권에 관한 가등기명의인인 경우가 아니므로 인감증명을 제출할 필요가 없다.

[**❺** ▶ **O**]　부동산등기규칙 제60조 제1항은 관공서에는 적용되지 않으므로(부동산등기규칙 제60조 제3항) 관공서가 등기의무자이거나 동의 또는 승낙 권한을 갖는 경우 등에 있어서도 관공서의 인감증명은 제출하지 않는다. 다만 관공서가 등기권리자인 경우에 그 상대방인 등기의무자의 인감증명 제출이 면제되는 것은 아니다.

> **부동산등기규칙 제60조(인감증명의 제출)**
> ③ 제항에 따라 인감증명을 제출하여야 하는 자가 국가 또는 지방자치단체인 경우에는 인감증명을 제출할 필요가 없다.

답 ❹

31 ☐☐☐ 본인서명사실확인서를 첨부정보로 등기소에 제공한 등기신청에 관한 다음 설명 중 가장 옳지 않은 것은?

① 본인서명사실확인서와 신청서 등의 서명은 본인 고유한 필체로 자신의 성명을 명확히 기재하는 방법으로 하여야 한다.

② 본인서명사실확인서의 서명이 한글이 아닌 문자로 기재되어 있으면 등기신청서의 성명도 그와 똑같은 문자로 기재하여야 한다.

③ 본인서명사실확인서에 기재된 거래상대방과 등기신청서에 기재된 등기권리자의 인적사항이 일치되지 않는 등기신청은 수리하여서는 아니 된다.

④ 대리인이 본인서명사실확인서를 첨부정보로서 등기소에 제공하여 등기신청을 대리하는 경우에는 위임받은 사람란에 대리인의 성명과 주소가 기재되어 있어야 하지만, 대리인이 법무사인 경우에는 '법무사 홍길동'과 같이 자격자대리인의 자격명과 성명이 기재되어 있으면 그 주소는 기재되어 있지 않아도 된다.

⑤ 인감증명법에 따라 신고한 인감을 날인하고 인감증명서를 신청서 등에 첨부정보로서 등기소에 제공하여야 하는 경우 이를 갈음하여 신청서 등에 서명을 하고 본인서명사실확인서를 제공할 수 있다.

....

[❶ ▶ ○] 본인서명사실확인서와 신청서 등의 서명은 본인 고유의 필체로 자신의 성명을 기재하는 방법으로 하여야 하며, 등기관이 알아볼 수 있도록 명확히 기재하여야 한다(등기예규 제1609호 제3조 제1항).

[❷ ▶ ✕] 본인서명사실확인서의 서명이 한글이 아닌 문자로 기재되어 있다 하더라도 등기신청서의 성명은 반드시 한글로 기재하여야 한다(등기예규 제1609호 제3조 제3항).

[❸ ▶ ○] 본인서명사실확인서 또는 전자본인서명확인서에 기재된 거래상대방과 신청서 등에 기재된 등기권리자의 인적사항이 일치하지 않는 등기신청은 수리하여서는 아니 된다(등기예규 제1609호 제6조 제2항).

[❹ ▶ ○] 대리인이 본인서명사실확인서 또는 발급증을 첨부하여 등기신청을 대리하는 경우에는 본인서명사실확인서 또는 전자본인서명확인서의 위임받은 사람란에 대리인의 성명과 주소가 기재되어 있어야 한다. 다만, 대리인이 변호사[법무법인·법무법인(유한) 및 법무조합을 포함한다]나 법무사[법무사법인·법무사법인(유한)을 포함한다]인 자격자대리인인 경우에는 성명란에 "변호사○○○" 또는 "법무사○○○"와 같이 자격자대리인의 자격명과 성명이 기재되어 있으면 자격자대리인의 주소는 기재되어 있지 않아도 된다(등기예규 제1609호 제8조 제1항).

[❺ ▶ ○] 부동산등기법 및 부동산등기규칙, 상업등기법 및 상업등기규칙 그 밖의 법령, 대법원예규에서 등기소에 제출하는 신청서 등에 인감증명법에 따라 신고한 인감을 날인하고 인감증명서를 첨부하여야 한다고 정한 경우, 이에 갈음하여 신청서 등에 서명을 하고 본인서명사실확인서를 첨부하거나 발급증을 첨부할 수 있다(등기예규 제1609호 제2조).

답 ❷

① 등기원인이 매매라 하더라도 등기원인증서가 판결, 조정조서 등으로 매매계약서가 아닌 경우에는 거래가액을 등기하지 아니한다.

② 분양계약의 경우에 있어 최초의 피분양자로부터 그 지위 전부가 甲에게 매매로 이전된 후 다시 乙에게 피분양자의 지위 전부가 증여로 이전되어 乙이 등기권리자가 된 경우에는 거래가액을 등기하지 아니한다.

③ 거래가액등기의 대상이 되는 소유권이전등기를 신청할 때에 1개의 신고필증에 2개 이상의 부동산이 기재되어 있는 경우와 신고필증에 기재되어 있는 부동산이 1개라 하더라도 수인과 수인 사이의 매매인 경우에는 매매목록을 첨부정보로서 제공하여야 한다.

④ 등기원인증서에 기재된 사항과 거래계약신고필증에 기재된 사항이 서로 다르다면 비록 신청인이 제출한 자료에 의하여 등기원인증서상 매매와 신고의 대상이 된 매매를 동일한 거래라고 인정할 수 있다 하더라도 그 소유권이전등기신청을 부동산등기법 제29조 제9호에 따라 각하하여야 한다.

⑤ 검인대상인 부동산에 대하여 착오로 거래신고를 하여 소유권이전등기를 마친 후에 다시 검인을 신청하여 매매계약서에 검인을 받았다면, 해당 매매계약서를 첨부정보로서 제공하여 거래가액의 등기를 말소하는 경정등기를 신청할 수 있다.

....

[❶ ▸ ○] 등기예규 제1633호 1. 가. (2)

> **등기예규 제1633호[거래가액등기에 관한 업무처리지침]**
> 1. 거래가액등기의 대상
>   가. 원칙 : 거래가액은 2006.1.1. 이후 작성된 매매계약서를 등기원인증서로 하여 소유권이전등기를 신청하는 경우에 등기한다. 그러므로 아래 각 호의 경우에는 거래가액을 등기하지 않는다.
>   (1) 2006.1.1. 이전에 작성된 매매계약서에 의한 등기신청을 하는 때
>   (2) 등기원인이 매매라 하더라도 등기원인증서가 판결, 조정조서 등 매매계약서가 아닌 때
>   (3) 매매계약서를 등기원인증서로 제출하면서 소유권이전등기가 아닌 소유권이전청구권가등기를 신청하는 때

[❷ ▸ ○] 등기예규 제1633호 1. 다. (2) (나) 5)

> **등기예규 제1633호[거래가액등기에 관한 업무처리지침]**
> 1. 거래가액등기의 대상
>   다. 분양계약의 경우
>   (1) 최초의 피분양자가 등기권리자가 된 경우 : 최초의 피분양자가 등기권리자가 되어 소유권이전등기를 신청하는 경우에 등기신청서에 분양계약서와 함께 거래신고필증이 첨부되어 있을 때에는 거래가액을 등기하고, 거래계약신고 대상이 아니어서 검인받은 분양계약서만 첨부되어 있을 때에는 거래가액을 등기하지 아니한다.
>   (2) 최초의 피분양자로부터 그 지위를 이전받은 자가 등기권리자가 된 경우
>   (가) 최초의 피분양자로부터 그 지위를 이전받은 자가 등기권리자가 되어 소유권이전등기를 신청하는 경우에는 등기신청서에 등기권리자가 매수인으로 거래계약신고를 하여 교부받은 거래신고필증이 첨부되어 있을 때에만 거래가액을 등기한다. 이 경우 등기권리자가 여러 명일 때에는 그 권리자 전부가 동시에 공동매수인으로 거래계약신고를 하여 교부받은 거래신고필증만을 말한다.

(나) 구체적인 예시

　　　1) 최초의 피분양자로부터 그 지위 전부가 갑에게 매매로 이전되어 갑이 등기권리자가 된 경우로서 그 지위이전계약이 거래계약신고 대상이 되어 등기신청서에 갑을 매수인으로 하는 거래신고필증이 첨부되어 있는 경우에는 그 거래가액을 등기한다.

　　　2) 최초의 피분양자로부터 그 지위 전부가 갑에게 증여로 이전되어 갑이 등기권리자가 된 경우에는 거래가액을 등기하지 아니한다.

　　　3) 최초의 피분양자로부터 그 지위 일부 지분만이 갑에게 증여로 이전되어 최초의 피분양자와 갑이 공동으로 등기권리자가 된 경우에는 거래가액을 등기하지 아니한다.

　　　4) 최초의 피분양자로부터 그 지위 전부가 갑에게 매매로 이전된 후 다시 을에게 피분양자의 지위 전부가 매매로 이전되어 을이 등기권리자가 된 경우로서 각 지위이전계약이 모두 거래계약신고 대상이 되어 등기신청서에 여러 개의 거래신고필증이 첨부된 경우에는 을을 매수인으로 하는 거래신고필증에 기재된 거래가액을 등기한다.

　　　5) <u>최초의 피분양자로부터 그 지위 전부가 갑에게 매매로 이전된 후 다시 을에게 피분양자의 지위 전부가 증여로 이전되어 을이 등기권리자가 된 경우에는 거래가액을 등기하지 아니한다.</u>

　　　6) 최초의 피분양자로부터 그 지위 전부가 갑에게 매매로 이전된 후 다시 을에게 피분양자의 지위 일부 지분만이 증여로 이전되어 갑과 을이 공동으로 등기권리자가 된 경우에는 거래가액을 등기하지 아니한다.

[❸ ▸ ○] 등기예규 제1633호 2. 나. (1)

등기예규 제1633호[거래가액등기에 관한 업무처리지침]
　　2. 신청서 기재사항 및 첨부서면 등 : 거래가액등기의 대상이 되는 소유권이전등기를 신청하는 경우에는, 신청서에 관할관청이 확인한 거래신고관리번호를 기재하여야 하고 아래 가. 및 나.의 규정에 따른 신고필증과 매매목록을 첨부하여야 한다.
　　나. 매매목록
　　(1) 매매목록의 제출이 필요한 경우 : 아래 각 호의 어느 하나에 해당하는 경우에는 매매목록을 제출하여야 한다.
　　　① 1개의 신고필증에 2개 이상의 부동산이 기재되어 있는 경우(1개의 계약서에 의해 2개 이상의 부동산을 거래한 경우라 하더라도, 관할관청이 달라 개개의 부동산에 관하여 각각 신고한 경우에는 매매목록을 작성할 필요가 없다)
　　　② 신고필증에 기재되어 있는 부동산이 1개라 하더라도 수인과 수인 사이의 매매인 경우

[❹ ▸ ×] 등기원인증서에 기재된 사항과 신고필증에 기재된 사항이 서로 달라 동일한 거래라고 인정할 수 없는 경우 등기관은 해당 등기신청을 부동산등기법 제29조 제9호에 의하여 각하하여야 한다. 다만, 단순한 오타나 <u>신청인이 제출한 자료에 의하여 등기원인증서상 매매와 신고의 대상이 된 매매를 동일한 거래라고 인정할 수 있는 경우(매매당사자의 주소가 불일치하나 주민등록번호가 일치하는 경우 등)에는 그러하지 아니하다</u>(등기예규 제1633호 4.).

[❺ ▸ ○] 부동산등기 특별조치법 제3조 제1항의 검인대상인 부동산에 대하여 착오로 거래신고를 하여 소유권이전등기를 마친 후에 다시 검인을 신청하여 매매계약서(등기원인증서)에 검인을 받았다면, 해당 매매계약서를 첨부하여 거래가액의 등기를 말소하는 경정등기를 신청할 수 있으며, 이때 등기원인은 "신청착오"로 기재하여야 한다(등기선례 제201205-3호).

답 ❹

33
☐☐☐

자격자대리인의 등기의무자 확인 및 자필서명 정보 제공에 관한 다음 설명 중 가장 옳지 않은 것은?

2022년

① 전자신청의 경우에는 자격자대리인의 자필서명 정보의 제공이 면제된다.
② 관공서가 등기의무자 또는 등기권리자인 경우에도 자격자대리인의 자필서명 정보의 제공이 면제되지 않는다.
③ 등기권리자가 등기의무자인 자격자대리인에게 등기신청을 위임하는 경우 자격자대리인은 별도로 자기에 대한 자필서명 정보를 제공할 필요가 없다.
④ 같은 등기소에 등기의무자와 등기의 목적이 동일한 여러 건의 등기신청을 동시에 하는 경우에는 먼저 접수되는 신청에만 자필서명 정보(이 경우 자필서명 정보 양식의 등기할 부동산의 표시란에는 신청하는 부동산 전부를 기재하여야 한다)를 첨부정보로 제공하고, 다른 신청에서는 먼저 접수된 신청에 자필서명 정보를 제공하였다는 뜻을 신청정보의 내용으로 등기소에 제공함으로써 자필서명 정보의 제공을 갈음할 수 있다.
⑤ 승소한 등기의무자가 단독으로 신청하는 권리에 관한 등기의 경우에도 자격자대리인은 등기의무자인지 여부를 확인하고 자필서명한 정보를 제공하여야 한다.

....

[❶ ▶ ✕] 전자신청의 경우 별지 제1호 양식에 따라 작성한 서면을 전자적 이미지 정보로 변환(스캐닝)하여 원본과 상위 없다는 취지의 부가정보와 부동산등기규칙 제67조 제4항 제1호에 따른 자격자대리인의 개인인증서 정보를 덧붙여 등기소에 송신하여야 한다(등기예규 제1745호 4. 다.). 즉, <u>전자신청의 경우 자격자대리인의 자필서명 정보의 제공방법이 다를 뿐 자필서명 정보의 제공이 면제되는 것은 아니다.</u>
[❷ ▶ ○] 관공서가 등기의무자 또는 등기권리자인 경우에도 자격자대리인이 부동산등기규칙 제46조 제1항 제8호 각 목의 등기를 신청하는 때에는 자필서명 정보를 제공하여야 한다(등기예규 제1745호 5. 가.).
[❸ ▶ ○] 등기권리자가 등기의무자인 자격자대리인에게 등기신청을 위임하는 경우 자격자대리인은 별도로 자기에 대한 자필서명 정보를 제공할 필요가 없다(등기예규 제1745호 5. 나.).
[❹ ▶ ○] 같은 등기소에 등기의무자와 등기의 목적이 동일한 여러 건의 등기신청을 동시에 하는 경우에는 먼저 접수되는 신청에만 자필서명 정보(이 경우 별지 제1호 양식의 등기할 부동산의 표시란에는 신청하는 부동산 전부를 기재하여야 한다)를 첨부정보로 제공하고, 다른 신청에서는 먼저 접수된 신청에 자필서명 정보를 제공하였다는 뜻을 신청정보의 내용으로 등기소에 제공함으로써 자필서명 정보의 제공을 갈음할 수 있다(등기예규 제1745호 4. 나.).
[❺ ▶ ○] 부동산등기규칙 제46조 제1항 제8호 나목

부동산등기규칙 제46조(첨부정보)
① 등기를 신청하는 경우에는 다음 각 호의 정보를 그 신청정보와 함께 첨부정보로서 등기소에 제공하여야 한다.
　8. 변호사나 법무사[법무법인·법무법인(유한)·법무조합 또는 법무사법인·법무사법인(유한)을 포함한다. 이하 "자격자대리인"이라 한다]가 다음 각 목의 등기를 신청하는 경우, 자격자대리인(법인의 경우에는 담당 변호사·법무사를 의미한다)이 주민등록증·인감증명서·본인서명사실확인서 등 법령에 따라 작성된 증명서의 제출이나 제시, 그 밖에 이에 준하는 확실한 방법으로 위임인이 등기의무자인지 여부를 확인하고 자필서명한 정보
　　가. 공동으로 신청하는 권리에 관한 등기
　　나. 승소한 등기의무자가 단독으로 신청하는 권리에 관한 등기

답 ❶

방문신청에 관한 다음 설명 중 가장 옳지 않은 것은?　　　2021년

① 자연인 또는 법인 아닌 사단이나 재단이 직접 등기신청을 하거나 자격자대리인이 아닌 사람에게 위임하여 등기신청을 하는 경우 외에는 방문신청을 하는 경우에도 도면이나 신탁원부는 이를 전자문서로 작성하여 전산정보처리조직을 이용하여 등기소에 송신하는 방법으로 하여야 한다.

② 신청서에 날인을 할 경우 신청서가 여러 장일 때에는 신청인 또는 그 대리인이 간인을 하여야 하고, 등기권리자 또는 등기의무자가 여러 명일 때에는 그중 1명이 간인하는 방법으로 한다.

③ 주소변경에 따라 등기명의인표시변경등기를 서면에 의한 방문신청으로 하는 경우에는 등기관이 행정정보공동이용을 통하여 주소정보를 확인할 방법이 없어 신청인에게 그 제공을 면제할 수 없으므로 주소를 증명하는 정보를 첨부정보로 제공하여야 한다.

④ 방문신청을 하고자 하는 신청인은 신청서를 등기소에 제출하기 전에 전산정보처리조직에 신청정보를 입력하고, 그 입력한 신청정보를 서면으로 출력하여 등기소에 제출하는 방법으로 할 수 있다.

⑤ 신청서에 첨부된 등기원인증서가 매매계약서인 경우에도 소유권이전등기를 마친 때부터 신청인이 3개월 이내에 수령하지 아니할 경우에는 이를 폐기할 수 있다.

[❶ ▸ ○] 부동산등기규칙 제63조, 제139조 제4항

> **부동산등기규칙 제63조(도면의 제출방법)**
> 방문신청을 하는 경우라도 등기소에 제공하여야 하는 도면은 전자문서로 작성하여야 하며, 그 제공은 전산정보처리조직을 이용하여 등기소에 송신하는 방법으로 하여야 한다. 다만, 다음 각 호의 어느 하나에 해당하는 경우에는 그 도면을 서면으로 작성하여 등기소에 제출할 수 있다.
> 1. 자연인 또는 법인 아닌 사단이나 재단이 직접 등기신청을 하는 경우
> 2. 자연인 또는 법인 아닌 사단이나 재단이 자격자대리인이 아닌 사람에게 위임하여 등기신청을 하는 경우
>
> **부동산등기규칙 제139조(신탁등기)**
> ④ 제3항의 첨부정보를 등기소에 제공할 때에는 방문신청을 하는 경우라도 이를 전자문서로 작성하여 전산정보처리조직을 이용하여 등기소에 송신하는 방법으로 하여야 한다. 다만, 제63조 각 호의 어느 하나에 해당하는 경우에는 이를 서면으로 작성하여 등기소에 제출할 수 있다.

[❷ ▸ ○] 신청서가 여러 장일 때에는 신청인 또는 그 대리인이 간인을 하여야 하고, 등기권리자 또는 등기의무자가 여러 명일 때에는 그중 1명이 간인하는 방법으로 한다. 다만, 신청서에 서명을 하였을 때에는 각 장마다 연결되는 서명을 함으로써 간인을 대신한다(부동산등기규칙 제56조 제2항).

[❸ ▸ ×] 주소변경에 따라 등기명의인표시변경등기를 신청하는 경우, 등기명의인의 주민등록초본을 신청인의 주소 등을 증명하는 서면으로 제출하게 되는데, 이 첨부정보는 행정정보공동이용을 통하여 등기관이 확인할 수 있고, 이에 관한 첨부제공의 면제를 규정하고 있는 등기예규는 서면에 의한 방문신청으로 하는 경우에도 적용된다.

> **부동산등기규칙 제46조(첨부정보)**
> ⑥ 제1항 및 그 밖의 법령에 따라 등기소에 제공하여야 하는 첨부정보 중 법원행정처장이 지정하는 첨부정보는 전자정부법 제36조 제1항에 따른 행정정보공동이용을 통하여 등기관이 확인하고 신청인에게는 그 제공을 면제한다. 다만, 그 첨부정보가 개인정보를 포함하고 있는 경우에는 그 정보주체의 동의가 있음을 증명하는 정보를 등기소에 제공한 경우에만 그 제공을 면제한다.

[❹ ▶ ○] 방문신청을 하고자 하는 신청인은 신청서를 등기소에 제출하기 전에 전산정보처리조직에 신청정보를 입력하고, 그 입력한 신청정보를 서면으로 출력하여 등기소에 제출하는 방법으로 할 수 있다(부동산등기규칙 제64조).

[❺ ▶ ○] 등기예규 제1514호 제5조

답 ❸

등기신청과 관련한 금전납부의무에 관한 다음 설명 중 가장 옳지 않은 것은?

① 시가표준액이 일정 금액 이상인 토지의 소유권보존등기를 하는 경우에는 주택도시기금법이 정하는 바에 따라 국민주택채권을 매입할 의무가 있다.
② 소유권이전에 관한 계약서를 작성하는 자는 인지세법에서 정하는 바에 따라 일정한 금액의 인지세를 납부할 의무가 있다.
③ 부동산등기를 신청하려는 자는 대법원규칙으로 정하는 바에 따라 소정의 등기신청수수료를 납부할 의무가 있다.
④ 등기명의인표시변경등기를 신청할 때에는 지방세법 소정의 등록면허세를 납부할 의무가 있다.
⑤ 법원사무관 등이 회생절차, 파산절차, 개인회생절차와 관련하여 보전처분의 등기 등을 촉탁하는 경우에도 등록면허세 및 등기신청수수료를 납부하여야 한다.

⋯⋯

[❶ ▸ ○] 토지의 소유권보존등기를 하는 경우에는 시가표준액이 5백만원 이상인 경우에 국민주택채권을 매입할 의무가 있다(주택도시기금법 시행령 별표 참조).
[❷ ▸ ○] 국내에서 재산에 관한 권리 등의 창설·이전 또는 변경에 관한 계약서나 이를 증명하는 그 밖의 문서를 작성하는 자는 이 법에 따라 그 문서에 대한 인지세를 납부할 의무가 있다(인지세법 제1조 제1항).
[❸ ▸ ○] 등기를 하려고 하는 자는 대법원규칙으로 정하는 바에 따라 수수료를 내야 한다(부동산등기법 제22조 제3항).
[❹ ▸ ○] 등기명의인표시변경등기는 건당 6천원의 지방세법 소정의 등록면허세를 납부할 의무가 있다(지방세 제28조 제1항 제1호 마목 참조).
[❺ ▸ ✕] 법원사무관 등이 회생절차, 파산절차, 개인회생절차, 국제도산절차와 관련하여 법 제24조, 제25조 제2항, 제3항 및 규칙 제10조 제1항에 의한 등기를 촉탁하는 경우 <u>등록면허세 및 등기신청수수료가 면제된다</u>(등기예규 제1516호 제4조 제1항).

답 ❺

CHAPTER

05 등기실행절차

제1절 | 신청의 접수

Ⅰ 개 관

1. 접수방법

① 등기신청의 접수는 방문신청과 전자신청으로 나누어 볼 수 있다. 전자신청의 경우에는 전산정보처리 조직에 의하여 접수절차가 진행되므로 이하에서는 주로 방문신청의 접수에 관하여 본다.

② 등기관은 등기신청서가 제출되면 접수하여야 한다.

2. 접수방법의 변화

과거 수작업으로 등기사무를 처리할 때에는 등기관이 신청서를 받았을 때 접수가 되는 것으로 보았으나(대결 1989.5.29. 87마820), 전산정보처리조직으로 등기사무를 처리하는 현재에는 해당 부동산이 다른 부동산과 구별될 수 있는 정보가 전산정보처리조직에 저장된 때 등기신청이 접수된 것으로 본다(부동산등기법 제6조, 부동산 등기규칙 제3조).

3. 개정 취지

① 등기신청서의 접수 시기를 규정한 것은 전자신청 제도의 도입 때문이다. 전자신청의 경우에는 신청정보 가 등기소에 도달하는 즉시 접수번호가 결정된다. 반면 방문신청의 경우에는 등기소에서 등기신청서를 받은 후 접수번호를 부여하게 된다.

② 같은 부동산에 관하여 등기한 권리의 순위는 등기한 순서에 따르고 등기의 순서는 원칙적으로 접수의 선후 즉 접수번호에 따르므로, 접수는 신청인에게 중대한 이해관계가 있는데 등기신청의 접수 시기에 관하여 기존의 태도를 유지하면 문제가 생긴다. 왜냐하면 같은 부동산에 관하여 방문신청이 있은 후 아직 전산정보처리조직에 그 정보를 입력하기 전에 전자신청이 있게 되면 나중에 접수된 전자신청의 접수번호가 앞서게 된다. 이에 따라 개정법은 위 규정을 둠으로써 등기신청의 접수 시기를 일원화 하여 문제를 입법적으로 해결하였다.

Ⅱ 본인 여부 등의 확인 및 접수절차

1. 확인(등기예규 제1718호 제4조)

① 등기신청서를 제공받은 접수담당자는 당사자나 그 대리인 본인 또는 허가받은 법무사 등의 사무원의 출석 여부를 확인하여야 하며, 허가받은 법무사 등의 사무원이 등기신청서를 제출하는 경우에는 등기신청서 전면 우측 상단 여백에 표시인을 찍고 제출자란에 그 사무원의 성명 및 총 신청건수를 기재하였는지 여부를 확인하여야 한다.

② 접수담당자는 주민등록증, 운전면허증, 여권이나 그 밖에 이에 준하는 신분증으로 당사자 본인이나 그 대리인이 출석하였는지를 확인한다.

③ 등기과·소에 출석한 자가 변호사 또는 법무사인 경우에는 변호사신분증이나 법무사신분증 또는 자격확인증으로, 출입사무원인 경우에는 전자출입증으로 이를 확인한다. 이 경우 자격확인증 또는 전자출입증으로 변호사나 법무사 또는 출입사무원을 확인할 때에는 먼저 자격확인증 또는 전자출입증상의 얼굴사진 주위의 원이 시계방향으로 회전되는 실행상태를 확인한 다음 이를 바코드리더기에 인식시킨 후 얼굴의 동일성 여부를 확인하는 방법으로 하여야 한다.

2. 접수(등기예규 제1718호 제4조)

접수담당자는 등기신청서를 제출받은 후 전산정보처리조직에 접수정보를 입력한 다음, 생성한 접수번호표를 등기신청서의 좌측 상단에 붙이고 지체 없이 등기관에게 전달하여야 한다.

Ⅲ 접수장의 기재 및 동시신청

1. 접수장의 기재

① 부동산등기신청서 접수장에는 접수연월일과 접수번호, 등기의 목적, 신청인의 성명 또는 명칭 등을 기록하여야 한다(부동산등기규칙 제22조 제1항). 접수번호는 1년마다 새로 부여하여야 한다(부동산등기규칙 제22조 제2항).

② 전자신청의 경우 접수번호는 전산정보처리조직에 의하여 자동으로 생성된 것을 부여하며, 접수장에도 전자신청이라는 뜻이 자동으로 기록된다(등기예규 제1725호).

2. 동시신청과 그 처리

같은 부동산에 관하여 동시에 여러 개의 등기신청이 있는 경우에는 같은 접수번호를 부여하여야 한다(부동산등기규칙 제65조 제2항). 같은 접수번호를 부여하여야 할 등기신청 및 그 등기신청의 처리 예시는 다음과 같다.

① 양립할 수 없는 등기의 동시신청 : 접수는 거부할 수 없지만 접수 후 모두 각하한다.

② 신청인의 협의에 의한 동시신청 : 서로 다른 채권을 담보하는 수 개의 저당권을 동일 순위로 설정하기 위하여 여러 채권자가 협의해 동시에 신청하는 경우에는 수 개의 신청서를 한데 묶고 맨 앞장의 첫머리 여백에 "동시신청"이라고 적어야 한다. 이러한 등기신청은 동일 순위로 등기하여야 한다.

③ 우편에 의한 동시접수
  ㉠ 같은 부동산에 관하여 2개 이상의 촉탁서가 등기소에 동시에 도착한 경우에는 가장 먼저 접수된 사건의 접수번호를 각 촉탁서에 부여한다. 접수번호가 다르게 부여된 사실을 등기관이 발견한 때에는 나중의 접수번호를 취소하고 먼저 접수된 사건의 접수번호를 부여한다(등기예규 제1771호).
  ㉡ 처분금지가처분신청이 가압류신청보다 신청법원에 먼저 접수되었더라도 처분금지가처분등기촉탁서와 가압류등기촉탁서를 등기관이 동시에 받았다면 같은 접수번호를 부여하여 동일 순위로 처리하여야 한다(등기예규 제1348호). 이러한 경우 그 채권자 상호 간에 한해서는 가압류와 처분금지가처분의 처분금지적 효력을 서로 주장할 수 없다(대결 1998.10.30. 98마475).
④ 법률상 동시신청이 요구되는 경우
  ㉠ 환매특약부 매매로 인한 권리이전의 등기와 환매특약의 등기(민법 제592조)
  ㉡ 신탁으로 인한 소유권이전등기와 신탁등기(부동산등기법 제82조 제1항)
  ㉢ 1동의 건물에 속하는 구분건물 중의 일부만에 관한 소유권보존등기와 나머지 구분건물의 표시에 관한 등기(부동산등기법 제46조 제1항)
  ㉣ 건물의 신축으로 인하여 비구분건물이 구분건물로 된 경우 신축건물의 소유권보존등기와 종전 건물의 표시변경등기(부동산등기법 제46조 제3항)
  ㉤ 이에 위반된 등기신청은 각하되는데, 사안에 따라 부동산등기법 제29조 제2호(사건이 등기할 것이 아닌 경우)나 제5호(신청정보의 제공이 대법원규칙으로 정한 방식에 맞지 아니한 경우)를 각하사유로 적용할 수 있을 것이다.

IV 집단사건의 접수(등기예규 제1566호)

① 접수공무원은 동시에 20개 이상 또는 20건 이상의 집합건물에 관한 등기신청(이하 "집단사건"이라 한다)이 접수된 경우에 집단사건 확인란을 첫 번째 신청서의 우측 상단 여백에 찍은 다음 처음 사건의 접수번호와 마지막 사건의 접수번호를 기재한 후 그 사실을 등기과(소)장에게 보고하고, 해당 등기관은 등기절차가 완료된 후에 집단사건을 등기과(소)장에게 인계하여야 한다.
② 등기과(소)장은 등기관으로부터 인계받은 집단사건의 등기신청수수료액, 수입인지금액의 정확 여부를 확인한 후 집단사건 확인란에 날인하여야 한다.

V 접수증의 교부

등기관이 신청서를 접수하였을 때에는 신청인의 청구에 따라 그 신청서의 접수증을 발급하여야 한다(부동산등기규칙 제65조 제3항).

I 조사에 관한 기본원칙

1. 분 류

① 등기관은 신청정보와 기타 첨부정보가 등기소에 제공된 경우 이를 조사하여 수리 여부를 결정할 권한이 있는데, 어느 범위까지 어떤 방법으로 심사하는가에 관하여 형식적 심사주의와 실질적 심사주의가 있다.

② 형식적 심사주의에서는 등기관에게 등기신청이 등기 절차법상의 요건에 적합한지 여부를 조사하는 권한만 부여하고, 그 등기신청이 실체법상의 권리관계와 일치하는지 여부에 대한 조사권한은 부여하지 않는다. 따라서 등기관은 실체적인 사항에 관하여는 신청인에게 증명을 요구할 수가 없고 요구할 필요도 없다.

③ 실질적 심사주의에서는 등기관에게 등기신청이 등기 절차법상의 요건에 적합한지 여부에 대한 조사권한 뿐 아니라, 실체법상의 권리관계와 일치하는지 또는 실체법상의 권리관계가 유효한지 여부까지 조사하는 권한을 부여한다. 따라서 등기원인인 법률행위 또는 그 밖의 법률사실이 실체법상 유효한지 여부를 심사하여 실체법상 성립하지 않았거나 무효일 때에는 등기관은 그 등기신청을 각하하게 된다.

④ 형식적 심사주의에서는 등기절차가 신속히 이루어지는 반면 등기와 실체의 부합을 보장함에 미흡하다. 반대로 실질적 심사주의에서는 등기와 실체의 부합이 더 보장될 수 있으나, 등기절차가 지연된다. 우리 법은 형식적 심사주의를 채택한 것으로 해석되고 있다(부동산등기법 제29조).

2. 형식적 서면심사

① 등기관은 등기신청에 대하여 실체법상의 권리관계와 일치하는지 여부를 심사할 실질적 심사권한은 없으나 신청서 및 그 첨부서류와 등기부에 의하여 등기요건에 합당하는지 여부를 심사할 형식적 심사권한과 책무가 있다(대판 2007.11.15. 2004다2786).

② 따라서 제출된 서면은 그 작성방법과 외형에 의하여 그 존부와 진부를 판단하면 족하고 등기원인의 존부에 대하여서까지 조사할 것은 아니다.

③ 등기신청을 위하여 출석한 자나 그 밖의 제3자에 대한 심문을 하여서도 아니 된다. 다만, 위조문서에 의한 허위등기를 방지하기 위하여 등기예규 제1377호는 "등기신청서의 조사 시 첨부서면이 위조문서로 의심이 가는 경우에는 신청인 또는 대리인에게 알려 그 진위 여부를 확인한 후 처리하고"라고 규정하여 일정한 경우에는 사실조사를 행하도록 하고 있다.

④ 다만 이와 같은 형식적인 서면심사에 의한다고 하더라도 그 등기신청이 실체법상 허용되는 것인지 여부는 판단하여야 한다(부동산등기법 제29조 제2호 참조).

3. 조사의 순서

등기관은 접수번호의 순서에 따라 등기사무를 처리하여야 한다(부동산등기법 제11조 제3항). 등기관이 부동산등기법 제55조에 의하여 심사를 하는 경우 심사의 기준시점은 신청서 제출시가 아니라 등기부에 기재(등기의 실행)하려는 때이다(대결 1989.5.29. 87마820).

Ⅱ 조사방법

등기관은 원칙적으로 서면조사의 방법으로 등기신청을 심사한다. 제출된 서면이 형식적으로 진정하다면 기재내용이 실체관계에 부합하는지 여부나 실체법상 유효한지 여부를 조사할 권한은 없고, 제출을 요하는 서면이 외형상 제출되었는지 여부, 그 서면이 형식적으로 진정한 것인지 즉 작성명의자가 진실로 작성한 것인지 여부 등을 조사한다.

1. 등기신청의 접수와 등기사항증명서 발급 중지

등기신청이 접수된 부동산에 관하여는 등기관이 그 등기를 마칠 때까지 등기사항증명서를 발급하지 못한다. 다만, 그 부동산에 등기신청사건이 접수되어 처리 중에 있다는 뜻을 표시하여 발급할 수 있다(부동산등기규칙 제30조 제4항).

2. 신청정보와 등기기록의 대조

① 부동산 표시의 일치 여부
② 등기의 목적인 권리 표시의 일치 여부(특히 공유지분의 부합 여부를 정확히 살펴야 한다)
③ 등기의무자 표시의 일치 여부
④ 등기권리자 표시의 일치 여부
⑤ 등기신청인과 등기명의인 표시의 일치 여부
⑥ 등기의무자 등기필정보의 일치 여부 등

3. 첨부정보와 등기기록의 대조

① 등기상 이해관계 있는 제3자의 승낙서 등과 등기기록의 대조
② 대장과 등기기록의 부동산표시 및 소유자표시(보존등기의 경우)의 대조
③ 첨부서류의 불비 여부의 판단

4. 신청정보와 첨부정보의 대조

① 신청정보와 대장정보
② 신청정보와 등기 원인증명정보
③ 신청정보와 대리권한증명정보
④ 신청정보 또는 위임장과 인감증명
⑤ 신청정보와 제3자의 허가서 등
⑥ 신청정보와 주소증명정보
⑦ 취득세, 등록면허세 납부 여부 등 등기신청과 관련된 각종 의무이행 여부 등 대조 : 등기관이 등기신청서를 조사할 때에는, ㉠ 취득세(등록면허세) 영수필확인서[시·군·구작성의 전산처리된 용지(OCR고지서)이어야 함. 다만, 지방세인터넷납부시스템(WETAX 또는 ETAX)을 이용하여 납부한 후 출력한 납부서

또는 대법원 인터넷등기소의 정액등록면허세납부서 작성기능을 이용해 작성한 정액등록면허세납부서에 의한 것도 가능]의 첨부 여부와 그 납세명세, ⓛ 국민주택채권(도시철도채권을 포함. 이하 같다) 매입정 보상의 매입자 성명 등이 등기신청서의 기재사항과 부합하는지 여부와 국민주택채권매입금액, ⓒ 당해 등기신청에 대한 신청수수료액과 그에 해당하는 금액의 영수필확인서가 첨부되어 있는지 여부, ⓔ 전자 수입인지의 첨부 여부 및 그 구매정보상의 수입인지금액의 정확 여부 등을 반드시 조사·확인하여야 한다(등기예규 제1566호 1.).

제3절 | 등기신청의 보정·취하·각하

Ⅰ 보 정

1. 의 의

① 보정이란 등기신청을 한 당사자가 등기관으로부터 지적받은 신청정보 및 첨부정보의 흠을 보충하고 고 치는 것을 말한다.

② 등기관에게 보정명령 의무가 있는지 여부에 관하여, 판례는 보정하도록 권고하는 것은 바람직하나 보정 을 명할 의무는 없다고 한다(대결 1969.11.6. 67마243).

③ 등기관은 보정이 없으면 등기신청을 각하할 수밖에 없는 경우에만 그 사유를 등록한 후 보정명령을 할 수 있다. 등기소장은 보정명령의 적정 여부에 관하여 철저히 감독하여야 한다(등기예규 제1515호 2. 라.).

2. 보정통지와 보정기간

① 등기관이 보정을 명하는 경우에는 보정할 사항을 구체적으로 적시하고 근거법령이나 예규, 보정기간 등을 제시하여 매건 조사 완료 후 즉시 구두 또는 전화나 모사전송의 방법으로 등기신청인에게 통지하여 야 한다(등기예규 제1515호 2. 라.).

② 등기신청이 부동산등기법 제29조 각 호의 각하사유에 해당하더라도 그 잘못된 부분이 보정될 수 있는 경우로서 등기관이 보정을 명한 날의 다음 날까지 보정하였을 때에는 신청을 각하해서는 안 된다(부동산등 기법 제29조 단서).

> **보정명령에 따라 보정할 수 있는 기간과 관련된 사례**
> 등기관이 경매법원의 촉탁에 의한 강제경매개시결정등기를 처리함에 있어 촉탁서상의 부동산 표시가 등기부와 저촉됨을 알고 전화로 보정하게 한 후 약 10일 정도 경과하여 그 등기를 처리하였더라도 그것이 제3자인 후순위 권리자의 권익을 침해하는 것이거나 제3자에 대하여 주의의무 위반이 있는 것이라고 보기는 어렵다(대판 2000.9.29. 2000다29240).

3. 보정의 방법

① 보정은 신청당사자 또는 대리인 본인이 직접 등기소에 출석하여 하는 것이 원칙이다. 다만, 등기신청서를 제출할 수 있도록 허가받은 변호사나 법무사의 사무원은 등기신청서의 제출뿐 아니라 보정도 할 수 있다(등기예규 제1718호). 보정은 반드시 등기관 면전에서 하여야 하며, 보정을 위하여 신청서나 그 부속서류를 신청인에게 반환할 수 없다(등기예규 제1515호 3. 라.).

② 전자신청의 보정은 전산정보처리조직에 의하여 한다. 다만, 행정정보공동이용의 대상이 되는 첨부정보를 해당 행정기관의 시스템 장애, 행정정보공동이용망의 장애 또는 등기소 전산정보처리조직의 장애 등으로 인하여 등기관이 확인할 수 없어 보정을 명한 경우에는 그 정보를 담고 있는 서면을 등기소에 제출하거나 신청인이 자격자대리인인 때에는 그 서면을 전자적 이미지정보로 변환하여 원본과 상위 없다는 취지의 부가정보와 자격자대리인의 부동산등기규칙 제67조 제4항 제1호에 따른 개인인증서(이하 "인증서"라 한다)정보를 덧붙여 송신할 수 있다(등기예규 제1725호).

4. 등기관의 처리

보정된 사건은 처리가 지연되지 않도록 즉시 처리하여야 한다(등기예규 제1515호). 보정기간이 도과했거나 통지 내용에 부합하지 않은 보정이라고 판단되면 신청을 각하한다. 등기관이 보정통지를 한 후에는 보정 없이 등기를 하여서는 안 된다.

Ⅱ 취 하(등기예규 제1643호)

1. 의 의

등기신청의 취하란 그 신청에 따른 등기가 완료되기 전에 등기신청의 의사표시를 철회하는 것을 말한다. 방문신청의 취하는 등기소에 출석해서 취하서를 제출하는 방법으로 하고, 전자신청의 취하는 전산정보처리조직을 이용하여 취하정보를 전자문서로 등기소에 송신하는 방법으로 한다(부동산등기규칙 제51조 제2항).

2. 취하를 할 수 있는 시기

등기신청의 취하는 등기관이 등기를 마치기 전까지 할 수 있다(부동산등기규칙 제51조 제1항). 여기서 등기의 완료는 등기관이 등기부에 등기사항을 기록하고 식별부호를 기록한 때를 말하므로 등기관이 식별부호를 기록하기 전에는 취하할 수 있다. 한편 이론상 등기관이 등기신청을 각하하기 전까지는 취하할 수 있다.

3. 취하할 수 있는 자

① 등기신청인 또는 그 대리인은 등기신청을 취하할 수 있다. 다만, 등기신청대리인이 등기신청을 취하하는 경우에는 취하에 대한 특별수권이 있어야 한다(등기예규 제1643호 1. 가.).

② 등기신청이 등기권리자와 등기의무자의 공동신청에 의하거나 등기권리자 및 등기의무자 쌍방으로부터 위임받은 대리인에 의한 경우에는, 그 등기신청의 취하도 등기권리자와 등기의무자가 공동으로 하거나 등기권리자 및 등기의무자 쌍방으로부터 취하에 대한 특별수권을 받은 대리인이 이를 할 수 있고, 등기권리자 또는 등기의무자 어느 일방만에 의하여 그 등기신청을 취하할 수는 없다(등기예규 제1643호 1.나).

4. 일괄신청과 일부취하

부동산등기법 제25조의 규정에 의하여 수개의 부동산에 관한 등기신청을 일괄하여 동일한 신청서에 의하여 한 경우 그중 일부 부동산에 대하여만 등기신청을 취하하는 것도 가능하다(등기예규 제1643호 4.).

5. 취하된 경우 등기관의 업무처리

① 등기관은 등기신청의 취하서가 제출된 때에는, 그 취하서의 좌측하단 여백에 접수인을 찍고 접수번호를 기재한 다음 기타문서접수장에 등재한다(등기예규 제1643호 5. 가.).

② 전산정보처리조직을 이용하여 취하 처리를 함으로써 부동산등기신청서접수장의 비고란에 취하의 뜻을 기록한 후, 등기신청서에 부착된 접수번호표에 취하라고 주서하여 그 등기신청서와 그 부속서류를 신청인 또는 그 대리인에게 환부하며, 취하서는 신청서 기타 부속서류 편철장의 취하된 등기신청서를 편철하였어야 할 곳에 편철한다(등기예규 제1643호 5. 나.). 개정된 예규에 의하면, 등기신청서에 부탁된 접수번호표를 제거하는 대신, 그 접수번호표에 취하라고 주서하여 신청인에게 환부하도록 하고 있는데, 이는 등기공무원의 취하업무에 대한 부담을 경감시키기 위해서이다.

③ 수개의 부동산에 관한 등기신청을 일괄하여 동일한 신청서에 의하여 한 경우 그중 일부의 부동산에 대하여만 등기신청을 취하한 때에는, 전산정보처리조직을 이용하여 일부 취하 처리를 함으로써 부동산등기신청서접수장의 비고란에 일부 취하의 뜻을 기록한 후, 등기신청서의 부동산표시란 중 취하되는 부동산의 표시 좌측에 취하라고 주서한 다음 취하서를 등기신청서에 합철하여야 한다. 이 경우 등기신청서 및 부속서류의 기재사항 중 취하된 부동산에 관련된 사항은 이를 정정, 보정케 하여야 한다(등기예규 제1643호 5. 다.). 즉 일부취하한 경우에는 신청서를 반환하지 않는다.

Ⅲ 각 하(부동산등기법 제29조)

1. 의 의

등기신청을 확정적으로 수리하지 아니하는 등기관의 처분을 말한다. 각하사유는 부동산등기법 제29조에 11개가 한정적으로 열거되어 있다. 즉, 등기관은 부동산등기법 제29조 각 호의 각하사유에 해당하는 경우에만 각하할 수 있다.

2. 각하사유

(1) 사건이 그 등기소의 관할이 아닌 경우(부동산등기법 제29조 제1호)

신청받은 등기소가 신청된 등기에 관하여 관할권을 가지고 있지 않은 경우이다.

(2) 사건이 등기할 것이 아닌 경우(부동산등기법 제29조 제2호)

① 등기의 신청 자체가 본래 등기를 허용하지 않는 사항을 목적으로 하는 경우이다. 이에는 등기법상 등기가 허용되지 않는 경우와 실체법상 허용되지 않는 경우로 나뉘는데 부동산등기규칙 제52조에서는 대표적인 것을 다음과 같이 규정하고 있다.
㉠ 등기능력 없는 물건 또는 권리에 대한 등기를 신청한 경우
㉡ 법령에 근거가 없는 특약사항의 등기를 신청한 경우

© 구분건물의 전유부분과 대지사용권의 분리처분 금지에 위반한 등기를 신청한 경우

② 농지를 전세권설정의 목적으로 하는 등기를 신청한 경우

③ 저당권을 피담보채권과 분리하여 양도하거나, 피담보채권과 분리하여 다른 채권의 담보로 하는 등기를 신청하는 경우

④ 일부 지분에 대한 소유권보존등기를 신청한 경우

⑤ 공동상속인 중 일부가 자신의 상속지분만에 대한 상속등기를 신청한 경우

⑥ 관공서 또는 법원의 촉탁으로 실행하여야 할 등기를 신청한 경우

⑦ 이미 보존등기된 부동산에 대하여 다시 보존등기를 신청한 경우

⑧ 그 밖에 신청취지 자체에 의하여 법률상 허용될 수 없음이 명백한 등기를 신청한 경우[4]

② 사건이 등기할 것이 아님에도 등기관이 간과하고 등기한 경우 그 등기는 직권말소의 대상이 된다(부동산등기법 제58조).

(3) 신청할 권한이 없는 자가 신청한 경우(부동산등기법 제29조 제3호)

① 등기권리자나 등기의무자가 아닌 제3자, 대표권 없는 자, 패소한 자가 등기신청한 경우가 이에 해당한다.

② 개정전 구법에서는 근거규정이 없어 구법 제55조 제3호의 당사자 또는 그 대리인이 출석하지 아니한 때 등기신청을 각하하도록 한 규정에 의해 각하하여 왔다. 신청할 권한이 없는 자 즉 대표권이나 대리권 없는 자가 신청한 경우는 정당한 대표자나 대리인이 출석한 것이 아닌 것으로 볼 수 있기 때문이다.

③ 그런데 전자신청에 있어서는 출석주의가 적용되지 않아서 신청할 권한이 없는 자가 전자신청을 할 경우 구법 제55조 제3호에 의해서는 각하할 수 없다. 따라서 개정법은 제29조 제3호를 신설하여 신청할 권한이 없는 자가 (전자)신청을 할 때에 등기관이 각하할 수 있도록 하였다.

(4) 부동산등기법 제24조 제1항 제1호에 따라 등기를 신청할 때에 당사자나 그 대리인이 출석하지 아니한 경우(부동산등기법 제29조 제4호)

① 방문신청의 경우 부동산등기법 제24조 제1항 제1호에 따라 당사자나 그 대리인이 등기소에 출석하여야 하므로, 당사자 등이 출석하지 않고 우편으로 등기신청을 하는 경우 등기관은 각하한다. 관공서의 촉탁이나 전자신청은 등기소 출석이 필요 없으므로 이 규정의 적용대상이 되지 않는다.

② 이 규정에서 출석은 등기신청인이 등기관의 면전에 직접 나타나는 것을 의미한다.

③ 출석하지 아니한 경우에는 출석하지 아니하고 신청서를 우송한 경우는 물론이고 출석한 자가 당사자가 아님이 명백한 것도 포함된다. 당사자는 등기신청능력이 있어야 하므로 출석한 당사자에게 의사능력이 없는 등 등기신청능력이 없는 것도 "출석하지 아니한 경우"에 해당한다.

---

4) 가압류 기입등기 후 가압류가 본압류로 이행하는 강제경매개시결정이 내려져 그 기입등기가 마쳐진 상태에서 집행법원이 가압류등기만의 말소촉탁을 하는 경우가 이에 해당한다(대결 2012.5.10. 2012마180).

(5) 신청정보의 제공이 대법원규칙으로 정한 방식에 맞지 아니한 경우(부동산등기법 제29조 제5호)

① 신청정보는 등기신청에 필요한 정보로서 법령에 규정된 것을 말한다. 방문신청의 경우에는 신청서에 기재하여야 할 사항이나 서식을 말하고 전자신청의 경우에는 당사자가 전산정보처리조직에 입력하여야 할 정보를 말한다.

② 등기원인이 신탁임에도 신탁등기 또는 소유권이전등기만 신청하는 경우, 신청인이 신청서 기재사항 중 일부를 누락하여 등기신청을 한 경우, 전자신청을 하면서 필요한 정보를 입력하지 않은 경우는 모두 이 규정에 따라 각하하게 된다.

③ 신청정보의 구체적인 제공방식은 부동산등기규칙 제43조에서 정하고 있다.

(6) 신청정보의 부동산 또는 등기의 목적인 권리의 표시가 등기기록과 일치하지 아니한 경우(부동산등기법 제29조 제6호)

이 각하사유는 부실등기의 발생을 예방하기 위한 것으로 신청정보로 제공된 부동산의 소재지번이나 지목 등이 등기기록과 일치하지 아니하거나 신청정보로 제공된 권리의 종류가 등기기록과 일치하지 아니한 경우가 이에 해당한다.

(7) 신청정보의 등기의무자의 표시가 등기기록과 일치하지 아니한 경우, 다만 부동산등기법 제27조(포괄승계인에 의한 등기신청)의 경우 제외(부동산등기법 제29조 제7호)

① 여기서 등기의무자의 표시란 등기의무자의 성명(명칭), 주민등록번호(부동산등기용등록번호) 및 주소(사무소 소재지)를 말한다.

② 이러한 등기의무자의 표시가 등기기록과 일치하지 아니한 때에는 진정한 등기의무자의 신청이 있는지 불명확하기 때문에 해당 등기신청은 각하된다. 따라서 신청정보의 등기의무자와 등기기록상 등기명의인이 동일하고 표시만 서로 다를 경우에는 표시경정 또는 변경등기가 선행되어야 한다.

③ 등기실무에서는 이 규정의 적용이 다소 완화된다. 예를 들어 등기연속의 원칙과 관계가 없는 가등기의 말소등기(등기예규 제1632호), 저당권등기의 말소등기(등기예규 제451호) 또는 부동산멸실등기를 하는 경우에는 첨부정보에 의하여 동일성만 인정되면 족하고, 변경 또는 경정등기를 선행할 필요가 없는 것으로 하고 있다.

④ 또한 부동산등기법 제27조에 따라 상속인 등 등기의무자의 포괄승계인이 등기신청을 하는 경우에는 신청정보의 등기의무자 표시가 등기기록과 일치될 수 없다. 이때에는 첨부정보에 의해 신청인이 등기기록상 등기의무자의 포괄승계인이라는 사실을 확인한 후 그 등기신청을 수리한다.

⑤ 소유권이전등기의 경우에는 직권주소변경등기의 특칙이 있다. 즉 등기관이 소유권이전등기를 할 때에 등기명의인의 주소변경으로 신청정보상의 등기의무자의 표시가 등기기록과 일치하지 아니하는 경우라도 첨부정보로서 제공된 주소를 증명하는 정보에 등기의무자의 등기기록상의 주소가 신청정보상의 주소로 변경된 사실이 명백히 나타나면 직권으로 등기명의인표시의 변경등기를 하여야 한다(부동산등기규칙 제122조). 단, 등기의무자의 주소가 "전거" 등 실질적인 주소 변경이 아닌 「도로명주소법」에 따른 주소변경인 경우에는 직권변경등기를 하지 않는다(등기예규 제1729호 5.).

(8) **신청정보와 등기원인을 증명하는 정보가 일치하지 아니한 경우**(부동산등기법 제29조 제8호)

① 예를 들어 등기원인은 매매인데 신청서에는 증여로 기재하였거나 신청정보상 갑이 등기권리자인데 매매계약서상으로는 병이 권리자인 경우 등이 이에 해당한다.

② 신청서와 등기원인증서의 일치 여부는 양자의 동일성 인정 여부에 따라 판단한다. 따라서 등기원인증서에 기재한 수필의 부동산 중 일부의 부동산을 신청서에 표시하였다 하더라도 그 등기신청은 적법하다.

③ 검인계약서(판결서 등은 제외)의 부동산 표시가 신청서와 엄격히 일치하지 않더라도 양자 사이에 동일성을 인정할 수 있으면 등기신청을 수리해도 무방하다. 또한 구분건물과 대지권이 함께 등기신청의 목적인 경우에는 검인계약서에 대지권의 구체적인 표시가 없더라도 대지권이 포함된 취지의 표시만 있으면 역시 무방하다(등기예규 제1727호 1. 다.).

(9) **등기에 필요한 첨부정보를 제공하지 아니한 경우**(부동산등기법 제29조 제9호)

① 등기원인증명정보나 인감증명 등 부동산등기규칙 제46조나 그 밖의 법령에 규정된 정보를 제공하지 않은 경우를 말한다.

② 제공할 정보가 누락된 경우는 물론이고 그 정보가 위조·변조된 것으로 인정되거나 효력이 상실된 경우에도 등기관은 이 규정에 따라 등기신청을 각하한다.

③ 또한 부동산매도용 인감증명서에 기재된 매수자와 매매를 원인으로 한 소유권이전등기신청서에 기재된 등기권리자의 인적사항이 일치되지 아니한 등기신청은 수리하여서는 아니 된다(등기예규 제1308호 제4조 제2항).

(10) **취득세, 등록면허세 또는 수수료를 내지 않거나 등기신청과 관련하여 다른 법률에 따라 부과된 의무를 이행하지 아니한 경우**(부동산등기법 제29조 제10호)

「지방세법」 제7조 제1항에 따른 취득세나 동법 제24조 제1호에 따른 등록면허세, 부동산등기법 제22조 제3항에 따른 등기신청수수료를 내지 않은 경우, 그 밖에 등기신청과 관련하여 다른 법률에서 부과된 의무를 이행하지 않은 경우를 말한다.

(11) **신청정보 또는 등기기록의 부동산의 표시가 토지대장, 임야대장 또는 건축물대장과 일치하지 아니한 경우**(부동산등기법 제29조 제11호)

① 소유권보존등기를 할 때를 제외하고는 표시에 관한 부분은 등기기록이 대장에 따르고 권리에 관한 부분은 대장이 등기기록에 따르는 것이 원칙이다. 따라서 등기기록의 부동산 표시가 토지대장, 임야대장 또는 건축물대장과 일치하지 않는 경우 대장에 의하여 표시를 변경·경정한 후 다른 등기를 신청하여야 한다.

② 그러나 「부동산등기법」 제29조 제11호는 그 등기명의인이 등기신청을 하는 경우에 적용되는 규정이므로, 관공서가 등기촉탁을 하는 경우에는 등기기록과 대장상의 부동산의 표시가 부합하지 아니하더라도 그 등기촉탁을 수리하여야 한다(등기예규 제1759호 5.).

3. 각하결정(등기예규 제1703호)

(1) 각하방식

① 등기관은 등기신청이 부동산등기법 제29조에 열거된 각하사유 중의 어느 하나에 해당하는 때에는 이유를 적은 결정으로 신청을 각하한다. 결정서에는 신청인의 표시, 주문, 이유, 등기소 및 등기관을 기재한다.

② 전자신청에 대한 각하결정과 그 고지는 서면신청과 동일한 방법으로 한다(등기예규 제1725호).

(2) 각하결정 후의 절차

① 각하취지의 접수장 등에의 기재 및 등기신청서의 편철 : 등기신청을 각하한 경우 접수장의 비고란 및 등기신청서 표지에 '각하'라고 붉은 글씨로 기재하고, 등기신청서는 신청서 기타 부속서류 편철장에 편철 한다.

② 각하결정의 작성·고지

  ㉠ 등기관은 등기전산시스템을 이용하여 각하결정 원본(각하결정에 대한 경정결정 포함)을 작성·저장 한다.

  ㉡ 이 경우 각하결정 등본(각하결정에 대한 경정결정 포함)을 신청인 또는 대리인에게 교부하거나 특별 우편송달 방법으로 송달하되, 교부를 하는 때에는 교부받은 자로부터 영수증을 수령하여야 한다.

③ 각하결정 고지 전의 흠결보정의 효력 : 각하결정 후 고지할 때까지 보정을 하였다 하여 이미 내려진 각하결정을 내려지지 않은 것으로 돌릴 수는 없다(대결 1968.7.8. 67마300, 등기예규 제124호).

④ 고지의 방법·일자의 입력 : 각하결정 등본(각하결정에 대한 경정결정 포함)을 교부하거나 송달한 경우 등기관은 지체 없이 그 고지의 방법·일자를 등기전산시스템에 입력한다.

⑤ 첨부서류의 환부

  ㉠ 각하결정등본을 교부하거나 송달할 때에는 등기신청서이외의 첨부서류(취득세·등록면허세영수필 확인서 및 국민주택채권매입필증 포함)도 함께 교부하거나 송달하여야 한다. 다만, 첨부서류 중 각하 사유를 증명할 서류는 이를 복사하여 당해 등기신청서에 편철한다.

  ㉡ 취하의 경우와 달리 등기신청서와 등기신청수수료는 반환하지 아니한다.

  ㉢ 등기신청 각하에 대해 신청인이 이의하여 관할 지방법원으로부터 기록명령을 받았으나 이미 신청서 외의 첨부서류가 환부된 경우 기록명령에 의한 등기를 방해하는 사유가 발생한 것이므로 등기관은 신청인에게 환부해 간 서류의 재제출을 명하고 응하지 아니할 때에는 기록명령에 따른 등기를 할 수 없다. 그때에는 그 뜻을 관할 지방법원과 이의신청인에게 통지한다(부동산등기규칙 제161조).

⑥ 각하결정등본의 교부영수증 또는 송달보고서의 편철 : 각하결정등본 및 등기신청서 이외의 서류를 교부 또는 송달한 경우에는 그 영수증 또는 송달보고서를 해당 등기신청서에 편철한다.

⑦ 각하결정등본 등이 송달불능된 경우의 처리 : 송달한 각하결정등본 및 신청서 이외의 첨부서류가 소재불 명 등의 사유로 반송된 경우 별도의 조치를 취하지 아니하고 결정등본 등 반송서류 일체를 송달불능보고 서와 함께 해당 등기신청서에 편철한다.

4. 각하사유를 간과하고 마쳐진 등기의 효력과 구제절차

① 등기관이 등기를 완료한 후 그 등기가 부동산등기법 제29조 제1호 또는 제2호에 위반된 것임을 발견한 때에는 소정의 절차를 거쳐 직권으로 말소한다(부동산등기법 제58조). 이 경우 등기상 이해관계인은 부동산등기법 제100조에 따라 이의신청을 할 수 있다.

② 부동산등기법 제29조 제3호 이하의 경우에는 그 위반된 등기가 무효라고 단정할 수 없으므로 등기관도 직권으로 말소할 수 없다. 결국 부동산등기법 제29조 제3호 이하의 경우는 부동산등기법 제100조의 이의사유는 될 수 없다. 따라서 부동산등기법 제29조 제3호 이하의 사유에 해당함에도 등기관이 간과하고 등기신청을 수리한 경우 이해관계인은 등기관의 처분에 대한 이의의 방법으로 등기의 말소를 청구할 수 없고 소로써 구제받을 수밖에 없다(대결 1968.8.23. 68마823).

③ 각하사유를 간과하여 마쳐진 등기와 등기관이 아닌 권한 없는 제3자가 등기기록 자체를 위조한 것과는 구별하여야 한다. 그러므로 권한 없는 제3자에 의하여 생성된 위조의 등기는 부동산등기법 제29조 제2호와 제58조에 의하여 등기관이 직권으로 말소하고 등기과·소장은 그 결과를 법원행정처장에게 보고하여야 한다(등기예규 제1377호 제3조).

제4절 │ 교 합

I 정의와 처리원칙

1. 교합의 정의

① 교합이란 등기관이 등기부에 기입된 사항이 정확함을 최종적으로 확인한 후 식별부호를 기록하는 것을 말한다.

② 교합은 지방법원장으로부터 발급받은 등기관카드를 사용하여 등기관의 식별부호를 전산시스템에 기록하는 방법으로 한다. 식별부호는 지방법원장으로부터 부여받은 사용자번호이다(등기예규 제1515호 3. 가.).

③ 등기관이 등기사무를 처리한 때에는 등기사무를 처리한 등기관이 누구인지 알 수 있는 조치를 하여야 한다(부동산등기법 제11조 제4항). 이러한 조치는 각 등기관이 미리 부여받은 식별부호를 기록하는 방법으로 한다(부동산등기규칙 제7조).

2. 처리원칙

① 등기관은 당사자가 제공한 신청정보 및 첨부정보가 제반 법령에 부합되는지의 여부를 조사한 후 접수번호의 순서대로 교합처리하여야 한다. 지연처리, 보정명령을 한 경우를 제외하고는 늦어도 오전에 제출된 사건에 대하여는 다음 날 18시까지, 오후에 제출된 사건에 대하여는 다음다음 날 12시까지 등기필정보를 작성·통지하여야 한다(등기예규 제1515호 3. 가.).

② 수십 필지의 분필·합필등기, 여러 동의 아파트 분양사건과 같은 집단 사건 또는 법률적 판단이 어려운 경우와 같이 만일 접수 순서대로 처리한다면 후순위로 접수된 다른 사건의 처리가 상당히 지연될 것이 예상될 경우에는 그 사유를 등록하고 이들 사건보다 나중에 접수된 사건을 먼저 처리할 수 있다. 다만, 같은 부동산에 대하여 여러 등기신청이 접수된 경우에는 반드시 접수순서에 따라 처리하여야 한다(등기예규 제1515호 3. 마.).

③ 지연처리 사유를 등록한 등기신청에 대하여는 등기시스템으로 지연사유대장을 작성하되 별도로 출력·보관하지는 않는다. 등기소장은 위 대장에 의거, 지연처리사건 현황을 법원통계규칙에 의한 시·군법원의 월보 제출의 예에 준하여 소속 지방법원장에게 보고한다(등기예규 제1515호 바.).

④ 교합 후에는 등기신청을 취하할 수 없고, 기록에 과오가 있더라도 자구정정의 방법에 의하여 정정할 수 없다.

제5절 등기완료 후의 절차

I 등기필정보의 작성 및 통지(등기예규 제1749호)

1. 의 의

① 등기관이 새로운 권리에 관한 등기를 마쳤을 때에는 등기필정보를 작성하여 등기권리자에게 통지하여야 한다(부동산등기법 제50조 제1항).

② 여기서 등기필정보란 등기를 완료한 등기관이 등기필증 대신에 등기소에 본인임을 확인하는 기능을 할 목적으로 작성, 교부하는 정보 또는 서면을 말한다. 전자신청의 경우 등기필증으로는 정보제공이 용이하지 않아 등기필제도가 고안된 것이다.

2. 등기필정보의 작성

등기관은 등기권리자의 신청에 의하여 다음의 등기를 하는 때에는 등기필정보를 작성하여야 한다. 그 이외의 등기를 하는 때에는 등기필정보를 작성하지 아니한다.

① 「부동산등기법」 제3조 기타 법령에서 등기할 수 있는 권리로 규정하고 있는 권리를 보존, 설정, 이전하는 등기를 하는 경우

② 위 ①의 권리의 설정 또는 이전청구권 보전을 위한 가등기를 하는 경우

③ 권리자를 추가하는 경정 또는 변경 등기(갑 단독소유를 갑, 을 공유로 경정하는 경우나 합유자가 추가되는 합유명의인표시변경등기 등)를 하는 경우

3. 등기필정보의 기재사항과 구성(등기예규 제1749호 3., 제5-1호)

① 등기필정보의 기재사항 : 등기필정보에는 권리자, (주민)등록번호, 부동산고유번호, 부동산소재, 접수일자, 접수번호, 등기목적, 일련번호 및 비밀번호를 기재한다.

② 등기필정보의 구성

㉠ 등기필정보의 일련번호는 영문 또는 아라비아 숫자를 조합한 12개로 구성하고 비밀번호는 50개를 부여한다.

㉡ 하나의 등기필정보로 동시에 또는 순차적으로 등기신청을 하여야 할 예정 사건의 수가 50건을 초과하는 경우 등기명의인은 등기신청 예정 사건의 수를 소명하는 서면을 첨부하여 일련번호 등을 추가 부여하여 줄 것을 등기신청과 동시에 또는 사후에 신청할 수 있다. 단, 사후에 신청하는 경우에는 교부(수신)받은 등기필정보 및 등기완료통지서를 신청서와 함께 제출하여야 한다.

ⓒ 이 경우 등기관은 신청서를 심사한 후 필요성이 인정될 경우에는 전산정보처리조직을 이용하여 등기신청 예정 사건의 수를 기준으로 50건을 초과할 때마다 1개의 일련번호와 각 50개의 비밀번호를 추가 부여한다.

4. 등기필정보의 작성방법(등기예규 제1749호 4.)

① **일반신청의 경우** : 등기필정보는 부동산 및 등기명의인이 된 신청인별로 작성하되, 등기신청의 접수연월일 및 접수번호가 동일한 경우에는 부동산이 다르더라도 등기명의인별로 작성할 수 있다. 그러므로 등기명의인이 신청하지 않은 다음의 등기를 하는 경우에는 등기명의인을 위한 등기필정보를 작성하지 아니한다.

ⓐ 채권자대위에 의한 등기

ⓑ 등기관의 직권에 의한 보존등기

ⓒ 승소한 등기의무자의 신청에 의한 등기

② **관공서 촉탁의 경우** : 관공서가 등기를 촉탁한 경우에는 등기필정보를 작성하지 아니한다. 다만, 관공서가 등기권리자를 위해 등기를 촉탁하는 경우에는 그러하지 아니하다.

5. 등기필정보의 통지 방법(등기예규 제1749호 5.)

(1) 전자신청의 경우

① **당사자가 직접 신청한 경우** : 등기권리자는 다음의 순서에 따라 등기필정보를 수신한다.

ⓐ 인터넷등기소에 접속하여 인터넷등기전자신청 메뉴에서 신청내역조회를 선택하고, 부동산등기규칙 제67조 제4항 제1호에 따른 개인인증서(이하 "인증서"라 한다)정보와 사용자등록번호를 입력하여 사용자인증을 받는다.

ⓑ 신청내역을 조회하여 처리상태가 등기완료로 기록되어 있는 사건을 표시한 후 등기필정보를 전송받는다(등기필정보는 3회에 한하여 전송받을 수 있다). 동일한 등기신청 사건에서 수인이 권리자로 표시되어 있는 경우 다른 사람에 관한 등기필정보는 전송받을 수 없다.

ⓒ 전송된 등기필정보를 확인하기 위해서는 등기권리자의 인증서정보를 입력하여야 한다.

② **대리인이 신청한 경우**

ⓐ 전자신청을 대리인에게 위임한 경우 등기필정보를 권리자 자신이 직접 전송받을 수 없으며, 대리인이 위 (1)의 ①의 절차에 의하여 등기필정보를 전송받은 후 등기권리자에게 그 파일을 전자우편으로 송신하거나 직접 전달한다.

ⓑ 다만 권리자가 등기신청을 대리인에게 위임하면서 등기필정보의 수령 및 그 확인에 관한 일체의 권한을 부여한 경우에는 대리인이 직접 자신의 인증서정보를 입력하여 전송받은 등기필정보를 확인할 수 있으며, 이를 서면으로 출력하여 등기권리자에게 교부할 수 있다.

③ **전자촉탁의 경우** : 관공서가 등기권리자를 위하여 소유권이전등기를 전자촉탁한 때에는 등기필정보통지서를 출력하여 관공서에 직접 교부 또는 송달할 수 있고, 이 경우 관공서는 등기필정보통지서를 뜯지 않은 채 그대로 등기권리자에게 교부한다.

(2) 서면신청의 경우

등기필정보통지서를 교부받고자 하는 자는 신분증(부동산등기법무사 또는 변호사의 사무원은 사무원증)을 제시하여야 하고, 교부담당 공무원은 다음의 방법으로 출력·교부한다. 등기필정보통지서는 1회에 한하여 교부한다.

① **등기필정보통지서의 출력·관리**
　　㉠ 전산정보처리조직상 등기필정보관리 기능을 선택하여 등기필정보 교부대상을 확인한다.
　　㉡ 교부 대상자 중 특정 등기명의인을 선택하여 등기필정보통지서를 출력하거나 일괄하여 출력한다. 이 경우 등기필정보통지서 우측상단에 바코드를 생성하여 출력한다.
　　㉢ 출력된 등기필정보통지서의 기재사항 중 일련번호 및 비밀번호가 보이지 않도록 그 기재된 부분에는 스티커를 부착한다.

② **등기필정보통지서의 교부방법** : 전자패드에 전자펜을 이용하여 수령인의 서명(이하 "전자서명"이라 함)을 받는 방법으로 하여야 하며, 구체적인 절차는 다음과 같다.
　　㉠ 교부담당 공무원은 교부할 등기필정보통지서를 바코드리더기 등을 이용하여 확인하여야 한다.
　　㉡ 신청인 본인 또는 대리인, 대리인인 법무사 또는 변호사의 사무원은 전자서명을 한 후 등기필정보통지서를 교부받아야 한다.
　　㉢ 수령인은 본인의 성명을 제3자가 알아볼 수 있도록 적어야 하고, 담당 공무원은 알아보기 어렵다고 인정하는 경우에는 다시 서명할 것을 요청할 수 있다.
　　㉣ 등기소에 정전, 전산망 훼손, 전산시스템 장애 등으로 부동산등기시스템의 정상작동이 불가능하거나 전자서명장치의 오류로 전자서명을 할 수 없는 경우에는 "등기필정보통지서 및 등기원인증서 수령부"에 수령인의 날인 또는 서명을 받고 등기필정보통지서를 교부할 수 있다. 이 수령부는 별도로 편철하여 5년간 보존하여야 한다.

③ **우편에 의한 송부**
　　㉠ 신청인이 등기필정보통지서를 우편으로 송부받고자 하는 경우에는 등기신청서와 함께 수신인란이 기재된 봉투에 등기취급 우편 또는 특급취급우편(속달)요금에 상응하는 우표를 붙여 이를 제출하여야 한다.
　　㉡ 담당 공무원은 등기사건이 처리된 즉시 등기필정보통지서를 수신인에게 발송하고, 등기시스템에 "우송"이라고 기록한 후 그 영수증은 "우편물수령증철"에 첨부하여 보관하여야 한다. 이 "우편물수령증철"은 1년간 보존한다.

6. 등기필정보의 통지를 요하지 않는 경우(부동산등기법 제50조, 부동산등기규칙 제109조)

① 등기권리자가 통지를 원하지 않는다는 뜻을 신청정보의 내용으로 한 경우
② 등기필정보를 전산정보처리조직으로 통지받아야 할 자가 수신이 가능한 때부터 3개월 이내에 전산정보처리조직을 이용하여 수신하지 않는 경우
③ 등기필정보통지서를 수령할 자가 등기를 마친 때부터 3개월 이내에 수령하지 않은 경우
④ 승소한 등기의무자가 등기신청을 한 경우
⑤ 등기권리자를 대위하여 등기신청을 한 경우
⑥ 등기관이 직권으로 소유권보존등기를 한 경우

7. 등기필정보의 실효신청

등기명의인 또는 그 상속인 그 밖의 포괄승계인은 전산정보처리조직을 이용하거나 등기소를 방문하여 통지받은 등기필정보의 실효신고를 할 수 있다(부동산등기규칙 제110조).

Ⅱ 등기완료사실의 통지(등기예규 제1623호)

등기관이 등기를 마쳤을 때에는 신청인 등에게 그 사실을 알려야 한다(부동산등기법 제30조).

1. 등기완료통지서 기재사항

① 등기완료통지서에는 신청인(또는 권리자)의 성명과 주소, 부동산소재, 접수일자, 접수번호, 등기목적, 등기원인 및 일자, 작성일자를 기재하고 등기관의 전자이미지관인을 기록한다.
② 대리인에 의한 신청의 경우에는 대리인의 자격과 성명을 기재한다(등기예규 제1623호 2.).

2. 등기완료통지의 방법(등기예규 제1623호 3.)

(1) 등기필정보를 부여받을 사람에 대한 통지

전자신청의 경우에는 등기필정보를 송신할 때 함께 송신하고, 서면신청의 경우에는 등기필정보와 일체로 작성된 등기필정보 및 등기완료통지서로 한다.

(2) 등기필정보를 부여받지 않는 사람에 대한 통지

① 공동신청에 있어서 등기의무자에 대한 통지
　㉠ 신청서에 등기완료사실의 통지를 원한다는 등기의무자의 의사표시가 기재되어 있는 경우에만 등기완료사실의 통지를 하며, 전자신청의 경우에는 전산정보처리조직을 이용하여 송신하는 방법에 의하고, 서면신청의 경우에는 등기완료사실을 인터넷등기소에 게시하는 방법에 의한다.
　㉡ 서면신청의 경우 통지를 받을 자가 등기소에 출석하여 직접 서면의 교부를 요청하는 때에는 등기완료통지서를 출력하여 직접 교부한다.
② 위 ①을 제외한 신청인에 대한 통지
　㉠ 다음에 해당하는 자에 대한 통지는 전자신청의 경우에는 전산정보처리조직을 이용하여 송신하는 방법에 의하고, 서면신청의 경우에는 등기완료사실을 인터넷등기소에 게시하는 방법에 의한다. 다만 서면신청의 경우 그 통지를 받을 자가 등기소에 출석하여 직접 서면의 교부를 요청하는 때에는 등기완료통지서를 출력하여 직접 교부한다.
　㉡ 공동신청에 있어서 등기필정보를 부여받지 않는 등기권리자
　㉢ 단독신청에 있어서 신청인
　㉣ 부동산등기법 제23조 제4항에 의한 승소한 등기의무자의 등기신청에 있어서 등기의무자
　㉤ 부동산등기법 제28조에 의한 대위채권자의 등기신청에 있어서 대위자
③ 신청인이 아닌 등기명의인 등에 대한 통지 : 특히 다음에 해당하는 자에 대하여는 등기기록상 주소로 우편 송달한다.
　㉠ 부동산등기법 제23조 제4항에 의한 승소한 등기의무자의 등기신청에 있어서 등기권리자
　㉡ 부동산등기법 제28조에 의한 대위채권자의 등기신청에 있어서 등기권리자

ⓒ 부동산등기법 제66조에 의한 소유권의 처분제한의 등기촉탁에 있어서 보존등기명의인

ⓔ 부동산등기규칙 제53조 제1항 제3호의 등기의무자

④ 관공서에 대한 통지

    ㉠ 전자촉탁의 경우에는 전산정보처리조직을 이용하여 송신하는 방법에 의한다.

    ㉡ 서면촉탁의 경우에는 촉탁관서가 법원인 때에는 등기완료통지서를 출력하여 직접 교부하거나 우편으로 송부한다. 다만 우편 송부는 경매개시결정등기촉탁을 제외하고는 등기촉탁서에 등기완료통지서 송부용봉투가 첨부된 경우에 한한다. 그 밖의 관공서인 때에는 등기완료사실을 인터넷등기소에 게시하는 방법에 의한다.

Ⅲ   소유권변경사실의 통지

등기관이 소유권의 보존 또는 이전, 소유권의 등기명의인표시의 변경 또는 경정, 소유권의 변경 또는 경정, 소유권의 말소 또는 말소회복의 등기를 하였을 때에는 지체 없이 그 사실을 지적소관청 또는 건축물대장 소관청에 알려야 한다(부동산등기법 제62조). 이러한 소유권변경사실의 통지는 전산정보처리조직을 이용하여 할 수 있다(부동산등기규칙 제120조).

Ⅳ   송부와 과태료 사유통지

1. 과세자료의 송부

등기관이 소유권의 보존 또는 이전의 등기(가등기를 포함한다)를 하였을 때에는 지체 없이 그 사실을 부동산 소재지 관할 세무서장에게 통지하여야 한다(부동산등기법 제63조). 역시 전산정보처리조직을 이용하여 할 수 있다(부동산등기규칙 제120조).

2. 취득세·등록면허세 영수필통지서의 송부

취득세·등록면허세 영수필통지서의 송부는 취득세·등록면허세 영수필통지서에 해당하는 정보를 전송함으로써 갈음하고 있다. 행정정보공유센터에 취득세·등록면허세 영수필통지서에 해당하는 정보를 전송한 경우에는 지체 없이 전송완료 연월일시를 전산정보처리조직의 보조기억장치로 조제된 접수장에 기록한다(등기예규 제1372호).

3. 과태료 사유의 통지

등기관이 「부동산등기 특별조치법」 제11조의 규정에 의한 과태료에 처할 사유가 있음을 발견한 때에는 목적 부동산의 소재지를 관할하는 시장 등에게 과태료사유통지서를 즉시 송부하여야 한다(등기예규 제1727호).

4. 집행법원에의 통지

가압류등기, 가처분등기, 경매개시결정등기, 주택임차권등기 및 상가건물임차권등기가 집행법원의 말소촉탁 이외의 사유(본등기, 매각, 공매, 부동산등기법 제99조 제4항, 또는 부동산등기규칙 제116조 제2항의 경우 등)로 말소된 경우 등기관은 지체 없이 그 뜻을 집행법원에 통지하여야 한다(등기예규 제1368호).

CHAPTER 05 등기실행절차

제1절 | 신청의 접수

01
□□□

등기신청의 접수에 관한 다음 설명 중 가장 옳지 않은 것은? 2023년

① 등기신청은 해당 부동산이 다른 부동산과 구별될 수 있게 하는 정보가 전산정보처리조직에 저장된 때 접수된 것으로 본다.

② 같은 토지 위에 있는 여러 개의 구분건물에 대한 등기를 동시에 신청하는 경우에는 그 건물의 소재 및 지번에 관한 정보가 전산정보처리조직에 저장된 때 등기신청이 접수된 것으로 본다.

③ 처분금지가처분신청이 가압류신청보다 신청법원에 먼저 접수되었다 하더라도 법원으로부터 처분금지가처분등기촉탁서와 가압류등기촉탁서를 등기관이 동시에 받았다면 양 등기는 이를 동시 접수 처리하여야 하고 그 등기의 순위는 동일순위등기이다.

④ 등기관이 신청서를 접수하였을 때에는 신청인의 청구에 관계없이 그 신청서의 접수증을 발급하여야 한다.

⑤ 같은 부동산에 관하여 동시에 여러 개의 등기신청이 있는 경우에는 같은 접수번호를 부여하여야 한다.

....

[**❶** ▸ ○] 부동산등기법 제6조 제1항, 동 규칙 제3조 제1항

> **부동산등기법 제6조(등기신청의 접수시기 및 등기의 효력발생시기)**
> ① 등기신청은 대법원규칙으로 정하는 등기신청정보가 전산정보처리조직에 저장된 때 접수된 것으로 본다.
>
> **부동산등기규칙 제3조(등기신청의 접수시기)**
> ① 법 제6조 제1항에서 "대법원규칙으로 정하는 등기신청정보"란 해당 부동산이 다른 부동산과 구별될 수 있게 하는 정보를 말한다.

[**❷** ▸ ○] 같은 토지 위에 있는 여러 개의 구분건물에 대한 등기를 동시에 신청하는 경우에는 그 건물의 소재 및 지번에 관한 정보가 전산정보처리조직에 저장된 때 등기신청이 접수된 것으로 본다(부동산등기규칙 제3조 제2항).

[❸▸○] 등기신청의 접수순위는 등기신청정보가 전산정보처리조직에 저장되었을 때를 기준으로 하고 동일 부동산에 관하여 동시에 수개의 등기신청이 있는 때에는 동일 접수번호를 부여하여 동일 순위로 등기하여야 하므로(부동산등기규칙 제65조 제2항), 처분금지가처분신청이 가압류신청보다 신청법원에 먼저 접수되었다 하더라도 법원으로부터 동처분금지가처분등기촉탁서와 가압류등기촉탁서를 등기관이 동시에 받았다면 양등기는 이를 동시 접수 처리하여야 하고 그 등기의 순위는 동일순위등기이다(등기예규 제1348호).

[❹▸✕] 등기관이 신청서를 접수하였을 때에는 신청인의 청구에 따라 그 신청서의 접수증을 발급하여야 한다(부동산등기규칙 제65조 제3항).

[❺▸○] 같은 부동산에 관하여 동시에 여러 개의 등기신청이 있는 경우에는 같은 접수번호를 부여하여야 한다(부동산등기규칙 제65조 제2항).

답 ❹

제2절 ┃ 등기신청의 조사

02
☐☐☐
　등기관의 심사권한에 관한 다음 설명 중 가장 옳지 않은 것은?　　2021년

① 등기관은 등기신청에 대하여 실체법상의 권리관계와 일치하는지 여부를 심사할 실질적 심사권한은 없으나 신청서 및 그 첨부서류와 등기부에 의하여 등기요건에 합당하는지 여부를 심사할 형식적 심사권한과 책무가 있다.

② 등기관으로서는 오직 제출된 서면 자체를 검토하거나 이를 등기부와 대조하는 등의 방법으로 등기신청의 적법 여부를 심사하여야 할 것이고, 이러한 방법에 의한 심사 결과 형식적으로 부진정한, 즉 위조된 서면에 의한 등기신청이라고 인정될 경우 이를 각하하여야 할 직무상의 의무가 있다.

③ 등기관은 부동산등기법 제29조 각 호의 어느 하나에 해당하는 경우에만 이유를 적은 결정으로 신청을 각하하여야 한다. 다만, 신청의 잘못된 부분이 보정될 수 있는 경우로서 신청인이 등기관이 보정을 명한 날의 다음 날까지 그 잘못된 부분을 보정하였을 때에는 그러하지 아니하다.

④ 등기관은 법원의 촉탁에 의한 등기를 실행하는 경우 촉탁서의 기재내용과 촉탁서에 첨부된 판결의 기재내용이 일치하는지 여부를 심사할 수 없다.

⑤ 등기관이 등기신청서류에 대한 심사를 하는 경우의 심사의 기준시는 바로 등기부에 기록(등기의 실행)하려고 하는 때인 것이지 등기신청서류의 제출 시가 아닌 것이다.

[❶ ▸ ○] 등기관은 등기신청에 대하여 실체법상의 권리관계와 일치하는지 여부를 심사할 실질적 심사권한은 없으나 신청서 및 그 첨부서류와 등기부에 의하여 등기요건에 합당하는지 여부를 심사할 형식적 심사권한과 책무가 있다(대판 2007.11.15. 2004다2786).

[❷ ▸ ○] 등기관은 등기신청에 대하여 부동산등기법상 그 등기신청에 필요한 서면이 제출되었는지 여부 및 제출된 서면이 형식적으로 진정한 것인지 여부를 심사할 권한을 갖고 있으나 그 등기신청이 실체법상의 권리관계와 일치하는지 여부를 심사할 실질적인 심사권한은 없으므로, 등기관으로서는 오직 제출된 서면 자체를 검토하거나 이를 등기부와 대조하는 등의 방법으로 등기신청의 적법 여부를 심사하여야 할 것이고, 이러한 방법에 의한 심사 결과 형식적으로 부진정한, 즉 위조된 서면에 의한 등기신청이라고 인정될 경우 이를 각하하여야 할 직무상의 의무가 있다고 할 것이지만, 등기관은 다른 한편으로 대량의 등기신청사건을 신속하고 적정하게 처리할 것을 요구받기도 하므로 제출된 서면이 위조된 것임을 간과하고 등기신청을 수리한 모든 경우에 등기관의 과실이 있다고는 할 수 없고, 위와 같은 방법의 심사 과정에서 등기업무를 담당하는 평균적 등기관이 보통 갖추어야 할 통상의 주의의무만 기울였어도 제출 서면이 위조되었다는 것을 쉽게 알 수 있었음에도 이를 간과한 채 적법한 것으로 심사하여 등기신청을 각하하지 못한 경우에 그 과실을 인정할 수 있다(대판 2005.2.25. 2003다13048).

[❸ ▸ ○] 등기관은 다음 각 호의 어느 하나에 해당하는 경우에만 이유를 적은 결정으로 신청을 각해(却下)하여야 한다. 다만, 신청의 잘못된 부분이 보정(補正)될 수 있는 경우로서 신청인이 등기관이 보정을 명한 날의 다음 날까지 그 잘못된 부분을 보정하였을 때에는 그러하지 아니하다(부동산등기법 제29조).

[❹ ▸ ✕] 등기관은 등기신청절차의 형식적 요건만 심사할 수 있는 것이고, 그 등기원인이 되는 법률관계의 유·무효와 같은 실질적인 심사권은 없다고 할 것이나, 법원의 촉탁에 의한 등기를 실행하는 경우 촉탁서의 기재내용과 촉탁서에 첨부된 판결의 기재내용이 일치하는지 여부는 심사할 수 있다(등기예규 제623호).

[❺ ▸ ○] 등기공무원이 부동산등기법 제29조에 의하여 등기신청서류에 대한 심사를 하는 경우 심사의 기준시는 바로 등기부에 기재(등기의 실행)하려고 하는 때인 것이지 등기신청서류의 제출 시가 아니다(대결 1989.5.29. 87마820).

답 ❹

03
□□□

서면에 의한 방문신청의 방법으로 등기를 신청한 경우에 있어 그 등기신청의 보정에 관한 다음 설명 중 가장 옳은 것은?
2020년

① 등기관이 등기신청에 대하여 보정을 명하는 경우에는 보정할 사항을 구체적으로 적시하고 그 근거 법령이나 예규, 보정기간 등을 제시하여 매건 조사 완료 후 즉시 서면에 의하여 등기신청인에게 통지하여야 한다.

② 합동사무소를 구성하는 법무사 전원이 등기신청위임장에 대리인으로 기재되어 있고 특별히 해당 등기신청을 대리인 전원이 함께 하여야 한다는 내용의 기재가 없다면 그중 어느 한 법무사만이 등기소에 출석하여 등기신청서를 제출할 수 있는바, 이 경우 해당 등기신청에 대한 보정은 등기신청서를 제출한 법무사뿐만 아니라 위임장에 기재된 다른 법무사도 할 수 있다.

③ 보정을 위하여 필요한 경우에는 신청서 또는 그 부속서류를 신청인에게 반환할 수 있다.

④ 등기관은 그 직무권한에 있어 독립성을 가지므로, 등기소장이라 하더라도 보정명령의 적정 여부에 관하여 감독을 할 수는 없다.

⑤ 등기신청서를 제출할 수 있도록 허가받은 변호사나 법무사의 사무원이라도 등기신청의 보정은 할 수 없다.

[❶ ▸ ×] [❸ ▸ ×] [❹ ▸ ×] 등기예규 제1515호 3. 라.

등기예규 제1515호[부동산등기신청사건 처리지침]

3. 조사 · 교합업무

라. 보정사무의 처리

(1) 등기관은 흠결사항에 대한 보정이 없으면 그 등기신청을 각하할 수밖에 없는 경우에만 그 사유를 등록한 후 보정명령을 할 수 있으며, <u>등기소장은 보정명령의 적정 여부에 관하여 철저히 감독을 하여야 한다.</u>

(2) 등기관이 등기신청에 대하여 보정을 명하는 경우에는 보정할 사항을 구체적으로 적시하고 그 근거법령이나 예규, 보정기간 등을 제시하여 매건 조사 완료 후 즉시 <u>구두 또는 전화나 모사전송의 방법</u>에 의하여 등기신청인에게 통지하여야 한다.

(3) 보정은 반드시 등기관의 면전에서 하여야 하며 보정을 위하여 <u>신청서 또는 그 부속서류를 신청인에게 반환할 수 없다.</u>

(4) 보정된 사건은 처리가 지연되지 않도록 즉시 처리하여야 한다.

[❷ ▸ ○] 합동사무소를 구성하는 법무사 전원이 등기신청을 위임받은 경우로서 등기신청위임장에 대리인으로 그 법무사 전원이 기재되어 있고 특별히 해당 등기신청을 대리인 전원이 함께 하여야 한다는 내용의 기재가 없다면 그중 어느 한 법무사만이 등기소에 출석하여 등기신청서를 제출할 수 있는바, 이 경우 등기신청서에는 등기소에 출석한 법무사의 기명날인만이 있어야 한다. 한편 위의 경우 등기신청서를 제출한 법무사뿐만 아니라 위임장에 기재된 다른 법무사도 해당 등기신청에 대한 보정 및 취하를 할 수 있다. 다만, 취하의 경우에는 등기신청위임장에 취하에 관한 행위도 위임한다는 내용의 기재가 있어야 한다(등기선례 제202001-2호).

[**⑤ ▸ ✕**] 등기예규 제1718호 제6조 제2항에 의하면, 보정은 당사자 본인이나 그 대리인이 한다고 규정되어 있고, 제3조 제1항에서 대리인이 자격자대리인인 경우에는 대리인 본인 또는 그 출입사무원을 말한다고 규정되어 있으므로, 출입사무원(허가받은 사무원)도 보정할 수 있다. 종전에는 제출사무원의 보정을 허용하지 않다가 등기업무의 현실을 고려하여 2005.11.8. 등기예규 제1110호에 의하여 보정을 할 수 있게 한 것이다.

답 ❷

04
☐☐☐

등기소에 출석하여 서면으로 등기를 신청한 경우의 그 취하절차에 관한 다음 설명 중 가장 옳지 않은 것은?
2022년

① 임의대리인이 등기신청을 취하하는 경우에는 취하에 관하여 특별수권이 있어야 한다.
② 등기권리자와 등기의무자가 공동으로 등기신청을 한 경우라도 등기신청의 취하는 등기권리자 또는 등기의무자 일방이 할 수 있다.
③ 등기신청의 취하는 등기관이 등기를 마치기 전 또는 등기신청을 각하하기 전까지만 할 수 있다.
④ 여러 개의 부동산에 관한 등기신청을 일괄하여 동일한 신청서에 의하여 한 경우 그중 일부 부동산에 대하여만 등기신청을 취하할 수 있다.
⑤ 등기신청의 취하는 신청인 또는 그 대리인이 등기소에 출석하여 취하서를 제출하는 방법으로 하여야 한다.

[**❶ ▸ ○**] 등기신청인 또는 그 대리인은 등기신청을 취하할 수 있다. 다만, 등기신청대리인이 등기신청을 취하하는 경우에는 취하에 대한 특별수권이 있어야 한다(등기예규 제1643호 1. 가.).
[**❷ ▸ ✕**] 등기신청이 등기권리자와 등기의무자의 공동신청에 의하거나 등기권리자 및 등기의무자 쌍방으로부터 위임받은 대리인에 의한 경우에는, 그 등기신청의 취하도 등기권리자와 등기의무자가 공동으로 하거나 등기권리자 및 등기의무자 쌍방으로부터 취하에 대한 특별수권을 받은 대리인이 이를 할 수 있고, 등기권리자 또는 등기의무자 어느 일방만에 의하여 그 등기신청을 취하할 수는 없다(등기예규 제1643호 1. 나.).
[**❸ ▸ ○**] 등기신청의 취하는 등기완료 전 또는 각하결정 전에만 가능하다(부동산등기규칙 제51조 제1항 참조). 등기관이 신청사항을 등기기록에 기록하고 등기사무를 처리한 등기관이 누구인지 알 수 있는 조치를 취함으로써 등기가 완료된 후에는 이미 공시의 효과가 생겼으므로 취하로써 그 등기의 효력을 없앨 수는 없다. 또한 각하결정을 한 후에는 해당 등기신청에 대한 등기관의 처리가 종료되었으므로 그 신청을 철회할 여지가 없다.
[**❹ ▸ ○**] 부동산등기법 제25조의 규정에 의하여 수개의 부동산에 관한 등기신청을 일괄하여 동일한 신청서에 의하여 한 경우 그중 일부 부동산에 대하여만 등기신청을 취하하는 것도 가능하다(등기예규 제1643호 4.).

[**❺** ▸ ○] 부동산등기규칙 제51조 제2항 제1호

> **부동산등기규칙 제51조(등기신청의 취하)**
> ① 등기신청의 취하는 등기관이 등기를 마치기 전까지 할 수 있다.
> ② 제1항의 취하는 다음 각 호의 구분에 따른 방법으로 하여야 한다.
>   1. 법 제24조 제1항 제1호에 따른 등기신청(이하 "방문신청"이라 한다) : 신청인 또는 그 대리인이 등기소에 출석하여 취하서를 제출하는 방법
>   2. 법 제24조 제1항 제2호에 따른 등기신청(이하 "전자신청"이라 한다) : 전산정보처리조직을 이용하여 취하정보를 전자문서로 등기소에 송신하는 방법

답 ❷

05
□□□ 다음 중 부동산등기법 제29조 제2호 소정의 "사건이 등기할 것이 아닌 경우"에 해당하지 않는 것은?
2023년

① 법령에 근거가 없는 특약사항의 등기를 신청한 경우
② 신청정보상 甲이 등기권리자인데 매매계약서상으로는 乙이 권리자인 경우
③ 관공서 또는 법원의 촉탁으로 실행되어야 할 등기를 신청한 경우
④ 농지를 전세권설정의 목적으로 하는 등기를 신청한 경우
⑤ 일부지분에 대한 소유권보존등기를 신청한 경우

....

[**❶** ▸ ○] 부동산등기규칙 제52조 제2호
[**❷** ▸ ✕] 신청정보상 甲이 등기권리자인데 매매계약서상으로는 乙이 권리자인 경우는 부동산등기법 제29조 제8호의 각하사유인 "신청정보와 등기원인을 증명하는 정보가 일치하지 아니한 경우"에 해당한다.
[**❸** ▸ ○] 부동산등기규칙 제52조 제8호
[**❹** ▸ ○] 부동산등기규칙 제52조 제4호
[**❺** ▸ ○] 부동산등기규칙 제52조 제6호

> **부동산등기규칙 제52조(사건이 등기할 것이 아닌 경우)**
> 법 제29조 제2호에서 "사건이 등기할 것이 아닌 경우"란 다음 각 호의 어느 하나에 해당하는 경우를 말한다.
>   1. 등기능력 없는 물건 또는 권리에 대한 등기를 신청한 경우
>   2. 법령에 근거가 없는 특약사항의 등기를 신청한 경우
>   3. 구분건물의 전유부분과 대지사용권의 분리처분 금지에 위반한 등기를 신청한 경우
>   4. 농지를 전세권설정의 목적으로 하는 등기를 신청한 경우
>   5. 저당권을 피담보채권과 분리하여 양도하거나, 피담보채권과 분리하여 다른 채권의 담보로 하는 등기를 신청한 경우
>   6. 일부지분에 대한 소유권보존등기를 신청한 경우
>   7. 공동상속인 중 일부가 자신의 상속지분만에 대한 상속등기를 신청한 경우
>   8. 관공서 또는 법원의 촉탁으로 실행되어야 할 등기를 신청한 경우
>   9. 이미 보존등기된 부동산에 대하여 다시 보존등기를 신청한 경우
>   10. 그 밖에 신청취지 자체에 의하여 법률상 허용될 수 없음이 명백한 등기를 신청한 경우

답 ❷

부동산등기법 제29조의 각하에 관한 다음 설명 중 가장 옳지 않은 것은?

① 근저당권의 말소등기가 신청된 경우에 근저당권자의 표시에 변경의 사유가 있는 때라도 신청서에 그 변경을 증명하는 서면이 첨부된 경우에는 부동산등기법 제29조 제7호의 "신청정보의 등기의무자의 표시가 등기기록과 일치하지 아니한 경우"에 해당됨을 이유로 각하해서는 안 된다.

② 가등기에 의한 본등기를 하고 가등기와 본등기 사이에 이루어진 체납처분으로 인한 압류등기에 대하여 직권말소대상통지를 한 후 이의신청 기간이 지나지 않은 상태에서 본등기에 기초한 등기의 신청이나 촉탁이 있는 경우에는 "사건이 등기할 것이 아닌 때"에 해당한다.

③ 소유권에 대한 가압류등기가 마쳐진 상태에서 채무자인 소유자가 해방공탁서를 첨부하여 가압류등기의 말소를 신청한 경우에는 "사건이 등기할 것이 아닌 때"에 해당한다.

④ 부동산에 대한 가압류가 본압류로 이행되어 강제경매개시결정등기가 마쳐진 경우 가압류등기만에 대한 집행법원의 말소촉탁은 "사건이 등기할 것이 아닌 때"에 해당한다.

⑤ 전세권설정등기 후 그 전세권을 목적으로 하는 근저당권설정등기가 있는 상태에서 전세금을 감액하는 변경등기의 신청이 있는 경우 그 근저당권자의 승낙서가 첨부되지 않은 경우에는 "등기에 필요한 첨부정보를 제공하지 아니한 경우"에 해당한다.

....

[❶ ▸ ○] 등기명의인표시의 변경 또는 경정 등기를 신청하게 하는 것은, 등기절차는 현재의 등기명의인을 기점으로 개시되어야 한다는 등기연속의 원칙에 따라 등기명의인의 표시를 실체에 부합시키기 위한 것이므로, 현재의 등기명의인의 등기가 말소되는 경우에는 등기명의인을 일치시킬 필요가 없다. 따라서 가등기의 말소등기(등기예규 제1632호 6. 나.), 저당권등기의 말소등기(등기예규 제451호) 또는 부동산의 멸실등기 등의 경우에는 등기의무자의 표시에 변경 또는 경정의 사유가 있더라도 이를 증명하는 서면의 첨부만으로 충분하고 그 변경 또는 경정의 등기는 할 필요가 없다. 상속등기의 경우도 위와 같다(등기선례 제3-396호).

> **등기예규 제451호[근저당권말소등기와 근저당권자 표시변경등기 요부]**
> 저당권(근저당권) 등 소유권 이외의 권리에 관한 등기의 말소를 신청하는 경우에 있어서는 그 등기명의인의 표시에 변경 또는 경정의 사유가 있는 때라도 신청서에 그 변경 또는 경정을 증명하는 서면을 첨부함으로써 등기명의인의 표시변경 또는 경정의 등기를 생략할 수 있을 것이다.

[❷ ▸ ✕] 가등기에 의한 본등기를 하고 가등기와 본등기 사이에 이루어진 체납처분에 의한 압류등기에 관하여 등기관이 직권말소대상통지를 한 경우에는 비록 이의신청기간이 지나지 않았다 하더라도 본등기에 기초한 등기의 신청이나 촉탁은 수리하며, 체납처분에 의한 압류등기에 기초한 등기의 촉탁은 각하한다(등기예규 제1632호 5. 가. 2) 다)].

[❸ ▸ ○] 관공서 또는 법원의 촉탁으로 실행되어야 할 등기를 신청한 경우는 부동산등기법 제29조 제2호의 사건이 등기할 것이 아닌 때에 해당하는데(부동산등기규칙 제52조 제8호), 가처분등기나 가압류등기의 말소와 같이 법원의 말소촉탁에 의하여 말소할 수 있는 등기에 대하여 당사자가 말소등기신청을 한 경우 등이 이에 해당한다.

[❹ ▸ ○] 부동산에 대한 가압류가 본압류로 이행되어 강제경매개시결정등기가 마쳐지고 강제집행절차가 진행 중이라면 그 본집행의 효력이 유효하게 존속하는 한 가압류등기만을 말소할 수 없는 것이므로, 그 가압류등기에 대한 집행법원의 말소촉탁은 그 취지 자체로 보아 법률상 허용될 수 없음이 명백한 경우에 해당하여 등기관은 부동산등기법 제29조 제2호에 의하여 촉탁을 각하하여야 한다(등기선례 제201210-5호).

[❺ ▸ ○] 전세권설정등기 후 그 전세권을 목적으로 하는 근저당권설정등기 또는 그 전세권에 대한 가압류등기 등이 있는 상태에서 전세금을 감액하는 변경등기를 하는 때에 그 근저당권자 또는 가압류권자 등은 등기상 이해관계 있는 제3자에 해당하므로 그의 승낙이 있으면 그 변경등기를 전세권설정등기에 부기로 하고[기록례 7 참조], 그의 승낙이 없으면 그 변경등기를 할 수 없다[등기예규 제1671호 2. 나. 2)]. 따라서 근저당권자 또는 가압류권자의 승낙서가 첨부되지 않은 경우에는 "등기에 필요한 첨부정보를 제공하지 아니한 경우"에 해당한다.

답 ❷

07

등기필정보에 관한 다음 설명 중 가장 옳지 않은 것은?   2017년

① 등기필정보는 등기부에 새로운 권리자가 기록되는 경우에 그 권리자를 확인하기 위하여 등기관이 작성한 정보를 말한다.
② 국가 또는 지방자치단체가 등기권리자인 경우에는 등기필정보를 작성·통지하지 아니한다.
③ 채권자가 등기권리자인 채무자를 대위하여 등기신청을 한 경우에는 등기필정보를 작성·통지하지 아니한다.
④ 등기관이 등기권리자의 신청에 의하여 권리자를 추가하는 경정 또는 변경등기(甲 단독소유를 甲, 乙 공유로 경정하는 경우나 합유자가 추가되는 합유명의인표시변경 등기 등)를 하는 경우에는 등기필정보를 작성·통지한다.
⑤ 법정대리인이 본인을 대리하여 등기를 신청한 경우에도 등기필정보는 본인에게 통지하여야 한다.

···

[❶ ▸ ○] "등기필정보"(登記畢情報)란 등기부에 새로운 권리자가 기록되는 경우에 그 권리자를 확인하기 위하여 제11조 제1항에 따른 등기관이 작성한 정보를 말한다(부동산등기법 제2조 제4호).
[❷ ▸ ○] [❸ ▸ ○] 부동산등기법 제50조 제1항 제2호·제3호, 부동산등기규칙 제109조 제2항 제4호

> **부동산등기법 제50조**(등기필정보)
> ① 등기관이 새로운 권리에 관한 등기를 마쳤을 때에는 등기필정보를 작성하여 등기권리자에게 통지하여야 한다. 다만, 다음 각 호의 어느 하나에 해당하는 경우에는 그러하지 아니하다.
>   1. 등기권리자가 등기필정보의 통지를 원하지 아니하는 경우
>   2. 국가 또는 지방자치단체가 등기권리자인 경우
>   3. 제1호 및 제2호에서 규정한 경우 외에 대법원규칙으로 정하는 경우

부동산등기규칙 제109조(등기필정보를 작성 또는 통지할 필요가 없는 경우)
② 법 제50조 제1항 제3호에서 "대법원규칙으로 정하는 경우"란 다음 각 호의 어느 하나에 해당하는 경우를 말한다.
  1. 등기필정보를 전산정보처리조직으로 통지받아야 할 자가 수신이 가능한 때부터 3개월 이내에 전산정보처리조직을 이용하여 수신하지 않은 경우
  2. 등기필정보통지서를 수령할 자가 등기를 마친 때부터 3개월 이내에 그 서면을 수령하지 않은 경우
  3. 법 제23조 제4항에 따라 승소한 등기의무자가 등기신청을 한 경우
  4. 법 제28조에 따라 등기권리자를 대위하여 등기신청을 한 경우
  5. 법 제66조 제1항에 따라 등기관이 직권으로 소유권보존등기를 한 경우

등기필정보는 부동산 및 등기명의인이 된 신청인별로 작성하므로 채권자대위에 의한 등기, 등기관의 직권에 의한 보존등기, 승소한 등기의무자의 신청에 의한 등기처럼 등기명의인과 등기신청인이 달라지는 경우에는 등기필정보를 작성·통지하지 아니하고(등기예규 제1749호 4. 가.), 등기명의인과 등기신청인에게 각각 등기완료통지서만 교부하게 된다(등기예규 제1623호 3. 나.).

[❹ ▸ ○] 등기예규 제1749호 2. (3)

등기예규 제1749호[등기필정보의 작성 및 통지 등에 관한 업무처리지침]
2. 등기필정보의 작성 : 등기관이 등기권리자의 신청에 의하여 다음 각 호 중 어느 하나의 등기를 하는 때에는 등기필정보를 작성하여야 한다. 그 이외의 등기를 하는 때에는 등기필정보를 작성하지 아니한다.
  (1) 부동산등기법 제3조 기타 법령에서 등기할 수 있는 권리로 규정하고 있는 권리를 보존, 설정, 이전하는 등기를 하는 경우
  (2) 위 (1)의 권리의 설정 또는 이전청구권 보전을 위한 가등기를 하는 경우
  (3) 권리자를 추가하는 경정 또는 변경등기(갑 단독소유를 갑, 을 공유로 경정하는 경우나 합유자가 추가되는 합유명의인표시변경등기 등)를 하는 경우

권리변경등기나 경정등기의 경우에는 기존의 등기필정보를 이용할 수 있기 때문에 별도로 작성하지 아니한다. 다만 권리자를 추가하는 경정 또는 변경등기의 경우에는 추가되는 자가 등기의무자가 되는 경우에는 등기필정보를 제공하여야 하기 때문에 작성·통지한다.

[❺ ▸ ×] 부동산등기규칙 제108조 제2항

부동산등기규칙 제108조(등기필정보 통지의 상대방)
① 등기관은 등기를 마치면 등기필정보를 등기명의인이 된 신청인에게 통지한다. 다만, 관공서가 등기권리자를 위하여 등기를 촉탁한 경우에는 대법원예규로 정하는 바에 따라 그 관공서 또는 등기권리자에게 등기필정보를 통지한다.
② 법정대리인이 등기를 신청한 경우에는 그 법정대리인에게, 법인의 대표자나 지배인이 신청한 경우에는 그 대표자나 지배인에게, 법인 아닌 사단이나 재단의 대표자나 관리인이 신청한 경우에는 그 대표자나 관리인에게 등기필정보를 통지한다.

 답 ❺

등기완료사실의 통지에 관한 다음 설명 중 가장 옳지 않은 것은?   2018년

① 등기관이 대위채권자의 등기신청을 완료한 때에는 등기권리자에게 등기완료사실을 통지하여야 한다.

② 등기관이 직권으로 소유권보존등기를 하는 때에 그 등기명의인에게 등기완료사실을 통지하여야 한다.

③ 등기필정보 또는 등기필증을 제공하여야 하는 등기신청에서 이를 제공하지 않고 확인정보 등을 제공한 등기신청에 있어서의 등기의무자에게는 등기완료사실을 통지하여야 한다.

④ 서면으로 등기를 신청한 경우에 등기필정보를 부여받을 사람에게는 등기필정보를 통지하는 것으로 등기완료사실의 통지를 대신할 수 있다.

⑤ 공동신청에 있어서의 등기의무자에 대한 등기완료통지는 신청서에 그 통지를 원한다는 등기의무자의 의사표시가 기재되어 있는 경우에만 한다.

[**❶** ▸ ○] [**❷** ▸ ○] [**❸** ▸ ○]   등기예규 제1623호 1.

> **등기예규 제1623호[등기완료통지서의 작성 등에 관한 업무처리지침]**
> 1. 등기완료통지서를 받을 자 : 법원행정처장이 전산정보처리조직을 이용한 등기신청을 할 수 있는 등기소로 지정한 등기소에서 등기관이 등기를 완료한 때에는 등기완료통지서를 작성하여 신청인 및 다음 각 호에 해당하는 자에게 등기완료사실을 통지하여야 한다.
>   (1) 승소한 등기의무자의 등기신청에 있어서 등기권리자
>   (2) 대위채권자의 등기신청에 있어서 등기권리자
>   (3) 직권보존등기에 있어서 등기명의인
>   (4) 등기필정보(등기필증 포함)를 제공해야 하는 등기신청에서 등기필정보를 제공하지 않고 확인정보 등을 제공한 등기신청에 있어서 등기의무자
>   (5) 관공서의 등기촉탁에 있어서 그 관공서

[**❹** ▸ ×]   등기예규 제1623호 3. 가. (2)

> **등기예규 제1623호[등기완료통지서의 작성 등에 관한 업무처리지침]**
> 3. 등기완료통지의 방법
>   가. 등기필정보를 부여받을 사람에 대한 통지
>   (1) 전자신청의 경우 등기필정보를 송신할 때 함께 송신한다.
>   (2) 서면신청의 경우 이 경우의 등기완료의 통지는 별지 제3호 양식에 의하여 등기필정보가 함께 기재된 등기필정보 및 등기완료통지서로 하여야 한다.

등기예규 제1623호 3. 나. (1)

> **등기예규 제1623호[등기완료통지서의 작성 등에 관한 업무처리지침]**
>
> 3. 등기완료통지의 방법
>   나. 등기필정보를 부여받지 않는 사람에 대한 통지
>   (1) 공동신청에 있어서 등기의무자에 대한 통지 : 신청서에 등기완료사실의 통지를 원한다는 등기의무자의 의사표시가 기재되어 있는 경우에만 등기완료사실의 통지를 하며, 그 방식은 전자신청의 경우에는 전산정보처리조직을 이용하여 송신하는 방법에 의하고, 서면신청의 경우에는 등기완료사실을 인터넷등기소에 게시하는 방법에 의한다. 다만 서면신청의 경우 그 통지를 받을 자가 등기소에 출석하여 직접 서면의 교부를 요청하는 때에는 등기완료통지서를 출력하여 직접 교부한다.

등기완료통지서는 신청인에게 교부하는 것이 원칙이다. 다만 등기신청인은 아니지만 위 사람 등에게 등기완료사실을 알려야 할 필요성이 있기 때문에 등기완료사실을 통지하여야 한다(부동산등기규칙 제53조).

답 ❹

09
□□□

다음 중 등기관이 등기를 마쳤을 때에 지적소관청 또는 건축물대장 소관청에 알려야 하는 경우가 아닌 것은?

2020년

① 소유권의 경정등기를 한 경우
② 소유권의 등기명의인표시의 변경등기를 한 경우
③ 소유권이전등기의 말소등기를 한 경우
④ 소유권이전청구권 보전의 가등기를 한 경우
⑤ 말소된 소유권이전등기의 말소회복등기를 한 경우

....

[❶ ▸ ○] [❷ ▸ ○] [❸ ▸ ○] [❹ ▸ ×] [❺ ▸ ○] 부동산등기법 제62조

> **부동산등기법 제62조(소유권변경사실의 통지)**
> 등기관이 다음 각 호의 등기를 하였을 때에는 지체 없이 그 사실을 토지의 경우에는 지적소관청에, 건물의 경우에는 건축물대장 소관청에 각각 알려야 한다.
>   1. 소유권의 보존 또는 이전
>   2. 소유권의 등기명의인표시의 변경 또는 경정
>   3. 소유권의 변경 또는 경정
>   4. 소유권의 말소 또는 말소회복

답 ❹

CHAPTER 06 등기관의 처분에 관한 이의

제1절 개 설

등기관의 결정 또는 처분에 이의가 있는 자는 관할 지방법원에 이의신청을 할 수 있다(부동산등기법 제100조). 즉, 등기관의 처분에 대한 이의제도란 등기관의 소극 또는 적극 처분으로 인하여 불이익을 당한 자가 부동산등기법이 정한 절차에 의하여 등기관의 처분의 당부를 법원으로 하여금 심사하게 하는 제도라고 할 수 있다.

제2절 이의신청의 요건

I 등기관의 결정 또는 처분의 부당

1. 정 의

① 등기관의 결정이란 등기신청의 각하결정과 같은 것을 뜻하고, 처분이란 등기의 실행 등 각하결정 외의 조치를 뜻한다.

② 등기신청 외의 신청에 대한 처분에 대하여는 이의사유에 제약이 없으나, 등기 여부와 관련된 처분의 경우에는 등기를 실행하지 아니한 것이 부당하다고 하는 것(소극적 부당)이 아니라 등기를 실행한 것이 부당하다고 하는 때(적극적 부당)에는 일정한 제약이 있다.

2. 소극적 부당과 적극적 부당

① 소극적 부당의 경우에는 일정한 등기를 실행하라는 이의이므로 등기관이 등기신청을 각하하고 등기를 실행하지 아니하거나 마땅히 실행하여야 할 등기(직권등기)를 하지 않는 경우 이의를 할 수 있으며, 이의사유에는 특별한 제한이 없다. 즉, 등기신청의 각하결정에 대한 이의신청의 경우에는 등기관의 각하결정이 부당하다는 사유면 족하고 그 이의사유에 특별한 제한은 없다.

② 그러나 적극적 부당 즉 실행하여서는 안 될 등기를 실행한 것이라는 이의는 그 등기의 실행이 잘못인 경우에 등기관이 직권 말소함으로써 시정할 수 있는 사유에 해당해야 한다. 이 경우에는 부동산등기법 제29조 제1호 또는 제2호의 각하사유가 있다고 주장하는 경우에만 이의신청을 할 수 있다. 따라서 부동산등기법 제29조 제3호 이하의 사유로는 이의신청의 방법으로 그 등기의 말소를 구할 수 없다(대결 1971.1.26. 70마812, 등기예규 제1689호).

③ 일단 경유된 등기에 관하여는 등기신청 서류의 접수번호의 선후만을 내세워 등기공무원의 처분에 대하여 이의를 할 수 없고, 후순위신청에 기한 등기도 부동산등기법 제29조 제2호에 해당된다고는 볼 수 없다(대결 1971.3.24. 71마105).

④ 등기관의 결정 또는 처분이 부당하다는 주장은 결정 또는 처분 당시를 기준으로 하여야 하므로 결정 또는 처분 시에 주장되거나 제출되지 아니한 새로운 사실이나 증거방법으로써 이의사유를 삼을 수는 없다(부동산등기법 제102조). 따라서 각하결정 후 흠결된 첨부정보를 보완하여 이의신청할 수 없다.

Ⅱ 이의신청인

1. 이의신청 자격(등기예규 제1689호 제2조)

등기신청의 각하결정에 대하여는 등기신청인인 등기권리자 및 등기의무자에 한하여 이의신청을 할 수 있고, 제3자는 이의신청을 할 수 없다. 반면에 등기를 실행한 처분에 대하여는 등기상 이해관계 있는 제3자도 이의신청을 할 수 있다.

2. 등기상 이해관계인 해당 여부(등기예규 제1689호 제2조)

① 채권자가 채무자를 대위하여 마친 등기가 채무자의 신청에 의하여 말소된 경우 그 말소처분에 대하여 채권자는 등기상 이해관계인으로서 이의신청을 할 수 있다.

② 상속인 아닌 자는 상속등기가 위법하다 하여 이의신청을 할 수는 없다.

③ 저당권설정자는 저당권의 양수인과 양도인 사이의 저당권이전의 부기등기에 대하여 이의신청을 할 수 없다.

④ 등기의 말소신청에 있어 부동산등기법 제57조 소정의 이해관계 있는 제3자의 승낙서 등 서면이 첨부되어 있지 아니하였다는 사유는 제3자의 이해에 관련된 것이므로, 말소등기의무자는 말소처분에 대하여 이의신청을 할 수 있는 등기상 이해관계인에 해당되지 아니하여 이의신청을 할 수 없다.

제3절 이의신청의 절차와 효력

Ⅰ 이의신청절차

① 해당 등기관을 감독하는 지방법원(또는 지원)에 서면으로써 이의신청(구술로는 이의신청을 할 수 없음)을 하여야 하나, 이의신청서는 해당 등기소에 제출한다(부동산등기법 제101조).

② 이의신청서에는 이의신청인의 성명, 주소, 이의신청의 대상인 등기관의 결정 또는 처분, 이의신청의 취지와 이유, 신청연월일, 관할지방법원 등의 표시를 기재하고 신청인이 기명날인 또는 서명하여야 한다(부동산등기규칙 제158조).

③ 이의신청기간에는 제한이 없으므로 이의의 이익이 있는 한 언제라도 이의신청을 할 수 있다.

Ⅱ 이의신청의 효력

이의에는 집행정지의 효력이 없다(부동산등기법 제104조).

제4절 | 이의에 대한 조치

I 등기관의 조치(등기예규 제1689호)

1. 등기신청의 각하결정에 대한 이의신청이 있는 경우

① 이의가 이유 없다고 인정한 경우 : 이의신청서가 접수된 날부터 3일 내에 의견서를 붙여 관할 지방법원에 송부하여야 한다.

② 이의가 이유 있다고 인정한 경우 : 각하결정이 부당하다고 인정한 때에는 그 등기신청에 의한 등기를 실행한다.

2. 등기신청을 수리하여 완료된 등기에 대한 이의신청이 있는 경우

① 이의가 이유 없다고 인정한 경우 : 그 등기에 대하여 이의신청이 있다는 사실을 등기상 이해관계인에게 통지하고, 이의신청서가 접수된 날로부터 3일 내에 의견서를 붙여 관할지방법원에 송부하여야 한다.

② 이의가 이유 있다고 인정한 경우

　㉠ 이의신청의 대상이 되는 등기가 부동산등기법 제29조 제1호 또는 제2호에 해당하여 이의가 이유 있다고 인정한 경우에는 부동산등기법 제58조의 절차를 거쳐 그 등기를 직권 말소한다(부동산등기규칙 제159조 제1항).

　㉡ 완료된 등기에 대하여는 부동산등기법 제29조 제3호 이하의 사유를 이의사유로 삼을 수는 없는 것이어서 그 이의신청은 사유가 인정되더라도 결국 이의가 이유가 없는 경우에 해당하므로, 위 ①의 예에 따라 관할 지방법원에 송부하여야 한다(부동산등기규칙 제159조 제2항·제3항).

II 법원의 조치

이의신청서를 받은 관할 지방법원은 이의에 대하여 이유를 붙여 결정을 하여야 한다(부동산등기법 제105조 제1항).

1. 이의신청을 인용한 경우

이의가 이유 있다고 인정하여 등기관에게 상당한 처분을 명하였을 때에는 그 결정등본을 등기관과 이의신청인 및 등기상 이해관계인에게 송달한다.

2. 이의신청을 기각(각하 포함)한 경우

그 결정등본을 등기관과 이의신청인에게 송달한다.

3. 이의신청이 취하된 경우

취하서 부본을 등기관에게 송부한다.

Ⅲ 관할 지방법원의 기록명령(가등기 또는 부기등기명령)에 의한 등기

1. 등기절차(등기예규 제1689호)

① 관할 지방법원은 이의신청에 대하여 결정하기 전에 등기관에게 가등기 또는 이의가 있다는 뜻의 부기등기를 명령할 수 있고(부동산등기법 제106조), 이의신청을 인용하여 일정한 등기를 명한 경우 등기관은 그 명령에 따른 등기를 하여야 한다.

② 이 경우 관할지방법원의 등기명령의 결정등본은 접수연월일과 접수번호를 부여하여 등기사건접수장에 기재하고, 위 결정등본을 신청서 기타부속서류편철장에 편철한다.

③ 관할지방법원의 (가)등기기록명령에 의한 등기를 하는 때에는 「○○년 ○월 ○일 ○○지방법원의 명에 의하여 (가)등기」라고 기록하여 명령을 한 법원, 명령의 연월일, 명령에 의하여 등기를 한다는 뜻을 기록하여야 한다.

④ 관할지방법원의 부기등기기록명령에 의한 등기를 하는 때에는 등기원인을 「○○년 ○월 ○일 ○○지방법원의 명령」이라고 기록하고, 이의신청인의 성명과 주소를 기록하여야 한다.

2. 등기신청 각하 후 관할 지방법원의 기록명령 전에 다른 등기가 마쳐진 경우

(1) 기록명령에 따른 등기를 할 수 없는 경우(부동산등기규칙 제161조)

등기신청의 각하결정에 대한 이의신청에 따라 관할 지방법원이 그 등기의 기록명령을 하였더라도 다음의 어느 하나에 해당하는 경우에는 그 기록명령에 따른 등기를 할 수 없다.

① 권리이전등기의 기록명령이 있었으나, 그 기록명령에 따른 등기 전에 제3자 명의로 권리이전등기가 되어 있는 경우

② 지상권, 지역권, 전세권 또는 임차권의 설정등기의 기록명령이 있었으나, 그 기록명령에 따른 등기 전에 동일한 부분에 지상권, 전세권 또는 임차권의 설정등기가 되어 있는 경우

③ 말소등기의 기록명령이 있었으나 그 기록명령에 따른 등기 전에 등기상 이해관계인이 발생한 경우

④ 등기관이 기록명령에 따른 등기를 하기 위하여 신청인에게 첨부정보를 다시 등기소에 제공할 것을 명령하였으나 신청인이 응하지 아니한 경우

⑤ 위와 같이 기록명령에 따른 등기를 할 수 없는 경우에는 그 뜻을 관할지방법원과 이의신청인에게 통지하여야 한다.

(2) 기록명령에 따른 등기를 하는 데 장애가 되지 않는 경우

소유권이전등기신청의 각하결정에 대한 이의신청에 기하여 관할 지방법원의 소유권이전등기기록명령이 있기 전에 제3자 명의의 근저당권설정등기가 마쳐진 때와 같은 경우에는 기록명령에 따른 등기를 하여야 한다. 비록 소유권이전을 받는 자는 실체법상으로는 근저당권의 부담을 안고 소유권이전등기를 받지만 절차법상으로는 등기관이 등기를 실행함에 장애가 되는 것은 아니기 때문이다.

Ⅳ 이의신청이 기각된 경우 가등기 또는 부기등기의 말소

이의신청에 대한 기각결정(각하, 취하 포함)의 통지를 받은 등기관은 그 통지서에 접수인을 찍고 접수연월일과 접수번호를 기재한 후 해당 가등기나 부기등기를 말소하고, 등기상 이해관계인에게 그 뜻을 통지하며, 그 통지서는 신청서 기타 부속서류 편철장에 편철한다.

I 이의신청을 각하(기각)한 경우

이의신청을 각하(기각 포함)하는 결정에 대하여는 비송사건절차법에 따라 이의신청인만이 항고할 수 있다. 항고에 대한 항고법원의 기각결정에 대하여도 이의신청인만이 재판에 영향을 미친 헌법·법률·명령 또는 규칙의 위반을 이유로 드는 때에만 재항고할 수 있다.

II 이의신청을 인용한 경우

1. 등기신청을 각하한 결정에 대한 이의를 인용한 경우

① 등기신청을 각하한 등기관의 처분에 대하여 이의신청을 한 결과 관할법원이 이의가 이유 있다고 인정하여 등기관에게 등기신청에 따른 처분을 명한 경우에는 그에 기하여 등기관이 등기를 하더라도 그 등기의 효력은 관할법원의 명령에 의하여 등기를 한 때에 발생하는 것이어서, 그 기록명령에 의하여 등기가 실행되기 전에는 등기상 이해관계인이 있을 수 없으므로 어느 누구도 항고의 이익이 있는 경우가 없어 항고를 할 수 없고, 관할법원의 기록명령에 따라 등기관이 등기를 실행한 경우에는 등기관의 각하처분은 이미 존재하지 아니하므로, 실행된 등기에 대하여 등기관의 처분에 대한 이의의 방법으로 말소를 구하거나 별개의 소송으로 등기의 효력을 다툴 수 있음은 별론으로 하고 등기신청 각하처분 취소결정에 대하여는 항고할 수 없다(대결 2011.4.12. 2011마45). 결국 등기신청을 각하한 결정에 대한 이의를 인용한 경우에는 항고의 방법에 의하여 다툴 수 없다는 결과가 된다.

② 이해관계인이 관할 지방법원의 기록명령에 대하여 항고를 하더라도 집행정지의 효력은 없으므로 등기관은 기록명령에 따른 등기를 실행한다(등기선례 제7-135호).

③ 법원의 기록명령에 따른 등기를 실행한 결과 그 등기에 부동산등기법 제29조 각 호의 각하사유가 있는 경우, 이의신청(부동산등기법 제29조 제1호·제2호) 또는 본안 소송(부동산등기법 제29조 제3호 이하)으로 다툴 수 있다.

2. 등기를 완료한 등기관의 처분에 대한 이의를 인용한 경우

① 등기관이 등기를 완료한 처분에 대한 이해관계인의 이의에 대하여 관할 지방법원이 인용하여 등기의 말소를 명한 경우 말소의 대상이 된 해당 등기의 등기권리자와 등기의무자는 등기의 당사자로서 항고를 할 수 있다.

② 다만, 말소할 등기의 당사자 외에 말소할 등기를 기초로 하여 등기를 한 제3자는 관할 지방법원의 말소명령에 대하여 항고할 이익이 없으므로 항고할 수 없다. 왜냐하면 위의 경우 등기관은 관할법원의 말소명령에 의하여 그 등기를 바로 말소할 수는 없고 그 제3자의 승낙이 있는 경우에만 말소할 수 있으므로, 말소명령만으로는 제3자의 권리가 침해되지 않기 때문이다.

I 벌 칙

등기필정보의 작성이나 관리에 관한 비밀을 누설한 사람, 부실등기를 하도록 등기의 신청이나 촉탁에 제공할 목적으로 등기필정보를 취득하거나 그 사정을 알면서 등기필정보를 제공한 사람, 부정하게 취득한 등기필정보를 부실등기를 하게 할 목적으로 보관한 사람은 2년 이하의 징역 또는 1천만원 이하의 벌금에 처한다(부동산등기법 제111조).

II 등기신청해태의 과태료규정 삭제

건축물대장의 기재 내용이 변경되는 경우, 지방자치단체의 장이 관할등기소에 의무적으로 건물의 표시변경등기를 촉탁하는 내용으로 「건축법」이 개정됨에 따라, 건물의 분할, 구분, 합병, 멸실 등 건물표시 변경사유가 있는 때 건물의 소유자가 1월 이내에 그 등기신청을 하지 아니하면 과태료를 부과하던 규정을 삭제하였다(부동산등기법 제112조). 따라서 부동산등기법 제112조에 따른 과태료 통지 규정도 2017.11.16. 삭제되었다(부동산등기규칙 제164조).

III 부동산등기 특별조치법상의 벌칙

1. 신청기간

① 「부동산등기 특별조치법」에 따르면 부동산의 소유권이전을 내용으로 하는 계약을 체결한 자는 계약당사자가 서로 대가적인 채무를 부담하는 경우에는 반대급부의 이행이 완료된 날로부터, 일방만이 채무를 부담하는 경우에는 계약의 효력이 발생한 날부터 60일 이내에 소유권이전등기를 신청하여야 한다(부동산등기 특별조치법 제2조 제1항).

② 소유권보존등기가 되어 있지 아니한 부동산에 대하여 소유권이전을 내용으로 하는 계약을 체결한 자가 부동산등기법 제65조에 따라 소유권보존등기를 신청할 수 있음에도 이를 하지 아니한 채 계약을 체결한 경우에는 그 계약을 체결한 날, 계약을 체결한 후에 부동산등기법 제65조에 따라 소유권보존등기를 신청할 수 있게 된 경우에는 소유권보존 등기를 신청할 수 있게 된 날부터 60일 내에 보존등기를 신청하여야 한다(부동산등기 특별조치법 제2조 제5항).

③ 건물을 신축한 자가 그 건물의 소유권을 이전하기로 하는 계약을 체결한 경우에는 건축물대장등재일과 계약체결일 중 늦은 날을 기준으로 60일 이내에 소유권보존등기를 신청하여야 한다.

④ 소유권보존등기가 되어 있지 아니한 부동산에 대하여 소유권이전을 내용으로 하는 계약을 체결한 자는 잔금완납일 이전에 소유권보존등기가 마쳐진 경우에는 잔금완납일로부터, 잔금완납일 이후에 소유권보존등기가 마쳐진 경우에는 소유권보존등기가 마쳐진 날로부터 각 60일 이내에 소유권이전등기를 신청하여야 한다(등기선례 제4-844호).

2. 상세내용

① 등기권리자가 상당한 사유 없이 위 등기신청을 해태한 때에는 소정의 과태료에 처한다(부동산등기 특별조치법 제11조 제1항).

② 계약서상의 잔금지급기일 전에 당사자 합의에 의하여 잔금지급기일을 변경하는 계약을 체결한 경우, 변경계약서를 다시 검인받아 같이 제출하든지 아니면 변경계약서와 반대급부 이행증서(잔금영수증)를 첨부한다면 소유권이전등기 신청기간은 사실상 반대급부가 이행된 날부터 기산한다.

③ 등기관이 소유권보존등기와 소유권이전등기신청을 접수하여 등기한 때에 이 규정에 의한 과태료에 처할 사유가 있음을 발견한 때에는 소정 양식에 의한 통지서를 목적 부동산의 소재지를 관할하는 시장 등에게 즉시 송부하여야 한다(등기예규 제1727호 3.).

CHAPTER

06 등기관의 처분에 관한 이의

제1절 | 개 설

제2절 | 이의신청의 요건

01 등기관의 처분에 대한 이의에 관한 다음 설명 중 가장 옳지 않은 것은? 2023년

① 채권자가 채무자를 대위하여 경료한 등기가 채무자의 신청에 의하여 말소된 경우에는 그 말소처분에 대하여 채권자는 등기상 이해관계인으로서 이의신청을 할 수 있다.

② 등기신청의 각하결정에 대하여는 등기신청인과 각하되지 않았다면 실행될 등기에 대한 이해관계 있는 제3자가 이의신청할 수 있다.

③ 등기를 마친 후에 이의신청이 있는 경우에는 3일 이내에 의견을 붙여 이의신청서를 관할 지방법원에 보내고 등기상 이해관계 있는 자에게 이의신청 사실을 알려야 한다.

④ 저당권설정자는 저당권의 양수인과 양도인 사이의 저당권이전의 부기등기에 대하여 이의신청을 할 수 없다.

⑤ 등기의 말소신청에 있어 부동산등기법 제57조 소정의 이해관계 있는 제3자의 승낙서 등 서면이 첨부되어 있지 아니하였다는 사유는 제3자의 이해에 관련된 것이므로, 말소등기의무자는 말소처분에 대하여 이의신청을 할 수 있는 등기상 이해관계인에 해당되지 아니하여 이의신청을 할 수 없다.

[**❶** ▸ ○] 등기예규 제1689호 제2조 제2항 제1호

[**❷** ▸ ✕] 등기예규 제1689호 제2조 제1항

[**❸** ▸ ○] 등기를 마친 후에 이의신청이 있는 경우에는 3일 이내에 의견을 붙여 이의신청서를 관할 지방법원에 보내고 등기상 이해관계 있는 자에게 이의신청 사실을 알려야 한다(부동산등기법 제103조 제3항).

[**❹** ▸ ○] 등기예규 제1689호 제2조 제2항 제3호

[**❺** ▸ ○] 등기예규 제1689호 제2조 제2항 제4호

등기예규 제1689호[등기관의 처분에 대한 이의신청절차 등에 관한 업무처리지침]
제2조(이의신청인)
① 등기신청의 각하결정에 대하여는 등기신청인인 등기권리자 및 등기의무자에 한하여 이의신청을 할 수 있고, 제3자는 이의신청을 할 수 없다.

② 등기를 실행한 처분에 대하여는 등기상 이해관계 있는 제3자가 그 처분에 대한 이의신청을 할 수 있다. 그 이의신청을 할 수 있는지의 여부에 대한 구체적 예시는 아래와 같다.
  1. 채권자가 채무자를 대위하여 경료한 등기가 채무자의 신청에 의하여 말소된 경우에는 그 말소처분에 대하여 채권자는 등기상 이해관계인으로서 이의신청을 할 수 있다.
  2. 상속인이 아닌 자는 상속등기가 위법하다 하여 이의신청을 할 수 없다.
  3. 저당권설정자는 저당권의 양수인과 양도인 사이의 저당권이전의 부기등기에 대하여 이의신청을 할 수 없다.
  4. 등기의 말소신청에 있어 부동산등기법 제57조 소정의 이해관계 있는 제3자의 승낙서 등 서면이 첨부되어 있지 아니하였다는 사유는 제3자의 이해에 관련된 것이므로, 말소등기의무자는 말소처분에 대하여 이의신청을 할 수 있는 등기상 이해관계인에 해당되지 아니하여 이의신청을 할 수 없다.

답 ❷

제3절 │ 이의신청의 절차와 효력

02 등기관의 처분에 대한 이의절차에 관한 다음 설명 중 가장 옳지 않은 것은? 2019년

① 등기신청의 각하결정에 대하여는 등기신청인인 등기권리자 및 등기의무자에 한하여 이의신청을 할 수 있고, 제3자는 이의신청을 할 수 없다.
② 이의신청은 해당 등기관을 감독하는 지방법원(또는 지원)에 하여야 하는바, 이러한 이의신청은 반드시 서면으로 작성하여 해당 등기소에 제출하여야 하며 구술로는 할 수 없다.
③ 등기신청을 수리하여 완료된 등기에 대한 부동산등기법 제29조 제3호 이하의 사유에 기한 이의신청은 그 사유가 인정된다 하더라도 그 등기를 등기관이 직권말소할 수는 없고 사건을 관할법원에 송부하여야 한다.
④ 등기관이 관할 지방법원의 기록명령에 따른 등기를 하기 위하여 신청인에게 첨부정보를 다시 등기소에 제공할 것을 명령하였으나, 신청인이 이에 응하지 아니한 경우에는 기록명령에 따른 등기를 할 수 없다.
⑤ 등기신청에 대한 등기관의 각하결정에 대하여 관할 지방법원이 등기관에게 그 등기실행을 명하였더라도 이해관계인이 관할 지방법원의 기록명령에 대하여 항고를 한 경우에는 집행정지의 효력이 있으므로, 해당 등기관은 기록명령에 따른 등기를 실행할 수 없다.

....

[❶ ▶ ○] 등기신청의 각하결정에 대하여는 등기신청인인 등기권리자 및 등기의무자에 한하여 이의신청을 할 수 있고, 제3자는 이의신청을 할 수 없다(등기예규 제1689호 제2조 제1항).
[❷ ▶ ○] 이의신청은 관할 지방법원에 하여야 한다(부동산등기법 제100조). 여기서 관할 지방법원이라 함은 법원조직법 및 등기소의 설치와 관할구역에 관한 규칙에서 정하고 있는 관할 지방법원(또는 동 지원)을 말한다. 이의신청은 구술로는 할 수 없고 이의신청서를 제출하여야 하는데, 이의신청서는 관할

지방법원이 아니라 해당 등기소에 제출하여야 한다(부동산등기법 제101조, 부동산등기규칙 제158조, 등기예규 제1689호 제1조 제1항, 제2항). 이는 이의신청의 대상이 된 처분에 관하여 등기관에게 시정할 기회를 주기 위한 것이다. 또한 이의신청을 할 기간에는 제한이 없으므로 이의의 이익이 있는 한 언제라도 할 수 있다(등기예규 제1689호 제1조 제3항).

[❸ ▸ ○] 부동산등기규칙 제159조 제3항, 등기예규 제1689호 제4조 제2항 제2호

부동산등기규칙 제159조(이미 마쳐진 등기에 대한 이의)
① 이미 마쳐진 등기에 대하여 법 제29조 제1호 및 제2호의 사유로 이의한 경우 등기관은 그 이의가 이유 있다고 인정하면 법 제58조의 절차를 거쳐 그 등기를 직권으로 말소한다.
② 제1항의 경우 등기관은 그 이의가 이유 없다고 인정하면 이의신청서를 관할 지방법원에 보내야 한다.
③ 이미 마쳐진 등기에 대하여 법 제29조 제1호 및 제2호 외의 사유로 이의한 경우 등기관은 이의신청서를 관할 지방법원에 보내야 한다.

등기예규 제1689호[등기관의 처분에 대한 이의신청절차 등에 관한 업무처리지침]
제4조(이의신청이 있는 경우 등기관의 조치)
② 등기신청을 수리하여 완료된 등기에 대한 이의신청이 있는 경우
  1. 이의가 이유 없다고 인정한 경우 : 그 등기에 대하여 이의신청이 있다는 사실을 등기상 이해관계인에게 통지하고, 이의신청서가 접수된 날로부터 3일 이내에 의견서를 첨부하여 사건을 관할 지방법원에 송부하여야 한다.
  2. 이의가 이유 있다고 인정한 경우 : 이의신청의 대상이 되는 등기가 부동산등기법 제29조 제1호 또는 제2호에 해당하여 이의가 이유 있다고 인정한 경우에는 동법 제58조의 절차를 거쳐 그 등기를 직권말소한다. 다만, 완료된 등기에 대하여는 부동산등기법 제29조 제3호 이하의 사유를 이의사유로 삼을 수는 없는 것이어서, 동법 제29조 제3호 이하의 사유에 기한 이의신청은 그 사유가 인정된다 하더라도 결국 그 이의가 이유가 없는 경우에 해당하므로, 이 경우에는 위 제1호의 예에 따라 사건을 관할법원에 송부하여야 한다.

[❹ ▸ ○] 부동산등기규칙 제161조 제1항 제4호

부동산등기규칙 제161조(기록명령에 따른 등기를 할 수 없는 경우)
① 등기신청의 각하결정에 대한 이의신청에 따라 관할 지방법원이 그 등기의 기록명령을 하였더라도 다음 각 호의 어느 하나에 해당하는 경우에는 그 기록명령에 따른 등기를 할 수 없다.
  1. 권리이전등기의 기록명령이 있었으나, 그 기록명령에 따른 등기 전에 제3자 명의로 권리이전등기가 되어 있는 경우
  2. 지상권, 지역권, 전세권 또는 임차권의 설정등기의 기록명령이 있었으나, 그 기록명령에 따른 등기 전에 동일한 부분에 지상권, 전세권 또는 임차권의 설정등기가 되어 있는 경우
  3. 말소등기의 기록명령이 있었으나 그 기록명령에 따른 등기 전에 등기상 이해관계인이 발생한 경우
  4. 등기관이 기록명령에 따른 등기를 하기 위하여 신청인에게 첨부정보를 다시 등기소에 제공할 것을 명령하였으나 신청인이 이에 응하지 아니한 경우

[❺ ▸ ×] 매매를 원인으로 한 소유권이전등기신청에 대하여 등기관이 각하결정을 하였고 이에 대하여 등기권리자가 이의신청을 하여 관할 지방법원이 이유가 있다고 인정하여 등기관에게 위 등기신청에 따른 등기실행을 명한 경우 이해관계인이 관할 지방법원의 기재명령에 대하여 항고를 하더라도 집행정지의 효력은 없으므로 당해 등기관은 기재명령에 따른 등기를 실행하여야 한다(등기선례 제7-135호).

📋 ❺

03 □□□ 등기신청의 각하결정에 대한 이의신청에 기하여 관할 지방법원의 기록명령이 있을 때에 다음의 사유 중 그 기록명령에 따른 등기를 할 수 있는 경우는? _2022년_

① 전세권이전등기의 기록명령이 있었으나, 그 기록명령에 따른 등기 전에 그 전세권에 대한 제3자 명의의 이전등기가 되어 있는 경우
② 임차권설정등기의 기록명령이 있었으나, 그 기록명령에 따른 등기 전에 동일한 부분에 임차권설정 등기가 되어 있는 경우
③ 지상권설정등기말소등기의 기록명령이 있었으나 그 기록명령에 따른 등기 전에 그 지상권을 목적으로 하는 근저당권설정등기가 되어 있는 경우
④ 소유권이전등기의 기록명령이 있었으나, 그 기록명령에 따른 등기 전에 제3자 명의의 근저당권설정등기가 되어 있는 경우
⑤ 등기관이 기록명령에 따른 등기를 하기 위하여 신청인에게 환부된 첨부정보를 다시 등기소에 제공할 것을 명령하였으나 신청인이 이에 응하지 아니한 경우

⋯⋯⋯⋯⋯⋯⋯⋯⋯⋯⋯⋯⋯⋯⋯⋯⋯⋯⋯⋯⋯⋯⋯⋯⋯⋯⋯⋯⋯⋯⋯⋯⋯⋯⋯⋯⋯

[❶ ▸ ×] 등기예규 제1689호 제6조 제2항 제1호 가목
[❷ ▸ ×] 등기예규 제1689호 제6조 제2항 제1호 나목
[❸ ▸ ×] 등기예규 제1689호 제6조 제2항 제1호 다목
[❹ ▸ O] 등기예규 제1689호 제6조 제3항
[❺ ▸ ×] 등기예규 제1689호 제6조 제2항 제1호 라목

등기예규 제1689호[등기관의 처분에 대한 이의신청절차 등에 관한 업무처리지침]
제6조(관할 지방법원의 기록명령이나 가등기 또는 부기등기명령에 의한 등기)
② 기록명령에 따른 등기를 할 수 없는 경우
1. 등기신청의 각하결정에 대한 이의신청에 따라 관할 지방법원이 그 등기의 기록명령을 하였더라도 다음 각 호의 어느 하나에 해당하는 경우에는 그 기록명령에 따른 등기를 할 수 없다.
   가. 권리이전등기의 기록명령이 있었으나, 그 기록명령에 따른 등기 전에 제3자 명의로 권리이전등기가 되어 있는 경우
   나. 지상권·지역권·전세권·임차권설정등기의 기록명령이 있었으나, 그 기록명령에 따른 등기 전에 동일한 부분에 지상권·전세권·임차권설정등기가 되어 있는 경우
   다. 말소등기의 기록명령이 있었으나 그 기록명령에 따른 등기 전에 등기상 이해관계인이 발생한 경우
   라. 등기관이 기록명령에 따른 등기를 하기 위하여 신청인에게 첨부정보를 다시 등기소에 제공할 것을 명령하였으나 신청인이 이에 응하지 아니한 경우
③ 기재명령에 따른 등기를 함에 장애가 되지 아니하는 경우 : <u>소유권이전등기신청의 각하결정에 대한 이의신청에 기하여 관할 지방법원의 소유권이전등기 기록명령이 있기 전에 제3자 명의의 근저당권설정등기가 경료된 때와 같은 경우에는 기록명령에 따른 등기를 함에 장애가 되지 아니하므로, 기록명령에 따른 등기를 하여야 한다.</u>

답 ❹

제5절 ┃ 이의신청의 재판에 대한 불복

제6절 ┃ 등기에 관한 벌칙

무언가를 시작하는 방법은
말하는 것을 멈추고, 행동을 하는 것이다.

– 월트 디즈니 –

제2편
각 론

01 부동산 표시에 관한 등기

제1절 │ 총 설

Ⅰ 의 의

부동산 표시에 관한 등기란 물권의 객체인 토지 또는 건물의 현황을 명확히 하기 위하여 등기기록의 표제부에 하는 등기이다. 부동산 표시의 등기는 등기관이 소유권보존등기의 신청을 수리하여 등기기록을 개설할 때 하는데, 소유권등기의 일부이고 그 자체가 독립한 등기는 아니다. 따라서 갑구에 소유권보존등기가 되지 않은 채 표제부만 있는 등기는 있을 수 없다. 다만 현행법상 이에 대한 예외로는 집합건물에 관한 등기의 특성상 인정되는 구분건물의 표시등기(부동산등기법 제46조)와 규약상 공용부분의 등기(부동산등기법 제47조 제1항, 부동산등기규칙 제104조 제3항)가 인정되고 있다.

Ⅱ 부동산 표시에 관한 등기의 종류

부동산 표시에 관한 등기는 ① 등기기록을 개설할 때 부동산 표시에 관하여 착오 또는 빠짐이 있어서 등기 당시부터 실체관계(대장 등록사항)와 불일치가 있는 경우에 하는 부동산 표시의 경정등기, ② 등기 후에 부동산 표시에 변경이 있는 경우에 하는 부동산 표시의 변경등기, ③ 집합건물에 관한 등기의 특수성 때문에 예외적으로 인정되는 구분건물의 표시등기로 나눌 수 있다.

①에 관하여는 이어서 설명하고, ②에 관하여는 제2절과 제3절에서 토지와 건물로 나누어 상세히 설명하며, ③에 관하여는 제3장 제1절 소유권보존등기에서 설명한다.

Ⅲ 부동산 표시의 경정등기(등기예규 제1564호 2.)

① 부동산표시에 관한 경정등기는 등기명의인(등기명의인이 여러 명인 경우에는 그중 1인도 가능하다)이 대장 등 경정사유를 소명하는 서면을 첨부하여 단독으로 신청하며 판결서나 제3자의 허가서 등은 제출할 필요가 없다.

② 신청서에 기재된 경정등기의 목적이 현재의 등기와 동일성 혹은 유사성을 인정할 수 없는 정도라 하더라도, 같은 부동산에 관하여 따로 소유권보존등기가 존재하지 아니하거나 등기의 형식상 예측할 수 없는 손해를 입을 우려가 있는 이해관계인이 없는 경우, 등기관은 그 경정등기신청을 수리할 수 있다.

③ 구분건물의 등기기록 중 1동 건물의 표시에 관한 경정등기는 각 구분건물의 소유자 중 1인이 단독으로 신청할 수 있다.

I 의 의

1. 표제부의 등기사항

① 토지의 표시는 등기의 대상인 토지를 특정하는 역할을 한다.

② 토지 등기기록의 표제부에는 위와 같이 토지를 특정하기 위한 소재·지번, 지목, 면적을 기록하며, 그 밖에도 표시번호, 접수연월일 및 등기원인을 기록하여야 한다(부동산등기법 제34조).

2. 토지 표시에 관한 등기의 유형

단순히 표제부의 기록만을 변경하는 '토지 표시의 변경등기', 토지의 분할과 합병이 있는 경우에 하는 등기로서 등기기록의 개설이나 폐쇄를 수반하는 '토지의 분필등기 및 합필등기', 토지가 물리적으로 소멸하는 경우에 하는 등기로서 등기기록의 폐쇄를 수반하는 '토지의 멸실등기'가 있다.

II 토지 표시의 변경등기

1. 등기절차의 개시

(1) 신청에 의한 경우

① 토지의 표시사항인 소재와 지번, 지목 및 면적이 변경된 경우 소유권 등기명의인은 그 사실이 있는 때부터 1개월 내에 토지 표시의 변경등기를 신청하여야 한다(부동산등기법 제35조).

② 이때, 토지의 변경 전과 후의 표시에 관한 사항을 신청정보로서 제공하고, 변경을 증명하는 토지대장이나 임야대장 정보를 첨부정보로서 제공하여야 한다(부동산등기규칙 제72조).

(2) 촉탁에 의한 경우

토지의 이동이 있는 경우(공간정보의 구축 및 관리 등에 관한 법률 제2조 제28호, 제64조 제2항) 지번부여지역의 전부 또는 일부에 대하여 지번을 새로 부여한 경우(동법 제66조 제2항), 지적공부에 등록된 토지가 지형의 변화 등으로 바다로 되거나 지형의 변화 등으로 다시 토지가 된 경우(동법 제82조), 일정한 지역을 정하여 그 지역의 축척을 변경한 경우(동법 제83조 제2항), 지적공부의 등록사항에 잘못이 있음을 발견한 경우(동법 제84조 제2항), 지번부여지역의 일부가 행정구역의 개편으로 다른 지번부여지역에 속하게 되어 새로 속하게 된 지번부여지역의 지번을 부여한 경우(동법 제85조 제2항) 등의 사유로 토지의 표시 변경에 관한 등기를 할 필요가 있는 경우 지적소관청은 관할 등기소에 그 등기를 촉탁하여야 한다(동법 제89조).

(3) 직권에 의한 경우

① 행정구역 또는 그 명칭의 변경이 있는 경우

㉠ 행정구역 또는 그 명칭이 변경되었을 때에는 등기기록에 기록된 행정구역 또는 그 명칭에 대하여 변경등기가 있는 것으로 본다(부동산등기법 제31조).

㉡ 이에 따르면 행정구역 등의 변경이 있는 경우 변경등기를 할 필요가 없는 것처럼 보이지만, 부동산등기규칙에서는 등기관이 직권으로 부동산의 표시변경등기를 할 수 있다고 한다(부동산등기규칙 제54조).

ⓒ 또한 등기예규에서는 행정구역 또는 그 명칭이 변경된 경우에 등기관은 직권으로 변경등기를 하여야 한다고 규정하고 있다. 다만 등기소의 업무사정을 고려하여 해당 부동산 모두에 대하여 순차로 하되, 표시변경등기 완료 전에 그 부동산에 관한 다른 등기의 신청이 있는 때에는 즉시 그 등기에 부수하여 표시변경등기를 하여야 한다(등기예규 제1433호 3.).

② 지적소관청으로부터 불일치 통지를 받은 경우

ⓐ 등기기록에 기록된 토지의 표시가 지적공부와 일치하지 아니하는 때에는 지적소관청은 그 사실을 관할 등기관서에 통지하여야 한다(공간정보의 구축 및 관리 등에 관한 법률 제88조 제1항·제3항).

ⓑ 통지를 받은 등기관은 소유권의 등기명의인으로부터 1개월 이내에 등기신청이 없을 때에는 직권으로 통지서의 기재내용에 따라 변경등기를 하여야 한다(부동산등기법 제36조 제1항).

ⓒ 이 변경등기를 하였을 때에는 지체 없이 지적소관청과 소유권 등기명의인에게 통지하여야 한다. 등기 명의인이 2인 이상인 경우에는 그중 1인에게 통지하면 된다(부동산등기법 제36조 제2항).

2. 등기의 실행

토지 표시에 관한 사항을 변경하는 등기는 항상 주등기로 하고, 종전의 표시에 관한 등기를 말소하는 표시를 하여야 한다(부동산등기규칙 제73조).

Ⅲ 토지의 분필등기와 합필등기

1. 의 의

① 토지의 '분할'은 지적공부에 등록된 1필지를 2필지 이상으로 나누어 등록하는 것이고, '합병'은 2필지 이상을 1필지로 합하여 등록하는 것이다.

② 부동산의 물리적 변경이 있는 경우에는 대장의 변경등록을 먼저 한 후 그 대장등본에 의해 부동산변경등 기를 신청하여야 하는데, 지적공부에서 토지의 분할 또는 합병이 이루어진 후에 그를 토대로 하는 토지 표시의 변경등기를 분필등기 또는 합필등기라고 한다.

2. 토지의 분필등기(부동산등기법 제35조, 부동산등기규칙 제74조~제77조)

(1) 의 의

토지의 분할, 합병이 있는 경우와 제34조의 등기사항에 변경이 있는 경우에는 그 토지 소유권의 등기명의인 은 그 사실이 있는 때부터 1개월 이내에 그 등기를 신청하여야 한다(부동산등기법 제35조).

(2) 일반적인 분필등기 절차

① 을 토지의 등기기록(등기기록 개설)

ⓐ 표제부(부동산등기규칙 제75조 제1항) : 갑 토지를 분할하여 그 일부를 을 토지로 한 경우에 등기관이 분필등기를 할 때에는 을 토지에 관하여 등기기록을 개설하고, 그 등기기록 중 표제부에 토지의 표시 와 분할로 인하여 갑 토지의 등기기록에서 옮겨 기록한 뜻을 기록하여야 한다.

ⓑ 갑구와 을구(부동산등기규칙 제76조)

㉮ 을 토지의 등기기록 중 해당 구에 갑 토지의 등기기록에서 소유권과 그 밖의 권리에 관한 등기를 전사하고, 분할로 인하여 갑 토지의 등기기록에서 전사한 뜻, 신청정보의 접수연월일과 접수번호 를 기록하여야 한다. 이 경우 소유권 외의 권리에 관한 등기에는 갑 토지가 함께 그 권리의 목적이 라는 뜻도 기록하여야 한다(부동산등기규칙 제76조 제1항).

④ 소유권 외의 등기명의인이 갑 토지에 관하여 권리의 소멸을 승낙한 것을 증명하는 정보 또는 이에 대항할 수 있는 재판이 있음을 증명하는 정보를 첨부정보로서 등기소에 제공한 경우에는 을 토지의 등기기록 중 해당 구에 그 권리에 관한 등기를 전사하고, 신청정보의 접수연월일과 접수번호를 기록하여야 한다. 이 경우 갑 토지의 등기기록 중 그 권리에 관한 등기에는 갑 토지에 대하여 권리가 소멸한 뜻을 기록하고 그 등기를 말소하는 표시를 하여야 한다(부동산등기규칙 제76조 제4항).

⑤ 소멸하는 권리를 목적으로 하는 제3자의 권리에 관한 등기가 있는 경우에는 그 자의 승낙이 있음을 증명하는 정보 또는 이에 대항할 수 있는 재판이 있음을 증명하는 정보를 제공하여야 한다(부동산등기규칙 제76조 제5항).

② 갑 토지의 등기기록

㉠ 표제부 : 갑 토지의 등기기록 중 표제부에 남은 부분의 표시를 하고 분할로 인하여 다른 부분을 을 토지의 등기기록에 옮겨 기록한 뜻을 기록하며, 종전의 표시에 관한 등기를 말소하는 표시를 하여야 한다(부동산등기규칙 제75조 제2항).

㉡ 갑구와 을구

㉮ 갑 토지의 등기기록에서 을 토지의 등기기록에 소유권 외의 권리에 관한 등기를 전사하였을 때에는 갑 토지의 등기기록 중 그 권리에 관한 등기에 을 토지가 함께 권리의 목적이라는 뜻을 기록하여야 한다(부동산등기규칙 제76조 제2항).

㉯ 소유권 외의 권리의 등기명의인이 을 토지에 관하여 권리의 소멸을 승낙한 것을 증명하는 정보 또는 이에 대항할 수 있는 재판이 있음을 증명하는 정보를 첨부정보로서 등기소에 제공한 경우에는 갑 토지의 등기기록 중 그 권리에 관한 등기에 을 토지에 대하여 권리가 소멸한 뜻을 기록하여야 한다(부동산등기규칙 제76조 제3항).

㉰ 소멸하는 권리를 목적으로 하는 제3자의 권리에 관한 등기가 있는 경우에는 그 자의 승낙이 있음을 증명하는 정보 또는 이에 대항할 수 있는 재판이 있음을 증명하는 정보를 제공하여야 한다(부동산등기규칙 제76조 제5항).

(3) 토지 일부에 권리가 존재하는 토지에 대한 분필

① 권리자의 확인정보와 인감증명 제공

㉠ 1필의 토지의 일부에 지상권, 전세권, 임차권이나 승역지의 일부에 관하여 하는 지역권의 등기가 있는 경우에 분필등기를 신청할 때에는 권리가 존속할 토지의 표시에 관한 정보를 신청정보로 제공하고, 이에 관한 권리자의 확인이 있음을 증명하는 정보와 그 권리자의 인감증명을 첨부정보로 제공하여야 한다(부동산등기규칙 제74조 전단, 제60조 제1항 제5호).

㉡ 이 경우 그 권리가 토지의 일부에 존속할 때에는 그 토지부분에 관한 정보도 신청정보로 제공하고 그 부분을 표시한 지적도를 첨부정보로 제공하여야 한다(부동산등기규칙 제74조 후단).

㉢ 이와 같은 첨부정보 없이 분필등기를 신청한 때에는 부동산등기법 제29조 제9호(등기에 필요한 첨부정보를 제공하지 아니한 경우)에 의하여 각하하여야 한다.

② 등기방법

㉠ 갑 토지를 분할하여 그 일부를 을 토지로 한 경우 갑 토지에만 해당 권리가 존속할 때에는 갑 토지의 등기기록 중 그 권리에 관한 등기에 을 토지에 대하여 그 권리가 소멸한 뜻을 기록하여야 한다(부동산 등기규칙 제77조 제1항, 제76조 제3항).

㉡ 반대로 을 토지에만 해당 권리가 존속할 때에는 을 토지의 등기기록 중 해당 구에 그 권리에 관한 등기를 전사하고, 신청정보의 접수연월일과 접수번호를 기록하며, 갑 토지의 등기기록 중 그 권리에 관한 등기에는 갑 토지에 대하여 그 권리가 소멸한 뜻을 기록하고 그 등기를 말소하는 표시를 하여야 한다(부동산등기규칙 제77조 제1항, 제76조 제4항).

㉢ 지상권, 지역권, 전세권 또는 임차권의 등기가 분필된 토지, 즉 갑 토지나 을 토지의 일부에 존속할 때에는 그 권리가 존속할 부분을 기록하여야 한다(부동산등기규칙 제77조 제2항).

(4) 분필등기신청 시의 소유권 외의 권리자의 소멸승낙이 있는 경우

① 갑 토지를 분할하여 그 일부를 을 토지로 한 경우에 소유권 외의 권리의 등기명의인이 을 토지에 관하여 권리의 소멸을 승낙한 것을 증명하는 정보 또는 이에 대항할 수 있는 재판이 있음을 증명하는 정보를 제공한 경우에는 갑 토지의 등기기록 중 그 권리에 관한 등기에 을 토지에 대하여 권리가 소멸한 뜻을 기록하여야 한다(부동산등기규칙 제76조 제3항).

② 소유권 외의 권리의 등기명의인이 갑 토지에 관하여 그 권리의 소멸을 승낙한 것을 증명하는 정보 또는 이에 대항할 수 있는 재판이 있음을 증명하는 정보를 제공한 경우에는 을 토지의 등기기록 중 해당 구에 그 권리에 관한 등기를 전사하고, 신청정보의 접수연월일과 접수번호를 기록하여야 한다. 이 경우 갑 토지의 등기기록 중 그 권리에 관한 등기에는 갑 토지에 대하여 그 권리가 소멸한 뜻을 기록하고 그 등기를 말소하는 표시를 하여야 한다(부동산등기규칙 제76조 제4항).

③ 위 두 가지 경우에 소멸하는 권리를 목적으로 하는 제3자의 권리에 관한 등기가 있는 경우에는 그 자의 승낙이 있음을 증명하는 정보 또는 이에 대항할 수 있는 재판이 있음을 증명하는 정보를 제공하여야 한다(부동산등기규칙 제76조 제5항).

(5) 분필등기가 누락된 토지에 대한 등기처리 절차

토지대장상 제1차 분할 후 면적단위 환산이 이루어지고 그 후 제2차 분할이 있었으나, 등기기록상은 제1차 분할에 따른 분필등기가 누락된 채 분할 후 면적으로 면적단위환산등기가 이루어지고 이어 소유권이 이전된 후 제2차 분할에 따른 분필등기가 마쳐진 경우, 면적단위환산등기 당시의 등기기록상 소유명의인은 토지대 장정보 등 소명자료를 제공하여 면적단위환산등기의 착오를 원인으로 한 토지표시경정등기(이때 경정으로 인한 모 번지 토지의 면적은 최초 분할 전의 면적에서 제2차 분할에 따른 분필등기로 분할해 나간 토지의 면적을 차감한 면적임) 및 누락된 토지에 대한 분필등기를 동시에 신청할 수 있다. 이때 분필등기로 인하여 개설되는 분할 후의 토지의 등기기록에 전사할 사항은 면적단위환산등기 당시의 모 번지 토지 등기기록에 기록된 소유권 및 소유권 외의 권리에 관한 사항이 된다(등기선례 제8-143호).

(6) 합병된 토지의 일부에 대한 등기소멸·회복을 구하는 경우의 조치

① 수필의 토지가 합병된 후 합병 전의 1토지에 대한 등기가 무효였음을 전제로(예 갑 → 을 → 병으로 소유권이전등기가 마쳐진 1토지와 A → B → 병으로 마쳐진 2토지를 병이 합병하였으나 갑이 을·병으로 마쳐진 등기가 무효임을 전제로 을·병을 상대로 1토지 부분에 대한 말소등기를 청구한 경우) 소를 제기하여 승소한 경우에는 1토지 부분을 분필하여 갑 명의의 등기를 되살려야 한다.

② 부동산등기규칙 제115조에서 그 방법을 규정하고 있는데 그 내용은 다음과 같다.

　㉠ 토지 중 일부에 관한 등기의 말소 또는 회복을 위하여 분필의 등기를 할 때에는 등기의 말소 또는 회복에 필요한 범위에서 해당 부분에 관한 소유권과 그 밖의 권리에 관한 등기를 모두 전사하여야 한다(부동산등기규칙 제115조 제1항).

　㉡ 이에 따라 분필된 토지의 등기기록에 해당 등기사항을 전사한 경우에는 분필 전 토지의 등기기록에 있는 그 등기사항에 대하여는 그 뜻을 기록하고 말소하여야 한다(부동산등기규칙 제115조 제2항).

　㉢ 이러한 내용의 등기신청을 할 때에는 통상의 분필등기와 다름을 명백히 나타내기 위해 등기의 목적을 「등기의 말소(또는 회복)를 위한 분필」이라고 신청정보에 표시하고, 등기기록에도 그와 같이 기록하여야 한다(등기예규 제1354호).

3. 토지의 합필등기(부동산등기법 제35조)

(1) 의 의

「공간정보의 구축 및 관리 등에 관한 법률」상 토지의 합병은 지적공부에 등록된 2필지 이상을 1필지로 합하여 등록하는 것을 말한다(동법 제2조 제32호). 합필등기는 대장상 합병된 토지에 대하여 등기기록에도 1필지의 토지로 기록하는 토지의 표시변경등기이다.

(2) 합병신청의 예외

다음의 경우에는 합병 신청을 할 수 없다.

① 합병하려는 토지에 소유권·지상권·전세권·임차권 및 승역지에 하는 지역권의 등기, 합병하려는 토지 전부에 대한 등기원인 및 그 연월일과 접수번호가 동일한 저당권에 관한 등기, 합병하려는 토지 전부에 대한 부동산등기법 제81조 제1항 각 호의 등기사항이 동일한 신탁등기 외의 등기가 있는 경우(부동산등기법 제37조 제1항, 공간정보의 구축 및 관리 등에 관한 법률 제80조 제3항).

② 또한 합병하려는 토지의 지번부여지역, 지목 또는 소유자가 다른 경우와 합병하려는 토지의 지적도 및 임야도의 축척이 서로 다른 경우에도 합병을 할 수 없다(공간정보의 구축 및 관리 등에 관한 법률 제80조 제3항).

③ 합병하려는 토지의 지적도 및 임야도의 축척이 서로 다른 경우라 함은 다음을 말한다.

　㉠ 합병하려는 토지의 지적도 및 임야도의 축척이 서로 다른 경우

　㉡ 합병하려는 각 필지가 서로 연접하지 않은 경우

　㉢ 합병하려는 토지가 등기된 토지와 등기되지 아니한 토지인 경우

　㉣ 합병하려는 각 필지의 지목은 같으나 일부 토지의 용도가 다르게 되어 분할대상 토지인 경우(다만, 합병 신청과 동시에 토지의 용도에 따라 분할 신청을 하는 경우는 제외한다)

　㉤ 합병하려는 토지의 소유자별 공유지분이 다른 경우

ⓑ 합병하려는 토지가 구획정리, 경지정리 또는 축척변경을 시행하고 있는 지역의 토지와 그 지역 밖의 토지인 경우

ⓢ 합병하려는 토지 소유자의 주소가 서로 다른 경우. 다만, 토지의 합병 신청을 접수받은 지적소관청이 행정정보의 공동이용을 통하여 토지등기사항증명서, 신청인이 법인인 경우에 법인등기사항증명서, 신청인이 개인인 경우에 주민등록표 초본을 확인(신청인이 주민등록표 초본 확인에 동의하지 않는 경우에는 해당 자료를 첨부하도록 하여 확인)한 결과 토지 소유자가 동일인임을 확인할 수 있는 경우는 제외한다(공간정보의 구축 및 관리 등에 관한 법률 시행령 제66조 제3항).

(3) 갑 토지를 을 토지에 합병한 경우의 등기방법

① 일반적인 합필등기 절차

ⓞ 을 토지의 등기기록

㉮ 표제부 : 갑 토지를 을 토지에 합병한 경우에 등기관이 합필등기를 할 때에는 을 토지의 등기기록 중 표제부에 합병 후의 토지의 표시와 합병으로 인하여 갑 토지의 등기기록에서 옮겨 기록한 뜻을 기록하고 종전의 표시에 관한 등기를 말소하는 표시를 하여야 한다(부동산등기규칙 제79조 제1항). 합필등기는 등기기록을 새로 개설하여 할 수는 없다. 등기기록을 개설하여 합필등기를 하였다면 그 등기는 무효이다(대판 1968.2.27. 67다2309).

㉯ 갑구와 을구

• 갑 토지를 을 토지에 합병한 경우 갑 토지의 등기기록에 지상권·지역권·전세권 또는 임차권의 등기가 있을 때에는 을 토지의 등기기록 중 을구에 그 권리의 등기를 옮겨 기록하고, 합병으로 인하여 갑 토지의 등기기록에서 옮겨 기록한 뜻, 갑 토지이었던 부분만이 그 권리의 목적이라는 뜻, 신청정보의 접수연월일과 접수번호를 기록하여야 한다(부동산등기규칙 제80조 제2항).

• 소유권, 지상권, 지역권 또는 임차권의 등기를 전사하는 경우에 등기원인과 그 연월일, 등기목적과 접수번호가 같을 때에는 전사를 갈음하여 을 토지의 등기기록에 갑 토지에 대하여 같은 사항의 등기가 있다는 뜻을 기록하여야 한다(부동산등기규칙 제80조 제3항, 제78조 제4항).

• 갑 토지와 을 토지 등기기록에 등기원인과 그 연월일, 등기목적과 접수번호가 같은 저당권이나 전세권의 등기가 있을 때에는 을 토지 등기기록 중 그 등기에 해당 등기가 합병 후의 토지 전부에 관한 것이라는 뜻을 기록하여야 한다(부동산등기규칙 제80조 제3항, 제78조 제5항).

ⓛ 갑 토지의 등기기록 : 갑 토지를 을 토지에 합병한 경우 갑 토지의 등기기록 중 표제부에 합병으로 인하여 을 토지의 등기기록에 옮겨 기록한 뜻을 기록하고, 갑 토지의 등기기록 중 표제부의 등기를 말소하는 표시를 한 후 그 등기기록을 폐쇄하여야 한다(부동산등기규칙 제79조 제2항).

② 토지 합필의 제한

ⓞ 원 칙

㉮ 저당권과 같이 토지의 일부에 대하여는 성립할 수 없는 권리가 등기되어 있는 토지에 관하여 합필등기를 허용할 경우에는 그 권리가 합필 후 토지의 일부분에 존속하는 것으로 공시되는데, 1물1권주의의 취지에 어긋나고 공시의 혼란을 초래한다.

㉯ 법은 위와 같은 결과를 방지하기 위하여 지상권·전세권 또는 임차권의 등기, 승역지에 대한 지역권 등 토지의 일부에 성립이 허용되는 권리의 등기, 합필하려는 모든 토지에 있는 등기원인 및 그 연월일과 접수번호가 동일한 저당권에 관한 등기, 합필하려는 모든 토지에 있는 신탁원부의 내용이 동일한 신탁등기 외의 권리에 관한 등기가 있는 토지에 대하여는 합필의 등기를 할 수 없도록 규정하고 있다(부동산등기법 제37조 제1항).

ⓓ 등기관은 이와 같은 등기신청이 있으면 각하하고 그 사유를 지적소관청에 알려야 한다(부동산등기법 제37조 제2항).

ⓔ 저당권의 경우에 등기원인 및 그 연월일과 접수번호가 동일해야 하므로 동일한 채권을 담보하기 위한 본래의 저당권설정이 된 토지와 추가저당권설정이 된 토지는 합필등기를 할 수 없다(등기선례 제3-654호, 제4-523호). "등기원인 및 그 연월일과 접수번호가 동일한 저당권"이란 처음부터 합병 대상 토지에 대하여 공동저당을 설정한 경우만을 의미하므로 甲 토지에 저당권설정등기를 한 후 동일한 채권에 대하여 乙 토지에 추가로 저당권설정등기를 한 경우는 해당하지 않기 때문이다.

ⓕ 수필의 토지에 대하여 등기원인 및 그 연월일과 접수번호가 동일한 가등기·가압류등기·경매등기·체납처분에 의한 압류등기 등 토지 일부에 성립이 허용되지 않는 등기가 있는 경우에는 저당권에 관한 등기에 대해서만 예외를 두고자 한 법 제37조 제1항 단서의 취지에 비추어 1992.2.1. 현재 토지대장상 합필이 되어버린 토지를 제외하고는 합필을 할 수 없다(등기선례 제5-518호).

ⓖ 공유자의 지분이 상이한 토지의 합필등기는 할 수 없다.

ⓛ 합필의 특례

ⓐ 합필등기를 엄격히 제한하는 경우 대장상 합병되었더라도 합필등기 전에 합필제한사유가 발생하면 합필등기를 할 수 없게 되고, 소유자가 해당 토지를 거래하기 위하여는 다시 분할을 해야 하는 불편이 따른다. 부동산등기법은 이와 같은 사정을 고려해 합필의 특례에 관한 규정을 두고 있다.

ⓑ 「공간정보의 구축 및 관리 등에 관한 법률」에 따른 토지합병절차를 마친 후 합필등기를 하기 전에 합병된 토지 중 어느 토지에 관하여 소유권이전등기가 된 경우라 하더라도 이해관계인의 승낙이 있으면 해당 토지의 소유권의 등기명의인들은 합필 후의 토지를 공유로 하는 합필등기를 신청할 수 있다(부동산등기법 제38조 제1항).

ⓒ 「공간정보의 구축 및 관리 등에 관한 법률」에 따른 토지합병절차를 마친 후 합필등기를 하기 전에 합병된 토지 중 어느 토지에 관하여 부동산등기법 제37조 제1항에서 정한 합필등기의 제한사유에 해당하는 권리에 관한 등기가 된 경우라 하더라도 이해관계인의 승낙이 있으면 해당 토지의 소유권의 등기명의인은 그 권리의 목적물을 합필 후의 토지에 관한 지분으로 하는 합필등기를 신청할 수 있다. 다만, 요역지에 하는 지역권의 등기가 있는 경우에는 합필 후의 토지 전체를 위한 지역권으로 하는 합필등기를 신청하여야 한다(부동산등기법 제38조 제2항).

ⓒ 합필의 특례에 따른 등기신청

ⓐ 종전 토지의 소유권이 합병 후의 토지에서 차지하는 지분을 신청정보의 내용으로 제공하고, 이에 관한 토지 소유자들의 확인이 있음을 증명하는 정보를 첨부정보로서 제공하여야 한다(부동산등기규칙 제81조 제1항).

ⓑ 이해관계인이 있을 때에는 그 이해관계인의 승낙이 있음을 증명하는 정보를 첨부정보로서 제공하여야 한다(부동산등기규칙 제81조 제2항).

ⓔ 합필의 특례에 따른 등기

ⓐ 종전 토지의 소유권 등기를 공유지분으로 변경하는 등기를 부기로 하고, 종전 등기의 권리자에 관한 사항을 말소하는 표시를 하여야 한다(부동산등기규칙 제82조 제1항).

ⓑ 이 경우에 이해관계인이 있을 때에는 이해관계인 명의의 등기를 공유지분 위에 존속하는 것으로 변경하는 등기를 부기로 하여야 한다(부동산등기규칙 제82조 제2항).

4. **토지의 분필 · 합필등기**(부동산등기규칙 제78조)

어느 토지의 일부를 분할하여 다른 토지에 합병한 경우에는 토지의 분필등기와 합필등기가 함께 이루어진다. 갑 토지의 일부를 분할하여 을 토지에 합병한 경우 등기방법은 다음과 같다.

(1) 을 토지의 등기기록

① 표제부 : 갑 토지의 일부를 분할하여 을 토지에 합병한 경우 을 토지의 등기기록 중 표제부에 합병 후의 토지의 표시와 일부합병으로 인하여 갑 토지의 등기기록에서 옮겨 기록한 뜻을 기록하고 종전의 표시에 관한 등기를 말소하는 표시를 하여야 한다(부동산등기규칙 제78조 제1항).

② 갑구와 을구

㉠ 을 토지의 등기기록 중 갑구에 갑 토지의 등기기록에서 소유권의 등기(부동산등기법 제37조 제1항 제3호의 경우에는 신탁등기를 포함한다)를 전사하고, 일부합병으로 인하여 갑 토지의 등기기록에서 전사한 뜻, 신청정보의 접수연월일과 접수번호를 기록하여야 한다(부동산등기규칙 제78조 제2항).

㉡ 갑 토지의 등기기록에 지상권 · 지역권 · 전세권 또는 임차권의 등기가 있을 때에는 을 토지의 등기기록 중 을구에 그 권리에 관한 등기를 전사하고, 일부합병으로 인하여 갑 토지의 등기기록에서 전사한 뜻, 합병한 부분만이 갑 토지와 함께 그 권리의 목적이라는 뜻, 신청정보의 접수연월일과 접수번호를 기록하여야 한다(부동산등기규칙 제78조 제3항).

㉢ 소유권 · 지상권 · 지역권 또는 임차권의 등기를 전사하는 경우에 등기원인과 그 연월일, 등기목적과 접수번호가 같을 때에는 전사를 갈음하여 을 토지의 등기기록에 갑 토지에 대하여 같은 사항의 등기가 있다는 뜻을 기록하여야 한다(부동산등기규칙 제78조 제4항).

㉣ 갑 토지와 을 토지의 등기기록에 등기원인과 그 연월일, 등기목적과 접수번호가 같은 저당권이나 전세권의 등기가 있을 때에는 을 토지의 등기기록 중 그 등기에 해당 등기가 합병 후의 토지 전부에 관한 것이라는 뜻을 기록하여야 한다(부동산등기규칙 제78조 제5항).

(2) 갑 토지의 등기기록

분필의 경우 갑 토지의 등기기록에 대하여 하는 분필등기절차와 같다.

Ⅳ 토지의 멸실등기

1. 의 의

토지의 멸실이란 토지의 함몰 · 포락 등으로 인하여 1필의 토지 전체가 물리적으로 소멸한 것을 말한다.

2. 등기의 신청

① 토지가 멸실된 경우에는 소유권의 등기명의인이 그 사실이 있는 때부터 1개월 내에 멸실등기를 신청하여야 한다(부동산등기법 제39조). 토지가 멸실되어 지적공부가 등록말소되었음에도 불구하고 등기가 여전히 존재한다면 실재로도 존재하는 것으로 오인될 염려가 있기 때문에 멸실등기신청의무를 부과한 것이다.

② 멸실 사실이 있는 때라 함은 그 사실이 지적공부에 기록된 때를 말한다. 등기신청을 하지 않더라도 과태료는 부과되지 않는다.

③ 지적공부에 등록되어 있지 않은 토지(지적공부가 멸실된 토지 제외)는 존재하지 않거나 특정되지 않는 것으로서, 그 소유권보존등기는 효력이 없다. 등기명의인은 토지조사령에 의한 토지조사부 및 그 후부터 현재까지의 지적공부에 등록된 사실이 없다는 지적소관청의 확인정보와 인감증명을 첨부하여 멸실등기를 신청할 수 있다(등기선례 제5-505호).

④ 토지멸실등기를 신청하는 경우에는 그 멸실을 증명하는 토지대장정보나 임야대장정보를 제공하여야 한다(부동산등기규칙 제83조).

3. 등기의 실행

① 등기기록 중 표제부에 멸실의 뜻과 그 원인을 기록하고 표제부의 등기를 말소하는 표시를 한 후 그 등기기록을 폐쇄하여야 한다(부동산등기규칙 제84조 제1항).

② 멸실등기한 토지가 다른 부동산과 함께 소유권 외의 권리의 목적일 때에는 그 다른 부동산의 등기기록 중 해당 구에 멸실등기한 토지의 표시를 하고, 그 토지가 멸실인 뜻을 기록하며, 그 토지와 함께 소유권 외의 권리의 목적이라는 뜻을 기록한 등기 중 멸실등기한 토지의 표시에 관한 사항을 말소하는 표시를 하여야 한다. 이때 공동전세목록이나 공동담보목록이 있는 경우에는 그 목록에 하여야 한다(부동산등기규칙 제84조 제2항·제3항).

③ 멸실등기한 토지와 함께 소유권 외의 권리의 목적인 토지가 다른 등기소 관할인 경우 등기관은 지체 없이 그 등기소에 부동산 및 멸실등기한 토지의 표시와 신청정보의 접수연월일을 통지하여야 하고, 통지를 받은 등기관은 지체 없이 위 등기를 실행하여야 한다(부동산등기규칙 제84조 제4항·제5항).

Ⅴ 토지개발사업에 따른 등기(토지개발 등기규칙)

1. 의 의

① 대규모의 토지개발사업이 완료되어 「공간정보의 구축 및 관리 등에 관한 법률」에 따라 환지를 수반하지 아니하고 새로 지적공부가 작성되는 경우에는 「부동산등기법」상의 일반적인 등기절차와 다른 특별한 등기절차를 따르게 되는바, 이에 관하여 별도의 규칙을 제정하였다.

② 토지개발 등기규칙은 「도시개발법」에 따른 도시개발사업, 「농어촌정비법」에 따른 농어촌정비사업, 「주택법」에 따른 주택건설사업 등 「공간정보의 구축 및 관리 등에 관한 법률」 제86조의 규정이 적용되는 토지개발사업의 시행지역에서 환지를 수반하지 아니하는 토지의 이동으로 인하여 지적공부가 정리된 경우의 부동산등기에 관한 특례를 정함을 목적으로 한다.

2. 신청요건(토지개발 등기규칙 제2조)

① 이 규칙에 따른 등기를 신청하기 위해서는 다음의 요건을 갖추어야 한다.

ㄱ 토지개발사업의 완료에 따른 지적확정측량에 의하여 종전 토지의 지적공부가 전부 폐쇄되고 새로 조성된 토지에 대하여 지적공부가 작성될 것

ㄴ 종전 토지의 소유권의 명의인이 모두 같을 것

ㄷ 종전 토지의 등기기록에 소유권등기 외의 권리에 관한 등기가 없을 것

② ⓒ에도 불구하고 다음 중의 어느 하나에 해당하는 경우에는 이 규칙에 따른 등기를 신청할 수 있다.
  ㉠ 종전 모든 토지의 등기기록에 부동산등기법 제81조 제1항 각 호의 등기사항이 같은 신탁등기가 있는 경우
  ㉡ 종전 모든 토지의 등기기록에 주택법 제61조 제3항의 금지사항 부기등기가 있는 경우
  ㉢ 종전 토지의 등기기록에 지상권, 전세권, 임차권 또는 승역지(편익제공지)에 하는 지역권의 등기가 있는 경우
  ㉣ 종전 모든 토지의 등기기록에 등기원인 및 그 연월일과 접수번호가 같은 저당권 또는 근저당권의 등기가 있는 경우

3. 신청하여야 할 등기(토지개발 등기규칙 제3조)

① 토지개발사업의 완료에 따른 지적확정측량에 의하여 지적공부가 정리되고 이에 대한 확정시행 공고가 있는 경우 해당 토지의 소유명의인은 다음 등기를 동시에 신청하여야 한다.
  ㉠ 종전 토지에 관한 말소등기
  ㉡ 새로 조성된 토지에 관한 소유권보존등기
② 종전 토지의 등기기록에 위 2.의 ② 어느 하나에 해당하는 등기가 있는 경우에는 위 2.의 ①에 따른 등기의 신청과 동시에 그 등기를 신청하여야 한다.
③ 이 경우에 위 2.의 ② ㉠ 또는 ㉡에 해당하는 등기는 토지의 소유명의인이 단독으로 신청하고, 위 2.의 ② ㉢ 또는 ㉣에 해당하는 등기는 토지의 소유명의인과 해당 권리의 등기명의인이 공동으로 신청한다.

4. 신청정보의 내용과 제공방법(토지개발 등기규칙 제4조)

① 종전 토지에 관한 말소등기는 모든 토지에 대하여 1건의 신청정보로 일괄하여 신청하여야 하고, 토지개발사업의 시행으로 인하여 등기를 신청한다는 뜻을 신청정보의 내용으로 등기소에 제공하여야 한다.
② 제1항의 규정은 새로 조성된 토지에 관한 소유권보존등기에 준용한다.
③ 위 2.의 ② ㉠ 또는 ㉡에 해당하는 등기는 제2항의 등기와 함께 1건의 신청정보로 일괄하여 신청하여야 한다.
④ 위 2.의 ② ㉢ 또는 ㉣에 해당하는 등기는 제2항의 등기신청 다음에 별개의 신청정보로 신청하여야 하며, 그 등기가 여러 개 존재하는 경우에는 각각 별개의 신청정보로 종전 토지의 등기기록에 등기된 순서에 따라 신청하여야 한다. 이 경우 등기의무자의 등기필정보는 신청정보의 내용으로 등기소에 제공할 필요가 없다.
⑤ 새로 조성된 토지의 일부에 대하여 지상권, 전세권, 임차권이나 승역지에 하는 지역권의 등기가 존속하는 경우에는 해당 권리가 존속할 부분에 관한 정보를 신청정보의 내용으로 등기소에 제공하여야 한다.

5. 첨부정보(토지개발 등기규칙 제5조)

① 종전 토지에 관한 말소등기 및 새로 조성된 토지에 관한 소유권보존등기를 신청하는 경우 다음 정보를 첨부정보로서 등기소에 제공하여야 한다.
  ㉠ 종전 토지의 폐쇄된 토지대장 정보
  ㉡ 새로 조성된 토지의 토지대장 정보
  ㉢ 종전 토지 및 확정 토지의 각 지번별 조서 정보
  ㉣ 지적공부 확정시행 공고를 증명하는 정보

② 위 2.의 ② ㉠에 해당하는 등기를 신청하는 경우에는 부동산등기법 제81조 제1항 각 호의 사항을 첨부정보로서 등기소에 제공하여야 한다.

③ 위 2.의 ②의 어느 하나에 해당하는 등기를 신청하는 경우에는 등기원인을 증명하는 정보를 제공할 필요가 없다.

④ 위 4.의 ⑤의 경우에는 그 권리가 존속하는 부분을 표시한 지적도를 첨부정보로서 등기소에 제공하여야 한다.

6. 등기방법(토지개발 등기규칙 제6조)

① 등기관이 종전 토지에 관한 말소등기를 하는 경우 표제부에 토지개발사업의 시행으로 인하여 등기를 하였다는 뜻을 기록하고 표제부의 등기를 말소하는 표시를 한 후 그 등기기록을 폐쇄하여야 한다.

② 등기관이 새로 조성된 토지에 관한 소유권보존등기를 하는 경우 표제부에 토지개발사업의 시행으로 인하여 등기를 하였다는 뜻을 기록하여야 한다.

③ 등기관이 새로 조성된 토지의 등기기록에 위 2.의 ② ㉢ 또는 ㉣에 해당하는 등기를 하는 경우 그 등기가 여러 개 있을 때에는 종전 토지의 등기기록에 등기된 순서에 따라 기록하여야 한다.

7. 등기필정보(토지개발 등기규칙 제7조)

등기관이 위 4.의 ②에 따른 소유권보존등기 및 위 4.의 ④ 전단에 따른 등기를 마쳤을 때에는 등기필정보를 작성하여 등기명의인이 된 신청인에게 각각 통지하여야 한다.

제3절 | 건물 표시에 관한 등기

Ⅰ 의 의

1. 표제부의 등기사항

① 건물의 표시는 등기의 대상인 건물을 특정하는 역할을 한다. 건물은 소재·지번(행정구역 및 지번), 건물번호 및 건물의 종류·구조·면적에 의하여 특정된다.

② 건물 등기기록의 표제부에는 표시번호, 접수연월일, 소재·지번(행정구역 및 지번), 건물번호(다만, 같은 지번 위에 1개의 건물만 있는 경우에는 건물번호는 기록하지 아니한다), 건물의 종류·구조·면적(부속건물이 있는 경우에는 부속건물의 종류, 구조와 면적도 함께 기록한다), 등기원인, 도면번호(같은 지번 위에 여러 개의 건물이 있는 경우와 구분건물인 경우에만 기록한다)를 기록하여야 한다(부동산등기법 제40조 제1항).

③ 등기할 건물이 구분건물인 경우 1동 건물의 표제부에 소재·지번, 건물명칭 및 번호, 건물의 종류·구조·면적을 기록하고, 전유부분의 표제부에 건물번호와 건물의 종류·구조·면적을 기록한다(부동산등기법 제40조 제2항).

④ 구분건물에 대지권이 있는 경우에는 1동 건물의 표제부에 대지권의 목적인 토지의 표시에 관한 사항을 기록하고, 전유부분의 표제부에 대지권의 표시에 관한 사항을 기록하여야 한다(부동산등기법 제40조 제3항).

2. 건물 표시에 관한 등기의 유형

① 단순히 표제부의 기록만을 변경하는 건물 표시의 변경등기

② 건물의 분할, 구분 및 합병이 있는 경우에 하는 등기로서 등기기록의 개설이나 폐쇄를 수반하는 건물의 분할등기, 구분등기 및 합병등기

③ 건물이 물리적으로 소멸한 경우에 하는 등기로서 등기기록의 폐쇄를 수반하는 건물의 멸실등기

④ 구분건물의 경우에는 그 대지권의 변경이나 소멸이 있을 때 하는 대지권의 변경등기

Ⅱ 건물 표시의 변경등기

1. 등기절차의 개시

① 신청에 의한 경우

ㄱ 소재·지번, 건물번호, 건물의 종류·구조·면적이 변경된 경우 소유권 등기명의인은 그 사실이 있는 때부터 1개월 내에 건물표시변경등기를 신청하여야 한다(부동산등기법 제41조 제1항).

ㄴ 구분건물로서 표시등기만 있는 건물에 관하여는 소유권보존등기를 신청할 수 있는 자가 건물표시변경등기를 신청하여야 한다(부동산등기법 제41조 제2항).

ㄷ 구분건물의 경우 1동 표제부에 기록하는 사항(예 아파트의 명칭)에 관한 변경등기는 구분건물의 소유명의인 중 1인이 신청하면 된다(부동산등기법 제41조 제4항).

ㄹ 건물의 변경 전과 변경 후의 표시에 관한 정보(신청정보), 변경을 증명하는 건축물대장정보(첨부정보)를 제공하여야 한다(부동산등기규칙 제86조 제1항·제3항).

② 촉탁에 의한 경우 : 대장소관청(특별자치시장·특별자치도지사 또는 시장·군수·구청장)은, 지번이나 행정구역의 명칭이 변경된 경우, 사용승인을 받은 건축물로서 사용승인 내용 중 건축물의 면적·구조·용도 및 층수가 변경된 경우, 건축물을 해체한 경우, 건축물의 멸실 후 멸실신고를 한 경우 그 등기를 촉탁하여야 한다(건축법 제39조).

③ 직권에 의한 경우 : 행정구역 또는 그 명칭이 변경되었을 때 등기관이 직권으로 하는 건물 표시의 변경등기는 토지의 경우와 같다(부동산등기규칙 제54조).

2. 등기의 실행

① 건물표시에 관한 사항을 변경하는 등기를 할 때에는 항상 주등기로 하고, 종전의 표시에 관한 등기를 말소하는 표시를 하여야 한다(부동산등기규칙 제87조 제1항).

② 신축건물을 다른 건물의 부속건물로 하는 등기를 할 때에는 주된 건물의 등기기록 중 표제부에 부속건물 신축을 원인으로 한 건물표시변경등기를 하고, 종전의 표시에 관한 등기를 말소하는 표시를 하여야 한다(부동산등기규칙 제87조 제2항).

1. 개 관

건물의 분할(1개의 일반건물을 2개 이상의 일반건물로 나누는 것), 구분(건물을 나누어 2개 이상의 구분건물을 만드는 것), 합병(2개 이상의 건물을 1개의 건물로 합하는 것)이 있는 경우에도 소유권 등기명의인은 그 사실이 있는 때부터 1개월 내에 그 등기를 신청하여야 한다(부동산등기법 제41조 제1항).

2. 건물의 분할등기

① 갑 건물로부터 그 부속건물을 분할하여 을 건물로 한 경우 그 등기방법은 대체로 토지분할의 경우와 같다. 즉, 을 건물에 관하여 등기기록을 개설하고 그 등기기록 표제부에 건물의 표시와 분할로 인하여 갑 건물의 등기기록에서 옮겨 기록한 뜻을 기록하여야 한다(부동산등기규칙 제96조 제1항).

② 이 절차를 마치면 갑 건물의 등기기록 중 표제부에 남은 부분의 표시를 하고, 분할로 인하여 다른 부분을 을 건물의 등기기록에 옮겨 기록한 뜻을 기록하며, 종전의 표시에 관한 등기를 말소하는 표시를 하여야 한다(부동산등기규칙 제96조 제2항).

③ 그 밖에 절차에는 토지의 분필등기에 관한 절차가 준용된다(부동산등기규칙 제96조 제3항, 제76조, 제77조).

3. 건물의 구분등기

(1) 의 의

건물의 구분은 두 가지의 경우가 있을 수 있다. 구분건물이 아닌 갑 건물을 구분하여 갑 건물과 을 건물로 하거나 구분건물인 갑 건물을 구분하여 갑 건물과 을 건물로 하는 경우이다. 구체적인 등기방법은 다음과 같다.

(2) 등기절차

① 구분건물이 아닌 건물을 구분한 경우

㉠ 구분건물이 아닌 갑 건물을 구분하여 갑 건물과 을 건물로 한 경우 구분등기를 할 때에는 구분 후의 갑 건물과 을 건물에 대하여 등기기록을 개설하고 각 등기기록 중 표제부에 건물의 표시와 구분으로 인하여 종전의 갑 건물의 등기기록에서 옮겨 기록한 뜻을 기록하여야 한다(부동산등기규칙 제97조 제1항).

㉡ 이와 같은 절차를 마치면 종전의 갑 건물의 등기기록 중 표제부에 구분으로 인하여 개설한 갑 건물과 을 건물의 등기기록에 옮겨 기록한 뜻을 기록하고, 표제부의 등기를 말소하는 표시를 한 후 그 등기기록을 폐쇄하여야 한다(부동산등기규칙 제97조 제2항).

㉢ 새로 개설한 갑 건물과 을 건물의 등기기록 중 해당 구에 종전의 갑 건물의 등기기록에서 소유권과 그 밖의 권리에 관한 등기를 옮겨 기록하고, 구분으로 인하여 종전의 갑 건물의 등기기록에서 옮겨 기록한 뜻, 신청정보의 접수연월일과 접수번호를 기록하여야 하며, 소유권 외의 권리에 관한 등기에는 다른 등기기록에 옮겨 기록한 건물이 함께 그 권리의 목적이라는 뜻도 기록하여야 한다. 등기상 이해관계 있는 자가 있을 때에는 토지의 분필등기절차에서와 같은 방법으로 처리한다(부동산등기규칙 제97조 제3항, 제76조).

② **구분건물을 구분한 경우**

    ㉠ 구분건물인 갑 건물을 구분하여 갑 건물과 을 건물로 한 경우에는 등기기록 중 을 건물의 표제부에 건물의 표시와 구분으로 인하여 갑 건물의 등기기록에서 옮겨 기록한 뜻을 기록하여야 한다(부동산등기규칙 제97조 제4항).

    ㉡ 이러한 절차를 마치면 갑 건물의 등기기록 중 표제부에 남은 부분의 표시를 하고 구분으로 인하여 다른 부분을 을 건물의 등기기록에 옮겨 기록한 뜻을 기록하며, 종전의 표시에 관한 등기를 말소하는 표시를 하여야 한다(부동산등기규칙 제97조 제5항).

    ㉢ 구분한 건물의 일부에만 존속하는 권리가 있는 등 특별한 사정이 있는 경우의 등기방법에는 토지의 분필등기에 관한 규정이 준용된다(부동산등기규칙 제97조 제6항, 제76조, 제77조).

4. 건물의 합병등기

① **의의** : 건물의 합병에는 물리적으로 합병하는 합동(合棟)과 다른 등기기록의 건물을 부속건물로 하기 위해 이미 등기된 건물의 등기기록에 이기하는 법률상 합병이 있다.

② **등기절차**

    ㉠ 갑 건물을 을 건물 또는 그 부속건물에 합병하거나 을 건물의 부속건물로 한 경우에 그 등기절차에는 토지 합필등기에 관한 규정이 준용된다. 다만, 갑 건물이 구분건물로서 같은 등기기록에 을 건물 외에 다른 건물의 등기가 있을 때에는 그 등기기록을 폐쇄하지 아니한다(부동산등기규칙 제100조 제1항, 제79조, 제80조).

    ㉡ 합병으로 인하여 을 건물이 구분건물이 아닌 것으로 된 경우에 그 등기를 할 때에는 합병 후의 건물에 대하여 등기기록을 개설하고, 그 등기기록 표제부에 합병 후의 건물의 표시와 합병으로 인하여 갑 건물과 을 건물의 등기기록에서 옮겨 기록한 뜻을 기록하여야 한다(부동산등기규칙 제100조 제2항).

    ㉢ 이 절차를 마치면 갑 건물과 을 건물의 등기기록 중 표제부에 합병으로 인하여 개설한 등기기록에 옮겨 기록한 뜻을 기록하고, 갑 건물과 을 건물의 등기기록 중 표제부의 등기를 말소하는 표시를 한 후 그 등기기록을 폐쇄하여야 한다(부동산등기규칙 제100조 제3항).

    ㉣ 대지권을 등기한 건물이 합병으로 인하여 구분건물이 아닌 것으로 된 경우에는 대지권변경등기에 관한 절차가 준용된다(부동산등기규칙 제100조 제5항, 제93조).

③ **건물 합병의 제한**

    ㉠ 합병하려는 건물에 소유권·전세권 및 임차권의 등기, 합병하려는 모든 건물에 있는 등기원인 및 그 연월일과 접수번호가 동일한 저당권에 대한 등기, 합병하려는 모든 건물에 있는 신탁원부의 내용이 동일한 신탁등기가 있는 경우에는 합병등기를 할 수 있으나 그 외의 권리에 관한 등기가 있는 건물에 대하여는 합병의 등기를 할 수 없다(부동산등기법 제42조 제1항).

    ㉡ 등기관은 합병제한 사유에 해당하는 등기신청이 있으면 각하하고 그 사유를 건축물대장 소관청에 알려야 한다(부동산등기법 제42조 제2항).

5. 건물의 분할합병등기

① 갑 건물로부터 그 부속건물을 분할하여 을 건물의 부속건물로 한 경우에 등기관이 분할 및 합병의 등기를 할 때에는 을 건물의 등기기록 중 표제부에 합병 후의 건물의 표시와 일부합병으로 인하여 갑 건물의 등기기록에서 옮겨 기록한 뜻을 기록하고, 종전의 표시에 관한 등기를 말소하는 표시를 하여야 한다(부동산등기규칙 제98조 제1항).

② 건물분할 및 토지의 분필·합필 등기의 규정이 준용된다(부동산등기규칙 제98조 제2항, 제96조, 제78조).

③ 건물의 분할 또는 건물의 합병과 달리 등기기록의 개설과 폐쇄가 없다.

6. 건물의 구분합병등기(부동산등기규칙 제99조)

갑 건물을 구분하여 을 건물 또는 그 부속건물에 합병한 경우에 등기관이 구분 및 합병의 등기를 할 때에는 건물의 분할합병등기, 건물의 구분등기 및 토지의 분필·합필등기에 관한 규정이 준용된다(부동산등기규칙 제99조, 제98조 제1항, 제97조, 제78조).

Ⅳ 건물의 멸실등기

1. 의 의

건물의 멸실이란 건물의 소실, 파괴 등으로 인하여 사회통념상 건물이라고 할 수 없는 상태로 된 것을 말한다.

2. 원칙 및 이해관계인

① 원 칙

㉠ 건물이 멸실된 경우에는 그 소유권의 등기명의인은 멸실된 때부터 1개월 내에 멸실등기를 신청하여야 한다(부동산등기법 제43조 제1항).

㉡ 멸실은 건물 전부가 멸실된 것을 말하며 일부가 멸실하여도 잔여 부분이 사회통념상 건물이라고 할 수 있는 상태이면 멸실등기가 아닌 면적 감소로 인한 변경등기를 하여야 한다.

㉢ 구분건물로서 표시등기만이 있는 건물의 경우에는 소유권의 등기명의인이 있을 수 없으므로 그 건물의 소유권보존등기를 신청할 수 있는 자가 멸실등기를 신청하여야 한다(부동산등기법 제43조 제1항, 제41조 제2항).

㉣ 건물이 멸실되었음에도 불구하고 건물의 소유명의인이 멸실등기를 신청하지 아니하여 건물등기가 그대로 있는 경우 그 등기는 대지 소유자의 권리행사에 방해가 된다. 이렇게 멸실된 때부터 1개월이 지나도 건물의 소유명의인이 멸실등기를 신청하지 아니하면 대지 소유자가 대위하여 멸실등기를 신청할 수 있다(부동산등기법 제43조 제2항).

㉤ 구분건물로서 그 건물이 속하는 1동 전부가 멸실된 경우 그 구분건물의 소유명의인은 1동의 건물에 속하는 다른 구분건물의 소유명의인을 대위하여 1동 전부에 대한 멸실등기를 신청할 수 있다(부동산등기법 제43조 제3항).

ⓗ 건물이 멸실된 것이 아니고 당초부터 존재하지 않는데 등기가 되어 있는 경우가 있을 수 있는데, 소유권 등기명의인은 지체 없이 그 건물의 멸실등기를 신청하여야 한다(부동산등기법 제44조 제1항).

ⓐ 그 소유권의 등기명의인이 멸실등기를 신청하지 아니하는 경우에는 건물대지의 소유자가 대위하여 신청할 수 있고(부동산등기법 제44조 제2항, 제43조 제2항), 존재하지 않는 건물이 구분건물인 경우에는 일부 구분건물의 소유명의인이 다른 구분건물의 소유명의인을 대위하여 1동 전부에 대한 멸실등기를 신청할 수 있다(부동산등기법 제44조 제3항, 제43조 제3항).

ⓞ 존재하지 아니하는 건물에 대하여 그 소유명의인이 멸실등기를 신청하지 않아 건물대지의 소유자가 멸실등기를 대위 신청하는 경우에는 건물이 멸실된 경우와 달리 건물부존재증명서를 발급받은 지 1개월이 지나지 않았더라도 관계없다(등기선례 제201511-1호).

② 등기상 이해관계인이 있는 경우

ⓐ 소유권 외의 권리가 등기되어 있는 건물에 대한 멸실등기의 신청이 있는 경우 등기관은 그 권리의 등기명의인에게 1개월 이내의 기간을 정하여 그 기간까지 이의를 진술하지 아니하면 멸실등기를 한다는 뜻을 알려야 한다. 다만, 건축물대장에 건물멸실의 뜻이 기록되어 있거나 소유권 외의 권리의 등기명의인이 멸실등기에 동의한 경우에는 알릴 필요가 없다. 통지를 할 때에는 직권말소의 통지절차가 준용된다(부동산등기법 제45조).

ⓛ 등기관이 부동산등기법 제44조에 따라 건물 부존재를 원인으로 멸실등기를 하려고 할 때에는 건축물대장이 있을 수 없으므로 언제나 소유권 외의 권리의 등기명의인에게 멸실등기를 한다는 뜻을 알려야 한다.

3. 등기의 신청

① 건물멸실등기를 신청할 때에는 멸실이나 부존재를 증명하는 건축물대장 정보나 그 밖의 정보를 제공하여야 한다(부동산등기규칙 제102조).

② 멸실된 건물이 근저당권 등 제3자의 권리의 목적이 된 경우라도 멸실된 사실이 건축물대장에 기록되어 있다면 멸실등기를 신청할 때에 근저당권자 등의 승낙이 있음을 증명하는 정보를 제공할 필요가 없다(등기선례 제7-326호).

③ 건물이 존재하지 아니하는 경우 대지의 소유자 또는 건물의 소유명의인은 건물멸실등기의 신청을 위하여 시장 등에게 건축물부존재증명을 신청할 수 있다(건축물대장의 기재 및 관리 등에 관한 규칙 제25조).

④ 발급신청을 받은 시장 등은 현지조사 등을 실시하여 해당 대지에 등기된 건축물이 존재하지 아니함을 확인한 후 건축물부존재증명서를 발급하여야 한다(등기선례 제7-325호).

4. 등기의 실행

① 등기관이 건물의 멸실등기를 할 때에는 등기기록 중 표제부에 멸실의 뜻과 그 원인 또는 부존재의 뜻을 기록하고 표제부의 등기를 말소하는 표시를 한 후 그 등기기록을 폐쇄하여야 한다. 다만, 멸실한 건물이 구분건물인 경우에는 그 등기기록을 폐쇄하지 아니한다(부동산등기규칙 제103조 제1항).

② 대지권을 등기한 건물의 멸실등기로 인하여 그 등기기록을 폐쇄한 경우에는 대지권변경등기절차에 관한 규정이 준용된다(부동산등기규칙 제103조 제2항).

③ 그 밖의 나머지 등기방법에 대하여는 토지의 멸실등기에 관한 규정이 준용된다(부동산등기규칙 제103조 제3항).

제4절 | 대지권에 관한 등기

Ⅰ 대지권의 의의

1. 대 지

① **의의** : 건물의 대지란 전유부분이 속하는 1동의 건물이 있는 토지 및 규약에 의하여 그 건물의 대지로 된 토지를 말한다(집합건물법 제2조 제5호).

② **법정대지**(집합건물법 제2조 제5호)

   ㉠ 전유부분이 속하는 1동의 건물이 있는 토지, 즉 건물이 실제로서 있는 토지를 말한다.

   ㉡ 1필지의 일부 지상 위에 건물이 서 있는 경우에도 그 1필지 전부가 법정대지이며 건물이 수필의 토지에 걸쳐 있는 경우에는 수필의 토지 전부가 법정대지이다.

③ **규약상대지**(집합건물법 제4조 제1항)

   ㉠ 전유부분이 속하는 1동의 건물이 서 있는 토지 이외의 토지로서, 1동의 건물 및 그 건물이 있는 토지와 하나로 관리되거나 사용되는 토지를 규약으로써 건물의 대지로 한 것을 말한다.

   ㉡ 통로, 주차장, 정원, 부속건물의 대지 등이 여기에 속한다.

   ㉢ 반드시 건물이 있는 토지(부동산등기법정대지)와 인접해 있거나 같은 등기소 관할 내의 토지일 필요는 없으며, 다른 건물의 법정대지 또는 규약상 대지라 하더라도 규약상 대지로 할 수 있다.

④ **간주규약대지**(집합건물법 제4조 제3항)

   ㉠ 1동의 건물이 수필지 위에 걸쳐 있어서 그 수필지가 법정대지인 경우 건물의 일부멸실로 인하여 그중 일부가 법정대지가 아닌 토지로 된 때에는 이 토지는 규약으로써 건물의 대지로 정한 것으로 본다. 법정대지의 일부가 분필로 인하여 법정대지가 아닌 토지로 된 경우에도 같다.

   ㉡ 이 경우 간주규약대지를 전유부분과의 처분 일체성에서 제외하기 위하여는 분리처분가능규약을 설정하여야 한다.

2. 대지사용권

① 대지사용권은 구분소유자가 전유부분을 소유하기 위하여 대지에 대하여 가지는 권리이다. 대지사용권은 통상 소유권이나, 지상권·전세권·임차권 등도 대지사용권이 될 수 있다.

② 대지사용권은 규약이나 공정증서로써 분리처분할 수 있다고 별도로 정한 경우를 제외하고는 전유부분과 분리하여 처분할 수 없다(집합건물법 제20조 제2항). 이를 전유부분과 대지사용권의 일체성 원칙이라고 한다.

③ 분리처분의 금지는 등기하지 아니하면 선의로 물권을 취득한 제3자에게 대항하지 못한다(집합건물법 제20조 제3항).

④ 대지사용권은 구분건물 소유자들의 공유 또는 준공유인 것이 보통이나, 대지를 수필로 분할하여 각자가 단독 소유하는 것으로 정할 수도 있다.

3. 대지권의 의의와 성립요건

① 의의 : 대지사용권 중 전유부분과 분리하여 처분할 수 없는 것을 대지권이라 한다. 대지권이라는 용어는 대지사용권이 전유부분과 분리하여 처분할 수 없다는 것을 공시하기 위해 만든 절차법상의 개념으로 집합건물법상의 용어는 아니고 부동산등기법상의 용어이다.

② 성립요건 : 대지권이 성립하기 위해서는 ㉠ 토지 위에 집합건물이 존재해야 하며, ㉡ 구분소유자가 당해 대지에 대하여 대지사용권을 갖고 있어야 하고, ㉢ 전유부분과 대지사용권의 분리처분이 금지되어야 한다.

③ 대지권 등기와의 관계 : 대지권은 전유부분과 처분의 일체성이 인정되는 대지사용권을 의미하므로 대지권등기가 이루어지기 전이라도 대지권은 성립할 수 있다. 즉 대지권등기는 대지권의 성립요건은 아니다. 다만 대지권등기가 되어 있지 않은 경우에는 집합건물법 제20조 제3항에 따라 선의의 제3자에게 대항할 수 없어 처분의 일체성이 무너질 우려가 있을 뿐이다.

4. 대지사용권의 비율(집합건물법 제21조)

① 구분소유자가 둘 이상의 전유부분을 소유한 경우에는 각 전유부분의 대지권 비율은 전유부분의 면적 비율에 따른다. 다만, 규약으로써 달리 정할 수 있다.

② 전유부분의 공유지분비율과 대지사용권의 공유지분비율이 상이한 경우에는 대지권등기를 할 수 없다(등기선례 제3-903 · 910호, 제4-824호, 제7-488호).

5. 대지사용권의 종속성(집합건물법 제20조 제1항)

구분소유자의 대지사용권은 그가 가지는 전유부분의 처분에 따른다.

Ⅱ 대지권의 변경등기

1. 대지권의 변경등기(부동산등기법 제41조)

① 대지권의 변경등기란 대지권이 없는 건물에 대지권이 생긴 경우(부동산등기규칙 제88조), 대지권이 대지권이 아닌 것으로 되거나 대지권 표시에 변경이 있는 경우에 하는 등기를 말한다(부동산등기규칙 제91조 제1항). 넓은 의미의 대지권변경등기에는 대지권 경정등기도 포함된다.

② 대지권변경등기는 건물표시등기에 속하므로 표제부에 그 원인을 기록하여야 한다. 이미 등기되어 있는 대지권에 대하여 변경등기를 할 때에는 종전의 대지권 표시와 그 번호를 말소하는 표시를 한다.

2. 신청의무와 신청인

① 일반 원칙

㉠ 대지권변경등기는 구분건물 소유권의 등기명의인이 신청하여야 한다(부동산등기법 제41조 제1항). 구분건물의 표시등기만 있고 보존등기가 되어 있지 않은 건물에 관해서는 보존등기를 신청할 수 있는 자가 신청하여야 한다(부동산등기법 제41조 제2항).

㉡ 구분건물 소유명의인은 같은 동에 속하는 다른 구분건물의 소유명의인을 대위하여 대지권변경 · 소멸 등기를 신청할 수 있다(부동산등기법 제41조 제3항).

ⓒ 대지권설정 규약에 의하여 대지권이 아닌 것이 대지권으로 되거나, 분리처분가능규약의 설정 또는 규약상 대지로 정한 규약의 폐지에 의하여 대지권이 대지권이 아닌 것으로 된 경우에 대지권의 표시에 관한 건물의 표시변경등기는 해당 구분소유자 전원이 신청하거나 일부가 다른 구분소유자를 대위하여 일괄 신청하여야 한다(등기예규 제1470호 제3호 가.).

ⓔ 대지권말소등기신청은 원칙적으로 구분소유자가 하여야 하나, 대지의 진정한 권리자도 구분소유자를 대위하여 신청할 수 있다.

② 부동산등기법 제60조에 따른 대지권변경등기

ⓖ 집합건물법 제20조 제1항은 구분소유자의 대지사용권은 그가 가지는 전유부분의 처분에 따른다고 규정하고 있다. 따라서 대지권등기가 되어 있지 않은 구분건물을 처분한 경우 그 대지사용권은 등기 없이도 구분건물을 취득한 자에게 이전된다(대판 2008.11.27. 2008다60742).

ⓛ 위와 같은 취지에서 부동산등기법은, 구분건물을 신축한 자가 집합건물법 제2조 제6호의 대지사용권을 가지고 있는 경우에 대지권에 관한 등기를 하지 아니하고 전유부분에 관하여만 소유권이전등기를 마쳤을 때에는 현재의 구분건물 소유명의인과 분양자(구분건물을 신축한 자)는 공동으로 대지사용권에 관한 이전등기를 신청할 수 있다고 규정하고 있다(부동산등기법 제60조 제1항).

ⓒ 즉 구분건물을 신축하여 분양한 자가 대지사용권을 가지고 있지만 지적정리의 미완결 등의 사유로 대지권등기를 하지 못한 채 전유부분에 대해서만 수분양자 앞으로 이전등기를 한 후 그 구분건물이 전전 양도된 경우에는 최후의 구분건물 소유명의인은 분양자와 공동으로 대지사용권에 관한 이전등기를 신청할 수 있다.

ⓔ 마찬가지로, 분양자가 대지사용권을 나중에 취득하여 이전하기로 약정하고 우선 전유부분에 대해서만 수분양자 앞으로 이전등기를 한 후 그 구분건물이 전전 양도된 경우에도 최후의 구분건물 소유명의인은 분양자와 공동으로 대지사용권에 관한 이전등기를 신청할 수 있다(부동산등기법 제60조 제2항).

ⓜ 위의 각 경우 등기원인을 증명하는 정보로서 매매계약에 관한 정보는 제공할 필요가 없는데(부동산등기규칙 제46조 제4항), 법률의 규정에 의한 물권변동에 해당하기 때문이다. 또한 등기권리자의 주소증명정보도 제공할 필요가 없다.

ⓗ 구분건물 소유권의 등기명의인이 부동산등기법 제60조에 의하여 대지사용권에 관한 이전등기를 신청할 때에는 대지권등기를 동시에 신청하여야 한다(부동산등기법 제60조 제3항). 대지사용권이 분리 처분되어 거래의 안전을 해하는 것을 방지하기 위한 것이다.

ⓢ 등기관이 부동산등기법 제60조에 따라 대지사용권에 관한 이전등기를 할 때에는 등기원인을 "○○년 ○월 ○일 건물 ○동 ○호 전유부분 취득"이라고 기록하여야 한다.

3. 첨부정보

① 일반적인 첨부정보 외에 필요할 경우 규약이나 공정증서 또는 이를 증명하는 정보를 제공한다.

② 규약이나 공정증서는 규약상 대지인 경우, 2 이상의 전유부분을 소유하는 자가 대지권 비율을 각 전유부분의 면적 비율과 달리 정한 경우, 대지사용권을 전유부분과 분리하여 처분할 수 있음을 정한 경우 등에 제공한다.

제1장

제2장

제3장

제4장

제5장

제6장

제7장

제8장

제9장

4. 등기절차

(1) 대지권 없는 건물에 대지권이 생긴 경우

① 건물 등기기록

㉠ 1동 건물의 등기기록 표제부에 대지권의 목적인 토지의 표시에 관한 사항을 기록하고 전유부분의 표제부에는 대지권의 표시에 관한 사항을 기록하여야 한다(부동산등기법 제40조 제3항).

㉡ 건물 등기기록에 대지권등기를 할 때에는 1동 건물의 표제부 중 대지권의 목적인 토지의 표시란에 표시번호, 대지권의 목적인 토지의 일련번호·소재지번·지목·면적과 등기연월일을, 전유부분의 표제부 중 대지권의 표시란에 표시번호, 대지권의 목적인 토지의 일련번호, 대지권의 종류, 대지권의 비율, 등기원인 및 그 연월일과 등기연월일을 각각 기록하여야 한다. 다만, 부속건물만이 구분건물인 경우에는 그 부속건물에 대한 대지권의 표시는 표제부 중 건물내역란에 부속건물의 표시에 이어서 하여야 한다(부동산등기규칙 제88조 제1항).

㉢ 부속건물에 대한 대지권의 표시를 할 때에는 대지권 표시의 끝부분에 그 대지권이 부속건물에 대한 대지권이라는 뜻을 기록하여야 한다(부동산등기규칙 제88조 제2항).

㉣ 각 전유부분 표제부의 대지권의 표시란에 기록하는 대지권 비율은 전유부분의 소유자가 대지권의 목적인 토지에 대하여 갖는 대지사용권의 지분비율을 의미한다.

㉤ 구분소유자가 2개 이상의 전유부분을 소유한 때에는 각 전유부분의 대지권 비율은 규약 또는 공정증서로 달리 정하지 않는 한 전유부분의 면적 비율에 의하는데, 여기서 전유부분의 면적 비율이란 전유부분 면적의 합계에서 해당 전유부분 면적이 차지하는 비율을 의미한다. 이 비율을 산정함에 있어 반드시 대지면적을 기준으로 하거나 그 비율의 분모가 대지면적이 되어야 하는 것은 아니다(등기선례 제7-516호).

② 토지 등기기록

㉠ 건물 등기기록에 대지권등기를 한 경우 등기관은 직권으로 대지권의 목적인 토지의 등기기록에 소유권, 지상권, 전세권 또는 임차권이 대지권이라는 뜻을 기록하여야 한다(부동산등기법 제40조 제4항).

㉡ 토지 등기기록에 대지권이라는 뜻의 등기를 할 때에는 해당 구에 어느 권리가 대지권이라는 뜻과 그 대지권을 등기한 1동의 건물을 표시할 수 있는 사항 및 그 등기연월일을 기록하여야 한다(부동산등기규칙 제89조 제1항).

㉢ 대지권의 목적인 토지가 다른 등기소의 관할에 속하는 경우에는 그 등기소에 등기할 사항을 통지하여야 하고(부동산등기규칙 제89조 제2항), 통지를 받은 등기관은 대지권의 목적인 토지의 등기기록 중 해당 구에 통지받은 사항을 기록하여야 한다(부동산등기규칙 제89조 제3항).

③ 별도등기가 있다는 뜻의 등기

㉠ 토지의 등기기록에 대지권이라는 뜻의 등기를 한 경우로서 그 토지에 소유권보존등기나 소유권이전등기 외의 소유권에 관한 등기 또는 소유권 외의 권리에 관한 등기가 있을 때에는 등기관은 그 건물의 등기기록 중 전유부분 표제부에 토지 등기기록에 별도의 등기가 있다는 뜻을 기록하여야 한다. 다만, 그 등기가 소유권 이외의 대지권의 등기인 경우 또는 대지권등기를 하면 말소되어야 하는 저당권의 등기인 경우에는 별도등기가 있다는 뜻의 등기를 할 필요가 없다(부동산등기규칙 제90조 제1항, 제92조 제2항).

㉡ 토지 등기기록에 대지권이라는 뜻의 등기를 한 후에 그 토지 등기기록에 관하여만 새로운 등기를 한 경우에도 건물 등기기록에 별도의 등기가 있다는 뜻을 기록하여야 한다(부동산등기규칙 제90조 제2항).

ⓒ 별도등기가 있다는 뜻의 등기가 구분건물 전유부분의 표제부에 기록되어 있지 않고 1동 건물의 표제부에 기록되어 있는 경우가 있다. 이러한 때에는 1동 건물의 표제부에 마쳐진 별도의 등기가 있다는 뜻의 등기 중 등기관의 형식적 심사에 의하여 전유부분별로 효력이 있는지 여부를 구분할 수 있는 경우에는 이를 말소하고 전유부분 표제부의 대지권표시란에 별도의 등기가 있다는 뜻을 기록할 수 있다(등기예규 제1470호 제3호 라.).

별도등기를 해야 하는 경우	• 대지권의 목적인 토지의 등기기록에 대지권이라는 뜻의 등기를 한 경우로서 – 그 토지에 관하여 소유권보존등기 또는 소유권이전등기 외의 소유권에 관한 등기(갑구 사항란에 가등기, 가압류, 가처분, 압류, 금지사항의 부기등기, 신탁 등)가 있을 때 – 을구 사항란에 대지사용권이 아닌 지상권, 전세권, 임차권, 저당권등기 등이 있을 때 • 토지 등기기록에 대지권이라는 뜻의 등기를 한 후 그 토지 등기기록에 관하여만 새로운 등기를 한 때
별도등기를 하지 않는 경우	• 지상권, 전세권, 임차권 등이 대지권인 경우 그 지상권, 전세권, 임차권 등 • 대지권등기 전에 토지와 구분건물에 대하여 공동저당이 설정되었는데, 그 저당권설정등기의 등기원인, 그 연월일, 접수번호가 같은 경우 → 토지등기기록의 저당권등기를 말소
별도등기의 말소	• 토지 등기기록에서 별도등기의 전제가 된 등기가 말소된 때 → 등기관 직권말소 • 별도등기의 전제가 된 토지등기기록의 저당권등기의 목적 지분이 변경되어 저당권설정등기의 변경등기를 할 때에는 누구(특정 구분건물의 소유자) 지분에 대하여 저당권이 소멸되었는지를 명확히 기록하고, 그 공유자의 전유부분 표제부에 기록된 별도등기를 말소하여야 함

④ 건물만에 관한 것이라는 뜻의 부기등기

ⓐ 건물 등기기록에 대지권등기를 하고 그 권리의 목적인 토지의 등기기록 중 해당 구에 대지권이라는 뜻의 등기를 하는 경우에 건물에 관하여 소유권보존등기와 소유권이전등기 외의 소유권에 관한 등기 또는 소유권 외의 권리에 관한 등기가 있을 때에는 그 등기에 건물만에 관한 것이라는 뜻을 기록하여야 한다(부동산등기규칙 제92조 제1항 본문).

ⓑ 다만 그 등기가 저당권에 관한 등기로서 대지권에 대한 등기와 등기원인, 그 연월일과 접수번호가 같은 것일 때에는 그렇지 않다(부동산등기규칙 제92조 제1항 단서). 이 경우 대지권에 대한 저당권의 등기는 등기관이 직권으로 말소하여야 한다(부동산등기규칙 제92조 제2항).

ⓒ 임차권이 대지권인 경우 임차권은 저당권의 목적으로 할 수 없으므로 대지권을 제외한 건물만에 관하여 저당권이 설정되어야 하는데, 이 경우 건물만에 관한 것이라는 뜻의 부기등기를 하여야 한다(등기선례 제201604-1호).

ⓓ 이러한 건물만에 관한 것이라는 뜻의 부기등기를 하는 이유는 대지권등기를 하기 전에 건물에 대하여 마쳐진 가압류, 저당권등기 등이 있는 경우 그대로 대지권등기를 실행하면 그 등기가 건물과 토지 모두에 효력이 미치는 것으로 공시될 우려가 있기 때문이다.

(2) 대지권이 대지권이 아닌 것으로 되거나 대지권 자체가 소멸한 경우

① 대지권이 대지권이 아닌 것으로 변경되거나 대지권인 권리 자체가 소멸하여 대지권 소멸의 등기를 한 경우에는 대지권의 목적인 토지의 등기기록 중 해당 구에 그 뜻을 기록하고 대지권이라는 뜻의 등기를 말소하여야 한다(부동산등기규칙 제91조 제3항).

② 이러한 변경 또는 소멸은 규약상 대지를 정한 규약을 폐지한 경우, 분리처분가능규약을 설정한 경우, 수용이나 경매절차에서의 매각으로 인하여 대지권인 소유권이 이전된 경우, 대지권인 지상권·전세권·임차권이 소멸한 경우 등에 이루어진다.

③ 대지권인 권리가 대지권이 아닌 것으로 변경되어 토지 등기기록에서 대지권이라는 뜻의 등기를 말소한 경우에는 그 토지 등기기록 중 해당 구에 대지권인 권리와 그 권리자를 표시하고, 대지권이라는 뜻의 등기를 말소함으로 인하여 등기하였다는 뜻과 그 연월일을 기록하여야 한다(부동산등기규칙 제93조 제1항).

④ 이 경우 대지권등기 후 수차의 소유권이전등기가 이루어졌더라도 최후의 소유권 및 권리자만을 기록한다.

⑤ 대지권을 등기한 건물 등기기록에 대지권에 대한 등기로서의 효력이 있는 등기 중 대지권의 이전등기 외의 등기가 있을 때에는 그 건물 등기기록으로부터 토지 등기기록 중 해당 구에 전사하여야 한다(부동산 등기규칙 제93조 제2항).

⑥ 이때 토지 등기기록 중 해당 구에 전사하여야 할 등기보다 나중에 된 등기가 있을 때에는 전사할 등기를 전사한 후 그 전사한 등기와 나중에 된 등기에 대하여 권리의 순서에 따라 순위번호를 경정하여야 한다(부동산등기규칙 제93조 제3항).

⑦ 대지권의 목적인 토지가 다른 등기소 관할일 때에는 그 등기소에 건물 등기기록에 대지권 소멸의 등기를 하였다는 사실과 토지 등기기록에 기록하거나 전사할 사항을 통지하여야 하고(부동산등기규칙 제93조 제5항), 통지를 받은 등기관은 통지받은 내용에 따라 등기를 하여야 한다(부동산등기규칙 제93조 제6항).

⑧ 대지권이 아닌 것을 대지권으로 한 등기를 경정하여 건물 등기기록에 대지권 소멸의 등기를 한 경우 건물 등기기록에 대지권이전등기로서의 효력이 있는 등기가 있을 때에는 그 건물 등기기록으로부터 토지 등기기록 중 해당 구에 그 등기를 전부 전사하여야 한다(부동산등기규칙 제94조 제1항). 당초부터 대지권이 없었으므로 대지권이전등기로서의 효력을 갖는 등기 전부와 그 밖에 대지권에 대한 등기로서의 효력이 있는 등기 전부를 전사하는 것이다.

⑨ 전사할 등기보다 후순위의 등기가 있는 경우와 대지권의 목적인 토지가 다른 등기소의 관할에 속하는 경우의 등기절차는 위와 같다(부동산등기규칙 제94조 제2항).

Ⅲ 대지권등기의 효과

1. 대지권등기와 분리처분의 금지

(1) 의 의

① 구분건물 등기기록에 대지권등기와 대지권의 목적인 토지의 등기기록에 대지권이라는 뜻의 등기를 하게 되면, 그 이후에 전유부분과 대지사용권에 대하여 일체적으로 생기는 물권변동은 구분건물 등기기록에 의하여 공시되고, 그 효력은 대지권에 대하여도 미친다. 따라서 토지 또는 건물의 어느 일방만에 관한 등기신청은 원칙적으로 허용되지 않는다.

② 전유부분의 소유권과 대지사용권은 그 자체로서 분리처분이 금지되지만 건물 등기기록과 토지 등기기록이 따로 유지되는 한 분리처분될 가능성이 있는데, 대지권등기에 의하여 그러한 가능성이 봉쇄된다.

(2) 분리처분이 금지되는 모습

① 소유권이 대지권인 경우

소유권이전등기	• 토지의 소유권이 대지권인 경우 그 등기기록에 대지권이라는 뜻의 등기를 한 후에는 소유권이전 등기는 하지 못한다. 마찬가지로 대지권을 등기한 구분건물 등기기록에는 그 건물만에 관한 소유 권이전등기를 할 수 없다(부동산등기법 제61조 제3항·제4항). • 이러한 신청이 있으면 등기관은 부동산등기법 제29조 제2호에 의하여 각하하여야 한다. • 대지권등기가 된 건물에 대하여 전유부분만에 대한 이행판결을 받은 경우에는 분리처분가능규약 또는 공정증서를 첨부하여 대지권등기를 말소하지 않는 한 그 판결에 따른 이전등기를 할 수 없다(등기선례 제4-835호). • 대지권등기 전에 토지 또는 전유부분만에 대하여 마쳐진 가등기에 의한 소유권이전의 본등기는 할 수 있다. 이 경우 대지권변경등기절차에 따라 대지권 및 대지권이라는 뜻의 등기를 말소한 후 본등기를 하여야 한다.
저당권설정등기	• 대지권이라는 뜻의 등기를 한 토지 등기기록에는 저당권설정등기를 할 수 없고, 대지권을 등기한 구분건물 등기기록에는 건물만에 관한 저당권설정등기를 할 수 없다(부동산등기법 제61조 제3항·제4항). 저당권등기를 허용한다면 나중에 저당권의 실행으로 토지와 건물의 소유자가 달라질 수 있기 때문이다. • 대지권 발생 전에 성립된 가등기에 의한 저당권설정의 본등기는 건물 또는 토지 어느 일방에 대하여도 할 수 있다. 구분건물과 대지권의 어느 일방에만 설정되어 있는 저당권의 추가담보로 다른 일방을 제공하는 것도 가능하다.
가등기·가압류·압류등기	• 토지 또는 전유부분만에 관하여 소유권이전청구권 또는 저당권설정 청구권을 보전하기 위한 가등 기도 할 수 없다. 본등기를 할 수 없기 때문이다. • 강제집행이나 체납처분에 의한 환가의 경우에도 일체성 원칙이 적용되므로 그 전제로서 행하는 가압류, 압류의 등기도 어느 일방만에 대하여는 할 수 없다. • 다만, 대지권이 발생하기 전에 어느 일방에 설정된 저당권을 실행하는 경우의 임의경매개시결정 등기, 어느 일방에 마쳐진 가압류등기에 의한 강제경매개시결정등기는 할 수 있다.

② 지상권, 전세권 또는 임차권이 대지권인 경우

㉠ 지상권, 전세권 또는 임차권이 대지권이고 토지 등기기록에 그러한 뜻의 등기를 한 때에는 지상권, 전세권 또는 임차권의 이전등기를 할 수 없다(부동산등기법 제61조 제5항). 지상권, 전세권 또는 임차권이 대지사용권으로서 전유부분과 분리 처분될 수 없기 때문이다.

㉡ 분리처분이 금지되는 것은 대지사용권인 지상권 등이므로 그 토지의 등기기록에 소유권이전등기, 소유권이전청구권 보전의 가등기, 소유권이전등기 외의 소유권에 관한 등기(가압류, 환매등기, 체납 처분에 의한 압류등기)는 할 수 있다.

(3) 대지권등기가 있어도 할 수 있는 등기

① 대지권등기에 의하여 금지되는 것은 대지사용권과 구분건물의 귀속주체가 달라지는 등기이므로 그러한 우려가 없는 등기는 대지권등기가 있어도 할 수 있다. 예컨대, 토지만을 목적으로 하는 지상권·지역권 ·임차권(등기선례 제7-280호)의 설정등기, 전유부분만에 대한 임차권·전세권의 설정등기는 대지권등기 를 둔 채로 할 수 있다.

② 토지 또는 전유부분만의 귀속에 관하여 분쟁이 있는 경우 그 일방만을 목적으로 하는 처분금지가처분등 기도 대지권등기를 말소하지 않고 할 수 있다.

③ 위와 같은 등기를 하는 경우 등기관은 건물 등기기록에 "토지 등기기록에 별도의 등기가 있다는 뜻" 또는 "건물만에 관한 것이라는 뜻"의 기록을 빠뜨리지 않도록 유의하여야 한다.

2. 등기의 일체적 효력

① 대지권등기 후에 마쳐진 등기의 효력 : 대지권을 등기한 후에는 원칙적으로 토지 등기기록은 더 이상 사용하지 않고 대지권등기가 된 건물 등기기록에만 권리관계를 등기한다. 대지권을 등기한 후에 한 건물의 권리에 관한 등기는 건물만에 관한 것이라는 뜻의 부기가 없는 한 대지권에 대하여 동일한 등기로서 효력이 있다(부동산등기법 제61조 제1항).

② 등기의 우열

   ㉠ 대지권등기에 의하여 구분건물에 대한 등기가 대지권에 대한 등기로서의 효력을 갖게 되지만, 토지의 등기기록에도 따로 등기될 수 있는 권리가 있으므로 이러한 등기 간의 우열을 명확히 할 필요가 있다.

   ㉡ 이러한 우열은 각 등기의 접수번호에 따라 결정한다(부동산등기법 제61조 제2항). 대지권의 목적인 토지가 다른 등기소의 관할에 속하는 때에는 접수번호로 가릴 수 없으므로 등기연월일로 결정할 수밖에 없다.

3. 분리처분금지의 배제

① 구분소유자가 분리처분가능규약을 설정한 경우

   ㉠ 구분소유자가 규약으로 전유부분과 대지사용권을 분리하여 처분할 수 있음을 정한 때에는 처분의 일체성이 배제된다(집합건물법 제20조 제2항 단서). 이 경우에는 전유부분 또는 대지사용권의 어느 일방만을 처분할 수 있다.

   ㉡ 다만, 그 처분에 따른 등기에 앞서 대지권변경등기(대지권등기의 말소)를 먼저 신청하여야 한다.

② 수용이나 공유물분할판결에 의한 소유권이전등기의 경우

   ㉠ 토지보상법에 의한 수용의 경우에는 구분건물과 대지사용권의 처분 일체성이 적용되지 않으므로, 사업 시행자는 분리 처분가능규약을 제공하지 않고도 대지권변경등기(대위에 의한 대지권등기의 말소)와 수용을 원인으로 한 등기를 신청할 수 있다.

   ㉡ 소유권의 일부 지분만이 대지권의 목적인 토지에 관하여 구분건물 소유자들과 구분건물을 소유하지 아니한 토지 공유자 사이에 공유물분할판결이 확정된 경우에는 먼저 1동의 구분건물 전부에 대한 대지권변경등기(대지권등기의 말소)와 토지 분필등기를 한 다음, 공유물분할판결에 의하여 소유권이전등기를 하여야 한다. 이 경우 공유물분할판결이 대지권의 소멸을 증명하는 정보에 해당하므로 대지권변경등기를 신청할 때에 분리처분 가능규약을 첨부정보로 제공할 필요가 없다(등기선례 제201405-2호).

제5절 | 규약상 공용부분에 관한 등기

Ⅰ 규약상 공용부분이라는 뜻의 등기

1. 의 의

① 집합건물법 제1조에 의하여 구분소유권의 목적으로 할 수 있는 건물부분 또는 부속건물은 구분소유자들의 규약으로써 공용부분으로 정할 수 있고, 1단지 내의 부속시설인 건물(구분건물을 포함한다)은 단지 구분소유자의 규약에 의하여 단지공용부분으로 정할 수 있으며(집합건물법 제3조 제2항, 제52조), 구분건물의 전부 또는 부속건물(혹은 1단지 내의 부속시설)을 소유하는 자는 공정증서로써 규약에 상응하는 것을 정할 수 있다(집합건물법 제3조 제3항, 제52조).

② 규약상 공용부분도 구조상의 공용부분과 같이 구분소유자 전원의 공유에 속함이 원칙이고(집합건물법 제10조 제1항), 공유자의 이에 대한 지분은 그가 가지는 전유부분의 처분에 따르며, 그에 관한 물권의 득실변경은 등기가 필요하지 않다(집합건물법 제13조).

③ 따라서 규약상 공용부분(단지공용부분을 포함한다)에 대하여는 다른 부동산과 달리 공유자 전부를 등기기록에 기록할 필요가 없고, 공용부분이라는 것을 알리는 형태의 등기만 있으면 충분하다. 이러한 등기가 규약상 공용부분이라는 뜻의 등기이다.

④ 규약상 공용부분이라는 뜻의 등기는 표제부에 하므로 형식적으로는 건물의 표시에 관한 등기라고 할 수 있으나, 실질적으로는 전유부분과 함께 하지 않으면 처분할 수 없다는 뜻의 등기이다. 부동산등기법 제3조의 처분제한의 성격을 갖는 등기 또는 등기 없이도 물권변동의 효력이 발생한다는 것을 공시하는 특수한 등기라고 할 수 있다.

⑤ 구조상 공용부분은 등기능력이 없으나, 규약상 공용부분은 등기능력이 있다.

2. 신 청

① 규약상 공용부분이라는 뜻의 등기는 보통 분양자가 1동의 건물에 대하여 보존등기를 하면서 함께 하게 된다. 이 경우 공용부분에 대한 분양자 명의의 보존등기와 공용부분이라는 뜻의 등기를 동시에 신청할 수 있다.

② 전유부분 또는 독립된 건물을 구분소유자들이 취득하여 규약상 공용부분으로 하는 경우도 있다. 취득자인 구분소유자들 명의로의 공유등기(소유권이전등기)를 거치지 않고 등기의무자인 기존 소유명의인이 신청한다(부동산등기법 제47조 제1항).

Ⅱ 신청절차에 관한 특칙

1. 신청인
규약상 공용부분으로 한 건물의 소유권 등기명의인이 단독으로 신청하여야 한다(부동산등기법 제47조 제1항).

2. 신청정보
① 등기의 목적 : "규약상 공용부분이라는 뜻의 등기" 또는 "단지공용부분이라는 뜻의 등기"라고 표시한다.
② 등기원인과 그 연월일 : 등기원인은 "규약설정"으로, 그 연월일은 규약설정연월일로 한다. 규약을 갈음하는 공정증서를 작성한 경우에도 같다.
③ 공용자의 범위
　㉠ 규약상 공용부분이 다른 등기기록에 등기된 건물의 구분소유자가 공용하는 것일 때에는 그 뜻과 그 구분소유자가 소유하는 건물의 번호를 신청정보의 내용으로 제공하여야 한다.
　㉡ 다만, 다른 등기기록에 등기된 건물의 구분소유자 전원이 공용하는 것일 때에는 그 1동 건물의 번호만을 제공한다(부동산등기규칙 제104조 제2항).

3. 첨부정보
공용부분이라는 뜻을 정한 규약이나 공정증서를 제공하여야 한다. 그 건물에 소유권의 등기 외의 권리에 관한 등기가 있을 때에는 그 명의인의 승낙이 있음을 증명하는 정보 또는 이에 대항할 수 있는 재판이 있음을 증명하는 정보를 제공하여야 한다(부동산등기규칙 제104조 제1항).

Ⅲ 등기의 실행절차 및 말소

1. 실행절차
표제부에 공용부분이라는 뜻을 기록하고 각 구의 소유권과 그 밖의 권리에 관한 등기를 말소하는 표시를 하여야 한다(부동산등기규칙 제104조 제3항).

2. 규약상 공용부분이라는 뜻의 등기의 말소
① 공용부분이라는 뜻을 정한 규약을 폐지한 경우에 공용부분 취득자는 지체 없이 소유권보존등기를 신청하여야 한다(부동산등기법 제47조 제2항). 절차의 간략화를 위해 소유권이전등기 대신 등기권리자인 취득자가 소유권보존등기를 직접 하도록 특례를 정한 것이다.
② 공용부분이라는 뜻을 정한 규약을 폐지함에 따라 공용부분 취득자가 소유권보존등기를 신청하는 경우에는 규약의 폐지를 증명하는 정보를 제공하여야 한다(부동산등기규칙 제104조 제4항).
③ 이에 따라 등기관이 소유권보존등기를 하였을 때에는 공용부분이라는 뜻의 등기를 말소하는 표시를 하여야 한다(부동산등기규칙 제104조 제5항).

01 부동산 표시에 관한 등기

| 제1절 | 총 설

| 제2절 | 토지 표시에 관한 등기

01 토지의 표시변경등기에 관한 다음 설명 중 가장 옳지 않은 것은? 　　　2021년
□□□

① 등기관이 지적소관청으로부터 공간정보의 구축 및 관리 등에 관한 법률 제88조 제3항에 따라 등기 기록의 토지의 표시와 지적공부가 일치하지 않는다는 통지를 받은 경우에 1개월의 기간 이내에 등기명의인으로부터 등기신청이 없을 때에는 그 통지서의 기재내용에 따른 변경의 등기를 직권으로 하여야 한다.

② 甲 토지와 乙 토지에 등기원인 및 그 연월일과 접수번호가 동일하나 甲 토지의 저당권은 토지 전부를 목적으로 하고 있고 乙 토지의 저당권은 소유의 일부 지분만을 목적으로 하고 있는 경우 甲 토지를 乙 토지에 합병하는 합필등기를 할 수 없다.

③ 甲 토지에 전세권설정등기가 마쳐져 있고 乙 토지에는 임차권설정등기가 마쳐져 있는 경우 甲 토지를 乙 토지에 합병하는 합필등기를 할 수 없다.

④ 甲 토지를 乙 토지에 합병한 경우에 등기관이 합필등기를 할 때에는 乙 토지의 등기기록 중 표제부에 합병 후의 토지의 표시와 합병으로 인하여 甲 토지의 등기기록에서 옮겨 기록한 뜻을 기록하고 종전의 표시에 관한 등기를 말소하는 표시를 하여야 한다.

⑤ 토지 표시에 관한 사항을 변경하는 등기는 주등기로 하고, 종전의 표시에 관한 사항을 말소하는 표시를 한다.

....

[❶ ▶ ○] 등기관이 지적(地籍)소관청으로부터 공간정보의 구축 및 관리 등에 관한 법률 제88조 제3항의 통지를 받은 경우에 제35조의 기간(1개월) 이내에 등기명의인으로부터 등기신청이 없을 때에는 그 통지서의 기재내용에 따른 변경의 등기를 직권으로 하여야 한다(부동산등기법 제36조 제1항).

[❷ ▶ ○] 소유권의 등기명의인이 동일한 갑 토지와 을 토지의 등기기록 모두에 소유권의 등기 외에 등기원인 및 그 연월일과 접수번호가 동일한 저당권에 관한 등기만 있는 경우라도 갑 토지의 저당권은 토지 전부를 목적으로 하고 있으나, 을 토지의 저당권은 소유권의 일부 지분만을 목적으로 하고 있다면 갑 토지를 을 토지에 합병하는 합필등기를 신청할 수는 없다(등기선례 제201904-1호).

[❸ ▸ ✕] 소유권·지상권·전세권·임차권 및 승역지에 하는 지역권은 합필 후 토지의 일부에 성립될 수 있는 용익권이므로, 합필제한사유에 해당하지 아니한다(부동산등기법 제37조 제1항 참조).

> **부동산등기법 제37조(합필제한)**
> ① 합필(合筆)하려는 토지에 다음 각 호의 등기 외의 권리에 관한 등기가 있는 경우에는 합필의 등기를 할 수 없다.
> 1. 소유권·지상권·전세권·임차권 및 승역지(편익제공지)에 하는 지역권의 등기
> 2. 합필하려는 모든 토지에 있는 등기원인 및 그 연월일과 접수번호가 동일한 저당권에 관한 등기
> 3. 합필하려는 모든 토지에 있는 제81조 제1항 각 호의 등기사항이 동일한 신탁등기

[❹ ▸ ○] 갑 토지를 을 토지에 합병한 경우에 등기관이 합필등기를 할 때에는 을 토지의 등기기록 중 표제부에 합병 후의 토지의 표시와 합병으로 인하여 갑 토지의 등기기록에서 옮겨 기록한 뜻을 기록하고 종전의 표시에 관한 등기를 말소하는 표시를 하여야 한다(부동산등기규칙 제79조 제1항).
[❺ ▸ ○] 부동산의 표시변경등기는 주등기로 하며, 종전의 표시를 말소하는 표시를 한다.

> **부동산등기규칙 제73조(토지표시변경등기)**
> 법 제34조의 토지표시에 관한 사항을 변경하는 등기를 할 때에는 종전의 표시에 관한 등기를 말소하는 표시를 하여야 한다.

답 ❸

02

□□□

토지의 합필등기에 대한 다음 설명 중 가장 옳지 않은 것은? 2019년

① A 토지는 甲이 1/3, 乙이 2/3의 지분씩을, B 토지는 甲이 2/3, 乙이 1/3의 지분씩을 소유하고 있는 경우에도 합병할 수 없다.
② 공간정보의 구축 및 관리 등에 관한 법률에 따른 토지합병절차를 마친 후 합필등기를 하기 전에 합병된 토지 중 어느 토지에 관하여 소유권이전등기가 된 경우라 하더라도 이해관계인의 승낙이 있으면 해당 토지의 소유권의 등기명의인들은 합필 후의 토지를 공유로 하는 합필등기를 신청할 수 있다.
③ 공유토지분할에 관한 특례법 제14조 제5항 및 제37조 제3항의 규정에 의한 합병의 등기를 소관청이 촉탁하는 경우에는 그 합필 전 토지의 공유지분에 대하여 서로 다른 근저당권이 설정되어 있다면 그 근저당권은 분할조서의 확정에 의하여 그 공유자가 취득하는 토지부분에 집중하여 존속한다고 하더라도, 소관청은 합병의 등기를 촉탁할 수 없다.
④ 甲 토지에 저당권설정등기를 한 후 동일한 채권에 대하여 乙 토지에 추가로 저당권설정등기를 한 경우는 합필등기를 할 수 없다.
⑤ 합필 전 어느 1필의 토지를 목적으로 하였던 저당권설정등기가 합필 후 토지의 특정 일부에 존속하는 것으로 등기된 상태에서, 그 저당권의 실행을 위한 임의경매신청의 기입등기를 하려면, 먼저 합필 후 토지 중 그 저당권의 목적인 토지부분을 특정하여 다시 분필등기를 하여야 한다.

....

[❶ ▸ ○] 합병하려는 토지의 소유자별 공유지분이 다른 경우 합병 신청을 할 수 없다(공간정보관리법 시행령 제66조 제3항 제5호).

[❷ ▸ ○] 공간정보의 구축 및 관리 등에 관한 법률에 따른 토지합병절차를 마친 후 합필등기(合筆登記)를 하기 전에 합병된 토지 중 어느 토지에 관하여 소유권이전등기가 된 경우라 하더라도 이해관계인의 승낙이 있으면 해당 토지의 소유권의 등기명의인들은 합필 후의 토지를 공유(共有)로 하는 합필등기를 신청할 수 있다(부동산등기법 제38조 제1항).

[❸ ▸ ✕] 합필 전 토지 사이에 등기원인등이 서로 다른 근저당권에 관한 등기가 있는 경우에는 그 합필의 등기를 할 수 없을 것이나(부동산등기법 제37조 참조), 공유토지분할에 관한 특례법 제14조 제5항 및 같은 법 제37조 제3항의 규정에 의한 합병의 등기를 소관청이 촉탁하는 경우에는 그 합필 전 토지의 공유지분에 대하여 서로 다른 근저당권이 설정되어 있더라도 그 근저당권은 분할조서의 확정에 의하여 그 공유자가 취득하는 토지부분에 집중하여 존속하는 것이므로 위 부동산등기법 제90조의3의 규정에 불구하고 소관청은 합병의 등기를 촉탁할 수 있다(등기선례 제4-814호).

[❹ ▸ ○] 합필하려는 모든 토지에 있는 등기원인 및 그 연월일과 접수번호가 동일한 저당권에 관한 등기가 있는 경우에는 합필의 등기를 할 수 있다(부동산등기법 제37조 제1항 제2호 참조). 여기서 "등기원인 및 그 연월일과 접수번호가 동일한 저당권"이란 처음부터 합병대상토지에 대하여 공동저당을 설정한 경우만을 의미한다. 따라서 갑 토지에 저당권설정등기를 한 후 동일한 채권에 대하여 을 토지에 추가로 저당권설정등기를 한 경우는 해당하지 않는다(등기선례 제3-654호).

[❺ ▸ ○] 합필 전 어느 1필의 토지를 목적으로 하였던 저당권설정등기가 합필 후 토지의 특정 일부에 존속하는 것으로 등기된 상태에서, 그 저당권의 실행을 위한 임의경매신청의 기입등기를 하기 위하여는, 먼저 합필 후 토지 중 그 저당권의 목적인 토지부분을 특정하여 다시 분필등기를 하여야 한다(등기선례 제2-604호).

답 ❸

03
☐☐☐

토지개발사업의 시행지역에서 환지를 수반하지 아니하는 토지의 이동으로 인하여 지적공부가 정리된 경우의 부동산등기에 관한 특례를 정한 토지개발 등기규칙에 관한 다음 설명 중 가장 옳지 않은 것은?
2021년

① 토지개발사업의 완료에 따른 지적확정측량에 의하여 지적공부가 정리되고 이에 대한 확정시행 공고가 있는 경우 해당 토지의 등기명의인은 종전 토지에 대한 말소등기와 새로 조성된 토지에 대한 소유권보존등기는 동시에 신청하여야 한다.

② 종전 토지에 관한 말소등기는 모든 토지에 대하여 1건의 신청정보로 일괄하여 신청하여야 하는데, 새로 조성된 토지에 관한 소유권보존등기도 모든 토지에 대하여 1건의 신청정보로 일괄하여 신청하여야 한다.

③ 종전 모든 토지의 등기기록에 등기사항이 동일한 신탁등기 또는 주택법 제61조 제3항의 금지사항부기등기가 있는 경우에 그 등기는 새로 조성된 토지에 관한 소유권보존등기와 함께 1건의 신청정보로 일괄하여 신청하여야 한다.

④ 종전 모든 토지의 등기기록에 등기원인 및 그 연월일과 접수번호가 같은 저당권 또는 근저당권의 등기가 있는 경우에 그 등기는 새로 조성된 토지에 관한 소유권보존등기와 함께 1건의 신청정보로 일괄하여 신청하여야 한다.

⑤ 종전 토지의 등기기록에 지상권, 전세권, 임차권의 등기가 있는 경우에 그 등기는 토지의 소유명의인과 해당 권리의 등기명의인이 공동으로 신청하여야 한다.

[**❶** ▸ ○] [**❷** ▸ ○] [**❸** ▸ ○] [**❹** ▸ ✕] [**❺** ▸ ○] 토지개발 등기규칙 제2조, 제3조, 제4조

토지개발 등기규칙 제2조(신청요건)

② 제1항 제3호에도 불구하고 다음 각 호의 어느 하나에 해당하는 경우에는 이 규칙에 따른 등기를 신청할 수 있다.
  1. 종전 모든 토지의 등기기록에 부동산등기법 제81조 제1항 각 호의 등기사항이 같은 신탁등기가 있는 경우
  2. 종전 모든 토지의 등기기록에 주택법 제61조 제3항의 금지사항부기등기가 있는 경우
  3. 종전 토지의 등기기록에 지상권, 전세권, 임차권 또는 승역지(편익제공지)에 하는 지역권의 등기가 있는 경우
  4. 종전 모든 토지의 등기기록에 등기원인 및 그 연월일과 접수번호가 같은 저당권 또는 근저당권의 등기가 있는 경우

토지개발 등기규칙 제3조(신청하여야 할 등기)

① 토지개발사업의 완료에 따른 지적확정측량에 의하여 지적공부가 정리되고 이에 대한 확정시행 공고가 있는 경우 해당 토지의 소유명의인은 다음 각 호의 등기를 <u>동시에 신청</u>하여야 한다.
  1. <u>종전 토지에 관한 말소등기</u>
  2. <u>새로 조성된 토지에 관한 소유권보존등기</u>
② 종전 토지의 등기기록에 제2조 제2항 각 호의 어느 하나에 해당하는 등기가 있는 경우에는 제1항에 따른 등기의 신청과 동시에 그 등기를 신청하여야 한다.
③ 제2항의 경우에 제2조 제2항 제1호 또는 제2호에 해당하는 등기는 토지의 소유명의인이 단독으로 신청하고, 같은 항 제3호 또는 제4호에 해당하는 등기는 토지의 소유명의인과 해당 권리의 등기명의인이 <u>공동으로 신청</u>한다.

토지개발 등기규칙 제4조(신청정보의 내용과 제공방법)

① <u>종전 토지에 관한 말소등기는 모든 토지에 대하여 1건의 신청정보로 일괄하여 신청</u>하여야 하고, 토지개발사업의 시행으로 인하여 등기를 신청한다는 뜻을 신청정보의 내용으로 등기소에 제공하여야 한다.
② <u>제1항의 규정은 새로 조성된 토지에 관한 소유권보존등기에 준용</u>한다.
③ 제2조 제2항 제1호 또는 제2호에 해당하는 등기는 제2항의 등기와 함께 <u>1건의 신청정보로 일괄하여 신청하여야 한다.</u>
④ 제2조 제2항 제3호 또는 제4호에 해당하는 등기는 제2항의 등기신청 다음에 <u>별개의 신청정보로 신청하여야 하며,</u> 그 등기가 여러 개 존재하는 경우에는 각각 별개의 신청정보로 종전 토지의 등기기록에 등기된 순서에 따라 신청하여야 한다. 이 경우 등기의무자의 등기필정보는 신청정보의 내용으로 등기소에 제공할 필요가 없다.

 답 ❹

제3절 | 건물 표시에 관한 등기

04
☐☐☐

부동산표시등기에 관한 다음 설명 중 가장 옳지 않은 것은?   2021년

① 집합건물의 어느 한 층을 세로로 구획하여 북쪽의 전유부분을 201호로, 남쪽의 전유부분을 202호로 등기하였으나 그 후 가로로 구획하여 동쪽의 전유부분을 201호로, 서쪽의 전유부분을 202호로 변경한 경우 변경 전후의 각 전유부분의 면적이 동일하더라도 양 건물 모두 종전 건물과의 동일성을 인정할 수 없으므로 부동산표시변경등기를 할 수 없다.

② 행정구역 또는 그 명칭이 변경된 경우에 등기관은 직권으로 그 변경에 따른 부동산의 표시변경등기를 하여야 한다.

③ 토지의 분할, 합병이 있는 경우에는 그 토지소유권의 등기명의인은 그 사실이 있는 때부터 1개월 이내에 그 등기를 신청하여야 한다.

④ 건물이 멸실된 경우에는 그 건물소유권의 등기명의인은 그 사실이 있는 때부터 1개월 이내에 그 등기를 신청하여야 하며, 1개월 이내에 멸실등기를 신청하지 아니하여도 그 건물대지의 소유자가 건물소유권의 등기명의인을 대위하여 그 등기를 신청할 수는 없다.

⑤ 1동의 건물에 속하는 구분건물 중 일부만에 관하여 소유권보존등기를 신청하는 경우에는 나머지 구분건물의 표시에 관한 등기를 동시에 신청하여야 한다.

....

[**❶** ▸ ○] 집합건물의 어느 한 층을 세로로 구획하여 북쪽의 전유부분을 201호로, 남쪽의 전유부분을 202호로 등기하였으나 그 후 가로로 구획하여 동쪽의 전유부분을 201호로, 서쪽의 전유부분을 202호로 변경한 경우 변경전후의 각 전유부분의 면적이 동일하더라도 양 건물 모두 종전 건물과의 동일성을 인정할 수 없으므로 부동산표시변경등기를 할 수 없다(등기선례 제200904-2호).

[**❷** ▸ ○] 행정구역 또는 그 명칭이 변경된 경우에 등기관은 직권으로 부동산의 표시변경등기 또는 등기명의인의 주소변경등기를 할 수 있다(부동산등기규칙 제54조).

[**❸** ▸ ○] 토지의 분할, 합병이 있는 경우와 제34조의 등기사항에 변경이 있는 경우에는 그 토지소유권의 등기명의인은 그 사실이 있는 때부터 1개월 이내에 그 등기를 신청하여야 한다(부동산등기법 제35조).

[**❹** ▸ ×] 부동산등기법 제43조 제1항·제2항

> **부동산등기법 제43조(멸실등기의 신청)**
> ① 건물이 멸실된 경우에는 그 건물소유권의 등기명의인은 그 사실이 있는 때부터 1개월 이내에 그 등기를 신청하여야 한다. 이 경우 제41조 제2항을 준용한다.
> ② 제1항의 경우 그 소유권의 등기명의인이 1개월 이내에 멸실등기를 신청하지 아니하면 <u>그 건물대지의 소유자가 건물소유권의 등기명의인을 대위하여 그 등기를 신청할 수 있다.</u>

[**❺** ▸ ○] 1동의 건물에 속하는 구분건물 중 일부만에 관하여 소유권보존등기를 신청하는 경우에는 나머지 구분건물의 표시에 관한 등기를 동시에 신청하여야 한다(부동산등기법 제46조 제1항).

🅐 **❹**

건물멸실등기에 관한 다음 설명 중 가장 옳지 않은 것은?

① 등기관이 건물멸실등기를 할 때에는 등기기록 중 표제부에 멸실의 뜻과 그 원인 또는 부존재의 뜻을 기록하고 표제부의 등기를 말소하는 표시를 한 후 그 등기기록을 폐쇄하여야 하는바, 다만 멸실한 건물이 구분건물인 경우에는 그 등기기록을 폐쇄하지 아니한다.

② 멸실된 건물이 근저당권 등 제3자의 권리의 목적이 된 경우에는 멸실된 사실이 건축물대장에 기록되어 있더라도 멸실등기를 신청할 때에 근저당권자 등의 승낙이 있음을 증명하는 정보를 첨부정보로서 제공하여야 한다.

③ 건물이 멸실한 경우에 등기기록상 소유명의인의 채권자는 대위원인을 증명하는 정보와 건축물대장 정보 등 멸실을 증명할 수 있는 정보를 첨부정보로서 제공하여 건물멸실등기를 대위신청할 수 있다.

④ 구분건물로서 그 건물이 속하는 1동 전부가 멸실된 경우에는 그 구분건물의 소유권의 등기명의인은 1동의 건물에 속하는 다른 구분건물의 소유권의 등기명의인을 대위하여 1동 전부에 대한 멸실등기를 신청할 수 있다.

⑤ 건물소유권의 등기명의인이 존재하지 아니하는 건물에 대하여 멸실등기를 신청하지 아니하면 건물대지의 소유자가 건물부존재증명서를 발급받아 건물소유권의 등기명의인을 대위하여 멸실등기를 신청할 수 있고, 이 경우에는 건물이 멸실된 경우와 달리 건물부존재증명서를 발급받은 지 1개월이 경과하지 않았더라도 건물대지의 소유자는 건물멸실등기를 대위신청할 수 있다.

⋯⋯⋯

[❶ ▸ ○] 등기관이 건물의 멸실등기를 할 때에는 등기기록 중 표제부에 멸실의 뜻과 그 원인 또는 부존재의 뜻을 기록하고 표제부의 등기를 말소하는 표시를 한 후 그 등기기록을 폐쇄하여야 한다. 다만, 멸실한 건물이 구분건물인 경우에는 그 등기기록을 폐쇄하지 아니한다(부동산등기규칙 제103조 제1항).

[❷ ▸ ✕] 멸실된 부동산이 저당권 등 제3자의 권리의 목적인 경우에도 건축물대장에 건물멸실의 뜻이 기록되어 있으면 그 제3자의 승낙서를 첨부할 필요는 없다(등기선례 제1-532호 참조).

> **등기선례 제1-532호**
> 부동산이 저당권등 제3자의 권리의 목적이 된 경우라도 그 멸실등기 신청서에 제3자의 승낙서를 첨부할 필요는 없고, 멸실등기로 인하여 폐쇄된 등기부에 기재된 저당권의 말소는 등기할 사항이 아니다(저당권으로서의 효력이 존속하는 것은 아님).

[❸ ▸ ○] 건물이 멸실한 경우에 등기부상 소유명의인의 채권자는 대위원인을 증명하는 서면과 건축물대장등본 기타 멸실을 증명할 수 있는 서면을 첨부하여 건물 멸실등기를 대위신청할 수 있다(등기선례 제200603-3호).

[❹ ▸ ○] 구분건물로서 그 건물이 속하는 1동 전부가 멸실된 경우에는 그 구분건물의 소유권의 등기명의인은 1동의 건물에 속하는 다른 구분건물의 소유권의 등기명의인을 대위하여 1동 전부에 대한 멸실등기를 신청할 수 있다(부동산등기법 제43조 제3항).

[❺ ▸ ○] 건물소유권의 등기명의인이 존재하지 아니하는 건물에 대하여 멸실등기를 신청하지 아니하면 건물대지의 소유자가 건물부존재증명서를 발급받아 건물소유권의 등기명의인을 대위하여 멸실등기를 신청할 수 있고, 이 경우에는 건물이 멸실된 경우와 달리 건물부존재증명서를 발급받은 지 1개월이 경과하지 않았더라도 건물의 대지소유자는 건물 멸실등기를 대위하여 신청할 수 있다(등기선례 제201511-1호). **답 ❷**

제4절 | 대지권에 관한 등기

06 대지권등기에 관한 다음 설명 중 가장 옳지 않은 것은? 2022년

① 등기관이 대지권등기를 하였을 때에는 직권으로 대지권의 목적인 토지의 등기기록에 소유권, 지상권, 전세권 또는 임차권이 대지권이라는 뜻을 기록하여야 한다.

② 구분건물로서 그 대지권의 변경이나 소멸이 있는 경우에는 구분건물의 소유권의 등기명의인은 1동의 건물에 속하는 다른 구분건물의 소유권의 등기명의인을 대위하여 그 등기를 신청할 수 있다.

③ 대지권의 목적인 토지의 등기기록에 대지권이라는 뜻의 등기를 한 경우로서 그 토지 등기기록에 소유권보존등기나 소유권이전등기 외의 소유권에 관한 등기 또는 소유권 외의 권리에 관한 등기가 있을 때에는 등기관은 그 건물의 등기기록 중 전유부분 표제부에 토지 등기기록에 별도의 등기가 있다는 뜻을 기록하여야 한다.

④ 구분건물 소유권의 등기명의인이 부동산등기법 제60조에 의하여 대지사용권에 관한 이전등기를 신청할 때에는 대지권에 관한 등기와 동시에 신청하여야 한다.

⑤ 등기기록에 대지권이라는 뜻의 등기를 할 때에 대지권의 목적인 토지의 관할이 다른 등기소에 속할 경우에도 대지권등기를 접수한 등기소의 등기관이 대지권이라는 뜻의 등기를 함께 실행할 수 있다.

[**❶** ▸ O] 등기관이 제3항에 따라 대지권등기를 하였을 때에는 직권으로 대지권의 목적인 토지의 등기기록에 소유권, 지상권, 전세권 또는 임차권이 대지권이라는 뜻을 기록하여야 한다(부동산등기법 제40조 제4항).

[**❷** ▸ O] 구분건물로서 그 대지권의 변경이나 소멸이 있는 경우에는 구분건물의 소유권의 등기명의인은 1동의 건물에 속하는 다른 구분건물의 소유권의 등기명의인을 대위하여 그 등기를 신청할 수 있다(부동산등기법 제41조 제3항).

[**❸** ▸ O] 제89조(대지권이라는 뜻의 등기)에 따라 대지권의 목적인 토지의 등기기록에 대지권이라는 뜻의 등기를 한 경우로서 그 토지 등기기록에 소유권보존등기나 소유권이전등기 외의 소유권에 관한 등기 또는 소유권 외의 권리에 관한 등기가 있을 때에는 등기관은 그 건물의 등기기록 중 전유부분 표제부에 토지 등기기록에 별도의 등기가 있다는 뜻을 기록하여야 한다. 다만, 그 등기가 소유권 이외의 대지권의 등기인 경우 또는 제92조(대지권의 변경 등) 제2항에 따라 말소하여야 하는 저당권의 등기인 경우에는 그러하지 아니하다(부동산등기규칙 제90조 제1항).

[**❹** ▸ O] 부동산등기법 제60조 제3항

> **부동산등기법 제60조(대지사용권의 취득)**
> ① 구분건물을 신축한 자가 집합건물의 소유 및 관리에 관한 법률 제2조 제6호의 대지사용권을 가지고 있는 경우에 대지권에 관한 등기를 하지 아니하고 구분건물에 관하여만 소유권이전등기를 마쳤을 때에는 현재의 구분건물의 소유명의인과 공동으로 대지사용권에 관한 이전등기를 신청할 수 있다.
> ② 구분건물을 신축하여 양도한 자가 그 건물의 대지사용권을 나중에 취득하여 이전하기로 약정한 경우에는 제1항을 준용한다.
> ③ 제1항 및 제2항에 따른 등기는 <u>대지권에 관한 등기와 동시에 신청하여야 한다.</u>

> **부동산등기규칙 제89조(대지권이라는 뜻의 등기)**
> ① 대지권의 목적인 토지의 등기기록에 법 제40조 제4항의 대지권이라는 뜻의 등기를 할 때에는 해당
> 구에 어느 권리가 대지권이라는 뜻과 그 대지권을 등기한 1동의 건물을 표시할 수 있는 사항 및 그
> 등기연월일을 기록하여야 한다.
> ② 대지권의 목적인 토지가 다른 등기소의 관할에 속하는 경우에는 그 등기소에 지체 없이 제1항에 따라
> 등기할 사항을 통지하여야 한다.
> ③ 제2항의 통지를 받은 등기소의 등기관은 대지권의 목적인 토지의 등기기록 중 해당 구에 통지받은
> 사항을 기록하여야 한다.

답 **⑤**

제5절 │ 규약상 공용부분에 관한 등기

07
☐☐☐

집합건물의 소유 및 관리에 관한 법률에 따른 규약상 공용부분이라는 뜻의 등기에 관한 다음 설명 중 가장 옳지 않은 것은?   2023년

① 공용부분이라는 뜻의 등기는 규약에서 공용부분으로 정한 구분건물 또는 부속건물의 소유자가 신청하여야 하며, 미등기인 건물에 대하여는 소유권보존등기를 하지 않고 곧바로 공용부분이라는 뜻의 등기를 할 수 있다.

② 등기관이 공용부분이라는 뜻의 등기를 할 때에는 그 등기기록 중 표제부에 공용부분이라는 뜻을 기록하고 각 구의 소유권과 그 밖의 권리에 관한 등기를 말소하는 표시를 하여야 한다.

③ 공용부분이라는 뜻의 등기를 신청하는 경우 공용부분인 건물에 소유권 외의 권리에 관한 등기가 있을 때에는 그 권리의 등기명의인의 승낙이 있음을 증명하는 정보 또는 이에 대항할 수 있는 재판이 있음을 증명하는 정보를 첨부정보로서 제공하여야 한다.

④ 공용부분에 대한 공유자의 지분은 그가 가지는 전유부분과 분리하여 처분할 수 없고, 공용부분에 관한 물권의 득실변경은 등기가 필요하지 아니하다.

⑤ 공용부분이라는 뜻을 정한 규약을 폐지한 경우에 공용부분의 취득자는 지체 없이 소유권보존등기를 신청하여야 한다.

[**❶** ▸ ✕] 규약상 공용부분이라는 뜻의 등기는 규약에서 공용부분으로 정한 구분건물 또는 부속건물 소유권의 등기명의인이 신청하여야 한다(부동산등기법 제47조 제1항). 따라서 미등기인 건물에 대하여 곧바로 공용부분이라는 뜻의 등기를 할 수 없고, 먼저 소유권보존등기를 하여야 한다(등기선례 제2-657호).

> **부동산등기법 제47조(규약상 공용부분의 등기와 규약폐지에 따른 등기)**
> ① 집합건물의 소유 및 관리에 관한 법률 제3조 제4항에 따른 공용부분이라는 뜻의 등기는 <u>소유권의 등기명</u><u>의인이</u> 신청하여야 한다. 이 경우 공용부분인 건물에 소유권 외의 권리에 관한 등기가 있을 때에는 그 권리의 등기명의인의 승낙이 있어야 한다.

> **등기선례 제2-657호**
> 1동의 건물 중 원래 구분소유권의 목적이 될 수 있는 건물부분(독립한 건물로서 사용될 수 있는 건물부분)에 관하여 구분소유자들의 공용부분으로 한다는 취지가 아파트분양계약의 내용 중에 포함되었으나, 위 아파트 분양에 따라 소유권보존 및 이전등기를 경료하면서 위 공용부분인 건물부분에 관하여는 가옥대장(건축물관리대장)상 소유자가 분양자 명의로 되어 있을 뿐 그에 대한 소유권보존등기도 이루어지지 않은 상태라면, 우선 위 건물부분에 관하여 대장상 소유자 명의로 소유권보존 등기를 한 다음, 그 소유권의 등기명의인이 관계 구분소유자들의 합의에 의한 규약을 첨부하여 그 건물부분을 규약상 공용부분으로 하는 등기신청을 할 수 있다.

[**❷** ▸ ○] 부동산등기규칙 제104조 제3항
[**❸** ▸ ○] 부동산등기규칙 제104조 제1항

> **부동산등기규칙 제104조(공용부분이라는 뜻의 등기)**
> ① 법 제47조 제1항에 따라 소유권의 등기명의인이 공용부분이라는 뜻의 등기를 신청하는 경우에는 그 뜻을 정한 규약이나 공정증서를 첨부정보로서 등기소에 제공하여야 한다. 이 경우 그 건물에 소유권의 등기 외의 권리에 관한 등기가 있을 때에는 그 등기명의인의 승낙이 있음을 증명하는 정보 또는 이에 대항할 수 있는 재판이 있음을 증명하는 정보를 첨부정보로서 등기소에 제공하여야 한다.
> ③ 제1항의 등기신청이 있는 경우에 등기관이 그 등기를 할 때에는 그 등기기록 중 표제부에 공용부분이라는 뜻을 기록하고 각 구의 소유권과 그 밖의 권리에 관한 등기를 말소하는 표시를 하여야 한다. 이 경우 제2항에 따른 사항이 신청정보의 내용 중에 포함되어 있을 때에는 그 사항도 기록하여야 한다.

[**❹** ▸ ○] 집합건물의 소유 및 관리에 관한 법률 제13조 제2항, 제3항

> **집합건물의 소유 및 관리에 관한 법률 제13조(전유부분과 공용부분에 대한 지분의 일체성)**
> ② 공유자는 그가 가지는 전유부분과 분리하여 공용부분에 대한 지분을 처분할 수 없다.
> ③ 공용부분에 관한 물권의 득실변경(得失變更)은 등기가 필요하지 아니하다.

[**❺** ▸ ○] 공용부분이라는 뜻을 정한 규약을 폐지한 경우에 공용부분의 취득자는 지체 없이 소유권보존등기를 신청하여야 한다(부동산등기법 제47조 제2항).

답 ❶

CHAPTER 02 권리에 관한 등기 일반

제1절 변경등기

I 권리의 변경등기

1. 개 관

① 등기와 실체관계 사이의 불일치를 제거하기 위한 등기가 변경등기이다. 광의의 변경등기에는 협의의 변경등기와 경정등기가 있다. 협의의 변경등기란 등기와 실체관계 사이의 불일치가 후발적으로 생긴 경우 이를 제거하기 위해 기존 등기의 일부를 변경하는 등기를 말하고, 경정등기는 어떤 등기를 하였는데 그 등기에 착오나 빠짐이 있어 원시적으로 등기와 실체관계 사이에 불일치가 있는 경우 그 불일치를 바로잡으려고 하는 등기이다. 이하에서는 협의의 변경등기에 관하여 살펴보기로 한다.

② 이 중 권리의 변경은 권리의 존속기간·채권액·이자 등 권리 내용의 변경을 뜻한다. 권리주체의 변경(이전이나 말소)이나 권리객체의 변경(부동산 표시변경)은 권리의 변경에 포함되지 않는다.

2. 신청절차에 관한 특칙

① 일반원칙에 따라 공동신청하여야 한다. 등기상 이해관계 있는 제3자가 있는 때에는 그 자의 승낙이 있어야 부기로 변경등기를 할 수 있다(부동산등기법 제52조 제5호).

② 등기상 이해관계 있는 제3자인지 아닌지는 권리변경의 부기등기를 하게 되면 등기의 형식상 불이익을 받을 염려가 있는지 여부에 따라 판단한다. 예를 들어 1번 저당권의 금액을 증액하는 변경등기를 할 경우 2번 저당권자는 실체법상 그 권리가 소멸하였는지 여부를 불문하고 등기상 이해관계 있는 제3자에 해당한다.

3. 등기의 실행에 관한 특칙

① 등기상 이해관계 있는 제3자가 없거나 그 자가 승낙한 경우에는 부기로 변경등기를 하고, 그러한 제3자가 있음에도 그의 승낙서 등을 제출하지 아니한 경우에는 주등기(제3자의 등기보다 후순위의 등기)로 변경등기를 한다. 따라서 등기상 이해관계 있는 제3자의 승낙은 권리변경등기의 요건이 아니라 권리변경의 부기등기의 요건이라는 것이 통설의 견해이다.

② 권리변경등기를 부기등기로 할 때에는 변경 전 등기사항을 말소하는 표시를 하나, 주등기로 할 때에는 말소하는 표시를 하지 않는다.

Ⅱ 등기명의인 표시의 변경등기

1. 신청절차

① 등기명의인의 표시는 등기명의인의 성명 또는 명칭, 주소 또는 사무소 소재지, 주민등록번호 또는 부동산 등기용등록번호를 말하고, 이러한 것들이 등기 후에 변경된 경우 이를 실체관계와 부합하게 시정하는 등기가 등기명의인 표시의 변경등기이다. 등기명의인 주체 자체의 변경은 권리의 변경에 포함되지 않는다.

② 등기명의인 표시의 변경등기는 변경 전후 등기명의인 사이에 인격의 동일성이 인정되어야 할 수 있고, 동일성이 인정되지 않으면 권리이전등기를 하여야 한다.

③ 등기명의인표시의 변경등기는 등기명의인이 단독으로 신청한다(부동산등기법 제23조 제6항). 법원의 촉탁에 의하여 가압류등기, 가처분등기 및 주택(상가건물)임차권등기명령에 의한 주택(상가건물)임차권등기가 마쳐진 후 등기명의인의 주소, 성명 및 주민등록번호가 변경된 경우 그 변경등기도 등기명의인의 신청에 의하여 할 수 있다(등기예규 제1064호).

④ 법인 아닌 사단이나 재단이 현재 효력 있는 권리에 관한 등기의 등기명의인이나 그 대표자 또는 관리인의 성명, 주소 및 주민등록번호가 등기기록에 기록되어 있지 않은 경우, 그 대표자 또는 관리인은 대표자 또는 관리인의 성명, 주소 및 주민등록번호를 추가로 기록하는 내용의 등기명의인표시변경등기를 신청할 수 있다(등기예규 제1621호 제5호).

⑤ 이미 말소된 등기의 등기명의인에 대한 표시변경등기는 허용되지 않는다(대결 1979.11.20. 79마360). 등기명의인의 주소가 수차에 걸쳐서 변경되었을 경우에는 중간의 변경사항을 생략하고 최종 주소지로 변경등기를 할 수 있다(등기선례 제6-405호).

⑥ 유한회사를 주식회사로 조직변경한 경우와 같이 등기명의인인 회사의 조직이 변경되었다면 조직변경 후의 회사 명의로 등기명의인 표시변경등기를 신청하여야 하고, 소유권이전등기를 신청할 것이 아니다 (등기예규 제612호).

⑦ 법률에 의하여 법인의 포괄승계가 있고 해당 법률의 본문 또는 부칙에 등기기록상 종전 법인의 명의를 승계 법인의 명의로 본다는 취지의 간주규정이 있는 경우에는 승계 법인이 등기명의인 표시변경등기를 하지 않고서도 다른 등기를 신청할 수 있다(등기선례 제200912-2호).

2. 첨부정보

① 등기명의인 표시의 변경등기를 신청하는 경우에는 그 표시의 변경을 증명하는 정보를 제공하여야 한다 (부동산등기규칙 제46조 제1항 제1호).

② 국가나 지방자치단체의 기관이 발행하는 서면(시장·군수 또는 구청장이나 읍·면·동장 또는 출장소장의 서면 등)이 대표적인 첨부정보가 된다. 그 밖에도 "등기명의인의 표시변경을 증명할 수 있는 서면"을 제출할 수 있는데, 위 시장·군수 또는 구청장 등의 서면을 받을 수 없는 경우 등기명의인의 표시변경사실을 확인함에 상당하다고 인정되는 자의 보증서면과 그의 인감증명 및 그 밖에 보증인자격을 인정할 만한 서면(공무원재직증명, 법무사 인가증 사본 등)등이 이에 해당한다[등기예규 제1564호 제2호 다. (3)]. 구체적인 사건에서 그러한 서면이 첨부되었다고 보아 등기신청을 수리할지 여부는 등기관이 판단할 사항이다.

③ 외국인이 등기명의인일 때에는 외국인등록부등본, 변경 전후의 표시가 동일인의 것이라는 본국 관공서의 증명이나 이에 관한 공정증서 등이 증명정보가 될 수 있다.

④ 건물멸실등기나 권리에 관한 등기의 말소등기를 신청하는 경우에는 그 등기명의인 표시에 변경 또는 경정 사유가 있어도 변경 사실이나 동일인의 것임을 증명하는 정보를 제공하면 등기명의인 표시의 변경 또는 경정등기를 생략할 수 있다(등기예규 제593호 참조).

⑤ 법인 아닌 사단의 등기명의인 표시를 '고령 박씨 감사공파 종친회'에서 '고령박씨 감사공파 종중'으로, '광산 김씨 대산간공파 종중'을 '광산 김씨 대산간공파 극 종중'으로 변경·경정하는 등기를 신청하는 경우와 같이 단순한 단어의 축약이나 변경 혹은 추가로 보이더라도 양 종중이 동일하다는 정보(종중의 규약이나 결의서, 그 밖의 증명서면 등)를 제공하여야 하며, 등기관은 제공된 서면을 종합적으로 심사하여 인격의 동일성 여부를 판단하여야 한다(등기선례 제8-25호).

3. 등기명의인의 주민등록번호 등을 추가하는 표시변경등기(등기예규 제1672호)

① 현재 효력 있는 권리에 관한 등기의 등기명의인의 주민등록번호 등이 등기기록에 기록되어 있지 않는 경우 그 등기명의인은 주민등록번호 등을 추가로 기록하는 내용의 등기명의인표시변경등기를 신청할 수 있다[등기예규 제1672호 제2호 마. (1)].

② 위 표시변경등기를 신청할 때에는 주민등록표등(초)본 또는 부동산등기용등록번호증명서 등 추가 기록할 주민등록번호 또는 부동산등기용등록번호가 등기명의인의 것임을 증명하는 정보를 제공하여야 하고, 등기관은 그 증명에 대한 심사를 엄격히 한 후에 수리여부를 결정하여야 한다[등기예규 제1672호 제2호 마. (2)].

③ 특히 법인 아닌 사단·재단이 등기명의인일 경우에는 「법인 아닌 사단의 등기신청에 관한 업무처리지침」을 준용하여 부동산등기용등록번호증명서 외에 정관 기타의 규약, 대표자 또는 관리인을 증명하는 서면 등도 첨부하여야 하고, 등기관은 첨부된 서면을 종합적으로 고려하여 부동산등기용등록번호가 등기명의인의 것이고 신청인이 적법한 대표자나 관리인인 것에 대해 엄격히 심사를 하여야 한다[등기예규 제1672호 제2호 마. (2)].

④ 신청정보로서, 등기원인은 '주민등록번호 또는 부동산등기용등록번호 추가', 등기의 목적은 '등기명의인 표시변경', 등기원인일자는 등기신청일을 제공한다(등기예규 제1672호 제2호 마.).

4. 직권등기의 특칙

① 등기의무자의 주소변경 등으로 인하여 신청정보의 등기의무자 표시가 등기기록과 일치하지 아니한 경우 그 등기신청은 각하되므로(부동산등기법 제29조 제7호) 등기명의인표시변경등기(주소변경등기)를 먼저 신청하여야 한다.

② 다만 등기관이 소유권이전등기를 할 때에 등기명의인의 주소변경으로 신청정보 상의 등기의무자의 표시가 등기기록과 일치하지 아니하는 경우라도 첨부정보로서 제공된 주소를 증명하는 정보에 등기의무자의 등기기록 상의 주소가 신청정보 상의 주소로 변경된 사실이 명백히 나타나면 직권으로 등기명의인표시의 변경등기를 하여야 한다(부동산등기규칙 제122조). 이러한 직권에 의한 주소변경등기는 모든 등기신청이 아니라 소유권이전등기신청의 경우에 한한다.

③ 소유권이전등기 시 부동산등기규칙 제122조에 따라 등기명의인의 주소를 직권으로 변경하여야 하는 경우, 등기의무자의 주소가 "전거" 등의 실질적인 주소변경이 아닌 도로명주소법에 따른 주소변경인 경우에는 주소변경의 직권등기를 하지 아니한다(등기예규 제1729호 5. 나.).

④ 저당권설정자의 주소가 변경된 경우에는 저당권설정등기를 신청하기 전에 먼저 주소변경등기를 신청하여야 한다.

⑤ 등기의무자의 주소가 수차례 변경된 경우에는 등기신청 당시의 주소로 1회 변경등기를 하면 되고, 모든 주소변경등기를 순차로 할 것은 아니다.

⑥ 등기관이 직권으로 주소변경등기를 할 때에는 등록면허세를 납부할 필요가 없으나, 소유권이전등기신청과 관계없이 독립적으로 주소변경등기 신청을 하는 때에는 소정의 등록면허세를 납부하여야 한다.

⑦ 행정구역 등의 변경으로 인하여 등기명의인의 주소 표시에 변경이 있는 경우 등기관이 직권으로 변경등기를 할 수 있을 뿐만 아니라 등기명의인도 변경등기를 신청할 수 있는데, 등록면허세와 등기신청수수료가 면제된다(등기선례 제5-877호).

5. 등기방식

등기명의인 표시의 변경이나 경정의 등기는 부기로 한다(부동산등기법 제52조 제1호).

6. 국유재산의 관리청 명칭의 첨기등기(등기예규 제1657호)

(1) 관리청 명칭의 첨기등기

① 국유재산 관리청지정서에 의한 명칭 첨기등기

㉠ 관리청이 없거나 분명하지 아니한 국유재산은 아래의 절차에 따라 총괄청인 기획재정부장관(「국유재산법」 제25조에 따라 위임받은 관리청 또는 지방자치단체의 장 포함)의 국유재산관리청 지정정보(이하 "관리청지정서"라 한다)를 제공하여 관리청 첨기등기를 한다.

㉡ 국가 소유 부동산의 등기명의인 표시는 "국"으로 하여야 하고, "대한민국" 또는 "나라" 등으로 하여서는 아니 된다.

㉮ 미등기 부동산의 경우 : 토지 및 임야대장(건축물대장 포함)의 소유자란에 "국", "조선총독부", "일본인 명의", "일본법인 명의", "육군성", "이왕직", "창덕궁", "이왕직장관" 등으로 되어 있는 미등기 부동산은 위 대장정보와 관리청지정서를 제공하여 "국"명의로 소유권보존등기를 촉탁(또는 신청)하면 "국"명의로 소유권보존등기를 함과 아울러 관리청 명칭도 첨기등기한다.

㉯ "국(나라, 대한민국 포함)" 소유명의로 등기된 부동산의 경우 : 관리청지정서를 첨부한 촉탁에 의하여 관리청 명칭 첨기등기를 한다.

㉰ "조선총독부" 소유명의로 등기된 부동산의 경우 : 등기기록상 소유자가 "조선총독부"로 되어 있는 부동산은 대한민국 정부수립(1948.8.15.)과 동시에 당연히 대한민국 국유로 되는 것인바, 그 부동산에 대하여는 등기기록상 소유자명의를 "조선총독부"로 그대로 둔 채 관리청 첨기등기만을 할 수는 없고, 관리청지정서를 제공하여 "1948.8.15. 대한민국정부수립"을 원인으로 "국, 관리청 ○○부"로의 등기명의인표시변경등기를 촉탁하면 "국" 명의로의 등기명의인표시 변경등기를 함과 동시에 관리청 명칭도 첨기한다. 다만, "1948.8.15. 명칭변경"을 원인으로 등기명의인표시변경등기가 마쳐진 경우에는 등기관은 직권으로 "명칭변경" 부분을 "대한민국정부수립"으로 경정하여야 한다.

　　　　⊕ "일본인", "일본법인", "육군성" 소유명의로 등기된 부동산의 경우 : 관리청지정서를 제공하여 "1948.9.11. 권리귀속"을 원인으로 "국, 관리청 부"로의 소유권이전등기를 촉탁하면 "국"명의로의 소유권이전등기와 동시에 관리청 명칭도 첨기등기한다.

　　　　⑩ "이왕직", "창덕궁", "이왕직장관" 소유명의로 등기된 부동산의 경우 : 관리청지정서를 제공하여 "1963.2.9. 승계"를 원인으로 "국, 관리청 ○○○부"로의 소유권이전등기를 촉탁하면 "국"명의로의 소유권이전등기와 동시에 관리청 명칭도 첨기등기한다.

　② 관계 증빙서류에 의한 관리청 명칭 첨기등기(등기예규 제1657호) : 국유재산의 취득원인, 재산의 용도, 취득 관리청에 의하여 해당 국유재산의 관리청이 명백한 아래와 같은 국유재산은 관계 증빙서류에 의하여 관리청을 첨기한다.

　　　㉠ 정부예산으로 매입 또는 신축한 재산

　　　㉡ 「국유재산법」 제13조에 의하여 국가 이외의 자가 국가에 기부채납한 재산

　　　㉢ 「국유재산법」 제54조에 의하여 국가 이외의 자와 교환 취득한 재산

　　　㉣ 법령에 의하여 관리청에 귀속된 재산

　　　㉤ 법원의 판결에 의하여 국유재산으로 확인된 재산

(2) 첨기등기된 관리청 명칭의 변경등기(등기예규 제1657호)

　① 용도폐지된 국유재산에 대한 관리청 명칭의 변경등기

　　　㉠ 「국유재산법」 제40조에 따라 관리청이 행정재산을 용도폐지하여 총괄청에게 인계하는 재산에 대해서는 총괄청 또는 동법 제42조 제1항에 따라 소관 재산의 관리・처분에 관한 사무를 위탁・위임받은 기관이 등기기록상 관리청의 용도폐지 공문사본과 동법 제66조 제1항에 따른 국유재산대장사본을 첨부정보로서 제공하여 관리청 명칭의 변경등기를 촉탁한다.

　　　㉡ 「국유재산법」 제22조 제3항에 따라 용도폐지되어 총괄청에게 인계되는 재산에 대해서는 총괄청 또는 동법 제42조 제1항에 따라 소관 재산의 관리・처분에 관한 사무를 위탁・위임받은 기관이 총괄청의 용도폐지 공문사본을 첨부정보로서 제공하여 관리청 명칭의 변경등기를 촉탁한다.

　② 관리전환된 국유재산에 대한 관리청 명칭의 변경등기 : 「국유재산법」 제16조 제1항에 의한 관리전환 협의 또는 같은 조 제2항에 의한 총괄청의 관리전환 결정으로 국유재산이 다른 관리청으로 이관된 경우에는 종전의 관리청이 발급한 관리전환협의서 또는 총괄청이 발급한 관리전환결정서를 제공하여 관리청 명칭의 변경등기를 한다.

　③ 소관경합 국유재산의 관리청 명칭의 변경등기 : 등기기록상 관리청과 타 관리청이 서로 소관을 주장하는 경우에는 총괄청이 이를 결정하므로, 총괄청이 발급한 관리청 결정서를 제공하여 관리청 명칭의 변경등기를 한다.

　④ 공유수면법에 의한 매립지의 이관에 따른 관리청 명칭의 변경등기 : 관리청이 국토해양부(2008.2.29. 이전에는 해양수산부)로 등기되어 있는 매립지를 「공유수면 관리 및 매립에 관한 법률」 제37조의 규정에 의하여 이관하고 그에 따른 관리청 명칭 변경등기를 촉탁함에 있어서는 「공유수면 관리 및 매립에 관한 법률 시행령」 제47조 규정의 인계서를 첨부하여야 하고, 등기원인은 "년 월 일 국유재산의 관리전환(「공유수면 관리 및 매립에 관한 법률」 제37조에 의한 매립지 이관)"으로 표시한다.

제2절 | 경정등기

I 경정등기의 의의

① 경정등기는 기존 등기의 일부에 원시적으로 착오 또는 빠진 부분이 있어서 실체관계와 일치하지 않는 경우 이를 시정할 목적으로 하는 등기이다.

② 경정등기는 원칙적으로 부기등기에 의하므로 기존 등기에 대한 경정의 효과는 등기 시에 소급하여 발생하고 그 등기의 동일성이 유지된다.

③ 경정등기는 부동산 표시에 관한 것, 등기명의인 표시에 관한 것, 권리에 관한 것으로 나누어 볼 수 있고, 권리에 관한 것은 다시 권리자체에 관한 것과 권리의 내용에 관한 것으로 나눌 수 있다. 이하에서는 경정등기의 일반적 요건과 허용 여부가 문제되는 경우에 대하여 살펴본다(등기예규 제1564호).

II 경정등기의 요건

1. 착오 또는 빠진 부분이 있을 것

착오란 본래 있어야 할 등기가 없고 잘못된 등기가 있는 경우를 말하고(적극적 저촉), 빠짐이란 등기사항 중 일부에 대하여 기록을 빠뜨린 경우(소극적 저촉)를 말한다. 착오 또는 빠짐이 생긴 원인은 당사자의 잘못에 의한 것이든 등기관의 잘못에 의한 것이든 묻지 않는다.

2. 현재 효력 있는 등기에 대하여 착오 또는 빠진 부분이 있을 것

① 경정등기는 현재 효력이 있는 등기사항에 관해서만 할 수 있다. 현재 효력이 있는 등기사항이란 등기기록에 기록된 부동산의 표시 및 권리에 관한 사항 중 말소되지 않은 것을 말한다.

② 권리이전등기에 있어서는 최종 등기만이 효력이 있고, 경정 또는 변경등기가 마쳐진 경우에는 경정 또는 변경 후의 등기사항이 효력이 있다. 따라서 폐쇄등기기록상등기명의인 표시의 경정 또는 소유권이전등기 후 종전 소유명의인 표시의 경정은 허용되지 않는다(등기선례 제3-674호, 제4-540호, 제7-348호).

③ 착오 또는 빠짐은 등기에 관한 것이어야 한다. 따라서 등기기록상의 기록이라 하더라도 단순한 절차적 기록은 자구정정의 방법으로 고치면 되고 경정등기를 할 것은 아니다. 예를 들어, 등기기록에 기록된 사항이 많아 새로운 등기기록에 옮겨 기록하면서 옮겨 기록한 뜻을 기록하는 것에 착오가 있는 경우에는 자구정정의 방법으로 고치면 된다.

④ 순위번호 또는 접수번호가 잘못된 경우에 대하여는 자구정정의 방법으로 고치면 된다는 견해와 권리의 순위를 결정하는데 직접 관계가 있으므로 경정등기의 방법으로 고쳐야 한다는 견해가 있다.

3. 등기사항의 일부에 대하여 착오 또는 빠진 부분이 있을 것

① 착오 또는 빠짐은 등기사항의 일부에 대한 것이어야 하며 등기사항 전부에 착오가 있는 경우에는 경정등기가 아니라 말소등기의 대상이 된다.

② 이론상 경정등기의 대상이 되기 위해서는 기존 등기가 있어야 하므로 신청된 등기사항 전부를 빠뜨린 경우에도 경정등기가 가능한지 문제되나, 판례(대판 1980.10.14. 80다1385) 및 실무에서는 부동산등기법 제32조의 절차에 의하여 경정등기를 할 수 있다고 본다.

4. 등기와 실체관계 사이에 원시적 불일치가 있을 것

① 등기와 실체관계의 불일치는 신청 당시부터 있어야 한다. 등기완료 후 부동산 표시나 권리관계에 변동이 있으면 변경등기를 하여야 하고 경정등기를 할 수는 없다.

② 판례(대결 1983.7.27. 83마226) 역시 마찬가지로, 적법한 등기가 이루어진 후에 합필과 분필로 인하여 토지에 관한 기존 등기기록의 지번 표시가 토지대장 및 지적도의 지번 표시와 다르게 된 것은 경정할 경우에 해당하지 않는다고 판시하였다.

5. 경정 전후의 등기에 동일성이 있을 것

① 경정등기가 허용되기 위해서는 경정 전과 후의 등기 사이에 원칙적으로 동일성이 있어야 한다. 경정등기에 의하여 기존 등기가 당초에 소급하여 경정되는 효과가 발생하는데, 동일성이 없는 경우에도 경정을 인정한다면 경정등기에 의하여 물권변동이 생기거나 애초부터 실체와 부합하지 않아서 무효인 등기를 유효한 것으로 만드는 결과가 되기 때문이다. 따라서 경정 전후의 등기에 동일성이 인정되지 않는 경우에는 그 등기를 말소하고 다시 신청의 취지에 맞는 등기를 하여야 한다.

② 다만, 동일성의 요건 내지 경정등기의 한계는 그 대상에 따라 달라진다. 관련 부분에서 함께 보기로 한다.

Ⅲ 착오나 빠진 부분이 있다는 사실의 통지

① 등기관이 등기를 마친 후 그 등기에 착오나 빠진 부분이 있음을 발견하였을 때에는 지체 없이 그 사실을 등기권리자와 등기의무자에게 알려야 하고, 등기권리자와 등기의무자가 없는 경우에는 등기명의인에게 알려야 한다. 다만, 등기권리자, 등기의무자 또는 등기명의인이 각 2인 이상인 경우에는 그중 1인에게 통지하면 된다(부동산등기법 제32조 제1항).

② 채권자대위권에 의하여 등기가 마쳐진 때에는 채권자에게도 통지를 하여야 한다(부동산등기법 제32조 제4항).

Ⅳ 당사자의 신청에 착오가 있는 경우(등기예규 제1564호)

당사자의 신청에 착오가 있음에도 등기관이 간과하고 등기를 하여 등기와 실체관계 사이에 불일치가 발생한 경우를 말한다. 이러한 경우에는 신청에 의해서만 바로잡을 수 있고 직권으로는 바로잡을 수 없다.

1. 권리에 관한 경정등기

(1) 권리자체의 경정이나 권리자 전체를 바꾸는 경정의 불허

권리자체를 경정(소유권이전등기를 저당권설정등기로 경정하거나 저당권설정등기를 전세권설정등기로 경정하는 경우 등)하거나 권리자 전체를 경정(권리자를 갑에서 을로 경정하거나 갑과 을의 공동소유에서 병과 정의 공동소유로 경정하는 경우 등)하는 등기신청은 수리할 수 없다.

(2) 등기내용의 경정

① 등기원인증명정보와 다른 내용의 등기에 대한 경정

    ㉠ 신청정보에 표시된 사항이 등기원인을 증명하는 정보와 일치하지 아니함에도 등기관이 간과하고 신청에 따른 등기를 마친 경우에는 경정등기를 할 수 있다.

    ㉡ 등기신청인은 착오를 증명하는 정보를 제공하여 경정등기를 신청할 수 있다. 예를 들어 채권최고액을 1,000만원으로 하는 근저당권설정계약을 체결하였는데 신청정보에 100만원으로 표시하고 등기도 100만원으로 된 경우 경정등기를 신청할 수 있다.

    ㉢ 경정의 대상이 되는 등기가 단독신청으로 마쳐진 경우에는 단독으로, 공동신청으로 마쳐진 경우에는 공동으로 경정등기를 신청하여야 한다.

② 등기원인증명정보와 같은 내용의 등기에 대한 경정

    ㉠ 등기원인을 증명하는 정보와 신청정보에 표시된 권리의 내용이 일치하는 등 적법절차에 의하여 완료된 등기에 대해서는 원칙적으로 경정등기를 할 수 없다.

    ㉡ 다만, 아래 예시와 같이 착오 또는 빠짐으로 등기가 실체관계와 일치하지 아니하고 신청인이 그 사실을 증명하는 정보를 제공하여 경정등기를 신청한 경우(권리가 감축되는 자를 등기의무자로, 증가되는 자를 등기권리자로 함)에는 그러하지 아니하다.

        ㉮ 소유권보존등기의 경정 : 등기명의인의 인감증명이나 소유권확인판결서 등을 제공하여 단독 소유의 소유권보존등기를 공동소유로 경정하거나 공동소유를 단독소유로 경정하는 경우

        ㉯ 상속으로 인한 소유권이전등기의 경정 : 법정상속분대로 등기된 후 협의분할에 의하여 소유권경정등기를 신청하는 경우 또는 협의분할에 의한 상속등기 후 협의해제를 원인으로 법정상속분대로 소유권경정등기를 신청하는 경우

        ㉰ 가압류등기나 매각에 따른 소유권이전등기 등 법원의 촉탁에 의한 등기가 완료된 후 촉탁에 착오가 있음을 증명하는 정보를 제공하여 경정을 촉탁한 경우

        ㉱ 등기원인증명정보의 실질적 내용이 매매임에도 증여로 기록되어 있거나 등기 당시 도래하지 않은 일자가 등기원인일자로 등기원인증명정보에 표시되어 있는 등 등기원인증명정보상 표시의 착오가 외관상 명백한 경우

        ㉲ 그 밖에 법정지상권이나 법정저당권의 취득 등 법률의 규정에 의한 권리의 취득을 원인으로 하여 등기가 완료된 후 등기의 착오를 증명하는 정보를 제공하여 권리의 경정을 신청하는 경우 등

(3) 등기의 실행방법

① 등기상 이해관계 있는 제3자가 있고 그 승낙이 있음을 증명하는 정보나 이에 대항할 수 있는 재판이 있음을 증명하는 정보를 제공한 때 또는 그러한 제3자가 없는 경우에는 부기등기로 하고, 등기상 이해관계 있는 제3자가 있으나 그 승낙이나 이에 대항할 수 있는 재판이 있음을 증명하는 정보를 제공하지 않은 경우에는 주등기로 한다.

② 경정등기의 형식으로 이루어지나 실질이 말소등기에 해당하는 경우가 있는바, 이를 일부말소 의미의 경정등기라고 한다. 일부말소 의미의 경정등기는 그 실질이 말소등기이므로 그 등기를 함에 있어 등기상 이해관계 있는 제3자가 있을 때에는 반드시 그 승낙이 필요하다.

③ 통상의 경정등기에 있어서는 등기상 이해관계 있는 제3자의 승낙이 없는 경우에는 주등기로 경정을 할수 있지만, 일부말소 의미의 경정등기에 있어서는 제3자의 승낙이 경정요건이 된다. 따라서 제3자의 승낙이 없으면 경정등기 자체를 하지 못한다(등기예규 제1366호).

④ 다음과 같은 예가 일부말소 의미의 경정등기에 해당한다. 甲과 乙을 포함한 수인의 공동상속인이 존재함에도 甲이 상속재산인 부동산을 단독으로 상속하였다는 내용의 허위 보증서를 관할청으로부터 발급받은 후 「부동산소유권이전 등기 등에 관한 특별조치법」에 따라 자기를 단독소유자로 하는 소유권이전등기를 마친 경우, 乙이 甲을 상대로 하여 乙의 법정상속분에 해당하는 만큼의 지분에 대해서는 소유권이전등기의 말소등기 절차를 이행하라는 승소판결을 받았다면(판결이유에서 갑이 허위의 보증서를 발급받은 사실과 갑과 을을 포함한 수인이 공동상속하였다는 사실을 설시), 乙은 그 판결에 의해 소유자를 甲에서 甲과 乙로 경정하는 지분일부말소의미의 소유권경정등기를 신청할 수 있다(등기선례 제7-363호).

(4) 인감증명의 제공

소유권에 관한 경정등기를 신청하기 위해서는 경정등기로 인하여 소유권이 감축되는 자의 인감증명을 제공하여야 한다.

2. 등기명의인 표시의 경정

(1) 등기명의인 표시경정의 의의 및 한계

① 등기명의인 표시경정의 의의 : 등기명의인의 성명, 주소, 또는 주민등록번호 등을 경정하는 것을 말한다. 등기명의인의 수를 증감하는 것(단독소유를 공유로 하거나 공유를 단독소유로 하는 경우 등)은 등기명의인 표시경정이 아니며, 권리 경정등기의 절차에 따라 처리한다.

② 인격의 동일성
   ㉠ 등기명의인 표시경정등기는 경정 전후의 등기가 표창하는 자가 인격의 동일성을 유지하는 경우에만 신청할 수 있다. 법인 아닌 사단을 법인으로 경정하거나 대종중을 소종중으로 경정하는 등기는 동일성을 해하므로 허용될 수 없다(등기선례 제200402-4호).
   ㉡ 갑이 을로 행세하며 자신이 매수한 부동산에 대해 을 명의로 소유권이전등기를 한 경우 등기명의인 표시경정의 방법으로 바로잡을 수는 없고, 을 명의의 소유권이전등기를 말소한 다음 갑 앞으로 다시 소유권이전등기를 하여야 한다(등기선례 제8-115호).

③ 동일성을 해하는 등기명의인 표시경정등기가 된 경우
   ㉠ 동일성을 해하는 등기명의인 표시경정등기의 신청임에도 등기관이 간과하여 수리한 경우 종전 등기명의인으로의 회복등기신청은 현 등기명의인이 단독으로 하거나 종전 등기명의인과 공동으로 하여야 하고, 종전 등기명의인이 단독으로 할 수는 없다.
   ㉡ 판례는 등기명의인 표시경정등기가 등기명의인의 동일성을 해치는 방법으로 행해져서 등기가 타인을 표상하는 결과에 이르렀다면 원래의 등기명의인은 새로운 등기명의인을 상대로 등기명의인 표시경정등기의 말소를 구할 수밖에 없다고 한다(대판 1992.11.13. 92다39167).

(2) 종전 등기명의인 또는 사망자에 대한 등기명의인 표시경정의 가부

등기기록상 권리를 이전하여 현재 등기명의인이 아닌 종전 등기명의인 또는 이미 사망한 등기명의인에 대한 등기명의인 표시경정등기신청은 수리할 수 없다.

(3) 첨부정보

① 등기명의인 표시가 잘못된 것으로서 경정등기의 대상임을 증명하는 정보를 제공하여야 한다. 통상 시장 등이 발급하는 서면을 제공하는데, 그 밖에 이를 증명할 수 있는 서면도 제공할 수 있다.

② 그 밖에 이를 증명할 수 있는 서면으로 공무원이나 자격자대리인이 동일인임을 보증하는 서면을 작성·제공하는 경우에는 보증인의 인감증명 및 그 자격을 증명하는 정보(공무원재직증명, 법무사등록증 사본 등)를 함께 제공하여야 한다.

Ⅴ 등기관의 과오로 등기의 착오 또는 빠진 부분이 발생한 경우(등기예규 제1564호)

1. 등기의 착오가 있는 경우

① 등기관의 잘못으로 인해 착오가 발생한 경우에는 경정 전후 등기의 동일성 유무를 별도로 심사하지 않고 다음과 같이 처리한다. 단, 갑구에 하여야 할 등기를 을구에 등기한 것(예 소유권이전등기를 하여야 할 것을 근저당권설정등기로 한 경우)과 같이 경정절차에 의하여 바로잡을 수 없는 경우에는 종전 등기를 착오 발견으로 말소한 후 직권 또는 신청에 의하여 유루 발견으로 인한 등기를 한다.

② 직권에 의한 경정 : 등기관이 등기의 착오나 빠진 부분이 등기관의 잘못으로 인한 것임을 발견한 경우에는 지체 없이 그 등기를 직권으로 경정하여야 한다. 다만 등기상 이해관계 있는 제3자가 있는 경우에는 제3자의 승낙이 있어야 한다(부동산등기법 제32조 제2항).

③ 구법하에서는 등기상 이해관계 있는 제3자가 없는 경우에만 등기관이 직권으로 경정등기를 할 수 있었다(구법 제72조 제1항). 개정법에서는 등기관의 잘못을 신속하게 바로잡을 수 있도록 하기 위해서 그러한 제3자가 있더라도 승낙이 있으면 직권으로 경정등기를 할 수 있게 하였다.

④ 등기관이 직권으로 경정등기를 하였을 때에는 그 사실을 등기권리자, 등기의무자 또는 등기명의인에게 알려야 한다(부동산등기법 제32조 제3항). 채권자대위권에 의하여 마쳐진 등기를 직권으로 경정한 때에는 그 채권자에게도 알려야 한다(부동산등기법 제32조 제4항).

⑤ 신청에 의한 경정

ㄱ 등기완료 후 등기관의 잘못으로 인한 등기의 착오(신청과 다른 내용으로 등기된 경우)를 발견한 경우, 등기권리자 또는 등기의무자는 그 사실을 증명하는 정보를 제공하여 착오 발견으로 인한 경정등기를 신청할 수 있다.

ㄴ 등기권리자 또는 등기의무자 일방의 신청에 의하여 착오발견으로 인한 등기를 마친 경우 등기관은 그 경정등기의 취지를 상대방에게 통지하여야 한다.

ㄷ 등기상 이해관계 있는 제3자가 있는 경우 그 승낙이 있으면 부기등기로 경정하고 승낙이 없으면 주등 기로 경정을 한다.

2. 등기기입이 빠진 경우

등기관의 잘못으로 등기기입이 빠진 경우에는 등기관의 잘못으로 등기의 착오가 발생한 경우에 준하는 절차에 의하여 처리한다(등기관의 잘못으로 인하여 등기기입이 빠졌음을 증명하여야 함).

제3절 | 말소등기

Ⅰ 말소등기의 의의

1. 개 념

등기가 마쳐졌더라도 원시적 또는 후발적인 사유로 인하여 실체관계에 부합하지 않게 된 경우에는 그 내용대로의 효력을 갖지 못한다. 말소등기는 이와 같이 등기사항 전부가 원시적 또는 후발적인 사유로 인하여 실체관계에 부합하지 않게 된 경우 그 등기 전부를 법률적으로 소멸시킬 목적으로 하는 등기이다.

2. 다른 등기와 구별

말소등기는 기존 등기의 전부가 부적법한 경우에 행하여지는 것으로 등기사항의 일부만이 실체관계와 불일치하는 경우에 행하여지는 점에서 변경등기 또는 경정등기와 구별된다. 또한 기존 등기를 법률적인 차원에서 소멸시킬 목적으로 행하는 등기라는 점에서 부동산이 물리적으로 멸실된 경우에 하는 멸실등기와 구별된다.

Ⅱ 말소등기의 요건

1. 현재 효력 있는 등기의 전부가 부적법할 것

① 말소의 대상이 되는 등기는 그 등기사항 전부가 부적법한 것이어야 한다. 부적법의 원인은 원시적(원인무효)이든 후발적(채무변제로 인한 저당권 소멸)이든, 실체적(원인무효나 취소)이든 또는 절차적(중복등기)이든 가리지 않는다.

② 부기등기는 기존의 주등기에 종속되어 주등기와 일체를 이루는 것으로 주등기와 별개의 새로운 등기가 아니므로 원칙적으로 부기등기만에 대한 말소등기는 인정되지 않는다. 다만, 제한물권 또는 가등기 이전의 부기등기가 마쳐진 경우 그 이전 원인이 무효이거나 취소, 해제된 때에는 부기등기인 이전등기만을 말소하여야 하므로, 이러한 경우에는 부기등기만이 말소등기의 대상이 될 수 있다(대판 2005.6.10. 2002다15412 참조).

③ 등기명의인 표시변경 또는 경정등기는 주체 자체가 바뀌는 것이 아니라 등기명의인의 동일성이 유지되는 범위 내에서 그 성명(명칭), 주소(사무소 소재지), 주민등록번호(부동산등기용등록번호) 등의 표시를 실체와 합치시키기 위하여 행하는 부기등기에 불과할 뿐 권리변동을 가져오지 않으므로, 그 등기가 잘못된 경우에도 등기명의인은 다시 경정등기를 하면 되고 말소등기의 대상이 될 수는 없다.

④ 말소의 대상이 될 수 있는 등기는 현재 효력이 있는 등기이어야 한다. 따라서 말소등기의 말소등기는 허용되지 않고, 말소회복등기를 하여야 한다. 또한 폐쇄등기기록은 현재 효력이 있는 등기기록이 아니므로 폐쇄등기기록에 기록된 등기는 현 등기기록에 이기되지 않는 한 말소할 수 없다.

2. 등기상 이해관계 있는 제3자가 있는 때에는 그의 승낙이 있을 것

① 등기의 말소를 신청하는 경우에 그 말소에 대하여 등기상 이해관계 있는 제3자가 있을 때에는 제3자의 승낙이 있어야 말소등기를 할 수 있다(부동산등기법 제57조 제1항).

② 말소에 관하여 등기상 이해관계 있는 제3자라 함은 등기기록의 형식으로 보아 말소로 인하여 손해를 받을 우려가 있다고 일반적으로 인정되는 자를 말한다. 실질적으로는 손해를 받을 우려가 있더라도 등기기록의 형식상 알 수 없는 자는 해당되지 않는다.

③ 반대로 일반적으로 손해를 받을 우려가 등기기록의 형식상 인정되면 비록 실질적으로 손해를 받을 우려가 없더라도 제3자에 해당한다. 예컨대 저당권의 말소에 대하여 지상권자, 지상권의 말소에 관하여 저당권자, 선순위 저당권의 말소에 관하여 후순위 저당권자, 후순위 저당권의 말소에 관하여 선순위 저당권자 등은 제3자에 해당하지 않고, 사해행위 취소를 원인으로 하는 소유권이전등기의 말소등기를 신청하는 경우 그 소유권이전등기 말소청구권을 피보전권리로 하는 가처분등기의 채권자는 제3자에 해당한다(등기선례 제6-57호).

④ 실무에서는 한때, 말소대상인 소유권이전등기 전에 설정된 근저당권에 의한 경매개시결정등기가 되어 있는 경우, 예를 들어 갑이 을에게 근저당권을 설정한 후 병에게 소유권을 이전해 준 상태에서 을이 경매를 신청하여 임의경매개시결정등기가 된 경우 채권자인 을의 동의 없이도 병 명의의 등기를 말소할 수 있는가에 대해서 다툼이 있었다. 등기절차적으로 보면 을 명의의 경매개시결정등기는 병을 등기의무자로 해서 마쳐진 것이므로 병 명의 등기의 말소에 대하여 을은 이해관계 있는 제3자에 해당한다(등기선례 제201208-4호).

⑤ 승낙은 대상이 된 등기의 말소등기를 하는 것에 대한 것이다. 이러한 말소등기를 신청할 때에는 제3자의 승낙이 있음을 증명하는 정보나 이에 대항할 수 있는 재판이 있음을 증명하는 정보를 제공하여야 한다. 재판이 있음을 증명하는 정보란 등기상 이해관계 있는 제3자에 대하여 승낙의 의사표시를 명한 이행판결의 정본 등을 말한다.

⑥ 방문신청의 경우에는 제3자의 인감증명도 제공하여야 한다(부동산등기규칙 제60조 제1항 제7호).

Ⅲ 등기절차에 관한 특칙

1. 단독신청의 특례

말소등기도 공동신청을 함이 원칙이나, 다음의 경우에는 예외적으로 등기권리자·등기명의인 또는 이해관계인의 단독신청을 인정한다.

(1) 판결에 의한 등기

말소등기에 응하여야 할 등기의무자가 말소등기신청에 협력하지 않는 경우 말소등기의 권리자가 등기절차의 이행을 명하는 판결을 받아 단독으로 말소등기를 신청할 수 있다(부동산등기법 제23조 제4항).

(2) 사망 등으로 소멸한 권리의 말소(부동산등기법 제55조)

등기명의인인 사람의 사망 또는 법인의 해산으로 권리가 소멸한다는 약정이 등기되어 있는 경우에 사람의 사망 또는 법인의 해산으로 그 권리가 소멸하였을 때에는 등기권리자는 그 사실을 증명하여 단독으로 해당 등기의 말소를 신청할 수 있다. 예로, 지상권자가 생존하는 동안에만 지상권이 존속한다는 뜻이 등기된 상태에서 지상권자가 사망하였다면, 소유자는 지상권자가 사망한 사실을 증명하여 지상권 설정등기의 말소를 신청할 수 있다.

(3) 등기의무자 소재불명의 경우

등기된 권리가 소멸하였으나 등기의무자의 소재불명으로 인하여 공동으로 말소등기를 신청할 수 없을 때에는 등기권리자가 「민사소송법」에 따라 공시최고를 신청하고, 제권판결이 있으면 그 사실을 증명하여 단독으로 말소등기를 신청할 수 있다(부동산등기법 제56조).

(4) 가등기의 말소

가등기명의인은 단독으로 가등기의 말소를 신청할 수 있으며, 가등기의무자 또는 가등기에 관하여 이해관계 있는 자는 가등기명의인의 승낙을 받아 단독으로 가등기의 말소를 신청할 수 있다(부동산등기법 제93조).

(5) 가처분등기 이후의 제3자명의 등기말소

민사집행법 제305조 제3항에 따라 권리의 이전, 말소 또는 설정등기청구권을 보전하기 위한 처분금지가처분등기가 된 후 가처분채권자가 가처분채무자를 등기의무자로 하여 권리의 이전, 말소 또는 설정의 등기를 신청하는 경우에는, 대법원규칙으로 정하는 바에 따라 그 가처분등기 이후에 된 등기로서 가처분채권자의 권리를 침해하는 등기의 말소를 단독으로 신청할 수 있다(부동산등기법 제94조 제1항).

(6) 소유권보존등기의 말소

소유권보존등기의 말소등기는 등기명의인이 단독으로 신청한다(부동산등기법 제23조 제2항).

(7) 소유권이전등기 등에 관한 특별조치법에 따라 마쳐진 소유권이전등기의 말소

타인 소유의 토지를 매수한 사실이 없음에도 매수한 것처럼 작성된 허위의 보증서를 첨부하여 「부동산소유권이전등기 등에 관한 특별조치법」에 따른 확인서를 받아 자기 명의의 소유권이전등기를 마친 경우 그 명의인은 신청착오를 원인으로 하여 단독으로 소유권이전등기에 대한 말소등기를 신청할 수 있다(등기선례 제6-363호).

2. 등기실행에 관한 특칙

등기를 말소할 때에는 말소의 등기를 한 후 해당 등기를 말소하는 표시를 하여야 한다(부동산등기규칙 제116조 제1항). 이 경우 말소할 권리를 목적으로 하는 제3자의 권리에 관한 등기가 있을 때에는 등기기록 중 해당 구에 그 제3자의 권리의 표시를 하고 어느 권리의 등기를 말소함으로 인하여 말소한다는 뜻을 기록하여야 한다(부동산등기규칙 제116조 제2항).

Ⅳ 소유권보존등기의 말소

1. 말소의 사유

① 소유권보존등기가 진실에 부합하지 않거나 중복 보존등기에 해당하여 처음부터 무효인 때에는 그 말소를 신청할 수 있다.

② 소유권보존등기를 말소한 때에는 그 등기기록 자체를 폐쇄한다. 단, 집합건물의 경우 해당 구분건물 외에 다른 구분건물이 같은 동에 있는 때에는 소유권보존등기를 말소하더라도 그 등기기록을 폐쇄하지 않는다.

2. 등기신청인

① 소유권보존등기의 말소는 등기명의인이 신청한다. 등기명의인 아닌 자가 진정한 소유자인 경우 등기명의인이 말소등기를 신청하지 않을 때에는 등기명의인에 대하여 말소를 명하는 판결을 받아 등기명의인을 대위하여 신청할 수 있다.

② 소유권보존등기의 말소를 명하는 확정판결이 있더라도 그 소송의 사실심 변론종결 전에 소유권이전등기가 된 경우에는 그 소유권이전등기가 먼저 말소되지 않는 한 보존등기의 말소를 신청할 수 없다(등기선례 제1-457호).

V 소유권이전등기의 말소

1. 말소의 사유

① 계약의 해제나 취소, 원인무효 등 여러 가지가 있을 수 있다. 매매계약이 해제된 경우에는 통상 말소등기를 하나, 등기상 이해관계 있는 제3자가 있고 그 승낙을 받지 못한 때에는 이전등기를 하기도 한다(등기예규 제1343호).

② 「부동산소유권이전등기 등에 관한 특별조치법」에 의하여 마쳐진 소유권이전등기라 하더라도 그 원인이 매매, 증여 등의 계약이라면 계약해제로 인한 소유권이전등기의 말소등기를 할 수 있다(등기예규 제440호).

2. 등기신청인

① 소유권이전등기의 말소등기는 당사자가 공동으로 신청한다. 현재의 소유명의인이 등기의무자이고 전 소유명의인이 등기권리자이다.

② 말소등기의 대상은 현재 효력이 있는 등기이어야 하므로 순차로 소유권이 이전된 경우에는 말소도 순차로 행해져야 한다. 예를 들어 갑, 을, 병의 순서로 소유권이전등기가 이루어진 경우 현재 효력이 있는 병 명의의 소유권이전등기를 그대로 둔 채 을 명의 이전등기의 말소등기만을 신청할 수는 없고 등기연속의 원칙상 현재 명의인 병의 등기 말소를 먼저 신청하여 을 명의 이전등기를 유효한 등기로 만든 다음에야 말소등기를 신청할 수 있다.

③ 불법하게 소유권이전등기를 마친 자가 스스로 그 소유권을 원래의 소유자에게 환원시켜 주기로 하였다면, 원래의 소유자를 등기권리자로 하고 현 소유명의인을 등기의무자로 하여 신청착오를 원인으로 한 소유권이전등기의 말소등기를 공동으로 신청할 수 있다(등기예규 제395호).

3. 부동산의 일부에 대한 소유권이전등기의 말소

부동산의 일부에 대한 소유권이전등기의 말소등기절차이행을 명한 판결에 기하여 말소등기를 신청하려면 먼저 분할절차를 밟아야 한다. 지분의 일부말소를 명한 판결에 기한 말소등기는 경정등기로 한다.

Ⅵ 직권말소

1. 직권말소를 할 수 있는 경우

① 직권말소등기도 직권에 의한 등기이므로 근거 규정이 있는 경우에만 할 수 있다.

② 등기관이 등기를 마친 후 그 등기가 부동산등기법 제29조 제1호 또는 제2호에 해당된 것임을 발견하였을 때 하는 직권말소(부동산등기법 제58조), 가등기에 기한 본등기 시 가등기에 의하여 보전되는 권리를 침해하는 가등기 이후 등기의 직권말소(부동산등기법 제92조), 말소되지 아니한 예고등기의 직권말소(부칙 제3조 제2항) 등이 있다. 여기에서는 부동산등기법 제58조에 따른 직권말소절차에 관하여 보기로 한다.

2. 부동산등기법 제29조 제1호 또는 제2호에 해당하는 등기의 직권말소절차(등기예규 제1420호)

등기관이 등기를 마친 후 그 등기가 부동산등기법 제29조 제1호(사건이 그 등기소의 관할이 아닌 경우) 또는 제2호(사건이 등기할 것이 아닌 경우)에 해당된 것임을 발견하였을 때에는 아래의 절차에 따라 직권으로 말소한다.

(1) 직권말소의 통지

① 등기관이 직권말소의 대상이 되는 등기를 발견하였을 때에는 등기권리자, 등기의무자와 등기상 이해관계 있는 제3자에게 1개월 이내의 기간을 정하여 그 기간 내에 이의를 진술하지 아니하면 등기를 말소한다는 뜻을 통지하여야 한다(부동산등기법 제58조 제1항).

② 직권말소의 통지는 등기를 마친 사건의 표시와 사건이 등기소의 관할에 속하지 아니한 사실 또는 등기할 것이 아닌 사실을 적은 통지서로 한다(부동산등기규칙 제117조 제1항). 통지서는 통지를 받을 자에게 직접 교부하거나 특별송달우편의 방법으로 송달하되, 교부의 경우에는 교부받은 자로부터 영수증을 수령하여야 한다.

③ 통지를 받을 자의 주소 또는 거소를 알 수 없으면 통지를 갈음하여 등기소 게시장에 통지서를 게시하거나 대법원 인터넷등기소에 게시하는 방법으로 공고한다(부동산등기법 제58조 제2항, 규칙 제117조 제2항).

④ 통지서를 게시장에 게시하거나 대법원 인터넷등기소에 공고하는 경우에는 게시 또는 공고와 동시에 송달된 것으로 보고 이의진술기간 동안 게시장에 게시하거나 대법원 인터넷등기소에 공고하여야 한다.

(2) 직권말소통지의 뜻의 기록

등기관이 부동산등기법 제58조 제1항의 통지 또는 제2항의 게시 또는 공고를 한 경우에는 말소하는 등기에 대하여 직권말소의 통지의 뜻을 기록한다.

(3) 이의신청이 있는 경우

① 등기권리자, 등기의무자 또는 등기상 이해관계 있는 자로부터 이의신청이 있는 경우 그 신청서는 기타 문서 접수장에 접수한다.

② 이의신청이 이유 없는 경우에는 이의진술기간 전이라도 등기관은 이의에 대하여 각하결정을 한다. 이유 있는 경우에는 인용결정을 하고 직권말소통지의 뜻의 기록을 말소한다.

③ 등기관이 이의신청을 각하한 때에는 이의신청인에게, 인용한 때에는 등기권리자, 등기의무자, 등기상 이해관계 있는 제3자에게 결정등본을 교부하거나 특별송달우편으로 송달한다.

(4) 직권말소(부동산등기법 제58조 제4항)

등기관은 이의신청기간 이내에 이의를 진술한 자가 없거나 이의를 각하한 경우에는 등기를 직권으로 말소하여야 한다. 직권말소하는 때에는 직권말소통지의 뜻의 기록도 함께 말소하는 표시를 한다.

(5) 직권말소통지서, 이의신청서 등의 편철 보관

직권말소통지서, 통지서의 송달보고서나 영수증, 이의신청서, 이의신청에 대한 결정원본·등본의 영수증이나 송달보고서 등은 직권말소서류편철장에 편철한다.

(6) 직권말소서류편철장의 비치 등

등기소에는 직권말소서류편철장을 작성·비치하여야 하며, 직권말소서류편철장은 1년간 보존하되, 5년간은 합철하여 사용할 수 있다.

3. 장기간 방치된 저당권 등의 직권정리

① 구법에서는, 등기기록상으로는 효력 있는 등기의 외관을 가지고 있으나 사실상 소멸하였거나 존속시킬 필요가 없는 권리가 소유자에게 큰 부담이 되고 있는 실정을 감안하여, 등기관이 직권말소하도록 규정하고 있었다(구법 부칙 제7954호, 제2조, 등기예규 제1592호).

② 개정법에서는 그 근거가 삭제되었으나, 선례는 개정 후에도 종전 규정이 실효되지 않고 계속 적용되는 것으로 보고 있다(등기선례 제201203-6호).

제4절 | 말소회복등기

I 의 의

말소회복등기는 실체관계에 대응하는 어떤 등기가 있었음에도 불구하고 후에 그 등기의 전부 또는 일부가 부적법하게 말소된 경우에 그 말소된 등기를 회복함으로써 말소 당시에 소급하여 말소가 되지 않았던 것과 같은 효과를 생기게 하는 등기이다(부동산등기법 제59조). 부적법은 실체적 이유(원인무효)에 기한 것이든, 절차적 하자(등기관의 잘못)에 기한 것이든 불문한다.

II 등기신청에 관한 특칙

1. 신청인

① 회복등기의 신청도 일반원칙에 따라 공동으로 하여야 하므로, 회복될 등기의 등기명의인이 등기권리자, 현재의 소유명의인 또는 회복될 등기의 목적인 권리의 등기명의인이 등기의무자로서 공동으로 신청하여야 한다.

② 예컨대 저당권설정등기의 회복등기는 저당권자가 등기권리자, 현재의 소유명의인이 등기의무자로서 공동으로 신청하고, 지상권을 목적으로 하는 저당권설정등기의 회복등기는 저당권자가 등기권리자, 지상권자가 등기의무자로서 공동으로 신청하여야 한다.

제1장

제2장

제3장

제4장

제5장

제6장

제7장

제8장

제9장

③ 불법하게 말소된 것을 이유로 한 근저당권설정등기의 회복등기청구는 말소 당시의 소유자를 상대로 하여야 한다(등기예규 제137호). 따라서 제3자에게 소유권이 이전된 때에는 현재의 소유명의인은 등기의무자가 아니고 등기상 이해관계인에 불과하다.

④ 말소등기가 법원의 촉탁에 의한 때에는 회복등기도 그 법원의 촉탁에 의한다(등기선례 제7-384호). 등기관의 직권말소가 부적법한 경우에는 직권으로 회복등기를 하여야 한다(등기예규 제444호). 이러한 경우에는 회복등기를 소구할 이익이 없다(대판 1983.3.8. 82다카1168).

⑤ 등기관이 직권으로 말소회복등기를 하는 경우에는 직권말소절차에 준하여 회복등기의 등기권리자와 등기의무자 및 등기상 이해관계 있는 제3자에게 회복한다는 뜻을 통지하고, 이의를 진술한 자가 없거나 이의를 각하한 때 직권으로 회복등기를 한다(등기선례 제4-596호).

2. 자발적으로 말소한 등기의 회복

판례는 말소회복등기란 어떤 등기의 전부 또는 일부가 실체적 또는 절차적 하자로 부적합하게 말소된 경우에 말소된 등기를 회복하여 말소당시에 소급하여 말소가 없었던 것과 같은 효과를 생기게 하는 등기를 말하는 것이므로 어떤 이유이건 당사자가 자발적으로 말소등기를 한 경우에는 말소회복등기를 할 수 없다고 한다(대판 1990.6.26. 89다카5673). 또한 선례도 관공서가 자발적으로 말소한 압류등기에 대해서는 회복등기를 할 수 없다고 한다(등기선례 제201208-2호).

3. 등기상 이해관계 있는 제3자

① 말소된 등기의 회복을 신청하는 경우 등기상 이해관계 있는 제3자가 있을 때에는 그 제3자의 승낙이 있어야 한다(부동산등기법 제59조). 즉 그 승낙이 있음을 증명하는 정보 또는 이에 대항할 수 있는 재판이 있음을 증명하는 정보를 제공하여야 한다.

② 실체법상 승낙의무 있는 자가 승낙을 하지 않는 경우에는 소로써 승낙을 구하는 수밖에 없다.

③ 등기상 이해관계 있는 제3자란 등기기록의 형식상 말소된 등기의 회복으로 인하여 손해를 받을 우려가 있는 자이다. 회복등기와 양립할 수 없는 등기는 회복의 전제로서 말소의 대상이 될 뿐이므로 그 등기명의인은 이해관계 있는 제3자가 아니다(대판 1982.1.26. 81다2329).

④ 가등기가 가등기권리자의 의사에 의하지 않고 말소되어 그 말소등기가 원인무효인 경우 등기상 이해관계 있는 제3자는 선의·악의를 묻지 않고 회복등기에 승낙할 의무가 있는 바, 가등기가 부적법 말소된 후 가처분·저당권설정·소유권이전 등의 등기를 마친 자는 가등기 말소회복등기에 대하여 승낙할 의무가 있다(대판 1997.9.30. 95다39526).

⑤ 등기를 명하는 관할법원의 결정에 따라 소유권이전등기가 되었으나 항고법원의 말소명령에 의하여 그 소유권이전등기가 말소된 다음 항고법원의 결정이 다시 대법원에서 파기되고 항고가 각하된 경우에는 재항고 결정 주문에서 명시적으로 말소된 소유권이전등기의 회복을 명하지 않았더라도 항고법원의 명령에 의하여 말소된 소유권이전등기는 원인 없이 마쳐진 등기와 같으므로 회복되어야 한다. 이 경우 소유권이전등기를 말소한 후에 제3자 명의의 소유권이전등기가 마쳐졌다면 말소회복등기를 하기 위해서는 제3자 명의의 소유권이전등기를 먼저 말소하여야 하는데, 위 대법원 결정에 의하여서는 곧바로 제3자 명의의 소유권이전등기를 말소할 수는 없다(등기선례 제5-598호).

⑥ 손해를 받을 우려가 있는지 여부는 제3자의 권리취득등기 시(말소등기 시)가 아니라 회복등기 시를 기준하여 판별한다(대판 1990.6.26. 89다카5673, 등기예규 제705호). 따라서 회복등기를 신청하기 전에 말소된 근저당권설정등기보다 후순위로 근저당권설정등기가 마쳐졌다면 그 후순위 근저당권설정등기가 회복할 근저당권설정등기의 말소 전에 마쳐진 것이더라도 그 권리자의 승낙 또는 이에 대항할 수 있는 재판이 있음을 증명하는 정보를 제공하여야 한다(등기선례 제4-597호).

⑦ 불법 말소가 법원의 촉탁이나 등기관의 직권에 의하여 이루어진 경우에도 제3자에 대하여 승낙청구권을 갖는 자는 법원이나 등기관이 아니라 등기권리자이므로, 말소회복등기를 촉탁함에 있어서 이해관계 있는 제3자가 있으면 등기권리자가 그 승낙 또는 이에 대항할 수 있는 재판이 있음을 증명하는 정보를 법원에 제공하여야 한다.

⑧ 직권 회복등기도 등기상 이해관계가 있는 제3자가 있는 때에는 그 승낙 또는 이에 대항할 수 있는 재판이 있음을 증명하는 정보가 제공되지 않는 한 할 수 없게 된다.

⑨ 등기상 이해관계 있는 제3자가 말소회복등기를 승낙하더라도 그 회복등기의 부담을 안을 뿐 그 등기가 말소되는 것이 아님이 원칙이다. 다만, 갑에서 을 명의로 소유권이전등기가 부적법하게 말소되고 병 명의의 근저당권등기가 마쳐진 경우, 을이 갑을 상대로 말소된 소유권이전등기의 회복등기절차의 이행을 명하는 확정판결과 함께 그 말소회복에 대하여 이해관계 있는 제3자인 병의 승낙을 받은 경우5), 등기관이 소유권이전등기의 회복등기를 할 때에는 위 근저당권등기를 직권으로 말소하여야 한다.6)

⑩ 소유권이전등기의 말소회복등기는 새로운 부동산 취득에 따른 소유권이전등기에 해당하지 아니하므로 그 등기신청 시 국민주택채권을 매입할 필요는 없다(등기선례 제5-892호).

Ⅲ 등기실행에 관한 특칙 - 등기의 회복

① 등기를 회복할 때에는 독립등기로서 회복의 등기를 한 후 다시 말소된 등기와 같은 등기를 하여야 한다(부동산등기규칙 제118조). 즉, 종래의 순위번호에 이어 회복등기를 하고, 이 등기의 다음에 말소된 종전 등기와 동일한 등기를 하는데 순위번호도 종전 등기와 같은 번호를 기록하여야 한다(부동산등기규칙 제118조).

② 다만, 일부 등기사항만이 말소된 것일 때에는 부기에 의하여 말소된 등기사항만 다시 등기한다. 회복된 등기는 종전 등기와 동일한 효력을 가지고, 그 순위도 종전의 것을 보유한다.

③ 등기상 이해관계 있는 제3자의 승낙이나 이에 대항할 수 있는 재판이 있음을 증명하는 정보를 제공하지 않은 채 회복등기를 신청하였는데 수리된 경우 판례는 그러한 회복등기는 제3자에 대한 관계에서는 무효이지만, 제3자에게 승낙의무가 있으면 실체관계에 부합하여 제3자에 대하여도 유효하다고 한다(대판 1987.5.26. 85다카 2203, 등기예규 제629호).

---

5) 선례 제7-387호의 사실관계
6) 가등기에 의한 소유권이전의 본등기가 말소된 다음 을 명의의 가압류등기가 마쳐진 상태에서 이 본등기의 회복등기를 신청할 때에 가압류권자 을은 이 회복등기에 대하여 등기상 이해관계 있는 제3자에 해당하므로, 을의 승낙이 있음을 증명하는 정보를 첨부정보로서 제공하여야 하며, 이에 따라 등기관이 소유권이전본등기의 회복등기를 할 때에는 위 가압류등기를 직권으로 말소하여야 한다(등기선례 제201911-1호). 위 가압류등기를 직권말소하지 않은 경우 등기연속의 원칙에 반하고 실체관계에 부합하지 않는 내용의 공시 등이 발생하기 때문인 것으로 보인다. 이 선례에 의하여 위 선례 제7-387호는 그 내용이 변경되었다.

CHAPTER

02 권리에 관한 등기 일반

제1절 변경등기

01
□□□

등기명의인표시변경등기에 관한 다음 설명 중 가장 옳지 않은 것은? 　　　2022년

① 근저당권자인 법인의 취급지점이 변경된 때에는 등기명의인표시변경(취급지점 변경)등기를 먼저
 하여야만 채무자변경으로 인한 근저당권변경등기를 신청할 수 있다.
② 소유권이전등기를 신청하는 경우, 주소변경이 아닌 개명 등의 변경사유가 있는 때에는 등기관은
 직권으로 변경등기를 할 수 없다.
③ 현재 효력이 있는 권리에 관한 등기기록상 등기명의인의 주민등록번호가 등기기록에 기록되어
 있지 않은 경우, 그 등기명의인은 주민등록번호를 추가로 기록하는 내용의 등기명의인표시 변경등
 기를 신청할 수 있다.
④ 등기관이 소유권이전등기를 할 때에 등기명의인의 주소변경으로 신청정보상의 등기의무자의 표시
 가 등기기록과 일치하지 아니하는 경우라도 첨부정보로서 제공된 주소를 증명하는 정보에 등기의
 무자의 등기기록상의 주소가 신청정보상의 주소로 변경된 사실이 명백히 나타나면 직권으로 등기
 명의인표시의 변경등기를 하여야 하나, 이는 자연인의 경우에 해당되며 법인의 본점소재지가 변경
 된 경우에는 적용되지 않는다.
⑤ 등기명의인의 국적이 변경되어 국적을 변경하는 내용의 등기명의인표시 변경등기를 신청하는 경우
 에는 시민권증서 등 국적변경을 증명하는 정보를 첨부정보로서 제공하고, 신청정보의 내용 중
 등기원인은 "국적변경"으로, 그 연월일은 "새로운 국적을 취득한 날"로 제공하여야 한다.

- -

[❶ ▸ O] 상사법인이 근저당권자인 경우 근저당권설정등기신청서에 취급지점의 표시가 있는 때에는
등기부에 그 취급지점을 기재하게 되므로 근저당권자인 상사법인의 취급지점이 변경된 때에는 등기명의
인표시변경(취급지점변경)등기를 한 후에야 채무자변경으로 인한 근저당권변경등기신청을 할 수 있는
것이나 근저당권말소등기를 신청할 경우에는 취급지점이 변경된 사실을 증명하는 서면을 첨부하여 취급
지점의 변경등기 없이 근저당권말소등기를 신청할 수 있다(등기선례 제4-468호).
[❷ ▸ O] [❹ ▸ ✕] 등기관이 소유권이전등기를 할 때에 등기명의인의 주소변경으로 신청정보상의
등기의무자의 표시가 등기기록과 일치하지 아니하는 경우라도 첨부정보로서 제공된 주소를 증명하는
정보에 등기의무자의 등기기록상의 주소가 신청정보상의 주소로 변경된 사실이 명백히 나타나면 직권으
로 등기명의인표시의 변경등기를 하여야 한다(부동산등기규칙 제122조). 이와 같이 직권으로 변경등기를
하는 것은 소유권이전등기를 신청할 때 등기의무자의 주소변경으로 신청정보상의 등기의무자 표시가

등기기록과 불일치하는 경우에 한하므로, 저당권설정등기의 신청을 할 때나 소유권이전등기를 신청하는 경우라도 주소변경이 아닌 개명 등의 변경사유가 있는 때에는 직권으로 변경등기를 할 수 없다. 위 규정은 법인의 본점 소재지가 변경된 경우에도 적용된다(등기선례 제4-531호 참조).

> **등기선례 제4-531호**
>
> 소유권이전등기를 신청함에 있어서 법인인 등기명의인의 주소변경으로 신청서상의 등기의무자의 표시가 등기부와 부합하지 아니한 경우에, 법인의 주소를 증명하는 서면으로서 제출된 법인 등기부등·초본에서 등기의무자의 등기부상의 주소가 신청서상의 주소로 변경된 사실이 명백히 나타나는 때에는 부동산등기법 제48조를 준용하여 등기공무원이 직권으로 등기명의인표시의 변경등기를 할 수 있다.

[❸ ▸ ○] 현재 효력 있는 권리에 관한 등기의 등기명의인의 주민등록번호 등이 등기기록에 기록되어 있지 않은 경우, 그 등기명의인은 주민등록번호 등을 추가로 기록하는 내용의 등기명의인표시변경등기를 신청할 수 있다[등기예규 제1672호 2. 마. (1)].

[❺ ▸ ○] 등기명의인의 국적이 변경되어 국적을 변경하는 내용의 등기명의인표시변경등기를 신청하는 경우에는 국적변경을 증명하는 정보(예 시민권증서, 귀화증서, 국적취득사실증명서, 폐쇄된 기본증명서 등)를 첨부정보로서 제공하고, 신청정보의 내용 중 등기원인은 "국적변경"으로, 그 연월일은 "새로운 국적을 취득한 날"로 제공하여야 한다(등기예규 제1686호 제8조 제1항).

답 ❹

02
□□□ **국유재산의 관리청 명칭 첨기등기에 관한 다음 설명 중 가장 옳지 않은 것은?**   2022년

① "이왕직", "창덕궁", "이왕직장관" 소유명의로 등기된 부동산에 대해서는 관리청지정서를 첨부정보로서 제공하여 "1963.2.9. 승계"를 원인으로 "국, 관리청 ○○부"로의 등기명의인표시변경등기를 촉탁하면 "국" 명의로의 등기명의인표시변경등기와 동시에 관리청 명칭도 첨기등기한다.

② 국유재산법 제22조 제3항에 따라 총괄청이 직권으로 용도폐지하여 총괄청에게 인계되는 재산에 대해서는 총괄청 또는 같은 법 제42조 제1항에 따라 소관 재산의 관리·처분에 관한 사무를 위탁·위임받은 기관이 총괄청의 용도폐지 공문사본을 첨부정보로서 제공하여 관리청 명칭의 변경등기를 촉탁한다.

③ 국유재산법 제40조에 따라 중앙관서의 장이 행정재산을 용도폐지하여 총괄청에게 인계하는 재산에 대해서는 총괄청 또는 같은 법 제42조 제1항에 따라 소관 재산의 관리·처분에 관한 사무를 위탁·위임받은 기관이 등기기록상 관리청의 용도폐지 공문사본과 국유재산대장사본을 첨부정보로서 제공하여 관리청 명칭의 변경등기를 촉탁한다.

④ 등기기록상 소유자가 "조선총독부"로 되어 있는 부동산에 대해서는 관리청 지정서를 첨부정보로서 제공하여 "1948.8.15. 대한민국정부수립"을 원인으로 "국, 관리청 ○○부"로의 등기명의인표시변경등기를 촉탁하면 "국" 명의로의 등기명의인표시변경등기와 동시에 관리청 명칭도 첨기등기한다.

⑤ 등기기록상 관리청과 다른 관리청이 서로 소관을 주장하는 경우에는 총괄청이 이를 결정하는 것으로서, 총괄청이 발급한 관리청 결정서를 첨부정보로서 제공하여 관리청 명칭의 변경등기를 촉탁한다.

[**❶ ▸ ✕**] "이왕직", "창덕궁", "이왕직장관" 소유명의로 등기된 부동산의 경우 : 관리청지정서를 첨부하여 "1963.2.9. 승계"를 원인으로 "국, 관리청 부"로의 <u>소유권이전등기</u>를 촉탁하면, "국" 명의로의 <u>소유권이전등기</u>와 동시에 관리청 명칭도 첨기등기한다[등기예규 제1657호 1. 가. (5)].

[**❷ ▸ ○**] 총괄청이 직권으로 용도폐지한 경우 : 국유재산법 제22조 제3항에 따라 용도폐지되어 총괄청에게 인계되는 재산에 대해서는 총괄청 또는 같은 법 제42조 제1항에 따라 소관 재산의 관리·처분에 관한 사무를 위탁·위임받은 기관이 총괄청의 용도폐지 공문사본을 첨부정보로서 제공하여 관리청 명칭의 변경등기를 촉탁한다[등기예규 제1657호 2. 가. (2)].

[**❸ ▸ ○**] 관리청이 용도폐지한 경우 : 국유재산법 제40조에 따라 관리청이 행정재산을 용도폐지하여 총괄청에게 인계하는 재산에 대해서는 총괄청 또는 같은 법 제42조 제1항에 따라 소관 재산의 관리·처분에 관한 사무를 위탁·위임받은 기관이 등기기록상 관리청의 용도폐지 공문사본과 같은 법 제66조 제1항에 따른 국유재산대장사본을 첨부정보로서 제공하여 관리청 명칭의 변경등기를 촉탁한다[등기예규 제1657호 2. 가. (1)].

[**❹ ▸ ○**] "조선총독부" 소유명의로 등기된 부동산의 경우 : 등기부상 소유자가 "조선총독부"로 되어 있는 부동산은 대한민국정부 수립(1948.8.15.)과 동시에 당연히 대한민국의 국유로 되는 것인바, 위 부동산에 대하여는 등기부상 소유자 명의를 "조선총독부"로 그대로 둔 채 관리청 첨기등기만을 할 수는 없고, 관리청 지정서를 첨부하여 "1948.8.15. 대한민국정부수립"을 원인으로 "국, 관리청 부"로의 등기명의인표시변경등기를 촉탁하면 "국" 명의로의 등기명의인표시변경등기와 동시에 관리청 명칭도 첨기등기한다. 다만, "1948.8.15. 명칭변경"을 원인으로 등기명의인표시변경등기가 마쳐진 경우에는 등기관은 직권으로 "명칭변경" 부분을 "대한민국정부수립"으로 경정하여야 한다[등기예규 제1657호 1. 가. (3)].

[**❺ ▸ ○**] 소관경합 국유재산의 관리청 명칭의 변경등기 : 등기부상 관리청과 타 관리청이 서로 소관을 주장하는 경우는 총괄청이 이를 결정하는 것으로서, 총괄청이 발급한 관리청 결정서를 첨부하여 관리청 명칭의 변경등기를 한다[등기예규 제1657호 2. 다.].

답 ❶

03 ☐☐☐ **등기상 이해관계 있는 제3자에 관한 다음 설명 중 가장 옳지 않은 것은?** 2023년

① 甲 명의에서 乙 명의로 소유권이전등기가 경료된 후 甲의 채권자 丙이 乙 명의의 소유권이전등기에 대하여 사해행위로 인한 소유권이전등기 말소청구권을 피보전권리로 하는 처분금지가처분을 하였을 경우, 乙 명의의 소유권이전등기에 관하여 丙 이외의 자가 말소신청을 하는 때에는 丙은 등기상 이해관계 있는 제3자에 해당한다.

② 甲이 근저당권설정등기를 신청하였으나 등기관의 잘못으로 그 기록을 누락하였고 그 후 乙이 동일 부동산에 대하여 순위 제1번의 근저당권설정등기를 경료하였다면, 직권경정등기절차에 준하여 위 누락된 근저당권설정등기를 순위 제2번으로 기록할 수 있고, 이 경우 乙의 승낙이 있음을 증명하는 정보를 제공하여야 한다.

③ 증여를 원인으로 한 소유권이전등기와 체납처분에 의한 압류등기가 순차 경료된 후 위 증여계약의 해제를 원인으로 한 새로운 소유권이전등기를 신청할 경우에는 체납처분권자의 승낙이 있음을 증명하는 정보는 제공할 필요가 없다.

④ 전세권설정등기 후 그 전세권을 목적으로 하는 근저당권설정등기 또는 그 전세권에 대한 가압류등기 등이 있는 상태에서 전세금을 감액하는 변경등기를 하는 때에 그 근저당권자 또는 가압류권자 등은 등기상 이해관계 있는 제3자에 해당한다.

⑤ 소유권보존등기에 대한 근저당권이 경료된 후 확정판결에 의하여 소유권보존등기를 말소하는 경우에 근저당권자는 그 등기의 말소에 있어서 등기상 이해관계 있는 제3자에 해당한다.

··

[❶ ▶ O] 갑 명의에서 을 명의로 소유권이전등기가 경료된 후 갑의 채권자 병이 을 명의의 소유권이전등기에 대하여 사해행위로 인한 소유권이전등기 말소청구권을 피보전권리로 하는 처분금지가처분을 하였을 경우, 을 명의의 소유권이전등기에 관하여 병 이외의 자가 말소신청을 하는 때에는 병의 승낙서 또는 그에 대항할 수 있는 재판의 등본을 첨부하여야 한다. 그러나 위 승낙서 또는 재판의 등본이 첨부되지 아니한 채 등기가 경료되었다면 등기관이 직권으로 이미 말소된 등기의 말소회복등기를 할 수는 없다(등기선례 제6-57호).

[❷ ▶ ✕] 갑이 근저당권설정등기를 신청하였으나 등기공무원의 과오로 그 등기기입을 유루하였고, 그 후 을이 동일 부동산에 대하여 순위 제1번의 근저당권설정등기를 경료하였다면, 부동산등기법 제72조 소정의 경정등기절차에 준하여 위 유루된 근저당권설정등기를 순위 제2번으로 기입할 수 있을 것이고, 이 경우 을의 승낙서 등은 첨부할 필요가 없을 것이다(등기선례 제2-374호).

[❸ ▶ O] 증여를 원인으로 한 소유권이전등기와 체납처분에 의한 압류등기가 순차 경료된 후 위 증여계약의 해제를 원인으로 한 위 소유권이전등기의 말소등기를 신청하는 경우에는 그 신청서에 체납처분권자의 승낙서 또는 이에 대항할 수 있는 재판의 등본을 첨부하여야 하지만(부동산등기법 제57조 참조) 위 증여계약의 해제를 원인으로 새로운 소유권이전등기를 신청할 경우에는 위 서면의 첨부는 필요하지 아니하다(등기선례 제2-411호).

[❹ ▶ O] 전세권설정등기 후 그 전세권을 목적으로 하는 근저당권설정등기 또는 그 전세권에 대한 가압류등기 등이 있는 상태에서 전세금을 감액하는 변경등기를 하는 때에 그 근저당권자 또는 가압류권자 등은 등기상 이해관계 있는 제3자에 해당하므로 그의 승낙이 있으면 그 변경등기를 전세권설정등기에 부기로 하고, 그의 승낙이 없으면 그 변경등기를 할 수 없다[등기예규 제1671호 2. 나. 2)].

확정판결에 의하여 소유권보존등기의 말소를 신청하는 경우에도 근저당권자등 그 등기의 말소에 대하여 등기상 이해관계 있는 제3자가 있는 때에는 그 승낙서 또는 이에 대항할 수 있는 재판의 등본을 첨부하여야 한다(등기선례 제2-401호).

답 ❷

경정등기에 관한 다음 설명 중 가장 옳지 않은 것은? 2022년

① 甲과 乙의 공동소유에서 丙과 丁의 공동소유로 경정하는 소유권경정등기신청은 수리할 수 없다.
② 등기기록상 권리를 이전하여 현재 등기명의인이 아닌 종전 등기명의인 또는 이미 사망한 등기명의인에 대한 등기명의인표시경정등기신청은 수리할 수 없다.
③ 동일성을 해하는 등기명의인표시경정등기의 신청임에도 등기관이 이를 간과하여 수리한 경우, 종전 등기명의인으로의 회복등기 신청은 종전의 등기명의인이나 현재의 등기명의인이 단독으로 할 수 있다.
④ 법인 아닌 사단을 법인으로 경정하는 등기명의인표시경정등기신청은 인격의 동일성을 해하는 경우이므로 이를 수리할 수 없다.
⑤ 저당권설정등기를 전세권설정등기로 경정하는 경우와 같이 권리 자체를 경정하는 등기신청은 수리할 수 없다.

....

[**①** ▸ ○] [**⑤** ▸ ○] 권리 자체를 경정(소유권이전등기를 저당권설정등기로 경정하거나 저당권설정등기를 전세권설정등기로 경정하는 경우 등)하거나 권리자 전체를 경정(권리자를 갑에서 을로 경정하거나, 갑과 을의 공동소유에서 병과 정의 공동소유로 경정하는 경우 등)하는 등기신청은 수리할 수 없다[등기예규 제1564호 2. 나. (1)].
[**②** ▸ ○] 등기기록상 권리를 이전하여 현재 등기명의인이 아닌 종전 등기명의인 또는 이미 사망한 등기명의인에 대한 등기명의인표시경정등기신청은 수리할 수 없다[등기예규 제1564호 2. 다. (2)].
[**③** ▸ ✕] 동일성을 해하는 등기명의인표시경정등기의 신청임에도 등기관이 이를 간과하여 수리한 경우, 종전 등기명의인으로의 회복등기 신청은 <u>현재의 등기명의인이 단독으로 하거나 종전 등기명의인과 공동으로 하여야 하고, 종전 등기명의인이 단독으로 한 등기신청은 수리할 수 없다</u>[등기예규 제1564호 2. 다. (1) (다)].
[**④** ▸ ○] 등기명의인표시경정등기는 경정 전후의 등기가 표창하고 있는 등기명의인이 인격의 동일성을 유지하는 경우에만 신청할 수 있다. 그러므로 법인 아닌 사단을 법인으로 경정하는 등기를 신청하는 등 동일성을 해하는 등기명의인표시경정등기신청은 수리할 수 없다[등기예규 제1564호 2. 다. (1) (나)].

답 ❸

05

허무인 명의의 등기의 말소에 관한 다음 설명 중 가장 옳지 않은 것은? **2023년**

① 소유권이전등기의 말소소송에서 등기명의인인 종중 등 법인 아닌 사단이 그 실체가 인정되지 아니하여 당사자능력이 없음을 이유로 소각하판결이 확정되고, 위 각하판결정본 등이 등기관에게 제출된 경우 등기관은 당사자능력이 없는 위 종중 등 명의의 등기를 직권으로 말소할 수 있다.

② 판결에 의하여 허무인 명의의 등기의 말소를 신청하는 경우 허무인명의표시의 경정등기를 경유할 필요는 없으며, 말소등기의 등기원인은 확정판결로, 그 연월일은 판결선고일을 각 기재한다.

③ 사망자 명의의 등기를 말소하기 위해서는 그 상속인 전원을 등기의무자로 하여 공동신청하거나 상속인 전원을 상대로 한 말소판결을 얻어야 한다.

④ 귀속재산으로서 국가의 소유가 된 부동산에 대하여, 甲이 가공인 乙 명의로 소유권이전등기를 신청하여 소유권이전등기가 마쳐진 경우, 국가는 甲을 상대로 하여 乙 명의의 소유권이전등기의 말소등기 절차이행을 명하는 확정판결을 받아야만 乙 명의의 소유권이전등기에 대한 말소등기를 신청할 수 있다.

⑤ 사망자 명의의 소유권이전등기에 대하여 상속인을 상대로 한 말소소송에서 사망자 명의의 등기가 상속인을 표상하는 등기로서 원인무효의 등기임을 이유로 말소절차의 이행을 명한 판결이 확정된 경우에는 위 판결에 의하여 사망자 명의 등기의 말소를 신청할 수 있다.

....

[❶ ▸ ×] 소각하판결이 확정된 경우의 처리 – 소유권이전등기 등의 말소소송에서 등기명의인인 법인 아닌 사단·재단이 그 실체가 인정되지 아니하여 당사자능력이 없음을 이유로 소각하판결이 확정되고, 위 각하판결정본 등이 등기관에게 제출된 경우 등기관은 부동산등기법 제58조에 따라 당사자능력이 없는 위 종중 등 명의의 등기를 직권으로 말소할 수 없으며, 이해관계인도 위 판결정본 등을 첨부하여 등기관의 처분에 대한 이의의 방법으로 위 종중 등 명의 등기의 말소를 구할 수 없다(등기예규 제1380호 제4조 제1항).

[❷ ▸ ○] 판결에 의하여 허무인 명의의 등기의 말소를 신청하는 경우 허무인명의표시의 경정등기를 경유할 필요는 없으며, 말소등기의 등기원인은 확정판결로, 그 연월일은 판결선고일을 각 기재한다(등기예규 제1380호 제5조).

[❸ ▸ ○] 사망자 명의의 등기를 말소하기 위해서는 그 상속인 전원을 등기의무자로 하여 공동신청하거나 상속인 전원을 상대로 한 말소판결을 얻어야 한다.

[❹ ▸ ○]

1. 가공인 명의의 소유권이전등기 등에 대하여 실제 등기행위자를 상대로 한 말소소송에서 말소절차의 이행을 명한 판결(가공인 명의의 등기가 실제 등기행위자를 표상하는 등기로서 원인무효의 등기임을 이유로 한 판결)이 확정된 경우에는 위 판결에 의하여 가공인명의 등기의 말소를 신청할 수 있다(등기예규 제1380호 제2조).

2. 귀속재산으로서 국가의 소유가 된 부동산에 대하여, 甲이 공부상 명의인(일본인)이 한국인인 것처럼 서류를 위조하여 1944.10.3.자 호주상속을 원인으로 허무인인 乙 명의의 소유권이전등기를 경료한 다음 제3자 명의로 소유권이전등기를 경료해 준 상태에서, 국가가 제3자를 상대로 그 명의로 경료된 소유권이전등기의 말소등기 절차이행을 구하는 소를 제기하여 승소의 확정판결을 받았고, 그 판결의

이유설시 중에 위 乙 명의의 소유권이전등기는 甲이 서류를 위조하여 허무인 명의로 경료받은 원인무효의 등기임을 확인하고 있는 경우에도, 위 판결에 의하여 乙 명의의 소유권이전등기에 대한 말소등기를 경료받을 수는 없을 것이고, 이를 위하여는 <u>국가가 甲을 상대로 하여 乙 명의의 소유권이전등기의 말소등기 절차이행을 명하는 확정판결을 받은 후 그 판결의 정본을 첨부하여 乙 명의의 소유권이전등기에 대한 말소등기를 신청하여야 할 것이다</u>(등기선례 제5-473호).

[**⑤** ▸ ○] 사망자 명의의 소유권이전등기 등에 대하여 상속인을 상대로 한 말소소송에서 사망자 명의의 등기가 상속인을 표상하는 등기로서 원인무효의 등기임을 이유로 말소절차의 이행을 명한 판결이 확정된 경우에는 위 판결에 의하여 사망자 명의 등기의 말소를 신청할 수 있다(등기예규 제1380호 제3조).

답 ❶

06
☐☐☐

등기관의 직권에 의한 등기에 관한 다음 설명 중 가장 옳지 않은 것은? 2021년

① 등기관이 등기의 착오나 빠진 부분이 등기관의 잘못으로 인한 것임을 발견한 경우에는 지체 없이 그 등기를 직권으로 경정하여야 한다. 다만, 등기상 이해관계 있는 제3자가 있는 경우에는 제3자의 승낙이 있어야 한다.

② 이미 건물은 멸실되었으나 아직 건물멸실등기가 이루어지기 전에 가압류등기가 경료된 경우 등기관은 직권으로 그 가압류등기를 말소할 수 있다.

③ 말소에 대하여 등기상 이해관계 있는 제3자의 승낙이 있음을 증명하는 정보를 제공하여 등기의 말소를 신청한 경우 해당 등기를 말소할 때에는 등기상 이해관계 있는 제3자 명의의 등기는 등기관이 직권으로 말소한다.

④ 신탁재산에 속하는 부동산에 관한 권리에 대하여 수탁자의 변경으로 인한 이전등기를 할 경우 등기관은 직권으로 그 부동산에 관한 신탁원부 기록의 변경등기를 하여야 한다.

⑤ 등기관이 수용으로 인한 소유권이전등기를 하는 경우 그 부동산의 등기기록 중 소유권, 소유권 외의 권리, 그 밖의 처분제한에 관한 등기가 있으면 그 등기를 직권으로 말소하여야 한다. 다만, 그 부동산을 위하여 존재하는 지역권의 등기 또는 토지수용위원회의 재결로써 존속이 인정된 권리의 등기는 그러하지 아니하다.

....

[**❶** ▸ ○] 등기관이 등기의 착오나 빠진 부분이 등기관의 잘못으로 인한 것임을 발견한 경우에는 지체 없이 그 등기를 직권으로 경정하여야 한다. 다만, 등기상 이해관계 있는 제3자가 있는 경우에는 제3자의 승낙이 있어야 한다(부동산등기법 제32조 제2항).

[**❷** ▸ ×] 이미 건물은 멸실되었으나 아직 건물멸실등기가 이루어지기 전에 가압류등기가 경료된 경우, 부동산등기법 제175조 내지 제177조의 규정에 의하여 <u>등기관이 직권으로 그 가압류등기를 말소할 수는 없다</u>(등기선례 제6-495호).

[**❸** ▸ O] 부동산등기법 제57조 제2항

> **부동산등기법 제57조(이해관계 있는 제3자가 있는 등기의 말소)**
> ① 등기의 말소를 신청하는 경우에 그 말소에 대하여 등기상 이해관계 있는 제3자가 있을 때에는 제3자의 승낙이 있어야 한다.
> ② 제1항에 따라 등기를 말소할 때에는 등기상 이해관계 있는 제3자 명의의 등기는 <u>등기관이 직권으로 말소한다.</u>

[**❹** ▸ O] 부동산등기법 제85조의2 제1호

> **부동산등기법 제85조의2(직권에 의한 신탁변경등기)**
> 등기관이 신탁재산에 속하는 부동산에 관한 권리에 대하여 다음 각 호의 어느 하나에 해당하는 등기를 할 경우 직권으로 그 부동산에 관한 신탁원부 기록의 변경등기를 하여야 한다.
> 1. <u>수탁자의 변경으로 인한 이전등기</u>
> 2. 여러 명의 수탁자 중 1인의 임무 종료로 인한 변경등기
> 3. 수탁자인 등기명의인의 성명 및 주소(법인인 경우에는 그 명칭 및 사무소소재지를 말한다)에 관한 변경등기 또는 경정등기

[**❺** ▸ O] 등기관이 제1항과 제3항에 따라 수용으로 인한 소유권이전등기를 하는 경우 그 부동산의 등기기록 중 소유권, 소유권 외의 권리, 그 밖의 처분제한에 관한 등기가 있으면 그 등기를 직권으로 말소하여야 한다. 다만, 그 부동산을 위하여 존재하는 지역권의 등기 또는 토지수용위원회의 재결(裁決)로써 존속(存續)이 인정된 권리의 등기는 그러하지 아니하다(부동산등기법 제99조 제4항).

답 **❷**

07
□□□

말소회복등기에 관한 다음 설명 중 가장 옳지 않은 것은? 2020년

① 乙 명의의 가등기가 부적법말소된 후 말소된 가등기의 설정자였던 甲에서 丙으로 소유권이전등기가 마쳐진 경우 乙 명의의 가등기를 말소회복함에 있어 丙은 등기상 이해관계 있는 제3자에 해당한다.

② 말소회복등기란 어떤 등기의 전부 또는 일부가 실체적 또는 절차적 하자로 부적합하게 말소된 경우에 말소된 등기를 회복하여 말소 당시에 소급하여 말소가 없었던 것과 같은 효과를 생기게 하는 등기를 말하는 것이므로 어떤 이유이건 당사자가 자발적으로 말소등기를 한 경우에는 말소회복등기를 할 수 없다.

③ 가등기에 의한 소유권 이전의 본등기가 말소된 다음 乙 명의의 가압류등기가 마쳐진 상태에서 이 본등기의 회복등기를 신청할 때에 가압류권자 乙의 승낙이 있음을 증명하는 정보를 첨부정보로서 제공하여야 하며, 이 경우 등기관이 소유권이전본등기의 회복등기를 할 때에는 위 가압류등기를 직권으로 말소할 수 없다.

④ 말소등기가 당사자의 신청에 의하여 이루어진 경우에는 그 회복등기도 당사자의 신청에 의하고, 집행법원의 촉탁에 의한 경우에는 촉탁에 의하여야 하며, 등기관의 직권으로 행하여진 경우에는 그 회복등기도 직권으로 하여야 한다.

⑤ 말소된 등기 전부를 회복한 때에는 회복의 등기를 한 후 말소된 종전 등기와 동일한 등기를 하여야 하므로 순위번호도 종전 등기와 같은 번호를 기록한다.

....

[❶ ▶ O] 가등기가 가등기권리자의 의사에 의하지 아니하고 말소되어 그 말소등기가 원인무효인 경우에는 등기상 이해관계 있는 제3자는 그의 선의, 악의를 묻지 아니하고 가등기권리자의 회복등기절차에 필요한 승낙을 할 의무가 있으므로, 가등기가 부적법하게 말소된 후 가처분등기, 근저당권설정등기, 소유권이전등기를 마친 제3자는 가등기의 회복등기절차에서 등기상 이해관계 있는 제3자로서 승낙의무가 있다(대판 1997.9.30. 95다39526).

[❷ ▶ O] 부동산등기법 제59조의 말소회복등기란 어떤 등기의 전부 또는 일부가 실체적 또는 절차적 하자로 부적합하게 말소된 경우에 말소된 등기를 회복하여 말소 당시에 소급하여 말소가 없었던 것과 같은 효과를 생기게 하는 등기를 말하는 것이므로 어떤 이유이건 당사자가 자발적으로 말소등기를 한 경우에는 말소회복등기를 할 수 없다(대판 1990.6.26. 89다카5673).

[❸ ▶ ✕] 가등기에 의한 소유권 이전의 본등기가 말소된 다음 을 명의의 가압류등기가 마쳐진 상태에서 이 본등기의 회복등기를 신청할 때에 가압류권자 을은 이 회복등기에 대하여 등기상 이해관계 있는 제3자에 해당하므로, 을의 승낙이 있음을 증명하는 정보를 첨부정보로서 제공하여야 하며, 이에 따라 등기관이 소유권이전본등기의 회복등기를 할 때에는 <u>위 가압류등기를 직권으로 말소하여야 한다</u>(등기선례 제201911-1호).

[**❹ ▸ ○**] 말소등기가 당사자의 신청에 의하여 이루어진 경우에는 그 회복등기도 당사자의 신청에 의하고, 집행법원 등의 촉탁에 의한 경우에는 촉탁에 의하여야 한다. 또 등기관의 직권으로 행하여진 경우에는 그 회복등기도 직권으로 하여야 한다. 이와 관련하여 판례는, 말소등기의 회복에 있어서 말소된 종전의 등기가 공동신청으로 된 것인 때에는 그 회복등기도 공동신청에 의함이 원칙이나, 그 등기가 등기공무원의 직권 또는 법원의 촉탁에 의하여 말소된 경우에는 그 회복등기도 등기공무원의 직권 또는 법원의 촉탁에 의하여 행하여져야 하므로 그 회복등기를 소구할 이익이 없고, 그와 같은 법리는 등기공무원이 착오로 인하여 말소할 수 없는 등기를 잘못 말소한 경우에도 동일하게 적용된다고 판시하고 있다(대판 1996.5.31. 94다27205).

[**❺ ▸ ○**] 어떤 등기의 전부가 말소된 경우 그 등기 전부를 회복하는 때에는 통상의 절차에 따라서 회복등기를 하고 이어서 말소된 등기와 같은 등기를 한다(부동산등기규칙 제118조 본문). 즉 해당 구의 기록에 바로 앞의 순위번호에 이어지는 순위번호를 기록하고 "말소되었던 순위번호의 어떤 권리의 회복을 한다"는 뜻의 등기를 한 다음, 이 등기 바로 다음에 말소되기 전의 순위번호와 같은 순위번호를 기록하고 말소되기 전의 권리의 등기와 같은 등기를 한다.

답 ❸

제1장
제2장
제3장
제4장
제5장
제6장
제7장
제8장
제9장

CHAPTER 03 소유권에 관한 등기

제1절 | 소유권보존등기

I 개 관

① 보존등기는 소유권에만 인정되는 것으로서 미등기의 특정 부동산에 관하여 최초로 하는 등기이다. 소유권보존등기는 새로이 등기기록을 개설하여 표제부에는 부동산의 표시에 관한 사항을 기록하고, 갑구에는 소유권에 관한 사항을 기록하는 방법으로 행하여진다. 이때 등기기록은 소유권의 객체인 1개의 부동산에 대하여 1등기기록을 사용한다(1부동산 1등기기록의 원칙).

② 그러므로 소유권보존등기는 표시에 관한 등기와 함께 이루어진다고 할 수 있다. 다만 해당 부동산이 구분건물이고 이미 그 표시에 관한 등기가 되어 있는 특별한 경우(부동산등기법 제46조 제1항)에는 소유권에 관한 사항만을 갑구에 기록하게 된다.

③ 소유권보존등기에도 다른 등기와 마찬가지로 등기원인이 있다(건물의 신축이나 공유수면의 매립 등). 하지만 이러한 원인을 등기기록에는 기록하지 않는다(부동산등기법 제64조).

④ 소유권보존등기가 마쳐지면 그 이후의 등기는 소유권보존등기를 기초로 하여 이루어지므로, 실체관계에 부합되어야 함이 다른 어느 등기보다도 한층 더 강력하게 요구된다. 그러므로 소유권보존등기를 신청할 때에는 토지대장, 건축물대장, 판결정본 등에 의하여 자기의 소유권을 증명하여야 한다(부동산등기법 제65조).

⑤ 소유권보존등기도 당사자의 신청에 의하여 이루어지는 것이 원칙이지만, 미등기 부동산에 대하여 법원의 재판에 기초한 처분제한 등기의 촉탁이 있는 경우에는 그 등기의 전제가 되는 보존등기를 등기관이 직권으로 실행한다(부동산등기법 제66조 제1항).

II 토지 소유권보존등기

1. 신청인(부동산등기법 제65조)

① 토지대장 또는 임야대장에 최초의 소유자로 등록되어 있는 자 또는 그 상속인, 그 밖의 포괄승계인(등기예규 제1483호)

㉠ 자기명의로 소유권보존등기를 신청할 수 있는 자는 원칙적으로 토지대장 또는 임야대장에 최초의 소유자로 등록되어 있는 자 또는 그 상속인, 그 밖의 포괄승계인이다.

㉡ 미등기 토지에 대한 소유권보존등기는 등기신청 당시의 소유자가 신청하여야 한다. 등기관은 신청인이 진정한 소유자인지 여부를 신빙성 있는 공적 자료에 의하여 판단하게 되는데, 대표적인 것이 토지에 있어서는 토지대장과 임야대장이다.

ⓒ 지적공부상 최초의 소유자가 보존등기를 하지 않고 있다가 상속, 합병 등 포괄승계가 발생할 수도 있다. 이 경우에는 포괄승계인이 승계가 있었다는 사실을 증명하여 자기 명의로 바로 보존등기를 신청할 수 있다.

ⓔ 예를 들면, 지적공부상 소유자로 등록되어 있는 회사가 분할된 경우, 분할 후 회사는 분할계획서 등에 의하여 미등기 토지를 승계하였음을 증명하여 바로 자기 명의로 보존등기를 신청할 수 있다.

ⓜ 대장에 최초의 소유자로 등록되어 있는 자의 포괄승계인은 모두 보존등기를 신청할 수 있으므로, 미등기 부동산의 포괄수증자도 그 사실을 증명하여 보존등기를 신청할 수 있다.

ⓗ 대장에 소유명의인으로 등록된 후 성명복구(일본식 씨명이 군정법령 제122호인 조선성명복구령 또는 호적 관련 법령이나 예규 등에 의하여 대한민국식 성명으로 호적에 복구된 경우), 개명, 주소변경 등으로 등록사항이 변경된 경우에는 대장등본 외에 기본증명서, 제적부등본, 주민등록표등본 등 변경사실 증명 정보를 제공하여야 한다.

ⓢ 토지대장상 소유자의 주소 기재가 누락된 미등기 토지에 대해 「공간정보의 구축 및 관리 등에 관한 법률」 제84조에 따라 지적 소관청이 조사·결정하여 주소는 등록하였으나 등록명의인이 「주민등록법」 시행 이전에 사망하여 주민등록번호를 등록하지 못한 경우에도 등록명의인의 상속인은 상속인임을 증명하는 서면 및 주소를 증명하는 서면을 제공하여 상속인 명의로 보존등기를 신청할 수 있다. 다만 구체적인 사안에서 신청인이 대장상 등록명의인의 상속인인과 동일인인지 여부는 등기관이 판단한다(등기선례 제8-155호).

ⓞ 대장 멸실 후 복구된 대장에 최초의 소유자로 기재(복구)된 자는 그 대장등본에 의하여 보존등기를 신청할 수 있다. 다만, 1950.12.1. 법률 제165호로 제정된 구 「지적법」(1975.12.31. 법률 제2801호로 전문개정되기 전의 것으로 이하 '구 「지적법」'이라고 한다)이 시행된 시기에 복구된 대장에 법적 근거 없이 소유자로 기재(복구)된 자는 그 대장등본에 의하여 보존등기를 신청할 수 없다. 구 「지적법」 시행 당시에는 멸실된 토지대장의 복구에 관한 절차가 전혀 없었고 토지대장의 관할 행정청이 행정편의를 위하여 복구한 것이므로 적법하게 복구된 것이라고 할 수 없기 때문이다.

ⓩ 현재의 대장의 기초가 되었던 폐쇄된 구 대장의 기재 내용 또는 형식으로 보아 대장 멸실 후 구 「지적법」 시행 시기에 소유자가 복구된 것으로 의심되는 경우(구 대장상 해당 토지를 일제시대에 사정받은 것으로 되어 있으나 소유자 표시란에 일제시대의 용어인 '氏名 又ハ 名稱' 대신 '姓名 又는 名稱'과 같이 우리나라식 용어인 '姓名'이나 한글 '는'이 기재되어 있는 경우 등), 등기관은 소유자 복구여부에 대하여 신청인에게 소명하게 하거나 대장 소관청에 사실조회를 할 수 있고, 그 결과 대장상 최초의 소유자가 구 「지적법」이 시행된 시기에 법적 근거 없이 복구된 것으로 밝혀진 때에는 그 대장등본에 의하여 보존등기를 신청할 수 없다.

ⓣ 복구의 시기가 문제되는 것은 소유자에 관한 사항이므로 토지의 표시에 관한 사항에 대해서는 복구시기가 문제되지 않는다. 토지의 표시에 관한 사항은 구 「지적법」 시행 당시에 복구되고, 소유자에 관한 사항은 개정 「지적법」 시행 이후에 복구된 경우에는 그 복구된 대장에 의해 보존등기를 신청할 수 있다.

ⓥ 대장상 이전등록을 받은 소유명의인 및 그 상속인은 원칙적으로 자기 명의로 직접 보존등기를 신청할 수 없고, 대장상 최초의 소유자 명의로 보존등기를 한 후에 자기 명의로 이전등기를 신청하여야 한다. 다만, 미등기 토지의 지적공부상 '국'으로부터 소유권이전등록을 받은 경우에는 자기 명의로 직접 보존등기를 신청할 수 있다.

② **확정판결에 의하여 자기의 소유권을 증명하는 자**(등기예규 제1483호 제3호 가.)

　㉠ 여기에서 판결은 소유권을 증명하는 서면으로서의 판결을 의미하는 것으로서 보존등기신청인의 소유임을 확정하는 내용의 것이어야 한다. 반드시 확인판결이어야 할 필요는 없고 이행판결이나 형성판결이라도 그 이유 중에 신청인의 소유임을 확정하는 내용이 있으면 된다(대판 1994.3.11. 93다57704, 대결 1971.11.12. 71마657).

　㉡ 판결의 상대방은 ㉮ 토지(임야)대장상에 최초의 소유자로 등록되어 있는 자 또는 그 상속인, 그 밖의 포괄승계인, ㉯ 미등기 토지의 지적공부상 "국"으로부터 소유권이전등록을 받은 자이어야 한다. 그러나 ㉰ 토지(임야)대장상 소유자 표시란이 공란으로 되어 있거나 소유자 표시에 일부 누락이 있어 대장상 소유자를 특정할 수 없는 경우에는 국가를 상대로 한 소송에서 해당 부동산이 보존등기신청인의 소유임을 확정하는 내용의 것이어야 한다. 단, 국가를 상대로 확인판결을 받았더라도 주소불명 등의 사유로 소유자가 특정되지 않았다면 그 판결에 의하여 보존등기를 할 수는 없다(등기선례 제201112-2호).

　㉢ 소유권보존등기말소청구의 소를 제기하여 승소확정판결(해당 부동산이 보존등기신청인의 소유임을 확정하는 내용이어야 함)을 받은 자(또는 그 상속인)도 그 판결을 소유권을 증명하는 서면으로 하여 보존등기를 신청할 수 있다. 이 경우 먼저 기존 보존등기의 말소가 선행되어야 함은 물론이다.

　㉣ 토지대장상 공유인 미등기토지에 대하여 공유물분할의 판결을 받은 경우에는 토지의 분할 절차를 먼저 거친 후에 보존등기를 신청할 수 있다.

　㉤ 판결에는 화해조서나 제소전화해조서도 포함되나 상대방은 확인의 지위에 있는 자이어야 한다.

　㉥ 매수인이 매도인을 상대로 토지 소유권의 이전등기를 구하는 경우 매도인이 매수인에게 매매를 원인으로 한 소유권이전등기절차를 이행하고 해당 토지가 매도인의 소유임을 확인한다는 내용의 제소전화해는 매도인 스스로가 자기 소유임을 확인한 것에 지나지 않아 보존등기를 할 수 있는 화해조서에 해당한다고 볼 수 없다(대결 1990.3.20. 89마389).

③ **수용으로 인하여 소유권을 취득하였음을 증명하는 자**

　㉠ 토지보상법에 의한 수용은 원시취득이므로 수용으로 인하여 미등기 토지의 소유권을 취득한 자는 그 명의로 보존등기를 신청할 수 있다.

　㉡ 그러므로 미등기 토지를 수용한 사업시행자는 소유권보존등기를 신청할 수 있으며, 이 경우 일반적인 첨부정보 외에 재결서등본과 보상을 증명하는 서면으로 공탁서원본을 제공하여야 한다(등기선례 제7-143호).

④ **공유물의 소유권보존등기에 관한 특칙**

　㉠ 미등기 토지가 공유인 경우에는 공유자 전원이 보존등기를 신청할 수 있음은 물론이고 각 공유자는 단독으로 공유자 전원을 위하여 보존등기를 신청할 수도 있다(민법 제265조 단서). 이 경우에는 다른 공유자들의 동의나 위임 없이 대리인에게 보존등기의 신청을 위임할 수 있다(등기선례 제4-288호).

　㉡ 공유자 중 한 사람이 자기 지분만의 보존등기를 신청할 수는 없다(부동산등기규칙 제52조 제6호). 따라서 토지대장에 공유자 중 1인에 대하여만 복구등록이 되어 있다면 나머지 공유자에 대한 소유자 복구절차가 선행되거나 미복구 공유자들의 소유권확인판결이 있어야 보존등기를 신청할 수 있으며(등기선례 제5-226호), 미등기 토지의 일부 지분만에 대한 소유권확인의 확정판결만에 의해서는 보존등기를 신청할 수 없다(등기선례 제5-243호).

2. 신청정보의 특기사항과 첨부정보(부동산등기규칙 제121조)

① **신청정보** : 등기신청을 할 때에는 일반적인 신청정보 외에 부동산등기법 제65조 제○호에 따라 신청한다는 뜻을 신청정보의 내용으로 제공하여야 한다. 다만, 등기원인과 그 연월일은 등기사항이 아니므로 제공할 필요가 없다. 이는 판결을 받아서 신청하는 경우에도 동일하다.

② **첨부정보**

ㄱ 첨부정보로는 부동산등기법 제65조 제1호의 경우에는 토지대장정보(포괄승계인이 신청하는 경우에는 그 승계를 증명하는 정보 추가), 제2호의 경우에는 판결정본 및 확정증명서(또는 재판상의 조서정본)와 대장정보를, 제3호의 경우에는 재결서등본과 보상금의 지급을 증명하는 서면(또는 공탁을 증명하는 서면)이나 협의성립확인서(또는 협의성립의 공정증서와 그 수리증명서)와 보상금의 지급을 증명하는 서면 및 대장정보를 제공하여야 한다.

ㄴ 관공서의 촉탁에 의해 보존등기를 하는 경우에도 마찬가지이다.

ㄷ 소유권보존등기를 신청할 때에는 등기의무자의 등기필정보, 등기원인에 대한 제3자의 허가·동의·승낙을 증명하는 정보는 제공할 필요가 없다.

ㄹ 정 리

구 분		소유권을 증명하는 서면
자기(또는 피상속인)가 대장에 최초의 소유자로 등록되어 있는 경우		토지대장등본 또는 임야대장등본(ⓐ)
대장상 최초 소유자가 사망하여 상속이 개시된 경우		ⓐ+상속을 증명하는 서면
회사합병		ⓐ+법인등기사항증명서
판 결		ⓐ+판결정본 및 확정증명서
수 용	재 결	ⓐ+재결서등본 및 보상금 증명서면(보상금수령증 원본 또는 공탁서 원본)
	협의성립의 확인	ⓐ+토지수용위원회의 협의성립확인서 또는 협의 성립의 공정증서와 그 수리증명서 및 보상금 증명서면(보상금수령증 원본 또는 공탁서 원본)

3. 등기의 실행에 관한 특칙

① 새로운 등기기록을 개설하여 표제부와 갑구에 각각 등기사항을 기록한다. 다만 등기원인과 그 연월일을 기록하지 아니한다(부동산등기법 제64조).

② 본번지가 미등기인 상태에서 대장상 분할된 경우 또는 지번지가 본번지에서 분할된 것이 아니고 새로 설정된 지번이라면 분할된 각 토지에 대하여 각 토지대장정보를 등본을 보존등기를 신청하여야 하며, 본번지 토지가 이미 등기되었다면 분할된 지번지 토지에 대한 보존등기는 할 수 없고 분할등기 절차를 밟아야 한다(등기예규 제519호).

③ 즉 원래 1필지이던 미등기 토지가 수필지로 분할된 경우에는 분할 후의 각 토지에 관하여 소유권보존등기를 하여야 하지만, 어떠한 사유로 분할 전 토지에 관하여 보존등기가 마쳐진 경우에는 분할사실이 기록된 토지대장정보를 제공하여 분할등기를 신청할 수 있다(등기선례 제8-142호).

Ⅲ 건물 소유권보존등기

1. 의 의

① **개념** : 건물 소유권보존등기란 등기능력 있는 건물에 대해 처음으로 등기기록을 개설하는 것을 말한다. 등기능력 있는 건물이란 건축법상 건축물 중 정착성, 외기분단성, 용도성이 있는 것을 말한다.

② **토지 소유권보존등기와 차이점**

㉠ 대장상 최초의 소유자를 모르는 경우 토지 소유권보존등기신청에서는 국가를 상대로 소유권 확인을 받지만, 건물 소유권보존등기신청에서는 특별자치도지사, 시장, 군수 또는 구청장(자치구의 구청장을 말한다)을 상대로 확인판결을 받아야 한다.

㉡ 토지의 경우 예외적으로 대장상 최초 소유자로 복구된 자나 "국"으로부터 소유권이전등록을 받은 경우 소유권보존등기신청이 가능하나 건물의 경우에는 할 수 없다.

㉢ 토지의 소유권보존등기신청 시에는 국민주택채권을 매입해야 하지만 건물의 경우에는 매입을 하지 않는다.

2. 신청인(부동산등기법 제65조, 등기예규 제1483호)

① **건축물대장에 최초의 소유자로 등록되어 있는 자 또는 그 상속인, 그 밖의 포괄 승계인**

㉠ 최초의 소유자로 등록되어 있는 자 또는 그 상속인, 그 밖의 포괄승계인에 대한 설명은 토지 소유권보존등기와 같다.

㉡ 미등기 건물의 양수인은 대장에 자기 명의로 소유권이전등록이 되어 있어도 그 명의로 직접 보존등기를 신청할 수 없고 최초의 소유자 명의로 보존등기를 한 다음 그 명의로 소유권이전등기를 하여야 한다(대결 1986.9.27. 86마696).

㉢ 건축물대장에 지분 표시가 없이 수인이 공유로 등재되어 있는 건물에 대하여 보존등기를 신청하는 경우에는 각 공유자의 지분이 균등한 것으로 하여 보존등기를 신청할 수 있다. 수인이 균등하지 아니한 지분비율로 공유하는 건물에 관하여 대장에 공유지분의 기재가 없는 경우에는, 공유자 전원 사이에 작성된 실제의 지분비율을 증명하는 서면을 제공하여 실제 지분에 따라 보존등기신청을 할 수 있다. 이때에는 실제의 지분이 균등하게 산정한 지분보다 적은 자의 인감증명을 함께 제공하여야 한다(등기예규 제724호).

㉣ 건물의 개수를 판단함에 있어서는 물리적 구조뿐만 아니라 거래 또는 이용의 목적물로서의 건물의 상태 등 객관적 사정과 건축자의 의사 등 주관적 사정을 함께 고려하여야 한다. 이러한 주·객관적 사정은 건축물대장에 투영되어 있으므로 등기관은 건축물대장을 보고 건물의 개수를 판단하면 된다.

㉤ 기존 건물과 다른 인접 지번에 증축허가를 받아 별도의 건물을 신축하여 기존 건축물대장에 지번을 추가함과 함께 신축 건물을 증축으로 등재하였을 경우에는 기존 건물과 신축 건물이 합쳐져서 1개의 건물이 된다. 이 경우, 신축 건물을 독립 건물로 등기하기 위해서는 기존 건축물대장에서 신축건물을 분리하여 별도로 신축 건물에 대한 건축물대장을 작성하여야 한다.

㉥ 주된 건물의 사용에 제공되는 부속건물은 주된 건물의 건축물대장에 부속건물로 등재하여 1개의 건물로 보존등기를 함이 원칙이나, 소유자가 주된 건물과 분리하여 별도의 독립 건물로 보존등기를 신청할 수도 있다. 다만 부속건물을 독립 건물로 보존등기를 신청하려면 주된 건물과 부속건물의 건축물대장이 별도로 작성되어 있어야 한다(등기예규 제902호).

ⓐ 건축물대장은 건축물 1동을 단위로 하여 각 건축물마다 작성하고, 부속건축물이 있는 경우 부속건축물은 주된 건축물대장에 포함하여 작성한다. 하나의 대지에 2 이상의 건축물(부속건축물은 제외한다)이 있는 경우에는 총괄표제부를 작성하여야 한다(건축물대장의 기재 및 관리 등에 관한 규칙 제5조 제1항·제3항).

ⓑ 소유권보존등기가 마쳐져 있는 기존 A건물과 같은 지번 위에 별개의 동으로 증축된 동일인 소유의 미등기 B건물에 대하여 별도의 건축물대장과 총괄표제부가 작성되었다면, 따로 B건물의 보존등기를 하여야 한다.

ⓒ 소유자가 B건물의 보존등기를 원하지 않는다면 증축을 원인으로 A건물 건축물대장의 표시사항을 변경하여야 한다(건물 B의 건축물대장과 총괄표제부 폐쇄)(등기선례 제7-152호).

② 확정판결에 의하여 자기의 소유권을 증명하는 자

㉠ "판결"의 의미 및 그 상대방은 토지의 경우와 대부분 동일하다. 건축물대장의 소유자 표시에 오류가 있어 소유자를 특정할 수 없는 경우에는 그 표시를 정정하여 대장상 소유자를 특정한 후 그 자를 상대로 신청인의 소유권을 증명하는 판결을 받아야 한다.

㉡ 건축물대장의 소유자 표시란이 공란이거나 소유자 표시에 일부 누락이 있어 소유자를 확정할 수 없는 경우 건축물대장의 비치·관리가 지방자치단체의 고유사무이므로 국가를 상대로 그 건물의 소유권확인을 구하는 것은 이익이 없어 부적법하며, 국가를 상대로 소유권확인판결을 받더라도 그 판결은 부동산등기법 제65조 제2호의 판결이라고 볼 수 없다(대판 1995.5.12. 94다20464, 대판 1999.5.28. 99다2188). 따라서 토지의 경우와 달리 건물에 대하여 국가를 상대로 한 소유권확인판결이나 건축허가명의인(또는 건축주)을 상대로 한 소유권확인판결은 소유권을 증명하는 판결의 범위에 포함되지 않는다.

㉢ 특별자치도지사·시장·군수·구청장을 상대로 하여 해당 건물에 대한 소유권을 확인하는 내용의 확정판결을 받아야 보존등기를 신청할 수 있다(등기선례 제6-122호).

㉣ 최근 판례는 건축물대장이 작성되지 않은 건물에 대하여 시장 등을 상대로 하여 소유권의 확인을 구하는 것은 확인의 이익이 없다(대판 2011.11.10. 2009다93428)고 하여 시장 등을 상대로 한 확인판결에 의하여 보존등기를 할 수 있는 것은 해당 건물에 대한 건축물대장이 작성된 경우에 한한다는 입장이다.

③ 수용으로 인하여 소유권을 취득하였음을 증명하는 자 : 수용으로 인하여 소유권을 취득하였음을 증명하는 자가 보존등기를 신청할 수 있는 것은 토지의 경우와 같다.

④ 특별자치도지사, 시장, 군수 또는 구청장(자치구의 구청장을 말한다)의 확인에 의하여 자기의 소유권을 증명하는 자

㉠ 시장 등의 확인에는 등기를 하기 위해 필요한 사항이 모두 담겨 있어야 하므로 건물의 소재와 지번, 건물의 종류·구조·면적 등 건물의 표시 및 소유자의 성명(명칭)과 주소(사무소의 소재지)와 같은 소유자의 표시가 모두 나타나 있어야 한다.

㉡ 실무에서는 「지방세기본법」에 따른 납세증명서, 민원처리법에 의하여 교부받은 세목별과세증명서, 「건축법」 제22조의 건축물 사용승인서는 부동산등기법 제65조 제4호의 확인에 해당하지 않는다고 보고 있다. 또한 임시사용승인서, 착공신고서, 건물현황사진, 공정확인서, 현장조사서, 건축허가서 등도 이에 해당하지 않는다고 본다.

㉢ 반면 시장 등이 발급한 사실확인서로서, 건물의 소재와 지번, 종류·구조·면적 등 건물의 표시와 소유자의 표시 및 그 건물이 완성되어 존재한다는 사실이 기재되어 있고, 특히 집합건물의 경우에는 1동 건물의 표시 및 1동의 건물을 이루는 모든 구분건물의 표시가 구체적으로 기재되어 있다면 여기의 확인에 해당한다고 본다. 다만 구체적인 경우 그 해당 여부는 담당 등기관이 판단할 사항이다.

3. 신청정보의 특기사항과 첨부정보(부동산등기규칙 제121조)

① 신청정보 : 토지의 경우와 거의 같다. 등기신청을 할 때에는 일반적인 신청정보(부동산등기규칙 제43조) 외에 부동산등기법 제65조 제○호에 따라 신청한다는 뜻을 신청정보의 내용으로 제공하여야 한다.

② 첨부정보

    ㉠ 토지의 경우와 마찬가지로 소유자임을 증명하는 정보로 부동산등기법 제65조의 몇 호에 해당하는 자임을 증명하는 정보(건축물대장정보, 판결정본, 재결서등본, 시장 등의 확인서 등)를 제공하여야 한다.

    ㉡ 건물의 표시를 증명하는 정보로 건축물대장정보나 그 밖의 정보를 제공하여야 한다(부동산등기규칙 제121조 제2항). 그 밖의 정보란 시장 등의 확인서를 말한다. 그런데 판례(대판 2011.11.10. 2009다93428)에 따르면 부동산등기법 제65조 제2호 또는 제4호에 따라 건물의 보존등기를 신청할 때에는 반드시 건축물대장이 생성되어 있어야 하므로, 이 경우 건물의 표시를 증명하는 정보는 건축물대장정보이다.

    ㉢ 대지 위에 여러 개의 건물이 있을 때에는 그 대지 위에 있는 건물의 소재도를 제공하여야 한다. 다만 건물의 표시를 증명하는 정보로서 건축물대장정보를 제공한 경우에는 소재도를 제공할 필요가 없다(부동산등기규칙 제121조 제3항). 건축물대장이 작성되어 있는 경우에는 건물 도면도 함께 작성되어 건축물대장 소관청에서 보관하고 있기 때문에 등기소에서 보관할 필요가 없기 때문이다.

4. 등기실행에 관한 특칙

① 도면이 제출된 경우에는 표제부에 도면번호(제○○○-○○호)를 기록하여야 한다.

② 구조나 용도 또는 종류가 복잡한 건물(구분건물 포함)에 대하여 건물표시의 등기를 할 때에는 구체적인 내역은 기록하지 않는다. 그 밖에 다른 사항을 등기하는 방법은 토지의 경우와 같다.

③ 대지의 지목이 전·답이거나 대지가 건물의 평수보다 적을 경우에도 건물 보존등기에는 지장이 없다. 건물 대지에 건물 소유자 아닌 자가 지상권을 설정한 경우에도 지상권을 말소하지 아니하고 지상권자의 승낙 없이 건물 보존등기를 할 수 있다(등기선례 제2-238호).

Ⅳ 구분건물의 소유권보존등기 절차에 관한 특칙

1. 신청절차에 관한 특칙

① 구분건물 표시등기의 동시신청(부동산등기법 제46조 제1항)

    ㉠ 1동의 건물에 속하는 모든 구분건물은 1등기기록에 등기되므로 구분한 건물을 단위로 하여 개별적으로 등기할 수는 없다. 따라서 1동의 건물에 속하는 구분건물 중 일부만에 관하여 보존등기를 신청하는 경우에는 나머지 구분건물의 표시에 관한 등기를 동시에 신청하여야 한다(부동산등기법 제46조 제1항). 동시신청을 하여야만 1동의 건물과 그에 속하는 구분건물 간의 관계를 정확히 공시할 수 있기 때문이다.

    ㉡ 같은 이유로 구분건물이 아닌 건물로 등기된 건물에 접속하여 구분건물을 신축한 경우 그 보존등기를 신청할 때에는 구분건물이 아닌 건물을 구분건물로 변경하는 건물의 표시변경등기를 동시에 신청하여야 한다(부동산등기법 제46조 제3항).

    ㉢ 위의 각 경우 구분건물의 소유자는 1동에 속하는 다른 구분건물의 소유자를 대위하여 건물의 표시에 관한 등기 또는 표시변경등기를 신청할 수 있다(부동산등기법 제46조 제2항).

② 신청정보의 특기사항

　　㉠ 일반적인 신청정보 외에 1동 건물의 표시와 전유부분의 표시에 관한 정보를 제공하여야 한다. 1동 건물의 표시로서 1동 건물의 소재와 지번, 건물명칭 및 번호, 종류, 구조와 면적에 관한 정보를 제공하고, 전유부분의 표시로서 구조와 면적, 건물번호에 관한 정보를 제공하며, 부속건물이 있는 경우에는 그 종류, 구조와 면적에 관한 정보를 제공하여야 한다(부동산등기법 제40조 제1항).

　　㉡ 부동산등기법 제65조 제○호에 따라 등기를 신청한다는 뜻을 제공하여야 한다.

　　㉢ 구분건물에 대지사용권으로서 건물과 분리하여 처분할 수 없는 것 즉 대지권이 있는 경우에는 그 대지권에 관한 정보를 제공하여야 한다(부동산등기법 제40조 제3항). 즉 대지권의 목적인 토지의 표시(토지의 일련번호·소재지번·지목·면적), 대지권의 종류, 대지권의 비율, 등기원인과 그 연월일을 제공하여야 한다(부동산등기규칙 제88조).

　　㉣ 1동 건물의 대지 중 일부만이 대지권의 목적인 때에는 그 토지에 관한 정보만을 제공하고, 구분소유자들이 1동의 건물의 대지 중 각각 일부의 토지에 대하여 대지사용권을 갖는 경우에는 각 구분소유자별로 소유하는 토지에 관한 정보를 제공하여야 한다(등기예규 제1470호).

③ 첨부정보에 관한 특칙

　　㉠ 일반적인 첨부정보 외에 신청인의 소유임을 증명하는 정보(건축물대장정보 등)를 제공하여야 한다.

　　㉡ 구분건물에 대한 소유권보존등기를 신청하는 경우에는 1동의 건물의 소재도, 각 층의 평면도와 각 전유부분의 평면도를 제공하여야 한다. 다만, 건축물대장정보를 제공한 경우에는 이러한 도면을 제공할 필요가 없다(부동산등기규칙 제121조 제4항).

　　㉢ 대지권의 목적인 토지가 규약상 대지(통로·주차장·정원·부속건물의 대지)인 때, 대지권비율을 전유부분 면적비율과 다르게 정한 때, 대지사용권을 전유부분과 분리 처분할 수 있도록 정한 때에는 규약 또는 공정증서를 제공하여야 한다.

2. 등기의 실행에 관한 특칙

① 구분건물의 보존등기를 할 때에는 1동 건물의 표제부와 각 전유부분의 표제부 및 갑구를 같이 개설한다. 다만, 일부 전유부분에 대하여만 보존등기를 신청하고 나머지 전유부분에 대하여는 표시에 관한 등기만 신청한 경우에는 나머지 전유부분에 대하여는 표제부만 개설하고 갑구는 개설하지 않는다.

② 등기관이 건물 등기기록에 대지권등기를 하였을 때에는 직권으로 대지권의 목적인 토지의 등기기록의 해당 구에 대지권이라는 뜻을 기록하여야 한다(부동산등기법 제40조 제4항).

③ 즉 어느 권리가 대지권이라는 뜻과 그 대지권을 등기한 1동의 건물을 표시할 수 있는 사항 및 그 등기연월일을 기록하여야 한다(부동산등기규칙 제89조 제1항).

V **직권보존등기**

1. 의 의

미등기 부동산에 관하여 법원으로부터 소유권 처분제한의 등기촉탁이 있는 경우 등기관은 그 등기를 하기 위하여 전제되는 소유권보존등기를 직권으로 실행하여야 한다. 이를 직권보존등기라고 한다(부동산등기법 제66조, 등기예규 제1469호). 즉 처분제한등기는 촉탁으로 소유권보존등기는 직권으로 한다.

2. 직권보존등기의 요건(등기예규 제1469호)

① 법원의 처분제한등기의 촉탁이 있을 것

ㄱ 등기관이 직권으로 보존등기를 하기 위해서는 법원의 처분제한등기의 촉탁이 있어야 한다. 법원 아닌 다른 관공서에서 처분제한등기를 촉탁한 경우 등기관은 각하하여야 한다. 세무서장의 체납처분에 의한 압류등기의 촉탁의 경우에는 직권보존등기는 허용되지 않으므로, 세무서장이 미등기 부동산을 압류할 때에는 보존등기를 먼저 또는 동시에 촉탁하여야 한다(국세징수법 제45조 제4항).

ㄴ 처분제한등기란 경매개시결정등기, 가압류등기, 가처분등기, 주택·상가건물임차권등기 등을 말한다.

② 등기능력이 있을 것

ㄱ 촉탁서에 표시된 부동산이 등기능력이 있어야 한다. 첨부정보로 토지대장정보나 건축물대장정보가 제공된 경우에는 등기능력 유무가 별로 문제되지 않는다. 사용승인을 받지 못한 건물의 경우가 문제된다.

ㄴ 집행실무에서는 최소한 건축허가 내역과 같은 층수의 골조공사가 완공되고 주벽과 기둥 등의 공사가 이루어져 건축허가 내역과 같은 외관을 갖춘 건물로 인정될 수 있는 정도로 공사가 이루어진 경우에만 강제집행의 대상이 된다고 보고 있다.

③ 처분제한등기의 촉탁은 소유권에 관한 것일 것

ㄱ 처분제한등기의 촉탁은 소유권에 관한 것이어야 한다. 소유권 외의 권리에 관한 처분제한등기의 촉탁은 각하하여야 한다.

ㄴ 소유권의 일부에 대하여 처분제한등기의 촉탁이 있는 경우에도 직권보존등기를 할 수 없다. 따라서 공유물의 일부 지분만에 대한 처분제한등기의 촉탁이 있는 경우 일부 지분만의 보존등기는 할 수 없으므로 촉탁을 각하하여야 한다. 단, 모든 지분에 대하여 등기를 할 수 있는 정보가 제공되어 있다면 소유권 전부에 대하여 보존등기를 한 후 해당 지분에 대하여 처분제한등기를 할 수는 있다.

3. 등기절차(등기예규 제1469호)

(1) 촉탁정보

등기에 필요한 사항이 모두 표시되어 있어야 한다. 특히 채무자가 소유자로 등기되기 때문에 채무자의 주민등록번호나 부동산등기용등록번호가 표시되어야 한다.

(2) 첨부정보

① 채무자 명의로 등기할 수 있다는 것을 증명하는 정보와 부동산의 표시를 증명하는 정보가 제공되어야 한다.

② 대장이 작성되어 있는 경우 : 토지대장정보나 건축물대장정보가 채무자 명의로 등기할 수 있다는 것을 증명하는 정보와 부동산의 표시를 증명하는 정보의 역할을 동시에 한다.

③ 대장이 작성되어 있지 않은 경우

    ㉠ 토지의 경우 토지대장이나 임야대장이 작성되어 있지 않으면 지번이 없기 때문에 보존등기를 할 수 없다. 따라서 대장이 작성되어 있지 않은 미등기 토지에 대하여 처분제한등기 촉탁이 있는 경우 등기관은 각하할 수밖에 없다.

    ㉡ 반면 건물의 경우에는 건축물대장이 작성되어 있지 않더라도 건물의 표시가 가능하다. 부동산등기법은 이 점을 고려해 제66조 제2항을 두어 건물의 경우에는 부동산등기법 제65조의 적용이 배제됨을 명확히 하였다. 이에 따라 건축물대장이 없어도 건물에 대한 직권보존등기를 할 수 있는데, 집행법원에서 다음과 같은 정보를 제공하여야 한다(등기예규 제1469호).

        ㉮ 채무자(소유자)의 주소 및 주민등록번호를 증명하는 정보 : 채무자 명의로 보존등기를 하기 때문이다. 실무에서는 이와 같은 정보 외에 채무자의 소유임을 명확하게 하기 위해서 건축허가서를 추가로 제공하기도 하고, 미흡할 경우 건축물도급계약서를 제공하기도 한다. 등기관은 집행법원의 판단에 따라 처리한다.

        ㉯ 부동산의 표시를 증명하는 정보 : 집행법원에서 인정한 건물의 소재·지번·구조·면적을 증명하는 정보가 필요하다. 구분건물의 일부 건물에 대한 처분제한등기 촉탁의 경우에는 1동 건물 전부의 구조·면적을 증명하는 정보 및 1동 건물의 소재도, 각 층의 평면도와 구분한 건물의 평면도를 제공하여야 한다. 통상 집행관의 조사서면을 제공한다.

        ㉰ 주의해야 할 것은 건축허가서는 부동산의 표시를 증명하는 정보에 해당하지 않는다는 점이다. 건축허가서는 완성된 건물을 표시하기에는 부족하기 때문이다.

        ㉱ 선례는 「건축사법」상 건축사나 「측량·수로조사 및 지적에 관한 법률」상 측량기술자가 작성한 서면도 신뢰성에 문제가 있기 때문에 이러한 정보가 될 수 없다고 본다(등기선례 제201210-3호).

(3) 등기의 실행

① 등기관이 직권보존등기를 할 때에는 처분제한의 등기를 명하는 법원의 재판에 따라 등기를 한다는 뜻을 기록한다. 일부 구분건물에 대하여 처분제한등기 촉탁이 있는 경우 등기관은 그 구분건물의 소유권보존등기와 나머지 구분건물의 표시에 관한 등기를 한다.

② 「건축법」상 사용승인을 받아야 함에도 사용승인을 받지 않은 건물에 대하여 직권보존등기를 할 때에는 사용승인을 받지 아니한 사실을 표제부에 기록한다. 이후 사용승인이 이루어진 경우 그 소유명의인은 1개월 내에 그 기록에 대한 말소등기를 신청하여야 한다(부동산등기법 제66조 제2항·제3항).

③ 동일 지상에 다시 건물 보존등기신청이 있는 경우에는 건물의 소재도 등 등기된 건물과 동일성이 없음을 소명하는 정보가 제공된 경우에 한하여 수리한다. 이러한 정보가 제공되지 않은 경우에는 중복등기임을 이유로 각하한다. 만약에 동일 건물에 대해 나중에 보존등기 신청하려는 자가 진정한 소유자라면 기존 소유자명의의 등기를 소송 등을 통해 말소한 후 보존등기를 신청하여야 한다.

④ 직권보존등기가 완료되면 그 등기는 통상의 보존등기와 동일하게 취급된다. 따라서 처분제한등기를 말소하는 경우에도 보존등기는 그대로 두어야 한다(등기예규 제1353호).

4. 등기완료 후의 절차

등기관이 직권으로 보존등기를 한 때에는 등기완료사실을 보존등기 명의인에게 통지하고(부동산등기규칙 제53조 제1항 제4호), 취득세징수관서에 대하여는 취득세 미납사실을 통지한다. 이 경우 소유자가 보존등기를 신청하는 것이 아니므로 국민주택채권도 매입할 필요가 없다(등기예규 제1744호).

5. 관련 문제

① 처분제한등기를 하기 위해 등기관이 부동산등기법 제66조에 따라 직권보존등기를 하는 경우 처분 제한 등기의 권리자는 보존등기명의인이 아니기 때문에 취득세를 납부하지 않았거나 국민 주택채권을 매입하지 않았다 하여 촉탁을 각하할 수는 없다.

② 「건축법」상 사용승인을 받지 않은 건물에 대하여 직권보존등기가 마쳐진 후 그 명의인이 소유권이전등기를 신청하려고 하는데 아직 건축물대장이 작성되어 있지 않은 경우에는 등기할 건축물이 건축물대장에 등록되어 있지 않다는 사실 및 부동산의 표시를 소명할 수 있는 시장 등의 확인서를 제공하면 건축물대장정보를 제공하지 않고도 신청을 할 수 있다.

③ 여기에는 건축사사무소개설신고(건축사법 제23조)를 한 건축사 또는 측량기술자(공간 정보의 구축 및 관리 등에 관한 법률 제39조)가 등기할 건축물이 건축물대장에 등재되지 않아 그 등본을 발급받을 수 없다는 사실과 부동산 표시(건물의 소재와 지번·종류·구조·면적 등)를 기재한 서면도 포함된다(등기선례 제7-206호, 제8-82호).

제2절 │ 소유권이전등기

I 소유권 또는 부동산의 일부 이전

1. 소유권의 일부이전등기

(1) 의 의

① 소유권의 일부이전이란 단독 소유자가 일부 지분을 이전하여 공유로 하거나, 공유지분 또는 공유지분의 일부를 이전하는 것을 말한다. 이것은 분필절차를 요하는 부동산의 물리적 일부이전등기와는 구별하여야 한다.

② 소유권의 일부에 대한 이전등기를 신청하는 경우에는 이전되는 지분을 제공하고, 등기원인에 「민법」 제268조 제1항 단서의 약정(5년내의 기간동안 분할금지약정)이 있을 때에는 그 약정에 관한 사항도 제공하여야 한다(부동산등기규칙 제123조).

③ 지분의 일부에 대한 저당권등기 등이 있는 경우에는 지분의 일부이전등기를 신청하거나 다시 저당권등기 등을 신청할 때에 그 대상이 저당권 등의 부담이 있는 부분인지 여부를 신청정보의 내용으로 제공하여야 한다(등기예규 제1356호).

(2) 공유자의 지분을 이전하는 경우 등기의 방법(등기예규 제1313호)

① 등기목적의 기재 방법

㉠ 공유자인 갑의 지분을 전부 이전하는 경우에는 '갑 지분 전부이전'으로 기재한다.

㉡ 공유자인 갑의 지분을 일부 이전하는 경우에는 '갑 지분 ○분의 ○중 일부(○분의 ○)이전'으로 기록하되, 이전하는 지분은 부동산 전체에 대한 지분을 명시하여 괄호 안에 기록한다[갑 지분 2분의 1 중 일부(4분의 1) 이전].

ⓒ 다만, 이전하는 갑의 지분이 별도로 취득한 지분 중 특정 순위로 취득한 지분 전부 또는 일부인 경우, 소유권 이외의 권리가 설정된 지분인 경우, 가등기 또는 가압류 등 처분제한의 등기 등이 된 경우로서 이전되지 않는 지분과 구분하여 특정할 필요가 있을 경우에는 특정하여 괄호 안에 기록한다[갑 지분 ○분의 ○중 일부(갑구 ○번으로 취득한 지분 전부 또는 일부 ○분의 ○, 을구 ○번 저당권설정된 지분 ○분의 ○, 갑구 ○번으로 가압류된 지분 ○분의 ○ 등)이전].

② **공유자 지분의 기재방법**

　ㄱ 공유자의 지분이전등기를 할 경우 각 공유자의 지분은 이전받는 지분을 기록하되, "공유자 지분 ○분의 ○"과 같이 부동산 전체에 대한 지분을 기록한다.

　ㄴ 다만 수인의 공유자로부터 지분 일부씩을 이전받는 경우에는 합산하여 기록한다[갑 지분 5분의 4중 일부(5분의 2)를 이전받는 경우 "공유자 지분 5분의 2", 갑 지분 5분의 2중 일부(5분의 1)와 을 지분 5분의 1중 일부(10분의 1)을 이전받는 경우 "공유자 지분 10분의 3"].

③ **수인의 공유자가 수인에게 지분의 전부 또는 일부를 이전하는 경우**(등기예규 제1363호)

　ㄱ 수인의 공유자가 수인에게 지분의 전부 또는 일부를 이전하려고 하는 경우 등기신청인은 등기의무자들의 각 지분 중 각 ○분의 ○지분이 등기권리자 중 각 1인에게 이전되었는지를 신청정보로 제공하여야 한다.

　ㄴ 신청은 등기권리자별로 하거나 등기의무자별로 하여야 한다.

　ㄷ 공유자인 갑, 을이 매도인이고 병과 정이 매수인인 경우 1개의 신청정보에 갑과 을을 등기의무자로 표시하고 병과 정을 등기권리자로 표시하여 신청을 한 경우 등기관은 각하하여야 한다.

④ **공유물분할의 등기**

　ㄱ 공유물분할의 등기도 소유권 일부이전의 방식에 의한다. 현물분할의 경우 우선 공유 부동산에 대하여 분필등기를 한 후 분필된 각 공유 부동산을 공유자 1인의 단독 소유로 하는 공유지분이전등기를 하게 된다.

　ㄴ 동일한 건축물대장에 여러 동의 축사와 주택이 함께 등재되어 있고 그에 따라 그 여러 동의 축사와 주택에 대해 1개의 등기기록으로 수인 공유의 보존등기가 되어 있는 경우, 공유물의 현물분할판결이 있으면 먼저 건축물대장의 분할과 건물의 분할등기를 마친 후 분할 후 각 건물에 대하여 지분이전등기를 신청하여야 한다.

　ㄷ 「건축법」 등의 법령 규정에 부합하지 않는다는 사유 등으로 건축물대장을 분할할 수 없다면 위 판결에 따른 등기는 할 수 없다(등기선례 제7-239호).

2. 부동산의 일부이전등기

① **분필·구분 등기의 선행** : 부동산의 일부에 대한 소유권이전계약은 사적자치의 원칙상 허용되지만, 1개 부동산의 특정 부분에 대한 일부이전등기는 1물1권주의 원칙상 허용되지 않으므로 그 등기 전에 분필등기 또는 구분등기가 선행되어야 한다(등기예규 제455호).

② **판결의 집행력 여부**

　ㄱ 1필지 토지의 특정 일부에 대하여 소유권이전등기절차 또는 소유권이전등기의 말소등기절차의 이행을 명하는 판결이 집행불능의 판결이 되는 것은 아니다. 이 경우 판결에 토지분할을 명하는 주문 기재가 없더라도 승소한 자는 그 특정 일부에 대한 분필등기를 마친 후 소유권이전등기 또는 소유권이전등기 말소등기를 할 수 있다(등기예규 제639호, 대판 1994.9.27. 94다25032).

ⓛ 1필지의 토지 중 특정 일부에 대한 소유권이전등기절차의 이행을 명하는 판결(화해·인낙 포함)을 받아 그 부분을 대장상 분할하여 분필등기를 마치고 소유권이전등기를 신청하는 경우에는 판결서상의 특정 부분과 분필 후의 토지가 동일하다는 것을 소명하여야 한다. 판결서 등에 첨부된 지적측량성과도에 의하여 작성된 도면과 분할 전후의 토지가 표시된 지적도등본 및 토지대장등본 등이 여기에 해당할 수 있다(등기예규 제734호).

③ 공유지분이전등기신청 가능 여부

㉠ 부동산의 특정 일부에 대한 이전등기판결의 경우 지적 분할이 불가능하다고 하여 분필등기를 거치지 않은 채 특정 부분의 전체 면적에 대한 비율을 지분으로 표시하여 소유권이전등기를 신청할 수는 없다. 다만 선례는 위와 같은 취지의 판결에 기하여 1필지 토지 전체에 대한 특정 일부의 면적 비율에 따른 지분이전등기가 마쳐졌고, 다시 위 특정 일부를 제외한 나머지 토지 부분의 보유자 역시 제3자에게 그 나머지 부분을 특정하여 매도하고 제3자 앞으로 면적 비율에 따른 지분이전등기를 하였을 경우, 각 지분이전등기는 부동산등기법 제55조 제2호의 "사건이 등기할 것이 아닌 경우"에 해당되는 것은 아니므로 등기관이 직권으로 말소할 수는 없다고 보고 있다(등기선례 제5-168호).

㉡ 또한 선례는 이 경우 공유자 사이에 명시적 또는 묵시적으로 명의신탁관계가 성립되었다면 분필등기 후 각자의 권리 부분에 대하여 상호명의신탁해지를 원인으로 한 지분이전등기를 마치면 되는 것으로 본다. 즉 토지의 특정 일부를 매수하고도 지분이전등기를 한 경우에는 명의신탁관계를 통하여 구분소유적 공유관계가 성립되므로(대판[전합] 1980.12.9. 79다634, 대판 1990.11.23. 90다카17597) 공유자는 분필등기 후에 각자의 권리부분에 대하여 상호명의신탁해지를 원인으로 한 지분소유권이전등기를 할 수 있다. 다만 「공간정보의 구축 및 관리 등에 관한 법률」에 따른 분할절차를 거치지 않고는 분필등기를 할 수 없으므로 관계 법령상 분할이 불가능하다면 바로 잡을 수 없다.

3. 합유에 관한 등기(등기예규 제911호)

① 합유의 법률관계

㉠ 합유는 법률의 규정 또는 계약에 의하여 수인이 조합체로서 물건을 소유하는 공동소유형태를 말한다. 이러한 조합체가 물건을 소유하는 형태가 합유이다.

㉡ 합유자도 공유자와 마찬가지로 지분을 가진다. 다만, 합유자의 지분은 자유로이 처분하지 못하는 점에서 공유지분과 다르다(민법 제273조 제1항). 합유물의 보존행위는 합유자 각자가 할 수 있으나, 처분 또는 변경함에는 합유자 전원의 동의가 있어야 한다(민법 제272조). 합유자는 합유물의 분할을 청구하지 못한다(민법 제273조 제2항). 이러한 조항들은 모두 임의규정이므로 조합계약에 의해 달리 정할 수 있다.

㉢ 주의할 것은 합유등기에 있어서는 각 합유자의 지분을 표시하지 않는다는 점이다. 따라서 각 합유자의 지분에 대한 소유권이전청구권가등기를 신청할 수 없고(등기선례 제6-436호), 합유자 중 1인의 지분에 대한 가압류등기촉탁도 할 수 없으며(등기선례 제7-243호), 다른 합유자의 동의가 있더라도 어느 합유자의 지분에 대한 강제집행을 신청할 수도 없다(등기선례 제6-497호).

㉣ 다만, 합유물 전체에 대하여 경매개시결정이 있으면 그에 따른 경매개시결정등기를 할 수 있고(등기선례 제6-498호), 조합의 사업으로 발생한 지방세와 관련하여 지방자치단체의 장은 조합재산에 대하여 압류등기를 촉탁할 수 있다(등기선례 제7-441호).

② 등기기록상 합유자가 변경되는 경우

　㉠ 합유자 중 일부가 교체되는 경우 : 합유자 중 일부가 나머지 합유자들 전원의 동의를 받아 그의 합유지분을 다른 자에게 매도하거나 그 밖의 처분을 하여 종전의 합유자 중 일부가 교체되는 경우에는 합유지분을 처분한 합유자와 합유지분을 취득한 합유자 및 잔존 합유자의 공동신청으로 「○○년 ○월 ○일 합유자 변경」을 원인으로 한 잔존 합유자 및 합유지분을 취득한 합유자의 합유로 하는 합유명의인 변경등기신청을 하여야 하고, 합유지분을 처분한 합유자의 인감증명을 제공하여야 한다.

　㉡ 합유자 중 일부가 탈퇴한 경우

　　㉮ 잔존 합유자가 수인인 경우 : 합유자 중 일부가 그 합유지분을 잔존 합유자에게 처분하고 합유자의 지위에서 탈퇴한 경우 잔존 합유자가 수인일 때에는 탈퇴한 합유자와 잔존 합유자의 공동신청으로 「○○년 ○월 ○일 합유자 ○○○탈퇴」를 원인으로 한 잔존 합유자의 합유로 하는 합유명의인 변경등기신청을 하여야 하고, 이 경우 탈퇴한 합유자의 인감증명을 제공하여야 한다.

　　㉯ 잔존 합유자가 1인이 된 경우 : 합유자 중 일부가 탈퇴하고 잔존 합유자가 1인만 남는 경우에는 탈퇴한 합유자와 잔존 합유자의 공동신청으로 「○○년 ○월 ○일 합유자 ○○○탈퇴」를 원인으로 한 잔존 합유자의 단독소유로 하는 합유명의인 변경등기신청을 하여야 하고, 이 경우 탈퇴한 합유자의 인감증명을 제공하여야 한다.

　㉢ 합유자가 추가된 경우 : 합유자 중 일부 또는 전부가 그 합유지분 중 일부를 제3자에게 처분하여 제3자가 합유자로 추가된 경우에는 기존의 합유자 및 새로 가입한 합유자의 공동신청으로 「○○년 ○월 ○일 합유자 ○○○가입」을 원인으로 한 기존 합유자와 새로 추가하는 합유자의 합유로 하는 합유명의인 변경등기신청을 하여야 하고, 이 경우 기존 합유자의 인감증명을 제공하여야 한다.

　㉣ 합유자 중 일부가 사망한 경우 : 합유자 사이에 특별한 약정이 없는 한, 사망한 합유자의 상속인은 민법 제719조에 의한 지분반환청구권을 가질 뿐 합유자로서의 지위를 승계하는 것이 아니므로, 사망한 합유자의 지분에 관하여 그 상속인 앞으로 상속등기를 하거나, 해당 부동산을 그 상속인 및 잔존 합유자의 합유로 하는 변경등기를 할 것은 아니고, 다음과 같은 등기를 하여야 한다.

　　㉮ 합유자가 3인 이상인 경우에 그중 1인이 사망한 때에는 해당 부동산은 잔존 합유자의 합유로 귀속되므로, 잔존 합유자는 사망한 합유자의 사망사실을 증명하는 정보를 제공하여 해당 부동산을 잔존 합유자의 합유로 하는 합유명의인 변경등기를 신청할 수 있다.

　　㉯ 합유자가 2인인 경우에 그중 1인이 사망한 때에는 해당 부동산은 잔존 합유자의 단독소유로 귀속되므로, 잔존 합유자는 사망한 합유자의 사망사실을 증명하는 정보를 제공하여 해당 부동산을 잔존 합유자의 단독소유로 하는 합유명의인 변경등기를 신청할 수 있다.

　　㉰ 위 ㉮의 등기를 하지 않고 있는 사이에 다시 잔존 합유자 중 일부가 사망한 때에는 현재의 잔존 합유자는 해당 부동산의 소유명의인을 당초의 합유자 전원으로부터 바로 현재의 잔존 합유자의 합유로 하는 합유명의인 변경등기를 신청할 수 있고, 잔존 합유자가 1인인 경우에는 그 단독소유로 하는 합유명의인 변경등기를 신청할 수 있다. 이 경우 그 신청정보에는 등기원인으로서 사망한 합유자들의 사망일자와 사망의 뜻을 모두 표시하고, 그들의 사망사실을 증명하는 정보를 제공하여야 한다.

　　㉱ 앞의 ㉰의 등기를 하지 않고 있는 사이에 그 잔존 합유자도 사망한 때에는 그 잔존 합유자의 상속인은 바로 자기 앞으로 상속등기를 신청할 수 있다. 이 경우 그 상속등기의 신청정보에는 등기원인으로서 피상속인이 아닌 다른 합유자(들)의 사망일자 및 사망의 뜻과 등기신청인인 상속인의 상속일자 및 상속의 뜻을 함께 표시하고, 상속을 증명하는 정보 외에 다른 합유자(들)의 사망사실을 증명하는 정보를 제공하여야 한다.

③ **단독소유를 수인의 합유로 이전하는 경우** : 단독소유를 수인의 합유로 이전하는 경우, 단독소유자와 합유자들이 공동으로 소유권이전등기신청을 하여야 한다. 그 단독소유자를 포함한 합유로 되었을 경우에도 전 소유자인 그 단독소유자를 합유자로 표시하여야 한다.

④ **공유를 합유로 변경하는 경우**

    ㉠ 공유자 전부 또는 일부가 그 소유관계를 합유로 변경하는 경우, 합유로 변경하려고 하는 공유자들이 공동으로 「○○년 ○월 ○일 변경계약」을 원인으로 한 합유로의 변경등기신청을 하여야 한다.

    ㉡ 이 경우 등기상 이해관계 있는 제3자가 있다면 그 동의가 필요한데, 만일 공유지분에 가압류등기나 가처분등기 등 합유지분에 대해서는 허용되지 않는 등기가 있다면 어떻게 처리해야 할지가 문제된다. 그 가압류권자 등이 변경등기에 동의한다면 등기관은 변경등기를 하면서 가압류등기 등을 직권으로 말소한다(등기선례 제4-571호). 가압류권자 등의 동의가 없으면 그 변경등기는 주등기로도 하지 못한다.

⑤ **합유를 공유로 변경하는 경우**

    ㉠ 수인의 합유자 명의로 등기되어 있는 부동산에 대해서는 합유자 전원의 합의에 의하여 수인의 공유로 소유권변경등기를 할 수 있다(등기선례 제3-562호). 예컨대, 갑과 을이 합유하던 부동산을 갑, 을의 공유로 소유권변경등기를 할 수 있다.

    ㉡ 갑, 을 합유에서 갑, 병의 공유로 하는 경우는 변경등기가 아니라 소유권이전등기를 하여야 한다.

⑥ **합유와 총유 간의 소유형태 변경** : 합유자 명의를 종중 명의로 바꾸려면 소유권이전등기를 하여야 한다(등기선례 제2-351호). 또, 권리능력 없는 사단의 소유명의인 부동산을 그 구성원들의 합유로 하기 위해서는 역시 소유권이전등기를 하여야 한다(등기선례 제4-539호).

⑦ **상호명의신탁**

    ㉠ **의의** : 판례에 의하면 수인의 매수인이 각기 특정하여 토지를 구분하여 매수하고 당사자 간의 합의에 의하여 형식상으로 지분으로 매수한 것으로 원인서면을 작성하여 지분에 의한 이전등기를 하였다면 특별한 사유가 없는 한 그 특정부분 소유자가 가지는 그 특정부분 외의 부분(다른 공유자의 소유부분)에 관한 등기는 상호명의신탁에 의한 등기로서 유효하다(대판 1979.6.26. 79다741).

    ㉡ **공유관계의 해소**

        ㉮ 각 공유자의 실체법상의 권리주장 방법 : 판례에 의하면 상호명의신탁관계 내지 구분소유적 공유관계에서 건물의 특정 부분을 구분소유하는 자는 그 부분에 대하여 신탁적으로 지분등기를 가지고 있는 자를 상대로 하여 그 특정 부분에 대한 명의신탁 해지를 원인으로 한 지분이전등기절차의 이행을 구할 수 있을 뿐 그 건물 전체에 대한 공유물분할을 구할 수는 없다(대판 2011.10.13. 2010다52362, 대판 2010.5.27. 2006다84171).

        ㉯ 공유관계 해소를 위한 절차법상의 등기절차 : 판례에 의하면 상호명의신탁관계에 있는 부동산은 각 구분소유자가 단독명의로 등기하고자 할 때는 분필 또는 구분등기를 한 후에 상호명의신탁해지를 원인으로 한 소유권이전등기를 할 것이지 공유물분할을 원인으로 해서 신청할 것은 아니다(대판 1989.9.12. 88다카10517, 등기선례 제201309-1호).

    ㉢ 구분소유적 공유자 중 일부만에 의한 상호명의신탁 해지를 원인으로 한 소유권이전등기 가능 여부 : 부동산의 위치와 면적을 특정하여 2인 이상이 구분소유하기로 하는 약정에 따른 이른바 상호명의신탁등기가 마쳐진 부동산에 대하여는 그 특정 부분대로 분필등기를 한 다음 공유자 상호 간에 공동으로 또는 판결을 얻어 단독으로 명의신탁해지를 원인으로 한 지분소유권이전등기를 신청할 수 있는바, 공유자 중 일부가 명의신탁 해지에 합의하지 않거나 행방불명으로 합의할 수 없다면 해지의 합의가 이루어진 자들 사이에만 명의신탁해지 및 그에 따른 지분이전등기를 신청할 수 있다(등기선례 제201712-2호).

Ⅱ 매매 등 법률행위를 원인으로 한 소유권이전등기 일반

1. 법률행위의 종류

소유권이전등기의 원인이 되는 법률행위로는 매매, 증여, 사인증여, 재산분할, 양도담보, 교환, 계약의 해제, 현물출자나 대물변제 등이 있다.

2. 신청인

등기권리자와 등기의무자가 공동으로 신청한다.

3. 신청절차

(1) 등기원인과 그 연월일

① "매매"나 "증여" 등 법률행위 자체가 등기원인이 된다.

② 등기원인의 연월일(등기원인일자)은 법률행위가 성립한 날이다. 다만 제3자의 허가, 승낙 등이 법률행위의 효력발생요건일 때에는 허가일 등이 등기원인일자가 되고, 법률행위가 시기부 또는 조건부일 경우에는 시기 도래일 또는 조건 성취일이 등기원인일자가 된다.

③ 양도담보, 교환, 법률행위(계약)의 해제, 현물출자, 대물변제 등의 경우에도 모두 그 법률행위가 성립한 날이 일반적으로 등기원인일자가 된다.

④ 사인증여는 등기원인을 "증여"로 하면서도 등기원인일자는 증여자의 사망일로 한다. 사인증여의 효력은 증여자가 사망한 때부터 발생하기 때문이다(민법 제562조).

⑤ 재산분할의 경우에는 협의가 성립한 날이 등기원인일자가 된다. 재산분할이 조정 또는 심판으로 이루어진 경우에는 조정이 성립한 날 또는 심판이 확정된 날이 등기원인일자이다.

(2) 첨부정보

① 사인증여

　㉠ 사인증여를 원인으로 소유권이전등기를 신청할 때에는 등기의무자인 증여자가 사망한 상태이므로 부동산등기법 제27조에 따라 증여자의 상속인이 등기의무자로서 등기권리자인 수증자와 공동으로 하게 된다(등기선례 제3-497호).

　㉡ 증여자의 사망사실을 증명하는 정보와 등기의무자로서 등기신청을 하는 자가 증여자의 상속인(또는 유언집행자)임을 증명하는 정보를 제공하여야 한다. 수증자가 상속인 중의 1인인 경우에도 동일하다.

② 이혼에 따른 재산분할의 경우

　㉠ 분할의 대상이 농지인 경우에는 검인을 받아야 하나, 농지취득자격증명·토지거래계약허가서 등은 첨부할 필요가 없다(등기선례 제4-261호).

　㉡ 재산분할 협의의 효력은 이혼이 이루어진 때 발생한다(대판 2000.10.24. 99다33458). 그러므로 협의 이혼에 따른 재산분할 등기를 하기 위해서는 이혼하였음을 증명하는 정보(협의이혼신고의 접수 증명 또는 협의이혼사실이 기록된 혼인관계증명서 등)를 제공한다(등기선례 제8-170호).

③ 계약당사자의 지위를 이전한 경우

    ㉠ 부동산의 소유권을 이전받을 것을 내용으로 하는 계약을 체결한 자가 다시 제3자에게 계약당사자의 지위를 이전하는 계약을 체결한 경우, 그 지위이전계약의 체결일이 「부동산등기 특별조치법」 제2조 제1항 제1호에 정하여진 날(쌍무계약의 경우 반대급부의 이행이 완료된 날) 전인 때에는 먼저 체결된 계약의 매도인으로부터 지위이전계약의 양수인 앞으로 직접 소유권이전등기를 신청할 수 있다(등기선례 제7-36호).

    ㉡ 등기관은 지위이전계약의 체결일이 먼저 체결된 계약서에 표시된 반대급부 이행일 전이거나 먼저 체결된 계약에 따른 실제의 반대급부 이행일 전임을 서면에 의하여 소명한 경우(예컨대, 영수증 또는 당사자의 진술서 등)에는 그 등기신청을 수리한다.

    ㉢ 등기원인을 증명하는 정보로 제공하는 먼저 체결된 계약서와 지위이전계약서(여러 번 이루어진 경우에는 지위이전계약서 전부)에는 각각 검인을 받아야 한다(등기선례 제7-36호).

    ㉣ 분양권을 취득한 자가 해당 주택에 대한 계약당사자의 지위를 제3자에게 이전하는 계약을 체결한 경우, 주택분양계약서 및 수분양자와 양수인 사이의 분양권매매계약서에 이미 검인을 받았다면, 분양자가 지위이전계약을 승낙하는 내용의 별도 서면에 검인을 받을 필요는 없으나, 등기원인증명정보의 일부로서 첨부는 하여야 한다(등기선례 제7-36호).

④ 양도담보의 경우

    ㉠ 등기관은 양도담보를 원인으로 하는 부동산에 관한 소유권이나 그 밖의 물권의 이전등기신청이 있는 경우 부동산실명법 제3조 제2항에 규정된 채무자, 채권금액 및 채무변제를 위한 담보라는 뜻이 기재된 서면의 제출 여부를 확인하여야 한다. 다만 위 사항이 전부 기재된 원인증서 부본으로 위 서면을 갈음할 수 있다. 등기관은 위 서면을 해당 신청서와 함께 신청서 기타 부속서류 편철장에 편철한다(등기예규 제1702호).

    ㉡ 양도담보계약에 의하여 소유권이전등기신청을 할 때에도 「부동산등기 특별조치법」상의 검인을 받아야 하며, 해당 부동산이 토지거래허가구역 내의 허가 대상 토지인 경우에는 「부동산 거래신고 등에 관한 법률」상의 토지거래허가를 받아야 한다(등기선례 제4-399호).

Ⅲ 거래가액의 등기(등기예규 제1633호)

등기관이 「부동산 거래신고 등에 관한 법률」 제3조 제1항에서 정하는 계약을 원인으로 한 소유권이전등기를 하는 경우에는 거래가액을 기록한다(부동산등기법 제68조). 거래가액 등기의 구체적인 업무처리절차는 「거래가액 등기에 관한 업무처리지침」에 따른다.

1. 거래가액 등기의 대상

(1) 원 칙

거래가액은 2006.1.1. 이후 작성된 매매계약서를 등기원인증서로 하여 소유권이전등기를 신청하는 경우에 등기하므로, 아래의 경우에는 등기하지 않는다.

① 2006.1.1. 이전에 작성된 매매계약서에 의한 등기신청을 하는 때

② 등기원인이 매매라 하더라도 등기원인증서가 판결, 조정조서 등 매매계약서가 아닌 때

③ 매매계약서를 등기원인증서로 제출하면서 소유권이전등기가 아닌 소유권이전청구권가등기를 신청하는 때

(2) 소유권이전청구권가등기에 의한 본등기를 신청하는 경우

매매예약을 원인으로 한 소유권이전청구권가등기에 의한 본등기를 신청하는 때에는 매매계약서를 등기원인 증서로 제출하지 않는다 하더라도 거래가액을 등기한다.

(3) 분양계약의 경우

① 최초의 피분양자가 등기권리자가 된 경우 : 최초의 피분양자가 등기권리자가 되어 소유권이전등기를 신청하는 경우에 등기신청서에 분양계약서와 함께 거래신고필증이 첨부되어 있을 때에는 거래가액을 등기하지만, 거래계약신고 대상이 아니어서 검인받은 분양계약서만 첨부되어 있을 때에는 거래가액을 등기하지 아니한다.

② 최초의 피분양자로부터 그 지위를 이전받은 자가 등기권리자가 된 경우

㉠ 최초의 피분양자로부터 그 지위를 이전받은 자가 등기권리자가 되어 소유권이전등기를 신청하는 경우에는 등기신청서에 등기권리자가 매수인으로 거래계약신고를 하여 교부받은 거래신고필증이 첨부되어 있을 때에만 거래가액을 등기한다. 이 경우 등기권리자가 여러 명일 때에는 그 권리자 전부가 동시에 공동매수인으로 거래계약신고를 하여 교부받은 거래신고필증만을 말한다. 구체적인 예는 아래와 같다.

㉡ 최초의 피분양자로부터 그 지위 전부가 갑에게 매매로 이전되어 갑이 등기권리자가 된 경우로서 그 지위이전계약이 거래계약신고 대상이 되어 등기신청서에 갑을 매수인으로 하는 거래신고필증이 첨부되어 있는 경우에는 그 거래가액을 등기한다.

㉢ 최초의 피분양자로부터 그 지위 전부가 갑에게 증여로 이전되어 갑이 등기권리자가 된 경우에는 거래가액을 등기하지 아니한다.

㉣ 최초의 피분양자로부터 그 지위 일부지분만이 갑에게 증여로 이전되어 최초의 피분양자와 갑이 공동으로 등기권리자가 된 경우에는 거래가액을 등기하지 아니한다.

㉤ 최초의 피분양자로부터 그 지위 전부가 갑에게 매매로 이전된 후 다시 을에게 피분양자의 지위 전부가 매매로 이전되어 을이 등기권리자가 된 경우로서 각 지위이전계약이 모두 거래계약신고 대상이 되어 등기신청서에 여러 개의 거래신고필증이 첨부된 경우에는 을을 매수인으로 하는 거래신고필증에 기재된 거래가액을 등기한다.

㉥ 최초의 피분양자로부터 그 지위 전부가 갑에게 매매로 이전된 후 다시 을에게 피분양자의 지위 전부가 증여로 이전되어 을이 등기권리자가 된 경우에는 거래가액을 등기하지 아니한다.

㉦ 최초의 피분양자로부터 그 지위 전부가 갑에게 매매로 이전된 후 다시 을에게 피분양자의 지위 일부 지분만이 증여로 이전되어 갑과 을이 공동으로 등기권리자가 된 경우에는 거래가액을 등기하지 아니한다.

2. 신청정보의 기재사항 및 첨부정보 등

거래가액 등기의 대상이 되는 소유권이전등기를 신청하는 경우에는, 신청서에 관할 관청이 확인한 거래신고 관리번호를 기재하여야 하고, 다음에 따른 신고필증과 매매목록을 첨부하여야 한다.

(1) 신고필증

신고필증에는 거래신고관리번호, 거래당사자, 거래가액, 목적부동산이 표시되어 있어야 한다.

(2) 매매목록

① 매매목록의 제출이 필요한 경우

㉠ 1개의 신고필증에 2개 이상의 부동산이 기재되어 있는 경우(1개의 계약서에 의해 2개 이상의 부동산을 거래한 경우라 하더라도, 관할 관청이 달라 개개의 부동산에 관하여 각각 신고한 경우에는 매매목록을 작성할 필요가 없다)

㉡ 신고필증에 기재되어 있는 부동산이 1개라 하더라도 수인과 수인 사이의 매매인 경우

② 매매목록에 기재하여야 할 사항 : 매매목록에는 거래가액 및 목적 부동산을 기재한다. 1개의 부동산에 관하여 수인의 매도인과 수인의 매수인 사이에 매매계약이 체결되어 「수인의 공유자가 수인에게 지분의 전부 또는 일부를 이전하는 경우의 등기신청 방법 등에 관한 예규」에 따라 수건의 등기신청을 하는 경우에는 동일한 부동산의 표시를 순번을 정해서 기재하되, 매도인별로 신청하는 경우에는 매도인의 수만큼, 매수인별로 신청하는 경우에는 매수인의 수만큼 반복해서 기재한다.

3. 등기실행

(1) 권리자 및 기타사항란에 기록

신고필증에 기재된 금액을 등기기록 중 갑구의 권리자 및 기타사항란에 기록한다.

(2) 매매목록이 제출된 경우

① 등기기록 중 갑구의 권리자 및 기타사항란에 매매목록 번호를 기록하고, 매매목록에는 목록번호, 거래가액, 부동산의 일련번호, 부동산의 표시, 순위번호, 등기원인을 전자적으로 기록한다. 다만, 매매목록에 기록된 부동산 중 소유권이전등기를 하지 아니한 부동산이 있는 경우에는 순위번호를 기록하지 않는다.

② 위의 매매목록번호는 전산정보처리조직에 의하여 자동으로 부여되며 1년마다 갱신한다. 매매목록이 동일한 경우에는 동일한 매매목록번호를 부여한다.

(3) 매매목록의 경정, 변경

등기된 매매목록은 당초의 신청에 착오가 있는 경우 또는 등기관의 과오로 잘못 기록된 경우 이외에는 경정 또는 변경할 수 없다.

① **부동산의 표시변경이 있는 경우** : 부동산의 분할, 합병 등의 사유로 부동산의 개수에 변경이 있는 경우 그 취지는 매매목록에 기록하지 않는다. 예컨대 1개의 토지가 분할되어 2개 이상의 토지가 된 경우 등기관이 매매목록을 새로이 생성할 필요가 없으며, 2개의 토지가 매매되어 매매목록이 등기된 이후 그 토지가 합필되어 1개의 토지가 된 경우라 하더라도 매매목록 등기는 말소하지 않는다.

② **매매목록에 기재된 부동산 중 일부에 대한 소유권이전등기가 말소된 경우** : 매매목록에 기록된 부동산 중 일부에 대하여 계약의 해제 등으로 소유권이전등기가 말소된 경우라 하더라도 등기된 매매목록에 그와 같은 취지를 기록할 필요가 없으며, 관할이 다른 경우 그와 같은 사실의 통지도 요하지 않는다.

4. 등기원인증서와 신고필증의 기재사항이 불일치한 경우의 처리

① 등기원인증서에 기재된 사항과 신고필증에 기재된 사항이 서로 달라 동일한 거래라고 인정할 수 없는 경우 등기관은 해당 등기신청을 부동산등기법 제29조 제9호(등기에 필요한 첨부정보를 제공하지 아니한 경우)에 의하여 각하한다.

② 다만, 단순한 오타나 신청인이 제출한 자료에 의하여 등기원인증서상 매매와 신고의 대상이 된 매매를 동일한 거래라고 인정할 수 있는 경우(당사자의 주소가 불일치하나 주민등록번호가 일치하는 경우 등)에는 수리할 수 있다.

5. 신청서에 첨부된 매매목록의 편철

신청서에 첨부된 매매목록은 신청서와 함께 신청서 기타 부속서류 편철장에 편철한다.

Ⅳ 공유물분할을 원인으로 하는 소유권이전등기

1. 총 설

① 공유자 사이에는 아무런 인적 결합이 존재하지 않으므로 공유자는 분할금지약정이 없는 한 언제든지 공유물의 분할을 청구할 수 있다(민법 제268조 제1항).

② 공유물분할에 의하여 공유관계는 종료하고 각 공유자가 각 분할부분에 관하여 단독소유권을 취득하게 되므로 공유물분할은 소유권의 일부 이전의 성질을 갖는다. 즉 분할의 결과 취득되는 각 공유자의 단독소유권은 공유자 간의 권리의 상호적 이전의 결과라고 보아 공유자 간에 지분권의 교환 내지 매매가 성립한다고 본다(대판 1984.4.24. 83누717 등).

2. 공유물분할의 방법

공유물분할은 현물분할을 원칙으로 하고, 대금분할(공유물을 제3자에게 매각하여 그 대금을 분할하는 방법)과 가격배상의 방법(공유물에 대해 공유자의 1인 일부 수인이 다른 공유자의 지분 전부를 취득하여 그 공유물을 단독 또는 여러 사람의 공유로 하고 다른 공유자에게 그 지분에 상당하는 대가를 보상하는 방법)을 인정하고 있다.

3. 공유물분할의 절차

① 공유물분할은 공유자 전원이 참여하는 협의분할을 원칙으로 하고 협의 불성립 시에는 재판상 분할을 인정하고 있다(민법 제269조 제1항). 이러한 공유물분할청구권은 일방적 의사표시로 행사되는 형성권의 성질을 가지며, 시효로 소멸하지도 않는다.

② 협의 또는 판결에 의해 공유물분할이 이루어지고 나면 지분이전등기의 방법으로 공유물분할등기를 하게 되는데, 이는 후술하는 공유물분할 등기신청절차에서 설명하기로 한다.

4. 공유물분할의 등기절차

① **의 의**

    ㉠ 공유물분할은 분할에 의하여 단독소유권을 취득하는 자가 다른 공유자의 지분을 이전 취득하는 것으로서 소급적인 효력은 없다.

    ㉡ 여기에서 공유물분할의 효과로서 물권변동이 발생하려면 공유물분할의 등기가 있어야 하는가가 문제되나, 협의분할의 경우에는 합의가 이루어졌다고 하여 곧 분할된 부분에 대한 단독소유권을 취득하는 것이 아니고 등기해야 비로소 단독소유권을 취득하게 된다.

    ㉢ 반면에 재판상 분할의 경우에는 공유물분할의 판결이 확정되면 등기하지 않아도 분할된 부분에 대하여 민법 제187조에 따라 공유자는 단독소유권을 취득한다.

② **공유물분할의 전제로서의 분필등기 등**

    ㉠ 수인이 수필의 토지를 공유하고 있다가 분할한 결과 각자가 1필지의 토지를 각 단독소유하기로 한 경우에는 분필절차를 거칠 필요가 없을 것이다. 그러나 수인이 공유하던 토지를 분할할 경우에는 분필등기를 하여야 한다.

    ㉡ 즉, 공유물분할은 일반적으로 분할에 의하여 단독소유권을 취득하는 것을 목적으로 하는 것이므로 공유물분할의 협의가 성립하거나 공유물분할의 판결이 확정되면 그 취지에 따라 먼저 토지대장의 분할절차를 밟은 후 그 토지대장에 의하여 분필등기를 해야 한다.

③ **동시신청의 요부** : 공유물분할을 원인으로 한 소유권이전등기는 동시에 하지 않고 각 분필된 부동산별로 각각 독립하여 신청할 수 있다. 그러므로 등기가 신청되지 아니한 분할된 부동산은 종전과 같이 공유로 남아 있을 수밖에 없다.

④ **신청인**

    ㉠ 협의에 의한 경우 – 공동신청

        ㉮ 공유물분할협의에 의하여 분할된 각 부동산에 관해서 그 권리자 명의의 소유권이전등기는 일반원칙에 따라 공동신청에 의해야 한다.

        ㉯ 예컨대 갑, 을의 공유인 토지를 두 필지로 분할하여 각자 한 필지씩을 단독소유하기로 하는 경우 한 필지에 대하여는 갑이 등기권리자 을이 등기의무자로서 을이 그 지분을 갑에게 양도하는 등기신청을 하고, 다른 필지에 대하여는 을이 등기권리자 갑이 등기의무자로서 갑이 그 지분을 을에게 양도하는 등기신청을 하게 된다.

    ㉡ 판결에 의한 경우 – 단독신청 : 공유물 분할판결은 형성판결이지만 확정되면 공유자는 각자의 취득부분에 대하여 소유권을 취득하게 되는 것이므로 부동산등기법 제23조 제4항의 판결에 해당하여 그 소송의 당사자는 원·피고에 관계없이 각각 공유물분할절차에 따른 등기신청을 할 수 있다.

⑤ **제3자의 허가·동의·승낙을 증명하는 서면의 첨부와 의무사항의 이행**

    ㉠ 농지취득자격증명 : 공유물분할 대상 부동산이 농지인 경우에는 취득하는 면적이 공유지분비율에 의한 면적과 같은지에 관계없이 농지취득자격증명을 첨부할 필요가 없다. 따라서 종중이 자연인과 공유하고 있는 수필지의 농지를 공유물분할하는 경우에도 농지취득자격증명을 제출하지 않고 신청할 수 있다(등기선례 제6-573호).

    ㉡ 토지거래허가 등

        ㉮ 공유물분할로 인한 소유권이전등기를 신청하는 경우에는 그 공유지분의 이전에 대한 대가관계가 있는지 여부에 따라 토지거래계약에 대한 허가 요부가 결정된다.

ㄴ 공유물분할계약서에는 검인을 받아야 하며, 학교법인이 공유자 중 1인과 공유물분할을 하거나 재단법인 또는 공익법인이 기본재산에 관하여 공유물분할을 하고 이를 원인으로 하여 소유권이전등기를 신청하는 경우에는 주무관청의 허가를 받아야 한다.

ㄷ 인지첨부 : 공유자들이 각자의 공유지분 비율에 따라서 공유물분할등기를 신청할 경우에 원인서면으로 제출되는 공유물분할계약서는 대가성 있는 소유권이전에 관한 증서로 볼 수 없으므로 인지세법에서 정한 인지를 첨부할 필요가 없다.

ㄹ 국민주택채권 : 공유물분할로 인한 소유권이전등기신청 시 공유지분 비율에 따라 공유물분할등기를 신청하는 경우에는 국민주택채권의 매입의무가 면제되나(등기선례 제4-937호), 종전 공유지분을 초과하는 면적에 대하여는 국민주택채권을 매입하여야 한다(등기선례 제5-891호).

⑥ 등기의 실행

ㄱ 지분이전등기방법 : 공유물에 대한 분필등기 후 특정 부동산에 대하여 소유권을 취득하는 공유자를 등기권리자로, 다른 공유자를 등기의무자로 하여 지분(소유권을 취득한 자의 종전 지분을 제외한 지분) 이전등기의 형식으로 분할한다.

순위번호	등기목적	접 수	등기원인	권리자 및 기타사항
1(전3)	소유권이전	2004년 4월 9일 제3020호	2004년 4월 5일 매매	공유자 지분 2분의 1 김일남 530213-1452678 서울특별시 관악구 명동13길 10 (저동1가) 지분 2분의 1 김이남 550812-1456123 서울특별시 관악구 다동길 33 (다동)
2	4번 김일남 지분 전부이전	2006년 11월 1일 제12021호	2006년 10월 1일 공유물분할	공유자 지분 2분의 1 김이남 550812-1456123 서울특별시 관악구 다동길 33 (다동)

ㄴ 등기기록방법 : 공유 부동산을 매매 등을 원인으로 공유자 중 1인 단독명의로 등기할 경우 과거에는 등기기록 갑구 권리자란에 "소유자"로 기록하였으나 지금은 "공유자"로 기록한다. 공유물분할에 의하여 공유자 중 1인이 단독명의로 등기할 경우에도 마찬가지로 "공유자"로 표시한다.

ㄷ 등기필정보 작성 : 등기관이 공유물분할등기를 하였을 때에는 등기필정보를 작성하여 등기권리자에게 통지하여야 한다(부동산등기법 제50조 제1항). 위 등기권리자가 나중에 소유권이전등기의 등기의무자로서 등기를 신청하는 경우에는 종전 공유자로서 등기할 때에 통지받은 등기필정보와 함께 이 등기필정보도 제출하여야 한다(등기선례 제6-39호).

5. 공유물분할판결 후 공유지분이 제3자에게 이전된 경우

① 총 설

ㄱ 공유물분할을 원인으로 하는 지분이전등기는 당해 부동산의 소유권을 취득하는 종전 공유자와 공유지분을 잃는 종전 공유자의 공동신청에 의함은 신청절차에서 설명하였다.

ㄴ 그러나 예를 들어 갑과 을 공유의 부동산에 관하여 A 토지는 갑, B 토지는 을의 소유로 공유물분할판결이 확정되었는데 그에 따른 등기를 신청하기 이전에 갑의 지분을 제3자인 병에게 이전한 경우에는, B토지의 현재 등기기록상 공유자인 병과 공유물분할협의를 한 등기의무자 갑이 일치하지 않아 그 등기가 가능한지가 문제된다.

② 현행실무

  ㉠ 개정 예규(제1692호)에서는 공유물분할판결의 변론종결 후 그 판결에 따른 등기신청 전에 일부 공유자의 지분을 기초로 제3자 명의의 새로운 등기(근저당권설정 등)가 경료된 때와 제3자에게 이전된 때(상속도 포함됨)에 승계집행문을 부여 받은 경우에는 판결에 따른 등기를 신청할 수 있도록 하였다.

  ㉡ 제3자 명의의 새로운 등기가 경료된 경우 : 등기절차의 이행을 명하는 확정판결의 변론종결 후 그 판결에 따른 등기신청 전에 등기의무자인 피고 명의의 등기를 기초로 한 제3자 명의의 새로운 등기가 경료된 경우(공유지분이전의 경우를 제외한다)로서 제3자가 「민사소송법」 제218조 제1항의 변론을 종결한 뒤의 승계인에 해당하여 위 판결의 기판력이 그에게 미친다는 이유로 원고가 제3자에 대한 승계집행문을 부여받은 경우에는, 원고는 그 제3자 명의의 등기의 말소등기와 판결에서 명한 등기를 단독으로 신청할 수 있으며, 위 각 등기는 동시에 신청하여야 한다.

  ㉢ 일부 공유자의 지분이 제3자에게 이전된 경우

    ㉮ 등기의무자의 승계 : 공유물분할판결의 변론종결 후 그 판결에 따른 등기신청 전에 일부 공유자의 지분이 제3자에게 이전된 경우로서 제3자가 「민사소송법」 제218조 제1항의 변론을 종결한 뒤의 승계인에 해당하여 위 판결의 기판력이 그에게 미친다는 이유로 다른 공유자가 자신이 취득한 분할부분에 관하여 위 제3자에 대한 승계집행문을 부여받은 경우에는, 그 공유자는 제3자 명의의 등기의 말소등기와 판결에 따른 지분이전등기를 단독으로 신청할 수 있으며, 위 각 등기는 동시에 신청하여야 한다.

    ㉯ 등기권리자의 승계 : 공유물분할판결의 변론종결 후 그 판결의 확정 전에 일부 공유자의 지분이 제3자에게 이전된 경우로서 위 제3자가 「민사소송법」 제218조 제1항의 변론을 종결한 뒤의 승계인에 해당하여 위 판결의 기판력이 그에게 미친다는 이유로 종전 공유자가 취득한 분할부분에 관하여 자신을 위한 승계집행문을 부여받은 경우에는, 그 제3자는 다른 공유자 명의의 지분에 대하여 곧바로 자신 앞으로 판결에 따른 이전등기를 단독으로 신청할 수 있다.

Ⅴ 공익사업을 위한 토지 등의 취득으로 인한 이전(등기예규 제1388호)

1. 협의취득의 등기절차

① 「공익사업을 위한 토지 등의 취득 및 보상에 관한 법률」(이하 "토지보상법" 이라 한다)에 의하여 미등기 토지 등의 대장상 소유명의인과 협의가 성립된 경우에는 먼저 그 대장상 소유명의인 앞으로 소유권보존등기를 한 후 사업시행자 명의로 소유권이전등기를 한다.

② 토지보상법에 의하여 등기기록상 소유명의인과 협의가 성립된 경우에는 사업시행자 명의로 소유권이전등기를 한다.

③ 위 ①, ②에 의하여 사업시행자 명의로 소유권이전등기를 함에 있어서는 그 등기신청서에 「부동산등기규칙」 제46조 제1항 제1호의 등기원인을 증명하는 정보로 공공용지의 취득협의서를 첨부하여야 한다.

2. 수용의 등기절차

(1) 등기신청의 특칙

① 단독신청의 특칙

㉠ 수용으로 인한 사업시행자의 소유권 취득은 원시취득이므로 미등기 부동산에 관하여는 사업시행자가 직접 자기 명의로 보존등기를 신청한다. 이미 등기된 부동산에 관하여는 소유권이전등기로 한다.

㉡ 수용으로 인한 소유권 취득은 등기의무자의 자유의사에 기한 것이 아니어서 협력을 얻기 어려울 뿐만 아니라, 토지수용위원회의 재결서(또는 협의성립확인서)를 등기원인증명정보로 제공하므로 등기의 진정을 해칠 염려가 없기 때문에, 수용으로 인한 사업시행자 명의로의 소유권이전등기는 등기권리자가 단독으로 신청할 수 있다(부동산등기법 제99조 제1항). 다만, 국가 또는 지방자치단체가 사업시행자 즉 등기권리자인 경우에는 그 등기를 촉탁하여야 한다(부동산등기법 제99조 제3항).

㉢ 공동신청이 허용되지 않는 것은 아니기 때문에 사업시행자는 등기의무자와 공동으로 신청할 수도 있다(대판 1977.5.24. 77다206).

② 대위신청의 특칙

㉠ 사업시행자가 소유권이전등기를 신청함에 있어 필요한 때에는 등기명의인 또는 상속인에 갈음하여 토지의 표시 또는 등기명의인의 표시변경이나 경정, 상속으로 인한 소유권이전등기를 「부동산등기법」 제28조에 의하여 대위신청할 수 있다. 이 경우 대위원인은 "○○년 ○월 ○일 토지수용으로 인한 소유권이전등기청구권"으로 기재하고, 대위원인을 증명하는 정보로 재결서등본 등을 첨부한다. 다만 소유권이전등기신청과 동시에 대위신청하는 경우에는 이를 원용하면 된다.

㉡ 대위신청을 하는 경우에는 상속인 등이 직접 신청하는 경우와 동일하게 취득세나 등록면허세를 납부하고 국민주택채권을 매입하여야 한다(등기선례 제7-219호).

③ 소유권의 변동이 있는 경우

㉠ 사업인정고시 후 재결 전에 소유권 변동이 있는 경우 : 사업인정고시 후 재결 전에 소유권 변동이 있었음에도 불구하고 사업인정 당시의 소유자를 피수용자로 하여 수용재결이 이루어진 때에는 재결경정절차를 밟아 변동 후의 소유자에게 보상하고 소유권이전등기를 하여야 한다(등기선례 제2-336호).

㉡ 사업인정고시 후 재결 전에 등기기록상 소유자가 사망한 경우 : 다만, 등기기록상 소유자가 사망한 사실을 간과하고 재결절차를 진행하여 사망자를 피수용자로 해서 재결한 후 상속인에게 보상금을 지급(공탁)한 경우에는 등기신청을 수리한다. 이때 피상속인의 소유명의로 되어 있는 경우에는 대위에 의한 상속등기를 먼저한 후 소유권이전등기를 신청하여야 한다(등기선례 제6-256호).

㉢ 재결 후 수용 개시일 전에 소유권 변동이 있는 경우 : 소유명의인인 갑을 피수용자로 하여 수용재결을 한 후 사업시행자가 피수용자인 갑에게 보상금을 지급하였으나 수용의 개시일 전에 갑이 을에게 소유권이전등기를 마친 경우 사업시행자는 을을 등기의무자로 하여 재결서등본 및 갑이 보상금을 수령하였음을 증명하는 서면을 제공하여 이전등기를 신청할 수 있다(등기선례 제5-151호, 제7-225호). 즉 재결 당시의 소유자에게 보상금을 지급하였다면 그 후 수용의 개시일 전에 소유권 변동이 있더라도 재결을 경정할 필요가 없다. 이 경우 등기의무자는 수용 개시일 당시의 소유명의인이 된다.

㉣ 수용의 개시일 이후에 소유권의 변동이 있는 경우 : 수용 개시일 이후에 등기기록상 소유권이전등기가 경료된 경우 등기관이 그 소유권이전등기를 직권말소한다.

(2) 첨부정보에 관한 특칙

① 사업시행자와 등기명의인 간에 협의가 성립된 경우와 협의 불성립으로 토지수용위원회에서 재결을 한 경우 모두 등기필정보, 주무관청의 허가서는 제공할 필요가 없다(등기선례 제7-57호). 공탁서의 피공탁자 주소와 등기기록상 피수용자 주소가 일치한다면 피수용자의 주소를 증명하는 정보도 제공할 필요가 없다(등기선례 제6-260호).

② 협의 성립의 경우

  ㉠ 협의성립확인서 또는 협의성립의 공정증서와 그 수리증명서

    ㉮ 협의가 성립하여 토지수용위원회로부터 확인을 받은 경우 그 확인은 재결로 본다.

    ㉯ 협의가 성립된 토지의 일정 사항에 대하여 공증을 받아 토지수용위원회에 협의 성립의 확인을 신청하고 이것이 수리되면 협의 성립이 확인된 것으로 보는데, 이러한 확인도 역시 재결로 본다.

    ㉰ 사업시행자, 토지소유자 및 관계인은 확인된 협의의 성립이나 내용을 다툴 수 없다(토지보상법 제29조).

    ㉱ 토지수용으로 인한 소유권이전등기신청서에 협의서만 첨부한 경우에는 협의성립확인서를 첨부하도록 보정을 명하고, 제출하지 않는 경우에는 등기신청을 수리하여서는 안 된다.

    ㉲ 협의가 성립된 경우에도 사업인정고시일로부터 1년 내에 토지수용위원회에 협의성립의 확인신청을 하지 아니한 경우에는 사업인정은 실효, 협의성립의 확인을 받지 아니한 권리이전은 원시취득이 아니라 승계취득일 뿐이므로(대판 1978.11.14. 78다1528) 등기원인일자와 첨부서면의 심사에 있어 주의하여야 한다.

  ㉡ 보상금수령증 원본

    ㉮ 사업시행자가 수용의 개시일까지 보상금을 지급하지 않거나 공탁하지 않으면 토지수용위원회의 재결은 효력을 상실하므로(토지보상법 제42조 제1항) 재결이 실효되지 않았음을 증명하는 정보로 보상금을 수령하였음을 증명하는 서면을 제공하여야 한다.

    ㉯ 수령인의 인감증명은 제공할 필요가 없으며, 피수용자의 보상금 계좌입금 청구서와 사업시행자의 계좌입금증을 제공한 경우에는 보상금수령증 원본도 제공할 필요가 없다(등기선례 제7-57호).

③ **재결을 한 경우** : 협의가 성립되지 아니하거나 협의를 할 수 없는 때에는 사업시행자는 사업인정고시가 된 날부터 1년 내에 관할 토지수용위원회에 재결을 신청할 수 있다(토지보상법 제28조).

  ㉠ 재결서등본 : 재결서등본을 제공하여야 한다. 분실한 때에는 재발급받아 제공하여야 한다(등기선례 제6-255호).

  ㉡ 보상금수령증 원본 또는 공탁서 원본 : 수용으로 인한 소유권이전등기를 신청하는 경우에는 보상금 지급을 증명하는 정보를 제공하여야 하는데, 보상금수령증 원본이나 공탁서 원본이 여기에 해당한다. 수용 개시일까지 보상금을 지급 또는 공탁하지 아니하면 재결은 실효된다(토지보상법 제42조 제1항).

(3) 등기실행에 관한 특칙

① 등기원인은 "토지수용"으로, 원인일자는 "수용의 개시일"을 기록한다.

② 토지수용으로 인해 사업시행자 명의로 소유권이전등기를 하는 경우 다음의 등기는 등기관이 직권으로 말소한다.

ㄱ 수용의 개시일 이후에 마쳐진 소유권이전등기(다만, 수용 개시일 이전의 상속을 원인으로 한 소유권이전등기는 제외)

ㄴ 소유권 외의 권리 즉 지상권, 지역권, 전세권, 저당권, 권리질권, 채권담보권 및 임차권에 관한 등기(다만, 그 부동산을 위하여 존재하는 지역권의 등기와 토지수용위원회의 재결에 의하여 인정된 권리는 제외. 재결에 의하여 인정된 권리는 신청정보로 제공하여야 함)

ㄷ 가등기, 가압류, 가처분, 압류 및 예고등기

③ 등기관이 위 등기를 말소한 때에는 말소통지서에 의하여 등기권리자에게 말소한 뜻을 통지하여야 한다.

ㄱ 그 등기가 채권자대위에 의한 것인 경우에는 채권자에게도 통지하여야 한다(부동산등기규칙 제157조 제2항).

ㄴ 등기말소통지서에는 부동산의 표시, 말소한 등기의 표시, 등기명의인 및 수용으로 인하여 말소한 뜻을 적는다(부동산등기규칙 제157조 제1항).

④ 소유권 외의 권리의 수용으로 인한 권리이전등기도 위에 준한다(부동산등기법 제99조 제5항).

⑤ 재결이 실효되었을 때에는 수용을 원인으로 한 소유권이전등기는 등기권리자와 등기의무자의 공동신청에 의하여 말소하고, 등기관은 토지수용으로 인하여 말소한 등기를 직권으로 회복한다.

⑥ 토지수용을 원인으로 소유권이전등기를 마친 부동산에 대하여 사업 시행에 불필요한 토지임을 이유로 사업시행계획이 변경되었더라도 재결이 실효되지 않는 한 소유권이전등기의 말소등기를 신청할 수 없다(등기선례 제8-174호).

VI 상속으로 인한 이전

1. 개 관

① 상속등기란 피상속인의 사망으로 피상속인에게 속하였던 부동산의 권리가 상속인에게 승계되는 것을 공시하는 등기를 말한다. 상속의 원인인 사망에는 실종선고(민법 제27조)와 인정사망(가족관계의 등록 등에 관한 법률 제87조)도 포함한다.

② 상속등기는 피상속인의 사망으로 「민법」 제1009조에 따라서 하는 법정상속등기와 「민법」 제1013조에 의한 협의분할에 의한 상속이 있다.

③ 상속에 따른 등기는 상속인이 단독으로 신청한다(부동산등기법 제23조 제3항).

④ 상속순위·상속분 등에 관하여 구 「민법」(1959.12.31까지의 관습법)과 신 「민법」(1960.1.1. 시행 신민법과 1979.1.1. 및 1991.1.1. 시행 각 개정민법)은 많은 차이점이 있고 「민법」 부칙의 경과규정에 의하여 현행법 시행 전에 개시된 상속에 관하여는 현행법 시행 후에도 상속개시 당시의 법을 적용하도록 되어 있으므로, 상속에 따른 이전등기의 신청을 심사함에 있어서는 먼저 원인일자를 가려 어느 법을 적용할 것인가를 판정한 후에 상속순위, 상속분 등을 따져 보아야 한다.

2. 법정 상속등기

(1) 등기할 사항(등기원인과 그 연월일)

1991년 이후에 사망하여 상속을 원인으로 한 소유권이전등기를 실행하는 경우에 등기원인을 "상속", 등기원인일자를 "피상속인의 사망일"로 기록하여야 한다.

(2) 신청인

① 상속인

㉠ 현행 「민법」상의 상속인

㉮ 상속등기는 상속인이 확정되어야 그 상속인들이 신청할 수 있다. 상속 제도의 변천에 따라 각각 다르지만 현행 「민법」에 의하면 상속인으로 될 수 있는 자는 「민법」 제1000조의 피상속인의, 직계비속, 직계존속, 형제자매, 4촌 이내의 방계혈족 등이다. 또한 「민법」 제1001조의 대습상속인도 상속인이 된다.

㉯ 피상속인과 피대습자가 동시 사망한 경우의 대습상속인 : 판례에 의하면 「민법」 제1001조의 상속인이 될 직계비속이 상속개시 전에 먼저 사망한 경우의 의미 속에는 상속인이 될 직계비속이 상속개시와 동시에 사망한 것으로 추정되는 경우도 포함하는 것으로 보고 있다(대판 2001.3.9. 99다13157). 따라서 장인과 부인인 딸이 동시에 사망한 경우에 그 사위는 부인을 대습상속하게 되므로 상속인이 될 수 있다.

㉰ 상속개시 전에 재혼한 처 : 민법 제1003조 제2항의 상속개시전에 사망 또는 결격된 자의 배우자는 상속인의 사망 후에도 계속 혼가와의 인적관계가 유지되는 배우자를 의미하므로, 부의 사망 후 재혼한 처는 전부의 순위에 갈음하는 대습상속인으로 될 수 없다(등기예규 제694호).

㉱ 상속포기자 : 가정법원에 상속포기신고를 한 자는 상속인이 될 수 없으므로 그 자를 제외하고 상속등기를 하려면 상속포기심판서정본을 첨부정보로서 등기소에 제공하여야 한다. 한편 상속인이 수인인 경우에 어느 상속인이 상속을 포기한 때에는 그 상속분은 다른 공동상속인의 상속분의 비율로 그 상속인에게 귀속한다(민법 제1043조). 따라서 수인의 공동상속인 중 일부가 상속을 포기한 경우에 포기한 상속인의 직계비속 또는 형제자매가 대습상속하는 것이 아니다(등기선례 제201211-4호).

㉲ 피상속인의 자녀 전부가 상속을 포기한 경우 배우자 : 상속을 포기한 자는 상속이 개시된 때부터 상속인이 아니었던 것과 같은 지위에 놓이게 되므로, 피상속인의 배우자와 자녀 중 자녀 전부가 상속을 포기한 경우 배우자는 피상속인의 손자녀와 공동으로 상속인이 되고, 손자녀가 없는 경우에는 피상속인의 직계존속과 공동으로 상속인이 되며, 피상속인의 손자녀와 직계존속이 모두 없는 경우에는 단독으로 상속인이 된다(등기선례 제201508-4호).

㉳ 사실혼의 배우자 : 상속에 있어서의 배우자란 혼인신고를 한 법률상의 배우자를 의미하며 이른바 사실혼의 배우자는 처로서의 상속권이 인정될 수 없으므로 상속인에 해당하지 않는다(등기선례 제5-307호). 마찬가지로 피상속인의 혼인외 자의 생모로서 피상속인의 법률상 배우자가 아닌 자는 상속인에 해당되지 아니한다(등기선례 제7-193호).

㉴ 생사불명 또는 행방불명자 : 공동상속인 중 일부의 자가 생사불명 또는 행방불명되었다 하여도 상속인의 지위까지 상실하는 것은 아니므로 실종선고를 통하여 상속인에서 제외시키지 않는 한 상속인이 된다. 예컨대 망인의 직계비속인 딸이 이북에 있어 생사불명이라는 이유만으로는 상속인에서 제외될 수 없다(대판 1982.12.28. 81다452·453).

　　　　⑭ 국적상실자 : 우리나라의 현행법에는 외국인의 상속을 부인하는 규정이 없기 때문에 외국인이라
　　　　　하여도 피상속인과의 사이에「민법」제1000조 소정의 신분관계가 있으면 상속을 받을 수 있다(등
　　　　　기선례 제2-277호). 따라서 한국국적을 상실하여 외국인이 되었더라도 상속권을 상실하는 것은 아
　　　　　니므로 상속인이 될 수 있다.

　　　ⓒ 구「관습법」상의 상속인

　　　　㉮ 호주가 사망한 경우(피상속인이 호주인 때) : 구관습법상 기혼자로서의 호주가 사망한 경우에는
　　　　　호주의 장남만이 호주상속 및 재산상속권자이므로 장남이 상속인이 되어 단독신청하면 된다(등기
　　　　　선례 제4-361호). 따라서 장남을 제외한 직계비속은 상속인이 될 수 없었다. 그러나 호주가 미혼자
　　　　　로서 사망한 때에는 구「민법」(1960.1.1. 이전)하의 관습인 "형망제급"의 원칙에 따라서 사망한
　　　　　호주의 제가 호주 및 재산상속을 하게 된다(등기선례 제201305-3호).

　　　　㉯ 호주의 가족인 장남이 먼저 사망한 경우(피상속인이 가족인 때) : 1960년 1월 1일「민법」시행
　　　　　전에 호주 갑의 가족인 장남(부동산등기법정추정 호주상속인) 을이 사망하고 그 장남의 직계비속
　　　　　으로 장남 병, 차남 정, 미출가녀 무가 있는 경우, 호주상속은 없고 유산상속만 있는 경우이기
　　　　　때문에 망 장남 을의 유산은 동일 호적내에 있는 직계비속인 자녀들에게 균등하게 상속되므로
　　　　　등기기록에 기록된 을 명의의 부동산에 대하여 병만이 단독으로 상속하는 것은 아니다(등기선례
　　　　　제7-186호, 대판[전합] 1990.2.27. 88다카33619). 따라서 병, 정, 무가 함께 상속인이 된다.

　　　　㉰「민법」시행 전 호주가 상속인이 없어 절가가 되었을 경우 : 호주인 망 갑이 호주 상속인 없이
　　　　　사망하여 절가된 경우에는 호주상속은 없고 유산상속만 있게 되어 최근친자에게 유산이 귀속되므
　　　　　로 망 갑의 유산은 출가녀 4인에게 균분하게 귀속되므로 출가녀 4인이 상속인이 된다(등기선례
　　　　　제200212-1호).

　② 상속등기 신청 특칙

　　　ⓐ 상속인의 단독신청 : 상속으로 인한 등기신청은 등기권리자가 단독 신청할 수 있다(부동산등기법 제23조
　　　제3항). 이는 상속이라는 사실의 발생은 제적등본, 기본증명서(상세) 등 공적장부에 의하여 용이하게
　　　등기관이 확인할 수 있고 절차상 등기의무자에 해당하는 자가 사망하여 등기신청인이 될 수 없기
　　　때문이다.

　　　ⓑ 공동상속인 1인의 단독신청 여부 : 상속인의 전부 또는 일부가 부동산을 공동상속 받는 경우, 상속에
　　　의한 소유권이전등기는 그 수인의 공동상속인의 신청에 의하게 된다. 그러나 공동상속 받은 자 중
　　　1인이「민법」제265조 단서에서 규정하는 이른바 공유물의 보존행위로서 상속인 모두를 위해 상속등
　　　기를 신청할 수도 있으며, 이 경우 공동상속인 전원을 등기신청정보의 내용으로 등기소에 제공하여야
　　　한다(등기선례 제5-276호).

　　　ⓒ 일부(지분만)상속등기(불허) : 공동상속인 중 일부의 지분만에 관한 상속등기는 부동산등기법 제29
　　　조 제2호의 사건이 등기할 것이 아닌 경우에 해당하므로(등기선례 제200706-7호), 공동상속인 중 일부
　　　가 상속등기에 협력하지 않거나 행방불명된 경우라 하더라도 나머지 상속인의 상속지분만에 대한
　　　일부 상속등기를 할 수는 없고(등기예규 제535호, 등기선례 제6-200호), 상속인 중 일부가 나머지 상속인
　　　들의 상속등기까지 법정상속분에 따라 신청하여야 하며 등기신청정보에도 공동상속인 전원을 표시
　　　하여야 한다(등기선례 제5-276호). 따라서 상속인들이 각자의 상속지분만에 관하여 별건으로 상속등기
　　　신청정보를 등기소에 제공하여 동시에 접수하는 것도 결국은 자기 지분만의 상속등기를 신청하는
　　　것이므로 허용될 수 없다. 마찬가지 이유로 상속등기를 마친 후에는 공동상속인 중 일부가 자기 상속
　　　분만의 말소등기를 신청할 수도 없다(등기선례 제7-171호).

(3) 신청정보의 내용

① 등기원인 및 그 연월일

　㉠ 상속제도의 변천에 따른 등기원인 : 법정상속분에 따라 상속등기를 신청할 때에는 등기원인을 '상속'으로, 그 연월일을 피상속인이 사망한 날로 한다. 다만, 1959.12.31. 이전에 개시된 상속으로 인한 소유권이전등기를 신청할 때에는 등기원인을 '호주상속 또는 유산상속'으로, 1960.1.1.부터 1990.12.31.까지의 기간 중에 개시된 상속으로 인한 소유권이전등기를 신청할 때에는 등기원인을 '재산상속'으로 한다 (등기예규 제1675호).

　㉡ 실종선고의 경우

　　㉮ 실종기간이 구법 시행기간 중에 만료한 때에도 신법 시행일 후에 실종 선고된 때에는 그 상속순위, 상속분 기타 상속에 관하여는 신법을 적용하도록 되어 있으며(민법부칙 제25조 제2항), 실종선고의 효과는 실종기간이 만료한 때로 소급하게 된다(민법 제28조 제1항). 따라서 '등기원인'은 '신법 시행시의 등기원인'을, '등기원인일자'는 '실종기간만료일'을 신청정보의 내용으로 등기소에 제공하여야 한다.

　　㉯ 다만 실종기간만료일과 등기원인이 상이한 경우에 등기기록에 기록된 것으로만 보면 구법 당시에 개시된 상속에 대하여 신법을 적용한 것처럼 보이므로 공시의 명확을 기하기 위하여 등기원인 다음에 괄호를 부하여 '○○년 ○월 ○일 실종선고'와 같이 그 실종선고일자를 신청정보의 내용으로 제공하여야 한다.

　㉢ 상속등기원인이 2개 이상인 경우 : 상속개시 후 그 상속등기 전에 상속인 중에 한 사람이 사망하여 또다시 상속이 개시된 경우에는 선행 등기원인과 그 연월일은 등기원인란에 "○○년 ○월 ○일 상속"으로 표시하고, 후행 등기원인과 그 연월일은 신청인표시란에 '공동상속인 중 ○○○는 ○○년 ○월 ○일 사망하였으므로 상속'으로 표시하고, 상속인의 상속인 표시를 하여 1건의 신청정보로 일괄신청할 수 있다.

② 첨부정보

　㉠ 등기원인 증명정보(상속을 증명하는 정보)

　　㉮ 상속증명정보

　　　• 상속을 원인으로 등기신청을 하는 경우 등기원인을 증명하는 정보는 상속을 증명하는 정보이다. 이 상속을 증명하는 서면으로는 피상속인의 기본증명서와 피상속인의 가족관계증명서 및 친양자입양관계증명서가 대표적이다. 다만, 피상속인의 사망신고가 가족관계등록부가 작성되지 아니한 2008.1.1 이전인 경우에는 제적등본 등을 제공한다.

　　　• 이 경우 피상속인의 기본증명서(상세)는 상속사실과 사망일자(등기원인일자)를 증명하는 정보로 제공하고, 피상속인의 가족관계증명서(상세), 친양자입양관계증명서(상세), 제적등본은 상속인의 범위를 확정하기 위한 정보로 제공한다.

　　　• 친양자입양관계증명서(상세)를 제공하게 하는 이유는 친양자 입양으로 입양 전의 친족관계는 종료하는 바(민법 제908조의3 제1항), 피상속인의 사망시점과 친양자 입양시점을 비교하여 상속인의 범위를 확정할 필요가 있기 때문이다.

④ 상속을 증명하는 정보를 제공할 필요가 없는 경우
- 갑의 증조부가 사정받은 토지를 망조부를 거쳐 망부로 순차 단독 상속된 후 망부의 공동상속인들 사이에 상속재산 협의분할을 통하여 갑이 망부의 토지를 단독으로 상속받은 사실이 인정되어, 갑이 소유권보존등기명의인인 국가를 상대로 진정명의회복을 원인으로 한 소유권이전등기 절차이행을 명하는 승소확정판결을 받은 경우와 같이 상속인이 등기권리자로서 승소판결을 받은 경우, 위 판결에 의하여 소유권이전등기를 신청함에 있어서는 가족관계등록사항별증명서, 제적등본, 망부의 상속인들 사이의 상속재산협의분할서(인감증명) 등 부동산등기규칙 제46조 제1항 제1호 소정의 상속을 증명하는 정보를 등기소에 제공할 필요가 없다(등기선례 제7-179호).
- 그러나 상속인이 판결에 의해서 등기권리자로 신청하는 경우라도 판결이유 중에 상속인과 상속분이 구체적으로 기재되어 있지 않은 경우에는 상속을 증명하는 정보를 첨부정보로서 등기소에 제공하여야 한다(등기선례 제200806-3호).
- 또한, 비록 상속인 및 상속분이 구체적으로 기재되어 있으나 등기사항인 상속인들의 주소·주민등록번호가 기재되어 있지 않은 경우에는 상속을 증명하는 정보의 제공여부와 별개로 위 상속인들과 소유권보존등기명의인들이 동일인임을 소명하기 위하여 피상속인과 상속인의 제적등본 기타 가족관계등록사항별증명서 등을 제공하여야 한다(등기선례 제200806-3호).
㉡ 주소를 증명하는 정보
㉮ 피상속인의 주소를 증명하는 정보
- 피상속인의 주소를 증명하는 정보는 법령에서 요구하는 등기소에 제공할 첨부정보가 아니다(등기선례 제3-672호).
- 다만 기본증명서(상세)와 제적등본만으로 등기기록에 기록된 등기명의인과 피상속인이 동일인임이 인정된다고 볼 수 없는 경우(등기기록 또는 제적등본, 기본증명서(상세)에 주민등록번호가 기록되어 있지 않는 등)에는 그 동일성 확인을 위하여 피상속인의 주소를 증명하는 정보(말소된 주민등록정보 등)를 첨부정보로서 등기소에 제공할 필요성이 있다(등기선례 제4-351호, 제201307-3호).
- 위의 경우에 피상속인이 주민등록정보에 등록된 사실도 없는 경우(주민등록법이 시행되기 전에 피상속인이 사망한 경우 등)에는 시·구·읍·면장의 동일인증명서나 사실을 확인하는데 상당하다고 인정되는 자의 동일인보증서면과 그 인감증명 및 기타 보증인자격을 인정할 만한 서면(공무원 재직증명, 법무사 자격증 사본 등)을 제공하여 상속등기를 신청할 수 있다.
- 다만 구체적인 사건에서 이러한 서면에 의한 동일인 인정여부는 그 등기사건을 처리하는 등기관이 판단할 사항이다(등기선례 제7-176호).
- 그러나 상속인의 각서로 동일인보증서에 갈음할 수는 없다(등기선례 제4-64호).
㉯ 상속인의 주소를 증명하는 정보
- 일반적인 경우
  - 상속을 원인으로 한 소유권이전등기를 하고자 할 때에는 상속인 전원의 주소증명정보를 첨부 정보로서 등기소에 제공하여야 한다. 왜냐하면 상속등기를 함에 있어서는 상속인 중 일부의 자라도 제외시킨 채 상속등기를 할 수 없기 때문이다.
  - 그러나 상속포기신고를 한 자는 상속등기신청인이 될 수 없고, 등기기록에 새로 기록되는 등기권리자도 아니므로 상속등기를 신청할 때에는 그 자의 주소를 증명하는 정보인 주민등록 정보를 첨부정보로서 등기소에 제공할 필요는 없다(등기선례 제2-90호).

- 특수한 경우
  - 행방불명인 경우 : 채권자 대위에 의하여 상속등기를 하고자 할 때, 공동상속인 중 재외국민 및 외국 국적을 취득하여 우리나라 국적을 상실한 자가 각 행방불명되어 그 소재를 알 수 없는 경우에는 그 상속인들(재외국민 및 외국인)의 주민등록표상의 최후 주소를 주소지로 기재하고, 그 말소된 주민등록표등본을 주소를 증명하는 서면으로 제공하여 할 수 있고, 그 상속인들의 말소된 주민등록표등본을 발급 받을 수 없는 경우라면, 이를 소명하여 제적등본 상의 본적지를 주소지로 기재하고 그 제적등본을 주소를 증명하는 서면으로 첨부하여 상속등 기를 할 수 있다(등기선례 제7-78호).
  - 생사불명인 경우 : 위의 경우처럼 말소된 주민등록정보나 기본증명서(상세)(구 제적등본)를 제공하거나, 실종선고의 요건에 해당하는 경우에는 실종선고를 통하여 공동상속인에서 제외 시키는 것으로 가족관계등록부(구 제적부)를 정정한 다음에 상속등기를 신청할 수 있다(등기 선례 제6-200호).
  - 재외국민인 상속인이 주소증명정보의 제공에 협력하지 않는 경우 : 공동상속인 중 일부인 재외국민이 상속등기를 기피할 목적으로 재외국민등록부정보의 발급신청에 협력하지 아니하 여 현주소를 알 수 없는 경우에는 그 상속인의 주소증명정보로 말소된 주민등록정보와 재외 국민의 현주소를 알 수 없다는 소명자료를 첨부정보로서 등기소에 제공하여(상속등기 신청인 이 외교통상부 장관에게 그 재외국민의 재외국민등록부정보의 발급을 신청하였다가 재외국 민의 위임을 받지 아니하였다는 이유로 발급을 거부한 취지의 외교통상부 공문은 여기의 소 명자료에 해당함) 말소된 주민등록표상 최후의 주소로 상속등기를 신청할 수 있다(등기선례 제7-74호).
  - 혼가의 본적지 외의 주소지나 최후 주소지를 알 수 없는 경우 : 공동상속인 중 1인이 미수복지 구에 호적을 가진 자와 혼인한 사유로 제적된 사실만 나타날 뿐 혼가의 본적지 외의 주소지나 최후 주소지를 알 수 없을 때에는 제적사유에 기재된 혼가(婚家)의 본적지를 주소지로 하고, 그 제적등본을 제공할 수 있다(등기선례 제1-122호).

(4) 등기관의 심사권

상속을 증명하는 정보 또는 상속을 증명함에 충분한 정보와 관계법령에 기한 상속인의 범위 및 상속지분의 인정은 등기관의 형식적 심사권한의 범위 내라고 할 것이므로, 위와 같은 서면과 관계법령에 의하여 인정되 는 정당한 상속인의 범위 및 상속지분과 다른 내용으로 상속등기를 신청하였을 경우 등기공무원으로서는 신청 내용이 확정된 판결의 내용과 동일하다고 하더라도 위 등기신청을 각하하여야 한다(대결 1995.2.22. 94마 2116).

3. 협의분할에 의한 상속등기

(1) 의 의

① 상속재산의 협의분할이라 함은 상속인 사이에 잠정적 공유가 된 상속재산에 관하여 그 공유관계를 종료 시키고 각 상속인에게 합의에 따라 그 배분 및 귀속을 확정하는 것을 말한다. 이에 따라 그 사실을 공시하 는 등기가 협의분할에 의한 상속등기이다.

② 협의분할에 의한 상속등기는 처음부터 하는 협의분할에 의한 상속등기, 법정상속등기 또는 협의분할에 의한 상속등기 후의 협의분할 또는 재협의분할에 따른 상속등기가 있다.

(2) 협의분할에 의한 상속등기 신청절차

① 등기 사항

ⓐ 등기원인과 그 원인일자 : 부동산등기법 제48조의 일반적 등기사항 외에 등기원인을 "협의분할에 의한 상속" 등기원인일자는 "피상속인의 사망일"로 기록한다.

ⓑ 협의분할에 의한 상속등기의 효과 : 상속재산의 분할은 상속이 개시된 때에 소급하여 그 효력이 있다 (민법 제1015조).

② 신청인 특칙

ⓐ 공동상속인의 확정 및 확인 : 협의분할에 의한 상속등기도 여전히 상속등기이므로 피상속인이 사망하여야 하고, 상속재산의 공유자인 공동상속인이 확정되고 확인되어야 한다.

ⓑ 분할협의 절차상의 특칙

ⓐ 전원 참석

- 상속재산의 협의분할은 공동상속인 간의 일종의 계약으로서 공동상속인 전원이 협의하여야 하고 일부 상속인만으로 한 협의분할은 무효이다(대판 1995.4.7. 93다54736).
- 상속재산의 협의분할은 공동상속인간의 일종의 계약이므로 상속재산분할협의서를 작성함에 있어 상속인 전원이 참석하여 그 협의서에 연명으로 날인하는 것이 바람직하나, 공동상속인의 주소가 상이하여 동일한 분할협의서(복사본이나 프린트 출력물 등)를 수통 작성하여 각각 날인하였더라도 결과적으로 공동상속인 전원이 분할협의에 참가하여 합의한 것으로 볼 수 있다면, 그 소유권이전등기신청을 수리하여도 무방하다(등기선례 제200612-5호).

ⓑ 공동상속인 중 일부가 사망 또는 행방불명된 경우 : 공동상속재산의 협의분할에는 공동상속인 전원이 참가하여야 하므로, 공동상속인 중 일부의 행방을 알 수 없는 경우에는 위 행방불명된 상속인에 대한 실종선고를 받지 않는 한 협의분할을 할 수 없지만, 공동상속인 중 일부는 법정상속분에 따라 공동상속인 전원의 상속등기를 신청할 수 있다(등기선례 제5-275호).

ⓒ 협의에 참가할 수 있는 자

- 공동상속인 등 : 상속재산분할협의는 상속인 또는 상속인에 준하는 위치에 있는 자들의 계약이기 때문에 협의에 참가할 수 있는 자는 「민법」 제1000조 상의 상속을 승인한 공동상속인(양자, 외국인 포함), 포괄수증자(민법 제1078조), 분할 전의 상속분 양수인(민법 제1011조) 등이 있다.
- 상속인의 상속인 : 피상속인의 사망으로 상속이 개시된 후 상속등기를 마치지 아니한 상태에서 공동상속인 중 1인이 사망한 경우, 나머지 상속인들과 사망한 공동상속인의 상속인들이 피상속인의 재산에 대한 협의분할을 할 수 있다(등기선례 제7-178호).
- 상속인의 대리인으로서의 상속인 : 상속재산분할의 협의는 대리인에게 위임할 수 있으므로 위임하는 상속인이 미성년자가 아닌 한 공동상속인 중 1인을 분할협의에 관한 대리인으로 선임하여도 무방하므로 위임하는 상속인의 대리인의 자격으로 협의분할에 참여할 수도 있다.
- 한편 피상속인의 사망으로 그 공동상속인들이 협의에 의하여 상속재산을 분할하는 경우에 공동상속인 중 1인이 외국에 거주하고 있어 직접 분할협의에 참가할 수 없다면 이러한 분할협의를 대리인에게 위임하여 할 수 있는 바, 이 경우 그 공동상속인 중 한 사람을 위 분할협의에 관한 대리인으로 선임하여도 무방하다(등기선례 제201805-9호). 이 선례에 의해서 재외국민이 입국할 수 없는 경우에는 공동상속인에게는 위임할 수는 없다(등기선례 제4-342호)는 선례는 변경되었다.

- **특별대리인** : 상속재산협의분할서를 작성하는데 있어서 친권자와 미성년자인 자 1인이 공동상속인인 경우에는 이해상반될 우려가 있으므로 미성년자를 위한 특별대리인을 선임하여 상속재산분할협의를 하여야 한다(등기예규 제1088호). 친권자가 상속포기를 하지 아니한 이상 상속재산을 전혀 취득하지 아니하는 경우라 하더라도 재산협의분할행위 자체는 이해상반행위이므로 친권자는 미성년자인 자를 대리하여 다른 상속인과 분할의 협의를 할 수 없고 미성년자를 위한 특별대리인을 선임하여야 한다(등기선례 제4-350호).
- **상속포기자의 참가 여부** : 공동상속인 중 상속을 포기한 자가 있는 경우 그러한 자는 상속포기의 소급효로 처음부터 상속인이 아니었던 것으로 되므로 상속을 포기한 자는 상속재산분할협의에 참가할 수 있는 자는 아니다. 다만 상속을 포기한 자의 상속포기신고를 수리하는 뜻의 심판정본을 제공하여야 한다(등기선례 제202006-1호).
- ㉺ **상속재산분할협의서 작성** : 상속재산분할협의서를 작성하는 방법으로 협의를 하였다면 상속재산분할협의서에는 상속인 전원이 참석해서 연명으로 기명날인(인감날인)한 후 인감증명을 함께 첨부정보로서 등기소에 제공하여야 한다(부동산등기규칙 제60조 제1항 제6호).

③ **신청정보의 내용(등기원인과 원인일자)** : 상속재산의 협의분할에 의한 상속등기의 등기원인일자는 '피상속인의 사망일자'를, 등기원인은 '협의분할에 의한 상속'을 신청정보의 내용으로 등기소에 제공해야 한다(등기예규 제1675호). 한편 상속재산 조정분할 또는 상속재산 심판분할에 따라 상속등기를 신청할 때에는 등기원인을 각각 "조정분할에 의한 상속" 또는 "심판분할에 의한 상속"으로, 그 연월일을 "피상속인이 사망한 날"로 한다(등기예규 제1675호).

④ **첨부정보**
- ㉠ **상속재산분할협의서** : 공동상속인 간에 상속재산분할협의가 성립된 경우에는 등기원인을 증명하는 정보로 상속재산분할협의서를 작성하여 제공하여야 한다(부동산등기규칙 제46조 제1항 제1호).
- ㉡ **상속인 전원의 인감증명**
  - ㉮ 상속재산분할협의서에는 상속인 전원이 기명날인하고 상속인 전원의 인감증명을 첨부정보로서 등기소에 제공해야 한다(부동산등기규칙 제60조 제1항 제6호). 다만 공동상속인 전원이 인감을 날인한 상속재산분할협의서와 인감증명서를 제공하는 대신 공증인의 공증을 받은 상속재산분할협의서를 첨부정보로서 제공할 수 있다(등기선례 제202001-1호).
  - ㉯ 한편 특별대리인이 미성년자를 대리하여 상속재산분할협의에 참가한 경우에는 미성년자가 아닌 특별대리인의 인감증명을 첨부정보로서 제공해야 하고, 재외국민은 상속재산의 협의분할시 제공하는 인감증명 대신에 상속재산분할협의서에 재외공관의 공증을 받아 제공할 수 있다(등기예규 제1686호).
  - ㉰ 위의 경우에 이 상속재산분할협의서의 공증방법은 별도의 서명인증서에 의한 증명이나 공증을 받아야 하는 것이 아니라 서명을 한 상속재산협의분할서 자체에 증명이나 공증을 받아야 한다(등기선례 제201304-1호).
- ㉢ **특별대리인 선임심판서** : 상속인 중에 미성년자가 있는 경우에는 공동상속인인 친권자는 특별대리인을 선임해야 하므로 특별대리인 선임심판서도 첨부정보로서 등기소에 제공한다.

ⓔ 상속을 증명하는 정보 : 규칙 제46조 제1항 제1호의 등기원인을 증명하는 정보인 상속을 증명하는 정보로서 피상속인의 기본증명서(상세)를, 상속인의 범위를 명확히 확정하기 위해서 피상속인의 가족관계증명서(상세), 친양자입양관계증명서(상세), 제적등본을 제공해야 한다. 다만 상속인이 판결에 의해서 등기권리자로서 단독 신청할 때는 등기소에 제공할 필요가 없는 것이 원칙이다(등기선례 제7-179호).

ⓜ 주소증명정보

㉮ 피상속인의 주소증명정보 : 피상속인의 주소증명정보는 법령에서 요구되는 등기소에 제공할 첨부정보는 아니다(등기선례 제3-672호). 다만 기본증명서(상세)와 제적등본만으로 등기기록에 기록된 등기명의인과 피상속인이 동일인임이 인정된다고 볼 수 없는 경우(등기기록 또는 제적등본, 기본증명서(상세)에 주민등록번호가 기록되어 있지 않은 등)에는 그 동일성 확인을 위하여 피상속인의 주소를 증명하는 정보(말소된 주민등록표초본 등)를 제공할 필요성이 있으며(등기선례 제4-351호), 실무상 피상속인의 주소증명정보를 첨부정보로서 등기소에 제공하고 있다.

㉯ 위의 경우에 피상속인이 주민등록표상에 등록된 사실도 없는 경우(주민등록법이 시행되기 전에 피상속인이 사망한 경우 등)에는 시·구·읍·면장의 동일인 증명이나 그 사실을 확인하는데 상당하다고 인정되는 자의 보증서면과 그 인감증명 및 기타 보증인자격을 인정할 만한 정보(공무원 재직증명, 법무사 자격증 사본 등)를 제공하여 상속등기를 신청할 수 있다. 다만 구체적인 사건에서 이러한 정보에 의한 동일인 인정여부는 그 등기사건을 처리하는 등기관이 판단할 사항이다(등기선례 제7-176호).

㉰ 상속인의 주소증명정보 : 상속을 원인으로 소유권이전등기를 하고자 할 때에는 상속인의 주소증명정보를 등기소에 제공하여야 한다. 다만 법정상속등기와는 달리 협의분할에 의한 상속등기를 신청하는 경우에는 재산상속을 받지 않는 나머지 상속인들의 주소를 증명하는 정보는 제공할 필요가 없다(등기선례 제7-76호).

㉱ 상속인의 주소증명정보는 상속인이 재외국민이면 재외국민등록부정보나 주소공증정보를, 외국인이면 본국 관공서의 거주사실증명서나 주소공증정보를 제공하면 되나, 이들이 입국했다면 국내 거소신고사실증명서, 또는 외국인등록사실증명서로 갈음할 수 있다(등기예규 제1686호).

(3) 법정상속등기 후 상속재산협의분할에 따른 상속등기(경정등기)

① 상속등기 후 협의분할 가부 : 수인이 공동상속등기를 마친 후에 공동상속인 중의 1인 또는 수인에게 재산을 취득하게 하는 취지의 상속재산의 협의분할 또는 재판에 의한 분할을 한 경우에 상속등기의 경정등기를 허용하고 있다(등기선례 제1-322호). 이는 공동상속인 중 1인 또는 피상속인(또는 상속인)의 채권자의 대위에 의한 공동상속등기신청에 의하여 공동상속등기가 마쳐지면 이는 공동상속인의 의사에 반하거나 실체관계에 부합하지 아니하는 결과가 될 수 있으므로 그것을 바로잡기 위하여 상속등기의 경정등기를 인정하는 것이다.

② 신청인 : 권리를 취득하는 자가 등기권리자, 권리를 잃는 자가 등기의무자가 되어 공동으로 소유권의 경정등기를 신청하여야 한다.

③ 신청정보

등기원인 및 연월일	법정상속분에 따라 여러 명의 공동상속인들을 등기명의인으로 하는 상속등기를 마친 후에 그 공동상속인들 중 일부에게 해당 부동산을 상속하게 하는 등의 상속재산 협의분할, 상속재산 조정분할 또는 상속재산 심판분할이 있어 이를 원인으로 상속등기의 경정등기를 신청할 때에는 등기원인을 각각 "협의분할", "조정분할" 또는 "심판분할"로, 그 연월일을 각각 협의가 성립한 날, 조정조서 기재일 또는 심판의 확정일로 한다(등기예규 제1675호).
등기목적	소유권경정등기를 신청정보의 내용으로 등기소에 제공한다.
경정할 사항	경정 전의 등기원인인 "상속"을 "협의분할에 의한 상속", "조정분할에 의한 상속" 또는 "심판분할에 의한 상속"으로, 경정 전의 등기명의인을 협의분할, 조정분할 또는 심판분할에 따라 해당 부동산을 취득한 상속인으로 경정한다는 뜻을 신청정보의 내용으로 제공하여야 한다(등기예규 제1675호).
국민주택채권 발행번호	상속등기 후의 협의분할을 원인으로 한 소유권경정등기는 그 실질이 상속에 따른 소유권이전등기에 해당하므로 상속인은 국민주택채권을 매입한 후 국민주택채권발행번호를 신청정보의 내용으로 등기소에 제공하여야 한다. 다만 그전에 상속등기를 신청할 때 국민주택채권을 매입하였다면 경정등기 시의 매입 금액에서 이미 상속인들이 매입한 금액만큼 공제하고 나머지 금액만 매입하면 될 것이다(등기선례 제4-949호).

④ 저촉되는 부분에 말소하는 표시 : 부기등기 형식으로 등기를 실행한 등기관은 저촉되는 종전의 내용에 대해서 말소하는 표시를 하여야 한다. 다만 법정상속등기의 등기원인일자는 말소하는 표시를 하지 아니한다(등기예규 제1675호).

⑤ 등기상 이해관계인의 등기 직권말소 또는 직권경정 : 소유권경정등기를 실행한 등기관은 등기상 이해관계인의 등기도 직권으로 전부 말소하거나 직권으로 경정등기를 하여야 한다(등기예규 제1366호).

⑥ 첨부정보 제공의 특칙

등기상 이해관계인의 승낙서 등	상속등기의 경정등기를 함에 있어서 그 경정등기 대상을 목적으로 한 등기상 이해관계인이 있으면 그 등기도 일부말소 의미의 경정등기를 하거나 전부 말소등기를 하여야 하므로 그 자들의 승낙이나 이에 대항할 수 있는 재판이 있음을 증명하는 정보를 첨부정보로서 등기소에 제공하여야 한다(부동산등기법 제57조, 등기예규 제1366호).
취득세 영수필 확인서	법정상속분에 따른 상속등기 또는 협의분할에 의한 상속등기 후에 새로이 협의분할을 하여 소유권경정등기를 신청하는 경우에는 특정 상속인이 당초 상속분을 초과하여 취득하는 재산가액은 상속분이 감소한 상속인으로부터 증여받아 취득한 것으로 보게 되므로(지방세법 제7조 제13항) 초과분에 대하여 새로이 취득세를 납부하여야 한다(등기선례 제201709-1호).
상속을 증명하는 정보의 제공여부 (소극)	상속을 증명하는 피상속인의 기본증명서(상세), 가족관계증명서(상세), 입양관계증명서(상세), 제적등본 등은 법정상속등기 신청 시에 제공했었기 때문에 법정상속등기 후 협의분할에 따른 상속등기를 신청하는 경우에는 또다시 제공할 필요가 없다(등기예규 제1693호).

(4) 상속재산 협의분할에 따라 상속등기를 마친 후에 그 협의를 해제한 경우

① 신청인 : 상속재산 협의분할에 따라 상속등기를 마친 후에 그 협의를 해제하여 법정상속인 전원명의로 하는 경우에는 권리를 잃는 자를 등기의무자, 권리를 취득하는 자를 등기권리자로 하여 일부말소의미의 소유권경정등기를 공동으로 신청하여야 한다.

② 등기원인 및 그 연월일 : 상속재산 협의분할에 따라 상속등기를 마친 후에 공동상속인들이 그 협의를 전원의 합의에 의하여 해제하고 이를 원인으로 상속등기의 경정등기를 신청할 때에는 등기원인을 '협의분할해제'로, 그 연월일을 협의를 해제한 날로 한다.

③ 경정할 사항 : 경정 전의 등기원인인 '협의분할에 의한 상속'을 '상속'으로, 경정 전의 등기명의인을 법정상속분에 따라 해당 부동산을 취득한 상속인으로 경정한다는 뜻을 신청정보의 내용으로 제공한다.

(5) 상속재산 협의분할에 따라 상속등기를 마친 후에 그 협의를 해제하고 다시 새로운 협의분할을 한 경우

① 상속인이 일부만 교체되는 경우

　㉠ 신청인 : 상속인이 일부만 교체되는 경우에는 권리를 잃는 자를 등기의무자, 권리를 취득하는 자 및 잔존 상속인을 등기권리자로 하여 공동으로 신청하여야 한다.

　㉡ 등기원인 및 그 연월일 : 상속재산 협의분할에 따라 상속등기를 마친 후에 공동상속인들이 그 협의를 전원의 합의에 의하여 해제한 후 다시 새로운 협의분할을 하고 이를 원인으로 상속등기의 경정등기를 신청할 때에는 등기원인을 '재협의분할'로, 그 연월일을 재협의가 성립한 날로 한다.

　㉢ 경정할 사항 : 경정 전의 등기명의인을 재협의분할에 따라 해당 부동산을 취득한 상속인으로 경정한 다는 뜻을 신청정보의 내용으로 제공한다.

② 상속인 전부가 교체되는 경우

　㉠ 경정등기의 가부 : 상속재산 협의분할에 따라 갑과 을을 등기명의인으로 하는 상속등기가 마쳐진 후에 공동상속인들이 그 협의를 전원의 합의에 의하여 해제하고 병을 상속인으로 하는 새로운 협의분할을 한 경우와 같이 재협의분할로 인하여 상속인 전부가 교체될 때에는 상속등기의 경정등기를 신청할 수 없다.

　㉡ 신청인 : 상속인 전원이 교체되는 경우에는 기존 상속등기의 명의인을 등기의무자로, 재협의분할에 따라 해당 부동산을 취득한 상속인을 등기권리자로 하여 기존 상속등기의 말소등기를 공동으로 신청하고, 재협의분할에 따라 해당 부동산을 취득한 상속인이 상속등기를 단독으로 신청한다.

　㉢ 등기원인 및 그 연월일 : 기존 상속등기의 말소등기를 신청할 때에는 등기원인을 '재협의분할'로, 그 연월일을 재협의가 성립한 날로 하고, 새로운 상속등기를 신청할 때에는 등기원인을 '협의분할에 의한 상속'으로, 그 연월일을 피상속인이 사망한 날로 한다.

　㉣ 경정할 사항 : 경정 전의 등기명의인을 재협의분할에 따라 해당 부동산을 취득한 상속인으로 경정한 다는 뜻을 신청정보의 내용으로 제공한다.

Ⅵ　유증으로 인한 이전

1. 서 설

① 의 의

　㉠ 유증은 유언자가 유언에 의하여 유언자의 재산 전부 또는 일부를 특정인에게 증여하는 것이다. 유증에는 포괄적 유증과 특정적 유증이 있다.

　㉡ 포괄적 유증은 적극재산 및 소극재산을 포괄한 상속재산의 전부 또는 그 전부의 일정비율을 취득하는 유증을 말하고 포괄수증자는 상속인과 동일한 권리의무가 있다(민법 제1078조).

　㉢ 특정적 유증은 포괄적 유증과 달리 특정의 재산적 이익을 목적으로 하는 유증을 말한다.

② 유증과 증여 또는 사인증여와의 구별

　㉠ 유증은 상대방 없는 단독행위로서 수증자의 승낙을 요하지 아니하고, 법정의 방식에 따라야 하며, 유언자가 사망하여야만 효력이 발생하는 사후행위이다.

　㉡ 유증은 재산의 무상공여라는 점에서는 증여와 같으나, 증여는 증여자와 수증자와의 계약에 의하여 이루어지는 점에서 단독행위인 유증과 다르다.

ⓒ 유증은 재산의 사후처분이라는 점에서 사인증여와 같으나, 사인증여는 증여자와 수증자 간에 생전에 체결한 증여계약이 증여자의 사망에 의해 효력이 발생하는 점에서 단독행위인 유증과 다르다.

ⓔ 또한 포괄적 유증은 유증자의 사망으로 인하여 수증자가 그의 재산을 포괄적으로 취득하는 점에서 상속과 매우 흡사하나, 상속은 피상속인이 사망하면 피상속인의 재산이 상속인에게 당연히 이전됨에 반하여 유증은 유증자의 의사표시를 요건으로 한다는 점에서 본질적인 차이가 있다.

③ 유증의 효력

ㄱ 유증은 유언의 일반적 효력발생시기와 마찬가지로 유언자가 사망한 때로부터 발생한다(민법 제1073조). 정지조건부 유증은 그 조건이 성취한 때로부터 그 효력이 발생한다.

ㄴ 시기가 있는 유언의 경우 효력은 유언자가 사망한 때로부터 생기지만 그 이행은 기한이 도래한 때에 청구할 수 있다. 유언자의 사망 전에 수증자가 먼저 사망한 경우에는 그 효력을 잃는다.

④ 유언의 의의 및 방식

ㄱ 유언은 유언자의 사망과 동시에 일정한 법률효과의 발생을 목적으로 하는 상대방 없는 단독의 의사표시이다. 유언자의 진의를 명확히 하고 또한 사후의 혼란과 분쟁을 방지하기 위하여서는 그 형식을 엄격하게 할 필요가 있으므로, 민법은 유언의 방식을 법정하고 이에 따르지 아니한 유언은 무효로서 그 효력을 인정하지 않는다.

ㄴ 또한 유언증서에 대해서는 공정증서에 의한 경우를 제외하고는 검인절차가 필요하다. 유증의 방식으로는 자필증서에 의한 유언, 녹음에 의한 유언, 공정증서에 의한 유언, 비밀증서에 의한 유언, 구수증서에 의한 유언이 있다.

2. 등기신청절차(등기예규 제1512호)

(1) 신청인

① 소유권보존등기의 신청인

ㄱ 유증의 목적 부동산이 미등기인 경우에는 토지대장, 임야대장 또는 건축물대장에 최초의 소유자로 등록되어 있는 자 또는 그 상속인의 포괄적 수증자가 단독으로 소유권보존등기를 신청할 수 있다.

ㄴ 유증의 목적 부동산이 미등기인 경우라도 특정유증을 받은 자는 소유권보존등기를 신청할 수 없고, 유언집행자가 상속인 명의로 소유권보존등기를 마친 후에 유증을 원인으로 한 소유권이전등기를 신청하여야 한다.

② 소유권이전등기의 신청인

ㄱ 유증을 원인으로 한 소유권이전등기는 포괄유증이나 특정유증을 불문하고 수증자를 등기권리자, 유언집행자 또는 상속인을 등기의무자로 하여 공동으로 신청하여야 한다. 수증자가 유언집행자로 지정되거나 상속인인 경우에도 같다.

ㄴ 유언집행자가 여럿인 경우(유언집행자의 지정이 없어서 여러 명의 상속인들이 유언집행자가 된 경우를 포함한다)에는 그 과반수 이상이 수증자 명의의 소유권이전등기절차에 동의하면 그 등기를 신청할 수 있다.

ㄷ 수증자가 여럿인 포괄유증의 경우에는 수증자 전원이 공동으로 신청하거나 각자가 자기 지분만에 대하여 소유권이전등기를 신청할 수 있다. 그러나 포괄적 수증자 이외에 유언자의 다른 상속인이 있는 경우에는 유증을 원인으로 한 소유권이전등기와 상속을 원인으로 한 소유권이전등기를 각각 신청하여야 한다.

(2) 소유권이전등기의 신청방법

① **수증자 명의로 직접 신청** : 유증을 원인으로 한 소유권이전등기는 포괄유증이든 특정유증이든 모두 상속등기를 거치지 않고 유증자로부터 직접 수증자 명의로 등기를 신청하여야 한다. 그러나 유증을 원인으로 한 소유권이전등기 전에 상속등기가 이미 마쳐진 경우에는 상속등기를 말소하지 않고 상속인으로부터 수증자에게로 유증을 원인으로 한 소유권이전등기를 신청할 수 있다.

② **1필의 토지(또는 1개의 건물)의 특정 일부만을 유증한 경우**

　㉠ 1필의 토지(또는 1개의 건물)의 특정 일부만을 유증한다는 취지의 유언이 있는 경우, 유언집행자는 유증할 부분을 특정하여 분필(또는 구분)등기를 한 다음 수증자 명의로 소유권이전등기를 신청하여야 한다.

　㉡ 특정유증의 수증자가 유증자의 사망 후에 1필의 토지(또는 1개의 건물)의 특정 일부에 대하여 유증의 일부포기를 한 경우에도 유언집행자는 포기한 부분에 대하여 분할(또는 구분)등기를 한 다음 포기하지 아니한 부분에 대하여 유증을 원인으로 한 소유권이전등기를 신청하여야 한다.

③ **유증의 가등기** : 유증을 원인으로 한 소유권이전등기청구권보전의 가등기는 유언자가 사망한 후인 경우에는 이를 수리하되, 유언자가 생존 중인 경우에는 이를 수리하여서는 아니 된다.

(3) 신청정보(등기예규 제1512호)

① **소유권보존등기** : 포괄적 수증자가 소유권보존등기를 신청하는 경우에는 부동산등기법 제65조 제1호에 따라 등기를 신청한다는 뜻과 부동산등기규칙 제43조에 규정된 사항을 신청정보의 내용으로 등기소에 제공하여야 한다. 다만, 등기원인과 그 연월일은 신청정보로 제공할 필요가 없다.

② **소유권이전등기**

　㉠ 유증을 원인으로 한 소유권이전등기를 신청하는 경우에는 부동산등기규칙 제43조에 규정된 사항을 신청정보의 내용으로 등기소에 제공하되, 다음의 신청정보를 각각 부동산등기규칙 제43조 제1항 제5호 및 제7호의 신청정보의 내용으로 등기소에 제공한다.

　㉡ 등기원인은 "○○년 ○월 ○일 유증"으로 기재하되, 그 연월일은 유증자가 사망한 날을 기재한다. 다만, 유증에 조건 또는 기한이 붙은 경우에는 그 조건이 성취한 날 또는 그 기한이 도래한 날을 신청정보의 내용으로 제공한다.

　㉢ 유증자의 등기필정보를 신청정보의 내용으로 제공한다.

(4) 첨부정보(등기예규 제1512호)

① **소유권보존등기**

　㉠ 포괄적 수증자가 소유권보존등기를 신청하는 경우에는 다음의 첨부정보를 등기소에 제공하여야 한다.

　　㉮ 유증자의 사망을 증명하는 정보

　　㉯ 유증자가 최초의 소유자로 등록된 토지대장, 임야대장 또는 건축물대장정보

　　㉰ 토지대장, 임야대장 또는 건축물대장에 최초의 소유자로 등록되어 있는 자의 상속인으로부터 포괄적 유증을 받은 경우에는 그 상속인의 상속을 증명하는 정보

　　㉱ 유언증서 및 검인조서 등

　㉡ 유언증서가 자필증서, 녹음, 비밀증서에 의한 경우에는 유언검인조서등본을, 구수증서에 의한 경우에는 검인신청에 대한 심판서 등본을, 유증에 정지조건 등이 붙은 경우에는 그 조건성취를 증명하는 서면을 각 첨부하여야 한다.

ⓒ 유언증서에 가정법원의 검인이 되어 있는 경우에도 등기관은 그 유언증서가 적법한 요건을 갖추지 아니한 경우에는 그 등기신청을 수리하여서는 아니 된다.

ⓔ 검인기일에 출석한 상속인들이 "유언자의 자필이 아니고 날인도 유언자의 사용인이 아니라고 생각한다"는 등의 다툼 있는 사실이 기재되어 있는 검인조서를 첨부한 경우에는 유언 내용에 따른 등기신청에 이의가 없다는 위 상속인들의 진술서(인감증명서 첨부) 또는 위 상속인들을 상대로 한 유언유효확인의 소나 수증자지위 확인의 소의 승소 확정판결문을 첨부하여야 한다.

② 소유권이전등기
  ㉠ 유증을 원인으로 한 소유권이전등기를 신청하는 경우에는 부동산등기규칙 제46조에 규정된 사항을 첨부정보로 등기소에 제공하되, 다음의 첨부정보를 각각 부동산등기규칙 제46조 제1항 제5호 및 제1호의 첨부정보로 등기소에 제공한다.
  ㉡ 유언집행자의 자격을 증명하는 서면
    ㉮ 유언집행자의 자격을 증명하는 서면으로, 유언집행자가 유언으로 지정된 경우에는 유언증서, 유언에 의해 유언집행자의 지정을 제3자에게 위탁한 경우에는 유언증서 및 제3자의 지정서(인감증명 첨부), 가정법원에 의해 선임된 경우에는 유언증서 및 심판서를 각 제출하여야 한다.
    ㉯ 유언자의 상속인이 유언집행자인 경우에는 상속인임을 증명하는 서면을 첨부하여야 한다.
  ㉢ 유증자의 사망을 증명하는 정보로 유언증서 및 검인조서 등을 첨부하여야 하고 등기의무자(유증자)의 등기필정보를 제공하여야 한다.

(5) 등기의 실행
① 유증의 종류를 불문하고 모두 상속등기를 거치지 않고 바로 수증자 명의로 소유권이전등기를 실행한다.
② 유증을 원인으로 한 소유권이전등기 예시

순위번호	등기목적	접 수	등기원인	권리자 및 기타사항
2	소유권이전	2001년 6월7일 접수 제5596호	2000년 5월 15일 매매	소유자 이경실 480506-2098776 서울특별시 동작구 이리로 38-1, (상도동)
3	소유권이전	2009년 8월 10일 접수 제786호	2006년 5월 15일 유증	소유자 이형돌 760908-1357907 서울특별시 강남구 테헤란로 420, 203호(역삼동)

3. 관련문제
① **유류분과의 관계** : 포괄적 수증자의 소유권보존등기 및 유증으로 인한 소유권이전등기 신청이 상속인의 유류분을 침해하는 내용이라 하더라도 등기관은 이를 수리하여야 한다.
② **유증으로 인한 소유권이전등기 전에 상속등기가 경료된 경우** : 유증으로 인한 소유권이전등기 전에 상속등기가 이미 경료되었다면 상속등기를 말소함이 없이 상속인으로부터 유증으로 인한 소유권이전등기를 신청할 수 있다.

Ⅶ 진정명의의 회복을 위한 소유권이전(등기예규 제1631호)

1. 의 의

진정명의회복을 위한 소유권이전등기란 등기기록에 기록된 등기명의인이 무권리자인 경우 그 등기를 말소하는 절차를 밟지 않고 무권리자인 등기명의인으로부터 진정한 권리자에게 곧바로 소유권이전등기를 하는 하는 것을 말한다. 이러한 진정명의회복을 위한 소유권이전등기는 판례에 의하여 인정되고 있다(대판[전합] 1990.11.27. 89다카12398. 대판[전합] 2001.9.20. 99다37894 참조).

2. 신청절차

(1) 신청인

① 판결에 의하여 신청하는 경우(단독신청)

㉠ 이미 자기 앞으로 소유권을 표상하는 등기가 되어 있었거나 법률의 규정에 의하여 소유권을 취득한 자가 현재의 등기명의인을 상대로 하여 "진정명의회복"을 등기원인으로 한 소유권이전등기절차의 이행을 명하는 판결을 받아 소유권이전등기를 신청할 수 있다.

㉡ 또한 원고가 진정명의회복을 원인으로 하는 지분이전등기절차의 이행을 하라는 소송을 제기하여 승소확정판결을 받았으나 그 변론종결 후에 제3자가 피고로부터 소유권이전등기를 경료 받은 경우 원고는 승계집행문을 부여 받아 제3자를 등기의무자로 하여 진정명의회복을 위한 지분이전등기를 신청할 수 있다(등기선례 제7-228호).

② 공동신청을 하는 경우

㉠ 이미 자기 앞으로 소유권을 표상하는 등기가 되어 있었던 자 또는 지적공부상 소유자로 등록되어 있던 자로서 소유권보존등기를 신청할 수 있는 자가 등기권리자가 되고, 현재의 등기명의인이 등기의무자가 되어 공동으로 "진정명의회복"을 등기원인으로 하여 소유권이전등기신청을 할 수 있다.

㉡ 여기에서 지적공부상 소유자로 등록되어 있던 자로서 소유권보존등기를 신청할 수 있는 자는 지적공부상 최초의 소유자로 등록되어 있던 자와 그 상속인 그 밖의 포괄승계인 등을 말한다.

(2) 등기의 목적과 등기원인

① 등기의 목적 : "소유권이전"이라고 기재한다.

② 등기원인과 등기원인일자

㉠ 등기원인은 "진정명의회복"으로 기재한다.

㉡ 등기원인일자는 애초부터 존재하지 아니하므로 신청서에 등기원인일자를 기재할 필요는 없다. 이는 판결을 받은 경우에도 마찬가지이다.

(3) 첨부정보

① 등기원인을 증명하는 정보 : 판결에 의하여 등기신청을 하는 경우에는 그 판결정본과 확정증명서를, 당사자의 공동신청에 의하는 경우에는 당사자의 확인서 등을 제공하여야 한다.

② 등기의무자의 인감증명서 : 공동신청에 의하는 경우에는 등기의무자의 인감증명서를 제공하여야 한다. 다만 그 인감증명서가 매도용일 필요는 없다.

③ 등기원인에 대한 제3자의 허가 등 : 토지거래허가증, 농지취득자격증명 등과 같은 제3자의 허가·동의·승낙을 증명하는 서면은 필요하지 않으며, 이 등기는 계약을 원인으로 하는 소유권이전이 아니므로 부동산등기 특별조치법상 검인을 받을 필요가 없다.

④ 기타 : 그 밖의 첨부정보는 일반적인 소유권이전등기의 경우와 같고, 취득세는 무상취득에 해당하는 세액을 납부하며, 국민주택채권도 소유권이전등기에 준하여 매입하여야 한다.

(4) 등기의 실행

① 통상의 이전등기와 동일하나, 등기원인일자는 기록하지 않는다.

② 예 시

순위번호	등기목적	접 수	등기원인	권리자 및 기타사항
3	소유권이전	2001년 6월7일 접수 제5596호	2000년 5월 15일 매매	소유자 이경실 480506-2098776 서울특별시 동작구 이리로 38-1, (상도동)
4	소유권이전	2005년 2월 27일 제2027호	진정명의회복	소유자 이형돌 760908-1357907 서울특별시 강남구 테헤란로 420, 203호(역삼동)

Ⅷ 소유권 포기로 인한 소유권이전등기

1. 의 의

① 물권의 포기는 물권자가 자기의 물권을 포기한다는 의사표시를 하는 것이다. 그 법적 성질에 대해서는 소유권의 포기는 상대방 없는 단독행위로, 제한물권의 포기는 상대방 있는 단독행위로 보는 것이 일반적이다.

② 소유권의 포기로 부동산은 무주물이 되는데, 민법은 무주의 부동산은 국가의 소유로 한다고만 규정하고 있고 포기에 따른 등기절차는 부동산등기법상 전혀 규정되어 있지 않다.

2. 부동산 소유권의 포기와 등기방법

① 소유권을 포기한 경우 그 소유권을 포기한 자는 단독으로 그에 따른 등기를 신청할 수 없다.

② 민법 제252조 제2항에 의하여 그 소유권을 취득하는 국가와 공동으로 소유권 포기를 원인으로 한 소유권이전등기를 신청하도록 하며, 제한물권자의 손해가 없도록 하기 위하여 신청서에 그 자의 승낙을 증명하는 정보 또는 이에 대항할 수 있는 재판의 등본을 첨부하여 등기관이 직권으로 소유권 외의 권리에 관한 등기를 말소하도록 하였다.

③ 예 시

순위번호	등기목적	접 수	등기원인	권리자 및 기타사항
3	소유권이전	2001년 6월7일 접수 제5596호	2000년 5월 15일 매매	소유자 이경실 480506-2098776 서울특별시 동작구 이리로 38-1, (상도동)
4	소유권이전	2005년 5월 27일 접수 제2027호	2005년 4월 9일 소유권포기	소유자 국 관리청 재정경제부 351

IX 하천편입에 따른 소유권이전등기(등기예규 제1438호)

1. 신청인

① 하천편입토지보상법에 따라 하천에 편입된 토지에 대해서는 사업시행자인 국가 및 지방자치단체, 공공기관운영법에 따른 공공기관, 「지방공기업법」에 따른 지방공기업이 단독으로 소유권이전등기를 신청할 수 있다.

② 국가가 등기권리자가 되는 경우에는 등기신청수수료를 납부할 필요가 없다.

2. 등기원인 및 첨부서면

① 하천편입에 따른 소유권이전등기를 신청할 때에는 등기원인을 "하천편입"으로, 그 원인일자는 해당 토지의 하천편입일로 하되 알 수 없는 경우에는 보상금 지급일 또는 공탁일로 한다.

② 하천편입토지보상법에 따른 소유권이전등기 촉탁서에는 일반적인 첨부서면 외에 하천편입토지조서와 보상금지급증서 또는 공탁서를 첨부하여야 하고, 등기원인일자를 하천편입일자로 기재한 경우에는 하천편입일을 증명하는 서면도 첨부하여야 한다.

3. 직권말소

등기관은 하천편입으로 인한 소유권이전등기를 하는 경우에는 소유권 외의 권리에 관한 등기 및 보상금 지급일 또는 공탁일 이후의 소유권에 관한 등기를 직권으로 말소하여야 하고, 그 뜻을 말소된 등기의 권리자(명의인)에게 통지하여야 한다.

4. 등기신청수수료

하천편입토지보상법에 의하여 소유권이전등기를 신청할 때에는 그 권리자의 명의를 국가로 하는 경우 외에는 등기신청수수료를 납부하여야 한다.

| 제3절 | 특약사항에 관한 등기

I 환매의 등기

1. 서 설

① 환매란 매도인이 매매계약과 동시에 매도인이 환매할 권리를 유보한 경우에 그 환매권을 일정한 기간 내에 행사하여 매매의 목적물을 다시 사오는 것을 내용으로 하는 특약을 말한다. 민법은 이러한 환매권의 보류를 등기사항으로 규정하고 있는데(민법 제592조), 이를 환매특약등기라고 한다.

② 매도인은 환매권을 행사하여 매매목적물에 대하여 환매를 원인으로 한 소유권이전등기를 신청할 수 있는데, 이를 환매등기라고 한다.

③ 참고로 토지보상법 등 특별법에서는 국가 등 공공기관이 공공의 사업 시행을 위하여 개인의 재산을 수용하였으나 그 후 수용의 목적이 소멸하여 국가 등이 그 재산을 보유할 필요가 없는 경우 원소유자가 환매권을 행사하여 환매등기를 할 수 있는 규정을 두고 있다.

④ 그러나 이러한 환매권은 민법상의 환매특약등기와는 달리 특별법상 등기사항으로 규정하고 있지 않기 때문에 환매특약등기를 할 수 없으나, 법률의 규정에 의한 환매권 행사의 요건이 발생한 경우 환매권을 행사하여 환매등기를 신청할 수 있다.

2. 환매특약등기

(1) 의 의

① 매매의 목적물이 부동산인 경우 환매권 유보의 특약이 있다면 매매로 인한 소유권이전등기신청과 동시에 환매특약등기를 신청하여야 한다.

② 환매특약등기를 한 때에는 그때부터 제3자에게 대항할 수 있으므로, 이후 환매권자인 매도인은 제3취득자에게 직접 환매권을 행사할 수 있고, 환매특약등기 후에 제3자 앞으로 설정된 저당권, 질권, 지상권 등에 대해서도 환매권 행사를 이유로 그 등기의 말소를 청구할 수 있다.

③ 그러나 환매특약등기에 부동산처분금지의 효력은 인정되지 않으므로 환매특약등기가 경료된 후에도 매수인은 제3취득자에게 부동산을 전매하고 그에 따른 소유권이전등기를 신청할 수 있다(등기선례 제4-396호).

④ 한 필지 전부를 매매의 목적물로 하여 매매계약을 체결함과 동시에 그 목적물 소유권의 일부 지분에 대한 환매권을 보류하는 약정은 민법상 환매특약에 해당하지 않으므로 이러한 환매특약등기신청은 할 수 없다.

(2) 환매특약등기의 신청절차

① 신청인 : 환매특약등기는 매매로 인한 소유권이전등기신청의 경우와는 반대로 매도인이 등기권리자, 매수인이 등기의무자로 하여 공동신청 하여야 하고, 환매권리자는 매도인에 한정되므로 제3자를 환매권리자로 하는 환매특약등기는 할 수 없다(등기선례 제3-566호, 제5-402호).

② 신청 방법

㉠ 동시신청, 별개의 신청서 : 환매특약등기는 매매로 인한 소유권이전등기와 반드시 동시에 신청하여야 하고, 동일 접수번호로 접수된다. 그러나 등기신청서는 소유권이전등기신청서와는 별개의 신청서로 작성하여야 한다.

㉡ 매매계약과 환매특약과의 관계

㉮ 환매특약은 매매계약에 종된 권리이므로 매매계약이 실효되면 그 특약도 효력을 잃는다. 그러나 반대로 특약이 실효되어도 당사자가 그 특약의 유효를 조건으로 하지 않는 한 매매계약의 효력에는 영향을 미치지 않는다.

㉯ 따라서 소유권이전등기신청을 각하하는 경우에는 환매특약등기신청도 각하하여야 하나, 환매특약의 등기신청을 각하하는 경우에는 별도의 특약이 없다면 소유권이전등기신청 자체에 각하사유가 없는 한 소유권이전등기신청을 수리할 수밖에 없다.

㉰ 그러나 소유권이전등기신청만 수리하면 환매특약등기를 다시 신청할 수밖에 없게 되는 불합리한 결과가 발생할 수 있다. 따라서 등기관은 소유권이전등기만을 수리할 것이 아니라 당사자에게 취하를 권고하여 환매특약등기와 동시에 다시 신청하도록 함이 바람직하다.

③ 신청서의 기재사항(신청정보) : 특약등기를 신청하는 경우에는 신청서에 매수인이 지급한 대금 및 매매비용을 기재하고, 등기원인에 환매기간이 정하여져 있는 때에는 이를 기재하여야 한다(부동산등기법 제53조).

　㉠ 등기원인 및 그 일자

　　㉮ 환매특약등기신청 시 등기목적은 "환매특약"으로 등기원인은 "특약"으로 기재한다. 원인일자는 특약이 성립한 일자, 즉 매매계약의 성립일을 기재한다. 환매특약신청서상의 원인일자가 소유권이전등기의 원인일자와 다른 때에는 그 등기신청을 수리하여서는 안 된다.

　　㉯ 통상 매매에 의한 소유권이전등기신청 시 등기원인을 "매매"로 기재하는 것과 달리 환매특약등기와 동시에 신청하는 소유권이전등기의 등기원인은 "환매특약부매매"로 기재한다.

　㉡ 매수인이 지급한 대금 및 매매비용

　　㉮ 환매대금 및 계약비용은 필수적 기재사항이다.

　　㉯ 매수인이 지급한 대금이란 매수인이 등기하는 시점까지 매도인에게 현실로 지급한 대금을 말하며 매매대금 또는 환매대금이라 한다. 매매계약에서 대금을 분할하여 지급하기로 한 경우에는 등기하는 시점까지 매수인이 실제 지급한 대금과 매매의 총 대금을 신청서에 함께 기재하여야 하며, 매매대금의 이자는 특별한 약정이 없으면 목적물의 과실과 상계되므로(민법 제590조 제3항) 이를 합산하지 않는다.

　　㉰ 매매비용이란 계약서의 첩용인지대, 공정증서 작성수수료, 측량비용, 감정비용 등과 같이 매매계약체결에 필요한 비용으로서 매수인이 지급한 것을 말하는데 계약비용이라고도 한다.

　㉢ 환매기간

　　㉮ 환매기간은 임의적 기재사항이므로 그 약정이 없으면 이를 기재하지 않는다. 환매기간은 5년을 넘지 못하며, 만약 이 기간을 넘는 약정이 있더라도 5년으로 단축된다. 또한 당사자가 환매기간을 정하지 아니한 때에는 그 기간은 5년으로 하고 환매기간을 정한 경우에도 이를 연장하지 못한다(민법 제591조).

　　㉯ 환매기간을 5년 넘게 약정한 경우에는 등기관은 그 등기신청을 각하하여야 한다.

　　㉰ 환매기간은 환매특약이 성립된 날로부터 기산하므로 환매기간의 시기를 계약일 또는 등기일로부터 1개월 후로 한다는 당사자 사이의 약정은 무효이고 그러한 약정은 등기법상 등기할 사항도 아니지만 설사 착오로 등기되어 있는 경우에도 그 약정된 시기의 도래와 관계없이 소유자는 그 부동산을 제3자에게 전매하고 그에 따른 소유권이전등기를 신청할 수 있다.

　㉣ 환매특약등기신청정보의 등기할 사항란

등기원인과 그 연월일	2014년 11월 28일 특약
등기의 목적	환매특약
매매 대금	금 200,000,000원
매매 비용	금 4,000,000원
환매기간	2017년 11월 27일까지

④ 첨부정보에 관한 특칙

　　㉠ 등기원인증명정보 제공에 대한 특칙 : 매매계약과 별개의 서면에 의하여 환매의 특약을 한 때(매매계약과 반드시 동시에 하여야 한다)에는 이것을 등기원인증명정보로 제공하여야 한다. 매매계약과 동일 서면에 의하여 환매특약을 한 때에는 매매계약서는 매매로 인한 이전등기의 등기원인증명정보로 제공되므로 이를 원용하여 환매특약의 등기를 신청할 수 있다.

　　㉡ 등기의무자의 등기필정보 제공 불요 : 매매등기와 동시신청이라는 점에서 등기의무자(매수인)의 등기필정보는 제공할 필요가 없다. 이는 매매등기와 동시신청이라는 점에서 진정성이 담보되고, 매수인은 아직 등기기록상 소유권의 등기명의인이라고 할 수 없어 등기필정보가 존재하지 않으므로 이를 제공할 수도 없다.

　　㉢ 인감증명의 제출 불요 : 매매로 인한 소유권이전등기와 동시신청이라는 점에서(즉, 등기의무자인 매수인은 아직 소유권의 등기명의인이라고 할 수 없으므로) 등기의무자의 인감증명은 제공할 필요가 없다.

(3) 등기실행에 관한 특칙

환매특약의 등기는 매매로 인한 권리이전등기에 부기등기를 한다(부동산등기법 제52조 제6호).

(4) 소유권이전 및 환매특약등기

① 매매계약일자와 특약일자가 동일하여야 한다.

② 예 시

순위번호	등기목적	접 수	등기원인	권리자 및 기타사항
2	소유권이전	2001년 2월 7일 제2007호	2001년 1월 7일 매매	소유자 이세돌 610101-1234561 서울특별시 도봉구 활주로36길 12-13(신림동)
3	소유권이전	2003년 2월 7일 제2018호	2003년 1월 7일 환매특약부매매	소유자 홍길동 620202-1234562 서울특별시 관악구 관악로 294-3(봉천동)
3-1	환매특약	2003년 2월 7일 제2018호	2003년 1월 7일 특약	환매대금 금 100,000,000원 계약비용 금 7,000,000원 환매기간 2007년 1월 6일까지 환매권자 이세돌 510101-1234561 서울특별시 도봉구 활주로36길 12-13(신림동)

3. 환매권의 이전등기

① 환매권은 하나의 재산권으로서 양도할 수 있다. 환매권의 이전등기는 환매권자가 등기의무자가 되고 양수인이 등기권리자가 되어 공동으로 신청하여야 한다. 환매권이전등기가 마쳐지면 양수인은 환매권자의 지위를 승계하게 된다.

② 환매권의 이전등기를 신청할 때에 등기소에 제공하여야 할 등기필정보는 환매권자가 환매특약등기를 마쳤을 때 통지받은 등기필정보이다.

③ 환매권이전등기는 종전 환매특약등기에 다시 부기등기로 형식으로 실행한다.

4. 환매권의 변경(경정)등기

① 환매권의 변경(경정)등기는 등기를 함으로써 그 권리를 얻는 자를 등기권리자, 등기를 함으로써 그 권리를 잃는 자를 등기의무자로 하여 공동신청하여야 하며, 부기등기의 형식으로 한다.

② 그러나 등기상 이해관계인이 있으면 그의 승낙을 증명하는 정보 또는 이에 대항할 수 있는 재판의 등본이 있어야 부기등기로 할 수 있다.

③ 변경(경정)등기의 원인으로 환매대금의 변경이나 환매기간의 감축 등이 있을 수 있다. 환매기간은 이를 정한 후에는 연장할 수는 없으므로, 그 연장을 목적으로 하는 등기신청은 할 수 없다.

5. 환매권의 말소등기

① 신청에 의한 말소

　㉠ 공동신청 : 환매권등기는 환매기간의 경과, 당사자 간의 환매권 소멸에 관한 계약, 환매권자의 환매권 포기 등의 경우에 환매권자와 현재의 등기기록상 소유명의인이 공동으로 말소등기를 신청할 수 있다.

　㉡ 단독신청 : 환매등기를 경과하기 전에 환매권자가 다른 원인으로 당해 부동산에 대한 소유권을 취득함으로써 위 환매권이 혼동으로 소멸한 경우에는 혼동을 원인으로 환매권자가 단독으로 말소등기를 신청할 수 있다.

② 직권에 의한 말소 : 환매권의 행사로 인하여 환매권자에게 소유권이전등기를 한 경우에는 등기관이 직권으로 환매권등기를 말소한다(부동산등기규칙 제114조 제1항).

③ 등기실행 : 환매권등기의 말소는 주등기의 형식으로 하고, 환매권의 이전 및 변경등기 등이 있는 때에는 말소하는 표시를 한다.

6. 환매권 행사에 따른 환매등기(등기예규 제1359호)

① 환매권 행사로 인한 소유권이전등기

　㉠ 신청인

　　㉮ 환매권부매매의 매도인이 등기권리자, 환매권부매매의 매수인이 등기의무자가 되어 환매권 행사로 인한 소유권이전등기를 공동으로 신청한다.

　　㉯ 다만 환매권부매매의 매도인으로부터 환매권을 양수받은 자가 있는 경우에는 그 양수인이 등기권리자가 되고, 환매권부매매의 목적 부동산이 환매특약의 등기 후 양도된 경우에는 그 전득자(현 등기기록상의 소유명의인)가 등기의무자가 된다.

　㉡ 등기원인 및 등기원인일자 : 등기원인은 "환매"이며, 등기원인일자는 환매의 의사표시가 상대방에게 도달한 날이다.

　㉢ 첨부정보 : 등기원인증명서 등 소유권이전등기 신청 시 필요한 첨부정보를 제공하여야 한다.

② 환매특약등기의 직권말소
   ㉠ 환매권의 실행에 따라 환매권자 명의로 이전등기를 마쳤으면 환매특약의 등기는 등기관이 직권으로 말소하여야 한다(부동산등기규칙 제114조 제1항).
   ㉡ 다만, 환매권에 가압류, 가처분, 가등기 등의 부기등기가 마쳐져 있는 경우에는 그 등기명의인의 승낙서 또는 이에 대항할 수 있는 재판의 등본이 첨부되어 있지 아니하면 환매특약의 등기를 말소할 수 없는데, 이와 같이 환매특약의 등기를 말소할 수 없는 경우에는 환매권 행사로 인한 소유권이전등기를 할 수 없다.
   ㉢ 환매특약의 말소등기는 환매로 인한 소유권이전등기로 직권말소 한다는 뜻과 등기연월일을 기록하고 주등기의 형식으로 말소한다.
③ 환매특약등기 이후에 경료된 소유권 외의 권리에 관한 등기의 공동신청에 의한 말소
   ㉠ 환매특약등기 이후 환매권 행사 전에 마쳐진 제3자 명의의 소유권 외의 권리에 관한 등기의 말소등기는 일반원칙에 따라 공동신청에 의하고 그 말소등기의 원인은 "환매권행사로 인한 실효"로 기록한다.
   ㉡ 그러므로 당사자의 신청에 의하여 이루어진 등기, 예를 들어 환매특약 등기 후에 저당권설정등기가 이루어진 경우 그 등기의 말소는 저당권자와 환매권자(환매권 행사로 소유자가 된 자)의 공동신청으로 말소한다. 저당권자가 말소에 협력하지 않을 경우에는 판결을 얻어 말소할 수밖에 없다.
   ㉢ 법원의 촉탁에 의하여 이루어진 등기는 법원의 촉탁으로 말소하여야 한다. 그러므로 환매를 원인으로 한 소유권이전등기절차이행의 판결문을 첨부했다고 해서 환매특약등기 후에 이루어진 가압류등기 등을 등기관이 직권으로 말소하거나 당사자의 신청에 의해서 말소해서는 안 된다.

Ⅱ 권리소멸약정의 등기

1. 정 의
① 권리소멸의 약정이란 등기원인인 법률행위에 붙인 해제조건 또는 종기 등을 말한다. 예를 들어 매수인에게 이전된 소유권이 일정한 기한의 도래(일정한 기일까지 대금의 지급이 없는 때) 또는 조건의 성취(매수인의 사망)로 매도인에게 복귀한다는 약정 등을 말한다.
② 이러한 약정은 등기원인행위인 계약에서 부가되어야 한다. 별개로 체결한 약정은 여기에서의 등기 대상이 아니다.

2. 규 정
① 등기원인에 권리의 소멸에 관한 약정이 있을 경우 신청인은 그 약정에 관한 등기를 신청할 수 있으므로(부동산등기법 제54조), 그러한 약정이 있다고 해서 반드시 등기를 해야 하는 것은 아니다.
② 권리소멸약정의 등기는 권리취득등기에 부기하며(부동산등기법 제52조 제7호), 권리취득등기를 말소하였을 때 등기관이 직권으로 말소한다(부동산등기규칙 제114조 제2항).

Ⅲ 「주택법」에 따른 금지사항 등기

1. 「주택법」 제61조 제3항에 따른 금지사항의 부기등기(등기예규 제1616호)

(1) 서 설

「주택법」에 의하면, 사업주체는 주택건설사업에 의하여 건설된 주택 및 대지에 대하여는 일정 기간 동안 입주예정자의 동의 없이 저당권 · 전세권 · 지상권 등을 설정하거나 매매 또는 증여 등의 방법으로 처분하는 행위를 하여서는 안 된다(주택법 제61조 제1항). 사업주체는 이러한 금지사항을 해당 주택 또는 대지의 소유권등기에 부기하여야 한다(주택법 제61조 제3항).

(2) 금지사항 부기등기를 할 수 없는 경우

① 금지사항 부기등기를 신청한 부동산이 사업주체의 소유명의가 아니거나 다음의 어느 하나에 해당하는 경우에는 금지사항 부기등기를 할 수 없다(주택법 시행령 제72조 제2항).

② 대지의 경우

㉠ 사업주체가 국가, 지방자치단체, 한국토지주택공사 또는 지방공사인 경우

㉡ 조합원이 주택조합에 대지를 신탁하여 신탁등기를 한 경우

㉢ 대지에 저당권, 가등기담보권, 전세권, 지상권 및 등기되는 부동산임차권이 설정된 경우(다만 사업주체가 「주택법 시행령」 제71조 제1호 또는 제2호에 따른 융자를 받기 위해 해당 금융기관에 대하여 저당권 등을 설정한 경우임을 증명하는 정보를 제공한 경우에는 그러하지 아니하다)

③ **주택의 경우** : 해당 주택의 입주자로 선정된 지위를 취득한 자가 없는 경우. 다만, 소유권보존등기 후 입주자모집공고의 승인을 신청하는 경우를 제외한다.

④ **사업주체가 재건축조합 · 재개발조합인 경우** : 「주택법」 제61조 제3항에 따른 금지사항 부기등기는 「주택법」 소정의 사업주체만이 신청할 수 있으므로 재건축조합 · 재개발조합은 신청할 수 없다.

(3) 신청절차

① 주택건설대지에 대한 신청

㉠ 사업주체가 주택건설대지에 관하여 「주택법」 제61조 제3항 및 동법 시행령 제72조 제1항 제1호에 따른 금지사항 부기등기를 신청하기 위해서는 주택건설사업계획승인서 및 입주자모집공고승인신청을 하였다는 관할 관청의 확인서를 제공하여야 한다.

㉡ 사업주체가 지역 · 직장주택조합인 경우(「주택법」 제4조의 등록사업자와 함께 공동사업주체인 경우를 포함한다)에는 대지에 대하여 사업계획승인신청을 하였다는 관할 관청의 확인서나 사업계획승인서를 제공하여 입주자모집공고 승인신청 전이라도 금지사항 부기등기를 신청할 수 있다.

② 주택에 대한 신청

㉠ 건물 준공 전에 입주자를 모집한 경우

㉮ 사업주체가 입주예정자가 있는 건설된 주택에 관하여 소유권보존등기를 신청하면서 금지사항 부기등기를 신청하기 위해서는, 신청서에 「주택법」 제61조 제3항 및 동법 시행령 제72조 제1항 제2호에 따른 금지사항을 기재하여야 하고, 관할 관청이 사업주체의 입주자모집공고안을 승인하였다는 확인서와 입주예정자가 있다는 사실을 소명하는 정보(분양계약서 사본 등)를 제공하여야 한다.

④ 금지사항 부기등기를 신청하면서 일부 주택에 관하여 입주예정자가 없음을 이유로 부기등기를 신청하지 않을 경우에는 그 주택의 대지 지분에 대한 금지사항을 말소하는 의미로서 주택건설대지에 관한 금지사항 부기등기(일부 말소)를 변경하는 등기를 하여야 하는데 이 절차는 아래의 입주예정자 앞으로의 소유권이전등기신청이 있는 경우의 부기등기말소의 예에 따른다.

㉯ 건물 준공 전에 입주자를 모집한 결과 입주예정자가 있어 소유권보존등기와 동시에 금지사항 부기등기를 했어야 했는데 누락된 경우에는, 보존등기 이후에라도 사업주체의 입주자모집공고안을 승인하였다는 확인서와 입주예정자가 있음을 소명하는 정보를 제공하여 금지사항 부기등기를 신청할 수 있다. 다만, 부기등기 전에 이미 금지되는 등기가 되어 있다면 부기등기로 하지 못하고 주등기로 하여야 한다(등기선례 제201002-3호).

㉰ 건물 준공 후에 입주자를 모집하는 경우 : 사업주체가 당해 주택에 관하여 소유권보존등기 후에 입주자모집공고승인신청을 하는 경우에는 그 사실을 증명하는 관할 관청의 확인서를 첨부하여 금지사항 부기등기를 신청하여야 한다.

㉱ 별도등기가 있다는 뜻의 기록 : 주택에 대한 소유권보존등기신청이 있는 경우 등기관은 금지사항을 소유권보존등기에 부기하고, 대지권의 목적인 토지에 금지사항 부기등기가 있는 경우에는 전유부분의 대지권 표시란에 별도등기가 있다는 뜻을 기록한다.

③ 주상복합건축물(주택 외의 시설과 주택을 동일 건축물로 하여 건설한 경우에 대한 특칙

㉠ 대지에 대한 신청

㉮ 주상복합건축물 건설사업이 사업계획승인 대상인 경우 : 주상복합건축물의 건설사업이 「주택법」 제15조 제1항에 따른 사업계획승인 대상인 경우 그 대지에 대한 금지사항 부기등기는 위의 주택건설대지에 대한 신청의 예에 따른다.

㉯ 주상복합건축물의 건축이 건축허가 대상인 경우 : 주상복합건축물의 건축이 「주택법」 제15조 제1항에 따른 사업계획승인 대상이 아니고, 「건축법」 제11조에 따른 건축허가 대상인 경우에는 그 대지 위에 건축될 예정인 주상복합건축물에 주택이 30세대(「주택법 시행령」 제27조 제1항 제2호 각 목의 어느 하나에 해당하는 경우에는 50세대) 이상인 경우에 한하여 그 대지에 대하여 금지사항 부기등기를 신청할 수 있다. 이러한 금지사항 부기등기를 신청할 때에는 건축허가서, 입주자모집공고승인신청을 하였다는 관할 관청의 확인서 및 위의 주택 세대수 이상임을 증명하는 정보(단, 앞 두 서면에 의하여 증명되지 않는 경우에 한한다)를 제공하여야 한다.

㉰ 금지사항 부기등기의 방법 : 주상복합건축물의 대지에 대한 금지사항 부기등기는 사업주체의 소유권이나 그 지분 전부에 대하여 한다. 즉, 주택의 대지권뿐만 아니라 주택 외의 시설에 대한 대지권까지 포함하여 전부에 대하여 금지사항 부기등기를 하면 된다.

㉡ 주상복합건축물에 대한 금지사항 부기등기 : 주상복합건축물에 대한 금지사항 부기등기 및 그 대지에 대한 금지사항 부기등기의 변경등기는 위의 주택에 대한 금지사항 부기등기 방법에 따르는 외에 다음과 같은 방법으로 한다.

㉮ 금지사항 부기등기의 대상 및 신청 방법 : 금지사항 부기등기는 주상복합건축물의 전유부분 중 주택에 대하여만 신청하고, 주택 외의 시설을 대상으로 신청하여서는 아니 된다. 등기관은 금지사항 부기등기를 주택의 소유권보존등기에만 부기하고, 주택 외의 시설의 소유권보존등기에는 부기하지 않도록 주의하여야 한다.

ⓓ 대지에 대한 금지사항 부기등기의 변경등기 : 사업주체는 대지에 대한 금지사항 부기등기를 주택 외의 시설의 대지권비율만큼 말소(일부 말소 의미의 변경등기)하는 등기(선행)와 주상복합건축물의 소유권보존등기(후행)를 동시에 신청하여야 한다. 등기관은 주택 외의 시설의 소유권보존등기 시 금지사항 부기등기로 인하여 별도의 등기가 있다는 뜻을 기록하지 않도록 주의하여야 한다.

④ 금지사항 부기등기 시 등록면허세 등의 납부

ㄱ 금지사항 부기등기는 신청에 의한 등기이므로 등록면허세 및 등기신청수수료를 납부하여야 한다(등기선례 제201108-2호).

ㄴ 다만, 입주예정자 앞으로 소유권이전등기를 할 때에는 금지사항 부기등기를 등기관이 직권말소하므로 등록면허세 등을 납부할 필요가 없다.

(4) 금지사항 부기등기 이후에 주등기에 기초한 등기신청이나 촉탁이 있는 경우

① 등기신청을 각하해야 하는 경우 : 금지사항 부기등기 이후에 해당 대지 또는 주택에 관하여 입주예정자의 동의 없이 소유권이전등기신청 또는 제한물권설정 등기신청이 있거나, 압류·가압류·가처분 등의 등기촉탁이 있는 경우 등기관은 부동산등기법 제29조 제9호(등기에 필요한 첨부정보를 제공하지 아니한 경우)에 의하여 그 등기신청(촉탁)을 각하하여야 한다.

② 등기신청을 수리할 수 있는 경우

ㄱ 주택건설자금이나 주택구입자금을 위한 저당권설정등기 등 : 사업주체가 해당 주택의 입주자에게 주택구입자금의 일부를 융자하여 줄 목적으로 국민주택기금이나 금융기관(「은행법」에 따른 은행, 「중소기업은행법」에 따른 중소기업은행, 「상호저축은행법」에 따른 상호저축은행, 「보험업법」에 따른 보험회사 등. 이하 같다)으로부터 주택건설자금의 융자를 받거나, 금융기관으로부터 주택구입자금의 융자를 받고 그 사실을 소명하는 정보(예 해당 대출기관의 확인서 등)를 제공하여 저당권설정등기 등을 신청하는 경우에는 금지사항 부기등기가 있더라도 수리한다.

ㄴ 사업주체의 변경 : 사업주체가 파산(채무자회생법 등에 의한 법원의 결정·인가를 포함한다)·합병·분할·등록말소·영업정지 등의 사유로 사업을 시행할 수 없게 됨에 따라, 사업주체가 변경되어 다른 사업주체가 해당 대지를 양수하거나, 시공보증자 또는 입주예정자가 해당 대지의 소유권을 확보하거나 압류·가압류·가처분 등을 하고 그 사실을 소명하는 정보(예 법인등기사항증명서나 관할관청의 변경승인서 등)를 제공하여 등기신청(촉탁)을 하는 경우에는 금지사항 부기등기가 있다 하더라도 수리한다.

ㄷ 위 내용에 기초한 등기촉탁 : 위의 저당권설정·가압류·압류·가처분등기 등에 기초한 등기촉탁(신청)이 있는 경우(예 저당권에 의한 임의경매개시결정등기의 촉탁 등)에는 수리한다.

ㄹ 입주예정자 앞으로 소유권이전을 하는 경우 : 주택건설사업이 완성되어 사업주체가 「주택법」상 입주예정자 앞으로 소유권이전등기를 신청하면서 그 사실을 소명하는 정보(예 사업주체의 확인서나 분양계약서 등)를 제공한 경우에는 수리한다.

ㅁ 「주택법」 제61조 제6항에 따라 신탁하는 경우 : 「주택법 시행령」 제72조 제5항 제1호 및 제2호는 사업주체의 자기자본이 잠식된 경우 등에는 주택도시보증공사에 해당 주택건설대지를 신탁할 수 있도록 하고 있으며, 제3호는 금지사항 부기등기 대신 신탁등기를 할 수 있도록 규정하고 있다. 이에 따라 사업주체가 해당 주택건설대지를 주택도시보증공사에 신탁하고 그에 따른 소유권이전등기 및 신탁등기를 신청하는 경우 금지사항 부기등기가 있더라도 수리한다.

(5) 금지사항 부기등기의 말소

① 사업주체가 신청하는 경우

ⓒ 사업계획승인의 취소 또는 변경으로 인한 말소

㉮ 사업계획승인이 취소된 경우 사업주체는 그 취소를 증명하는 정보를 제공하여 금지사항 부기등기의 말소를 신청하여야 한다.

㉯ 금지사항 부기등기가 마쳐진 주택건설대지 중 특정 대지가 사업계획의 변경승인으로 인해 주택건설대지에서 제외된 경우 그 필지에 대하여 금지사항 부기등기의 말소를 신청할 수 있다(등기선례 제7-319호).

ⓛ 사업주체가 입주예정자에게 입주가능일을 통보한 경우

㉮ 사업주체가 입주예정자에게 통보한 입주가능일부터 60일이 경과한 후에 그 통보를 증명하는 정보([예] 사업주체의 확인서나 내용증명서 등)를 제공하여 금지사항 부기등기의 말소를 신청한 경우, 등기관은 수리하여야 한다.

㉯ 여기에서의 입주가능일이란 입주가능한 첫날을 의미한다(등기선례 제201202-1호).

ⓒ 입주예정자가 없는 경우 : 입주자모집공고에 따른 분양계약의 체결로 입주예정자가 발생하였으나, 나중에 분양계약의 무효 또는 취소 등으로 인하여 해당 주택에 입주예정자가 없는 경우, 사업주체는 그 사실을 증명하는 정보를 제공하여 해당 주택에 관한 금지사항 부기등기의 말소를 신청할 수 있다. 이 경우 주택건설대지에 관한 금지사항 부기등기의 변경(일부 말소)절차는 아래의 입주예정자 앞으로 소유권이전등기신청이 있는 경우의 예에 따른다.

② 직권 또는 법원의 촉탁에 의해 말소하는 경우

ⓒ 입주예정자 앞으로의 소유권이전등기신청이 있는 경우

㉮ 주택건설사업이 완성되어 건설된 주택에 대하여 사업주체가 「주택법」상 입주예정자 앞으로 소유권이전등기를 신청한 경우, 등기관은 그 소유권이전등기를 실행한 후 직권으로 주택에 대한 금지사항 부기등기를 말소한다.

㉯ 그 주택의 대지권의 표시란에 주택건설대지에 대한 금지사항 부기등기로 인하여 별도의 등기가 있다는 뜻의 기록이 있는 경우에는 대지권의 목적인 토지의 금지사항 부기등기를 해당 주택의 대지권 비율만큼 직권으로 말소(일부말소 의미의 변경등기)하고, 별도의 등기가 있다는 뜻의 기록도 등기관이 직권으로 말소한다.

ⓛ 금지사항 부기등기 후 해당 부동산이 매각된 경우 : 금지사항 부기등기 후 해당 부동산이 강제집행절차에 의해 매각되고 집행법원이 매각에 따른 소유권이전등기를 촉탁하면서 금지사항 부기등기의 말소도 촉탁한 경우, 등기관은 그 부기등기를 말소하여야 한다.

ⓒ 사업주체가 변경된 경우

㉮ 사업주체가 파산(「채무자 회생 및 파산에 관한 법률」 등에 의한 법원의 결정·인가를 포함)·합병·분할·등록말소·영업정지 등의 사유로 사업을 시행할 수 없게 됨에 따라, 사업주체가 변경되어 다른 사업주체가 해당 대지를 양수하여 이를 원인으로 소유권이전등기를 신청하는 경우 등기관은 그 소유권이전등기를 실행한 후 직권으로 대지에 대한 금지사항 부기등기를 말소한다.

㉯ 이 경우 신사업주체는 소유권이전등기를 신청하면서 금지사항 부기등기를 함께 신청하여야 한다.

    ② 주택건설대지를 주택도시보증공사에 신탁한 경우

      ㉮ 「주택법」 제61조 제6항에 따라 사업주체가 해당 주택건설대지를 주택도시보증공사에 신탁하고 그에 따른 등기신청을 하는 경우 등기관은 그 소유권이전등기 및 신탁등기를 실행한 후 직권으로 대지에 대한 금지사항 부기등기를 직권으로 말소한다.

      ㉯ 이 경우 후에 신탁해지를 원인으로 사업주체 앞으로 다시 소유권이전등기를 신청하는 경우에는 금지사항 부기등기를 함께 신청하여야 한다.

2. 「주택법」 제64조 제4항에 따른 금지사항(등기예규 제1734호)

    ① 「주택법」에 따른 사업주체가 동법 제64조 제1항 제3호 및 제4호에 해당하는 주택을 공급하는 경우에는 그 주택의 소유권을 제3자에게 이전할 수 없음을 소유권에 관한 등기에 부기등기하여야 한다.[7]

    ② 부기등기의 말소

      ㉠ 「주택법」 제64조 제1항 및 「주택법 시행령」 제73조 제1항에서 정한 전매제한기간이 경과한 경우 현재의 소유권의 등기명의인은 그 기간이 경과한 사실을 증명하는 정보를 제공하여 금지사항 부기등기의 말소를 신청할 수 있다.

      ㉡ 「주택법」 제64조 제2항 및 「주택법 시행령」 제73조 제2항에 해당하여 사업주체의 동의서를 제공하여 전매에 따른 소유권이전등기를 신청하는 경우 금지사항 부기등기의 말소도 동시에 신청할 수 있다.

      ㉢ 다만, 그 말소가 동시에 신청되지 아니한 경우 현재의 소유명의인은 위의 절차에 따라 소유권이전등기가 마쳐졌음을 증명하는 사업주체의 확인서 등을 첨부하여 그 부기등기의 말소를 신청할 수 있다.

3. 「주택법」 제57조의2 제5항에 따른 금지사항(등기예규 제1734호)

    ① 부기등기의 기입등기

      ㉠ 등기신청 : 사업주체(거주의무자를 포함한다)가 「주택법」 제57조의2 제1항 제1호의 분양가상한제 적용주택 및 같은 항 제2호의 행정중심복합도시에서 별도로 공급되는 주택을 공급하는 경우에는 위 주택의 소유권보존등기신청과 동시에 같은 조 제5항에 따른 부기등기를 신청하여야 한다.

      ㉡ 등기실행 : 이 경우 등기관은 "이 주택은 「주택법」 제57조의2 제1항에 따른 거주의무자가 거주의무기간 동안 계속하여 거주해야 하며, 이를 위반할 경우 한국토지주택공사가 해당 주택을 매입함"이라는 내용을 기입하여야 한다.

    ② 부기등기의 말소등기 : 「주택법」 제57조의2 제1항의 주택의 소유자(거주의무자를 포함한다)가 「주택법 시행규칙」 제23조의3에 따라 위 부기등기의 말소등기를 신청하는 경우에는 거주의무기간이 지났음을 증명하는 정보를 첨부정보로서 제공하여야 한다.

---

7) 주택법 개정으로 예규와 달리 대상주택을 지정하는 조문이 제64조 제1항 제2호 및 제3호에서 제64조 제1항 제3호 및 제4호로 바뀌었다.

Ⅳ **그 밖의 특별법에 의한 특약사항 등의 등기**(등기예규 제1734호)

1. 원칙

특별법에 의한 특약사항, 금지사항 등은 그러한 사항을 등기할 수 있다는 법령상의 근거가 있어야만 이를 등기할 수 있다.

2. 특별법에 의한 특약사항 등을 등기할 수 있는 경우

① 「국유재산법」에 의한 국유재산 양여 등에 따른 특약등기

　㉠ 「국유재산법」 제49조에 따라 국유재산을 용도를 지정하여 매각하고 소유권이전등기를 하는 경우, '「국유재산법」 제52조 제3호 사유가 발생한 때에는 해당 매매계약을 해제한다'는 내용의 특약사항은 「국유재산법 시행령」 제53조 제3항에 따라 등기할 수 있다.

　㉡ 「국유재산법」 제55조 제1항 제1호에 따라 국유재산을 양여하고 소유권이전등기를 하는 경우, '「국유재산법」 제55조 제2항의 사유가 발생한 때에는 해당 양여계약을 해제한다'는 내용의 특약사항은 「국유재산법 시행령」 제59조에 따라 등기할 수 있다.

　㉢ 위에 따라 등기된 특약사항이 효력을 상실한 경우, 현재의 소유권의 등기명의인은 소관청의 확인서 등 위 특약의 효력이 상실하였음을 증명하는 정보를 제공하여 특약등기의 말소를 신청할 수 있다. 다만, 그 양여 부동산의 반환, 원상회복 및 손해배상 등에 관한 사항은 등기할 수 없다.

② 공유수면법 제46조 제2항 및 동법 제35조 제5항에 따라 매립지에 대한 소유권보존등기 시 소유권 행사의 제한의 부기등기

　㉠ 공유수면법 제46조 제1항 제3호에 따라 매립면허를 받은 자가 취득한 매립지, 동법 제46조 제1항 제3호에 따라 국가가 취득한 잔여매립지 및 동법 제35조 제4항에 따라 국가·지방자치단체 또는 정부투자기관이 매립승인(또는 협의)을 얻어 취득한 매립지(이상 다른 법률에서 공유수면매립면허를 의제한 경우를 포함한다)에 대하여 소유권보존등기를 하는 때에는 동법 시행령 제53조의 소유권 행사의 제한사항을 신청정보의 내용으로 제공하여야 하며, 등기관은 소유권보존등기 시 직권으로 소유권 행사의 제한에 관한 사항을 부기하여야 한다.

　㉡ 부기등기의 대상인지 여부는 공유수면매립공사 준공인가필증 또는 공유수면매립면허를 의제한 다른 법률에 의한 인·허가의 준공인가서를 제공받아 매립면허연월일 또는 매립면허의제일을 확인하여 결정한다.

　㉢ 공유수면법 제49조 제1항·제2항 및 제35조 제5항에 따라 면허관청으로부터 매립목적의 변경인가를 받은 자, 제50조 제3항에 따라 재평가매립지를 매수한 자는 매립목적변경인가서를 제공하여 매립목적의 변경등기를 신청할 수 있다.

　㉣ 부기등기의 말소등기 신청 시 등기관은 등기기록에 기록된 준공인가일로부터 10년이 경과하였는지 여부를 확인한 후 실행하여야 한다.

③ 「한국주택금융공사법」 제43조의7 제2항에 따른 금지사항의 부기등기

　㉠ 「한국주택금융공사법」에 따라 주택담보노후연금보증을 받은 자는 그 담보주택에 대하여 저당권설정과 동시에 한국주택금융공사의 동의 없이는 제한물권을 설정하거나 압류·가압류·가처분 및 임대차 등의 목적물이 될 수 없는 재산임을 소유권등기에 부기등기하여야 한다.

　㉡ 위 금지사항의 부기등기를 신청할 때에는 해당 주택이 주택담보노후연금보증의 담보주택임을 증명하는 한국주택금융공사의 서면을 첨부정보로서 제공하여야 한다.

© 부기등기의 말소등기를 신청할 때에는 한국주택금융공사의 동의가 있음을 증명하는 정보를 첨부정보로서 제공하여야 한다.

② 다만, 주택담보노후연금대출의 원리금을 모두 상환하여 이를 이유로 말소하는 경우에는 이러한 사실을 증명하는 금융기관의 서면을 제공한다(한국주택금융공사법 시행령 제28조의6 제3항 참조).

④ 한강수계법 제11조의2 등에 따른 금지사항 부기등기

　㉠ 한강수계법 제11조의2, 금강수계법 제21조의2, 낙동강수계법 제23조의2, 영산강섬진강수계법 제21조의2에 따라 마을회 등 주민공동체가 부기등기를 신청하는 경우 등기관은 주민지원사업으로 취득한 토지 등 부동산의 소유권이전등기(또는 소유권보존등기)에 관리청의 동의 없이는 양도하거나 제한물권을 설정하거나 압류·가압류·가처분 등의 목적물이 될 수 없는 재산이라는 뜻을 부기하여야 한다.

　㉡ 등기관은 위 금지사항 부기등기의 신청이 있는 경우 그 부동산이 주민지원사업으로 취득한 부동산임을 증명하는 관리청의 서면이 첨부정보로서 제공되었는지를 확인하여야 한다.

　㉢ 앞의 ㉠의 부기등기 말소등기의 신청이 있는 경우 등기관은 관리청의 동의가 있음을 증명하는 정보가 첨부정보로서 제공되었는지를 확인하여야 한다.

⑤ 「주차장법」 제19조의24에 따른 부기등기

　㉠ 부기등기의 기입등기

등기신청	• 신청방법 – 시설물의 소유자는 「주차장법」 제19조 제4항에 따라 시설물의 부지 인근에 부설주차장을 설치하거나 「주차장법」 제19조의4 제1항 제2호 및 「주차장법 시행령」 제12조 제1항 제6호에 따라 시설물의 내부 또는 그 부지에 설치된 주차장을 인근 부지로 위치를 변경한 경우, 「주차장법 시행령」 제12조의17 제1항에 따라 시설물의 소유권등기에 부기등기(이하 "시설물의 부기등기"라 한다)와 부설주차장의 소유권등기에 부기등기(이하 "부설주차장의 부기등기"라 한다)를 동시에 신청하여야 한다. – 해당 시설물의 소유권보존등기를 할 수 없는 시설물인 경우에는 「주차장법 시행령」 제12조의17 제3항에 따라 부설주차장의 부기등기만을 신청한다. • 신청정보 – 시설물의 부기등기 : 등기목적은 "부설주차장등기"로, 등기원인은 "부설주차장의 인근 설치"로 한다. – 부설주차장의 부기등기 : 등기목적은 "용도변경금지등기"로, 등기원인은 "부설주차장 설치"로 한다. – 시설물의 소유자는 「주차장법 시행령」 제12조의18 제1항·제2항에 따라 그 시설물의 소재지와 그 부설주차장의 소재지를 신청정보의 내용으로 제공하여야 한다. • 첨부정보 : 시설물의 소유자는 부설주차장이 시설물의 부지 인근에 설치되어 있음을 확인하는 특별자치시장·특별자치도지사·시장·군수 또는 구청장이 발급한 '부설주차장 인근 설치 확인서'(주차장법 시행규칙 제16조의24)를 첨부정보로서 제공하여야 한다.
등기실행	• 등기관이 시설물의 부기등기와 부설주차장의 부기등기를 할 때에는 소유권보존등기 또는 소유권이전등기에 부기등기로 실행하여야 한다. • 시설물의 부기등기에는 "주차장법에 따른 부설주차장이 시설물의 부지 인근에 별도로 설치되어 있음"이라는 내용과 그 부설주차장의 소재지를, 부설주차장의 부기등기에는 "이 토지(또는 건물)는 주차장법에 따라 시설물의 부지 인근에 설치된 부설주차장으로서 「주차장법 시행령」 제12조 제1항 각 호의 어느 하나에 해당하여 용도변경이 인정되기 전에는 주차장 외의 용도로 사용할 수 없음"이라는 내용과 그 시설물의 소재지를 각 명시하여야 한다.

ⓒ 부기등기의 변경등기

신청방법	• 시설물의 소유자는 「주차장법 시행령」 제12조 제1항 제5호에 따라 부설주차장을 그 부지 인근의 범위에서 위치 변경하여 설치한 경우, 「주차장법 시행령」 제12조의17 제2항에 따라 시설물의 부기등기에 명시된 부설주차장 소재지의 변경등기와 새로 이전된 부설주차장의 부기등기를 동시에 신청하여야 한다. • 해당 시설물의 소유권보존등기를 할 수 없는 시설물인 경우에는 「주차장법 시행령」 제12조의17 제3항에 따라 새로 이전된 부설주차장의 부기등기만을 신청한다.
신청정보	• 시설물의 부기등기의 변경등기 : 등기원인은 "부설주차장 이전"으로 한다. • 새로 이전된 부설주차장의 부기등기 : 등기원인은 "부설주차장 설치"로 한다.
첨부정보	시설물의 소유자는 부설주차장이 위치 변경되어 시설물의 부지 인근에 설치되어 있음을 확인하는 특별자치시장·특별자치도지사·시장·군수 또는 구청장이 발급한 '부설주차장 인근 설치 확인서'(주차장법 시행규칙 제16조의24)를 첨부정보로서 제공하여야 한다.

ⓓ 부기등기의 말소등기

신청방법	• 「주차장법 시행령」 제12조 제1항 제1호·제3호 또는 제4호 중 어느 하나에 해당하여 해당 부설주차장 전부에 대한 용도변경이 인정된 경우
	  – 시설물의 소유자는 「주차장법 시행령」 제12조의19 제1항 제1호에 따라 시설물의 부기등기의 말소등기와 부설주차장의 부기등기의 말소등기를 동시에 신청하여야 한다.
	  – 해당 시설물에 대하여 부기등기가 되어 있지 아니한 경우에는 「주차장법 시행령」 제12조의19 제2항 제1호에 따라 부설주차장의 부기등기의 말소등기만을 신청한다.
	  – 시설물의 소유자와 부설주차장이 설치된 토지·건물의 소유자가 다른 경우에는 「주차장법 시행령」 제12조의19 제2항 제2호에 따라 각자 해당 부기등기의 말소등기를 신청할 수 있다.
	• 「주차장법 시행령」 제12조 제1항 제5호에 따라 종전 부설주차장의 용도변경이 인정된 경우 종전 부설주차장의 소유자는 「주차장법 시행령」 제12조의19 제1항 제2호에 따라 부설주차장의 부기등기의 말소등기를 신청하여야 한다.

신청정보	• 시설물의 부기등기의 말소등기 : 등기원인은 "부설주차장의 용도변경"으로 한다. • 부설주차장의 부기등기의 말소등기 : 등기원인은 "용도변경"으로 한다.
첨부정보	해당 부설주차장의 용도변경이 인정되었음을 확인할 수 있는 정보(시설물의 건축물대장정보 등)를 첨부정보로서 제공하여야 한다.

⑥ 농어업경영체법 제7조의2에 따른 금지사항 부기등기

  ㉠ 농어업경영체법에 따라 농어업경영체가 보조금법에 따른 보조금으로 취득하였거나 그 효용가치가 증가한 토지 등 부동산에 관한 소유권보존등기, 소유권이전등기 또는 건물표시변경등기와 동시에 금지사항 부기등기를 신청하는 경우 등기관은 보조금을 지원받아 취득 또는 효용가치가 증가한 부동산으로서 중앙행정기관의 장이 정하는 기간이 경과하지 아니하였음에도 보조금의 교부 목적에 위배되는 사용, 양도, 교환, 대여 및 담보제공을 할 경우 중앙행정기관의 장의 승인을 받아야 하는 재산이라는 뜻을 부기하여야 한다.

  ㉡ 위 금지사항 부기등기의 신청이 있는 경우 등기관은 농업경영체(또는 어업경영체) 등록(변경등록)확인서와 보조금이 지원된 부동산 증명서가 첨부정보로서 제공되었는지를 확인하여야 한다.

  ㉢ 위 ㉠의 부기등기 말소등기의 신청이 있는 경우 등기관은 부기등기 말소 대상 부동산 증명서가 첨부정보로서 제공되었는지를 확인하여야 한다.

⑦ 공유재산법 따른 공유재산의 양여계약 또는 매매계약 해제특약의 부기등기

  ㉠ 공유재산법에 따라 공유재산을 양여하면서 동법 제19조 제2항 또는 제40조 제2항에 따른 특약등기를 신청하는 경우 등기관은 '이 재산은 10년 이내에 그 양여목적 외의 용도로 사용되면 양여계약을 해제한다'는 내용을 부기하여야 한다.

ⓒ 공유재산법에 따라 공유재산을 매각하면서 동법 제36조 제2항에 따른 특약등기를 신청하는 경우 등기관은 '이 재산은 「공유재산법」 제38조 제1항 제2호의 사유가 발생하면 매매계약을 해제한다'는 내용을 부기하여야 한다(공유재산법 제36조 제3항).

ⓒ 위의 ㉠의 부기등기의 말소등기신청이 있는 경우 등기관은 양여 또는 매각한 지방자치단체의 장의 특약사항의 효력이 소멸하였음을 증명하는 정보가 첨부정보로서 제공되었는지를 확인하여야 한다.

⑧ 보조금법 제35조의2 제1항에 따른 금지사항 등의 부기등기

㉠ 보조사업자 또는 간접보조사업자가 보조금 또는 간접보조금으로 취득하거나 그 효용이 증가된 부동산에 대하여 보조금법 제35조의2 제1항에 따른 금지사항 등의 부기등기를 신청하는 경우 등기관은 '이 부동산은 보조금 또는 간접보조금을 교부받아 취득하였거나 그 효용가치가 증가한 재산으로서 보조금 또는 간접보조금의 교부 목적과 해당 부동산의 내용연수를 고려하여 중앙관서의 장이 정한 기간이 지나지 아니하였음에도 그 부동산을 보조금 또는 간접보조금의 교부 목적에 위배되는 용도에 사용, 양도, 교환, 대여 및 담보로 제공하려는 경우에는 중앙관서의 장의 승인을 받아야 한다'는 내용을 부기하여야 한다.

ⓒ 위 부기등기는 보조금법 제35조의2 제2항에 따라 소유권보존등기, 소유권이전등기 또는 토지·건물 표시변경등기와 동시에 신청하여야 한다. 다만, 부동산의 등기내용이 변경되지 아니하는 경우에는 동법 제27조에 따른 보조사업실적보고서 제출 전까지 신청하여야 한다. 이 경우 등기관은 동법에 따라 보조금 또는 간접보조금으로 취득하거나 그 효용이 증가된 부동산임을 증명하는 정보가 첨부정보로서 제공되었는지를 확인하여야 한다.

ⓒ 부기등기의 말소 : 보조사업자 또는 간접보조사업자가 위 ㉠의 부기등기의 말소등기를 신청하는 경우 등기관은 보조금법 제35조의2 제4항에 해당함을 증명하는 중앙관서의 장의 확인서 등의 정보가 첨부정보로서 제공되었는지를 확인하여야 한다.

⑨ 그 밖의 부기등기

㉠ 「민간임대주택에 관한 특별법」 제5조의2에 따른 부기등기 및 그 말소등기

ⓒ 「주택법」 제57조의2 제1항 제1호 분양가상한제 적용주택 및 같은 항 제2호 행정중심복합도시에서 별도로 공급되는 주택의 입주자의 거주의무 등의 부기등기 및 그 말소등기

ⓒ 「지방자치단체 보조금 관리에 관한 법률」 제22조 제1항에 따른 부기등기

3. 특별법에 의한 특약사항 등을 등기할 수 없는 경우

① 산업집적법 제39조 및 제43조에 의한 처분제한 사항

② 토지보상법 제91조에서 규정하는 환매권

4. 특별법에 의한 특약사항 등의 등기가 있는 부동산에 대한 업무처리

① 특별법에 의한 특약사항 등의 등기가 되어 있는 부동산에 대하여는 관련기관 등의 동의·허가 또는 승인 없이는 양도, 담보제공 등 특약사항에 위배되는 처분을 할 수 없으므로, 등기관은 위 부동산에 대한 등기신청사건을 처리함에 있어서는 이 점을 유의하여야 한다.

② 「주차장법」에 따른 시설물의 부기등기와 부설주차장의 부기등기는 다른 특별법에 의한 특약사항 등의 등기와는 달리 처분제한의 등기가 아니므로, 그 부기등기가 마쳐진 부동산에 대하여 양도, 담보제공 등 다른 등기신청이 있는 경우에도 수리할 수 있다.

CHAPTER

03 소유권에 관한 등기

| 제1절 | 소유권보존등기

01
□□□
건물의 소유권보존등기에 관한 다음 설명 중 가장 옳지 않은 것은? 2023년

① 건축물대장에 소유자로 등록되어 있는 회사가 분할된 경우, 분할 후 회사는 분할계획서 등에 의하여 미등기 건물을 승계하였음을 증명하여 바로 자기 명의로 보존등기를 신청할 수 있다.

② 건축물대장이 생성되지 않은 건물에 대하여도 소유권확인판결에 의하여 자기의 소유권을 증명하여 소유권보존등기를 신청할 수 있다.

③ 건물에 대하여 국가를 상대로 한 소유권확인판결이나 건축허가명의인을 상대로 한 소유권확인판결은 부동산등기법 제65조 제2호의 소유권을 증명하는 판결의 범위에 포함되지 않는다.

④ 지상권이 설정되어 있는 토지 위에 지상권자 아닌 제3자가 건물을 신축한 후 동건물에 대한 소유권보존등기를 신청함에 있어서, 사전에 그 지상권을 말소하여야 하거나 지상권자의 승낙이 있음을 증명하는 정보를 첨부정보로 제공할 필요는 없다.

⑤ 건물의 보존등기신청을 할 때에는 등기원인과 그 연월일은 신청정보의 내용으로 등기소에 제공할 필요가 없다.

···

[❶▸O] 대장등본에 의하여 소유권보존등기를 신청할 수 있는 자는 대장에 최초의 소유자로 등록되어 있는 자(대장상 소유자의 성명, 주소 등의 일부 누락 또는 착오가 있어 대장상 소유자표시를 정정 등록한 경우를 포함한다) 또는 그 상속인, 그 밖의 포괄승계인(포괄적 수증자, 법인이 합병된 경우 존속 또는 신설 법인, 법인이 분할된 경우 분할 후 법인 등)이어야 한다[등기예규 제1483호 2. 가. (1) (가)].

[❷▸×] 구 부동산등기법 제131조 제2호에서 판결 또는 그 밖의 시·구·읍·면의 장의 서면에 의하여 자기의 소유권을 증명하는 자가 소유권보존등기를 신청할 수 있다고 규정한 것은 건축물대장이 생성되어 있으나 다른 사람이 소유자로 등록되어 있는 경우 또는 건축물대장의 소유자 표시란이 공란으로 되어 있거나 소유자 표시에 일부 누락이 있어 소유자를 확정할 수 없는 등의 경우에 건물 소유자임을 주장하는 자가 판결이나 위 서면에 의하여 소유권을 증명하여 소유권보존등기를 신청할 수 있다는 취지이지, 아예 건축물대장이 생성되어 있지 않은 건물에 대하여 처음부터 판결 내지 위 서면에 의하여 소유권을 증명하여 소유권보존등기를 신청할 수 있다는 의미는 아니라고 해석하는 것이 타당하다. 위와 같이 제한적으로 해석하지 않는다면, 사용승인을 받지 못한 건물에 대하여 구법 제134조에서 정한 처분 제한의 등기를 하는 경우에는 사용승인을 받지 않은 사실이 등기부에 기재되어 공시되는 반면, 구법 제131조에 의한 소유권보존등기를 하는 경우에는 사용승인을 받지 않은 사실을 등기부에 적을 수 없어

등기부상으로는 적법한 건물과 동일한 외관을 가지게 되어 건축법상 규제에 대한 탈법행위를 방조하는 결과가 된다. 결국 건축물대장이 생성되지 않은 건물에 대해서는 소유권확인판결을 받는다고 하더라도 그 판결은 구법 제131조 제2호에 해당하는 판결이라고 볼 수 없어 이를 근거로 건물의 소유권보존등기를 신청할 수 없다(대판 2011.11.10. 2009다93428).

[❸ ▸ ○] 등기예규 제1483호 3. 라. (2), (3)

등기예규 제1483호[미등기부동산의 소유권보존등기 신청인에 관한 업무처리지침]

3. 법 제65조 제2호의 "판결"의 의미

　라. 위 판결에 해당하지 않는 경우의 예시 : 다음 각 호의 판결은 법 제65조 제2호의 판결에 해당하지 않는다.

　　(1) 매수인이 매도인을 상대로 토지의 소유권이전등기를 구하는 소송에서 매도인이 매수인에게 매매를 원인으로 한 소유권이전등기절차를 이행하고 당해 토지가 매도인의 소유임을 확인한다는 내용의 화해조서

　　(2) 건물에 대하여 국가를 상대로 한 소유권확인판결

　　(3) 건물에 대하여 건축허가명의인(또는 건축주)을 상대로 한 소유권확인판결

[❹ ▸ ○] 지상권이 설정되어 있는 토지 위에 지상권자 아닌 제3자가 건물을 신축한 후 동건물에 대한 소유권보존등기를 신청함에 있어서, 사전에 그 지상권을 말소하여야 하거나 소유권보존등기신청서에 지상권자의 승낙서를 첨부할 필요는 없다(등기선례 제2-238호).

[❺ ▸ ○] 법 제65조에 따라 소유권보존등기를 신청하는 경우에는 법 제65조 각 호의 어느 하나에 따라 등기를 신청한다는 뜻을 신청정보의 내용으로 등기소에 제공하여야 한다. 이 경우 제43조 제1항 제5호에도 불구하고 등기원인과 그 연월일은 신청정보의 내용으로 등기소에 제공할 필요가 없다(부동산등기규칙 제121조 제1항).

답 ❷

---

02 ☐☐☐ **소유권보존등기에 관한 다음 설명 중 가장 옳지 않은 것은?** 　2021년

① 건축물대장의 소유자표시란이 공란이거나 소유자표시에 일부 누락이 있어 대장상의 소유자를 확정할 수 없는 미등기건물에 관하여 국가를 상대방으로 하여 소유권확인의 판결을 받은 경우 부동산등기법 제65조 제2호의 소유권을 증명하는 판결에 해당한다.

② 가설건축물대장에 등록된 "농업용 고정식 비닐온실"이 철근콘크리트기초 위에 설치됨으로써 토지에 견고하게 정착되어 있고, 경량철골구조 및 내구성 10년 이상의 내재해형 장기성 필름(비닐)에 의하여 벽면과 지붕을 구성하고 있다면 이 건축물에 대하여 소유권보존등기를 신청할 수 있다.

③ 미등기부동산에 관하여 법원으로부터 소유권에 대한 가압류등기 촉탁이 있는 경우 등기관은 그 등기를 위하여 전제되는 소유권보존등기를 직권으로 실행하여야 한다.

④ 구분건물이 아닌 건물로 등기된 건물에 접속하여 구분건물을 신축한 경우에 그 신축건물의 소유권보존등기를 신청할 때에는 구분건물이 아닌 건물을 구분건물로 변경하는 건물의 표시변경등기를 동시에 신청하여야 한다.

⑤ 1동의 건물에 속하는 구분건물 중 일부만에 관하여 소유권보존등기를 신청하는 경우에는 나머지 구분건물의 표시에 관한 등기를 동시에 신청하여야 하며, 구분건물의 소유자는 1동에 속하는 다른 구분건물의 소유자를 대위하여 그 건물의 표시에 관한 등기를 신청할 수 있다.

[**❶** ▸ **×**] 미등기건물에 대하여 국가를 상대로 한 소유권확인판결은 부동산등기법 제65조 제2호의 소유권을 증명하는 판결에 해당하지 아니하나(등기예규 제1483호 3. 라. (2) 참조), 시장·군수·구청장을 상대로 한 소유권확인판결은 이에 해당함을 유의하여야 한다(등기선례 제6-122호 참조).

등기예규 제1483호[미등기부동산의 소유권보존등기신청인에 관한 업무처리지침]
3. 법 제65조 제2호의 "판결"의 의미
　라. 위 판결에 해당하지 않는 경우의 예시 : 다음 각 호의 판결은 법 제65조 제2호의 판결에 해당하지 않는다.
　　(1) 매수인이 매도인을 상대로 토지의 소유권이전등기를 구하는 소송에서 매도인이 매수인에게 매매를 원인으로 한 소유권이전등기절차를 이행하고 당해 토지가 매도인의 소유임을 확인한다는 내용의 화해조서
　　(2) 건물에 대하여 국가를 상대로 한 소유권확인판결
　　(3) 건물에 대하여 건축허가명의인(또는 건축주)을 상대로 한 소유권확인판결

등기선례 제6-122호
건축물대장의 소유자표시란이 공란이거나 소유자 표시에 일부 누락이 있어 대장상의 소유자를 확정할 수 없는 미등기건물에 관하여 갑이 시장·군수·구청장을 상대로 하여 당해 건물이 그의 소유임을 확인하는 내용의 확정판결을 받았다면, 갑은 그 판결정본을 첨부하여 그 명의의 소유권보존등기를 신청할 수 있다.

[**❷** ▸ **O**] 가설건축물대장에 등록된 "농업용 고정식 비닐온실"이 철근콘크리트기초 위에 설치됨으로써 토지에 견고하게 정착되어 있고, 경량철골구조 및 내구성 10년 이상의 내재해형 장기성 필름(비닐)에 의하여 벽면과 지붕을 구성하고 있다면 독립된 건물로 볼 수 있으므로 이 건축물에 대하여 소유권보존등기를 신청할 수 있을 것이나, 구체적인 사건에서 등기할 수 있는 건물인지 여부는 담당등기관이 판단할 사항이다(등기선례 제9-6호).

[**❸** ▸ **O**] 등기관이 미등기부동산에 대하여 법원의 촉탁에 따라 소유권의 처분제한의 등기를 할 때에는 직권으로 소유권보존등기를 하고, 처분제한의 등기를 명하는 법원의 재판에 따라 소유권의 등기를 한다는 뜻을 기록하여야 한다(부동산등기법 제66조 제1항).

[**❹** ▸ **O**] [**❺** ▸ **O**] 부동산등기법 제46조

부동산등기법 제46조(구분건물의 표시에 관한 등기)
① 1동의 건물에 속하는 구분건물 중 일부만에 관하여 소유권보존등기를 신청하는 경우에는 나머지 구분건물의 표시에 관한 등기를 동시에 신청하여야 한다.
② 제1항의 경우에 구분건물의 소유자는 1동에 속하는 다른 구분건물의 소유자를 대위하여 그 건물의 표시에 관한 등기를 신청할 수 있다.
③ 구분건물이 아닌 건물로 등기된 건물에 접속하여 구분건물을 신축한 경우에 그 신축건물의 소유권보존등기를 신청할 때에는 구분건물이 아닌 건물을 구분건물로 변경하는 건물의 표시변경등기를 동시에 신청하여야 한다. 이 경우 제2항을 준용한다.

답 **❶**

미등기건물에 대한 처분제한의 등기촉탁에 따라 등기관이 직권으로 하는 소유권보존등기에 관한 다음 설명 중 가장 옳지 않은 것은? 2019년

① 처분제한등기의 촉탁에 의하여 등기관이 직권으로 소유권보존등기를 마쳤을 때에는 등기권리자에게 등기완료통지를 하여야 한다.

② 법원의 처분제한의 등기에는 경매개시결정의 등기, 가압류등기, 처분금지가처분등기, 회생절차개시결정등기, 파산선고등기, 주택임차권등기 및 상가건물임차권등기가 포함된다.

③ 직권보존등기 이후에 동일 지상에 다시 건물에 관한 소유권보존등기신청이 있는 경우에는 건물의 소재도 등 등기된 건물과 동일성이 인정되지 아니함을 소명하는 서면의 제출이 있는 경우에 한하여 등기한다.

④ 구분건물의 일부 건물에 대한 처분제한의 등기촉탁의 경우에는 1동 건물의 전부에 대한 구조·면적을 증명하는 정보 및 1동 건물의 소재도, 각 층의 평면도와 구분한 건물의 평면도를 첨부정보로서 등기소에 제공하여야 한다.

⑤ 처분제한의 촉탁에 따라 직권으로 한 소유권보존등기는 보존등기명의인의 말소신청, 그 말소등기의 이행을 명하는 확정판결 또는 처분제한을 발한 법원의 말소촉탁에 의하여 말소할 수 있다.

⋯⋯⋯

[**❶ ▸ ○**] 부동산등기규칙 제53조 제1항 제4호

> **부동산등기규칙 제53조(등기완료통지)**
> ① 법 제30조에 따른 등기완료통지는 신청인 및 다음 각 호의 어느 하나에 해당하는 자에게 하여야 한다.
> 1. 법 제23조 제4항에 따른 승소한 등기의무자의 등기신청에 있어서 등기권리자
> 2. 법 제28조에 따른 대위자의 등기신청에서 피대위자
> 3. 법 제51조에 따른 등기신청에서 등기의무자
> 4. 법 제66조(미등기부동산의 처분제한의 등기와 직권보존)에 따른 직권 소유권보존등기에서 등기명의인
> 5. 관공서가 촉탁하는 등기에서 관공서

[**❷ ▸ ○**] 법원의 처분제한의 등기에는 경매개시결정의 등기, 가압류등기, 처분금지가처분등기뿐만 아니라 회생절차개시결정·파산선고(보전처분 포함)의 기입등기 및 주택임차권등기 및 상가건물임차권등기가 포함된다(등기예규 제1469호 6.).

[**❸ ▸ ○**] 처분제한등기의 촉탁에 의하여 등기관이 직권으로 소유권보존등기를 마친 이후 동일 지상에 다시 건물에 관한 소유권보존등기신청이 있는 경우에는 건물의 소재도 등 등기된 건물과 동일성이 인정되지 아니함을 소명하는 서면의 제출이 있는 경우에 한하여 등기한다(등기예규 제1469호 5.).

[**❹ ▸ ○**] 등기예규 제1469호 1. 나.

> **등기예규 제1469호[미등기건물의 처분제한등기에 관한 업무처리지침]**
> 1. 미등기건물에 대하여 법원으로부터 처분제한의 등기촉탁이 있는 경우 다음 각 호의 정보를 첨부정보로서 제공한 때 한하여 그 건물에 대한 소유권보존등기를 하고 처분제한에 의하여 소유권의 등기를 한다는 뜻을 기록한다.

가. 소유자의 주소 및 주민등록번호(부동산등기용 등록번호)를 증명하는 정보

나. 법원에서 인정한 건물의 소재와 지번·구조·면적을 증명하는 정보. 단, 구분건물의 일부 건물에 대한 처분제한의 등기촉탁의 경우에는 1동 건물의 전부에 대한 구조·면적을 증명하는 정보 및 1동 건물의 소재도, 각 층의 평면도와 구분한 건물의 평면도를 첨부정보로서 등기소에 제공하여야 한다(건물의 표시를 증명하는 정보로서 건축물대장 정보를 등기소에 제공한 경우에는 도면을 제공할 필요가 없음).

[❺ ▸ ×] 미등기건물에 관하여 법원의 가처분등기 촉탁에 의한 가처분등기를 함에 있어서 등기관이 부동산등기법 제66조의 규정에 의하여 직권으로 한 소유권보존등기는 <u>보존등기명의인의 말소신청 또는 그 말소등기의 이행을 명하는 확정판결에 의하여서만 말소될 수 있을 뿐 가처분법원의 말소촉탁에 의하여 말소될 수는 없는 것</u>이며, 가령 부동산등기법 제29조 제11호의 규정에 위반된 등기신청에 의하여 등기가 경료되었다 하더라도 그 등기는 동법 제29조 제1호 및 제2호에 해당하는 당연 무효의 등기는 아니므로 등기관이 직권으로 그 등기를 말소할 수는 없고 등기 권리자와 등기의무자의 공동신청에 의한 적법한 말소신청이나 그 말소등기의 이행을 명하는 확정판결에 의하여서만 말소할 수 있다(등기예규 제1353호).

답 ❺

제2절 │ 소유권이전등기

04 □□□ **상속으로 인한 등기신청에 관한 다음 설명 중 가장 옳지 않은 것은?** 2023년

① 처가 부모보다 먼저 사망한 경우 남편이 재혼하지 아니하면 처의 직계존속이 피상속인인 경우 남편은 처의 대습상속인이 된다.

② 상속개시 후 그 상속등기를 하기 전에 상속인 중 한 사람이 사망하여 또다시 상속이 개시된 경우에는 상속개시일자를 순차로 모두 신청정보로 하여 1건으로 상속등기를 신청할 수 있다.

③ 상속재산 협의분할에 따라 甲과 乙을 등기명의인으로 하는 상속등기가 마쳐진 후에 공동상속인들이 그 협의를 전원의 합의에 의하여 해제하고 丙을 상속인으로 하는 새로운 협의분할을 한 경우와 같이 재협의분할로 인하여 상속인 전부가 교체될 때에는 상속등기의 경정등기를 신청할 수 없다.

④ 상속재산분할협의서를 작성하는 데 있어서 친권자와 미성년자인 자 1인이 공동상속인인 경우 친권자가 상속재산을 전혀 취득하지 아니하는 경우에는 미성년자를 위한 특별대리인을 선임할 필요는 없다.

⑤ 공동상속등기가 경료된 후 공동상속인 중 1인에 대하여 실종선고심판이 확정되었는데 그 실종기간이 상속개시 전에 만료된 경우, 실종선고심판이 확정된 자에 대한 상속인이 없고, 등기상의 이해관계인도 없다면 신청착오를 원인으로 하여 나머지 공동상속인들이 경정등기를 신청할 수 있다.

[❶ ▸ ○] 제1001조의 경우에 상속개시 전에 사망 또는 결격된 자의 배우자는 동조의 규정에 의한 상속인과 동순위로 공동상속인이 되고 그 상속인이 없는 때에는 단독상속인이 된다(민법 제1003조 제2항). 민법 제1003조 제2항의 '사망 또는 결격된 자의 배우자'라 함은 부의 사망 후에도 계속 혼가와의 인척관계가 유지되는 배우자를 의미하므로, 부의 사망 후 재혼한 배우자는 전부의 순위에 갈음하는 대습상속인으로 될 수 없다(등기예규 제694호). 따라서 처가 상속개시 전에 부모보다 먼저 사망하였고 처의 남편이 재혼하지 않은 경우 남편은 처의 대습상속인이 된다.

[❷ ▸ ○] 상속개시 후 그 상속등기를 하기 전에 상속인 중 한 사람이 사망하여 또다시 상속이 개시된 경우에는 상속개시일자를 순차로 모두 신청정보로 하여 1건으로 상속등기를 신청할 수 있다(등기예규 제57호 참조).

> **등기예규 제57호[상속등기의 원인의 기재방법]**
> ① 유산상속이 개시되어 상속인이 그 상속등기를 하지 않고 있는 동안에 상속인 중의 한 사람이 사망하여 또 하나의 다른 상속이 개시된 경우 즉 등기사건 1건에 2개의 등기원인이 있는 경우 최초의 상속원인과 일자만을 표시 처리하고 있으므로 사실과 등기가 부합되지 않는다.

[❸ ▸ ○] 상속재산 협의분할에 따라 갑과 을을 등기명의인으로 하는 상속등기가 마쳐진 후에 공동상속인들이 그 협의를 전원의 합의에 의하여 해제하고 병을 상속인으로 하는 새로운 협의분할을 한 경우와 같이 재협의분할로 인하여 상속인 전부가 교체될 때에는 상속등기의 경정등기를 신청할 수 없다(등기예규 제1675호 3. 다. 2) 가)].

[❹ ▸ ✕] 상속재산협의분할서를 작성하는 데 있어서 친권자와 미성년자인 자 1인이 공동상속인인 경우(친권자가 당해 부동산에 관하여 권리를 취득하지 않는 경우를 포함한다)에는 친권자와 미성년자의 이해가 상반되므로 이해가 상반되는 그 친권자는 미성년자인 자를 대리할 수 없고, 특별대리인을 선임하여야 한다[등기예규 제1088호 2. 나. (2) 참조].

[❺ ▸ ○] 공동상속등기가 경료된 후 공동상속인 중 1인에 대하여 실종선고심판이 확정되었는데 그 실종기간이 상속개시 전에 만료된 경우, 실종선고심판이 확정된 자에 대한 상속인(대습상속인)이 없고, 등기상의 이해관계인도 없다면 신청착오를 원인으로 하여 나머지 공동상속인들이 경정등기를 신청할 수 있다(등기선례 제6-414호).

답 ❹

소유권이전등기에 관한 다음 설명 중 가장 옳지 않은 것은?

① 피상속인의 처와 그 친권에 따르는 미성년자 및 다른 상속인을 포함한 수인의 상속인이 협의분할에 의한 상속등기를 신청하는 경우에는 그 처(친권자)는 상속포기를 하지 아니한 이상 상속재산을 전혀 취득하지 않더라도 미성년자인 자를 대리하여 다른 상속인과 상속재산분할의 협의를 할 수 없고 미성년자를 위한 특별대리인이 선임되어야 한다.

② 甲의 증조부가 사정받은 토지를 망조부를 거쳐 망부로 순차 단독 상속된 후 망부의 공동상속인들 사이에 상속재산 협의분할을 통하여 甲이 망부의 토지를 단독으로 상속받은 사실이 인정되어, 甲이 소유권보존등기명의인을 상대로 진정명의회복을 원인으로 한 소유권이전등기절차이행을 명하는 승소확정판결을 받은 경우와 같이, 등기권리자의 상속인이 등기기록상 최종 소유자를 상대로 하여 진정명의회복을 원인으로 하는 승소판결을 받은 경우에는 상속을 증명하는 서면을 제출할 필요가 없다.

③ 취득시효완성을 원인으로 한 소유권이전등기소송에서 원고들에게 일정 지분대로 이행을 명한 승소확정판결을 받았고, 그 판결이유 중에 원고들의 피상속인이 부동산을 시효취득한 사실 및 원고들이 소유권이전등기청구권을 공동상속한 사실이 기재되어 있는 경우에는 판결정본과 상속재산협의분할서(상속인 전원의 인감증명서 첨부) 및 가족관계증명서 등 상속을 증명하는 서면을 첨부하여 원고들 중 1인의 단독소유로 하는 소유권이전등기를 신청할 수 있다.

④ 협의에 의하여 상속재산을 분할하는 경우 그 상속인 중에 재외국민이 있는 때에는 그 재외국민을 포함한 공동상속인 전원이 협의에 참가하여야 하며, 이때 재외국민이 입국할 수 없는 경우에는 국내에 거주하는 공동상속인 이외의 자에게 이를 위임하여 상속재산의 분할협의를 할 수 있으나 공동상속인에게는 이를 위임할 수는 없다.

⑤ 소유권이전청구권보전가등기를 마친 후에 가등기권자가 사망한 경우, 가등기권자의 상속인은 상속등기를 할 필요 없이 상속을 증명하는 서면을 첨부하여 가등기의무자와 공동으로 본등기를 신청할 수 있다.

....

[❶ ▶ ○] 피상속인의 처와 그 친권에 복종하는 미성년자 2인을 포함한 수인의 상속인이 협의분할에 의한 상속등기를 신청하는 경우 재산협의분할행위 자체는 언제나 이해상반행위이므로 친권자인 모가 재산분할의 당사자인 한(즉, 상속포기를 하지 않아 상속인인 한) 분할계약서상 상속재산을 전혀 취득하지 아니하더라도 미성년자를 대리할 수 없으므로 미성년자마다 특별대리인을 선임하여야 할 것이다(등기선례 제3-416호).

[❷ ▶ ○] 갑의 증조부가 사정받은 토지를 망조부를 거쳐 망부로 순차 단독 상속된 후 망부의 공동상속인들 사이에 상속재산 협의분할을 통하여 갑이 망부의 토지를 단독으로 상속받은 사실이 인정되어, 갑이 소유권보존등기명의인인 국가를 상대로 진정명의회복을 원인으로 한 소유권이전등기절차이행을 명하는 승소확정판결을 받은 경우와 같이 상속인이 등기권리자로서 승소판결을 받은 경우, 위 판결에 의하여 소유권이전등기를 신청함에 있어서는 호적등본, 제적등본, 망부의 상속인들 사이의 상속재산협의분할서 등 부동산등기법 제46조 소정의 상속을 증명하는 서면을 첨부할 필요가 없다(등기선례 제7-179호).

[❸ ▶ ○] 취득시효완성을 원인으로 한 소유권이전등기소송에서 원고들에게 일정 지분대로 이행을 명한 승소확정판결을 받았고, 그 판결이유 중에 원고들의 피상속인이 부동산을 시효취득한 사실 및 원고들이 소유권이전등기청구권을 공동상속한 사실이 기재되어 있는 경우에는 판결정본과 상속재산협의분할서(상속인 전원의 인감증명서 첨부) 및 호적등본, 제적등본 등 부동산등기법 제46조 소정의 상속을 증명하는 서면을 첨부하여 원고들 중 1인의 단독소유로 하는 소유권이전등기를 신청할 수 있다(등기선례 제8-190호).

[❹ ▸ ✕] 피상속인의 사망으로 그 공동상속인들이 협의에 의하여 상속재산을 분할하는 경우에 공동상속인 중 1인이 외국에 거주하고 있어 직접 분할협의에 참가할 수 없다면 이러한 분할협의를 대리인에게 위임하여 할 수 있는바, 이 경우 <u>그 공동상속인 중 한 사람을 위 분할협의에 관한 대리인으로 선임하여도 무방하다</u>(등기선례 제9-236호).

[❺ ▸ ○] 가등기를 마친 후에 가등기권자가 사망한 경우, 가등기권자의 상속인은 상속등기를 할 필요 없이 상속을 증명하는 서면을 첨부하여 가등기의무자와 공동으로 본등기를 신청할 수 있다(등기예규 제1632호 4. 가. (2)).

답 ❹

06
□□□

협의분할에 의한 상속등기에 관한 다음 설명 중 가장 옳지 않은 것은?   2022년

① 공동상속인(甲, 乙, 丙, 丁, 戊)의 명의로 법정상속등기가 마쳐진 이후 경매절차에 의하여 공동상속인 중 1인(甲)의 지분이 나머지 공동상속인 중 1인(乙)에게 이전되었더라도 종전 공동상속인 전원은 이 재산에 대한 협의분할을 하고 이를 등기원인으로 하여 소유권경정등기를 신청할 수 있다.

② 한정승인을 하였다 하더라도 그 한정승인 전에 이미 이루어진 특정 부동산에 대한 상속인들의 협의분할 및 이를 원인으로 한 상속등기의 효력이 상실되는 것이 아니므로 한정승인을 원인으로 이 상속등기를 말소 또는 경정할 수 없다.

③ 피상속인의 사망으로 상속이 개시된 후 상속등기를 하지 아니한 상태에서 공동상속인 중 1인이 사망한 경우, 나머지 상속인들과 사망한 공동상속인의 상속인들이 피상속인의 재산에 대한 협의분할을 할 수 있다.

④ 협의분할에 의한 상속을 원인으로 소유권이전등기를 신청할 때에 공동상속인 중 상속을 포기한 자가 있는 경우, 그자의 인감증명을 첨부정보로서 제공할 필요는 없지만 그가 법원으로부터 교부받은 상속포기신고를 수리하는 뜻의 심판정본을 대신 제공하여야 한다.

⑤ 상속재산 협의분할에 따라 상속등기를 마친 후에 공동상속인들이 그 협의를 전원의 합의에 의하여 해제한 후 다시 새로운 협의분할을 하고 이를 원인으로 상속등기의 경정등기를 신청할 때에는 등기원인을 '재협의분할'로, 그 연월일을 재협의가 성립한 날로 한다.

┄┄┄

[❶ ▸ ✕] 공동상속인(A, B, C, D, E)의 명의로 법정상속등기가 마쳐진 이후 경매절차에 의하여 공동상속인 중 1인(A)의 지분이 나머지 공동상속인 중 1인(B)에게 이전되었다면, <u>종전 공동상속인 전원(또는 A를 제외한 상속인들 전원)이 협의분할을 등기원인으로 하여 소유권경정등기를 신청하더라도 등기관은 이를 수리할 수 없다</u>(등기선례 제202108-2호).

[❷ ▸ ○] 한정승인은 상속으로 인하여 취득할 재산의 한도에서 피상속인의 채무를 변제할 것을 조건으로 상속을 승인하는 제도로서 한정승인을 하였다 하더라도 그 한정승인 전에 이미 이루어진 특정 부동산에 대한 상속인들의 협의분할 및 이를 원인으로 한 상속등기의 효력이 상실되는 것이 아니므로 한정승인을 원인으로 위 상속등기를 말소 또는 경정할 수 없다(등기선례 제200901-3호).

[❸ ▸ ○] 피상속인(X)의 사망으로 상속이 개시된 후 상속등기를 경료하지 아니한 상태에서 공동상속인 중 1인(A)이 사망한 경우, 나머지 상속인들과 사망한 공동상속인(A)의 상속인들이 피상속인(X)의 재산에 대한 협의분할을 할 수 있다(등기선례 제7-178호).

[❹ ▸ O] 협의분할에 의한 상속을 등기원인으로 하여 소유권이전등기를 신청할 때에는 상속을 증명하는 정보 외에 그 협의가 성립하였음을 증명하는 정보로서 상속재산 협의분할서 및 협의분할서에 날인한 상속인 전원의 인감증명을 제출하여야 하는바(등기규칙 제60조 제1항 제6호), 공동상속인 중 상속을 포기한 자가 있는 경우 그러한 자는 상속포기의 소급효로 처음부터 상속인이 아니었던 것으로 되므로 상속을 포기한 자까지 참여한 상속재산분할협의서 및 상속을 포기한 자의 인감증명을 첨부정보로서 등기소에 제공할 필요는 없으나, 상속을 포기한 자에 대하여는 법원으로부터 교부받은 상속포기신고를 수리하는 뜻의 심판정본을 제출하여야 한다(등기선례 제202006-1호).

[❺ ▸ O] 상속재산 협의분할에 따라 상속등기를 마친 후에 공동상속인들이 그 협의를 전원의 합의에 의하여 해제한 후 다시 새로운 협의분할을 하고 이를 원인으로 상속등기의 경정등기를 신청할 때에는 등기원인을 '재협의분할'로, 그 연월일을 재협의가 성립한 날로 한다[등기예규 제1675호 3. 다. 1) 가)].

답 ❶

---

07 유증으로 인한 등기에 관한 다음 설명 중 가장 옳지 않은 것은? 　2021년

① 피상속인 '甲'이 사망하고 상속등기를 경료하지 아니한 상태에서 공동상속인 중 '乙'이 다른 공동상속인 '丙'에게 상속받은 지분을 유증한 후 사망한 경우에는, 먼저 사망한 '乙'을 제외한 '甲'의 상속인과 '乙'의 상속인 명의로 상속등기를 경료한 후 '乙'의 상속인 또는 유언집행자와 수증자가 공동으로 유증으로 인한 소유권이전등기를 신청할 수 있다.

② 수증자가 여럿인 포괄유증의 경우에는 수증자 전원이 공동으로 신청하거나 각자가 자기 지분만에 대하여 소유권이전등기를 신청할 수 있다. 그러나 포괄적 수증자 이외에 유언자의 다른 상속인이 있는 경우에는 유증을 원인으로 한 소유권이전등기와 상속을 원인으로 한 소유권이전등기를 각각 신청하여야 한다.

③ 특정유증의 수증자가 유증자의 사망 후에 1필의 토지의 특정 일부에 대하여 유증의 일부포기를 한 경우에, 유언집행자는 포기한 부분에 대하여 분할등기를 한 다음 포기하지 아니한 부분에 대하여 유증을 원인으로 한 소유권이전등기를 신청하여야 한다.

④ 유증을 등기원인으로 하는 소유권이전등기는 수증자를 등기권리자, 유언집행자를 등기의무자로 하여 공동으로 신청하는 것이 원칙이나, 공정증서에 의한 유언인 경우에는 등기의무자인 유언집행자가 유증을 등기원인으로 하는 소유권이전등기를 단독으로 신청할 수 있다.

⑤ 유증의 목적부동산이 미등기인 경우에는 토지대장, 임야대장 또는 건축물대장에 최초의 소유자로 등록되어 있는 자 또는 그 상속인의 포괄적 수증자가 단독으로 소유권보존등기를 신청할 수 있다.

[❶ ▸ O] 피상속인 '갑'이 사망하고 상속등기를 경료하지 아니한 상태에서 공동상속인 중 '을'이 다른 공동상속인 '병'에게 상속받은 지분을 유증한 후 사망한 경우에는, 먼저 사망한 '을'을 제외한 '갑'의 상속인과 '을'의 상속인 명의로 상속등기를 경료한 후 '을'의 상속인 또는 유언집행자와 수증자가 공동으로 유증으로 인한 소유권이전등기를 신청할 수 있다(등기선례 제200801-2호).

[❷ ▸ O] 수증자가 여럿인 포괄유증의 경우에는 수증자 전원이 공동으로 신청하거나 각자가 자기 지분만에 대하여 소유권이전등기를 신청할 수 있다. 그러나 포괄적 수증자 이외에 유언자의 다른 상속인이 있는 경우에는 유증을 원인으로 한 소유권이전등기와 상속을 원인으로 한 소유권이전등기를 각각 신청하여야 한다[등기예규 제1512호 2. 나. (3)].

[**❸** ▸ **○**] 등기예규 제1512호 3. (2) ②

> **등기예규 제1512호[유증을 받은 자의 소유권보존(이전)등기신청절차 등에 관한 사무처리지침]**
> 3. 소유권이전등기의 신청방법
>   (2) 1필의 토지(또는 1개의 건물)의 특정 일부만을 유증한 경우 등
>   ① 1필의 토지(또는 1개의 건물)의 특정 일부만을 유증한다는 취지의 유언이 있는 경우, 유언집행자는 유증할 부분을 특정하여 분할(또는 구분)등기를 한 다음 수증자 명의로 소유권이전등기를 신청하여야 한다.
>   ② 특정유증의 수증자가 유증자의 사망 후에 1필의 토지(또는 1개의 건물)의 <u>특정 일부에 대하여 유증의 일부포기를 한 경우</u>에도 유언집행자는 포기한 부분에 대하여 <u>분할(또는 구분)등기를 한 다음</u> 포기하지 아니한 부분에 대하여 유증을 원인으로 한 소유권이전등기를 신청하여야 한다.

[**❹** ▸ **✕**] 유증을 등기원인으로 하는 소유권이전등기는 수증자를 등기권리자, 유언집행자를 등기의무자로 하여 <u>공동으로 신청하여야 하므로</u>(부동산등기법 제28조 참조), 비록 공정증서에 의한 유언인 경우에도 등기의무자인 유언집행자가 유증을 등기원인으로 하는 소유권이전등기를 <u>단독으로 신청할 수는 없다</u>(등기선례 제6-249호).

[**❺** ▸ **○**] 유증의 목적부동산이 미등기인 경우에는 토지대장, 임야대장 또는 건축물대장에 최초의 소유자로 등록되어 있는 자 또는 그 상속인의 포괄적 수증자가 단독으로 소유권보존등기를 신청할 수 있다[등기예규 제1512호 2. 가. (1)].

답 ❹

08
□□□
공익사업을 위한 토지 등의 취득 및 보상에 관한 법률에 따른 등기절차에 관한 다음 설명 중 가장 옳지 않은 것은?
2021년

① 사업인정고시 전에 등기기록상 소유명의인과 협의가 성립된 경우에는 사업시행자 명의로 소유권이전등기를 하는데, 그 등기신청서에는 공공용지의 취득협의서와 등기의무자의 인감증명서를 제공하여야 한다.

② 사업인정고시 전에 미등기토지의 대장상 최초의 소유명의인과 협의가 성립된 경우에는 먼저 그 대장상 소유명의인 앞으로 소유권보존등기를 한 후 사업시행자 명의로 이전등기를 하여야 한다.

③ 사업인정고시 후 협의가 성립된 경우에는 토지수용위원회의 협의성립확인서와 보상금수령증 원본을 첨부하여 사업시행자가 단독으로 소유권이전등기를 신청할 수 있는데, 그 등기신청서에 수령인의 인감증명은 첨부할 필요가 없다.

④ 피상속인의 소유명의로 등기가 되어 있는 부동산에 대하여 상속인 또는 피상속인을 피수용자로 하여 재결을 하고 상속인에게 보상금을 지급하였다면 피상속인 명의에서 사업시행자 명의로 바로 소유권이전등기를 신청할 수 있다.

⑤ 토지수용 재결의 실효를 원인으로 토지수용으로 인한 소유권이전등기의 말소등기의 신청은 등기의무자와 등기권리자가 공동으로 하여야 하며, 토지수용으로 인한 소유권이전등기를 말소한 때에는 등기관은 토지수용으로 말소한 등기를 직권으로 회복하여야 한다.

[❶ ▸ ○] [❷ ▸ ○] 등기예규 제1388호 2. 가., 나., 다., 등기선례 제3-890호

> **등기예규 제1388호[공익사업을 위한 토지 등의 취득 및 보상에 관한 법률에 의한 등기사무처리지침]**
> 2. 협의취득의 등기절차
>   가. 법에 의하여 미등기토지 등의 대장상 소유명의인과 협의가 성립된 경우에는 먼저 그 <u>대장상 소유명의인 앞으로 소유권보존등기를 한 후 사업시행자 명의로 소유권이전등기를 한다.</u>
>   나. 법에 의하여 등기기록상 <u>소유명의인과 협의가 성립된 경우에는 사업시행자 명의로 소유권이전등기를 한다.</u>
>   다. 위 가., 나.항에 의하여 사업시행자 명의로 소유권이전등기를 함에 있어서는 그 등기신청서에 부동산등기규칙 제46조 제1항 제1호의 등기원인을 증명하는 정보로 <u>공공용지의 취득협의서를 첨부하여야 한다.</u>
>
> **등기선례 제3-890호**
> 공공용지의취득 및 손실보상에 관한 특례법의 규정에 의하여 사업시행자와 등기명의인 간의 협의가 성립되어 사업시행자 명의로 소유권이전등기를 함에 있어서는 원칙적으로 공동신청에 의하여야 하고, 다만 사업시행자가 관공서인 경우에는 부동산등기법 제36조의 규정에 의하여 등기의무자의 승낙서를 첨부하여 촉탁할 수 있으며, 위 어느 경우에나 소유권이전등기의무자의 <u>인감증명을 첨부하여야 한다.</u>

[❸ ▸ ○] 등기예규 제1388호 3. 가.

> **등기예규 제1388호[공익사업을 위한 토지 등의 취득 및 보상에 관한 법률에 의한 등기사무처리지침]**
> 3. 수용의 등기절차
>   가. 소유권이전등기신청
>   (1) 토지수용을 원인으로 한 소유권이전등기신청은 <u>사업시행자인 등기권리자가 단독으로 이를 신청할 수 있다.</u> 다만 관공서가 사업시행자인 경우에는 그 관공서가 소유권이전등기를 촉탁하여야 한다.
>   (2) 등기원인은 "토지수용"으로, 원인일자는 "수용의 개시일"을 각 기재한다. 토지수용위원회의 재결에 의하여 존속이 인정된 권리가 있는 때에는 소유권이전등기신청서에 이를 기재하여야 한다.
>   (3) 신청서에는 일반적인 첨부서면 외에 등기원인을 증명하는 정보로 재결에 의한 수용일 때에는 토지수용위원회의 재결서등본을, 협의성립에 의한 수용일 때에는 <u>토지수용위원회의 협의성립확인서</u> 또는 협의성립의 공정증서와 그 수리증명서를 첨부하고, 보상을 증명하는 서면으로 <u>보상금수령증 원본(수령인의 인감증명은 첨부할 필요 없음)</u> 또는 공탁서 원본을 첨부하여야 한다. 그러나 등기의무자의 등기필정보를 제공할 필요는 없다.

[❹ ▸ ✕] 토지수용법상의 기업자가 토지를 수용함에 있어 상속인 또는 피상속인을 피수용자로 하여 재결하고 보상금을 공탁하였으나 등기부상 피상속인이 소유명의인으로 되어 있는 경우에는 <u>대위에 의한 상속등기를 먼저 한 후 토지수용으로 인한 소유권이전등기를 신청하여야 하며,</u> 이 경우에는 상속인들이 직접 신청하는 경우와 동일하게 등록세를 납부하고 국민주택채권을 매입하여야 한다(등기선례 제6-261호).
[❺ ▸ ○] 토지수용의 재결의 실효를 원인으로 하는 토지수용으로 인한 소유권이전등기의 말소의 신청은 등기의무자와 등기권리자가 공동으로 신청하여야 하며, 이에 의하여 토지수용으로 인한 소유권이전등기를 말소한 때에는 등기관은 토지수용으로 말소한 등기를 직권으로 회복하여야 한다(등기예규 제1388호 마.).

답 ❹

공동소유에 관한 등기의 다음 설명 중 가장 옳지 않은 것은?

① 합유자 중 일부가 탈퇴하고 잔존 합유자가 1인만 남은 경우에는 탈퇴한 합유자와 잔존 합유자의 공동신청으로 잔존 합유자의 단독소유로 하는 합유명의인변경등기신청을 하여야 하고, 이 경우 탈퇴한 합유자의 인감증명을 첨부하여야 한다.

② 협의에 의한 공유물 분할은 언제나 공유자 전원이 분할절차에 참여하여 합의하여야 하지만, 반드시 원래의 지분비율에 따라서 분할하여야 하는 것은 아니므로, 당초의 자기지분비율을 초과하여 이루어진 공유물 분할을 원인으로 한 이전등기의 신청도 가능하다.

③ 권리능력 없는 사단의 소유명의로 된 부동산을 그 구성원들의 합유로 등기하기 위하여는 권리변경등기를 할 수 있으며, 권리능력 없는 사단으로부터 그 구성원 전원의 합유로의 소유권이전등기를 신청할 필요 없다.

④ 공유토지 중 어느 공유자의 지분 일부에 대하여 가등기가 마쳐진 후 그 공유자가 나머지 지분에 대하여 소유권이전등기를 신청하는 경우에는 그 지분이 가등기가 된 지분인지 아닌지를 특정하여 신청하여야 한다.

⑤ 단독소유를 수인의 합유로 이전하는 경우, 단독소유자와 합유자들의 공동신청으로 소유권이전등기신청을 하여야 한다.

[❶ ▸ ○] 합유자 중 일부가 탈퇴하고 잔존 합유자가 1인만 남은 경우에는 탈퇴한 합유자와 잔존 합유자의 공동신청으로 ○○년 ○월 ○일 합유자 ○○○ 탈퇴를 원인으로 한 잔존 합유자의 단독소유로 하는 합유명의인변경등기신청을 하여야 하고, 이 경우 탈퇴한 합유자의 인감증명을 첨부하여야 한다. 이 경우의 등기기록례는 별지 [기록례 3]주)과 같다(등기예규 제911호 2. 나. (2)).

[❷ ▸ ○] 협의에 의한 공유물 분할은 언제나 공유자 전원이 분할절차에 참여하여 합의하여야 하지만, 반드시 원래의 지분비율에 따라서 분할하여야 하는 것은 아니므로, 당초의 자기지분비율을 초과하여 이루어진 공유물 분할을 원인으로 한 이전등기의 신청도 가능하다(등기선례 제2-344호).

[❸ ▸ ✕] 권리능력 없는 사단의 소유명의로 된 부동산을 그 구성원들의 합유로 등기하기 위하여는 부동산등기법 제63조의 규정에 의한 <u>권리변경등기를 할 수는 없고</u>, 권리능력 없는 사단으로부터 <u>그 구성원 전원의 합유로의 소유권이전등기를 신청하여야 한다</u>(등기선례 제4-539호).

[❹ ▸ ○] 공유토지 중 어느 공유자의 지분 일부에 대하여 가등기 또는 처분제한의 등기 등이 마쳐진 후 그 공유자가 나머지 지분의 전부 또는 일부에 대하여 소유권이전등기를 신청하는 경우에는 그 지분이 가등기 등이 된 지분인지 아닌지를 특정하여 신청하여야 한다(등기선례 제201208-1호).

[❺ ▸ ○] 단독소유를 수인의 합유로 이전하는 경우, 단독소유자와 합유자들의 공동신청으로 소유권이전등기신청을 하여야 한다(등기예규 제911호 4.).

답 ❸

진정명의 회복을 원인으로 하는 소유권이전등기절차에 관한 다음 설명 중 가장 옳지 않은 것은?

2020년

① 이미 자기 앞으로 소유권을 표상하는 등기가 되어 있었거나 법률의 규정에 의하여 소유권을 취득한 자가 현재의 등기명의인을 상대로 "진정명의 회복"을 등기원인으로 한 소유권이전등기절차의 이행을 명하는 판결을 받아 소유권이전등기신청을 한 경우 그 등기신청은 수리하여야 한다.

② 진정명의 회복을 원인으로 한 소유권이전등기를 신청할 때에도 주택도시기금법 제8조 및 같은 법 시행령 제8조에 따라 국민주택채권을 매입하여야 한다.

③ 이미 자기 앞으로 소유권을 표상하는 등기가 되어 있었던 자 또는 지적공부상 소유자로 등록되어 있던 자로서 소유권보존등기를 신청할 수 있는 자가 현재의 등기명의인과 공동으로 "진정명의 회복"을 등기원인으로 하여 소유권이전등기신청을 한 경우 그 신청을 수리하여야 한다.

④ 부동산 거래신고 등에 관한 법률 제11조의 토지거래허가구역에 있는 토지에 대해 진정명의 회복을 원인으로 한 소유권이전등기를 신청할 때에는 토지거래허가증을 첨부정보로 제공하여야 한다.

⑤ 진정명의 회복을 원인으로 한 소유권이전등기를 신청할 때에는 등기원인일자를 기재할 필요는 없다.

....

[**❶ ▶ O**] 등기예규 제1631호 1.

[**❷ ▶ O**] 등기예규 제1631호 6.

[**❸ ▶ O**] 등기예규 제1631호 2.

[**❹ ▶ ✕**] 진정명의 회복을 원인으로 한 소유권이전등기를 신청할 때에는 <u>토지거래허가증의 제출을 요하지 아니한다</u>(등기예규 제1631호 5.).

[**❺ ▶ O**] 등기예규 제1631호 4.

> **등기예규 제1631호[진정명의 회복을 등기원인으로 하는 소유권이전등기절차에 관한 예규]**
>
> 1. 이미 자기 앞으로 소유권을 표상하는 등기가 되어 있었거나 법률의 규정에 의하여 소유권을 취득한 자가 현재의 등기명의인을 상대로 "진정명의 회복"을 등기원인으로 한 소유권이전등기절차의 이행을 명하는 판결을 받아 소유권이전등기신청을 한 경우 그 등기신청은 수리하여야 한다(대판[전합] 1990.11.27. 89다카12398 참조).
>
> 2. 이미 자기 앞으로 소유권을 표상하는 등기가 되어 있었던 자 또는 지적공부상 소유자로 등록되어 있던 자로서 소유권보존등기를 신청할 수 있는 자(등기예규 미등기부동산의 소유권보존등기신청인에 관한 업무처리지침 참조)가 현재의 등기명의인과 공동으로 "진정명의 회복"을 등기원인으로 하여 소유권이전등기신청을 한 경우에도 제1항과 같다.
>
> 3. 등기권리자의 상속인이나 그 밖의 포괄승계인은 부동산등기법 제27조의 규정에 의하여 제1항 및 제2항의 등기를 신청할 수 있다.
>
> 4. 제1항 및 제2항의 등기를 신청하는 경우 신청서에 등기원인일자를 기재할 필요는 없다.
>
> 5. <u>제1항 및 제2항의 등기를 신청할 때에는 부동산 거래신고 등에 관한 법률 제11조의 규정에 의한 토지거래허가증 및 농지법 제8조 제1항의 규정에 의한 농지취득자격증명의 제출을 요하지 아니한다.</u>
>
> 6. 제1항 및 제2항의 등기를 신청하는 경우 지방세법 제11조 제1항에 따른 취득세 또는 같은 법 제28조 제1항 제1호 나목에 따른 등록면허세를 납부하여야 하며, 주택도시기금법 제8조 및 같은 법 시행령 제8조에 따라 국민주택채권을 매입하여야 한다.

탑 ❹

11
☐☐☐

환매등기와 관련한 다음 설명 중 가장 옳지 않은 것은?   2020년

① 환매특약의 등기에 부동산 처분금지의 효력이 인정되어 있는 것은 아니므로, 환매특약의 등기가 경료된 이후에도 소유자는 제3자에게 동 부동산을 전매하고 그에 따른 소유권이전등기를 신청할 수 있다.

② 환매권의 행사로 인한 소유권이전등기는 환매권부 매매의 매도인이 등기권리자, 환매권부 매매의 매수인이 등기의무자가 되어 환매권 행사로 인한 소유권이전등기를 공동으로 신청한다.

③ 환매권의 행사로 인한 소유권이전등기를 신청할 때 환매특약 등기의 말소도 등기권리자와 등기의무자가 공동으로 신청하여야 한다.

④ 환매등기를 경료한 후 등기된 환매기간이 경과하기 전에 환매권자가 다른 원인으로 당해 부동산에 대한 소유권을 취득함으로써 위 환매권이 혼동으로 소멸한 경우에는 환매권자가 단독으로 혼동을 원인으로 하는 말소등기를 신청할 수 있다.

⑤ 환매권자는 매도인에 한정되므로 제3자를 환매권자로 하는 환매특약등기는 할 수 없다.

....

[❶ ▸ ○] 산림청 소관 국유재산을 그 연고자에게 매각 또는 교환하고 그에 따른 소유권이전등기를 경료하면서 아울러 환매특약의 등기를 경료한 경우, 그 연고자로부터 그 부동산을 전득한 제3자는 환매권자의 환매권 행사에 대항할 수 없으나, 환매특약의 등기에 부동산 처분금지의 효력이 인정되어 있는 것은 아니므로, 환매특약의 등기가 경료된 이후에도 소유자는 제3자에게 동 부동산을 전매하고 그에 따른 소유권이전등기를 신청할 수 있다(등기선례 제5-396호).

[❷ ▸ ○] 환매권부 매매에 의한 환매특약의 등기가 있는 경우 그 환매권의 행사로 인한 소유권이전등기는 환매권부 매매의 매도인이 등기권리자, 환매권부 매매의 매수인이 등기의무자가 되어 환매권 행사로 인한 소유권이전등기를 공동으로 신청한다. 다만 환매권부 매매의 매도인으로부터 환매권을 양수받은 자가 있는 경우에는 그 양수인이 등기권리자가 되고, 환매권부 매매의 목적부동산이 환매특약의 등기 후 양도된 경우에는 그 전득자(현재 등기기록상 소유명의인)가 등기의무자가 된다(등기예규 제1359호 1. 가.).

[❸ ▸ ✕] 등기관은 환매권의 행사로 인한 소유권이전등기를 할 때에는 <u>직권으로 환매특약의 등기를 말소하여야 한다.</u> 다만 환매권에 가압류, 가처분, 가등기 등의 부기등기가 경료되어 있는 경우에는 그 등기명의인의 승낙서 또는 이에 대항할 수 있는 재판서의 등본이 첨부되어 있지 아니하면 환매특약의 등기를 말소할 수 없다(등기예규 제1359호 2.).

[❹ ▸ ○] 환매등기를 경료한 후 등기된 환매기간이 경과하기 전에 환매권자가 다른 원인으로 당해 부동산에 대한 소유권을 취득함으로써 위 환매권이 혼동으로 소멸한 경우에는 환매권자가 단독으로 혼동을 원인으로 하는 말소등기를 신청할 수 있다(등기선례 제5-397호).

[❺ ▸ ○] 환매등기의 경우 환매권리자는 매도인에 국한되는 것이므로 제3자를 환매권리자로 하는 환매등기는 이를 할 수 없다(등기선례 제3-566호).

답 ❸

특별법에 의한 금지사항부기등기에 관한 다음 설명 중 가장 옳지 않은 것은? 2020년

① 대지권등기가 마쳐진 구분건물이 아직 멸실되지 아니한 상태로 건설대지상에 존재하는 경우, 이 대지에 대하여 주택법 제61조 제3항의 금지사항부기등기를 신청하기 위해서는 먼저 분리처분가능 규약(공정증서)을 첨부정보로서 제공하여 구분건물에 대한 대지권변경등기(대지권등기를 말소하 는 의미)를 신청하여야 한다.

② 보조금 관리에 관한 법률 제35조의2 제1항의 금지사항등기는 원칙적으로 (간접)보조사업자 명의의 소유권등기에 부기등기로 하여야 하지만, 이 소유권등기 이후로 저당권설정등기와 같이 금지되는 등기가 이미 마쳐져 있다면 이 금지사항등기는 소유권등기에 부기등기로 할 수 없고 주등기로 하여야 한다.

③ 한국주택금융공사법 제43조의7 제2항의 금지사항부기등기가 마쳐진 주택이 저당권의 실행으로 매각된 경우, 이러한 부기등기가 매수인이 인수하지 아니한 부동산의 부담에 관한 기입에 해당한다 면 집행법원은 매각을 원인으로 소유권이전등기를 촉탁하면서 그 등기의 말소등기도 함께 촉탁하 여야 한다.

④ 구 임대주택법 제18조 제2항의 금지사항부기등기가 마쳐진 임대주택에 대하여는 양도가 금지되는 것은 아니므로, 신탁을 원인으로 주택도시보증공사 명의의 소유권이전등기 및 신탁등기를 신청할 수 있다.

⑤ 주차장법 제19조 제4항에 따라 시설물의 부지 인근에 부설주차장을 공동으로 설치한 경우, 각 시설물의 소유자 전원은 반드시 주차장법 제19조의24에 의한 부기등기를 동시에 신청하여야 한다.

[❶ ▸ ○] 대지권등기가 마쳐진 구분건물이 아직 멸실되지 아니한 상태로 건설대지상에 존재하는 경우, 이 구분건물에 대하여는 위 금지사항부기등기를 신청할 수 없으며, 또한 토지등기기록에 대지권이라 는 뜻의 등기가 마쳐진 상태에서는 대지에 대하여만 위 금지사항부기등기를 신청할 수도 없으므로, 이 대지에 대하여 금지사항부기등기를 신청하기 위해서는 먼저 분리처분가능규약(공정증서)을 첨부정 보로서 제공하여 구분건물에 대한 대지권변경등기(대지권등기를 말소하는 의미)를 신청하여야 한다(등기 선례 제201906-8호).

[❷ ▸ ○] 보조금 관리에 관한 법률 제35조의2 제1항에 따른 금지사항에 관한 등기는 원칙적으로 보조 사업자 또는 간접보조사업자 명의의 소유권보존등기 또는 소유권이전등기에 부기등기로 하여야 하지만, 이 소유권등기가 마쳐진 이후로 근저당권설정등기와 같이 금지되는 등기가 이미 마쳐져 있다면 이 금지 사항의 등기는 소유권등기에 부기등기로 할 수 없고 주등기로 하여야 한다(등기선례 제201912-9호).

[❸ ▸ ○] 한국주택금융공사법 제43조의7 제2항에 따른 금지사항의 부기등기가 마쳐진 주택이 저당권 의 실행으로 매각된 경우, 집행법원은 이 주택에 대하여 매각을 원인으로 소유권이전등기를 촉탁하면서 매수인이 인수하지 아니한 부동산의 부담에 관한 기입을 말소하는 등기도 함께 촉탁하여야 하므로(민사 집행법 제144조 제1항), 이러한 부기등기가 매수인이 인수하지 아니한 부동산의 부담에 관한 기입에 해당한다면 집행법원은 그 등기의 말소등기도 함께 촉탁하여야 한다(등기선례 제202003-2호).

[❹ ▸ ○] 구 임대주택법 제18조 제2항의 금지사항부기등기가 마쳐진 임대주택에 대하여는 양도가 금지되는 것은 아니므로, 신탁을 원인으로 주택도시기금법에 따른 주택도시보증공사 명의의 소유권이전 등기 및 신탁등기를 신청할 수 있다. 위와 같이 금지사항부기등기가 마쳐진 임대주택에 대하여 임대사업 자가 주택도시보증공사에 신탁을 하고 이에 따른 등기신청을 한 경우, 등기관은 소유권이전등기 및 신탁등기를 실행한 후 위 금지사항부기등기를 직권으로 말소하여야 한다. 이 경우 후에 신탁해지를 원인으로 임대사업자 앞으로 다시 소유권이전등기를 신청하는 경우에는 금지사항부기등기를 함께 신청 하여야 한다(구 임대주택법 시행령 제17조 제2항, 등기선례 제201909-4호).

[**⑤ ▸ ✕**] 주차장법 제19조의24에 의한 부기등기는 그 시설물의 소유자가 시설물의 부기등기와 부설주차장의 부기등기를 동시에 신청하는 것(주차장법 시행령 제12조의17 제3항의 예외 있음)이며, 시설물의 소유자와 부설주차장의 소유자는 동일하여야 한다. 시설물의 부지 인근에 설치하는 부설주차장은 단독 또는 공동으로 설치할 수 있으며(주차장법 제19조 제4항), 이를 공동으로 설치한 경우에 그 부기등기를 공유자 전원이 반드시 동시에 신청하여야 하는 것은 아니므로, 부설주차장을 공동으로 설치한 각 시설물의 소유자는 시설물에 대한 부기등기와 함께 부설주차장에 대하여는 자신의 지분에만 부기등기를 신청할 수 있다(등기선례 제201909-5호).

답 **⑤**

CHAPTER 04 용익권에 관한 등기

제1절 총 설

I 의 의

타인의 부동산을 일정한 목적과 범위 내에서 사용·수익할 수 있는 제한물권을 용익물권이라 한다. 민법상 용익물권에는 지상권·지역권·전세권이 있다. 한편 임차권은 채권으로서 그 자체로는 용익물권이 아니지만 부동산등기법 제3조에서 등기할 사항으로 규정하고 있을 뿐만 아니라 등기된 임차권(민법 제621조)은 제3자에게 대항할 수 있다는 점에서 용익물권과 유사하므로 이 장에서 함께 설명하기로 한다.

II 용익권 설정등기의 객체

1. 부동산 일부

지상권·지역권·임차권은 1필의 토지 전부에 할 수 있을 뿐만 아니라 토지의 일부에 대하여 설정할 수 있다. 그러나 지역권의 경우에는 승역지는 토지의 일부에도 설정할 수 있으나 요역지는 1필지의 토지 전부여야 한다(민법 제293조 제2항 단서, 부동산등기법 제70조).

2. 공유지분

① 수인이 공유하는 토지의 전부 또는 그 일부에 대하여 용익물권을 설정하기 위해서는 공유자 전원을 등기의무자로 하여 그 등기를 경료해야 하고 공유자 중 1인 또는 수인을 등기의무자로 하여 그의 지분만을 목적으로 하는 용익물권의 설정등기를 경료할 수는 없다(등기선례 제6-305호).

② 이런 이유로 토지의 전부에 관하여 지상권설정등기가 경료된 후 그 토지의 일부지분에 대한 지상권설정등기의 말소를 명하는 승소확정판결에 따라 지상권말소등기를 신청한 경우에는 그 지상권등기 전부를 말소해야 한다(등기선례 제3-636호).

③ 공유지분에 대한 전세권등기도 허용되지 않는다(등기선례 제5-417호). 따라서 대지권등기가 경료된 집합건물에 대하여는 구분건물의 전유부분과 그 대지권을 함께 전세권의 목적으로 하는 전세권 설정등기는 할 수 없으므로(등기선례 제5-418호, 제4-449호) 건물만에 대하여 전세권설정등기를 신청하고 그 등기에 "건물 만에 관한 것이라는 뜻"을 부기하는 것이 실무이다.

④ 다만 판례는 구분건물의 매각대금의 배당과 관련하여 건물에 대한 전세권은 대지지분에 효력이 미친다는 입장이다(대판 2002.6.14. 2001다68389).

3. 용익물권의 중복 설정 등기

① 용익물권이 동일한 경우

　⑦ 1물 1권주의의 원칙상 동일한 용익물권은 중복하여 설정할 수 없다. 이를 허용하면 등기의 형식상 용익물권이 중복되어 등기기록상의 권리관계가 불분명하게 되기 때문이다.

　ⓛ 따라서 지상권 또는 전세권의 경우에는 등기기록상 이미 존속기간이 만료된 경우에도 이를 말소하지 아니하고는 동일한 범위에 다시 지상권이나 전세권설정등기를 할 수 없다(등기선례 제7-268호).

　ⓒ 또한 지상권설정등기가 경료되어 있는 상태에서 기존 지상권설정등기의 말소를 조건으로 하는 정지조건부 지상권설정등기청구권 보전의 가등기는 신청할 수 있다. 다만 그 가등기에 기한 지상권설정의 본등기는 기존의 지상권설정등기가 말소되기 전에는 할 수 없다(등기선례 제6-439호).

　ⓔ 그러나 지역권의 경우에는 편익의 종류를 달리 하거나 요역지가 서로 상이하다면 수개의 지역권을 순차로 설정할 수 있다.

② 용익물권이 다른 경우 : 용익물권은 부동산을 직접 사용·수익하는 배타성이 있으므로 동일한 부동산 위에는 종류가 상이한 용익물권이라 하더라도 그 물권들이 상충된다면 중복하여 설정할 수 없다.

4. 농지에 대한 용익물권의 설정

① 민법은 농지에 대한 전세권의 설정을 금지(민법 제303조 제2항)하고 있고, 농지법은 농지의 소유권 취득과 임대차를 제한하고 있다(농지법 제6조, 제23조). 다만, 지상권의 설정을 제한하는 법률은 없다.

② 따라서 농지에 대한 전세권 설정은 원칙적으로 금지되고, 소유권 취득과 임대차는 제한적으로 허용되며, 지상권은 제한 없이 그 설정이 가능하다고 해석된다.

③ 다만, 농지의 소유권 취득에 관해서는 농지취득자격증명의 발급(농지법 제8조)과 같은 절차규정이 있는데 반해 임대차에 관해서는 농지임차자격증명과 같이 임차권의 취득요건을 규정한 법 규정이 없다.

④ 따라서 농지임차권등기의 신청이 있는 경우 등기관은 농지임대차를 허용하는 사유를 소명하는 자료를 첨부토록 하여 심사하여야 할 것이다.

제2절 ┃ 지상권에 관한 등기

I 통상의 지상권

1. 의의

① 지상권은 타인의 토지에 건물, 그 밖의 공작물이나 수목을 소유하기 위하여 그 토지를 사용할 수 있는 권리이다(민법 제279조).

② 지상권은 그 효력이 미치는 범위에 따라 통상의 지상권과 구분지상권으로 구분할 수 있고, 취득 형태에 따라 토지소유자와의 계약으로 성립하는 약정지상권과 법률의 규정 또는 관습법에 의한 법정지상권으로 구분할 수 있다.

2. 지상권 설정의 목적

지상권은 그 사용목적에 따라 최단기간이 다르므로(민법 제280조, 제281조) 지상권설정등기를 신청할 때에는 설정의 목적을 수목의 소유·연와조 건물의 소유·목조 건물의 소유 또는 공작물의 소유 등과 같이 구체적으로 표시하여야 하며, '건물의 소유'와 같이 추상적으로 표시해서는 안 된다.

3. 지상권설정의 범위

① 지상권설정등기를 신청하는 경우 지상권설정의 범위를 신청정보의 내용으로 제공하여야 한다. 통상의 지상권은 그 목적범위 내에서 사용가능한 지표의 상하 전부에 효력이 미치므로 지표 내지 지상뿐만 아니라 지하의 사용을 그 내용으로 하여도 무방하다. 먼저 설정된 지상권이 있는 경우에는 그 지상권의 존속기간이 만료되었어도 그 등기를 말소하지 않고서는 다시 제3자를 위하여 지상권설정등기를 할 수 없다.

② 지상권설정의 범위가 부동산의 일부인 경우에는 그 부분을 표시한 지적도를 제공하여야 한다(부동산등기규칙 제126조 제2항). 지적도는 지상권의 목적인 토지 부분을 특정할 수 있을 정도면 되고, 반드시 측량성과에 따라 정밀하게 작성될 필요는 없다.

③ 토지 위에 등기된 건물이 있더라도 그 토지의 등기기록상 양립할 수 없는 용익물권이 존재하지 않는다면 지상권설정등기를 할 수 있다(등기선례 제6-311호). 타인의 농지에도 건물, 그 밖의 공작물이나 수목을 소유하기 위하여 지상권설정등기를 할 수 있다(등기예규 제555호).

4. 존속기간 지료 등

① 존속기간, 지료와 지급시기는 지상권설정의 필수적 요소가 아니므로 등기원인에 약정이 있는 경우에만 등기한다(부동산등기법 제69조). 「민법」 제280조 제1항 각 호의 기간보다 단축된 기간을 존속기간으로 정했더라도 법정기간까지 연장되기 때문에 신청한 대로 등기할 수 있다는 것이 등기실무이다(등기예규 제1425호).

② 지상권의 존속기간은 불확정기간으로 정하여도 상관없다. 예를 들어 지상권의 존속기간을 "철탑존속기간으로 한다"고 등기할 수도 있다(등기예규 제1425호).

Ⅱ **구분지상권**(등기예규 제1040호)

1. 의 의

구분지상권이란 건물이나 그 밖의 공작물을 소유하기 위하여 지하 또는 지상의 공간을 상하의 범위를 정하여 사용하는 지상권으로(민법 제289조의2 제1항) 토지의 수직적 일부에 대하여 효력이 미친다. 이용범위가 서로 다른 2개 이상의 구분지상권은 같은 등기기록에 각각 등기할 수가 있다.

2. 이해관계인의 승낙

구분지상권설정등기를 하려고 하는 토지의 등기기록에 그 토지를 사용하는 권리에 관한 등기와 그 권리를 목적으로 하는 권리에 관한 등기가 있는 때(통상의 지상권, 전세권, 임차권 등의 등기와 이를 목적으로 하는 저당권 또는 처분제한의 등기 등)에는 그 권리자 전부의 승낙이나 대항할 수 있는 재판 증명 정보를 제공하여야 한다.

3. 설정의 목적

보통의 지상권과 동일한 목적을 위하여 구분지상권을 설정할 수 있다. 다만, 수목의 소유를 목적으로 하는 구분지상권설정등기는 할 수 없다(민법 제279조, 제289조의2 제1항).

4. 설정의 범위와 도면 제공 여부

① 지하 또는 지상 공간의 상하 범위는 평균 해면 또는 지상권을 설정하는 토지의 특정지점을 포함한 수평면을 기준으로 명백히 하여야 한다(예 "평균 해면 위 100미터부터 150미터 사이" 또는 "토지의 동남쪽 끝 지점을 포함한 수평면을 기준으로 하여 지하 20미터부터 50미터 사이" 등).

② 구분지상권의 범위가 토지 전부의 위나 아래인 경우에는 도면을 제공할 필요가 없으나, 토지 일부의 위나 아래인 경우에는 설정 범위를 표시한 도면을 제공하여야 한다.

5. 토지이용 제한의 약정

① 구분지상권 행사를 위하여 소유자의 토지 사용을 제한하는 약정을 한 때에는 그 약정을 신청정보의 내용으로 하여야 한다(부동산등기법 제69조, 민법 제289조의2 제1항).

② 구분지상권의 본질상 소유자의 사용 제한은 전면적인 금지이어서는 안 되며(예컨대 매도금지), 지상에 20톤 이상의 공작물을 설치하여서는 안 된다는 것과 같이 부분적인 제한이어야 한다.

6. 계층적 구분건물 소유 목적의 구분지상권 등의 금지

① 계층적 구분건물의 특정계층의 구분소유를 목적으로 하는 구분지상권의 설정등기는 할 수 없다(등기예규 제1040호 6.). 왜냐하면 1동의 건물을 횡단적으로 구분한 경우 상층 건물은 하층 건물 부분을 매개로 하여 대지지반에 의하여 지지되어 있으므로 상층 건물을 소유하기 위하여 구분지상권을 설정하더라도 그 목적을 달성하지 못하기 때문이다.

② 또한 송전선로의 설치 및 유지를 위하여 공중의 공간에 대한 재결(토지보상법 제19조, 제34조)이 있는 경우에도 구분지상권 설정을 내용으로 하는 수용 재결이 아닌 이상 그 재결서에 의하여서는 구분지상권설정등기를 신청할 수 없다(등기선례 제7-260호).

7. 통상의 지상권과 구분지상권의 상호 변경

통상의 지상권을 구분지상권으로 또는 구분지상권을 통상의 지상권으로 변경하는 등기는 등기상 이해관계 있는 제3자가 없거나, 있더라도 승낙 또는 대항할 수 있는 재판 증명 정보를 제공한 때에 한하여 부기등기에 의하여 그 변경등기를 할 수 있다.

Ⅲ 「도시철도법」 등에 의한 구분지상권

1. 의 의

「도시철도법」, 「도로법」, 「전기사업법」 및 「농어촌정비법」, 「철도의 건설 및 철도시설 유지관리에 관한 법률」, 「지역 개발 및 지원에 관한 법률」, 「수도법」, 「전원개발촉진법」 및 「하수도법」에 따라 그 사업자 등이 구분지상권의 설정을 내용으로 하는 수용·사용의 재결을 받은 경우 단독으로 권리수용이나 토지사용을 원인으로 하는 구분지상권을 설정하거나 이전하는 등기를 신청할 수 있다고 「도시철도법 등에 의한 구분지상권 등기규칙」에서 규정하고 있다.

2. 수용·사용에 의한 구분지상권설정등기

① 「도시철도법」 제2조 제7호의 도시철도건설자, 「도로법」 제2조 제5호의 도로관리청, 「전기사업법」 제2조 제2호의 전기사업자 및 「농어촌정비법」 제10조의 농업생산기반 정비사업 시행자, 「철도의 건설 및 철도시설 유지관리에 관한 법률」 제8조의 철도건설사업의 시행자, 「지역 개발 및 지원에 관한 법률」 제19조의 지역개발사업을 시행할 사업시행자, 「수도법」 제3조 제21호의 수도사업자, 「전원개발촉진법」 제3조의 전원개발사업자 및 「하수도법」 제10조의3의 공공하수도를 설치하려는 자가 토지보상법에 따라 구분지상권의 설정을 내용으로 하는 수용·사용의 재결을 받은 경우 그 재결서와 보상 또는 공탁을 증명하는 정보를 첨부정보로서 제공하여 단독으로 "권리수용"이나 "토지사용"을 원인으로 하는 구분지상권설정등기를 신청할 수 있다(도시철도법 등에 의한 구분지상권 등기규칙 제2조 제1항).

② 다만, 위에 열거된 법률의 사업자의 지위가 아닌 경우에는 해당 토지에 대한 사용재결을 받은 경우라도 구분지상권설정등기를 단독으로 신청할 수 없다. 예컨대, 한국전력공사가 전원개발사업자로서 전원개발사업의 시행을 위하여 「전원개발촉진법」을 근거로 하여 토지의 사용에 관한 재결을 받은 경우에는 같은 법에 "전원개발사업자가 사용재결을 받으면 단독으로 구분지상권설정등기를 신청할 수 있다."는 취지의 규정이 없는 이상 단독으로 구분지상권설정등기를 신청할 수 없다(등기선례 제202002-1호).

③ 위 구분지상권설정등기를 하려고 하는 토지의 등기기록에 그 토지를 사용·수익하는 권리에 관한 등기 또는 그 권리를 목적으로 하는 권리에 관한 등기가 있는 경우에도 그 권리자들의 승낙을 받을 필요는 없다.

3. 수용에 의한 구분지상권이전등기

① 도시철도건설자 등이 이미 등기되어 있는 구분지상권을 수용하는 내용의 재결을 받은 경우 그 재결서와 보상 또는 공탁을 증명하는 정보를 첨부정보로서 제공하여 단독으로 권리수용을 원인으로 하는 구분지상권이전등기를 신청할 수 있다.

② 이때 수용의 대상이 된 구분지상권을 목적으로 하는 권리에 관한 등기가 있거나 수용 개시일 이후에 그 구분지상권에 관하여 제3자 명의의 이전등기가 있을 때에는 직권으로 그 등기를 말소하여야 한다.

4. 강제집행 등과의 관계

수용 또는 사용 재결에 의하여 설정된 구분지상권의 공익적 목적 때문에 위의 2.에 의한 구분지상권설정등기 또는 3.의 수용의 대상이 된 구분지상권설정등기는 그보다 먼저 마친 강제경매개시결정등기, 근저당권 등 담보물권의 설정등기, 압류등기 또는 가압류등기 등에 기하여 경매 또는 공매로 인한 소유권이전등기의 촉탁이 있는 경우, 가처분등기를 마친 가처분채권자가 가처분채무자를 등기의무자로 하여 소유권이전등기, 소유권이전등기말소등기, 소유권보존등기말소등기 또는 지상권·전세권·임차권설정등기를 신청한 경우, 가등기에 의하여 소유권이전의 본등기 또는 지상권·전세권·임차권설정의 본등기를 신청한 경우에도 말소할 수 없다.

제3절 │ 지역권에 관한 등기

I 지역권

1. 의의

① 지역권은 일정한 목적을 위하여 타인의 토지를 자기 토지의 편익에 이용하는 권리로서 동일 토지상에 2개 이상이 성립할 수 있는 비배타적 용익물권이다.
② 편익을 주는 토지를 승역지, 편익을 받는 토지를 요역지라고 한다. 지역권은 이러한 승역지와 요역지의 이용 조절을 목적으로 하므로, 요역지의 소유자뿐만 아니라 지상권자, 전세권자나 임차권자도 자기가 이용하는 토지를 위하여 지역권을 취득할 수 있고, 마찬가지로 승역지의 소유자는 물론 지상권자, 전세권자나 임차권자도 그 토지 위에 지역권을 설정할 수 있다는 견해가 많다.
③ 특히, 임차권등기가 되어 있는 토지를 요역지로 하는 지역권설정등기도 할 수 있다고 보아야 할 것이다.

2. 지역권의 성질

① 지역권은 요역지 소유권에 수반되는 종된 권리로서 요역지 소유권이 이전되거나 다른 권리의 목적이 되는 때에는 지역권도 같이 이전되거나 다른 권리의 목적이 되며, 요역지와 분리하여 양도하거나 다른 권리의 목적으로 하지 못한다(민법 제292조).
② 지역권은 요역지 소유권이 이전되면 당연히 이전되며, 요역지 소유권이전등기가 있으면 지역권이전등기 없이도 지역권이전의 효력이 생긴다. 법률의 규정에 의한 부동산물권의 취득이기 때문이다. 다만 다른 약정이 있는 때에는 그 약정에 의하고, 그러한 약정은 등기하여야 한다(민법 제292조 제1항 단서, 부동산등기법 제70조 제4호).
③ 토지 공유자의 1인은 그 지분에 관하여 그 토지를 위한 지역권 또는 그 토지가 부담하는 지역권을 소멸하게 하지 못하고, 토지의 분할이나 일부 양도의 경우에는 지역권은 요역지의 각 부분을 위하여 또는 승역지의 각 부분에 존속한다. 그러나 지역권이 토지의 일부에만 관한 것인 때에는 그 일부에 관하여만 존속한다(민법 제293조).

Ⅱ 신청에 관한 특칙

1. 요역지와 승역지

① 요역지는 1필의 토지 전부이어야 하며 그 일부를 위한 지역권등기는 할 수 없으므로 신청정보에는 1필의 토지를 요역지로서 표시하여야 한다.

② 승역지는 반드시 1필의 토지 전부이어야 하는 것은 아니고 그 일부에 대하여도 설정할 수 있으므로, 1필지의 일부에 대하여 신청하는 경우에는 그 범위(신청정보)와 지적도(첨부 정보)를 제공하여야 한다(부동산등기규칙 제127조 제2항, 제126조 제2항).

③ 요역지와 승역지가 서로 인접하고 있어야 하는 것도 아니다.

2. 지역권설정의 목적

인수(引水)·통행·관망 등 요역지에 제공되는 편익의 종류를 제공하여야 한다.

3. 특약사항의 등기

지역권이 요역지 소유권의 처분에 수반하지 아니한다는 특약(민법 제292조 제1항 단서), 용수 지역권에 있어서 그 사용방법에 관한 특약(민법 제297조 제1항 단서) 또는 지역권의 행사를 위하여 필요한 공작물의 설치·수선의 의무를 승역지 소유자가 부담한다는 특약(민법 제298조)이 있는 때에는 그 특약을 등기하여야 한다.

4. 신청할 등기소

① 승역지와 요역지의 관할등기소가 다를 경우 승역지를 관할하는 등기소에 지역권설정등기신청을 하여야 한다.

② 소유자를 달리하는 여러 개의 토지를 승역지로 할 경우에는 각 소유자별로 신청하여야 한다(등기예규 제192호). 이 경우 등록면허세도 승역지를 관할하는 관청에 납부하여야 한다. 요역지의 시가 표준액이 과세표준액이 된다.

Ⅲ 등기실행에 관한 특칙

1. 승역지의 지역권등기

승역지의 등기기록에 지역권설정의 등기를 할 때에는 부동산등기법 제48조 제1항 제1호부터 제4호까지에서 규정한 사항(순위번호, 등기목적, 접수연월일 및 접수번호, 등기원인 및 그 연월일) 외에 지역권설정의 목적, 범위, 요역지의 표시 등을 기록한다. 요역지의 표시는 소재·지번만을 기재하며 지역권자는 등기사항이 아니다(부동산등기법 제70조).

2. 요역지의 지역권등기

① 승역지의 등기기록에 등기사항을 기록한 후 요역지의 등기기록에 순위번호, 등기목적, 승역지, 지역권설정의 목적·범위 및 등기연월일을 기록하여야 한다(부동산등기법 제71조 제1항). 요역지에 대한 등기는 등기관이 직권으로 한다.

② 요역지가 다른 등기소의 관할에 속하는 때에는 그 등기소에 승역지·요역지·지역권 설정의 목적과 범위·신청정보의 접수연월일을 통지하고, 통지를 받은 등기관은 통지받은 사항을 요역지 등기기록에 기록한다(부동산등기법 제71조 제2항·제3항). 지역권의 변경 또는 말소의 등기를 할 때에도 같다(부동산등기법 제71조 제4항).

③ 지역권의 등기는 요역지가 승역지와 동일 등기소의 관할에 속하는지 여부를 묻지 않고 승역지와 요역지 등기기록에 각각 한다.

3. 통행권확인확정판결에 의하여 경료된 지역권 설정등기의 말소

원고에게 통행권이 있음을 확인하는 확정판결에 의하여서는 지역권설정등기를 할 수 없는바, 등기관의 착오로 지역권설정등기가 마쳐진 경우 부동산등기법 제55조 제1호나 제2호에 해당하지 않기 때문에 등기관이 직권말소할 수 없고, 당사자의 공동신청에 의하여 말소하여야 한다. 등기의무자의 협력을 받을 수 없는 경우에는 지역권설정등기말소절차의 이행을 명하는 확정판결을 제공하여 단독으로 말소를 신청할 수 있다(등기선례 제7-322호).

제4절 │ 전세권에 관한 등기

I 전세권의 의의

전세권은 전세금을 지급하고 타인의 부동산(농경지는 제외)을 점유하여 그 부동산의 용도에 따라 사용·수익하며 그 부동산 전부에 대하여 후순위권리자나 그 밖의 채권자보다 전세금을 우선변제받을 수 있는 물권으로(민법 제303조 제1항). 전세금의 반환이 지체되면 경매를 청구할 수 있는 권리도 가진다(민법 제318조). 즉 전세권은 용익권과 담보권의 성질을 겸유하는 권리이다.

II 전세권설정등기

1. 목적

전세권의 목적은 1필의 토지 또는 1동의 건물의 전부라야 할 필요는 없고 일부라도 상관없다. 부동산의 일부에 대하여 전세권설정등기를 신청하려고 할 때에는 전세권의 범위를 특정하고 지적도나 건물도면을 제공하여야 한다(부동산등기법 제72조, 부동산등기규칙 제128조).

2. 원칙

① 전세권은 용익물권이므로 공유지분에 대하여는 전세권설정등기를 하지 못한다(등기예규 제1351호). 따라서 구분건물의 대지권에 대하여는 전세권설정등기를 할 수 없다. 집합건물의 전유부분과 대지권을 동일한 전세권의 목적으로 하는 등기신청은 각하한다(등기선례 제4-449호).

② 전세권은 부동산을 직접 지배하는 물권으로서 배타성이 있으므로 동일한 부동산 위에 중복하여 설정될 수 없다. 지상권이나 임차권(임차권등기명령에 의한 임차권등기의 경우에도 마찬가지이다) 등과의 관계에서도 마찬가지이다. 그러므로 이미 용익권등기가 되어 있는 데도 동일한 부분에 대하여 다시 지상권이나 전세권 등 용익권설정을 위한 등기신청이 있는 경우에는 그 신청을 부동산등기법 제29조 제2호에 의하여 각하하여야 한다.

③ 토지와 건물은 별개의 부동산이므로 건물 전부에 대한 전세권설정등기가 마쳐진 경우에도 그 대지에 대하여 별도로 전세권설정등기를 신청할 수 있다. 이미 건물 일부에 전세권이 설정된 경우에도 중복되지 않는 다른 건물부분에 대하여 전세권설정등기를 신청할 수 있다(등기선례 제6-318호).

④ 전세금은 전세권의 성립요소이므로 반드시 신청정보로 제공하여야 한다. 반면 존속기간·위약금이나 배상금·전세권 양도나 담보제공 금지, 전전세나 임대 금지 등의 약정은 그러한 약정이 있는 경우에만 신청정보로 제공한다.

⑤ 존속기간을 정하였을 때에는 신청정보의 내용으로 하여야 한다. 전세권의 존속기간은 1년을 넘지 못하며, 건물에 대한 전세권의 존속기간을 1년 미만으로 정한 때에는 1년으로 한다(민법 제312조 제1항·제2항). 「주택임대차보호법」상 주택 임대차의 최단기간은 2년이다. 존속기간은 전세권설정계약에 따라야 하므로 그 시작일이 등기신청의 접수일자 이전 또는 이후라도 등기관은 그 신청을 수리하여야 한다(등기선례 제6-319호, 제200304-19호).

Ⅲ 전세권이전등기

1. 의의

① 전세권자는 설정행위로 금지하지 않는 한 전세권을 설정자의 동의 없이 타인에게 양도하거나 담보로 제공할 수 있고, 제3자에게 전세권의 일부를 양도하는 전세권일부이전도 허용된다.

② 전세권의 이전등기는 양도인과 양수인이 공동으로 신청하여야 한다.

2. 전세권전부이전등기

① 전세금 반환과 전세권설정등기 말소 및 전세권목적물 인도는 동시이행의 관계에 있으므로 전세권이 존속기간의 만료로 소멸된 경우에도 그 등기는 전세금반환채권을 담보하는 범위 내에서는 유효하다. 따라서 존속기간이 만료되고 전세금의 반환시기가 지난 전세권의 이전등기도 설정행위로 금지하지 않는 한 가능하다(등기선례 제7-263호).

② 채권자가 전세금반환채권에 대하여 전부명령을 받고 전세권이전등기 촉탁을 신청하여 집행법원이 전세금반환채권에 대한 압류 및 전부명령을 등기원인으로 하는 전세권이전등기를 촉탁한 경우 등기관은 그 촉탁을 수리하여야 한다(등기선례 제7-265호).

3. 전세권일부이전등기(등기예규 제1406호)

① 전세금반환채권만을 전세권과 분리하여 양도하는 것은 원칙적으로 불가능하다(대판 2002.8.23. 2001다 69122). 그런데 판례는 존속기간의 만료 등으로 전세권이 소멸한 경우 해당 전세권은 전세금반환채권을 담보하는 범위 내에서 유효하고 전세금반환채권의 전부는 물론 일부도 양도할 수 있다고 한다(대판 2005.3.25. 2003다35659). 개정법은 판례의 태도를 입법화하였다.

② 등기관이 전세금반환채권의 일부 양도를 등기원인으로 하여 전세권일부이전등기를 할 때에는 양도액을 기록한다(부동산등기법 제73조 제1항). 이는 채권의 일부 양도에 따른 저당권이전등기를 할 때에 양도액을 기록하는 것과 마찬가지이다.

③ 전세금반환채권의 일부 양도는 전세권의 일부 지분을 양도하는 것과 구별된다. 후자의 경우에는 유효한 전세권의 지분을 양도하는 것으로 양도인과 양수인은 전세권을 준공유하게 되며 이때에는 양도액을 등기하지 않는다.

④ 전세금반환채권의 일부 양도를 원인으로 한 전세권일부이전등기의 신청은 전세권이 소멸한 경우에만 할 수 있다. 존속기간이 등기되어 있는 경우 그 기간 내에는 전세금반환채권의 일부 양도를 원인으로 한 전세권일부이전등기를 할 수 없다. 다만, 존속기간 내라 하더라도 전세권이 소멸하였음을 증명하는 경우에는 할 수 있다. 이때에는 전세권이 소멸하였음을 증명하는 정보(전세권의 소멸청구나 소멸통고 등)를 첨부정보로 제공하여야 한다(부동산등기규칙 제129조 제2항).

4. 전세권변경등기

① 전세권의 내용(전세금 또는 존속기간 등)이 변경된 경우에는 전세권자와 전세권설정자가 공동으로 변경등기를 신청하여야 한다. 변경등기에 의하여 이익을 받는 자가 등기권리자, 불이익을 받는 자가 등기의무자가 된다. 따라서 전세금을 증액하거나 존속기간을 연장하는 경우에는 전세권설정자가 등기의무자, 전세권자가 등기권리자가 된다. 전세금 감액이나 존속기간 단축의 경우에는 그 반대가 된다.

② 전세권설정등기 후 목적 부동산의 소유권이 제3자에게 이전된 경우에는 전세권자와 제3취득자(소유자)가 공동으로 전세권변경등기를 신청하여야 한다(등기선례 제5-413호).

③ 전세권의 변경등기는 전세권의 목적물 자체의 동일성이 인정되는 범위 내에서만 가능하다. 따라서 건물의 일부(예 17층 북쪽 $201.37m^2$)를 목적으로 하는 전세권설정등기가 마쳐진 후 전세권의 범위를 다른 일부(3층 동쪽 $484.58m^2$)로 변경하는 등기는 변경 전후 전세권의 동일성이 인정되지 않으므로 그 신청은 수리될 수 없다(등기선례 제6-321호).

④ 건물 전세권의 경우에는 토지 전세권과 달리 법정갱신이 인정된다(민법 제312조 제4항). 법정갱신은 법률 규정에 의한 물권변동이므로 전세권자는 갱신의 등기 없이도 전세권설정자나 제3취득자에 대하여 그 권리를 주장할 수 있다(대판 1989.7.11. 88다카21029). 따라서 존속기간이 만료된 때에도 존속기간이나 전세금에 대한 변경등기를 신청할 수 있다(등기선례 제5-416호).

⑤ 등기기록상 존속기간이 만료되었으나 법정갱신된 전세권에 대하여 이전등기나 저당권설정등기를 하려고 할 때에는 존속기간 연장등기를 먼저 하여야 한다(등기선례 제201302-1호). 법정갱신된 전세권에 대하여 전세권 범위, 전세금 등의 변경등기를 하는 경우에도 같다(등기선례 제8-247호).

⑥ 변경계약에 따라 존속기간이나 전세금의 변경등기를 신청하는 경우 등기상 이해관계 있는 제3자가 있으면 그 승낙 또는 이에 대항할 수 있는 재판이 있음을 증명하는 정보를 제공하여야 한다(이 경우 변경등기는 부기로 한다). 그러한 정보를 제공하지 않았을 때에는 주등기에 의하여 후순위로 변경을 할 수밖에 없다(등기예규 제551호).

⑦ 전세금의 증액을 원인으로 하는 전세권변경등기 시 후순위 저당권자나 가압류채권자 등은 등기상 이해관계인에 해당하나 전세금의 감액을 원인으로 하는 전세권변경등기 시 후순위 저당권자는 등기상 이해관계인에 해당하지 않는다. 다만, 존속기간을 연장하는 경우에는 전세금이 감액되더라도 후순위 저당권자는 등기상 이해관계인에 해당한다.

5. 전세권말소등기

① 전세권의 목적인 부동산을 전전세 또는 임대하거나 전세권을 담보로 제공한 경우에는 그 권리가 존속하는 동안은 전세권을 소멸시키지 못한다.

② 전세권등기와 그 전세권에 대한 가압류등기가 순차로 마쳐진 부동산에 관하여 전세권등기를 말소하라는 판결을 받아 말소등기를 신청하려면 가압류권자의 승낙 또는 이에 대항할 수 있는 재판이 있음을 증명하는 정보(가압류권자에게 전세권말소에 대하여 승낙의 의사표시를 명하는 이행판결 등)를 첨부하여야 한다(등기선례 제4-450호).

③ 수인의 공유자들이 전세권설정등기를 한 후 일부 공유자의 지분에 대하여만 전세권말소등기를 신청할 수는 없으며, 판결을 받았더라도 마찬가지이다. 전세권이 설정된 부분 중 일정 부분을 전세권 범위 변경등기의 형식으로 말소할 수는 있으며, 그 말소등기는 전세권자와 건물 공유자 전원이 공동으로 신청하여야 한다(등기선례 제6-315호).

제5절 │ 임차권에 관한 등기

I 서 설

1. 의 의

임대차는 당사자 일방이 상대방에게 목적물을 사용·수익하게 할 것을 약정하고 상대방이 이에 대해 차임을 지급할 것을 약정함으로써 성립하는 채권계약이다. 이와 같이 임차권은 채권이나, 목적물이 부동산인 경우 등기를 할 수 있다(부동산등기법 제3조 제8호).

2. 임차권의 설정

① 지상권자는 권리의 존속기간 및 범위 내에서 그 토지를 임대할 수 있다. 지상권자가 목적물인 토지를 임대하고 임차권설정등기를 신청하는 경우 그 존속기간은 지상권의 존속기간 내이어야 하며, 임대차의 목적이 토지의 일부인 때에는 임차권 설정의 범위(신청정보)와 그 범위를 표시한 도면(첨부정보)을 제공하여야 한다.

② 「농지법」 제22조 각 호에 해당하는 경우를 제외하고는 농지에 대하여 임차권설정등기를 신청할 수 없다.

③ 구분지상권과 달리 구분임차권을 인정하는 규정은 없으므로, 송전선 선하부지의 공중공간에 상하의 범위를 정하여 송전선을 소유하기 위하거나(등기선례 제7-283호) 토지의 지하공간에 상하의 범위를 정하여 송수관을 매설하기 위한 구분임차권등기는 할 수 없다(등기선례 제7-284호).

④ 부동산의 일부가 아닌 공유지분에 대하여는 임차권을 설정할 수 없다(등기선례 제8-249호).

3. 대항력 취득

① 민법은 부동산임차권이 등기된 경우 임차인은 제3자에게 대항할 수 있도록 규정하고 있다(민법 제621조).

② 「주택임대차보호법」이 적용되는 주거용건물의 임대차에 있어서는 등기를 하지 않더라도 임차인이 주택을 인도받고 주민등록을 마친 때에는 그 다음 날부터 제3자에 대한 대항력이 생긴다(주택임대차보호법 제3조 제1항).

③ 주택임대차보호법상 주거용건물에 대한 대항력은 일반적으로 자연인에게 인정되지만 예외적으로 법인에게도 인정되는 경우가 있다. 즉 주택도시기금을 재원으로 하여 저소득층 무주택자에게 주거생활 안정을 목적으로 전세임대주택을 지원하는 법인이 주택을 임차한 후 지방자치단체의 장 또는 그 법인이 선정한 입주자 또는 중소기업기본법 제2조에 따른 중소기업에 해당하는 법인이 소속 직원의 주거용으로 주택을 임차한 후 그 법인이 선정한 직원이 그 주택을 인도받고 주민등록을 마쳤을 때에는 그 다음 날부터 제3자에 대하여 효력이 생긴다(주택임대차보호법 제3조 제2항·제3항).

④ 「상가건물 임대차보호법」이 적용되는 상가건물 임대차의 경우 등기를 하지 않더라도 임차인이 건물을 인도받고 사업자등록을 신청하면 그 다음 날부터 제3자에 대하여 대항력이 생긴다(주택임대차보호법 제3조 제1항).

⑤ 건물의 소유를 목적으로 한 토지임대차는 이를 등기하지 아니한 경우에도 임차인이 그 지상건물을 등기한 때에는 제3자에 대하여 임대차의 효력이 생긴다(민법 제622조).

4. 임차권등기의 유형

현행법상 임차권등기는 민법 제621조에 의한 임차권설정등기, 주택임대차보호법 제3조의4 제2항(상가건물임대차보호법 제7조 제2항)에 의한 임차권설정등기, 주택(상가건물) 임차인이 신청한 임차권등기명령에 의한 임차권등기가 있다.

Ⅱ 당사자의 신청에 의한 임차권설정등기(등기예규 제1688호)

1. 신청정보의 내용

① 「민법」 제621조에 의한 임차권설정등기(이하 "임차권설정등기")의 경우 : 신청서에 「부동산등기법」 제74조에서 정한 사항을 기재하여야 하나, 차임을 정하지 아니하고 보증금의 지급만을 내용으로 하는 임대차 즉 "채권적 전세"의 경우에는 차임을 기재하지 아니한다.

② 「주택임대차보호법」 제3조의4에 의한 주택임차권설정등기(이하 "주택임차권설정등기")의 경우 : 주택임차인이 「주택임대차보호법」 제3조 제1항, 제2항 또는 제3항의 대항요건을 갖추고 「민법」 제621조 제1항에 따라 임대인의 협력을 얻어 주택임차권설정등기를 신청하는 때에는, 부동산등기법 제74조의 사항 외에 주민등록을 마친 날, 임차주택을 점유하기 시작한 날을 신청정보의 내용으로 기재한다. 주택임차인이 「주택임대차보호법」 제3조의2 제2항의 요건(우선변제권)을 갖춘 때에는 임대차계약서상의 확정일자를 받은 날도 기재하여야 한다.

③ 「상가건물 임대차보호법」 제7조에 의한 상가건물임차권설정등기(이하 "상가건물임차권설정등기")의 경우 : 상가건물임차인이 「상가건물 임대차보호법」 제3조 제1항의 대항요건을 갖추고 「민법」 제621조 제1항에 따라 임대인의 협력을 얻어 상가건물임차권설정등기를 신청하는 때에는, 부동산등기법 제74조의 사항 외에 사업자등록을 신청한 날, 임차상가건물을 점유하기 시작한 날을 신청정보의 내용으로 기재하고, 상가건물임차인이 「상가건물 임대차보호법」 제5조 제2항의 요건(우선변제권)을 갖춘 때에는 임대차계약서상의 확정일자를 받은 날도 기재하여야 한다.

2. 첨부정보

① 신청서에 등기의무자의 인감증명·등기필정보와 임대차계약서(임차인이 「주택임대차보호법」 제3조의2 제2항이나 「상가건물 임대차보호법」 제7조 제2항에서 정한 요건을 갖춘 때에는 공정증서로 작성되거나 확정일자를 받은 임대차계약서)를 첨부하여야 하고, 임대차의 목적이 토지 또는 건물의 일부분인 때에는 지적도 또는 건물의 도면을 첨부하여야 한다.

② 주택임차권설정등기를 신청할 때에는 위 ①의 서면 외에 임차주택을 점유하기 시작한 날을 증명하는 서면(예 임대인이 작성한 점유사실확인서)과 주민등록을 마친 날을 증명하는 서면으로 임차인(「주택임대차보호법」 제3조 제2항의 경우에는 지방자치단체장 또는 해당 법인이 선정한 입주자를 말한다)의 주민등록등(초)본을 첨부하여야 한다.

③ 상가건물임차권설정등기를 신청할 때에는 위 ①의 서면 외에 임차상가건물을 점유하기 시작한 날을 증명하는 서면(예 임대인이 작성한 점유사실확인서)과 사업자등록을 신청한 날을 증명하는 서면을 첨부하여야 한다.

Ⅲ 임차권등기명령을 원인으로 한 임차권등기

1. 의 의

임대차가 끝난 후 보증금이 반환되지 아니한 경우 임차인은 임차주택의 소재지를 관할하는 지방법원·지방법원지원 또는 시·군 법원에 임차권등기명령을 신청할 수 있다.

2. 임차권등기명령의 촉탁

임차권등기명령이 판결로 선고되거나 결정으로 고지되어 효력이 발생하면 법원사무관 등은 촉탁서에 재판서 등본을 첨부하여 임차주택의 소재지를 관할하는 등기소에 임차권등기의 기입을 촉탁하여야 한다.

3. 등기의 실행

① **주택임차권등기인 경우** : 임차권등기명령에 의한 주택임차권등기(이하 "주택임차권등기"라 한다)를 하는 경우에는 임대차계약을 체결한 날, 임차보증금액, 임대차의 목적인 주택의 범위, 임차주택을 점유하기 시작한 날, 주민등록을 마친 날, 임대차계약서상의 확정일자를 받은 날을 등기기록에 기록하고, 등기의 목적을 "주택임차권"이라고 하여야 한다. 차임의 약정이 있는 때에는 이를 기록한다.

② **상가건물임차권등기인 경우** : 임차권등기명령에 의한 상가건물임차권등기(이하 "상가건물임차권등기"라 한다)를 하는 경우에는 임대차계약을 체결한 날, 임대차의 목적인 건물의 범위, 보증금액, 상가건물을 점유하기 시작한 날, 사업자등록을 신청한 날, 임대차계약서상의 확정일자를 받은 날을 기록하고, 등기의 목적을 "상가건물임차권"이라고 하여야 한다. 차임의 약정이 있는 때에는 이를 기록한다.

③ **미등기 주택 또는 상가건물인 경우** : 미등기 주택이나 상가건물에 대하여 임차권등기명령에 의한 등기촉탁이 있는 경우에는 등기관은 「부동산등기법」 제66조의 규정에 의하여 직권으로 소유권보존등기를 한 후 주택임차권등기나 상가건물임차권등기를 하여야 한다.

④ 주택임차권등기명령의 결정 후 주택의 소유권이 이전된 경우 전 소유자를 등기의무자로 기재해 임차권등기를 촉탁한 때에는 촉탁서상 등기의무자의 표시가 등기기록과 일치하지 아니하므로 등기관은 그 등기촉탁을 각하하여야 한다(등기선례 제7-285호).

⑤ 「민법」 제404조의 대위신청에 의한 임차권등기명령에 따라 임차권등기를 하는 경우에는 부동산등기법 제28조에 따라 대위자의 성명(명칭), 주소(사무소 소재지) 및 대위원인을 기록한다(임차권등기명령 절차에 관한 규칙 제9조 제1항).

⑥ 「주택임대차보호법」 제3조의3 제9항 또는 「상가건물 임대차보호법」 제6조 제9항에 따르면 우선변제권을 취득한 임차인의 보증금반환채권을 계약으로 양수한 금융기관 등이 임차인을 대위하여 임차권등기명령을 신청할 수 있는 바, 이에 따라 임차권등기를 하는 경우에도 대위자의 성명(명칭), 주소(사무소 소재지) 및 대위원인을 기록하여야 한다. 이 경우 대위원인으로 보증금반환채권의 양수 일자와 그 취지를 기록하여야 한다(동 규칙 제9조 제2항).

⑦ 위와 같이 대위신청에 의한 임차권등기명령에 따라 임차권등기를 하였을 때에는 피대위자인 임차인에게 등기완료사실을 통지한다(부동산등기규칙 제53조 제1항 제2호).

⑧ 이미 전세권설정등기가 마쳐진 주택에 대하여 주택임차권등기촉탁(부동산등기법원의 주택임차권등기명령에 의함)이 있는 경우에 주택임차인이 대항력을 취득한 날이 전세권설정등기의 접수일자보다 선일(先日)이라면, 기존 전세권의 등기명의인과 임차권의 등기명의인으로 되려는 자가 동일한지 여부와 상관없이 등기관은 이를 수리할 수 있다(등기선례 제202210-2호 참조).

Ⅳ 그 밖의 사항

1. 임차권이전 및 임차물 전대의 등기

① **의의** : 임차권은 존속기간 중인 경우에는 제3자에게 양도 및 전대를 할 수 있고, 이 사실을 공시하기 위해서 임차권이전 및 임차물 전대의 등기를 할 수 있다.

② **금지되는 경우** : 임대차의 존속기간이 만료된 경우와 임차권등기명령에 의한 주택임차권등기 및 상가건물임차권등기가 마쳐진 경우에는 그 등기에 기초한 임차권이전등기나 임차물 전대등기를 할 수 없다.

2. 등록면허세

임차권등기명령에 의한 경우이든 신청에 의한 경우이든 차임이 있는 경우에는 「지방세법」 제28조 제1항 제1호 다목에 따라 월 임대차금액의 1천분의 2를 등록면허세로 납부하고, 차임이 없는 경우에는 같은 조 같은 항 같은 호 마목에 따른 세액을 납부하여야 한다.

CHAPTER 04 용익권에 관한 등기

| 제1절 | 총 설

| 제2절 | 지상권에 관한 등기

01
☐☐☐

지상권에 관한 등기에 대한 다음 설명 중 가장 옳지 않은 것은? 　　　2022년

① 토지 위에 등기된 건물이 있다 하더라도 당해 토지의 등기기록상 지상권과 양립할 수 없는 용익물권이 존재하지 않는다면 그 토지에 대하여 지상권설정등기를 신청할 수 있다.

② 지상권의 최단기간의 보장에도 불구하고 등기신청 시 그 존속기간을 민법 제280조 제1항 각 호의 최단기간보다 단축한 기간을 기재한 경우라도 그 기간은 같은 조 제2항에 의하여 법정기간까지 연장되므로 등기관은 신청서 기재대로 수리해야 한다.

③ 통상의 지상권등기를 구분지상권 등기로 변경하는 등기신청이 있는 경우에는 등기상의 이해관계인이 없거나, 이해관계인이 있더라도 그의 승낙서 또는 이에 대항할 수 있는 재판의 등본을 제출한 때에 한하여 부기등기에 의하여 그 변경등기를 할 수 있다.

④ 구분지상권은 그 권리가 미치는 지하 또는 지상공간을 상하로 범위를 정하여 등기하는 것으로서 계층적 구분건물의 특정 계층의 구분소유를 목적으로 하는 구분지상권의 설정등기는 할 수 없다.

⑤ 지상권은 타인의 토지를 배타적으로 사용하는 용익물권으로 동일한 토지에 대한 이중의 지상권설정등기는 허용되지 않으므로 이미 지상권설정등기가 경료되어 있는 상태에서 기존 지상권설정등기의 말소를 조건으로 하는 정지조건부 지상권설정등기청구권을 보존하기 위한 조건부지상권설정청구권가등기는 신청할 수 없다.

・・・

[❶ ▸ ○] 토지 위에 등기된 건물이 있다 하더라도, 당해 토지의 등기부상 지상권과 양립할 수 없는 용익물권이 존재하지 않는다면, 그 토지에 대하여 지상권설정등기를 신청할 수 있다(등기선례 제6-311호).

[❷ ▸ ○] 민법 제280조 제1항 제1호의 30년은 수목의 소유를 목적으로 하는 때에는 그 원인(예 수목의 육림, 벌채 등)에 관계없이 일률적으로 최단기인 30년보다 단축하지 못한다는 것이나, 등기신청서에 지상권의 존속기간을 같은 조 제1항 각 호의 기간보다 단축한 기간으로 기재한 경우라도 그 기간은 같은 조 제2항에 의하여 법정기간까지 연장되므로, 신청서 기재대로 수리하여야 한다(등기예규 제1425호 2.).

[❸ ▸ ○] 통상의 지상권등기를 구분지상권 등기로 변경하거나, 구분지상권 등기를 통상의 지상권 등기로 변경하는 등기신청이 있는 경우에는 등기상의 이해관계인이 없거나, 이해관계인이 있더라도 그의 승낙서 또는 이에 대항할 수 있는 재판의 등본을 제출한 때에 한하여 부기등기에 의하여 그 변경등기를 할 수 있다(등기예규 제1040호 5.).

[❹ ▸ ○] 구분지상권은 그 권리가 미치는 지하 또는 지상 공간을 상하로 범위를 정하여 등기하는 것으로서 계층적 구분건물의 특정 계층의 구분소유를 목적으로 하는 구분지상권의 설정등기는 할 수 없다(등기예규 제1040호 6.).

[❺ ▸ ✕] 지상권은 타인의 토지를 배타적으로 사용하는 용익물권이므로 동일한 토지에 대한 이중의 지상권설정등기는 허용되지 않지만, 이미 지상권설정등기가 경료되어 있는 상태에서 기존 지상권설정등기의 말소를 조건으로 하는 정지조건부 지상권설정등기청구권을 보존하기 위한 조건부지상권설정청구권가등기는 신청할 수 있다(등기선례 제6-439호).

답 ❺

02 지상권설정등기에 관한 다음 설명 중 가장 옳지 않은 것은?   2021년

① 지상권설정등기를 신청하는 경우 존속기간, 지료 및 지급시기는 필요적 기재사항이므로 이를 반드시 신청정보로 제공하여야 한다.

② 지상권은 1필의 토지 전부뿐만 아니라 그 일부에 대하여도 설정등기를 할 수 있는데, 지상권 설정의 범위가 토지의 일부인 경우에는 그 부분을 표시한 지적도면을 첨부정보로 제공하여야 한다.

③ 지상권의 존속기간에 대하여 그 최단기간만을 제한하고 있으므로 존속기간을 100년, 120년 또는 그보다 장기(특정된 기간임)로 하는 지상권설정등기도 경료받을 수 있다.

④ 건물 또는 공작물 등을 소유하기 위하여 타인 소유 토지의 일정 범위의 지하 또는 공간을 사용하는 권리로서의 지상권, 이른바 구분지상권은 그 권리가 미치는 지하 또는 공간의 상하의 범위를 정하여 등기할 수 있다.

⑤ 토지거래허가구역 안의 토지에 대하여 지상권의 등기 시 대가를 받고 설정하는 경우에는 토지거래허가서를 첨부하여야 한다.

[❶ ▸ ✕] 존속기간, 지료와 지급시기는 임의적 기재사항이므로, 약정이 있는 경우에만 제공한다(부동산등기법 제69조 참조).

> **부동산등기법 제69조(지상권의 등기사항)**
> 등기관이 지상권 설정의 등기를 할 때에는 제48조에서 규정한 사항 외에 다음 각 호의 사항을 기록하여야 한다. 다만, 제3호부터 제5호까지는 등기원인에 그 약정이 있는 경우에만 기록한다.
> 1. 지상권 설정의 목적
> 2. 범 위
> 3. 존속기간
> 4. 지료와 지급시기
> 5. 민법 제289조의2 제1항 후단의 약정
> 6. 지상권 설정의 범위가 토지의 일부인 경우에는 그 부분을 표시한 도면의 번호

> **부동산등기규칙 제126조(지상권설정등기의 신청)**
> ① 지상권 설정의 등기를 신청하는 경우에는 법 제69조 제1호부터 제5호까지의 등기사항을 신청정보의
> 내용으로 등기소에 제공하여야 한다.

[❷ ▸ ○] 지상권 설정의 범위가 부동산의 일부인 경우에는 그 부분을 표시한 지적도를 첨부정보로서
등기소에 제공하여야 한다(부동산등기규칙 제126조 제2항).

[❸ ▸ ○] 민법 제280조는 지상권의 존속기간에 대하여 그 최단기간만을 제한하고 있으므로 존속기간
을 100년, 120년 또는 그보다 장기(특정된 기간임)로 하는 지상권설정등기도 경료받을 수 있다(등기선례
제5-412호).

[❹ ▸ ○] 건물 또는 공작물 등을 소유하기 위하여 타인 소유 토지의 일정 범위의 지하 또는 공간을
사용하는 권리로서의 지상권, 이른바 구분지상권은 그 권리가 미치는 지하 또는 공간의 상하의 범위를
정하여 등기할 수 있다(등기예규 제1040호 1.).

[❺ ▸ ○] 부동산 거래신고 등에 관한 법률(이하 "법"이라 한다) 제11조 제1항의 규정에 의한 허가의
대상이 되는 토지(이하 '허가대상토지'라 한다)에 관하여 소유권·지상권을 이전 또는 설정하는 계약(예
약을 포함한다)을 체결하고 그에 따른 등기신청을 하기 위해서는 신청서에 시장, 군수 또는 구청장이
발행한 토지거래계약허가증을 첨부하여야 한다. 다만, 그 계약이 증여와 같이 대가성이 없는 경우에는
그러하지 아니하다[등기예규 제1634호 1. (1)].

답 ❶

제3절 | 지역권에 관한 등기

03 지역권의 등기에 관한 다음 설명 중 가장 옳지 않은 것은? 2021년
□□□

① 지역권 설정의 목적, 범위, 요역지 등은 승역지의 등기기록에 지역권 설정의 등기를 할 때에 그
등기사항에 포함된다.
② 토지등기기록에 요역지지역권의 등기가 있는 경우 그 토지에 대한 합필의 등기를 할 수 있다.
③ 지역권 설정의 범위가 승역지의 일부인 경우에는 그 부분을 표시한 지적도를 첨부정보로서 등기소
에 제공하여야 한다.
④ 승역지와 요역지가 같은 등기소의 관할에 속하는 경우 등기관이 승역지에 지역권 설정의 등기를
하였을 때에는 직권으로 요역지의 등기기록에 승역지, 지역권 설정의 목적, 범위 등을 기록하여야
한다.
⑤ 승역지에 지역권 설정의 등기를 하였을 경우 등기관은 요역지가 다른 등기소의 관할에 속하는
때에는 지체 없이 그 등기소에 승역지, 요역지, 지역권 설정의 목적과 범위, 신청서의 접수연월일을
통지하여야 한다.

[❶ ▸ ○] 부동산등기법 제70조

> **부동산등기법 제70조(지역권의 등기사항)**
> 등기관이 승역지의 등기기록에 지역권 설정의 등기를 할 때에는 제48조 제1항 제1호부터 제4호까지에서 규정한 사항 외에 다음 각 호의 사항을 기록하여야 한다. 다만, 제4호는 등기원인에 그 약정이 있는 경우에만 기록한다.
> 1. 지역권 설정의 목적
> 2. 범 위
> 3. 요역지
> 4. 민법 제292조 제1항 단서, 제297조 제1항 단서 또는 제298조의 약정
> 5. 승역지의 일부에 지역권 설정의 등기를 할 때에는 그 부분을 표시한 도면의 번호

[❷ ▸ ×] 부동산등기법 제37조 제1항에 따르면 토지등기기록에 소유권·지상권·전세권·임차권 및 승역지(편익제공지)에 하는 지역권의 등기 외에 다른 권리에 관한 등기가 있는 경우에는 합필의 등기를 할 수 없으며, 다만 그 다른 권리에 관한 등기가 저당권에 관한 등기로서 등기원인 및 그 연월일과 접수번호가 동일하고 모든 토지의 등기기록에 있는 경우에는 예외적으로 합필의 등기를 할 수 있다. 따라서 토지등기기록에 요역지지역권의 등기가 있다면 그 토지에 대한 합필의 등기를 신청할 수 없는바, 이는 요역지지역권의 등기가 모든 토지의 등기기록에 있고 그 등기사항이 모두 동일하더라도 마찬가지이다(등기선례 제201907-4호).

[❸ ▸ ○] 부동산등기규칙 제127조 제2항, 제126조 제2항

> **부동산등기규칙 제126조(지상권설정등기의 신청)**
> ② 지상권 설정의 범위가 부동산의 일부인 경우에는 그 부분을 표시한 지적도를 첨부정보로서 등기소에 제공하여야 한다.
>
> **부동산등기규칙 제127조(지역권설정등기의 신청)**
> ② 지역권 설정의 범위가 승역지의 일부인 경우에는 제126조 제2항을 준용한다.

[❹ ▸ ○][❺ ▸ ○] 부동산등기법 제71조 제1항·제2항

> **부동산등기법 제71조(요역지지역권의 등기사항)**
> ① 등기관이 승역지에 지역권 설정의 등기를 하였을 때에는 직권으로 요역지의 등기기록에 다음 각 호의 사항을 기록하여야 한다.
> 1. 순위번호
> 2. 등기목적
> 3. 승역지
> 4. 지역권 설정의 목적
> 5. 범 위
> 6. 등기연월일
> ② 등기관은 요역지가 다른 등기소의 관할에 속하는 때에는 지체 없이 그 등기소에 승역지, 요역지, 지역권 설정의 목적과 범위, 신청서의 접수연월일을 통지하여야 한다.

답 ❷

04
□□□

전세권등기에 관한 다음 설명 중 가장 옳지 않은 것은?   2023년

① 토지와 건물은 별개의 부동산으로 건물의 일부 또는 전부에 전세권설정등기가 경료되어 있는 경우에도 그 대지의 전부에 대하여 전세권설정등기를 신청할 수 있다.
② 전세권설정등기를 신청할 때에 존속기간은 설정계약서에 따라야 할 것이므로 존속기간의 시작일이 등기신청접수일자 이전인 경우라도 등기관은 해당 등기신청을 수리하여야 한다.
③ 건물 중 1층 전부 및 2층 일부에 대하여 甲 명의의 전세권설정등기가 경료되고 이어 4층 전부에 대하여 乙 명의의 전세권설정등기가 경료된 상태에서, 甲 명의의 전세권설정등기의 존속기간 연장을 위한 변경등기를 할 경우 乙은 등기상 이해관계 있는 제3자에 해당하지 않는다.
④ 전세권자는 설정행위에서 전전세가 금지되어 있지 않는 한 전세권설정자의 동의 없이 전세권의 존속기간 내에서 전세권의 목적물의 전부 또는 일부를 전전세할 수 있다.
⑤ 전세권의 존속기간이 만료되고 전세금의 반환시기가 경과된 전세권의 경우에도 설정행위로 금지하지 않는 한 전세권의 이전등기는 가능하다.

....

[❶ ▸ ○] 토지와 건물은 별개의 부동산이므로 건물 전부에 대한 전세권설정등기가 경료된 경우에도 토지에 대하여 별도의 전세권설정등기를 신청할 수 있으며, 또한 이미 건물의 일부에 전세권이 설정된 경우에도 위 건물부분과 중복되지 않는 다른 건물부분에 대하여 전세권설정등기를 신청할 수 있다(등기선례 제6-318호).

[❷ ▸ ○] 부동산 전세권설정등기를 신청할 때에 존속기간은 전세권설정계약서에 따라야 할 것인바, 위 존속기간의 시작일이 등기신청접수일자 이전이라고 하더라도 등기관으로서는 당해 전세권설정등기 신청을 수리하여야 할 것이다(등기선례 제6-319호).

[❸ ▸ ×] 4층 근린생활시설 건물 중 1층 전부 및 2층 일부에 대하여 甲 명의의 전세권설정등기가 경료되고, 이어 4층 전부에 대하여 乙 명의의 전세권설정등기가 경료된 상태에서, 甲 명의의 전세권설정등기의 존속기간 연장을 위한 변경등기를 할 경우 <u>乙은 부동산등기법 제52조의 등기상 이해관계 있는 제3자라 할 것이므로</u>, 위 변경등기를 부기등기의 방식으로 하기 위해서는 신청서에 乙의 승낙서 또는 이에 대항할 수 있는 재판의 등본을 반드시 첨부하여야 하며, 승낙서 등을 첨부할 수 없는 경우에는 주등기(독립등기)의 방식으로 그 등기를 할 수 있을 것이다(등기선례 제7-264호).

[❹ ▸ ○] [❺ ▸ ○] 전세권자는 설정행위로 금지하지 않는 한 전세권을 타인에게 양도 또는 담보로 제공할 수 있고 그 존속기간 내에서 그 목적물을 타인에게 전전세 또는 임대할 수 있으며, 전세금 반환과 전세권설정등기의 말소 및 전세목적물의 인도와는 동시이행의 관계에 있으므로, 전세권이 존속기간의 만료로 인하여 소멸된 경우에도 당해 전세권설정등기는 전세금반환채권을 담보하는 범위 내에서는 유효한 것이라 할 것이다. 따라서 전세권의 존속기간이 만료되고 전세금 반환시기가 경과된 전세권의 경우에도 설정행위로 금지하지 않는 한 그러한 전세권의 이전등기는 가능할 것이다. 그러나 전전세는 전세권의 존속기간 내에서만 타인에게 할 수 있으며, 전세권의 존속기간이 만료된 건물 전세권에 대한 전전세등기는 이를 할 수 없다(등기선례 제5-415호).

🔲 ❸

제5절 | 임차권에 관한 등기

05
□□□
임차권에 관한 등기에 대한 다음 설명 중 가장 옳지 않은 것은?　　　2022년 기출수정

① 임대차의 존속기간이 만료된 경우와 주택임차권등기 및 상가건물임차권등기가 경료된 경우에는, 그 등기에 기초한 임차권이전등기나 임차물전대등기를 할 수 없다.

② 건물의 일부에 대해서 임차권설정등기를 할 수 있는 것이므로, 건물의 일부에 해당하는 지붕이나 옥상에 대하여도 임차권설정등기를 신청할 수 있고 이 경우 지붕이나 옥상의 일부에 대해서만 임차권설정등기를 신청할 때에는 그 부분을 표시한 도면을 첨부정보로서 제공하여야 한다.

③ 이미 전세권설정등기가 마쳐진 주택에 대하여 전세권자와 동일인이 아닌 자를 등기명의인으로 하는 주택임차권등기명령에 따른 등기의 촉탁이 있는 경우 등기관은 그 촉탁에 따른 등기를 수리할 수 없다.

④ 불확정기간을 존속기간으로 하는 임대차계약도 허용되므로 송전선이 통과하는 선하부지에 대한 임대차의 존속기간을 "송전선이 존속하는 기간"으로 하는 임차권설정등기도 가능하다.

⑤ 학교법인이 그 소유 명의의 부동산에 관하여 임차권설정등기를 신청하는 경우에는 관할청의 허가를 증명하는 서면을 첨부정보로 제공하여야 한다.

....

[❶ ▸ ○] 임대차의 존속기간이 만료된 경우와 주택임차권등기 및 상가건물임차권등기가 경료된 경우에는, 그 등기에 기초한 임차권이전등기나 임차물전대등기를 할 수 없다(등기예규 제1688호 4.).

[❷ ▸ ○] 건물의 일부에 대해서 임차권설정등기를 할 수 있는 것이므로(부동산등기법 제74조 제6호 [현 제7호(註)]), 건물의 일부에 해당하는 지붕이나 옥상에 대하여도 임차권설정등기를 신청할 수 있다. 이 경우 지붕이나 옥상의 일부에 대해서만 임차권설정등기를 신청할 때에는 그 부분을 표시한 도면을 첨부정보로서 제공하여야 한다(등기선례 제201812-8호).

[❸ ▸ ✕] 이미 전세권설정등기가 마쳐진 주택에 대하여 전세권자와 동일인이 아닌 자를 등기명의인으로 하는 주택임차권등기명령에 따른 등기의 촉탁이 있는 경우 등기관이 당해 등기촉탁을 수리할 수 있는지 여부와 관련하여, ㉠ 임대차는 그 등기가 없는 경우에도 임차인이 주택의 인도와 주민등록을 마친 때에는 그 다음 날부터 제3자에 대하여 효력이 생기고(주택임대차보호법 제3조 제1항), 그 주택에 임차권등기명령의 집행에 따라 임차권등기가 마쳐지면 그 대항력이나 우선변제권은 그대로 유지된다는 점(같은 법 제3조의3 제5항), ㉡ 위 임차권등기는 이러한 대항력이나 우선변제권을 유지하도록 해 주는 담보적 기능만을 주목적으로 하는 점(대판 2005.6.9. 2005다4529) 및 ㉢ 임차인의 권익보호에 충실을 기하기 위하여 도입된 임차권등기명령제도의 취지 등을 볼 때, <u>주택임차인이 대항력을 취득한 날이 전세권설정등기의 접수일자보다 선일(先日)이라면, 기존 전세권의 등기명의인과 임차권의 등기명의인으로 되려는 자가 동일한지 여부와는 상관없이 주택임차권등기명령에 따른 등기의 촉탁이 있는 경우 등기관은 그 촉탁에 따른 등기를 수리할 수 있을 것이다</u>(등기선례 제202210-2호).

[❹ ▸ ○] 불확정기간을 존속기간으로 하는 임대차계약도 허용된다 할 것인바, 송전선이 통과하는 선하부지에 대한 임대차의 존속기간을 "송전선이 존속하는 기간"으로 정함은 민법 제651조 제1항에 해당하는 "20년을 최장기간으로 하는 불확정기간"이라고 생각되므로, 위 불확정기간을 존속기간으로 하는 임차권설정등기도 가능할 것이다(등기선례 제5-457호).

[⑤ ▸ O] 학교법인이 그 소유 명의의 부동산에 관하여 매매, 증여, 교환, 그 밖의 처분행위를 원인으로 한 소유권이전등기를 신청하거나 근저당권 등의 제한물권 또는 임차권의 설정등기를 신청하는 경우에는 그 등기신청서에 관할청의 허가를 증명하는 서면을 첨부하여야 한다. 다만, 사립학교법 시행령 제11조 제5항 제1호부터 제3호, 제6호, 제7호의 신고사항에 해당하는 경우에는 이를 소명할 수 있는 서면(관할청의 신고수리공문 등)을 첨부하여야 한다(등기예규 제1255호 제3조 제1항).

답 ❸

06

법원의 임차권등기명령에 따른 임차권등기에 관한 다음 설명 중 가장 옳지 않은 것은?

2021년 기출수정

① 미등기건물에 대하여 임차권등기명령에 따른 임차권등기의 촉탁이 있는 경우에는 등기관은 직권으로 소유권보존등기를 할 수 없다.
② 법원사무관등은 임차권등기명령의 결정이 임대인에게 송달된 때에는 지체 없이 촉탁서에 결정등본을 첨부하여 등기관에게 임차권등기의 기입을 촉탁하여야 한다.
③ 주택임차권등기명령의 결정 후 주택의 소유권이 이전된 경우 등기촉탁서에 전 소유자를 등기의무자로 기재하여 임차권등기의 기입을 촉탁한 때에는 등기관은 그 등기촉탁을 각하하여야 한다.
④ 임차권등기명령에 의한 주택임차권등기를 하는 경우 등기의 목적을 "주택임차권"이라고 하여야 한다.
⑤ 등기관은 법원의 임차권등기명령에 따른 임차권등기를 마친 후에 등기완료통지서를 작성하여 촉탁법원에 송부하여야 한다.

[❶ ▸ ×] 미등기주택이나 상가건물에 대하여 임차권등기명령에 의한 등기촉탁이 있는 경우에는 등기관은 부동산등기법 제66조의 규정에 의하여 직권으로 소유권보존등기를 한 후 주택임차권등기나 상가건물임차권등기를 하여야 한다(등기예규 제1688호 3. 다.).

[❷ ▸ O] 법원사무관등은 임차권등기명령의 결정이 임대인에게 송달된 때에는 지체 없이 촉탁서에 결정 등본을 첨부하여 등기관에게 임차권등기의 기입을 촉탁하여야 한다. 다만, 주택임차권등기명령의 경우에는 임대인에게 임차권등기명령의 결정을 송달하기 전에도 임차권등기의 기입을 촉탁할 수 있다(임차권등기명령 절차에 관한 규칙 제5조).

[❸ ▸ O] 주택임차권등기명령의 결정 후 주택의 소유권이 이전된 경우, 등기촉탁서에 전 소유자를 등기의무자로 기재하여 임차권등기의 기입을 촉탁한 때에는 촉탁서에 기재된 등기의무자의 표시가 등기부와 부합하지 아니하므로 등기관은 그 등기촉탁을 각하하여야 한다(등기선례 제7-285호).

[❹ ▸ O] 임차권등기명령에 의한 주택임차권등기(이하 "주택임차권등기"라 한다)를 하는 경우에는 임대차계약을 체결한 날 및 임차보증금액(주택임대차보호법 제3조 제2항의 경우에는 법인과 임대인 사이에 임대차계약을 체결한 날 및 임차보증금액을 말한다), 임대차의 목적인 주택의 범위(임대차의 목적이 주택의 일부인 경우에는 그 목적인 부분을 표시한 도면의 번호를 함께 기록한다), 임차주택을 점유하기 시작한 날, 주민등록을 마친 날, 임대차계약증서상의 확정일자를 받은 날을 등기기록에 기록하고, 등기의 목적을 "주택임차권"이라고 하여야 한다. 이 경우 차임의 약정이 있는 때에는 이를 기록한다(등기예규 제1688호 3. 가.).

[❺ ▸ O] 등기관은 제5조의 규정에 의한 법원사무관등의 촉탁에 의하여 임차권등기의 기입을 마친 후에 등기완료통지서를 작성하여 촉탁법원에 송부하여야 한다(임차권등기명령 절차에 관한 규칙 제7조).

답 ❶

CHAPTER

05 담보권에 관한 등기

제1절 | 저당권에 관한 등기

Ⅰ 저당권설정등기

1. 개 관

① 저당권은 채무자나 제3자(물상보증인)가 제공한 담보물을 인도받지 않은 채 관념적으로만 지배하고 채무의 변제가 없을 때에는 그 담보물을 현금화(경매)하여 우선변제를 받을 수 있는 담보물권이다.

② 권리의 일부(지분 또는 그 일부)에 대하여는 설정등기를 할 수 있으나 부동산의 일부(특정 부분)에 대하여는 할 수 없다.

③ 농지는 전세권의 목적으로 할 수 없으나 저당권은 설정할 수 있으며, 이 경우 허가서 등은 필요하지 않다.

④ 지상권 또는 전세권을 목적으로 저당권설정등기를 할 수 있으며(민법 제371조 제1항), 이 경우 저당권설정자(지상권자 또는 전세권자)는 저당권자의 동의 없이는 지상권 또는 전세권을 소멸시킬 수 없다(민법 제371조 제2항).

2. 필수적 신청정보

① 채권액

㉠ 저당권의 피담보채권은 특정채권이어야 하나 반드시 금전채권에 한하지 아니한다. 담보권 실행 시에는 금전채권으로 될 수 있다면 특정물이나 종류물의 일정량 급부를 목적으로 하는 채권도 가능하다.

㉡ 다만, 일정한 금액을 목적으로 하지 않는 채권을 담보하기 위하여 저당권의 설정등기를 신청하는 경우에는 채권의 평가액을 신청정보의 내용으로 하여야 한다(부동산등기규칙 제131조 제3항).

㉢ 외화채권인 경우 채권액은 외화로 표시하고(등기예규 제1656호 제2조) 등록면허세 과세표준액은 등기신청당시의 공정환율로 환산한 가격으로 한다. 당사자 사이에 채권액 외에 "외환율이 변경될 때에는 그 변경된 환율에 의한 원화 환산액으로 한다."는 특약이 있더라도 이는 등기사항이 아니다(등기예규 제1341호).

② 저당권의 목적이 소유권 외의 권리인 때에는 그 권리의 표시 : 저당권설정의 등기를 신청하는 경우에 그 권리의 목적이 소유권 외의 권리일 때에는 그 권리의 표시에 관한 사항을 신청정보의 내용으로 등기소에 제공하여야 한다(부동산등기규칙 제131조 제2항). 이때에는 저당권의 목적인 권리에 대한 부기등기의 방법으로 등기한다.

③ 채무자 표시 : 채무자와 저당권 설정자가 동일인인 저당권설정등기에 있어서도 신청서와 등기부에 채무자를 표시하여야 한다(등기예규 제264호). 채무자가 수인의 연대채무자인 경우에도 등기기록에는 단순히 "채무자"라고 기록한다.

3. 임의적 신청정보

① 등기원인에 변제기·이자 및 그 발생기 또는 지급시기·원본 또는 이자의 지급장소·채무불이행으로 인한 손해배상에 관한 약정·「민법」제358조 단서의 약정(저당권의 효력 범위에 대한 약정)·채권의 조건 등에 관한 약정이 있는 경우에는 그 사항을 신청정보로 하여야 한다.

② 채권의 조건이라 함은 저당권이 담보하는 채권이 조건부라는 의미이고 저당권 자체가 조건부라는 의미가 아니다. 장래 발생할 채권에 대한 저당권은 바로 설정등기를 할 수 있지만 장래 발생할 저당권은 가등기의 대상이 될 뿐이다. 등기원인에 이러한 약정이 있음에도 신청정보로 하지 않았을 때에는 부동산등기법 제29조 제8호(신청정보와 등기원인을 증명하는 정보가 일치하지 아니한 경우)를 적용하여 각하한다.

③ 법인이 저당권자 또는 근저당권자인 경우 신청정보에 취급지점 등의 표시가 있는 때에는 등기기록에도 취급지점 등(예 ○○지점, △△출장소 등)을 기록한다(등기예규 제1188호). 취급지점 등의 표시는 법인의 표시 다음에 줄을 바꾸어 괄호 안에 기재하되, 취급지점 등의 소재지는 기록하지 않는다.

④ 취급지점의 명칭에 변경이 있는 때에는 등기명의인 표시변경등기절차에 준하여 처리한다. 기존의 저당권등기에 취급지점의 표시가 없는 경우에는 그 표시를 추가하는 등기를 할 수 있다. 근저당권자인 상사법인의 취급지점이 변경된 때에는 등기명의인 표시변경등기를 한 후에야 후속등기(근저당권이전등기, 변경등기 등)를 신청할 수 있다. 다만, 근저당권말소등기는 취급지점 변경 사실을 증명하는 정보를 제공하여 변경등기 없이 신청할 수 있다(등기선례 제4-468호).

Ⅱ 저당권이전 및 변경 등기

1. 저당권이전등기

① 저당권의 이전등기를 신청하는 경우에는 저당권이 채권과 같이 이전한다는 뜻을 신청정보의 내용으로 등기소에 제공하여야 한다(부동산등기규칙 제137조 제1항). 저당권은 그 담보한 채권과 분리하여 타인에게 양도하거나 다른 채권의 담보로 하지 못하기 때문이다(민법 제361조).

② 채권일부의 양도 또는 대위변제로 저당권의 일부이전등기를 신청할 때에는 양도액 또는 변제액을 신청정보로 하여야 한다(부동산등기법 제79조, 규칙 제137조 제2항). 저당권으로 담보되어 있는 채권의 일부가 양도된 경우 양도인과 양수인은 해당 저당권을 채권액에 대응하는 지분 비율로 준공유하기 때문에 그 지분 비율을 명확하게 하기 위하여 양도액을 기록한다. 일부 대위변제의 경우에도 마찬가지로 변제액을 신청정보로 하여야 한다.

③ 저당권이전등기는 양도인과 양수인이 공동으로 신청한다(등기예규 제616호). 저당권이전등기는 채권양도가 전제가 되는데, 채권양도에 관하여는 대항요건을 갖추어야 하나 채권양도의 대항요건은 저당권이전등기의 요건은 아니므로 채권양도의 통지나 채무자의 승낙을 증명하는 정보 등은 제공할 필요가 없다(등기선례 제5-104호).

④ 갑·을 두 사람이 각각 별도로 피담보채권의 일정 금액씩을 대위변제한 경우에는 당사자가 다르므로 변제 일자 및 금액에 관계없이 저당권일부이전등기를 별개로 신청하여야 한다(등기선례 제5-439호).

⑤ 저당권이 있는 채권에 관하여 전부명령이나 양도명령이 확정된 때 또는 매각명령에 따른 매각을 마친 때에는 법원사무관 등은 신청에 따라 저당권이전등기 등을 촉탁하여야 한다(민사집행규칙 제167조 제1항 제1호).

⑥ 갑 회사가 일부를 분할하여 을 회사를 설립한 경우 을 회사는 분할계획서가 정하는 바에 따라서 갑 회사의 권리와 의무를 포괄적으로 승계하는바(상법 제530조의10), 분할계획서에 분할로 인하여 설립되는 회사에 이전될 재산으로 기재된 근저당권에 대하여는 근저당권이전등기를 거치지 아니하고서도 그 권리를 행사할 수 있다. 다만, 분할 후 근저당권에 대하여 말소원인이 발생한 경우 또는 양도나 그 밖의 처분행위를 한 경우에는 먼저 분할을 원인으로 한 근저당권이전등기를 마쳐야만 그에 따른 등기를 할 수 있다(민법 제187조, 등기선례 제8-252호 1.). 회사합병의 경우에도 위와 같다.

⑦ 회사분할로 인하여 부동산에 관한 권리의 이전등기신청을 하는 경우 원칙적으로 등기원인을 증명하는 서면으로서 이전의 대상이 된 권리를 부동산의 표시, 접수연월일, 접수번호 등으로 구체적으로 특정하여 기재한 분할계획서를 첨부하여야 하나, 분할계획서에 특정되지 않았다면 그 저당권이 회사분할로 인하여 이전되는 권리임을 소명하는 해당 회사작성의 서면을 첨부할 수도 있다(등기선례 제201012-1호).

⑧ 저당권이전등기는 언제나 부기로 한다(부동산등기법 제52조 제2호). 소유권이전등기와는 달리 종전 저당권자의 표시에 관한 사항을 말소하는 표시를 하여야 한다. 다만, 이전되는 지분이 일부일 때에는 말소하는 표시를 하지 않는다(부동산등기규칙 제112조 제3항).

2. 저당권변경등기

① 저당권변경등기의 등기권리자와 등기의무자는 변경할 내용에 따라 달라진다. 채무자변경으로 인한 저당권변경등기는 저당권자가 등기권리자, 저당권설정자가 등기의무자로서 공동신청하여야 하므로 등기의무자가 소유권 취득 당시 등기소로부터 통지받은 등기필정보를 제공하여야 한다(등기선례 제1-61호).

② 저당권변경등기도 권리변경등기의 하나이므로 원칙적으로 부기로 한다. 다만, 등기상 이해관계 있는 제3자가 있는 경우 그의 승낙 또는 이에 대항할 수 있는 재판 증명 정보의 제공이 없는 때에는 주등기(이해관계 있는 제3자의 등기보다 후순위의 독립등기)로 한다. 동순위의 다른 담보권자도 이해관계 있는 제3자에 해당한다.

③ 공유지분 위에 근저당권이나 가압류 등의 등기가 마쳐진 상태에서 공유물 분할이 이루어진 경우 근저당권이나 가압류등기는 공유물 분할이 된 뒤에도 종전의 지분 비율대로 분할된 공유물 전부에 전사되어 그대로 존속하고, 공유물 분할에 의하여 단독소유로 된 부분에 대하여 당연히 집중하는 것은 아니다.

④ 이 경우, 분할된 저당권설정자의 부동산 전부에 대하여 저당권의 효력을 미치게 하기 위하여 부동산등기법 제52조에 의한 저당권변경등기를 하는 때에는 저당권의 효력이 미치는 범위가 확장되므로 저당권설정등기 후 마쳐진 가압류 또는 압류의 권리자는 저당권변경등기에 대하여 이해관계 있는 제3자에 해당한다. 따라서 그 저당권변경등기신청서에 가압류 또는 압류등기권자의 승낙서 또는 이에 대항할 수 있는 재판의 등본을 첨부한 때에는 부기등기의 방법으로, 위 서면을 첨부하지 아니한 때에는 독립등기 방법으로 그 저당권변경등기를 하게 된다(등기선례 제4-454호).

⑤ 증축한 건물이나 부속건물에 대하여 별개 독립한 건물로서 보존등기를 하지 않고 기존 건물의 등기기록에 건물표시변경등기 형식으로 증축등기나 부속건물등기를 하였다면, 근저당권의 효력은 다른 특별한 규정이나 약정이 없는 한 근저당 부동산에 부합된 물건이나 종물에도 미치므로 증축한 건물이나 부속건물에 근저당권의 효력을 미치게 하는 변경등기는 할 필요가 없을 뿐만 아니라 할 수도 없다(등기선례 제4-460호).

⑥ "갑"과 "을"이 공유하는 부동산에 저당권을 설정한 경우 또는 "갑"이 단독으로 소유하는 부동산에 저당권을 설정한 후 "을"에게 일부 지분을 이전한 경우에 "을" 지분에 관하여 저당권 포기를 원인으로 저당권이 "을" 지분에 대하여는 소멸하고 "갑" 지분에 대하여는 존속하게 되는 때에는 등기원인을 지분포기, 저당권의 목적을 "갑"과 "을" 지분에서 "갑" 지분으로 변경하는 방법에 의하여 부기등기로 기록하여야 한다(등기예규 제1580호).

⑦ 공동저당은 수개의 부동산 위에 동일한 채권을 담보하기 위한 저당권을 설정한 경우에 성립하게 되는데, 동일한 채권을 담보한다는 의미는 채권자와 채무자, 채권의 발생원인, 채권액 등이 동일한 것을 의미하고, 또한 공동저당을 이루는 각 부동산에 대한 복수의 저당권은 그 불가분성에 의하여 서로 연대관계를 형성하고 있기 때문에, 공동저당권이 설정된 후에 그 담보 부동산의 일부를 취득한 제3자가 그 취득한 일부 부동산에 대한 피담보채무만을 인수하고 그 채무인수를 원인으로 하여 채무자를 변경하기 위한 저당권변경등기는 공동저당관계가 존속되는 한 이를 할 수 없다(등기선례 제5-450호).

Ⅲ 저당권말소등기

1. 말소등기신청의 당사자 등

① 저당권말소등기도 권리등기의 일반원칙과 같이 공동신청주의에 의한다. 등기권리자는 현재의 소유명의인(소유권 외의 권리를 목적으로 하는 저당권에 있어서는 그 권리의 등기명의인)이고 등기의무자는 현재의 저당권자이다.

② 다만, 저당권설정등기 후에 소유권이 제3자에게 이전된 경우 등기권리자는 소유명의인인 제3취득자 또는 저당권설정자이고 등기의무자는 저당권자이다(등기예규 제1656호). 왜냐하면 근저당권설정 후에 소유권이 제3자에게 이전된 경우에는 현 소유자가 자신의 소유권에 기하여 피담보채무 소멸을 원인으로 근저당권설정등기의 말소를 청구할 수 있음은 물론이지만, 근저당권설정자인 종전 소유자도 근저당권설정계약의 당사자로서 근저당권 소멸에 따른 원상회복으로 근저당권설정등기의 말소를 구할 수 있는 계약상 권리가 있으므로 이러한 계약상 권리에 터를 잡아 근저당권설정등기의 말소를 청구할 수 있고, 소유권을 상실하였다는 이유만으로 그러한 권리를 행사할 수 없다고 볼 것은 아니기 때문이다(대판[전합] 1994.1.25. 93다16338). 그러나 근저당권이 원인무효인 경우에는 종전 소유명의인은 계약상 권리가 없기 때문에 그 말소를 청구할 수 없다고 본다.

③ 저당권이 이전된 경우 저당권의 피담보채권 소멸 등으로 인한 말소신청의 등기의무자는 저당권의 현재 명의인인 저당권 양수인이다(대판 1967.8.29. 67다987). 이 경우 말소할 저당권으로는 주등기(제○번 저당권등기)를 표시하면 되고 이전의 부기등기는 표시할 필요가 없다.

④ 소유권이전청구권 보전의 가등기상의 권리자와 근저당권자가 동일인이었다가 그 가등기에 기한 소유권이전의 본등기가 마쳐짐으로써 소유권과 근저당권이 동일인에게 귀속된 경우와 같이 혼동으로 근저당권이 소멸(그 근저당권이 제3자의 권리의 목적이 된 경우 제외)하는 경우에는 등기명의인이 근저당권말소등기를 단독으로 신청한다. 혼동이 발생했다고 해서 그 등기를 직권말소할 수 있는 것은 아니다. 다만, 그 근저당권설정등기가 말소되지 아니한 채 제3자 앞으로 다시 소유권이전등기가 경료된 경우에는 현 소유자와 근저당권자가 공동으로 말소등기를 신청하여야 한다(등기예규 제1656호 제6조).

⑤ 저당권을 이전받은 저당권자가 저당권등기의 말소를 신청하는 경우에 제공하여야 할 등기필정보는 저당권이전등기를 마친 후 통지받은 것이다(등기선례 제3-612호). 이전받기 전 저당권자의 등기필정보까지 제공할 필요는 없다.

⑥ 농업기반공사 및 농지관리기금법 부칙 제9조 제2항은 '등기부, 기타 공부에 표시된 농어촌진흥공사, 농지개량조합 및 농지개량조합연합회의 명의는 한국농어촌공사의 명의로 본다.'고 규정하고 있으므로, 한국농어촌공사는 근저당권이전등기를 거치지 않고도 직접 자기 명의로 종전 농어촌진흥공사 등의 명의인 근저당권의 말소등기를 신청할 수 있다(등기선례 제6-375호). 이 경우 등기명의인 표시변경등기도 필요 없다.

⑦ 상속의 개시 전에 근저당권의 말소원인이 발생하였으나 그 등기를 하지 않고 있는 사이에 상속이 개시된 경우에는 상속인이 상속으로 인한 근저당권이전등기를 하지 않고 상속인이 상속증명서면을 첨부하여 근저당권말소등기를 신청할 수 있다. 그러나 근저당권의 말소원인이 상속 개시후에 발생한 경우에는 상속으로 인한 근저당권이전등기를 먼저 한 후에 근저당권말소등기를 할 수 있다.

⑧ A토지에 대한 근저당권자 갑이 그 토지의 소유권을 취득함으로써 혼동이 발생하였다면 소유자 겸 근저당권자인 갑이 그 근저당권의 말소등기를 단독으로 신청할 수 있으나, 갑이 근저당권말소등기를 신청하지 않은 상태에서 사망하였고 이후 갑의 공동상속인 사이에 상속재산분할협의가 성립하여 이를 원인으로 한 을 단독명의의 소유권이전등기가 마쳐졌다면 그 근저당권의 말소등기는 을이 단독으로 신청할 수 없고, 일반원칙에 따라 등기권리자인 현재의 소유자 을과 등기의무자인 갑의 공동상속인 전원이 공동으로 신청하여야 한다. 한편, 등기의무자의 소재불명으로 공동으로 등기의 말소등기를 신청할 수 없는 때에는 부동산등기법 제56조의 규정에 의하여 공시최고신청을 하여 제권판결을 받아 등기권리자가 단독으로 말소등기를 신청할 수 있다(등기선례 제201805-5호).

⑨ 갑 법인과 을 법인을 합병하여 병 법인을 신설한 경우 소멸한 갑 명의의 근저당권은 병에게 포괄승계되었으므로 병이 근저당권말소등기의 등기의무자가 된다. 그 등기원인(설정계약의 해지)이 합병등기 전에 발생하였으면 합병으로 인한 근저당권이전등기를 거칠 필요 없이 곧바로 합병을 증명하는 정보를 제공하여 말소등기를 신청하면 된다. 그러나 등기원인이 합병등기 후에 발생하였으면 먼저 합병으로 인한 근저당권이전등기를 거친 후 말소등기를 신청하여야 한다(등기선례 제8-261호).

2. 저당권자 표시의 변경 또는 경정등기 생략(저당권말소의 경우)

① 저당권(근저당권) 등 소유권 이외의 권리에 관한 등기의 말소를 신청하는 경우에 있어서는 그 등기명의인의 표시에 변경 또는 경정의 사유가 있는 때라도 신청서에 그 변경 또는 경정을 증명하는 서면을 첨부함으로써 등기명의인의 표시변경 또는 경정의 등기를 생략할 수 있다(등기예규 제451호).

② 예를 들어 면책적 채무인수로 인한 근저당권변경등기를 신청하는 경우에는 근저당권자인 법인의 본점이전 또는 취급지점의 변경등기는 생략할 수 없으나(등기의무자 불일치), 근저당권말소등기는 그 사유의 증명 정보를 제공하고 위 변경등기 없이 신청할 수 있다(등기선례 제4-458호, 제488호).

3. 등기의 실행

① 저당권의 말소등기는 주등기로 한다. 이전의 부기등기가 된 저당권(채무자의 추가를 내용으로 하는 저당권변경의 부기등기가 된 경우도 동일) 말소등기의 경우에도 부기등기의 말소등기를 하는 것이 아니라, 주등기인 저당권설정등기의 말소등기를 하고 주등기와 함께 부기등기를 말소하는 표시를 하여야 한다(대판 1988.3.8. 87다카2585).

② 기존의 종이 공동담보목록을 전자문서로 전환한 경우의 공동담보목록이나 공장저당법 제6조에 의한 기계기구목록이 있는 저당권이 전부 말소된 경우에는 저당권 전부 말소 또는 공장저당권말소로 인하여 폐쇄한 뜻과 그 연월일을 기록한다(등기예규 제1723호 6.).

Ⅳ 공동저당

1. 의 의

동일 채권의 담보를 위하여 수개의 부동산에 저당권을 설정하는 것 또는 그렇게 설정된 저당권을 공동저당이라고 한다. 공동저당의 경우 복수의 부동산 위에 1개의 저당권이 있는 것이 아니라 각 부동산마다 1개의 저당권이 있고 이들 저당권은 피담보채권을 공통으로 하고 있는 것으로 이해되고 있다.

2. 창설적 공동저당(부동산등기법 제78조 제1항)

① 당초부터 수개의 부동산에 관한 권리를 목적으로 설정되는 저당권을 말한다.

② 신청인 : 공동신청하는 등기권리자는 동일하여야 하나, 등기의무자인 저당권설정자는 각 부동산별로 달라도 가능하다. 따라서 채권자는 동일한 채권의 담보로 갑부동산에 관한 소유권과 을부동산에 관한 지상권에 대하여 공동근저당권설정등기를 신청할 수 있으며, 이때 갑부동산의 소유자와 을부동산의 지상권자가 반드시 동일할 필요는 없다(등기선례 제201009-4호).

③ 신청절차에 관한 특칙 : 여러 개의 부동산에 관한 권리를 목적으로 하는 저당권설정의 등기를 신청하는 경우에는 각 부동산에 관한 권리의 표시를 신청정보로 제공하여야 한다(부동산등기규칙 제133조 제1항).

④ 등기의 실행에 관한 특칙

㉠ 등기관이 동일 채권에 관하여 여러 부동산에 관한 권리를 목적으로 하는 저당권설정의 등기를 할 때에는 각 부동산의 등기기록에 그 부동산에 관한 권리가 다른 부동산에 관한 권리와 함께 저당권의 목적으로 된 뜻을 기록하여야 한다(부동산등기법 제78조 제1항).

㉡ 이러한 공동담보라는 뜻의 기록은 각 부동산 등기기록 중 해당 등기의 끝부분에 하여야 한다(부동산등기규칙 제135조 제1항).

㉢ 담보로 제공되는 부동산이 5개 이상인 경우 등기관은 공동담보목록을 작성하여야 한다(부동산등기법 제78조 제2항). 공동담보목록은 모두 전산정보처리조직에 의하여 자동 생성되므로, 당사자가 공동담보목록을 작성하여 제공할 필요는 없다.

㉣ 공동담보목록에는 신청의 접수연월일과 접수번호를 기록하며, 1년마다 번호를 새로 부여한다(부동산등기규칙 제133조 제2항·제3항).

㉤ 공동담보목록을 작성하는 경우에는 각 부동산의 등기기록에 공동담보목록 번호를 기록한다(부동산등기규칙 제135조 제2항). 공동담보목록은 등기기록의 일부가 된다(부동산등기법 제78조 제3항).

3. 추가적 공동저당(부동산등기법 제78조 제4항)

① 1개 또는 여러 개의 부동산에 대하여 저당권설정의 등기를 한 후 동일한 채권을 담보하기 위하여 다른 1개 또는 여러 개의 부동산에 관한 권리를 목적으로 추가로 설정되는 저당권을 말한다.

② 신청에 관한 특칙

  ㉠ 1개 또는 여러 개의 부동산에 관한 권리를 목적으로 하는 저당권설정의 등기를 한 후 같은 채권에 대하여 다른 1개 또는 여러 개의 부동산에 관한 권리를 목적으로 하는 저당권설정의 등기를 신청하는 경우에는 종전 등기를 표시하는 사항으로서 공동담보목록 번호 또는 부동산 소재지번(건물에 번호가 있는 경우에는 그 번호도 포함)을 신청정보로 제공하여야 한다(부동산등기규칙 제134조).

  ㉡ 추가저당권설정등기 신청 시 제공하여야 하는 등기필정보는 추가되는 부동산의 소유권에 관한 것이다. 전에 등기한 저당권의 등기필정보를 제공할 필요는 없다(등기선례 제3-585호).

③ 등기의 실행에 관한 특칙

  ㉠ 등기관이 1개 또는 여러 개의 부동산에 관한 권리를 목적으로 하는 저당권설정의 등기를 한 후 동일 채권에 대하여 다른 1개 또는 여러 개의 부동산에 관한 권리를 목적으로 하는 저당권설정의 등기를 할 때에는 그 등기와 종전 등기에 각 부동산에 관한 권리가 함께 저당권의 목적으로 제공된 뜻을 기록하여야 한다(부동산등기법 제78조 제4항). 그 외에 종전등기의 순위번호와 접수년월일 및 접수번호를 신청정보로 제공하여야 한다(등기예규 제1429호).

  ㉡ 새로 추가되는 부동산의 등기기록에는 그 등기의 끝부분에 공동담보라는 뜻을 기록하고 종전에 등기한 부동산의 등기기록에는 해당 등기의 부기등기로 그 뜻을 기록하여야 한다(부동산등기규칙 제135조 제3항).

  ㉢ 추가설정하는 부동산과 전에 등기한 부동산이 합하여 5개 이상일 때에는 창설적 공동저당과 마찬가지로 등기관은 공동담보목록을 작성한다.

④ 구분건물의 추가적 공동저당

  ㉠ 구분건물과 그 대지권의 어느 일방에만 설정되어 있는 저당권의 추가 담보로서 다른 일방을 제공하려는 경우에는 구분건물과 대지권을 일체로 하여 추가저당권설정등기를 할 수 있다(등기예규 제1470호 제4호 나.).

  ㉡ 대지에 대하여 먼저 저당권이 설정되고 대지권등기 후 구분건물에 대하여 동일 채권의 담보를 위한 추가저당권을 설정하려는 경우에는 구분건물과 대지권을 일체로 하여 등기신청을 한다. 이 경우 구분건물 등기기록의 을구에만 기록하고 대지권의 목적인 토지의 등기기록에는 기록할 필요가 없다. 즉 대지권의 목적인 토지에 대하여 설정된 종전 저당권등기에 담보 추가의 부기등기는 할 필요가 없다.

  ㉢ 반대로 구분건물에 대하여 먼저 저당권이 설정되고 새로 대지권의 목적이 된 토지에 대하여 동일 채권의 담보를 위해 저당권을 추가 설정하려는 경우에는 구분건물과 대지권을 일체로 하여 등기신청을 한다. 이 경우에도 구분건물의 을구에만 추가 설정등기를 하면 된다.

  ㉣ 대지에 대하여 이미 근저당권이 설정되어 있는 상태에서 대지권등기를 한 후 동일 채권의 담보를 위해 구분건물과 그 대지권을 일체로 하여 추가근저당권설정등기를 마치고 종전 근저당권을 포기해 말소등기가 마쳐진 경우라도, 추가근저당권설정등기의 효력은 구분건물뿐만 아니라 대지권에 대하여도 여전히 유지된다(등기선례 제7-271호).

⑤ **추가설정의 통지** : 전에 등기한 부동산이 다른 등기소의 관할에 속하는 경우에는 그 등기소에 추가설정의 등기를 한 뜻을 통지하고 통지를 받은 등기소는 통지사항을 등기한다(부동산등기법 제78조 제5항, 제72조 제2항·제3항).

4. 공동담보의 일부 소멸 또는 변경(부동산등기규칙 제136조)

① 공동담보인 여러 부동산 중 일부의 부동산에 관한 권리를 목적으로 한 저당권의 등기를 말소할 때에는 다른 부동산에 관한 권리에 대하여 부동산등기법 제78조 제1항 및 제4항에 따라 한 등기에 그 뜻을 기록하고(등기관이 직권으로 함) 소멸된 사항을 말소하는 표시를 하여야 한다. 일부의 부동산에 관한 권리의 표시에 대하여 변경의 등기를 한 경우에도 또한 같다(부동산등기규칙 제136조 제1항). 공동담보목록이 작성되어 있는 경우에는 그 목록에 한다(부동산등기규칙 제136조 제3항).

② 공동담보인 부동산이 다른 등기소의 관할에 속하는 것인 때에는 그 등기소에 그 뜻을 통지하고 통지를 받은 등기소는 위와 동일한 절차를 이행한다(부동산등기규칙 제136조 제2항, 부동산등기법 제72조 제2항·제3항).

5. 공동저당의 대위등기

① 의 의

㉠ 채권자가 공동저당 부동산 중 일부 부동산에 관해서만 저당권을 실행하여 채권 전부를 변제받은 경우 그 부동산의 후순위 저당권자는 공동담보로 제공되어 있는 다른 부동산에 대하여 선순위자를 대위하여 저당권을 행사할 수 있다(민법 제368조 제2항).

㉡ 예를 들어 A가 B에게 600만원의 채권이 있는데 그 채권을 담보하기 위해 B소유의 X토지(시가 800만원)와 Y토지(시가 400만원)에 공동저당을 각 1번으로 설정하였고, C가 B에게 400만원의 채권을 가지고 있어 X토지에 2번의 저당권을 설정하였다고 하자. X, Y토지에 대하여 동시에 경매가 실행되면 A는 X토지로부터 400만원, Y토지로부터 200만원을 배당받고 C는 X토지로부터 400만원을 배당받을 수 있다.

㉢ 그런데 X부동산에 관해서만 먼저 경매가 실행되었다고 하면, A는 X토지로부터 600만원을 배당받고 C는 200만원을 배당받으며 A와 C의 저당권은 모두 말소된다. 이 경우 후순위 저당권자인 C는 동시에 경매가 실행되었을 때 배당받았을 금액의 한도(200만원)에서 Y토지의 A의 저당권을 대위행사할 수 있다.

㉣ 위와 같이 「민법」 제368조 제2항의 저당권 대위가 발생한 경우 부동산등기법 제80조에 따라 이를 등기할 수 있다.

② 신청절차(등기예규 제1407호)

㉠ 신청인 : 선순위 저당권자가 등기의무자, 대위자 즉 차순위 저당권자가 등기권리자가 되어 공동으로 신청한다.

㉡ 신청정보 및 첨부정보

㉮ 부동산등기규칙 제43조에서 정한 일반적인 신청정보 외에 매각부동산, 매각대금, 선순위저당권자가 변제받은 금액 및 매각 부동산 위에 존재하는 차순위저당권자의 피담보채권에 관한 사항을 신청정보의 내용으로 등기소에 제공하여야 한다.

㉯ 등기의 목적은 "○번 저당권 대위"로, 등기원인은 "민법 제368조 제2항에 의한 대위"로, 그 연월일은 "선순위 저당권자에 대한 매각대금의 배당기일"로 한다.

㉰ 공동저당 대위등기를 신청할 때에는 일반적인 첨부정보 외에 집행법원에서 작성한 배당표 정보를 제공하여야 하고, 1건당 6,000원의 등록면허세(지방세법 제28조 제1항 제1호 마목) 및 3,000원의 등기신청수수료를 납부하여야 한다.

㉱ 국민주택채권은 저당권이전등기가 아니므로 매입할 필요가 없다.

ⓒ 등기의 실행 : 공동저당 대위등기는 대위등기의 목적이 된 저당권등기에 부기등기로 한다. 부동산등 기법 제48조의 일반 등기사항 외에 매각 부동산 위에 존재하는 차순위 저당권자의 피담보채권에 관한 내용과 매각 부동산, 매각대금, 선순위 저당권자가 변제받은 금액을 기록하여야 한다.

Ⅴ 공장저당

1. 의 의

① 공장저당법은 공장 소유자가 공장에 속하는 토지 또는 건물에 설정한 저당권의 효력은 그 토지 또는 건물에 부합된 물건과 그 토지에 설치된 기계, 기구, 그 밖의 공장의 공용물에 미치고(공장저당법 제3조, 제4조), 공장에 속하는 토지나 건물에 대한 저당권설정등기를 신청하려면 그 토지나 건물에 설치된 기계, 기구, 그 밖의 공장의 공용물로서 저당권의 목적이 되는 것의 목록을 제출하여야 한다고 규정하고 있다(공장저당법 제6조).

② 이러한 경우의 저당권을 실무상 「공장 및 광업재단 저당법」 제6조의 저당권 또는 공장저당권이라고 한다. 공장저당권은 공장에 속하는 일단의 기업용 재산에 대하여 공장재단 소유권보존등기를 한 후 저당권 설정등기를 하는 공장재단저당권과는 구별된다.

2. 공장저당권의 성립요건

① 토지 또는 건물이 공장에 속하는 것이어야 한다. 즉 공장 구내에 토지 또는 건물이 소재하여야 하고, 그 토지 또는 건물에 기계·기구 등이 설치되어 있어야 한다.

② 토지 또는 건물이 속하는 공장이 공장저당법 제2조의 공장이어야 한다.

③ 목록에 기재된 기계·기구의 소유자와 토지 또는 건물의 소유자는 같아야 한다. 토지와 건물의 소유자는 상이하고 건물 소유자와 기계·기구의 소유자는 동일한 경우라면 건물만을 공장저당권의 목적으로 하고 토지는 보통저당권의 목적으로 하여 공동근저당권설정등기를 신청할 수 있다(등기선례 제200602-2호).

3. 신청절차에 관한 특칙(등기예규 제1475호)

① 기계·기구목록의 제공 : 공장저당권을 신청하기 위해서는 일반저당권의 신청정보 및 첨부정보 외에 신청인이 서명·날인한 공장저당법 제6조의 기계·기구목록을 작성·제공하여야 한다. 위 목록은 등기 기록의 일부로, 그 기록은 등기된 것으로 본다(공장저당법 제6조 제2항, 제36조).

② 공장증명서의 제공

ⓐ 토지 또는 건물이 공장저당법 제2조의 공장에 속하는 것임을 증명하는 정보(공장증명서)를 제공하여 야 한다(공장 및 광업재단 저당등기 규칙 제2조). 공장증명서는 채권자(저당권자) 명의로 작성한다.

ⓑ 공장저당법에서 말하는 '공장'은 영업을 하기 위해 물품의 제조·가공, 인쇄, 촬영, 방송 또는 전기나 가스의 공급 목적에 사용하는 장소를 말한다(공장저당법 제2조 제1호).

4. 등기실행에 관한 특칙(등기예규 제1475호)

① 공장저당권의 등기를 할 때에는 공장저당법 제6조 목록의 제공이 있다는 뜻을 기록한다. 목록에 기록한 사항이 변경되었을 때에는 소유자는 공장저당목록의 변경등기를 신청하여야 한다(공장저당법 제6조 제2항, 제42조 제1항).

② 목록 변경등기의 신청
- ㉠ 이러한 신청은 실질은 저당권의 목적을 변경하는 변경등기의 신청이지만, 실무에서는 그 목록을 추가 또는 분리하는 조치를 취할 뿐 등기기록에는 별도의 기입을 하지 않는다.
- ㉡ 종전 목록에 새로운 기계·기구를 추가하는 경우에는 신청인은 새로 추가된 목록에 관한 정보만을 제공하여야 한다.
- ㉢ 종전 목록에 기록한 기계·기구의 일부가 멸실되거나 또는 기계·기구에 관하여 저당권이 일부 소멸한 경우에는 멸실 또는 분리된 목록에 관한 정보만을 제공하여야 한다.
- ㉣ 기계·기구의 일부 멸실 또는 분리에 의한 변경등기신청의 경우에는 저당권자의 동의가 있음을 증명하는 정보(인감증명정보 첨부) 또는 이에 대항할 수 있는 재판이 있음을 증명하는 정보를 제공하여야 한다(공장 및 광업재단 저당등기 규칙 제29조 제1항).

③ 목록의 변경등기
- ㉠ 등기관은 종전 목록에 새로운 목록추가의 신청이 있는 경우 변경내역표에 신청정보의 접수연월일, 접수번호 및 종전 목록에 추가한다는 뜻을 기록하고, 전산정보처리조직을 이용하여 추가목록을 종전 목록에 결합한다.
- ㉡ 등기관은 종전 목록에 기계·기구의 분리 또는 일부 멸실의 신청이 있는 경우 변경내역표에 신청정보의 접수연월일, 접수번호 및 종전 목록에서 분리하거나 멸실된 뜻을 기록하고, 전산정보처리조직을 이용하여 분리 또는 멸실목록을 종전 목록에 결합한다.
- ㉢ 목록의 변경등기를 함에 있어서는 목록을 전부 폐지하고 일반저당권으로 변경등기를 하는 경우 외에는 을구 사항란에 부기에 의한 변경등기를 하지 아니한다.

④ 보통저당권과 공장저당권의 변경등기
- ㉠ 일반저당권(보통저당권)을 공장저당권으로 변경하기 위해서는 변경계약서와 목록을 제출하여 저당권변경등기를 신청하여야 한다(등기선례 제1-443호). 이때 그 등기는 부기로 하되, 원인은 "○○년 ○월 ○일 변경계약"으로 하고 공장저당법 제6조 목록의 번호를 기록한다.
- ㉡ 공장저당법 제6조 목록의 폐지에 의하여 공장저당권을 보통저당권으로도 변경할 수 있다. 이때에도 그 등기는 부기로 하되, 원인은 위에서와 같이 변경계약으로 하고 주등기에 표시된 목록을 폐지한 뜻을 기록한다.
- ㉢ 목록에 기록된 기계·기구 전부를 다른 기계·기구로 교체한 경우에는 목록 폐지로 인한 저당권변경등기를 신청하여 공장저당권을 보통저당권으로 변경하고, 새로운 기계·기구에 관해 목록 제공으로 인한 저당권변경등기를 신청하여 다시 보통저당권을 공장저당권으로 변경하여야 한다(등기선례 제5-430호).
- ㉣ 일반저당권을 공장저당권으로 하는 변경등기신청은 등기의무자와 등기권리자의 공동신청에 의하므로 등기의무자인 소유자(저당권설정자)의 등기필정보를 제공하여야 하나(등기선례 제201804-4호), 새로운 기계·기구를 추가하는 목록의 변경등기신청은 소유자의 단독신청에 의하므로 등기필정보를 제공할 필요가 없다(부동산등기법 제50조 제2항).

Ⅵ 지분의 일부에 대한 저당권설정등기(등기예규 제1356호)

1. 등기의 목적인 지분의 특정

어느 공유자의 지분 일부에 대하여 저당권(근저당권 포함) 등기를 한 후 그 공유자의 지분 일부에 대하여 권리 이전의 등기를 하거나 다시 저당권의 등기를 하는 경우 그 등기의 목적이 선순위 저당권이 설정된 부분인가 아닌가를 분명히 표시해 신청하여야 하고, 등기기록의 등기목적란에도 구체적으로 그 권리를 특정하여 기록한다.

2. 지분을 특정하지 아니한 경우의 조치

신청정보에 등기의 목적인 지분을 특정하지 아니한 경우에는 그 흠을 보정하지 않는 한 부동산등기법 제29조 제5호(신청정보의 제공이 대법원규칙으로 정한 방식에 맞지 아니한 경우)에 의하여 신청을 각하한다.

3. 지분을 특정하지 아니한 것을 간과한 경우의 조치

① 등기의 목적인 지분을 특정하지 아니한 흠을 간과하고 등기한 경우 당사자가 공동으로 경정등기를 신청할 수 있다. 이 경우 등기상 이해관계 있는 제3자가 있으면 그 승낙이 있어야 한다.

② 위 경정등기신청이 없더라도 그 등기를 직권말소할 것은 아니며, 그 후 다른 등기를 함에 있어서는 앞서 마쳐진 저당권등기의 목적이 아닌 지분을 목적으로 하는 것이라고 보고 처리한다.

③ 등기의 목적인 지분을 특정하여 기록하지 아니한 채 마쳐진 여러 저당권등기의 목적지분 합계가 저당권설정자의 전체 지분을 초과하는 경우 앞서 설정된 저당권이 하나뿐인 때에는 초과 부분은 앞서 설정된 저당권의 후순위 저당권으로 볼 여지가 있으므로 그대로 두고 처리하되, 앞서 설정된 저당권이 2개 이상인 때에는 초과 부분이 앞서 설정된 저당권 중 어느 것의 후순위인지 등기기록상 판별할 수 없으므로 그 초과 부분의 저당권등기는 부동산등기법 제58조와 제29조 제2호(사건이 등기할 것이 아닌 경우)에 의하여 등기관이 직권으로 말소한다(일부 말소의 경우는 일부 말소 의미의 경정).

Ⅶ 근저당권에 관한 등기(등기예규 제1656호)

1. 근저당권설정등기

① 의의 : 계속적인 거래관계로부터 발생하는 다수의 불특정 채권을 장래의 결산기에 일정 한도(채권최고액)까지 담보하려는 저당권을 근저당권이라고 한다.

② 보통저당권과의 차이점

　㉠ 보통저당권의 피담보채권은 특정채권이지만, 근저당권의 피담보채권은 불특정채권이다.

　㉡ 근저당권은 저당권 소멸과 관련하여 피담보채권에 대한 부종성이 없다는 점에서 보통저당권과 다르다. 따라서 결산기에 이르기까지 중간에 개별채무가 일시적으로 전부 소멸되는 경우에도 근저당권이 소멸하지 않는다.

　㉢ 근저당권은 채권최고액을 정하여야 한다.

③ 등기사항

　㉠ 근저당권설정등기를 할 때에는 근저당권인 뜻과 채권의 최고액, 채무자의 성명(명칭)과 주소(사무소 소재지)를 등기한다. 등기원인에 저당 부동산에 부합된 물건과 종물에 대하여 근저당의 효력이 미치지 아니한다는 「민법」 제358조 단서의 약정과 존속기간의 약정이 있는 때에는 그 사항도 신청정보의 내용으로 하여야 한다(부동산등기법 제75조 제2항).

　㉡ 근저당권은 계속적인 거래관계로부터 발생하는 다수의 불특정 채권을 장래의 결산기에 채권최고액까지 담보하므로 각 근저당권자의 지분을 등기부에 기록할 수 없다(등기선례 제8-251호). 왜냐하면 피담보채권이 확정되기 전까지는 각 근저당권자별로 채권액이 유동적이어서 저장권에서와 같은 지분개념을 상정할 수 없기 때문이다.

④ 채권최고액과 채무자의 등기방법 등

　㉠ 근저당설정등기를 함에 있어 그 근저당권의 채권자 또는 채무자가 수인일지라도 채권최고액은 반드시 단일하게 기록하여야 하고, 채권자 또는 채무자가 수인일지라도 각 채권자·채무자별로 채권액을 구분(예 채권최고액 채무자 갑에 대하여 1억원, 채무자 을에 대하여 2억원 또는 채권최고액 3억원 최고액의 내역 채무자 갑에 대하여 1억원, 채무자 을에 대하여 2억원 등)하여 기록할 수는 없다. 등록면허세액이나 국민주택채권 매입액은 채권최고액을 기준으로 한다.

　㉡ 두 사람 이상을 공동채권자로 하는 하나의 근저당권설정계약을 체결한 경우라도 각 채권자별로 채권최고액을 구분하여 등기하거나 채권자들을 각각 근저당권자로 하는 2개의 동순위 근저당권설정등기를 신청할 수 없다(등기선례 제7-274호).

　㉢ 수인의 채무자가 연대채무자라 하더라도 등기기록에는 단순히 '채무자'로 기록한다.

　㉣ "어음할인, 대부, 보증, 그 밖의 원인에 의하여 부담하는 일체의 채무"를 피담보채무로 하는 내용의 설정계약에 따른 근저당권설정등기도 가능하다.

⑤ 근저당권 분할로 인한 근저당권변경등기 가부

　㉠ 동일한 피담보채권을 담보하기 위하여 수 개의 부동산에 공동근저당권을 설정한 경우에 공동근저당권의 채권최고액을 각 부동산별로 분할하여 각 별개의 근저당권등기가 되도록 함으로써 각 부동산 사이의 공동담보관계를 해소하는 내용의 근저당권변경등기는 현행 등기법제상 인정되지 아니하는 바, 구분건물 100세대를 공동담보로 하여 설정된 근저당권의 채권최고액 5,200,000,000원을 각 구분건물별로 52,000,000원으로 분할하여 별개의 근저당권등기가 되도록 하는 내용의 근저당권변경등기를 신청할 수는 없다(등기선례 제8-253호).

　㉡ 다만, 민간임대주택법 제49조 제3항 제1호에 따른 국민주택기금 융자금을 담보하는 근저당권설정등기의 경우 공동담보를 해제하고 채권최고액을 세대별로 감액하는 근저당권변경등기를 할 수 있다. 법률에서 특별규정을 두었기 때문이다. 이 경우 전세권자, 전세권부근저당권자 및 전세권부채권가압류권자는 등기상 이해관계 있는 제3자에 해당되므로 그 승낙 또는 이에 대항할 수 있는 재판의 증명정보를 제공하여야 한다(등기선례 제8-72호).

2. 근저당권이전등기

① 근저당권의 피담보채권이 확정되기 전

    ㉠ 근저당권의 피담보채권이 확정되기 전에 근저당권의 기초가 되는 기본계약상의 채권자 지위가 제3자에게 전부 또는 일부 양도된 경우 양도인 및 양수인은 "계약양도"(채권자 지위가 전부 양도된 경우), "계약의 일부 양도"(채권자 지위가 일부 양도된 경우) 또는 "계약가입"(양수인이 기본계약에 가입하여 추가로 채권자가 된 경우)을 등기원인으로 하여 근저당권이전등기를 신청할 수 있다.

    ㉡ 저당권설정자가 물상보증인이거나 소유자가 제3취득자인 경우에도 그 승낙 정보를 제공할 필요가 없다(대판 1994.9.27. 94다23975 참조).

    ㉢ 피담보채권 확정 전에는 그 피담보채권의 양도나 대위변제로 인한 근저당권이전등기는 할 수 없다. 왜냐하면 근저당권은 그 확정시까지 증감·변동되는 개개의 채권을 담보하기보다는 결산기에 잔존하는 채권을 일정한 한도액에서 담보하므로 피담보채권의 확정 전에는 개별 채권이 양도 또는 대위변제 되더라고 근저당권은 이전하지 않기 때문이다.

    ㉣ 다만, 상속·회사합병 등 포괄승계를 원인으로 한 근저당권이전등기는 가능하다.

② 근저당권의 피담보채권이 확정된 후

    ㉠ 근저당권의 피담보채권이 확정된 후 피담보채권이 양도 또는 대위변제된 경우 근저당권자 및 채권양수인 또는 대위변제자는 채권양도에 의한 저당권이전등기에 준하여 근저당권이전등기를 신청할 수 있다. 이 경우 등기원인은 "확정채권 양도" 또는 "확정채권 대위변제" 등으로 한다.

    ㉡ 근저당권설정자가 물상보증인이거나 소유자가 제3취득자인 경우에도 그 승낙 정보를 제공할 필요가 없다.

    ㉢ 하나의 근저당권을 여럿이 준공유하는 경우 근저당권자 중 1인이 확정채권의 전부 또는 일부 양도를 원인으로 근저당권이전등기를 신청하는 경우 피담보채권이 확정되었음을 증명하는 정보 또는 나머지 근저당권자 전원의 동의가 있음을 증명하는 서면(동의서와 인감증명서)을 첨부하여야 한다(등기선례 제201211-3호).

3. 채무자변경으로 인한 근저당권변경등기

① 신청인

    ㉠ 근저당권의 확정 전후를 불문하고 채무자변경을 원인으로 한 근저당권변경등기는 근저당권자가 등기권리자, 근저당권설정자 또는 제3취득자가 등기의무자로서 공동으로 신청하여야 한다. 이러한 채무자변경으로 인한 근저당권변경등기와 같이 그 등기로 인하여 불이익을 받는 자가 누구인지 분명하지 않은 때에는 변경전 등기의 설정자(소유자)를 등기의무자로 보는 것이 등기실무이다.

    ㉡ 이 경우 등기의무자의 권리에 관한 등기필증으로는 등기의무자가 소유권 취득 당시 등기소로부터 교부받은 등기필증을 첨부하면 족하다(등기선례 제2-61호).

    ㉢ 채무자는 등기신청권이 없고 채무자의 동의를 얻어야 하는 것도 아니다.

② 근저당권의 피담보채권이 확정되기 전 : 근저당권의 피담보채권이 확정되기 전에 기본계약상 채무자 지위의 전부 또는 일부를 제3자가 계약에 의하여 인수한 경우 근저당권설정자(등기의무자) 및 근저당권자(등기권리자)는 "계약인수"(기본계약을 전부 인수한 경우), "계약의 일부 인수"(수개의 기본계약 중 일부를 인수한 경우), "중첩적 계약인수"(기본계약상의 채무자 지위를 중첩적으로 인수한 경우)를 등기원인으로 하여 채무자변경을 내용으로 하는 근저당권변경등기를 신청할 수 있다.

③ 근저당의 피담보채권이 확정된 후
　　㉠ 근저당권의 피담보채권이 확정된 후에 제3자가 피담보채무를 면책적 또는 중첩적으로 인수한 경우 채무인수로 인한 저당권변경등기에 준하여 채무자 변경의 근저당권변경등기를 신청할 수 있다.
　　㉡ 이 경우 등기원인은 "확정채무의 면책적 인수" 또는 "확정채무의 중첩적 인수" 등으로 기록한다.
④ **채무자의 사망** : 근저당권의 채무자가 사망하고 그 공동상속인 중 1인만이 채무자가 되려는 경우에 근저당권자와 근저당권설정자 또는 소유자(담보목적물의 상속인, 제3취득자 등)는 근저당권변경계약정보를 첨부정보로서 제공하여 "계약인수" 또는 "확정채무의 면책적 인수"를 등기원인으로 하는 채무자변경의 근저당권변경등기를 공동으로 신청할 수 있다.

4. 금융산업구조개선법에 의한 금융위원회의 계약이전 결정에 따른 이전(등기예규 제1365호)

① **의의** : 금융산업구조개선법 제14조에 의한 금융위원회의 계약이전결정에 따라 일부 부실금융기관이 퇴출되고 이들 부실금융기관이 가지고 있는 계약을 우량금융기관 및 한국자산관리 공사가 인수하게 됨에 따라 부실금융기관 명의의 근저당권에 대하여 인수금융기관 명의로 이전등기를 할 수 있다.
② **등기의 신청**
　　㉠ 금융감독위원회의 계약이전결정에 따라 부실금융기관 명의의 근저당권을 인수금융기관 명의로 하기 위해서는 인수금융기관과 부실금융기관(관리인이 대표)이 공동으로 근저당권이전등기를 신청하여야 한다.
　　㉡ 이 경우 이전 대상이 된 근저당권의 수개의 기본계약 중 계약이전결정에 따라 이전되는 기본계약과 부실금융기관과 인수금융기관의 계약에 의하여 이전되는 기본계약이 병존하는 경우에는 계약이전결정을 원인으로 한 근저당권일부이전등기와 계약의 일부양도를 원인으로 한 근저당권일부이전등기를 각각 별건으로 신청하여야 한다.
③ **등기원인 및 그 연월일** : 등기원인은 "계약이전결정"으로, 그 연월일은 "공고된 날(다만, 1998.9.14. 개정 전의 법률에 의한 경우에는 계약이전결정일)"을 기록한다. 공고된 날 인수금융기관이 부실금융기관을 승계한 것으로 보기 때문이다(금융산업구조개선법 제14조의2 제1항).
④ **등기원인증명정보 등** : 등기원인을 증명하는 정보로는 금융감독위원회의 계약이전결정서 원본 또는 사본(인수금융기관의 인증이 있을 것), 이전등기의 대상이 된 근저당권(목적물, 접수연월일, 접수번호, 순위번호 등의 특정 필요)이 기록된 세부명세서 초본(금융감독원장 발행. 그러한 세부명세서가 작성되어 있지 아니한 경우에는 이전 대상인 근저당권을 특정하는 내용의 부실금융기관과 인수금융기관이 작성한 근저당권이전증서도 가능), 계약이전결정의 요지 및 계약이전사실의 공고를 증명하는 서면을 제공하여야 하며, 그 밖에 공동신청이기 때문에 등기의무자의 등기필정보를 제공하여야 한다(다만, 1998.9.14. 개정 전의 법률에 의한 경우에는 계약이전결정의 요지 및 계약이전사실의 공고사실을 증명하는 서면을 제공할 필요가 없음).

Ⅰ 개 관

저당권으로 담보한 채권을 질권 또는 채권담보권(이하 "질권 등"이라 한다)의 목적으로 한 때에는 저당권등기에 질권 등의 부기등기를 하여야 질권 등의 효력이 저당권에도 미친다(민법 제348조, 동산채권담보법 제37조). 근저당권에 의하여 담보되는 채권을 질권 등의 목적으로 하는 경우에도 근저당권부 질권 또는 근저당권부 채권담보권의 부기등기를 신청할 수 있는데, 근저당권이 확정되기 전에도 마찬가지이다(등기선례 제7-278호).

Ⅱ 등기절차

1. 신청인

권리(근)질권자 또는 채권담보권자(이하 "질권자 등"이라 한다)가 등기권리자, (근)저당권자가 등기의무자로서 공동으로 신청한다.

2. 신청정보의 내용

① 일반적인 신청정보 외에 질권 등의 목적인 채권을 담보하는 저당권의 표시, 채권액 또는 채권최고액, 채무자의 성명 또는 명칭과 주소 또는 사무소 소재지, 변제기와 이자의 약정이 있는 경우는 그 내용을 신청정보의 내용으로 등기소에 제공하여야 한다.

② 등기원인일자로는 채권질권 등 계약의 성립일(채권증서가 있는 때에는 인도일, 없는 때에는 계약일)을 표시하여야 한다.

③ 부동산등기법은 저당권부채권에 대한 질권의 등기사항으로서 채권최고액을 규정하고 있으므로 저당권부채권에 대한 근질권도 등기할 수 있다.

3. 등기실행

권리질권 또는 채권담보권의 목적이 된 (근)저당권등기에 부기등기로 한다.

Ⅲ 질권 등의 이전등기 등

1. 질권 등의 이전등기

질권자 등이 피담보채권을 제3자에게 양도한 경우에는 질권 등의 이전등기를 신청할 수 있다.

2. 질권 등의 변경등기

근저당권부 채권에 대하여 질권 등이 설정된 경우에 근저당권을 변경하는 등기를 함에 있어 질권자 등은 등기상 이해관계 있는 제3자가 된다. 그러므로 질권자 등의 승낙 없이 근저당권의 채권최고액을 감액하는 근저당권변경등기는 할 수 없다(등기선례 제201105-1호).

CHAPTER

05 담보권에 관한 등기

│ 제1절 │ 저당권에 관한 등기

01 근저당권등기에 관한 다음 설명 중 가장 옳지 않은 것은?   2021년

① 공동근저당권이 설정된 후에 비록 등기상 이해관계인이 없다고 하더라도 위 공동근저당권의 채권최고액을 각 부동산별로 분할하여 각 별개의 근저당권등기가 되도록 하는 내용의 근저당권변경등기를 신청할 수는 없다.

② 근저당설정등기를 함에 있어 그 근저당권의 채권자 또는 채무자가 수인인 경우, 각 채권자 또는 채무자별로 채권최고액을 구분하여(剛 채권최고액 채무자 甲에 대하여 1억원, 채무자 乙에 대하여 2억원) 기록할 수 있다.

③ 채무자가 수인인 경우 그 수인의 채무자가 연대채무자라 하더라도 등기기록에는 단순히 "채무자"로 기록한다.

④ 동일 부동산에 대하여 甲과 乙을 공동채권자로 하는 하나의 근저당권설정계약을 체결한 경우, 각 채권자별로 채권최고액을 구분하여 등기하거나 甲과 乙을 각각 근저당권자로 하는 2개의 동순위의 근저당권설정등기를 신청할 수 없다.

⑤ 근저당권의 피담보채권이 확정된 후에 그 피담보채권이 양도 또는 대위변제된 경우에는 근저당권자 및 그 채권양수인 또는 대위변제자는 채권양도에 의한 저당권이전등기에 준하여 근저당권이전등기를 신청할 수 있다. 이 경우 등기원인은 "확정채권 양도" 또는 "확정채권 대위변제" 등으로 기록한다.

....

[❶▸○] 현행 등기법제하에서는 공동근저당권의 채권최고액을 각 부동산별로 분할하여 각 별개의 근저당권등기가 되도록 하는 내용으로 근저당권을 변경하는 제도가 없으므로, 공동근저당권이 설정된 후에 비록 등기상 이해관계인이 없다고 하더라도 위 공동근저당권의 채권최고액을 각 부동산별로 분할하여 각 별개의 근저당권등기가 되도록 하는 내용의 근저당권변경등기를 신청할 수는 없다(등기선례 제6-342호).

[❷▸×] 근저당설정등기를 함에 있어 그 근저당권의 채권자 또는 채무자가 수인일지라도 <u>단일한 채권최고액만을 기록하여야 하고</u>, 각 채권자 또는 채무자별로 채권최고액을 구분하여(剛 '채권최고액 채무자 갑에 대하여 1억원, 채무자 을에 대하여 2억원', 또는 '채권최고액 3억원 최고액의 내역 채무자 갑에 대하여 1억원, 채무자 을에 대하여 2억원' 등) <u>기록할 수 없다</u>(등기예규 제1656호 제2조 제1항).

[❸ ▸ ○] 채무자가 수인인 경우 그 수인의 채무자가 연대채무자라 하더라도 등기기록에는 단순히 "채무자"로 기록한다(등기예규 제1656호 제2조 제3항).

[❹ ▸ ○] 동일 부동산에 대하여 갑과 을을 공동채권자로 하는 하나의 근저당권설정계약을 체결한 경우, 각 채권자별로 채권최고액을 구분하여 등기하거나 갑과 을을 각각 근저당권자로 하는 2개의 동순위의 근저당권설정등기를 신청할 수 없다(등기선례 제7-274호).

[❺ ▸ ○] 근저당권의 피담보채권이 확정된 후에 그 피담보채권이 양도 또는 대위변제된 경우에는 근저당권자 및 그 채권양수인 또는 대위변제자는 채권양도에 의한 저당권이전등기에 준하여 근저당권이전등기를 신청할 수 있다. 이 경우 등기원인은 "확정채권 양도" 또는 "확정채권 대위변제" 등으로 기록한다(등기예규 제1656호 제3조 제2항 제1호).

답 ❷

02
☐☐☐

(근)저당권에 관한 등기에 대한 다음 설명 중 가장 옳지 않은 것은?　　2022년

① "어음할인, 대부, 보증 기타의 원인에 의하여 부담되는 일체의 채무"를 피담보채무로 하는 내용의 근저당권설정계약을 원인으로 한 근저당권설정등기도 신청할 수 있다.
② 하나의 근저당권을 여럿이 준공유하는 경우에 근저당권자 중 1인이 확정채권의 전부 또는 일부 양도를 원인으로 근저당권이전등기를 하는 경우에는 근저당권의 피담보채권이 확정되었음을 증명하는 서면 또는 나머지 근저당권자 전원의 동의가 있음을 증명하는 서면(동의서와 인감증명서)을 첨부하여야 한다.
③ 근저당권의 확정 후에 피담보채권과 함께 복수의 양수인에게 근저당권을 이전하는 경우에는 각 양수인별로 양도액을 특정하여 신청하여야 한다.
④ 채권최고액을 감액하는 경우에는 근저당권설정자가 등기권리자가 되고 근저당권자가 등기의무자가 되어 공동으로 근저당권변경등기를 신청하여야 한다.
⑤ 동일 부동산에 대한 소유권이전청구권 보전의 가등기상의 권리자와 근저당권자가 동일인이었다가 그 가등기에 기한 소유권이전의 본등기가 경료됨으로써 소유권과 근저당권이 동일인에게 귀속된 경우와 같이 근저당권이 혼동으로 소멸한 경우에는 그 근저당권설정등기가 말소되지 아니한 채 제3자 앞으로 다시 소유권이전등기가 경료된 경우라도 현 소유자가 단독으로 말소등기를 신청할 수 있다.

....

[❶ ▸ ○] '어음할인, 대부, 보증 기타의 원인에 의하여 부담되는 일체의 채무'를 피담보채무로 하는 내용의 근저당권설정계약을 원인으로 한 근저당권설정등기도 신청할 수 있다(등기예규 제1656호 제2조 제4항).

[❷ ▸ ○] [❸ ▸ ○] 하나의 근저당권을 여럿이 준공유하는 경우에 근저당권자 중 1인이 확정채권의 전부 또는 일부 양도를 원인으로 근저당권이전등기를 하는 경우에는 근저당권의 피담보채권이 확정되었음을 증명하는 서면 또는 나머지 근저당권자 전원의 동의가 있음을 증명하는 서면(동의서와 인감증명서)을 첨부하여야 한다. 또한 근저당권의 확정 후에 피담보채권과 함께 복수의 양수인에게 이전하는 경우에는 각 양수인별로 양도액을 특정하여 신청하여야 한다(등기선례 제201211-3호).

[❹ ▸ O] 근저당권의 변경등기도 일반적인 경우와 같이 근저당권자와 근저당권설정자가 공동으로 신청하여야 한다. 근저당권자가 여러 명인 경우에는 전원이 신청하여야 한다. 채권최고액을 변경하는 근저당권변경등기는 증액의 경우에는 근저당권설정자가 등기의무자, 근저당권자가 등기권리자가 된다. 감액의 경우에는 반대이다.

[❺ ▸ ✗] 동일 부동산에 대한 소유권이전청구권 보전의 가등기상의 권리자와 근저당권자가 동일인이 었다가 그 가등기에 기한 소유권이전의 본등기가 경료됨으로써 소유권과 근저당권이 동일인에게 귀속된 경우와 같이 혼동으로 근저당권이 소멸(그 근저당권이 제3자의 권리의 목적이 된 경우 제외)하는 경우에 는 등기명의인이 근저당권말소등기를 단독으로 신청한다. 다만, 그 근저당권설정등기가 말소되지 아니 한 채 제3자 앞으로 다시 소유권이전등기가 경료된 경우에는 현 소유자와 근저당권자가 공동으로 말소등 기를 신청하여야 한다(등기예규 제1656호 제6조 제3호).

답 ❺

03
□□□

공동(근)저당의 등기에 관한 다음 설명 중 가장 옳지 않은 것은? 2023년

① 임차권이 대지권인 경우에 임차권은 저당권의 목적으로 할 수 없는 권리이므로 건물소유권과 대지 권(토지임차권)을 공동저당의 목적으로 할 수 없다.

② 채권자는 동일한 채권의 담보로 甲 부동산에 관한 소유권과 乙 부동산에 관한 지상권에 대하여 공동근저당권설정등기를 신청할 수 있으며, 이때 甲 부동산의 소유자와 乙 부동산의 지상권자는 동일인이어야 한다.

③ 공동저당권이 설정된 후에 그 담보 부동산의 일부를 취득한 제3자가 그 취득한 일부 부동산에 대한 피담보채무만을 인수하고 그 채무인수를 원인으로 하여 채무자를 변경하기 위한 저당권변경 등기는 공동저당관계가 존속되는 한 이를 할 수 없다.

④ 집합건물의 대지에 관하여 이미 저당권이 설정되어 있는 상태에서 대지권의 등기를 하고, 그와 아울러 또는 그 후에 구분건물에 관하여 동일채권의 담보를 위한 저당권을 추가설정하려는 경우에 는, 구분건물과 대지권을 일체로 하여 그에 관한 추가저당권설정등기의 신청을 할 수 있다.

⑤ 공동저당 대위등기는 선순위저당권자가 등기의무자로 되고 대위자(차순위저당권자)가 등기권리 자로 되어 공동으로 신청하여야 하며, 이 경우 일반적인 첨부정보 외에 집행법원에서 작성한 배당 표 정보를 첨부정보로 제공하여야 한다.

- -

[❶ ▸ O] 임차권이 대지권인 경우에 임차권은 저당권의 목적으로 할 수 없는 권리이므로 건물소유권 과 대지권(토지임차권)을 공동저당의 목적으로 할 수 없고, 대지권을 제외한 건물만에 관하여 저당권이 설정되어야 하며, 이 경우 건물만의 취지의 부기등기를 하여야 한다(등기선례 제201604-1호).

[❷ ▸ ✗] 채권자는 동일한 채권의 담보로 甲 부동산에 관한 소유권과 乙 부동산에 관한 지상권에 대하여 공동근저당권설정등기를 신청할 수 있으며, 이때 甲 부동산의 소유자와 乙 부동산의 지상권자가 반드시 동일할 필요는 없다(등기선례 제201009-4호).

[**❸ ▸ ○**] 공동저당은 수개의 부동산 위에 동일한 채권을 담보하기 위한 저당권을 설정한 경우에 성립하게 되는데, 동일한 채권을 담보한다는 의미는 채권자와 채무자, 채권의 발생원인, 채권액 등이 동일한 것을 의미하고, 또한 공동저당을 이루는 각 부동산에 대한 복수의 저당권은 그 불가분성에 의하여 서로 연대관계를 형성하고 있기 때문에, 공동저당권이 설정된 후에 그 담보 부동산의 일부를 취득한 제3자가 그 취득한 일부 부동산에 대한 피담보채무만을 인수하고 그 채무인수를 원인으로 하여 채무자를 변경하기 위한 저당권변경등기는 공동저당관계가 존속되는 한 이를 할 수 없다(등기선례 제5-450호).

[**❹ ▸ ○**] 대지에 관하여 이미 저당권이 설정되어 있는 상태에서 대지권의 등기를 하고, 그와 아울러 또는 그 후에 구분건물에 관하여 동일채권의 담보를 위한 저당권을 추가설정하려는 경우에는, 구분건물과 대지권을 일체로 하여 그에 관한 추가저당권설정등기의 신청을 할 수 있다(등기예규 제1470호 4. 나. (1)].

[**❺ ▸ ○**] 등기예규 제1407호 제2조, 제4조

> **등기예규 제1407호[공동저당 대위등기에 관한 업무처리지침]**
>
> **제2조(신청인)**
> 공동저당 대위등기는 선순위저당권자가 등기의무자로 되고 대위자(차순위저당권자)가 등기권리자로 되어 공동으로 신청하여야 한다.
>
> **제4조(첨부정보)**
> 공동저당의 대위등기를 신청하는 경우에는 규칙 제46조에서 정한 일반적인 첨부정보 외에 집행법원에서 작성한 배당표 정보를 첨부정보로서 등기소에 제공하여야 한다.

답 **❷**

04
□□□

공장저당의 등기에 관한 다음 설명 중 가장 옳지 않은 것은?　　2023년

① 토지 또는 건물과 기계·기구의 소유자가 동일하지 않은 경우에 공장 및 광업재단 저당법에 따른 공장저당의 목적으로 하기 위해서는 그 목적물인 그 기계·기구의 소유자의 동의서를 첨부하여야 한다.
② 기계·기구의 목록은 등기부의 일부로 보고 그 기록된 내용은 등기된 것으로 본다.
③ 공장저당의 등기를 신청할 때에는 토지 또는 건물이 공장 및 광업재단 저당법의 공장에 속하는 것임을 증명하는 채권자 명의의 정보를 첨부정보로 제공하여야 한다.
④ 기계·기구의 일부 멸실 또는 분리에 의한 변경신청의 경우에는 저당권자의 동의가 있음을 증명하는 정보 또는 이에 대항할 수 있는 재판이 있음을 증명하는 정보를 제공하여야 한다.
⑤ 공장저당권의 목적으로 제공된 기계·기구를 전부 새로운 기계·기구로 교체하는 경우에는 목록폐지로 인한 저당권변경등기를 신청하여 공장저당권을 보통저당권으로 변경하고, 새로운 기계·기구에 관해 목록 제출로 인한 저당권변경등기신청을 하여 다시 보통저당권을 공장저당권으로 변경하는 절차를 거쳐야 한다.

[**❶ ▸ ×**] 공장저당법에 의하여 공장에 속하는 토지나 건물에 대한 저당권설정등기를 할 경우 그 토지나 건물에 설치한 기계, 기구 기타의 공장 공용물의 소유자는 그것이 설치된 토지 또는 건물의 소유자와 동일하여야 한다(등기선례 제2-376호). 따라서 소유자가 다른 경우에는 소유자의 동의서가 있더라도 공장저당권설정등기를 할 수 없다.

[**❷ ▸ ○**] 공장 및 광업재단 저당법 제6조 제1항·제2항, 제36조

공장 및 광업재단 저당법 제6조(저당권 목적물의 목록)
① 공장에 속하는 토지나 건물에 대한 저당권설정등기를 신청하려면 그 토지나 건물에 설치된 기계, 기구, 그 밖의 공장의 공용물로서 제3조 및 제4조에 따라 저당권의 목적이 되는 것의 목록을 제출하여야 한다.
② 제1항의 목록에 관하여는 제36조, 제42조 및 제43조를 준용한다.

공장 및 광업재단 저당법 제36조(공장재단 목록의 효력)
공장재단의 소유권보존등기가 있는 경우 공장재단 목록은 등기부의 일부로 보고 기록된 내용은 등기된 것으로 본다.

[**❸ ▸ ○**] 신청서에는 토지 또는 건물이 공장 및 광업재단 저당법 제2조의 공장에 속한 것임을 증명하는 정보를 첨부하여야 하는데(등기예규 제1475호 제2조 1.), 실무상 채권자인 저당권자가 작성한 공장증명서를 제출한다.

등기예규 제1475호[공장저당목록의 제출, 변경 및 보존 등에 관한 등기사무처리지침]
제2조(공장저당등기의 신청)
공장에 속하는 토지나 건물에 설치된 기계, 기구, 그 밖의 공장의 공용물(이하 "기계·기구"라 한다)에 효력을 미치게 하기 위해 그 토지나 건물에 대한 저당권설정등기를 신청하는 경우에는 부동산등기규칙 제46조의 일반적인 첨부정보 이외에 다음 각 호의 첨부정보를 제공하여야 한다.
　　1. 토지나 건물이 법 제2조의 공장에 속한 것임을 증명하는 정보
　　2. 법 제6조의 규정에 의한 공장소유자의 기계·기구 목록(이하 "목록"이라 한다)

[**❹ ▸ ○**] 기계·기구의 일부멸실 또는 분리에 의한 변경등기신청의 경우에는 저당권자의 동의가 있음을 증명하는 정보(인감증명정보 첨부) 또는 이에 대항할 수 있는 재판이 있음을 증명하는 정보를 제공하여야 한다(등기예규 제1475호 제3조 제3항).

[**❺ ▸ ○**] 공장저당법 제7조의 규정에 의한 목록에 기재된 기계·기구 전부를 새로이 다른 기계·기구로 교체한 경우에는, 종전 목록에 관하여는 공장저당법 제7조 목록폐지로 인한 저당권변경등기를 신청하여 공장저당법에 의한 저당권을 보통저당권으로 변경하고, 새로운 기계·기구에 관하여는 공장저당법 제7조 목록 제출로 인한 저당권변경등기신청을 하여 다시 그 보통저당권을 공장저당법에 의한 저당권으로 변경하여야 할 것이다(등기선례 제5-430호).

답 ❶

권리질권 및 채권담보권에 관한 등기(등기예규 제1741-1호)

05 ☐☐☐ 근저당권부 채권에 대한 질권의 등기에 관한 다음 설명 중 가장 옳지 않은 것은? 2021년

① 근저당권부 채권에 대한 질권의 등기는 근저당권등기에 부기등기로 한다.
② 근저당권부 채권에 대한 질권의 등기는 근저당권자가 등기의무자가 되고 질권자가 등기권리자가 되어 공동으로 신청함이 원칙이다.
③ 근저당권부 채권에 대한 질권의 등기를 신청하는 경우 국민주택채권을 매입하여야 한다.
④ 채권액 또는 채권최고액은 근저당권부 채권에 대한 질권의 등기사항 중 하나이다.
⑤ 근저당권부 채권의 질권자가 해당 질권을 제3자에게 전질한 경우 질권의 이전등기를 할 수 있다.

....

[❶ ▶ ○] 권리질권의 등기는 저당권등기에 부기등기로 한다(부동산등기법 제52조 제3호).

> **부동산등기법 제52조(부기로 하는 등기)**
> 등기관이 다음 각 호의 등기를 할 때에는 부기로 하여야 한다. 다만, 제5호의 등기는 등기상 이해관계 있는 제3자의 승낙이 없는 경우에는 그러하지 아니하다.
> 　3. 소유권 외의 권리를 목적으로 하는 권리에 관한 등기

[❷ ▶ ○] 근저당권부 채권질권의 부기등기는 근저당권자가 등기의무자가 되고 질권자가 등기권리자가 되어 공동으로 신청한다.

> **부동산등기법 제23조(등기신청인)**
> ① 등기는 법률에 다른 규정이 없는 경우에는 등기권리자와 등기의무자가 공동으로 신청한다.

[❸ ▶ ×] 국민주택채권은 부동산등기 중 소유권의 보존 및 이전·저당권의 설정 및 이전의 경우에만 매입하도록 규정하고 있으므로(주택도시기금법 시행령 제8조 제2항, [별표] 제1호, [부표] 제15호 참조), 근저당권부 질권의 부기등기를 신청하는 경우에는 국민주택채권매입의무가 없다(등기선례 제6-348호).

[❹ ▶ ○] 부동산등기법 제76조 제1항 제1호

> **부동산등기법 제76조(저당권부 채권에 대한 질권 등의 등기사항)**
> ① 등기관이 민법 제348조에 따라 저당권부 채권에 대한 질권의 등기를 할 때에는 제48조에서 규정한 사항 외에 다음 각 호의 사항을 기록하여야 한다.
> 　1. 채권액 또는 채권최고액
> 　2. 채무자의 성명 또는 명칭과 주소 또는 사무소소재지
> 　3. 변제기와 이자의 약정이 있는 경우에는 그 내용

[❺ ▶ ○] 근저당권부 채권의 질권자가 해당 질권을 제3자에게 전질한 경우 부동산등기법 제2조에 의하여 질권의 이전등기를 할 수 있다(등기선례 제201105-1호).

답 ❸

CHAPTER 06 신탁에 관한 등기

제1절 총 설

I 신탁의 의의

신탁법상 신탁이란 위탁자와 수탁자 간의 신임관계에 기하여 위탁자가 수탁자에게 특정의 재산을 이전하거나 담보권의 설정 또는 그 밖의 처분을 하고 수탁자로 하여금 수익자의 이익 또는 특정의 목적을 위하여 그 재산의 관리, 처분, 운용, 개발, 그 밖에 신탁 목적의 달성을 위하여 필요한 행위를 하게 하는 법률관계를 말한다(신탁법 제2조). 재산권이전 외의 방식에 의한 신탁도 허용하고 있으므로 권리이전등기 외에 신탁을 원인으로 한 권리의 설정등기도 가능하다(부동산등기법 제82조 제1항).

II 신탁의 설정방법 및 수탁자

1. 신탁의 설정방법

① 신탁은 위탁자와 수탁자 간의 계약이나 위탁자의 유언 또는 위탁자의 선언에 의하여 설정된다(신탁법 제3조 제1항).
② 위탁자의 선언에 의한 신탁이란 위탁자가 신탁의 목적, 신탁재산, 수익자 등을 특정하고 자신을 수탁자로 정한 선언을 말한다(신탁법 제3조 제1항 제3호). 이 위탁자의 선언에 따른 신탁의 설정에 의해 위탁자도 수탁자가 될 수 있다.
③ 수탁자는 신탁행위로 달리 정한 바가 없으면 신탁 목적의 달성을 위하여 필요한 경우에는 수익자의 동의를 받아 다시 신탁을 설정하는 것도 가능하다(신탁법 제3조 제5항).

2. 수탁자의 자격

① 수탁자라 함은 위탁자로부터 재산권의 이전, 담보권의 설정 또는 그 밖의 처분을 받아 특정한 신탁목적에 따라 신탁재산의 관리·처분 등을 하는 자를 말한다.
② 미성년자, 금치산자(피성년후견인), 한정치산자(피한정후견인) 및 파산선고를 받은 자는 수탁자가 될 수 없으므로(신탁법 제11조), 수탁자는 행위능력자이어야 한다. 따라서 제한능력자와 파산선고를 받은 자는 법정대리인이나 파산관재인의 동의가 있어도 수탁자가 될 수 없다.
③ 법인은 그 목적 범위 내에서 수탁자가 될 수 있다. 권리능력 없는 사단이나 재단도 단체의 실체를 갖추어 등기당사자능력이 인정되는 경우에는 수탁자가 될 수 있다(등기선례 제2-586호, 제4-607호).

④ 자본시장법 제12조에 따르면 신탁을 영업으로 하려는 경우에는 금융위원회로부터 인가를 받아야 하므로, 영리회사를 수탁자로 하는 신탁등기를 신청하는 경우에는 그 회사가 신탁업 인가를 받았음을 소명하여야 한다. 신탁업 인가를 받지 아니한 영리회사를 수탁자로 하는 신탁등기의 신청은 수리할 수 없다(등기예규 제1726호).

⑤ 건설회사가 아파트를 건설하면서 업무편의상 사업부지에 대하여 신탁을 받는 행위는 건설사업을 영위하면서 계속·반복적으로 신탁을 받을 의사를 가지고 하는 것이므로 부지 소유자들로부터 신탁에 따른 대가를 받지 않았더라도 신탁업을 하는 경우에 해당한다. 따라서 건설회사가 신탁업 인가를 받지 않은 이상 그 건설회사를 수탁자로 하는 신탁등기를 신청할 수 없다(등기선례 제5-610호).

제2절 │ 신탁설정의 등기(등기예규 제1726호)

I 신탁등기

1. 신청인

① 신탁재산에 속하는 부동산의 신탁등기는 수탁자가 단독으로 신청한다(부동산등기법 제23조 제7항).

② 수탁자가 「신탁법」 제3조 제5항에 따라 타인에게 신탁재산에 대하여 신탁을 설정하는 경우에는 해당 신탁재산에 속하는 부동산의 신탁등기는 새로운 신탁의 수탁자가 단독으로 신청한다.

③ 수익자나 위탁자는 수탁자를 대위하여 신탁등기를 단독으로 신청할 수 있다.

2. 신청방법

① 신탁등기의 신청은 해당 신탁으로 인한 권리의 이전 또는 보존이나 설정등기의 신청과 함께 1건의 신청정보로 일괄하여 하여야 한다(부동산등기법 제82조 제1항, 부동산등기규칙 제139조 제1항). 다만 수익자나 위탁자가 수탁자를 대위하여 신탁등기를 신청하는 경우에는 권리의 이전등기 등의 신청과 동시에 하여야 하는 것은 아니다(부동산등기법 제82조 제2항).

② 신탁행위에 의한 신탁등기

  ㉠ 신탁행위에 의하여 소유권을 이전하는 경우에는 신탁등기의 신청은 신탁을 원인으로 하는 소유권이전등기의 신청과 함께 1건의 신청정보로 일괄하여 하여야 한다.

  ㉡ 등기원인이 신탁임에도 신탁등기만을 신청하거나 소유권이전등기만을 신청하는 경우에는 부동산등기법 제29조 제5호에 의하여 신청을 각하하여야 한다.

  ㉢ 등기의 목적은 "소유권이전 및 신탁", 등기원인과 그 연월일은 "○○년 ○월 ○일 신탁"으로 하여 신청정보의 내용으로 제공한다.

③ 「신탁법」 제3조 제1항 제3호의 위탁자의 선언에 의한 신탁등기

  ㉠ 「신탁법」 제3조 제1항 제1호에 따라 신탁의 목적, 신탁재산, 수익자 등을 특정하고 자신을 수탁자로 정한 위탁자의 선언에 의한 신탁의 경우에는 신탁등기와 신탁재산으로 된 뜻의 권리변경등기를 1건의 신청정보로 일괄하여 수탁자가 단독으로 신청한다.

  ㉡ 등기의 목적은 "신탁재산으로 된 뜻의 등기 및 신탁", 등기원인과 그 연월일은 "○○년 ○월 ○일 신탁"으로 하여 신청정보의 내용으로 제공한다.

④ 「신탁법」 제3조 제5항의 재신탁등기

㉠ 「신탁법」 제3조 제5항에 따라 타인에게 신탁재산에 대하여 설정하는 신탁(이하 '재신탁'이라 한다)에 의한 신탁등기는 재신탁을 원인으로 하는 소유권이전등기와 함께 1건의 신청정보로 일괄하여 신청하여야 한다.

㉡ 등기의 목적은 "소유권이전 및 신탁", 등기원인과 그 연월일은 "○○년 ○월 ○일 재신탁"으로 하여 신청정보의 내용으로 제공한다.

⑤ 「신탁법」 제27조에 따라 신탁재산에 속하게 되는 경우

㉠ 신탁재산의 관리, 처분, 운용, 개발, 멸실, 훼손, 그 밖의 사유로 수탁자가 얻은 재산은 신탁재산에 속한다(신탁법 제27조).

㉡ 「신탁법」 제27조에 따라 신탁재산에 속하게 되는 경우, 예컨대 신탁재산(금전 등)의 처분에 의하여 제3자로부터 부동산에 관한 소유권을 취득하는 경우에는 신탁등기의 신청은 해당 부동산에 관한 소유권이전등기의 신청과 함께 1건의 신청정보로 일괄하여 하여야 한다.

㉢ 등기목적은 "소유권이전 및 신탁재산처분에 의한 신탁"으로, 등기권리자란은 "등기권리자 및 수탁자"로 표시하여 신청정보의 내용으로 제공한다.

㉣ 다만 위 제3자와 공동으로 소유권이전등기만을 먼저 신청하여 수탁자 앞으로 이전등기가 이미 마쳐진 경우에는 수탁자는 그 후 단독으로 신탁등기만을 신청할 수 있고, 수익자나 위탁자도 수탁자를 대위하여 단독으로 신탁등기만을 신청할 수 있다. 이 경우 등기의 목적은 "신탁재산처분에 의한 신탁"으로 하여 신청정보의 내용으로 제공한다.

㉤ 그러나 근저당권자가 여러 명인 근저당권설정등기와 함께 근저당권자 중 1인의 지분만에 대한 신탁재산처분에 의한 신탁등기를 신청할 때에는 1건의 신청정보로 일괄하여 신청할 수 없고, 각각 별개의 신청정보로 신청하여야 한다. 등기관이 위 신청에 따른 등기를 실행할 때에는 하나의 순위번호를 사용할 수 없고, 신탁재산처분에 의한 신탁등기는 부기등기로 실행하여야 하며, 이 경우 등기의 목적은 "○번근저당권○○○지분전부신탁재산처분에 의한 신탁"으로 기록하여야 한다(등기선례 제201912-10호).

⑥ 「신탁법」 제43조에 따라 신탁재산으로 회복 또는 반환되는 경우

㉠ 수탁자가 그 의무를 위반하여 신탁재산에 손해가 생기거나 신탁재산이 변경된 경우 위탁자, 수익자 또는 다른 수탁자는 그 수탁자에게 신탁재산의 원상회복을 청구할 수 있고, 수탁자가 일정한 의무를 위반한 경우에는 신탁재산에 손해가 생기지 아니하였더라도 수탁자는 그로 인하여 수탁자나 제3자가 얻은 이득 전부를 신탁재산에 반환하여야 한다(신탁법 제43조).

㉡ 수탁자의 의무위반으로 신탁 부동산이 처분되었다가 원상회복되는 경우 또는 수탁자나 제3자가 얻은 이득 전부가 신탁재산에 반환된 경우 다시 신탁등기가 이루어져야 한다.

㉢ 원상회복 또는 반환에 따른 등기가 소유권이전등기라면 그 등기와 함께 신탁등기를 신청할 때 1건의 신청정보로 일괄하여 신청하여야 하며, 신청정보에는 등기의 목적을 "소유권이전 및 신탁재산회복(반환)으로 인한 신탁"으로 한다. 소유권이전등기가 이미 마쳐진 후 신탁등기만을 신청하는 경우에는 등기의 목적을 "신탁재산회복(반환)으로 인한 신탁"으로 하여 신청정보의 내용으로 제공한다.

⑦ 담보권신탁등기

    ⊙ 수탁자는 위탁자가 자기 또는 제3자 소유의 부동산에 채권자가 아닌 수탁자를 (근)저당권자로 하여 설정한 (근)저당권을 신탁재산으로 하고 채권자를 수익자로 지정한 담보권신탁등기를 신청할 수 있다.

    ⓛ 담보권신탁등기는 신탁을 원인으로 하는 (근)저당권설정등기와 함께 1건의 신청정보로 일괄하여 신청한다.

    ⓒ 등기의 목적은 "(근)저당권설정 및 신탁", 등기원인과 그 연월일은 "○○년 ○월 ○일 신탁"으로 하여 신청정보의 내용으로 제공한다.

    ⓔ 신탁재산에 속하는 (근)저당권에 의하여 담보되는 피담보채권이 여럿이고 각 피담보 채권별로 부동산등기법 제75조에 따른 등기사항이 다른 경우에는 그 등기사항을 각 채권별로 구분하여 신청정보의 내용으로 제공하여야 한다.

    ⓜ 신탁재산에 속하는 (근)저당권에 의하여 담보되는 피담보채권이 이전되는 경우에는 수탁자는 신탁원부 기록의 변경등기를 신청하여야 한다. 이 경우 부종성의 원칙을 전제로 하는 부동산등기법 제79(채권일부의 양도 또는 대위변제로 인한 저당권 일부이전등기의 등기사항)조는 적용되지 아니한다(부동산등기법 제87조의2 제3항). 왜냐하면 담보권신탁에서는 담보권자와 채권자가 애초 분리되어 있으므로 저당권의 부종성 원칙이 적용되지 않으므로 채권이 양도되었다고 해서 저당권이 이전되는 것은 아니기 때문이다.

⑧ 수탁자 또는 위탁자가 여러 명인 경우

    ⊙ 수탁자가 여럿인 경우 신탁재산은 그 합유로 되기 때문에(신탁법 제50조 제1항) 공동수탁자가 합유관계라는 뜻을 신청정보의 내용으로 제공하여야 한다.

    ⓛ 위탁자가 여러 명이더라도 수탁자와 신탁재산인 부동산 및 신탁목적이 동일한 경우에는 1건의 신청정보로 일괄하여 신탁등기를 신청할 수 있다.

3. 첨부정보

(1) 신탁원부 작성을 위한 정보(부동산등기법 제81조)

① 등기관이 신탁등기를 할 때에는 「부동산등기법」 제81조 제1항 각 호의 사항을 기록한 신탁원부를 작성한다. 따라서 신탁등기를 신청하는 경우에는 아래의 사항을 신탁원부 작성을 위한 정보로서 제공하여야 한다. 다만, 다음의 ⓜ, ⓑ, ⓩ 및 ㉠의 사항을 기록할 때에는 수익자의 성명 및 주소를 기록하지 아니할 수 있다.

    ⊙ 위탁자, 수탁자 및 수익자의 성명 및 주소(법인인 경우 명칭 및 사무소 소재지)

    ⓛ 수익자를 지정하거나 변경할 수 있는 권한을 갖는 자를 정한 경우에는 그 자의 성명 및 주소(법인인 경우 명칭 및 사무소 소재지)

    ⓒ 수익자를 지정하거나 변경할 방법을 정한 경우에는 그 방법

    ⓔ 수익권의 발생 또는 소멸에 관한 조건이 있는 경우에는 그 조건

    ⓜ 신탁관리인이 선임된 경우에는 신탁관리인의 성명 및 주소(법인인 경우 명칭 및 사무소 소재지)

    ⓑ 수익자가 없는 특정의 목적을 위한 신탁인 경우에는 그 뜻

ⓐ 수탁자가 타인에게 신탁을 설정하는 경우(신탁법 제3조 제5항)에는 그 뜻

ⓞ 유언대용신탁(신탁법 제59조 제1항)인 경우에는 그 뜻

ⓩ 수익자연속신탁(신탁법 제60조)인 경우에는 그 뜻

ⓒ 수익증권발행신탁(신탁법 제78조)인 경우에는 그 뜻

ⓣ 공익신탁(공익신탁법)인 경우에는 그 뜻

ⓔ 유한책임신탁(신탁법 제114조 제1항)인 경우에는 그 뜻

ⓟ 신탁의 목적

ⓗ 신탁재산의 관리, 처분, 운용, 개발, 그 밖에 신탁 목적의 달성을 위하여 필요한 방법

ⓖ 신탁종료의 사유

ⓝ 그 밖의 신탁 조항

② 이 외에도 신탁을 설정할 때에 수익자를 지정할 권한을 갖는 자를 정한 경우나 수익자를 지정할 방법을 정한 경우로서 아직 수익자가 특정되어 있지 않은 경우라면 "수익자의 성명과 주소"를 신탁원부 작성을 위한 정보로서 제공하지 아니하고 신탁등기를 신청할 수 있다(부동산등기선례 제201906-9호).

③ 여러 개의 부동산에 관하여 1건의 신청정보로 일괄하여 신탁등기를 신청하는 경우에도 각 부동산별로 신탁원부 작성을 위한 정보를 제공하여야 한다. 이 경우 부동산의 표시에 관한 사항은 신탁원부 작성을 위한 정보의 내용으로 제공할 사항이 아니다(등기선례 제201912-4호).

④ 그 정보는 방문신청이라 하더라도 전자문서로 작성하여 전산정보처리조직을 이용하여 등기소에 송신하는 방법으로 제공하여야 한다(부동산등기규칙 제139조 제4항 본문). 다만, 자연인 또는 법인 아닌 사단이나 재단이 직접 등기신청을 하는 경우나 자연인 또는 법인 아닌 사단이나 재단이 자격자대리인 아닌 사람에게 위임하여 등기신청을 하는 경우에는 서면으로 작성하여 제출할 수 있다(부동산등기규칙 제139조 제4항 단서, 제63조).

⑤ 등기관은 신탁원부 작성을 위한 정보를 전자문서로 제공한 경우 그 전자문서에 번호를 부여하고 신탁원부로 전산정보처리조직에 등록하여야 한다(부동산등기규칙 제140조 제1항). 신탁원부 작성을 위한 정보가 서면으로 제출된 경우에는 그 서면을 전자적 이미지정보로 변환하여 그 이미지정보에 번호를 부여하고 신탁원부로서 전산정보처리조직에 등록하여야 한다(부동산등기규칙 제140조 제2항).

(2) 등기원인증명정보

① 신탁행위에 의한 신탁등기를 신청하는 경우에는 당해 부동산에 대하여 신탁행위가 있었음을 증명하는 정보(신탁계약서 등)를 등기원인을 증명하는 정보로서 제공하여야 하고, 특히 신탁계약에 의하여 소유권을 이전하는 경우에는 등기원인을 증명하는 정보에 검인을 받아 제공하여야 한다.

② 다만, 한국주택금융공사가 「한국주택금융공사법」 제22조 제1항 제9호의2의 주택담보노후연금보증과 관련된 신탁업무를 수행하기 위하여 신탁을 설정하거나 해지하는 경우에는 「부동산등기 특별조치법」 제3조를 적용하지 아니하므로 등기원인을 증명하는 정보에 검인을 받지 않고 제공할 수 있다.

③ 신탁계약서는 대가성 있는 소유권이전에 관한 증서로 볼 수 없으므로 「인지세법」에서 정하는 인지를 첨부할 필요는 없다(등기선례 제7-553호).

④ 「신탁법」 제27조에 따라 신탁재산에 속하게 되는 경우 및 동법 제43조에 따라 신탁재산으로 회복 또는 반환되는 경우 신탁등기를 신청하는 경우에도 신탁행위가 있었음을 증명하는 정보를 첨부정보로서 제공하여야 한다.

(3) 법무부장관의 인가를 증명하는 정보

① 신탁은 신탁의 목적이 공익적이냐 또는 사익적이냐에 따라 공익신탁과 사익신탁으로 구별된다.

② 공익신탁은 「공익신탁법」 제2조 제1호에서 정한 공익사업을 목적으로 하는 「신탁법」에 따른 신탁으로서 공익신탁법 제3조에 따라 법무부장관의 인가를 받은 신탁을 말하며, 법무부장관의 감독을 받는다.

③ 따라서 「공익신탁법」에 따른 공익신탁에 대하여 신탁등기를 신청하는 경우에는 법무부장관의 인가를 증명하는 정보를 첨부정보로서 제공하여야 한다.

(4) 대위원인을 증명하는 정보 및 신탁재산임을 증명하는 정보

위탁자 또는 수익자가 신탁의 등기를 대위신청할 때에는 대위원인을 증명하는 정보 및 해당 부동산이 신탁재산임을 증명하는 정보를 제공하여야 한다.

(5) 신탁설정에 관한 공정증서

신탁법 제3조 제1항 제3호에 따라 신탁의 목적, 신탁재산, 수익자 등을 특정하고 자신을 수탁자로 정한 위탁자의 선언에 의한 신탁등기를 신청하는 경우에는 「공익신탁법」에 따른 공익신탁을 제외하고는 신탁설정에 관한 공정증서를 제공하여야 한다.

(6) 수익자의 동의가 있음을 증명하는 정보

① 신탁법 제3조 제5항에 따른 재신탁등기를 신청하는 경우에는 수익자의 동의가 있음을 증명하는 정보(인감증명 포함)를 제공하여야 한다.

② 수인의 조합원으로부터 각각 신탁을 설정받은 주택재건축조합이 신탁재산을 재신탁하는 경우에는 신탁행위로 달리 정한 바가 없다면 각 신탁계약의 수익자, 즉 조합원 전원의 동의서(인감증명 첨부)를 첨부정보로서 제공하여야 하고, 신탁법 제71조에 따른 수익자집회의 결의로써 수익자의 동의를 갈음할 수 없다 (등기선례 제201403-4호).

(7) 유한책임신탁 등의 등기사항증명서

① 유한책임신탁은 신탁행위로 수탁자가 신탁재산에 속하는 채무에 대하여 신탁재산만으로 책임지는 신탁을 말한다(신탁법 제114조 제1항). 유한책임신탁의 설정은 신탁법 제126조에 따라 유한책임신탁의 등기를 하여야 효력이 발생한다.

② 유한책임신탁이나 공익유한책임신탁(공익신탁법)을 설정하고 그 등기를 한 경우 그 신탁의 목적인 부동산에 대하여 신탁등기를 신청할 때에는 유한책임신탁이나 공익유한책임신탁의 등기가 되었음을 증명하는 등기사항증명서를 제공하여야 한다.

(8) 지방세 납세증명서

① 「신탁법」 제3조 제1항 제1호 및 제2호에 따라 신탁을 원인으로 하여 소유권이전등기 및 신탁등기를 신청하는 경우와 「신탁법」 제3조 제5항에 따라 재신탁을 원인으로 하여 소유권이전등기 및 신탁등기를 신청하는 경우에는 「지방세징수법」 제5조 제1항 제4호에 따라 지방세 납세증명서를 첨부정보로서 제공하여야 한다.

② 다만 등기원인을 증명하는 정보로서 확정판결, 그 밖에 이에 준하는 집행권원을 제공하는 경우에는 지방세 납세증명서를 제공할 필요가 없다.

(9) 신탁업의 인가를 받았음을 증명하는 정보

① 신탁업의 인가를 받은 신탁회사 이외의 영리회사를 수탁자로 하는 신탁등기의 신청은 이를 수리하여서는 아니 된다. 따라서 영리법인을 수탁자로 하는 신탁등기를 신청할 때에는 금융위원회로부터 신탁업 인가를 받았음을 증명하는 정보를 제공하여야 한다.

② 금융위원회의 인가서 또는 그 사본이 이러한 정보에 해당한다. 금융위원회가 신탁업 인가를 한 경우에는 신탁업 인가의 내용 등을 관보 및 인터넷 홈페이지 등에 공고하여야 하는바(자본시장법 제13조 제6항), 이러한 공고내용을 출력한 서면도 인가를 받았음을 증명하는 정보에 해당한다.

③ 법인등기기록의 목적란에 신탁업이 기록되어 있더라도 해당 법인등기신청(설립등기나 목적변경등기 신청)을 심사할 때 등기관은 그 법인이 신탁업 인가를 받았는지에 대하여는 심사하지 않으므로(상업선례 제1-92호), 목적란에 신탁업이 기재된 법인등기사항증명서는 신탁업 인가를 받았음을 증명하는 정보에 해당하지 않는다.

Ⅱ 신탁등기의 실행절차

1. 등기실행의 방법

① 권리의 이전 또는 보존이나 설정, 변경등기와 함께 동시에 신탁의 등기를 할 때에는 하나의 순위번호를 사용하여야 한다(부동산등기규칙 제139조 제7항). 신탁으로 인한 권리이전 등의 등기를 한 다음 등기목적란까지 횡선을 그어 등기목적란의 횡선 아래에 신탁등기의 등기목적을 기록하고, 권리자 및 기타사항란의 횡선아래에 신탁원부 번호를 기록한다.

② 위탁자의 선언에 의한 신탁을 원인으로 하는 신탁재산으로 된 뜻의 등기(권리변경등기)는 주등기로 하며, 신탁등기와 함께 하나의 순위번호를 사용한다. 재신탁을 원인으로 권리이전등기 및 신탁등기를 할 때에는 원신탁의 신탁등기를 말소하지 않는다.

2. 수탁자인 등기명의인의 표시 방법

① 신탁행위에 의해 신탁재산에 속하게 되는 부동산에 대하여 수탁자가 소유권이전등기와 함께 신탁등기를 1건의 신청정보로 일괄하여 신청한 경우 소유권이전등기의 등기명의인은 "수탁자 또는 수탁자(합유)"로 등기기록에 기록한다.

② 「신탁법」 제27조에 따라 신탁재산에 속하게 되거나 「신탁법」 제43조에 따라 신탁재산으로 회복 또는 반환되는 부동산에 대하여 수탁자가 소유권이전등기와 함께 신탁등기를 1건의 신청정보로 일괄하여 신청한 경우 소유권이전등기의 등기명의인은 "소유자 또는 공유자"로 등기기록에 기록하고, 공유자인 경우에는 공유지분도 기록한다.

③ 「신탁법」 제27조에 따라 신탁재산에 속하게 되거나 「신탁법」 제43조에 따라 신탁재산으로 회복 또는 반환되는 부동산에 대하여 수탁자가 소유권이전등기만을 먼저 신청해 소유권이전등기의 등기명의인이 "소유자 또는 공유자"로 기록된 후 수탁자가 단독으로 또는 위탁자나 수익자가 수탁자를 대위하여 단독으로 신탁등기를 신청한 경우에는 이미 마쳐진 소유권이전등기의 등기명의인 표시는 변경하지 아니하고 그대로 둔다.

④ 위 ②, ③의 경우 등기명의인으로 표시된 "소유자 또는 공유자"는 수탁자의 지위를 겸하므로, 그 "소유자 또는 공유자"의 등기신청이 신탁목적에 반하면 수리하여서는 아니 된다.

⑤ 위탁자의 선언에 의한 신탁의 등기명의인은 "수탁자"로 하여 다시 기록한다.

Ⅲ 신탁가등기

신탁가등기는 소유권이전등기청구권 보전을 위한 가등기와 함께 1건의 신청정보로 일괄하여 신청하여야 하며, 신탁원부 작성을 위한 정보도 제공하여야 한다.

제3절 | 수탁자변경에 따른 등기(등기예규 제1726호)

Ⅰ 수탁자의 경질로 인한 권리이전등기

1. 신청인

① **공동신청** : 신탁행위로 정한 바에 의하여 수탁자의 임무가 종료하고 새로운 수탁자가 취임한 경우 및 수탁자가 사임, 자격상실로 임무가 종료되고 새로운 수탁자가 선임된 경우에는 새로운 수탁자와 종전 수탁자가 공동으로 권리이전등기를 신청한다.

② 단독신청

　　㉠ 수탁자가 사망한 경우, 수탁자가 금치산선고(성년후견개시심판)나 한정치산선고(한정 후견개시심판)를 받은 경우, 수탁자가 파산선고를 받은 경우, 수탁자인 법인이 합병 외의 사유로 해산한 경우 수탁자의 임무는 종료된다(신탁법 제12조 제1항). 수탁자가 해임된 경우에도 그 임무는 종료된다(신탁법 제16조). 이러한 사유로 새로운 수탁자가 선임된 경우에는 새로운 수탁자가 단독으로 권리이전등기를 신청한다(부동산등기법 제83조).

　　㉡ 수탁자인 법인이 합병으로 소멸한 경우 합병으로 설립된 법인이나 합병 후 존속하는 법인이 수탁자의 지위를 승계하므로(신탁법 제12조 제5항) 존속 또는 설립된 법인이 단독으로 권리이전등기를 신청한다(부동산등기법 제23조 제3항).

　　㉢ 수탁자가 법원 또는 법무부장관(공익신탁인 경우)에 의하여 해임된 경우 등기관은 법원 또는 법무부장관의 촉탁에 의하여 신탁원부 기록을 변경한 후 직권으로 등기기록에 해임의 뜻을 기록하여야 하고 (수탁자를 말소하는 표시를 하지 아니한다), 권리이전등기는 나중에 새로운 수탁자가 선임되면 그 수탁자가 단독으로 신청하여야 한다.

2. 신청정보

① 등기원인일자는 "새로운 수탁자가 취임 또는 선임된 일자", 등기원인은 "수탁자 경질"로 하여 신청정보의 내용으로 제공한다.

② 공동신청의 경우에는 등기의무자인 종전 수탁자의 등기필정보를 제공하여야 한다.

3. 첨부정보

① 종전 수탁자가 등기의무자, 새로운 수탁자가 등기권리자로서 소유권이전등기를 공동으로 신청할 때에는 종전 수탁자의 인감증명, 새로운 수탁자의 주소증명정보와 종전 수탁자의 임무종료 및 새로운 수탁자의 선임을 증명하는 정보 등을 제공하여야 한다.

② 수탁자의 임무종료 원인이 신탁행위에서 특별히 정한 사유가 아니라 구 수탁자가 위탁자 및 수익자의 승낙을 얻어 사임한 것이라면 수익자 및 위탁자의 승낙이 있음을 증명하는 정보(인감증명 포함)도 첨부하여야 한다(등기선례 제7-401호).

③ 선임된 새로운 수탁자가 영리법인인 경우에는 신탁업의 인가를 받았음을 증명하는 정보를 제공하여야 한다. 수탁자 경질로 인한 소유권이전등기를 신청하는 경우에는 지방세납세증명서를 제공할 필요는 없다. 공익신탁의 수탁자가 변경된 경우에는 법무부장관의 인가를 증명하는 정보를 제공하여야 한다(공익신탁법 제7조 제1항 제4호).

4. 신탁원부의 직권 기록

수탁자의 경질은 신탁원부 기록사항의 변경을 초래하므로, 등기관이 수탁자의 경질로 인한 권리이전등기를 하였을 때에는 직권으로 신탁원부 기록을 변경하여야 한다.

Ⅱ 여러 명의 수탁자 중 1인의 임무종료로 인한 합유명의인 변경등기

1. 신청인

① 공동신청

㉠ 수탁자가 여러 명인 경우 등기관은 신탁재산이 합유인 뜻을 기록하여야 한다(부동산등기법 제84조 제1항).

㉡ 여러 명의 수탁자 중 1인에게 신탁행위로 정한 수탁자의 임무종료사유·수탁자의 특정한 자격 상실, 수탁자 사임 등이 발생한 경우 합유재산 등기에 관한 일반원칙에 따라 나머지 수탁자와 임무가 종료된 수탁자가 공동으로 합유명의인 변경등기를 신청한다.

㉢ 수탁자 중 1인인 신탁회사가 합병으로 인하여 소멸되고 신설 또는 존속하는 회사가 신탁회사인 경우에는 나머지 수탁자와 합병 후 신설 또는 존속하는 신탁회사가 공동으로 합유명의인 변경등기를 신청한다.[8]

---

8) 등기예규(제1726호)는 이 경우 공동으로 신청하여야 하는 것으로 규정하고 있으나, 엄밀한 의미에서 등기의무자와 등기권리자가 공동으로 신청하여야 하는 경우는 아니므로 '나머지 수탁자와 합병 후 신설 또는 존속하는 법인이 함께 신청하여야 한다.'는 의미로 이해하여야 한다. 따라서 이 경우에는 등기의무자의 등기필정보와 인감증명을 제공할 필요는 없다.

② 단독신청

      ⊙ 수탁자가 사망한 경우, 수탁자가 금치산선고(성년후견개시심판)나 한정치산선고(한정 후견개시심판)를 받은 경우, 수탁자가 파산선고를 받은 경우, 수탁자인 법인이 합병 외의 사유로 해산한 경우, 수탁자가 해임된 경우 수탁자의 임무는 종료된다.

      ⊙ 여러 명의 수탁자 중 1인이 위와 같은 사유로 임무가 종료된 경우 나머지 수탁자가 단독으로 합유명의인 변경등기를 신청한다. 나머지 수탁자가 여러 명이면 그 전원이 함께 신청하여야 한다(부동산등기법 제84조 제2항).

③ **법원 또는 법무부장관의 촉탁** : 여러 명의 수탁자 중 1인이 법원 또는 법무부장관에 의하여 해임된 경우에는 등기관은 법원 또는 법무부장관의 촉탁에 의하여 신탁원부 기록을 변경한 후 직권으로 등기기록에 해임의 뜻을 기록하여야 한다. 이 경우 종전 수탁자를 모두 말소하고 해임된 수탁자를 제외한 나머지 수탁자만을 다시 기록하는 합유명의인 변경등기를 하여야 한다.

2. 신청정보

① 등기원인일자는 "수탁자의 임무종료일", 등기원인은 "임무가 종료된 수탁자의 임무종료원인"으로 하여 신청정보의 내용으로 제공한다("○○년 ○월 ○일 수탁자 ○○○ 사망" 등).

② 공동신청의 경우에는 등기의무자(임무 종료된 수탁자)의 등기필정보를 제공한다.

3. 첨부정보

① 등기신청인은 임무가 종료된 수탁자의 임무종료를 증명하는 정보를 제공하여야 한다. 신탁행위로 정한 임무종료사유의 발생, 수탁자의 특정한 자격의 상실 또는 수탁자의 사임으로 임무가 종료된 경우에는 임무 종료된 수탁자의 인감증명도 제공하여야 한다.

② 공익신탁의 수탁자가 변경된 경우에는 법무부장관의 인가를 증명하는 정보를 제공하여야 한다.

4. 신탁원부의 직권 기록

수탁자 경질은 신탁원부 기록사항의 변경을 초래하므로, 등기관이 수탁자 경질로 인한 합유명의인 변경등기를 하였을 때에는 직권으로 신탁원부 기록을 변경하여야 한다.

제4절 ┃ 신탁원부 기록의 변경등기(등기예규 제1726호)

Ⅰ 신청의 원칙

신탁원부의 기록사항이 변경되었을 때에는 원칙적으로 수탁자가 그 변경을 증명하는 정보를 제공하여 지체 없이 신탁원부 기록의 변경등기를 신청하여야 한다(부동산등기법 제86조). 예외적으로 법원이나 주무관청이 신탁원부 기록의 변경등기를 촉탁하여야 하는 경우와 등기관이 직권으로 신탁원부 기록의 변경등기를 하여야 하는 경우도 있다.

Ⅱ 수탁자가 신청하는 경우

1. 변경 사유

① 수익자 또는 신탁관리인이 변경된 경우나 위탁자, 수익자 및 신탁관리인의 성명(명칭), 주소(사무소 소재지)가 변경된 경우에는 수탁자는 지체 없이 신탁원부 기록의 변경등기를 신청하여야 한다.

② 수익자 지정·변경 권한을 갖는 자의 성명(명칭) 및 주소(사무소 소재지), 수익자 지정·변경 방법, 수익권 발생·소멸 조건, 부동산등기법 제81조 제1항 제6호에서 제12호까지의 신탁인 뜻, 신탁의 목적, 신탁재산의 관리방법, 신탁종료의 사유, 그 밖의 신탁조항을 변경한 경우에도 수탁자는 지체 없이 신탁원부 기록의 변경등기를 신청하여야 한다.

2. 위탁자가 변경된 경우

① 「신탁법」 제10조에 따라 위탁자 지위의 이전이 있는 경우에는 수탁자는 신탁원부 기록의 변경등기를 신청하여야 한다.

② 이 경우 등기원인은 "위탁자 지위의 이전"으로 하여 신청정보의 내용으로 제공한다.

③ 위탁자 지위의 이전이 신탁행위로 정한 방법에 의한 경우에는 이를 증명하는 정보를 제공하고, 신탁행위로 방법이 정하여지지 아니한 경우에는 수탁자와 수익자의 동의가 있음을 증명하는 정보(인감증명 포함)를 제공하여야 한다. 이 경우 위탁자가 여럿일 때에는 다른 위탁자의 동의를 증명하는 정보(인감증명 포함)도 함께 제공하여야 한다.

④ 정비사업조합에 토지를 신탁한 조합원(위탁자 겸 수익자)이 사망한 경우 상속인이 위탁자 겸 수익자가 되기 위해서는 종전[9]과 달리 상속증명정보를 제공하여 위탁자 겸 수익자를 상속인으로 변경하는 신탁원부 기록의 변경등기를 신청할 수 있다.

---

9) 종전 위탁자의 지위 이전이 허용되지 않았던 시기에는 신탁을 종료시키고 상속인 앞으로 토지를 귀속시킨 다음 상속인이 다시 조합에 신탁을 하여야 했다(등기선례 제8-279호).

3. 수익자가 변경된 경우

① 수익자는 성질상 양도를 허용하지 아니하는 경우를 제외하고는 원칙적으로 수익권을 자유롭게 양도할 수 있다. 수익권 양도에 따라 수익자가 변경된 경우에도 신탁원부 기록의 변경등기를 신청하여야 한다.

② 수익자는 신탁재산의 실질적 소유자이므로 수익자 변경에 따른 신탁원부 기록의 변경등기를 신청할 때에는 종전 수익자의 진정한 의사를 확인할 수 있는 정보를 제공하게 할 필요가 있다. 따라서 이러한 신탁원부 기록의 변경등기를 신청할 때에는 그 원인을 증명하는 정보로서 제공한 신탁수익권양도계약서에 종전 수익자의 인감을 날인하고 그 인감증명을 함께 제공하도록 하여야 한다.

③ 수익자변경권이 위탁자, 수탁자에게 유보되어 있는 경우에는 수익자변경을 증명하는 정보 외에 종전 수익자의 승낙을 증명하는 정보는 첨부할 필요가 없다(등기선례 제7-401호).

4. 신탁목적, 신탁재산의 관리방법 등 신탁을 변경한 경우

① 신탁은 원칙적으로 위탁자, 수탁자 및 수익자의 합의로 자유롭게 변경할 수 있다. 다만, 신탁행위로 달리 정한 경우에는 그에 따라 신탁을 변경할 수 있다(신탁법 제88조 제1항).

② 위탁자, 수탁자 및 수익자의 합의로 신탁목적, 신탁재산의 관리방법 등 신탁을 변경한 경우에는 이러한 합의가 있었음을 증명하는 정보를 제공하여 신탁원부 기록의 변경등기를 신청하여야 한다. 신탁행위로 정한 방법에 의하여 신탁을 변경한 경우에는 그러한 방법에 의하여 신탁을 변경하였음을 증명하는 정보를 제공하여야 한다.

5. 「공익신탁법」에 따른 신탁원부 기록의 변경

① 유한책임신탁을 공익유한책임신탁으로 또는 공익유한책임신탁을 유한책임신탁으로 변경하는 경우에는 그 변경을 증명하는 등기사항증명서를 제공하여야 한다.

② 공익신탁을 유한책임신탁으로 변경하는 경우에는 법무부장관의 인가를 증명하는 정보(공익신탁법 제7조 제1항 제6호) 및 그 변경을 증명하는 등기사항증명서를 제공하여야 한다.

③ 공익신탁의 신탁관리인이 변경된 경우(부동산등기법원 또는 법무부장관의 촉탁에 의한 경우는 제외) 법무부장관의 인가를 증명하는 정보를 제공하여야 한다(공익신탁법 제7조 제1항 제4호).

III 법원 또는 법무부장관의 촉탁에 의한 경우

1. 법원의 촉탁에 의한 경우

① 수탁자를 해임하는 재판, 신탁관리인을 선임하거나 해임하는 재판, 신탁 변경의 재판을 한 경우 법원은 지체 없이 신탁원부 기록의 변경등기를 촉탁하여야 하고(부동산등기법 제85조 제1항), 등기관은 법원의 촉탁에 의하여 신탁원부 기록을 변경하여야 한다.

② 법원이 신탁재산관리인을 선임하거나 그 밖의 필요한 처분을 명한 경우, 신탁재산관리인의 사임결정 또는 해임결정을 한 경우 또는 신탁재산관리인의 임무가 종료된 경우에도 법원은 지체 없이 그 뜻의 등기를 촉탁하여야 하고(신탁법 제20조 제1항·제2항), 등기관은 법원의 촉탁에 의하여 신탁원부 기록을 변경하여야 한다.

③ 법원이 위와 같은 변경등기를 촉탁할 때에는 법원의 재판서를 제공하여야 한다.

2. 법무부장관의 촉탁에 의한 경우

① 「공익신탁법」에 따른 공익신탁에 대하여 수탁자를 직권 해임한 경우, 신탁관리인을 직권 선임·해임한 경우, 신탁내용의 변경을 명한 경우 법무부장관은 지체 없이 신탁원부 기록의 변경등기를 촉탁하여야 하고(부동산등기법 제85조 제2항), 등기관은 법무부장관의 촉탁에 의하여 신탁원부 기록을 변경하여야 한다.
② 법무부장관이 위와 같은 변경등기를 촉탁할 때에는 법무부장관의 해임 등을 증명하는 정보를 제공하여야 한다.

3. 등기기록의 직권기록

수탁자를 해임한 법원 또는 법무부장관의 촉탁에 따라 신탁원부 기록을 변경한 경우 등기관은 직권으로 등기기록에 그 뜻을 부기하여야 한다(부동산등기법 제85조 제3항).

Ⅳ 등기관의 직권에 의한 경우

등기관이 신탁재산에 속하는 부동산에 관한 권리에 대하여 수탁자의 변경으로 인한 이전등기, 여러 명의 수탁자 중 1인의 임무 종료로 인한 변경등기 또는 수탁자인 등기명의인의 성명 및 주소(법인인 경우 명칭 및 사무소 소재지)에 관한 변경등기나 경정등기를 한 경우 직권으로 신탁원부 기록의 변경등기를 하여야 한다(부동산등기법 제85조의2).

제5절 ┃ 신탁등기의 말소등기(등기예규 제1726호)

Ⅰ 개 요

① 수탁자가 신탁재산을 제3자에게 처분한 경우, 신탁이 종료되어 신탁재산이 귀속권리자에게 귀속된 경우 또는 수탁자가 신탁재산을 자신의 고유재산으로 한 경우 해당 부동산은 더 이상 신탁재산이 아닌 것으로 되므로 신탁재산이라는 뜻의 등기인 신탁등기를 말소할 필요가 있다.
② 신탁등기의 말소등기는 수탁자가 단독으로 신청할 수 있다(부동산등기법 제87조 제3항). 수익자나 위탁자도 수탁자를 대위하여 신탁등기의 말소등기를 신청할 수 있다(부동산등기법 제87조 제4항).
③ 다만, 소유권이전등기는 수탁자는 등기의무자로, 매수인은 등기권리자가 되어 공동신청한다(부동산등기법 제23조 제1항).

Ⅱ 신탁재산을 처분한 경우

1. 등기신청의 방식

① 수탁자가 신탁재산을 제3자에게 처분한 경우 그에 따른 권리이전등기와 신탁등기의 말소등기는 1건의 신청정보로 일괄하여 신청하여야 한다(부동산등기법 제87조 제1항, 부동산등기규칙 제144조 제1항). 등기원인이 신탁재산의 처분임에도 신탁등기의 말소등기 또는 권리이전등기 중 어느 하나만을 신청하는 경우에는 등기관은 수리하여서는 아니 된다.

② 신탁재산의 일부를 처분한 경우에는 권리일부이전등기와 신탁등기의 변경등기를 신청하여야 하며, 이러한 등기도 역시 동시에 1건의 신청정보로 일괄하여 신청하여야 한다.

③ 재신탁의 수탁자가 신탁재산을 제3자에게 처분한 경우에는 처분에 따른 권리이전등기와 함께 재신탁의 신탁등기의 말소등기뿐만 아니라 원신탁의 신탁등기의 말소등기도 동시에 1건의 신청정보로 일괄하여 신청하여야 한다.

2. 신청정보

① 신청정보에는 등기목적을 "소유권이전 및 신탁등기의 말소", 등기원인과 그 연월일을 "○○년 ○월 ○일 매매 및 신탁재산의 처분"으로 표시하여야 한다. 일부를 처분한 경우에는 등기목적을 "소유권일부이전 및 신탁등기의 변경"으로 표시한다.

② 등기의무자란은 "등기의무자 및 신탁등기의 말소(변경)등기 신청인"으로 표시한다.

3. 첨부정보 관련

수탁자의 처분권한을 신탁행위로 제한하여 이러한 내용이 신탁원부에 기록되어 있는 경우(신탁재산을 처분할 때에는 위탁자 또는 수익자의 동의가 있어야 한다고 하는 것 등) 수탁자가 신탁재산을 제3자에게 처분하여 이를 원인으로 권리이전등기와 신탁등기의 말소등기를 신청할 때에는 위탁자 또는 수익자의 동의가 있음을 증명하는 정보[인감증명 포함(부동산등기법 제81조 제3항, 규칙 제46조 제1항 제2호, 제60조 제1항 제7호)]를 제공하여야 한다.

4. 등기실행의 방법

① 신탁재산이 처분되어 등기관이 권리이전등기와 신탁등기의 말소등기를 할 때에는 하나의 순위번호를 사용하고, 종전의 신탁등기를 말소하는 표시를 하여야 한다(부동산등기규칙 제144조 제2항).

② 신탁재산의 일부가 처분되어 권리일부이전등기와 함께 신탁등기의 변경등기를 할 때에도 하나의 순위번호를 사용하고, 처분 후의 수탁자의 지분을 기록하여야 한다(부동산등기규칙 제142조).

5. 판결에 의한 신청의 경우

① 수탁자에 대하여 제3자가 판결을 받은 경우, 예를 들어 갑이 을에게 신탁한 부동산에 대하여 병이 을을 상대로 취득시효 완성을 원인으로 하여 소유권이전등기절차의 이행을 명하는 확정판결을 받은 경우 병은 단독으로 이전등기를 신청할 수 있다.

② 이때 신탁등기의 말소등기도 동시에 신청하여야 하는바, 신탁등기의 말소등기는 수탁자가 단독으로 신청하는 것이므로 병은 수탁자를 대위하여 그 등기를 신청하면 된다.

6. 수탁자의 처분행위가 원인무효인 경우

신탁재산의 처분을 원인으로 소유권이전등기 및 신탁등기의 말소등기가 마쳐졌으나, 이러한 처분행위가 원인무효임을 이유로 소유권이전등기의 말소등기를 신청할 때에 수탁자는 말소된 신탁등기의 회복등기를 동시에 신청하여야 한다.

Ⅲ 신탁이 종료된 경우

1. 신탁이 종료된 경우의 귀속권리자

① 신탁이 설정된 후에는 신탁재산의 실질적, 경제적 소유권은 수익자에게 이전되는 것이므로 신탁종료 시 잔여재산은 원칙적으로 수익자(잔여재산수익자를 별도로 정한 경우에는 잔여재산수익자)에게 귀속하는 것으로 하고 있다. 다만, 신탁행위로 귀속권리자를 정한 때에는 그 귀속권리자에게 귀속한다(신탁법 제101조 제1항).

② 수익자와 귀속권리자로 지정된 자가 잔여재산에 대한 권리를 포기한 경우 잔여재산은 위탁자와 그 상속인에게 귀속한다(신탁법 제101조 제2항).

③ 잔여재산의 귀속이 정하여지지 아니한 경우에는 국가에 귀속한다(신탁법 제101조 제5항). 신탁선언에 의하여 설정된 자기신탁이 집행면탈 등 위법한 목적으로 설정되어 법원의 결정으로써 취소된 경우 해당 재산은 위탁자의 책임재산이 되도록 하기 위하여 설정자인 위탁자에게 귀속하는 것으로 하고 있다(신탁법 제101조 제3항).

④ 공익신탁의 인가가 취소되거나 공익신탁이 종료된 경우 잔여재산은 다른 공익신탁 또는 공익법인이나 국가 또는 지방자치단체에게 귀속된다(공익신탁법 제24조 제1항).

2. 등기신청의 방식

신탁이 종료되어 신탁재산이 귀속권리자에게 귀속하는 경우 권리이전등기와 신탁등기의 말소등기의 신청방식은 수탁자가 신탁재산을 제3자에게 처분한 경우와 같다.

3. 첨부정보 관련

① 토지거래계약허가구역 내의 토지에 대해 신탁종료로 인하여 소유권이전 및 신탁등기의 말소등기를 신청하는 경우 등기권리자가 위탁자 외의 수익자나 제3자이고 신탁재산 귀속이 대가에 의한 것이면 토지거래계약허가증을 제공하여야 한다(등기선례 제201101-1호).

② 신탁을 원인으로 소유권이전등기 및 신탁등기가 마쳐진 부동산에 대하여 피보전권리를 사해신탁을 원인으로 한 소유권이전등기말소청구권(신탁법 제8조) 등으로 하여 처분금지가처분등기가 이루어진 경우, 신탁해지로 신탁등기를 말소함과 함께 신탁재산을 귀속권리자에게 이전함에 있어 가처분권자의 승낙 또는 대항할 수 있는 재판 증명 정보는 제공할 필요가 없다.

③ 신탁해지에 따른 권리귀속은 소유권이전등기의 형식으로 이루어지므로 수탁자 명의의 소유권이전등기 및 가처분등기가 말소되는 것은 아니기 때문이다(등기선례 제8-275호).

④ 「공익신탁법」 제24조 제3항에 따라 선임된 보관수탁관리인이 신탁재산을 증여하거나 무상대부하고 소유권이전등기 및 신탁등기의 말소등기를 신청하는 경우 보관수탁관리인의 선임을 증명하는 정보 및 법무부장관의 승인을 증명하는 정보를 제공하여야 한다.

4. 등기실행의 방법

① 신탁이 종료되어 등기관이 권리의 이전 또는 말소등기와 함께 신탁등기의 말소등기를 할 때에는 하나의 순위번호를 사용하고, 종전의 신탁등기를 말소하는 표시를 하여야 한다(부동산등기규칙 제144조 제2항).
② 신탁재산의 일부에 대해 신탁이 종료되어 등기관이 권리일부이전등기와 함께 신탁등기의 변경등기를 할 때에도 하나의 순위번호를 사용하고, 종료 후의 수탁자의 지분을 기록하여야 한다(부동산등기규칙 제142조).

Ⅳ 신탁재산이 수탁자의 고유재산으로 되는 경우

1. 신탁재산을 수탁자의 고유재산으로 할 수 있는 경우

수탁자는 신탁행위로 허용한 경우, 수익자에게 그 행위에 관련된 사실을 고지하고 그 승인을 받은 경우 또는 법원의 허가를 받은 경우(수탁자가 법원에 허가를 신청할 때에는 동시에 수익자에게 그 사실을 통지하여야 한다)에는 신탁재산을 자신의 고유재산으로 할 수 있다(신탁법 제34조 제2항).

2. 등기신청의 방식

① 권리변경등기인 수탁자의 고유재산으로 된 뜻의 등기를 신청하여야 하며, 이러한 권리 변경등기는 수탁자가 단독으로 신청할 수 있다(부동산등기법 제84조의2 제2호 가목).
② 수탁자의 고유재산으로 된 뜻의 등기는 신탁등기의 말소등기와 함께 1건의 신청정보로 일괄하여 신청하여야 한다(부동산등기법 제87조 제1항, 규칙 제144조 제1항).

3. 신청정보 · 첨부정보

① **신청정보** : 등기목적은 "수탁자의 고유재산으로 된 뜻의 등기 및 신탁등기의 말소"로, 등기원인과 그 연월일은 "○○년 ○월 ○일 신탁재산의 고유재산 전환"으로 한다.
② **첨부정보** : 수익자의 승인을 받았음을 증명하는 정보(인감증명 포함) 또는 법원의 허가 및 수익자에게 통지한 사실을 증명하는 정보를 제공하여야 한다. 신탁재산의 고유재산 전환을 신탁행위로 허용한 경우에는 신탁원부를 확인함으로써 알 수 있기 때문에 별도의 첨부정보를 제공할 필요가 없다.

4. 등기실행의 방법

등기관이 수탁자의 고유재산으로 된 뜻의 등기를 할 때에는 주등기로 하여야 한다(부동산등기규칙 제143호). 수탁자의 고유재산으로 된 뜻의 등기와 함께 신탁등기의 말소등기를 할 때에는 하나의 순위번호를 사용하고, 종전의 신탁등기를 말소하는 표시를 하여야 한다(부동산등기규칙 제144조 제2항).

V 공익신탁법에 따른 공익신탁의 경우

① 「공익신탁법」 제24조 제3항에 따라 선임된 보관수탁관리인이 신탁재산을 증여하거나 무상 대부하는 경우에는 위 Ⅱ의 신탁재산을 처분한 경우의 예에 의한다. 이 경우 보관수탁관리인의 선임을 증명하는 정보 및 법무부장관의 승인을 증명하는 정보를 첨부정보로 제공하여야 한다.

② 「공익신탁법」 제11조 제6항에 따라 신탁재산을 처분하는 경우에는 법무부장관의 승인을 증명하는 정보를 첨부정보로 제공하여야 한다. 다만 공익사업 수행을 위한 필수적인 재산이 아님을 소명한 경우에는 그러하지 아니하다.

제6절 │ 신탁의 합병과 분할에 따른 등기(등기예규 제1726호)

I 개 관

1. 정 의

① 신탁의 합병이란 수탁자가 동일한 경우 여러 개의 신탁을 1개의 신탁으로 만드는 것을 말한다(신탁법 제90조).

② 신탁의 분할이란 신탁재산 중 일부를 분할하여 수탁자가 동일한 새로운 신탁의 신탁재산으로 하는 경우를 말하고 분할합병이란 신탁재산 중 일부를 분할하여 수탁자가 동일한 다른 신탁과 합병하여 별도의 신탁으로 운영하는 것을 의미한다(신탁법 제94조).

③ 수탁자가 신탁의 합병, 분할 또는 분할합병을 하기 위해서는 합병(분할, 분할합병)계획서를 작성하고, 위탁자와 수익자의 승인을 받아야 한다. 그리고 합병(분할, 분할합병)계획서를 공고하고, 채권자보호절차를 밟아야 한다(신탁법 제91조, 제92조, 제95조, 제96조).

2. 신청인

① 신탁의 합병·분할('분할합병'을 포함한다. 이하 같다)에 따른 신탁등기는 수탁자가 같은 경우에만 신청할 수 있다.

② 수탁자는 해당 신탁재산에 속하는 부동산에 관한 권리변경등기를 단독으로 신청한다.

Ⅱ   등기신청의 방식

1.   일괄신청

① 신탁의 합병·분할로 인하여 하나의 신탁재산에 속하는 부동산에 관한 권리가 다른 신탁의 신탁재산에 귀속되는 경우 신탁등기의 말소등기 및 새로운 신탁등기의 신청은 신탁의 합병·분할로 인한 권리변경등기의 신청과 동시에 1건의 신청정보로 일괄하여 하여야 한다(부동산등기법 제82조의2 제1항).

② 「신탁법」 제34조 제1항 제3호 및 같은 조 제2항에 따라 여러 개의 신탁을 인수한 수탁자가 하나의 신탁재산에 속하는 부동산에 관한 권리를 다른 신탁의 신탁재산에 귀속시키는 경우 신탁등기의 말소등기 및 새로운 신탁등기의 신청도 권리변경등기의 신청과 동시에 1건의 신청정보로 일괄하여 하여야 한다(부동산등기법 제82조의2 제2항).

2.   공익신탁법에 따른 공익신탁의 경우

「공익신탁법」 제21조에 따르면 공익신탁의 분할 또는 분할합병은 허용되지 아니하므로, 이를 원인으로 한 권리변경등기와 함께 신탁등기의 말소등기 및 새로운 신탁등기의 신청이 있는 경우 등기관은 수리하여서는 아니 된다.

Ⅲ   첨부정보

① 신탁의 합병에 따라 수탁자가 권리변경등기(신탁합병으로 인하여 다른 신탁의 목적으로 된 뜻의 등기)와 함께 신탁등기의 말소등기 및 새로운 신탁등기를 신청할 때에는 위탁자와 수익자로부터 합병계획서의 승인을 받았음을 증명하는 정보(인감증명 포함), 합병계획서의 공고 및 채권자보호절차를 거쳤음을 증명하는 정보를 제공하여야 한다.

② 신탁의 분할에 따라 수탁자가 권리변경등기(신탁분할로 인하여 다른 신탁의 목적으로 된 뜻의 등기)와 함께 신탁등기의 말소등기 및 새로운 신탁등기를 신청할 때에는 위탁자와 수익자로부터 분할계획의 승인을 받았음을 증명하는 정보(인감증명 포함), 분할계획서의 공고 및 채권자보호절차를 거쳤음을 증명하는 정보를 제공하여야 한다.

③ 「공익신탁법」 제20조 제1항에 따라 공익신탁의 합병이 있는 경우 이를 원인으로 권리변경등기와 함께 신탁등기의 말소등기 및 새로운 신탁등기를 신청할 때에는 법무부장관의 인가를 증명하는 정보를 제공하여야 한다.

Ⅳ   등기실행의 방법

등기관이 신탁합병(신탁분할)으로 인하여 다른 신탁의 목적으로 된 뜻의 등기를 할 때에는 주등기로 한다. 권리변경등기(신탁합병·분할로 인하여 다른 신탁의 목적으로 된 뜻의 등기)와 함께 신탁등기의 말소등기 및 새로운 신탁등기를 할 때에는 하나의 순위번호를 사용하고, 종전의 신탁등기를 말소하는 표시를 하여야 한다.

제7절 │ 신탁등기와 다른 등기의 관계(등기예규 제1726호)

Ⅰ 신탁목적에 반하는 등기신청

1. 수리불가

신탁등기가 마쳐진 부동산에 대하여 수탁자를 등기의무자로 하는 등기의 신청이 있는 경우 등기관은 그 등기목적이 신탁목적에 반하지 아니하는가를 심사하여 신탁목적에 반하는 등기신청은 수리하여서는 안 된다.

2. 신탁부동산에 대하여 임차권설정등기신청을 할 수 있는지 여부

① 신탁등기가 경료된 토지에 대하여 수탁자를 등기의무자로 하는 임차권설정등기의 신청이 있는 경우 등기관은 그 등기신청이 신탁목적에 반하는지 여부를 심사하여 반하지 않는 경우에만 수리할 수 있으며, 반하는 경우에는 위탁자의 동의가 있더라도 수리할 수 없다(등기선례 제7-279호).

② 신탁목적에 반하지 아니한 이상 위탁자의 동의는 필요 없다.

Ⅱ 처분제한등기 · 합필등기

1. 처분제한등기

① 등기관은 수탁자를 등기의무자로 하는 처분제한의 등기, 경매개시결정등기 등의 촉탁은 수리하고, 위탁자를 등기의무자로 하는 위 촉탁은 수리하여서는 안 된다. 다만 신탁 전에 설정된 담보물권에 의한 임의경매개시결정등기나 신탁 전의 가압류등기에 기한 강제경매개시결정등기의 촉탁은 위탁자를 등기의무자로 한 경우에도 수리한다.

② 신탁에 의한 소유권이전등기가 마쳐진 후에는 위탁자에 대한 파산선고의 등기촉탁이 있더라도 수리할 수 없으며(등기선례 제7-444호), 위탁자가 신탁 대상인 재산을 취득함으로써 발생한 조세(취득세)채권이더라도 「신탁법」상 신탁이 이루어지기 전에 압류를 하지 않은 이상 그 조세채권이 신탁법 제22조 제1항 소정의 "신탁 전의 원인으로 발생한 권리"에 해당된다고 볼 수 없으므로, 양수인이 수탁자 명의로 소유권이전등기를 마친 후에는 양수인에 대한 조세채권에 의하여 압류등기를 촉탁할 수는 없다(등기선례 제5-684호).

③ 신탁법 제22조 제1항에 의한 강제집행 등이 허용되는지 여부는 신탁재산에 대한 강제집행 여부를 결정하는 단계에서 집행법원이 심사하여야 할 사항이므로, 수탁자를 등기의무자로 하는 강제경매개시결정등기 등의 촉탁이 있다면 등기관은 수리한다(등기선례 제6-470호).

2. 합필등기

① 신탁등기가 마쳐진 토지에 대하여는 합필하려는 모든 토지에 있는 신탁원부의 내용이 동일한 신탁등기가 있는 경우(부동산등기법 제37조 제1항 제3호) 외에는 합필등기를 할 수 없다. 신탁도 일종의 처분제한이라고 볼 수 있기 때문이다.

② 다만 다음의 어느 하나에 해당하고 신탁목적이 동일한 경우에 한해서는 신탁된 토지 상호 간의 합필등기를 할 수 있다. 주택사업의 원활한 추진을 위한 공익적 필요가 있고 합필등기를 허용하더라도 거래나 공시의 혼란을 초래하지 않기 때문이다.

　㉠ 「주택법」 제15조에 따라 주택건설사업계획의 승인을 얻어 공동주택을 건설하는 경우(2003년 7월 1일 이전에 구 「주택건설촉진법」에 따라 승인을 받은 주택재건축사업을 포함한다)

　㉡ 「건축법」 제11조에 따른 건축허가를 받아 주택 외의 시설과 주택을 동일 건축물로 하여 「주택법」 제15조 제1항에서 정한 호수(공동주택 30세대, 동법 시행령 제27조 제1항 제2호 각 목의 어느 하나에 해당하는 경우에는 50세대) 이상으로 건설·공급하는 경우로서 주택법 제54조 제1항 제1호의 입주자모집공고 승인을 받은 경우

Ⅲ　분필등기

신탁등기가 마쳐진 토지가 분할되어 그에 따른 분필등기의 신청이 있는 경우에는 등기관은 분필된 토지에 대하여 분필 전 토지의 신탁원부와 같은 내용의 신탁원부를 작성하여야 한다. 다만 분필된 토지에 대하여 신탁등기의 말소등기가 동시에 신청되는 경우에는 신탁원부를 따로 작성하지 아니하여도 무방하다.

CHAPTER

06 신탁에 관한 등기

제1절 │ 총 설

제2절 │ 신탁설정의 등기(등기예규 제1726호)

01 **신탁등기에 관한 다음 설명 중 가장 옳지 않은 것은?** 2020년

① 근저당권자가 여러 명인 근저당권설정등기와 함께 근저당권자 중 1인의 지분만에 대한 신탁재산처분에 의한 신탁등기를 신청할 때에는 1건의 신청정보로 일괄하여 신청할 수 없고, 각각 별개의 신청정보로 신청하여야 한다.

② 신탁법 제3조 제5항에 따른 재신탁등기를 신청하는 경우에는 위탁자의 동의가 있음을 증명하는 정보(인감증명 포함)를 첨부정보로서 제공하여야 한다.

③ 수탁자의 특정한 자격상실에 따라 새로운 수탁자가 선임된 경우에는 새로운 수탁자와 종전 수탁자가 공동으로 권리이전등기를 신청하여야 하지만, 수탁자의 파산으로 새로운 수탁자가 선임된 경우에는 새로운 수탁자가 단독으로 권리이전등기를 신청할 수 있다.

④ 여러 개의 부동산에 관하여 1건의 신청정보로 일괄하여 신탁등기를 신청하는 경우에는 각 부동산별로 신탁원부 작성을 위한 정보를 제공하여야 하며, 부동산의 표시에 관한 사항은 신탁원부 작성을 위한 정보의 내용으로 제공할 사항이 아니다.

⑤ 신탁의 종료사유는 신탁행위로 자유롭게 정할 수 있고, 신탁이 종료된 경우 신탁재산의 잔여재산이 귀속될 자 또한 신탁행위로 자유롭게 정할 수 있으므로, '위탁자의 사망'을 신탁의 종료사유로 하고, 신탁이 종료된 경우 신탁재산의 잔여재산이 귀속될 자를 '수탁자'로 하는 내용의 신탁등기도 신청할 수 있다.

....

[**❶ ▶ ○**] 근저당권자가 여러 명인 근저당권설정등기와 함께 근저당권자 중 1인의 지분만에 대한 신탁재산처분에 의한 신탁등기를 신청할 때에는 1건의 신청정보로 일괄하여 신청할 수 없고, 각각 별개의 신청정보로 신청하여야 한다. 등기관이 위 신청에 따른 등기를 실행할 때에는 하나의 순위번호를 사용할 수 없고, 신탁재산처분에 의한 신탁등기는 부기등기로 실행하여야 하며, 이 경우 등기의 목적은 "○번근저당권○○○지분전부신탁재산처분에 의한 신탁"으로 기록하여야 한다(등기선례 제201912-10호).

[❷ ▸ ✕] 신탁법 제3조 제5항에 따른 재신탁등기를 신청하는 경우에는 <u>수익자의 동의가 있음을 증명</u>하는 정보(인감증명 포함)를 첨부정보로서 제공하여야 한다[등기예규 제1726호 1. 다. (6)].

신탁법 제3조(신탁의 설정)

⑤ 수탁자는 신탁행위로 달리 정한 바가 없으면 신탁목적의 달성을 위하여 필요한 경우에는 수익자의 동의를 받아 타인에게 신탁재산에 대하여 신탁을 설정할 수 있다.

[❸ ▸ ○] 등기예규 제1726호 3. 가. (1)

등기예규 제1726호[신탁등기사무처리에 관한 예규]

3. 수탁자의 변경

　가. 수탁자의 경질로 인한 권리이전등기

　　(1) 신청인

　　　(가) <u>공동신청</u> : 신탁행위로 정한 바에 의하여 수탁자의 임무가 종료하고 새로운 수탁자가 취임한 경우 및 수탁자가 사임, 자격상실로 임무가 종료되고 새로운 수탁자가 선임된 경우에는 <u>새로운 수탁자와 종전 수탁자가 공동으로 권리이전등기를 신청한다.</u>

　　　(나) <u>단독신청</u>

　　　　① <u>사망, 금치산, 한정치산, 파산, 해산의 사유로 수탁자의 임무가 종료되고 새로운 수탁자가 선임된 경우에는 새로운 수탁자가 단독으로 권리이전등기를 신청한다.</u>

　　　　② 수탁자인 신탁회사가 합병으로 소멸되고 합병 후 존속 또는 설립되는 회사가 신탁회사인 경우에는 그 존속 또는 설립된 신탁회사가 단독으로 권리이전등기를 신청한다.

　　　　③ 수탁자가 법원 또는 법무부장관(공익신탁법에 따른 공익신탁)에 의하여 해임된 경우에는 등기관은 법원 또는 법무부장관의 촉탁에 의하여 신탁원부 기록을 변경한 후 직권으로 등기기록에 해임의 뜻을 기록하여야 하고(이 경우 수탁자를 말소하는 표시를 하지 아니한다), 권리이전등기는 나중에 새로운 수탁자가 선임되면 그 수탁자가 단독으로 신청하여야 한다.

[❹ ▸ ○] 여러 개의 부동산에 관하여 1건의 신청정보로 일괄하여 신탁등기를 신청하는 경우에는 각 부동산별로 신탁원부 작성을 위한 정보를 제공하여야 하며, 부동산의 표시에 관한 사항은 신탁원부 작성을 위한 정보의 내용으로 제공할 사항이 아니다(등기선례 제201912-4호).

[❺ ▸ ○] 신탁의 종료사유는 신탁행위로 자유롭게 정할 수 있으며(신탁법 제98조 제6호), 신탁이 종료된 경우 신탁재산의 잔여재산이 귀속될 자 또한 신탁행위로 자유롭게 정할 수 있는 것이므로(신탁법 제101조 제1항 단서), '위탁자의 사망'을 신탁의 종료사유로 하고, 신탁이 종료된 경우 신탁재산의 잔여재산이 귀속될 자를 '수탁자'로 하는 내용의 신탁등기도 신청할 수 있다(등기선례 제201911-2호).

답 ❷

02 신탁등기에 관한 다음 설명 중 가장 옳지 않은 것은? 2022년
☐☐☐

① 신탁가등기는 소유권이전청구권보전을 위한 가등기와 동일한 방식으로 신청하되, 신탁원부 작성을 위한 정보도 첨부정보로서 제공하여야 한다.

② 여러 명의 수탁자 중 1인이 신탁행위로 정한 임무종료사유, 사임, 자격상실의 사유로 임무가 종료된 경우에는 나머지 수탁자가 합유명의인 변경등기를 신청하는바, 나머지 수탁자가 1인이면 단독으로, 나머지 수탁자가 여러 명이면 그 전원이 공동으로 합유명의인 변경등기를 신청한다.

③ 위탁자가 여러 명이라 하더라도 수탁자와 신탁재산인 부동산 및 신탁목적이 동일한 경우에는 1건의 신청정보로 일괄하여 신탁등기를 신청할 수 있다.

④ 신탁원부상 신탁조항에 수익자변경권이 위탁자 및 수탁자에게 유보되어 있다는 취지가 기록되어 있다면 수탁자가 수익자의 변경으로 신탁원부 기록의 변경등기를 신청하는 경우, 수익자변경을 증명하는 정보 이외에 종전 수익자의 승낙을 증명하는 정보를 첨부할 필요는 없다.

⑤ 공익신탁법에 따른 공익신탁의 경우 수탁자가 변경된 경우에는 법무부장관의 인가를 증명하는 정보를 첨부정보로 제공하여야 한다.

⋯⋯

[❶ ▸ ○] 신탁가등기는 소유권이전청구권보전을 위한 가등기와 동일한 방식으로 신청하되, 신탁원부 작성을 위한 정보도 첨부정보로서 제공하여야 한다. 신탁가등기의 기록례는 별지 등기기록례 4와 같다(등기예규 제1726호 1. 마.).

[❷ ▸ ×] 등기예규 제1726호 3. 나. (1) (가)

등기예규 제1726호[신탁등기사무처리에 관한 예규]

3. 수탁자의 변경

나. 여러 명의 수탁자 중 1인의 임무종료로 인한 합유명의인 변경등기

(1) 신청인

(가) 공동신청 : 여러 명의 수탁자 중 1인이 신탁행위로 정한 임무종료사유, 사임, 자격상실의 사유로 임무가 종료된 경우에는 <u>나머지 수탁자와 임무가 종료된 수탁자가 공동으로 합유명의인 변경등기를 신청한다.</u> 수탁자 중 1인인 신탁회사가 합병으로 인하여 소멸되고 신설 또는 존속하는 회사가 신탁회사인 경우에는 나머지 수탁자와 합병 후 신설 또는 존속하는 신탁회사가 공동으로 합유명의인 변경등기를 신청한다.

(나) 단독신청 : 여러 명의 수탁자 중 1인이 사망, 금치산, 한정치산, 파산, 해산의 사유로 임무가 종료된 경우에는 나머지 수탁자가 단독으로 합유명의인 변경등기를 신청한다. 이 경우 나머지 수탁자가 여러 명이면 그 전원이 공동으로 신청하여야 한다.

[❸ ▸ ○] 등기예규 제1726호 1. 라. (2)

> **등기예규 제1726호[신탁등기사무처리에 관한 예규]**
>
> 1. 신탁등기
>   라. 수탁자가 여러 명인 경우 등
>   (1) 수탁자가 여러 명인 경우에는 그 공동수탁자가 합유관계라는 뜻을 신청정보의 내용으로 제공하여야 한다.
>   (2) 위탁자가 여러 명이라 하더라도 수탁자와 신탁재산인 부동산 및 신탁목적이 동일한 경우에는 1건의 신청정보로 일괄하여 신탁등기를 신청할 수 있다.

[❹ ▸ ○] 신탁원부상 신탁조항에 수익자변경권이 위탁자 및 수탁자에게 유보되어 있다는 취지가 기재되어 있다면 수탁자가 수익자의 변경으로 신탁원부기재변경등기를 신청하는 경우 수익자변경을 증명하는 서면 이외에 종전 수익자의 승낙서를 첨부할 필요는 없다(등기선례 제7-401호).

[❺ ▸ ○] 공익신탁법에 따른 공익신탁의 경우 수탁자가 변경된 경우에는 법무부장관의 인가를 증명하는 정보를 첨부정보로 제공하여야 한다(등기예규 제1726호 3. 가. (3) ②).

답 ❷

제4절 | 신탁원부 기록의 변경등기(등기예규 제1726호)

제5절 | 신탁등기의 말소등기(등기예규 제1726호)

제6절 | 신탁의 합병과 분할에 따른 등기(등기예규 제1726호)

---

03 □□□ 신탁등기와 다른 등기와의 관계에 관한 다음 설명 중 가장 옳지 않은 것은? 2019년

① 신탁등기가 마쳐진 부동산에 대하여 수탁자를 등기의무자로 하는 등기의 신청이 있을 경우에는 그 등기신청이 신탁목적에 부합하는지 여부를 심사하여 신탁목적에 반하는 등기신청은 이를 각하하여야 한다.

② 신탁등기가 마쳐진 부동산에 대하여 수탁자를 등기의무자로 하는 등기의 신청이 신탁목적에 부합하지 않더라도 위탁자의 승낙서를 제공하여 신청한 것이라면 이를 수리하여야 한다.

③ 수탁자를 등기의무자로 하는 처분제한의 등기, 강제경매등기, 임의경매등기 등의 촉탁이 있는 경우에는 이를 수리하여야 한다.

④ 신탁 전에 설정된 담보물권에 기한 임의경매등기 또는 신탁 전의 가압류등기에 기한 강제경매등기의 촉탁이 있는 경우에는 위탁자를 등기의무자로 한 경우에도 이를 수리하여야 한다.

⑤ 신탁등기가 마쳐진 토지가 분할되어 그에 따른 분필등기의 신청이 있는 경우에는 등기관은 분필된 토지에 대하여 분필 전 토지의 신탁원부와 같은 내용의 신탁원부를 작성하여야 한다.

··

[❶ ▸ ○] 신탁등기가 경료된 부동산에 대하여 수탁자를 등기의무자로 하는 등기의 신청이 있을 경우에는 등기관은 그 등기신청이 신탁목적에 반하지 아니하는가를 심사하여 신탁목적에 반하는 등기신청은 이를 수리하여서는 아니 된다(등기예규 제1726호 6. 가.).

[❷ ▸ ✕] 신탁등기가 경료된 토지에 대하여 수탁자를 등기의무자로 하는 임차권설정등기의 신청은 그 등기신청이 신탁목적에 반하지 않는 경우에만 할 수 있으며, 이는 위탁자의 동의 여부와는 상관이 없다(등기선례 제7-279호).

[❸ ▸ ○] [❹ ▸ ○] 등기관은 수탁자를 등기의무자로 하는 처분제한의 등기, 강제경매등기, 임의경매등기 등의 촉탁이 있는 경우에는 이를 수리하고, 위탁자를 등기의무자로 하는 위 등기의 촉탁이 있는 경우에는 이를 수리하여서는 아니 된다. 다만 신탁 전에 설정된 담보물권에 기한 임의경매등기 또는 신탁 전의 가압류등기에 기한 강제경매등기의 촉탁이 있는 경우에는 위탁자를 등기의무자로 한 경우에도 이를 수리하여야 한다(등기예규 제1726호 6. 나.).

[❺ ▸ ○] 신탁등기가 마쳐진 토지가 분할되어 그에 따른 분필등기의 신청이 있는 경우에는 등기관은 분필된 토지에 대하여 분필 전 토지의 신탁원부와 같은 내용의 신탁원부를 작성하여야 한다. 다만 분필된 토지에 대하여 신탁등기의 말소등기가 동시에 신청되는 경우에는 신탁원부를 따로 작성하지 아니하여도 무방하다(등기예규 제1726호 6. 라.).

答 ❷

CHAPTER

07 가등기

제1절 총 설

I 가등기의 의의

가등기는 부동산등기법 제3조에 해당하는 권리(소유권, 지상권, 지역권, 전세권, 저당권, 권리질권, 채권담보권, 임차권)의 설정, 이전, 변경 또는 소멸의 청구권을 보전하거나 그 청구권이 시기부 또는 정지조건부일 경우, 그 밖에 장래에 확정될 것일 때에 하는 예비등기를 말한다(부동산등기법 제88조). 가등기는 본등기의 순위를 미리 확보해 둠으로써 채권자를 보호하는 데 그 목적이 있다.

II 가등기를 할 수 있는 권리(등기예규 제1632호)

1. 본등기를 할 수 있는 권리일 것

가등기는 본등기를 전제로 하는 예비등기이므로 본등기를 할 수 있는 권리에 대해서만 허용된다. 그러한 권리에는 소유권, 지상권, 지역권, 전세권, 저당권, 권리질권, 채권담보권, 임차권 등이 있다.

2. 채권적 청구권

가등기는 장차 본등기를 하여 부동산등기법 제3조에서 정한 권리를 취득하는 것을 목적으로 하는 등기이다. 그러므로 부동산등기법 제3조에서 정한 물권 또는 부동산임차권의 변동을 목적으로 하는 청구권 즉 채권적 청구권만이 가등기의 대상이다. 이미 물권변동이 있은 후 물권적 청구권을 보전하기 위한 가등기 또는 소유권보존등기를 위한 가등기는 할 수 없다(대판 1982.11.23. 81다카1110).

3. 권리의 설정, 이전, 변경 또는 소멸의 청구권

① 가등기는 권리의 설정이나 이전 등을 위한 청구권 보전을 위해서 한다. 권리변동과 무관한 부동산표시나 등기명의인표시의 변경등기 등을 위하여는 할 수 없다.

② 부동산등기법은 소멸의 청구권 즉 말소등기청구권 보전을 위한 가등기도 가능한 것으로 규정하고 있으나(부동산등기법 제88조), 말소등기는 채권적 청구권에 기한 것이 거의 없고 대부분 물권적 청구권에 기한 것이므로 등기실무상 행해지는 경우는 거의 보이지 않는다.

4. 시기부 또는 정지조건부의 청구권

① 시기부 또는 정지조건부의 청구권이란 권리의 설정, 이전, 변경 또는 소멸의 청구권 발생이 시기부 또는 정지조건부인 것을 말한다.

② 시기부 청구권이란 청구권의 효력이 장래 일정 기일에 발생하는 것을 말하고 정지조건부 청구권이란 청구권의 효력이 일정한 조건에 걸려 있는 것을 말한다.

③ 해제조건부 청구권의 경우는 조건이 성취되면 청구권이 소멸하므로 보전의 실익이 없기 때문에 가등기를 할 수 있는 권리에 해당하지 않는다.

5. 장래에 확정될 청구권

① 장래 청구권이 발생할 가능성이 있는 모든 경우를 의미하는 것이 아니고 장래 청구권을 발생하게 할 기본적인 법률관계는 이미 성립되어 있는 경우를 말한다.

② 배우자 명의로 명의신탁한 부동산에 대하여 명의신탁 해지 후의 소유권이전청구권을 보전하기 위한 가등기를 할 수 있으며, 이 경우 등기원인은 '명의신탁해지'가 된다. 나아가 당사자는 명의신탁계약의 해지 약정에 대한 예약을 하고 장차 명의신탁해지약정의 효력이 발생한 경우 생기는 소유권이전청구권을 보전하기 위한 가등기를 할 수도 있는데, 이 경우 등기원인은 '명의신탁해지약정 예약'이 될 것이다(등기선례 제201211-6호).

Ⅲ 가등기의 효력

1. 순위보전의 효력

가등기에 의한 본등기를 한 경우 본등기의 순위는 가등기의 순위에 따른다(부동산등기법 제91조). 이를 가등기의 순위보전 효력이라고 한다.

2. 가등기 자체의 효력

가등기는 순위보전의 효력이 있을 뿐 물권변동의 효력이 없으며, 가등기의무자의 처분권한을 제한하는 효력도 없다.

Ⅰ 신청절차

1. 신청인

① **공동신청의 원칙** : 가등기도 일반원칙에 따라 가등기권리자와 가등기의무자의 공동신청에 의하는 것이 원칙이다.

② **단독신청**

　㉠ 하지만 부동산등기법에서는 가등기가 종국등기가 아니라 예비등기이기 때문에 신청절차를 간소화하여 가등기의무자의 승낙이 있거나 가등기를 명하는 법원의 가처분명령이 있을 때에는 단독으로 신청할 수 있게 하고 있다(부동산등기법 제89조).

　㉡ 가등기가처분은 가등기권리자가 가등기의무자의 협력을 얻지 못하여 가등기를 할 수 없는 경우 관할 지방법원에 가등기원인사실을 소명해 가등기를 명하는 가처분명령을 신청하고, 이에 따라 관할법원에서 가처분명령을 하는 것을 말한다(부동산등기법 제90조).

　㉢ 가등기가처분은 분쟁을 요건으로 하지 않고 대립 당사자의 존재를 전제로 하지 않는다는 점에서 「민사집행법」상 가처분과는 성격이 다르다. 가등기가처분명령이 있더라도 법원의 촉탁으로 가등기를 할 수 없고, 가등기가처분명령에 대해서는 「민사집행법」에 따른 불복을 할 수 없어 그 가등기를 말소하기 위해서는 가등기말소의 소를 제기하여야 한다.

　㉣ 가등기가처분명령의 신청을 기각한 결정에 대해서는 즉시항고를 할 수 있으며 이때에는 「비송사건절차법」을 준용한다(부동산등기법 제90조 제2항·제3항).

2. 등기필정보와 첨부정보

① 가등기권리자가 단독으로 가등기를 신청하는 경우에는 가등기의무자의 승낙이나 가처분명령이 있음을 증명하는 정보를 등기소에 제공하여야 한다(부동산등기규칙 제145조 제2항). 이때에는 가등기의무자의 등기필정보는 제공할 필요가 없다.

② 가등기의무자의 승낙을 얻어 가등기를 신청할 때에는 가등기의무자의 인감증명을 제공하여야 하나, 가등기가처분명령에 의하여 신청할 때에는 제공할 필요가 없다.

③ 가등기는 소유권을 종국적으로 취득하게 하는 것이 아니므로 농지에 대한 소유권이전등기청구권 보전의 가등기를 신청할 때에 농지취득자격증명은 제공할 필요가 없다. 반면 토지거래허가는 매매예약의 경우에도 필요하므로 토지에 대한 소유권이전등기청구권 보전의 가등기를 신청할 때에는 그 증명 정보를 제공하여야 한다.

3. 가등기권리자가 여러 사람인 경우

① 여러 사람이 가등기를 할 권리를 공유하고 있는 때에는 각자의 지분을 신청정보의 내용으로 하고 등기를 할 때에도 그 지분을 기록하여야 한다.

② 여러 사람 공유의 부동산에 관하여 여러 사람 이름으로 가등기를 신청할 때에는 여러 공유자가 여러 사람에게 지분의 전부 또는 일부를 이전하는 경우와 같이 등기권리자별 또는 등기의무자별로 신청을 하여야 한다.

Ⅱ　가등기상 권리의 이전등기

1. 의 의

가등기상 권리의 이전등기란 가등기상의 권리자가 가지는 청구권을 제3자에게 양도한 경우 이를 공시하기 위한 등기를 말한다.

2. 허용여부

가등기는 원래 순위를 확보하는 데에 그 목적이 있으나, 순위 보전의 대상이 되는 물권변동의 청구권은 그 성질상 양도될 수 있는 재산권일 뿐만 아니라 가등기로 인하여 그 권리가 공시되어 결과적으로 공시방법까지 마련된 셈이므로, 이를 양도한 경우에는 양도인과 양수인의 공동신청으로 그 가등기상의 권리의 이전등기를 가등기에 대한 부기등기의 형식으로 경료할 수 있다(대판[전합] 1998.11.19. 98다24105).

3. 등기절차

① 가등기상 권리의 이전등기는 가등기에 대한 부기등기의 형식으로 한다.

② 가등기상 권리의 이전등기 신청은 가등기 된 권리 중 일부지분에 관해서도 할 수 있다. 이 경우 등기신청서에는 이전되는 지분을 기재하여야 하고 등기기록에도 그 지분을 기록하여야 한다.

③ 여러 사람 이름으로 가등기가 되어 있으나 각자의 지분이 기록되지 아니한 경우 그 지분은 균등한 것으로 취급한다. 일부 가등기권자가 균등하게 산정한 지분과 다른 지분을 주장하여 가등기에 의한 이전등기를 신청하고자 할 경우에는 먼저 가등기 지분을 기록하는 의미의 경정등기를 신청하여야 한다. 이 경우 가등기권자 전원이 공동으로 하여야 하고 실제의 지분비율을 증명하는 정보와 실제의 지분이 균등하게 산정한 지분보다 적은 가등기권자의 인감증명을 제공하여야 한다.

④ 법원의 가등기가처분결정에 의하여 경료된 가등기의 효력은 일반적인 가등기의 효력과 아무런 차이가 없으므로, 법원의 가등기가처분결정에 의하여 경료된 근저당권설정등기청구권가등기의 경우에도 부기등기의 형식으로 이전등기를 할 수 있으며, 그 가등기에 의하여 보전된 근저당권설정등기청구권의 일부이전의 부기등기도 할 수 있을 것이다(등기선례 제5-574호).

제3절 ┃ 가등기에 의한 본등기(등기예규 제1632호 4.)

Ⅰ　신청인

1. 당사자

① 가등기 후 제3자에게 소유권이 이전된 경우 : 가등기에 의한 본등기 신청의 등기의무자는 가등기를 할 때의 소유자이며, 가등기 후에 제3자에게 소유권이 이전된 경우에도 가등기의무자는 변동되지 않는다.

② 가등기권자가 사망한 경우 : 가등기를 마친 후에 가등기권자가 사망한 경우, 가등기권자의 상속인은 상속등기를 할 필요 없이 상속을 증명하는 서면을 첨부하여 가등기의무자와 공동으로 본등기를 신청할 수 있다.

③ 가등기의무자가 사망한 경우 : 가등기를 마친 후에 가등기의무자가 사망한 경우, 가등기의무자의 상속인은 상속등기를 할 필요 없이 상속을 증명하는 서면과 인감증명 등을 첨부하여 가등기권자와 공동으로 본등기를 신청할 수 있다.

2. 등기원인증명정보 및 등기필정보

① 매매예약을 원인으로 한 가등기에 의한 본등기를 신청함에 있어서, 본등기의 원인일자는 매매예약완결의 의사표시를 한 날로 기재하여야 하나, 등기원인을 증명하는 서면은 매매계약서를 제출하여야 한다.

② 그러나 형식상 매매예약을 등기원인으로 하여 가등기가 되어 있으나, 실제로는 매매예약완결권을 행사할 필요 없이 가등기권리자가 요구하면 언제든지 본등기를 하여 주기로 약정한 경우에는, 매매예약완결권을 행사하지 않고서도 본등기를 신청할 수 있으며, 이때에는 별도로 매매계약서를 제출할 필요가 없다.

③ 가등기에 의한 본등기를 신청할 때에는 가등기의 등기필정보가 아닌 등기의무자의 권리에 관한 등기필정보를 신청정보의 내용으로 등기소에 제공하여야 한다.

3. 가등기된 권리 중 일부 지분에 대한 본등기의 신청

가등기에 의한 본등기 신청은 가등기된 권리 중 일부 지분에 관해서도 할 수 있다. 본등기 될 지분을 신청정보로 하여야 하고 등기기록에도 그 지분을 기록하여야 한다.

4. 공동가등기권자가 있는 경우

① 하나의 가등기에 관하여 여러 사람의 가등기권자가 있는 경우에, 가등기권자 모두가 공동의 이름으로 본등기를 신청하거나, 그중 일부의 가등기권자가 자기의 가등기지분에 관하여 본등기를 신청할 수 있지만, 일부의 가등기권자가 공유물보존행위에 준하여 가등기 전부에 관한 본등기를 신청할 수는 없다. 공동가등기권자 중 일부의 가등기권자가 자기의 지분만에 관하여 본등기를 신청할 때에는 신청서에 그 뜻을 기재하여야 하고 등기기록에도 그 뜻을 기록하여야 한다.

② 공동가등기권자의 지분이 기록되어 있지 아니한 때에는 그 지분은 균등한 것으로 보아 본등기를 허용하고, 일부의 가등기권자가 균등하게 산정한 지분과 다른 가등기지분을 주장하여 그 가등기에 의한 본등기를 신청하고자 할 경우에는 먼저 가등기지분을 기록하는 의미의 경정등기를 신청하여야 한다. 이 경우 그 경정등기신청은 가등기권자 전원이 공동으로 하여야 하고 등기신청서에는 가등기권자 전원 사이에 작성된 실제의 지분비율을 증명하는 서면과, 실제의 지분이 균등하게 산정한 지분보다 적은 가등기권자의 인감증명을 첨부하여야 한다.

③ 두 사람의 가등기권자 중 한 사람이 가등기상 권리를 다른 가등기권자에게 양도한 경우, 양수한 가등기권자 한 사람의 이름으로 본등기를 신청하기 위해서는, 먼저 가등기상 권리의 양도를 원인으로 한 지분이전의 부기등기를 마쳐야 한다.

5. 판결에 의한 본등기의 신청

① 등기원인일자 : 가등기상 권리가 매매예약에 의한 소유권이전청구권일 경우 판결주문에 매매예약 완결일자가 있으면 그 일자를 등기원인일자로 하고, 판결주문에 매매예약 완결일자가 없으면 등기원인은 확정판결로, 등기원인일자는 확정판결의 선고연월일로 한다.

② 판결에 기록되어 있는 등기원인일자가 등기기록과 다른 경우 : 등기기록상 가등기원인일자와 본등기를 명한 판결주문의 가등기원인일자가 서로 다르더라도 판결이유에 의하여 매매의 동일성이 인정된다면 그 판결에 의하여 가등기에 의한 본등기를 신청할 수 있다.

③ 판결주문에 가등기에 의한 본등기라는 취지의 기록이 없는 경우 : 판결주문에서 피고에게 소유권이전청구권 보전 가등기에 의한 본등기 절차의 이행을 명하지 않고 매매로 인한 소유권이전등기절차의 이행을 명한 경우라도, 판결이유에 의하여 가등기에 의한 본등기 절차의 이행임이 명백한 때에는 그 판결을 등기원인증명정보로 하여 가등기에 의한 본등기를 신청할 수 있다.

6. 다른 원인으로 소유권이전등기를 한 경우

① 원칙적 금지 : 소유권이전청구권 보전 가등기권자가 가등기에 의한 본등기를 하지 않고 다른 원인에 의한 소유권이전등기를 한 후에는 가등기는 혼동으로 실질적으로 소멸하였기 때문에 다시 가등기에 의한 본등기를 할 수 없다.

② 예외적 허용 : 가등기 후 위 소유권이전등기 전에 제3자 앞으로 처분제한의 등기가 되어 있거나 중간처분의 등기가 된 경우에는 그 가등기는 혼동으로 소멸하지 않고 유효하게 존속하게 되므로 가등기권리자는 다시 가등기에 의한 본등기를 할 수 있다(대판 1988.9.27. 87다카1637 참조).

Ⅱ 가등기에 의해 보전되는 권리를 침해하는 등기의 직권말소

1. 서 론

① 가등기에 의한 본등기를 하면 본등기의 순위는 가등기의 순위에 따르기 때문에 가등기 후에 된 등기는 본등기보다 후순위가 된다(부동산등기법 제91조). 이 경우 후순위 등기의 말소절차가 문제되는바, 법은 등기관이 가등기에 의한 본등기를 하면 가등기 후에 된 등기로서 가등기에 의하여 보전되는 권리를 침해하는 등기는 등기관이 직권으로 말소하는 것으로 규정하고 있다.

② 즉, 등기관이 가등기에 의한 본등기를 하였을 때에는 가등기 이후에 된 등기로서 가등기에 의하여 보전되는 권리를 침해하는 등기를 직권으로 말소하여야 하고(부동산등기법 제92조 제1항), 그 등기를 말소하였을 때에는 지체 없이 그 사실을 말소된 권리의 등기명의인에게 통지하여야 한다(부동산등기법 제92조 제2항).

③ 다만, 가등기 후 본등기 전에 마쳐진 등기가 체납처분으로 인한 압류등기인 경우에는 직권말소대상통지를 한 후 이의신청이 있으면 이유가 있는지 여부를 검토한 후 말소여부를 결정한다(부동산등기규칙 제147조 제2항). 이는 소유권이전청구권 보전 가등기의 실질이 담보가등기인 경우 본등기로 인하여 담보가등기보다 우선하는 압류등기가 말소되는 것을 방지하기 위한 것이다. 가등기 후의 등기가 압류등기 외의 등기인 경우에는 이러한 절차를 밟을 필요가 없다.

④ 가등기에 의한 본등기를 한 다음 가등기 후 본등기 전에 마쳐진 등기를 등기관이 직권으로 말소할 때에는 가등기에 의한 본등기로 인하여 그 등기를 말소한다는 뜻을 기록하여야 한다(부동산등기규칙 제149조).

2. 소유권이전등기청구권 보전 가등기에 의하여 소유권이전의 본등기를 한 경우(등기예규 제632호 5.)

가등기 후 본등기 전에 마쳐진 등기 중 앞에서 본 체납처분에 따른 압류등기와 아래의 등기를 제외하고는 모두 직권으로 말소한다(부동산등기규칙 제147조 제1항).

① 해당 가등기상 권리를 목적으로 하는 가압류등기나 가처분등기
② 가등기 전에 마쳐진 가압류에 의한 강제경매개시결정등기
③ 가등기 전에 마쳐진 담보가등기, 전세권, 저당권에 의한 임의경매개시결정등기
④ 가등기권리자에게 대항할 수 있는 주택임차권등기, 주택임차권설정등기, 상가건물임차권등기, 상가건물임차권설정등기(이하 "주택임차권등기등"이라 한다)
⑤ 해당 가등기 및 가등기 전에 마쳐진 등기의 말소예고등기

3. 용익권설정등기청구권 보전 가등기에 의하여 용익권 설정의 본등기를 한 경우

(1) 직권말소의 대상이 되는 등기

등기관이 지상권·전세권·임차권 설정등기청구권 보전 가등기에 의하여 본등기를 한 경우 가등기 후 본등기 전에 동일한 부분에 마쳐진 다음의 등기는 직권으로 말소한다(부동산등기규칙 제148조 제1항).

① 지상권설정등기
② 지역권설정등기
③ 전세권설정등기
④ 임차권설정등기
⑤ 주택임차권등기 등. 다만 가등기권자에게 대항할 수 있는 임차인 명의의 등기는 말소할 수 없다. 이 경우 가등기에 의한 본등기의 신청을 하려면 먼저 대항력 있는 주택임차권등기 등을 말소하여야 한다.

(2) 직권말소의 대상이 되지 않는 등기

등기관이 지상권·전세권·임차권 설정등기청구권 보전 가등기에 의하여 본등기를 한 경우 가등기 후 본등기 전에 마쳐진 다음의 등기는 직권말소의 대상이 되지 않는다(부동산등기규칙 제148조 제2항). 왜냐하면 본등기와 양립이 가능하기 때문이다.

① 소유권이전등기 및 소유권이전청구권 보전 가등기
② 가압류 및 가처분 등 처분제한의 등기
③ 체납처분으로 인한 압류등기
④ 저당권설정등기
⑤ 가등기가 되어 있지 않은 부분에 대한 지상권·전세권·지역권·임차권설정등기와 주택임차권등기 등

4. 저당권설정등기청구권 보전 가등기에 의하여 본등기를 한 경우

저당권설정등기청구권 보전 가등기에 의하여 본등기를 한 경우에는 가등기 후 본등기 전에 마쳐진 제3자 명의의 등기는 저당권설정의 본등기와 양립할 수 있으므로 직권으로 말소할 수 없다.

5. 그 밖의 사항

① 가등기의무자가 사망 후 상속등기가 이루어진 경우 : 가등기의무자가 가등기 후 사망하여 상속인이 그 지위를 승계한 경우 본등기 당시에 상속등기가 이미 마쳐져 있는 때에는 그 상속등기도 직권으로 말소한다.

② 가등기권리자 중 일부의 자의 지분만에 말소원인이 있는 경우

    ㉠ 먼저 그 가등기의 일부 지분을 말소하는 의미의 경정등기를 부기등기로 한 다음 나머지 지분에 대하여 본등기를 할 수 있다.

    ㉡ 이 경우 가등기 후 본등기 전에 이루어진 제3취득자의 소유권이전등기 등에 대해서는 본등기 범위 내에서 직권으로 일부 말소 의미의 경정등기를 한다.

제4절 | 가등기의 말소절차

Ⅰ 의 의

① 가등기는 당사자 간의 약정 또는 법정해제 등의 말소사유가 발생한 때에는 그 말소등기를 신청할 수 있다. 그러나 가등기에 의한 본등기가 이루어진 후에는 가등기와 본등기를 함께 말소하거나 본등기만을 말소할 수는 있으나, 가등기만을 말소할 수는 없다.

② 따라서 가등기의 말소등기절차를 이행하라는 판결로는 본등기의 말소등기를 신청할 수 없으며 본등기의 말소등기절차를 이행하라는 판결로 가등기의 말소를 신청할 수 없다(등기선례 제4-586호).

③ 또한 가등기에 의한 본등기 후 소유권이전의 본등기를 말소한다는 취지의 화해를 한 경우 그 화해조서에 의하여 가등기까지 말소할 수는 없다.

Ⅱ 신청절차

1. 공동신청

① 일반원칙에 따라 등기권리자와 등기의무자의 공동신청에 의하여 말소할 수 있다.

② 등기의무자는 가등기명의인이나 가등기된 권리가 제3자에게 이전된 경우에는 현재 가등기명의인인 양수인이 등기의무자가 된다.

③ 등기권리자는 가등기의무자이나 가등기 후 소유권을 취득한 제3취득자도 등기권리자가 된다.

④ 갑 명의의 소유권이전청구권 보전 가등기에 대하여 채권자를 을과 병으로 하고 피보전권리를 사해행위 취소를 원인으로 한 가등기 말소청구권으로 하는 가처분등기가 마쳐진 후 을이 갑을 상대로 한 가등기말소청구소송에서 갑이 청구를 인낙한 경우, 을이 인낙조서에 의하여 단독으로 가등기의 말소등기를 신청하기 위해서는 가등기 말소에 대하여 등기상 이해관계 있는 제3자인 병의 승낙 또는 이에 대항할 수 있는 재판이 있음을 증명하는 정보를 제공하여야 한다. 이 경우 가처분등기는 등기관이 직권말소한다(등기선례 제7-377호).

⑤ 가등기권리자가 소재불명이 된 경우 현 소유자가 가등기를 말소하기 위해서는 가등기권리자를 상대로 하여 말소등기절차의 이행을 명하는 확정판결을 받거나 부동산등기법 제56조에 따라 공시최고 신청을 하여 제권판결을 받아 단독으로 말소등기를 신청할 수 있다(등기선례 제8-280호).

2. 단독신청의 특칙

① **가등기명의인의 단독신청** : 가등기명의인은 단독으로 가등기의 말소를 신청할 수 있다(부동산등기법 제93조 제1항).

② **가등기의무자 또는 등기상 이해관계 있는 자의 단독신청**

    ㉠ 가등기의무자 또는 가등기에 관하여 등기상 이해관계 있는 자는 가등기명의인의 승낙을 받아 단독으로 가등기의 말소를 신청할 수 있다(부동산등기법 제93조 제2항). 이 경우 가등기명의인의 승낙이나 이에 대항할 수 있는 재판이 있음을 증명하는 정보를 첨부정보로서 등기소에 제공하여야 한다(부동산등기규칙 제150조).

    ㉡ 가등기에 관한 등기상 이해관계 있는 자라 함은 가등기에 의한 본등기로 인하여 자기의 권리가 부정되거나 등기상 불이익을 입을 위험이 있는 자를 말한다. 가등기보다 선순위로 등기된 권리의 명의인은 등기상 이해관계 있는 자가 아니다.

    ㉢ 가등기 이후에 경료된 압류등기의 압류권자는 그 가등기말소에 관한 등기상의 이해관계인이라고 할 수 있을 것이므로 압류권자는 체납처분에 따른 공매로 인한 소유권이전등기를 촉탁할 때 가등기권자의 승낙서 또는 이에 대항할 수 있는 재판의 등본을 첨부하여 그 가등기의 말소등기촉탁을 할 수 있다(등기선례 제4-587호).

    ㉣ 사실상 이해관계에 있더라도 등기되지 아니한 자는 등기상 이해관계 있는 자가 아니다. 예를 들어 가등기권리자와 명의신탁관계에 있는 제3자는 등기상 이해관계 있는 자라 할 수 없으므로 가등기말소신청을 할 수 없다(등기선례 제5-588호).

③ **가등기권자가 다른 원인으로 소유권이전등기를 한 경우**

    ㉠ 가등기권자가 가등기에 의하지 않고 다른 원인으로 소유권이전등기를 하였을 경우 부동산의 소유권이 제3자에게 이전되기 전에는 가등기권자의 단독신청으로 혼동을 원인으로 하여 가등기를 말소할 수 있다.

    ㉡ 그러나 소유권이 제3자에게 이전된 후에는 (혼동을 원인으로 한 가등기권자의 단독신청이 아닌) 통상의 가등기 말소절차에 따라 말소한다.

    ㉢ 가등기에 의하여 보전된 소유권이전등기청구권의 채권자가 채무자를 상속하여 채권과 채무가 동일인에게 속하게 되었다고 하더라도 이는 부동산등기법 제29조 제1호 또는 제2호에 해당한다고 할 수 없기 때문에, 혼동을 원인으로 한 말소등기신청이 없는 한 등기관이 그 가등기를 직권으로 말소할 수 없으며, 매매예약완결권이 제척기간의 도과로 소멸한 경우에도 같다(등기선례 제7-378호).

④ **가등기권리자가 소재불명이 된 경우** : 소유권이전청구권가등기의 명의인이 소재불명이 된 경우 현 소유자는 부동산등기법 제56조에 따라 공시최고신청을 하여 제권판결을 받아 단독으로 그 가등기의 말소등기를 신청할 수 있다.

⑤ 공유자 중 1인이 공유물의 보존행위로서 가등기명의인을 상대로 가등기 말소를 명하는 확정판결을 받은 경우 그 공유자는 위 판결을 첨부하여 단독으로 가등기말소신청을 할 수 있다(등기선례 제201009-3호).

Ⅲ 신청정보 및 첨부정보

1. 신청정보

말소할 가등기를 표시하여야 한다.

2. 등기필정보

① 공동신청의 경우 가등기명의인의 등기필정보를 제공하여야 한다.

② 가등기명의인이 가등기의 말소를 단독으로 신청하는 경우에도 등기명의인의 등기필정보(가등기에 관한 등기필정보)를 제공하여야 한다. 이는 가등기명의인의 권리침해를 방지하기 위함이다.

③ 가등기의무자 또는 등기상 이해관계 있는 자가 단독신청하는 경우에는 가등기명의인의 등기필정보는 제공할 필요가 없다. 가등기명의인의 승낙을 증명하는 정보가 제공되기 때문에 가등기명의인의 권리를 침해할 염려가 없기 때문이다.

3. 인감증명

① 소유권에 관한 가등기명의인이 가등기의 말소등기를 신청할 때에는 가등기명의인의 인감증명도 제공하여야 한다(부동산등기규칙 제60조 제1항 제2호).

② 가등기의무자 또는 등기상 이해관계 있는 자가 가등기명의인의 승낙서 등을 첨부하여 단독신청하는 경우에도 가등기명의인의 인감증명도 제공하여야 한다(부동산등기규칙 제60조 제1항 제7호).

Ⅳ 등기실행

1. 등기형식

가등기말소등기는 주등기로 하여야 하지만, 말소원인이 일부에만 있는 경우에는 부기등기로 한다.

2. 가등기명의인의 표시변경 · 경정등기의 생략

① 가등기의 말소를 신청하는 경우에는 가등기명의인의 표시에 변경 또는 경정 사유가 있는 때라도 변경 또는 경정을 증명하는 정보를 제공한 경우에는 가등기명의인 표시의 변경등기 또는 경정등기를 생략할 수 있다.

② 가등기명의인이 사망한 후 상속인이 가등기의 말소를 신청하는 경우에도 상속등기를 거칠 필요 없이 상속인임을 증명하는 정보와 인감증명 또는 인증서정보 등을 제공하여 가등기의 말소를 신청할 수 있다.

Ⅴ 가등기가처분에 의한 가등기의 말소절차

가등기가처분명령에 의하여 이루어진 가등기는 통상의 가등기 말소절차에 따라 말소한다. 「민사집행법」에서 정한 가처분 이의의 방법으로 말소를 구할 수 없다.

제5절 | 담보가등기에 관한 특칙(가등기담보법)

I 서론

1. 의의

담보가등기란 채무자가 금전소비대차에 기한 차용금채무를 담보하기 위하여 채무불이행시에는 자기 또는 제3자 소유의 물건에 대한 소유권을 이전해 주기로 예약하고, 그 소유권이전청구권을 보전하기 위한 가등기를 말한다(가등기담보법 제1조).

2. 통상의 가등기와 차이점

담보가등기도 가등기의 일종이므로 통상의 가등기 법리가 적용되나, 본등기를 하기 위해서는 가등기담보법에 따른 청산절차를 필요로 하고, 본등기 시 중간등기의 말소 등에서 통상의 가등기와 차이가 있다.

3. 통상의 가등기와의 구별

가등기가 담보 가등기인지 여부는 당해 가등기가 실제상 채권담보를 목적으로 한 것인지 여부에 의하여 결정되는 것이지 당해 가등기의 등기부상 원인이 매매예약으로 기재되어 있는지 아니면 대물변제예약으로 기재되어 있는가 하는 형식적 기재에 의하여 결정되는 것이 아니다(대결 1998.10.7. 98마1333).

II 신청절차의 특칙

1. 신청정보

① 대물반환의 예약을 원인으로 한 가등기신청을 할 경우 등기신청서 기재사항 중 등기의 목적은 본등기될 권리의 이전담보가등기(예 소유권이전담보가등기, 저당권이전담보가등기 등)라고 기재한다.
② 부동산등기법 제90조의 가처분명령에 의하여 가등기신청을 할 때에도 등기원인이 대물반환의 예약인 경우에는 마찬가지이다.
③ 등기원인증명정보로는 대물반환예약서 등을 제공하고 등기원인은 "○○년 ○월 ○일 대물반환예약" 등과 같이 한다.

2. 등록면허세 등

담보가등기의 경우에는 저당권설정등기의 세율에 의한 등록면허세를 납부하여야 한다. 국민주택채권의 매입에 관하여는 특별한 규정이 없으므로 매입할 필요가 없다.

III 본등기절차에 관한 특칙

1. 신청정보

담보가등기에 의한 본등기를 신청할 경우 등기신청서에는 부동산등기규칙 제43조에서 신청정보의 내용으로 정하고 있는 사항 외에 본등기 할 담보가등기의 표시, 가등기담보 등에 관한 법률 제3조에서 정하고 있는 청산금 평가통지서가 채무자 등에게 도달한 날을 신청정보의 내용으로 등기소에 제공하여야 한다.

2. 첨부정보

① 부동산등기규칙 제46조에서 정하고 있는 첨부정보 외에 청산금평가통지서 또는 청산금이 없다는 뜻의 통지서가 도달하였음을 증명하는 정보와 청산기간(청산금평가통지서의 도달일로부터 2개월) 경과 후에 청산금을 채무자에게 지급 또는 공탁하였음을 증명하는 정보(청산금이 없는 경우는 제외)를 제공하여야 한다. 판결에 의하여 본등기를 신청할 경우에는 이러한 정보를 제공할 필요가 없다.

② 목적 부동산의 예약 당시의 가액이 피담보채무의 원금에도 미치지 못하는 사건에 있어서는 청산금평가통지를 할 필요가 없다(대판 1991.11.22. 91다30019).

3. 등기관의 심사

위에서 열거한 요건을 갖추지 아니하였거나 청산금평가통지서가 채무자 등에게 도달한 날로부터 2월이 경과하기 전에 한 본등기신청은 각하한다.

07 가등기

제1장
제2장
제3장
제4장
제5장
제6장
제7장
제8장
제9장

| 제1절 | 총 설

| 제2절 | 가등기절차

01
□□□

가등기를 명하는 법원의 가처분명령(이 문제에서 "가등기가처분명령"이라 한다)에 따른 가등기에 관한 다음 설명 중 가장 옳지 않은 것은?   2021년

① 가등기가처분명령을 등기원인으로 하여 법원이 가등기 촉탁을 한 경우 등기관은 다른 각하사유가 없는 한 이를 수리하여야 한다.

② 가등기가처분명령에 의하여 마쳐진 가등기의 효력은 일반적인 가등기의 효력과 아무런 차이가 없으므로, 이러한 명령에 의하여 마쳐진 근저당권설정등기청구권보전가등기의 경우에도 그 이전등기를 할 수 있다.

③ 가등기가처분명령에 의하여 이루어진 가등기는 통상의 가등기말소절차에 따라야 하며, 민사집행법에서 정한 가처분 이의의 방법으로 가등기의 말소를 구할 수 없다.

④ 가등기가처분명령은 부동산의 소재지를 관할하는 지방법원이 가등기권리자의 신청으로 가등기원인사실의 소명이 있는 경우에 할 수 있다.

⑤ 가등기가처분명령에 의한 가등기 후에 마쳐진 제3자 명의의 소유권이전등기는 위 가등기에 기한 본등기가 이루어지면 가등기의 순위보전의 효력과 물권의 배타성에 의하여 등기관이 직권으로 말소하여야 한다.

....

[**❶ ▸ ×**] 부동산등기법 제89조의 가등기가처분에 관해서는 민사집행법의 가처분에 관한 규정은 준용되지 않는다. 따라서 <u>가등기가처분명령을 등기원인으로 하여 법원이 가등기 촉탁을 하는 때에는 이를 각하한다</u>[등기예규 제1632호 2. 나. (1)].

[**❷ ▸ ○**] 법원의 가등기가처분결정에 의하여 경료된 가등기의 효력은 일반적인 가등기의 효력과 아무런 차이가 없으므로, 법원의 가등기가처분결정에 의하여 경료된 근저당권설정등기청구권가등기의 경우에도 부기등기의 형식으로 이전등기를 할 수 있으며, 그 가등기에 의하여 보전된 근저당권설정등기청구권의 일부이전의 부기등기도 할 수 있을 것이다(등기선례 제5-574호).

[❸ ▸ ○] 가등기가처분명령에 의하여 이루어진 가등기는 통상의 가등기말소절차에 따라야 하며, 민사집행법에서 정한 가처분 이의의 방법으로 가등기의 말소를 구할 수 없다(등기예규 제1632호 6. 라.).

[❹ ▸ ○] 제89조의 가등기를 명하는 가처분명령은 부동산의 소재지를 관할하는 지방법원이 가등기권리자의 신청으로 가등기원인사실의 소명이 있는 경우에 할 수 있다(부동산등기법 제90조 제1항).

[❺ ▸ ○] 법원의 가등기가처분결정에 기하여 이루어진 가등기의 효력은 일반의 가등기(당사자 간의 매매예약에 인한 가등기)의 효력과 아무런 차이가 없으므로, 가등기가처분에 의한 가등기 후에 경료된 제3자 명의의 소유권이전등기는 위 가등기에 기한 본등기가 이루어지면 가등기의 순위보전의 효력과 물권의 배타성에 의하여 그 소유권이전등기는 직권말소하여야 한다(등기선례 제3-718호).

답 ❶

| 제3절 | 가등기에 의한 본등기(등기예규 제1632호 4.)

02

가등기에 관한 다음 설명 중 가장 옳지 않은 것은?   2023년

① 가등기는 권리의 설정이나 이전 등을 위한 청구권 보전을 위해서 하기 때문에 부동산표시 또는 등기명의인표시의 변경등기를 위해서는 할 수 없다.

② 소유권이전등기청구권보전 가등기에 의하여 본등기를 한 경우 가등기 후 본등기 전에 마쳐진 등기 중 가등기 전에 마쳐진 가압류에 의한 강제경매개시결정등기는 직권말소 대상이 아니다.

③ 甲 명의 부동산에 대하여 乙 명의의 소유권이전청구권보전을 위한 가등기와 丙 명의의 가압류등기가 순차 경료된 후, 乙이 위 가등기에 기한 본등기절차에 의하지 아니하고 甲으로부터 별도의 소유권이전등기를 경료받은 경우 乙의 가등기는 혼동으로 소멸하기 때문에 가등기에 기한 본등기를 할 수 없다.

④ 가등기의 말소를 신청하는 경우에는 가등기명의인의 표시에 변경 또는 경정의 사유가 있는 때라도 변경 또는 경정을 증명하는 정보를 제공한 경우에는 가등기명의인표시의 변경등기 또는 경정등기를 생략할 수 있다.

⑤ 지상권설정등기청구권보전 가등기에 의하여 지상권설정의 본등기를 한 경우 가등기 후 본등기 전에 마쳐진 저당권설정등기는 직권말소의 대상이 되지 아니한다.

....

[❶ ▸ ○] 가등기는 제3조 각 호의 어느 하나에 해당하는 권리의 설정, 이전, 변경 또는 소멸의 청구권을 보전하려는 때에 한다(부동산등기법 제88조 제1문). 따라서 권리변동과 무관한 부동산표시 또는 등기명의인표시의 변경등기를 위하여는 할 수 없다.

[❷ ▶ ○] 등기예규 제1632호 5. 가. 1) (나)

> **등기예규 제1632호[가등기에 관한 업무처리지침]**
>
> 5. 본등기와 직권말소
>   가. 소유권이전등기청구권보전가등기에 기하여 소유권이전의 본등기를 한 경우
>   1) 가등기 후 본등기 전에 마쳐진 다음 각 호의 등기와 체납처분에 의한 압류등기를 제외하고는 모두 직권으로 말소한다.
>   (가) 해당 가등기상 권리를 목적으로 하는 가압류등기나 가처분등기
>   (나) <u>가등기 전에 마쳐진 가압류에 의한 강제경매개시결정등기</u>
>   (다) 가등기 전에 마쳐진 담보가등기, 전세권 및 저당권에 의한 임의경매개시결정등기
>   (라) 가등기권자에게 대항할 수 있는 주택임차권등기, 주택임차권설정등기, 상가건물임차권등기, 상가건물임차권설정등기(이하 "주택임차권등기등"이라 한다)
>   (마) 해당 가등기 및 가등기전에 마쳐진 등기의 말소예고등기

[❸ ▶ ×] 부동산에 관한 소유권이전청구권 보전을 위한 가등기 경료 이후에 다른 가압류등기가 경료되었다면, 그 가등기에 기한 본등기 절차에 의하지 아니하고 별도로 가등기권자 명의의 소유권이전등기가 경료되었다고 하여 가등기 권리자와 의무자 사이의 가등기 약정상의 채무의 본지에 따른 이행이 완료되었다고 할 수는 없으니, 특별한 사정이 없는 한, 가등기권자는 가등기의무자에 대하여 그 가등기에 기한 본등기 절차의 이행을 구할 수도 있다(대판 1995.12.26. 95다29888).

[❹ ▶ ○] 가등기의 말소를 신청하는 경우에는 가등기명의인의 표시에 변경 또는 경정의 사유가 있는 때라도 신청서에 그 변경 또는 경정을 증명하는 서면을 첨부함으로써 가등기명의인표시의 변경등기 또는 경정등기를 생략할 수 있다. 또한 가등기명의인이 사망한 후에 상속인이 가등기의 말소를 신청하는 경우에도 상속등기를 거칠 필요 없이 신청서에 상속인임을 증명하는 서면과 인감증명서를 첨부하여 가등기의 말소를 신청할 수 있다(등기예규 제1632호 6. 나.).

[❺ ▶ ○] 부동산등기규칙 제148조 제2항 제4호

> **부동산등기규칙 제148조(본등기와 직권말소)**
>
> ② 지상권, 전세권 또는 임차권의 설정등기청구권보전 가등기에 의하여 지상권, 전세권 또는 임차권의 설정의 본등기를 한 경우 가등기 후 본등기 전에 마쳐진 다음 각 호의 등기는 직권말소의 대상이 되지 아니한다.
>   1. 소유권이전등기 및 소유권이전등기청구권보전 가등기
>   2. 가압류 및 가처분 등 처분제한의 등기
>   3. 체납처분으로 인한 압류등기
>   4. <u>저당권설정등기</u>
>   5. 가등기가 되어 있지 않은 부분에 대한 지상권, 지역권, 전세권 또는 임차권의 설정등기와 주택임차권등기등

답 ❸

① 소유권이전등기청구권의 효력이 시기부 또는 정지조건부일 경우나 그 밖에 장래에 확정될 것인 경우에도 가등기를 설정할 수 있다.

② 소유권이전등기청구권보전가등기에 의하여 소유권 이전의 본등기를 한 경우 가등기 후 본등기 전에 마쳐진 해당 가등기상 권리를 목적으로 하는 가압류등기는 등기관이 직권으로 말소하여야 한다.

③ 담보가등기에 기한 본등기를 신청할 때에는 통상적인 첨부정보 외에 청산금평가통지서 또는 청산 금이 없다는 뜻의 통지서가 도달하였음을 증명하는 정보와 청산금이 있는 경우에는 청산기간 경과 후에 청산금을 채무자에게 지급 또는 공탁하였음을 증명하는 정보를 제공하여야 한다.

④ 가등기 후 본등기 전에 제3자에게 소유권이 이전된 경우 본등기신청의 등기의무자는 가등기를 할 때의 소유자이다.

⑤ 대법원 판례에 따르면 당해 가등기가 담보가등기인지 여부는 당해 가등기가 실제상 채권담보를 목적으로 한 것인지 여부에 의하여 결정되는 것이지 당해 가등기의 등기부상 원인이 매매예약으로 기재되어 있는지 아니면 대물변제예약으로 기재되어 있는가 하는 형식적 기재에 의하여 결정되는 것은 아니라고 한다.

. . . .

[**❶** ▸ O] 가등기는 제3조 각 호의 어느 하나에 해당하는 권리의 설정, 이전, 변경 또는 소멸의 청구권을 보전하려는 때에 한다. 그 청구권이 시기부 또는 정지조건부일 경우나 그 밖에 장래에 확정될 것인 경우에도 같다(부동산등기법 제88조).

[**❷** ▸ ×] 부동산등기규칙 제147조 제1항 제1호

> **부동산등기규칙 제147조(본등기와 직권말소)**
> ① 등기관이 소유권이전등기청구권보전가등기에 의하여 소유권 이전의 본등기를 한 경우에는 법 제92조 제1항에 따라 가등기 후 본등기 전에 마쳐진 등기 중 다음 각 호의 등기를 제외하고는 모두 직권으로 말소한다.
> 1. 해당 가등기상 권리를 목적으로 하는 가압류등기나 가처분등기
> 2. 가등기 전에 마쳐진 가압류에 의한 강제경매개시결정등기
> 3. 가등기 전에 마쳐진 담보가등기, 전세권 및 저당권에 의한 임의경매개시결정등기
> 4. 가등기권자에게 대항할 수 있는 주택임차권등기, 주택임차권설정등기, 상가건물임차권등기, 상가건 물임차권설정등기(이하 "주택임차권등기등"이라 한다)

[**❸** ▸ O] 담보가등기에 의한 본등기를 신청할 경우에는 판결에 의하여 본등기를 신청하는 경우를 제외하고는 청산절차를 거쳤음을 증명하기 위하여 청산금 평가통지서 또는 청산금이 없다는 통지서가 도달하였음을 증명하는 정보와 가등기담보 등에 관한 법률 제3조에서 정하고 있는 청산기간이 경과한 후에 청산금을 채무자에게 지급(공탁)하였음을 증명하는 정보(청산금이 없는 경우는 제외한다)를 첨부정 보로서 등기소에 제공하여야 한다(등기선례 제201405-1호).

[**❹** ▸ O] 가등기에 의한 본등기신청의 등기의무자는 가등기를 할 때의 소유자이며, 가등기 후에 제3자 에게 소유권이 이전된 경우에도 가등기의무자는 변동되지 않는다(등기예규 제1632호 4. 가. (1)).

[**❺** ▸ ○] 당해 가등기가 담보가등기인지 여부는 당해 가등기가 실제상 채권담보를 목적으로 한 것인지 여부에 의하여 결정되는 것이지 당해 가등기의 등기부상 원인이 매매예약으로 기재되어 있는지 아니면 대물변제예약으로 기재되어 있는가 하는 형식적 기재에 의하여 결정되는 것이 아니다(대결 1998.10.7. 98마1333).

답 ❷

제4절 │ 가등기의 말소절차

04
□□□

가등기의 말소에 관한 다음 설명 중 가장 옳지 않은 것은?

2019년

① 가등기의무자나 가등기 후 소유권을 취득한 제3취득자는 가등기의 말소를 신청할 수 있는 등기권리자이다.

② 공유자 중 1인이 공유물의 보존행위로서 가등기명의인을 상대로 가등기 말소를 명하는 확정판결을 받은 경우에 그 공유자는 단독으로 가등기말소신청을 할 수 있다.

③ 가등기가처분명령에 의하여 마쳐진 가등기는 통상의 가등기말소절차에 따라야 하며, 민사집행법에서 정한 가처분 이의의 방법으로 가등기의 말소를 구할 수는 없다.

④ 가등기명의인이 스스로 가등기의 말소를 단독으로 신청하는 경우에는 가등기명의인의 가등기에 관한 등기필정보를 제공하지 않아도 된다.

⑤ 가등기명의인이 사망한 후에 상속인이 가등기의 말소를 신청하는 경우에도 상속등기를 거칠 필요 없이 신청서에 상속인임을 증명하는 서면 등을 첨부하여 가등기의 말소를 신청할 수 있다.

....

[**❶** ▸ ○] 등기예규 제1632호 6. 가.

[**❷** ▸ ○] 공유자 중 1인이 공유물의 보존행위로서 가등기명의인을 상대로 가등기 말소를 명하는 확정판결을 받은 경우 그 공유자는 위 판결을 첨부하여 단독으로 가등기말소신청을 할 수 있다(등기선례 제201009-3호).

[**❸** ▸ ○] 등기예규 제1632호 6. 라.

[**❹** ▸ ✕] 등기예규 제1632호 6. 다.

[**❺** ▸ ○] 등기예규 제1632호 6. 나.

등기예규 제1632호[가등기에 관한 업무처리지침]

6. 가등기의 말소

　가. 등기권리자 : <u>가등기의무자나 가등기 후 소유권을 취득한 제3취득자는 가등기의 말소를 신청할 수 있다.</u>

　나. 가등기명의인표시변경등기의 생략 : 가등기의 말소를 신청하는 경우에는 가등기명의인의 표시에 변경 또는 경정의 사유가 있는 때라도 신청서에 그 변경 또는 경정을 증명하는 서면을 첨부함으로써 가등기명의인표시의 변경등기 또는 경정등기를 생략할 수 있다. 또한 <u>가등기명의인이 사망한 후에 상속인이 가등기의 말소를 신청하는 경우에도 상속등기를 거칠 필요 없이 신청서에 상속인임을 증명하는 서면과 인감증명서를 첨부하여 가등기의 말소를 신청할 수 있다.</u>

다. 등기필정보 : 가등기명의인이 가등기의 말소를 신청하는 경우에는 가등기명의인의 권리에 관한 등기필정보(가등기에 관한 등기필정보)를 신청정보의 내용으로 등기소에 제공하여야 한다.

라. 가등기가처분명령에 의한 가등기의 말소절차 : 가등기가처분명령에 의하여 이루어진 가등기는 통상의 가등기말소절차에 따라야 하며, 민사집행법에서 정한 가처분 이의의 방법으로 가등기의 말소를 구할 수 없다.

마. 가등기권자가 다른 원인으로 소유권이전등기를 한 경우 : 가등기권자가 가등기에 의하지 않고 다른 원인으로 소유권이전등기를 하였을 경우 그 부동산의 소유권이 제3자에게 이전되기 전에는 가등기권자의 단독신청으로 혼동을 등기원인으로 하여 가등기를 말소할 수 있으나, 그 부동산의 소유권이 제3자에게 이전된 후에는 통상의 가등기말소절차에 따라 가등기를 말소한다.

답 ❹

제5절 | 담보가등기에 관한 특칙(가등기담보법)

CHAPTER 08 관공서의 촉탁에 의한 등기

제1절 총 설

I 서 설(등기예규 제1759호)

1. 의 의

등기는 당사자의 신청에 따라 이루어지는 것이 원칙이지만 관공서의 촉탁에 의하여서도 이루어진다(부동산등기법 제22조 제1항). 이 경우 촉탁에 따른 등기절차는 법률에 다른 규정이 없는 경우에는 신청에 따른 등기에 관한 규정을 준용한다(부동산등기법 제22조 제2항).

2. 등기촉탁을 할 수 있는 관공서의 범위

① 등기촉탁을 할 수 있는 관공서는 원칙적으로 국가 및 지방자치단체이다(부동산등기법 제98조).

② 국가 또는 지방자치단체가 아닌 공사 등은 등기촉탁에 관한 특별규정이 있는 경우에 한하여 등기촉탁을 할 수 있다. 한국토지주택공사(한국토지주택공사법 제8조 제1항 제2호, 제7호), 한국자산관리공사(국세징수법 제103조), 한국농어촌공사(농어촌공사법 제10조 제1항 제14호, 제41조), 한국도로공사(고속국도법, 도로법, 한국도로공사법 등), 한국수자원공사(한국수자원공사법 제9조 제4항, 제24조의2) 등은 등기촉탁을 할 수 있다.

③ 반면 「지방공기업법」 제49조에 따른 지방자치단체의 조례에 의해 설립된 지방공사는 지방자치단체와는 별개의 법인이므로 그 사업과 관련된 등기를 촉탁할 수 없다.

④ 한국철도시설공단은 토지보상법이 정한 절차에 따라 국토교통부장관을 대행하여 국 명의로 부동산을 취득하기 위해서 등기촉탁을 할 수 있으나(등기선례 제201106-4호), 자기 명의의 등기를 하기 위해서 촉탁을 할 수는 없다.

⑤ 국민연금공단도 공무원연금법에 등기촉탁에 관한 특별규정을 두고 있지 않으므로 등기촉탁을 할 수 없다(등기선례 제201511-2호).

⑥ 국유 부동산 중 일반재산에 대하여 매각권한을 위임받은 지방자치단체장은 일반재산임을 소명하는 서면과 권한위임의 근거 규정을 명시하여 지방자치단체장 명의로 소유권이전등기를 신청(촉탁)할 수 있다(등기예규 제1414호).

⑦ 교육비특별회계 소관의 공유재산에 관하여는 교육감이 소관청이 되므로(공유재산법 제9조 제2항) 그 등기촉탁은 교육감이 하게 되며, 조례에 의하여 위 재산의 취득·처분 권한이 소관청으로부터 해당 교육장에게 위임되었다면 위임사실을 소명하는 정보를 제공하고 그 권한위임의 근거 규정을 명시하여 해당 교육장이 부동산의 소유권 변동에 관한 등기촉탁을 할 수 있다(등기선례 제4-18호).

촉탁의 방법(등기예규 제1759호)

1. 서면촉탁

① 관공서가 촉탁정보 및 첨부정보를 적은 서면을 제출하는 방법으로 등기촉탁을 하는 경우에는 우편으로 촉탁서를 제출할 수 있다(부동산등기규칙 제155조 제1항). 관공서가 등기를 촉탁하는 경우에는 본인이나 대리인의 출석을 요하지 아니하기 때문이다.

② 관공서의 소속 공무원이 등기소에 출석하여 촉탁서를 제출할 때에는 소속 공무원임을 확인할 수 있는 신분증명서를 제시하여야 한다(부동산등기규칙 제155조 제2항). 위임장을 따로 제출할 필요는 없다.

③ 관공서가 서면으로 등기촉탁을 할 때 촉탁서의 제출을 법무사에게 위임할 수도 있다. 이 경우에는 촉탁서 제출을 위임받았음을 증명하는 서면을 촉탁서에 첨부하여야 한다(등기선례 제201111-4호).

2. 전자촉탁(등기예규 제1759호)

(1) 전자촉탁할 수 있는 등기유형과 첨부정보

① **전자촉탁할 수 있는 등기유형** : 관공서가 촉탁정보와 첨부정보를 전산정보처리조직을 이용하여 송신하는 방법으로 등기촉탁(이하 "전자촉탁"이라 한다)할 수 있는 등기유형은 다음의 경우로 한정한다.

   ㉠ 부동산표시의 변경등기

   ㉡ 토지분필등기

   ㉢ 토지합필등기

   ㉣ 부동산멸실등기

   ㉤ 체납처분에 의한 압류등기 및 그 등기의 말소등기

   ㉥ 공매공고 등기 및 그 등기의 말소등기

   ㉦ 국 소유 부동산의 소유권보존등기

   ㉧ 국이 등기권리자인 소유권이전등기

   ㉨ 국 소유 부동산의 명의인표시 변경등기

   ㉩ 관리청명칭 첨기등기

   ㉪ 관리청명칭 변경등기

② **첨부정보의 제한** : 위 ①의 등기유형이라도 다음의 구분에 따른 첨부정보 외에 다른 첨부정보가 필요한 경우에는 전자촉탁을 할 수 없다.

   ㉠ 부동산표시의 변경등기, 부동산멸실등기 : 토지(임야)대장 정보, 건축물대장 정보

   ㉡ 토지분필등기, 토지합필등기 : 토지(임야)대장 정보

   ㉢ 체납처분에 의한 압류등기 : 압류조서 정보

   ㉣ 압류등기의 말소등기 : 압류해제조서 정보

   ㉤ 공매공고 등기 : 공매공고를 증명하는 정보

   ㉥ 공매공고 등기의 말소등기 : 「국세징수법」 제71조의2 각 호에 해당함을 증명하는 정보

   ㉦ 국 소유 부동산의 소유권보존등기, 국이 등기권리자인 소유권이전등기 : 관리청지정서, 토지(임야)대장 정보

ⓘ 국 소유 부동산의 명의인표시 변경등기, 관리청명칭 첨기등기 : 관리청지정서

ⓙ 관리청명칭 변경등기 : 용도폐지공문, 재산인수인계서, 관리전환협의서, 관리전환결정서, 관리청결정서

(2) 전자촉탁의 방법

① 전자촉탁을 하려는 관공서의 담당자는, 앞의 (1)의 ①에 열거된 등기유형 중 다섯 번째 항목까지에 대하여는 행정정보공동이용센터를 통하여, 여섯 번째부터 열한 번째 항목까지에 대하여는 인터넷등기소에 접속하여 촉탁정보와 첨부정보를 전송하여야 한다.

② 다만, 다섯 번째의 등기유형에 대하여는 인터넷등기소에 접속하여 촉탁정보와 첨부정보를 전송할 수 있다.

③ 촉탁정보와 첨부정보를 전송할 때에는 촉탁담당자에게 부여된 전자서명정보를 함께 전송하여야 한다.

④ 다량의 부동산에 관한 등기촉탁으로서 전산정보처리조직에 의한 송부가 불가능하거나 전산정보처리조직에 장애가 발생한 경우에는 우편 등의 방법으로 촉탁하여야 한다.

(3) 보정사유가 있는 경우

① 관공서의 전자촉탁에 대하여 보정사유가 있는 경우 등기관은 보정사유를 등록한 후 전자우편, 구두, 전화, 그 밖의 방법으로 그 사유를 촉탁관서에 통지한다. 다만, 위의 첫 번째부터 네 번째까지의 등기유형에 대하여는 보정사유가 있더라도 보정명령 없이 촉탁을 각하한다.

② 전자촉탁의 보정은 전산정보처리조직을 이용하여 보정 정보를 등기소에 송부하는 방법으로 하여야 한다.

(4) 취 하

전자촉탁한 등기사건에 대하여 취하를 하려는 경우에는 전산정보처리조직을 이용하여 취하정보를 등기소에 송부하여야 한다.

Ⅲ 촉탁등기의 유형

관공서가 등기를 촉탁하는 경우는 두 가지 유형으로 나눌 수 있다. 하나는 관공서가 사법상 권리관계의 주체로서 촉탁하는 경우이며(부동산등기법 제98조), 다른 하나는 공권력 행사의 주체로서 촉탁하는 경우(부동산등기법 제97조)이다. 체납처분등기촉탁은 중간형이라고 할 수 있는데, 공권력 행사의 성격이 짙으므로 후자에 포함시켜 설명하기로 한다.

제2절 | 권리관계의 당사자로서 촉탁하는 등기

Ⅰ 관공서가 등기를 촉탁할 수 있는 경우

국가 또는 지방자치단체도 일반 사인과 마찬가지로 부동산에 관한 권리를 취득하거나 처분할 수 있다. 국가 등이 권리를 취득한 때 즉 등기권리자가 된 때에는 등기의무자의 승낙을 받아 해당 등기를 촉탁하여야 한다(부동산등기법 제98조 제1항). 국가 등이 등기의무자인 때에는 등기권리자의 청구에 따라 지체 없이 해당 등기를 촉탁하여야 한다(부동산등기법 제98조 제2항).

Ⅱ 첨부정보 등(등기예규 제1759호)

1. 등기필정보 제공 여부

① 관공서가 등기의무자로서 등기권리자의 청구에 따라 촉탁하거나 부동산에 관한 권리를 취득하여 등기권리자로서 촉탁하는 경우에는 등기의무자의 등기필정보를 제공할 필요가 없다.

② 관공서가 촉탁을 하지 않고 법무사 또는 변호사에게 위임하여 등기를 신청하는 경우에도 같다.

2. 승낙정보와 인감증명

등기의무자의 승낙을 받아 등기권리자로서 촉탁하는 경우에는 승낙이 있음을 증명하는 정보와 등기의무자의 인감증명을 등기소에 제공하는 것이 등기실무이다.

3. 등기완료시의 등기필정보의 우송

관공서가 등기권리자를 위하여 등기를 촉탁하는 경우에는 우표를 첨부한 등기필정보통지서 송부용 우편봉투를 제출하여야 하며(부동산등기규칙 제107조 제1항), 등기관은 그 우편봉투에 의하여 등기필정보통지서를 촉탁관서에 우송한다(등기예규 제1759호 6.).

4. 등기기록과 대장의 부동산 표시가 불일치하는 경우 촉탁 수리여부

「부동산등기법」 제29조 제11호는 그 등기명의인이 등기신청을 하는 경우에 적용되는 규정이므로, 관공서가 등기촉탁을 하는 경우에는 등기기록과 대장상의 부동산의 표시가 부합하지 아니하더라도 그 등기촉탁을 수리하여야 한다(등기예규 제1759호 5.).

Ⅲ 본래 단독신청이 가능한 등기의 촉탁

① 소유권보존등기, 부동산 표시 또는 등기명의인 표시의 변경등기와 같이 단독신청이 가능한 등기는 당연히 그 신청권이 있는 관공서가 촉탁할 수 있다.

② 지방자치단체의 관할구역 변경으로 「지방자치법」 제5조에 따라 승계되는 재산에 대하여는 '승계'를 원인으로 승계하는 지방자치단체 명의로 소유권이전등기를 하여야 하는데, 관리청변경등기를 촉탁하고 등기관도 관리청변경등기를 하였을 경우 그 등기는 사건이 등기할 것이 아닌 경우에 해당하여 직권말소 대상이 된다(등기선례 제7-445호).

제3절 공권력 행사의 주체로서 촉탁하는 등기

Ⅰ 체납처분에 관한 등기

1. 압류등기의 촉탁

① 관공서가 체납처분으로서 부동산을 압류한 때에는 압류조서를 제공하여 압류등기(이미 다른 기관이 압류하고 있는 부동산에 관하여는 참가압류의 등기)를 촉탁하여야 하고 그 등기가 마쳐진 때에 압류의 효력이 생긴다.

② 관공서가 체납처분으로 인한 압류등기를 촉탁하는 경우에는 등기명의인 또는 상속인, 그 밖의 포괄승계인을 갈음하여 부동산 표시, 등기명의인 표시의 변경, 경정 또는 상속, 그 밖의 포괄승계로 인한 권리이전등기를 함께 촉탁할 수 있다(부동산등기법 제96조).

③ 미등기 부동산을 압류하기 위해서는 먼저 또는 동시에 소유권보존등기를 촉탁하여야 한다(국세징수법 제45조 제4항). 미등기 부동산에 대하여 소유권보존등기를 촉탁하지 않고 압류등기만을 촉탁한 경우 등기관은 그 촉탁을 각하하여야 한다.

④ 관공서는 압류등기를 촉탁하기 위하여 통상의 채권자와 마찬가지로 체납자를 대위해 체납자로의 소유권이전등기를 촉탁할 수 있다. 이 경우 등기원인증명정보의 제공이나 취득세 등의 납부, 국민주택채권의 매입은 일반의 등기절차와 다르지 않다. 촉탁정보에 대위원인으로 "○○년 ○월 ○일 체납처분에 의한 압류"라고 표시하고, 대위원인을 증명하는 정보로 압류조서를 제공하여야 한다.

⑤ 압류등기를 할 때에는 처분청을 기록하고, 압류등기촉탁서에 압류부서의 문서번호가 표시된 경우에는 원인 다음에 압류부서의 문서번호를 괄호 안에 기록한다.

2. 압류등기의 말소촉탁

관공서가 압류를 해제한 때에는 압류해제조서를 제공하여 압류등기의 말소등기를 촉탁한다.

Ⅱ 공매와 관련한 등기

1. 공매공고등기(등기예규 제1760호)

① 등기촉탁관서

ⓐ 세무서장이 공매공고를 한 경우에는 즉시 등기소에 공매공고의 등기를 촉탁하여야 한다(국세징수법 제74조). 이 경우 한국자산관리공사가 세무서장을 대행하여 등기를 촉탁할 수도 있다.

ⓑ 개별 법률에서「국세징수법」의 공매공고 등기 절차 등의 규정을 준용하는 경우에는 해당 기관이 등기를 촉탁 할 수 있다.

② 촉탁정보 및 첨부정보

ⓐ 공매공고 등기를 촉탁하는 때에는 공매를 집행하는 압류등기 또는 납세담보제공계약을 원인으로 한 저당권등기의 접수일자 및 접수번호와 공매공고일을 촉탁정보로 제공하여야 하며, 등기원인은 압류 부동산인 경우에는 "공매공고"로, 납세담보로 제공된 부동산인 경우에는 "납세담보물의 공매공고"로, 연월일은 "공매공고일"로 표시한다.

ⓑ 첨부정보로는 공매공고를 증명하는 정보를 제공하여야 한다.

③ 등기실행 : 공매공고 등기는 공매를 집행하는 압류등기의 부기등기로 하고, 납세담보로 제공된 부동산에 대한 공매공고 등기는 갑구에 주등기로 실행한다.

④ 공매공고등기의 말소

ⓐ 관할 세무서장은 매각결정을 취소하거나 공매취소의 공고를 한 경우 공매공고의 등기 또는 등록을 말소할 것을 관할 등기소등에 촉탁하여야 한다(국세징수법 제89조).

ⓑ 이 경우 등기원인은 "매각결정 취소" 또는 "공매취소 공고"로 하고, 이러한 사유를 증명하는 정보를 제공하여야 한다.

⑤ 등록면허세 등

ⓐ 공매공고 등기 및 그 등기의 말소등기를 촉탁하는 때에는 등록면허세를 납부하지 아니한다(국세징수법 제29조 제2항).

ⓑ 촉탁을 세무서장이나 세무서장을 대행하는 한국자산관리공사가 하는 경우에는 등기촉탁수수료를 납부하지 않는다.

2. 공매처분으로 인한 등기

① 일괄촉탁 : 관공서가 공매처분을 한 경우에 등기권리자의 청구를 받으면 지체 없이 공매처분으로 인한 권리이전의 등기, 공매처분으로 인하여 소멸한 권리등기의 말소, 체납처분에 관한 압류등기 및 공매공고 등기의 말소를 등기소에 촉탁하여야 한다(부동산등기법 제97조).

②「국세징수법」제93조에 따르면, 체납자가 매각재산에 대하여 권리이전절차를 밟지 아니할 때에는 세무서장이 대신하여 권리이전등기 등을 촉탁할 수 있다.

③ 촉탁할 때 세무서장은 매수인의 등기청구서와 매각결정통지서(또는 그 등본)나 배분계산서 등본을 제공하여야 한다(국세징수법 제103조, 제93조, 국제징수법 시행령 제63조).

④ 공매처분으로 소멸한 권리등기의 말소등기는 공매처분을 한 관공서의 촉탁이 있어야만 할 수 있다.

⑤ 근저당권설정등기, 지상권설정등기, 가압류등기, 체납처분에 의한 압류등기가 순차 마쳐진 토지에 대하여 공매처분으로 인한 소유권이전등기를 할 때에 근저당권설정등기와 압류등기는 말소되었으나 지상권설정등기와 가압류등기가 말소되지 않았다면 매수인은 세무서장에게 추가로 말소등기촉탁신청을 할 수 있고, 그에 따른 세무서장의 촉탁에 의하여 등기관이 위 등기를 말소할 수 있다(등기선례 제7-442호).

⑥ 체납처분에 의한 압류등기에 앞서 처분금지가처분등기가 마쳐져 있는 부동산에 관하여 체납처분권자가 공매처분으로 인한 소유권이전등기 촉탁과 함께 위 가처분등기의 말소등기 촉탁을 한 경우 소유권이전등기 촉탁은 다른 사유가 없는 한 수리해야 하나, 가처분등기의 말소등기 촉탁은 수리할 수 없다(등기예규 제688호).

Ⅲ 가압류 · 가처분에 관한 등기

1. 총 설

① 의의 : 부동산에 관한 가압류 · 가처분등기는 등기기록에 가압류 · 가처분 재판에 관한 사항을 기록하는 것으로(민사집행법 제293조, 제305조), 대표적인 처분제한 등기이다.

② 처분제한 등기의 허부
  ㉠ 권리의 일부에 대하여는 처분제한 등기를 할 수 있으나 부동산의 일부에 대하여는 할 수 없다. 이 경우 처분제한 등기를 하기 위해서는 목적 부분을 분할하여야 한다. 만일 그 부동산에 대하여 바로 분할등기가 될 수 있다는 등 특별한 사정이 없으면 1필지 전부에 대하여 가처분결정을 하여야 한다(대판 1975.5.27. 75다190, 등기예규 제881호).
  ㉡ 등기관에 대하여 등기를 금지하는 가처분결정 또는 그 가처분등기는 할 수 없다.
  ㉢ 가등기상 권리자체의 처분을 금지하는 가처분은 등기할 수 있으나, 가등기에 의한 본등기를 금지하는 가처분은 가등기상 권리자체의 처분 제한에 해당되지 아니하므로 등기할 수 없다(대결 1978.10.14. 78마282, 등기예규 제881호).
  ㉣ 이전등기청구권에 대한 가압류등기는 그 청구권이 가등기된 때에 한하여 부기등기의 방법으로 할 수 있다(등기예규 제1344호).
  ㉤ 저당권이 있는 채권이 가압류되면 저당권이 있는 채권의 압류에 관한 민사집행법 제228조를 준용하여 채권가압류 사실을 등기기록에 기록할 수 있다.
  ㉥ 한편, 채권자는 전세권자체를 가압류할 수 있고(민사집행법 제251조 제1항) 전세권이 종료된 경우에는 전세금반환청구권에 대한 가압류도 허용된다. 다만, 등기된 임차권의 경우에는 임차권 자체에 대한 가압류를 등기할 수 있으나 임차보증금반환채권에 대한 가압류의 부기등기는 '사건이 등기할 것이 아닌 때'에 해당하므로 허용될 수 없다(등기선례 제200610-6호).

③ 촉탁에 의하여 경료된 등기의 등기명의인표시변경등기의 신청 : 법원의 촉탁에 의하여 가압류등기, 가처분등기, 주택임차권등기, 상가건물임차권등기가 마쳐진 후 등기명의인의 주소, 성명 및 주민등록번호의 변경으로 인한 등기명의인표시변경등기는 그 등기명의인이 신청할 수 있다(등기예규 제1064호).

④ 허무인 명의의 등기가 마쳐진 경우의 가처분

⑦ 등기기록상 진실한 소유자의 소유권에 방해가 되는 부실등기가 존재하는 경우 그 등기명의인이 허무인 또는 실체가 없는 단체인 때에는 소유자는 그와 같은 허무인 또는 실체가 없는 단체 명의로 실제 등기신청을 한 사람에 대하여 허무인 또는 실체가 없는 단체 명의 등기의 말소를 구할 수 있다(대판 2019.5.30. 2015다47105, 대결 2008.7.11. 2008마615).

ⓛ 이 경우 소유자는 말소청구권을 보전하기 위하여 실제 등기신청을 한 사람을 상대로 처분금지가처분을 할 수도 있는데(대결 2008.7.11. 2008마615), 이때에는 가처분결정의 채무자와 등기기록상의 등기의무자가 불일치하더라도 등기관은 그 가처분등기 촉탁을 수리하여야 한다.

⑤ 처분제한 등기와 대위등기

⑦ 상속등기를 하지 아니한 부동산에 대하여 처분제한 등기를 촉탁하면서 상속등기를 대위로 촉탁하는 것은 근거가 없으므로 허용되지 않는다. 이때에는 처분제한 등기의 촉탁 전에 채권자가 먼저 대위에 의해 상속등기를 하여야 한다.

ⓛ 처분제한 권리자의 대위에 의하여 상속등기를 할 경우 대위원인은 "○○년 ○월 ○일 ○○지방법원의 가압류(또는 가처분)결정"이라고 표시한다. 대위원인 증명 정보로는 가압류(또는 가처분)결정정본 또는 그 등본을 제공한다(등기예규 제1432호 5.가.).

ⓒ 피상속인과의 원인행위에 의한 권리의 이전·설정의 등기청구권을 보전하기 위해 상속인들을 상대로 처분금지가처분신청을 하여 집행법원이 인용하고 피상속인 명의의 부동산에 대해 상속관계를 표시하여(등기의무자를 "망 ○○○의 상속인 ○○○" 등) 가처분등기 촉탁을 한 경우 상속등기를 거침이 없이 가처분기입등기를 할 수 있다(대판 1995.2.28. 94다23999, 등기예규 제881호 2.).

ⓔ 채권자가 채무자를 대위하여 제3채무자에게 한 처분금지가처분은 채권자 자신의 채무자에 대한 청구권을 보전하기 위하여 제3채무자가 채무자 외의 다른 사람에게 소유권이전 등 처분행위를 하지 못하도록 하는 데 목적이 있으므로, 채무자의 처분 금지가 포함되는 것은 아니다(대판 1989.4.11. 87다카3155). 예를 들어 매수인 을의 채권자 병이 매도인이자 소유명의인인 갑을 상대로 을을 대위해 처분금지가처분신청을 하여 가처분등기가 되어 있는 경우 제3채무자인 매도인 갑이 채무자인 매수인 을 명의로 소유권이전등기를 해 준 것이나 이에 터 잡아 다른 등기가 마쳐진 것은 가처분에 위배되지 않는다(대판 1988.9.27. 84다카2267).

ⓜ 증축하거나 부속건물을 신축하고 아직 표시변경등기를 하지 아니한 건물에 대하여 집행법원에서 처분제한 등기를 촉탁하면서 건축물대장과 도면을 제공해 표시변경등기를 촉탁하더라도 건물표시변경은 촉탁으로 할 수 있는 것이 아니기 때문에 채권자가 미리 대위로 표시 변경을 아니하는 한 이를 수리할 수 없다(등기예규 제441호).

⑥ 가처분권자 지위의 승계

⑦ 가처분등기가 완료된 후 가처분의 피보전권리를 양수한 양수인은 가처분의 효력을 원용할 수 있다.

ⓛ 예를 들어 갑과 을이 매매계약을 체결한 후 분쟁이 발생하여 을이 갑 소유 부동산에 가처분을 한 후 그 지위를 반대급부의 이행 전에 병에게 이전하고 나중에 병이 갑을 상대로 한 소유권이전등기청구소송에서 승소하였다면, 병은 을의 가처분의 효력을 원용하여 소유권이전등기를 신청할 때에 가처분 이후 등기의 말소를 동시에 신청할 수 있다(등기선례 제200912-3호).

2. 처분제한 등기의 절차

처분제한을 한 집행법원은 가압류 또는 가처분 재판의 정본을 제공하여 촉탁한다.

① 가압류등기 : 등기원인과 그 연월일로는 "○○년 ○월 ○일 ○○법원의 가압류결정"이라고 표시하고, 가압류 청구금액을 기재한다(등기예규 제1023호 기록례).[10]

② 가처분등기

   ㉠ 가처분의 피보전권리는 반드시 등기할 수 있는 것에 제한되지 않는다. 실무에 따르면 토지거래허가절차이행청구권(등기선례 제201006-2호)이나 건물철거청구권 또는 사해행위취소에 따른 원상회복청구권도 가처분의 피보전권리가 될 수 있다.

   ㉡ 가처분의 피보전권리가 소유권 외의 권리의 설정등기청구권으로서 소유명의인을 가처분채무자로 하는 경우에는 가처분등기를 등기기록 중 갑구에 한다.

   ㉢ 부동산처분금지가처분등기를 하는 경우에는 다음 예시와 같이 가처분의 피보전권리와 금지사항을 기록한다.

> **[예 시]**
> - 피보전권리가 소유권 또는 소유권 외의 권리의 이전등기청구권인 경우 : "피보전권리 소유권이전등기청구권" 또는 "피보전권리 근저당권이전등기청구권" 등
> - 피보전권리가 소유권이전등기 또는 소유권 외의 권리 등기의 말소등기청구권인 경우 : "피보전권리 소유권말소등기청구권" 또는 "피보전권리 근저당권말소등기청구권" 등
> - 피보전권리가 소유권 외의 권리의 설정등기청구권인 경우 : "피보전권리 근저당권설정등기청구권" 등

3. 가처분에 저촉되는 등기 및 가처분등기의 말소 등(부동산등기법 제94조)

① 가처분에 저촉되는 등기의 말소

   ㉠ 가처분에 저촉되는 등기의 말소는 아래의 절차에 따라 한다. 가처분권리자가 승소판결에 의하지 않고 가처분채무자와 공동으로 신청하면서 그 신청이 가처분에 의한 것임을 소명한 경우에도 같다. 가처분의 효력으로서 가처분등기 이후 등기의 말소를 신청하는 경우 등기원인은 "가처분에 의한 실효"라고 표시한다(부동산등기규칙 제154조).

   ㉡ 피보전권리가 소유권이전등기청구권 또는 소유권말소등기청구권인 경우(소유권보존등기말소등기를 포함) : 소유권이전등기청구권 또는 소유권말소등기청구권을 보전하기 위한 가처분등기가 마쳐진 후 그 가처분채권자가 가처분채무자를 등기의무자로 하여 소유권이전등기 또는 소유권말소등기를 신청하는 경우에는 가처분채권자를 침해하는 등기로서 가처분등기 이후에 마쳐진 제3자 명의의 등기의 말소를 단독으로 신청할 수 있다(부동산등기규칙 제152조 제1항 본문).

   ㉢ 다만, 가처분채권자의 권리를 침해한다고 볼 수 없는 다음의 등기에 대해서는 말소를 신청할 수 없다(부동산등기규칙 제152조 제1항 단서).

      ㉮ 가처분등기 전에 마쳐진 가압류에 의한 강제경매개시결정등기

      ㉯ 가처분등기 전에 마쳐진 담보가등기, 전세권 및 저당권에 의한 임의경매개시결정등기

      ㉰ 가처분채권자에게 대항할 수 있는 주택임차권등기 등

---

10) 법인이 등기권리자인 가압류·가처분 또는 경매개시결정 등의 등기에 대한 집행 법원의 촉탁이 있는 경우 촉탁서에 법인의 취급지점 등의 표시가 있는 때에는 법인의 표시 다음에 줄을 바꾸어 괄호 안에 취급지점 등(예 ○○지점, △△출장소, ××간이예금취급소 등)을 기록한다(등기예규 제1188호).

② 가처분채권자가 가처분에 의하여 소유권등기의 말소를 신청하려고 하는데 그 소유권등기에 기초하여 위 ㉮, ㉯, ㉰의 등기가 되어 있는 경우에는 그 권리자의 승낙이나 이에 대항할 수 있는 재판 증명 정보를 제공하여야 한다(부동산등기규칙 제152조 제2항). 그러한 정보(승낙서 등)를 제공하지 않고는 소유권등기의 말소를 신청할 수 없다. 제공이 있으면 등기관은 소유권등기를 말소하면서 등기상 이해관계 있는 제3자 명의의 등기를 직권말소한다(부동산등기법 제57조).

⑩ 피보전권리가 용익권설정등기청구권인 경우 : 지상권・전세권・임차권 설정등기청구권을 보전하기 위한 가처분등기가 마쳐진 후 그 가처분채권자가 가처분채무자를 등기의무자로 하여 지상권・전세권・임차권설정등기를 신청하는 경우에는 가처분채권자를 침해하는 등기로서 가처분등기 이후에 마쳐진 제3자 명의의 지상권・지역권・전세권 또는 임차권설정등기(동일한 부분에 마쳐진 등기로 한정)의 말소를 단독으로 신청할 수 있다(부동산등기규칙 제153조 제1항).

⑪ 피보전권리가 저당권설정등기청구권인 경우 : 저당권설정등기청구권을 보전하기 위한 가처분등기가 마쳐진 후 그 가처분채권자가 가처분채무자를 등기의무자로 하여 저당권설정등기를 신청하는 경우에는 가처분등기 이후에 마쳐진 제3자 명의의 등기라 하더라도 그 말소를 신청할 수 없다(부동산등기규칙 제153조 제2항). 이 경우 제3자의 권리는 가처분의 상대적 효력 때문에 가처분채권자의 권리보다 후순위가 될 뿐 그 권리를 상실하는 것은 아니기 때문이다.

⑫ 등기명의인에의 통지 : 등기관이 가처분채권자의 단독신청으로 가처분등기 이후의 등기를 말소하였을 때에는 지체 없이 그 사실을 말소된 권리의 등기명의인에게 통지하여야 한다(부동산등기법 제94조 제3항).

② 해당 가처분등기의 말소 : 등기관이 가처분채권자의 신청으로 가처분등기 이후의 등기를 말소할 때에는 직권으로 해당 가처분등기를 말소하여야 한다. 가처분등기 이후의 등기가 없는 경우로서 가처분채무자를 등기의무자로 하는 권리의 이전, 말소 또는 설정의 등기만을 할 때에도 또한 같다(부동산등기법 제94조 제2항).

③ 가처분등기 이후 몰수보전등기가 마쳐진 경우 : 처분금지가처분등기 후에 몰수보전등기가 마쳐지고 가처분권리자가 본안에서 승소하여 그 승소판결에 의한 등기를 신청하는 경우 몰수보전등기는 등기관이 직권으로 또는 가처분권리자의 신청에 의하여 말소하여서는 아니 된다(등기예규 제1375호).

④ 가처분에 따른 소유권 외 권리의 설정등기 방법
　　㉠ 가처분의 피보전권리가 소유권 외 권리의 설정등기청구권인 경우 등기관이 가처분에 의하여 소유권 외 권리의 설정등기를 할 때에는 그 등기가 가처분에 기초한 것이라는 뜻을 기록하여야 한다(부동산등기법 제95조).
　　㉡ 처분금지가처분 효력의 객관적 범위에 관하여 통설 및 판례는 가처분 위반행위의 효력은 가처분채권자의 피보전권리 실현에 필요한 범위 내에서만 부정 또는 제한된다는 실체적 효력설의 입장이다.
　　㉢ 그에 따르면 제한물권 또는 임차권 설정등기청구권을 피보전권리로 하는 처분금지가처분의 경우 피보전권리 실현의 등기를 한다고 하여 가처분등기 이후의 다른 등기가 당연히 효력을 잃는 것은 아니고 피보전권리 실현 등기의 부담을 안게 되는 것에 불과하다.
　　㉣ 그런데 피보전권리 실현의 등기인 제한물권 또는 임차권 설정등기의 순위번호를 가처분등기 이후의 다른 제한물권 또는 임차권 설정등기의 순위번호보다 앞서는 것으로 기록할 수 있는 방법이 없어 불가피하게 후 순위번호로 등기할 수밖에 없다.
　　㉤ 이렇게 되면 공시에 혼란을 가져오게 된다. 이러한 혼란을 막기 위하여 피보전권리 실현의 등기를 할 때 "○○년 ○월 ○일 접수 제○호 처분금지가처분에 기초한 것"이라는 뜻을 기록하도록 한다.

⑤ 가처분등기 등을 말소한 경우 집행법원 등에의 통지 : 등기관이 가처분채권자의 신청에 의하여 또는 직권으로 가압류, 가처분, 주택임차권등기 등을 말소한 때에는 지체 없이 그 뜻을 집행법원에 통지하여야 한다(등기예규 제1368호). 같은 절차에 의하여 경매개시결정등기를 말소한 때에는 등기사항증명서를 경매법원에 송부한다.

4. 채권자가 다수인 가압류 가처분등기 및 경매개시결정등기 또는 그 등기의 변경등기 촉탁이 있는 경우의 처리 방법(등기예규 제1358호)

① 가압류 가처분등기 또는 경매개시결정등기의 촉탁이 있는 경우
  ㉠ 등기관은 촉탁에 의하여 위 가압류등기 등을 하는 경우 다수의 채권자 전부를 등기기록에 채권자로 기록하여야 하며, 채권자 ○○○외 ○○인과 같이 채권자 일부만을 기록하여서는 아니 된다.
  ㉡ 채권자가 선정당사자인 경우에도 선정자목록에 의하여 채권자 전부를 기록하여야 한다.
  ㉢ 등기촉탁정보에 채권자로 선정당사자만 표시되어 있고 선정자목록이 없는 경우에는 결정서에 첨부된 선정자목록의 사본을 만들어 등기촉탁정보와 함께 보존한다.

② 착오로 잘못 경료된 가압류 가처분등기 또는 경매개시결정등기를 발견한 경우
  ㉠ 등기관이 가압류·가처분등기 또는 경매개시결정등기에 채권자 ○○○외 ○○인으로 기록되어 있는 것을 발견한 경우에는 경정등기를 하여야 한다.
  ㉡ 등기촉탁정보가 보존기간 경과로 폐기되어 다수의 채권자를 알 수 없게 된 경우에는 촉탁법원에 등기촉탁정보 및 결정서사본을 모사전송 등의 방법으로 송부받은 다음 경정등기를 하여야 한다.

③ 일부 채권자의 해제신청에 의한 변경등기 촉탁이 있는 경우
  ㉠ 다수의 채권자중 일부 채권자의 해제신청에 의한 변경등기 촉탁이 있는 경우에는 ○번 ○○변경, 접수 ○○년 ○월 ○일 제○○○호, 원인 ○○년 ○월 ○일 일부채권자 해제로 한 변경등기를 한다. 등기촉탁정보에 가압류의 청구금액이나 가처분할 지분의 변경이 포함되어 있을 때에는 청구금액 또는 가처분할 지분의 변경등기도 하여야 한다.
  ㉡ 채권자 ○○○외 ○○인으로 등기된 가압류·가처분등기 또는 경매개시결정등기에 대하여 일부 채권자의 해제로 인한 변경등기 촉탁이 있는 경우에는 앞서 본 바와 같이 경정등기를 한 다음 변경등기를 하여야 한다.
  ㉢ 채권자 ○○○외 ○○인으로 되어 있는 등기의 전부말소 촉탁이 있는 경우에는 경정등기를 거치지 않고 촉탁에 의한 말소등기를 할 수 있다.
  ㉣ 채권자가 다수인 가압류·가처분등기 또는 경매개시결정등기에 대하여 "해제신청을 한 채권자"를 등기의무자로 하고, 등기원인 "일부 해제", 등기목적 "○○년 ○월 ○일 접수 제○○호로 등기된 ○○○말소"로 표시한 등기촉탁이 있는 경우, 그 등기촉탁이 일부 채권자의 해제신청에 의한 채권자 변경등기 촉탁의 취지라 하더라도 촉탁정보에 표시된 등기목적에 따라 등기 전부의 말소를 촉탁한 것으로 보아야 하므로 등기관은 그러한 등기촉탁을 부동산등기법 제29조 제7호(신청정보의 등기의무자 표시가 등기기록과 일치하지 아니한 경우)에 의하여 각하하여야 한다.

5. 가압류·가처분등기의 말소절차

① 가압류·가처분 집행의 취소결정을 한 때, 가압류·가처분 신청의 취하 또는 그 집행취소신청이 있는 때에 법원은 재판서 또는 취하서 등 증명 정보를 제공하여 처분제한 등기의 말소촉탁을 하고 등기관은 촉탁에 따라 그 등기를 말소한다.

② 말소등기 촉탁 외의 사유(본등기·경매절차에 따른 매각·공매 등)로 가압류·가처분등기를 말소한 때에는 등기관은 그 뜻을 가압류·가처분을 한 법원에 통지하여야 한다(등기예규 제1368호).

③ 가압류등기 후 소유권이 제3자에게 이전된 경우 전 소유자를 등기권리자로 하는 가압류말소등기 촉탁은 수리한다. 마찬가지로 갑 명의의 부동산을 채권자 을이 가압류한 후 소유권이 병에게 이전되고 을이 집행권원을 얻어 강제경매를 신청한 경우 경매개시결정등기 촉탁정보에 등기의무자를 갑으로 표시하여도 그 촉탁을 수리하여야 한다(등기예규 제1352호).

④ 미등기 토지의 가압류등기 촉탁에 의하여 등기관이 직권으로 보존등기를 한 경우 가압류신청이 취하되거나 집행법원이 가압류결정을 취소하여도 가압류등기의 말소만 촉탁할 것이지 보존등기의 말소를 촉탁할 것은 아니다.

⑤ 가압류가 본압류로 이행되어 강제경매절차가 진행 중에 있는데 가압류등기만의 말소촉탁을 한 경우 등기관은 그 촉탁을 부동산등기법 제29조 제2호를 적용하여 각하하여야 한다(등기선례 제201210-5호).

Ⅳ 경매에 관한 등기

1. 경매개시결정등기의 실행

① 법원의 촉탁

　㉠ 법원이 경매개시결정을 한 때에는 결정정본을 제공하여 경매개시결정등기를 촉탁하고 등기관은 이 촉탁에 의하여 경매개시결정등기를 한다.

　㉡ 체납처분에 의한 압류등기가 있는 부동산에 대하여도 경매개시결정등기를 할 수 있고, 경매개시결정등기가 있는 부동산에 대해서도 중복하여 경매개시결정등기를 할 수 있다. 선·후행 등기가 강제경매개시결정등기든 임의경매개시결정이든 관계없이 같다.

　㉢ 토지 저당권자가 그 토지와 지상건물을 일괄경매에 붙인 때에는 법원은 건물에 대하여도 압류를 명하고 경매개시결정등기를 촉탁하여야 한다(민법 제365조, 민사집행법 제83조, 제94조).

② 촉탁서의 등기의무자

　㉠ 담보권 실행을 위한 경매의 개시결정등기는 결정 당시의 소유자로부터 제3자에게로 이전등기가 이루어져 변동사항이 생겼더라도 할 수 있다(등기예규 제1342호).

　㉡ 가압류등기 후 소유권이전등기가 된 경우 강제경매개시결정등기의 촉탁정보에 등기의무자를 가압류 당시의 소유명의인으로 표시하였더라도 그 촉탁을 수리하여야 한다(등기예규 제1352호).

③ 등기의 실행

　　㉠ 등기관은 등기기록의 갑구에 경매개시결정의 등기를 한다.

　　㉡ 강제경매개시결정등기 촉탁정보의 등기목적란에 등기권리자가 가압류의 피보전채권자라는 취지의 기록(○번 가압류의 본압류로의 이행)이 있는 때에는, 그 등기의 목적 아래에 "○번 가압류의 본압류로의 이행"이라고 기록하여 해당 경매개시결정등기가 가압류채권자의 경매신청에 따른 것임을 표시한다. 마찬가지로 그 등기권리자가 가압류 피보전채권의 승계인이라는 취지의 기록(○번 가압류 채권의 승계)이 있는 때에는 그 등기의 목적 아래에 "○번 가압류 채권의 승계"라고 기록한다.

④ **경매개시결정등기의 효력** : 경매개시결정에 의한 압류는 목적 부동산에 대한 법률상 또는 사실상 처분을 금지하는 효력이 있다. 따라서 압류 후 부동산의 양도 또는 제한물권의 설정 등은 압류채권자에게 대항할 수 없다.

2. 등기실행 후의 조치

① **등기완료의 통지** : 등기관은 집행법원에 등기완료의 통지를 하여야 한다(부동산등기법 제30조, 부동산등기규칙 제53조 제1항 제5호). 전자촉탁의 경우 전산정보처리조직을 이용하여 송신하는 방법에 의하고, 서면촉탁의 경우 법원등기완료통지서를 출력하여 직접 교부하거나 우편으로 송부한다. 다만 우편 송부는 경매개시결정등기촉탁을 제외하고는 등기촉탁서에 등기완료통지서 송부용봉투가 첨부된 경우에 한한다(등기예규 제1623호).

② **등기사항증명서의 송부**

　　㉠ 등기관은 경매개시결정등기의 촉탁에 의하여 경매개시결정 사유를 등기기록에 기록한 뒤 그 등기사항증명서를 경매법원에 보내야 하는데(민사집행법 제95조), 촉탁정보에 표시된 등기사항증명서 작성연월일 이후 변동사항이 있는지 여부에 관한 정보를 전송함으로써 등기사항증명서의 송부를 갈음하는 것이 등기실무이다.

　　㉡ 경매개시결정등기 후의 권리변동 사항 중 경매절차 진행에 장애가 될 사실이 발생한 경우, 예를 들어 강제경매개시결정등기 전에 소유권이전청구권 보전 가등기가 있었는데 강제경매개시결정등기 후 본등기가 마쳐졌거나, 임의경매신청의 근원인 저당권설정등기 전에 소유권이전청구권 보전 가등기가 있었는데 임의경매개시결정등기 후 본등기가 마쳐진 경우에는 그 등기사항증명서를 경매법원에 송부한다(등기예규 제1345호).

3. 경매개시결정등기의 말소(민사집행법 제141조, 제268조)

① 법원은 경매절차가 매각허가 없이 마쳐지면 경매개시결정등기의 말소를 촉탁하여야 하고, 등기관은 촉탁에 따라 등기를 말소하여야 한다.

② 경매개시결정등기의 말소를 촉탁할 때에는 취소결정정본이나 취하서 또는 그 등본을 제공하여야 한다. 경매신청이 취하되었으나 말소등기촉탁을 누락하였는데 보존기간 경과로 경매기록이 폐기된 경우 집행사건부 등 관계자료에 의해 경매신청 취하로 매각허가결정 없이 집행절차가 종결된 사실이 인정되면 집행법원은 취하증명을 작성하여 경매개시결정등기의 말소등기를 직권으로 촉탁할 수 있다(등기선례 제7-440호).

③ 매각대금이 완납된 경우 경매개시결정등기의 말소등기는 집행법원의 촉탁에 의하여 매각을 원인으로 한 소유권이전등기와 함께 이루어져야 하므로, 이전등기를 하지 않고서는 매각을 원인으로 경매개시결정등기만을 말소할 수는 없다(등기선례 제3-637호).

4. 매각으로 인한 등기(민사집행법 제144조, 제268조)

(1) 의 의

매수인은 매각허가결정의 확정 후 매각대금을 완납하면 부동산에 대한 소유권을 취득하게 되고, 집행법원의 법원사무관등은 매각허가결정의 등본을 붙여 아래의 등기를 일괄하여 촉탁하여야 한다.

(2) 촉탁할 등기

① 매수인 앞으로 소유권을 이전하는 등기
② 매수인이 인수하지 아니한 부동산의 부담에 관한 기입을 말소하는 등기
③ 경매개시결정등기를 말소하는 등기

(3) 촉탁할 시기

① 매수인이 소유권을 취득하는 시기는 강제경매의 경우인지 임의경매의 경우인지를 구별하지 않고 매각대금을 다 낸 때이므로(민사집행법 제135조, 제268조), 매각으로 인한 등기의 촉탁도 매각대금이 완납된 때에 하여야 한다(민사집행법 제144조 제1항).
② 현실적으로 등기를 촉탁하기 위해서는 매수인이 취득세 등을 납부하고(민사집행법 제144조 제3항) 등기촉탁에 필요한 정보를 집행법원에 제공하여야 한다.

(4) 촉탁의 방법 등

① 일괄촉탁
　㉠ 매각을 원인으로 한 등기는 등기목적이 다르더라도 1개의 촉탁으로 일괄하여 한다. 다만, 부담에 관한 등기의 말소 촉탁이 누락된 채 권리이전등기를 촉탁한 경우에도 등기관은 촉탁을 수리하고 경매법원에 그 뜻을 통지한다.
　㉡ 1개의 촉탁으로 일괄해서 하더라도 촉탁수수료 등을 산정할 때에는 등기의 목적에 따라 건수를 계산한다. 촉탁정보에 등기원인은 "강제(임의)경매로 인한 매각"으로, 등기원인일자는 "매각대금 완납일"로 표시한다.
　㉢ 경매 진행 중에 토지가 분할된 후 분필등기를 하지 않아 등기기록의 토지 표시가 토지대장의 표시와 일치하지 않더라도 등기관은 매각으로 인한 소유권이전등기 등의 촉탁을 수리한다.

② 등기당사자의 표시
　㉠ 등기의무자로는 경매신청 당시(압류의 효력발생 당시)의 소유명의인을 표시하여야 한다. 경매개시결정등기 후 제3자에게 소유권이전등기가 마쳐진 경우에도 같다. 다만 경매개시결정등기 후 상속등기가 마쳐진 때에는 상속인을 표시한다. 그러나 상속등기가 되어 있지 아니한 경우에는 사망한 사람을 등기의무자로 표시하면 된다.
　㉡ 등기권리자로는 매수인을 표시한다. 매각대금 완납 후 매수인으로부터 해당 부동산을 양도받았다 하여 매수인 아닌 양수인을 등기권리자로 표시할 수는 없다. 다만 소유권이전의 효력 발생 전, 즉 매각대금 완납 전에 매수인이 사망한 때에는 "매수인 ○○○의 상속인 ○○○"라고 표시하여 등기촉탁을 하여야 한다.

③ **첨부정보** : 매각허가결정정본과 등기권리자의 주소(사무소 소재지)와 주민등록번호(부동산등기용 등록번호) 증명 정보, 취득세·등록면허세 영수필확인서 등을 제공한다.

(5) 제3취득자가 매수인이 된 경우의 소유권이전등기 촉탁(등기예규 제1378호)

① 경매개시결정등기 전에 소유권을 취득한 자가 매수인이 된 경우

㉠ 경매개시결정등기의 말소촉탁 및 매수인이 인수하지 않는 부담기입의 말소촉탁 외에 소유권이전등기촉탁은 하지 않는다. 매수인이 취득세 등을 이중 부담하는 불이익을 방지하기 위한 것이다.

㉡ 공유 부동산에 대한 경매개시결정등기가 마쳐지고 경매절차에서 일부 공유자가 매수인이 된 경우에도 같은 이유로, 경매개시결정등기의 말소촉탁 및 매수인이 인수하지 않는 부담 등기의 말소촉탁을 하되 소유권이전등기 촉탁은 매수인의 지분을 제외한 나머지 지분에 대하여만 한다(공유지분 이전등기 촉탁).

㉢ 경매개시결정등기 전에 소유권을 취득한 매수인이 그 부동산을 처분하는 경우에는 종전 소유권이전등기 시 통지받은 등기필정보를 제공하여야 한다. 매각으로 인하여 소유권을 취득한 때에는 등기필정보를 통지받지 않았기 때문이다.

② 경매개시결정등기 후에 소유권을 취득한 자가 매수인이 된 경우 : 경매개시결정등기(국세체납처분에 의한 압류등기, 매각에 의하여 소멸되는 가압류등기 등과 같이 압류의 효력이 발생하는 등기도 같다) 후에 소유권이전등기를 받은 제3취득자가 매수인이 된 경우에는, 경매개시결정등기와 제3취득자 명의의 소유권이전등기 말소촉탁과 함께 매각을 원인으로 한 소유권이전등기촉탁을 하여야 한다. 이 경우 제3취득자의 등기는 압류의 효력에 저촉되기 때문이다.

(6) 부담에 관한 것으로서 말소의 대상이 되는 등기

① 원칙적으로 강제경매에 있어서는 경매개시결정등기 후의 등기, 담보권 실행을 위한 경매에 있어서는 저당권설정등기 후의 등기가 말소 대상이 되지만, 경매로 인하여 선순위 저당권이 소멸하는 때에는 그 저당권 등기 후의 등기도 말소 대상이 된다.

② **저당권등기 · 가등기담보권** : 선후를 불문하고 말소 대상이 된다.

③ **가압류 · 체납처분의 등기** : 선후를 불문하고 말소 대상이 된다. 가압류등기 후 가압류 부동산의 소유권이 제3자에게 이전된 경우 제3취득자의 채권자가 신청한 경매절차에서 전 소유자에 대한 가압류채권자는 배당에 가입할 수 있으므로 그 가압류등기는 말소촉탁의 대상이 될 수 있다(등기선례 제8-299호). 그러나 집행법원이 종전 소유자를 채무자로 하는 가압류등기의 부담을 매수인이 인수하는 것을 전제로 그 가압류채권자를 배당에서 배제하고 매각절차를 진행하였다면 그 가압류등기는 말소 대상이 될 수 없다(대판 2007.4.13. 2005다8682).

④ 저당권설정등기나 강제경매개시결정등기 후의 용익물권 등기는 말소된다.

⑤ 저당권설정등기나 강제경매개시결정등기 후의 가처분등기는 말소된다.

⑥ 경매개시결정등기 후의 소유권이전등기와 가등기는 말소된다. 다만, 압류의 효력발생 전에 마쳐진 소유권이전청구권 보전 가등기라도 그보다 선순위로서 매각에 의하여 소멸되는 담보권, 가압류의 등기가 있는 경우에는 역시 말소 대상이 된다(대결 1985.2.11. 84마606).

⑦ 구법에 의하여 마쳐진 예고등기는 권리의 공시를 목적으로 하지 않으므로 부동산의 부담이 아니어서 말소 대상이 되지 않는다.

⑧ 주택 임차권은 그 주택에 대하여 「민사집행법」상의 경매가 행하여진 경우에는 매각에 의하여 소멸하므로(주택임대차보호법 제3조의5 본문) 원칙적으로 말소 대상이 된다. 그러나 보증금이 전액 변제되지 아니한 대항력 있는 임차권은 매각에 의하여 소멸되지 않으므로(동법 제3조의5 단서) 말소 대상이 되지 않는다.

⑨ 매각으로 인한 소유권이전등기 촉탁을 할 때에 매수인이 인수하지 아니하는 부담의 등기가 부기로 되어 있는 경우(저당권, 전세권 등 소유권 외의 권리의 전부 또는 일부 이전, 저당권부 채권가압류등기, 전세권저당권설정등기 등) 집행법원은 주등기 말소만 촉탁하면 되고 부기등기는 별도로 말소촉탁을 할 필요가 없다(등기선례 제7-436호).

(7) 전유부분의 매각과 건물대지의 소유권이전등기(등기예규 제1367호)

구분건물의 전유부분에만 설정된 근저당권의 실행으로 매각된 경우 건물대지에 대한 매수인 앞으로의 소유권이전등기 등은 다음 절차에 의한다. 여기서 대지권이 매각 대상에 포함되는지 여부는 매각허가결정에 대지에 대한 표시가 있는지 여부를 기준으로 판단하여야 한다.

① 매각허가 결정(경정결정 포함)에 대지에 대한 표시가 있는 경우

　㉠ 대지권 등기가 경료되지 않은 경우 : 전유부분만에 대하여 매각을 원인으로 한 소유권이전등기 촉탁이 있는 경우에는 통상의 절차에 따른다. 그리고 대지에 대하여 촉탁이 있는 경우에는 다음과 같이 처리한다.

　　㉮ 전유부분 소유자와 토지의 소유자가 일치하는 경우 : 등기촉탁정보 및 매각허가결정의 토지 표시가 등기기록과 동일하고, 등기의무자가 토지등기기록의 소유자와 동일한 때에는 토지에 대하여 경매개시결정등기가 마쳐지지 않았더라도 토지에 대한 소유권이전등기 촉탁을 수리한다. 이 경우 토지에 마쳐진 부담 등기도 말소 촉탁이 있으면 수리한다. 등기원인은 전유부분과 동일하게 "○○년 ○월 ○일 매각"으로 기록한다.

　　㉯ 전유부분 소유자와 토지의 소유자가 다른 경우 : 전유부분과 토지에 대하여 동시에 소유권이전등기를 촉탁하였으나 등기촉탁정보의 등기의무자와 토지 등기기록의 소유자가 다른 경우 전유부분에 대한 촉탁은 수리하고 토지에 대한 촉탁은 부동산등기법 제29조 제7호(신청정보의 등기의무자 표시가 등기기록과 일치하지 아니한 경우)를 적용하여 각하한다. 나중에라도 토지의 이전등기가 마쳐져 등기의무자가 일치된 후 경매법원이 소유권이전등기를 촉탁하면 수리한다. 이 경우 등기 실행절차는 위 ㉮와 같다.

　㉡ 대지권등기가 경료된 경우

　　㉮ 경매절차 진행 중 또는 대금납부 후 대지권등기가 마쳐진 경우 경매법원으로부터 대지권까지 포함한 소유권이전등기 촉탁이 있으면 수리한다.

　　㉯ 등기촉탁정보와 매각허가결정(경정결정)의 부동산 표시는 등기기록과 일치하여야 한다. 토지의 이전할 지분이 대지권 비율과 같으면 일치한 것으로 본다.

　　㉰ 등기원인은 "○○년 ○월 ○일 매각(대지권 포함)"으로 기록한다.

　　㉱ 토지의 부담 등기에 대하여 경매법원의 말소 촉탁이 있으면 수리한다.

② 매각허가결정에 대지에 대한 표시가 없는 경우

　㉠ 대지권등기가 경료되지 않은 경우 : 매각허가결정에 전유부분만 표시된 경우 형식적 심사권밖에 없는 등기관은 토지까지 매각되었는지 여부를 판단할 수 없으므로 전유부분에 대한 촉탁은 통상의 절차에 따라 수리하고 토지에 대한 촉탁은 부동산등기법 제29조 제8호(신청정보와 등기원인을 증명하는 정보가 일치하지 아니한 경우)를 적용하여 각하한다.

　㉡ 대지권등기가 경료된 경우 : 대지권등기가 마쳐진 후에는 전유부분만에 대한 소유권이전등기는 할 수 없으므로 전유부분만의 소유권이전등기를 실행하기 위해서는 대지권변경(대지권말소) 등기가 선행되어야 한다. 그렇지 않으면 소유권이전등기 촉탁을 전부 각하한다.

ⓒ 토지 소유권이전등기

㉮ 토지에 대한 소유권이전등기는 경매법원의 촉탁에 의할 수 없고 통상의 절차에 의하여야 한다.

㉯ 전유부분 취득을 원인으로 한 소유권이전등기 신청(공동신청)이 있는 경우 등기기록에 "○○년 ○월 ○일 건물 ○동 ○호 전유부분 취득"으로 기록한다.

㉰ 토지의 부담 등기말소는 경매법원의 촉탁에 의할 수 없고(애초부터 매각 대상이 아니었으므로) 통상의 절차에 의하여야 한다.

Ⅴ 강제관리에 관한 등기

1. 의 의

강제관리는 부동산 자체의 천연과실·법정과실을 개별적으로 압류하지 아니하고, 관리인을 두어 관리인으로 하여금 이것으로써 채무를 변제하게 하는 방법이다.

2. 강제관리개시결정

① 법원이 강제관리개시결정을 한 때에는 결정정본을 제공하여 직권으로 그 개시결정의 등기를 촉탁하게 된다. 등기관이 촉탁에 의하여 등기를 한 때에는 촉탁법원에 등기사항증명서(통지서로 대용)를 송부하여야 하는 점, 동일 부동산에 관하여 중복하여 강제관리의 등기를 할 수 있는 점은 경매의 경우와 같다(민사집행법 제163조).

② 법원이 강제관리 개시결정을 취소한 때에는 취소결정의 정본을 제공하여 강제관리개시결정등기의 말소를 촉탁하게 된다.

③ 강제관리개시결정등기나 그 말소등기를 할 경우 등기원인과 그 연월일은 "○○년 ○월 ○일 ○○법원의 강제관리개시결정" 또는 "○○년 ○월 ○일 강제관리취소결정"이라고 기록한다.

Ⅵ 채무자 회생 및 파산에 관한 등기(등기예규 제1516호)

1. 도산처리절차의 의의

① 도산이란 채무자가 변제기에 있는 채무를 일반적으로 변제할 수 없게 된 상태를 말한다. 채무자회생법에 따르면 도산절차는 크게 청산형인 파산절차와 재건형인 회생절차 두 가지로 나눌 수 있다.

② 회생절차는 채무자가 재정적 어려움 때문에 파탄에 직면한 경우 채권자·주주 등 이해관계인의 법률관계를 조정하여 채무자나 그 사업의 효율적인 회생을 도모하는 제도이다. 회생절차개시결정이 있으면 채무자의 업무 수행과 재산의 관리 및 처분을 하는 권한은 관리인에게 전속한다(채무자회생법 제56조 제1항).

③ 파산절차는 채무자가 지급을 할 수 없는 때에 파산을 선고하여 파산재단에 속하는 재산을 신속하게 환가·배당함을 목적으로 하는 제도이다. 파산재단을 관리 및 처분하는 권한은 파산관재인에게 속한다(채무자회생법 제384조).

2. 채무자 회생 및 파산에 관한 등기 일반

① 도산절차에서는 제3자의 불측의 손해를 방지하기 위하여 원칙적으로 도산절차를 관장하는 법원의 촉탁에 의해 등기를 한다. 그러나 부인등기, 임의매각에 의한 소유권이전등기와 같이 절차의 진행과 관계없는 채무자와 이해관계인 사이의 권리관계에 관한 등기는 신청에 의한다.

② 미등기부동산에 관한 회생절차, 파산절차, 개인회생절차에 관한 등기를 촉탁하는 경우 등기관은 직권으로 소유권보존등기를 한 다음 촉탁에 따른 등기를 하여야 한다.

③ 회생 및 파산 절차의 각 진행 경과에 따른 등기를 모든 채무자의 부동산에 대하여 하는 것은 아니다. 보전처분 및 부인의 등기는 모든 채무자의 개별 부동산에 대하여 하지만, 나머지 절차의 등기는 채무자가 법인이 아닌 경우에만 개별 부동산에 대하여 하고 채무자가 법인인 경우에는 개별 부동산에 대하여 하지 않는다. 다만, 개인회생절차의 경우에는 채무자가 법인이 아니지만 개인회생절차개시결정, 변제계획인가결정 등의 절차에 따른 등기를 하지 않는다.

④ 선행절차가 등기되어 있지 않은 상태에서 그 다음 절차단계에 해당하는 등기의 촉탁이 있으면 부동산등기법 제29조 제6호로 각하하여야 한다. 예를 들어 회생절차개시결정의 등기가 되어 있지 아니한 부동산에 관하여 회생계획인가의 등기 촉탁이 있는 경우, 부인의 등기가 된 경우를 제외하고는 등기관은 이를 각하하여야 한다(등기예규 제1516호 제15조 제2항).

⑤ 도산절차가 진행되어 절차종결의 결정을 한 경우에는 절차종료의 등기와 종전 절차의 말소등기를 촉탁하여야 한다. 예를 들어 회생법원의 법원사무관 등은 회생절차종결결정 즉시 직권으로 관할등기소 등기관에게 회생절차종결결정을 원인으로 하여 보전처분등기, 회생절차개시등기, 회생계획인가등기의 말소 및 회생절차종결등기를 촉탁하여야 한다(등기예규 제1516호 제18조 제1항).

⑥ 회생절차는 파산절차에 우선하므로 회생절차개시결정등기가 된 때에는 파산선고의 등기를 할 수 없지만, 반대로 파산선고의 등기가 된 경우 회생절차개시결정등기는 할 수 있다. 또한 개인회생절차는 회생절차 및 파산절차에 우선하므로, 개인회생절차개시의 결정이 있는 때에는 속행 중인 회생절차 또는 파산절차는 중지되고 새로이 회생절차 또는 파산절차를 개시하는 것도 금지된다.

⑦ 법원사무관 등이 회생절차, 파산절차, 개인회생절차, 국제도산절차와 관련하여 보전처분의 등기 등을 촉탁하는 경우에 등록면허세 및 등기신청수수료가 면제된다(채무자회생법 제25조 제4항, 등기사항증명서 등 수수료규칙 제5조의2 제2항 제3호).

⑧ 부인의 등기는 법원의 촉탁이 아니라 관리인 등의 신청에 의하여 하지만 등록면허세가 면제된다(채무자회생법 제26조 제2항). 그러나 등기신청수수료는 면제되지 않는다.

3. 회생절차와 관련한 등기

(1) 촉탁에 의한 등기

① 촉탁의 주체

　㉠ 채무자회생법은 회생절차와 관련한 대부분의 등기를 회생법원의 법원사무관 명의로 촉탁하나, 예외적인 경우에만 회생법원이 촉탁하게 하였다.

　㉡ 회생법원이 촉탁하는 경우로는 부인등기의 말소촉탁(채무자회생법 제26조 제4항), 회생계획의 수행 또는 채무자회생법에 따라 회생절차의 이해관계인(채무자·채권자·담보권자·주주·지분권자와 신회사)을 등기권리자로 하는 등기의 촉탁(채무자회생법 제24조 제2항) 등이 있다.

ⓒ 등기권리자가 위의 이해관계인이 아닌 경우 그 등기는 법원의 촉탁에 의하지 않고 공동신청에 의한다(채무자회생법 제24조 제2항 단서). 예를 들어, 회생계획에 따라 신회사를 설립하고 채무자 회사 명의의 부동산을 신회사로 이전하거나, 회생채권자를 등기권리자로 하여 근저당권설정등기를 하는 경우 그 등기는 회생법원의 촉탁에 의한다.

ⓔ 채무자회생법에서 법원사무관 등이 아닌 회생법원을 촉탁의 주체로 규정한 것은 고도의 판단이 필요하다고 보았기 때문이므로 회생법원이 촉탁하여야 하는 등기를 법원사무관 등이 촉탁한 경우 그러한 촉탁은 각하하여야 한다. 반대의 경우에는 수리하여도 무방하다.

② **촉탁의 대상** : 채무자의 등기된 부동산 또는 권리인데, 채무자가 법인인지 여부에 따라 달라진다. 채무자가 법인인 경우에는 보전처분등기만 촉탁할 수 있고, 법인이 아닌 경우(자연인 또는 법인 아닌 사단·재단)에는 보전처분 및 회생절차의 각 단계에 따른 등기를 촉탁할 수 있다.

③ **촉탁사항 이외의 등기사항에 관한 신청권자**

ⓐ 촉탁사항 이외의 사항은 신청에 의한다. 채무자는 재산의 관리처분권을 상실하였으므로 회생법원이 보전처분 외에 보전관리인에 의한 관리를 명한 때(채무자회생법 제43조 제3항)에는 보전관리인의 신청에 의하여, 회생절차개시결정이 있는 때에는 채무자의 업무 수행과 재산의 관리 및 처분을 하는 권한은 관리인에게 전속하고(채무자회생법 제56조 제1항) 관리인이 선임되지 아니한 경우에는 채무자(개인이 아닌 경우에는 그 대표자)가 관리인으로 의제되는바(채무자회생법 제74조 제4항) 관리인 또는 관리인으로 의제되는 자의 신청에 의하여 등기한다.

ⓑ 이때의 신청은 일반원칙에 따른 공동신청을 의미한다.

(2) 보전처분에 관한 등기

① 보전처분의 기입등기

법원사무관 등의 촉탁	• 채무자 또는 채무자의 이사 등의 부동산에 관한 권리(소유권과 담보물권, 용익물권, 임차권 등 소유권 외의 권리 및 가등기상의 권리와 환매권을 포함)의 보전처분등기는 법원 사무관 등의 촉탁으로 한다(채무자회생법 제24조 제1항). • 촉탁정보에는 등기의 목적을 "보전처분"으로, 등기의 원인을 "○○지방법원의 재산보전처분" 또는 "○○지방법원의 임원재산보전처분"으로, 그 일자는 "보전처분 등의 결정을 한 연월일"로 각 표시하고, 결정서의 등본 또는 초본을 제공하여야 한다.
등기의 실행	• 보전처분에 따른 금지사항이 지정·촉탁된 경우에는 등기관은 해당 금지사항(예) 양도, 저당권 또는 임차권의 설정, 그 밖에 일체의 처분행위의 금지)을 기록하여야 한다. • 보전처분등기는 주등기로 하되, 소유권 외의 권리의 등기에 대한 보전처분의 경우에는 부기등기로 한다.

② 보전처분등기의 변경이나 말소

ⓐ 보전처분등기의 변경이나 말소 역시 법원사무관 등의 촉탁에 의한다.

ⓑ 보전처분이 변경 또는 취소된 경우, 보전처분 이후 회생절차개시신청의 기각결정, 취하 등의 사유로 보전처분이 효력을 상실한 경우, 회생절차종결결정이 있는 경우, 관리인이 법원의 허가를 받아 임의매각한 경우 법원사무관 등의 촉탁에 의하여 보전처분등기를 변경하거나 말소한다.

ⓒ 이 경우 결정문의 등본(또는 초본)이나 취하서 등을 제공하여야 한다.

③ 보전처분등기와 다른 등기의 관계
  ㉠ 보전처분등기 후의 다른 등기
    ㉮ 보전처분등기가 마쳐진 후 다른 등기신청(예 채무자와 매수인의 소유권이전등기신청, 근저당권
      설정등기신청)이 있는 경우 등기관은 수리한다. 보전처분에 저촉되는 등기라고 해서 절대적 무효
      가 아니라 회생절차개시결정이 있을 때에 채무자에 대하여 유효를 주장할 수 없는 데에 그치는
      상대적 무효이고, 회생절차가 폐지되면 보전처분에 위반한 등기도 완전히 유효한 것으로 되기
      때문이다.
    ㉯ 보전관리명령이 있는 경우에는 보전관리인이 법원의 허가서를 제공하여 소유권이전등기 등을 신
      청할 수 있는데 이 경우에는 유효한 등기가 된다.
  ㉡ 보전처분등기에 앞서는 가등기에 기한 본등기 등
    ㉮ 보전처분등기가 마쳐지기 전에 가등기가 먼저 되어 있는 경우 가등기에 기한 본등기를 할 수 있
      다. 등기관이 본등기를 하고 보전처분등기를 직권으로 말소하였을 경우 그 사실을 지체 없이 보전
      처분을 촉탁한 법원에 통지하여야 한다(부동산등기법 제92조 제2항).
    ㉯ 보전처분에 앞선 가처분등기가 있는 경우 가처분채권자가 승소하면 보전처분등기는 가처분등기
      에 저촉되게 되므로 가처분채권자의 신청에 따라 말소한다(부동산등기법 제94조 제1항).
  ㉢ 보전처분 이후 등기의 말소 여부
    ㉮ 예를 들어, 채무자 갑 → 보전처분 → 을(소유권이전등기)의 등기가 마쳐진 상태에서 보전처분이
      취소되거나 회생절차개시신청 기각결정 등으로 인하여 보전처분이 효력을 상실한 경우 법원사무
      관 등은 보전처분등기의 말소를 촉탁한다. 보전처분등기가 말소되면 을 명의의 소유권이전등기는
      확정적으로 유효한 것으로 된다.
    ㉯ 회생절차종결결정이 있는 경우 보전처분 및 그에 저촉되는 등기는 회생계획의 인가로 이미 효력
      을 상실하였으므로 법원사무관 등은 회생절차종결등기와 함께 보전처분 및 그에 저촉되는 등기의
      말소촉탁을 하여야 한다. 즉, 위 예에서 보전처분등기와 을 명의의 소유권이전등기는 법원사무관
      등의 촉탁에 의하여 말소된다.
    ㉰ 반면, 회생절차 진행 중에 관리인이 법원의 허가를 얻어 해당 부동산을 매각한 경우 관리인은
      법원의 허가서를 제공하여 먼저 단독으로 보전처분에 위배된 등기의 말소를 신청하고 이어 매수
      인과 공동으로 소유권이전등기를 신청한다. 보전처분등기는 위 말소등기와 소유권이전등기가 마
      쳐진 후에 관리인의 신청에 의하여 회생법원의 촉탁으로 말소한다.

(3) 회생절차개시결정 이후의 등기
  ① 총 설
    ㉠ 앞에서 본 바와 같이, 회생절차에 관한 등기는 채무자가 법인이 아닌 경우에만 채무자 소유의 개별
      부동산에 대하여 각 절차 단계별로 하고, 채무자가 법인인 경우에는 하지 않는다.
    ㉡ 따라서 법인인 채무자 명의의 부동산에 대해서 회생절차개시결정, 회생계획인가, 회생절차종결의
      등기촉탁이 있는 경우 사건이 등기할 것이 아닌 경우에 해당하므로 등기관은 부동산등기법 제29조
      제2호에 의하여 각하한다.

② 회생절차개시결정등기
  ㉠ 등기절차
    ㉮ 회생절차개시결정등기는 법원사무관 등이 촉탁정보에 등기의 목적(회생절차개시), 등기의 원인(지방법원의 회생절차개시결정·사건번호) 및 그 일자(회생절차개시결정의 연월일), 결정을 한 법원을 표시하고, 결정서의 등본 또는 초본을 제공하여 촉탁한다.
    ㉯ 회생절차개시결정등기는 그 등기 전에 가압류, 가처분, 강제경매 또는 담보권 실행을 위한 경매의 등기, 체납처분에 의한 압류등기, 가등기, 파산선고의 등기 등이 되어 있는 경우에도 할 수 있다.
  ㉡ 회생절차개시결정등기 후의 다른 등기
    ㉮ 파산선고 등기 등 : 회생절차개시결정등기가 된 채무자의 부동산 또는 권리에 관하여 파산선고의 등기, 또 다른 회생절차개시결정등기의 촉탁이 있는 경우 등기관은 각하하여야 한다(채무자회생법 제58조 제1항).
    ㉯ 회생법원의 촉탁에 의한 등기 : 법원은 회생계획의 수행이나 채무자회생법에 따라 회생절차가 종료되기 전에 회생절차상의 이해관계인(채무자·채권자·담보권자·주주·지분권자와 신회사)을 권리자로 하는 등기된 권리의 득실이나 변경이 생긴 경우에는 직권으로 지체 없이 그 등기를 촉탁한다(채무자회생법 제24조 제2항).
    ㉰ 회생절차개시결정의 등기보다 먼저 된 가등기에 의한 본등기 : 회생절차개시결정등기보다 가등기가 먼저 마쳐졌다면 가등기에 기한 본등기는 관리인과 가등기권리자의 공동신청으로 할 수 있다. 이 경우 법원의 허가서를 제공하여야 한다.
③ 회생절차개시결정 취소의 등기

의 의	회생절차개시결정의 취소란 즉시 항고 등에 의하여 회생절차개시결정이 취소되는 것을 말한다. 취소결정이 확정되면 회생절차는 종국적으로 소멸하지만 그때까지 관리인이 한 적법한 행위는 효력을 유지한다.
등기절차	• 회생절차개시결정 취소의 등기도 법원사무관 등이 촉탁한다. 촉탁방법은 회생절차개시결정등기와 같다. • 회생절차개시결정 취소 등기의 촉탁만 있는 경우에는 회생절차개시결정등기는 말소하지 않는다. 취소등기의 촉탁과 함께 회생절차개시결정등기의 말소촉탁이 있으면 그에 따라 말소하여야 한다.

④ 회생계획인가의 등기
  ㉠ 등기절차
    ㉮ 회생계획인가의 등기 역시 법원사무관 등이 촉탁하며, 첨부정보 등은 개시결정의 등기와 같다.
    ㉯ 회생절차개시결정등기가 되어 있지 아니한 부동산에 관하여 회생계획인가등기 촉탁이 있는 경우 등기관은 그 촉탁을 각하한다. 절차 단계상 개시결정의 등기 없이 인가의 등기를 할 수 없기 때문이다.
    ㉰ 회생계획의 변경인가는 등기사항이 아니므로 회생계획 변경인가에 따른 등기를 촉탁하여도 부동산등기법 제29조 제2호를 적용하여 각하한다.
  ㉡ 회생계획인가의 등기와 파산등기의 말소
    ㉮ 회생계획인가의 등기 전에 같은 부동산에 파산등기가 되어 있는 경우 등기관은 회생계획인가등기를 한 후 파산등기를 직권으로 말소하여야 한다. 회생계획의 인가로 파산절차가 실효되기 때문이다.
    ㉯ 반대로 인가취소의 등기를 하는 경우 직권으로 말소한 파산등기를 회복하여야 한다.

⑤ 회생계획불인가의 등기

　ᄀ 회생계획불인가의 의의 및 효과

　　㉮ 회생계획불인가의 결정은 법원이 관계인집회에서 가결된 회생계획안에 대하여 법적인 효력을 부여하는 것을 거절함으로써 회생절차를 종료시키는 결정이다.

　　㉯ 회생계획불인가의 결정이 확정되면(인가결정이 즉시항고에 의하여 취소·확정된 경우 포함) 회생절차는 종국적으로 종료하고, 파산절차가 개시되거나 중단되었던 강제집행 등이 속행되며, 채무자는 재산의 관리처분권을 회복한다. 다만, 그때까지 관리인이 한 행위는 효력을 유지한다.

　ᄂ 등기절차

　　㉮ 회생계획불인가의 등기도 법원사무관 등이 촉탁하고, 촉탁방법은 회생절차개시결정등기와 같다. 회생절차개시결정등기는 말소하지 않는다. 회생절차가 개시되었으나 불인가결정으로 종료되었음을 공시할 필요가 있기 때문이다. 다만, 회생계획불인가등기와 함께 회생절차개시결정등기의 말소도 촉탁된 경우에는 그에 따라 말소한다.

　　㉯ 회생계획불인가결정이 확정된 때 법원이 직권으로 파산선고를 하고 회생계획불인가 등의 등기와 파산등기를 동일한 촉탁정보에 의하여 촉탁한 경우, 등기관은 동일한 순위번호로 등기를 하되 먼저 회생계획불인가 등의 등기를 한 후 파산등기를 하여야 한다.

　　㉰ 회생계획불인가등기가 마쳐진 후 그 등기의 말소 절차는 회생절차종결등기의 말소 절차와 같다.

⑥ 회생절차폐지의 등기

　ᄀ 회생절차폐지의 의의 : 회생절차의 폐지란 회생절차가 개시된 후 해당 절차가 목적을 달성하지 못한 채 법원이 중도에 종료시키는 것을 말한다. 법원은 회생계획안을 제출하지 않거나 회생계획안이 부결된 경우, 인가 이후에도 실행의 가망이 없는 경우에 회생절차의 폐지결정을 한다.

　ᄂ 등기절차

　　㉮ 회생계획불인가의 등기와 같다.

　　㉯ 회생절차폐지의 등기가 마쳐진 후 그 등기의 말소 절차는 회생절차종결등기의 말소 절차와 같다.

⑦ **회생절차종결의 등기**(등기예규 제1516호 제18조)

　ᄀ 의의 : 회생절차가 순조롭게 진행되어 목적이 달성된 경우 법원은 회생절차종결결정을 한다. 이로써 회생절차는 종결되고 채무자는 관리처분권을 회복한다.

　ᄂ 등기절차

　㉮ 회생절차종결등기

　　• 회생법원의 법원사무관 등은 회생절차종결결정이 나면 즉시 직권으로 관할 등기소 등기관에게 회생절차종결등기를 촉탁하여야 한다. 촉탁정보에는 등기의 목적(회생절차종결), 등기의 원인 및 그 일자(회생절차종결의 결정이 있은 날), 결정을 한 법원을 표시하고, 결정서의 등본 또는 초본을 제공하여야 한다.

　　• 회생절차개시결정 및 회생계획인가의 각 등기가 되어 있지 아니한 부동산 등의 권리에 대한 회생절차종결등기의 촉탁은 각하하여야 한다. 다만 부인의 등기가 된 경우에는 회생절차종결등기에 의하여 부인의 효력을 확정하여야 하므로, 회생절차개시결정 및 인가의 등기가 마쳐져 있지 않아도 회생절차종결등기를 하여야 한다.

④ 보전처분등기, 회생절차개시결정등기 등의 말소
- 법원사무관 등은 회생절차종결등기와 함께 회생절차종결결정을 원인으로 하여 보전처분등기, 회생절차개시결정등기, 회생계획인가등기의 말소등기를 촉탁한다. 이 경우 등기의 목적은 "○번 ○○등기 말소"이고, 등기의 원인은 "회생절차종결"이며, 그 원인일자는 "회생절차종결의 결정이 있는 날"이다.
- 등기관은 회생절차종결등기의 촉탁만 있고 보전처분등기 등의 말소촉탁은 없는 경우 보전처분등기 등을 말소하여서는 안 된다. 회생절차종결등기를 촉탁할 때에 회생절차와 관련된 등기의 말소촉탁이 누락된 경우 회생절차종결의 등기가 마쳐진 이후에도 말소촉탁을 할 수 있다. 이 경우 등기의 목적은 "○번 ○○등기 말소"이고, 등기원인 및 그 원인일자는 기록하지 않으며 결정서의 등본은 제공할 필요가 없다.
④ 보전처분에 저촉되는 등기의 말소 : 보전처분등기 후에 마쳐진 등기는 회생계획인가로 채무자에 대하여 확정적으로 무효가 되었으므로 회생법원은 이러한 등기의 말소를 촉탁하여야 한다.
④ 회생절차종결등기의 말소 : 회생절차종결의 등기가 되고 다른 등기가 모두 말소된 이후에 회생절차종결등기의 말소촉탁이 있는 경우 등기관은 수리하여야 한다. 이 경우 등기의 목적은 "○번 회생절차종결등기말소"이고, 등기원인 및 그 원인일자는 기록하지 않으며 결정서의 등본은 제공할 필요가 없다.

(4) 권리변동(임의매각 등)의 등기

① 총 설
㉠ 회생계획에서는 채무자 소유의 부동산, 그 밖의 자산의 매각을 통하여 얻은 재원으로 공익채권, 회생담보권 등의 변제에 사용하거나 운영자금으로 사용하도록 규정하는 것이 일반적이다. 또한 채무자는 법원의 허가를 얻어 금원을 차입하고 근저당권설정등기를 해주기도 한다. 이러한 경우의 소유권이전 등기 또는 근저당권설정등기는 관리인과 매수인(근저당권자)의 공동신청에 의한다.
㉡ 유의할 점은, 회생계획의 수행이나 채무자회생법에 따라 회생절차가 종료되기 전에 등기된 부동산 등에 대한 권리의 득실이나 변경이 생겨 그러한 등기를 할 때, 회생절차상의 이해관계인(채무자·채권자·담보권자·주주·지분권자와 신회사)이 등기권리자인 경우에는 법원의 촉탁에 의하여 한다는 것이다. 만약 관리인과 상대방이 공동신청을 하였다면 그 신청은 각하한다(채무자회생법 제24조 제2항 단서).

② 등기절차

신청인	• 회생절차개시결정이 있는 때에는 채무자의 업무 수행과 재산의 관리 및 처분을 하는 권한은 관리인에게 전속하고(채무자회생법 제56조 제1항) 관리인이 선임되지 아니한 경우에는 채무자의 대표자가 관리인으로 간주되므로(채무자회생법 제74조 제4항), 개시결정등기 후의 채무자 소유 부동산에 관한 등기신청권자는 관리인 또는 관리인으로 간주되는 자이다(표시방법 : 등기의무자 ○○○ 관리인 또는 채무자 겸 관리인 ○○○). • 권리의무의 귀속주체는 여전히 채무자 본인이므로 신청정보에 채무자를 등기의무자로 표시하여야 한다.
첨부정보	• 관리인이 회생계획에 따라 채무자 명의의 부동산 등을 처분하고 그에 따른 등기를 상대방과 공동으로 신청하는 경우 회생계획인가결정의 등본 또는 초본을, 회생계획에 의하지 아니하고 처분한 경우에는 법원의 허가서 또는 법원의 허가를 요하지 아니한다는 뜻의 증명을 제공하여야 한다. • 이 경우 등기신청의 진정성이 담보되므로 등기의무자의 등기필정보는 제공할 필요가 없으나 관리인의 자격을 증명하는 정보(채무자가 법인인 경우에는 법인 등기사항증명서, 개인인 경우에는 결정문 등본 등)와 관리인의 인감증명은 제공하여야 한다.

③ 보전처분등기 등의 말소촉탁

　　㉠ 관리인이 회생계획의 수행으로 또는 법원의 허가를 얻어 부동산을 매각하고 그에 따른 소유권이전등기를 마친 경우 법원사무관 등은 직권으로 "매각"을 원인으로 하여 보전처분등기, 회생절차개시결정등기, 회생계획인가등기의 말소를 촉탁한다.

　　㉡ 이때 회생계획인가에 의하여 소멸한 근저당권등기 등의 말소촉탁도 하여야 한다. 말소 대상인 등기인지 여부의 판단은 회생법원이 하므로 등기관은 촉탁에 따라 등기를 하면 된다.

　　㉢ 다만, 회생절차의 진행 중 관리인이 법원의 허가를 얻어 부동산을 임의매각한 경우 보전처분에 저촉되는 등기의 말소는 관리인이 소유권이전등기와 동시에 단독으로 신청하여야 하므로 말소촉탁의 대상이 되지 아니한다.

　　㉣ 예를 들어, "채무자 갑 → 을(근저당권설정등기) → 보전처분 → 병(보전처분에 저촉되는 이전등기) → 회생절차개시결정등기 → 회생계획인가등기"와 같이 등기가 된 상태라면, 관리인이 매수인 정과 공동으로 소유권이전등기의 신청을 하기에 앞서 단독으로 병 명의의 소유권이전등기의 말소신청을 하여야 한다. 을 명의의 근저당권설정등기, 보전처분등기, 회생절차개시결정등기, 회생계획인가등기는 촉탁에 의하여 말소된다.

(5) 회생절차와 강제집행 등에 관한 등기

① 회생절차는 회생계획에 따른 채무의 변제와 채무자의 경제적 재건을 목표로 하므로 회생채권 또는 회생담보권에 기한 개별 집행은 원칙적으로 금지된다.

② 이하에서는 회생절차개시신청 이후부터 각 단계별로 집행에 관한 등기(가압류, 가처분, 강제경매, 담보권실행 경매)의 효력 및 그에 관한 처리를 알아보기로 한다.

③ 개시신청 단계

　　㉠ 절차 진행의 자유 : 회생절차의 개시신청은 법원의 재판이 아니므로 회생절차개시신청 자체만으로는 채무자에 대한 채권자 또는 담보권자의 권리행사를 제약하지 않는다. 따라서 채무자의 부동산에 대한 가압류·가처분 등 보전처분 및 강제집행, 담보권 실행을 위한 경매신청 절차에 아무런 영향이 없다.

　　㉡ 절차중지명령

　　　㉮ 개시신청으로부터 개시결정 때까지는 상당한 시일이 소요되고 보전처분의 등기가 마쳐진다 하더라도 강제집행 등에는 영향이 없으므로, 개시결정이 나기 전에 강제집행 등의 절차가 진행되면 회생절차가 개시되어도 이미 채무자의 재산이 흩어져 회생의 목적을 달성할 수 없게 된다.

　　　㉯ 이러한 경우에 대비하여, 회생법원은 회생절차개시신청에 대한 결정이 있을 때까지 회생채권 또는 회생담보권에 기한 강제집행 등과 체납처분의 중지를 명할 수 있다(채무자회생법 제44조 제1항, 제45조 제1항). 다만, 위 절차중지명령은 촉탁사항이 아니므로 등기절차와는 관련이 없다.

　　㉢ 절차의 취소명령과 강제집행 등에 관한 등기의 말소촉탁 : 회생법원은 채무자의 회생 등을 위하여 특히 필요하다고 인정하는 때에는 중지된 강제집행 등의 취소를 명할 수 있다(채무자회생법 제44조 제4항, 제45조 제5항). 이 경우 집행법원이나 법원사무관 등은 취소결정문을 제공하여 강제집행 등에 관한 등기의 말소를 촉탁하여야 한다.

④ 보전처분등기 단계

　　㉠ 보전처분의 등기는 그 등기 전에 가압류, 가처분, 강제경매 또는 담보권 실행을 위한 경매의 등기, 체납처분에 의한 압류등기 등 처분제한 등기 및 가등기(이하 "가압류 등"이라 한다)가 되어 있는 경우에도 할 수 있다.

　　㉡ 가압류 등의 효력과 회생절차상 보전처분의 효력은 서로 배척하는 것이 아니기 때문이다. 가압류 등은 법원의 중지명령이나 취소명령의 대상이 될 뿐이다.

　　㉢ 보전처분은 채무자에 대하여 일정한 행위의 제한을 가하는 것이고 제3자의 권리행사를 금지하는 것은 아니므로, 보전처분등기가 마쳐진 채무자의 부동산 등에 대하여 가압류, 가처분 등 보전처분, 강제집행 또는 담보권 실행을 위한 경매, 체납처분에 의한 압류 등의 등기촉탁이 있는 경우에도 수리한다.

　　㉣ 보전처분의 등기 후에 경매개시결정등기(강제경매·임의경매)가 실행되고 그에 따른 매각의 촉탁이 있는 경우에도 등기관은 수리하여 등기를 실행하면 된다. 다만, 이 경우 매각으로 인한 소유권이전등기는 보전처분에 저촉되는 등기가 되어 매수인은 회생절차와의 관계에서 권리취득을 주장할 수 없고, 향후 회생계획에 특별한 언급이 없으면 회생계획인가로 실효되어 말소촉탁의 대상이 된다.

　　㉤ 보전처분등기 전에 등기된 근저당권에 기한 임의경매개시결정의 등기가 보전처분등기 이후에 된 때, 보전처분등기 전에 강제경매개시결정의 등기(보전처분등기 전에 가압류등기가 되고 보전처분등기 후에 강제경매개시결정등기가 된 경우도 포함)가 된 때에는 매수인 명의의 소유권이전등기 촉탁을 할 때 보전처분에 관한 등기의 말소도 같이 촉탁하여야 한다.

⑤ 개시결정등기 단계

　　㉠ 강제집행 등의 신청 금지 및 당연 중지 : 채무자에 대하여 회생절차가 개시된 경우 회생채권(담보권)은 회생절차에 의해서만 행사할 수 있으므로 회생채권(담보권)에 기한 강제집행 등을 할 수 없고, 이미 행한 절차는 중지된다(채무자회생법 제58조 제3항). 따라서 가압류·가처분, 강제경매·임의경매 개시 등의 신청을 받은 법원은 채무자에 대하여 회생절차개시결정이 있는지 여부를 살펴서 회생절차 개시결정이 된 경우라면 신청을 배척하고 강제집행 등에 관한 등기를 촉탁하지 않는다.

　　㉡ 환취권 및 공익채권에 기한 강제집행 등의 허용

　　　㉮ 회생절차개시결정에 의하여 금지되는 것은 회생채권(담보권)에 기한 강제집행 등이므로 환취권 및 공익채권처럼 회생채권(담보권)이 아닌 권리에 기한 강제집행 등은 할 수 있다.

　　　㉯ 환취권이란 채무자 아닌 제3자 소유의 재산이 채무자 재산에 혼입되어 있을 때 제3자가 해당 재산에 관하여 주장할 수 있는 권리를 말한다. 공익채권이란 회생계획의 수행에 필요한 비용청구권과 같이 주로 회생절차개시 후의 원인에 기하여 생긴 청구권 등을 말한다(채무자회생법 제179조).

　　　㉰ 공익채권을 가진 자는 가압류를 신청하거나 확정판결(그 밖의 집행권원 포함)을 얻은 후 강제경매를 신청할 수 있으므로 그에 따른 등기촉탁이 있게 된다. 이 촉탁정보에는 피보전권리(또는 집행권원)가 공익채권인지 여부에 대한 내용이 표시되지 않는다.

　　　㉱ 형식적 심사권밖에 없는 등기관으로서는 가압류 등의 등기촉탁이 있는 경우 그 촉탁이 회생채권·담보권에 기한 것이어서 각하하여야 할지, 환취권·공익채권에 기한 것이어서 예외적으로 수리하여야 할지를 판단하는 것이 불가능하다. 따라서 실체적 심사권이 있는 집행법원의 판단을 존중할 수밖에 없고 결국 회생절차개시결정등기 이후에 강제집행 등에 관한 등기의 촉탁이 있으면 등기관은 그에 따라 등기를 실행하여야 한다.

ⓒ 중지 중인 절차의 속행
  ㉮ 법원은 회생에 지장이 없다고 인정하는 때에는 관리인의 신청에 의하여 또는 직권으로 중지한 절차의 속행을 명할 수 있다(채무자회생법 제58조 제5항). 절차의 중지나 속행은 등기사항이 아니므로 촉탁 대상이 되지 않는다.
  ㉯ 회생법원의 절차 속행명령에 따라 대상 부동산이 매각되어 그에 따른 소유권이전등기 촉탁을 하기 위해서는 처분의 속행을 명한 결정문 등을 제공하여야 한다.
ⓓ 중지 중인 절차의 취소
  ㉮ 법원은 회생을 위하여 필요하다고 인정하는 때에는 관리인의 신청에 의하여 또는 직권으로 중지한 절차의 취소를 명할 수 있다(채무자회생법 제58조 제5항).
  ㉯ 취소의 대상인 절차는 개시 전 법원의 중지명령에 의하여 중지된 것과 개시결정으로 당연 중지된 것을 모두 포함한다. 취소명령이 있으면 대상이 된 절차는 소급하여 효력을 잃고 압류 등의 효력도 소멸한다.
  ㉰ 이 경우 집행법원이나 법원사무관 등은 취소결정문을 제공하여 강제집행 등의 등기의 말소를 촉탁하여야 한다.
⑥ 회생계획인가등기 단계
  ㉠ 중지 중인 절차의 실효
    ㉮ 회생계획인가의 결정이 있으면 개시결정으로 중지한 파산절차, 강제집행, 가압류, 가처분, 담보권 실행 등을 위한 경매절차는 효력을 잃는다(채무자회생법 제256조). 회생계획인가의 결정을 한 법원은 그 등기와 함께 위 각 절차에 따른 등기의 말소를 함께 촉탁할 수 있다. 이 경우 등기원인은 '회생계획의 인가'이다.
    ㉯ 위 강제집행 등의 등기의 말소촉탁은 회생법원뿐만 아니라 가압류 등을 한 집행법원도 할 수 있다.
  ㉡ 강제집행 등의 신청금지 : 회생계획인가결정이 내려지면 회생채권자·담보권자는 회생계획에 따른 변제가 제대로 되지 않더라도 회생절차가 계속되고 있는 한 강제집행 등을 신청할 수 없다(개별적 권리행사의 금지).
  ㉢ 그 밖의 권리에 관한 등기
    ㉮ 신고되지 않은 담보권이나 신고가 되었더라도 회생계획에서 존속규정을 두지 않은 담보권은 인가결정과 함께 소멸한다. 이 경우 등기는 당사자의 공동신청으로 말소할 수도 있지만, 등기의무자(회생담보권자)가 협조하지 않는 경우에는 법원의 촉탁에 의하여 말소한다.
    ㉯ 회생계획이 인가된 경우에도 회생절차개시결정의 등기 전에 등기된 가등기(담보가등기 제외) 및 용익물권에 관한 등기, 「국세징수법」 또는 그 예에 의한 체납처분 및 조세채권담보를 위하여 제공된 부동산 등의 처분에 따른 등기는 말소 대상이 되지 않는다. 이러한 등기는 채무자에게 대항할 수 있기 때문이다.
⑦ 회생절차 종료 단계
  ㉠ 인가결정 전에 절차가 종료한 경우
    ㉮ 회생계획의 인가결정 전에 절차가 종료한 경우(개시결정의 취소결정, 회생계획에 대한 불인가결정, 인가 전의 폐지 결정)에는 개시결정에 의하여 중지된 강제집행 등은 중지 상태를 벗어나 당연히 속행되며, 새로운 집행을 자유로이 할 수 있다.
    ㉯ 따라서 위에서 본 회생절차개시결정 취소 등기 등이 마쳐진 경우 집행법원으로부터 강제집행 등에 관한 등기의 촉탁(예 매각에 따른 소유권이전등기의 촉탁)이 있으면 등기관은 수리한다.

ⓒ 인가결정 후에 절차가 종료한 경우 : 회생계획의 인가결정 후에 절차가 종료한 경우(항고심에서의 인가결정 취소결정, 인가 후의 폐지결정, 종결결정)에는 회생계획의 인가결정에 의하여 실효되어 말소된 강제집행 등의 절차는 회복되지 아니하므로 속행의 문제는 발생하지 않는다. 필요한 경우 다시 새로운 절차를 개시할 수 있을 뿐이다.

(6) 부인의 등기

① 총 설

의 의	• 부인권이란 회생절차의 개시 전에 채무자가 회생채권자 또는 회생담보권자를 해하는 것을 알고 한 행위 또는 다른 회생채권자 등과의 평등을 해치는 변제·담보제공 등의 행위를 한 경우 회생절차의 개시 후에 관리인이 채무자 재산의 효력을 부인하고 감소한 재산을 회복할 것을 목적으로 하는 권리를 말한다. • 부인권의 행사에 의하여 채무자의 재산은 등기 없이도 당연히 채무자에게 복귀하지만, 한편으로 부인의 효과는 채무자와 부인의 상대방 사이에서만 발생하므로 이를 등기하지 않으면 선의의 제3자에게 대항할 수 없게 된다. 부인권 행사에 의하여 생기는 이러한 특수한 법률관계를 공시하기 위한 것이 부인의 등기이다. • 예를 들어 채무자 갑이 회생절차의 개시 전에 을에게 소유권이전등기를 마쳐 준 경우, 관리인이 그 행위를 부인하였다면 을이 갑에게 소유권을 이전하여야 할 의무가 발생하는 것이 아니라 물권적으로 갑의 소유가 된다. 그런데 부인등기를 하기 전에 을로부터 병에게 소유권이전등기가 마쳐지면 갑은 병에 대하여 소유권을 주장하지 못하게 된다(병에게 다시 부인원인이 있으면 별도의 부인권 행사는 가능하다). 이러한 결과를 방지하기 위한 것이 부인의 등기이다.
법적 성질	• 부인등기에 의하여 부인된 등기는 확정적 무효가 아니라 나중에 회생절차개시결정이 취소·폐지되어 부인의 효력이 소멸하면 유효한 등기로 된다. • 따라서 부인등기는 말소등기와는 다른 채무자회생법상의 특수등기(잠정적 말소등기)라고 할 수 있다.
부인의 대상	• 등기와 관련된 부인의 대상으로는 등기원인행위의 부인과 등기의 부인이 있다. 양쪽 다 부인등기의 효력은 같다. • 등기원인행위의 부인이란 양도행위나 근저당권설정행위의 부인과 같이 등기원인 자체를 부인하는 것을 말한다(채무자회생법 제100조). • 등기의 부인은 등기원인에는 부인사유가 없으나 그 등기가 지급정지 등이 있은 후 완료된 경우의 부인을 말한다(채무자회생법 제103조 제1항). 등기의 부인은 채무자회생법 제103조의 요건을 충족한 경우에만 적용되므로 동법 제100조의 부인 대상은 될 수 없다. • 지급정지 등의 사유가 있기 전에 가등기를 한 후 이에 의하여 본등기를 한 때에는 부인의 대상이 되지 않는다(채무자회생법 제103조 제1항 단서). 가등기가 된 경우에는 채무자의 재산에 포함되지 않을 가능성을 이미 공시하고 있기 때문에 본등기가 되더라도 일반 채권자에게 예상치 못한 손해를 주지 않기 때문이다. • 부인의 대상인지 여부는 등기관의 심사범위에 속하지 않고 회생법원의 판단에 의하므로 등기관으로서는 부인의 요건이나 대상 여부를 고려할 필요가 없다.
부인등기의 효력	• 부인등기는 회생절차 내에서 소유권이 물권적으로 채무자에게 상대적으로 복귀하는 것을 공시하는 특수한 등기이다. 어떤 등기가 부인된 후에는 그 등기에 기한 등기는 할 수 없다. • 예를 들어 갑에서 을로의 소유권이전등기가 부인되어 그 부인등기가 마쳐진 경우에는 을을 등기의무자로 한 등기신청은 수리할 수 없다. 등기기록의 형식상 을이 소유명의인이지만 실제로는 갑의 소유이므로 신청정보에 표시한 등기의무자의 표시가 등기기록과 일치하지 않는 경우에 해당하는 것으로 보기 때문이다. 반대로 진정한 소유자인 갑을 등기의무자로 한 등기의 신청은 수리할 수 있다.

② 부인등기의 절차

신청인 및 신청방법	• 부인등기는 관리인이 단독으로 신청한다. 부인소송과 관련된 청구를 인용하는 판결등본 및 확정증명 또는 부인의 청구를 인용하는 결정등본 및 확정증명을 제공하여야 한다. 이 경우 판결(결정)의 주문은 부인등기절차의 이행을 명하는 형태라야 한다. • 등기원인 부인의 경우에는 "○○등기의 원인의 부인등기절차를 이행하라", 등기 자체의 부인의 경우에는 "○○등기의 부인등기절차를 이행하라"가 된다.
신청정보의 내용	• 등기원인행위의 부인등기는 등기목적을 "○번 등기원인의 채무자 회생 및 파산에 관한 법률에 의한 부인" 으로, 등기원인을 "○○년 ○월 ○일 판결(또는 결정)"으로 표시하되, 그 일자는 판결 또는 결정의 확정일 로 한다. • 등기의 부인등기는, 등기목적을 "○번 등기의 채무자 회생 및 파산에 관한 법률에 의한 부인"으로 표시하 는 것 외에는 등기원인의 부인등기와 같다.
첨부정보	• 등기원인을 증명하는 정보로 부인소송과 관련된 청구를 인용하는 판결 또는 부인의 청구를 인용하는 결정을 인가하는 판결의 등본 및 확정증명서 또는 부인의 청구를 인용하는 결정서 등본 및 확정증명서를 제공하여야 한다. • 부인등기의 신청은 부인권자가 단독으로 행하므로 신청인이 관리인임을 소명하는 정보도 제공하여야 한다.

③ 부인등기와 다른 등기의 관계

　㉠ 부인등기 후의 다른 등기의 신청 : 부인등기가 마쳐진 이후에는 등기기록상 명의인이 부동산 또는
부동산 위의 권리를 관리, 처분할 수 있는 권한을 상실하였다는 사실이 공시되었으므로 부인된 등기
의 명의인을 등기의무자로 하는 등기신청이 있는 경우 등기관은 각하하여야 한다(부동산등기법 제29조
제7호).

　㉡ 부인등기 후의 회생절차에 관한 등기

　　㉮ 부인등기가 마쳐진 이후 회생절차에 관한 등기의 촉탁이 있는 경우 등기관은 수리하여야 한다.

　　㉯ 그런데 부인의 대상인 등기가 회생절차의 개시 전에 마쳐진 소유권이전등기인 경우에는 부인등기
의 신청 당시에 회생절차개시결정의 등기가 되어 있지 않을 수 있다.

　　㉰ 이러한 경우에도 부인의 효과가 소멸 또는 확정되었다는 것을 공시하기 위하여 법원사무관 등은
회생절차개시결정, 개시결정취소, 회생절차폐지, 회생계획불인가, 회생계획인가, 또는 회생절차
종결의 등기를 촉탁하여야 한다(채무자회생법 제26조 제3항).

　　㉱ 등기관은 회생절차개시결정의 등기가 없는 경우에도 위 촉탁을 수리하여 그에 따른 등기를 하여
야 한다.

④ 부인등기의 말소

　㉠ 촉탁에 의한 말소

　　㉮ 부인등기의 말소는 회생법원의 촉탁에 의한다. 종전에는 말소등기를 신청에 의할 것인가 촉탁에
의할 것인가에 관하여 명문 규정이 없어서 논란이 있었지만 채무자회생법에서는 회생법원의 촉탁
에 의하여 말소하도록 규정하였다(채무자회생법 제26조 제4항).

　　㉯ 일반적으로 신청에 의한 등기는 그 말소도 신청에 의하여야 하므로 관리인의 단독신청에 의하여
마쳐진 부인등기의 말소도 신청에 의하여야 하지만, 부인등기의 경우 법적 판단이 곤란한 경우가
있으므로 법원의 촉탁에 의하는 것으로 규정한 것이다.

ⓒ 말소사유 : 부인의 효과를 실효시키면서 말소하는 경우와 부인의 효과가 확정되면서 말소하는 경우가 있다.

㉮ 부인의 효과를 실효시키는 말소 : 회생절차개시결정을 취소하는 결정의 확정, 회생계획불인가결정의 확정, 회생계획의 인가 전 회생절차폐지결정의 확정이 있는 경우에는 부인의 효과는 상실되므로 부인등기도 말소촉탁의 대상이 된다. 채무자와 등기명의인의 권리변동(즉 부인의 대상이 된 등기)이 확정적으로 유효한 것으로 된다.

㉯ 부인의 효력을 인정하면서 절차가 종료된 경우
- 회생계획인가결정 후에 회생절차가 순조롭게 수행되어 종결되거나 인가 후 회생절차폐지결정이 확정된 경우, 회생절차에서 해당 부동산이 매각되어 부인의 효과가 확정된 경우에는 부인등기와 부인의 대상이 된 등기, 부인된 등기 후에 마쳐진 등기로서 회생채권자에게 대항할 수 없는 등기를 모두 말소하게 된다.
- 말소방법에 관하여, 채무자회생법에서는 관리인이 부인의 등기가 된 재산을 임의매각한 경우에 그 임의매각을 등기원인으로 하는 등기가 된 때에는 법원은 이해관계인의 신청에 의하여 부인의 등기, 부인된 행위를 원인으로 하는 등기, 부인된 등기 및 위 각 등기의 뒤에 되어 있는 등기로서 회생채권자 또는 파산채권자에게 대항할 수 없는 것의 말소를 촉탁하여야 한다고 규정하고 있다(채무자회생법 제26조 제4항). 이 규정은 회생절차의 종결 등의 경우에도 유추적용된다고 본다.

4. 파산절차에 관한 등기

① **파산선고의 효과** : 파산선고가 있으면 그 선고 때부터 파산재단의 관리처분권은 파산관재인에게 전속하고 파산자의 관리 처분권한은 박탈되는 효력이 발행한다.

② **파산절차 관련 등기** : 파산절차에 관한 등기에는 파산선고의 등기, 파산취소의 등기, 파산폐지의 등기, 파산종결의 등기가 있는데, 등기절차는 회생절차의 경우와 거의 같다. 즉 원칙적으로 파산법원 또는 법원사무관 등의 촉탁에 의하여 이루어지고, 촉탁하여야 할 등기사항 외의 등기사항은 파산관재인과 그 상대방의 공동신청에 의하여 등기된다.

③ **보전처분의 등기** : 회생절차에서 회생절차개시결정이 나기 전에 채무자에 의한 재산의 처분을 막기 위하여 보전처분제도를 두고 있듯이 파산절차에서도 파산선고 전에 채무자의 처분을 막기 위한 보전처분제도가 있으며, 양자의 목적이나 효력 등은 같다. 따라서 보전처분등기에 관하여는 회생절차에서 설명한 내용이 그대로 파산절차에 적용된다(파산선고가 회생절차개시결정에 해당한다).

④ **부인의 등기**

㉠ 부인의 등기 역시 회생절차와 관련하여 설명한 내용과 같다(파산관재인이 회생절차의 관리인에 해당하고 단독으로 부인의 등기를 신청한다).

㉡ 파산선고 취소결정이 확정되거나, 임의매각 등에 의하여 제3자에게 이전등기를 하지 아니한 채 파산폐지결정이 확정된 때 또는 파산종결결정이 있는 때에는 부인의 효과가 상실되므로 법원의 촉탁에 의하여 부인등기를 말소할 수 있다.

⑤ 파산선고 후의 등기

　㉠ 총 설

　　㉮ 파산절차에 관한 등기도 회생절차와 마찬가지로 채무자가 법인이 아닌 경우에만 개별 부동산에 대하여 하고, 채무자가 법인인 경우에는 하지 않는다. 따라서 법인인 채무자 명의의 부동산 등의 권리에 대하여 파산선고 등의 촉탁이 있는 경우, 부동산등기법 제29조 제2호로 각하하여야 한다.

　　㉯ 파산등기가 되어 있지 아니한 부동산 등의 권리에 파산취소, 파산폐지, 파산종결 등의 등기촉탁이 있는 경우 등기관은 각하한다.

　㉡ 파산등기

의 의	파산등기는 처분제한등기의 일종이지만 파산선고의 사실을 공시하는 것에 불과하므로(보고적 등기), 파산의 효과는 파산등기 여부와는 관계없이 파산선고 시에 발생한다.
등기절차	• 파산선고의 등기는 법원사무관 등이 촉탁정보에 등기의 목적(파산선고), 등기의 원인(○○지방법원의 파산선고결정·사건번호) 및 그 일자(파산선고의 연월일), 결정을 한 법원을 표시하고, 결정서의 등본 또는 초본을 제공하여 촉탁한다. • 파산선고의 등기는 다른 법령 등에 따라 직권으로 등기관이 말소할 수 있는 경우를 제외하고 법원사무관 등의 촉탁에 의해 말소한다. • 파산선고의 등기는 그 등기 전에 가압류, 가처분, 강제집행 또는 담보권 실행을 위한 경매의 등기, 체납처분에 의한 압류등기, 가등기가 되어 있는 경우에도 할 수 있다. 그러나 파산선고등기 전에 이미 회생절차개시결정등기가 되어 있는 경우에는 할 수 없다.

　㉢ 파산취소의 등기

의 의	파산취소는 파산결정에 대한 불복신청에 의하여 파산선고가 취소되는 것을 말한다. 파산결정에 대하여 이해관계인은 즉시항고를 할 수 있다(채무자회생법 제13조, 제316조).
효 과	• 파산취소결정은 소급하여 파산의 효과를 소멸시키므로 채무자는 처음부터 파산선고를 받지 아니한 것이 된다. 다만 파산관재인이 이미 재단의 관리처분권에 기하여 한 행위의 효력은 그대로 유지된다. • 파산의 취소에 의해 부인권은 발생하지 않았던 것이 되며, 채무자가 파산선고 후에 한 파산재단 소속의 재산에 관한 법률행위는 파산채권자에게 대항할 수 있게 된다.
등기절차	• 법원사무관 등은 파산취소의 등기를 촉탁하는 경우 결정서의 등본 또는 초본을 제공하여야 한다. 등기의 목적은 "파산취소", 등기의 원인은 "파산취소", 원인일자는 "파산취소가 확정된 날"이다. • 파산이 취소되면 파산선고는 소급하여 실효한다. 파산법원의 법원사무관 등은 통상 파산취소 등기와 파산선고 등기의 말소등기를 동시에 촉탁하고 등기관은 촉탁에 따른 등기를 실행한다.

　㉣ 파산폐지의 등기

의 의	파산의 폐지란 법원의 결정에 의하여 파산절차가 목적을 달성하지 못한 채 장래를 향하여 중지되는 것을 말한다. 총 채권자의 동의에 의하여 폐지되는 경우(동의폐지)와 비용부족으로 인하여 폐지되는 경우가 있다.
효 과	파산폐지결정이 확정되면 파산절차는 종료한다. 파산폐지는 파산선고의 효력을 소급하여 소멸시키는 효력은 없고, 파산선고의 효력이 장래를 향하여 소멸한다는 점에서 효력이 소급되는 파산의 취소와 다르다. 파산폐지에 의하여 채무자는 파산재단에 속한 재산의 관리처분권을 회복하고, 파산채권자도 개별적 권리행사의 제한으로부터 해방된다.
등기절차	• 법원사무관 등이 파산폐지의 등기를 촉탁하는 경우 결정서의 등본 또는 초본을 제공하여야 한다. 등기의 목적 및 등기원인은 "파산폐지", 원인일자는 "파산폐지가 확정된 날"이다. • 법원사무관 등은 파산폐지등기가 마쳐진 후 이해관계인(부동산의 신소유자, 용익물권자, 담보물권자 등)의 신청이 있으면 지체 없이 파산폐지등기의 말소를 촉탁하여야 한다. 실무상 파산폐지의 등기와 파산선고 등기의 말소등기를 함께 촉탁하는 경우가 대부분이다. 파산폐지등기가 마쳐진 날부터 3월이 경과한 이후에는 이해관계인의 신청이 없는 경우에도 직권으로 파산폐지등기의 말소를 촉탁할 수 있다.

　　　ⓜ 파산종결의 등기

　　　　㉮ 최후배당이 종결되면 실질적으로 파산절차는 종결되고 법원은 파산종결의 결정을 한다. 이에 따라 법원사무관 등은 파산종결의 등기를 촉탁한다. 파산종결의 등기를 촉탁할 때에는 결정서의 등본 또는 초본을 첨부정보로서 제공하고, 등기목적은 "파산종결"로, 그 원인일자는 "파산종결이 결정된 날"로 한다.

　　　　㉯ 파산종결등기의 말소 절차는 파산폐지등기의 말소 절차와 같다.

　⑥ 임의매각에 따른 등기

　　㉠ 의 의

　　　　㉮ 실무상 파산재단에 속한 부동산은 주로 파산관재인이 법원(감사위원)의 허가를 받아 제3자에게 임의매각하는 방법으로 환가하고 있는데, 이 경우에는 등기의 일반원칙에 따라 파산관재인과 매수인이 공동으로 소유권이전등기를 신청하여야 한다.

　　　　㉯ 파산선고 전에 된 가등기에 기한 본등기도 파산관재인이 신청하여야 한다.

　　㉡ 등기절차

　　　　㉮ 파산재단을 관리 및 처분하는 권한은 파산관재인에게 속하므로(채무자회생법 제384조), 파산선고 이후 파산재단과 관련된 등기사항은 파산관재인의 신청(상대방과 공동신청의 원칙)에 의하여 등기한다(예 등기의무자 ○○○ 파산관재인 ○○○). 여기서 등기의무자는 채무자로 표시한다.

　　　　㉯ 등기신청을 할 때에는 등기의무자의 등기필정보는 제공할 필요가 없다. 그러나 법원의 허가서 등본 또는 감사위원의 동의서 등본과 파산관재인임을 증명하는 정보, 파산관재인의 인감증명은 제공하여야 한다.

　　　　㉰ 파산관재인이 위와 같이 파산선고 등기가 마쳐진 부동산을 처분하고 제3자 명의의 소유권이전등기를 한 경우 법원사무관 등은 파산관재인의 신청에 의하여 "매각"을 원인으로 파산선고 등기의 말소를 촉탁하고, 등기관은 이를 수리한다.

　　　　㉱ 보전처분에 저촉되는 등기의 말소방법은 회생절차에서 임의매각된 경우와 같다. 즉 파산관재인이 매수인과 공동으로 소유권이전등기를 신청하기에 앞서 보전처분에 저촉되는 등기의 말소를 단독으로 신청할 수 있다.

　⑦ 권리포기에 따른 등기

　　㉠ 파산재단으로 편입된 채무자의 재산을 유지하는 것이 오히려 파산채권자에게 불리한 경우(예 세금이 예상 환가액보다 더 큰 경우) 파산관재인은 그 재산에 관한 권리를 포기할 수 있고, 이에 따라 그 재산에 대한 채무자의 관리처분권이 부활한다.

　　㉡ 파산법원의 법원사무관 등은 파산관재인이 파산등기가 되어 있는 부동산 등에 대한 권리를 파산재단으로부터 포기하고 파산등기의 말소촉탁을 신청하는 경우 그 등기를 촉탁한다.

　　㉢ 등기를 촉탁할 때에는 권리포기허가서의 등본을 제공하여야 한다. 이때 파산선고의 등기도 같이 말소 촉탁하여야 한다.

⑧ 파산절차와 강제집행 등과의 관계

    ㉠ 파산절차와 임의경매

        ㉮ 담보권 실행을 위한 경매는 파산선고가 있어도 실효하지 않고 채무자의 지위가 파산관재인에게로 승계되어 계속 진행된다. 담보권 실행을 위한 경매절차에 의한 등기 촉탁이 있는 경우에는 파산선고 여부와 관계없이 등기관은 수리한다.

        ㉯ 파산선고 이후에도 담보권 실행을 위한 경매를 할 수 있다. 담보권자는 회생절차와는 달리 파산절차의 구속을 받지 않고 그 권리를 실행하여 우선변제를 받을 수 있는 권리(별제권)가 있기 때문이다.

    ㉡ 파산절차와 가압류, 강제경매 : 「민사집행법」상의 보전처분인 가압류와 강제경매개시결정등기의 효력은 파산선고, 파산취소, 파산폐지 등에 따라 달라진다.

        ㉮ 파산선고 전에 행하여진 절차의 효력 : 파산선고에 의하여 파산선고 전에 파산채권에 기하여 파산재단 소속의 재산에 대하여 한 강제경매개시결정의 등기나 「민사집행법」상의 보전처분(가압류・가처분)의 등기는 파산재단에 대하여는 효력을 잃는다(채무자회생법 제348조 제1항). 이 경우 파산관재인은 강제경매개시결정, 가압류・가처분등기와 같은 집행의 외관을 없애기 위하여 집행법원에 집행취소 신청을 하고, 이에 따라 집행법원이 그 등기의 말소를 촉탁한다.

        ㉯ 파산선고 후 가압류 등에 관한 등기의 촉탁이 있는 경우 : 파산재단을 구성하고 있는 부동산에 대하여 개별 집행을 할 수 없으므로 원칙적으로 가압류나 강제경매개시결정의 등기를 할 수 없다. 그런데 파산채권에 기한 가압류 등만 금지되므로 재단채권에 기한 가압류 등은 예외적으로 가능하다. 형식적 심사권밖에 없는 등기관으로서는 가압류 등의 등기촉탁이 있는 경우 예외적으로 수리하여야 하는 사유에 해당되는지 판단하는 것이 불가능하므로 재단채권에 기한 가압류인지 여부는 집행법원의 판단에 맡기고 촉탁에 따른 등기를 실행하면 된다.

        ㉰ 파산취소와 가압류등기 등

           • 파산선고 전에 개시된 파산재단 소속 재산에 대한 가압류등기, 강제경매개시결정등기는 파산선고에 의하여 효력을 잃었지만 그 실효는 파산절차 내에서만 인정되므로, 그 등기가 말소되지 않은 상태에서 파산의 취소에 의하여 효력을 회복하였다면 그 절차를 속행할 수 있다.

           • 등기관은 파산취소의 등기 후에 새로운 가압류등기가 촉탁되거나 기존의 강제집행 등에 관한 등기가 진행되어 그에 따른 등기의 촉탁 또는 신청이 있는 경우 그에 따른 등기를 할 수 있다.

        ㉱ 파산폐지와 가압류등기 등

           • 파산폐지에 의하여 파산채권자는 자유로이 권리를 행사할 수 있게 된다. 파산선고 전에 개시되었지만 파산선고에 의하여 실효된 가압류 등이 파산폐지에 의하여 부활하는가 하는 문제가 있지만, 등기관으로서는 기존의 가압류등기 등이 말소되지 않은 상태라면 그에 따른 후속등기를 실행하고, 이미 말소되었다면 그 후속등기를 각하하면 될 것이다.

           • 파산종결이 있으면 파산채권자는 파산절차에 의하여만 권리를 행사하여야 한다는 구속에서 벗어나 자유로이 권리를 행사할 수 있으며, 강제집행 등에 관한 등기의 처리는 파산폐지의 경우와 같다.

ⓒ 파산절차와 가처분

㉮ 파산등기 전에 된 가처분등기

- A 소유권등기 → 채권자 B 처분금지가처분 → C 소유권이전등기 → C에 대한 파산등기의 경우. 파산선고는 C에 대한 것이므로 B가 본안에서 승소한 경우 C 명의의 소유권이전등기와 파산등기는 가처분에 저촉되는 등기가 된다.
- A 소유권등기 → 채권자 B 처분금지가처분 → A에 대한 파산등기의 경우. 이때에는 파산선고에 의하여 B의 처분금지가처분은 효력을 잃으므로 B의 가처분등기는 파산채권자에게 대항할 수 없다.

㉯ 파산등기 후 가처분등기의 촉탁

- 파산선고 후에 처분금지 가처분등기의 촉탁이 있는 경우 그 피보전권리가 소유권말소등기청구권인 때에는 수리한다. 이러한 가처분은 환취권에 기한 것이기 때문이다. 다만, 파산관재인이 선의의 제3자인 경우에는 환취권을 행사할 수 없으므로 가처분 대상이 아니다.
- 피보전권리가 소유권이전등기청구권인 때에도 그 원인이 진정명의회복을 위한 것인 경우에는 그 가처분등기촉탁을 수리한다.
- 결국 가처분의 발령 여부도 집행법원의 판단사항이므로 등기관은 촉탁에 따라 처리하면 된다.

ⓓ 파산절차와 체납처분

㉮ 파산선고 전에 파산재단에 속하는 재산에 대하여 「국세징수법」 또는 「지방세징수법」에 의하여 징수할 수 있는 청구권에 기한 체납처분을 한 때에는 파산선고는 그 처분의 속행을 방해하지 않으므로(채무자회생법 제349조 제1항), 그에 기한 등기를 촉탁하면 등기관은 수리한다.

㉯ 파산선고 후 파산등기 전에 체납처분이 있었다면 그 절차는 등기할 수 없다. 그런데 등기관으로서는 체납처분과 파산선고 사이의 선후를 판단하기 곤란하므로 파산등기를 기준으로 그 등기가 마쳐진 후에 체납처분의 등기촉탁이 있으면 각하하여야 할 것이다.

ⓔ 파산절차와 가등기

㉮ 파산선고 전에 등기된 가등기는 파산등기에 의하여 영향을 받지 않으므로 통상과 같이 가등기에 기한 본등기를 할 수 있다. 이 경우 본등기의 신청은 파산관재인과 가등기권리자가 공동으로 하여야 한다. 파산등기 후에 파산관재인이 가등기를 해 주고 그에 기한 본등기를 신청하는 경우도 통상의 절차와 같다.

㉯ 문제는 파산선고 후 파산등기 전에 가등기를 한 경우 그에 기한 본등기를 할 수 있는가이다. 예컨대, 8월 1일에 파산선고, 8월 2일에 가등기, 8월 5일에 파산등기가 마쳐진 경우 위 가등기에 기한 본등기를 할 수 있는지가 문제이다.

㉰ 파산선고 후에 한 가등기는 등기권리자가 파산선고의 사실을 알지 못한 경우에는 파산채권자에게 대항할 수 있지만 그 사실을 알고 등기한 경우에는 파산채권자에게 대항할 수 없다(채무자 회생법 제331조 제1항 단서).

㉱ 다만 등기관으로서는 가등기권리자의 선·악의를 알 수 없으므로 일단 유효한 등기로서 본등기신청을 수리하면 될 것이다.

5. 개인회생절차와 관련한 등기

① 총 설

ⓐ 채무자회생법상의 개인회생절차란 파산의 원인인 사실이 있거나 그러한 사실이 생길 염려가 있는 개인채무자가 총 채무액이 일정금액 이하이고, 장래 계속적 또는 반복적으로 수입을 얻을 가능성이 있는 경우에 원칙적으로 5년간 일정한 금액을 변제하면 잔여채무의 면책을 받을 수 있는 절차이다.

ⓑ 개인회생절차에 관한 등기도 법원 또는 법원사무관 등의 촉탁에 의하여 이루어진다. 개인회생절차에서는 채무자 명의의 부동산에 대해 보전처분의 등기와 부인등기만을 할 수 있는데, 실무상 이들 등기가 촉탁되는 경우는 드물다.

ⓒ 절차의 단계별 등기(개인회생절차개시결정, 변제계획의 인가결정, 개인회생절차폐지결정 등)는 등기할 사항이 아니므로 법원사무관 등으로부터 이러한 등기촉탁이 있는 경우 등기관은 부동산등기법 제29조 제2호에 의하여 각하한다.

② 보전처분의 등기 : 회생절차에서 설명한 내용과 같다. 다만, 법원사무관 등은 보전처분의 등기가 된 후 변제계획인가결정이 있는 경우 그 결정문 등본을 제공하여 보전처분등기의 말소를 촉탁하여야 한다.

③ 부인의 등기

ⓐ 부인의 등기는 채무자가 부인소송의 확정판결정본을 제공하여 단독으로 신청하며, 그 밖에 부인등기의 효력 등은 회생절차의 경우와 같다.

ⓑ 개인채무자회생절차가 취소·폐지·종결된 경우에는 법원의 촉탁에 의하여 부인등기를 말소하게 된다.

④ 개인회생절차와 다른 등기와의 관계

ⓐ 회생절차 또는 파산절차의 중지·금지

㉮ 개인회생절차개시의 결정이 있는 때에는 채무자에 대하여 속행 중인 회생절차 또는 파산절차는 중지되고 새로이 회생절차 또는 파산절차를 개시하는 것도 금지된다(채무자회생법 제600조 제1항 제1호). 개인회생절차는 회생절차 및 파산절차에 우선하기 때문이다.

㉯ 이후 변제계획인가결정이 있는 때에는 중지된 회생절차 또는 파산절차는 소급하여 효력을 잃는다. 법원사무관 등은 변제계획인가결정서 등본을 제공하여 회생절차 또는 파산절차에 관한 등기의 말소를 촉탁하여야 한다.

ⓑ 개인회생채권에 기한 강제경매, 가압류 등

㉮ 채권자목록에 기재된 개인회생채권에 기하여 개인회생재단에 속하는 재산에 대하여 이미 계속 중인 강제집행·가압류·가처분은 당연히 중지되고, 새로이 강제집행 등을 하는 것도 금지된다(채무자회생법 제600조 제1항 제2호). 개시결정에 의하여 중지된 강제집행 등은 그 후 변제계획인가결정이 있는 때에는 변제계획 등에서 달리 정하지 않는 한 효력을 상실한다(채무자회생법 제615조 제3항).

㉯ 변제계획불인가결정이나 개인회생절차폐지결정이 확정되면 중지된 강제집행 등의 절차를 속행할 수 있다.

㉰ 개인회생 채권이 아닌 개인회생재단채권에 기한 가압류나 강제경매와 환취권(채무자회생법 제585조)에 기한 가처분 등은 허용된다. 이 경우에도 회생절차개시결정 후의 공익채권 등에 기한 강제집행과 마찬가지로, 허용되는 강제집행 내지 보전처분인지 여부는 집행법원이 판단하므로 등기관은 촉탁에 따른 등기를 실행하면 된다.

㉱ 채무자가 채권자목록에 기재하지 않은 개인회생채권자는 개시결정 후에도 자유롭게 강제집행 등을 할 수 있다. 등기관은 그러한 채권이 채권자목록에 기재되었는지 여부를 알 수 없으므로 촉탁에 따른 등기를 실행할 수밖에 없다.

    ⓒ 담보권 실행 경매의 중지·금지

      ㉮ 개인회생절차에서 담보권은 별제권으로 인정되므로 담보권은 개인회생절차에 의하지 아니하고 행사할 수 있다(채무자회생법 제586조, 제412조).

      ㉯ 다만, 파산절차와는 달리 개인회생절차개시의 결정이 있는 때에는 변제계획의 인가결정일 또는 개인회생절차 폐지결정의 확정일 중 먼저 도래하는 날까지 개인회생재단에 속하는 재산에 대한 담보권의 설정이나 담보권의 실행 등을 위한 경매는 일시적으로 중지 또는 금지된다(채무자회생법 제600조 제2항).

    ⓔ 체납처분의 중지·금지 : 채권자목록에 기재된 조세채권에 기하여 이루어지는 「국세징수법」 등에 의한 체납처분 등도 중지 또는 금지된다(채무자회생법 제600조 제1항 제4호). 다만, 변제계획의 인가결정이 있더라도 체납처분 등의 효력은 상실되지 않고 그대로 존속한다(채무자회생법 제615조 제3항).

    ⓜ 중지된 절차·처분의 속행 또는 취소

      ㉮ 법원은 상당한 이유가 있는 때에는 이해관계인의 신청에 의하거나 직권으로 중지된 절차 또는 처분의 속행 또는 취소를 명할 수 있다(채무자회생법 제600조 제3항).

      ㉯ 법원사무관 등은 취소결정서등본을 제공하여 그에 관한 등기의 말소를 촉탁할 수 있다.

6. 국제도산에 관한 등기

① 의의 : 국제도산이란 파산재단 또는 채권자·채무자의 관계에서 외국적 요소를 포함하는 도산사건을 말한다.

② 등기절차

    ㉠ 국제도산절차에 관한 등기도 법원사무관 등의 촉탁에 의하는 것을 원칙으로 하며, 촉탁하여야 할 등기사항 이외의 등기사항에 관하여는 국제도산관리인의 신청에 의하여 등기한다.

    ㉡ 국제도산관리인이란 외국도산절차의 지원을 위하여 법원이 채무자의 재산에 대한 환가 및 배당 또는 채무자의 업무 및 재산에 관한 관리처분 권한을 부여한 자를 말한다.

    ㉢ 회생절차에서의 관리인 및 파산절차에서의 파산관재인에 관한 채무자회생법의 규정은 국제도산관리인에 관하여 준용된다(채무자회생법 제637조 제1항·제3항).

    ㉣ 국제도산관리인이 대한민국 내에 있는 채무자의 재산을 처분하는 경우 법원의 허가를 받아야 한다(채무자회생법 제637조 제2항).

    ㉤ 따라서 국제도산관리인이 채무자 소유의 부동산을 처분하고 그에 따른 등기를 신청하는 경우 국제도산관리인과 상대방의 공동신청으로 하고, 국제도산관리인으로 선임되었음을 증명하는 정보와 법원의 허가서를 제공하여야 한다.

    ㉥ 법원은 외국도산절차의 승인신청 후 그 결정이 있을 때까지 또는 외국도산절차를 승인함과 동시에 또는 승인한 후 채무자의 변제금지 또는 채무자 재산의 처분금지 결정을 할 수 있으며(채무자회생법 제635조 제1항, 제636조 제1항 제3호), 이러한 결정이 있으면 법원사무관 등은 채무자에 속하는 권리에 관하여 변제금지 또는 처분금지의 등기를 촉탁하여야 하고, 등기관은 이에 따라 등기를 실행한다.

CHAPTER

08 관공서의 촉탁에 의한 등기

| **제1절** | **총 설**

| **제2절** | **권리관계의 당사자로서 촉탁하는 등기**

| **제3절** | **공권력 행사의 주체로서 촉탁하는 등기**

---

01 ☐☐☐　경매에 관한 등기에 대한 다음 설명 중 가장 옳지 않은 것은?　　2021년

① 매각으로 인한 소유권이전등기 촉탁과 관련하여, 매수인이 여러 사람인 경우 등기필정보통지서의 우편송부 또는 교부는 등기필정보통지서를 송부 또는 교부받을 자로 촉탁서에 지정되어 있는 자에게 하여야 한다.

② 농지에 대하여는 농지취득자격증명에 관한 사항을 집행법원이 매각허부재판 시에 조사하므로 농지에 대한 매각으로 인한 소유권이전등기를 촉탁할 때에는 농지취득자격증명을 첨부할 필요가 없다.

③ 공유부동산에 대한 경매개시결정등기가 경료되고, 경매절차에서 일부 공유자가 매수인이 된 경우에는, 경매개시결정등기의 말소촉탁 및 매수인이 인수하지 않는 부담기입의 말소촉탁을 하되 소유권이전등기 촉탁은 위 매수인의 지분을 제외한 나머지 지분에 대한 공유지분이전등기 촉탁을 한다.

④ 토지거래허가구역 내의 민사집행법에 따른 경매의 경우에도 토지거래허가에 관한 규정이 적용되므로 토지거래허가증명을 첨부하여야 한다.

⑤ 매각으로 인한 소유권이전등기 촉탁을 할 때에, 매수인이 인수하지 아니하는 부담의 기입이 부기등기로 되어 있는 경우 집행법원은 주등기의 말소만 촉탁하면 되고 부기등기에 관하여는 별도로 말소촉탁을 할 필요가 없다.

···

[**❶ ▸ ○**]　매수인이 여러 사람인 경우 등기필정보통지서의 우편송부 또는 교부는 등기필정보통지서를 송부 또는 교부받을 자로 촉탁서에 지정되어 있는 자(이하에서 '지정매수인'이라 칭함)에게 하여야 한다. 다만, 다른 매수인이 등기소에 출석하여 지정매수인의 인감이 첨부된 위임장을 제출하며 교부를 청구한 경우에는 그 매수인에게 교부한다. 등기소는 위 영수증과 위임장을 집행법원에 송부하여야 한다(등기예규 제1759호 7. 다.).

[**❷ ▸ O**] 민사소송법에 의한 경매절차(폐지된 경매법에 의한 경매절차 포함)에서 농지에 대하여는 농지매매의 증명에 관한 사항을 집행법원이 경락허부재판 시에 직권으로 조사하게 되어 있으므로, 농지에 대하여 경락에 인한 소유권이전등기를 촉탁함에 있어서는 농지매매증명을 첨부할 필요가 없다(등기선례 제3-865호).

[**❸ ▸ O**] 공유부동산에 대한 경매개시결정등기가 경료되고, 경매절차에서 일부 공유자가 매수인이 된 경우에는, 경매개시결정등기의 말소촉탁 및 매수인이 인수하지 않는 부담기입의 말소촉탁을 하되 소유권이전등기 촉탁은 위 매수인의 지분을 제외한 나머지 지분에 대한 공유지분이전등기 촉탁을 한다 (등기예규 제1378호 2.).

[**❹ ▸ ✕**] 민사집행법에 의한 경매의 경우에는 토지거래계약의 허가에 관한 규정이 적용되지 않으므로 토지거래허가증명을 첨부할 필요가 없다(부동산거래신고법 제14조 제2항 제2호).

부동산거래신고법 제14조(국가 등의 토지거래계약에 관한 특례 등)
② 다음 각 호의 경우에는 제11조(허가구역 내 토지거래에 대한 허가)를 적용하지 아니한다.
  1. 공익사업을 위한 토지 등의 취득 및 보상에 관한 법률에 따른 토지의 수용
  2. 민사집행법에 따른 경매
  3. 그 밖에 대통령령으로 정하는 경우

[**❺ ▸ O**] 매각으로 인한 소유권이전등기 촉탁을 할 때에, 매수인이 인수하지 아니하는 부담의 기입이 부기등기로 되어 있는 경우, ㉠ 저당권, 전세권 등 소유권 이외의 권리의 전부 또는 일부이전으로 인한 부기등기가 마쳐진 경우 또는 ㉡ 저당권부채권가압류등기, 전세권저당권설정등기 등과 같이 매수인이 인수하지 아니하는 등기의 말소에 관하여 이해관계 있는 제3자 명의의 부기등기가 마쳐진 경우에, 집행법원은 주등기의 말소만 촉탁하면 되고 부기등기에 관하여는 별도로 말소촉탁을 할 필요가 없으며 등록세는 주등기의 말소에 대한 것만 납부하면 된다(등기선례 제7-436호 본문).

답 **❹**

① 국가 또는 지방자치단체가 아닌 공사 등은 등기촉탁에 관한 특별규정이 있는 경우에 한하여 등기촉탁을 할 수 있는데, 이 경우 우편에 의해서도 등기촉탁을 할 수 있다.

② 관공서가 부동산에 관한 거래의 주체로서 등기를 촉탁할 수 있는 경우라 하더라도 촉탁에 의하지 아니하고 등기권리자와 등기의무자가 공동으로 등기를 신청할 수도 있다.

③ 매각 또는 공매처분 등을 원인으로 관공서가 소유권이전등기를 촉탁하는 경우에는 등기의무자의 주소를 증명하는 정보를 제공할 필요가 없다.

④ 가처분 대상 부동산이 여러 개이고 부동산별로 피보전권리의 채권자가 다르다고 하더라도 1개의 부동산처분금지가처분결정이 있는 경우에는 1개의 촉탁서로 일괄하여 가처분등기를 촉탁할 수 있다.

⑤ 관공서가 등기촉탁을 하는 경우에는 등기기록과 대장상의 부동산의 표시가 부합하지 아니하더라도 그 등기촉탁을 수리하여야 한다.

[❶ ▸ O] 등기예규 제1759호 1. 나., 2.

> **등기예규 제1759호[관공서의 촉탁등기에 관한 예규]**
> 1. 등기촉탁을 할 수 있는 관공서의 범위
>   가. 부동산등기법 제97조 및 제98조의 규정에 의하여 등기촉탁을 할 수 있는 관공서는 원칙적으로 국가 및 지방자치단체를 말한다.
>   나. 국가 또는 지방자치단체가 아닌 공사 등은 등기촉탁에 관한 특별규정이 있는 경우에 한하여 등기촉탁을 할 수 있다.
> 2. 우편에 의한 등기촉탁 가능 여부 : 관공서가 등기를 촉탁하는 경우에는 본인이나 대리인의 출석을 요하지 아니하므로 우편에 의한 등기촉탁도 할 수 있다.

[❷ ▸ O] 관공서가 부동산에 관한 거래의 주체로서 등기를 촉탁할 수 있는 경우라 하더라도 촉탁은 신청과 실질적으로 아무런 차이가 없으므로, 촉탁에 의하지 아니하고 등기권리자와 등기의무자의 공동으로 등기를 신청할 수도 있다(등기예규 제1759호 3.).

[❸ ▸ O] 매각 또는 공매처분 등을 원인으로 관공서가 소유권이전등기를 촉탁하는 경우에는 등기의무자의 주소를 증명하는 정보를 제공할 필요가 없다(등기예규 제1759호 4-2.).

[❹ ▸ ×] 등기의 신청은 1건당 1개의 부동산에 관한 신청정보를 제공하는 방법으로 하여야 하고, 다만 등기목적과 등기원인이 동일한 경우 등 예외적인 경우에만 일괄신청이 허용되는바, 촉탁에 따른 등기절차는 원칙적으로 신청에 따른 등기절차에 관한 규정을 준용하므로 일괄촉탁도 법령이 정한 예외적인 경우에만 허용된다. 1개의 부동산처분금지가처분결정이 있더라도 그 목적물인 부동산이 여러 개이고 부동산별로 피보전권리의 채권자가 다르다면 가처분등기의 등기목적은 같으나 등기원인이 동일한 경우에 해당하지 아니하므로 일괄촉탁을 할 수 없고 부동산마다 각각 별건으로 촉탁을 하여야 한다(등기선례 제201906-14호).

[❺ ▸ O] 부동산등기법 제29조 제11호는 그 등기명의인이 등기신청을 하는 경우에 적용되는 규정이므로, 관공서가 등기촉탁을 하는 경우에는 등기기록과 대장상의 부동산의 표시가 부합하지 아니하더라도 그 등기촉탁을 수리하여야 한다(등기예규 제1759호 5.).

답 ❹

① 합유자 중 1인의 지분에 대한 가압류등기는 할 수 없으므로 위 촉탁이 있는 경우 이를 각하하여야 하나 합유지분에 대하여 가압류등기가 이미 마쳐져 있다면 등기관은 위 등기를 직권말소 할 수 없다.

② 등기관은 촉탁에 의하여 가압류등기를 하는 경우 다수의 채권자 전부를 등기기록에 채권자로 기록하여야 하며, 채권자 ○○○ 외 ○○인과 같이 채권자 일부만을 기록하여서는 아니 되며, 채권자가 선정당사자인 경우에도 선정자 목록에 의하여 채권자 전부를 등기기록에 채권자로 기록하여야 한다.

③ 다수의 채권자 중 일부 채권자의 해제신청에 의한 변경등기 촉탁이 있는 경우에는 ○번 ○○변경, 접수 ○○년 ○월 ○일 제○○○호, 원인 ○○년 ○월 ○일 일부채권자 해제로 한 변경등기를 하고, 이 경우 등기촉탁서에 가압류의 청구금액의 변경이 포함되어 있을 때에는 청구금액의 변경등기도 하여야 한다.

④ 가압류등기가 가압류법원의 말소촉탁 외의 사유로 말소된 경우 등기관은 지체 없이 그 뜻을 집행법원에 통지하여야 한다.

⑤ 소유권이전등기청구권에 대한 가압류등기는 그 청구권이 가등기된 때에 한하여 부기등기의 방법으로 할 수 있다.

....

[❶ ▸ ✕] 수인의 합유자 명의인 부동산에 관하여 합유자 중 1인의 지분에 대하여 가압류기입등기촉탁이 있는 경우에는, 부동산등기법 제55조[현 제29조(註)] 제2호에 의하여 각하하여야 할 것인바, 위 합유지분에 대하여 가압류등기가 이미 경료되어 있다면 그 등기는 등기관이 부동산등기법 제175조 내지 제177조[현 제58조(註)]의 규정에 의하여 <u>직권으로 말소하여야 한다</u>(등기선례 제7–314호).

[❷ ▸ ○] 등기예규 제1358호 2.

> **등기예규 제1358호[채권자가 다수인 가압류·가처분등기 및 경매개시결정등기 또는 그 등기의 변경등기 촉탁이 있는 경우의 처리지침]**
>
> 2. 가압류·가처분등기 또는 경매개시결정등기의 촉탁이 있는 경우
>   가. 등기관은 촉탁에 의하여 위 가압류등기 등을 하는 경우 다수의 채권자 전부를 등기기록에 채권자로 기록하여야 하며, 채권자 ○○○ 외 ○○인과 같이 채권자 일부만을 기록하여서는 아니 된다.
>   나. 채권자가 선정당사자인 경우에도 선정자 목록에 의하여 채권자 전부를 등기기록에 채권자로 기록하여야 한다.

[❸ ▸ ○] 다수의 채권자 중 일부 채권자의 해제신청에 의한 변경등기 촉탁이 있는 경우에는 ○번 ○○변경, 접수 ○○년 ○월 ○일 제○○○호, 원인 ○○년 ○월 ○일 일부채권자 해제로 한 변경등기를 하고, 이 경우 등기촉탁서에 가압류의 청구금액이나 가처분할 지분의 변경이 포함되어 있을 때에는 청구금액 또는 가처분할 지분의 변경등기도 하여야 하는바, 그 등기기록례는 별지와 같다(등기예규 제1358호 4. 가.).

[❹ ▸ ○] 가압류등기, 가처분등기, 경매개시결정등기, 주택임차권등기 및 상가건물임차권등기가 집행법원의 말소촉탁 이외의 사유(본등기, 매각, 공매, 부동산등기법 제99조 제4항, 동 규칙 제116조 제2항 규정의 경우 등)로 말소된 경우 등기관은 지체 없이 그 뜻을 아래 양식에 의하여 집행법원에 통지하여야 한다(등기예규 제1368호).

[❺ ▸ ○] 등기이전청구권이 등기된 때(부동산등기법 제88조의 규정에 의하여 그 청구권이 가등기된 때)에 한하여 부기등기의 방법에 의하여 가압류의 등기를 할 수 있다(등기예규 제1344호).

답 ❶

가처분등기에 관한 다음 설명 중 가장 옳지 않은 것은?   2023년

① 사해행위취소로 인한 원상회복청구권을 피보전권리로 하여 처분금지가처분등기가 되고 그 후 근저당권설정등기가 경료된 상태에서 가처분채권자가 본안사건에서 소유권이전등기나 소유권이전등기의 말소를 명하는 판결이 아닌 가액배상을 명하는 판결을 받았다면 그 판결로는 소유권이전등기나 소유권이전등기의 말소를 신청할 수 없으므로 가처분등기 이후에 경료된 근저당권설정등기의 말소도 신청할 수 없다.

② "피고가 원고를 상대로 한 가처분집행은 해제키로 한다."는 내용의 조정이 성립된 경우에는 가처분채무자인 원고는 위 조정조서에 의하여 직접 등기소에 가처분등기의 말소등기를 신청할 수는 없고 집행법원의 촉탁에 의하여 말소하여야 한다.

③ 1필지 토지의 특정된 일부분에 대한 가처분등기는 할 수 없으므로 바로 분할등기가 될 수 있다는 등 특별한 사정이 없으면 1필지 토지 전부에 대한 가처분등기를 할 수 밖에 없다.

④ 처분금지가처분에 기하여 전세권설정등기를 하는 경우 그 가처분등기 이후에 마쳐진 제3자 명의의 저당권등기는 말소하지 아니한다.

⑤ 선행 가처분과 후행 가처분의 피보전권리가 모두 소유권이전등기 말소등기청구권 및 근저당권설정등기 말소등기청구권인 경우, 확정판결을 받은 후행 가처분채권자가 말소등기신청을 할 때에 선행 가처분채권자의 승낙 또는 이에 대항할 수 있는 재판의 등본을 첨부정보로 제공할 필요는 없다.

···

[❶ ▸ ○] 처분금지가처분등기가 경료된 후 가처분채권자가 본안사건에서 승소한 경우 그 승소판결에 의한 소유권이전등기(말소)신청과 동시에 가처분채권자에게 대항할 수 없는 등기의 말소도 단독으로 신청할 수 있으나, 이 경우의 본안사건은 소유권이전등기나 그 등기의 말소를 명하는 판결이어야 한다. 따라서 사해행위취소로 인한 원상회복청구권을 피보전권리로 하여 처분금지가처분등기가 되고 그 후 근저당권설정등기가 경료된 상태에서 가처분채권자가 본안사건에서 소유권이전등기나 소유권이전등기의 말소를 명하는 판결이 아닌 가액배상을 명하는 판결을 받았다면 그 판결로는 소유권이전등기나 소유권이전등기의 말소를 신청할 수 없으므로 가처분등기 이후에 경료된 근저당권설정등기의 말소도 신청할 수 없다(등기선례 제201112-1호).

[❷ ▸ ○] '피고가 원고를 상대로 한 가처분집행은 해제키로 한다'는 내용의 조정이 성립되었으나 가처분채권자인 피고가 가처분집행을 해제하지 않는 경우에, 가처분채무자인 원고가 그 조정조서에 의하여 가처분등기 말소신청을 할 수는 없고, 집행법원에 가처분집행의 취소를 구하는 신청을 하여 집행법원의 촉탁에 의하여 가처분등기를 말소할 수 있을 것이다(등기선례 제6-491호).

[❸ ▸ ○] 등기부상 1필지 토지의 특정된 일부분에 대한 처분금지가처분등기는 할 수 없으므로, 1필지 토지의 특정 일부분에 관한 소유권이전등기청구권을 보전하기 위하여는 바로 분할등기가 될 수 있다는 등 특별한 사정이 없으면 그 1필지 토지 전부에 대한 처분금지가처분결정에 기한 등기촉탁에 의하여 그 1필지 토지 전부에 대한 처분금지가처분등기를 할 수 밖에 없다(대판 1975.5.27. 75다190 판결 참조, 등기예규 제881호 3.).

[❹ ▸ ○] 처분금지가처분에 기하여 부동산의 사용·수익을 목적으로 하는 소유권 이외의 권리(지상권, 전세권, 임차권, 주택임차권, 상가건물임차권, 다만 지역권은 제외)의 설정등기를 하는 경우, 그 설정등기와 양립할 수 있는 용익물권설정등기, 임차권설정등기, 주택임차권등기, 주택임차권설정등기, 상가건물임차권등기, 상가건물임차권설정등기와 부동산의 사용·수익을 목적으로 하는 소유권 이외의 권리(지상권, 지역권, 전세권, 임차권)가 아닌 제3자 명의의 등기(소유권이전등기, 가등기, 가압류, 국세체납에 의한 압류등기, 처분금지가처분등기, 저당권 등)는 가처분등기 이후에 경료된 것이라도 이를 말소하지 아니한다[등기예규 제1691호 3. 나. (1)].

[❺ ▸ ✕] 선행 가처분과 후행 가처분의 피보전권리가 모두 소유권이전등기 말소등기청구권 및 근저당권설정등기 말소등기청구권인 경우, 확정판결을 받은 후행 가처분채권자의 말소등기신청이 비록 선행 가처분채권자의 피보전권리를 침해하는 것이 아니라 오히려 그 피보전권리에 부합하는 것이라 하더라도 선행 가처분채권자는 권리의 목적인 등기가 말소됨에 따라 손해를 입을 우려가 있는 등기상의 권리자로서 그 손해를 입을 우려가 있다는 것이 등기부 기재에 의하여 형식적으로 인정되는 자이므로 말소등기신청서에 선행 가처분채권자의 승낙서 또는 이에 대항할 수 있는 재판의 등본을 첨부하여야 한다(등기선례 제201106-2호).

답 ❺

05 처분제한 등기에 관한 다음 설명 중 가장 옳지 않은 것은? **2022년**

① 건물을 증축하거나 부속건물을 신축하고 아직 그 표시변경등기를 하지 아니한 건물에 대하여 집행법원에서 처분제한의 등기를 촉탁하면서 건축물대장과 도면(증축 또는 신축된 것)을 첨부하여 표시변경등기 촉탁을 하였더라도 등기관은 이를 수리할 수 없다.

② 가처분의 피보전권리가 지상권설정등기청구권으로 소유명의인을 가처분채무자로 하는 경우에는 그 가처분등기를 등기기록 중 을구에 한다.

③ 미등기부동산에 대한 처분제한등기의 촉탁에 의하여 등기관이 직권으로 소유권보존등기를 하는 경우에는 국민주택채권을 매입하지 않았다고 하여 그 촉탁을 각하할 수 없다.

④ 국세징수법에 따른 공매공고등기는 공매를 집행하는 압류등기의 부기등기로 하고, 납세담보로 제공된 부동산에 대한 공매공고등기는 갑구에 주등기로 실행한다.

⑤ 가처분권리자가 피상속인과의 원인행위에 의한 권리의 이전·설정의 등기청구권을 보전하기 위해 상속인들을 상대로 처분금지가처분신청을 하여 집행법원이 인용하고 피상속인 명의의 부동산에 대해 상속관계를 표시하여(등기의무자를 "망 ○○○의 상속인 ○○○" 등) 가처분등기 촉탁을 한 경우 상속등기를 거침이 없이 가처분등기를 할 수 있다.

[**❶** ▸ O]　건물의 증축 또는 부속건물을 신축하고 아직 그 표시변경등기를 하지 아니한 건물에 대하여 집행법원에서 처분제한의 등기를 촉탁하면서 가옥대장과 도면(증축 또는 신축된 것)을 첨부하여 표시변경등기 촉탁을 하였더라도 건물표시변경은 촉탁으로 할 수 있는 것이 아니기 때문에 채권자가 미리 대위로 표시 변경을 아니하는 한 이를 수리할 수 없다 할 것이다(등기예규 제441호).

[**❷** ▸ X]　가처분의 피보전권리가 소유권 이외의 권리설정등기청구권으로서 소유명의인을 가처분채무자로 하는 경우에는 그 가처분등기를 등기기록 중 <u>갑구에 한다</u>(부동산등기규칙 제151조 제2항).

[**❸** ▸ O]　미등기부동산에 대한 처분제한등기의 촉탁에 의하여 등기관이 직권으로 소유권보존등기를 완료한 때에는 납세지를 관할하는 지방자치단체장에게 지방세법 제22조 제1항에 따른 취득세 미납 통지 또는 지방세법 제33조에 따른 등록면허세(지방세법 제23조 제1호 다목, 라목에 해당하는 등록에 대한 등록면허세를 말한다. 이하 6.에서 같다) 미납 통지를 하여야 하고, 이 경우 소유자가 보존등기를 신청하는 것이 아니므로(주택도시기금법 제8조 참조) 국민주택채권도 매입할 필요가 없다(등기예규 제1744호 6. 가.).

[**❹** ▸ O]　등기예규 제1760호 제5조 제1항, 제2항

> **등기예규 제1760호[국세징수법에 따른 공매공고등기 사무처리지침]**
> **제5조(등기실행)**
> ① 공매공고등기는 공매를 집행하는 압류등기의 부기등기로 한다.
> ② 납세담보로 제공된 부동산에 대한 공매공고등기는 갑구에 주등기로 실행한다.

[**❺** ▸ O]　가처분권리자가 피상속인과의 원인행위에 의한 권리의 이전·설정의 등기청구권을 보전하기 위하여 상속인들을 상대로 처분금지가처분신청을 하여 집행법원이 이를 인용하고, 피상속인 소유명의의 부동산에 관하여 상속관계를 표시하여(등기의무자를 '망 ○○○의 상속인 ○○○' 등으로 표시함) 가처분기입등기를 촉탁한 경우에는 상속등기를 거침이 없이 가처분기입등기를 할 수 있다(등기예규 제881호 2.).

답 **❷**

06
☐☐☐

채무자회생 및 파산에 관한 법률에 따른 부동산등기절차에 관한 다음 설명 중 가장 옳지 않은 것은?
2022년

① 개인회생절차에서는 회생절차개시결정, 변제계획인가결정은 등기할 사항이 아니나 보전처분등기와 부인등기는 할 수 있다.

② 파산선고를 받은 채무자가 법인이 아닌 개인인 경우 파산관재인이 파산재단에 속한 부동산을 임의 매각하여 매수인과 공동으로 소유권이전등기신청을 하는 경우에 파산법원으로부터 발급받은 파산관재인의 사용인감으로 인감증명법에 따른 인감증명을 대신할 수는 없다.

③ 회생절차개시결정의 등기가 된 채무자의 부동산 등의 권리에 관하여 파산선고의 등기촉탁이 있는 경우 등기관은 이를 수리하여야 한다.

④ 회생절차개시결정의 등기는 그 등기 이전에 가압류, 가처분, 강제집행 또는 담보권실행을 위한 경매, 체납처분에 의한 압류등기, 가등기, 파산선고의 등기 등이 되어 있는 경우에도 할 수 있다.

⑤ 회생절차개시결정의 등기가 된 채무자의 부동산 등의 권리에 관하여 강제집행, 가압류, 가처분 또는 담보권실행을 위한 경매에 관한 등기촉탁이 있는 경우에 등기관은 이를 수리하여야 한다.

[**❶ ▸ ○**] 개인회생절차에서 절차의 단계별 등기인 개인회생절차개시결정, 변제계획의 인가결정, 개인회생절차폐지결정 등은 등기할 사항이 아니다(등기예규 제1516호 제29조, 제30조).

> **등기예규 제1516호[채무자 회생 및 파산에 관한 법률에 따른 부동산 등의 등기 사무처리지침]**
>
> **제29조(보전처분 및 부인의 등기촉탁)**
> ① 개인회생절차에서 채무자 명의의 부동산 등의 권리에 대해서 법원사무관 등으로부터 법 제24조 제6항에 의한 보전처분 및 그 취소 또는 변경의 등기의 촉탁이 있는 경우에는 등기관은 이를 수리하여야 한다.
> ② 개인회생절차에서 채무자 명의의 부동산 등의 권리에 대해서 법 제26조 제1항, 제584조에 의한 부인등기의 신청 및 그 말소 촉탁이 있는 경우 등기관은 이를 수리하여야 한다.
>
> **제30조(개인회생절차개시결정 등의 등기촉탁의 각하)**
> 개인회생절차에서 개인회생절차개시결정, 변제계획의 인가결정, 개인회생절차폐지결정 등은 등기할 사항이 아니므로, 법원사무관 등으로부터 이러한 등기촉탁이 있는 경우, 등기관은 부동산등기법 제29조 제2호에 의하여 이를 각하하여야 한다.

[**❷ ▸ ○**] 파산관재인이 파산재단에 속한 부동산을 제3자에게 임의매각하고 이를 원인으로 파산관재인과 매수인이 공동으로 소유권이전등기를 신청할 때에 파산선고를 받은 채무자가 법인인 경우에는 등기소로부터 발급받은 파산관재인의 인감증명을 제공하여야 하고, 파산선고를 받은 채무자가 개인인 경우에는 인감증명법에 따라 발급받은 파산관재인 개인의 인감증명을 제공하여야 하는바, 파산법원으로부터 발급받은 파산관재인의 사용인감에 대한 인감증명으로 이를 대신할 수는 없다. 이 경우 등기원인이 "매매"이므로 파산관재인의 인감증명은 매도용 인감증명이어야 한다(등기선례 제201812-6호).

[**❸ ▸ ✕**] 회생절차개시결정의 등기가 된 채무자의 부동산 등의 권리에 관하여 파산선고의 등기, 회생절차개시의 등기의 촉탁이 있는 경우 등기관은 이를 각하하여야 한다(등기예규 제1516호 제14조 제3항).

[**❹ ▸ ○**] 회생절차개시결정의 등기는 그 등기 이전에 가압류, 가처분, 강제집행 또는 담보권실행을 위한 경매, 체납처분에 의한 압류등기, 가등기, 파산선고의 등기 등이 되어 있는 경우에도 할 수 있다(등기예규 제1516호 제14조 제2항).

[**❺ ▸ ○**] 회생절차개시결정의 등기가 된 채무자의 부동산 등의 권리에 관하여 강제집행, 가압류, 가처분 또는 담보권실행을 위한 경매에 관한 등기촉탁이 있는 경우에 등기관은 이를 수리하여야 한다(등기예규 제1516호 제14조 제4항).

답 ❸

CHAPTER 09 그 밖의 등기

제1절 부동산등기실명제와 등기제도

I 서 론

1. 명의신탁의 의의

① 부동산실명법상 명의신탁약정이란 부동산에 관한 소유권이나 그 밖의 물권(이하 "부동산에 관한 물권"이라 한다)을 보유한 자 또는 사실상 취득하거나 취득하려고 하는 자(이하 "실권리자"라 한다)가 타인과의 사이에서 대내적으로는 실권리자가 부동산에 관한 물권을 보유하거나 보유하기로 하고, 그에 관한 등기(가등기를 포함한다)는 그 타인의 명의로 하기로 하는 약정(위임, 위탁매매의 형식에 의하거나 추인에 의한 경우를 포함한다)을 의미한다(부동산실명법 제2조 제1호 본문).

② 이러한 명의신탁약정에 따른 등기를 명의신탁등기라고 한다.

2. 명의신탁의 유형

이러한 명의신탁약정에는, 등기를 신청할 때 등기권리자 명의를 실권리자 명의로 하지 않고 타인 명의로 하는 등기명의신탁과 부동산매매계약 등을 체결할 때 매수인 등의 명의를 돈을 내는 사람(신탁자)의 명의로 하지 않고 타인 명의(수탁자)로 하는 계약명의신탁이 있는데, 등기명의신탁은 다시 갑(신탁자)과 을(수탁자) 간에 명의신탁약정을 체결하고 갑 소유 부동산을 을의 명의로 가장해 매매·증여하는 2자 간의 등기명의신탁과, 갑(신탁자)과 병(매도인)이 매매계약을 체결하되, 갑과 을(수탁자) 간에는 명의신탁약정을 체결하여 등기는 병으로부터 을로 이전하는 3자 간의 등기명의신탁으로 나눌 수 있다.

II 명의신탁약정 및 명의신탁등기의 효력

1. 부동산실명법 시행 이전

① 명의신탁은 이론상은 상대방과 통정한 허위표시로서 무효라는 견해가 있으나, 사회질서에 위반되지 않는 한 자유이고 재산권은 보장되어야 하므로 유효라는 것이 판례의 일관된 태도였다.

② 그러나 명의신탁이 탈세, 투기, 탈법의 수단으로 악용되어 1990.9.2. 시행된 「부동산등기 특별조치법」에서는 일정한 목적으로 하는 명의신탁등기는 형사처벌을 하도록 하여 금지하였으나(동법 제8조), 이러한 금지규정은 단속규정에 불과하므로 명의신탁의 사법적 효력까지 부인되는 것은 아니라고 보고 있었다(대판 1993.1.26. 92다39112, 대판 1993.8.13. 92다42651).

2. 부동산실명법 아래에서의 효력

① 부동산실명법이 시행된 1995. 7. 1.부터는 명의신탁약정은 무효로 하고, 명의신탁약정에 따른 등기로 이루어진 부동산에 관한 물권변동은 무효로 한다(부동산실명법 제4조 제1항·제2항).

② 다만 이러한 무효는 제3자에게 대항하지 못한다(부동산실명법 제4조 제3항). 여기서 제3자는 악의이든 선의이든 묻지 않는다. 이 규정은 이 법 시행 전에 명의신탁약정을 하고 이 법 시행 후에 이에 의한 등기를 한 경우에도 적용한다(부동산실명법 부칙 제2조 제2항).

③ 명의신탁 금지 규정은 효력규정이므로 무효인 명의신탁약정 및 명의신탁등기에 기하여는 어떠한 물권변동도 일어날 수 없다. 다만, 부동산에 관한 물권을 취득하기 위한 계약에서 명의수탁자가 어느 한 쪽 당사자가 되고 상대방 당사자는 명의신탁약정이 있다는 사실을 알지 못한 경우에는 물권변동은 유효하다(부동산실명법 제4조 제2항 단서). 즉 명의신탁자가 은닉된 계약명의신탁에서 상대방이 선의인 한(계약에서 명의수탁자가 일방 당사자가 되고 타방 당사자는 명의신탁약정 사실을 알지 못한 경우) 수탁자 명의로의 물권변동은 유효하게 된다.

3. 기존의 명의신탁등기의 효력

부동산실명법 시행 전에 이미 한 명의신탁은 법 시행일부터 1년의 유예기간인 1996. 6. 30.까지 실명등기를 하지 않으면 무효로 된다(부동산실명법 제12조 제1항).

4. 명의신탁이 무효로 된 경우 명의신탁자의 권리보호

① 부동산실명법이 규정하는 명의신탁약정은 실권리자가 타인과의 사이에서 대내적으로는 부동산에 관한 물권을 보유하거나 보유하기로 하고 그에 관한 등기는 그 타인 명의로 하기로 하는 약정을 말하는 것일 뿐이므로 그 자체로 선량한 풍속이나 그 밖의 사회질서에 위반한다고 할 수 없을 뿐만 아니라, 위 법률은 원칙적으로 명의신탁약정과 그 등기에 기한 물권변동만을 무효로 하고 명의신탁자가 다른 법률관계에 기하여 등기회복 등의 권리행사를 하는 것까지 금지하지는 않는 대신, 명의신탁자에 대하여 행정적 제재나 형벌을 부과함으로써 사적 자치 및 재산권 보장의 본질을 침해하지 않도록 규정하고 있으므로, 위 법률이 비록 부동산등기제도를 악용한 투기·탈세·탈법행위 등 반사회적 행위를 방지하는 것 등을 목적으로 제정되었다고 하더라도 무효인 명의신탁약정에 기하여 타인 명의의 등기가 마쳐졌다는 이유만으로 그것이 당연히 불법원인급여에 해당한다고 볼 수 없다(대판 2003.11.27. 2003다41722).

② 2자 간 등기명의신탁에 있어서 원칙적으로 명의신탁자는 명의수탁자를 상대로 원인무효를 이유로 등기의 말소를 구하여야 하는 것이기는 하나, 자기 명의로 소유권을 표상하는 등기가 되어 있었거나 법률에 의하여 소유권을 취득한 진정한 소유자는 등기명의를 회복하기 위한 방법으로 소유권에 기하여 현재의 원인무효인 등기명의인을 상대로 진정한 등기명의의 회복을 원인으로 한 소유권이전등기절차의 이행을 구할 수도 있으므로, 명의신탁대상 부동산에 관하여 자기 명의로 소유권이전등기를 마친 적이 있었던 명의신탁자로서는 명의수탁자를 상대로 진정명의회복을 원인으로 한 이전등기를 구할 수도 있다(대판 2002.9.6. 2002다35157).

③ 3자 간 등기명의신탁에 있어서는 명의수탁자가 부동산실명법에서 정한 유예기간 경과 후에 자의로 명의신탁자에게 바로 소유권이전등기를 경료해 준 경우, 동법에서 정한 유예기간의 경과로 기존 명의신탁약정과 그에 의한 명의수탁자 명의의 등기가 모두 무효로 되고 명의신탁자는 명의신탁약정의 당사자로서 동법 제4조 제3항의 제3자에 해당하지 아니하므로 명의신탁자 명의의 소유권이전등기도 무효가 되지만, 한편 동법은 매도인과 명의신탁자 사이의 매매계약의 효력을 부정하는 규정을 두고 있지 아니하여 유예기간 경과 후로도 매도인과 명의신탁자 사이의 매매계약은 여전히 유효하므로 명의신탁자는 매도인에 대하여 매매계약에 기한 소유권이전등기를 청구할 수 있고, 그 소유권이전등기청구권을 보전하기 위하여 매도인을 대위하여 명의수탁자에게 무효인 그 명의 등기의 말소를 구할 수도 있으므로, 명의수탁자가 명의신탁자 앞으로 바로 마쳐 준 소유권이전등기는 실체관계에 부합하는 것으로서 유효하다(대판 2004.6.25. 2004다 6764).

④ 계약명의신탁에 있어서 매도인이 선의인 경우에는 명의신탁약정의 무효에도 불구하고 명의수탁자는 해당 부동산의 완전한 소유권을 취득하고, 다만 명의신탁자에 대하여 부당이득반환의무를 부담하게 될 뿐이다.

⑤ 위 부당이득과 관련하여, 명의신탁약정에 따른 등기가 부동산실명법 시행 전에 이루어진 경우에는 해당 부동산 자체를 반환하여야 하며(소유권이전등기)(대판 2002.12.26. 2000다21123), 부동산실명법 시행 후에 이루어진 경우에는 명의신탁자로부터 제공받은 부동산의 매수자금을 반환하여야 한다(대판 2005.1.28. 2002다66922).

Ⅲ 실권리자명의 등기의 의무와 예외적인 특례 인정

1. 실권리자명의 등기의 의무

누구든지 부동산에 관한 물권을 명의신탁약정에 따라 명의수탁자의 명의로 등기하여서는 아니 된다(부동산실명법 제3조 제1항).

2. 명의신탁약정에서 제외되는 경우

① 양도담보와 가등기담보 : 채무의 변제를 담보하기 위하여 채권자가 부동산에 관한 물권을 이전받거나 가등기하는 경우에는 명의신탁약정으로 보지 않는다(부동산실명법 제2조 제1호 가목). 다만 양도담보의 경우에는 명의신탁을 양도담보로 가장하는 것을 방지하기 위하여 채무자·채권금액 및 채무변제를 위한 담보라는 것을 증명하는 정보를 제공하여야 한다(부동산실명법 제3조 제2항).

② 상호명의신탁(구분소유적 공유관계) : 부동산의 위치와 면적을 특정하여 2인 이상이 구분소유하기로 하는 약정을 하고 그에 대한 등기는 면적에 상응하는 공유지분으로 소유권이전등기를 한 경우 부동산실명법 소정의 명의신탁약정에 의한 등기에 해당하지 않는다(부동산실명법 제2조 제1호 나목).

③ 「신탁법」 또는 자본시장법에 의한 신탁재산인 사실을 등기한 경우 : 「신탁법」 또는 자본시장법에 의한 신탁재산인 사실을 등기한 경우 그 신탁은 명의신탁에서 제외된다(부동산실명법 제2조 제1호 다목).

3. 명의신탁의 특례가 인정되는 경우

① 종중이 보유한 부동산에 관한 물권을 종중(종중과 그 대표자를 같이 표시하여 등기한 경우를 포함한다) 외의 자의 명의로 등기한 경우, 배우자 명의로 부동산에 관한 물권을 등기한 경우, 종교단체 명의로 그 산하 조직이 보유한 부동산에 관한 물권을 등기한 경우로서 조세 포탈, 강제집행의 면탈 또는 법령상 제한의 회피를 목적으로 하지 아니하는 경우 그 약정과 명의신탁등기는 무효로 되지 않는다(부동산실명법 제8조).

② 그러므로 배우자 명의로 된 부동산에 관하여 명의신탁해지를 원인으로 한 소유권이전등기를 할 수 있음은 물론 명의신탁해지약정 예약을 등기원인으로 한 소유권이전청구권 보전 가등기도 할 수 있다.

③ 이 경우 부동산실명법 제8조에 따른 "조세포탈, 강제집행의 면탈 또는 법령상 제한의 회피를 목적으로 하지 아니하는 경우"에 해당함을 증명하는 서면을 첨부정보로서 제공할 필요는 없다(등기선례 제201211-6호).

Ⅳ 기존 명의신탁약정에 의한 등기의 실명등기

1. 실명등기의 의무 부과

① 부동산실명법 시행 전에 명의신탁약정에 의하여 부동산에 대한 물권을 명의수탁자의 명의로 등기하거나 하도록 한 명의신탁자(기존 명의신탁자)는 이 법 시행일로부터 1년(유예기간) 내에 명의신탁자 명의로 등기(실명등기 : 소유권이전등기 또는 명의수탁자명의등기의 말소등기)를 하여야 한다(부동산실명법 제11조 제1항 본문). 이 경우 1년의 유예기간은 실권리자의 귀책사유 없이 다른 법률 규정에 의하여 실명등기 또는 매각처분을 할 수 없는 경우에는 그 사유가 소멸한 때부터 기산한다(부동산실명법 제11조 제3항).

② 이 법 시행 전 또는 유예기간 중에 부동산물권에 관한 쟁송이 제기된 경우에는 그 쟁송에 관한 확정판결이 있는 날로부터 기산하여 1년 내에 하여야 한다(부동산실명법 제11조 제4항). 여기에서 말하는 '부동산물권에 관한 쟁송'이란 명의신탁자가 당사자로서 해당부동산에 관하여 자신이 실권리자임을 주장하여 이를 공적으로 확인받기 위한 쟁송을 의미하므로, 명의신탁자가 행정관청을 상대로 제기한 부동산실명법 위반으로 인한 과징금부과처분취소소송 등은 이에 포함되지 아니한다(등기선례 제7-416호).

③ 유예기간이 경과한 날로부터 명의신탁약정은 무효가 되고 명의신탁약정에 따라 행하여진 등기에 의한 물권변동도 무효가 되므로, 유예기간이 경과한 후 명의신탁약정의 해지를 원인으로 한 명의신탁자의 소유권이전등기신청은 신청취지 자체에 의하여 법률상 허용될 수 없음이 명백한 경우로서 부동산등기법 제29조 제2호의 "사건이 등기할 것이 아닌 경우"에 해당하므로 등기관은 각하하여야 한다(대결 1997.5.1. 97마384).

④ 명의신탁 해지를 원인으로 하여 소유권이전등기절차 이행을 명하는 판결에 의한 등기신청이 있는 경우 그 명의신탁이 부동산실명법에서 정한 명의신탁약정의 범위에서 제외되는 경우(부동산실명법 제2조 제1호 나목) 또는 특례(부동산실명법 제8조, 제11조 제1항 단서)에 해당하지 않으면서 판결문상의 사건번호로 보아 유예기간(1995.7.1.~1996.6.30.)이 지난 후에 소를 제기하였음을 알 수 있거나(부동산실명법 제11조 제4항), 판결 주문 또는 이유 중의 판단으로 볼 때 명의신탁 약정일이 위 법률의 시행일(1995.7.1.) 이후인 경우에는 등기관은 각하하여야 한다(등기선례 제8-361호).

2. 실명등기를 한 것으로 의제하는 경우(부동산실명법 제11조 제2항)

① 기존 명의신탁자가 해당 부동산 물권에 관하여 매매나 그 밖의 처분행위를 하고 유예기간 내에 취득자에게 직접 등기를 이전한 경우에는 실명등기를 한 것으로 본다.

② 기존 명의신탁자가 유예기간 내에 다른 법률의 규정에 의하여 해당 부동산의 소재지를 관할하는 특별자치도지사·특별자치시장·시장·군수 또는 구청장에게 매각을 위탁하거나 한국자산관리공사에 매각을 의뢰한 경우에는 실명등기를 한 것으로 본다. 다만, 매각위탁 또는 매각의뢰를 철회한 경우에는 그렇지 않다.

3. 기존 명의신탁등기의 실명등기에 대한 특례(부동산실명법 제11조 제1항 단서)

다음의 경우에는 실명등기를 하지 않아도 된다.

① 공용징수·판결·경매, 그 밖의 법률 규정에 의하여 명의수탁자로부터 제3자에게 부동산에 관한 물권이 이전된 경우(상속은 제외)

② 종교단체, 향교 등이 조세 포탈, 강제집행의 면탈을 목적으로 하지 아니하고 명의신탁한 부동산으로서 대통령령이 정하는 부동산의 경우

4. 실명등기의무 위반의 효력

① 기존의 명의신탁자가 실명등기의 유예기간 내에 실명등기 또는 매각처분 등을 하지 아니한 경우에는 그 기간이 경과한 날 이후 명의신탁약정 및 명의신탁등기는 무효로 한다(부동산실명법 제12조 제1항).

② 1995. 6. 30. 이전에 명의신탁약정에 의한 등기를 한 사실이 없으면서 실명등기를 가장하여 등기를 한 때에는 5년 이하의 징역 또는 2억원 이하의 벌금에 처한다(부동산실명법 제12조 제3항).

③ 명의신탁에 의한 소유권보존등기가 무효가 된 때에는 명의신탁자는 과징금 등 법 소정의 제재를 받은 후 명의수탁자 명의의 소유권보존등기를 말소하고, 명의신탁자 자신의 명의로 소유권보존등기를 할 수 있다(등기선례 제5-638호).

Ⅴ 장기 미등기에 대한 벌칙

1. 이행강제금과 형사처벌

① 부동산실명법은 일정한 경우 소유권이전등기 신청의무를 규정하고 있다.

② 「부동산등기 특별조치법」 제2조 제1항, 제11조 및 부칙 제4244호 제2조에 의하여 소유권이전등기를 60일 이내에 신청하지 아니하여 과태료의 부과대상이 되는 자로서 3년 내에 소유권이전등기를 신청하지 아니하는 등기권리자('장기미등기자'라 한다)는 명의신탁등기를 한 자와 같이 과징금과 이행강제금을 부과하고 형사처벌을 하도록 하고 있다(부동산등기실명법 제10조).

③ 장기미등기의 경우에는 마치 양도인에게 명의신탁한 것처럼 되나 3년이 경과하여도 무효로는 되지 않는다. 과징금을 부과하는 경우에는 「부동산등기 특별조치법」에 의하여 이미 부과된 과태료는 차감한다.

Ⅵ 명의신탁해지를 원인으로 명의신탁자 명의로 하는 등기의 인정 여부

1. 원칙

부동산실명법상 명의신탁약정은 원칙적으로 무효이므로, 명의신탁 해지를 원인으로 하여 명의신탁자 명의로 하기 위한 소유권이전등기 또는 소유권이전등기의 말소등기를 할 수 없다. 이러한 등기신청은 부동산등기법 제29조 제2호의 사유로 각하한다.

2. 예외적 인정

① 부동산실명법에서 명의신탁등기를 예외적으로 인정하고 있는 경우 즉 종중, 배우자 및 종교단체에 대한 특례에 해당되는 경우(부동산실명법 제8조)와 종교단체·향교 등의 명의신탁 부동산에 대한 예외에 해당되는 경우(부동산실명법 제11조 제1항 단서) 및 부동산실명법 시행 전에 명의수탁자 명의로 등기된 부동산에 대하여 법 시행일로부터 1년(부동산실명법 제11조 제3항 또는 제4항이 정하는 사유가 있는 때에는 각 사유가 소멸 또는 발생한 때부터 1년) 내에 실명등기를 하는 경우에는 예외적으로 명의신탁 해지를 원인으로 한 소유권이전등기 또는 소유권이전등기의 말소등기 신청을 수리한다.

② 배우자 명의로 부동산에 관한 소유권등기를 한 경우에도 조세 포탈, 강제집행 면탈 또는 법령상 제한의 회피를 목적으로 하는 경우가 아닌 한 부동산실명법상의 유예기간과 관계없이 명의신탁해지를 원인으로 하는 소유권이전등기를 신청할 수 있다(등기선례 제7-411호).

③ 종중이 보유한 부동산에 관한 물권은 조세 포탈, 강제집행 면탈 또는 법령상 제한의 회피를 목적으로 하는 경우를 제외하고는 부동산실명법상의 유예기간을 도과한 후에도 종중 외의 자에게 명의신탁하고 소유권이전등기를 신청할 수 있다(등기선례 제5-622호).

④ 또 다른 법령상의 제한이 없다면 종중 외의 자 명의의 부동산에 대해 명의신탁을 해지하고 종중 명의로 소유권이전등기를 신청할 수 있다. 이때 조세 포탈, 강제집행 면탈 또는 법령상 제한의 회피를 목적으로 하지 아니하는 경우에 해당함을 증명하는 정보를 제공할 필요는 없다(등기선례 제5-637호).

| 제2절 | 환지에 관한 등기(등기예규 제1588호)

Ⅰ 환지처분에 관한 일반론

1. 환지처분의 의의

환지처분이란 「농어촌정비법」, 「도시개발법」 등의 사업시행자가 환지계획에 따라 종전의 토지를 갈음하여 새로운 토지(환지)를 교부하거나 종전의 토지와 새로운 토지 사이의 과·부족분으로 인하여 생긴 이해관계의 불균형을 금전으로 청산할 것을 결정하는 형성적 행정처분을 말한다. 환지처분은 협의로는 실제로 환지를 지정하는 처분만을 의미하나, 광의로는 이밖에 환지부지정처분, 입체환지처분, 보류지·체비지 지정처분, 창설환지처분 등을 포함한다.

2. 관련규정

환지처분에 따른 환지등기가 이루어지는 경우로는 「농어촌정비법」에 의한 농업생산기반정비등기(농어촌정비법 제42조), 「도시개발법」에 의한 도시개발등기(도시개발법 제43조) 등이 있는데, 이에 관하여 「농업생산기반정비 등기규칙」이 제정되어 있다. 환지등기와 관련한 구체적인 등기절차에 관하여는 「환지등기절차 등에 관한 업무처리지침」에 의한다.

3. 환지처분 절차

① 「농어촌정비법」에 의한 농업생산기반정비사업은 환지계획의 수립(농어촌정비법 제25조), 공사의 준공, 환지계획의 인가 및 고시(농어촌정비법 제26조), 환지처분에 의한 등기의 촉탁(농어촌정비법 제42조) 등의 순서로 진행되고, 「도시개발법」에 의한 도시개발사업은 환지계획의 작성(도시개발법 제28조), 환지계획의 인가(도시개발법 제29조), 공사의 완료 및 환지처분의 공고(도시개발법 제40조), 환지처분에 관한 등기의 촉탁(도시개발법 제43조)의 순서로 진행된다.

② 농림축산식품부장관 또는 시·도지사는 농업생산기반정비사업 사업시행자의 환지계획인가신청에 대하여 인가한 때에는 지체 없이 그 사실을 고시하고, 시장·군수·구청장과 등기소에 알려야 한다(농어촌정비법 제26조 제6항).

③ 도시개발사업의 경우 도시개발사업의 시행자는 환지처분의 공고가 있은 때에는 공고 후 14일 이내에 관할 등기소에 알려야 한다(도시개발법 제43조 제1항).

4. 환지처분의 효과

① 농업생산기반정비사업의 경우에는 환지계획 인가의 고시를 한 때에, 도시개발사업의 경우에는 환지처분의 공고를 한 때에 환지처분이 이루어진다.

② 환지처분이 있는 때에는 환지처분에 의하여 교부되는 환지는 종전 토지로 보며, 환지를 정하지 않은 종전 토지에 존재하는 권리는 소멸된 것으로 본다(농어촌정비법 제37조 제1항, 도시개발법 제42조 제항). 그러므로 종전 토지에 존재하던 등기는 환지처분이 공고되었다고 하여 무효의 등기가 되거나 말소되는 것이 아니라 환지계획에서 정하여진 환지에 존속하게 되고, 현금청산 대상인 종전 토지 및 건축물에 존속하던 가등기는 소멸하게 된다(등기선례 제5-571호).

③ 환지처분이 있는 경우에는 환지처분에 관한 등기가 있기까지는 다른 등기를 하지 못한다. 환지처분이 있더라도 환지처분에 관한 등기를 하기까지는 상당한 시일이 걸리고 환지등기는 사업지역 내의 토지 전부에 대하여 일괄하여 1개로 촉탁(신청)하거나 환지처분에 관련된 수개의 등기를 동시에 촉탁(신청)하여야 하는데, 그 동안 다른 등기를 할 수 있도록 하면 환지처분상의 부동산 표시 또는 권리 등이 등기기록의 표시와 일치하지 않는 경우가 생기게 되어 환지등기에 지장이 있기 때문이다.

Ⅱ 사업시행을 위한 대위등기의 촉탁

1. 대위등기를 할 수 있는 사항

「농어촌정비법」제25조 제1항의 사업시행자나 「도시개발법」제28조 제1항의 도시개발사업의 시행자(이하 모두 "시행자"라 한다)는 사업시행인가 후에 사업시행을 위하여 「농어촌정비법」제26조의 환지계획인가의 고시 또는 「도시개발법」제40조의 환지처분의 공고(이하 모두 "환지계획인가의 고시 등"이라 한다) 전이라 도 종전 토지에 관한 다음의 등기를 각 해당 등기의 신청권자를 대위하여 촉탁할 수 있다.
① 토지 표시의 변경 및 경정 등기
② 등기명의인 표시의 변경 및 경정 등기
③ 상속을 원인으로 한 소유권이전등기

2. 일괄촉탁

위 1.의 대위등기를 촉탁하는 경우에는 등기원인 또는 등기의 목적이 동일하지 아니한 경우라도 일괄하여 1개의 촉탁으로 할 수 있다.

3. 첨부정보

시행자가 위 1.의 대위등기를 촉탁할 때에는 촉탁정보와 함께 첨부정보로서 등기원인을 증명하는 정보, 사업시행인가가 있었음을 증명하는 정보를 제공하여야 한다.

Ⅲ 환지계획인가의 고시 등을 통지받은 경우의 처리

1. 기타 문서 접수장에 기재

등기관이 환지계획인가의 고시 등의 통지를 받은 때에는 기타 문서 접수장에 기록하고 통지서의 여백에 도달 연·월·일·시 및 문서 접수번호를 기록하여야 한다.

2. 환지계획인가의 고시 등의 기록

① 등기관은 위의 절차를 마친 후 지체 없이 해당 사업지역 내 토지의 등기기록(표제부 상단)에 다음 예시와 같은 내용을 표제부 상단에 기록하고 등기사항증명서 발급시 그 내용이 표시되도록 한다.

> 부전지 : 2016년 7월 1일 환지계획인가고시

② 「도시개발법」에 의한 환지처분의 공고를 통지받은 때에는 '환지계획인가고시' 대신 '환지처분공고'라고 기록한다.
③ 위의 기록은 환지등기 완료 후에는 즉시 삭제하여야 한다.

3. 다른 등기의 정지

① 다른 등기가 정지되는 시점 : 환지계획인가의 고시 등이 있은 후에는 종전 토지에 관한 등기를 할 수 없다.

② 정지되는 다른 등기 : 소유권이전등기, 근저당권설정등기, 가압류등기, 경매개시결정등기(정지되는 시점 이전에 설정된 근저당권에 기한 경우도 마찬가지임) 등 권리에 관한 등기뿐만 아니라 표시에 관한 등기도 할 수 없다.

③ 다른 등기가 마쳐진 경우 : 환지계획인가의 고시 등이 있었음에도 불구하고, 종전 토지에 관한 등기가 마쳐진 경우, 등기관은 그 등기를 부동산등기법 제58조를 적용하여 직권으로 말소한다.

Ⅳ   환지처분의 공고 등에 따른 등기의 촉탁

시행자는 다음의 절차에 따라「농어촌정비법」제42조 제1항 또는「도시개발법」제43조 제1항에 따른 환지등기를 촉탁하여야 한다.

1. 촉탁정보에 표시하여야 할 사항

① 일반적인 표시사항
  ㉠ 종전 토지 및 환지의 표시(입체환지의 경우에는 건물의 표시도 하여야 함)와 환지를 교부받은 자의 성명, 주민등록번호 및 주소(법인의 경우에는 명칭, 부동산등기용등록번호 및 주사무소 소재지)
  ㉡ 농업생산기반정비사업 또는 도시개발사업으로 인하여 등기를 촉탁한다는 뜻
  ㉢ 촉탁의 연월일
② 특별히 표시하여야 할 사항 : 다음의 사항에 해당하는 경우에는 촉탁정보에 그 뜻을 표시하여야 한다.
  ㉠ 종전 토자 수개에 대하여 1개 또는 수개의 환지를 교부한 경우 그 수개의 종전 토지 중 미등기인 것이 있는 때
  ㉡「농어촌정비법」제34조 제1항에 의한 창설환지를 교부한 때 또는「도시개발법」제34조 제1항에 의한 체비지 또는 보류지를 정한 때
  ㉢ 종전 토지에 대해 환지를 교부하지 아니한 때

2. 첨부정보 등

① 첨부정보
  ㉠ 환지계획서 및 환지계획인가서 등본
  ㉡ 환지계획인가의 고시 등이 있었음을 증명하는 서면
  ㉢ 농업기반등정비확정도
  ㉣「도시개발법」에 의한 환지등기 촉탁의 경우에는 '농업기반등정비확정도' 대신 '도시개발정비도'를 제공하여야 함

② 환지등기에 필요한 첨부정보가 아닌 토지대장정보만을 제공하여 촉탁을 한 경우 : 환지등기 촉탁서에 앞 ①의 정보를 제공하지 않고 토지대장정보만을 제공하여 촉탁을 한 경우 등기관은 토지대장에 '환지' 또는 '구획정리 완료' 등의 사실이 기록되어 있더라도 촉탁을 수리하여서는 안 된다.

③ 첨부정보의 생략 : 시행자가 환지계획인가의 고시 등의 사실을 등기소에 통지하면서 위 ①의 정보를 제공한 때에는 그 정보를 제공하지 않고 환지등기를 촉탁할 수 있다.

3. 환지등기의 동시촉탁

① 동시촉탁의 원칙

ㄱ 환지에 대하여 권리의 설정 또는 이전 등의 등기를 하여야 하는 때, 그 밖에 특별한 사유가 있는 때를 제외하고는 환지등기 촉탁은 사업지역 내의 토지 전부에 관하여 동시에 하여야 한다.

ㄴ 단, 사업지역을 수 개의 구로 나눈 경우에는 각 구마다 촉탁할 수 있다.

② 촉탁이 누락된 경우 : 환지에 관한 등기촉탁이 누락된 경우 사업시행자는 누락된 환지에 대하여 다시 환지등기를 촉탁할 수 있다.

Ⅴ   환지등기를 할 수 없는 경우

1. 소유자가 동일 또는 중복되는 여러 필지의 종전 토지에 대하여 여러 필지의 환지를 교부한 경우

① 다음 페이지 [예시 1]의 경우 현재의 기록례에 의해서는 종전 토지와 환지 사이의 관계를 명확하게 연결해 줄 수 없기 때문에 환지등기를 할 수 없다.

② 다음 페이지 [예시 2]의 경우에는 부동산표시변경등기에 불과한 환지등기로 인하여 권리의 변경이 초래되는 결과가 되었기 때문에 환지등기를 할 수 없다.

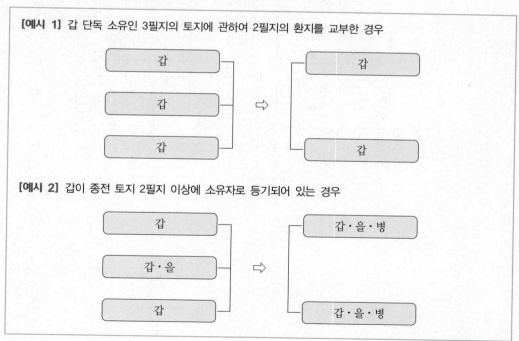

[예시 1] 갑 단독 소유인 3필지의 토지에 관하여 2필지의 환지를 교부한 경우

[예시 2] 갑이 종전 토지 2필지 이상에 소유자로 등기되어 있는 경우

2. 공유토지에 관하여 각 단독소유로 환지를 교부한 경우

환지의 경우 종전 토지의 권리관계가 환지에 그대로 존속하는 것이 원칙인데, 예시의 경우에는 종전 토지의 권리관계와 환지의 권리관계가 서로 다르므로 환지등기를 할 수 없다.

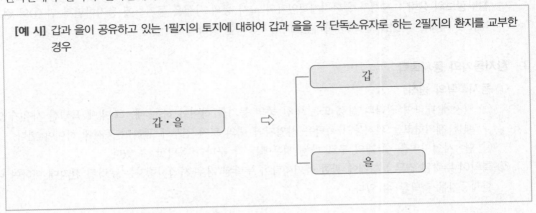

3. 종전 토지 중 일부를 다른 토지에 합쳐서 환지를 교부한 경우

예시는 분·합필등기에 해당하는 것으로 환지등기라 할 수 없다.

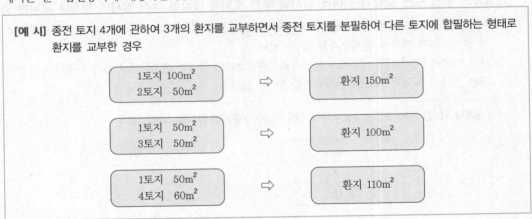

Ⅵ　합필환지와 합동환지의 경우의 처리

1. 합필환지

① 합필환지의 정의 : 합필환지란 소유자가 동일한 여러 필지의 토지에 관하여 1필지의 환지를 교부한 경우를 말한다.

② 종전 토지 중 일부의 토지에 소유권 외의 권리가 등기되어 있는 경우

　㉠ 종전 토지의 등기가 근저당권설정등기나 가압류등기 등과 같이 지분 위에 존속할 수 있는 등기인 경우, 시행자는 촉탁정보에 환지 중 얼마의 지분이 그 등기의 목적이라는 것을 구체적으로 표시하여야 하고, 등기관은 이를 환지의 등기기록에 기록하여야 한다.

　㉡ 예컨대, 근저당권설정등기가 되어 있는 종전 토지 1토지와 소유권 외의 권리가 등기되어 있지 않은 2토지에 대하여 1필지를 환지로 지정한 경우, 시행자는 환지등기 촉탁정보에 위 1토지의 근저당권이 환지의 몇 분의 몇 지분 위에 존속한다는 뜻을 표시하여야 하고, 등기관은 환지등기를 실행하면서 해당 근저당권설정등기를 위 몇 분의 몇 지분에 대한 근저당권설정등기로 변경하여야 한다.

　㉢ 종전 토지의 등기가 지상권설정등기나 전세권설정등기 등과 같이 토지의 특정 부분에 존속할 수 있는 경우, 시행자는 환지의 어느 부분에 그 권리가 존속한다는 것을 촉탁정보에 표시하여야 하고, 등기관은 이를 환지의 등기기록에 기록하여야 한다.

2. 합동환지

① 합동환지의 정의 : 합동환지란 소유자가 각각 다른 여러 필지의 종전 토지에 대하여 1필지 또는 여러 필지의 환지를 교부한 경우를 말한다.

② 공유지분의 표시방법 : 합동환지의 경우 등기촉탁정보에 종전 토지 소유자들의 환지에 관한 공유관계의 지분 비율을 표시하여야 하고, 등기관은 환지등기를 완료한 후 그 지분 비율을 공유자 지분으로 하는 변경등기를 하여야 한다.

③ 종전 토지에 소유권 외의 권리가 등기되어 있는 경우

　㉠ 종전 토지의 소유권 외의 권리에 관한 등기는 ②의 등기에 따른 환지의 공유자 지분에 존속하는 것으로 변경등기를 하여야 한다.

　㉡ 단, 그 등기가 표창하는 권리가 지상권이나 전세권 등과 같이 토지의 지분에 존속할 수 없는 것인 경우, 시행자는 촉탁정보에 환지의 어느 부분에 그 권리가 존속한다는 것을 표시하여야 하고, 등기관은 이를 환지의 등기기록에 기록하여야 한다.

Ⅶ　창설환지에 관한 등기절차 등

1. 창설환지, 체비지, 보류지에 관한 소유권보존등기절차

① 「농어촌정비법」 제34조에 의한 창설환지의 소유권보존등기 또는 「도시개발법」 제34조 제1항의 체비지나 보류지에 관한 소유권보존등기도 환지등기절차에 의하여야 한다.

② 이 경우 등기관은 등기기록의 표제부에 「농어촌정비법」에 의한 환지 또는 「도시개발법」에 의한 체비지나 보류지임을 표시하여야 한다.

③ 다만, 보류지 중 그에 대응하는 종전 토지가 있고 나중에 환지계획의 변경 등을 통하여 환지를 교부받을 자가 정해지는 경우(해당 토지에 대하여 분쟁이 발생해 시행자가 환지를 교부받을 자를 정하지 못하고 우선 보류지로 정하고 있는 경우 등)에는 통상의 환지등기절차에 의하여 처리하여야 한다.

2. 미등기 토지에 관하여 환지를 교부한 경우

미등기 상태의 종전 토지에 대하여 환지를 교부한 경우, 시행자는 환지등기절차에 의하여 그 환지에 관한 소유권보존등기를 촉탁할 수 있다.

VIII 국공유지인 토지의 폐지 또는 보존 등기의 경우

1. 국공유지 폐지의 경우

「농어촌정비법」제112조 제1항에 의하여 국공유지인 토지의 전부 또는 일부를 시행자 등에게 양도하고 용도를 폐지한 경우 해당 관서는 그 토지에 대한 등기의 말소를 촉탁하여야 하고, 등기관은 종전 토지에 관하여 환지를 교부하지 아니한 경우의 등기절차(멸실로 간주하여 등기기록을 폐쇄)에 준하여 처리한다.

2. 국공유지 보존등기의 경우

「농어촌정비법」제112조 제2항에 의하여 국가 또는 지방자치단체에 무상으로 증여된 토지가 있는 경우 해당 관서는 그 토지에 관한 소유권보존등기를 촉탁하여야 하고, 등기관은 창설환지의 등기절차에 준하여 그 토지에 대한 소유권보존등기를 하여야 한다.

IX 등기완료통지와 등기필정보

1. 등기완료 또는 등기필정보의 통지

① 환지등기를 마친 등기관은 시행자에게 등기완료의 통지를 하고, 환지절차에 의해 소유권보존등기를 하는 경우에는 시행자에게 등기필정보통지서도 함께 내어 준다.
② 시행자는 그 등기필정보통지서를 환지 소유자에게 교부하여야 한다.

2. 환지에 관한 등기신청 시 제공하여야 할 등기필정보

① 환지를 교부받은 자가 등기의무자로서 등기신청을 할 때에는 종전 토지에 관하여 소유자로서 통지받은 등기필정보를 제공하여야 한다.
② 다만, 창설환지나 체비지 등 환지등기절차에 따라 소유권보존등기가 이루어진 경우에는 그 등기에 관한 등기필정보를 제공하여야 한다.

X 종전 토지에 관하여 원인증서를 작성한 경우

종전 토지에 관하여 매매 등 계약을 체결하고 아직 등기를 하기 전에 환지등기가 마쳐진 경우 신청인이 환지에 관한 등기신청을 하면서 종전 토지에 관한 계약서를 등기원인증명정보로 제공하였더라도 등기관은 그 등기신청을 수리하여야 한다.

Ⅰ 총 설

1. 의 의

① "정비사업"이라 함은 도시정비법에서 정한 절차에 따라 도시기능을 회복하기 위하여 정비구역 또는 가로구역에서 정비기반시설을 정비하거나 주택 등 건축물을 개량하고 건설하는 주택재개발사업, 주택재건축사업, 도시환경정비사업 등을 말한다.

② 도시정비법에 따른 정비사업의 일반적인 절차

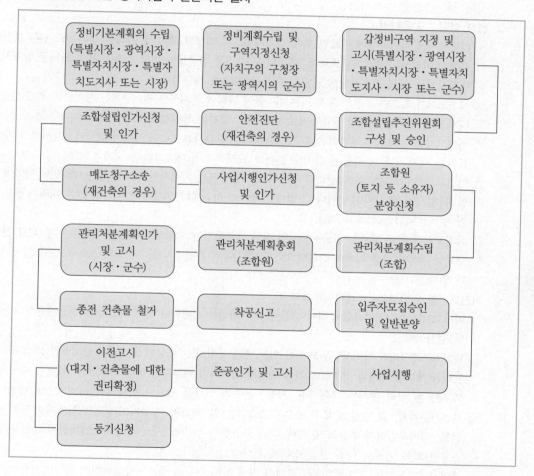

2. 정비사업에 의한 권리의 변환 : 이전고시

① 의 의

- ㉠ 정비사업을 시행함에 있어서는 종전 건축물의 멸실과 새로운 건축물의 축조가 있게 되고, 종전 토지를 사업의 목적에 맞게 정비하여 토지를 새로이 조성하게 된다(예컨대 사업시행자의 기부채납·정비구역 안 도로의 위치변경 등).
- ㉡ 이 경우 정비사업의 시행자는 분양받을 자에게 관리처분계획에 따라 새로운 건물과 토지에 대한 소유권을 이전하고 지방자치단체의 공보에 고시(이하 "이전고시"라 한다)하도록 하고 있다(도시정비법 제86조).
- ㉢ 이러한 이전고시로 새로운 대지·건축물에 대한 권리는 분양받을 자에게 이전되고, 그에 따라 종전 토지에 관한 등기의 말소등기, 새로운 대지와 건축물에 대한 보존등기 등을 실행하게 된다(도시 및 주거환경정비 등기규칙 제5조).

② 법적 성질 : 공용환권

- ㉠ 이전고시는 사업시행이 완료된 후에 정비사업으로 조성된 대지 및 건축물 등의 소유권을 분양받을 자에게 이전하는 행정처분으로서, 종전의 토지 또는 건축물에 대한 소유권 등의 권리를 강제적으로 변환시키는 물적 공용부담인 공용환권(公用煥權)에 해당한다.
- ㉡ 이전고시가 있으면 종전의 토지 또는 건축물에 관하여 존재하던 권리관계는 정비사업 후에 분양받은 대지 또는 건축물에 대한 권리관계로 변환되고, 양자는 동일성을 유지한다(대판 1995.6.30. 95다10570).
- ㉢ 이전고시는 물적 공용부담의 일종으로 환지처분과 유사하므로 도시정비법은 이전고시에 의하여 취득하는 대지 또는 건축물은 환지로 본다고 규정하고 있다(도시정비법 제87조 제2항).
- ㉣ 이전고시에 따른 등기는 공권력의 주체로서 시행자 또는 시행자의 위임을 받은 대리인에 한하여 신청할 수 있으며, 조합원 개인이나 그 밖에 시행자가 아닌 다른 자로부터 위임을 받은 대리인 등은 신청할 수 없다(등기선례 제6-532호).
- ㉤ 이전고시에 따른 새로운 건물·토지에 대한 보존등기는 시행자가 이전고시가 있은 후 해당 건물 및 토지를 취득한 자를 위하여 신청하므로 「부동산등기 특별조치법」 제2조의 소유권보존등기 신청의무가 없다(등기선례 제5-814호).

③ 이전고시를 위한 절차 : 관리처분계획

- ㉠ 이전고시는 관리처분계획에 따라야 한다. 정비사업을 시행함에 있어 가장 큰 이해관계를 가지는 중요한 절차이다.
- ㉡ 관리처분계획이란 정비사업구역 안에 있는 종전 토지 또는 건물의 소유권과 근저당권 등 소유권 외의 권리를 새로운 대지와 건축물에 관한 권리로 변환시켜 배분하는 일련의 계획을 말한다. 즉 이전고시의 내용을 미리 정하는 계획이며, 시장·군수의 인가를 필요로 한다(도시정비법 제74조 제1항).
- ㉢ 관리처분계획으로 종전 토지 등 소유자(조합원분) 및 조합원 외의 자(일반분양분)에게 분양될 토지·건물, 정비사업비의 추산액 및 그에 다른 조합원의 부담액, 새로운 대지·건축물에 존속하게 되는 소유권 외의 권리의 내용 등을 정하게 된다(도시정비법 제74조).
- ㉣ 사업시행자는 관리처분계획에서 정해진 바에 따라 건물을 축조·공급하여야 하고(도시정비법 제79조 제1항), 이전고시 역시 관리처분계획에 따르게 된다(도시정비법 제86조 제1항). 따라서 이전고시에 의한 등기를 하기 위해서는 관리처분계획서 및 그 인가서를 첨부하여야 한다.

④ 이전고시의 효과
  ㉠ 소유권의 이전
    ㉮ 토지 또는 건물을 분양받은 자는 이전고시가 있은 날의 다음 날에 그 대지 또는 건축물에 대한 소유권을 취득한다.
    ㉯ 이전고시에 의한 이러한 물권변동은 법률의 규정에 의한 것이므로 등기가 없어도 새로운 대지 및 건축물의 소유권을 취득한다.
  ㉡ 소유권 외의 권리의 이행 : 대지 또는 건축물을 분양받을 자에게 이전고시에 따른 소유권을 이전한 경우 종전의 토지 또는 건축물에 설정된 지상권·전세권·저당권·임차권·가등기담보권·가압류 등 등기된권리 및 「주택임대차보호법」 제3조 제1항의 요건을 갖춘 임차권은 소유권을 이전받은 대지 또는 건축시설에 설정된 것으로 본다(도시정비법 제87조 제1항).
  ㉢ 등기절차 관련 효과
    ㉮ 사업시행자는 이전고시가 있은 때에는 지체 없이 그 사실을 관할 등기소에 통지하여야 한다(도시 및 주거환경정비 등기규칙 제5조 제1항). 이전고시가 있은 후에는 종전 토지에 관한 등기를 할 수 없다 (도시정비법 제88조 제3항).
    ㉯ 이전고시에 의하여 취득하는 대지 또는 건축물 중 토지 등 소유자에게 분양하는 대지 또는 건축물은 「도시개발법」 제40조에 의하여 행하여진 환지로 보며, 도시정비법 제79조 제4항에 의한 보류지와 일반에게 분양하는 대지 또는 건축물은 「도시개발법」 제34조에 의한 보류지 또는 체비지로 본다(도시정비법 제87조 제3항).

Ⅱ 정비사업의 시행에 따른 등기

1. 총 설

① 이전고시에 따라 토지와 건물을 분양받은 자들이 새로운 대지·건축물에 관하여 소유권을 취득하게 되면 사업시행자는 종전토지에 관한 멸실등기, 정비사업으로 조성된 대지와 축조된 건축물에 관한 소유권 보존등기, 종전 건물·토지에 관한 지상권·전세권·임차권·저당권·가등기·환매특약이나 권리소 멸의 약정·처분제한의 등기(이하 "담보권 등에 관한 권리의 등기"라 한다)로서 분양받은 대지와 건축물에 존속하게 되는 등기를 신청하여야 한다(도시 및 주거환경정비 등기규칙 제5조 제1항).

② 위의 등기를 신청함에 있어서는 1개의 건축시설 및 그 대지인 토지를 1개의 단위로 하여, 1필의 토지 위에 수개의 건축시설이 있는 경우에는 그 건축시설 전부와 그 대지를 1개의 단위로 하여, 수필의 토지를 공동대지로 하여 그 위에 수개의 건축시설이 있는 경우에는 그 건축시설 및 대지전부를 1개 단위로 하여 동시에 하여야 한다.

③ 다만, 「도시정비법」 제86조 제1항 단서의 규정에 의하여 시행자가 사업에 관한 공사의 완공 부분만에 관하여 이전고시를 한 때에는 위의 등기 중 건물에 관한 등기신청은 그 부분만에 관하여 할 수 있다(도시 및 주거환경정비 등기규칙 제5조 제2항).

④ 정비사업의 편의를 위하여 시행자는 사업시행을 위한 대위등기를 신청할 수 있으며(도시 및 주거환경정비 등기규칙 제2조), 시행자가 이전고시를 한 때에는 지체 없이 그 사실을 관할 등기소에 통지하여 이전고시 후 다른 등기를 정지할 수 있도록 하고 있다(도시정비법 제88조).

2. 정비사업의 시행을 위한 대위등기의 촉탁

① 사업시행자는 도시정비법에 의한 사업시행인가 후에는 사업시행을 위하여 이전고시가 있기 전이라도 종전 토지에 관한 부동산의 표시변경 및 경정등기, 등기명의인의 표시변경 및 경정등기, 소유권보존등기, 상속을 원인으로 한 소유권이전등기를 각 해당 등기의 신청권자를 대위하여 신청할 수 있다(도시 및 주거환경정비 등기규칙 제2조 제1항).

② 위와 같은 대위등기를 신청하는 경우에는 등기원인을 증명하는 정보, 사업시행인가가 있었음을 증명하는 정보를 제공하여야 한다(도시 및 주거환경정비 등기규칙 제2조 제2항).

3. 다른 등기의 정지

① 이전고시의 통지

  ㉠ 이전고시가 있게 되면 종전 토지 또는 건물에 대한 소유권 등의 권리는 새로운 대지 또는 건축물에 대한 소유권 등의 권리로 변환되므로 즉시 이에 따른 등기를 신청하여야 한다.

  ㉡ 그런데 환지계획인가의 고시 등의 통지에서와 같이 이전고시가 있은 후 이에 따른 등기가 신청될 때까지는 시간적 간격이 있다.

  ㉢ 따라서 사업시행자는 이전고시의 사실을 등기소에 통지하여 저당권 등의 다른 등기가 되지 않도록 하여야 한다(도시정비법 제88조 제3항).

② 이전고시의 기재(등기예규 제1590호)

  ㉠ 등기관이 시행자로부터 이전고시의 통지를 받은 때에는 기타 문서 접수장에 기재하고 통지서의 여백에 도달 연월일시 및 문서 접수번호를 기재하여야 한다.

  ㉡ 등기관은 기타 문서 접수장에 기재를 마친 후에는 지체 없이 해당 사업지역 내 토지의 등기기록 표제부 상단에 다음의 예시와 같은 내용을 기록하고 등기사항증명서 발급 시 그 내용이 표시되도록 한다. 이러한 기록은 정비사업 등기를 완료한 후 즉시 삭제한다.

부전지 : 2016년 2월 9일 이전고시

---

③ 다른 등기의 정지(등기예규 제1590호)

  ㉠ 다른 등기가 정지되는 시점 : 이전고시가 있은 후에는 종전 토지에 관한 등기를 할 수 없다.

  ㉡ 정지되는 다른 등기

    ㉮ 등기관은 이전고시에 따른 부전지 표시가 된 후에는 종전 토지에 대한 소유권이전등기, 근저당권설정등기, 가압류등기, 경매개시결정등기(정지되는 시점 이전에 설정된 근저당권에 기한 경우도 마찬가지임) 등 권리에 관한 등기신청뿐만 아니라 표시에 관한 등기신청도 수리할 수 없다.

    ㉯ 종전 토지에 대해 이와 같은 신청이 있는 경우 등기관은 부동산등기법 제55조 제2호에 따라 각하한다(대판 1983.12.27. 81다1039).

  ㉢ 다른 등기가 마쳐진 경우 : 이전고시가 있었음에도 불구하고 종전 토지에 관한 등기가 마쳐진 경우 등기관은 그 등기를 부동산등기법 제58조에 따라 직권으로 말소한다.

4. 이전고시에 따른 등기

① **신청인** : 공권력의 주체로서의 시행자 또는 시행자의 위임을 받은 대리인에 한하여 신청할 수 있으며, 조합원 개인이나 그 밖에 시행자가 아닌 다른 자로부터 위임을 받은 대리인 등은 신청할 수 없다(등기선례 제6-532호).

② **종전 건물 및 토지에 관한 말소등기**

　㉠ 이전고시에 따라 분양받은 자들이 새로운 대지·건축물에 관하여 소유권을 취득하는 경우 사업시행자는 종전 건물 및 토지에 관한 말소등기를 신청하여야 한다.

　㉡ 등기를 신청할 때에는 관리처분계획서 및 인가서, 이전고시증명정보, 신청인이 조합인 경우에는 대표자 자격을 증명하는 정보를 제공하여야 한다(도시 및 주거환경정비 등기규칙 제5조 제3항, 등기예규 제1590호).

　㉢ 이와 같은 첨부정보가 이미 시행자로부터 등기소에 제공된 경우에는 다시 제공할 필요가 없다(도시 및 주거환경정비 등기규칙 제15조).

　㉣ 말소등기에 따른 등록면허세와 등기신청 수수료를 납부하여야 한다.

　㉤ 종전 등기기록을 폐쇄하는 때에는 표제부에 정비사업시행으로 인하여 말소한 뜻을 기록하고 부동산의 표시를 말소하는 표시를 한 후 그 등기기록을 폐쇄하여야 한다(도시 및 주거환경정비 등기규칙 제7조).

③ **새로이 축조된 건축물에 관한 등기**

　㉠ 등기신청

　　㋐ 이전고시에 따라 수분양자들이 새로운 건축물에 관하여 소유권을 취득하였고, 사업시행자는 이에 관하여 소유권보존등기 및 담보권 등에 관한 권리의 등기를 신청하여야 한다.

　　㋑ 건축물(구분건물인 경우에는 1동의 건물에 속하는 구분건물 전부)에 관하여 1개의 신청으로 일괄하여 하여야 한다(도시 및 주거환경정비 등기규칙 제10조 제1항).

　　㋒ 1동의 건물에 속하는 구분건물 중의 일부만에 관한 소유권보존등기는 허용되지 않는다(등기선례 제7-459호, 제200809-2호).

　　㋓ 정비사업의 시행인가를 받아 축조된 건축물에 관한 등기는 사업시행자가 이전의 고시가 있은 때에 동일한 신청서로 동시에 신청(촉탁)하여야 하므로, 축조된 건축물에 대하여 아직 등기가 이루어지지 아니한 상태에서 집행법원으로부터 처분제한의 등기촉탁이 있는 경우 등기관은 이 처분제한의 등기를 하기 위한 전제로써 당해 건축물에 관한 소유권보존등기를 직권으로 경료할 수 없다(등기선례 제8-291호).

　　㋔ 재건축사업의 위탁자인 조합원이 분양계약 등을 하지 않아 현금청산 대상자가 된 경우 종전 토지 등기기록에 재건축조합을 수탁자로 하는 신탁등기가 있는 경우에도 위탁자의 동의 없이 종전 토지의 말소등기 및 도시정비법 제86조(이전고시 등)에 따른 조합 명의로의 소유권보존등기를 할 수 있다(등기선례 제201509-1호).

　　㋕ 담보권 등에 관한 권리의 등기로서 새로운 건물과 토지에 존속하게 되는 등기는 종전 건물과 토지의 등기기록으로부터 이기되는 등기가 아니라 시행자가 종전 건물과 토지에 관한 등기의 말소등기 및 새로운 대지와 건축물에 관한 소유권보존등기와 함께 신청하는 등기이므로 시행자가 신청하지 않은 경우에는 등기되지 않는다(등기선례 제6-527호).

ⓛ 신청정보에 표시되어야 할 사항

㉮ 신청정보에는 건축물별로 소유권보존등기, 담보권 등에 관한 권리의 등기의 순서로 등기사항을 표시하며(도시 및 주거환경정비 등기규칙 제10조 제2항), 정비사업시행으로 인하여 등기를 신청한다는 뜻을 표시하여야 한다(도시 및 주거환경정비 등기규칙 제10조 제3항 제3호).

㉯ 담보권 등에 관한 사항을 표시하는 경우 동일한 건축물에 관한 권리를 목적으로 하는 2개 이상의 담보권 등에 관한 권리의 등기에 있어서는 순위가 중요하므로 등기할 순서에 따라 등기사항을 표시하여야 한다. 등기관은 신청정보에 표시된 순서에 따라 별개의 접수번호를 부여하여(도시 및 주거환경정비 등기규칙 제17조) 순위관계를 명확히 하여야 함을 주의하여야 한다.

㉰ 담보권 등에 관한 사항 중 등기원인을 표시하는 때에는 예시와 같이 정비사업시행으로 인하여 등기를 신청한다는 뜻과 함께 종전의 등기원인일자를 함께 표시한다(등기예규 제1590호).

> **[예 시]**
> "2010년 5월 1일 설정계약 및 2016년 2월 10일 정비사업에 의한 분양"

㉱ 위에서 살펴본 사항과 함께 담보권 등이 존속하는 대상 부동산을 명확하게 하기 위하여 구분소유의 경우 다음의 사항을 표시한다(도시 및 주거환경정비 등기규칙 제10조 제3항).
- 구분소유자의 대지소유권에 대한 공유지분 비율
- 구분건물의 경우 담보권 등에 관한 권리가 해당 구분소유자의 대지소유권에 대한 공유지분에도 존속하는지 여부의 표시

ⓒ 이전고시를 받은 자보다 선순위의 가등기 등이 있는 경우(도시 및 주거환경정비 등기규칙 제10조 제4항)

㉮ 건축물에 이전고시를 받은 자보다 선순위의 가등기 또는 처분제한의 등기가 있는 경우 이러한 등기는 이전고시를 받은 자보다 우월한 효력이 있다.

㉯ 예컨대, 등기기록상 선순위 가등기 → 이전고시를 받은 자 명의의 소유권이전등기가 순차로 마쳐진 경우 가등기에 기한 본등기가 실행되면 이전고시를 받은 자의 등기는 직권말소가 되고 본등기를 마친 자가 유효한 소유명의인이 된다.

㉰ 위와 같은 경우에는 권리관계의 명확한 공시를 위하여 이전고시를 받는 자만을 위한 보존등기는 할 수 없다. 선순위 가등기 또는 처분제한 등기, 선순위 가등기 등의 목적이 된 등기, 이전고시를 받은 자 명의의 등기를 함께 하여야 한다.

㉱ 신청정보에는 선순위의 가등기 또는 처분제한의 목적이 된 소유권보존(이전)등기, 선순위의 가등기 또는 처분제한의 등기, 이전고시를 받은 자 명의의 소유권이전등기의 순서로 등기사항을 표시하여야 한다.

ⓓ 첨부정보

㉮ 등기를 신청하기 위해서는 관리처분계획서 및 인가서, 이전고시증명정보, 신청인이 조합인 경우에는 대표자 자격을 증명하는 정보, 도면을 제공하여야 한다(도시 및 주거환경정비 등기규칙 제5조 제3항, 등기예규 제1590호).

㉯ 이와 같은 첨부정보가 이미 시행자로부터 등기소에 제출된 경우에는 다시 제공할 필요가 없다(도시 및 주거환경정비 등기규칙 제15조).

㉰ 보존등기되는 각 건물의 개수에 해당하는 등기신청수수료를 납부하여야 하므로 집합건물의 경우에는 전유부분의 개수에 해당하는 등기신청수수료를 납부하여야 한다.

　　㉫ 등기방법

　　　㉮ 등기관은 보존등기 시 표제부(구분건물의 경우에는 1동의 건물의 표제부)에 정비사업 시행으로 인하여 등기하였다는 취지를 기록하여야 한다(도시 및 주거환경정비 등기규칙 제11조).

　　　㉯ 구분건물에 관하여 대지권의 목적인 대지와 함께 보존등기를 하는 경우 등기관은 건물등기기록에 대지권의 등기를 하여야 한다.

④ 새로 조성된 대지에 관한 등기

　　㉠ 등기신청

　　　㉮ 이전고시에 의하여 분양받은 자들이 새로운 대지에 관하여 소유권을 취득함에 따라 사업시행자는 대지에 관하여 소유권보존등기를 신청하여야 한다. 새로이 축조된 건물에 대하여 본 바와 같이 대지에 관한 소유권보존등기 및 담보권 등에 관한 권리의 등기는 1필의 토지에 관하여 동일한 신청으로 하여야 한다.

　　　㉯ 신청정보에는 소유권보존등기, 담보권 등에 관한 권리의 등기의 순서로 등기사항을 표시하며(도시 및 주거환경정비 등기규칙 제12조 제2항), 정비사업시행으로 인하여 등기를 신청한다는 취지를 표시하여야 한다(도시 및 주거환경정비 등기규칙 제12조 제3항 제2호).

　　　㉰ 이전고시를 받은 자보다 선순위의 가등기, 가처분 등이 있는 경우에는 새로이 축조된 건물의 경우와 동일하게 처리한다(도시 및 주거환경정비 등기규칙 제12조 제4항).

　　㉡ 첨부정보

　　　㉮ 등기를 신청하기 위해서는 관리처분계획서 및 인가서, 이전고시증명정보, 신청인이 조합인 경우에는 대표자 자격을 증명하는 정보를 제공하여야 한다(도시 및 주거환경정비 등기규칙 제5조 제3항, 등기예규 제1590호).

　　　㉯ 이와 같은 첨부정보가 이미 시행자로부터 등기소에 제공된 경우에는 다시 제공할 필요가 없다(도시 및 주거환경정비 등기규칙 제15조).

　　　㉰ 등기신청수수료는 부동산의 개수를 기준으로 납부하면 되므로 1필의 토지에 대한 소유권보존등기에 대하여는 1건의 수수료를 납부한다.

　　㉢ 등기방법(도시 및 주거환경정비 등기규칙 제13조, 제14조)

　　　㉮ 토지에 대한 보존등기 : 등기관은 보존등기 시 표제부에 정비사업시행으로 인하여 등기하였다는 뜻을 기록하여야 한다.

　　　㉯ 구분건물 대지권의 목적인 경우

　　　　• 해당 토지가 구분건물의 대지권의 목적인 경우 등기관은 건물등기부에 대지권의 등기를 하고, 토지등기기록에는 대지권이라는 취지의 등기를 하여야 한다.

　　　　• 토지등기기록에 대지만을 목적으로 하는 담보권 등에 관한 권리의 등기가 있을 때에는 건물등기기록에 토지등기부에 별도의 등기가 있다는 뜻을 기록하여야 한다.

　　　　• 대지권의 목적인 공유지분에 대한 담보권 등 권리가 전유부분에 관한 것과 동일한 경우 등기관은 토지등기부에는 기록하지 아니한다.

⑤ 등기관의 심사

 ㉠ 이전고시에 따라 새로 조성된 대지와 건축시설에 관한 등기를 할 때 등기관은 신청정보에 표시된 등기명의인과 관리처분계획서 등에 나타난 권리자가 일치하는지 여부를 심사하면 충분하므로, 폐쇄된 종전 토지 및 건물의 등기기록상 명의인과 일치하는지 여부는 심사대상이 아니다(등기선례 제201207-2호).

 ㉡ 등기관이 새로 조성된 대지와 축조된 건축물에 대하여 소유권보존등기 및 담보권 등에 관한 권리의 등기를 실행할 때에 신청정보의 내용으로 제공된 사항이 첨부정보로 제공된 관리처분계획 및 그 인가를 증명하는 서면, 이전고시를 증명하는 서면의 내용과 일치하는지 여부를 심사하는 것으로 충분하고, 종전 토지 및 건물의 등기기록상 등기사항과 일치하는지 여부는 심사하지 아니한다(부동산등기선례 제202001-4호).

제4절 | 공무원범죄몰수법 등에 따른 등기

Ⅰ 총 설

1. 의 의

① 특정 공무원범죄를 범한 사람이 그 범죄행위를 통하여 취득한 불법수익 등을 철저히 추적·환수하기 위하여 몰수 등에 관한 특례를 규정함으로써 공직사회의 부정부패 요인을 근원적으로 제거하고 깨끗한 공직 풍토를 조성함을 목적으로 공무원범죄몰수법이 1995.1.5. 법률 제4934호로 제정·시행되고 있다.

② 공무원범죄몰수법상의 몰수보전명령 및 추징보전명령 등에 따른 부동산등기 사무처리의 기준과 기록례를 정하기 위하여 「공무원범죄에 관한 몰수특례법 등의 시행에 따른 등기사무처리지침」(등기예규 제1375호)이 제정되었다.

③ 이후 마약거래방지법, 불법정치자금법, 범죄수익은닉규제법에서도 마약류 불법거래 등으로 취득한 불법수익 등에 대해 공무원범죄몰수법과 유사한 규정을 두어 환수토록 하고 있다. 이러한 법률들에 따른 몰수보전등기, 부대보전등기, 추징보전등기 및 몰수등기의 사무처리에 관하여서도 위 예규가 적용된다.

2. 등기의 유형

① 공무원범죄몰수법에 의한 등기는 몰수보전등기·부대보전등기·추징보전등기·몰수의 등기로 나눌 수 있는데, 이러한 등기는 원칙적으로 검사가 촉탁한다.

② 몰수란 불법재산이 범인에게 귀속한 경우 이를 환수하는 것으로(공무원범죄몰수법 제5조), 몰수의 재판에 따른 이전등기를 몰수의 등기라 하고 이를 보전하기 위한 등기를 몰수보전등기라 한다.

③ 지상권·저당권 또는 그 밖의 권리가 그 위에 존재하는 재산에 대하여 몰수보전명령을 한 경우 또는
하려는 경우 그 권리가 몰수에 의하여 소멸된다고 볼만한 상당한 이유가 있고, 그 재산을 몰수하기 위하
여 필요하다고 인정할 때 또는 그 권리가 가장된 것이라고 볼만한 상당한 이유가 있다고 인정할 때 법원
의 부대보전명령에 의하여 그 권리의 처분을 금지할 수 있는데, 이 명령에 의한 등기를 부대보전등기라
한다. 즉 재산의 몰수에 의하여 소멸되어야 할 권리가 선의의 제3자에게 이전된 경우에는 소멸시킬 수
없기 때문에 그 처분을 금지하기 위한 것이다(공무원범죄몰수법 제5조 제2항).

④ 추징보전등기란 추징해야 할 경우에 해당한다고 판단할 만한 상당한 이유가 있고, 추징재판을 집행할
수 없게 될 염려가 있거나 집행이 현저히 곤란할 염려가 있다고 인정될 때에 피고인에 대하여 재산 처분
을 금지하기 위해 촉탁하는 등기를 말한다.

Ⅱ 등기절차(등기예규 제1375호)

1. 몰수보전등기

(1) 부동산에 대한 몰수보전등기

① 몰수보전등기의 촉탁 및 실행 등

  ㉠ 부동산에 관한 법원의 몰수보전명령 집행은 몰수보전등기를 하는 방법에 의하며, 등기는 검사가 몰수
보전명령의 등본을 첨부하여 촉탁한다.

  ㉡ 촉탁서에는 등기목적으로서 "몰수보전"을, 등기원인으로서 "몰수보전명령을 발한 법원, 사건번호 및
그 연원일"을, 등기권리자로서 "국"을 각각 기재하여야 한다.

  ㉢ 등기관은 몰수보전등기를 한 후 등기사항증명서를 몰수보전등기를 촉탁한 검사에게 송부하여야 한
다. 등기사항증명서의 송부는 「경매개시결정등기 후의 등기사항증명서 송부에 갈음할 통지서」(등기예
규 제1373호)에 따라 처리할 수 있다.

  ㉣ 몰수보전등기가 마쳐진 후에도 몰수보전의 대상이 된 권리에 대한 이전등기 등의 신청이 있는 경우
등기관은 수리하여야 한다.

② 몰수보전등기의 말소

  ㉠ 몰수보전명령이 취소되거나 실효된 경우 검사는 몰수보전등기의 말소등기를 촉탁하여야 한다.

  ㉡ 몰수보전명령이 취소되었을 경우 검사는 취소결정의 등본을 첨부하여 "취소결정"을 등기원인으로
하여 몰수보전등기의 말소등기를 촉탁하여야 한다.

  ㉢ 공무원범죄몰수법 제33조 제1항(몰수선고가 없는 재판이 확정된 때)에 의하여 몰수보전명령이 실효
된 경우에는 재판의 등본 및 확정증명을 첨부하고, 공무원범죄몰수법 제33조 제2항에 의하여 몰수보
전명령이 실효된 경우에는 재판이 확정된 날부터 30일 이내에 그 재판의 등본, 확정증명 및 공소를
제기하지 아니한 사실을 증명하는 서면을 첨부하여 몰수보전등기의 말소등기를 촉탁하여야 한다.

  ㉣ 이 경우 등기원인은 "○○년 ○월 ○일 실효"로 하되 일자는 전자의 경우는 재판이 확정된 날, 후자의
경우에는 확정된 날부터 30일이 경과한 다음 날로 한다.

(2) 채권에 대한 몰수보전등기

① 몰수보전등기의 촉탁 및 실행 등

㉠ 저당권부 채권 또는 가등기에 의하여 담보되는 채권에 대한 몰수보전명령이 있으면 검사는 몰수보전
명령을 발한 법원에 그 등기를 신청할 수 있고, 법원은 저당권부 채권의 압류등기촉탁의 예에 의하여
그 등기를 촉탁한다. 등기의 실행에 대하여는 앞 부동산에 관한 경우의 규정을 준용한다.

㉡ 등기된 임차권, 환매권, 가등기된 소유권이전청구권 등에 대한 몰수보전등기는 부동산에 대한 몰수
보전등기의 예에 따라 처리한다.

② 몰수보전등기의 말소

㉠ 몰수보전명령이 취소되거나 실효된 경우 몰수보전명령을 발한 법원은 위 ①의 절차에 의하여 말소등
기를 촉탁하여야 한다.

㉡ 금전의 지급을 목적으로 하는 저당권부 채권에 대하여 몰수보전이 된 후 채무자가 채권금액을 공탁한
경우 공탁사실의 통지를 받은 법원은 몰수보전등기의 말소를 촉탁하여야 한다.

(3) 강제집행 등과의 관계

① 몰수보전등기보다 선행하는 강제경매개시결정등기 등이 있는 경우 : 몰수보전등기보다 강제경매개시결
정등기, 근저당권 등 담보물권의 설정등기, 압류등기, 가압류등기 등이 먼저 이루어지고 그 후 집행법원
으로부터 매각으로 인한 이전등기 및 몰수보전등기의 말소등기촉탁이 있는 경우 등기관은 그 등기를
한 후 몰수보전등기가 말소되었다는 뜻을 「가압류등기 등이 말소된 경우의 집행법원에 통지」(등기예규
제1368호)의 규정에 준하여 몰수보전등기를 촉탁한 법원 또는 검사에게 통지하여야 한다. 몰수보전등기보
다 체납처분에 의한 압류등기가 먼저 이루어지고 그 후 공매된 경우에도 같다.

② 몰수보전등기보다 후행하는 강제경매개시결정등기 등이 있는 경우 : 위와 달리 몰수보전등기 후에 강제
경매개시결정등기 등이 이루어진 경우에는 공무원범죄몰수법 제35조에 의하여 그로 인한 경매 또는 공
매 절차가 진행될 수 없으므로, 경매 또는 공매 절차가 진행되어 매각 또는 공매로 인한 이전등기의
촉탁이 있더라도 수리하여서는 아니 된다.

(4) 처분금지가처분등기와의 관계

① 처분금지가처분등기 후에 몰수보전등기가 이루어지고 가처분채권자가 본안에서 승소한 경우 가처분채
권자는 승소판결에 의한 등기는 신청할 수 있다. 그러나 몰수보전등기는 등기관의 직권으로 또는 가처분
채권자의 신청에 의하여 말소하여서는 아니 되고, 전술한 (2)의 ②, 몰수보전등기의 말소의 예에 따라
말소되어야 한다.

② 공무원범죄몰수법은 부동산에 대하여 등기청구권을 보전하기 위한 처분금지가처분의 등기가 된 후 몰수
보전등기가 된 경우에 그 가처분채권자가 보전하려는 등기청구권에 따른 등기를 할 때에는 몰수보전등
기에 의한 처분 제한은 그 가처분등기에 의한 권리의 취득 또는 소멸에 영향을 미치지 아니한다고 하여(공
무원범죄몰수법 제27조 제6항) 마치 가처분등기가 몰수보전등기에 우선하는 것처럼 보인다.

③ 그러나 가처분등기는 법원의 촉탁에 의해 말소되는 것이 원칙이라는 점과 범죄행위로 취득한 불법수익
을 환수한다는 공무원범죄몰수법의 입법 목적에 비추어 몰수보전등기가 가처분등기에 우선하는 것으로
해석하는 것이 타당하다.

2. 부대보전등기

① 부대보전등기는 검사가 부대보전명령의 등본을 첨부하여 촉탁하되, 몰수보전등기의 촉탁과 동시에 또는 몰수보전등기가 마쳐진 후에 하여야 한다.

② 부대보전등기가 마쳐진 후에 부대보전의 대상이 된 권리의 이전등기 등의 신청이 있는 경우에도 등기관은 수리하여야 한다.

③ 부대보전명령이 취소되었을 경우에는 몰수보전명령이 취소되었을 경우에 준하여 말소등기를 하되, 몰수보전명령이 취소되거나 실효되어 몰수보전등기를 말소한 경우에는 등기관이 직권으로 부대보전등기를 말소하여야 하며 등기원인은 "○○년 ○월 ○일 실효"로 하되, 일자는 몰수보전명령이 효력을 잃은 때로 한다.

④ 부대보전등기는 특별한 규정이 있거나 성질에 반하지 않는 한 몰수보전등기의 예에 따라 처리한다.

3. 추징보전등기

① 추징보전명령은 검사의 명령에 따라 집행하며, 검사의 명령은 「민사집행법」에 따른 가압류명령과 동일한 효력을 가진다(공무원범죄몰수법 제44조 제1항).

② 추징보전등기는 법원이 검사의 신청에 의하여 등기목적을 "가압류"로 하여 촉탁하되, 검사의 집행명령등본을 첨부하여야 하며, 등기원인으로서는 "○○년 ○월 ○일 ○○지방법원의 추징보전명령에 기한 검사의 명령"으로 한다.

③ 등기관은 추징보전등기를 한 후 등기사항증명서를 해당 추징보전등기를 촉탁한 법원에 송부하여야 하나, 「경매개시결정등기 후의 등기사항증명서 송부에 갈음할 통지서」(등기예규 제1373호)에 따라 처리할 수 있다.

④ 추징보전에 대한 다른 등기도 특별한 규정이 없는 한 가압류등기의 예에 따라 처리한다.

4. 몰수의 등기

① 몰수의 등기는 검사가 몰수재판의 등본을 첨부하여 이전등기의 형식으로 촉탁한다.

② 몰수보전의 등기가 마쳐진 권리에 대하여 몰수의 등기촉탁이 있는 경우 등기관은 몰수보전등기에 저촉되는 등기를 직권으로 말소한다.

③ 몰수한 재산에 지상권 등의 권리의 등기가 있는 경우 그 권리를 공무원범죄몰수법 제5조 제2항에 의하여 존속시켜야 한다고 판단될 때에는 법원은 몰수를 선고하는 동시에 그 취지를 선고하여야 하는데, 이러한 선고가 없는 때에는 등기관이 그 등기를 직권으로 말소한다. 처분제한등기, 가등기 등도 이와 같다.

④ 몰수보전, 부대보전의 등기가 있는 부동산에 대하여 몰수의 등기를 한 경우 등기관은 몰수보전, 부대보전의 등기를 직권으로 말소한다.

CHAPTER 09 그 밖의 등기

| 제1절 | 부동산등기실명제와 등기제도

| 제2절 | 환지에 관한 등기(등기예규 제1588호)

01 농어촌정비법에 따른 환지등기에 관한 다음 설명 중 가장 옳지 않은 것은? 2023년

① 사업시행자는 사업시행인가 후에 사업시행을 위하여 환지계획인가의 고시 전이라도 종전 토지에 관한 토지 표시나 등기명의인 표시의 변경 및 경정등기를 대위하여 촉탁할 수 있으나, 대위등기를 촉탁하는 경우 등기원인 또는 등기목적이 동일하지 아니한 경우에는 하나의 촉탁정보로 일괄하여 촉탁할 수 없다.

② 환지계획인가의 고시가 있은 후에는 종전 토지에 대한 소유권이전등기를 할 수 없으며 등기가 마쳐진 경우에는 등기관은 그 등기를 부동산등기법 제58조를 적용하여 직권으로 말소한다.

③ 사업시행자가 환지등기를 촉탁할 때에는 일반적인 촉탁정보 외에도 종전 토지 수개에 대하여 1개 또는 수개의 환지를 교부한 경우 그 수개의 종전 토지 중 미등기인 것이 있는 때에는 그 취지를 촉탁정보로 제공하여야 한다.

④ 환지등기를 촉탁할 때에 필요한 첨부정보가 아닌 토지대장만을 제공한 경우, 등기관은 그 토지대장에 '환지' 또는 '구획정리 완료' 등의 사실이 기재되어 있다 하더라도 그 등기촉탁을 수리하여서는 안 된다.

⑤ 환지에 대하여 권리의 설정 또는 이전 등의 등기를 하여야 하는 때 기타 특별한 사유가 있는 때를 제외하고는 환지등기 촉탁은 사업지역 내의 토지 전부에 관하여 동시에 하여야 한다.

[❶ ▸ ✕] 등기예규 제1588호 2. 가., 나.

> **등기예규 제1588호[환지등기절차 등에 관한 업무처리지침]**
> 2. 사업시행을 위한 대위등기의 촉탁
> 　가. 대위등기를 할 수 있는 사항 : 농어촌정비법 제25조 제1항의 사업시행자나 도시개발법 제28조 제1항의 도시개발사업의 시행자(이하 모두 "시행자"라 한다)는 사업시행인가 후에 사업시행을 위하여 농어촌정비법 제37조의 환지계획인가의 고시 또는 도시개발법 제42조의 환지처분의 공고(이하 모두 "환지계획인가의 고시 등"이라 한다) 전이라도 종전 토지에 관한 아래의 등기를 각 해당등기의 신청권자를 대위하여 촉탁할 수 있다.

(1) 토지 표시의 변경 및 경정 등기

(2) 등기명의인 표시의 변경 및 경정 등기

(3) 상속을 원인으로 한 소유권이전등기

나. 일괄촉탁 : 위 가.의 대위등기를 촉탁하는 경우에는 <u>등기원인 또는 등기의 목적이 동일하지 아니한 경우라도 하나의 촉탁서로 일괄하여 촉탁할 수 있다.</u>

[❷ ▸ ○] 등기예규 제1588호 3. 다. (1), (2), (3)

등기예규 제1588호[환지등기절차 등에 관한 업무처리지침]

3. 환지계획인가의 고시 등을 통지받은 경우의 처리

다. 다른 등기의 정지

(1) 다른 등기가 정지되는 시점 : 환지계획인가의 고시 등이 있은 후에는 종전 토지에 관한 등기를 할 수 없다.

(2) 정지되는 다른 등기 : 소유권이전등기, 근저당권설정등기, 가압류등기, 경매개시결정등기(정지되는 시점 이전에 설정된 근저당권에 기한 경우도 마찬가지임) 등 권리에 관한 등기뿐만 아니라 표시에 관한 등기도 할 수 없다.

(3) 다른 등기가 마쳐진 경우 : 환지계획인가의 고시 등이 있었음에도 불구하고, 종전 토지에 관한 등기가 마쳐진 경우, 등기관은 그 등기를 부동산등기법 제58조를 적용하여 직권으로 말소한다.

[❸ ▸ ○] 등기예규 제1588호 4. 가. (2) (가)

[❹ ▸ ○] 등기예규 제1588호 4. 나. (2)

등기예규 제1588호[환지등기절차 등에 관한 업무처리지침]

4. 환지처분의 공고 등에 따른 등기의 촉탁 : 시행자는 아래의 절차에 따라 농어촌정비법 제42조 제1항 또는 도시개발법 제43조 제1항에 따른 환지등기를 촉탁하여야 한다.

가. 촉탁서에 기재하여야 할 사항

(1) 일반적인 기재사항

(가) 종전 토지 및 환지의 표시(입체환지의 경우에는 건물의 표시도 하여야 함)와 환지를 교부받은 자의 성명, 주민등록번호 및 주소(법인의 경우에는 그 명칭, 부동산등기용등록번호 및 주사무소의 소재지)

(나) 농업기반등정비사업 또는 도시개발사업으로 인하여 등기를 촉탁한다는 취지

(다) 촉탁의 연월일

(2) 특별기재사항 : 아래의 사항에 해당하는 경우에는 촉탁서에 그 취지를 기재하여야 한다.

(가) <u>종전 토지 수개에 대하여 1개 또는 수개의 환지를 교부한 경우 그 수개의 종전 토지 중 미등기인 것이 있는 때</u>

(나) 농어촌정비법 제34조 제1항에 의한 창설환지를 교부한 때 또는 도시개발법 제34조 제1항에 의한 체비지 또는 보류지를 정한 때

(다) 종전 토지에 환지를 교부하지 아니한 때

나. 환지등기 촉탁서의 첨부서면 등

(1) 첨부서면

(가) 환지계획서 및 환지계획서 인가서 등본

(나) 환지계획인가의 고시 등이 있었음을 증명하는 서면

[❺ ▶ ○]　환지에 대하여 권리의 설정 또는 이전 등의 등기를 하여야 하는 때 기타 특별한 사유가
있는 때를 제외하고는 환지등기 촉탁은 사업지역 내의 토지 전부에 관하여 동시에 하여야 한다. 단,
사업지역을 수개의 구로 나눈 경우에는 각 구마다 등기촉탁을 할 수 있다[등기예규 제1588호 4. 다. (1)].

답 ❶

제3절 | 도시 및 주거환경정비에 관한 등기

02

도시 및 주거환경정비와 관련된 등기에 관한 다음 설명 중 가장 옳지 않은 것은?　　2020년

① 등기관이 새로 조성된 대지와 축조된 건축물에 대하여 소유권보존등기 및 담보권 등에 관한 권리의
　등기를 실행할 때에 신청정보의 내용으로 제공된 사항이 첨부정보로 제공된 관리처분계획 및 그
　인가를 증명하는 서면과 이전고시를 증명하는 서면의 내용과 일치하는지 여부와 함께 종전 토지
　및 건물의 등기기록상 등기사항과 일치하는지 여부도 심사하여야 한다.

② 주택재건축 사업시행자가 구 주택건설촉진법 제33조에 따라 사업계획승인을 받았으나, 도시 및
　주거환경정비법 시행 후에 그 사업의 후속 절차를 이 법에 따라 진행하였다면 새로이 건설되는
　주택이나 그 대지에 대한 등기절차는 같은 법 제88조 및 도시 및 주거환경정비 등기규칙에 따르게
　된다.

③ 종전 토지에 마쳐진 근저당권설정등기가 채무상환으로 소멸되었다고 하더라도 아직 말소등기가
　되지 아니한 상태에서 관리처분계획서에 이 근저당권설정등기가 분양대상자의 종전 토지에 관한
　소유권 외의 권리명세로서 기재되었다면, 이전고시 후 사업시행자가 새로 조성된 대지에 관한
　소유권보존등기를 신청할 때에 이 근저당권설정등기도 함께 신청하여야 한다.

④ 사업시행자는 도시 및 주거환경정비법 제86조 제2항에 따른 이전고시를 한 때에는 지체 없이 그
　사실을 관할등기소에 통지하여야 하는바, 이 통지 후에는 조합명의로 신탁된 부동산에 관하여
　신탁해지나 신탁종료원인이 발생하였다 하더라도 이에 따른 소유권 이전 및 신탁말소등기를 신청
　할 수는 없다.

⑤ 도시 및 주거환경정비법에 따라 정비사업의 시행인가를 받아 축조된 건축물에 대하여 아직 등기가
　이루어지지 아니한 상태에서 집행법원으로부터 처분제한의 등기촉탁이 있는 경우, 등기관은 이
　처분제한의 등기를 하기 위한 전제로써 해당 건축물에 관한 소유권보존등기를 직권으로 실행할
　수 없다.

[**❶ ▸ ×**] 도시 및 주거환경정비법에 따른 정비사업시행자는 같은 법 제86조 제2항에 따른 이전고시가 있은 후 종전 토지에 관한 말소등기, 새로 조성된 대지 및 축조된 건축물에 관한 소유권보존등기, 새로 조성된 대지 및 축조된 건축물에 존속하게 되는 담보권 등에 관한 권리의 등기를 신청하여야 하는바, 이때 첨부정보로서 관리처분계획 및 그 인가를 증명하는 서면과 이전고시를 증명하는 서면을 제공하여야 한다(도시 및 주거환경정비 등기규칙 제5조 제3항). 위의 신청에 따라 등기관이 새로 조성된 대지와 축조된 건축물에 대하여 소유권보존등기 및 담보권 등에 관한 권리의 등기를 실행할 때에 신청정보의 내용으로 제공된 사항이 첨부정보로 제공된 관리처분계획 및 그 인가를 증명하는 서면, 이전고시를 증명하는 서면의 내용과 일치하는지 여부를 심사하는 것으로 충분하고, <u>종전 토지 및 건물의 등기기록상 등기사항과 일치하는지 여부는 심사하지 아니한다</u>(등기선례 제202001-4호).

[**❷ ▸ ○**] 주택재건축 사업시행자가 구 주택건설촉진법 제33조에 따라 사업계획승인을 받은 상태에서 도시 및 주거환경정비법 시행(2003.7.1.) 후에도 그 사업의 후속절차를 구 주택건설촉진법에 따라 진행하였다면 새로이 건설되는 주택이나 그 대지에 대한 등기절차는 부동산등기법의 일반적인 절차에 따르게 된다. 다만, 재건축사업을 구 주택건설촉진법에 따라 진행하면서 같은 법 제44조의3 제5항에 따라 특별히 구 도시재개발법 제33조부터 제45조까지에서 정한 절차를 거친 경우라면 새로이 건설되는 주택이나 그 대지에 관한 등기절차는 구 도시재개발등기처리규칙에 따르게 된다. 반면 <u>주택재건축 사업시행자가 구 주택건설촉진법 제33조에 따라 사업계획승인을 받았으나, 도시 및 주거환경정비법 시행 후에 그 사업의 후속 절차를 이 법에 따라 진행하였다면 새로이 건설되는 주택이나 그 대지에 대한 등기절차는 같은 법 제88조 및 도시 및 주거환경정비 등기규칙에 따르게 된다</u>(등기선례 제201911-3호).

[**❸ ▸ ○**] 도시 및 주거환경정비법 제87조 제1항에 따르면 종전의 토지 또는 건축물에 설정된 지상권·전세권·저당권·임차권·가등기담보권·가압류 등 등기된 권리 및 주택임대차보호법 제3조 제1항의 요건을 갖춘 임차권은 이전고시가 있게 되면 그 다음 날에 새로 축조된 건축물과 조성된 대지에 설정된 것으로 보게 되므로, <u>비록 종전 토지 또는 건축물에 마쳐진 근저당권설정등기가 채무상환으로 소멸되었다고 하더라도 아직 말소등기가 되지 아니한 상태에서 관리처분계획서에 이 근저당권설정등기가 분양대상자의 종전 토지 또는 건축물에 관한 소유권 외의 권리명세로서 기재되었다면</u>(도시 및 주거환경정비법 제74조 제1항 제7호), <u>이전고시 후 사업시행자가 새로 축조된 건축물과 조성된 대지에 관한 소유권보존등기를 신청할 때에 이 근저당권설정등기도 함께 신청하여야 한다</u>(등기선례 제201909-3호).

[**❹ ▸ ○**] 사업시행자는 도시 및 주거환경정비법 제86조 제2항의 규정에 의한 이전고시를 한 때에는 지체 없이 그 사실을 관할등기소에 통지하여야 하고, 이 통지 후에는 종전 토지등기기록의 권리에 관한 등기와 표시에 관한 등기가 모두 정지되므로, 조합명의로 신탁된 부동산에 관하여 신탁해지나 신탁종료 원인이 발생하였다 하더라도 이에 따른 소유권 이전 및 신탁말소등기를 신청할 수는 없다(등기선례 제201207-2호).

[**❺ ▸ ○**] 도시 및 주거환경정비법에 의하여 정비사업의 시행인가를 받아 축조된 건축물에 관한 등기는 사업시행자가 동법 제86조 제2항의 규정에 의한 이전의 고시가 있은 때에 동일한 신청서로 동시에 신청(촉탁)하여야 하므로, 위와 같이 축조된 건축물에 대하여 아직 등기가 이루어지지 아니한 상태에서 집행법원으로부터 처분제한의 등기촉탁이 있는 경우 등기관은 이 처분제한의 등기를 하기 위한 전제로써 당해 건축물에 관한 소유권보존등기를 직권으로 경료할 수 없다(등기선례 제200607-3호).

답 ❶

제4절 | 공무원범죄몰수법 등에 따른 등기

03
□□□

공무원범죄에 관한 몰수 특례법에 따른 등기에 관한 다음 설명 중 가장 옳지 않은 것은?

2023년

① 부동산에 대한 몰수보전등기는 검사가 등기목적을 "몰수보전", 등기권리자를 "국"으로 하여 촉탁한다.
② 추징보전등기는 "가압류"를 등기목적으로, "○○년 ○월 ○일 ○○지방법원의 추징보전명령에 기한 검사의 명령"을 등기원인으로 하여 검사의 집행명령 등본을 첨부하여 검사의 신청으로 법원이 촉탁한다.
③ 저당권부 채권에 대한 몰수보전명령이 있으면 검사의 신청에 의하여 그 명령을 발한 법원이 저당권부채권의 압류등기 촉탁의 예에 의하여 촉탁한다.
④ 처분금지가처분등기 후에 몰수보전등기가 이루어지고 가처분권리자가 본안에서 승소한 경우 가처분권리자는 그 승소판결에 의한 등기를 신청할 수 있으나, 몰수보전등기는 가처분권리자의 신청에 의하여 말소할 수 없다.
⑤ 부동산에 대한 몰수보전등기가 마쳐진 후에 그 대상이 된 권리에 대한 이전등기 등의 신청이 있는 경우에는 등기관은 이를 각하하여야 한다.

....

[❶ ▸ ○] 등기예규 제1375호 1. 가. (1), (2)

> **등기예규 제1375호[공무원범죄에 관한 몰수특례법 등의 시행에 따른 등기사무처리지침]**
> 1. 몰수보전등기
>   가. 부동산에 대한 몰수보전등기
>   (1) 부동산에 관한 몰수보전등기는 검사가 몰수보전명령의 등본을 첨부하여 이를 촉탁한다.
>   (2) 위 촉탁서에는 등기목적으로서 "몰수보전"을, 등기원인으로서 몰수보전명령을 발한 법원, 사건번호 및 그 연원일을, 등기권리자로서 "국"을 각 기재하여야 한다.

[❷ ▸ ○] 추징보전등기는 법원이 검사의 신청에 의하여 등기목적을 "가압류"로 하여 촉탁하되, 검사의 집행명령등본을 첨부하여야 하며, 등기원인으로서는 "○○년 ○월 ○일 ○○지방법원의 추징보전명령에 기한 검사의 명령"으로 한다(등기예규 제1375호 3. 가.).

[❸ ▸ ○] 저당권부채권에 대한 몰수보전명령이 있으면 검사는 몰수보전명령을 발한 법원에 그 등기를 신청할 수 있고, 법원은 저당권부채권의 압류등기촉탁의 예에 의하여 그 등기를 촉탁한다. 가등기에 의하여 담보되는 채권에 대하여 몰수보전명령이 발하여진 경우도 이와 같다(등기예규 제1375호 1. 나. (1)].

[❹ ▸ ○] 처분금지가처분등기 후에 몰수보전등기가 경료되고 가처분권리자가 본안에서 승소하여 그 승소판결에 의한 등기를 신청하는 경우 몰수보전등기는 등기관이 직권으로 또는 가처분권리자의 신청에 의하여 말소하여서는 아니 된다(등기예규 제1375호 1. 바.).

[❺ ▸ ✕] 몰수보전등기가 경료된 후에 몰수보전의 대상이 된 권리에 대한 이전등기 등의 신청이 있는 경우 등기관은 이를 <u>수리하여야</u> 한다[등기예규 제1375호 1. 가. (4)].

답 ❺

기하기 때문에,
성공이 얼마나 가까웠는지 깨닫지 못한다.

- 토머스 에디슨 -

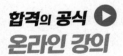
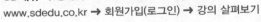

THE LAST
모의고사

법무사 1차

CBT 모의고사

1회 무료쿠폰   ZZDH-00000-968D8

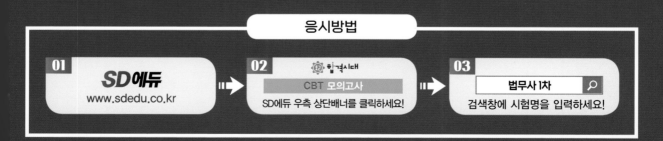

응시방법

01 SD에듀
www.sdedu.co.kr

02 합격시대
CBT 모의고사
SD에듀 우측 상단배너를 클릭하세요!

03 법무사 1차
검색창에 시험명을 입력하세요!

www.sdedu.co.kr/pass_sidae

법무사

부동산등기법 · 공탁법

1권 부동산등기법

SD에듀
(주)시대고시기획

발행일 2024년 1월 30일(초판인쇄일 2024 · 1 · 3)
발행인 박영일
책임편집 이해욱
편저 시대법학연구소
발행처 (주)시대고시기획
등록번호 제10-1521호
주소 서울시 마포구 큰우물로 75 [도화동 538 성지B/D] 9F
대표전화 1600-3600
팩스 (02)701-8823
학습문의 www.sdedu.co.kr

최신판

법무사

부동산등기법 · 공탁법

편저 | 시대법학연구소

법무사
1차시험 대비 시리즈

1 헌법 + 상법
2 민법 + 가족관계의 등록 등에 관한 법률
3 민사집행법 + 상업등기법 및 비송사건절차법
4 부동산등기법 + 공탁법

2권 공탁법

☑ 부동산등기법 · 공탁법의 핵심이론 수록!

☑ 최신 법령 · 예규 · 판례 · 선례 및 실무제요 반영!

☑ 주요 기출문제 + 해설 진도별 편제!

☑ 2023년 최신기출문제 + 해설 수록!

유료 동영상 강의
www.sdedu.co.kr

CBT 모의고사
1회 무료쿠폰 제공

✛ 안심도서
합균99.9%

(주)시대고시기획

법무사

부동산등기법 · 공탁법

2권 공탁법

SD에듀
(주)시대고시기획

이 책의 차례

2권 공탁법

CONTENTS

합격의 공식 Formula of pass · SD에듀 www.sdedu.co.kr

이 책의 차례

공탁법

01 총론

제1절 | 개설

사례

갑(甲)은 을(乙)로부터 금 1억원을 차용하면서 甲소유의 부동산을 담보로 乙에게 채권최고액 1억 3천만원으로 하는 근저당권을 설정해 주었다. 甲이 변제기일이 지나도 원금 및 이자의 변제를 지체하자 乙은 근저당권에 기해 경매절차를 진행하게 되었는데 병(丙)의 공사대금채권을 피담보채권으로 하는 유치권 신고가 있어 매각가격의 저하가 우려되었다. 이에 근저당권자인 乙은 공사대금채권을 담보공탁하고 유치권의 소멸을 청구하려 한다.

1. 을(乙)이 담보공탁을 할 수 있는가?

2. 乙은 유치권에 의해 담보되는 공사대금채권을 담보공탁하고 유치권의 소멸을 청구할 수 있는가?

I 공탁의 개념

1. 공탁의 개념 및 사례

의의	공탁자가 법령에 규정된 원인에 기하여 공탁서에 일정한 사항을 기재하고 필요한 서면을 첨부하여 공탁소에 금전·유가증권·기타 물품을 일정절차에 따라 맡기고 일정한 자가 공탁된 공탁물을 법정절차에 따라 수령하도록 함으로써 법령에서 정한 일정한 목적을 달성하게 하는 제도(변제공탁은 채무의 변제가, 담보공탁은 피공탁자의 손해의 담보가, 집행공탁은 집행의 보조절차로서, 혼합공탁은 변제공탁과 집행공탁사유가 발생한 경우 등)
기능	공익적 성격을 가진 절차법으로서 그 적용이 당사자의 의사에 의하여 좌우될 수 없는 강행법적 성질
관계법령	• 공탁은 반드시 법령에 근거하여야 하고 당사자가 임의로 할 수는 없다. • 공탁근거법령과 공탁절차법령

상가 건물의 임차인이 전 소유자인 임대인에게 가지는 유익비상환채권을 위하여 경락인에게 유치권을 행사하는 경우, 경락인이 유익비 상당의 금전 공탁을 조건으로 유치권의 소멸 청구를 할 수 있는지 여부(소극)

담보를 위한 공탁은 그 근거법령에서 이를 규정하고 있는 경우에 허용되는 것인데, 타담보제공에 의한 유치권 소멸 청구의 근거법령인 민법 제327조는 담보를 위한 공탁을 규정하고 있지 아니하므로 유익비 상당의 금전을 공탁하는 것을 조건으로 하는 유치권의 소멸 청구는 허용될 수 없다(부산지법 동부지원 2004.3.11. 2003가합652).

금전채권의 채권자가 공탁약정에 기하여 채무자에게 공탁할 것을 청구할 수 있는지 여부(소극) 및 이는 채무자에게 민사집행법상 집행공탁의 요건이 갖추어져 있는 경우에도 마찬가지인지 여부(적극)

공탁은 반드시 법령에 근거하여야 하고 당사자가 임의로 할 수 없는 것이므로, 금전채권의 채무자가 공탁의 방법에 의한 채무의 지급을 약속하더라도 채권자가 채무자에게 이러한 약정에 기하여 공탁할 것을 청구하는 것은 허용되지 않는다. 그리고 이러한 법리는 채무자에게 민사집행법 제248조에서 정한 집행공탁의 요건이 갖추어져 있는 경우라도 다르지 않다(대판 2014.11.13. 2012다52526).

사례해설

1. **근저당권자인 乙은 담보공탁의 공탁자가 될 수 있다.**

   재판상 담보공탁은 담보제공명령을 받은 당사자가 공탁자가 되는 것이 원칙이나, 제3자도 담보제공명령을 받은 자를 대신하여 공탁할 수 있다. 이 경우 공탁자(제3자)는 공탁서의 공탁자란에 자신의 성명 및 주소를, 비고란에는 제3자로서 공탁한다는 취지를 기재하면 되며 상대방(피공탁자)의 동의는 요하지 않는다(공탁선례 제1-210호).

2. **담보공탁을 하여 유치권소멸청구를 할 수 없다.**

   담보를 위한 공탁은 그 근거법령에서 이를 규정하고 있는 경우에 허용되는 것인데, 타담보제공에 의한 유치권소멸 청구의 근거법령인 민법 제327조는 담보를 위한 공탁을 규정하고 있지 아니하므로 피담보채권을 공탁하는 것을 조건으로 하는 유치권의 소멸 청구는 허용될 수 없다(부산지법 동부지원 2004.3.11. 2003가합652).

Ⅱ 공탁의 기본구조

1. 공탁의 구조 및 절차

공탁은 다음과 같은 일련의 절차로 이루어진다.

공탁신청 절차	개 시	공탁자가 공탁관에게 공탁신청을 함으로써 공탁절차 개시
	성 립	공탁관이 접수·심사하여 수리한 후 공탁물이 납입됨으로써 공탁이 성립
공탁물 지급절차	발 생	공탁이 성립되면 그 효과로 공탁물지급(출급·회수)청구권이 발생
	종 료	공탁관이 공탁물을 지급함으로써 공탁관계는 종료
불복절차	공탁신청 또는 지급청구에 대한 공탁관의 불수리처분에 대하여 불복절차(이의신청) 허용	

I 공탁절차법령

1. 공탁관련법령

공탁의 절차를 규정한 법령을 총칭하여 실질적 의미의 공탁법이라고 하나, 그 중심을 이루는 것은 법전으로서의 공탁법이고 이를 형식적 의미의 공탁법이라고 한다.

공탁법	• 법령 규정에 의하여 행하는 공탁 절차를 정함을 목적으로 하여 제정된 절차법 • 다른 법률에 특별규정이 없는 경우에 적용되는 일반법 • 공익상 목적을 위하여 제정되어 당사자의 의사에 의하여 좌우될 수 없는 강행법 • 국가와 개인 간의 관계를 규율하는 공법
규 칙	공탁법의 시행세칙으로 구체적 공탁절차를 총망라하여 규정
공탁금의 이자에 관한 규칙	공탁법의 시행세칙으로 공탁금 이자에 관하여 2개 조문으로 구성
공탁절차에 관한 특별규정	공탁근거법령을 규정하면서 특별히 별도의 공탁절차에 관하여 규정(예 민법 제488조 제2항, 비송사건절차법 제53조·제55조, 민소법 제122조·제123조 등)

2. 공탁근거법령

① 공탁근거법령이란 공탁의 권리 또는 의무를 규정하고 있는 법령을 말하며, 민법, 상법 등의 실체법규는 물론 민사소송법, 민사집행법 등의 절차법규에도 산재해 있다.

② 공탁근거법령의 조항은 공탁서의 필수적 기재사항이다.

③ 예시 및 참고사항

규정방식	"이러이러한 경우에는 공탁할 수 있다(또는 하여야 한다).", "이러이러한 경우에는 담보를 제공할 수 있다(또는 제공하여야 한다)."와 같은 담보제공규정과 "제○조의 담보제공은 공탁의 방법에 의한다."와 같은 공탁규정이 합쳐져서 하나의 공탁근거법령이 되는 경우도 있다.
예 시	민사집행법 제280조는 담보제공규정만 있고 그에 대한 공탁규정이 없지만, 민사집행법 제19조 제3항이 연결규정이 되어 공탁규정인 민사소송법 제122조가 준용됨으로써 가압류명령에 따른 담보의 제공을 공탁의 방법으로 할 수 있게 되는 것이다. 즉, 위 3개 규정이 합쳐져서 가압류담보공탁의 근거법령을 구성한다.
참고사항	공탁의 근거법령은 각종 법령에 산재해 있다. • 민법, 상법, 어음법 등의 민사실체법 • 민사소송법, 민사집행법, 가사소송법 등의 민사절차법 • 공익사업을 위한 토지 등의 취득 및 보상에 관한 법률 • 농업협동조합법, 수산업법 • 보험업법 등의 보험에 관한 법령 • 신탁법, 담보부사채신탁법 등의 신탁에 관한 법령

제3절 | 공탁의 종류

I 공탁의 분류

1. 원인에 의한 분류

변제공탁	채무자가 채권자 측에 존재하는 일정한 사유(채권자의 수령거절, 수령불능)로 인하여 변제를 할 수 없거나, 채무자의 과실 없이 채권자가 누구인지를 알 수 없어 변제를 할 수 없는 사정이 있는 경우에 채무의 목적물을 공탁함으로써 채무를 면할 수 있도록 하는 제도	
담보공탁	법원의 담보제공명령에 의해 기존 또는 장래 피공탁자에게 발생할 손해배상채권을 담보하기 위한 공탁	
	재판상 담보공탁	당사자의 소송행위(소송비용의 담보)나 재판상의 처분(가압류·가처분, 강제집행의 정지·실시·취소 등)으로 인하여 상대방이 받게 될 손해를 담보하기 위한 공탁
	영업 보증공탁	영업거래 등으로 발생할 피해자의 손해를 담보하기 위한 공탁
	납세 담보공탁	국세, 지방세 등의 징수유예 등 그 세금의 납부나 징수를 담보하기 위한 공탁
집행공탁	강제집행절차에서 일정한 경우에 집행기관이나 집행당사자(추심채권자 등) 또는 제3채무자가 민사집행법상의 권리·의무로서 집행목적물을 공탁소에 공탁하여 그 목적물의 관리와 집행법원의 지급위탁에 의한 집행당사자에의 교부를 공탁절차에 따라 행하게 하는 제도	
보관공탁	단순히 목적물 자체의 보관·관리를 위한 공탁으로서 주로 상법이나 담보부사채신탁법상 무기명식채권 소지인이 권리를 행사하기 위한 요건으로 행하여지는 공탁	
몰취공탁	일정한 사유가 발생하였을 때 공탁물을 몰취함으로써 소명에 갈음하는 선서 등의 진실성 또는 상호가등기 제도의 적절한 운용 등을 간접적으로 담보하는 기능을 수행하는 제도	
혼합공탁	혼합공탁이라 함은 공탁원인사실 등이 다른 실질상 두개 이상의 공탁을 공탁자를 위하여 하나의 공탁절차에 의하여 하는 공탁(주로 채권자 불확지 변제공탁과 집행공탁을 원인으로 한 혼합공탁)	

2. 공탁목적물에 의한 분류

① 공탁은 목적물의 종류에 따라 금전공탁, 유가증권공탁, 물품공탁으로 분류할 수 있다.
② 공탁물의 종류에 따라 공탁신청절차, 공탁소 내부에 있어서의 공탁물 보관방법, 공탁물의 소유권 귀속 등에 차이가 있기 때문에 분류의 실익이 있다.

3. 공탁의 시간적 단계에 의한 분류

기본공탁	보통 최초에 하는 공탁, 즉 일반적으로 말하는 본래 의미의 공탁
대공탁 (代供託)	• 공탁유가증권의 상환기가 도래한 경우에 공탁자 또는 피공탁자의 청구에 의하여 공탁소가 공탁유가증권의 상환금을 수령하여 이를 종전의 공탁유가증권에 대신하여 보관함으로써 종전 공탁의 효력을 지속하게 하는 공탁(공탁법 제7조, 공탁규칙 제31조) • 대공탁은 유가증권의 상환금청구권의 시효소멸을 방지함으로써 종전 공탁의 효력을 지속시키는 데 그 목적이 있음
부속공탁	공탁유가증권의 이자 또는 배당금의 지급기가 도래하였을 때 공탁자 또는 피공탁자의 청구에 의하여 공탁소가 그 이자 또는 배당금을 수령하여 종전의 공탁유가증권에 부속시켜 공탁함으로써 기본공탁의 효력을 그 이자 또는 배당금에 의한 금전공탁에도 일체로서 미치도록 하는 공탁(공탁법 제7조, 공탁규칙 제31조)

4. 공탁의 목적에 의한 분류

순수한 보관만을 목적으로 하는 보관공탁을 형식적 공탁이라 하고, 변제공탁이나 담보공탁과 같이 보관 이상의 법률적 효과를 달성하기 위하여 하는 공탁을 실질적 공탁이라고 구분하기도 한다.

제4절 | 공탁소

I 공탁소의 의의 및 종류

1. 공탁소의 의의

명 칭	• 공탁사무를 관장하는 기관을 공탁소라고 하는데 법원조직법상 공탁사무는 법원이 관장하나(법원조직법 제2조), 공탁법상에서는 지방법원, 지방법원지원, 시·군법원의 공탁관이 공탁소로서 공탁사무를 처리하도록 되어 있다(공탁법 제2조). • 이와 같이 공탁소라 함은 공탁관계법령상의 명칭이고 등기소와 같이 국가행정조직상(법원조직법상) 공탁소라는 명칭의 관서가 있는 것은 아니다.
기 능	공탁소란 본래 공탁절차의 주재자로서 공탁사무를 처리하는 동시에 한편으로는 공탁물 보관시설을 가지고 있어서 공탁물을 보관·관리하는 기능도 겸하는 기관으로 관념되나, 공탁소가 보관시설을 갖추고 공탁물을 보관·관리하는 것이 공탁소의 업무 측면에서 볼 때 기능적으로 부적절하므로 대법원장이 공탁물보관자를 별도로 지정하도록 하고 있다.
공탁물 보관자의 지정	• 대법원장은 법령에 따라 공탁하는 금전, 유가증권, 그 밖의 물품을 보관할 은행이나 창고업자를 지정한다. • 대법원장은 제1항에 따라 공탁금 보관은행을 지정할 때에는 공익성과 지역사회 기여도 등 해당 지역의 특수성이 반영될 수 있도록 해당 지방법원장의 의견을 듣고, 제15조에 따른 공탁금관리위원회의 심사를 거쳐야 한다. • 제1항에 따라 지정된 은행이나 창고업자는 그의 영업의 부류에 속하는 것으로서 보관할 수 있는 수량에 한정하여 보관하며 선량한 관리자의 주의로써 보관하여야 한다.

① 본래 의미의 공탁소에서 공탁절차의 주재자로서의 공탁사무처리기능과 공탁물보관자로서의 공탁물 보관관리기능이 분리되어 각각 다른 기관에 의하여 행하여지고 있는 것이다.
② 공탁물보관자는 공탁관의 지시·명령에 따라서 공탁물을 보관만 하는 단순한 물리적 보관자로서 이행보조자에 불과하다고 본다.

2. 공탁소의 종류

공탁소는 국가기관인 통상공탁기관과, 특별법규에 의해 대법원장이 정하는 은행 또는 신탁회사 등의 특별공탁기관으로 구별할 수 있다.

사례

甲(일본에 거주하는 재외국민)의 대리인 乙은 공탁금을 출급청구하기 위하여 위임장에 일본에서 발급된 인감증명서를 첨부하였다. 다만 위임장에는 일본 주재 대한민국 총영사의 직인은 날인되어 있으나 인증문언이 기재되어 있지 않았다. 이러한 위조된 첨부서면을 근거로 대리공탁관이 출급을 인가하였다.

1. 재외국민이 공탁금 지급청구를 함에 있어 위임장에 첨부할 인감증명서는 거주국이 발행한 인감증명서만 첨부하면 되는가?

2. 위조된 인감증명서에 의해 출급인가된 경우 진정한 공탁금 출급청구권자에 대해 책임을 지는 공탁관은 원공탁관인가 대리공탁관인가?

3. 진정한 공탁금 출급청구권자의 출급청구가 거부된 경우에 진정한 출급청구권자의 구제방법은?

(1) 통상공탁기관

① 공탁관

구 분	공탁관	대리공탁관
지 정	• 지방법원장이 소속 법원서기관 또는 법원사무관 중에서 지정한다(공탁법 제2조 본문). • 다만, 시군법원의 경우에는 소속 법원주사 또는 법원주사보 중에서 지정할 수 있다(공탁법 제2조 단서).	• 지방법원장(지원장)은 공탁관이 직무를 수행할 수 없는 경우에 대비하여 대리공탁관을 지정할 수 있다(공탁규칙 제55조 제1항). • 지방법원장이 공탁관 또는 대리공탁관을 지정한 때에는 공탁물보관자에 대하여 그 성명을 통고하고 그 인감을 제출하여야 한다(공탁규칙 제55조 제2항).
지 위	• 단독으로 공탁소를 구성하고 자기 이름 및 자기 책임으로 독립하여 공탁사무를 처리한다. • 소속 지방법원장의 감독하에 공탁사무를 처리하기는 하나, 그 감독은 내부적·일반적·행정적 감독에 불과하고 지방법원장(지원장)의 보조기관이 아니며, 단독제 국가기관으로서 자기 명의로 공탁당사자의 신청에 대하여 심사하여 수리·불수리 등 처분을 하고 그에 대하여 대외적 책임을 진다.	• 원공탁관의 대리인이 아니라 자기 명의로 공탁사무를 처리하는 독립한 공탁관이며, 원공탁관이 책임을 지는 것이 아니라 대리공탁관이 스스로 책임을 진다. • 공탁관은 지정된 공탁물보관자에게 공탁금과 공탁유가증권에 관한 계좌를 각 설치하여야 하며, 공탁금 등을 직접 납부받거나 보관할 수 없다(공탁규칙 제57조 제1항). 그러나 대리공탁관은 별도의 계좌를 설치하지 아니하고 원공탁관의 계좌를 이용한다(공탁규칙 제57조 제2항).

㉠ 심사권

심사방법	• 공탁당사자의 공탁신청이나 지급청구에 대하여 공탁서 또는 지급청구서 등과 첨부서면만에 의하여(그것이 절차상, 실체상 요건을 구비하고 있는지 여부를) 심사하는 형식적 심사주의에 의한다. • 공탁관은 공탁신청 또는 지급청구의 기초가 되는 실체적 법률관계의 존부나 제출된 서류내용의 진부에 대한 실질심사를 할 수 없기 때문에 이를 위한 증인신문·검증 등 증거조사를 할 수 없음은 물론 새로운 자료의 제출도 요구할 수는 없다.
심사대상	공탁신청 또는 지급청구의 절차적 요건뿐만 아니라 실체적 요건(공탁이 유효한가, 청구자가 실체상 청구권이 있는 자인가 등)에 관해서도 공탁서 또는 지급청구서와 첨부서면만에 의하여 심사를 할 수 있다.
심사범위	심사의 방법은 공탁서 또는 지급청구서 등과 그 첨부서면만에 의한 형식적인 방법으로 제한하되, 심사의 범위는 절차법적 요건은 물론 실체법적 요건도 함께 신청서 및 첨부서면의 범위 내에서 심사하여야 한다.

심사범위	공탁신청 시	공탁서 및 첨부서면의 기재 자체로 보아 공탁사유가 존재하지 않는 것이 분명한 경우, 채무의 부존재가 일견 명백한 경우에는 불수리
	지급청구 시	청구서 및 첨부서면의 기재내용으로 보아 인장위조 등이 외견상 명백하여 당해 청구자에게 실체상 지급청구권이 없음이 명백한 경우에는 불수리

ⓛ 책 임

㉮ 공탁관이 그 직무를 집행함에 있어 고의 또는 과실로 법령에 위반하여 타인에게 손해를 가하였을 때에는 국가가 그 손해를 배상하여야 한다(국배법 제2조 제1항 본문).

㉯ 이 경우에 만일 공탁관에게 고의 또는 중대한 과실이 있는 때에는 국가는 공탁관에 대하여 구상권을 행사할 수 있다(동법 제2조 제2항).

㉰ 물론 공탁관의 공탁사무처리와 관련된 책임은 위 심사권에 상응하는 범위에서만 인정된다.

근저당권설정등기 말소 서류의 교부를 반대급부로 한 변제공탁

저당채무의 변제와 근저당권설정등기의 말소를 동시이행하기로 하는 특약을 한 사실이 없음에도 근저당권으로 담보된 채무를 변제공탁함에 있어 근저당권설정등기의 말소에 소요될 서류 일체의 교부를 반대급부로 한 경우에 그 공탁은 효력이 없지만 공탁관으로서는 그러한 특약을 한 사실이 없음에도 특약이 있는 것으로 공탁신청이 있으면 그러한 특약의 유무에 대하여 심사할 권한이 없으므로 이를 수리할 수밖에 없다. 다만, 근저당권자는 특약이 없음을 이유로 변제공탁의 효력을 부인할 수 있다(공탁선례 제1-64호).

회수청구권이 압류 · 전부된 경우 회수청구에 대한 불수리처분(적법)

전부명령이 그 방식에 있어 적법한 이상 그 내용이 위법, 무효라 하더라도 그것이 발부되어 채무자와 제3채무자에게 송달되면 강제집행 종료의 효력을 가진다. 형식적 심사권밖에 없는 공탁관으로서는 그 전부명령의 유 · 무효를 심사할 수 없으므로, 공탁물회수청구권이 이미 압류 및 전부되었다는 이유로 공탁금회수청구를 불수리한 공탁관의 처분은 정당하고, 공탁물 회수청구채권에 대한 실질적 권리관계의 확정은 관계당사자 간의 문제로서 별도로 해결되어야 할 것이다(대결 1983.3.25. 82마733).

ⓒ 공무원의 과실

인 정	• 공탁자가 갑 · 을 중 누가 진정한 채권자인지를 확인할 수 있는 확정판결을 가진 자를 공탁금의 출급청구권자로 한다는 취지의 반대급부의 조건을 붙여 공탁을 하였음에도, 공탁관이 공탁법 제10조, 공탁규칙 제33조 등의 규정에 위배하여 위와 같은 확정판결에 해당하지 않는 가집행선고부 갑 승소의 판결을 첨부하였음에 불과한 갑에 대하여 공탁금의 출급인가를 하였다면 직무상의 중과실이 있다고 할 것이다(대판 1968.7.23. 68다1139).
	• 해방공탁금의 회수청구권에 대하여 압류 · 추심명령이 경합한 경우 공탁관이 집행법원에 사유신고를 하지 아니하고 공탁금출급청구를 한 압류채권자 1인에게 공탁금 전액을 지급하였다면 공탁관에게 과실이 있다(대판 2002.8.27. 2001다73107).
	• 재외국민의 위임장에 거주국 주재 대한민국 총영사의 직인은 날인되어 있으나 재외공관공증법 제25조 제1항에서 정하는 공증담당영사의 인증문언 등이 기재되어 있지 않은 점 등을 이유로 일본국 행정청 명의로 위조된 공탁금출급청구인의 인감증명서 등을 믿고 출급을 인가한 공탁관에게 직무집행상의 과실이 있다(대판 2002.11.22. 2002다49200).
부 정	법령의 해석이 복잡 미묘하여 어렵고 학설, 판례가 통일되지 않을 때에 공무원이 신중을 기해 그중 어느 한 설을 취하여 처리한 경우에는 그 해석이 결과적으로 위법한 것이었다 하더라도 국가배상법상 공무원의 과실을 인정할 수 없다(대판 1973.10.10. 72다2583).

② 공탁물보관자(공탁관의 보조자)

　　㉠ 대법원장은 법령에 따라 공탁하는 금전·유가증권·그 밖의 물품을 보관할 은행이나 창고업자를 지정한다. 이렇게 지정된 은행이나 창고업자는 그의 영업 부류에 속하는 것으로서 보관할 수 있는 수량에 한정하여 선량한 관리자의 주의의무로 보관할 의무를 부담한다.

　　㉡ 따라서 공탁물보관자가 선량한 관리자의 주의의무를 다하였다면 공탁물품의 변질 등에 대한 책임을 면할 수 있다(공탁법 제3조 제3항).

사례해설

1. **재외국민이 거주하는 나라가 발행한 인감증명서를 첨부하여 위임장에 거주국주재 한국 대사관이나 영사관의 확인을 반드시 받아야 한다**(행정예규 제1084호).

　　재외국민이 공탁금 지급청구권 행사를 대리인에게 위임하는 경우, 위임장에 찍힌 인영이 본인의 것임을 증명하기 위하여 본인의 인감증명(우리나라의 인감증명)을 제출하여야 한다. 다만, 재외국민이 거주하는 나라(외국)가 우리나라와 같이 인감증명제도가 있는 나라(예컨대 일본)인 경우에는 그 나라 관공서가 발행한 인감증명을 첨부할 수 있다. 재외국민이 거주국 관공서 발행의 인감증명을 첨부하는 경우에는 위임장에 거주국주재 한국 대사관이나 영사관의 확인을 반드시 받아야 한다.

2. **대리공탁관이 책임을 진다.**

　　대리공탁관은 원공탁관의 대리인이 아니라 자기 명의로 공탁사무를 처리하는 독립한 공탁관이며, 원공탁관이 아니라 대리공탁관이 스스로 책임을 진다.

3. **거부처분에 대한 이의신청을 제기할 것이지 민사소송절차에 의할 것은 아니다. 다만, 공탁금이 이미 지급된 이상 이의신청의 이익은 없다 할 것이다.**

　　제3자의 부정출급에 의해 공탁금이 지급된 경우라 할지라도 공탁금이 지급된 이상 공탁관계는 종료되므로 공탁관은 더 이상 어떠한 처분을 할 수 없다. 따라서 공탁관의 처분에 대해 손해배상책임을 묻는 것은 별론으로 하고 공탁관의 거부처분에 대해 민사소송으로 다툴 수 없다. 부정출급한 자를 상대로 부당이득반환을 청구하든가, 공탁관 또는 국가를 상대로 손해배상을 청구할 수도 있다.

(2) 특별공탁기관

법원 선정 공탁물 보관자	• 공탁소에 관하여 법률에 특별한 규정이 없으면 법원은 변제자의 청구에 의하여 공탁소를 지정하고 공탁물보관자를 선임하여야 한다(민법 제488조 제2항).[1] • 다만, 물품을 공탁하려고 하는데 대법원장에 의하여 지정된 공탁물보관자가 그러한 종류의 물품 보관을 취급하지 아니하거나 보관할 수 있는 수량을 초과하여 목적물의 보관능력이 없는 경우 등에는, 공탁자는 민법 제488조 제2항과 비송사건절차법 제53조의 규정에 따라 채무이행지를 관할하는 지방법원에 공탁물보관자의 선임 신청을 하여 그 지정을 받아 공탁할 수 있다(행정예규 제106호).
대법원장 지정 공탁기관	• 무기명식 사채권 소지인이 회사에 대하여 사채권자집회 소집청구권 또는 그 의결권을 행사하려면 그 채권을 공탁하여야 한다(상법 제491조 제4항, 제492조 제2항). • 공탁을 공탁관에게 하지 아니하는 경우에는 대법원장이 정하는 은행 또는 신탁회사에 하여야 한다(상법 부칙 제7조). 이와 같은 경우에 지정된 은행 또는 신탁회사가 특별공탁기관의 하나이다.
신탁업자	사채총액의 10분의 1 이상에 해당하는 사채권자 중 무기명식 채권을 가진 자는 그 채권을 신탁업자에게 공탁하여야만 신탁업자가 담보물 보관 상태를 검사할 수 있다(담보부사채신탁법 제84조 제2항).

---

1) 전국의 지방법원과 지원 및 시·군법원에 공탁관 및 공탁물보관자가 지정되어 있으므로 토지관할과 관련하여 채무이행지를 관할하는 공탁소가 없는 경우는 없고, 공탁관은 금전·유가증권·기타 물품을 공탁하는 경우의 공탁소가 되므로 민법 제488조 제2항에 따라 법원이 공탁소를 지정하는 경우는 현실적으로 없다.

Ⅱ 공탁소의 관할

사례

경기도 용인시에 사는 甲은 乙에 대한 채무를 변제하기 위하여 乙의 종전 주소지를 관할하는 공탁소에 변제공탁신청을 하였다.

1. 공탁관은 관할을 위반한 甲의 공탁신청에 대해 불수리하여야 하는가?

2. 만약 공탁관이 관할 위반을 이유로 공탁신청을 불수리하지 아니하고 수리하여 공탁이 이루어진 경우 甲의 乙에 대한 채무는 소멸하는가?

3. 甲은 공탁금을 회수할 수 있는지와 그 원인은 무엇인가?

4. 만약 乙이 이의를 유보하지 아니하고 공탁금을 수령한 경우에는 채무소멸의 효과를 주장할 수 있는가?

1. 직무관할

① 통상공탁기관인 공탁관은 공탁의 종류를 불문하고 일반적으로 직무상의 관할권을 갖는다.

② 예외적으로 시·군법원 공탁관은 시·군법원의 사건 증가에 따른 공탁업무 지연 및 시·군법원 공탁관의 전문성 부족으로 인한 업무처리 미숙 등의 이유로 시·군법원의 사건과 관련한 필요 최소한의 범위로 그 직무범위가 한정되어 있다(공탁규칙 제2조).

시·군 법원 공탁관의 직무범위(공탁규칙 제2조)

시·군법원 공탁관(供託官)의 직무범위는 해당 시·군법원의 사건과 관련된 다음 각 호의 업무에 한한다.

1. 변제공탁(辨濟供託)

   해당 시·군법원에 계속 중이거나 시·군법원에서 처리한 「소액사건심판법」의 적용을 받는 민사사건과 화해·독촉·조정사건에 대한 채무의 이행으로서 하는 「민법」 제487조, 제488조에 따른 변제공탁

2. 재판상 보증공탁(保證供託)

   가. 민사소송법 제117조 제1항에 따른 소송비용의 담보와 관련된 공탁

   나. 민사소송법 제213조에 따른 가집행선고와 관련된 공탁

   다. 민사소송법 제500조 제1항에 따른 재심(再審)이나 상소(上訴)의 추후보완신청으로 말미암은 집행정지(執行停止)와 관련된 공탁

   라. 민사소송법 제501조, 제500조 제1항에 따른 상소제기나 변경의 소제기로 말미암은 집행정지와 관련된 공탁

제1장

제2장

제3장

제4장

제5장

제6장

제7장

제8장

제9장

제10장

제11장

제12장

제13장

제14장

제15장

　　마. 민사집행법 제34조 제2항, 제16조 제2항에 따른 집행문부여 등에 관한 이의신청과 관련된 공탁
　　바. 민사집행법 제46조 제2항, 제44조에 따른 청구에 관한 이의의 소의 잠정처분(暫定處分)과 관련된 공탁
　　사. 민사집행법 제46조 제2항, 제45조에 따른 집행문부여에 대한 이의의 소의 잠정처분과 관련된 공탁
　　아. 민사집행법 제280조, 제301조에 따른 가압류·가처분명령과 관련된 공탁
　　자. 민사집행법 제286조 제5항, 제301조에 따른 가압류·가처분 이의에 대한 재판과 관련된 공탁
　　차. 민사집행법 제288조 제1항, 제307조에 따른 가압류(가처분) 취소와 관련된 공탁
　3. 집행공탁(執行供託)
　　민사집행법 제282조에 따른 가압류 해방금액(解放金額)의 공탁
　4. 몰취공탁(沒取供託)
　　민사소송법 제299조 제2항에 따른 소명(疏明)에 갈음하는 보증금의 공탁

2. 토지관할

① 전국의 공탁소 중 어느 공탁소에 공탁할 것인지가 공탁소의 토지관할의 문제이다.
② 공탁소의 토지관할에 대하여는 공탁법에서 일반적 규정을 두고 있지 않으므로 원칙적으로 공탁자는 임의대로 어느 공탁소에나 공탁할 수 있고, 공탁소도 직무관할의 범위 내에서 일체의 공탁에 관하여 관할권을 가지며 공탁사건과 토지와의 관계를 고려할 필요가 없다.
③ 그러나 개개의 공탁근거법령에서 공탁의 토지관할에 관한 특별규정을 두고 있는 경우에는 그에 따른 관할공탁소에 공탁하여야만 그 공탁이 유효하다.

변제공탁	• 변제공탁은 채무이행지의 공탁소에 하여야 하는데(민법 제488조 제1항), 이에 관하여 강행규정이 없으면 당사자의 특약에 의하고 그것이 없으면 관습이라든가 민법 제467조, 제586조, 제700조 등의 임의규정에 의하여 보완 결정된다. • 어음법상의 변제공탁은 약속어음 발행인의 영업소 또는 주소지 소재 공탁소에 할 수 있다. • 국내에 주소나 거소가 없는 외국인이나 재외국민을 위한 변제공탁은 지참채무의 경우에 다른 법령의 규정이나 당사자의 특약이 없는 한 서울중앙지방법원의 공탁관에게 공탁할 수 있다(공탁규칙 제66조). • 토지수용보상금 공탁의 경우 사업시행자는 수용대상이 된 토지 소재지의 공탁소에 공탁할 수 있다(행정예규 제1345호 제2조 제3항).	
담보공탁	법원의 담보제공명령에 의해 기존 또는 장래 피공탁자에게 발생할 손해배상채권을 담보하기 위한 공탁	
	재판상 담보공탁	담보제공명령을 발한 법원 소재지 공탁소에 공탁하는 것이 바람직하다(행정예규 제952호).
	영업 보증공탁	여신전문금융업법상의 보증공탁은 신용카드업자의 본점이나 주된 사무소 소재지의 공탁소
집행공탁	가압류해방공탁은 공탁서를 첨부하여 가압류집행취소를 신청하는 것과 관련하여 볼 때 집행법원에 공탁하는 것이 편리하다(공탁선례 제1-16호).	
	민사집행법 제248조에 의한 공탁도 사유신고와 관련하여 볼 때 먼저 송달된 압류명령을 발령한 집행법원의 소재지 공탁소에 공탁하는 것이 여러모로 편리하다(공탁선례 제1-55호).	
몰취공탁	상업등기규칙 제77조에 의한 몰취공탁은 상호를 가등기할 등기소를 관할하는 공탁소에 공탁함이 바람직하다.	
보관공탁	일반적 규정이 없으므로 무기명사채권을 공탁하고자 하는 사람은 시·군 법원 공탁소를 제외한 모든 공탁소에서 공탁이 가능하다.	

3. 관할위반의 효력

변제공탁	• 공탁서의 기재사항으로 보아 <u>채무이행지의 공탁소와 다름이 일견 명백</u>하면 공탁관은 그 신청을 부적법한 것으로 불수리할 수 있다. • 관할위반의 공탁은 비록 수리가 되었다 하더라도 원칙적으로 <u>무효인 공탁</u>이므로 공탁자는 <u>착오공탁을 이유로 공탁물을 회수할 수 있다.</u>[2] • 그러나 변제공탁의 토지관할은 피공탁자의 이익을 고려하여 정해진 것이므로 관할위반의 공탁이 절대적으로 무효인 것은 아니고 피공탁자가 공탁을 수락하거나 출급청구를 한 때에는 하자가 치유되어 당초부터 유효한 공탁이 된다. 따라서 이 경우 공탁자는 착오를 이유로 회수할 수 없다.
영업보증공탁	손해담보를 목적으로 이루어지는 본래의 기능 때문에 관할위반의 공탁이라 하더라도 유효로 본다.

4. 접수공탁소

관할공탁소 이외의 공탁소에서의 공탁사건처리 지침(행정예규 제1167호)에 관한 예규에 의해 금전변제공탁의 경우 관할공탁소가 아닌 공탁소에 접수를 할 수 있는 편의적 예규가 있다. 이는 변제공탁부분에서 자세히 살펴보기로 한다.

> **저작재산권자 불명인 저작물의 이용을 위하여 보상금을 공탁하는 경우 피공탁자를 특정해야 하는지 여부(소극) 및 관할 공탁소**
>
> 1. 저작권법은 저작물을 이용하려는 자가 '상당한 노력을 기울였어도 공표된 저작물의 저작재산권자나 그의 거소를 알 수 없는 경우에는 보상금을 공탁하고 이를 이용할 수 있다'고 규정하고, 공탁자가 저작재산권자를 알지 못함을 이유로 한국저작권위원회의 승인을 얻어 위 법령에 따른 공탁을 하는 경우에는 피공탁자를 특정할 필요가 없다.
> 2. 공탁자가 저작재산권자를 알지 못함을 이유로 한국저작권위원회의 승인을 얻어 위와 같은 공탁을 하는 경우에는 공탁자의 주소지 관할 공탁소에 공탁할 수 있다(공탁선례 제201609-1호).

사례해설

1. **불수리하여야 한다.**

공탁소의 토지관할에 대하여는 공탁법에서 일반적 규정을 두고 있지 않으므로 원칙적으로 공탁자는 임의대로 어느 공탁소에나 공탁할 수 있고, 공탁소도 직무관할의 범위 내에서 일체의 공탁에 관하여 관할권을 가지며 공탁사건과 토지와의 관계를 고려할 필요가 없다. 그러나 개개의 공탁근거법령에서 공탁의 토지관할에 관한 특별규정을 두고 있는 경우에는 그에 따른 관할공탁소에 공탁하여야만 그 공탁이 유효하다. 변제공탁의 경우에는 채무이행지 공탁소에 공탁하여야 한다(민법 제488조 제1항)고 규정하고 있고, 지참채무가 원칙이므로 채무이행지인 채권자의 현주소지 관할 공탁소에 공탁하여야 한다. 따라서 채권자의 현주소지가 아닌 종전 주소지에 한 공탁은 관할위반의 공탁이다. 공탁관은 형식적 심사권한을 가지고 있다. 즉 공탁신청서와 첨부서면만에 의하여 심사할 수 있는 바, 관할위반여부는 공탁서 및 첨부서면으로 판단할 수 있는 사항에 해당하므로 공탁관은 관할위반의 공탁신청이 있는 경우에는 불수리하여야 한다.

---

2) 착오를 이유로 회수청구할 수 있는 경우 : 당사자 적격을 그르친 경우, 관할위반의 경우, 이중공탁의 경우, 납입기일이 지난 후에 공탁한 경우, 공탁원인 없에도 공탁한 경우 등

2. 채무소멸의 효력을 주장할 수 없다.

관할위반의 공탁은 비록 수리가 되었다 하더라도 원칙적으로 무효인 착오공탁이므로 공탁의 효과인 채무소멸의 효력을 주장할 수 없다.

3. 착오를 이유로 회수할 수 있다.

무효인 공탁의 경우에는 착오를 이유로 회수할 수 있다. 착오를 이유로 회수청구할 수 있는 경우는, 당사자 적격을 그르친 경우, 관할위반의 경우, 이중공탁의 경우, 납입기일이 지난 후에 공탁한 경우, 공탁원인 없음에도 공탁한 경우 등이 있다.

4. 채무소멸의 효력을 주장할 수 있다.

변제공탁의 토지관할은 피공탁자의 이익을 고려하여 정해진 것이므로 관할위반의 공탁이 절대적으로 무효인 것은 아니고 피공탁자가 공탁을 수락하거나 출급청구를 한 때에는 하자가 치유되어 당초부터 유효한 공탁이 된다.

정리 #1	변제공탁의 관할
원 칙	변제공탁은 채무이행지의 공탁소에 하여야 한다(민법 제488조 제1항). • 채무이행지의 의미 – 특정물인도채무는 채권성립 당시에 물건이 있던 장소 – 지참채무는 채권자의 현주소지 – 추심채무는 채무자의 주소지 • 채권자가 수인인 경우 – 가분채권 : 각 채권자 별로 각 해당공탁소에 공탁 – 불가분채권·상대적 불확지공탁 : 채권자 중 1인의 주소지 • 미성년자가 피공탁자인 경우 : 관할은 미성년자를 기준
토지수용보상금 특칙	채무이행지 또는 토지소재지(토지보상법 제40조 제2항)
외국인 재외국민 관련 토지관할	• 외국에 주소 가진 자가 국내에서 이행하기로 약정 시 : 그 채무이행지 공탁소 • 국내에 주소나 거소가 없는 경우 변제공탁(지참채무) : 대법원소재지 공탁소
시·군법원의 공탁 관련 직무관할	• 해당 시·군법원에 계속 중이거나 시·군법원에서 처리한 소액사건심판법의 적용을 받는 민사사건과 화해·독촉 및 조정사건에 대한 채무의 이행으로서 하는 민법 제487조, 제488조의 규정에 의한 변제공탁 • 시·군법원의 직무관할이 아닌 경우 – 접수공탁소 – 토지수용보상금공탁 – 보관공탁 – 상호가등기공탁(몰취공탁 중)

I 공탁물의 종류

공탁은 공탁물의 종류에 따라 금전공탁, 유가증권공탁, 물품공탁으로 분류할 수 있다.

금 전	• 법률에 의하여 강제통용력이 부여된 우리나라의 통화에 한한다. • 외국의 통화는 금전공탁이 아닌 물품공탁의 목적물이 된다. • 은행 발행의 자기앞수표를 납입하는 것은 수표 그 자체가 공탁물이 아니라 그 수표가 통화로 교환된 금전이 공탁물이 되는 것이다.
유가증권	• 유가증권이란 사법상의 재산권을 표창하는 증권으로서 증권상에 기재된 권리의 행사·이전 등에 있어서 증권의 소지 또는 교부를 필요로 하는 것을 말한다. • 약속어음, 환어음, 수표, 선하증권, 지가증권, 징발보상증권, 재정증권, 통화안정증권 등이 유가증권의 예이다. • 무기명식 또는 소지인 출급식 정기예금증서와 양도성예금증서도 권리의 이전 및 행사에 증서의 소지를 요하는 점에서 유가증권으로 보아야 한다(대판 2000.3.10. 98다29735). • 그러나 은행권인 지폐, 수입인지, 우표, 증거증권(차용증서), 면책증권(은행예금증서 등)은 사법상의 권리를 표창하는 것이 아니거나 권리가 화체된 것이 아니므로 유가증권이 아니다. • 기명식 유가증권을 공탁하는 경우에는 공탁물을 수령하는 자가 즉시로 권리를 취득할 수 있도록 배서를 하거나 양도증서를 첨부하여야 한다.
물 품	물품공탁의 목적물인 물품이란 인간이 지배할 수 있는 유체물로서 금전공탁의 목적물인 금전과 유가증권공탁의 목적물인 유가증권을 제외한 것을 말한다.

II 공탁의 종류에 따른 공탁물

1. 공탁의 종류와 공탁물

	원 칙	채무의 내용에 따라, 금전·유가증권·기타의 물품
변제공탁	자조매각금	채무의 목적물이 공탁에 적당하지 않은 경우 그 물건을 경매하거나 시가로 방매하여 대금을 공탁하는 금액
	손실보상금	• 원칙 : 현금보상 • 예외 : 일정한 경우에 당해 사업자가 발행하는 채권(債券)으로 지급
	부동산	선례는 "공탁에 부적당하다"고 하여 부정
담보공탁	재판상 담보	금전 또는 법원이 인정하는 유가증권이지만(민사소송법 제122조), 유가증권은 환가가 용이하지 않거나 시세의 변동이 심하여 안정성이 없는 것(예 담보제공자 발행의 유가증권)은 적당하지 않음
	납세담보	금전 또는 유가증권 / 공탁할 수 있는 유가증권은 국채, 지방채, 세무서장이 확실하다고 인정하는 유가증권
	영업보증	각 영업보증공탁의 근거법령에 의하여 정해짐
집행공탁		제3채무자의 채무액 등 금전이 원칙
보관공탁		보관공탁에 있어서의 공탁물은 무기명식 사채권 등으로 구체적으로 법정되어 있음
몰취공탁		• 소명에 갈음하는 몰취공탁 : 원칙적으로 금전이나, 법원이 인정하는 유가증권도 공탁물이 될 수 있음 • 상호가등기를 위한 몰취공탁 : 금전만이 허용될 뿐 지급보증위탁계약체결문서를 제출할 수는 없음(행정예규 제1014호)

2. 금전공탁만이 가능한 경우

① 상호가등기 몰취공탁
② 가압류해방금공탁
③ 집행공탁

제6절 | 공탁당사자

I 총설

사례

[사례 1]

甲은 A에 대하여 금 1억원의 채권을 가지고 있다. 甲은 돈이 필요하여 A에 대한 채권을 乙에게 2010.2.3. 양도하였고 2010.2.5. 확정일자부 채권양도 통지가 채무자에게 도달하였다. 다시 甲은 이러한 사정을 모르는 丙에게 이중으로 채권을 양도하였고 이에 대한 채권양도통지는 2010.2.8. 채무자에게 도달하였다. 한편 채무자 A는 乙에게 변제를 한다는 생각에 착각하여 丙을 피공탁자로 하는 변제공탁을 하였고, 이에 乙은 자신이 진정한 채권자라고 하며, 丙을 상대로 하여 공탁금 출급청구권 확인의 소를 제기하여 승소확정판결을 얻었다.

1. 乙은 이러한 판결정본을 첨부하여 공탁금을 직접 출급청구할 수 있는가?

2. 乙은 어떠한 방법을 통하여 자신의 권리를 행사할 수 있는가?

[사례 2]

채무자가 확정판결에 따라 甲과 乙을 피공탁자(지분 각 1/2)로 하여 판결에서 지급을 명한 금액을 변제공탁한 경우

1. 甲은 자기의 지분을 초과하는 부분에 대하여 출급청구권확인판결을 구할 수 있는가?

2. 만약 甲이 자기의 지분을 초과하는 지분에 대하여 출급청구권확인판결을 받은 경우 甲은 직접 출급청구할 수 있는가?

1. 의의

(1) 공탁당사자

① 공탁에 있어서 공탁당사자는 공탁자와 피공탁자를 의미한다.
② 공탁당사자는 공탁신청 시에 제출된 공탁서의 기재에 의해 형식적으로 결정되므로 실체법상의 채권자·채무자와는 별개의 개념이다.
③ 자기의 이름으로 공탁을 신청하는 자를 공탁자, 공탁자에 의해 공탁물을 수령할 자로 지정된 자를 피공탁자라고 한다.

(2) 공탁자·피공탁자의 확정

공탁자	공탁 시부터 특정되므로 공탁자가 존재하지 않는 경우란 있을 수 없음
피공탁자	• 공탁 당시에 구체적으로 확정되는 경우 → 변제공탁의 채권자, 재판상 담보공탁의 담보권리자 • 공탁 당시에는 관념적으로만 존재하다가 사후적으로 확정되는 경우 → 영업보증공탁, 민사집행법 제248조에 의한 집행공탁(압류된 금액) • 원시적으로 피공탁자가 부존재 → 보관공탁, 가압류해방공탁

• 대리인에 의해 공탁이 이루어진 경우 → 본인이 공탁자
• 제3자가 채무자에 갈음하여 공탁한 경우 → 제3자가 공탁자

> **해산 및 청산종결 간주된 휴면회사의 대표자**
> 공탁제도는 공탁공무원의 형식적 심사권, 공탁 사무의 기계적, 형식적인 처리를 전제로 하여 운영되는 것이어서 피공탁자가 특정되어야 함이 원칙이고, 또한 피공탁자가 특정되었다고 하려면 피공탁자의 동일성에 대하여 공탁공무원의 판단이 개입할 여지가 없고 그 공탁통지서의 송달에 지장이 없는 정도에 이르러야 한다(대판 1994.5.27. 94다7607).

2. 공탁당사자능력

(1) 개 설

① 공탁당사자능력이라 함은 민법상의 권리능력이나 소송절차상의 소송당사자능력에 대응하는 개념으로 공탁절차에 있어서 공탁자·피공탁자가 될 수 있는 일반적인 능력을 의미한다.

② 공탁법은 공탁당사자능력에 관한 일반적인 규정을 두고 있지 않으므로 민법 기타 법령의 규정에 따라 사법상의 권리능력자인 자연인 및 법인은 물론 대표자 또는 관리인을 정한 권리능력 없는 사단[3]이나 재단의 경우에도 공탁당사자능력을 인정하고 있다(공탁규칙 제20조 제2항, 제21조 제1항).

(2) 청산종결등기가 경료된 청산회사

> **농업기반공사가 농지 전용 허가취소에 따른 농지조성비 환급금 및 가산금을 청산종결등기가 경료된 청산회사에 지급하고자 하는 경우 피공탁자**
> 어떤 권리관계가 남아 있는 때에는 그 범위 내에서는 아직 완전히 소멸하지 아니하므로 농업기반공사는 청산회사의 청산인에게 변제의 제공을 하고 그에게 수령거절 등의 공탁사유가 생기면 그것을 원인으로 하여 공탁할 수 있는 것이다(공탁선례 제1-34호).

> **해산 및 청산종결 간주된 휴면회사의 대표자**
> 상법 제520조의2의 규정에 의하여 주식회사가 해산되고 그 청산이 종결된 것으로 보게 되는 회사라도 어떤 권리관계가 남아 있어 현실적으로 정리할 필요가 있으면 그 범위 내에서는 아직 완전히 소멸하지 아니하고, 이러한 경우 그 회사의 해산 당시의 이사는 정관에 다른 규정이 있거나 주주총회에서 따로 청산인을 선임하지 아니한 경우에 당연히 청산인이 되고, 그러한 청산인이 없는 때에는 이해관계인의 청구에 의하여 법원이 선임한 자가 청산인이 되므로, 이러한 청산인만이 청산중인 회사의 청산사무를 집행하고 대표하는 기관이 된다(대판 1994.5.27. 94다7607).

---

3) 권리능력 없는 사단의 예로는 종중, 교회, 아파트입주자대표회의 등을 들 수 있다.

(3) 해산간주된 회사

> **「상법」 제520조의2 제1항의 규정에 의하여 해산간주된 회사를 피공탁자로 하여 변제공탁할 수 있는지 여부**
>
> 상법 규정에 의하여 해산간주된 회사는 법인격이 소멸된 것이 아니므로 변제공탁의 피공탁자가 될 수 있다. 위와 같이 해산간주된 회사의 법인등기부상 대표자가 없다고 하더라도, 피공탁자가 법인인 경우 그 대표자의 성명, 주소는 공탁서상의 기재사항이 아닐 뿐만 아니라 대표권이 있음을 증명하는 서면도 공탁신청 시 첨부서면이 아니므로 피공탁자인 법인의 명칭과 주사무소만 기재하여 공탁할 수 있다(공탁선례 제2-18호).

(4) 사망한 자

① 토지수용법 등에 의한 토지수용의 경우 기업자가 과실 없이 진정한 토지소유자를 알지 못하여 등기부상 소유명의인을 토지소유자로 보고 그를 피수용자로 하여 수용절차를 마쳤다면 그 수용재결의 상대방인 토지소유자가 사망자라 하더라도 그 수용재결의 효력에는 영향이 없는 것이며, 또한 사망한 등기부상 소유명의인을 피공탁자로 하여 보상금을 공탁하였다면 그 공탁은 상속인들에 대한 공탁으로서 유효하다.

② 따라서 피공탁자의 상속인들은 상속을 증명하는 서면을 첨부하여 직접 공탁금을 출급청구할 수 있다. 그러나 이러한 경우에도 상속인들은 각자 자기의 지분에 해당하는 공탁금만을 출급청구할 수 있을 뿐이고, 공탁금수령의 권한을 위임하지 않는 한 상속인들 중 대표자로 하여금 공탁금 전부를 출급청구하게 할 수는 없는 것이다(공탁선례 제1-135호).

> **사망자를 상대로 한 토지수용 재결처분의 효력(유효)**
>
> 기업자의 과실로 인하여 토지소유자나 관계인을 알지 못하여 그들로 하여금 참가케 하지 아니하고 수용재결을 하여 그 절차가 위법이라 하여도 그것이 그 사유만 가지고는 당연무효라고 할 수 없으므로 수용재결의 상대방인 토지소유자가 사망자라는 이유만으로는 그 수용재결이 당연무효라고 할 수 없다(대판 1971.5.24. 70다1459).

3. 공탁행위능력

개 념	• 공탁행위능력이라 함은 민법상의 행위능력에 대응하는 개념으로 공탁당사자가 공탁절차에서 단독으로 유효한 법률행위를 할 수 있는 능력을 의미한다. • 공탁행위능력에 관하여는 공탁법상 특별한 규정이 없으므로 민법 기타 법령의 규정에 따르며, 민법상의 행위능력자는 공탁행위능력을 갖는다고 보아야 할 것이다.
요 부	• 공탁신청행위와 같은 능동적 법률행위(공탁자)를 함에 있어서만 공탁행위능력을 요한다. • 피공탁자는 공탁자에 의해 지정되는 수동적 당사자일 뿐 스스로 법률행위를 하는 것이 아니므로 행위능력을 요하지 아니한다. • 물론 피공탁자로 지정된 자가 나중에 해당 공탁물의 출급을 하는 경우(출급·회수청구권자)에는 당연히 공탁행위능력이 요구된다.
관할 기준	피공탁자인 제한능력자의 주소와 그 법정대리인의 주소가 다른 경우에 공탁소의 관할은 공탁당사자를 기준으로 하여야 할 것이므로 법정대리인이 아닌 제한능력자인 피공탁자의 주소지를 관할공탁소로 봄이 타당하다.

4. 공탁당사자적격

개 념	특정 공탁사건에 있어서 정당한 당사자로서 공탁절차를 수행하기 위하여 필요한 자격을 의미한다.
제3자	• 공탁당사자가 아닌 제3자가 피공탁자를 상대로 하여 공탁물수령권 확인의 소를 제기하여 그 확인판결을 받았다 하더라도 그 제3자는 공탁당사자적격이 없으므로 직접 출급청구를 할 수 없다(대결 1993.12.15. 93마1470). • 이 경우 제3자의 권리구제 방안은 피공탁자로부터 공탁물출급청구권을 양도받거나, 자발적으로 양도해 주지 않으면 피공탁자를 상대로 공탁물출급청구권의 양도의사를 표시하고 채무자인 국가(소관 공탁관)에게 이를 통지하라는 내용의 판결4)을 받아 출급청구를 하면 될 것이다.

> **자기지분을 초과하는 지분에 대한 공탁금 출급청구권의 확인(소극)**
>
> [1] 변제공탁의 공탁물출급청구권자는 피공탁자 또는 그 승계인이고 피공탁자는 공탁서의 기재에 의하여 형식적으로 결정되므로, 실체법상의 채권자라고 하더라도 피공탁자로 지정되어 있지 않으면 공탁물출급청구권을 행사할 수 없다. 따라서 피공탁자 아닌 제3자가 피공탁자를 상대로 하여 공탁물출급청구권 확인판결을 받았더라도 그 확인판결을 받은 제3자가 직접 공탁물출급청구를 할 수는 없고, 수인을 공탁금에 대하여 균등한 지분을 갖는 피공탁자로 하여 공탁한 경우 피공탁자 각자는 공탁서의 기재에 따른 지분에 해당하는 공탁금을 출급청구할 수 있을 뿐이며, 비록 피공탁자들 내부의 실질적인 지분비율이 공탁서상의 지분비율과 다르다고 하더라도 이는 피공탁자 내부 간에 별도로 해결해야 할 문제이다.
>
> [2] 채무자가 확정판결에 따라 갑과 을을 피공탁자(지분 각 1/2)로 하여 판결에서 지급을 명한 금액을 변제공탁한 경우, 갑과 을은 각자 위 공탁금의 1/2 지분에 해당하는 공탁금을 출급청구할 수 있을 뿐이고, 각자의 지분을 초과하는 지분에 대하여는 갑과 을이 피공탁자로 지정되어 있지 않으므로 초과지분5)에 대하여 상대방을 상대로 공탁금 출급청구권의 확인을 청구할 수 없다(대판 2006.8.25. 2005다67476).

Ⅱ 공탁의 종류에 따른 공탁당사자

1. 변제공탁

(1) 공탁자

채무자	변제공탁은 채무자 본인이 공탁자가 되는 것이 원칙이다.
제3자	• 채무의 성질 또는 당사자의 의사표시로 제3자의 변제를 허용하지 아니하는 때에는 제3자는 변제공탁할 수 없다(민법 제469조 제1항). • 이해관계 있는 제3자는 채무자의 의사에 반하여서도 변제공탁할 수 있다(예 물상보증인, 담보부동산의 제3취득자, 연대채무자, 보증인 등). • 이해관계 없는 제3자6)는 채무자의 의사에 반하여 변제공탁하지 못한다(민법 제469조 제2항).

---

4) 물론 판결을 제시하여야 의사표시가 도달되어 그 의사표시의 내용(양도 및 통지)의 효과가 발생할 것이다.

5) 초과지분에 대하여는 제3자에 해당한다.

6) 제3자에 의한 변제공탁의 경우에는 제3자가 이해관계가 있는 때에는 이해관계의 내용을 구체적으로 기재한 다음 제3자로서 채무자에 갈음하여 공탁한다고 기재하고, 이해관계가 없는 때에는 채무자의 동의를 얻어 제3자로서 채무자에 갈음하여 공탁한다고 기재한다.

(2) 피공탁자

채권자	• 채권자의 수령불능(수령거절)을 원인으로 한 피공탁자는 채권자이다. • 채무자의 과실 없이 "갑 또는 을" 중 누가 진정한 채권자인지 알 수 없음을 원인으로 한 상대적 불확지 변제공탁의 피공탁자는 "갑 또는 을"이다. • 채권자가 누구인지 전혀 알 수 없는 절대적 불확지의 공탁은 원칙적으로 허용되지 아니한다. • 절대적 불확지공탁이 인정되는 토지수용금 공탁의 경우 피공탁자는 피공탁자를 지정하는 공탁서 정정절차를 거쳐 사후적으로 정해진다.
임금채권의 양도인	임금채권양도는 허용된다 할지라도 사용자가 양수인에게 임금을 지급하는 것은 역시 근로기준법 제36조 위반으로 해석하고 있으므로 임금채권의 변제공탁에 있어서는 임금채권의 양도가 있더라도 근로자(양도인)를 피공탁자로 하여야 할 것이다(대판 1988.12.13. 87다카2803).

2. 담보공탁

(1) 공탁자

법령상 담보제공의 의무를 지는 자	
재판상 담보공탁	재판상 담보공탁은 담보제공명령을 받은 당사자가 공탁자가 되는 것이 원칙이지만 제3자도 담보제공명령을 받은 자를 대신하여 공탁할 수 있다. 이 경우 공탁자(제3자)는 공탁서의 공탁자란에 자신의 성명 및 주소를, 비고란에는 제3자로서 공탁한다는 취지를 기재하면 되며 상대방(피공탁자)의 동의는 요하지 않는다(공탁선례 제1-210호).
영업 보증공탁	근거법령에 공탁자가 정해져 있는바, 제3자에 의한 공탁은 허용되지 않는다고 본다.
납세 담보공탁	국세나 지방세의 징수유예, 연납 등의 허가를 구하려는 납세의무자 또는 납세의무자를 위하여 담보를 제공하는 제3자가 공탁자가 될 것이다.

(2) 피공탁자

법정담보권을 취득할 자	
재판상 담보공탁	피공탁자의 손해배상채권을 담보하기 위한 공탁으로서 공탁신청 당시에 담보권리자가 될 자가 특정되어 있으므로 공탁서에 그 담보권리자를 피공탁자로 기재한다.
영업 보증공탁	공탁신청 당시에는 누가 영업거래 등으로 인한 손해배상채권자(담보권리자)가 될지 알 수 없으므로 피공탁자가 미확정이어서 영업보증공탁의 공탁서에는 피공탁자란을 두지 않는다.
납세 담보공탁	국가·지방자치단체 등 과세관청이 될 것이다.

3. 집행공탁

(1) 공탁자

① 제3채무자·가압류채무자

제3채무자	• 민사집행법 제248조에 의한 집행공탁(압류원인) • 민사집행법 제291조에 의한 집행공탁(가압류원인)
가압류채무자	민사집행법 제282조에 의한 가압류해방공탁

② 제3자 공탁 가부

    ㉠ 집행절차에 부수해서 행해지는 집행공탁의 성질상 제3자는 공탁자에 갈음하여 공탁할 수 없다(공탁선례 제1-215호).

    ㉡ 채무자 아닌 제3자[7]가 해방공탁금을 공탁할 수 있느냐에 관하여는 나중에 채권자가 채무자에 대한 집행권원을 받아도 그 해방금액에 대한 집행을 할 근거가 없게 되므로 <u>부정하여야 한다</u>.

(2) 피공탁자

① **집행채권자(압류채권자)** : 판례는 "집행공탁에 있어서는 공탁 당시에 기업자(공탁자)가 특정 채권자를 피공탁자에 포함시켜 공탁하였다 하더라도 그 <u>피공탁자의 기재는 법원을 구속하는 효력이 없다</u>."라고 판시하고 있다(대판 1999.5.14. 98다62688).[8]

② **집행채무자(압류·가압류채무자)**

압류채무자	금전채권의 일부에 대한 압류를 원인으로 제3채무자가 압류에 관련된 금전채권액 전액을 공탁하는 경우
가압류채무자	가압류를 원인으로 제3채무자가 공탁하는 경우
피공탁자 기재 ×	가압류해방공탁(피공탁자는 원시적 부존재)

4. 보관공탁

① 보관공탁은 주로 무기명식채권 소지인의 권리행사요건으로 행하여지는 공탁이므로 공탁자는 근거법령에 규정된 무기명식채권 소지인 등이다.

② 보관공탁의 성질상 제3자가 무기명식채권 소지인 등에 갈음하여 공탁하는 것은 <u>불가능하다</u>.

③ 채권의 만족이라고 하는 기능을 갖지 아니하므로 피공탁자는 원시적으로 존재하지 않는다.

5. 몰취공탁

① 몰취공탁의 공탁자는 소송당사자나 법정대리인(민사소송법 제299조 제2항) 또는 등기신청인(상업등기법 제41조) 등으로 법정되어 있다.

② 몰취공탁은 국가에 대하여 자기의 주장이 허위인 때 또는 약정기한 내 등기절차의 불이행을 한 때에는 몰취의 제재를 당하여도 감수한다는 취지의 것이므로 그 성질상 제3자에 의한 공탁이 허용되지 않는다.

③ 몰취공탁의 피공탁자는 국가이다.

---

7) 가압류된 부동산을 취득한 자는 변제에 이해관계 있는 제3자에 해당하므로 변제공탁의 사유가 있는 경우에 변제공탁한 후 사정변경을 이유로 가압류취소결정을 받아 가압류집행취소신청을 하여 가압류를 풀 수 있을 것이다.

8) 집행채권자를 피공탁자로 기재하는 경우는 없다.

Ⅲ 이해관계인

1. 이해관계인의 승낙서(공탁규칙 제33조 제1호 나목)

① 변제공탁물의 출급청구시 첨부서류 중 하나인 공탁통지서를 첨부하지 못하는 때에는 그 대신 이해관계인의 승낙서를 첨부할 수 있다.

② 여기서 이해관계인은 피공탁자의 출급청구에 대하여 직접 이해관계를 갖는 공탁자를 의미한다.

2. 이해관계인의 승낙서(공탁규칙 제34조 제1호 나목)

① 공탁물의 회수청구시 첨부서류 중 하나인 공탁서를 첨부하지 못하는 때에도 그 대신 이해관계인의 승낙서를 첨부할 수 있다.

② 여기서 이해관계인은 공탁자의 회수청구에 대하여 직접 이해관계를 갖는 피공탁자를 의미한다.

3. 이해관계인의 공탁관계서류 열람 및 사실증명서의 교부청구

① 당사자 및 이해관계인은 공탁관에게 공탁관계서류의 열람 및 사실증명서의 교부청구를 할 수 있다.

② 공탁관계서류의 열람이나 사실증명의 교부 청구를 할 수 있는 공탁당사자 이외의 이해관계를 가진 자는 법률상 이해관계인에 한하므로, 당해 공탁기록에 나타난 압류채권자, 양수인 등의 특정승계인, 상속인 등의 일반승계인을 의미하고 공탁물지급청구권에 대하여 가압류나 압류하려고 하는 자는 이해관계인이 아니다.

Ⅳ 대리인

1. 법정대리인

① 제한능력자인 미성년자, 피한정후견인, 피성년후견인은 원칙적으로 단독으로 유효한 공탁행위를 할 수 없으므로 법정대리인의 동의를 얻거나(피성년후견인은 법정대리인의 대리만 가능) 법정대리인의 대리에 의해서만 유효한 공탁행위를 할 수 있다.

② 이 경우 법정대리인은 그 대리권을 증명하는 서면으로 가족관계증명서 등을 첨부하여야 한다(공탁규칙 제21조 제2항, 제38조 제1항).

2. 임의대리인

① 행위능력자라도 본인이 직접 공탁신청 또는 공탁물지급청구 등의 공탁행위를 할 수 없는 사정이 있는 경우에는 타인으로 하여금 공탁행위를 대리시킬 수 있다.

② 이때 타인을 임의대리인이라고 하며 대리권증명서면으로 위임장을 첨부하여야 한다(공탁규칙 제21조 제2항, 제38조 제1항).

[사례 1]

1. **乙은 공탁금을 직접 출급청구할 수 없다.**

   변제공탁의 공탁물출급청구권자는 피공탁자 또는 그 승계인이고 피공탁자는 공탁서의 기재에 의하여 형식적으로 결정되므로, 실체법상의 채권자라고 하더라도 피공탁자로 지정되어 있지 않으면 공탁물출급청구권을 행사할 수 없다. 따라서 피공탁자 아닌 제3자가 피공탁자를 상대로 하여 공탁물출급청구권 확인판결을 받았더라도 그 확인판결을 받은 제3자가 직접 공탁물출급청구를 할 수는 없다.

2. **피공탁자로부터 공탁물출급청구권을 양도받거나, 자발적으로 양도해 주지 않으면 피공탁자를 상대로 공탁물출급청구권의 양도의사를 표시하고 채무자인 국가(소관 공탁관)에게 이를 통지하라는 내용의 판결을 받아 출급청구를 하면 될 것이다.**

   피공탁자가 출급청구권을 처분할 염려가 있는 때에는 출급청구권 추심 및 처분금지가처분을 하면 될 것이다.

[사례 2]

1. **甲은 출급청구권확인판결을 구할 수 없다.**

   이러한 확인판결은 분쟁해결에 유효적절한 수단이 아니므로 확인의 이익이 없어 부적법하다.

2. **甲은 직접 출급청구할 수 없다.**

   甲이 출급청구권확인판결을 받았다 할지라도 자기지분을 초과하는 지분에 대하여는 갑이 피공탁자로 지정되어 있지 않으므로 초과지분에 대하여는 제3자에 해당하므로 직접 출급청구할 수는 없고 乙로부터 출급청구권을 양도받아야 한다.

정리 #2	피공탁자 기재 및 제3자공탁 가부	
피공탁자 기재 ✕	나중에 확정	압류된 금액만 공탁(집행공탁) 영업보증공탁
	원시적 부존재	가압류해방공탁 · 보관공탁
제3자공탁 가능		변제공탁 · 재판상담보공탁 · 납세담보공탁

01 총론

01 공탁소(공탁기관)에 관한 다음 설명 중 가장 옳지 않은 것은? 2022년

① 지방법원장이나 지원장이 지정한 대리공탁관은 원공탁관의 대리인이 아니라 대직기간 동안 자기 명의로 공탁사무를 처리하는 독립한 공탁관이며, 그가 처리한 공탁사무에 대하여 원공탁관이 책임을 지는 것이 아니라 스스로 책임을 진다.

② 공탁관의 심사권과 관련하여, 심사의 방법은 법정서면인 공탁서 또는 지급청구서 등과 그 첨부서면만에 의한 형식적인 방법으로 제한하되, 심사의 범위에 대해서는 절차법적 요건은 물론 실체법적 요건도 함께 신청서 및 첨부서면의 범위 내에서 심사하여야 한다.

③ 공탁물 보관자는 오랫동안 보관된 공탁물품이 그 본래의 기능을 다하지 못하게 되는 등의 특별한 사정이 있으면 공탁물(금전, 유가증권 제외)을 수령할 자에게 30일 이상의 기간을 정하여 수령을 최고한 후 이에 응하지 아니하는 경우 법원의 허가를 얻어 공탁물품을 유치권 등에 의한 경매절차에 따라 매각할 수 있고, 그 매각대금 전액을 물품공탁 법원에 공탁하여야 하며, 매각허가 신청비용, 매각비용 및 공탁물 보관비용에 대해서는 공탁 이후 별도로 출급청구하여야 한다.

④ 무기명식 사채권 소지인이 사채권자집회에서 의결권을 행사하기 위하여 그 채권(債券)을 공탁하는 경우에는, 시·군법원 공탁소를 제외한 모든 공탁소에서 공탁이 가능하며, 공탁관에게 공탁을 하지 아니하는 경우에는 대법원장에게 공탁기관의 지정을 구하여 그 지정된 은행 또는 신탁회사에 공탁할 수도 있다.

⑤ 변제공탁은 채무의 내용에 따른 것이어야 하므로 토지관할 없는 공탁소에 한 변제공탁은 설사 수리되었더라도 원칙적으로 무효이고 공탁자는 착오에 의한 공탁으로 회수할 수 있지만, 피공탁자가 공탁을 수락하거나 공탁물의 출급을 받은 때에는 그 흠결이 치유되어 그 공탁은 처음부터 유효한 공탁이 된다.

[**❶** ▸ ○] 지방법원장이나 지원장은 공탁관이 직무를 수행할 수 없는 경우에 대비하여 대리공탁관을 지정할 수 있다(공탁규칙 제55조 제1항). 대리공탁관은 원공탁관의 대리인이 아니라 대직기간 동안 자기 명의로 공탁사무를 처리하는 독립한 공탁관이며, 그가 처리한 공탁사무에 대하여 원공탁관이 책임을 지는 것이 아니라 스스로 책임을 진다.

[**❷** ▸ ○] 공탁관이 공탁신청서류를 접수한 때는 상당한 사유가 없는 한 지체 없이 모든 사항을 조사하여 신속하게 처리하여야 한다(공탁규칙 제25조). 즉, 공탁관은 공탁당사자의 공탁신청에 대하여 그것이 절차상·실체상 일체의 법률적 요건을 구비하고 있는가의 여부를 심사하여 공탁신청을 수리 또는 불수리결정을 하여야 하며, 그 심사방법은 공탁법규가 규정하는 공탁서와 첨부서면만에 의하여 심사하는 형식적 심사주의에 의한다. … 그러나 심사의 범위에 관하여는 특별한 제한 규정이 없고, 공탁을 하려는 사람은 공탁서에 공탁금액 이외에 공탁원인사실과 공탁을 하게 된 관계법령의 조항 등을 기재하고 소정의 첨부서면을 제출하도록 되어 있는 점 등을 감안하면 공탁관은 공탁신청의 절차적 요건뿐만 아니라 해당 공탁이 유효한가 하는 실체적 요건에 관해서도 공탁서와 첨부서면만에 의하여 심사할 수 있다고 하겠다.

[**❸** ▸ ✕] 공탁법 제11조, 행정예규 제937호 제3조·제5조·제7조 제1항

> **공탁법 제11조(물품공탁의 처리)**
> 공탁물 보관자는 오랫동안 보관하여 공탁된 물품이 그 본래의 기능을 다하지 못하게 되는 등의 특별한 사정이 있으면 공탁 당사자에게 적절한 기간을 정하여 수령을 최고(催告)하고 그 기간에 수령하지 아니하면 대법원규칙으로 정하는 바에 따라 공탁된 물품을 매각하여 그 대금을 공탁하거나 폐기할 수 있다.
>
> **행정예규 제937호[공탁물품의 매각·폐기에 관한 예규]**
> **제3조(최고절차)**
> 공탁물보관자는 공탁물품을 수령할 자에게 30일 이상의 기간을 정하여 이를 수령할 것과 이에 응하지 아니하는 경우에는 법원의 허가를 얻어 그 공탁물품을 매각 또는 폐기한다는 내용의 최고서(별지서식 제1호)를 등기우편으로 발송하여야 한다.
>
> **제5조(경매신청)**
> 공탁물보관자가 법원허가를 얻어 공탁물품을 경매로 매각하려 할 때에는 민사집행법 제274조(유치권 등에 의한 경매)에 따른다.
>
> **제7조(매각대금의 공탁)**
> ① 공탁물보관자는 공탁물품의 매각대금 중에서 매각허가 신청비용, 매각비용 및 공탁물 보관비용을 공제한 잔액을 물품공탁 법원에 공탁하여야 한다.

[**❹** ▸ ○] 공탁소의 토지관할에 관한 일반적 규정은 없으며 공탁의 근거법령에서 관할규정을 두고 있지 않은 경우에 공탁소는 직무관할 및 공탁물에 의한 관할범위 내에서 일체의 공탁에 대하여 관할권을 갖는다. 따라서 무기명 사채권을 공탁하고자 하는 사람은 시·군법원 공탁소를 제외한 모든 공탁소에서 공탁이 가능하며, 공탁공무원에게 공탁을 하지 아니하는 경우에는 대법원장에게 공탁기관의 지정을 구하여 그 지정된 은행 또는 신탁회사에 공탁할 수도 있다(공탁선례 제1-17호).

[**❺ ▶ ○**] 변제공탁은 채무의 내용에 따른 것이어야 하므로 토지관할 없는 공탁소에 한 변제공탁은 설사 수리되었더라도 원칙적으로 무효이다. 따라서 공탁자는 착오에 의한 공탁으로 회수할 수 있으며, 다시 관할 공탁소에 변제공탁하여야 한다. 그러나 변제공탁의 토지관할은 피공탁자(채권자)의 이익을 위한 것이므로, 관할위반의 공탁이 절대적으로 무효인 것은 아니고 피공탁자가 공탁을 수락하거나 공탁물의 출급을 받은 때에는 그 흠결이 치유되어 그 공탁은 처음부터 유효한 공탁이 된다.

답 **❸**

02
□□□

공탁소의 관할에 관한 설명 중 가장 옳지 않은 것은?

2022년

① 변제공탁은 채무이행지의 공탁소에 하여야 한다. 공탁소에 관하여 법률에 특별한 규정이 없으면 법원은 변제자의 청구에 의하여 공탁소를 지정하고 공탁물보관자를 선임하여야 한다.
② 공탁당사자가 관할공탁소와 멀리 떨어져 있는 경우 공탁당사자는 관할공탁소 이외의 공탁소에서 금전변제공탁신청을 할 수 있다.
③ 국내에 주소나 거소가 없는 외국인이나 재외국민을 위한 변제공탁은 지참채무의 경우라도 다른 법령의 규정이나 당사자의 특약이 없는 한 변제자의 주소지나 거소지의 관할 공탁소에 공탁할 수 있다.
④ 여신전문금융업법상의 보증공탁은 선불카드를 발행한 신용카드업자의 본점 또는 주된 사무소 소재지의 공탁소에 공탁하여야 한다.
⑤ 해당 시·군법원에 계속 중이거나 시·군법원에서 처리한 소액사건심판법의 적용을 받는 민사사건과 화해·독촉·조정사건에 대한 채무의 이행으로서 하는 변제공탁은 시·군법원의 공탁관에게 할 수 있다.

....

[**❶ ▶ ○**] 민법 제488조 제1항, 제2항

> **민법 제488조(공탁의 방법)**
> ① 공탁은 채무이행지의 공탁소에 하여야 한다.
> ② 공탁소에 관하여 법률에 특별한 규정이 없으면 법원은 변제자의 청구에 의하여 공탁소를 지정하고 공탁물보관자를 선임하여야 한다.

[**❷ ▶ ○**] 이 지침은 공탁당사자가 관할공탁소와 멀리 떨어져 있는 경우 직접 관할공탁소를 방문해서 공탁업무를 처리해야 하는 불편을 덜어주기 위해 관할공탁소 이외의 공탁소에서 금전변제공탁신청 및 공탁금지급청구에 관련된 공탁업무를 처리함에 필요한 특칙을 마련하는 것을 목적으로 한다(행정예규 제1167호 1.).

[❸ ▸ ✕] 국내에 주소나 거소가 없는 외국인이나 재외국민을 위한 변제공탁은 지참채무(持參債務)의 경우에 다른 법령의 규정이나 당사자의 특약이 없는 한 <u>서울중앙지방법원의 공탁관</u>에게 할 수 있다(공탁규칙 제66조).

[❹ ▸ ○] 여신전문금융업법 제25조 제1항, 제2항

> **여신전문금융업법 제25조(공탁)**
> ① 금융위원회는 선불카드를 발행한 신용카드업자에게 선불카드 발행총액의 100분의 10의 범위에서 대통령령으로 정하는 금액을 공탁할 것을 명할 수 있다.
> ② 제1항에 따른 공탁은 선불카드를 발행한 신용카드업자의 본점 또는 주된 사무소의 소재지에서 하여야 한다.

[❺ ▸ ○] 공탁규칙 제2조 제1호

> **공탁규칙 제2조(시 · 군법원 공탁관의 직무범위)**
> 시 · 군법원 공탁관(供託官)의 직무범위는 해당 시 · 군법원의 사건과 관련된 다음 각 호의 업무에 한한다.
>   1. 변제공탁(辨濟供託) : 해당 시 · 군법원에 계속 중이거나 시 · 군법원에서 처리한 소액사건심판법의 적용을 받는 민사사건과 화해 · 독촉 · 조정사건에 대한 채무의 이행으로서 하는 민법 제487조, 제488조에 따른 변제공탁

답 ❸

다음 중 시·군법원에 신청할 수 있는 공탁사건을 모두 고른 것은? 2021년

> ㄱ. 소액사건심판법의 적용을 받지만 시·군법원에서 이미 처리한 민사사건에 대한 채무의 이행으로서 하는 민법 제487조 변제공탁
> ㄴ. 압류의 경합을 이유로 하는 민사집행법 제248조 집행공탁
> ㄷ. 가압류를 이유로 하는 민사집행법 제291조 및 제248조 제1항 공탁
> ㄹ. 민사집행법 제282조에 따른 가압류해방금액의 공탁
> ㅁ. 민사소송법 제299조 제2항에 따른 소명에 갈음하는 보증금의 공탁

① ㄱ, ㄴ, ㄷ   ② ㄴ, ㄷ, ㄹ
③ ㄱ, ㄷ, ㄹ   ④ ㄴ, ㄷ, ㅁ
⑤ ㄱ, ㄹ, ㅁ

....

[ㄱ▸O][ㄴ▸X][ㄷ▸X][ㄹ▸O][ㅁ▸O] 공탁규칙 제2조 제1호·제3호·제4호

> **공탁규칙 제2조(시·군법원 공탁관의 직무범위)**
> 시·군법원 공탁관의 직무범위는 해당 시·군법원의 사건과 관련된 다음 각 호의 업무에 한한다.
> 1. 변제공탁 : 해당 시·군법원에 계속 중이거나 시·군법원에서 처리한 소액사건심판법의 적용을 받는 민사사건과 화해·독촉·조정사건에 대한 채무의 이행으로서 하는 민법 제487조, 제488조에 따른 변제공탁ⓐ
> 2. 재판상 보증공탁
>   가. 민사소송법 제117조 제1항에 따른 소송비용의 담보와 관련된 공탁
>   나. 민사소송법 제213조에 따른 가집행선고와 관련된 공탁
>   다. 민사소송법 제500조 제1항에 따른 재심이나 상소의 추후보완신청으로 말미암은 집행정지와 관련된 공탁
>   라. 민사소송법 제501조, 제500조 제1항에 따른 상소제기나 변경의 소제기로 말미암은 집행정지와 관련된 공탁
>   마. 민사집행법 제34조 제2항, 제16조 제2항에 따른 집행문부여 등에 관한 이의신청과 관련된 공탁
>   바. 민사집행법 제46조 제2항, 제44조에 따른 청구에 관한 이의의 소의 잠정처분과 관련된 공탁
>   사. 민사집행법 제46조 제2항, 제45조에 따른 집행문부여에 대한 이의의 소의 잠정처분과 관련된 공탁
>   아. 민사집행법 제280조, 제301조에 따른 가압류·가처분명령과 관련된 공탁
>   자. 민사집행법 제286조 제5항, 제301조에 따른 가압류·가처분 이의에 대한 재판과 관련된 공탁
>   차. 민사집행법 제288조 제1항, 제307조에 따른 가압류·가처분 취소와 관련된 공탁
> 3. 집행공탁 : 민사집행법 제282조에 따른 가압류 해방금액의 공탁ⓑ
> 4. 몰취공탁 : 민사소송법 제299조 제2항에 따른 소명에 갈음하는 보증금의 공탁ⓒ

답 ⑤

04
☐☐☐

공탁물(공탁의 목적물)에 관한 다음 설명 중 가장 옳지 않은 것은?   2023년

① 가압류해방공탁의 목적물은 금전에 의한 공탁만 가능하다.
② 변제의 목적물이 공탁에 적당하지 않거나, 멸실 또는 훼손될 염려가 있거나 공탁에 과다한 비용을 요하는 경우에는 변제자는 법원의 허가를 얻어 그 물건을 경매하거나 시가로 방매하여 대금을 공탁할 수 있다.
③ 상호가등기를 위한 공탁의 경우 금전 또는 법원이 인정한 유가증권으로 공탁할 수 있다.
④ 기명식 유가증권을 공탁하는 경우에는 공탁물을 수령하는 자가 즉시 권리를 취득할 수 있도록 유가증권에 배서를 하거나 양도증서를 첨부하여야 한다.
⑤ 사업시행자가 공익사업을 위한 토지 등의 취득 및 보상에 관한 법률이 규정하고 있는 절차에 따라 공공용지를 수용 또는 취득하고 그에 따른 손실보상금을 피수용자에게 지급하는 것에 갈음하여 공탁하는 경우 공탁물은 당해 법령에 규정되어 있는 대로 금전 또는 채권으로 할 수 있을 것이나, 그 경우에 있어서도 현금으로 보상금을 지급하도록 되어 있을 때에는 현금으로 지급하거나 공탁을 하여야지 현금 대신 채권으로 지급하거나 공탁을 할 수는 없다.

[**❶ ▸ ○**] 가압류해방금액은, 채무자가 입을 수 있는 손해를 담보하는 취지의 이른바 소송상의 담보와는 달리 가압류의 목적물에 갈음하는 것으로서, 금전에 의한 공탁만이 허용되고, 유가증권에 의한 공탁은 그 유가증권이 실질적 통용가치가 있는 것이라고 하더라도 허용되지 않는다(대결[전합] 1996.10.1. 96마162).
[**❷ ▸ ○**] 변제의 목적물이 공탁에 적당하지 아니하거나 멸실 또는 훼손될 염려가 있거나 공탁에 과다한 비용을 요하는 경우에는 변제자는 법원의 허가를 얻어 그 물건을 경매하거나 시가로 방매하여 대금을 공탁할 수 있다(민법 제490조).
[**❸ ▸ ✕**] 상호가등기를 위한 몰취공탁(상업등기법 제41조)은 일정한 금액을 공탁하도록 하고 있으므로, 그 공탁물은 <u>금전만이 허용될 뿐</u> 지급보증위탁계약체결문서(보증보험증권)를 제출할 수 없다.
[**❹ ▸ ○**] 기명식(記名式) 유가증권을 공탁하는 경우에는 공탁물을 수령하는 자가 즉시 권리를 취득할 수 있도록 유가증권에 배서(背書)를 하거나 양도증서를 첨부하여야 한다(공탁규칙 제24조).
[**❺ ▸ ○**] 채무자가 채무변제를 위하여 공탁을 하는 경우, 즉 변제공탁에 있어서의 공탁물은 당연히 채무의 내용에 따른 목적물이어야 하므로, 기업자가 토지수용법 또는 공공용지의 취득 및 손실보상에 관한 특례법이 규정하고 있는 절차에 따라 공공용지를 수용 또는 취득하고 그에 따른 손실보상금을 피수용자에게 지급하는 것에 갈음하여 공탁을 함(변제공탁의 일종임)에 있어서의 공탁물은 당해 법령에 규정되어 있는대로 금전 또는 채권으로 할 수 있을 것이나, 그 경우에 있어서도 현금으로 보상금을 지급하도록 되어 있을 때에는 현금으로 지급하거나 공탁을 하여야지 현금 대신 채권으로 지급하거나 공탁을 할 수는 없는 것이다(공탁선례 제1-39호).

답 ❸

05
□□□

공탁당사자에 관한 다음 설명 중 가장 옳지 않은 것은?   2022년

① 특별한 사정이 없는 한 피공탁자가 아닌 제3자는 피공탁자를 상대로 하여 공탁물출급청구권의 확인을 구할 이익이 없다.

② 상대적 불확지 변제공탁의 피공탁자 중 1인을 채무자로 하여 그의 공탁물출급청구권에 대하여 채권압류 및 추심명령을 받은 추심채권자는 공탁물을 출급하기 위하여 자기의 이름으로 다른 피공탁자를 상대로 공탁물출급청구권이 추심채권자의 채무자에게 있음을 확인한다는 확인의 소를 제기할 수 있다.

③ 자연인이 사망하면 공탁당사자능력이 당연히 소멸하므로 등기기록상 소유자를 피공탁자로 하여 토지수용보상금을 공탁한 경우 피공탁자가 이미 사망하였다면 그 공탁을 상속인들에 대한 공탁으로서 유효하다고 볼 수 없다.

④ 주택임대차보호법상 대항력을 갖춘 임차인의 임대차보증금반환채권이 가압류된 상태에서 임대주택이 양도되면 임대주택의 양수인이 해당 주택에 관한 등기사항증명서를 첨부하여 집행공탁할 수 있다.

⑤ 가압류채권자의 가압류채무자에 대한 집행권원으로는 제3자가 한 해방공탁금에 대한 집행을 할 수 없다.

....

[❶ ▸ ○] 변제공탁의 공탁물출급청구권자는 피공탁자 또는 그 승계인이고 피공탁자는 공탁서의 기재에 의하여 형식적으로 기재되므로, 실체법상의 채권자라고 하더라도 피공탁자로 지정되어 있지 않으면 공탁물출급청구권을 행사할 수 없고, 따라서 피공탁자가 아닌 제3자가 피공탁자를 상대로 하여 공탁물출급청구권 확인판결을 받았더라도 그 확인판결을 받은 제3자가 직접 공탁물출급청구를 할 수 없으므로, 피공탁자 중 1인을 채무자로 하여 그의 공탁물출급청구권에 대하여 채권압류 및 추심명령을 받은 추심채권자라는 등의 특별한 사정이 없는 한 피공탁자가 아닌 제3자는 피공탁자를 상대로 하여 공탁물출급청구권의 확인을 구할 이익이 없다(대판 2016.3.24. 2014다3122).

[❷ ▸ ○] 민법 제487조 후단에 따른 채권자의 상대적 불확지를 원인으로 하는 변제공탁의 경우 피공탁자 중의 1인은 다른 피공탁자의 승낙이나 그를 상대로 받은 공탁물출급청구권확인 승소확정판결을 제출하여 공탁물출급청구를 할 수 있는데, 민사집행법 제229조 제2항에 의하면 채권압류 및 추심명령을 받은 추심채권자는 추심에 필요한 채무자의 권리를 대위절차 없이 자기 이름으로 재판상 또는 재판 외에서 행사할 수 있으므로, 상대적 불확지 변제공탁의 피공탁자 중 1인을 채무자로 하여 그의 공탁물출급청구권에 대하여 채권압류 및 추심명령을 받은 추심채권자는 공탁물을 출급하기 위하여 자기의 이름으로 다른 피공탁자를 상대로 공탁물출급청구권이 추심채권자의 채무자에게 있음을 확인한다는 확인의 소를 제기할 수 있다(대판 2011.11.10. 2011다55405).

[❸ ▸ ×] 공익사업을 위한 토지 등의 취득 및 보상에 관한 법률 등에 의한 토지수용의 경우 사업시행자가 과실 없이 진정한 토지소유자를 알지 못하여 등기부상 소유명의인을 토지소유자로 보고 그를 피수용자로 하여 수용절차를 마쳤다면 그 수용재결의 상대방인 토지소유자가 사망자라 하더라도 그 수용재결의 효력에는 영향이 없는 것이며, 또한 사망한 등기부상 소유명의인을 피공탁자로 하여 보상금을 공탁하였다면 그 공탁은 상속인들에 대한 공탁으로서 유효하다(공탁선례 제2-200호).

[**④** ▸ ○] 주택임대차보호법상 대항력을 갖춘 임차인의 임대차보증금반환채권이 가압류된 상태에서 임대주택이 양도된 경우, 양수인이 채권가압류의 제3채무자 지위를 승계하므로(대판[전합] 2013.1.17. 2011다49523), 양수인이 해당 주택에 관한 등기사항증명서를 첨부하여 집행공탁할 수 있다.

[**⑤** ▸ ○] 채무자 아닌 제3자가 해방공탁금을 공탁할 수 있느냐에 관하여는 나중에 채권자가 채무자에 대한 집행권원(판결등)를 받아도 그 해방금액에 대한 집행을 할 근거가 없게 되므로 부정하여야 할 것이다(공탁선례 제1-215호).

답 **❸**

02 공탁절차

제1절 | 공탁신청 절차

I 방문 신청

1. 개 설

① 공탁신청은 절차의 안정성과 공탁관의 형식적 심사라는 요청에서 법정서식의 공탁서를 작성하여 제출하여야 하는 요식행위이다.

② 공탁을 하려고 하는 사람은 공탁서 2통을 첨부서면과 함께 관할공탁소(공탁관)에 제출하여야 한다(공탁법 제4조, 공탁규칙 제20조 제1항).

2. 일괄 공탁

① 공탁당사자가 같고 공탁원인사실에 공통성이 있는 때(예 수개월 분의 차임공탁)

② 공탁은 공탁당사자별로 1건의 공탁서를 작성하여 제출하는 것이 원칙이지만, 공탁당사자가 다르더라도 공탁원인사실과 관할공탁소가 동일하고 공탁종류가 동일한 때에는 일괄하여 1건의 공탁서로 작성·제출할 수 있다(공탁선례 제2-25호).

3. 우편에 의한 공탁신청

공탁신청, 공탁서 정정신청, 공탁금출급금회수청구는 우편으로 할 수 없다.

II 전자공탁시스템에 의한 공탁신청

1. 적용범위(공탁관의 업무)

공탁관이 전자공탁시스템을 이용하여 접수 및 처리하는 업무는 다음과 같다.

① 금전공탁신청사건9)

② 공탁금액이 5천만원 이하인 금전공탁사건에 대한 공탁금 출급·회수청구

③ 앞의 ① 및 ②에 따라 전자문서로 제출된 공탁관계서류에 대한 열람청구

---

9) 전자공탁시스템에 의하여 금전공탁신청하는 경우에는 공탁의 종류를 불문하고 금전에 한하며, 액수에 제한이 없다.

④ 전자공탁시스템으로 처리한 공탁사무에 대한 사실증명청구

⑤ 전자신청에 대한 공탁관의 처분에 대한 공탁법 제12조에 따른 이의신청

⑥ 전자공탁시스템에 의한 공탁사건에 대한 정정신청 또는 보정(공탁규칙 제76조)

2. 신청자격

① 자연인과 법인이 모두 전자신청을 할 수가 있는데, 신청인(법인인 경우 법인의 대표자, 단 공동대표인 경우는 신청할 수 없음)이 외국인인 때에는 출입국관리법 제31조에 따라 외국인등록을 하거나 재외동포의 출입국과 법적지위에 관한 법률 제6조, 제7조에 따른 국내거소신고를 하여야 한다(공탁규칙 제70조 제2항).

② 미성년자는 법정대리인의 동의 없이 유효한 공탁행위능력을 가지는지 여부에 대하여 전자공탁시스템으로 파악하기 어렵고 법정대리인에 의한 증명이 전자적으로 불가능하므로 전자신청을 할 수 없다.

③ 법인이 아닌 사단이나 재단의 경우 전자적으로 대표자개인과 조직 간의 관계를 증명할 수 없기 때문에 전자신청을 할 수 없다.

④ 전자신청의 대리는 자격자대리인(변호사·법무사)만이 할 수 있다.

3. 사용자등록

① 전자공탁시스템을 이용하려는 자는 전자공탁시스템에 접속하여 각 신청주체 유형별로 전자공탁홈페이지에서 요구하는 정보를 해당란에 입력한 후 대법원 예규로 정하는 전자서명을 위한 인증서를 사용하여 사용자등록을 신청하여야 한다(공탁규칙 제70조).

② 공탁소에 출석하여야 하는 법인회원은 국가 또는 지방자치단체를 제외한 법인 중 「공탁규칙」에 따른 공인인증서를 사용하여 사용자등록을 하는 법인을 말하고, 그 법인회원은 공탁소에 출석하여 법인사용자등록신청서를 제출하여야 하며, 그 신청서에는 상업등기법 제11조에 따라 신고한 인감을 날인하고 그 인감증명과 자격을 증명하는 서면을 첨부하여야 하며 공탁관으로부터 전자공탁시스템에서의 사용자등록을 위한 접근번호를 부여 받아 사용자등록을 할 수 있다.

③ 사용자등록을 신청하는 변호사회원 또는 법무사회원은 공탁소에 출석하여 그 자격을 증명하는 서면을 제출하여야 하고, 공탁관으로부터 전자공탁시스템에서의 사용자등록을 위한 접근번호를 부여 받아 사용자등록을 할 수 있다.

④ 개인회원이나 법인 전자증명서를 이용하는 법인회원, 국가 또는 지방자치단체의 경우는 공탁소를 방문하지 않고도 사용자등록을 할 수가 있다.

⑤ 법원행정처장은 일정한 사유가 있는 경우에는 등록사용자의 사용을 정지하거나 사용자등록을 말소할 수 있다(공탁규칙 제72조).

4. 전자문서의 작성·제출

① 등록사용자의 전자문서 제출은 전자공탁시스템에서 요구하는 사항을 빈칸 채우기 방식으로 입력한 후 나머지 사항을 해당란에 직접 입력하거나 전자문서를 등재하는 방식으로 하여야 한다(공탁규칙 제73조 제1항).

② 등록사용자가 제출하는 전자문서에는 전자서명을 하여야 한다(공탁규칙 제73조 제2항).

③ 공동의 이해관계를 가진 여러 당사자나 대리인이 공동으로 공탁·출급·회수 등을 신청하는 경우에는 해당 전자문서에 공동명의자 전원이 전자서명을 하여 제출하거나, 해당 전자문서를 제출하는 등록사용자가 다른 공동명의자 전원의 서명 또는 날인이 이루어진 확인서를 전자문서로 변환하여 함께 제출하는 방법(공탁금을 출급 또는 회수하는 경우에는 제외한다)에 따라 공동명의로 된 하나의 전자문서를 제출할 수 있다(공탁규칙 제73조 제3항).

④ 전자문서에 의한 신청은 그 신청정보가 전자공탁시스템에 저장된 때에 접수된 것으로 본다(공탁규칙 제75조).

⑤ 전자신청에 잘못이 있거나 보완이 필요한 경우 공탁관은 상당한 기간을 정하여 이를 보정하도록 권고할 수 있고 위 보정권고에 따른 보정은 특별한 사정이 없는 한 전자공탁시스템을 이용하여야 한다.

⑥ 한편 신청인이 전자공탁시스템에서 제공하는 방식으로 행정정보의 공동이용에 사전동의하는 경우, 신청인에 대한 주민등록표 등본·초본 등 행정정보 공동이용을 통하여 확인할 수 있는 정보에 대하여는 이를 행정정보 공동이용을 통하여 공탁관이 확인하고 해당 서면의 제출을 면제할 수 있다. 다만, 해당 행정기관의 전산시스템 장애 등으로 공탁관이 그 행정정보를 당일 확인할 수 없는 경우에는 그러하지 아니하다.

5. 공탁의 성립

① 공탁관은 공탁을 수리하는 경우 공탁물보관자에게 가상계좌번호를 요청하고 납입기한을 정하여 공탁자로 하여금 그 계좌로 공탁금(공탁통지를 하는 경우 우편료 포함)을 납입하게 하여야 한다.

② 공탁금을 납입한 공탁자는 전자공탁시스템에 접속하여 공탁서를 출력하여야 한다.

6. 정정신청 및 보정

전자공탁시스템에 의한 공탁사건에 대한 정정신청 또는 보정은 전자공탁시스템을 이용하여 하여야 한다.

7. 지급청구의 특례

① 변호사 또는 법무사회원이 전자문서에 의하여 지급청구하는 경우에는 변호사회원 또는 법무사회원의 전자서명과 청구인본인의 전자서명을 함께 제출하여야 한다.

② 전자문서에 의하여 공탁금의 출급 또는 회수청구를 하는 경우 공탁규칙 제37조 인감증명서는 첨부하지 아니한다.

③ 공탁금 지급방법은 청구인이 공탁금 출급·회수청구서를 출력하여 공탁금 보관은행에 제출하는 방법과 예금계좌로 지급받는 방법이 있는데, 후자의 경우 그 예금계좌는 반드시 청구인 본인의 예금계좌이어야 한다.

④ 한편 방문신청의 방법으로 공탁된 사건에 대하여도 전자공탁시스템에 의한 지급청구를 할 수 있는데, 이때 전자서명은 공탁이 성립할 당시 공탁당사자의 것이어야 한다. 따라서 공탁자 또는 피공탁자의 상속인은 전자신청의 방법으로 지급청구를 할 수는 없다.

8. 전자문서가 아닌 형태로 제출된 서류의 관리

전자공탁시스템을 이용하여 공탁이 이루어진 사건에 대하여 공탁물 출급·회수청구권에 관한 가처분명령서, 가압류명령서, 압류명령서, 전부 또는 추심명령서, 압류취소명령서, 그 밖에 이전 또는 처분제한의 서면 등이 접수된 경우, 공탁관은 공탁기록표지를 출력한 후 제출된 서면을 접수순서에 따라 편철하여 별도의 공탁기록으로 관리·보존하고 전산시스템에 그 뜻을 입력하여야 한다.

사례

甲은 공탁신청서를 작성하여 공탁하려 한다.

1. 甲은 공탁신청서에 반드시 인감도장을 날인하고 인감증명을 첨부하여야 하는가? 甲의 대리인이 공탁신청을 하려고 한다면 위임장에 甲이 인감도장을 날인하고 인감증명서를 첨부하여야 하는가?

2. 만약 甲이 날인제도가 없는 미국인인 경우에는 어떠한가?

1. 공탁서의 기재사항

공탁서(공탁규칙 제20조)

① 공탁을 하려는 사람은 공탁관에게 공탁서 2통을 제출하여야 한다.

② 제1항의 공탁서에는 다음 각 호의 사항을 적고 공탁자가 기명날인하여야 한다. 그러나 대표자나 관리인 또는 대리인에 의하여 공탁하는 때에는 <u>그 사람의 주소를 적고 기명날인하여야 하며</u>, 공무원이 그 직무상 공탁하는 경우에는 <u>소속관서명과 그 직을 적고 기명날인하여야 한다.</u>[10]

1. 공탁자의 성명(상호, 명칭)·주소(본점, 주사무소)·주민등록번호(법인등록번호)
2. 공탁금액, 공탁유가증권의 명칭·총액면금·기호·번호·장수, 공탁물의 명칭·장수·총 액면금·기호 번호·부속이표·최종상환기·공탁물품의 명칭·종류·수량
3. 공탁원인 사실
4. 공탁을 하게 된 관계법령의 조항
5. 공탁물의 수령인(이하 "피공탁자"라 한다)을 지정해야 할 때에는 피공탁자의 성명(상호, 명칭)·주소(본점, 주사무소)·주민등록번호(법인등록번호)
6. 공탁으로 인하여 질권, 전세권, 저당권이 소멸하는 때는 그 질권, 전세권, 저당권의 표시
7. 반대급부를 받아야 할 경우에는 그 반대급부의 내용
8. 공탁물의 출급·회수에 관하여 관공서의 승인, 확인 또는 증명 등을 필요로 하는 경우에는 해당 관공서의 명칭
9. 재판상의 절차에 따른 공탁의 경우에는 해당 법원의 명칭과 사건명
10. 공탁법원의 표시
11. 공탁신청 연월일

(1) 신청인의 기명날인[11]

① <u>공탁서(위임장)</u>에는 공탁자가 기명날인하여야 한다(공탁규칙 제20조 제2항).

② 날인제도가 없는 국가에 속하는 외국인은 서명만으로써 <u>공탁서 및 위임장의 기명날인을 대신할 수 있다</u> (행정예규 제1083호 1).

③ 대표자나 관리인 또는 대리인이 공탁하는 때에는 그 사람(대표자, 관리인, 대리인)이 기명날인하여야 한다.

---

10) 공탁자란에 기재하는 것이 아니라 신청인란에 기재하는 것을 말한다.
11) 주의할 것은 공탁신청서에도 위임장에도 인감증명을 첨부하지 않는다는 것이다.

④ 법인이 대리인에 의하여 공탁하는 때에도 (임의)대리인이 기명날인하여야 한다.

⑤ 공무원이 그 직무상 공탁하는 경우에는 공무원이 기명날인하여야 한다.

⑥ 공탁서에 기명날인대신에 서명으로 갈음할 수 있고 날인이나 서명을 할 수 없을 때에는 무인으로 할 수 있다(공탁규칙 제11조 제1항).

(2) 공탁자의 주소·성명(공탁규칙 제20조 제2항 제1호)

① 공탁자의 성명(상호, 명칭)·주소(본점, 주사무소)·주민등록번호(법인등록번호)을 기재하여야 한다.

② 법인 아닌 사단이나 재단도 그 명칭 주사무소를 기재한다.

③ 공탁서 성명란의 주민등록번호는 공탁당사자가 외국인일 경우 여권번호, 외국인등록번호, 국내거소신고번호로, 재외국민일 경우 여권번호로 대신할 수 있다(행정예규 제1083호 2).

④ 제3자가 공탁하는 경우에는 제3자가 공탁자이므로 제3자의 성명, 주소 등을 기재하여야 하고, 이 경우 변제공탁은 공탁원인사실란에, 재판상 담보공탁은 비고란에 제3자로서 공탁한다는 취지를 각각 기재하여야 한다(공탁선례 제1-210호).

(3) 공탁물의 표시(공탁규칙 제20조 제2항 제2호)

① 금전공탁서의 '공탁금액'란에는 공탁금액의 총액을 기재하여야 한다. 금액의 기재는 한글과 아라비아숫자를 사용한다.

② 유가증권공탁서의 '공탁유가증권'란에는 공탁유가증권의 명칭·장수·총액면금(액면금이 없을 때에는 그 뜻)·기호·번호·장수를 기재한다.

(4) 공탁원인사실(공탁규칙 제20조 제2항 제3호)

① 여기에는 공탁의 권리·의무를 규정한 당해 공탁근거법령의 공탁요건사실을 구체적으로 기재하여야 한다.

② 변제공탁의 전형적인 예는 "공탁자(채무자)는 피공탁자(채권자)에게 어떤 채무를 지고 있는 바(채권발생원인, 채무액, 이행기, 이행지, 특약유무 등), 변제기에 채무를 현실 제공하였으나 그 수령을 거부하므로 공탁함" 등으로 기재한다.

③ 제3자에 의한 변제공탁의 경우에는 제3자가 이해관계가 있는 때에는 이해관계의 내용을 구체적으로 기재한 다음 제3자로서 채무자에 갈음하여 공탁한다고 기재하고, 이해관계가 없는 때에는 채무자의 동의를 얻어 제3자로서 채무자에 갈음하여 공탁한다고 기재한다.

④ 재판상 담보공탁의 경우에는 첨부서류에 의하여 출급절차의 적정을 기할 수 있으므로 그 기재를 간략하게 하도록 양식을 마련하였다.

⑤ 형사공탁의 경우에는 공탁자는 공탁원인사실로서 피해 발생시점, 피해 장소, 채무의 성질을 특정하여 기재하여야 하고, 피해자의 인적사항을 알 수 없는 사유를 구체적으로 기재하여야 한다(행정예규 제1321호 제5조).

> **[예 시]**
>
> 공탁자는 ○○○○.○.○. ○○:○○경 ○시 ○○구 ○○로 ○길 ○, ○○식당 앞에서 피해자 홍길○을 폭행한 사실과 관련하여 손해배상금(피해보상금, 형사위로금, 위자료 등)을 홍길○에게 지급하려 하였으나 재판기록·수사기록 중 피해자의 인적사항에 대한 열람·복사 불허가 등의 사유로 인하여(또는 성폭력범죄의 처벌 등에 관한 특례법 등에서 피해자의 인적사항 공개를 금지하고 있어) 피해자의 인적사항을 알 수 없으므로 이를 공탁함

(5) 공탁근거 관계법령조항(공탁규칙 제20조 제2항 제4호)

① 공탁서에는 공탁의 권리 또는 의무를 규정한 공탁근거법령의 조항을 기재하여야 한다. 공탁원인사실에 합당하게 기재하여야 함은 물론, 다른 종류의 공탁과 구별할 수 있을 정도로 기재할 것을 요한다(예 토지보상법상 공탁은 각 공탁사유별로 출급청구권의 입증서면 등이 다르므로 공익사업토지보상법 제40조 제2항 제 몇 호까지 기재).12)

② 수 개의 법조항이 하나의 공탁근거법령을 이루고 있는 경우에는 이를 모두 기재하여야 한다(예 가압류보증공탁의 경우에는 민사집행법 제280조(기본규정 또는 담보규정), 민사집행법 제19조 제3항(연결규정), 민사소송법 제122조(공탁규정)를 모두 기재).

③ 공탁근거법령의 기재가 사실에 합치되지 아니한 경우에도 바로 그 공탁을 무효로 볼 것은 아니고 이러한 경우라도 객관적으로 진정한 공탁원인이 존재하면 그 공탁을 유효한 것으로 해석하고 있다(대판[전합] 1997.10.16. 96다11747 참조).

> **공탁근거법령의 기재가 사실과 부합하지 않는 경우 공탁의 효력(유효)**
> 기업자가 피공탁자의 주소를 미수복지구인 '개풍군 중면 대원리'로 기재하고 공탁 관계 법령을 토지수용법 제40조 제2항 제1호로 기재한 경우, 피공탁자의 주소 표시가 제대로 되지 아니하고 공탁통지서도 송달할 수 없으므로 피공탁자가 특정되지 않았다고 할 것이어서 '공탁을 하게 된 관계 법령'의 기재가 사실에 합치되지 아니하지만 그렇다고 위 공탁이 바로 무효로 되는 것은 아니고, 이러한 경우라도 객관적으로 진정한 공탁 원인이 존재하면 그 공탁을 유효로 해석하여야 하므로 그 공탁을 토지수용법 제40조 제2항 제2호에서 정한 '기업자가 과실 없이 보상금을 받을 자를 알 수 없는 때'에 허용되는 절대적 불확지의 공탁으로 볼 수밖에 없다(대판[전합] 1997.10.16. 96다11747).

(6) 피공탁자의 성명(상호, 명칭) · 주소(본점, 주사무소) · 주민등록번호(법인등록번호)(공탁규칙 제20조 제2항 제5호)

① 공탁물의 수령인(피공탁자)을 지정해야 하는 경우

> - 변제공탁(채권자)
> - 재판상담보공탁(담보권리자)
> - 집행공탁(일부압류와 관련된 전액 공탁 : 압류채무자, 가압류원인으로 공탁 : 가압류채무자)
> - 납세담보공탁(과세관청)
> - 몰취공탁(국가)
> - 혼합공탁(상대적 불확지의 채권자)

---

12) 이는 공탁할 수 있는 법적 근거를 특정하여 공탁원인사실과 공탁근거법령이 서로 일치하는지 여부를 공탁관이 심사할 수 있도록 함과 동시에 출급청구는 어떻게 할 것인지 등의 방향을 제시하는 기능도 하기 때문이다.

ⓐ 피공탁자의 주소·성명·주민등록번호를 기재하여야 한다(피공탁자가 미성년자인 경우 법정대리인을 기재할 필요가 없다).[13]

ⓑ 법인 또는 법인 아닌 사단이나 재단인 때에는 그 명칭과 주사무소를 기재한다. 법인의 경우에는 법인등록번호를 기재한다(그 대표자나 관리인 또는 대리인을 기재할 필요가 없다).

피공탁자의 주민등록번호 확인서면 첨부여부(소극) 및 민사집행법 제248조 제1항에 의한 집행공탁의 경우 피공탁자의 주소 소명서면 첨부 여부(적극)

1. 공탁서에는 원칙적으로 피공탁자의 주민등록번호(법인등록번호)를 기재하여야 하나 <u>주민등록번호를 확인할 수 있는 서면을 첨부하여야 하는 것은 아니다</u>. 다만, 변제공탁을 하는 경우에 공탁서에 피공탁자의 주소를 소명하는 서면으로 주민등록표등·초본을 첨부할 때는 주민등록표등·초본에 의하여 주민등록번호를 확인할 수 있다.

2. 민사집행법 제248조 제1항에 따라 금전채권의 일부만이 압류되었음에도 그 채권 전액을 공탁하는 경우 <u>압류금액을 초과하는 부분은</u> 압류의 효력이 미치지 않으므로 집행공탁으로 볼 수 없고 <u>변제공탁으로 보아야 하기 때문에</u> 피공탁자(압류채무자)의 주소 소명서면을 첨부하여야 한다(공탁선례 제2-276호).

ⓒ 피공탁자가 외국인일 경우에는 주민등록번호는 <u>여권번호, 외국인등록번호, 국내거소신고번호</u>로, 재외국민일 경우 <u>여권번호</u>로 대신할 수 있다. 다만, 이를 확인할 수 있는 자료(여권사본, 외국인등록사실증명서, 국내거소사실증명서 등)를 첨부하여야 한다(행정예규 제1083호).

ⓓ 형사공탁의 경우 피공탁자의 인적사항을 대신하여 공소장, 조서, 진술서, 판결서에 기재된 피해자의 성명(성·가명을 포함한다)과 해당 형사사건이 계속 중인 법원과 사건번호 및 사건명, 공소장에 기재된 검찰청과 사건번호를 기재하여야 하고, 피공탁자의 주소와 주민등록번호는 기재하지 아니한다. 이 경우 공탁자는 공소장·조서·진술서·판결서에 피해자의 성명이 기재되어 있는 경우에는 공탁서에 그 성명을 기재하고, 공소장 등에 피해자의 성명 중 일부가 비실명 처리되어 있거나 가명으로 기재되어 있는 경우에는 공탁서에도 그대로 기재하되, 가명으로 기재되어 있는 경우에는 괄호하여 가명임을 표시한다(공탁법 제5조의2 제2항, 공탁규칙 제81조 제3호, 제82조, 형사공탁지침 제4조).

② **피공탁자를 기재하지 않는 경우**

ⓐ 압류의 경합이 있어 압류된 채권전액을 집행공탁하는 경우와 일부의 금액만 압류하여 압류된 금액만 집행공탁하는 경우에도 원칙적으로 피공탁자를 기재하지 않는다.

ⓑ 영업보증공탁과 같이 공탁 당시에 손해담보권리자가 특정될 수 없는 경우에는 피공탁자를 기재하지 않는다.

ⓒ 민사집행법 제282조의 가압류해방금액의 경우에는 피공탁자는 원시적으로 있을 수 없으므로 피공탁자란에 아무런 기재도 하지 말아야 한다.

ⓓ 보관공탁과 같이 처음부터 피공탁자가 존재하지 않은 경우도 있다.

---

13) 실무상 법정대리인의 성명, 주소까지 기재하여 공탁하는 경우가 많고 이를 기재하였다 하더라도 공탁의 효력유무에는 아무 상관이 없다.

③ **피공탁자 기재례** : 피공탁자의 주소는 원칙적으로 주민등록표상의 현주소를 기재하여야 한다. 왜냐하면 피공탁자가 공탁물을 출급청구할 때 청구인의 인감증명서상의 주소와 공탁서상 피공탁자의 주소가 연결되어야 하기 때문이다.

상대적 불확지 변제공탁	"갑 또는 을", "갑 또는 을 또는 병" 등으로 기재한다.
채권자의 주소가 불명하여 수령불능을 원인으로 하는 변제공탁	채권자의 말소된 주민등록표등·초본에 나타난 최후주소를 기재하면 되고, 주민등록표상의 주소를 알 수 없다면 불명으로 기재하되 괄호 안에 확인된 최종주소인 판결문이나 등기부 등의 주소를 기재할 수 있을 것이다(공탁선례 제1-6호, 공탁선례 제1-22호).
수용보상금 공탁	• 피공탁자는 토지소유자이므로 피공탁자란에는 토지소유자만 기재하면 되고 <u>담보물권자, 가압류채권자, 경매신청인 등은 기재할 필요가 없다.</u> • 절대적 불확지 변제공탁을 하는 때에는 "피수용자 불명", 피수용자가 사망하였으나 그 상속인 전부를 알 수 없는 때에는 "망 ○○○[주민등록번호 또는 주소 병기]의 상속인", 상속인 일부를 알 수 없는 때에는 "망 ○○○의 상속인 ◇◇◇[주민등록번호와 주소 병기] 외 상속인"이라고 기재하면 된다(행정예규 제1345호).
집행공탁	• 금전채권의 일부에 대하여 압류가 있어 압류된 채권액에 대해서만 공탁하는 경우 또는 금전 채권의 전부에 대하여 압류가 있거나 압류의 경합이 있어 공탁하는 경우에는 <u>피공탁자란은 기재하지 않는다.</u> • 금전채권의 일부에 대하여 압류가 있고 압류에 관련된 금전채권액 전액을 공탁하는 경우에는 <u>압류되지 아니한 부분은 변제공탁적 성질을 가지고 있는 점을 감안하여 압류명령의 채무 자를 피공탁자로 기재하여야 한다.</u> • 금전채권에 대하여 가압류를 원인으로 공탁하는 경우 가압류채무자를 피공탁자로 기재하 여야 한다(행정예규 제1018호).

토지등기부상의 피공탁자 주소가 주민등록상의 주소와 상이한 경우
피보상자에게 지급할 보상금을 공탁하고자 하나 <u>피보상자의 주민등록상의 현주소와 등기부상 주소가 다른 경우</u>에는 피공탁자의 주소란에는 주민등록상의 현주소를 기재하여야 할 것이고, 만약 피보상자의 주민등록상의 현주소를 <u>알 수 없다면 피보상자의 수령불능을 사유로 공탁할 수 있으며 이 경우 피공탁자의 주소란에는 등기부상의 주소를 기재해야 할 것이다</u>(공탁선례 제1-20호).

피공탁자의 주소소명서면과 주소불명사유 소명서면
피공탁자의 주소를 소명하는 서면은 원칙적으로 피공탁자의 현 주민등록표등·초본이라야 할 것이므로 판결문을 주소를 증명하는 서면으로 할 수는 없을 것이다. 다만 채권자가 판결문상의 주소지에 주민등록을 한 사실이 없고 실제 거주한 사실도 없어 채권자의 현주소 불명으로 인한 수령불능을 사유로 변제공탁을 하는 경우에는, 공탁서상 <u>피공탁자의 주소는 불명으로 기재하되</u> 괄호 안에 확인된 최종주소인 판결문상의 주소를 참고로 기재하고 피공탁자 (채권자)의 주소가 불명인 사유를 소명하는 서면으로써 <u>피공탁자의 최종주소가 기재된 판결문과 그 주소에 피공탁 자가 거주하지 않는다는 것을 소명할 수 있는 서면을 각 첨부하여야 할 것이다.</u>
이 경우 피공탁자가 판결문상의 최종주소에 거주하지 않는다는 것을 소명하는 서면의 예로써는, <u>피공탁자가 최종주 소에 거주하지 않는다는 내용의 통(반)장 또는 피공탁자의 최종주소에 주민등록을 한 거주민의 확인서, 피공탁자의 최종주소에 주민등록이 되어 있지 않다는 내용의 동장 확인서, 피공탁자의 최종주소로 발송한 우편물이 이사불명 또는 수취인부재 등으로 반송되었다는 취지가 기재된 최근의 우편송달보고서 또는 배달증명 등을 들 수 있을 것이다</u>(공탁선례 제1-6호).

(7) 공탁으로 인하여 소멸하는 질권 · 전세권 · 저당권

① 공탁으로 인하여 질권, 전세권 또는 저당권이 소멸하는 경우에는 그 질권, 전세권 또는 저당권을 공탁서의 "공탁으로 인하여 소멸하는 질권, 전세권 또는 저당권"란에 기재하여야 한다. 이는 피담보채무변제를 위한 변제공탁의 특별한 기재사항이다.[14]

② 공탁으로 인하여 질권 또는 저당권이 소멸하는 경우에는 공탁자는 공탁물을 회수할 수 없다(민법 제489조 제2항). 공탁으로 소멸하는 질권 또는 저당권을 공탁서의 해당란에 기재하지 않아도 공탁원인사실란에 그 공탁으로 인하여 특정 질권 또는 저당권 등이 소멸하는 취지의 기재가 있는 경우에는 공탁자는 역시 공탁물을 회수할 수 없게 될 것이다.

③ 사업시행자가 수용보상금을 공탁하는 경우에 수용대상토지에 등기된 지상권, 전세권, 저당권, 지역권, 임차권 등은 공탁서의 "공탁으로 인하여 소멸하는 질권, 전세권 또는 저당권"란에 기재할 사항[15]이 아니다.

> **수용보상금 공탁의 경우 공탁서상 토지소유자와 관계인의 표시 방법**
>
> 기업자가 관계인의 전세권, 지상권, 저당권 등의 각종 권리가 설정된 토지를 토지수용법에 의하여 수용하면서 그 보상금을 공탁하는 경우, 기업자로서는 먼저 토지소유자 또는 관계인 중에서 '보상금을 받을 자'를 특정한 다음 그 특정된 '보상금을 받을 자'만을 '공탁물을 수령할 자의 주소, 성명' 난에 기재하여야 할 것이고, '보상금을 받을 자' 즉 '공탁물을 수령할 자'가 아닌 관계인의 각종 권리 등은 공탁물을 수령할 자의 성명, 주소 난에는 물론 공탁으로 인하여 소멸하는 질권, 전세권 또는 저당권 난에도 기재할 수 없는 것이며, 만약 기업자가 토지소유자를 '보상금을 받을 자'로 특정하였다면 그 특정된 '보상금을 받을 자'인 토지소유자만을 '공탁물을 수령할 자의 주소, 성명' 난에 기재하고 관계인은 공탁서에 기재할 필요가 없다(공탁선례 제1-19호).

(8) 반대급부의 내용(공탁규칙 제20조 제2항 제7호)

① 채무자와 채권자 사이에 동시이행의 관계에 있는 경우에는 공탁자는 공탁서의 "반대급부의 내용"란에 피공탁자가 이행하여야 할 반대급부의 내용을 기재하고 변제공탁할 수 있다. 이는 변제공탁의 특유한 기재사항으로서 반대급부의 내용이 공탁서에 기재된 경우에는 피공탁자는 반대급부 이행증명서면을 첨부하지 않으면 공탁물을 수령할 수 없다.

② 그 기재 정도는 피공탁자가 반대급부내용을 정확히 이행할 수 있도록, 또한 출급청구시 공탁관이 그 반대급부가 이행되었는지 여부를 쉽게 판단할 수 있도록 구체적으로 기재하여야 한다. 그러나 채권자가 반대급부를 이행할 의무가 없음에도 불구하고 채무자가 이를 조건으로 공탁한 때에는 채권자가 이를 수락하지 않는 한 그 변제공탁은 효력이 없게 된다(대판 1979.10.30. 78누378).

> **조건부 변제공탁의 효력**
>
> 변제공탁의 경우 채권자가 반대급부 또는 기타 조건의 이행을 할 의무가 없음에도 불구하고 채무자가 이를 조건으로 공탁을 한 때에는 채권자가 이를 수락하지 않는 한 그 변제공탁은 효력이 없으며 이는 토지수용법상 보상금 지급과 동일시되는 보상금의 공탁에 있어서도 마찬가지이다(대판 1979.10.30. 78누378).

---

14) 그 기재 정도는 "공탁원인사실란에 기재된 부동산에 관한 ○○등기소 200 . . . 접수 제○○○호 순위 제1번의 근저당권"의 예와 같이 당해 권리가 특정될 수 있도록 구체적으로 기재하여야 한다.

15) 수용대상토지에 설정된 전세권, 저당권 등의 각종 권리는 수용보상금채권을 담보하는 권리가 아닐 뿐만 아니라 위 토지를 원시취득함에 따라 당연히 소멸되는 것이기 때문이다.

(9) 관공서의 명칭(공탁규칙 제20조 제2항 제8호)

이는 영업보증공탁의 특유한 기재사항으로서 공탁물의 출급 또는 회수에 관하여 관공서의 승인, 확인 또는 증명 등을 필요로 하는 경우에는 공탁서의 "관공서의 명칭과 사건명"란에 주무 관공서의 명칭과 관련번호 등을 기재한다.

(10) 법원의 명칭과 사건명(공탁규칙 제20조 제2항 제9호)

이는 재판상 담보공탁서의 특유한 기재사항으로서 공탁서의 "법원의 명칭과 사건"란에는 재판상의 절차와 관련된 공탁에 있어서 그 공탁을 명한 법원의 명칭과 사건명 및 사건번호를 기재하여야 한다.[16]

(11) 공탁법원의 표시(공탁규칙 제20조 제2항 제10호)

공탁서의 공탁법원란에는 당해 공탁서를 현실로 제출받는 법원의 명칭을 기재한다. 다만 "관할공탁소 이외의 공탁소에서의 공탁사건처리지침(행정예규 제1167호)"에 의하는 경우 특정 공탁소(접수공탁소)에 공탁서를 제출하더라도 공탁법원의 표시는 특정 공탁소(접수공탁소)가 아닌 관할공탁소를 표시하여야 한다.

(12) 공탁신청연월일(공탁규칙 제20조 제2항 제11호)

공탁서의 신청연월일란에는 공탁서를 현실로 제출하는 연월일을 기재한다.

사례해설

1. 공탁서(위임장)에는 기명날인 대신에 서명으로 갈음할 수 있고 날인이나 서명을 할 수 없을 때에는 무인으로 할 수 있다(공탁규칙 제11조 제1항). 따라서 공탁자 본인이 공탁신청을 하는 경우이든, 대리인이 위임장을 첨부하여 공탁신청을 하는 경우이든 인감도장을 날인하고 인감증명을 첨부할 필요는 없다.

2. 날인제도가 없는 외국인은 서명만으로써 공탁서 및 위임장의 기명날인을 대신할 수 있다(행정예규 제1083호 1).

---

16) 예컨대, 강제집행정지를 위한 담보공탁의 경우에는 'ㅇㅇ법원 200 . 카단ㅇㅇ호 강제집행정지 신청사건' 등으로 기재한다.

2. 공탁서 등의 기재방식

사례

甲은 공탁신청서를 작성하여 공탁하려는데 공탁서의 숫자에 관한 기재를 잘못하였다.

1. 그 숫자가 공탁금액란에 적힌 숫자라면 공탁서를 정정할 수 있는가?

2. 그 숫자가 공탁원인사실란에 기재된 숫자라면 정정할 수 있는가?

기재문자의 정정 등(공탁규칙 제12조)

① 공탁서, 공탁물 출급·회수청구서 그 밖에 공탁에 관한 서면에 적는 문자는 자획(字劃)을 명확히 하여야 한다.

② 공탁서, 공탁물 출급·회수청구서, 지급위탁서·증명서에 적은 금전에 관한 숫자는 정정(訂正), 추가나 삭제하지 못한다. 그러나 공탁서의 공탁원인사실과 청구서의 청구사유에 적은 금전에 관한 숫자는 그러하지 아니하다.

③ 정정, 추가나 삭제를 할 때에는 한 줄을 긋고 그 위쪽이나 아래쪽에 바르게 적거나 추가하고, 그 글자 수를 난외(欄外)에 적은 다음 도장을 찍어야 하며, 정정하거나 삭제한 문자는 읽을 수 있도록 남겨두어야 한다.

④ 제3항에 따라 정정 등을 한 서류가 공탁서이거나 공탁물 출급·회수청구서인 때에는 공탁관은 작성자가 도장을 찍은 곳 옆에 인감(제55조 제2항의 인감을 말한다. 이하 같다)도장을 찍어 확인하여야 한다.

계속 기재(공탁규칙 제13조)

① 공탁관에게 제출하는 서류에 관하여 양식과 용지의 크기가 정하여져 있는 경우에 한 장에다 전부 적을 수 없는 때에는 해당 용지와 같은 크기의 용지로서 적당한 양식으로 계속 적을 수 있다.

② 제1항의 경우에는 계속 용지임을 명확히 표시하여야 한다.

서류의 간인(공탁규칙 제14조)

① 공탁관에게 제출하는 서류가 두 장 이상인 때에는 작성자는 간인을 하여야 한다.

② 서류의 작성자가 여러 사람인 경우에는 그중 한 사람이 간인을 하면 된다.

③ 제1항 및 제2항의 서류가 공탁서이거나 공탁물 출급·회수청구서인 때에는 공탁관이 인감도장으로 간인을 하여 확인하여야 한다.

(1) 공탁서 등의 기재문자(공탁규칙 제12조 제1항)

공탁사무취급상의 변조 등을 방지하기 위하여 공탁서·공탁물지급청구서 기타 공탁에 관한 서면[17]에 기재하는 문자는 자획을 명확히 하여야 한다.

(2) 기재문자의 정정 등(공탁규칙 제12조 제2항, 제3항, 제4항)

① 공탁서 기타 지급청구서와 지급위탁서 또는 지급증명서에 기재한 금전에 관한 숫자는 정정, 가입 또는 삭제를 하지 못하나, 공탁서상 공탁원인사실의 기재와 청구서의 청구사유에 기재하는 경우에는 예외로 한다.

② 금전에 관한 숫자에 관한 규정임에 주의하여야 한다. 따라서 공탁서 등에 기재한 <u>금전에 관한 숫자 이외의 기재사항에 관하여는 정정, 가입 또는 삭제를 할 수 있다.</u>

---

17) '기타 공탁에 관한 서면'이라 함은 각종 공탁통지서, 공탁서 정정신청서, 대공탁·부속공탁청구서, 이의신청서, 열람·증명청구서 등을 말한다.

③ 위 정정 등을 한 서류가 공탁서이거나 공탁물출급·회수청구서인 때에는 이를 제출받은 공탁관은 지체 없이 작성자가 날인한 곳의 옆에 인감인을 찍어 확인하여야 한다.

④ **계속 기재**(공탁규칙 제13조) : 본 용지의 해당란에는 "별지와 같음"이라고 표시하고, 계속용지에는 "별지"라 고 기재하는 등의 조치를 취하여야 한다.

⑤ **서류의 간인**(공탁규칙 제14조)

　㉠ 공탁관에게 제출하는 서류가 두 장 이상으로 계속될 경우에는 작성자는 매장마다 간인을 찍어야 한 다. 이 경우 당해 서류의 <u>작성자가 다수일 때에는 그중 한 사람이 간인</u>을 찍으면 된다.

　㉡ 계속용지를 사용하는 서류가 공탁서이거나 공탁물출급·회수청구서인 때에는 이를 제출받은 공탁관 은 지체 없이 작성자가 날인한 곳[18] 옆에 인감인을 찍어 확인하여야 한다.

사례해설

1. **정정할 수 없다.**

　공탁서, 공탁물 출급·회수청구서, 지급위탁서·증명서에 적은 금전에 관한 숫자는 정정(訂正), 추가나 삭제하지 못한다(공탁규칙 제12조 제2항 본문).

2. **정정할 수 있다.**

　공탁서의 공탁원인사실과 청구서의 청구사유에 적은 금전에 관한 숫자는 정정(訂正), 추가나 삭제할 수 있다(공탁규 칙 제12조 제2항 단서).

Ⅳ　공탁서의 첨부서면

사례

甲은 의성 김씨 학봉파 종중의 대표자이다. 긴급한 자금이 필요하여 서울 박씨 시대파(종중 대표 박○○)로부터 금 1억원을 빌린 바 있다. 이를 변제하고자 공탁신청서를 작성하여 소정의 첨부서면을 첨부하고자 한다.

1. 피공탁자를 기재할 때 종중의 대표 박○○를 기재하고 대표자격증명서면을 첨부하여야 하는가?

2. 공탁자를 기재할 때 甲을 기재하고 甲이 종중의 대표자임을 증명하는 서면으로 민사재판절차에서 의성 김씨 학봉파 의 실체와 甲의 자격을 인정하는 판결정본을 첨부할 수 있는가?

자격증명서 등의 유효기간(공탁규칙 제16조)

공탁관에게 제출하는 다음 서면은 발급일로부터 3월 이내의 것이어야 한다.

1. 대표자나 관리인의 자격 또는 대리인의 권한을 증명하는 것으로서 관공서에서 발급받은 서면
2. 제21조 제3항의 주소를 소명하는 서면으로서 관공서에서 발급받은 서면
3. 인감증명서

---

18) 공탁관이 인감인을 찍는 경우는 공탁서와 공탁출급(회수)청구서에 작성자가 날인한 정정인이나 간인이 찍혀 있는 경우이다.

첨부서면(공탁규칙 제21조)

① 공탁자가 법인인 경우에는 대표자 또는 관리인의 자격을 증명하는 서면(법인등기사항전부증명서), 법인 아닌 사단이나 재단일 경우에는 정관이나 규약과 대표자 또는 관리인의 자격을 증명하는 서면(대표자선출회의록)을 공탁서에 첨부하여야 한다.

② 대리인이 공탁하는 경우에는 대리인의 권한을 증명하는 서면(위임장, 가족관계증명서)을 첨부하여야 한다.

③ 변제공탁을 하는 경우에 피공탁자의 주소를 표시하는 때에는 그 주소를 소명하는 서면을, 피공탁자의 주소가 불명인 경우에는 이를 소명하는 서면을 첨부하여야 한다.

첨부서면의 생략(공탁규칙 제22조)

같은 사람이 동시에 같은 공탁법원에 여러 건의 공탁을 하는 경우에 첨부서면의 내용이 같을 때에는 1건의 공탁서에 1통만을 첨부하면 된다. 이 경우 다른 공탁서에는 그 뜻을 적어야 한다.

공탁통지서 등 첨부(공탁규칙 제23조)

① 공탁자가 피공탁자에게 공탁통지를 하여야 할 경우에는 피공탁자의 수만큼 공탁통지서를 첨부하여야 한다.

② 제1항의 경우 「우편법 시행규칙」 제25조 제1항 제4호 다목에 따른 배달증명을 할 수 있는 우편료를 납부하여야 한다.

③ 공탁관은 제1항의 공탁통지서를 발송하기 위한 봉투 발신인란에 공탁소의 명칭과 그 소재지 및 공탁관의 성명을 적어야 한다.

기명식유가증권을 공탁하는 요건(공탁규칙 제24조)

기명식(記名式)유가증권(예 어음)을 공탁하는 경우에는 공탁물을 수령하는 자가 즉시 권리를 취득할 수 있도록 유가증권에 배서(背書)를 하거나 양도증서를 첨부하여야 한다.

공탁통지(공탁규칙 제67조)

① 공탁자가 피공탁자의 외국주소로 공탁통지를 하여야 할 경우에는 수신인란에 로마문자(영문)와 아라비아 숫자로 피공탁자의 성명과 주소를 적은 국제특급우편 봉투와 우편요금을 첨부하여야 한다.

1. 자격증명서[19]

(1) 공탁자가 법인인 경우

등기사항전부증명서 등 : 공탁자가 법인인 경우에는 법인등기사항증명서 등 대표자 또는 관리인의 자격을 증명하는 서면을 공탁서에 첨부하여야 한다. 위 증명서면으로서 관공서에서 작성하는 증명서는 작성일로부터 3월 이내의 것이어야 한다.

공탁자가 외국회사인 경우 대표자의 자격증명서면

(1) 공탁자가 대한민국 내 영업소설치의 등기가 되어 있지 아니한 외국회사이므로 회사의 등기사항증명서에 의하여 그 대표자의 자격을 증명할 수 없는 경우에는, 외국회사 본국의 관할관청 또는 대한민국에 있는 그 외국의 영사의 인증을 받은 "대표자의 자격을 증명하는 서면" 및 그 번역문을 그에 갈음하여 제출하면 되고,

(2) 날인제도가 없는 외국인은 서명만으로 날인에 대신할 수 있으므로 인감증명서의 첨부를 요하는 공탁금출급·회수청구서(대표자의 직접 청구의 경우)또는 위임장(대리인에 의한 청구의 경우)의 서명이 본인의 것임을 증명하는 외국회사 본국의 관할관청의 증명이나 공증인의 공증서면 및 그 번역문을 첨부함으로써 인감증명서의 제출에 갈음할 수 있다[20](공탁선례 제1-5호).

---

19) 공탁자의 것을 의미한다. 피공탁자의 경우에는 자격증명서면을 첨부하지 않는다.
20) 공탁을 신청할 때가 아닌 공탁물출급 회수청구를 할 때이다.

(2) 공탁자가 비법인 사단 또는 재단인 경우

① **정관 기타 규약과 대표자선출회의록** : 공탁자가 법인 아닌 사단이나 재단일 경우에는 정관이나 규약과 대표자 또는 관리인의 자격을 증명하는 서면을 공탁서에 첨부하여야 한다. 위 증명서면은 관공서에서 작성하는 증명서가 아니므로 작성일로부터 3월 이내의 것일 필요는 없다.

> **비법인 사단 또는 재단의 대표자 등의 자격증명서면**
>
> 가. 공탁자가 법인 아닌 사단 또는 재단일 경우에는 정관 기타 규약과 대표자 또는 관리인의 자격을 증명하는 서면을 공탁서에 첨부하여야 한다고 공탁사무처리규칙 제20조 제1항에서 규정하고 있는바, ① 정관 기타 규약은 비법인의 실체(명칭, 주사무소, 목적, 총회, 운영위원회, 의결사항, 임원 및 대표자 선임에 관한 사항 등)를 증명하는 서면으로서, 그리고 그 사단은 대표자 또는 관리인을 통하여 사회적 활동이나 거래 등을 하기 때문에 ② 대표자의 자격을 증명하는 서면으로서 회의록(또는 대표자선임결의서)을 첨부하도록 하는 것이므로 이 규정을 예시적으로 보아 다른 서면을 첨부하여 공탁할 수는 없다 할 것이다.
>
> 나. 민사본안 재판절차에서 비법인 사단의 실체와 대표자의 자격을 인정하는 판결이 선고된 경우라도, 이는 변론종결일을 기준으로 한 것이므로 그 후에 이루어진 사단의 소멸, 사단의 명칭 또는 대표자의 변경사실을 위 판결만으로는 확인할 수 없을 것이다. 따라서 그 판결문만을 첨부하여 공탁할 수는 없을 것이며, 반드시 정관 기타 규약과 대표자의 자격을 증명하는 서면을 첨부하여야 할 것이다(공탁선례 제1-90호).

② **종중등록 증명서** : 비법인 사단의 대표적인 예가 될 수 있는 종중의 경우에도 그 대표자 또는 관리인의 자격을 증명하는 서면은 종중규약에 따라 대표자로 선출된 회의록 등이고, 부동산등기용 등록번호를 증명하는 서면인 종중등록 증명서는 대표자의 자격을 증명하는 서면에 해당되지 않는다(공탁선례 제1-89호).

> **종중재산에 대한 토지수용보상금 수령시에 소요되는 구비서류**
>
> 1. 종중이 공탁금을 수령하고자 하는 경우 그 종중의 규약과 대표자의 자격을 증명하는 서면을 첨부하여야 하며, 대표자의 자격을 증명하는 서면으로서는 동 규약이 정하는 바에 따라 대표자를 선출한 회의록 등이 있으나, 시장·군수가 발행하는 부동산등기용등록번호를 증명하는 등록증명서를 대표자의 자격을 증명하는 서면으로서는 볼 수 없으며,
> 2. 인감증명서는 대표자 개인의 인감증명서를 제출해도 무방할 것이다(공탁선례 제2-86호).[21]

(3) 대리인에 의하여 공탁하는 경우

법무사 등 임의대리인에 의하여 공탁하는 경우에는 그 권한의 위임이 되어 있음을 증명하는 위임장을 첨부하여야 하고, 친권자, 후견인 등 법정대리인의 자격을 증명하는 서면은 가족관계증명서 또는 후견인선임심판서 등본 등이 있다.

(4) 공탁자가 타인의 재산관리인인 경우

공탁자가 타인의 재산관리인인 경우에는 명문의 규정은 없지만 공탁규칙 제21조 제1항 또는 제2항을 준용하여 재산관리인의 자격을 증명하는 서면을 첨부하여야 한다. 파산관재인의 경우는 파산관재인 선임증명서, 유언집행자의 경우는 그 선임심판서 등본 등이 이에 해당된다.

---

21) 공탁자인 경우 인감증명은 불요하나, 피공탁자로서 공탁금을 출급하는 경우이기 때문에 인감증명이 필요하다.

(5) 자격증명서면의 유효기간

관공서에서 작성[22]하는 자격증명서(가족관계증명서, 후견인선임심판서 등본, 등기사항전부증명서 등)는 작성일로부터 3월 이내의 것이어야 한다(공탁규칙 제16호).

① 법인이 공탁하는 경우와 공탁물을 출급·회수하는 경우에 첨부하는 등기사항전부증명서는 관공서에서 작성하는 대표자의 자격을 증명하는 서면이므로 작성일로부터 3월 이내일 것이 요구된다.

② 가족관계증명서, 후견인선임 심판서 등본, 파산관재인 선임증명서, 유언집행자 선임심판서 등본 등은 관공서에서 작성한 대표자의 권한을 증명하는 서면이므로 작성일로부터 3월 이내의 것을 첨부하여야 한다.

③ 그러나 위임장, 정관이나 규약 또는 대표자 선출회의록 등은 관공서에서 작성한 서면이 아니므로 작성일로부터 3월 이내의 것을 첨부할 필요가 없다.

(6) 형사공탁의 경우

형사공탁을 하는 경우에 공탁자는 해당 형사사건이 계속 중인 법원을 확인할 수 있는 서면, 피해자를 특정할 수 있는 명칭이 기재된 공소장 부본이나 조서·진술서·판결서 사본, 법령 등에 따라 피해자의 인적사항을 알 수 없음을 확인할 수 있는 서면을 첨부하여야 한다. 이때 "법령 등에 따라 피해자의 인적사항을 알 수 없음을 확인할 수 있는 서면"이란 해당 형사사건에 적용되는 법령 등에서 피해자의 인적사항 공개를 금지하거나 피해자의 인적사항에 대한 열람·복사를 할 수 없는 등의 사정으로 피해자의 인적사항을 알 수 없음을 확인할 수 있는 서면(공소장, 재판장에 의하여 불허가된 재판기록 열람·복사 신청서 사본 등), 그 밖의 "법령 등에 따라 피해자의 인적사항을 알 수 없음을 확인할 수 있는 서면"에 해당함을 공탁관이 확인할 수 있는 서면을 말한다(공탁규칙 제83조, 형사공탁지침 제6조).

2. 주소소명서면 등

변제공탁하는 경우에 피공탁자의 주소를 표시하는 때에는 그 주소를 소명하는 서면을, 피공탁자의 주소가 불명인 경우에는 그 사유를 소명하는 서면을 첨부하여야 한다(공탁규칙 제21조 제3항).

(1) 주소소명서면

주소를 소명하는 서면으로서 관공서에서 발급받은 서면은 그 발급일로부터 3월 이내의 것을 첨부하여야 한다(공탁규칙 제16조 제2호).

① 현 주민등록표등·초본 : 피공탁자의 주소를 소명하는 서면은 원칙적으로 피공탁자의 현재 주민등록표등·초본이다. 따라서 재결서나 판결문에 피공탁자의 주소가 표시되어 있고 표시된 주소가 주민등록표등·초본상의 주소와 일치되거나 그 주소지로 판결정본 등이 송달된 바 있다 하더라도 재결서나 판결문은 주소가 불명인 경우에 그 사유를 소명하는 서면으로 볼 수는 있어도 직접 주소를 소명하는 서면으로 볼 수는 없다(공탁선례 제1-7호).

> **보상금 공탁 시 주소를 소명하는 주민등록 첨부 여부**
> 토지수용보상금을 공탁함에 있어 공탁서에 피공탁자의 주소를 표시하는 때에는 그 주소를 소명하는 서면을 첨부하여야 하는 바, 이 서면은 원칙적으로 피공탁자의 주민등록표등·초본이어야 한다(공탁선례 제1-8호).

---

22) 관공서에서 작성하는 자격증명서라 함은 관공서가 제3자로서 증명한 증명서만을 의미하므로, 관공서가 본인으로서 작성한 위임장은 작성일로부터 3월이 경과한 것이라도 무방하다.

② **상대적 불확지공탁** : 채권자 상대적 불확지공탁을 하는 경우에는 피공탁자로 기재된 자 모두의 주소소명서면을 제출하여야 한다.

③ **주소증명이나 거주사실증명 또는 주소를 공증한 공정증서** : 피공탁자가 외국인인 경우 본국관공서의 주소증명 또는 거주사실증명, 주소증명을 발급하는 기관이 없는 경우에는 주소를 공증한 공정증서를 주소소명서면으로 본다. 또한, 주소증명서에 대신할 수 있는 증명서(신분증, 여권, 외국인등록사실증명서, 국내거소신고사실증명서 등)를 본국 및 대한민국의 관공서에서 발급하는 경우 그 증명서 및 공탁관이 원본과 동일함을 인정한 사본도 주소증명서면으로 본다(행정예규 제1083호 제3조).

> **채무이행지는 국내이나 채권자 주소가 국내에 없는 경우 주소소명서면**
> 외국에 주소를 가진 자에 대한 금전채무를 국내에서 이행하기로 약정된 경우에 그 채무액을 변제공탁하고자 하는 경우 공탁서상의 피공탁자의 주소는 외국의 현주소를 기재하고, 그 주소를 소명하는 서면(⑩ 소송위임장에 기재된 외국의 주소에 관하여 관할법원에서 발부한 증명서)을 첨부하여 채무이행지를 관할하는 공탁소에 공탁할 수 있다 (공탁선례 제2-110호).

④ **주민등록표등·초본이나 재외국민등록부등본·주소공증서면** : 피공탁자가 재외국민인 경우는 주민등록표등·초본 또는 재외국민등록부등본(다만, 주재국에 대한민국 재외공관이 없는 경우에는 주소를 공증한 서면)을 주소소명서면으로 본다.

(2) 주소불명사유 소명서면

① **최종주소를 소명하는 서면 및 불거주소명서면** : 피공탁자의 주소가 불명인 경우에는 그 사유를 소명하는 서면을 첨부하여야 한다.

② 그 사유를 소명하는 서면으로서 피공탁자의 최종주소를 소명하는 서면(변제공탁의 직접 원인이 되는 계약서·재판서·재결서 등과 등기사항증명서, 토지대장, 공탁서, 말소된 주민등록표등·초본 등) 및 그 주소지에 피공탁자가 거주하지 않는다는 것을 소명하는 자료 등을 첨부하여야 한다(공탁선례 제1-7호 참조).

> **피공탁자의 주소소명서면과 주소불명사유 소명서면**
> 피공탁자의 주소를 소명하는 서면은 원칙적으로 피공탁자의 현 주민등록표등·초본이라야 할 것이므로 판결문을 주소를 증명하는 서면으로 할 수는 없을 것이다. 다만 채권자가 판결문상의 주소지에 주민등록을 한 사실이 없고 실제 거주한 사실도 없어 채권자의 현주소 불명으로 인한 수령불능을 사유로 변제공탁을 하는 경우에는, 공탁서 상 피공탁자의 주소는 불명으로 기재하되 괄호 안에 확인된 최종주소인 판결문상의 주소를 참고로 기재하고 피공탁자(채권자)의 주소가 불명인 사유를 소명하는 서면으로써 ㉠ 피공탁자의 최종주소가 기재된 판결문과 ㉡ 그 주소에 피공탁자가 거주하지 않는다는 것을 소명할 수 있는 서면을 각 첨부하여야 할 것이다. 이 경우 피공탁자가 판결문상의 최종주소에 거주하지 않는다는 것을 소명하는 서면의 예로서는, ㉠ 피공탁자가 최종주소에 거주하지 않는다는 내용의 통(반)장 또는 피공탁자의 최종주소에 주민등록을 한 거주민의 확인서, ㉡ 피공탁자의 최종주소에 주민등록이 되어 있지 않다는 내용의 동장 확인서, ㉢ 피공탁자의 최종주소로 발송한 우편물이 이사불명 또는 수취인부재 등으로 반송되었다는 취지가 기재된 최근의 우편송달보고서 또는 배달증명 등을 들 수 있을 것이다 (공탁선례 제1-6호).

(3) 주소소명서면 등의 면제

행정예규 제1015호[행정정보 공동이용에 따른 공탁사무처리지침]

제1조(목적)

제2조(행정정보의 공동이용)

공탁사무와 관련하여 공탁, 공탁금 출급·회수청구 등의 신청인(이하 "신청인"이라 한다)이 행정정보의 공동이용에 사전 동의하는 경우, 신청인에 대한 주민등록표 등본·초본 등 행정정보 공동이용을 통하여 확인할 수 있는 정보에 대하여는 이를 행정정보 공동이용을 통하여 공탁관이 확인하고 해당 서면의 제출을 면제할 수 있다. 다만, 해당 행정기관의 전산시스템 장애 등으로 공탁관이 그 행정정보를 당일 확인할 수 없는 경우에는 그러하지 아니하다.

제3조(사전 동의 방법)

① 신청인이 행정정보 공동이용에 사전 동의하는 경우 제출하여야 하는 서면은 별지 서식과 같다.
② 전자공탁시스템을 이용하여 사전 동의서를 제출하는 경우 신청인은 전자공탁시스템에서 제공하는 방식으로 제1항의 서면을 작성하고 신청인의 전자서명을 하여야 하며, 자격자대리인(변호사, 법무사)이 이를 제출하는 때에는 신청인과 자격자대리인의 전자서명을 함께 제출하여야 한다.

행정예규 제1083호[외국인 등을 위한 공탁신청에 관한 지침]

제1조(외국인의 기명날인)

날인의 제도가 없는 국가에 속하는 외국인은 서명만으로써 공탁서 및 위임장의 기명날인을 대신할 수 있다.

제2조(외국인 등의 주민등록번호)

공탁서 성명란의 주민등록번호는 공탁당사자가 외국인일 경우 여권번호, 외국인등록번호, 국내거소신고번호로, 재외국민일 경우 여권번호로 대신할 수 있다. 단, 피공탁자의 경우 이를 확인할 수 있는 자료(여권사본, 외국인등록 사실증명서, 국내거소신고사실증명서 등)를 첨부하여야 한다.

제3조(주소소명서면)

① 외국인의 경우는 본국 관공서의 주소증명 또는 거주사실증명, 주소증명을 발급하는 기관이 없는 경우에는 주소를 공증한 공정증서를, 재외국민의 경우는 주민등록표등·초본 또는 재외국민등록부등본(다만, 주재국에 대한민국 재외공관이 없는 경우에는 주소를 공증한 서면)을 주소소명서면으로 본다.
② 제1항 외에 주소증명서에 대신할 수 있는 증명서(신분증, 여권, 외국인등록사실증명서, 국내거소신고사실증명 서 등)를 본국 및 대한민국의 관공서에서 발급하는 경우 그 증명서 및 공탁관이 원본과 동일함을 인정한 사본도 주소소명서면으로 본다.
③ 공탁관은 제1항 및 제2항에 따라 제출된 문서가 외국 공무원이 발행하였거나 외국 공증인이 공증한 문서인 경우 그 문서에 찍힌 도장 또는 서명의 진위 여부와 그 공무원이나 공증인의 직위를 확인하기 위하여 「재외공관 공증법」 제30조 제1항 본문에 따른 영사관의 확인 또는 「외국공문서에 대한 인증의 요구를 폐지하는 협약」에서 정한 아포스티유(Apostille) 확인을 받아 제출하게 할 수 있다.

제4조(주소불명의 경우)

피공탁자가 외국인이거나 재외국민으로 주소가 분명하지 아니한 경우 공탁의 직접 원인이 되는 서면(계약서, 재판 서, 재결서, 등기사항증명서, 토지대장, 말소된 주민등록표 등·초본 등)에 나타난 주소지를 최종주소지로 기재하 고, 그 최종주소지에 피공탁자가 거주하지 않는다는 것을 소명하는 서면(발송된 우편물이 이사불명 등으로 반송되 었다는 취지가 기재된 최근의 배달증명서 등)을 제출하여야 한다.

제1장
제2장
제3장
제4장
제5장
제6장
제7장
제8장
제9장
제10장
제11장
제12장
제13장
제14장
제15장

3. 공탁통지서

(1) 의 의

① 피공탁자에게 변제공탁의 내용과 공탁물출급청구권이 발생하였음을 알려주는 기능을 하는 공탁의 통지는 본래 공탁자가 하여야 한다(민법 제488조 제3항).

② 그러나 공탁규칙은 공탁통지를 확실하게 하기 위하여 공탁신청 시 공탁자로 하여금 공탁통지서를 제출하도록 하고 공탁물이 납입된 후에 <u>공탁물보관자로부터 공탁규칙 제27조의 전송이나 공탁물품납입통지서를 받은 때에는 공탁관이 공탁자를 대신하여 피공탁자에게 공탁통지서를 발송하도록 하고 있다</u>(공탁규칙 제29조 제1항).

(2) 공탁통지를 하여야 할 경우

① 민법 제487조의 규정에 의한 변제공탁뿐만 아니라 기타 법령(민사집행법 제258조 제6항)에 의한 변제공탁의 경우에도 원칙적으로 포함한다.

② 상대적 불확지공탁의 경우에도 피공탁자들 모두에게 공탁통지를 하여야 하므로 피공탁자의 수에 따른 공탁통지서를 제출하여야 한다.

③ 피공탁자의 주소불명을 원인으로 변제공탁하였거나, 절대적 불확지 변제공탁을 한 경우에는 <u>공탁신청 당시에는 공탁통지서를 첨부할 필요가 없으나</u>, 후일 판명된 주소로 <u>피공탁자의 주소를 정정하거나</u>(공탁규칙 제27조의2 제6항), 나중에 채권자가 판명되어 그 자를 피공탁자로 지정한다는 공탁서 정정신청을 하는 경우에는 <u>공탁통지서를 첨부하여야 한다.</u>

④ 민사집행법 제248조 제1항에 의하여 제3채무자가 금전채권액의 일부에 대한 압류를 원인으로 압류에 관련된 금전채권액 전액을 공탁한 경우에는 공탁금 중에서 압류의 효력이 미치지 않는 부분은 변제공탁의 성질을 가지므로, 공탁신청 시 <u>압류채무자를 피공탁자로 기재</u>하여야 하며 공탁자는 피공탁자에게 발송할 <u>공탁통지서를 첨부</u>하여야 한다(행정예규 제1018호 참조).

⑤ 민사집행법 제291조 및 제248조 제1항에 의하여 제3채무자가 금전채권에 대한 가압류를 원인으로 하는 공탁은 형식은 집행공탁이지만 실질은 채권자인 가압류채무자를 피공탁자로 하는 일종의 변제공탁이라 할 수 있으므로, 공탁신청 시 <u>가압류채무자를 피공탁자로 기재</u>하여야 하며 공탁자는 피공탁자에게 발송할 <u>공탁통지서를 첨부</u>하여야 한다(행정예규 제1018호 참조).

⑥ 혼합공탁의 경우 피공탁자의 수(상대적 불확지)만큼 공탁통지서를 첨부하여야 한다.

민사집행법 제258조 제6항 및 민사집행규칙 제142조 제3항에 의한 공탁
민사집행법 제258조 제6항 및 민사집행규칙 제142조 제3항에 의한 공탁은 그 내용이 피공탁자의 수령지체 등을 원인으로 하는 **변제공탁이므로** 이 규정에 의한 공탁을 할 때에는 규칙 제22조의 규정에 따라 <u>공탁통지서를 첨부하여야 한다</u>(공탁선례 제200603-2호).

---

(3) 공탁통지서의 첨부

① 공탁자가 피공탁자에게 공탁통지를 하여야 할 경우에는 피공탁자의 수만큼 공탁통지서를 첨부하여야 한다(공탁규칙 제23조 제1항).

② 공탁관은 제1항의 공탁통지서를 발송하기 위한 봉투 발신인란에 공탁소의 명칭과 그 소재지 및 공탁관의 성명을 적어야 한다(공탁규칙 제23조 제3항).

4. 기명식 유가증권의 양도증서 등

공탁자가 기명식 유가증권[23]을 공탁하려고 하는 때에는 공탁물을 수령하는 자가 즉시 권리를 취득할 수 있도록 배서를 하거나 또는 양도증서를 첨부해야 하는데(공탁규칙 제24조), 현실적으로는 양도증서를 공탁물 보관자에게 제출한다.

5. 채권압류 또는 가압류결정문 사본 등

① 제3채무자가 민사집행법 제248조에 의하여 공탁하는 경우에는 공탁신청 시 가압류·압류결정문 사본을 첨부하여야 한다(행정예규 제1018호 참조).

② 재판상 담보공탁의 경우는 담보제공명령서 사본을 첨부하여야 한다.

③ 가압류해방공탁의 경우에도 가압류결정사본을 첨부하여야 하는 등 여러 공탁사건에서 재판서 등을 첨부 하는 경우가 있다.

6. 공탁금회수제한신고서를 제출하는 경우

① 변제공탁자는 공탁신청과 동시에 또는 공탁을 한 후에 "피공탁자의 동의가 없으면 특정 형사사건에 대하 여 불기소결정(단, 기소유예는 제외)이 있거나 무죄판결이 확정될 때까지 회수청구권을 행사하지 않겠 다."는 취지를 기재한 서면(공탁금회수제한신고서)을 제출할 수 있다(행정예규 제1014호 참조).[24]

② 위 서면이 제출된 경우에는 공탁자의 회수청구권에 관하여 압류통지서가 접수된 경우에 준하여 처리하 고, 공탁금을 납입한 공탁자가 동 서면의 부본을 제출하여 요구하면 그 부본에 동 서면의 접수사실을 확인하고 기명날인하여 교부한다.

③ 그러나 공탁금회수제한신고서의 제출은 임의적인 것이므로 불법행위로 인한 손해배상의 채무자가 변제 공탁제도를 악용하는 사례를 방지하기 위하여 형사재판에서 공탁사실을 양형에 참작함에 있어서는 공탁 금회수제한신고서가 첨부되었는지 여부를 확인하도록 하고 있다(재형 제2000-4호).

---

23) 무기명식 유가증권의 경우에는 배서나 양도증서의 첨부가 필요 없다.

24) 공탁관에게 제출하는 서면에 날인 대신 서명을 할 수 있도록 함에 따라 공탁금 회수제한신고서에 찍힌 인영이 공탁서에 찍힌 인영과 다를 때에만 공탁자의 인감증명서를 첨부하도록 하는 내용은 더 이상 유지할 필요가 없어 이를 삭제함(행정예규 제777호, 현 제1014호), 개정공탁규칙 제37조 제3항에 의하면 종전 공탁규칙 제35조 제3항 나호에서 공탁서와 공탁금회수청구서에 날인한 공탁자의 인영이 동일한 경우 인감증명의 첨부를 면제하였던 규정 을 삭제하였으므로 이제는 공탁서와 공탁물회수청구서에 날인한 공탁자의 인영이 다른 경우이든 동일한 경우이든 공탁자의 인감증명을 첨부(관공서나 공탁금액이 1천만원 이하가 아닌 한)하여야 한다.

7. 첨부서면의 생략 등

동일 공탁법원에 대하여 동일인이 동시에 수건의 공탁을 하는 경우에 첨부서면의 내용이 동일한 것이 있는 때에는 1건의 공탁서에 1통만 첨부하면 되고, 이 경우에 다른 공탁서에는 그 뜻을 기재하여야 한다(공탁규칙 제22조).[25]

8. 원본인 첨부서면의 반환

공탁서, 공탁서 정정신청서, 대공탁·부속공탁청구서, 공탁물출급·회수청구서 등에 첨부한 원본인 서면의 반환을 청구하는 경우에 청구인은 그 원본과 같다는 뜻을 적은 사본을 제출하여야 한다. 공탁관이 서류의 원본을 반환할 때에는 그 사본에 원본을 반환한 뜻을 적고 도장을 찍어야 한다(공탁규칙 제15조).

사례해설

1. 첨부할 필요 없다.

공탁자가 법인 아닌 사단이나 재단일 경우에는 정관이나 규약과 대표자 또는 관리인의 자격을 증명하는 서면을 공탁서에 첨부하여야 한다(공탁규칙 제21조 제1항). 그러나 피공탁자가 법인 아닌 사단이나 재단일 경우에는 대표자 등의 자격을 증명하는 서면을 첨부할 필요도 없고 기재사항도 아니다.

2. 첨부할 수 없다.

판결문상에 사단의 실체 및 대표자가 표시되어 있다고 하더라도 그 판결문만을 첨부하여 공탁할 수는 없을 것이며, 반드시 정관 기타 규약과 대표자의 자격을 증명하는 서면을 첨부하여야 할 것이다(공탁선례 제1-90호).

정리 #3	공탁신청 시 첨부서면					
첨부서면	공탁의 종류	변제공탁	재판상 담보공탁	집행공탁		
				압류된	압류와 관련된	가압류
공탁자	자격증명서면	○				
피공탁자	주소소명서면	○	×	×	○	○
특이서면		공탁통지서	×	×	공탁통지서	
		회수제한 신고서	담보제공명령사본	압류명령사본		가압류 명령사본

---

25) 예컨대, 첨부서면이 생략된 다른 공탁서의 비고란에는 "법인등기사항증명서는 ○○년 금 제○○호 공탁서에 첨부한 것을 원용함"이라고 기재한다.

제1장

제2장

제3장

제4장

제5장

제6장

제7장

제8장

제9장

제10장

제11장

제12장

제13장

제14장

제15장

정리 #4 자격증명서면

자격증명서면 첨부 ○		자격증명서면 첨부 ×
관공서 작성(3월 이내)	관공서 작성 ×(3월 이내 ×)	• 주민등록등 · 초본
• 등기사항전부증명서	• 위임장	• 인감증명서
• 가족관계증명서	• 정관 · 규약 및 대표자선출회의록	• 종중등록증명서
• 후견인선임심판서등본		

정리 #5 외국인 등을 위한 공탁신청(행정예규 제1083호)

구 분		개인(내국인)	재외국민	외국인	법 인
공탁자	자격증명	위의 '정리 4' 참조			
	기명날인	기명날인(서명 또는 무인)			
피공탁자	등록번호	주민번호	여권번호	• 여권번호 • 외국인등록번호 • 국내거소신고번호	법인등록번호
	등록 번호증명	주민등록 등 · 초본	여권사본	• 여권사본 • 외국인등록사실증명서 • 국내거소신고사실증명서	등기사항 전부증명서
	주소소명		• 주민등록등 · 초본 • 재외국민등록부등본 • 주소공정증서	• 주소증명 • 거주사실증명 • 주소공정증서	
	불명 사유소명	• 판결서 · 재결서 · 계약서 · 등기사항증명서 · 말소된 주민등록등 · 초본 • 불거주소명			−

제2절 ┃ 공탁의 성립(공탁의 수리 및 공탁물 납입)

사례

甲은 乙로부터 금 1억원을 빌리면서 甲소유의 부동산에 채권최고액 1억 3천만원, 채권자 乙로 하는 근저당권을 설정하였다. 甲은 변제공탁을 하면서 공탁원인사실란에 피담보채무와 근저당권의 말소등기를 동시이행하기로 하는 특약이 있음을 기재하고 근저당권설정등기에 필요한 서류 일체의 교부를 반대급부로 하여 변제공탁을 신청하였다.

1. 공탁관은 동시이행의 특약이 있는지 여부를 심사할 수 있는가?

2. 공탁관이 위 공탁신청을 수리한 경우, 근저당채무의 변제와 근저당권설정등기의 말소를 동시이행하기로 하는 특약을 한 사실이 없다면 근저당채무변제의 효과는 발생하는가?

공탁신청서류 조사(공탁규칙 제25조)

공탁관이 공탁신청서류를 접수한 때는 상당한 사유가 없는 한 지체 없이 모든 사항을 조사하여 신속하게 처리하여야 한다.

수리절차(공탁규칙 제26조)

① 공탁관이 공탁신청을 수리할 때에는 공탁서에 다음 각 호의 사항을 적고 기명날인한 다음 1통을 공탁자에게 내주어 공탁물을 공탁물보관자에게 납입하게 하여야 한다.
  1. 공탁을 수리한다는 뜻
  2. 공탁번호
  3. 공탁물 납입기일
  4. 납입기일까지 공탁물을 납입하지 않을 경우에는 수리결정의 효력이 상실된다는 뜻
② 공탁관이 제1항에 따라 공탁신청을 수리한 때에는 주요사항을 전산등록하고, 공탁물보관자에게 그 내용을 전송하여야 한다. 다만, 물품공탁의 경우에는 공탁물보관자에게 전송하는 대신 공탁자에게 공탁물품납입서 1통을 주어야 한다.
③ 공탁자가 제1항 제3호의 납입기일까지 공탁물을 납입하지 않을 때는 그 수리결정은 효력을 상실한다.
④ 제3항의 경우에는 원장에 그 뜻을 등록하여야 한다.

공탁물 납입절차(공탁규칙 제27조)

공탁물보관자가 공탁물을 납입받은 때에는 공탁서에 공탁물을 납입받았다는 뜻을 적어 공탁자에게 내주고, 그 납입사실을 공탁관에게 전송하여야 한다. 다만, 물품을 납입받은 경우에는 공탁물품납입통지서를 보내야 한다.

계좌입금에 의한 공탁금 납입(공탁규칙 제28조)

① 공탁관은 금전공탁에서 공탁자가 자기의 비용으로 계좌납입을 신청한 경우 공탁금보관자에게 가상계좌번호를 요청하여 그 계좌로 공탁금을 납입하게 하여야 한다.
② 제1항의 방법으로 공탁금이 납입된 경우 공탁금보관자는 공탁관에게 공탁금이 납입된 사실을 전송하여야 한다.
③ 제2항의 전송을 받은 공탁관은 공탁서에 공탁금이 납입되었다는 뜻을 적어 공탁자에게 내주거나 배달증명 우편으로 보내야 한다.

공탁통지서의 발송(공탁규칙 제29조)

① 공탁관은 제27조의 전송이나 공탁물품납입통지서를 받은 때에는 제23조의 공탁통지서를 피공탁자에게 발송하여야 한다.
② 제1항의 통지서에는 공탁번호, 발송연월일과 공탁관의 성명을 적고 직인을 찍어야 한다.
③ 공탁통지서를 발송한 경우 그 송달정보는 전산정보처리조직에 의하여 관리하여야 한다.
④ 공탁통지서가 반송된 경우에는 이를 공탁기록에 편철하여야 한다.

각종 부기문의 기재(공탁규칙 제36조)

① 공탁서와 청구서 등에 적을 부기문은 그 서면의 여백에 적을 수 있다. 그러나 다른 용지에 적을 때는 직인으로 간인을 하여야 한다.
② 제1항의 서면 중 1통을 제출자나 공탁물보관자에게 내주는 때에는 두 서면에 직인으로 계인(契印)을 찍어야 한다.

불수리 결정(공탁규칙 제48조)

① 공탁관이 공탁신청이나 공탁물 출급·회수청구를 불수리할 경우에는 이유를 적은 결정으로 하여야 한다.
② 제1항의 불수리 결정에 관하여 필요한 사항은 대법원 예규로 정한다.

I 공탁관의 심사

1. 심사방법 및 대상

① 공탁관이 공탁신청서류를 접수한 때는 상당한 사유가 없는 한 지체 없이 모든 사항을 조사하여 신속하게 처리하여야 한다(공탁규칙 제25조).

② 공탁관은 공탁당사자의 공탁신청에 대하여 공탁서와 첨부서면만(형식적 심사)에 의하여 그것이 절차상·실체상 일체의 법률적 요건을 구비하고 있는지 여부를 심사하여 공탁신청을 수리 또는 불수리결정을 하여야 한다.

2. 실체적 요건

① 당해 공탁을 정당하게 하는 근거법령이 존재하는지 여부

② 그 근거법령에서 정하고 있는 공탁사유가 존재하는지 여부

③ 반대급부 조건의 기재는 적합한지 여부 등

3. 절차적 요건

① 당사자가 실재하고 당사자능력, 행위능력, 당사자적격을 가지고 있는지 여부 및 대리인에 의한 공탁의 경우 대리권이 존재하는지 여부

② 당해 공탁소에 관할이 있는지 여부

③ 서식, 기재사항, 첨부서류 등을 갖춘 적식의 유효한 공탁신청인지 여부

II 공탁관의 심사결과

1. 공탁의 수리

① 공탁관이 심사결과 적법한 공탁신청으로 인정하여 공탁을 수리할 것으로 인정한 때에는 공탁서에 공탁을 수리한다는 뜻, 공탁번호, 공탁물 납입기일, 공탁물을 납입기일까지 지정된 공탁물보관자에게 납입하여야 한다는 취지, 그 기일까지 공탁물을 납입하지 않을 경우에는 수리결정의 효력이 상실된다는 뜻을 기재하여 기명날인하고, 공탁서 1통을 공탁자에게 교부하여 공탁물을 공탁물보관자에게 납입하게 한다(공탁규칙 제26조 제1항).

② 공탁관이 제1항에 따라 공탁신청을 수리한 때에는 주요사항을 전산등록하고, 공탁물보관자에게 그 내용을 전송하여야 한다. 다만, 물품공탁의 경우에는 공탁물보관자에게 전송하는 대신 공탁자에게 공탁물품 납입서 1통을 주어야 한다(공탁규칙 제26조 제2항).

③ 공탁자가 납입기일까지 공탁물을 납입하지 않을 때는 그 수리결정은 효력을 상실한다(공탁규칙 제26조 제3항).

④ 공탁의 수리요건과 효력요건은 구별되므로 공탁이 수리되었다 하더라도 반드시 그 공탁이 유효로 되는 것은 아니다.

> **변제공탁의 요건을 갖추지 못한 공탁이 수리된 경우**
>
> 채권자에게 변제제공을 하거나 채권자로부터 수령을 거절당한 사실이 없으면서 수령을 거절한다 하여 변제공탁함은 (비록 그 공탁이 수리된다 하더라도 변제공탁의) 요건을 갖추지 못한 부적법한 것이어서 <u>변제의 효력이 생기지 않는다</u>(대결 1965.7.22. 65마571).
>
> **근저당권설정등기 말소 서류의 교부를 반대급부로 한 변제공탁**
>
> 저당채무의 변제와 근저당권설정등기의 말소를 <u>동시이행하기로 하는 특약</u>을 한 사실이 없음에도 근저당권으로 담보된 채무를 변제공탁함에 있어 <u>근저당권설정등기의 말소에 소요될 서류 일체의 교부를 반대급부로 한 경우</u>에 그 공탁은 효력이 없지만, 공탁관으로서는 그러한 특약을 한 사실이 없음에도 특약이 있는 것으로 공탁신청이 있으면 그러한 <u>특약의 유무에 대하여 심사할 권한이 없으므로 이를 수리할 수밖에 없다.</u> 다만, 근저당권자는 특약이 없음을 이유로 변제공탁의 효력을 부인할 수 있다(공탁선례 제2-32호).

2. 불수리 결정

① 공탁관이 공탁신청을 불수리할 경우에는 이유를 적은 결정으로 하여야 한다(공탁규칙 제48조 제1항).

② 불수리 결정에 관하여 필요한 사항은 대법원 예규[26])로 정한다(공탁규칙 제48조 제2항).

③ 공탁관의 불수리결정에 대하여 불복하는 자는 관할 지방법원에 이의신청을 할 수 있으며, 이 경우의 이의신청은 공탁소에 이의신청서를 제출함으로써 하여야 한다(공탁법 제12조).

3. 각종 부기문의 기재

① 공탁서와 청구서 등에 적을 부기문은 그 서면의 여백에 적을 수 있다.

② 그러나 다른 용지에 적을 때는 직인으로 간인을 하여야 한다(공탁규칙 제36조 제1항).

③ 위 부기문이 기재된 서면 중 1통을 제출자나 공탁물보관자에게 내주는 때에는 두 서면에 직인으로 계인을 찍어야 한다(공탁규칙 제36조 제2항).

④ 이는 공탁소와 공탁자 또는 공탁물보관자의 서면이 서로 관련 있는 동종의 서면이라는 것을 명백히 하여 서류의 위·변조를 방지하기 위한 조치이다.

행정예규 제1013호(공탁신청 및 출급·회수에 대한 불수리결정)

제1조(목적)
이 예규는 공탁관이 「공탁규칙」(다음부터 "규칙"이라 한다) 제48조 제1항에 따라 공탁신청이나 공탁물 출급·회수 청구를 불수리하는 경우 그 업무처리절차를 규정함을 목적으로 한다.

제2조(불수리결정 방식)
① 공탁관이 공탁신청이나 공탁물 출급·회수청구를 불수리 할 경우에는 별지(「전산정보처리조직에 의한 공탁사무처리지침」 부록 제4-2호) 양식에 따라 이유를 적은 결정으로 하여야 한다.
② 불수리결정서에는 규칙 제55조 제2항의 공탁관의 인감도장을 날인하여야 한다.

---

26) 공탁신청 및 출급회수에 대한 불수리결정 업무처리지침(행정예규 제1013호)

제3조(고지 방법)

① 불수리결정을 한 경우 공탁관은 신청인이나 청구인(다음부터 "신청인 등"이라 한다)에게 불수리결정등본(다음부터 "결정등본"이라 한다)을 교부하거나 배달증명우편으로 송달한다.

② 제1항에 따라 교부 또는 송달을 한 경우 공탁관은 결정원본의 '결정의 고지'란에 해당사항을 적고 날인하여야 한다.

③ 신청인 등에게 결정등본을 직접 교부하는 경우에는 영수증을 받아 해당 공탁기록에 철한다.

④ 배달증명우편으로 송달을 받고자 하는 신청인 등은 「우편법 시행규칙」 제25조 제1항 제4호 다목에 따른 배달증명을 할 수 있는 가액의 우편료를 미리 공탁관에게 납부하여야 한다.

제4조(결정등본의 반송 등)

배달증명서가 오거나 결정등본이 소재불명 등의 사유로 반송된 경우에는 이를 공탁기록에 철하고, 공탁기록 표지 비고란에 그 뜻을 적는다.

제5조(신청서류의 보관 등)

① 공탁관이 제2조에 따라 불수리결정을 한 때에는 불수리결정원본(다음부터 "결정원본"이라 한다)과 공탁서 또는 공탁물 출급·회수청구서(각 2부), 그 밖에 첨부서류는 공탁기록에 철하여 보관한다.

② 제1항의 첨부서류에 대하여 신청인 등이 반환을 청구한 경우에는 공탁관은 해당 첨부서류의 복사본과 신청인 등에게 받은 영수증을 공탁기록에 철하고 첨부서류 원본을 반환한다.

제6조(이의신청에 대한 결정에 따른 업무처리)

① 불수리결정의 이의신청에 대하여 관할지방법원이 「공탁법」 제14조 제1항에 따라 결정문을 송부한 때에는 이를 해당 공탁기록에 철한다.

② 제1항의 결정문에서 이의가 이유있다고 인정하여 공탁관에게 상당한 처분을 할 것을 명한 경우에는 공탁관은 제5조 제1항의 공탁기록에 의하여 관할법원의 명령에 따른 처분(수리, 인가)을 한다.

③ 제5조 제2항에 따라 첨부서류 원본을 반환한 경우에는 이를 다시 제출받은 다음 제2항의 처분을 한다.

제7조(공탁기록의 보존기간)

① 공탁신청이 불수리된 후 신청인 등이 이의신청을 하지 않은 때에는 해당 공탁기록은 불수리결정연도의 다음 해부터 5년간 보존한다.

② 관할지방법원이 이의신청을 기각하거나 각하(이의신청 취하 포함)한 때에는 해당 공탁기록은 기각 또는 각하결정이 있는 다음 해부터 5년간 보존한다.

Ⅲ 공탁물의 납입[27]

1. 일반적인 납입절차

① 공탁자는 공탁소로부터 공탁서(금전·유가증권공탁의 경우) 또는 공탁물품납입서(물품공탁의 경우)를 교부받아 공탁서에 기재된 공탁물보관자에게 납입기일까지 공탁물을 납입하여야 한다.

② 공탁물보관자가 공탁물을 납입받은 때에는 공탁서에 공탁물을 납입받았다는 뜻을 적어 공탁자에게 내주고, 그 납입사실을 공탁관에게 전송하여야 한다. 다만, 물품을 납입받은 경우에는 공탁물품납입통지서를 보내야 한다(공탁규칙 제27조).

③ 공탁자가 지정된 납입기일까지 공탁물을 납입하지 않을 때는 공탁수리결정은 최종적으로 그 효력을 상실하게 되고, 납입기일까지 공탁물이 납입되지 않아 수리결정이 효력을 상실한 이후에 공탁물이 납입되었다 하더라도 그 공탁은 무효이다.

---

27) 공탁이 유효하게 성립하는 시기는 공탁자가 공탁물보관자에게 <u>납입한</u> 때이다.

2. 가상계좌에 의한 공탁금 납입(공탁규칙 제28조)

① 공탁금은 공탁소에 대응하는 공탁물보관자 은행에 납입하는 것이 원칙이지만, 예외적으로 가상계좌에 의한 공탁금 납입절차에 의할 경우에는 타행 입금이나 인터넷뱅킹에 의한 방법으로도 납입이 가능하고, 계좌입금에 의한 공탁금 납입제도가 시·군법원 공탁소까지 확대되어 전국 모든 공탁사건에 대하여 계좌입금에 의한 공탁금 납입을 할 수 있게 되었다.

② 전자신청사건의 공탁금 납입은 가상계좌에 의한 공탁금납입절차에 의해야 한다(공탁규칙 제78조).

행정예규 제936호[가상계좌에 의한 공탁금 납입절차에 관한 업무처리지침]

제1조(목적)

이 규정은 공탁자가 가상계좌입금에 의한 공탁금 납입을 신청한 경우 업무처리절차를 규정함을 목적으로 한다.

제2조(가상계좌납입 신청 등)

① 공탁자가 가상계좌입금 신청을 하는 경우에는 공탁서 비고 가상계좌납입 신청란에 그 취지를 표시하여야 한다(※ 별도 서면 불요). (예 ☑ 가상계좌 납입신청)

② 부동산 경매에 있어서 매각허가결정에 대한 항고보증공탁을 하는 경우(「민사집행법」 제130조 제3항 및 제268조)에는, 공탁금 보관은행을 경유하여 이자소득세 원천징수에 필요한 사항을 등록한 후 "계좌납입신청"을 하여야 하고, 주민등록번호(개인)나 사업자등록번호(법인 등)를 소명할 수 있는 자료를 첨부하여야 한다.

③ 공탁자는 납입증명을 한 공탁서를 우편으로 우송받고자 하는 경우 수신인란에 공탁자의 성명과 주소, 전화번호를 기재하고 「우편법 시행규칙」 제25조 제1항 제4호 다목에 의한 배달증명으로 할 수 있는 가액의 우편료를 납부하여야 한다(※ 공탁서를 우편으로 우송받을 수 있다).

제3조(가상계좌번호 부여절차 등)

① 공탁관은 공탁자가 공탁금 계좌입금을 신청한 경우에는 공탁수리 후 공탁금보관자에게 가상계좌번호부여를 요청하여야 한다(※ 공탁수리 전이 아니다).

② 공탁금보관자는 공탁관으로부터 가상계좌번호 부여를 지시받은 즉시 번호를 채번하여 공탁관에게 전송하여야 한다.

③ 공탁관은 공탁금보관자로부터 가상계좌번호를 전송받은 후 공탁서는 보관하고 [별지 1]과 같은 납입안내문을 출력하여 공탁자에게 교부하여 납입기한 안에 동 계좌로 납부하게 하여야 한다(※ 공탁서를 내주는 것이 아니라 보관하고 있다).

제4조(가상계좌납입절차 등)

① 공탁자는 납입기한의 통상 업무시간까지 지정된 계좌로 납입하여야 한다.

② 공탁금보관자는 가상계좌로 공탁금 납입시 공탁소에서 전송된 납입기한 및 공탁금액과 대조하여 확인한 후 납입처리하고, 그 처리결과를 공탁관에게 전송하여야 한다.

③ 공탁자가 계좌번호오류, 은행의 전산다운 등의 사유로 납입마감일의 통상 업무시간까지 공탁금을 납입하지 못한 경우 당해 공탁사건은 실효처리된다. 단, 공탁관에게 납입기한 연장을 요청하여 승인을 받은 경우는 예외로 한다.

④ 공탁관은 당해 공탁사건이 실효처리된 경우 보관 중인 공탁서를 공탁기록에 편철한다.

제5조(계좌납입신청 철회·납입취소 등)

① 공탁자는 가상계좌로 공탁금이 납입되기 전까지는 가상계좌납입 신청을 철회하고 관할공탁소 공탁금보관자에게 직접 납입할 수 있다.

② 공탁관은 공탁자가 계좌납입신청을 철회하면 공탁서 비고란을 정정하게 하고 가상계좌 전산등록을 삭제한 후 보관중인 공탁서를 교부하여야 한다.

③ 공탁자가 착오납입 등을 한 경우 납입당일에 한해 통상 업무시간 전까지 [별지 2]의 양식에 의해 공탁관의 확인을 받아 공탁금보관자에게 납입취소를 요청할 수 있다.

④ 공탁금보관자는 공탁자가 [별지 2] 양식에 의한 납입취소 신청에 의해 납입취소를 한 경우 5년간 이 서류를 보관하여야 한다.

제6조(공탁서 교부 등)

① 공탁관은 공탁금보관자로부터 납입전송을 받은 후 지체 없이 보관중인 공탁서에 납입증명을 하여 공탁자 또는 정당한 대리인에게 교부하거나 제2조 제3항의 경우에는 우편으로 발송하여야 한다.

제7조(납입취소 신청서 비치)

Ⅳ 공탁통지서의 발송

공탁관이 공탁물보관자로부터 공탁규칙 제27조의 전송이나 공탁물품납입통지서를 받은 후에 공탁자를 대신하여 공탁통지서를 피공탁자에게 발송하도록 하고 있다(공탁규칙 제29조 제1항).

Ⅴ 공탁통지서가 반송된 경우

행정예규 제1309호[공탁통지서가 반송된 경우의 업무처리지침]

1. 목 적
   이 예규는 규칙 제29조 제4항에 따른 공탁통지서가 반송된 경우의 업무처리절차를 정함을 목적으로 한다.
2. 전화에 의한 반송 사실의 안내
   공탁관은 공탁통지서가 반송된 경우 공탁서에 피공탁자의 전화번호가 기재되어 있는 때에는 피공탁자에게 공탁통지서가 반송된 사실을 전화로 안내해 주어야 한다. (중략)
3. 반송된 공탁통지서 교부 절차
   공탁통지서가 반송된 경우 피공탁자 또는 그 대리인이 법원에 출석하여 직접 교부청구를 하는 경우에는 다음의 절차에 따라 이를 교부한다.
   가. 피공탁자 본인이 교부청구를 한 경우
      1) 공탁관은 신분에 관한 증명서(주민등록증·여권·운전면허증 등을 말한다. 이하 "신분증"이라 한다)에 의하여 피공탁자의 신분을 확인한 다음 피공탁자로부터 공탁통지서 수령사실 및 수령일시가 기재된 영수증을 제출받고 공탁통지서를 교부한다(인감증명 ×).
      2) (중략)
   나. 대리인이 교부청구를 한 경우
      1) 대리인이 교부청구를 하는 경우에는 피공탁자 본인의 인감도장이 찍힌 위임장과 그 인감증명서를 공탁관에게 제출하여야 한다.
      2) 공탁관은 신분증에 의하여 대리인의 신분을 확인한 다음 대리인으로부터 공탁통지서 수령사실 및 수령일시가 기재된 영수증을 제출받고 공탁통지서를 교부한다.
      3) (중략)

다. "가"항 및 "나"항은 공탁통지서를 발송하기 전에 피공탁자 또는 그 대리인이 법원에 출석하여 직접 교부청구를 한 경우에도 준용한다.

라. "가항 2)" 및 "나항 2)"의 경우 본인 또는 그 대리인이 제출하는 신분에 관한 증명서가 이동통신단말장치에 암호화된 형태로 설치되는 등 사본화가 적합하지 않은 경우에는 신분확인서(「공탁사무 문서양식에 관한 예규」 별지 제20호 양식)를 해당 공탁기록에 철한다.

Ⅵ 공탁사실의 통지

민사집행법 제291조 및 제248조 제1항을 근거로 하여 제3채무자가 가압류를 원인으로 하여 집행공탁을 하는 경우에는 가압류채무자(피공탁자)에게는 공탁통지서를 발송하여야 하고, <u>가압류채권자에게는 공탁사실통지를</u> 하여야 한다.

Ⅶ 공탁서의 활용

1. 규 칙

① 재판상 담보공탁한 경우에는 그 후속절차로 공탁자는 <u>공탁서를 담보제공을 명한 관서에 제출하여야 한다</u>.

② 공탁서의 제출이 있을 때에는 담임 법원사무관 등은 그 사본도 받아 원본과 대조한 후 그 사본의 여백에 원본과 대조하여 틀림이 없다는 뜻을 기재하고 서명 또는 날인한 다음, 담임 법관의 검열을 받아 기록에 편철하고 <u>원본은 제출자에게 반환한다</u>(법원재판사무처리규칙 제13조 제1항).

③ (가)압류를 원인으로 하여 집행공탁을 한 공탁자(제3채무자)는 사유신고할 법원에 민사집행규칙 제172조 제1항의 규정에 따른 내용을 기재한 서면에 공탁서(원본)를 붙여야 한다(민사집행규칙 제172조 제2항).

④ 원본을 돌려받지 못하므로 채권가압류의 제3채무자가 공탁금회수청구를 할 경우에는 사유신고한 법원으로부터 공탁서를 보관하고 있다는 사실을 증명하는 서면을 교부받아 이를 공탁금회수청구서에 붙여야 한다.

사례해설

1. **심사할 수 없다.**
   공탁관은 공탁당사자의 공탁신청에 대하여 공탁서와 첨부서면만에 의하여 그것이 절차상·실체상 일체의 법률적 요건을 구비하고 있는지 여부를 심사하여 공탁신청을 수리 또는 불수리결정을 하여야 한다. 따라서 특약유무를 심사하려면 그 특약사항이 기재된 서류를 요구하여 이를 심사하여야 하는 바, 이는 공탁관의 심사범위 밖에 있으므로 공탁관은 그러한 특약이 있다는 주장만으로 수리할 수밖에 없다.

2. **근저당채무 변제의 효과는 발생하지 않는다.**
   저당채무의 변제와 근저당권설정등기의 말소를 동시이행하기로 하는 특약을 한 사실이 없음에도 근저당권으로 담보된 채무를 변제공탁함에 있어 근저당권설정등기의 말소에 소요될 서류 일체의 교부를 반대급부로 한 경우에 그 공탁은 효력이 없다. 근저당권자는 특약이 없음을 이유로 변제공탁의 효력을 부인할 수 있다(공탁선례 제1-64호).

[제2-1호 양식] 법률구조공단 금전 공탁통지서

공탁번호		년 금 제 호		년 월 일 신청	법령조항	민법 제487조
공 탁 자	성 명 (상호, 명칭)	○○○	피 공 탁 자	성 명 (상호, 명칭)	○○○	
	주 소 (본점, 주사무소)	부산 ○○구 ○○동 ○○○		주 소 (본점, 주사무소)	충남 ○○시 ○○동 334	
공탁금액		한글 일천만원	보관은행		은행 지점	
		숫자 10.000.000원				
공탁원인사실		○○○○.○○.○○. 채권자 최○○. 채무자 지○○(공탁자)간 금 ○○만원의 소비대차의 채무가 있어 채무자인 공탁자는 채권자인 피공탁자(공탁물을 수령할 자)에게 변제키 위하여 원금 및 법정이자 합계금 ○○만원을 제공하여도 그 수령을 거절하므로 변제를 위하여 공탁합니다.				

1. 공탁으로 인하여 소멸하는 질권, 전세권 또는 저당권
2. 반대급부 내용

위와 같이 신청합니다.   대리인 주소
공탁자 성명 ○○○ 인 (서명)   성명   인(서명)

1. 위 공탁금이   년   월   일 납입되었으므로 [별지] 안내문의 구비서류 등을 지참하시고, 우리법원 공탁소에 출석하여 공탁금을 출급청구를 할 수 있습니다.
   귀하가 공탁금 출급청구를 하거나, 공탁을 수락한다는 내용을 기재한 서면을 우리 공탁소에 제출하기 전에는 공탁자가 공탁금을 회수할 수 있습니다.
2. 공탁금 출급청구시 구비서류 등
   ※ [별지] 안내문을 참조하시기 바랍니다.
3. 공탁금액이 5천만원 이하인 경우에는 법원 전자공탁홈페이지(http://ekt.scourt.go.kr)를 이용하여 인터넷으로 공탁금 출급청구를 할 수 있습니다. 이 경우 인감증명서(또는 본인서명사실확인서)는 첨부하지 아니합니다.
   ※ 전자공탁홈페이지에서 이체 가능한 은행을 확인 후, 청구하시기 바랍니다.
4. 공탁금은 그 출급청구권을 행사할 수 있는 때로부터 10년 내에 출급청구를 하지 않을 때에는 특별한 사유(소멸시효 중단 등)가 없는 한 소멸시효가 완성되어 국고로 귀속되게 됩니다.
5. 공탁금에 대하여 이의가 있는 경우에는 공탁금 출급청구를 할 때에 청구서에 이의유보 사유(예컨대 "손해배상금 중의 일부로 수령함" 등)를 표시하고 공탁금을 지급받을 수 있으며, 이경우에는 후에 다른 민사소송 등의 방법으로 권리를 주장할 수 있습니다.
6. 공탁통지서는 재발급 되지 않으므로 잘 보관하시기 바랍니다.
7. 사건 내용은 법원 전자공탁홈페이지에서 조회할 수 있으며, 통지서 하단에 발급확인번호가 기재되어 있는 경우에는 전자문서로 신청된 사건이므로 전자공탁홈페이지에서 공탁관련 문서를 열람할 수 있습니다.

년   월   일 발송
법원 지원 공탁관   (인)
(문의전화   )

사례

甲은 경매부동산의 채무자로 청구이의의 소를 제기하면서 집행정지 신청을 한 바, 이에 법원의 담보제공명령이 있었고 이에 기해 甲은 유가증권(어음)을 담보공탁하였다.

1. 청구이의의 소가 2심으로 올라가 시간이 많이 지나버리자 어음의 소멸시효가 완성될 우려가 있다면 甲은 어떠한 조치를 취하여야 하는가?

2. 甲이 담보공탁한 어음이 필요하여 이를 회수하고 다른 어음 또는 금전으로 다시 공탁하고 싶다면 어떠한 방법을 택하여야 하는가?

3. 甲이 금전을 담보공탁하였다면 피공탁자인 乙이 공탁금을 출급청구할 경우 공탁금의 이자를 청구할 수 있는가?

이자 등의 보관(공탁법 제7조)

지정된 은행이나 창고업자는 공탁물을 수령할 자가 청구하는 경우에는 공탁의 목적인 유가증권의 상환금, 이자 또는 배당금을 수령하여 이를 보관한다. 다만, 보증공탁(保證供託)을 할 때에 보증금을 대신하여 유가증권을 공탁한 경우에는 공탁자가 그 이자나 배당금을 청구할 수 있다.

대공탁 또는 부속공탁 청구(공탁규칙 제31조)

① 공탁유가증권의 상환금의 대공탁이나 이자 또는 배당금의 부속공탁을 청구하려는 사람은 대공탁 · 부속공탁청구서 2통을 제출하여야 한다.
② 유가증권공탁에 관하여 대공탁과 부속공탁을 동시에 청구하는 경우에는 하나의 청구서로 할 수 있다. 이 경우 공탁관은 대공탁과 부속공탁을 별건으로 접수 · 등록하되 1개의 기록을 만든다.
③ 공탁관이 제1항의 청구를 수리할 때에는 대공탁 · 부속공탁청구서에 그 뜻과 공탁번호를 적고 기명날인한 다음, 그중 1통을 유가증권 · 이표출급의뢰서와 함께 청구인에게 내주어야 한다.
④ 제21조 제1항 및 제2항과 제22조는 제1항의 경우에 준용한다.
⑤ 공탁유가증권이 기명식인 때에는 청구인은 제1항의 청구서에 공탁물보관자 앞으로 작성한 상환금 추심 위임장을 첨부하여야 한다.
⑥ 대공탁과 부속공탁 청구절차의 추심비용은 청구인이 부담한다.
⑦ 대공탁과 부속공탁은 금전공탁사건으로 접수하고, 대공탁을 수리하는 경우에는 동시에 유가증권공탁사건부와 원장에 유가증권의 출급 사항을 등록하여야 한다.

담보물 변경(민사소송법 제126조)

법원은 담보제공자의 신청에 따라 결정으로 공탁한 담보물을 바꾸도록 명할 수 있다. 다만, 당사자가 계약에 의하여 공탁한 담보물을 다른 담보로 바꾸었다고 신청한 때에는 그에 따른다.

I 대공탁

1. 개 설

(1) 의 의

대공탁(代供託)이란 공탁유가증권의 상환기가 도래한 경우에 공탁당사자 등의 청구에 의하여 공탁소가 공탁유가증권의 상환금을 수령하여 이를 종전의 공탁유가증권 대신 보관함으로써 전후 공탁의 동일성을 유지하면서 유가증권공탁을 금전공탁으로 변경하는 공탁을 말한다(공탁법 제7조, 공탁규칙 제31조).

(2) 기 능

대공탁을 하게 되면 공탁의 목적물은 유가증권에서 금전으로 변경되나 공탁의 동일성은 유지되므로, 유가증권의 상환금청구권의 시효소멸을 방지함으로써 종전 공탁의 효력을 지속시키는 데 그 목적이 있고, 대공탁이 이루어짐으로써 금전공탁에 소정의 이자가 붙게 되는 실익도 있다.

> **공탁유가증권 인도청구권에 대한 압류 및 배당요구의 효력이 대공탁과 부속공탁에 미치는지 여부(적극)**
> 대공탁(代供託)은 공탁유가증권의 상환기가 도래하였을 때 공탁자 또는 피공탁자의 청구에 기하여 공탁기관이 공탁유가증권의 상환금을 받아 종전 공탁유가증권에 대신하여 그 상환금을 공탁함으로써 종전 공탁의 효력을 지속하게 하는 공탁이므로 대공탁을 하게 되면 공탁의 목적물은 유가증권에서 금전으로 변경되나 공탁의 동일성은 유지된다 할 것이고, 부속공탁은 공탁유가증권의 이자 또는 배당금의 지급기가 도래하였을 때 공탁기관이 그 이자 또는 배당금을 수령하여 공탁유가증권에 부속시켜 공탁함으로써 기본공탁의 효력을 그 이자 또는 배당금에 의한 금전공탁에도 일체로서 미치게 하는 것이므로, 당초 공탁된 유가증권 인도청구권에 대한 압류 및 배당요구의 효력은 공탁기관이 그 유가증권을 환가하여 현금화한 원금과 이자에 대한 대공탁과 부속공탁에 미친다(대판 2005.5.13. 2005다1766).

2. 대공탁의 청구

(1) 공탁물을 수령할 자

① 대공탁을 청구할 수 있는 자는 "공탁물을 수령할 자"이며(공탁법 제7조), 이는 앞으로 공탁물에 대하여 출급청구권 또는 회수청구권을 행사하여 공탁물을 지급받을 수 있는 권리를 갖는 자를 말한다. 따라서 공탁자와 피공탁자 외에 그 공탁물지급청구권의 양수인·상속인·추심·전부채권자도 포함된다.

② 변제공탁의 공탁자는 채권자(피공탁자)의 공탁수락이나 공탁유효의 확정판결이 있기 전 등 회수청구권이 있는 동안에만 대공탁청구권을 갖는다.

(2) 절 차

① 대공탁을 청구하는 자는 2통의 대공탁청구서를 제출하여야 한다(공탁규칙 제31조 제1항).

② 대공탁은 기본공탁과 동일성을 유지하면서 단지 공탁유가증권을 공탁금으로 변경하는 절차이므로, 담보공탁에 대하여 대공탁을 청구하는 경우에도 공탁의 동일성이 유지되므로 담보를 명한 관청의 승인 등을 요하지 않는다.

③ 자격증명서면에 관한 규칙 제21조 제1항 및 제2항의 규정과 첨부서면의 생략에 관한 동 규칙 제22조의 규정은 대공탁을 청구하는 경우에도 준용된다(공탁규칙 제31조 제4항).

④ 공탁유가증권이 기명식인 때에는 청구자는 대공탁청구서에 "공탁물보관자에게 당해 상환금 추심을 위임한다."라는 취지의 공탁물보관자 앞으로 작성한 상환금 추심위임장을 작성하여 첨부하여야 한다(공탁규칙 제31조 제5항).

⑤ 대공탁 청구절차의 추심비용은 청구인이 부담한다(공탁규칙 제31조 제6항).

⑥ 대공탁 또는 부속공탁을 신청하는 경우 공탁서 원본은 첨부할 필요가 없다(행정예규 제973호 6).[28]

3. 대공탁의 수리 및 상환금 추심

① 공탁관이 대공탁의 청구를 수리할 때에는 대공탁청구서에 그 뜻과 공탁번호를 적고 기명날인한 다음, 그중 1통을 유가증권출급의뢰서와 함께 청구인에게 내주어야 한다(공탁규칙 제31조 제3항).

② 대공탁은 금전공탁사건으로 접수하고, 유가증권공탁사건부와 원장에 유가증권의 출급사항을 등록하여야 한다(공탁규칙 제31조 제7항).

③ 유가증권공탁에 관하여 대공탁과 부속공탁을 동시에 청구하는 경우에는 하나의 청구서로 할 수 있다. 이 경우 공탁관은 대공탁과 부속공탁을 별건으로 접수·등록하되 1개의 기록을 만든다(공탁규칙 제31조 제2항).

④ 대공탁청구인이 공탁관으로부터 교부받은 "대공탁청구서" 및 "유가증권출급의뢰서" 등을 공탁물보관자에게 제출할 경우 공탁물보관자는 그 대공탁청구서 말미에 영수인을 찍어 청구인에게 반환하고, 공탁유가증권을 출급하여 그 유가증권 채무자로부터 상환금의 추심을 받아 공탁관의 계좌에 이를 대공탁금으로 수입하는 절차를 밟아야 한다. 이 경우 추심비용은 청구자의 부담으로 한다(공탁규칙 제31조 제6항).

Ⅱ 부속공탁

1. 개 설

(1) 의 의

부속공탁이란 공탁유가증권의 이자 또는 배당금의 지급기가 도래하였을 때 공탁당사자 등의 청구에 의하여 공탁소가 공탁유가증권의 이자 또는 배당금을 수령하여 종전의 공탁유가증권에 부속시켜 공탁함으로써, 공탁의 동일성을 유지하면서 유가증권공탁(기본공탁)의 효력을 그 이자 또는 배당금에도 일체로서 미치도록 하는 공탁이다(공탁법 제7조, 공탁규칙 제31조).

(2) 기 능

담보공탁의 경우 보증금에 대신하여 유가증권을 공탁한 때에는 담보의 범위는 유가증권 원본의 상환금에만 미칠 뿐 그 과실에는 미치지 아니하므로 공탁자는 그 이자나 배당금을 청구할 수 있으나, 담보공탁 이외의 경우에는 공탁유가증권의 이자나 배당금의 지급기가 도래한 때에도 공탁당사자는 공탁유가증권의 지급 전에는 그 이자 또는 배당금만의 지급청구를 할 수 없기 때문에 부속공탁제도를 인정함으로써 공탁유가증권의 이자 또는 배당금 청구권의 시효소멸을 방지할 수 있는 실익이 있다.

---

28) 대공탁은 기본공탁과 동일성을 유지하면서 단지 공탁유가증권을 공탁금으로 변환하는 절차이며 부속공탁은 공탁유가증권의 이자 또는 배당금을 기본된 공탁에 부속시켜 공탁하는 절차이므로 대공탁이나 부속공탁에 있어서는 당사자가 공탁물을 출급 또는 회수하는 절차와는 달리 그 첨부 서류도 공탁물을 납입한 증서인 공탁서 원본은 첨부할 필요가 없다.

(3) 공탁법 제7조 단서의 의미

<u>이자나 배당금의 청구라 함은</u> 이자나 배당금이라는 금전의 지급을 청구하는 것을 의미하는 것이 아니라, 법률상 본권과 독립하여 이자나 배당금의 지급청구권을 표창하는 <u>유가증권으로서의 이표의 지급을 청구하는 것을 의미한다.</u>

2. 부속공탁의 청구

(1) 공탁물을 수령할 자

부속공탁의 절차는 앞에서 설명한 대공탁의 절차와 거의 동일하다. 즉, 부속공탁을 청구할 수 있는 자는 "공탁물을 수령할 자"이므로 공탁자와 피공탁자, 그 공탁물지급청구권의 양수인·상속인·추심·전부채권자도 포함된다.

(2) 절 차

① 부속공탁을 청구하려는 자는 2통의 부속공탁청구서를 제출하여야 한다(공탁규칙 제31조 제1항). 동일한 유가증권공탁에 관하여 대공탁과 부속공탁을 동시에 청구하는 경우에는 하나의 청구서로 할 수 있으며, 이때에는 대공탁과 부속공탁을 별건으로 접수·등록하되 1개의 기록을 만든다(공탁규칙 제31조 제2항).
② 자격증명서면에 관한 규칙 제21조 제1항 및 제2항의 규정과 첨부서면의 생략에 관한 동 규칙 제22조의 규정은 부속공탁을 청구하는 경우에도 준용된다(공탁규칙 제31조 제4항).
③ 공탁유가증권이 기명식인 때에는 청구자는 부속공탁청구서에 공탁물보관자 앞으로 작성한 위임장을 첨부하여야 한다(공탁규칙 제31조 제5항).

3. 부속공탁의 수리 및 이자·배당금 추심

① 공탁관이 부속공탁의 청구를 수리할 때에는 부속공탁청구서에 그 뜻과 공탁번호를 기재하여 기명날인한 다음, 그중 1통을 이표출급의뢰서와 함께 청구인에게 내주어야 한다(공탁규칙 제31조 제3항).
② 공탁물보관자는 청구자가 제출한 이표출급의뢰서에 의하여 이표의 추심절차를 취한 후 공탁유가증권상의 채무자에 대하여 추심하고 그 추심금을 유가증권공탁에 부수한 금전공탁금으로 수입하는 절차를 밟게 된다. 이 경우 추심비용은 청구자의 부담으로 한다(공탁규칙 제31조 제6항).
③ 부속공탁은 대공탁과는 달리 유가증권공탁사건부와 원장에 출급의 기재를 하지 아니하고, 다만 금전공탁사건으로 이를 접수한다(공탁규칙 제31조 제7항).

Ⅲ 담보물변경

1. 개 설

(1) 의 의

① 담보물변경이란, <u>담보의 목적으로 금전 또는 유가증권을 공탁(담보공탁)한 자가 어떠한 필요에 의하여 법원의 승인을 받아 종전의 공탁을 그대로 둔 채 새로 별개의 공탁을 한 후 종전 공탁은 공탁원인소멸을 이유로 회수하여 공탁물을 변경하는 것을 말한다(민사소송법 제126조).
② 종전 공탁과 비교하여 새로운 공탁은 공탁원인은 동일하나, 공탁 그 자체의 동일성은 없다는 점 등에서 대공탁과 구별된다.

(2) 기능 및 근거

① 담보공탁된 유가증권의 상환기가 도래한 경우에는 대공탁과 담보물변경을 선택적으로 할 수 있지만, 상환기가 도래한 유가증권을 회수하고 다른 유가증권을 공탁하는 담보물변경이 대공탁보다 공탁자에게 유리하므로 실제로는 담보물변경이 많이 이용된다.

② 담보물변경에 관하여 재판상 담보공탁의 경우에는 민사소송법 제126조에, 납세담보공탁의 경우에는 국세징수법 제21조 제1항, 지방세기본법 제68조 제1항에 규정을 두고 있다.

③ 공탁법규에는 담보물변경에 관해서 특별한 규정을 두고 있지 않으므로 통상의 공탁절차 및 공탁물지급 절차에 따라서 처리하면 된다.

2. 담보물변경의 허용 여부

① 담보물변경은 유가증권의 상환기가 도래한 경우에 주로 이용되지만, 법원의 담보제공명령에 의하여 현금공탁을 한 후 이를 유가증권으로 변경하는 것도 허용될 수 있다.

② 판례는 공탁한 담보물이 금전인 경우에 유가증권으로 담보물을 변환하는 것은 법원의 재량에 속한다고 하고 있다(대결 1977.12.15. 77그227). 공탁물의 전부에 대한 담보물변경이 일반적이지만 공탁물의 일부분에 대한 변경도 허용된다.

③ 종전 공탁물의 회수청구권이 압류된 경우에는 담보물변경을 허용하여서는 안 된다. 왜냐하면 공탁연월일, 공탁번호, 공탁금액 등을 특정하여 압류명령을 발한 회수청구권의 목적물에 대한 담보물변경이 허용될 경우에는 기존의 압류명령이 무용화되어 압류채권자의 이익을 해하기 때문이다.

④ 수용보상금을 유가증권으로 공탁한 후 동일한 금액으로 유가증권과 현금으로 공탁물을 변경하는 것은 허용되지 않는다.

> **공탁물수령자를 추가하는 공탁서 정정이 가능한지 여부**
> 수용보상금을 유가증권으로 공탁한 후 동일한 금액으로 유가증권과 현금으로 공탁물을 변경하는 것은 유가증권 일부를 회수하고 회수한 부분만큼 현금으로 새로운 공탁을 하는 것이므로 공탁의 동일성이 유지되지 않아 허용될 수 없다(공탁선례 제2-39호).

3. 담보물변경 절차

① 담보제공결정을 한 법원은 담보제공자의 신청에 의하여 결정으로 공탁한 담보물을 바꾸도록 명할 수 있고, 다만 당사자가 계약에 의하여 공탁한 담보물을 다른 담보로 바꾸겠다고 신청한 때에는 그에 따른다(민사소송법 제126조).[29]

② 담보물변경 신청사건은 담보제공결정을 한 법원 또는 그 기록을 보관하고 있는 법원이 관할한다(민사소송규칙 제23조 제1항).

③ 법원의 담보물변경결정에 의하여 새로운 공탁을 할 때에는 공탁서의 공탁원인사실란에 "○○년 ○월 ○일 ○○법원 담보물변경결정에 의하여 공탁번호 ○○년 증(또는 금) 제○○호 공탁물과 변경하기 위하여 공탁함"이라고 기재하면 된다.

---

29) 당사자의 계약에 의한 경우에는 법원의 담보물 변경 결정이 필요 없다.

④ 종전 공탁물을 회수할 때에는 공탁물회수청구서의 청구사유란에 "공탁물의 변경으로 인한 공탁원인의 소멸"이라고 기재하고, 공탁물회수청구권의 입증서면으로 구 공탁의 공탁서 원본, 담보물변경 결정정본 및 그 결정에 따라 새로운 공탁을 한 공탁서 사본(같은 공탁소일 경우에는 공탁물회수청구서의 비고란에 공탁소 보관 공탁서를 원용한다는 취지를 기재하면 된다)을 첨부하면 된다.

⑤ 납세담보공탁의 경우에는 세무서장 또는 지방자치단체의 장의 승인을 얻어야 담보물변경을 할 수 있다(국세징수법 제21조 제1항, 지방세기본법 제68조 제1항).

⑥ 그러나 영업보증공탁에 있어서는 공탁자가 공탁중인 유가증권의 상환기가 도래하여 다른 유가증권을 새로 공탁하고 종전의 공탁유가증권은 회수하고자 할 때 관계관청의 승인을 얻어야 한다는 명문규정이 없으므로 종전공탁(구 공탁)과 동일한 공탁(신 공탁)이 이루어진 것을 소명하고 종전 공탁물을 회수할 수 있다(공탁선례 제2-269호).

사례해설

1. **대공탁청구를 하면 된다.**
   甲은 대공탁청구를 하여 공탁물보관자가 어음상의 권리를 행사하여 어음을 금전으로 바꾸도록 하면 된다.

2. **담보물변경신청을 하여야 한다.**
   甲은 담보제공명령을 발령한 법원에 담보물변경신청을 하여 법원의 허가를 받아 공탁한 어음 대신 다른 어음이나 금전을 공탁하고 공탁한 어음을 회수청구할 수 있다.

3. **乙은 공탁금의 이자를 출급청구할 수 없다.**
   보증공탁(담보공탁)을 할 때에 보증금을 대신하여 유가증권을 공탁한 경우에는 공탁자가 그 이자나 배당금을 청구할 수 있다(공탁법 제7조).

정리 #6　　대공탁과 담보물변경의 이동

• 대공탁은 공탁의 종류와 무관하게 공탁물이 유가증권이면 된다.
• 담보물변경은 공탁물에 상관없이 공탁의 종류와 관련하여 담보공탁이면 된다.

구 분	금 전	유가증권	물 품
변제공탁	○	○	○
담보공탁 (담보물변경)	○	○	×

구 분	대공탁	담보물변경
근거법규	공탁법 제7조, 공탁규칙 제31조	민사소송법 제126조
인정되는 공탁	유가증권공탁	담보공탁
변경되는 공탁물	유가증권 → 금전	• 유가증권 → 금전 또는 유가증권 • 금전 → 유가증권 ○ 금전 ×
기본공탁과 동일성여부	동일성 ○(법원의 승인 ×) ∵ 유가증권의 상환금자체를 공탁물로 변경	동일성 ×(법원의 승인 ○) ∵ 새로운 공탁을 한 후 종전 공탁은 회수(공탁원인소멸)하는 방법으로 공탁물을 변경
별도공탁물	불 요	별도의 금전 또는 유가증권이 필요
청구권자	공탁물을 수령할 자 (공탁자 및 피공탁자＋승계인)	담보제공자(공탁한 자)

사례

甲은 乙을 피공탁자로 하여 변제공탁을 하였다.

1. 피공탁자를 乙에서 乙 또는 丙으로 바꾸는 공탁서 정정신청을 할 수 있는가?

2. 甲이 공탁원인사실란에 채권자의 수령불능을 이유로 공탁한 후, 수령거절이라는 공탁원인을 추가하는 공탁서 정정신청을 할 수 있는가?

3. 甲이 공탁원인사실란에 채권자의 수령불능을 이유로 공탁한 후, 공탁원인사실란에 적용법조를 잘못 기재한 경우 공탁서 정정신청이 가능한가?

4. 甲은 근저당권채무를 변제공탁하면서 근저당권말소에 필요한 서류 일체의 교부를 반대급부조건으로 공탁하였다. 그 후 이를 삭제하는 공탁정정신청은 가능한가? 가능하다면 공탁의 효력은 최초의 공탁 시에 발생하는가?

공탁서 정정(공탁규칙 제30조)

① 공탁신청이 수리된 후 공탁서의 착오(錯誤) 기재를 발견한 공탁자는 공탁의 동일성(同一性)을 해하지 아니하는 범위 내에서 공탁서 정정(訂正)신청을 할 수 있다.

② 제1항의 신청을 하려는 사람은 공탁서 정정신청서 2통과 정정사유를 소명하는 서면을 제출하여야 한다.

③ 제21조 제1항 및 제2항, 제22조, 제59조 제2항은 공탁서 정정신청에 준용한다.

④ 공탁관이 공탁서 정정신청을 수리한 때에는 공탁서 정정신청서에 그 뜻을 적고 기명날인한 후 그 신청서 1통을 신청인에게 내준다. 이 경우 공탁관은 원장의 내용을 정정등록하여야 한다.

⑤ 수리의 뜻이 적힌 공탁서 정정신청서는 공탁서의 일부로 본다.

⑥ 피공탁자의 주소를 정정하는 경우에는 공탁규칙 제23조(공탁통지서등 첨부)를 준용한다.

열람 및 증명청구(공탁규칙 제59조)

① 공탁당사자 및 이해관계인은 공탁관에게 공탁관계 서류의 열람 및 사실증명을 청구할 수 있다.

② 위임에 따른 대리인이 제1항의 청구를 하는 경우에는 대리인의 권한을 증명하는 서면에 인감도장을 찍고 인감증명서를 첨부하여야 한다.

I 공탁서 정정의 의의

공탁서 정정이란 공탁서에 공탁수리 전부터 존재하는 명백한 표현상의 착오가 있음을 공탁수리 후에 발견한 경우에, 정정 전·후의 공탁의 동일성을 해하지 아니하는 범위 내에서 공탁자의 신청에 의하여 그 오류를 시정하는 것을 말한다.

Ⅱ 공탁서 정정의 요건

1. 명백한 표현상의 착오

표현상의 착오란 공탁서의 기재가 본래 표현하고자 하였던 공탁자의 의사와 합치되지 아니하는 것을 말하며, 그 착오가 공탁서 및 첨부서면의 전체 취지로 보아 명백하여야 한다.

2. 공탁수리 전의 착오

① 공탁서의 정정은 공탁서의 기재와 공탁자의 의사와의 불일치를 시정하고자 하는 것이므로 기재의 착오가 공탁수리 전에 존재하였던 것이어야 한다.

② 따라서 공탁수리 후의 사정변경으로 공탁서의 기재와 객관적인 사실이 일치하지 않게 된 경우에는 공탁서 정정의 문제가 아니며, 그때에는 공탁물지급청구시 청구인이 그 변경사실을 증명하는 서면을 첨부하면 된다.

    예 공탁 후 피공탁자가 개명을 한 경우에는 공탁물출급청구시 개명사실이 등재된 기본증명서를 첨부하면 되고 공탁서 정정의 문제가 발생할 여지는 없다.

3. 공탁수리 후의 발견

① 공탁서 기재의 착오가 공탁수리 후에 발견된 것이어야 한다.

② 공탁수리 전에 발견된 오류는 공탁규칙 제12조에 따라 기재문자를 정정하는 방식을 취하면 되므로 여기서 말하는 공탁서 정정의 문제는 생기지 않는다.

4. 공탁의 동일성 유지

① 일단 성립한 공탁의 법률관계는 공탁서의 기재사항을 기초로 하여 형성되고 그것을 전제로 하여 여러 가지 법률관계가 파생되므로, 후에 공탁서의 기재사항에 오류가 발견되었다고 함부로 그 정정을 허용하여 공탁의 동일성을 해하는 경우에는 공탁당사자의 실체적 권리관계에 큰 영향을 미치고 공탁의 법적 안정성을 해치게 된다.

② 따라서 종전 공탁에 의하여 형성된 실체관계에 변경을 가져오지 않는 경우에 한하여 허용된다.

Ⅲ 공탁서 정정의 허부

1. 공탁서 정정이 허용되지 않는 경우[30]

① 공탁자, 공탁금액, 공탁물수령자 : "공탁자", "공탁금액", "공탁물수령자" 등 공탁의 요건에 관한 사항에 대한 정정은 공탁의 동일성을 해하는 내용의 정정이므로 허용될 수 없으며, 이러한 경우에는 <u>착오를 증명하는 서면을 첨부하여 공탁물을 회수한 다음 다시 공탁할 수밖에 없다.</u>

---

30) 공탁자, 공탁금액, 공탁물수령자(피공탁자 일부삭제, 피공탁자 추가, 확지를 불확지로, 상대적 불확지를 확지로), 공탁원인추가, 반대급부 조건 추가

② 갑 및 을 → 갑, 갑 → 갑 또는 을 : 피공탁자를 변경하는 공탁서 정정은 원칙적으로 허용되지 아니한다. 따라서 "갑 및 을" 2인으로 되어 있는 피공탁자 명의를 "갑" 1인으로 정정하거나(피공탁자 일부 삭제), "갑" 1인으로 되어 있는 피공탁자를 "갑 또는 을"로 정정하는 것은 허용되지 아니한다.

③ 확지공탁 → 불확지공탁

　㉠ 토지수용의 재결이 있은 후 보상금의 공탁 및 토지수용에 의한 등기를 경료한 토지에 대하여 당해 부동산에 관하여 수용보상금의 공탁 이전에 경료된 소유권이전등기말소의 예고등기를 발견한 경우라도, 피공탁자를 그 후에 불확지로 정정하는 것은 공탁의 동일성을 해치기 때문에 허용될 수 없다(공탁선례 제1-72호).

　㉡ 그러나 사업시행자가 수용보상금채권에 대한 처분금지가처분이 있음을 이유로 수용보상금을 공탁하는 경우에는 피공탁자를 상대적 불확지로 하여 "가처분채권자 또는 토지소유자"로 기재하여야 함에도 공탁 당시 사업시행자가 착오로 "토지소유자"로 기재하였고 공탁관도 이를 간과한 채 공탁 수리한 것이 공탁서 기재 자체로 보아 명백하다면, 비록 피공탁자가 토지소유자만으로 기재되었다 하더라도 위 공탁은 피공탁자가 토지소유자 또는 가처분채권자로 하는 상대적 불확지공탁으로 해석하여야 하므로 착오기재를 이유로 피공탁자를 "토지소유자"에서 "가처분채권자 또는 토지소유자"로 정정하는 공탁서 정정은 허용하여도 될 것이다(공탁선례 제1-73호).[31]

④ 상대적[32] 불확지공탁 → 확지공탁 : 수용대상토지에 대하여 가처분등기가 경료되어 있으나 그 가처분의 피보전권리가 공시되어 있지 않아 사업시행자가 "토지소유자 또는 가처분권리자"를 피공탁자로 하는 상대적 불확지공탁을 한 이후에 그 가처분의 피보전권리가 소유권이전등기청구권임이 확인된 경우라 하더라도 기존의 불확지공탁에서 토지소유자를 피공탁자로 하는 확지공탁으로 바꾸는 공탁서 정정은 공탁의 동일성을 해하므로 허용될 수 없다(공탁선례 제2-191호).

⑤ 공탁원인사실추가, 반대급부 조건추가 : 새로운 공탁원인사실을 추가·반대급부 조건이 없는 공탁에 반대급부 조건을 추가하는 정정도 공탁의 동일성을 해하므로 허용되지 아니한다.

> **집행공탁을 혼합공탁으로 하는 정정 허부(소극)**
> 집행공탁을 혼합공탁으로 정정하는 것은 단순한 착오 기재의 정정에 그치지 아니하고 공탁의 동일성을 해하는 내용의 정정이므로 허용될 수 없다(공탁선례 제201211-2호).

2. 공탁서 정정이 허용되는 경우

① 공탁당사자 표시의 정정

　㉠ 공탁자 또는 피공탁자가 동일인으로서 단지 그 성명과 주소의 표시를 착오 기재한 것이라면 동일인임을 증명하는 서면을 첨부하여 공탁서 정정을 신청할 수 있다.

　㉡ 토지등기부상 소유명의자의 주소와 성명을 기재하여 피공탁자를 특정하고 다만 착오로 피공탁자와 동명이인의 주민등록표등본을 주소소명서면으로 첨부한 경우에는 피공탁자의 위 등기부상 주소와 현재 주소가 연결되는 주민등록표등본 및 토지대장등본 등을 첨부하여 그 주소를 현재 주소로 정정하는 공탁서 정정신청은 허용된다(공탁선례 제1-76호).

---

31) 이 선례는, 피공탁자를 변경하는 공탁서 정정은 원칙적으로 허용되지 않으나, 공탁서 기재 자체에 의하여 그 착오가 명백한 경우에는 공탁서 정정이 가능하다는 의미이다.
32) 절대적 불확지공탁에서 피공탁자를 지정하는 공탁서 정정신청은 허용된다.

② 피공탁자를 지정하는 정정신청

　㉠ 우리 공탁제도상 채권자가 특정되거나 적어도 채권자가 상대적으로나마 특정되는 상대적 불확지의
　　공탁만이 허용될 수 있고, 채권자가 누구인지 전혀 알 수 없는 절대적 불확지의 공탁은 허용되지
　　아니하는 것이 원칙이다.

　㉡ 공익사업토지보상법에서는 절대적 불확지의 공탁을 예외적으로 허용하고 있으나, 이는 공익을 위하
　　여 신속한 수용이 불가피함에도 사업시행자가 당시로서는 과실 없이 채권자를 알 수 없다는 부득이한
　　사정으로 인한 임시적 조치로서 편의상 방편일 뿐이므로, 사업시행자는 공탁으로 수용보상금 지급의
　　무를 면하게 되지만, 이로써 위에 본 공탁제도상 요구되는 채권자 지정 의무를 다하였다거나 그 의무
　　가 면제된 것은 아니다.

　㉢ 따라서 토지를 수용하고 보상금을 받을 자를 전혀 알 수 없어 절대적 불확지공탁을 한 경우에는 공탁
　　자(사업시행자)가 후에 피공탁자를 알게 된 때에 그를 피공탁자로 지정하는 공탁서 정정을 신청할
　　수 있다.

> **불확지공탁을 확지공탁으로 바꾸는 공탁서 정정 및 정정 효력발생시기**
> 공탁금을 수령할 자(재산소유자)가 누구인지 전혀 몰라 피공탁자를 불명 또는 미지정 등으로 공탁(절대적
> 불확지공탁)을 한 경우에, 공탁자가 후에 피공탁자를 알게 된 때에 먼저 공탁물을 수령할 자를 지정하여 공탁서
> 를 정정한 후에 피공탁자로 하여금 공탁금을 출급청구하게 할 수 있고, 또한 그 공탁서 정정이 적법하게 수리된
> 경우에 정정의 효력은 당초 공탁 시로 소급하여 발생할 것이며, 따라서 수용재결이 있은 후 수용의 시기까지
> 보상금을 공탁하였다면 기업자는 수용한 날에 소유권을 취득한다(공탁선례 제1-77호).
>
> **등기부를 이기하는 과정에서 "갑"을 "을"로 잘못 이기한 결과, 피공탁자 성명을 "을"로 기재하여 공탁한 경우**
> 등기관이 등기부를 이기하는 과정에서 등기부상 종전 소유자 "갑"을 "을"로 잘못 이기한 결과, 사업시행자가
> 피공탁자 성명을 "을"로 기재하여 공탁한 경우, 위 "갑"의 상속인은 공탁자인 사업시행자에게 피공탁자 표시를
> 정정하는 공탁서 정정신청을 해 줄 것을 촉구할 수 있다. 만일, 사업시행자가 이를 이행하지 않을 경우 공탁자를
> 상대로 공탁금 출급청구권 확인판결을 받아 공탁금출급청구를 할 수 있다(공탁선례 제2-194호).

③ 공탁원인사실란의 법령조항의 정정 : 공탁서의 공탁원인사실란에 기재되어 있는 공탁근거 법령조항의
　정정은 허용된다.

> **공탁서 정정의 허용 범위 등**
> 공탁원인사실란에 기재되어 있는 적용법조의 정정신청이나 반대급부의 내용을 삭제하는 정정신청을 할 수 있다(공
> 탁선례 제2-41호).

④ 반대급부 조건 철회를 위한 정정 : 변제공탁에 부당한 반대급부 조건을 붙임으로써 부적법한 공탁이
　된 경우에 그 반대급부 조건을 철회하는 정정신청이 허용된다.

> **조건부 변제공탁을 한 후 그 조건표시를 정정한 경우 공탁의 효력**
> 선행채무 있는 자가 반대급부를 조건으로 하여 변제공탁을 하였다 하더라도 그 후에 반대급부내용이 없는 것으로
> 정정하여 달라는 취지의 공탁서 정정신청을 하고 공탁관이 이를 인정하였다면 위의 변제공탁은 다른 유효요건을
> 갖추고 있는 한 그때부터 반대급부조건이 없는 변제공탁으로서의 효력을 갖게 된 것이라고 봄이 상당하다(대판
> 1971.6.30. 71다874).

⑤ 압류명령 송달사실을 추가하는 정정 : 다수의 채권압류명령 등을 송달받은 제3채무자가 민사집행법 제248조 제1항에 의한 집행공탁을 함에 있어서 <u>송달받은 압류명령 중 일부를 누락하고 공탁한 경우</u> 공탁원인사실에 그 압류명령을 추가로 기재하는 공탁서 정정은 허용된다.

> **공탁원인사실에 압류 및 추심명령을 추가로 기재하는 공탁서 정정**
>
> 제3채무자가 압류경합을 사유로 하여 집행공탁을 하였으나 이미 제3채무자가 집행공탁을 하기 이전에 이루어진 채권압류 및 추심명령 또는 채권가압류결정 송달 사실을 공탁원인사실에 착오로 누락하였다는 이유로 이를 <u>추가하는 공탁서 정정신청서를 제출한 경우</u>, 공탁관은 이를 공탁의 동일성을 해하지 않는 것으로 보아 수리할 수 있고 제3채무자는 사유신고 법원에 공탁관이 기명날인하여 교부한 공탁서 정정신청서를 제출하여야 할 것이다(공탁선례 제1-79호).

정리 #7   공탁서 정정의 허부

구 분	불 허	허 용
피공탁자 변경	확지 → 상, 절	피공탁자 지정
	상 → 확, 절	
	절 → 상	
공탁자 변경	불 허	• 공탁당사자 표시의 정정(성명과 주소의 착오기재) • 피공탁자의 주소정정
공탁 원인 추가		• 공탁원인사실란의 적용법조추가 • 압류명령송달사실추가
반대급부 추가		반대급부 삭제

※ 상 : 상대적 불확지
    절 : 절대적 불확지

Ⅳ   공탁서 정정의 절차

1. 공탁서 정정의 신청

(1) 공탁서 정정신청서

공탁서의 정정을 신청하려고 하는 사람은 공탁서 정정신청서 2통과 정정사유를 소명하는 서면을 제출하여야 한다(공탁규칙 제30조 제2항). 공탁서 정정신청도 공탁신청과 마찬가지로 우편에 의한 신청은 할 수 없다.

(2) 대표자(관리인), 대리인에 의한 신청

신청인이 법인인 경우에는 법인등기사항증명서 등 대표자 또는 관리인의 자격을 증명하는 서면을 공탁서 정정신청서에 첨부하여야 하고, 법인 아닌 사단 또는 재단일 경우에는 정관 기타 규약과 대표자 또는 관리인의 자격을 증명하는 서면을 공탁서 정정신청서에 첨부하여야 하며, 대리인에 의하여 공탁서 정정신청을 하는 경우에는 대리인의 권한을 증명하는 서면을 공탁서 정정신청서에 첨부하여야 한다(공탁규칙 제30조 제3항, 제21조 제1항 · 제2항).

(3) 공탁통지서 첨부

① 피공탁자의 주소를 정정하여 피공탁자에게 공탁통지를 하여야 할 경우에는 소정의 공탁통지서를 첨부하여야 한다(공탁규칙 제30조 제6항, 제23조).

② 절대적 불확지공탁을 한 후 피공탁자를 지정하는 공탁서 정정신청을 하는 경우에도 마찬가지로 소정의 공탁통지서를 첨부하여야 한다.

(4) 인감증명서

① 공탁서 정정신청을 하는 자는 신청서에 날인된 인감에 관하여는 인감증명을 첨부할 필요가 없다.[33]

② 따라서 기명날인대신에 서명 또는 무인으로 갈음할 수 있다(공탁규칙 제11조 제1항·제2항). 다만, 위임에 따른 대리인이 공탁서 정정신청을 하는 경우에는 위임장에 날인된 인감에 관하여는 인감증명서를 제출하여야 한다(공탁규칙 제30조 제3항, 제59조 제2항).

(5) 일괄공탁

같은 사람이 동시에 같은 공탁법원에 여러 건의 공탁서 정정신청을 하는 경우에 첨부서면의 내용이 같을 때에는 1건의 공탁서 정정신청서에 1통만을 첨부하고 다른 공탁서 정정신청서에는 그 뜻을 적어야 한다(공탁규칙 제22조, 제30조).

2. 공탁서 정정신청의 수리[34]

① 공탁관이 공탁서 정정신청을 수리한 때에는 공탁서 정정신청서에 그 뜻을 적고 기명날인한 후 그 신청서 1통을 신청인에게 내어준다. 이 경우 공탁관은 원장의 내용을 정정등록하여야 한다(공탁규칙 제30조 제4항).

② 수리의 뜻이 적힌 공탁서 정정신청서는 공탁서의 일부로 보므로(공탁규칙 제30조 제5항) 공탁서 원본을 관공서 등에 제출하여야 하는 경우에는 수리된 공탁서 정정신청서 원본도 함께 제출하여야 한다.

③ 피공탁자의 주소를 정정하거나 피공탁자를 지정하는 공탁서 정정신청을 수리한 경우에는 첨부된 공탁통지서를 정정된 주소 또는 지정된 피공탁자에게 발송하여야 한다.

3. 전자공탁시스템에 의한 공탁정정신청

① 전자공탁시스템에 의한 공탁사건에 대한 정정신청은 전자공탁시스템을 이용하여야 한다.

② 전자공탁시스템을 이용하여 이루어진 공탁사건에 대하여 공탁정정신청이 있는 경우 공탁관은 그 정정신청이 전자공탁시스템을 이용하여 적법한 방식으로 이루어진 것인지와 신청인(자격자대리인이 제출하는 경우 대리인)이 전자서명을 하였는지를 심사하여야 하고 공탁서 정정신청을 수리하는 경우 신청인이 전자공탁시스템에 접속하여 공탁서 정정신청을 출력할 수 있도록 하여야 한다.

③ 한편, 공탁서 중 피공탁자의 주소가 정정된 경우 전자공탁시스템으로 제출된 공탁통지서를 출력하여 발송하여야 한다.

---

33) 개정 전에는 인감증명을 첨부하도록 되어 있으나 공탁정정신청은 그 전후의 동일성이 인정되므로 굳이 신청인의 인감증명을 첨부할 필요가 없어 인감증명 첨부하지 않아도 되는 것으로 공탁규칙을 개정(2007.12.31.)하였다.

34) 공탁서 정정신청이 수리된 경우에 피공탁자에게 그 정정통지를 하도록 하는 규정은 없으나, 반대급부 조건의 철회 등과 같이 피공탁자의 공탁물출급청구권 행사에 영향을 미치는 중요한 정정은 적어도 피공탁자에게 통지함이 바람직하다.

Ⅴ　공탁서 정정의 효력

1. 정정의 효력 및 소급

① 공탁서 정정신청이 적법하게 수리된 경우에는 그 정정의 효력은 당초 공탁 시로 소급하여 발생하는 것이 원칙이다(공탁선례 제1-77호).

② 부당한 반대급부 조건을 철회하는 공탁서 정정신청을 수리한 때에는 그때부터 반대급부 조건이 없는 변제공탁으로서의 효력을 갖는 것으로서 그 정정의 효력이 당초의 공탁 시로 소급하는 것은 아니다(대판 1971.6.30. 71다874, 대판 1986.8.19. 85누280).

> **조건부 변제공탁을 한 후 그 조건표시를 정정한 경우 공탁의 효력**
> 선행채무있는 자가 반대급부를 조건으로 하여 변제공탁을 하였다 하더라도 그 후에 반대급부내용이 없는 것으로 정정하여 달라는 취지의 공탁서 정정신청을 하고 공탁관이 이를 인정하였다면 위의 변제공탁은 다른 유효요건을 갖추고 있는 한 그때부터 반대급부조건이 없는 변제공탁으로서의 효력을 갖게 된 것이라고 봄이 상당하다(대판 1971.6.30. 71다874).

③ 따라서 토지수용보상금 공탁에 있어 반대급부 조건이 있는 것으로 공탁하였다가 수용개시일 이후에 반대급부 조건을 철회하는 공탁서 정정이 이루어진 경우에는 그 정정의 효력이 당초의 공탁 시나 수용개시일에 소급되는 것이 아니어서 수용개시일까지 보상금을 지급 또는 공탁하지 아니한 때에 해당되어 그 수용재결의 효력이 상실된다.

④ 이러한 정정신청은 사실상 공탁관이 수리하지 않을 것이다.

사례해설

1. 할 수 없다.
'갑' 1인으로 되어 있는 피공탁자 명의를 '갑 또는 을'로 정정하는 것은 단순한 착오 기재의 정정에 그치지 아니하고 공탁에 의하여 실체관계의 변경을 가져오는 것으로서 공탁의 동일성을 해하는 내용의 정정이므로 허용될 수 없다.

2. 허용되지 않는다.
공탁의 동일성을 해하므로 허용되지 아니한다.

3. 정정신청이 가능하다.
공탁성립 후 공탁서의 기재에 착오가 있음을 발견한 경우에는 그것이 표현상의 착오임이 명백하고 또한 공탁의 동일성에 영향을 미치지 아니하는 범위 내에서는 그 정정이 가능한 것이므로, 공탁원인사실란에 기재되어 있는 적용법조의 정정신청이나 반대급부의 내용을 삭제하는 정정신청을 할 수 있는 것이다.

4. 공탁정정신청은 가능하며, 공탁정정신청 시에 공탁의 효과가 발생한다.
선행채무 있는 자가 반대급부를 조건으로 하여 변제공탁을 하였다 하더라도 그 후에 반대급부내용이 없는 것으로 정정하여 달라는 취지의 공탁서 정정신청을 하고 공탁관이 이를 인정하였다면 위의 변제공탁은 다른 유효요건을 갖추고 있는 한 그때부터 반대급부조건이 없는 변제공탁으로서의 효력을 갖게 된다.

[행정예규 제1354호 별지 제3호 양식] 공탁서 정정신청서

공탁 사건	공탁번호	금 제 호	공탁종류	보증공탁
	공탁자	최○○	피공탁자	지○○
	공탁 목적물	금 일백만원 (1,000,000원)	공탁수리년월일	○○○○.○○.○○.
정정할 사항	○○지방법원 ○○○○카합 ○○○ 채무자 지종구에 대한 채권가압류신청사건 중 피공탁자 및 채무자 "지○○"를 피공탁자 및 채무자 표시 "지○○"로 정정함.			
비고(첨부서류등)	당사자표시증명서 첨부			

위와 같이 공탁서 정정신청을 합니다.

2○○○ 년 ○○월 ○○일

신청인 성명 최○○인 (서명)   대리인 주소
　　　　성명　　　　　　　　인(서명)

위 정정신청을 수립합니다.
년　　　　월　　　　일
법원　　지원 공탁관　　　　　　　　(인)

※ 서명 또는 날인을 하되, 대리인이 공탁할 때에는 대리인의 성명, 주소(자격자대리인은 사무소)를 기재하고 대리인이 서명 또는 날인하여야 한다.
※ 전자공탁시스템을 이용하여 신청하는 경우에는 날인 또는 서명은 공인인증서에 의한 전자서명 방식으로 한다.
※ 전자공탁시스템을 이용하여 이루어진 공탁사건에 대한 공탁서 정정신청은 반드시 전자공탁시스템을 이용하여야 한다.
※ 정정할 사항의 기재례 : 공탁서 기재사항 중 ○○○란 "△△△"을 "ㅁㅁㅁ"로 정정

02 공탁절차

| 제1절 | 공탁신청 절차

01
☐☐☐

공탁서의 피공탁자란 기재에 관한 다음 설명 중 가장 옳지 않은 것은?   2023년

① 사해행위취소에 따른 원상회복청구권을 피보전권리로 한 채권처분금지가처분결정이 제3채무자에게 송달된 경우, 제3채무자는 민법 제487조에 따라 수령불능을 공탁원인으로 하여 피공탁자를 가처분채무자로 하는 확지공탁을 한다.

② 질권의 목적물이 된 채권의 변제기가 질권자의 채권의 변제기보다 먼저 도래한 때에는 민법 제353조 제3항에 따라 질권자는 제3채무자에 대하여 그 변제금액의 공탁을 청구할 수 있는데, 이 경우 제3채무자는 질권설정자를 피공탁자로 기재하여 공탁한다.

③ 가압류채무자의 민사집행법 제282조에 의한 가압류해방공탁의 경우 공탁서에 피공탁자를 기재하지 않는다.

④ 금전채권의 일부에 대하여 가압류가 있음을 원인으로 제3채무자가 민사집행법 제291조 및 제248조 제1항에 따라 가압류된 금액만을 공탁하는 경우 피공탁자를 기재하지 않는다.

⑤ 금전채권에 대하여 민사집행법에 따른 압류와 체납처분에 의한 압류가 있고, 민사집행법에 따른 압류와 체납처분에 의한 압류금액의 총액이 피압류채권액을 초과하지 않는 경우, 제3채무자는 민사집행법 제248조 제1항에 따라 압류와 관련된 금전채권액 전액을 공탁할 수 있는데, 이 경우 압류명령의 채무자를 피공탁자로 기재한다.

....

[❶ ▸ O] 제3채무자가 채무자에게 지급할 금전채권에 대하여 갑의 채권압류 및 전부명령을 송달받은 후 위 전부금채권에 대하여 사해행위취소에 따른 원상회복으로서의 채권양도청구권을 피보전권리로 한 채권처분금지가처분결정을 송달받은 경우 그 가처분권자는 채무자에 대한 채권자의 지위에 있을 뿐 채권이 가처분권자 자신에게 귀속한다고 다투는 경우가 아니므로 제3채무자는 피공탁자를 '전부권자(갑) 또는 가처분권자'로 한 상대적 불확지 변제공탁을 할 수 없다(공탁선례 제201010-2호). 이 경우에는 민법 제487조에 따라 수령불능을 공탁원인으로 하여 피공탁자를 가처분채무자로 하는 확지공탁을 한다.

[❷ ▸ O] 민법 제353조 제1항, 제2항, 제3항

> **민법 제353조(질권의 목적이 된 채권의 실행방법)**
> ① 질권자는 질권의 목적이 된 채권을 직접 청구할 수 있다.
> ② 채권의 목적물이 금전인 때에는 질권자는 자기채권의 한도에서 직접 청구할 수 있다.
> ③ 전항의 채권의 변제기가 질권자의 채권의 변제기보다 먼저 도래한 때에는 질권자는 제3채무자에 대하여 그 변제금액의 공탁을 청구할 수 있다. 이 경우에 질권은 그 공탁금에 존재한다.

[**❸** ▸ ○] 민사집행법 제282조에 의한 가압류해방공탁에서 가압류채권자의 권리실행방법에 대하여 판례 및 실무 입장인 공탁금회수청구권에 대한 집행설에 따르면 피공탁자는 원시적으로 있을 수 없으므로 공탁신청 시에 피공탁자를 기재할 수는 없다.

[**❹** ▸ ✕] 민사집행법 제291조 및 제248조 제1항에 의하여 금전채권의 전부 또는 일부에 대한 가압류를 원인으로 제3채무자가 권리공탁하는 경우에는 변제공탁적 측면이 있기 때문에 피공탁자란에 가압류채무자를 기재한다(행정예규 제1018호 참조).

> **행정예규 제1018호[제3채무자의 권리공탁에 관한 업무처리절차]**
> 4. 금전채권의 일부 또는 전부에 대하여 가압류가 있는 경우
>   가. 총 칙
>   (1) 제3채무자는 가압류된 채권액 또는 가압류와 관련된 금전채권액 전액을 공탁할 수 있고, 공탁을 한 후 즉시 공탁서를 첨부하여 그 내용을 서면으로 가압류발령법원에 신고하여야 한다.
>   (2) 위의 경우 공탁서의 피공탁자란에는 가압류채무자를 기재하고, 공탁근거 법령조항은 민사집행법 제291조 및 제248조 제1항으로 한다.

[**❺** ▸ ○] 행정예규 제1060호 3. 나. (3) (가) 1)

> **행정예규 제1060호[금전채권에 대하여 민사집행법에 따른 압류와 체납처분에 의한 압류가 있는 경우의 공탁절차 등에 관한 업무처리지침]**
> 3. 금전채권에 대하여 민사집행법에 따른 압류와 체납처분에 의한 압류가 있는 경우(선후 불문)
>   나. 집행공탁
>   (2) 민사집행법에 따른 압류와 체납처분에 의한 압류금액의 총액이 피압류채권액을 초과하는 경우
>   (가) 공탁서의 피공탁자란은 기재하지 아니한다.
>   (3) 민사집행법에 따른 압류와 체납처분에 의한 압류금액의 총액이 피압류채권액을 초과하지 않는 경우
>   (가) 공탁절차 및 공탁관의 처리
>   1) 공탁서의 피공탁자란에는 압류명령의 채무자를 기재한다.

답 **❹**

---

02 □□□ 　**공탁의 신청에 관한 다음 설명 중 가장 옳지 않은 것은?**　　　　2021년

① 수인의 공탁자가 공탁하면서 각자의 공탁금액을 나누어 기재하지 않고 공동으로 하나의 공탁금액을 기재한 경우에 공탁자들은 균등한 비율로 공탁한 것으로 보아야 한다.
② 변제공탁에서 피공탁자의 지정은 전적으로 공탁자의 행위에 의한다.
③ 복수의 채권자들에 대한 개별 채권액을 산정하기 어려운 경우에도 복수의 채권자들을 일괄하여 피공탁자로 표시하여 공탁할 수는 없다.
④ 공탁자를 대리하여 공탁할 수도 있다.
⑤ 부동산 자체는 변제공탁의 목적물이 될 수 없다.

[❶ ▶ O] 공탁자가 공탁한 내용은 공탁의 기재에 의하여 형식적으로 결정되므로 수인의 공탁자가 공탁하면서 각자의 공탁금액을 나누어 기재하지 않고 공동으로 하나의 공탁금액을 기재한 경우에 공탁자들은 균등한 비율로 공탁한 것으로 보아야 하고, 공탁자들 내부의 실질적인 분담금액이 다르다고 하더라도 이는 공탁자들 내부 사이에 별도로 해결하여야 할 문제이다(대판 2015.9.10. 2014다29971).

[❷ ▶ O] 변제공탁에 있어서 피공탁자의 지정과 그 소명은 전적으로 공탁자의 행위에 의존할 수밖에 없는 것으로 형식적 심사권만을 가지는 공탁공무원으로서는 공탁서 및 첨부서류를 심사하여 그 수리 여부를 결정하는 것이다(공탁선례 제2-31호).

[❸ ▶ ✕] 부동산소유권이전등기절차의 이행을 명하는 판결에서 피고 6인에 대한 금원의 지급이 상환조건으로 붙여진 경우에 피고들이 동 금원의 수령을 거부하고 피고 각인의 몫을 산정하기 곤란하다면, 그러한 취지를 기재하고 피고 6인을 피공탁자로 일괄표시하여 공탁할 수 있다(공탁선례 제2-109호).

[❹ ▶ O] 대리인이 공탁하는 경우에는 대리인의 권한을 증명하는 서면을 첨부하여야 한다(공탁규칙 제21조 제2항).

[❺ ▶ O] 채무변제의 약정내용에 따른 부동산 변제공탁은 법원으로부터 공탁물보관자의 선임을 받아 그자에게 공탁을 한다고 하더라도, 앞으로 변제자의 협력 없이 공탁물보관자가 부동산에 관한 일체의 본권 및 점유를 채권자에게 이전할 수 있게 한다는 것이 법 기술상 곤란하고, 또 목적부동산의 점유를 공탁물보관자에게 이전한다고 하면 그 보관료와 보관자의 사용료와의 문제도 매우 곤란하게 되기 때문에 공탁에 적당하지 아니한 경우에 해당하므로, 민법 제490조에 의하여 변제자가 법원의 허가를 얻어 당해 부동산을 경매하거나 시가로 방매하여 그 대금을 공탁하는 절차를 취하여야 할 것이다(공탁선례 제2-5호).

답 ❸

---

03 ☐☐☐ **채무자가 변제공탁을 하는 경우 공탁서의 첨부서면에 관한 다음 설명 중 가장 옳은 것은?**

2022년

① 공탁자가 법인 아닌 사단인 경우 정관 기타 규약과 대표자나 관리인의 자격을 증명하는 서면을 공탁서에 첨부하여야 하는데, 법인 아닌 사단이 판결에 기하여 공탁을 하는 경우 판결문상에 사단의 실체 및 대표자가 표시되어 있다면 그 판결문만을 첨부하여 공탁할 수 있다.

② 공탁자가 법인 아닌 사단인 종중인 경우 부동산등기용 등록번호를 증명하는 서면인 종중등록증명서는 대표자의 자격을 증명하는 서면이 될 수 있다.

③ 피공탁자의 주소를 소명하는 서면으로서 주민등록표 등・초본 등 관공서에서 발급받은 서면은 발급일로부터 6개월 이내의 것이어야 한다.

④ 재결서나 판결문에 피공탁자의 주소가 표시되어 있고 표시된 주소가 주민등록표 등・초본상의 주소와 일치하는 경우 재결서나 판결문은 직접 주소를 소명하는 서면으로 볼 수 있다.

⑤ 피공탁자의 주소가 불명인 경우에는 그 사유를 소명하는 서면으로서 피공탁자의 최종주소를 소명하는 서면과 그 주소지에 피공탁자가 거주하지 않는다는 것을 소명하는 자료 등을 첨부하여야 하는데, 변제공탁의 직접 원인이 되는 계약서는 피공탁자의 최종주소를 소명하는 서면이 될 수 있다.

[❶ ▸ ✕] 민사본안 재판절차에서 비법인 사단의 실체와 대표자의 자격을 인정하는 판결이 선고된 경우라도, 이는 변론종결일을 기준으로 한 것이므로 그 후에 이루어진 사단의 소멸, 사단의 명칭 또는 대표자의 변경사실을 위 판결만으로는 확인할 수 없을 것이다. 따라서 비법인 사단이 판결에 기하여 공탁을 하는 경우, 판결문상에 사단의 실체 및 대표자가 표시되어 있다고 하더라도 그 판결문만을 첨부하여 공탁할 수는 없을 것이며, 반드시 정관 기타 규약과 대표자의 자격을 증명하는 서면을 첨부하여야 할 것이다(공탁선례 제2−80호).

[❷ ▸ ✕] 공탁금수령자가 법인 아닌 사단이나 재단인 경우에 그 대표자가 공탁금 출급청구를 함에 있어서는 정관 기타 규약과 그 대표자의 자격을 증명하는 서면을 첨부하여야 하므로, 피공탁자가 종중인 경우에도 그 종중의 대표자는 그 종중의 규약과 대표자의 자격을 증명하는 서면을 첨부하여 공탁금을 출급청구할 수 있으며, 그 대표자의 자격을 증명하는 서면으로써는 동 규약이 정하는 바에 따라 대표자를 선임한 회의록 등을 제출할 수 있을 것이나, 부동산등기용 등록번호를 증명하는 서면인 종중등록증명서는 종중의 대표자의 자격을 증명하는 서면으로 볼 수 없다(공탁선례 제2−136호).

[❸ ▸ ✕] 공탁규칙 제16조 제2호

> **공탁규칙 제16조(자격증명서 등의 유효기간)**
> 공탁관에게 제출하는 다음 서면은 발급일로부터 3월 이내의 것이어야 한다.
> 1. 대표자나 관리인의 자격 또는 대리인의 권한을 증명하는 것으로서 관공서에서 발급받은 서면
> 2. 제21조 제3항의 주소를 소명하는 서면으로서 관공서에서 발급받은 서면
> 3. 인감증명서
>
> **공탁규칙 제21조(첨부서면)**
> ③ 변제공탁을 하는 경우에 피공탁자의 주소를 표시하는 때에는 그 주소를 소명하는 서면을, 피공탁자의 주소가 불명인 경우에는 이를 소명하는 서면을 첨부하여야 한다.

[❹ ▸ ✕] 재결서에 피공탁자의 주소가 표시되어 있고 표시된 주소가 피공탁자의 주민등록표등·초본상의 주소와 일치된다 해도 위 재결서등은 주소가 불명한 경우에 그 사유를 소명하는 서면으로 볼 수는 있어도 직접 주소를 소명하는 서면으로 볼 수는 없을 것이다(공탁선례 제1−7호).

[❺ ▸ ○] 피공탁자의 주소를 표시하는 때에는 그 주소를 소명하는 서면을 피공탁자의 주소가 불명인 경우에는 그 사유를 소명하는 서면을 첨부해야 하는바 피공탁자의 주소를 소명하는 서면은 원칙적으로 주민등록표등·초본이고 주소가 불명인 경우에 그 사유를 소명하는 서면으로는 피공탁자의 최종주소를 소명하는 서면(변제공탁의 직접 원인이 되는 계약서·재판서·재결서 등, 등기부등본, 토지대장, 공탁서, 말소된 주민등록표등·초본 등) 및 그 주소에 피공탁자가 거주하지 않았다는 것을 소명하는 자료 등을 일반적으로 들 수 있다(공탁선례 제2−170호).

目 ❺

공탁서의 첨부서면에 관한 다음 설명 중 가장 옳은 것은?

① 공탁자가 법인 아닌 사단일 경우 판결문에 그 대표자가 표시되어 있다면 공탁서에 판결문만 첨부하면 되고 정관이나 규약과 대표자 또는 관리인의 자격을 증명하는 서면을 첨부할 필요가 없다.

② 공탁자가 종중인 경우 그 대표자의 자격을 증명하는 서면으로 부동산등기용 등록번호를 증명하는 서면을 첨부할 수 있다.

③ 변제공탁을 하는 경우 피공탁자의 주소를 소명하는 서면을 첨부해야 하나 피공탁자의 주소가 불명이라면 이를 소명하는 서면을 첨부할 필요는 없다.

④ 공탁자가 피공탁자에게 공탁통지를 하여야 할 경우에는 피공탁자의 수만큼 공탁통지서를 첨부하여야 한다.

⑤ 같은 사람이 동시에 같은 공탁법원에 여러 건의 공탁을 하는 경우 첨부서면의 내용이 같더라도 항상 공탁서마다 첨부서면을 모두 첨부하여야 한다.

[❶ ▸ ✕] 민사본안 재판절차에서 비법인 사단의 실체와 대표자의 자격을 인정하는 판결이 선고된 경우라도, 이는 변론종결일을 기준으로 한 것이므로 그 후에 이루어진 사단의 소멸, 사단의 명칭 또는 대표자의 변경사실을 위 판결만으로는 확인할 수 없을 것이다. 따라서 비법인사단이 판결에 기하여 공탁을 하는 경우, 판결문상에 사단의 실체 및 대표자가 표시되어 있다고 하더라도 그 판결문만을 첨부하여 공탁할 수는 없을 것이며, <u>반드시 정관 기타 규약과 대표자의 자격을 증명하는 서면을 첨부하여야 할 것이다</u>(공탁선례 제1-90호).

[❷ ▸ ✕] 공탁금수령자가 법인 아닌 사단이나 재단인 경우에 그 대표자가 공탁금출급청구를 함에 있어서는 정관 기타 규약과 그 대표자의 자격을 증명하는 서면을 첨부하여야 하므로, 피공탁자가 종중인 경우에도 그 종중의 대표자는 그 종중의 규약과 대표자의 자격을 증명하는 서면을 첨부하여 공탁금을 출급청구할 수 있으며, 그 대표자의 자격을 증명하는 서면으로써는 동 규약이 정하는 바에 따라 대표자를 선임한 회의록 등을 제출할 수 있을 것이나, <u>부동산등기용 등록번호를 증명하는 서면인 종중등록증명서는 종중의 대표자의 자격을 증명하는 서면으로 볼 수 없다</u>(공탁선례 제1-84호).

[❸ ▸ ✕] 변제공탁을 하는 경우에 피공탁자의 주소를 표시하는 때에는 그 주소를 소명하는 서면을, <u>피공탁자의 주소가 불명인 경우에는 이를 소명하는 서면을 첨부하여야 한다</u>(공탁규칙 제21조 제3항).

[❹ ▸ ○] 공탁자가 피공탁자에게 공탁통지를 하여야 할 경우에는 피공탁자의 수만큼 공탁통지서를 첨부하여야 한다(공탁규칙 제23조 제1항).

[❺ ▸ ✕] 같은 사람이 동시에 같은 공탁법원에 여러 건의 공탁을 하는 경우에 <u>첨부서면의 내용이 같을 때에는 1건의 공탁서에 1통만을 첨부하면 된다.</u> 이 경우 다른 공탁서에는 그 뜻을 적어야 한다(공탁규칙 제22조).

답 ❹

05 다음 설명 중 가장 옳지 않은 것은?

2021년

① 저당채무의 변제와 근저당권설정등기의 말소를 동시이행하기로 하는 특약을 한 사실이 없음에도 특약이 있는 것으로 공탁신청을 한 경우에는 무효이므로 공탁관은 수리할 수 없다.

② 대법원장이 지정한 공탁물 보관자가 목적물의 보관능력이 없는 특수한 경우에는, 공탁자는 채무이행지 관할 지방법원에 공탁물보관자선임신청을 할 수 있다.

③ 피공탁자가 법인일 경우에는 대표자의 성명, 주소는 공탁서 기재사항이 아니다.

④ 불수리결정을 한 경우 공탁관은 신청인에게 불수리결정등본을 교부하거나 배달증명우편으로 송달하여야 한다.

⑤ 불수리결정 원본과 공탁서, 그 밖의 첨부서류는 원칙적으로 공탁기록에 철하여 보관한다.

[**❶ ▸ ✕**] 저당채무의 변제는 원칙적으로 근저당권설정등기의 말소에 앞서 이행되어야 하므로 저당채무의 변제와 근저당권설정등기의 말소를 동시이행하기로 하는 특약을 한 사실이 없음에도, 채무자 또는 소유자가 근저당권으로 담보된 채무를 변제공탁함에 있어 근저당권설정등기의 말소에 소요될 서류일체의 교부를 반대급부로 한 경우에는 위 공탁은 변제의 효력이 없다. 다만, 공탁공무원은 그러한 특약을 한 사실이 없음에도 특약이 있는 것으로 하는 공탁신청이 있으면, 그러한 특약의 유무에 대하여 심사할 권한이 없으므로 이를 수리할 수밖에 없으나, 근저당권자는 특약이 없음을 이유로 변제공탁의 효력을 부인할 수 있을 것이다(공탁선례 제1-64호).

[**❷ ▸ ○**] 공탁법 제3조 제1항의 규정에 의하여 대법원장이 지정한 공탁물 보관 창고업자는 동조 제2항에 의하여 그가 경영하는 영업의 부류에 속하는 것으로써 보관할 수 있는 수량에 한하여 이를 보관할 의무를 부담하게 되는 것이므로, 공탁물 보관 창고업자가 당해 공탁물, 예컨대 미국으로부터 수입한 인광석 8,000톤과 같은 종류의 물품의 보관을 취급하지 않거나 목적물의 수량에 대하여 보관능력이 없는 특수한 경우에는, 공탁자는 민법 제488조 제2항, 비송사건절차법 제53조의 규정에 따라 채무이행지를 관할하는 지방법원에 공탁물보관자의 선임신청을 하여 그 지정을 받아 공탁할 수 있다(공탁선례 제2-8호).

[**❸ ▸ ○**] 해산간주된 회사의 법인등기부상 대표자가 없다고 하더라도, 피공탁자가 법인인 경우 그 대표자의 성명, 주소는 공탁서상의 기재사항이 아닐 뿐만 아니라 대표권이 있음을 증명하는 서면도 공탁신청 시 첨부서면이 아니므로, 피공탁자인 법인의 명칭과 주사무소만 기재하여 공탁할 수 있다(공탁선례 제1-37호).

[**❹ ▸ ○**] 불수리결정을 한 경우 공탁관은 신청인이나 청구인(다음부터 "신청인 등"이라 한다)에게 불수리결정등본(다음부터 "결정등본"이라 한다)을 교부하거나 배달증명우편으로 송달한다(행정예규 제1013호 제3조 제1항).

[**❺ ▸ ○**] 공탁관이 제2조에 따라 불수리결정을 한 때에는 불수리결정 원본(다음부터 "결정원본"이라 한다)과 공탁서 또는 공탁물출급·회수청구서(각 2부), 그 밖에 첨부서류는 공탁기록에 철하여 보관한다(행정예규 제1013호 제5조 제1항).

답 ❶

공탁물 납입에 관한 다음 설명 중 가장 옳지 않은 것은?

① 전자공탁시스템을 이용하여 공탁을 하는 경우 공탁관은 공탁물보관자에게 가상계좌번호를 요청하여 그 계좌로 공탁금을 납입하게 하여야 한다.

② 공탁이 유효하게 성립하는 시기는 공탁관의 수리처분이 있을 때가 아니라 공탁자가 공탁물을 공탁물보관자에게 납입한 때이다.

③ 공탁자가 가상계좌에 의한 공탁금 납입을 신청하였는데, 착오납입한 경우 공탁물보관자의 확인이 있으면 언제라도 납입취소를 요청할 수 있다.

④ 공탁자가 가상계좌에 의한 공탁금 납입 시 공탁관은 공탁금보관자로부터 납입전송을 받은 후 지체 없이 보관 중인 공탁서에 납입증명을 하여 공탁자 또는 정당한 대리인에게 교부하여야 한다.

⑤ 공탁자가 계좌번호 오류, 은행의 전산다운 등의 사유로 납입마감일의 통상 업무시간까지 공탁금을 납입하지 못한 경우 당해 공탁사건은 실효처리 되는 것이 원칙이다.

....

[❶ ▸ ○] 전자공탁시스템을 이용하여 공탁을 하는 경우 공탁관은 공탁물보관자에게 가상계좌번호를 요청하여 그 계좌로 공탁금을 납입하게 하여야 한다(공탁규칙 제78조 제1항).

[❷ ▸ ○] 공탁자는 공탁소로부터 공탁물납입서 및 공탁서를 교부받아 공탁서에 기재된 공탁물보관자에게 납입기일까지 공탁물을 납입하여야 한다. 공탁이 유효하게 성립하는 시기는 공탁관의 수리처분이 있을 때가 아니라 공탁자가 공탁물을 공탁물보관자에게 납입한 때이다.

[❸ ▸ ✕] 공탁자가 착오납입 등을 한 경우 <u>납입 당일에 한해 통상 업무시간 전까지</u> [별지 2]의 양식에 의해 공탁공무원의 확인을 받아 공탁금보관자에게 납입취소를 요청할 수 있다(행정예규 제936호 제5조 제3항).

[❹ ▸ ○] 공탁관은 공탁금보관자로부터 납입전송을 받은 후 지체 없이 보관중인 공탁서에 납입증명을 하여 공탁자 또는 정당한 대리인에게 교부하거나 제2조 제3항의 경우에는 우편으로 발송하여야 한다(행정예규 제936호 제6조 제1항).

[❺ ▸ ○] 공탁자가 계좌번호오류, 은행의 전산다운 등의 사유로 납입마감일의 통상 업무시간까지 공탁금을 납입하지 못한 경우 당해 공탁사건은 실효처리된다. 단, 공탁관에게 납입기한 연장을 요청하여 승인을 받은 경우는 예외로 한다(행정예규 제936호 제4조 제3항).

답 ❸

가상계좌에 의한 공탁금 납입절차에 관한 다음 설명 중 가장 옳지 않은 것은?

① 공탁자는 가상계좌로 공탁금이 납입되기 전까지는 가상계좌납입신청을 철회하고 관할공탁소 공탁금보관자에게 직접 납입할 수 있다.

② 공탁자가 계좌번호 오류, 은행의 전산다운 등의 사유로 납입마감일의 통상 업무시간까지 공탁금을 납입하지 못한 경우 당해 공탁사건은 실효처리되는 것이 원칙이다.

③ 부동산경매에 있어서 매각허가결정에 대한 항고보증공탁(민사집행법 제130조 제3항)을 하는 경우 공탁자는 우선 공탁소에 가상계좌납입신청을 하여 공탁금 납입안내문을 교부받은 후 공탁금 보관은행에 이자소득세 원천징수에 필요한 사항을 등록하고 공탁금을 납입하여야 한다.

④ 공탁관은 공탁금보관자로부터 납입전송을 받은 후 지체 없이 보관 중인 공탁서를 공탁자 또는 정당한 대리인에게 교부하여야 한다.

⑤ 공탁자가 착오납입을 한 경우 납입 당일에 한해 통상 업무시간 전까지 납입취소신청서에 공탁관의 확인을 받아 공탁금보관자에게 납입취소를 요청할 수 있다.

....

[**❶ ▸ ○**] 공탁자는 가상계좌로 공탁금이 납입되기 전까지는 가상계좌납입신청을 철회하고 관할공탁소 공탁금보관자에게 직접 납입할 수 있다(행정예규 제936호 제5조 제1항).

[**❷ ▸ ○**] 공탁자가 계좌번호오류, 은행의 전산다운 등의 사유로 납입마감일의 통상 업무시간까지 공탁금을 납입하지 못한 경우 당해 공탁사건은 실효처리된다. 단, 공탁관에게 납입기한 연장을 요청하여 승인을 받은 경우는 예외로 한다(행정예규 제936호 제4조 제3항).

[**❸ ▸ ✕**] 부동산 경매에 있어서 매각허가결정에 대한 항고보증공탁을 하는 경우(민사집행법 제130조 제3항 및 제268조)에는, <u>공탁금 보관은행을 경유하여 이자소득세 원천징수에 필요한 사항을 등록한 후 "계좌납입신청"을 하여야 하고,</u> 주민등록번호(개인)나 사업자등록번호(법인 등)를 소명할 수 있는 자료를 첨부하여야 한다(행정예규 제936호 제2조 제2항).

[**❹ ▸ ○**] 공탁관은 공탁금보관자로부터 납입전송을 받은 후 지체 없이 보관 중인 공탁서에 납입증명을 하여 공탁자 또는 정당한 대리인에게 교부하거나 제2조 제3항의 경우에는 우편으로 발송하여야 한다(행정예규 제936호 제6조 제1항).

[**❺ ▸ ○**] 공탁자가 착오납입 등을 한 경우 납입 당일에 한해 통상 업무시간 전까지 [별지 2]의 양식에 의해 공탁관의 확인을 받아 공탁금보관자에게 납입취소를 요청할 수 있다(행정예규 제936호 제5조 제3항).

답 ❸

08
☐☐☐

① 대공탁의 경우에는 유가증권공탁이 상환금에 의한 금전공탁으로 변경되는 경우에 한하지만 담보물 변경의 경우에는 유가증권공탁이 금전공탁으로 변경되는 경우 외에 금전공탁이 유가증권공탁으로, 유가증권공탁이 다른 유가증권공탁으로 변경되는 경우도 포함된다.

② 담보공탁에 대하여 대공탁을 청구하는 경우에, 본래의 유가증권공탁과의 사이에 공탁의 동일성이 유지되므로 담보를 명한 관청의 승인을 요하지 않는다.

③ 대공탁청구인이 공탁관으로부터 교부받은 '대공탁청구서' 및 '유가증권출급의뢰서' 등을 공탁물보관자에게 제출한 경우, 공탁물보관자는 그 대공탁청구서 말미에 영수인을 찍어 청구인에게 반환하고, 공탁유가증권을 출급하여 그 유가증권 채무자로부터 상환금을 추심하여 공탁관의 계좌에 대공탁금으로 입금하여야 한다.

④ 같은 사람이 동시에 같은 공탁법원에 여러 건의 부속공탁을 청구하는 경우에 첨부서면의 내용이 같을 때에는 그중 1건의 부속공탁청구서에 1통만을 첨부하면 되고, 다른 부속공탁청구서에는 그 뜻을 적어야 한다.

⑤ 법원이 담보물변경을 허가할 때에는 담보권리자의 이익을 해하여서는 안 되므로, 신·구 담보물의 액면가액은 동일하거나 그 이상이어야 하며, 신 담보물을 어떠한 종류와 수량의 유가증권으로 할 것인가는 법원의 재량에 의하여 정하여진다.

··

[**❶** ▸ O] 대공탁의 경우에는 유가증권공탁이 상환금에 의한 금전공탁으로 변경되는 경우에 한하지만 담보물변경의 경우에는 유가증권공탁이 금전공탁으로 변경되는 경우 외에 금전공탁이 유가증권공탁으로, 유가증권공탁이 다른 유가증권공탁으로 변경되는 경우도 포함된다.

[**❷** ▸ O] 담보공탁에 대하여 대공탁을 청구하는 경우에도 공탁의 동일성이 유지되므로 담보를 명한 관청의 승인을 요하지 않는다.

[**❸** ▸ O] 대공탁청구인이 공탁관으로부터 교부받은 '대공탁청구서' 및 '유가증권출급의뢰서' 등을 공탁물보관자에게 제출한 경우, 공탁물보관자는 그 대공탁청구서 말미에 영수인을 찍어 청구인에게 반환하고, 공탁유가증권을 출급하여 그 유가증권 채무자로부터 상환금을 추심하여 공탁관의 계좌에 대공탁금으로 입금하여야 한다.

[**❹** ▸ O] 공탁규칙 제31조 제4항, 제22조

> **공탁규칙 제31조(대공탁 또는 부속공탁 청구)**
> ① 공탁유가증권의 상환금의 대공탁이나 이자 또는 배당금의 부속공탁을 청구하려는 사람은 대공탁·부속공탁청구서 2통을 제출하여야 한다.
> ④ 제21조 제1항 및 제2항과 제22조는 제1항의 경우에 준용한다.
>
> **공탁규칙 제22조(첨부서면의 생략)**
> 같은 사람이 동시에 같은 공탁법원에 여러 건의 공탁을 하는 경우에 첨부서면의 내용이 같을 때에는 1건의 공탁서에 1통만을 첨부하면 된다. 이 경우 다른 공탁서에는 그 뜻을 적어야 한다.

[**⑤** ▸ ✕] 법원은 담보제공자의 신청에 의하여 상당하다고 인정할 때에는 공탁한 담보물의 변환을 명할 수가 있고 이때에는 물론 담보권리자의 이익을 해하여서는 안 될 것이나 본래의 공탁물에 갈음하여 유가증권이나 채권을 공탁하게 할 때에 신구담보물의 액면가액이 절대적으로 동일하거나 그 이상이어야만 하는 것은 아니며 신담보물을 어떠한 종류와 수량의 유가증권이나 채권으로 할 것인가는 법원의 재량에 의하여 정하여진다(대결 1988.8.11. 88그25).

답 **⑤**

제4절 | 공탁서 정정

09   공탁서 정정에 관한 다음 설명 중 가장 옳지 않은 것은? 2022년
□□□

① 甲은 乙에 대한 대여금 채무 1백만원을 부담하고 있는데, 착오로 1천만원을 공탁한 경우 공탁금액을 정정할 수는 없고, 착오를 증명하는 서면을 첨부하여 공탁물을 회수한 후 다시 공탁을 하여야 한다.

② 용인시가 토지수용보상금을 절대적 불확지공탁한 경우 토지소유자는 공탁관을 상대로 공탁서 정정을 신청할 수 있고, 공탁관이 이에 응하지 않으면, 국가(소관 공탁관)를 상대로 공탁물출급청구권 확인의 확정판결을 첨부하여 공탁금 출급청구를 할 수 있다.

③ 공탁서의 공탁원인사실란에 기재되어 있는 공탁근거 법령조항의 정정은 허용된다.

④ 변제공탁에 부당한 반대급부 조건을 붙임으로써 부적법한 공탁이 된 경우에 공탁자는 그 반대급부 조건을 철회하는 공탁서 정정신청을 할 수 있다.

⑤ 공탁자의 이름과 주민등록번호가 주민등록초본과 일치하나 주소가 다른 경우 사실상 동일인으로서 주소의 표시를 착오 기재한 것이라면 공탁자는 주민등록초본을 첨부하여 공탁자의 주소를 정정하는 공탁서 정정신청을 할 수 있다.

··

[**❶** ▸ ○] 공탁자, 공탁금액, 공탁물수령자 등 공탁의 요건에 관한 사항은 정정은 공탁의 동일성을 해하는 내용의 정정이므로 허용될 수 없다. 이러한 경우에는 착오를 증명하는 서면을 첨부하여 공탁물을 회수한 다음 다시 공탁할 수밖에 없다.

[**❷** ▸ ✕] 공탁물 출급청구권에 대한 정당한 권리자는 공탁자를 상대로 자신을 피공탁자로 지정하는 공탁서 정정을 하도록 하거나 공탁물에 대한 출급청구권이 자신에게 있다는 확인판결정본 및 확정증명(조정조서, 화해조서 포함)을 첨부하여 공탁물을 출급할 수 있다(행정예규 제1345호 제12조).

[**❸** ▸ ○] 공탁성립 후 공탁서의 기재에 착오가 있음을 발견한 경우에는 그것이 표현상의 착오임이 명백하고 또한 공탁의 동일성에 영향을 미치지 아니하는 범위 내에서는 그 정정이 가능한 것이므로, 공탁원인사실란에 기재되어 있는 적용법조의 정정신청이나 반대급부의 내용을 삭제하는 정정신청을 할 수 있는 것이며, 공탁서 정정신청서에 날인하는 인영은 공탁서의 인영과 동일한 것이어야 하며 그렇지 아니한 때에는 인감증명서를 제출하여야 한다(공탁선례 제2-41호).

[❹ ▶ O] 변제공탁에 부당한 반대급부 조건을 붙임으로써 부적법한 공탁이 된 경우에 그 반대급부 조건을 철회하는 정정신청이 허용된다. 이와 관련하여 판례는, 변제공탁의 경우 채권자가 반대급부 또는 기타 조건의 이행을 할 의무가 없음에도 불구하고 채무자가 이를 조건으로 공탁한 때에는 채권자가 이를 수락하지 않는 한 그 변제공탁은 효력이 없으며 그 뒤 채무자의 공탁에 붙인 조건의 철회정정청구에 따라 공탁공무원으로부터 위 정정청구의 인가결정이 있었다 하더라도 그 변제공탁은 인가결정 시부터 반대급부조건이 없는 변제공탁으로서의 효력을 갖는 것으로서 그 효력이 당초의 변제공탁 시로 소급하는 것은 아니라고 판시하였다(대판 1986.8.19. 85누280).

[❺ ▶ O] 공탁자의 이름과 주민등록번호가 주민등록초본과 일치하나 주소가 다른 경우 사실상 동일인으로서 '주소'의 표시를 착오 기재한 것이라면 공탁자는 주민등록초본을 공탁서 정정신청의 소명 서면으로 첨부하여 공탁자의 주소를 정정할 수 있다(공탁선례 제2-337호).

답 ❷

10
□□□

공탁서 정정에 관한 다음 설명 중 가장 옳지 않은 것은?   2021년

① 민법 제487조 변제공탁이 성립한 후 피공탁자가 개명한 경우 기본증명서 등을 첨부하여 공탁서정정신청을 하여야 한다.
② 甲이 乙을 피공탁자로 하여 민법 제487조 변제공탁을 한 후 공탁자를 甲에서 丙으로 변경하는 공탁서정정신청은 허용되지 않는다.
③ 사업시행자가 수용보상금을 유가증권으로 공탁한 후 동일한 금액의 현금으로 변경하는 공탁서정정신청은 허용되지 않는다.
④ 공탁서 정정이 적법하게 수리된 경우에 공탁서 정정의 효력은 최초 공탁 시로 소급하여 발생하는 것이 원칙이다.
⑤ 사업시행자가 수용보상금을 공탁하면서 소유권 이전에 필요한 일체의 서류를 반대급부로 제공할 것을 조건으로 보상금을 공탁한 경우 반대급부조건을 철회하는 공탁서 정정은 허용된다.

....

[❶ ▶ ✕] 공탁서 정정은 공탁서 기재와 공탁자 의사와의 불일치를 시정하고자 하는 것이므로 기재의 착오가 공탁수리 전에 존재해야 한다. 따라서 공탁수리 후의 사정변경으로 공탁서의 기재와 객관적인 사실이 일치하지 않게 된 경우, 예컨대 공탁 후 피공탁자가 개명을 한 경우에는 공탁물출급청구 시 개명사실이 등재된 기본증명서를 첨부하면 되고 공탁서 정정의 문제가 발생할 여지는 없다.

[❷ ▶ O] "공탁자", "공탁금액", "공탁물수령자" 등 공탁의 요건에 관한 사항에 대한 정정은 공탁의 동일성을 해하는 내용의 정정이므로 허용될 수 없다.

[❸ ▶ O] 수용보상금을 유가증권으로 공탁한 후 동일한 금액으로 유가증권과 현금으로 공탁물을 변경하는 것은 유가증권 일부를 회수하고 회수한 부분만큼 현금으로 새로운 공탁을 하는 것이므로 공탁의 동일성이 유지되지 않아 허용될 수 없다(공탁선례 제2-39호).

[❹ ▶ O] 공탁서정정신청이 적법하게 수리된 경우에는 그 정정의 효력은 당초 공탁 시로 소급하여 발생하는 것이 원칙이다(공탁선례 제2-48호).

[❺ ▶ O] 반대급부조건이 없는 공탁에 반대급부조건을 추가하는 정정도 공탁의 동일성을 해하므로 허용되지 아니하나, 기존 반대급부조건을 철회하는 공탁서 정정은 가능하다.

답 ❶

03 공탁물 지급절차

제1절 총 설

Ⅰ 구 분

1. 지급절차 구분

① 공탁물 지급절차는 피공탁자가 공탁물을 찾아가는 출급절차와 공탁자가 공탁물을 다시 찾아가는 회수절차로 구분된다.

② 공탁물을 출급·회수하려고 하는 사람은 공탁물출급·회수청구서를 작성하여 제출하여야 하고, 출급 또는 회수청구권을 갖는 것을 증명하는 서면을 첨부하여야 한다.

출 급	공탁물 출급이란 공탁성립 후에 채무변제·손해담보 등과 같은 공탁 본래의 목적에 따라 채권자·담보권리자 또는 그 승계인의 청구에 의하여 공탁물을 지급하는 것으로, 일반적으로 피공탁자의 확정, 피공탁자의 공탁물에 대한 실체적 청구권의 확정, 피공탁자의 공탁물에 대한 실체적 청구권행사의 조건성취 등의 요건을 구비하여야 한다.
회 수	공탁물 회수란 공탁물에 대한 회수권을 가지는 자의 청구에 의하여 공탁물을 되돌려 주는 것으로, 공탁법 제9조 제2항은, • 민법 제489조에 따르는 경우 • 착오로 공탁을 한 경우 • 공탁원인이 소멸한 경우 그 사실을 증명하여 공탁물을 회수할 수 있다고 규정하고 있다.

[행정예규 제1326호 제8-1호 양식] 공탁금 출급·회수청구서

공탁번호		년 금 제 호		공탁금액		한 글	
						숫 자	
공탁자	성 명 (상호, 명칭)		피공탁자	성 명 (상호, 명칭)			
	주민등록번호 (법인등록번호)			주민등록번호 (법인등록번호)			
청구내역	청구금액	이자의 청구기간		이자 금액	합계금액		비 고
	한 글			(은행)	(은행)		
	숫 자			※ '이자 금액' 및 '합계금액' 란은 보관은행에서 기재함.			
보관은행		은행 법원 지점					

청구 및 이의유보사유	출급청구시	회수청구시
※ 해당란에 ☑하시거나 기타란에 간단히 기재하시기 바랍니다.	※ 이의를 유보하고 공탁금을 출급하시겠습니까? □ 예(이의를 유보하고 출급함) □ 아니오(공탁을 수락하고 출급함) □ 담보권 실행 □ 배당에 의함 □ 채권양수에 의함 □ 기타( )	□ 민법 제489조에 의하여 회수 □ 착오공탁(착오증명서면 첨부 필요) □ 공탁원인소멸(담보취소, 본압류이전, 가압 류취하·취소·해제 등)

비 고 (첨부서류 등)	□ 공탁서 또는 공탁통지서 □ 신분증 사본 □ 위임장 □ 인감증명서 □ 주민등록등·초본 □ 법인등기사항증명서 □ 담보취소결정 정본 및 확정증명 □ 가압류에서 이전되는 압류추심·전부명령 정본 및 송달·확정증명 □ 가압류 취하·해제증명 □ 동의서·승낙서·보증서 □ 채권양도 원인서면 □ 착오증명서면 □ 기타( )

계좌입금	□ 포괄계좌입금(금융기관 : 계좌번호 :) □ 계좌입금신청(금융기관 : 계좌번호 :) : 공탁금 계좌입금신청서 첨부

위와 같이 청구합니다.
년   월   일

청구인	대리인
주소 : 주민등록번호 : 성명 : 인(서명) (전화번호 :)	주소 : 성명 : 인(서명) (전화번호 :)

위 청구를 인가합니다.
년   월   일
법원   지원 공탁관   (인)

위 공탁금과 공탁금 이자(공탁금 출급·회수청구서 1통)를 수령하였습니다.
년   월   일
수령인(청구인 또는 대리인) 성명   (인)

I 공탁물 출급 · 회수청구

> **공탁물 출급 · 회수청구서(공탁규칙 제32조)**
> ① 공탁물을 출급·회수하려는 사람은 공탁관에게 공탁물 출급·회수청구서 2통을 제출하여야 한다.
>
> **공탁물 출급 · 회수의 일괄청구(공탁규칙 제35조)**
> 같은 사람이 여러 건의 공탁에 관하여 공탁물의 출급·회수를 청구하려는 경우 그 사유가 같은 때에는 공탁종류에 따라 하나의 청구서로 할 수 있다.

1. 서 설

① 공탁물을 출급·회수하려고 하는 사람은 2통의 공탁물출급·회수청구서를 작성하여 관할공탁소(공탁관)에 제출하여야 한다(공탁규칙 제32조 제1항).
② 일괄청구[35] : 같은 사람이 여러 건의 공탁에 관하여 공탁물의 출급·회수를 청구하려는 경우 그 사유가 같은 때에는 공탁종류에 따라 하나의 청구서로 할 수 있다(공탁규칙 제35조).

2. 우편에 의한 지급청구

공탁물출급·회수청구서 제출은 우편으로 할 수는 없다(공탁선례 제1-69호).

3. 대리인 등에 의한 지급청구

① 출급 또는 회수청구는 대표자나 관리인 또는 대리인에 의하여도 할 수 있다(공탁규칙 제32조 제2항). 근로기준법은 근로자를 보호하기 위하여 사용자가 직접 임금을 근로자에게 지급하도록 하고 있으므로, 근로자의 임금이 공탁된 경우 그 공탁금은 임금채권의 성질을 가지므로 대리인에 의하여 공탁금을 출급청구할 수 없다.
② 다만, 근로자가 질병, 해외이주 등 부득이한 사정으로 직접 청구할 수 없는 사유가 있음을 소명하고 그 배우자나 자녀가 공탁금출급청구를 한 경우와 같이 사실상 본인이 청구한 것과 동일하게 볼 수 있는 때에는 예외적으로 공탁금출급청구가 가능할 수도 있다(공탁선례 제1-112호 참조).

II 공탁물회수 · 출급청구서 기재사항(공탁규칙 제29조 제2항)

> **공탁물 출급 · 회수청구서(공탁규칙 제32조)**
> ② 제1항의 청구서에는 다음 각 호의 사항을 적고 청구인이 기명날인하여야 한다. 다만, 대표자나 관리인 또는 대리인이 청구하는 때에는 그 사람의 주소를 적고 기명날인하여야 하며, 공무원이 직무상 청구할 때에는 소속 관서명과 그 직을 적고 기명날인하여야 한다.
> 1. 공탁번호
> 2. 출급·회수하려는 공탁금액, 유가증권의 명칭·장수·총 액면금·액면금(액면금이 없을 때는 그 뜻)·기호·번호, 공탁물품의 명칭·종류·수량

---

35) 사유동일, 공탁물(종류)동일, 청구자동일

1. 공탁번호

공탁서 또는 공탁통지서에 기재되어 있는 공탁번호를 기재한다.

2. 공탁물

① 공탁금액란 및 청구내역란의 금전에 관한 숫자는 정정·가입·삭제를 하지 못한다(공탁규칙 제12조 제2항).
② 유가증권공탁의 경우 청구내역란에 유가증권의 명칭·총액면금·액면금(액면금이 없을 때에는 그 취지)·기호·번호·장수를 기재한다.

3. 출급 또는 회수청구사유

(1) 출급청구하는 경우

청구서의 "청구 및 이의유보사유"란에 다음과 같이 청구사유를 기재한다.

변제공탁	• 공탁원인사실을 전면 수락하고 출급하는 경우에는 "공탁수락" • 이의를 유보하고 출급하는 경우에는 "이의를 유보하고 출급함" • "채권액의 일부로 출급하고 이의를 유보함"
담보공탁	피공탁자가 담보권실행으로 출급하는 경우에는 "담보권실행"
집행공탁	채권자가 배당을 받아 출급하는 경우에는 "배당에 의함"
몰취공탁	국가가 몰취하는 경우에는 "몰취결정에 의함"

(2) 회수청구하는 경우

민법 제489조		"민법 제489조에 의하여 회수"
착오공탁		"착오공탁"
공탁원인소멸		"공탁원인소멸"
가압류 해방공탁	가압류채무자	"공탁원인소멸(가압류취하, 취소 등)"
	가압류채권자	"공탁원인소멸(본압류 이전)"

(3) 양수인, 상속인, 추심·전부채권자의 경우

"전부채권자(또는 양수인) 공탁수락(또는 이의를 유보하고 출급함)" 등으로 승계인의 자격을 적당히 표시하면 된다.

4. 이자지급의 취지

① 이자의 지급을 받으려는 경우에는 그 뜻을 기재하여야 한다.[36)]

② 공탁금 지급청구권에 대하여 양도 또는 압류 및 추심이나 전부명령이 있는 등의 사유로 이자의 귀속주체가 달라지는 경우에는 지급청구서에 이자에 관한 지급청구기간을 반드시 명시하여 공탁물보관자(은행)가 공탁자의 이자까지 전액 지급하는 경우가 발생하지 않도록 주의하여야 한다.

③ 공탁금 지급청구권에 대한 압류 및 추심명령이 있는 때에 그 명령에 공탁금의 이자에 대한 언급이 없을 때에는 추심채권자는 압류 전의 공탁금의 이자에 대한 추심권이 없다. 이 경우 이자채권에 대하여 추심권을 행사하려면 별도의 압류 및 추심명령을 받아야 한다.

5. 청구자의 주소·성명

청구자의 주소·성명을 기재하되, 청구자가 법인 또는 법인 아닌 사단이나 재단인 경우에는 그 명칭·주사무소를 기재한다.

6. 권리승계인 취지

청구자가 공탁자 또는 피공탁자의 권리승계인인 때에는 그 취지를 기재한다. 예컨대, "공탁자 또는 피공탁자의 상속인, 양수인, 전부채권자" 등의 예에 따라 청구자의 주소·성명란에 기재한다.

7. 공탁규칙 제41조 제1항의 규정에 의한 절차를 구하는 취지

공탁서나 공탁통지서 또는 이해관계인의 승낙서를 제출할 수 없어 공탁규칙 제41조 제1항의 규정에 의한 보증지급의 절차를 구하는 때에는 그 취지를 비고란에 기재한다.

8. 공탁법원의 표시

당해 공탁사건을 관할하는 법원의 명칭을 기재한다.

9. 출급 또는 회수청구 연월일

청구서의 연월일 란에는 청구서를 현실적으로 제출하는 연월일을 기재한다.

---

36) 실무상으로는 이자의 지급을 청구하지 않는 특별한 경우에만 그 취지를 기재하고 그러한 기재가 없으면 공탁물보관자가 공탁금납입일로부터 공탁금 지급 전일까지의 이자를 계산하여 지급한다.

제3절 ┃ 공탁물 출급·회수시 첨부서면

ⓘ 출급청구시 첨부서면

반대급부(공탁법 제10조)

공탁물을 수령할 자가 반대급부(反對給付)를 하여야 하는 경우에는 공탁자의 서면 또는 판결문, 공정증서(公正證書), 그 밖의 관공서에서 작성한 공문서 등에 의하여 그 반대급부가 있었음을 증명하지 아니하면 공탁물을 수령하지 못한다.

공탁물 출급청구서의 첨부서류(공탁규칙 제33조)

공탁물을 출급하려는 사람은 공탁물 출급청구서에 다음 각 호의 서류를 첨부하여야 한다.
　1. 제29조에 따라 공탁관이 발송한 공탁통지서. 다만, 다음 중 어느 하나의 사유가 있는 경우에는 그러하지 아니하다.
　　가. 출급청구하는 공탁금액이 5,000만원 이하인 경우(유가증권의 총 액면금액이 5,000만원 이하인 경우를 포함한다) 다만, 청구인이 관공서이거나 법인 아닌 사단이나 재단인 때에는 그 금액이 1,000만원 이하인 경우
　　나. 공탁서나 이해관계인의 승낙서를 첨부한 경우
　　다. 강제집행이나 체납처분에 따라 공탁물 출급청구를 하는 경우
　　라. 공탁통지서를 발송하지 않았음이 인정되는 경우
　2. 출급청구권이 있음을 증명하는 서면. 다만, 다음 중 어느 하나의 사유가 있는 경우에는 그러하지 아니하다.
　　가. 공탁서의 내용으로 출급청구권이 있는 사실이 명백한 경우
　　나. 제86조 제1항에 따른 피공탁자 동일인 확인 증명서가 공탁소에 송부된 경우
　3. 공탁물 출급을 위하여 반대급부를 하여야 할 때는 법 제10조에 따른 증명서류

인감증명서의 제출(공탁규칙 제37조)

① 공탁물 출급·회수청구를 하는 사람은 공탁물 출급·회수청구서 또는 위임에 따른 대리인의 권한을 증명하는 서면에 찍힌 인감에 관하여 「인감증명법」 제12조와 「상업등기법」 제16조에 따라 발행한 인감증명서를 제출하여야 한다.
② 제1항은 법정대리인, 지배인, 그 밖의 등기된 대리인, 법인·법인 아닌 사단이나 재단의 대표자 또는 관리인이 공탁물 출급·회수청구를 하는 경우에는 그 법정대리인, 지배인, 그 밖의 등기된 대리인, 대표자나 관리인에 대하여 준용한다.
③ 제1항과 제2항은 다음 각 호의 경우에는 적용하지 아니한다.
　1. 본인이나 제2항에서 말하는 사람이 공탁금을 직접 출급·회수청구하는 경우로써, 그 금액이 1,000만원 이하(유가증권의 총 액면금액이 1,000만원 이하인 경우를 포함한다)이고, 공탁관이 신분에 관한 증명서(주민등록증·여권·운전면허증 등을 말한다. 이하 "신분증"이라 한다)로 본인이나 제2항에서 말하는 사람임을 확인할 수 있는 경우
　2. 관공서가 공탁물의 출급·회수청구를 하는 경우
④ 공탁관이 제3항에 따라 공탁금 출급·회수청구를 인가한 때에는 청구인의 신분증 사본을 해당 공탁기록에 편철하여야 한다.

자격증명서 등의 첨부(공탁규칙 제38조)

① 제21조 제1항 및 제2항과 제22조는 공탁물 출급·회수청구에 준용한다.
② 출급·회수청구인이 법인 아닌 사단이나 재단인 경우에는 대표자 또는 관리인의 자격을 증명하는 서면에 그 사실을 확인하는데 상당하다고 인정되는 2명 이상의 성년인 사람이 사실과 같다는 뜻과 성명을 적고 자필서명한 다음, 신분증사본을 첨부하여야 한다.

③ 변호사나 법무사[법무법인·법무법인(유한)·법무조합·법무사법인·법무사법인(유한)을 포함한다. 이하 "자격자대리인"이라 한다]가 대리하여 청구하는 경우에는 자격자대리인이 제2항의 서면에 사실과 같다는 뜻을 적고 <u>기명날인하는 것으로 갈음할 수 있다.</u>

1. 공탁통지서

<u>**사례**</u>

甲은 乙을 피공탁자로 하여 변제공탁을 하였다.

1. 乙이 공탁금을 출급청구하려는데 공탁통지서를 분실하였다. 공탁금 출급안내문이 있는 경우 이를 공탁통지서 대신 제출할 수 있는가?

2. 공탁금액이 5천만원인 경우, 乙은 공탁통지서를 첨부하지 않아도 되는가?

3. 乙의 채권자 丙이 乙이 가지고 있는 공탁금 출급청구권에 대하여 압류 및 전부명령을 받아 출급청구하는 경우에 공탁통지서를 첨부하여야 하는가?

(1) 공탁통지서(공탁규칙 제33조 제1호) **원칙**

① 공탁물을 출급하려고 하는 사람은 공탁규칙 제29조에 의하여 공탁관이 발송한 공탁통지서를 첨부하여야 한다(공탁규칙 제33조 제1호). 공탁통지서를 소지하고 있는 자가 피공탁자 본인일 것이기 때문에 이와 같이 공탁통지서의 첨부를 원칙으로 한 것이다.

② 공탁금 출급청구 안내문 발송에 관한 업무처리지침에 의하여 공탁관이 발송한 공탁금 출급안내문은 공탁통지서를 대신하여 공탁금출급청구 시의 첨부서류가 될 수 없다(행정예규 제1302호 제8조).

(2) 공탁통지서를 첨부하지 않아도 되는 경우(공탁규칙 제33조 제1호 단서)

① **공탁금액이 5천만원 이하인 경우** : 출급청구하는 공탁금액이 5,000만원 이하인 경우(유가증권의 총 액면금액이 5,000만원 이하인 경우를 포함한다)에는 공탁통지서를 첨부하지 않아도 된다. 다만, 출급청구인이 관공서이거나 법인 아닌 사단이나 재단인 때에는 공탁금액이 1,000만원 이하인 경우에 공탁통지서를 첨부하지 않아도 된다.

② **공탁서를 첨부한 경우** : 피공탁자가 공탁서를 첨부한 경우 공탁통지서를 첨부하지 않아도 된다.[37]

③ **이해관계인의 승낙서를 첨부한 경우**

　㉠ 피공탁자가 이해관계인인 공탁자의 승낙서를 첨부한 경우 공탁통지서를 첨부하지 않아도 된다.

　㉡ 공탁자의 승낙서에는 공탁통지서의 첨부 없는 피공탁자의 출급청구에 대한 승낙의 취지를 기재하고 <u>인감증명서를 첨부하여야 한다.</u>

④ **강제집행에 의하는 경우**

　㉠ 피공탁자가 이해관계인인 공탁자의 승낙서를 첨부한 경우 공탁통지서를 첨부하지 않아도 된다.

　㉡ 공탁자의 승낙서에는 공탁통지서의 첨부 없는 피공탁자의 출급청구에 대한 승낙의 취지를 기재하고 <u>인감증명서를 첨부하여야 한다.</u>

---

37) 공탁서는 통상 공탁자가 소지하고 있는바, 그로부터 공탁서를 넘겨받아 공탁통지서 대신 첨부한 청구인은 피공탁자일 것임이 인정되기 때문이다.

⑤ 체납처분에 의하는 경우 : 출급청구권에 대하여 체납처분에 의한 압류를 한 세무서장이 출급청구하는 경우에는 공탁통지서를 첨부하지 않아도 된다.

⑥ 공탁통지서를 발송하지 않았음이 인정되는 경우 : 절대적 불확지공탁이나 사실상 수령불능사유 중 피공탁자 주소불명의 경우와 같이 공탁서의 기재내용에 비추어 볼 때 공탁통지서를 발송하지 않았음이 명백하게 인정되는 경우 공탁통지서를 첨부하지 않아도 된다.

> **공탁통지서를 발송하였으나 도달하지 않은 경우**
> 규칙 제30조 제1호의 '공탁통지서를 발송하지 않았음이 인정되는 경우'라 함은 공탁관이 <u>공탁통지서를 발송하였으나 반송되어 온 경우는 포함되지 않는다</u>(공탁선례 제2-64호).

사례해설

1. **할 수 없다.**
   공탁금 출급청구 안내문 발송에 관한 업무처리지침에 의하여 공탁관이 발송한 공탁금 출급안내문은 공탁통지서를 대신하여 공탁금출급청구시의 첨부서류가 될 수 없다(행정예규 제1203호 제5호).

2. **첨부하지 않아도 된다.**
   출급청구하는 공탁금액이 5,000만원 이하인 경우(유가증권의 총 액면금액이 5,000만원 이하인 경우를 포함한다)에는 공탁통지서를 첨부하지 않아도 된다(공탁규칙 제33조 제1호 가목).

3. **첨부하지 않아도 된다.**
   출급청구권에 대한 강제집행에 의하여 추심명령 또는 전부명령을 얻은 추심채권자 또는 전부채권자가 출급청구하는 경우에는 공탁통지서를 첨부하지 않아도 된다(공탁규칙 제33조 제1호 다목).

2. 출급청구권 입증서면(공탁규칙 제33조 제2호)

사례

甲은 乙을 피공탁자로 하여 변제공탁을 하였다.

1. 乙이 공탁금을 출급청구하려는데 출급청구권을 증명하는 서면을 첨부하여야 하는가?

2. 乙 또는 丙을 피공탁자로 한 경우 丙과 다투고 있는 乙은 출급청구하기 위하여 출급청구권 입증서면으로 무엇을 첨부하여야 하는가?

공탁물을 출급하려고 하는 사람은 출급청구권을 갖는 것을 증명하는 서면을 공탁물출급청구서에 첨부하여야 한다. 그러나 공탁서 기재에 의하여 그 사실이 명백하거나 형사공탁에서 법원 또는 검찰이 발급한 피공탁자 동일인 확인 증명서가 공탁소에 송부된 경우에는 출급청구권 증명서면의 제출이 면제된다. 피공탁자의 권리승계인이 출급청구를 하는 경우에도 피공탁자가 출급청구하는 경우와 같이 출급청구권 입증서면을 첨부하여야 한다(대결 1973.12.22. 73마360).

(1) 변제공탁

① **확지공탁의 경우** : 확지 변제공탁의 경우 공탁서나 공탁통지서 자체로 출급청구권자와 출급청구권의 발생 및 그 범위를 알 수 있으므로 원칙적으로 별도로 <u>출급청구권 입증서면을 첨부하지 않아도 된다.</u>

② **상대적 불확지공탁의 경우**

ㄱ 피공탁자 전원이 공동으로 출급청구하는 경우에는 출급청구서 기재에 의하여 상호 승낙이 있는 것으로 볼 수 있으므로 별도로 출급청구권 증명서면을 첨부하지 않아도 된다(행정예규 제1345호 제11조 제1항 단서). 그러나 피공탁자 중 1인이 단독으로 출급청구하는 경우에는 출급청구권 증명서면을 첨부하여야 한다.

ㄴ 예를 들어, "갑 또는 을"을 피공탁자로 하여 상대적 불확지공탁을 한 경우 갑이 출급청구하기 위해서는 피공탁자로 지정되어 있는 다른 사람인 을의 승낙서면(인감증명서 첨부)이나 다른 피공탁자를 상대로 한 권리관계를 증명하는 확인판결(화해조서·조정조서 등)정본을 첨부하여야 한다(공탁선례 제1-119호).

③ **절대적 불확지공탁의 경우**

ㄱ 기업자가 토지수용에 따른 보상금을 수령할 자를 알 수 없어 그 보상금을 공탁함에 있어 공탁금을 수령할 자가 누구인지 전혀 몰라 절대적 불확지공탁을 한 경우에는 공탁자가 후에 피공탁자를 알게 되었을 때에는 먼저 그를 지정하는 공탁서 정정을 한 후 그로 하여금 공탁금을 출급청구하게 할 수 있지만, <u>공탁자를 상대로 하여 공탁금 출급청구권의 확인판결(화해조서, 조정조서 등)을 받은 자는</u> 공탁자로 하여금 피공탁자를 지정하는 공탁서의 정정 없이도 그 판결정본 및 그 확정증명서를 출급청구권을 증명하는 서면으로 첨부하여 공탁금을 직접 청구할 수 있다(공탁선례 제1-119호).

ㄴ 그러나 <u>사업시행자가 발행한 출급청구권을 갖는다는 확인증명서(또는 확인서)는 출급청구권 증명서면으로 볼 수 없다(공탁선례 제1-107호).</u>

면장의 확인서를 발급받아 공탁금을 출급할 수 있는지 여부(소극)

공공용지의 취득 및 손실보상에 관한 특례법 제5조 제1항의 규정에 의한 확인서는 위 특례법상의 협의에 의한 취득의 경우 그 보상금의 수령권한을 증명하는 서면에 불과하고 위 특례법이 적용되지 않는 토지수용법에 의한 수용의 경우 소유권을 승계한 것을 증명하는 서면으로 볼 수 없으므로 <u>위 확인서에 의하여는 공탁금을 출급받을 수 없고,</u> 피공탁자의 상속인들은 상속을 증명하는 서면(호적·제적등본)을 첨부하여 상속인들 전원이 공동으로 출급청구하거나 상속인 각자가 자기의 지분에 해당하는 공탁금만을 출급청구할 수 있으며 협의분할에 의할 경우에는 협의분할을 증명하는 서면(상속인들 전원의 인감증명서가 첨부된 상속재산분할협의서)을 첨부하여 출급청구할 수 있으나, 상속인들이 공탁금 수령의 권한을 위임하지 않는 한 <u>상속인들 중 대표자로 하여금 공탁금 전부를 출급청구하게 할 수는 없다(공탁선례 제1-161호).</u>

---

④ **형사공탁의 경우**

ㄱ 형사공탁의 경우 피공탁자가 공탁물을 출급청구하기 위해서는 사건번호, 공탁소, 공탁번호, 공탁물, 피공탁자의 성명·주민등록번호, 그 밖에 동일인 확인을 위하여 필요한 사항이 기재된 법원이나 검찰이 발급한 피공탁자 동일인 확인증명서가 필요하다(공탁법 제5조의2 제4항).

ㄴ 피공탁자 동일인 확인 증명서의 발급 절차가 공탁물을 수령하려는 사람이 법원 또는 검찰로부터 피공탁자 동일인 확인 증명서를 발급받아 제출하는 방식에서 공탁관으로부터 공탁사실통지를 받은 법원과 검찰이 피해자 인적사항을 확인한 후 직권으로 피공탁자 동일인 확인 증명서를 발급하여 공탁소에 송부하는 것으로 간소화됨으로써 피공탁자가 공탁금에 관한 권리(출급, 회수동의)를 신속히 행사할 수 있게 되었다. 구체적인 발급절차는 다음과 같다.

㉮ 공탁법 제5조의2 제4항에 따른 공탁물 수령을 위한 피공탁자 동일인 확인은 형사공탁에 관한 내용을 통지받은 법원 또는 검찰이 특별한 사정이 없는 한 지체 없이 동일인 증명서를 발급하여 공탁소에 송부하는 방식으로 한다.

㉯ 동일인 증명서 발급·송부는 공탁의 원인이 된 형사사건이 계속 중인 법원(판결선고 후 기록 송부 전인 경우를 포함한다)이 담당한다. 다만, 「특정범죄신고자 등 보호법」 제7조 및 이를 준용하는 법률 등에 따라 피해자의 인적사항을 범죄신고자등 신원관리카드에 등재·관리하는 사건 및 이미 확정되어 기록이 검찰로 인계된 사건의 경우에는 검찰이 담당한다.

㉰ 형사공탁에 관한 내용을 통지받은 법원은 피해자의 인적사항이 기재된 증거서류가 검찰로부터 제출되지 아니하는 등의 사정으로 피해자의 인적사항을 알 수 없는 경우 해당 사건의 재판절차에서 공판검사에게 인적사항의 제공을 요구할 수 있다.

㉱ 이러한 요구를 받은 검찰은 특별한 사정이 없는 한 지체 없이 법원에 피해자의 인적사항을 제공하여야 한다. 만약 피해자 인적사항이 제공되지 않거나 그 제공이 지체되는 경우 공탁물을 출급하려는 사람은 검찰에 동일인 증명서 발급·송부를 요청할 수 있다.

㉲ 공탁소에 동일인 증명서가 발급·송부되지 않은 경우 공탁물을 출급하려는 사람은 ㉯의 구분에 따라 동일인 증명서 발급·송부를 담당하는 법원 또는 검찰에 동일인 증명서의 발급·송부를 요청할 수 있다.

㉳ 위 ㉱ 및 ㉲의 요청을 받은 법원 또는 검찰은 피공탁자 인적사항을 확인할 수 없는 경우가 아닌 한 지체 없이 동일인 증명서를 발급하여 공탁소에 송부하여야 한다.

(2) 재판상 담보공탁

피공탁자(담보권리자)의 출급청구권 행사방법에 관하여는 대법원 행정예규 제952호 "재판상 담보공탁금의 지급청구절차 등에 관한 예규"에 규정되어 있다.

(3) 영업보증공탁

영업거래 또는 기업활동에 의하여 손해를 입은 자가 피공탁자로서 출급청구하려면 출급청구권이 있음을 입증하여야 한다.

(4) 납세담보공탁

공탁자가 담보기간 내에 납세의무를 이행하지 않으면 세무서장은 공탁물로 세금에 충당할 수 있다(국세기본법 제33조 제2항). 이 경우 공탁물로 세금에 충당할 취지의 세무서장의 서면은 출급청구권 증명서면이 된다.

(5) 집행공탁

① 집행법원의 배당절차에 의하여 공탁물을 지급하는 경우에 집행법원은 지급위탁서를 공탁관에게 보내고 지급을 받을 자에게는 그 자격에 관한 증명서를 주어야 한다(공탁규칙 제43조 제1항).

② 이 경우 공탁물의 지급을 받고자 하는 자는 위 증명서를 첨부하여 공탁물의 출급청구를 하면 되고(공탁규칙 제43조 제2항), 별도의 출급청구권 증명서면은 첨부하지 않아도 된다.

(6) 몰취공탁

민사소송법 제299조 제2항의 몰취공탁에 있어서 공탁 후 공탁자의 진술이 허위인 것으로 판명된 경우에는 공탁을 명한 법원의 공탁금몰취결정정본 및 확정증명서(민사소송법 제300조)가, 상호가등기 몰취공탁의 경우에는 등기관 작성의 공탁금국고귀속통지서가 출급청구권 증명서면이 된다.

1. 첨부할 필요 없다.

확지 변제공탁의 경우 공탁서나 공탁통지서 자체로 출급청구권자와 출급청구권의 발생 및 그 범위를 알 수 있으므로 별도로 출급청구권 입증서면을 첨부하지 않아도 된다.

2. 丙을 상대로 한 출급청구권이 있음을 확인하는 판결 등을 첨부하여야 한다.

피공탁자 전원이 공동으로 출급청구하는 경우에는 출급청구서 기재에 의하여 상호 승낙이 있는 것으로 볼 수 있으므로 별도로 출급청구권 증명서면을 첨부하지 않아도 된다(행정예규 제1345호). 그러나 피공탁자 중 1인이 단독으로 출급청구하는 경우에는 출급청구권 증명서면을 첨부하여야 한다. 예를 들어, "갑 또는 을"을 피공탁자로 하여 상대적 불확지공탁을 한 경우 갑이 출급청구하기 위해서는 피공탁자로 지정되어 있는 다른 사람인 을의 승낙서면(인감증명서 첨부)이나 다른 피공탁자를 상대로 한 권리관계를 증명하는 확인판결(화해조서·조정조서 등)정본을 첨부하여야 한다(공탁선례 제1-119호).

정리 #8	변제공탁 시 출급청구권 증명서면
확지공탁	× (∵ 출급청구권의 발생원인 및 범위가 명백)
상대적 불확지	• 출급청구권확인판결정본(피공탁자가 다른 피공탁자 상대) → (국가가 피공탁자인 경우는 국가상대) • 피공탁자 전원의 출급청구(증명서면 불요) • 피공탁자의 승낙서(+ 인감증명서) ───────── • 피공탁자(제3자)가 국가·공탁자 상대의 판결 × • 공탁자의 승낙서 ×
절대적 불확지	• 공탁서 정정신청(공탁자에 의한) • 출급청구권확인판결정본 및 확정증명(공탁자 상대) → 국가가 공탁자인 경우에는 국가상대 ───────── • 공탁자가 임의로 작성한 출급청구권 확인서 × • 국가 상대로 한 판결 ×

3. 반대급부이행 증명서면(공탁규칙 제33조 제3호)

甲은 乙을 피공탁자로 하여 매매대금변제공탁을 하면서 공탁자 앞으로의 소유권이전등기에 필요한 서류인 등기필증, 매매계약서, 인감증명서 등의 서류를 공탁자에게 교부하라는 반대급부 조건을 붙여 변제공탁한 후 이와는 별도로 같은 부동산에 관한 소유권이전등기절차이행의 소를 제기하여 승소확정판결을 받았다.

1. 乙은 확정판결정본을 반대급부이행 증명서면으로 첨부하여 출급청구할 수 있는가?

2. 甲이 위 판결에 기하여 소유권이전등기를 경료한 경우 乙은 무엇을 반대급부이행증명서면으로 첨부할 수 있는가?

(1) 개 설

① 의의 : 변제공탁의 경우에 공탁물을 수령할 자가 반대급부를 하여야 하는 경우에는 공탁자의 서면 또는 판결문, 공정증서, 그 밖의 관공서에서 작성한 공문서 등에 의하여 그 반대급부가 있었음을 증명하지 아니하면 공탁물을 수령하지 못한다(공탁법 제10조).

② 반대급부이행의 상대방 : 반대급부이행의 상대방은 채무자(공탁자)이고 공탁물출급청구서에 공탁법 제 10조의 반대급부이행 증명서면을 첨부하도록 되어 있으므로 <u>반대급부의 목적물을 직접 공탁관에게 이행 할 수는 없다.</u>

③ 반대급부이행증명서면으로서의 공탁서 : 공탁물을 수령하려고 하는 사람이 공탁자에게 공탁서에 기재된 반대급부의 이행을 제공하였으나 공탁자가 그 수령을 거절하는 때에는 그 반대급부를 변제공탁한 공탁 서를 첨부하여 공탁물출급청구를 할 수 있다(대결 1990.3.31. 89마546).

> **반대급부를 변제공탁한 공탁서를 첨부하여 공탁물출급청구 여부(적극)**
>
> 공탁물을 수령하려고 하는 사람이 공탁자에게 공탁서에 기재된 반대급부의 이행을 제공하였으나 공탁자가 그 수령을 거절하는 때에는 그 반대급부를 변제공탁하고 공탁공무원으로부터 교부받은 <u>공탁서를 공탁법 제9조 소정의 반대급부가 있었음을 증명하는 공정서면으로 첨부하여 공탁물출급청구를 할 수 있고,</u> 이 경우에 반대급부이행채무 는 반대급부의 공탁 시에 즉시 소멸하고 반대급부를 공탁한 자가 공탁물을 회수한 경우에 한하여 채무소멸의 효과가 소급하여 없어지는 것이므로, <u>반대급부의 공탁자가 공탁물을 회수하였다는 소명이 없는 한 공탁공무원은 위 공탁물출급청구에 응하여 공탁물의 출급을 하여야 한다</u>(대결 1990.3.31. 89마546).

④ 부당한 반대급부 조건이 붙은 경우 : 부당한 반대급부 조건을 붙인 변제공탁은 채권자가 이를 수락하지 않는 한 무효의 공탁이지만, 피공탁자가 위 조건을 수락하여 공탁물의 출급을 받으려고 한다면 먼저 반대급부 조건을 이행하고 반대급부 조건을 이행하였음을 증명하는 서면을 첨부하여야 한다[38](대결 1986.12.12. 86마카26).

> **조건부 변제공탁의 효력 및 피공탁자가 그 출급을 받기 위한 요건**
>
> 변제공탁을 함에 있어 <u>반대급부기재란에 "A 피고사건에서 확정된 채권자에게 지급하고자 함"이라는 내용의 기재는</u> A 피고사건의 판결이 확정되고 그 확정판결에서 공탁물 수령자가 손해를 입은 채권자로 사실인정이 될 것을 조건으 로 한 변제공탁으로 보아야 할 것이므로 그러한 <u>변제공탁은 조건 뿐만 아니라 공탁전부가 무효라고 보아야 할 것이고,</u> 만일 공탁물 수령자가 그 출급을 받으려고 한다면 붙여진 조건을 그대로 수락하여 이의 성립을 별도로 <u>증명하여야 할 것이므로</u> 이와 같은 증명을 함이 없이 무조건 공탁물의 출급을 구할 수는 없다(대결 1986.12.12. 86마카26).

⑤ 저당권설정등기의 말소를 증명하는 서면 첨부 요부 : 공탁서에 기재된 '공탁으로 인하여 소멸할 질권, 저당권, 전세권의 표시'는 반대급부 조건이 아니므로 출급청구를 함에 있어 그 등기의 말소를 증명하는 서면을 첨부할 필요는 없다(공탁선례 제1-165호).

> **공탁서에 공탁으로 인하여 소멸되는 질권, 전세권 또는 저당권이 표시되어 있는 경우 위 권리의 말소가 반대급부의 내용이 되는지 여부(소극)**
>
> 변제공탁금 출급청구권의 압류 및 전부권자가 공탁금을 출급청구함에 있어서는 공탁서에 표시된 공탁으로 인하여 소멸되는 질권, 전세권, 또는 저당권의 말소는 반대급부사항이 되지 아니하므로, 이를 증명하는 서면을 첨부할 필요가 없다(공탁선례 제2-142호).

(2) 공탁자의 서면

공탁자의 서면이란 반대급부를 수령하였다는 공탁자 작성의 반대급부영수증 또는 반대급부채권포기서·면 제서 등을 말한다.

---

38) 즉 부담조건부공탁의 경우 피공탁자는 그 공탁의 무효를 주장할 수도 있고, 반대급부를 이행하고 공탁금을 출급할 수도 있다.

(3) 판결문

① 판결문이란 반대급부 이행사실이 판결의 주문 또는 이유 중에 명백히 기재된 재판서 등을 말한다. 확인판결, 이행판결, 형성판결을 불문하나 확정되었음을 요하므로 미확정의 가집행선고부 판결은 해당되지 않는다.

② 공탁자가 공탁물수령자로부터 공탁자 앞으로의 소유권이전등기에 필요한 서류인 등기필증, 인감증명서 등의 서류를 공탁자에게 교부하라는 반대급부 조건을 붙여 변제공탁한 후 이와는 별도로 같은 소유권이전등기절차이행의 소를 제기하여 승소확정판결을 받은 경우, 비록 위 판결에 기하여 앞서 반대급부 조건으로 요구한 각 서류 없이 강제집행의 방법으로 그 부동산에 관한 공탁자 명의의 소유권이전등기를 필할 수 있게 되었다 하더라도 위 판결을 반대급부이행 증명서면으로 볼 수는 없다(대결 1985.12.28. 85마712).

③ 그러나 공탁자가 위 판결에 기하여 그 부동산에 대하여 이미 소유권이전등기를 마친 경우에는 그 소유권이전등기가 경료된 부동산의 등기사항증명서는 반대급부 이행증명서면으로 볼 수 있을 것이다.

(4) 공정증서

공정증서란 반대급부 이행사실이나 반대급부채권 포기 또는 면제 등이 기재된 공증인이나 공증인가 합동법률사무소 또는 법무법인에서 작성한 문서를 말한다.

(5) 그 밖의 관공서에서 작성한 공문서 등

① 그 밖의 관공서에서 작성한 공문서 등이란 공문서 또는 관공서가 사문서에 내용의 진정을 증명한 서면을 말한다. 반대급부 목적물을 내용증명 및 배달증명 우편으로 발송한 경우의 내용증명 및 배달증명, 반대급부 목적물을 변제공탁한 경우의 물품공탁서 등이 이에 해당된다.

② 또한, 건물명도나 철거 등을 반대급부내용으로 하여 공탁한 경우 공탁자의 강제집행신청으로 건물명도나 철거 등의 사실이 기재된 집행관 작성의 부동산인도집행조서도 기타 공정서면에 해당된다.

> **공탁서 반대급부란에 "전세권말소"라고 기재하여 전세금을 공탁한 경우에 반대급부의 이행을 증명하는 서면**
>
> 가. 전세권자의 전세목적물 인도의무 및 전세권설정등기말소 이행의무와 전세권설정자의 전세금 반환의무는 서로 동시이행의 관계에 있기 때문에, 전세권설정자가 전세금을 공탁하면서 반대급부 내용란에 "전세권말소"라고 기재한 것은 반대급부의 내용이 유효조건이므로 적법한 공탁이라고 할 수 있다.
>
> 나. 공탁관은 직접 반대급부 내용물을 수령하는 것은 불가하므로 반대급부의 내용물을 공탁관에게 이행할 수는 없으며, 반대급부를 내용으로 하는 변제공탁에 있어서 피공탁자가 공탁물을 출급청구하려면 반대급부를 이행하였다는 증명서를 공탁소에 제출하여야 한다.
>
> 다. 따라서 피공탁자(전세권자)가 전세권설정등기의 말소에 필요한 모든 서류를 구비하고 공탁자(전세권설정자)의 의무이행을 구하였으나 공탁자가 위 말소등기에 필요한 의무이행을 하지 않을 때에는 위 관계서류를 내용증명 및 배달증명 우편으로 송달하고 그 내용증명 및 배달증명서를 첨부하여 공탁금 출급청구를 하거나, 또는 변제공탁의 요건이 갖추어지면 위 관계서류를 물품공탁한 후에 공탁증명서를 교부받아서 이를 첨부하여 공탁금출급청구를 할 수도 있을 것이다(공탁선례 제1-167호).

사례해설

1. 출급청구할 수 없다.

공탁자가 공탁물수령자로부터 공탁자 앞으로의 소유권이전등기에 필요한 서류인 등기필증, 매매계약서, 인감증명서 등의 서류를 공탁자에게 교부하라는 반대급부 조건을 붙여 변제공탁한 후 이와는 별도로 같은 부동산에 관한 소유권이전등기절차이행의 소를 제기하여 승소확정판결을 받은 경우, 비록 위 판결에 기하여 앞서 반대급부 조건으로 요구한 각 서류 없이 강제집행의 방법으로 그 부동산에 관한 공탁자 명의의 소유권이전등기를 필할 수 있게 되었다 하더라도 위 판결을 반대급부이행 증명서면으로 볼 수는 없다(대결 1985.12.28. 85마712).

2. 등기사항증명서

공탁자가 위 판결에 기하여 그 부동산에 대하여 이미 소유권이전등기를 마친 경우에는 그 소유권이전등기가 경료된 부동산의 등기사항증명서는 반대급부 이행증명서면으로 볼 수 있을 것이다.

정리 #9	반대급부이행증명서면		
공탁자의 서면	**판결문**	**공정증서**	**그 밖의 관공서에서 작성한 공문서**
반대급부의 • 영수증(수령) • 채권포기(면제)서	반대급부의 • 이행사실 • 채권포기(면제)의 재판서	반대급부의 • 이행사실 • 채권포기(면제)서	• 내용증명 · 배달증명 (반대급부 목적물발송) • 물품공탁서 • 부동산인도집행조서
공탁자의 인감증명	• 주문(이유)중에 명백히 기재 • 확인 · 이행 · 형성판결 ○ • 가집행선고부판결 × • 소이등 승소판결 × • 등기사항증명서 ○	공증인 등이 작성한 문서	

4. 인감증명서(공탁규칙 제37조 제1항, 제2항)

> **사례**
>
> 甲은 자신을 피공탁자로 한 공탁금을 출급청구하려 한다.
>
> 1. 甲이 재외국민인 경우 주소소명서면으로 주소공증서면을 첨부할 경우 우리나라 공증인의 공증서면을 첨부할 수 있는가?
>
> 2. 甲이 직접 귀국하여 출급청구하는 경우 일본에서 발급받은 인감증명서를 첨부할 수 있는가?
>
> 3. 甲이 인감증명제도가 없는 나라의 외국인인 경우 서명에 관하여 본인이 직접 작성하였다는 취지의 우리나라의 공증을 첨부할 수 있는가?

(1) 개 설

① 공탁물의 출급을 청구하는 사람은 공탁물출급청구서 또는 위임에 따른 대리인의 권한을 증명하는 서면에 찍힌 인감에 관하여 인감증명법 제12조와 상업등기법 제11조에 따라 발행한 인감증명서를 제출하여야 한다. 이러한 인감증명서는 발급일로부터 3월 이내의 것을 첨부하여야 한다(공탁규칙 제16조 제3항).

② 공탁물출급청구서에 첨부된 인감증명서상의 주소와 공탁서상의 주소가 서로 다른 때에는 주민등록표등 · 초본에 의하여 주소변경사실이 증명되어야 한다.

③ 인감증명서에 갈음하여 청구서 등에 서명을 하고 본인서명사실확인서를 제출할 수 있다.

④ 인감증명서 제출에 갈음하여 위임장을 공증인이 인증하는 방법으로 공탁물을 출급청구할 수는 없다(공탁선례 제200404-2호).

> **인감증명서 대신 위임장을 공증받아 출급 · 회수청구할 수 있는지 여부(소극)**
> 공탁당사자의 대리인이 공탁물을 출급 · 회수하고자 할 경우에 첨부서면인 위임장에 날인된 공탁당사자의 인감에 대하여는 공탁사무처리규칙 제35조에서 정한 바에 따라 인감증명서를 제출하여야 하므로, 인감증명서 제출에 갈음하여 위임장을 공증인이 인증하는 방법으로는 공탁금을 출급 · 회수할 수 없다(공탁선례 제2-54호).

(2) 법정대리인 등의 인감증명서

① 법정대리인, 지배인, 그 밖의 등기된 대리인, 법인이나 법인 아닌 사단 또는 재단의 대표자나 관리인에 의하여 공탁물의 출급을 청구할 경우에는 그 법정대리인, 지배인, 그 밖의 등기된 대리인, 대표자나 관리인 등의 인감에 관하여 위와 같은 인감증명서를 제출하여야 한다.

② 법인의 대표자가 직접 또는 다른 사람에게 위임하여 공탁물을 출급·회수청구하는 경우 출급·회수청구서 또는 위임장에는 법인대표자의 인감을 직접 날인하고 법인대표자의 인감증명서를 첨부하여야 하므로, 출급·회수청구서, 위임장에 사용인감을 날인하고 사용인감확인서 및 법인대표자의 인감증명서를 첨부하여 출급·회수청구를 할 수는 없다(공탁선례 제200605-1호).

③ 종중 등 법인 아닌 사단이나 재단의 경우에는 대표자나 관리인 개인의 인감증명서를 제출한다.

(3) 본인서명사실확인서

행정예규 제1095호[본인서명사실 확인 등에 관한 법률에 따른 공탁사무처리지침]

제1조(목적)
이 예규는 「본인서명사실 확인 등에 관한 법률」에 따라 발급된 본인서명사실확인서 또는 전자본인서명확인서의 발급증(이하 "발급증"이라 한다)을 첨부하여 공탁에 관한 청구를 할 경우 그 청구서나 첨부서면(이하 "청구서등"이라 한다)의 심사 및 전자본인서명확인서의 확인에 필요한 사항을 규정함을 목적으로 한다.

제2조(인감증명서와의 관계)
「공탁법」, 「공탁규칙」 그 밖의 법령 및 대법원예규에서 청구서등에 「인감증명법」에 따라 신고한 인감을 날인하고 인감증명서를 첨부하여야 한다고 정한 경우, 이에 갈음하여 청구서등에 서명을 하고 본인서명사실확인서 또는 발급증을 첨부할 수 있다.

제3조(본인서명사실확인서가 첨부된 경우 서명방법 등)
① 본인서명사실확인서와 청구서등의 서명은 본인 고유의 필체로 자신의 성명을 기재하는 방법으로 하여야 하며, 공탁관이 알아볼 수 있도록 명확하여야 한다.
② 청구서등의 서명은 본인서명사실확인서의 서명이 한글로 기재되어 있으면 한글로, 한자로 기재되어 있으면 한자로, 영문으로 기재되어 있으면 영문으로 각각 기재하여야 한다.
③ 본인서명사실확인서의 서명이 한글이 아닌 문자로 기재되어 있다 하더라도 청구서등의 성명은 반드시 한글로 기재하여야 한다.
④ 본인서명사실확인서나 청구서등에 다음 각 호의 어느 하나에 해당하는 방법으로 서명이 된 경우 공탁관은 그 청구를 수리하지 아니한다.
  1. 제2항에 위반하여 서명 문자가 서로 다른 경우
  2. 본인의 성명을 전부 기재하지 아니하거나 서명이 본인의 성명과 다른 경우
  3. 본인의 성명임을 인식할 수 없을 정도로 흘려 쓰거나 작게 쓰거나 겹쳐 쓴 경우
  4. 성명 외의 글자 또는 문양이 포함된 경우
  5. 그 밖에 공탁관이 알아볼 수 없도록 기재된 경우

제4조(전자본인서명확인서의 확인 등)
① 공탁관이 발급증을 제출받았을 때에는 전자본인서명확인서 발급시스템에 발급번호를 입력하고 전자본인서명확인서를 확인하여야 한다.
② 전자본인서명확인서 발급시스템 또는 공탁전산시스템의 장애 등으로 공탁관이 전자본인서명확인서를 확인할 수 없는 경우에는 청구인에게 인감증명서 또는 본인서명사실확인서를 제출할 것을 요구할 수 있다. 이 경우 청구인은 이미 제출된 청구서등을 인감증명서 또는 본인서명사실확인서에 맞게 보정하여야 한다.
③ 공탁에 관한 청구를 받은 공탁소 외의 기관·법인 또는 단체가 전자본인서명확인서 발급시스템에서 전자본인서명확인서를 열람한 사실이 확인된 경우 공탁관은 해당 공탁에 관한 청구를 수리하여서는 아니 된다.

제5조(용도란의 기재)

① 본인서명사실확인서 또는 전자본인서명확인서의 "그 외의 용도란"에는 법원의 명칭, 공탁번호, 해당 용도가 기재되어 있어야 한다(예 ○○지방법원 ○○년 금 제○○○호 공탁금 출급 청구).

② "그 외의 용도란"에 기재된 사항과 청구서등에 기재된 사항이 일치하지 않는 공탁에 관한 청구는 수리하지 아니한다.

제6조(위임받은 사람란의 기재)

① 대리인이 본인서명사실확인서 또는 발급증을 첨부하여 공탁에 관한 청구를 대리하는 경우에는 본인서명사실확인서 또는 전자본인서명확인서의 "위임받은 사람란"에 대리인의 성명과 주소가 기재되어 있어야 한다. 다만, 대리인이 변호사[법무법인·법무법인(유한) 및 법무조합을 포함한다]나 법무사[법무사법인·법무사법인(유한)을 포함한다]인 자격자대리인인 경우에는 자격자대리인의 자격명과 성명이 기재되어 있으면 자격자대리인의 주소는 기재되어 있지 않아도 된다.

② 본인서명사실확인서 또는 전자본인서명확인서의 "위임받은 사람란"에 기재된 사람과 위임장의 수임인은 같은 사람이어야 하며, 용도란의 기재와 위임장의 위임취지는 서로 부합하여야 한다.

제7조(유효기간)

공탁에 관한 청구서에 첨부하는 본인서명사실확인서 또는 전자본인서명확인서는 발행일부터 3개월 이내의 것이어야 한다.

(4) 재외국민 및 외국인의 인감증명서

행정예규 제1084호[재외국민 등의 공탁금지급청구시 첨부서면]

1. 재외국민

대한민국의 국민으로서 외국의 영주권을 취득한 자 또는 영주할 목적으로 외국에 거주하고 있는 자를 뜻한다.

　가. 대리인에게 위임하는 경우 : 재외국민이 공탁금 지급청구권 행사를 대리인에게 위임하는 경우 청구서에 첨부할 서면(일반적으로 공탁금지급청구서에 필요한 서면은 제외한다)

　　(1) 위임장 : 위임장의 양식은 특별히 규정된 바 없으나 위임하는 공탁사건과 수임인이 구체적으로 특정되도록 기재하여야 한다. 위임하고자 하는 법률행위의 종류와 위임 취지(공탁금 수령 등 일체의 권한을 수여한다는 등)가 기재되어야 한다. 재외국민이 거주국 관공서 발행의 인감증명을 첨부하는 경우 (2)단서의 경우에는 위임장에 거주국주재 대한민국 대사관이나 영사관의 확인을 반드시 받아야 한다.

　　(2) 인감증명의 제출 : 그 위임장에 찍힌 인영이 본인의 것임을 증명하기 위하여 본인의 인감증명(우리나라의 인감증명)을 제출하여야 한다. 다만, 재외국민이 거주하는 나라(외국)가 우리나라와 같이 인감증명제도가 있는 나라(예컨대 일본)인 경우에는 그 나라 관공서가 발행한 인감증명을 첨부할 수 있다.

　　(3) 주소소명이 필요한 경우 : 공탁금지급청구서에는 원칙적으로 주소를 소명하는 서면을 첨부할 필요가 없으나, 공탁서상의 피공탁자 등 권리자의 주소가 인감증명서상의 주소와 다르다는 등의 사유로 권리자와 지급청구자가 같은 사람임을 공탁관이 확인할 수 없는 경우에는 공탁관은 주소변동내용이 나타나는 서면 등 같은 사람임을 소명하는 서면을 제출하게 할 수 있다[주소변동을 확인하는 서면 : 시·군·구의 장 등이 발급한 주민등록표등·초본 또는 대한민국 재외공관의 장 등이 발급한 재외국민등록부등본(다만, 주재국에 대한민국 재외공관이 없어 이러한 증명을 발급받을 수 없을 때에는 주재국 공증인이 주소를 공증한 서면) 등].

　나. 직접 청구하는 경우 : 재외국민이 귀국하여 직접 공탁금지급청구를 하는 때에는 국내 거주 내국인의 경우와 같다. 다만, 주소를 소명하는 서면으로는 주민등록표등·초본 또는 재외국민등록부등본 등을 제출하게 할 수 있다.

다. 상속에 있어서 특례 : 재외국민의 상속재산 분할협의서에 첨부할 인감증명은 상속재산 협의 분할서상의
　서명 또는 날인이 본인의 것임을 증명하는 재외공관의 확인서 또는 이에 관한 공정증서(거주국 및 대한민국
　공증인)로 대신할 수 있다.

라. 문서의 확인 등 : 공탁관은 위 가. 및 다.에 따라 제출된 문서가 외국 공무원이 발행하였거나 외국 공증인이
　공증한 문서인 경우 그 문서에 찍힌 도장 또는 서명의 진위 여부와 그 공무원이나 공증인의 직위를 확인하기
　위하여 「재외공관 공증법」 제30조 제1항 본문에 따른 영사관의 확인 또는 「외국공문서에 대한 인증의
　요구를 폐지하는 협약」에서 정한 아포스티유(Apostille) 확인을 받아 제출하게 할 수 있다.

2. 외국인

가. 대리인에게 위임하는 경우 : 외국인이 공탁금 지급청구권 행사를 대리인에게 위임하는 경우의 청구서에
　첨부할 서면(일반적으로 공탁금지급청구서에 필요한 서면은 제외)

(1) 위임장 : 위임장의 양식은 특별히 규정된 바 없으나 위임하는 공탁사건과 수임인이 구체적으로 특정되도
　록 기재하여야 한다. 위임하고자 하는 법률행위의 종류와 위임 취지(공탁금 수령 등 권한 일체를 수여한
　다는 등)가 기재되어야 한다.

(2) 인감증명 : 인감증명제도가 없는 나라 국민은 위임장에 한 서명에 관하여 본인이 직접 작성하였다는
　취지의 본국 관공서(주한 본국 대사관이나 영사관 포함)의 증명이나 이에 관한 공증(본국 및 대한민국
　공증인)이 있어야 한다. 인감증명제도가 있는 나라(예컨대 일본)국민은 위임장에 날인한 인감과 동일한
　인감에 관하여 그 관공서가 발행한 인감증명이 있어야 한다. 외국인도 우리나라의 인감증명법에 의한
　인감신고를 한 후 인감증명을 발급 받아 제출할 수 있다.

(3) 주소소명이 필요한 경우 : 공탁금지급청구서에는 원칙적으로 주소를 소명하는 서면을 첨부할 필요가
　없으나, 공탁서상의 피공탁자 등 권리자의 주소와 인감증명서상의 주소가 다르다는 등의 사유로 권리자
　와 지급청구자가 같은 사람임을 공탁관이 확인할 수 없는 경우에는 공탁관은 주소변동내용이 나타나는
　서면 등 같은 사람임을 소명하는 서면을 제출하게 할 수 있다(주소변동을 확인하는 서면 : 본국 관공서의
　주소증명 또는 거주사실증명, 주소증명을 발급하는 기관이 없는 경우에는 주소를 본국 공증인이 공증한
　공정증서, 외국인이 입국한 경우에는 출입국관리사무소장 등이 발급한 외국인등록 사실증명 또는 국내
　거소신고 사실증명 등).

(4) 외국국적 취득으로 성명이 변경된 경우 : 변경 전의 성명과 변경 후의 성명이 동일인이라는 본국 관공서
　의 증명 또는 공증(본국 공증인)이 있어야 한다.

(5) 번역문 : 공탁금지급청구서에 첨부된 서류가 외국어로 되어 있으면 모두 번역문을 첨부하여야 한다.

(6) 문서의 확인 등 : 공탁관은 위 (2)·(3)·(4)에 따라 제출된 문서가 외국 공무원이 발행하였거나 외국
　공증인이 공증한 문서인 경우 위 1. 라.를 준용한다.

나. 직접 청구하는 경우 : 외국인이 입국하여 공탁금지급청구를 하는 경우 첨부서면은 위임장을 제외하고는
　위 대리인에게 위임하는 경우와 같다.

(5) 인감증명서를 제출할 필요가 없는 경우

① 공탁금액이 1,000만원 이하 + 본인 등이 직접 청구 + 신분확인

　㉠ 출급청구권자 본인이나 공탁규칙 제37조 제2항에서 말하는 사람이 공탁금을 직접 출급청구하는 경우
　로써 그 공탁금액이 1,000만원 이하이고 공탁관이 신분에 관한 증명서로 본인이나 공탁규칙 제37조
　제2항에서 말하는 사람임을 확인할 수 있는 경우에는 인감증명을 첨부하지 않아도 된다.

　㉡ 인감증명을 첨부하지 않는 경우이므로 출급청구서에 기명날인 대신 서명이나 무인으로 갈음할 수
　있다(공탁규칙 제11조).

　㉢ 위임에 따른 대리인이 출급청구하는 경우에는 위임장에 찍힌 인감에 대하여 인감증명서를 첨부하여
　야 한다.

② 관공서인 경우 : 공탁물출급·회수청구권자가 관공서인 경우 그것만으로 출급청구서 등의 성립의 진정
　을 인정할 수 있으므로 인감증명서를 제출하지 않아도 된다.

구 분		재외국민	외국인	
대리인	위임장	• 공탁사건과 수임인이 구체적으로 특정되도록 기재 • 법률행위의 종류와 위임 취지가 기재		
	인감증명	• 우리나라 인감증명 • <u>거주국 인감증명</u> (必 위임장에 거주국 한국 대사관·영사관의 확인)	• 본국 or 우리나라 인감증명 • 서 명 • 본국관공서(주한본국대사관·영사관 포함)의 증명 or 공증(본국 또는 대한민국 공증인)	
	주소증명	• 주민등록표등·초본 • 재외국민등록부등본 • 주소공증서면(거주국공증인)	입국 ✕	• 주소증명 • 거주사실증명 • 주소 공정증서(본국 공증인)
			입국 ○	• 외국인등록사실증명 • 국내거소신고사실증명
직접 청구	인감증명	우리나라 인감증명(내국인과 동일)	대리인에 의한 경우와 동일	
	주소증명	• 재외국민등록부등본 • 주민등록표등·초본		
상속특례 (인감증명)		• 서명 또는 날인 가능 • 재외공관의 확인서 or 이에 관한 공정증서 (거주국 or 대한민국 공증인)	외국국적취득으로 성명 변경된 경우	본국의 증명 or 공증 (본국 공증인)

사례해설

1. **첨부할 수 없다.**

   공탁금지급청구서에는 원칙적으로 주소를 소명하는 서면을 첨부할 필요가 없으나, 공탁서상의 피공탁자 등 권리자의 주소가 인감증명서상의 주소와 상이한 경우에는 주소변동 등을 소명하는 서면을 첨부하여야 하는바, 이때 그 소명서면으로는 외국주재 한국 대사관 등이나 한국 외교통상부에서 발행하는 재외국민등록부등본 또는 출입국관리사무소 등에서 발행하는 국내거소신고사실증명으로 하며, 다만, 주재국에 한국대사관 등이 없어 그와 같은 증명을 발급받을 수 없을 때에는 주소를 공증한 서면(거주국 공증인)으로 갈음할 수 있다.

2. **첨부할 수 없다.**

   재외국민이 귀국하여 직접 공탁금지급청구를 하는 때에는 국내 거주 내국인의 경우와 같다. 따라서 우리나라의 인감증명서를 첨부하여야 한다.

3. **첨부할 수 있다.**

   인감증명제도가 없는 나라 국민은 위임장에 한 서명에 관하여 본인이 직접 작성하였다는 취지의 본국 관공서(주한 본국 대사관이나 영사관 포함)의 증명이나 이에 관한 공증(본국 및 대한민국 공증인)이 있어야 한다.

5. 자격증명서 (공탁규칙 제38조, 제21조 제1항·제2항, 제22조)

① 공탁신청 시의 자격증명서면의 내용과 같다. 다만 여기에서는 출급청구시의 특별한 내용을 살펴보기로 한다.

② 공탁물의 출급·회수청구인이 법인인 경우에는 대표자 또는 관리인의 자격을 증명하는 서면을, 법인 아닌 사단 또는 재단일 경우에는 정관 기타 규약과 대표자 또는 관리인의 자격을 증명하는 서면을 공탁물 출급·회수청구서에 첨부하여야 한다(공탁규칙 제38조, 제21조 제1항). 대표자의 법인인감증명서에 법인의 대표자인 취지가 기재되어 있다고 하더라도 인감증명서는 대표자 자격증명서면이 아니기 때문에(대결 2014.9.16. 2014마682 참조) 별도로 법인등기사항증명서 등 자격증명서면을 첨부하여야 한다.

③ 출급·회수청구인이 법인 아닌 사단이나 재단인 경우에는 대표자 또는 관리인의 자격을 증명하는 서면 (정관이나 규약과 대표자선임결의서 등)에 그 사실을 확인하는데 상당하다고 인정되는 2명 이상의 성년 인 사람이 사실과 같다는 뜻과 성명을 적고 자필서명한 다음 신분증사본을 첨부하여야 한다(공탁규칙 제38조 제2항).

④ 자격자대리인이 대리하여 청구하는 경우에는 자격자대리인이 위 서면에 사실과 같다는 뜻을 적고 기명 날인하는 것으로 갈음할 수 있다(공탁규칙 제38조 제3항).

피공탁자가 미성년자인 경우 모가 단독으로 출급하기 위한 절차

미성년자에 대한 친권은 부·모가 공동으로 행사함이 원칙이고 다만 부·모의 일방이 친권을 행사할 수 없을 때에는 그 사유를 소명하여 다른 일방이 단독으로 행사할 수 있는 것이므로, 피공탁자가 미성년자로 기재되어 있는 공탁금을 미성년자의 모가 단독으로 출급하려면 부가 행방불명으로 친권을 행사할 수 없음을 소명하여야 하며, 그 소명방법으로는 "직권 말소된 주민등록표등본 또는 통·반장 작성의 확인서 등"으로써 공탁관이 인정하는 것이어야 한다(공탁선례 제2-57호).

부재자 재산관리인의 공탁금출급청구

임대인이 임차보증금을 사망한 임차인의 상속인에게 반환하고자 하였으나 상속인인 부모가 호적상 미수복지구 거주자로 기재된 부재자이므로 피공탁자를 "망 임차인의 상속인"이라고 기재하여 임차보증금을 변제공탁한 경우에, 법원에 의하여 선임되어 임차보증금의 수령행위를 허가받은 위 부재자의 재산관리인은 위 부재자가 망 임차인의 상속인임을 증명하는 서면과 부재자 재산관리인의 자격 및 권한을 증명하는 서면(심판정본 및 그 확정증명)을 첨부하여 피공탁자의 재산관리인(법정대리인)의 자격으로 공탁된 임차보증금을 출급받을 수 있다(공탁선례 제2-71호).

피공탁자로부터 출급청구권을 위임받은 자의 출급청구절차

피공탁자로부터 공탁금 출급청구권 행사의 위임을 받은 자는 피공탁자의 임의대리인에 불과하며 위임장은 공탁사무처리규칙 제30조 제2호의 출급청구권을 갖는 것을 증명하는 서면으로 볼 수 없으므로, 그러한 자는 피공탁자의 지위에서 공탁금출급청구를 할 수는 없고 단지 피공탁자의 대리인으로서 위임장 및 피공탁자의 인감증명서를 첨부하여 공탁금출급청구를 할 수 있을 뿐이다(공탁선례 제1-97호).

공탁신청 시 제출한 위임장에 "회수청구 및 그 수령의 권한"이란 문구가 명기된 경우에도 회수청구시 별도의 위임장을 제출(적극)

1. 공탁신청 당시 제출한 위임장에 "회수청구 및 그 수령의 권한"이 명기되어 있는 경우에는 대리권의 효력이 공탁물회수청구권에도 미친다고 볼 수 있으나, 공탁신청 이후에 대리권이 소멸될 수도 있으므로 종전의 대리인 이 공탁물회수청구를 할 때에는 별도의 위임장을 제출하거나 종전에 위임한 대리권이 소멸되지 않았음을 증명하는 공탁자 본인 작성의 서면(인감증명 첨부 또는 공증)을 제출하여야만 한다(공탁선례 제201510-1호).

6. 주소 등 연결서면[39)]

(1) 주민등록표등 · 초본 등

① 공탁물 지급청구서에는 원칙적으로 주소를 소명하는 서면을 첨부할 필요가 없으나, 공탁당사자의 공탁서상의 성명 주소와 인감증명서상의 성명 주소가 공탁 이후의 변경으로 상이한 경우에는 주소 등 연결서면을 첨부하여야 한다.

② 일반적인 주소 연결서면으로는 개명허가결정정본(또는 기본증명서)이나 주민등록표등 · 초본 등을 첨부하면 된다.

③ 예규 개정 전에는 공탁자나 피공탁자의 공탁서상의 성명 · 주소와 인감증명서상의 성명 · 주소가 공탁 이후의 변경으로 상이한 경우에는 주소 등 연결서면을 첨부하여야 했지만, 위 내용이 징발재산 매수공탁금 출급에 관한 유의사항(행정예규 제973호) 제4조 제4호 "피공탁자와 출급청구권자가 동일인임을 확인할 수 없는 경우에는 공탁관은 출급청구를 인가할 수 없다"라는 규정으로 변경되었기 때문에 공탁물 지급청구시에 주소가 연결이 되지 아니할 경우 필요적으로 주소연결서면을 제출하여야 하는 것은 아니고, 주소 연결서면이 없어도 동일인임이 인정될 경우 지급을 인가할 수 있지만 동일인임이 인정되지 아니할 경우에는 주소연결서면 등 동일인임을 확인할 수 있는 서면을 제출하여야 할 것이다.

> **공탁서상의 피공탁자의 주소가 주소증명서면(또는 인감증명서)상의 주소와 불일치하는 경우**
>
> 1. 공탁서상의 피공탁자의 주소가 주민등록표상의 주소와 일치하지 않고 서로 연결되지도 않는 경우, 피공탁자는 동일인임을 입증할 수 있는 주소소명자료를 공탁자에게 제출하여 공탁서의 주소를 정정한 다음 직접 공탁금의 출급을 청구할 수 있고,
> 2. 만약 공탁자가 임의로 공탁서 정정신청하기를 거부한다면 공탁자를 상대로 공탁금 출급청구권의 확인판결(화해, 조정조서 포함)을 받은 뒤 그 판결정본 및 확정증명서를 출급청구권을 증명하는 서면으로 첨부하여 공탁금을 출급청구할 수도 있을 것이다(공탁선례 제2-50호).
>
> **보증지급으로 동일인 입증여부(소극)**
>
> 사무처리공탁규칙 제38조 제1항에 의한 보증지급은 공탁통지서나 공탁서를 제출할 수 없는 경우에 하는 것이므로 이를 공탁서상의 피공탁자의 주소가 주소증명서면(또는 인감증명서)상의 주소와 불일치하는 경우 동일인임을 입증하는데까지 확대하여 적용할 수는 없으며, 공탁서상의 피공탁자의 주소가 주민등록표상의 주소와 일치하지 않고, 서로 연결되지 않을 경우 피공탁자는 동일인임을 입증할 수 있는 주소소명자료를 공탁자에게 제출하여 공탁서의 주소를 정정한 다음 직접 공탁금의 출급을 청구할 수 있고, 공탁자가 공탁서 정정신청하기를 거부한다면 공탁자를 상대로 공탁금 출급청구권의 확인판결(화해, 조정조서 포함)을 받은 뒤 그 판결정본 및 확정증명서를 출급청구권을 증명하는 서면으로 첨부하여 공탁금을 출급청구할 수도 있을 것이다(공탁선례 제2-50호).

(2) 재외국민 · 외국인의 주소 등 연결서면(행정예규 제1084호)

① 재외국민의 경우는 주민등록등 · 초본 또는 재외국민등록부등본으로 하며, 다만 주재국에 한국대사관 등이 없어 그와 같은 증명을 발급받을 수 없을 때에는 주소를 공증한 서면(거주국 공증인)으로 갈음할 수 있다.

② 외국인의 경우는 본국 관공서의 주소증명 또는 거주사실증명이나 주소증명을 발급하는 기관이 없는 경우에는 주소를 공증한 공정증서(본국 공증인)를 첨부할 수 있다. 다만, 외국인이 입국한 경우는 한국의 출입국 관리사무소 등에서 발행하는 외국인등록사실증명 또는 국내거소신고사실증명으로도 가능하다.

---

39) 주소 등 연결서면을 주소만을 연결하는 것이 아니라 동일인임을 증명하는 서면을 말한다.

③ 외국국적 취득으로 성명이 변경된 경우에는 변경 전의 성명과 변경 후의 성명이 동일인이라는 본국 관공서의 증명 또는 공증(본국 공증인)이 있어야 한다. 공탁물 지급청구서에 첨부된 서류가 외국어로 되어 있으면 모두 번역문을 첨부하여야 한다.

> **공탁서상의 피공탁자의 주소와 채권압류(전부)명령상의 채무자의 주소가 상이한 경우**
> 토지수용재결서 및 공탁서상의 피공탁자의 주소와 채권압류 및 전부명령상에 나타나는 채무자의 주소가 상이한 경우에 전부채권자가 위 공탁금의 출급청구를 하고자 함에 있어서는, 피공탁자와 채무자가 서로 동일인임을 소명할 수 있는 서면(예컨대, 주소연결서면 : 공탁서상의 주소로부터 전부명령상의 주소로의 이전사실이 기재된 주민등록표등본 등)이나, 전부명령상의 채무자의 주소를 공탁서상의 주소로 경정하는 결정)을 첨부하여야 한다(공탁선례 제2-83호).

(3) 공탁서상의 주소와 판결문 또는 추심·전부명령상의 주소가 상이한 경우

> **피공탁자의 주소와 판결문상의 피고 주소가 다를 경우**
> 공탁서상의 피공탁자의 주소와 공탁금 출급청구권의 양도 판결문상의 피고 주소가 상이할 경우에 공탁금 양수인이 공탁금 출급청구를 함에 있어서는 피공탁자와 피고가 서로 동일인임을 소명할 수 있는 서면(예컨대, 공탁서상의 주소로부터 판결문상의 주소로의 이전사실이 기재된 주민등록표등본 등)이나, 판결문상의 피고 주소를 공탁서상의 피공탁자 주소로 경정하는 결정을 첨부하여야 할 것이다(공탁선례 제2-81호).

(4) 지급청구인의 인감증명서상의 주소와 압류·전부명령상의 주소가 상이한 경우

> **청구인의 압류(전부)명령상 주소와 인감증명서상 주소가 다른 경우**
> 공탁금 지급청구권에 대한 채권압류 및 전부명령에 의하여 공탁금지급청구를 함에 있어서 채권압류 및 전부명령상의 (전부채권자의)주소와 인감증명서상의 (청구인의)주소가 다를 경우에는 위 양 주소가 연결됨을 증명하는 서면이나 양 주소에 있는 자가 동일인임을 증명하는 서면 등을 소명자료로 첨부하여 공탁금지급청구를 할 수 있는 것이나, 만약 그것이 소명되지 않는다면 집행법원에 채권압류 및 전부명령경정결정신청을 하여 위 명령상의 주소를 인감증명서상의 주소와 일치하도록 경정한 후에 공탁금지급청구를 할 것이다(공탁선례 제1-83호).

정리 #11	주소 등 연결서면	
구 분	**비교서면(성명·주소)**	**주소연결서면**
공탁자(회수)	공탁서상 공탁자란의 성명·주소 ≠ 공탁자의 인감증명상의 성명·주소	• 공탁자·피공탁자의 주민등록등·초본 • 개명허가결정정본 또는 기본증명서
피공탁자(출급)	공탁서상 피공탁자란의 성명·주소 ≠ 피공탁자의 인감증명의 성명·주소	
승계인(양상추전)	공탁서상(공탁자·피공탁자)의 성명·주소 ≠ 판결문상(피고)의 성명·주소	공탁자·피공탁자(피고)의
	판결문(원고)의 성명·주소 ≠ 승계인의 인감증명서상의 성명·주소	승계인(원고)의

7. 권리승계사실 증명서면

사례

甲은 乙을 피공탁자로 한 변제공탁을 하였다.

1. 乙은 공탁금 출급청구권을 丙에게 양도하였으나 채권양도통지를 하지 않자, 丙은 국가를 상대로 출급청구권을 양도받았다는 사실을 이유로 공탁금수령권한이 있다는 확인판결을 받았다. 丙은 이를 첨부하여 출급청구할 수 있는가?

2. 乙이 가지고 있는 공탁금 출급청구권에 대하여 乙의 채권자 丙이 압류 및 추심명령을 얻었다. 丙은 다시 이를 丁에게 양도하였다. 丁은 어떠한 서류를 첨부하여 출급청구할 수 있는가?

출급청구권자가 피공탁자의 권리승계인인 때에는 출급청구권입증서면과 승계사실증명 서면을 함께 첨부하여야 한다.

(1) 양수인

① 피공탁자로부터 출급청구권을 양도받은 양수인은 그 양도를 증명하는 서면을 첨부하여야 하는 외에 양도인이 제3채무자인 국가에게 그 사실을 통지하는 것이 필요하므로, 공탁금 출급청구권을 양도받은 사실을 이유로 국가를 상대로 공탁금수령권한이 있다는 확인판결을 받은 것만으로는 양도를 증명하는 서면은 갖추었으나 양도인의 적법한 통지가 있다고 볼 수 없으므로 공탁금을 출급할 수 없다(공탁선례 제1-141호).

② 공탁물 지급청구권의 양도통지서에 날인된 인영에 대하여 인감증명서가 첨부되지 않은 경우에는 양수인의 공탁물 지급청구 시 양도인의 인감증명서를 제출하여야 한다. 그러나 양도증서를 공증받은 경우에는 양도인의 인감증명서 제출 없이도 양수인은 공탁물을 지급청구할 수 있다(행정예규 제779호).

(2) 상속인

피공탁자의 상속인들이 상속증명서면을 권리승계사실증명서면으로서 첨부하고 그에 기한 각 상속인들의 상속지분을 표시하여 공탁금을 출급청구할 수 있다.

상속토지 협의분할로 인한 공탁금출급청구 방법

공동상속인들이 상속토지를 공동상속인 중의 1인의 단독 소유로 하기로 상속재산을 협의분할한 후 상속등기를 하기 전에 기업자가 그 상속토지를 수용하고 보상금을 "망인의 재산상속인" 앞으로 공탁한 경우 위 공동상속인 중의 1인은 상속을 증명하는 서면과 협의분할을 증명하는 서면을 첨부하여 단독으로 공탁금출급청구를 할 수 있을 것이다(공탁선례 제2-237호).

(3) 첨 부

전부채권자인 경우에는 전부명령정본 및 확정증명서를 첨부한다.

(4) 추심채권자

추심채권자는 권리승계인은 아니나 추심권의 한도에서 승계에 준하여 추심명령정본 및 송달증명을 권리승계사실을 증명하는 서면으로 첨부하여야 할 것이다.

1. 추심채권자가 집행채권을 제3자에게 양도한 경우 당해 추심권자로서의 지위도 집행채권의 양도에 수반하여 양수인에게 이전된다고 할 것이므로 집행채권의 양수인은 다시 국가를 제3채무자로 하여 압류 및 추심명령을 받을 필요는 없다 할 것이며, 이 경우 집행채권의 양수인이 이미 개시된 강제집행절차(압류 및 추심명령)를 속행하기 위하여 승계집행문을 부여받아 이를 집행법원에 제출하여야 하고, 이를 제출받은 집행법원의 법원사무관 등은 그 취지를 채무자에게 통지하도록 되어 있다(민사집행규칙 제23조 참조).

※ 승계집행문부여통지서의 송달증명을 첨부할 필요 없다.

2. 따라서 집행채권의 양수인은 공탁금 출급청구권의 증명서면으로 압류 및 추심명령정본과 그 송달증명서(추심채권자), 승계집행문부여사실증명서를 각 첨부하여 공탁된 수용보상금을 출급할 수 있을 것이다(공탁선례 제2-335호).

사례해설

1. **출급청구할 수 없다.**

   피공탁자로부터 출급청구권을 양도받은 양수인은 그 양도를 증명하는 서면을 첨부하여야 하는 외에 양도인이 제3채무자인 국가에게 그 사실을 통지하는 것이 필요하므로, 공탁금 출급청구권을 양도받은 사실을 이유로 국가를 상대로 공탁금수령권한이 있다는 확인판결을 받은 것만으로는 양도를 증명하는 서면은 갖추었으나 양도인의 적법한 통지가 있다고 볼 수 없으므로 공탁금을 출급할 수 없다(공탁선례 제1-141호).

2. **압류 및 추심명령정본과 그 송달증명서, 승계집행문부여사실증명서를 각 첨부하여 출급청구할 수 있다.**

   (1) 추심채권자가 집행채권을 제3자에게 양도한 경우 당해 추심권자로서의 지위도 집행채권의 양도에 수반하여 양수인에게 이전된다고 할 것이므로 집행채권의 양수인은 다시 국가를 제3채무자로 하여 압류 및 추심명령을 받을 필요는 없다 할 것이며, 이 경우 집행채권의 양수인이 이미 개시된 강제집행절차(압류 및 추심명령)를 속행하기 위하여 승계집행문을 부여받아 이를 집행법원에 제출하여야 하고, 이를 제출받은 집행법원의 법원사무관 등은 그 취지를 채무자에게 통지하도록 되어 있다(민사집행규칙 제23조 참조).

   (2) 따라서 집행채권의 양수인은 공탁금 출급청구권의 증명서면으로 압류 및 추심명령정본과 그 송달증명서(추심채권자), 승계집행문부여사실증명서를 각 첨부하여 공탁된 수용보상금을 출급할 수 있을 것이다(공탁법인 제3302-154호 질의회답).

정리 #12	변제공탁 출급시 첨부서면	
인감증명서	• 출급청구권자 본인의 인감증명서 • 법정대리인의 인감증명서 • 지배인의 인감증명서(지배인 사용인감확인서 ×) • 대표자 · 관리인 개인의 인감증명서(비법인사단 · 재단) • 재외국민 거주국 또는 우리나라의 인감증명 • 외국인 : 그 나라의 인감증명 또는 서명(본국 관공서의 증명이나 공증)	
	인감증명서 제출 ×	관공서 · 천만원 이하의 공탁금인 경우
권리승계증명서면	• 양(채권양도증서)(양도통지) • 상(기본증명서 · 가족관계증명서 등) • 추(압류추심명령/송달증명) • 전(압류 · 전부명령/확정증명)	

자격증명서	공탁신청 시와 동일	
주소연결서면	• 피공탁자의 주민등록등·초본 • 승계인의 주민등록등·초본	
출급청구권증명	상대적 불확지공탁	• 출급청구권확인판결정본(피공탁자가 다른 피공탁자 상대) • 피공탁자 전원의 출급청구(증명서면 불요) • 피공탁자의 승낙서(+ 인감증명서)
	절대적 불확지공탁	• 공탁서 정정신청(공탁자에 의한) • 출급청구권확인판결정본 및 확정증명(공탁자 상대)
공탁통지서	공탁통지서 첨부 ×	강제집행에 의하는 경우, 체납처분에 의하는 경우, 공탁자의 승낙서를 첨부한 경우, 공탁금액이 5천만원 이하인 경우, 보증지급에 의한 경우, 공탁통지서를 발송하지 않았음이 인정되는 경우, 공탁서를 첨부한 경우
반대급부이행증명	물품공탁서, 공탁자 작성의 반대급부영수증 등, 부동산인도집행조서	

Ⅱ 회수청구시 첨부서면

1. 관계법령

① 인감증명서의 제출(공탁규칙 제37조), 권리승계사실증명서면, 자격증명서 등의 첨부(공탁규칙 제38조), 주소 연결서면에 관한 내용은 출급청구시 설명과 동일하다.

② 여기서는 회수청구시 특이한 서면인 공탁서와 회수청구권이 있음을 증명하는 서면에 대해서 알아보기로 한다.

> **공탁물의 수령·회수(공탁법 제9조)**
>
> ① 공탁물을 수령하려는 자는 대법원규칙으로 정하는 바에 따라 그 권리를 증명하여야 한다.
> ② 공탁자는 다음 각 호의 어느 하나에 해당하면 그 사실을 증명하여 공탁물을 회수할 수 있다.
>   1. 민법 제489조에 따르는 경우
>   2. 착오로 공탁을 한 경우
>   3. 공탁의 원인이 소멸한 경우
>
> **공탁물 회수청구서의 첨부서류(공탁규칙 제34조)**
>
> 공탁물을 회수하려는 사람은 공탁물회수청구서에 다음 각 호의 서류를 첨부하여야 한다.
>   1. 공탁서. 다만, 다음 중 어느 하나의 사유가 있는 경우에는 그러하지 아니하다.
>   가. 회수청구하는 공탁금액이 5,000만원 이하인 경우(유가증권의 총 액면금액이 5,000만원 이하인 경우를 포함한다) 다만, 청구인이 관공서이거나 법인 아닌 사단이나 재단인 때에는 그 금액이 1,000만원 이하인 경우
>   나. 이해관계인의 승낙서를 첨부한 경우
>   다. 강제집행이나 체납처분에 따라 공탁물 회수청구를 하는 경우
>   2. 회수청구권이 있음을 증명하는 서면. 다만, 공탁서의 내용으로 그 사실이 명백한 경우에는 그러하지 아니하다[40].

---

40) 민법 제489조에 의해 회수하는 경우

2. 공탁서

사례

甲은 乙에 대한 금 1천만원의 채권을 가지고 있는데 이를 기초로 하여 乙이 丙(종중)에 대하여 가지고 있는 2천만원의 채권에 대하여 가압류를 하였다. 이에 丙(종중)은 2천만원 전액을 집행공탁을 하였고 공탁신고를 가압류발령법원에 하였다.

1. 丙(종중)이 1천만원을 회수청구할 때 공탁서를 첨부하여야 하는가?
2. 乙이 丙(종중)에 대하여 가지고 있는 채권이 3천만원이고 3천만원 전액을 집행공탁한 후 2천만원을 회수청구하는 경우 공탁서를 첨부하여야 하는가?

(1) 원 칙(공탁규칙 제34조 제1호)

공탁물을 회수하려고 하는 사람은 공탁물회수청구서에 공탁서를 첨부하여야 한다.

(2) 공탁서를 첨부하지 않아도 되는 경우(공탁규칙 제34조 제1호 단서)

① 강제집행에 의하는 경우 : 회수청구권에 대한 강제집행에 의하여 추심명령 또는 전부명령을 얻은 추심채권자 또는 전부채권자가 회수청구하는 경우에는 공탁서를 첨부하지 않아도 된다. 집행채무자인 공탁자로부터 공탁서를 교부받는 것을 기대하기 어렵기 때문이다.
② 체납처분에 의하는 경우 : 회수청구권에 대하여 체납처분에 의한 압류를 한 세무서장이 회수청구하는 경우에는 강제집행에 의하는 경우와 마찬가지로 공탁서를 첨부하지 않아도 된다.
③ 이해관계인의 승낙서 : 공탁자가 이해관계인인 피공탁자의 승낙서를 첨부한 경우 공탁서를 첨부하지 않아도 된다. 승낙서에는 공탁서 첨부 없는 공탁자의 회수청구에 대한 승낙의 취지를 기재하고 <u>피공탁자의 인감증명서를 첨부</u>하여야 한다.
④ 공탁금액이 5천만원 이하인 경우 : 회수청구하는 공탁금액이 5,000만원 이하인 경우에는 공탁서를 첨부하지 않아도 된다. 다만, 회수청구인이 관공서이거나 법인 아닌 사단이나 재단인 때에는 공탁금액이 1,000만원 이하인 경우에 공탁서를 첨부하지 않아도 된다.

---

41) 자격자대리인과 관련한 규정 : 공탁규칙 제38조 제3항, 제41조 제3항, 제59조 제3항

⑤ 보증지급에 의한 경우 : 공탁물 출급·회수청구서에 공탁통지서나 공탁서를 첨부할 수 없는 때에는, 공탁관이 인정하는 2명 이상이 연대하여 그 사건에 관하여 손해가 생기는 때에는 이를 배상한다는 자필 서명한 보증서와 그 재산증명서(등기사항증명서 등) 및 신분증사본을 제출하여야 한다.

⑥ 공탁서보관사실증명서면을 첨부한 경우 : 제3채무자가 집행공탁한 경우 압류 또는 가압류의 효력이 미치지 않는 부분에 대하여는 회수청구할 수 있다. 이 경우 이미 공탁신고시 공탁서가 압류명령을 발한 법원이나 가압류발령법원에 제출되었으므로 공탁자인 제3채무자는 그 법원으로부터 공탁서를 보관하고 있다는 사실을 증명하는 서면을 교부받아 공탁금회수청구서에 첨부하여야 한다(행정예규 제1018호).

사례해설

1. 첨부하지 않아도 된다.
회수청구하는 공탁금액이 5,000만원 이하인 경우에는 공탁서를 첨부하지 않아도 된다. 다만, 회수청구인이 관공서이거나 법인 아닌 사단이나 재단인 때에는 공탁금액이 1,000만원 이하인 경우에 공탁서를 첨부하지 않아도 된다.

2. 공탁서보관사실증명서면을 첨부하여야 한다.
제3채무자가 압류 또는 가압류와 관련된 금전채권액 전액을 집행공탁한 경우 압류 또는 가압류의 효력이 미치지 않는 부분에 대하여는 회수청구할 수 있다. 이 경우 이미 사유신고시 공탁서가 압류명령을 발한 법원이나 가압류발령법원에 제출되었으므로 공탁자인 제3채무자는 그 법원으로부터 공탁서를 보관하고 있다는 사실을 증명하는 서면을 교부받아 공탁금회수청구서에 첨부하여야 한다.

3. 회수청구권을 갖는 것을 증명하는 서면(공탁규칙 제34조 제2호)

사례

甲은 乙에 대하여 금 1천만원의 채무를 부담하고 있다. 이를 담보하기 위하여 甲소유의 부동산에 근저당권을 설정하였고 甲은 피담보채무를 변제공탁하였다.

1. 甲은 공탁금을 甲은 민법 제489조에 의한 회수청구할 수 있는가?

2. 甲이 이미 피담보채무를 변제하였는데도 변제공탁한 경우 회수청구를 할 수 있는가?

3. 甲이 변제공탁을 하였는데도 乙이 저당권을 실행하여 채권 전액에 대하여 만족을 얻은 경우 甲은 회수청구를 할 수 있는가?

① 공탁물을 회수하려는 사람은 회수청구권을 갖는 것을 증명하는 서면을 첨부하여야 한다. 공탁물 회수청구권에 대한 압류 및 전부명령을 받은 자라도 원래의 공탁물회수청구권자의 지위를 넘어서 공탁물을 회수할 수 없으므로 공탁물 회수 청구시 회수청구권을 갖는 것을 증명하는 서면을 첨부하여야 한다(대결 1973.12.22. 73마360).

② 회수청구권을 갖는 것을 증명하는 서면이 어떤 것인가는 구체적인 사안에 따라 개별적으로 결정할 수밖에 없지만, 공탁법 제9조 제2항에서는 회수할 수 있는 원인을 민법 제489조에 의한 경우, 착오로 공탁한 때, 공탁의 원인이 소멸한 때로 규정하고 있다. 따라서 이에 따라 살펴보면 다음과 같다.

③ 민법 제489조에 의한 회수

　㉠ 민법 제489조의 규정에 의하여 변제공탁물을 회수하는 경우에는 공탁서의 기재 그 자체에 의하여 회수청구권이 있음이 명백하고 "회수할 수 없는 특별한 사정"이 없는 한 공탁자는 공탁물을 회수할 수 있으므로 회수청구권 증명서면을 첨부할 필요가 없다[42].

　㉡ 변제공탁의 조건으로 한 반대급부는 피공탁자의 공탁물출급청구권 행사에 제한사유가 될 뿐 공탁자가 공탁금을 회수하는 경우에는 공탁관의 지급제한사유가 될 수 없다(공탁선례 제1-183호).

　㉢ 다만, 토지수용보상금의 공탁은 공익사업토지보상법 제42조에 의하여 간접적으로 강제되는 것으로서 자발적으로 이루어지는 것이 아니므로, 민법 제489조의 적용이 배제되어 민법 제489조의 규정에 의한 공탁금회수청구는 인정되지 않는다.

> **반대급부조건은 회수청구시 지급제한사유가 될 수 없다.**
> 근저당권 채무자가 근저당권 채권자를 공탁물 수령자(피공탁자)로 하여 근저당권 채무의 변제공탁을 하면서 근저당설정등기말소에 필요한 위임장, 해지증서, 근저당권설정계약서를 동시이행으로 교부할 것을 반대급부로 한 경우, 위 근저당권 채권자가 위 공탁금의 출급청구를 거절하고 공탁자를 상대로 약속어음금청구의 소를 제기하여 가집행선고부 승소판결을 받아 위 공탁자의 변제공탁금회수청구권에 대한 압류 및 전부명령을 받고 그 확정에 기하여 공탁금 지급(회수)청구를 하였다면, 위 공탁서에 기재된 반대급부의 기재내용이 불법조건으로써 그 효력이 없음은 별론으로 하더라도 변제공탁의 조건으로 한 반대급부는 피공탁자의 <u>공탁금 출급청구권 행사에 제한사유가 될 뿐</u> 공탁자가 공탁금을 <u>회수하는 경우에는 공탁관의 지급제한사유는 될 수 없는 것이다</u>(공탁선례 제1-183호).

④ 착오공탁으로 인한 회수

　㉠ 공탁이 공탁으로서 필요한 유효요건을 갖추고 있지 않아 무효이면 공탁자는 착오에 의하여 공탁물회수를 할 수 있다. 이 경우 착오사실 증명서면을 첨부하여야 하는데, 착오사실 증명서면이 무엇인가는 구체적인 사안에 따라 개별적으로 판단할 수밖에 없다. 예를 들면, 공탁이 무효인 것이 재판으로 판명되었으면 그 재판서, 채권양도를 하였음에도 불구하고 종전 채권자인 양도인을 피공탁자로 한 경우에는 그 양도통지서, 채무이행지 외에서 공탁한 경우에는 채권증서와 채권자의 주민등록표등본 등이 착오사실을 증명하는 서면이 될 것이다.

　㉡ 착오공탁의 예는 다음과 같다.

당사자적격	"갑" 명의로 공탁할 것을 "을" 명의로 공탁한 경우
관할위반	변제공탁의 관할공탁소가 아닌 곳에 공탁한 경우
중복공탁	공탁을 한 후 다시 동일한 내용의 공탁을 한 경우
납입기일 경과 후 공탁	이 경우에는 납입기일 이후의 공탁사실이 공탁서상 명백하므로 착오사실증명서면은 첨부하지 않아도 된다.
공탁원인이 없음에도 공탁한 경우	차용금 변제를 위한 변제공탁을 하였으나 애초부터 차용금 채무가 없었던 경우 등과 같이 공탁의 실질적 요건에 흠결이 있는 경우

---

42) 즉, 공탁자는 공탁으로 인하여 질권·전세권·저당권이 소멸하는 때에는 그 소멸하는 권리를 공탁서에 기재하도록 되어 있으며(공탁규칙 제19조 제2항 제4호), 피공탁자는 공탁자의 회수를 저지하기 위하여 공탁소에 공탁수락서 또는 공탁유효판결등본을 제출할 수 있으므로, 공탁관은 민법 제489조의 회수요건 충족 여부를 공탁기록에 의하여 판단할 수 있기 때문이다.

ⓒ 공탁으로서 필요한 유효요건을 갖추고 있는지의 여부는 공탁서에 기재된 공탁원인사실을 기준으로 객관적으로 판단하여야 한다.

'착오로 공탁한 때'의 판단기준

공탁법 제8조 제2항 제2호 소정의 '착오로 공탁한 때'라 함은 공탁으로서 필요한 유효요건을 갖추고 있지 아니한 경우를 말하고, 공탁요건을 갖추고 있는지의 여부는 어디까지나 공탁서에 기재된 공탁원인사실을 기준으로 하여 객관적으로 판단하여야 한다(대결 1995.7.20. 95마190).

집행법원의 공탁사유신고 불수리결정 가부 및 착오사실증명서면

집행법원이 집행공탁금의 배당을 실시하기 전에 공탁자가 집행공탁의 원인이 없음에도 착오로 집행공탁을 한 것임을 이유로 공탁사유신고를 철회한 경우, 그 집행공탁이 원인이 없는 것으로서 무효임이 명백하다면, 집행법원으로서는 공탁사유신고를 불수리하는 결정을 할 수 있고, 공탁자는 공탁관에게 집행법원의 위 결정을 제출하여 제8조 제2항 제2호에 따라 공탁금을 회수할 수 있다(대결 1999.1.8. 98마363).

사업시행자가 피공탁자를 착오로 지정한 경우 공탁금 회수 가부(적극)

수용보상금(공동운영 영업보상금 등) 수령권자가 3명임에도 불구하고 사업시행자가 착오로 그중 1명만을 피수용자로 하여 재결을 받고 그 자를 피공탁자로 잘못 지정하여 공탁을 하였다면 공탁자는 공탁법 제8조 제2항 제2호에 따라 착오공탁을 이유로 공탁금 전부를 회수할 수 있다(공탁선례 제2-246호).

착오공탁의 경우 공탁금 회수 가부(적극)

1. 제3채무자인 공탁자가 선행된 적법·유효한 채권양도통지(1차 통지)가 있었는데 이를 효력이 없는 것으로 판단하여 제외한 채 그 이후 채권양도통지(2차 통지)와 채권가압류결정이 동시에 도달되었음을 이유로 하여 혼합공탁을 한 다음 공탁금 출급청구권에 대한 압류결정 등이 송달되자 공탁관이 공탁사유신고를 하였으나, 집행법원으로부터 공탁사유신고에 대한 불수리결정이 있었고, 공탁자는 1차 양도통지가 유효한 것으로 밝혀져 양수인의 양수금 청구소송에서 패소하여 양수금을 지급한 경우 착오공탁을 증명하는 서면으로 '선행된 유효한 채권양도통지(1차 통지)가 있었다는 증명과 공탁사유신고 불수리결정문'을 첨부하여 공탁금을 회수청구할 수 있다.
2. 위와 같이 착오공탁을 증명하는 서면을 첨부하여 공탁금을 회수청구할 때 공탁 이후 피공탁자를 상대로 한 압류권자 등의 동의서는 첨부할 필요가 없다(공탁선례 제201001-1호).

---

⑤ 공탁원인소멸로 인한 회수 : 공탁 후 공탁원인이 소멸하면 공탁자는 공탁물을 회수청구할 수가 있다. 이 경우 회수청구권 증명서면으로서 공탁원인소멸 증명서면을 첨부하여야 한다.

변제공탁		• 채권자의 승낙서(인감증명서 첨부) • 채권포기 증명서면(인감증명서 첨부) • 사업시행자는 토지수용재결의 효력이 상실되었다는 확정판결을 첨부. 사업시행자 명의의 소유권이전등기가 말소된 등기사항증명서를 첨부할 필요는 없다(공탁법인 제3302-313호).
담보공탁	재판상 담보	• 담보취소결정정본과 확정증명서가 공탁원인소멸 증명서면이 된다(공탁선례 제1-207호). • 보전명령신청이 각하되거나 보전명령 이전에 보전명령신청을 취하한 경우에는 각하결정 정본이나 '결정전 취하증명서'가 공탁원인소멸 증명서면이 된다.
	영업 보증	영업보증공탁은 종류에 따라 공탁원인 소멸사유가 일정하지 않으나, 공탁원인소멸을 입증하는 서면은 대부분 감독관청의 승인서가 될 것이다.
	납세 담보	납세담보해제의 뜻을 기재한 문서를 첨부하여 회수청구

몰취공탁	민사소송법 제299조 제2항의 몰취공탁의 경우에는 공탁금반환결정정본을, 상호가등기와 관련한 몰취공탁의 경우에는 등기관이 교부한 공탁원인소멸증명서를 첨부하여 공탁금회수청구를 할 수 있다.
집행공탁	• (가)압류를 원인으로 집행공탁한 경우에 공탁원인소멸을 이유로 회수청구하는 것에 관련하여서는 해당 부분에서 자세히 설명 • 가압류해방공탁금의 회수에 있어서는 가압류채권자는 가압류에서 본압류로 이전하는 채권압류 및 추심명령(또는 전부명령 및 확정증명)정본을, 가압류채무자는 가압류취소결정정본 및 송달증명이나 가압류취하 증명서가 공탁사유소멸 증명서면에 해당한다.

1. **회수청구할 수 없다.**

   甲의 저당채무 변제공탁으로 채무소멸의 효과가 발생하였고 이로 인하여 저당권은 소멸하였으므로 甲은 회수청구할 수 없다(민법 제489조 제2항).

2. **회수청구할 수 있다.**

   공탁원인이 없음에도 공탁한 경우로 착오공탁에 해당하므로 착오를 이유로 회수청구할 수 있다(공탁법 제9조 제2항).

3. **회수청구할 수 있다.**

   공탁원인이 소멸한 경우에 해당하므로 공탁원인소멸을 이유로 회수청구할 수 있다(공탁법 제9조 제2항).

Ⅲ 첨부서면의 생략

동일 공탁소에 대하여 동일인이 동시에 수건의 공탁물 지급청구를 하는 경우에 첨부서면의 내용이 동일한 것이 있는 때에는 그중 1건의 청구서에 1통만을 첨부하면 된다. 이 경우에 다른 청구서에는 그 뜻을 기재하여야 한다(공탁규칙 제22조). 다른 청구서의 비고란에 "법인등기사항증명서는 20○○년 금 제○○○호 공탁물회수청구서에 첨부한 것을 원용함"이라고 기재하면 된다.

정리 #13	지급청구권의 양도통지가 있는 경우	
공탁 수락여부	공탁금 출급청구권 양도통지서의 도달과 동시에 공탁수락의 의사표시 有 → 민법 제489조 제1항의 회수청구권 소멸	
통지서에 인감증명 첨부 안 된 경우	양도인은 양도통지서에 인감증명이 첨부되지 않았음을 이유로 공탁금지급청구 불가 • 채권양도로 지급청구권은 양수인에게 이전 • 양도인의 인감증명은 공탁절차법상의 문제일 뿐 실체법적인 채권양도의 효력과는 관련 無	
	출급청구권양수인의 출급청구시	• 양도인(피공탁자)의 인감증명 • 양도증서의 공증(양도인의 인감증명 면제)
	회수청구권양수인의 회수청구시	• 양도인(공탁자)의 인감증명 • 양도증서의 공증(양도인의 인감증명 면제)

정리 #14　변제공탁 회수시 첨부서면

인감증명서	• 출급청구와 동일 • 제출 ×(관공서 · 천만원 이하 공탁금)
권리승계	출급청구와 동일
자격증명	
주소연결서면	• 공탁자의 주민등록등 · 초본 • 승계인의 주민등록등 · 초본
회수청구권증명	• 민법 제489조 회수시 불요 • 착오 · 원인소멸에 의한 회수시(착오증명, 공탁원인소멸증명)
공탁서	공탁서를 첨부 ×
기 타	• 회수제한 신고서를 제출한 경우 • 신고서에 기재된 대로의 조건구비 증명서면

정리 #15　출급 · 회수청구시 인감증명첨부

구 분		출급 · 회수청구서/위임장에 날인하는 인영
(피)공탁자 및 승계인		본인의 인감증명
미성년자		법정대리인의 인감증명
비법인사단 · 재단		대표자 · 관리인 개인의 인감증명
법 인		대표자의 인감증명(사용인감확인서 ×)
지배인		지배인의 인감증명(사용인감확인서 ×)
재외국민	대리인에게 위임(귀국 ×)	• 거주국 인감증명(반드시 위임장에 거주국 주재 한국대사관 · 영사관의 확인) • 우리나라 인감증명
	직접출급(귀국 ○)	반드시 우리나라 인감증명
외국인		• 본국 인감증명 또는 우리나라 인감증명 • 서 명 • 본국관공서의 증명(주한 본국대사관 · 영사관 포함) • 공증인의 공증(본국 또는 대한민국 공증인)

정리 #16　공탁통지서 · 공탁서 면제

공탁통지서 면제(출급)	공탁서 면제(회수)
강제집행 · 체납처분 · 승낙서 · 5천만원 이하 · 보증지급	
• 발송하지 않았음이 명백한 경우 • 공탁서를 첨부한 경우	–

출급·회수의 절차(공탁규칙 제39조)
① 공탁관이 공탁물 출급·회수청구서류를 접수한 때에는 상당한 사유가 없는 한 지체 없이 모든 사항을 조사하여 신속하게 처리하여야 한다.
② 공탁관은 제1항의 청구가 이유 있다고 인정할 때에는 청구서에 인가의 뜻을 적어 기명날인하고 전산등록을 한 다음 청구서 1통을 청구인에게 내주고, 공탁물보관자에게는 그 내용을 전송하여야 한다.
③ 제2항의 경우 공탁관은 청구인으로부터 청구서 수령인을 받아야 한다.

공탁물보관자의 처리(공탁규칙 제45조)
공탁물보관자는 출급·회수청구가 있는 때에는 공탁관이 전송한 내용과 대조하여 청구한 공탁물과 그 이자나 이표를 청구인에게 지급하고 그 청구서에 수령인을 받는다.

공탁물보관자의 처리(공탁규칙 제46조)
공탁물보관자는 제45조의 공탁물을 지급한 후에 지급사실을 공탁관에게 전송한다. 다만, 물품공탁의 경우 지급결과통지서에 지급한 내용을 적어 공탁관에게 보낸다.

불수리 결정(공탁규칙 제48조)
① 공탁관이 공탁신청이나 공탁물 출급·회수청구를 불수리할 경우에는 이유를 적은 결정으로 하여야 한다.
② 제1항의 불수리 결정에 관하여 필요한 사항은 대법원 예규로 정한다.

Ⅰ 공탁관의 심사

1. 처 리

공탁관이 공탁물 출급·회수청구서류를 접수한 때에는 상당한 이유가 없는 한 지체 없이 모든 사항을 조사하여 신속하게 처리하여야 한다.

압류금지채권인 근로자의 임금 및 퇴직금 2분의 1 상당액을 변제공탁한 후 위 공탁금에 대하여 근로자의 채권자가 압류 및 전부명령의 강제집행을 했을 경우 공탁금 출급청구할 수 있는 방법 여부
사용자인 법인이 「민사소송법」 제579조 제4호 소정의 압류금지채권인 근로자의 퇴직금 2분의 1 상당액을 「민법」 제487조의 규정에 의하여 근로자의 수령거절을 원인으로 변제공탁한 경우, 그 공탁금은 임금채권의 성질을 유지한다고 보아야 하므로 이를 집행대상으로 한 압류 및 전부명령은 비록 그 방식이 적법하더라도 그 내용은 무효라 할 것이나 형식적 심사권밖에 없는 공탁공무원으로서는 그 압류 및 전부명령의 유·무효를 심사할 수는 없는 것이므로 피공탁자 또는 전부채권자가 공탁금의 출급을 청구하는 어느 경우라도 그 출급을 인가할 수 없을 것이다. 그러므로 피공탁자인 근로자가 공탁금 출급청구권을 행사하려면 위 전부채권자를 상대로 하여 피공탁자에게 공탁금의 출급청구권이 있음을 증명하는 확인판결(또는 화해조서, 조정조서 등)을 얻어 이를 공탁공무원에게 제출하는 방법으로 하여야 할 것이다(공탁선례 제2-89호).

Ⅱ 공탁관의 심사 결과

1. 지급청구의 인가

① 공탁관은 심사결과 공탁물의 출급 또는 회수청구가 이유 있다고 인정할 때에는 당해 청구서에 인가의 뜻을 적어 기명날인하고 전산등록한 다음 그중 1통을 청구인에게 내주고, 공탁물보관자에게는 그 내용을 전송하여야 한다.

② 이 경우 공탁관은 청구서 말미에 청구인으로부터 청구서 수령인을 받아야 한다(공탁규칙 제39조 제3항).

2. 지급청구의 불수리

① 공탁관이 공탁물 출급·회수청구를 불수리할 경우에는 이유를 적은 결정으로 하여야 한다(공탁규칙 제48조 제1항).

② 공탁관의 불수리결정에 대한 업무처리와 관련하여서는 행정예규 제1013호를 참조한다.

③ 공탁관의 불수리처분에 대하여 불복하는 자는 관할법원에 이의신청을 할 수 있으며, 이 경우의 이의신청은 공탁소에 이의신청서를 제출하는 방법으로 하여야 한다(공탁법 제12조).

Ⅲ 공탁물의 지급

1. 공탁물보관자의 공탁물 지급

① 공탁물보관자는 출급·회수청구가 있는 때에는 공탁관이 전송한 내용과 대조하여 청구한 공탁물과 그 이자나 이표를 청구인에게 지급하고 그 청구서에 수령인을 받는다(공탁규칙 제45조).

② 공탁물보관자는 위와 같이 공탁물을 지급한 후에 지급사실을 공탁관에게 전송한다(공탁규칙 제46조).

2. 공탁물 지급의 효과

① 공탁물 지급으로 공탁관계는 종료된다. 따라서 일단 공탁관의 공탁금 출급인가처분이 있고 그에 따라 공탁금이 출급되었다면 설사 이를 출급받은 자가 진정한 출급청구권자가 아니라 하더라도 공탁사무를 관장하는 국가를 상대로 하여 민사소송으로 그 공탁금의 지급을 구할 수는 없다(공법관계설).

② 공탁금 회수청구에 대한 인가처분으로 공탁금이 이미 공탁금보관은행에서 지급된 경우에는 설령 그 인가처분이 제3자의 부정출급행위에 의한 것이라 하더라도 공탁관계는 이미 종료되어 당해 공탁관은 더 이상 어떤 처분을 할 수 없다(공탁선례 제2-91호).[43]

---

43) 더불어 국가를 상대로 민사소송으로서 공탁금 지급청구를 할 수 없다. 부정출급한 제3자를 상대로 민법상의 부당이득 반환청구는 가능할 것이다.

3. 인가받은 공탁금회수청구서를 분실한 경우

> **행정예규 제949호[인가받은 공탁물출급·회수청구서를 분실한 경우 공탁물 지급에 관한 공탁사무처리지침]**
>
> **제1조(목적)**
> 이 예규는 공탁물 출급·회수청구에 대하여 공탁관의 인가를 받은 공탁물 출급·회수청구인(이하 "청구인"이라 한다)이 그 인가받은 공탁물출급·회수청구서(이하 "공탁물 지급청구서"라 한다)를 공탁물보관자에게 제출하기 전에 분실한 경우 공탁물 지급에 관한 업무처리지침을 정함을 목적으로 한다.
>
> **제2조(사실증명 신청)**
> ① 인가받은 공탁물 지급청구서를 분실한 청구인이 공탁물을 지급받고자 하는 경우 청구인은「공탁사무 문서양식에 관한 예규」별지 제16-2호 양식의 사실증명신청서 2통을 공탁관에게 제출하여야 한다.
> ② 제1항의 사실증명신청서에는 공탁물 지급청구에 대하여 인가한 사실이 있는지 여부에 대한 증명을 청구한다는 취지를 명확히 기재하고 공탁물 지급청구서 사본 및 청구인의 신분증 사본을 첨부하여야 하며,「공탁규칙」제14조 제1항·제2항에 따라 청구인이 간인을 하여야 한다.
>
> **제3조(공탁관의 처리)**
> ① 공탁관은 제2조의 신청이 이유 있다고 인정하는 경우에는 접수한 사실증명신청서의 아래에 그 신청사실을 증명하는 뜻을 적고 기명날인하며 첨부된 공탁물 지급청구서 사본과의 사이에 간인을 하여야 한다.
> ② 공탁관은 제1항에 따라 작성한 사실증명서 2통 중 1통은 청구인에게 내주고 나머지 1통은 공탁기록에 편철하여 보관하여야 한다.
> ③ 제2항에 따라 사실증명서를 내주는 때에는 청구인으로부터 영수증을 받아야 한다.
>
> **제4조(공탁물보관자의 처리)**
> 청구인이 제3조에 따라 발급받은 사실증명서를 제출하여 공탁물의 출급 또는 회수를 청구하는 경우 공탁물보관자는 분실한 공탁물 지급청구서에 의하여 이미 공탁물을 지급한 때 등과 같은 특별한 사정이 없는 한 그 청구에 따라 공탁물을 지급하여야 한다.

Ⅳ 이자·이표 지급절차

사례

甲은 乙을 피공탁자로 하는 변제공탁을 하였다. 乙의 공탁금 출급청구권에 대하여 乙의 채권자 丙이 압류 및 전부명령을 받아 출급청구하는 경우 전부채권자는 어느 시기 이후의 공탁금에 대한 이자를 청구할 수 있는가?

공탁금의 이자(공탁법 제6조)
공탁금에는 대법원규칙으로 정하는 이자를 붙일 수 있다.

이자 등의 보관(공탁법 제7조)
지정된 은행이나 창고업자는 공탁물을 수령할 자가 청구하는 경우에는 공탁의 목적인 유가증권의 상환금, 이자 또는 배당금을 수령하여 이를 보관한다. 다만, 보증공탁을 할 때에 보증금에 대신하여 유가증권을 공탁한 경우에는 공탁자가 그 이자나 배당금을 청구할 수 있다.

공탁금의 이자(공탁규칙 제51조)

공탁금의 이자에 관하여는 「공탁금의 이자에 관한 규칙」에서 정하는 바에 따른다.

공탁금의 이자지급(공탁규칙 제52조)

공탁금의 이자는 원금과 함께 지급한다. 그러나 공탁금과 이자의 수령자가 다를 때에는 원금을 지급한 후에 이자를 지급할 수 있다.

공탁금의 이자지급(공탁규칙 제53조)

① 공탁금의 이자는 공탁금 출급·회수청구서에 의하여 공탁금보관자가 계산하여 지급한다.
② 이자를 별도로 청구하려는 사람은 공탁관에게 공탁금이자청구서 2통을 제출하여야 한다.

이표의 청구(공탁규칙 제54조)

공탁유가증권의 이표를 받으려는 사람은 공탁관에게 공탁유가증권이표청구서 2통을 제출하여야 한다.

이자(공탁금의 이자에 관한 규칙 제2조)

공탁금의 이자는 연 35/10,000로 한다.

(1) 공탁금의 이자 지급절차

① 공탁금에는 대법원규칙이 정하는 이자를 붙일 수 있고, 공탁금의 이자에 관한 규칙 제2조에 의하면 현재 공탁금의 이율은 연 35/10,000이다.

② 공탁 시와 지급 시 사이에 이율이 변경된 경우에는 공탁 시부터 이율 변경 전일까지는 변경 전 이율을 적용하고 변경일부터는 변경된 이율을 적용하여 합산한다.

③ 이자청구권자

변제공탁의 경우	• 변제공탁의 경우 공탁자가 공탁금을 회수하는 때에는 공탁금에 대한 이자는 공탁자에게 귀속된다. • 변제공탁의 피공탁자가 공탁금을 출급하는 때에는 그 이자는 피공탁자에게 귀속한다. • 반대급부 조건이 붙은 변제공탁의 이자는 조건성취 당일 이후의 이자는 피공탁자에게, 공탁 후 조건성취일 전일까지의 이자는 공탁자에게 귀속하는 것으로 해석된다.
담보공탁의 경우	담보공탁의 법정과실에 대하여는 피공탁자의 담보권이 미치지 않는다는 공탁법 제7조 단서의 취지가 공탁물이 금전인 경우에도 적용된다면 담보공탁의 경우 공탁금의 이자는 공탁자에게 귀속된다.
집행공탁의 경우	집행공탁의 경우에는 압류의 효력이 미치는 공탁금의 이자까지 포함하여 집행채권자에게 배당하여 지급하게 된다.
당사자의 교체가 있는 경우	• 공탁금 지급청구권에 대하여 당사자의 교체가 있는 경우에는 원칙적으로 교체일을 기준으로 그 전일까지의 이자는 교체 전 당사자에게, 그 후의 이자는 교체 후 당사자에게 각 귀속한다. • 공탁금 지급청구권에 대한 채권압류 및 전부명령이 확정된 경우에는 전부명령 송달일 이후의 이자는 전부채권자에게, 송달 전일까지의 이자는 공탁당사자에게 귀속된다(공탁선례 제1-221호 참조). • 공탁금 지급청구권에 대한 채권양도가 있는 때에는 양도통지서에 공탁금뿐만 아니라 그 이자까지 양도한다는 취지가 기재된 경우에는 양도 전·후의 이자를 모두 양수인에게 지급함은 당연하나, 이자청구권의 양도에 관하여 정한 바가 없다면 양도통지서 도달일 이후의 이자는 양수인에게, 도달 전일까지의 이자는 양도인에게 귀속하는 것으로 해석된다.

> **압류 전의 공탁금의 이자에 대한 추심권**
>
> 공탁금 출급청구권에 대하여 압류 및 추심명령이 발해진 경우에 그 명령에 공탁금의 이자채권에 대하여 언급이 없을 때에는 압류 전의 이자에 대한 추심권이 없고, 그 이자채권에 대하여 추심권을 행사하려면 별도의 압류 및 추심명령을 받아야 할 것이다(공탁선례 제2-99호).
>
> **가압류해방공탁금에 대한 이자의 귀속 문제**
>
> 가압류해방공탁금의 회수청구권에 대하여 가압류로부터 본압류로 이전하는 압류·전부명령과 함께 지연손해금채권으로 추가로 위 가압류해방공탁금의 회수청구권에 대하여 압류·전부명령을 한 경우라도, 그 명령에 공탁금의 이자채권에 대하여 언급이 없으면 공탁일로부터 압류·전부명령이 제3채무자인 국가에 송달되기 전일까지의 공탁금에 대한 이자를 전부채권자에게 지급할 수 없다(공탁선례 제2-301호).

④ 이자의 지급시기 : 공탁금의 이자는 원금과 함께 지급한다. 그러나 공탁금과 이자의 수령자가 다를 때에는 원금을 지급한 후에 이자를 지급할 수 있다.

⑤ 이자의 지급절차 : 공탁금의 이자는 원금과 함께 지급하는 것이 원칙이기 때문에, 공탁금의 이자는 공탁금출급·회수청구서에 의하여 공탁금보관자가 계산하여 지급한다.

2. 공탁유가증권의 이표[44]지급절차

(1) 의 의

보증공탁(담보공탁)을 할 때에 보증금에 대신하여 유가증권을 공탁한 경우에는 공탁자가 그 이자나 배당금을 청구할 수 있다(공탁법 제7조 단서).

(2) "이자나 배당금을 청구할 수 있다"의 의미

이자나 배당금이라는 금전의 지급을 청구할 수 있다는 의미가 아니고 법률상 본권(本券)과 독립하여 이자나 배당금의 지급청구권을 표창한 유가증권으로서의 이표(利票)의 지급을 청구할 수 있다는 의미이다.

(3) 이표의 담보 효력

이표에는 담보의 효력이 미치지 않고 공탁자는 언제든지 지급기가 도래한 이표의 지급을 청구할 수 있다.

(4) 지급절차

공탁유가증권 이표청구서 2통을 공탁관에게 제출하여야 한다.

사례해설

전부명령이 제3채무자인 국가에게 송달된 이후의 공탁금에 대한 이자를 출급청구할 수 있다. 공탁금 지급청구권에 대한 채권압류 및 전부명령이 확정된 경우에는 전부명령 송달일 이후의 이자는 전부채권자에게, 송달 전일까지의 이자는 공탁당사자에게 귀속된다(공탁선례 제1-221호 참조).

---

44) 공채 증권이나 채권에 이자 지급에 관한 내용을 적어서 나타내는 증표

1. 공탁금의 이자청구권자(공탁자 vs 피공탁자)

변제공탁			담보공탁	집행공탁
원칙 (예규 제31호)	출급청구시	피공탁자	공탁자 (공탁법 제7조 단서)	집행채권자에게 배당 (∵ 이자에까지 압류의 효력이 미치므로)
	회수청구시	공탁자		
반대급부조건 (해석)	조건성취후	피공탁자		
	조건성취전	공탁자		

2. 공탁금 지급청구권에 대한 당사자의 교체가 있는 경우(공탁당사자 vs 승계인)
   지급청구권에 대한 교체 전과 후를 나누어 판단한다.

구 분	추심명령	전부명령	지급청구권의 양도
(송달) 전	공탁당사자 (공탁자 · 피공탁자)	공탁당사자 (공탁자 · 피공탁자)	공탁당사자 (공탁자 · 피공탁자)
(송달) 후	추심채권자	전부채권자	양수인

제5절 | 특별한 공탁물 지급절차

I 장기미제 공탁사건 등의 공탁금 지급절차 특례

공탁물 지급청구가 있는 경우 다른 절차와는 달리 특별한 확인절차를 요구하는 경우에 대한 설명이다.

행정예규 제1310호[장기미제 공탁사건 등의 공탁금 지급시 유의사항]

제1조(목적)
이 예규는 장기미제 공탁사건, 고액공탁사건 및 이자만 남아 있는 공탁사건(이하 "장기미제 공탁사건 등" 이라 한다)에 대하여 지급절차상 유의할 사항 등을 규정함으로써 공탁금의 부실 지급을 방지하고자 함에 있다.

제2조(용어의 정의)
이 예규에서 사용하는 용어의 정의는 다음과 같다.
  1. "장기미제 공탁사건"이라 함은 공탁 후 5년이 지나도록 출급 또는 회수청구가 없는 공탁사건을 말한다.
  2. "고액공탁사건"이라 함은 공탁금이 10억원 이상인 금전공탁사건을 말한다.
  3. "이자만 남아있는 공탁사건"이라 함은 공탁금 이자의 귀속 주체가 달라지는 등의 원인으로 공탁 원금 전액이 지급된 채 이자만 남아있는 공탁사건을 말한다.

제3조(적용범위)

1. 장기미제 공탁사건
   가. 직전 연도 말 기준 만 5년 이전에 수리된 공탁사건
      (1) 예를 들어 2005년에 출급 또는 회수가 있는 경우 1999.12.31. 이전에 수리된 공탁사건
      (2) 분할지급이나 일부지급이 있더라도 남은 공탁금에 대한 출급 또는 회수 청구가 공탁 후 5년이 지난 경우
   나. 공탁물이 금전인 경우(유가증권 및 물품은 제외)
2. 이자만 남아 있는 공탁사건 : 공탁 원금 전액이 지급된 채 이자만 남아 있는 공탁사건(공탁유가증권의 이표 제외)

제4조(공탁관의 확인 철저)

제5조(인가 전 결재)

1. 인가 전 결재할 공탁사건 등 : 공탁관은 "장기미제 공탁사건 중 공탁당시 공탁금이 1천만원 이상인 공탁사건(「공탁규칙」 제43조에 따라 지급위탁에 의하여 지급하는 경우는 제외한다)" 또는 "고액공탁사건(지급청구금액이 10억원 이상인 경우에 한한다)"에 대하여 출급·회수청구서를 접수한 경우 이를 인가하기 전에 청구서의 여백에 [별지1]과 같은 결재란을 만들어 소속과장(시·군법원의 경우 시·군법원 판사)의 결재를 받아야 한다. 소속과장의 부재시에는 사무국장의 결재를, 소속과장과 사무국장의 부재시에는 법원장 또는 지원장의 결재를 받아야 한다. 다만, 법원서기관이 공탁관 또는 대리공탁관으로 공탁사무를 처리하는 경우와 공탁법 제14조 제1항에 따라 지급하는 경우는 제외한다.
2. 민원인에의 안내 : 인가 전에 결재를 얻어야 하는 공탁사건을 접수한 경우에 공탁관은 청구인에게 그러한 사유를 설명하여야 한다.

제5조의2(인가 후 결재)

제6조(열람 및 사실증명 청구시 유의사항)

제7조(완결된 공탁기록의 보관·관리 철저)

제8조(감독사무의 철저)

제9조(절대적 불확지공탁에의 적용)
제4조, 제5조, 제6조 내지 제8조는 토지수용보상금을 절대적 불확지공탁한 경우, 그 공탁의 공탁당시 공탁금이 1천만원 이상이고 공탁일로부터 만 3년이 경과한 공탁사건에 대하여도 적용한다.

정리 #18	장기미제 사건의 공탁금 지급시 유의사항		

적용범위		인가 전 결재	인가 후 결재
장기미제공탁사건 (공탁후 5년 경과)	1,000만원 이상	○(제5조)	○제(5조의2)
	1,000만원 미만	×	○(제5조의2)
고액공탁사건(공탁금 10억 이상)		○(제5조)	○(제5조의2)
이자만 남아있는 사건		×	○(제5조의2)
절·불(1,000만원 이상 + 만 3년 경과)		○(제9조, 제5조)	×

Ⅱ 계좌입금에 의한 공탁금 출급·회수절차

1. 예금계좌 입금신청 등(공탁규칙 제40조)

① 공탁금 출급·회수청구인이 공탁금을 자기의 비용으로 자신의 예금계좌에 입금하여 줄 것을 공탁관에게 신청한 경우에는 공탁금을 신고된 예금계좌에 입금하여 지급하여야 한다.

② 제1항의 신청을 하려는 사람은 공탁금계좌입금신청서를 공탁관에게 제출하여야 한다.

③ 제1항의 경우에 공탁관은 그 계좌번호를 전산등록한 후 공탁금 출급·회수 인가와 신청계좌로의 입금지시를 공탁물보관자에게 전송하여야 한다.

④ 공탁관으로부터 계좌입금지시를 받은 공탁물보관자는 그 처리결과를 공탁관에게 즉시 전송하여야 한다.

행정예규 제1045호[계좌입금에 의한 공탁금출급·회수절차에 관한 업무처리지침]

제1조(목적)

이 규정은 공탁금 출급 또는 회수청구자가 계좌입금에 의한 공탁금 지급을 신청한 경우에 공탁관의 업무처리요령 등에 관하여 필요한 사항을 규정함을 목적으로 한다.

제2조(계좌입금신청)

① 공탁금 계좌입금 신청은 규칙 부록 제2호 제19-1호 서식의 공탁금계좌입금신청서를 공탁관에게 제출함으로써 한다(※ 별도의 서면을 제출한다).

② 제1항의 경우에 신청인은 먼저 공탁물 보관은행을 경유하여 이자소득세 원천징수에 필요한 사항을 등록하고 공탁금계좌입금신청서 하단에 등록확인인을 받아야 한다.

③ 입금계좌는 반드시 신청인 명의이어야 한다.

제3조(포괄계좌입금신청)

① 공탁금 지급청구자가 포괄계좌입금신청을 하는 경우에는 규칙 부록 제2호 제19-2호 서식의 공탁금 포괄계좌입금신청서를 제출하여야 한다.

② 제1항의 포괄계좌입금신청을 해지하고자 하는 때에는 위 부록 제19-3호 서식의 해지신청서를 제출하여야 한다.

③ 신청한 포괄계좌를 변경하고자 할 때에는 제2항의 해지신청서와 제1항의 포괄계좌입금신청서를 동시에 제출하여야 한다.

④ 공탁관은 포괄계좌입금신청 또는 해지신청이 있는 때에는 별지 양식의 공탁금 포괄계좌입금신청자 명부를 전산시스템으로 작성·관리하여야 하고, 신청서(첨부서면 포함)는 스캔하여 전산시스템에 등록한 다음 연도별로 접수순서에 따라 편철하여 다음 해부터 5년간 보존하여야 한다.

제3조의2(전국공통 포괄계좌 입금신청)

① 국가·지방자치단체가 전국공통 포괄계좌 입금신청을 하는 경우에는 「공탁사무 문서양식에 관한 예규」 제9-5호 양식의 전국공통 포괄계좌 입금 신청서(국가·지방자치단체용)를 제출하여야 한다.

② 제1항의 전국공통 포괄계좌 입금신청을 해지하고자 하는 때에는 전국공통 포괄계좌 입금신청을 한 공탁소에 위 예규 제9-6호 양식의 해지 신청서(국가·지방자치단체용)를 제출하여야 한다.

③ 신청한 포괄계좌를 변경하고자 할 때에는 제2항의 해지 신청서와 제1항의 전국공통 포괄계좌 입금 신청서를 동시에 제출하여야 한다.

④ 공탁관은 전국공통 포괄계좌 입금신청 또는 해지신청이 있는 때에는 별지 제2호 양식의 전국공통 포괄계좌입금 신청자 명부를 전산시스템으로 작성·관리하여야 하고, 신청서(첨부서면 포함)는 스캔하여 전산시스템에 등록한 다음 연도별로 접수순서에 따라 편철하여 다음 해부터 5년간 보존하여야 한다.

제4조(공탁관의 처리 등)

① 공탁관은 공탁금 출급 또는 회수청구자가 계좌입금신청을 한 경우에는 공탁금 출급·회수청구서를 1통만 제출하도록 한다.

② 계좌입금에 의해 공탁금의 출급·회수를 청구하는 자는 청구서에 계좌입금을 신청한다는 취지와 입금계좌번호 및 실명번호를 기재하고 실명번호의 확인을 위해 <u>주민등록번호(개인)나 사업자등록번호(법인)를 소명할 수 있는 자료를 제출하여야 한다.</u> 다만, 이미 포괄계좌입금신청을 하였을 경우에는 실명번호 확인을 위한 소명자료를 제출하지 아니할 수 있다.

③ 공탁관이 공탁금의 출급·회수청구를 인가한 경우에는 공탁물 보관자에게 출급·회수 인가의 취지와 계좌입금 지시를 전송하고, 청구자에게는 당해 청구서를 교부하지 아니한다.

④ 공탁관은 계좌입금신청인이 출급지시 전에 계좌입금신청을 철회하거나 포괄계좌입금신청을 해지하지 아니하는 한 계좌입금 방식으로 공탁금을 지급하여야 하고, 신청인이나 그 대리인에게 직접 지급하여서는 아니 된다.

⑤ 공탁관은 계좌입금 처리결과를 전산시스템으로 확인하여야 한다.

정리 #19　계좌입금에 의한 공탁금지급절차

• 공탁금 출급·회수청구서를 1통만 제출하도록 한다.
• 신청인은 먼저 공탁물 보관은행을 경유하여 공탁금계좌입금신청서 하단에 등록확인인을 받아야 한다.
• 공탁금계좌입금신청서를 공탁관에게 제출함으로써 한다.
• 입금계좌는 반드시 신청인 명의이어야 한다.
• 실명번호의 확인을 위해 주민등록번호(개인)나 사업자등록번호(법인)를 소명할 수 있는 자료를 제출하여야 한다.
• 공탁관이 공탁금의 출급·회수청구를 인가한 경우에는 청구자에게는 당해 청구서를 교부하지 아니한다.
• 계좌입금 방식으로 공탁금을 지급하여야 하고, 신청인이나 그 대리인에게 직접 지급하여서는 아니 된다.

Ⅲ　승낙지급·보증지급

1.　승낙지급

① 본래 첨부하여야 할 공탁통지서 또는 공탁서 대신 이해관계인의 승낙서를 첨부하여 출급 또는 회수하는 것을 승낙지급이라고 한다.

② 승낙서에는 작성자인 이해관계인의 인감을 날인하고 인감증명서를 첨부하여야 한다. 여기서의 이해관계인은 공탁자 및 피공탁자를 의미한다.

> **공탁물 출급 청구서의 첨부서류(공탁규칙 제33조)**
> 공탁물을 출급하려는 사람은 공탁물출급청구서에 다음 각 호의 서류를 첨부하여야 한다.
> 　1. 제29조에 따라 공탁관이 발송한 공탁통지서. 다만, 다음 중 어느 하나의 사유가 있는 경우에는 그러하지 아니하다.
> 　　나. 공탁서나 이해관계인의 승낙서를 첨부한 경우
>
> **공탁물회수청구서의 첨부서류(공탁규칙 제34조)**
> 공탁물을 회수하려는 사람은 공탁물회수청구서에 다음 각 호의 서류를 첨부하여야 한다.
> 　1. 공탁서. 다만, 다음의 어느 하나의 사유가 있는 경우에는 그러하지 아니하다.
> 　　나. 이해관계인의 승낙서를 첨부한 경우

2. 보증지급

> **공탁통지서 · 공탁서를 첨부할 수 없는 경우(공탁규칙 제41조)**
> ① 공탁물 출급 · 회수청구서에 제33조 제1호의 공탁통지서나 제34조 제1호의 공탁서를 첨부할 수 없는 때에는, 공탁관이 인정하는 2명 이상이 연대하여 그 사건에 관하여 손해가 생기는 때에는 이를 배상한다는 자필서명한 보증서와 그 재산증명서(등기사항증명서 등) 및 신분증사본을 제출하여야 한다.
> ② 제1항의 청구인이 관공서인 경우에는 청구하는 <u>공무원의 공탁물 출급 · 회수 용도의 재직증명서를 보증서 대신 제출할 수 있다.</u>
> ③ 출급 · 회수청구를 자격자대리인[45]이 대리하는 경우에는 제1항의 보증서 대신 손해가 생기는 때에는 이를 배상한다는 자격자대리인 명의의 보증서를 작성하여 제출할 수 있다. 보증서에는 자격자대리인이 기명날인하여야 한다.

(1) 의 의

공탁물출급 · 회수청구서에 공탁통지서, 공탁서를 첨부할 수 없는 때에는 공탁관이 인정하는 2명 이상이 연대하여 그 사건에 관하여 손해가 생기는 때에는 이를 배상한다는 보증에 의해 공탁물을 지급하는 것을 보증지급이라고 한다(공탁규칙 제41조 제1항).

(2) 첨부서면

손해가 생기는 때에는 이를 배상한다는 자필서명한 보증서와 그 재산증명서(등기사항증명서 등) 및 신분증사본을 제출하여야 한다.

(3) 보증인의 자격

보증인의 자격 여부에 대하여는 공탁관이 공탁규칙 제41조 소정의 취지를 참작하여 판단하여야 한다(공탁선례 제1-134호).

(4) 관공서가 보증지급을 청구하는 경우

지급청구인이 관공서인 경우에는 청구하는 공무원의 공탁물 출급 회수 용도의 재직증명서를 보증서 대신 제출하여 지급청구할 수 있다.

(5) 자격자대리인이 대리하여 지급청구하는 경우

공탁물 지급청구를 자격자대리인이 대리하는 경우에는 보증서 대신에 자격자대리인 명의의 보증서를 작성하여 제출할 수 있다. 이 보증서에는 자격자대리인이 기명날인하여야 한다(인감증명 불요)(공탁규칙 제41조 제3항).

---

45) 자격자대리인과 관련한 규정 : 공탁규칙 제38조 제3항, 제41조 제3항, 제59조 제3항

Ⅳ 일괄청구 · 일부지급 · 배당 등에 의한 지급

1. 일괄청구

> **공탁물 출급 · 회수의 일괄청구(공탁규칙 제35조)**
> 같은 사람이 여러 건의 공탁에 관하여 공탁물의 출급 · 회수를 청구하려는 경우 그 사유가 같은 때에는 공탁종류에 따라 하나의 청구서로 할 수 있다.

(1) 의 의

공탁물 출급 또는 회수의 일괄청구란 같은 사람이 여러 건의 공탁을 출급 또는 회수하려는 경우에 그 사유가 같은 때에는 공탁물의 종류에 따라 1개의 출급 또는 회수 청구서로써 일괄하여 청구하는 것을 말한다.

(2) 승인기준

공탁관은 일괄청구요건을 갖추고 있는지를 구체적으로 심사하여 인가 여부를 결정하되 다음의 경우에는 일괄청구를 허용하지 아니한다(행정예규 제954호).

① 일부지급 또는 분할지급을 요하는 것이 있는 때
② 사안이 복잡하여 즉시 처리가 곤란한 것이 있는 때
③ 청구이유가 없어 불수리처분을 할 것이 있는 때
④ 기타 일괄청구에 적합하지 않다고 인정되는 것이 있는 때

행정예규 제954호[공탁물 출급 · 회수의 일괄청구에 관한 업무처리지침]

1. 청구서작성 안내
   공탁관은 일괄청구를 원하는 공탁물수령권자에게 아래와 같이 공탁물 출급 · 회수청구서를 작성하도록 안내한다.
   가. 일괄청구시 청구서의 작성 구분 : 일괄청구란 수개의 공탁을 1장의 출급 또는 회수청구서에 일괄기재하여 청구하는 것이므로 일괄청구의 청구서는 출급 · 회수별, 공탁물별, 청구사유별(공탁수락, 담보권 실행, 배당, 몰취등)로 작성한다. 유가증권을 공탁한 후 증권의 일부를 대공탁 및 부속공탁하였을 때에는 이에 대한 출급 또는 회수청구서는 대공탁 및 부속공탁을 기본공탁에 포함시켜 공탁종류(유가증권 또는 금전별)에 따라 각각 1건의 청구서로 작성할 수 있다.
   나. 청구서 기재요령 : 청구서는 통상 쓰이는 서식인 「공탁사무 문서양식에 관한 예규」 제8-1호, 제8-2호, 제8-3호 양식을 사용하되, 공탁번호 · 공탁금액 · 공탁자 · 피공탁자란에는 「별지 일괄청구목록과 같음」으로 기재하고 그 내역을 [별지 1-1] 내지 [별지 1-3] 양식에 기재하며, 청구내역란에는 「별지 청구내역 목록과 같음」으로 기재하고 그 내역을 [별지 2-1] 내지 [별지 2-3] 양식에 기재한다.
2. 승인기준 : 공탁관은 일괄청구요건을 갖추고 있는지를 구체적으로 심사하여 인가 여부를 결정하되 다음의 경우에는 일괄청구를 허용하지 아니한다.
   가. 일부지급 또는 분할지급을 요하는 것이 있는 때
   나. 삭제(2013.3.13. 제954호)
   다. 사안이 복잡하여 즉시 처리가 곤란한 것이 있는 때
   라. 청구이유가 없어 불수리처분을 할 것이 있는 때
   마. 기타 일괄청구에 적합하지 않다고 인정되는 것이 있는 때

---

2. 일부지급

① 일부지급이란 1건의 공탁물 중 일부만 지급하는 것으로 다음과 같은 사례를 들 수 있다.

② 공탁물 일부에 대하여 공탁원인이 소멸하여, 착오사유가 있어, 담보권실행으로서, 압류 및 전부명령이 있어, 채권양도가 있어, 배당에 의한 지급위탁이 있어, 담보물변경하기 위하여 그 부분에 대하여 회수청구하는 경우, 변제공탁금에 대한 채권자인 공유자 중의 1인이 지분에 기하여 회수청구하는 경우 등이다.

> **일부지급(공탁규칙 제42조)**
> ① 공탁물의 일부를 지급하는 경우에는 공탁관은 청구인이 제출한 공탁통지서나 공탁서에 지급을 인가한 공탁물의 내용을 적고 기명날인한 후 청구인에게 반환하여야 한다.
> ② 제1항의 경우에는 출급·회수청구서의 여백에 공탁통지서나 공탁서를 반환한 뜻을 적고 수령인을 받아야 한다.

3. 배당 등에 따른 지급

(1) 의 의

> **배당 등에 따른 지급(공탁규칙 제43조)**
> ① 배당이나 그 밖에 관공서 결정에 따라 공탁물을 지급하는 경우 해당 관공서는 공탁관에게 지급위탁서를 보내고 지급을 받을 자에게는 그 자격에 관한 증명서를 주어야 한다.
> ② 제1항의 경우에 공탁물의 지급을 받고자 하는 때에는 제1항의 증명서를 첨부하여 제32조에 따라 출급·회수청구를 하여야 한다.

① 배당이나 그 밖에 관공서의 결정에 따라 공탁물을 지급하는 것을 배당 등에 의한 지급이라고 한다. 해당 관공서는 공탁관에게 지급위탁서를 보내고 지급을 받을 자에게는 그 자격에 관한 증명서를 주어야 한다.

② 집행법원이 공탁관에게 지급위탁서를 송부하고 채권자에게 자격증명서를 교부하는 사무에 대한 불복방법은 민사소송법 제504조 제16조에서 정한 집행에 관한 이의신청을 하여야 한다(대결 1999.6.18. 99마1348).

(2) 지급절차

① 배당 등에 의한 공탁물의 지급을 받고자 하는 자는 위 자격증명서를 첨부하여 공탁규칙 제29조에 따라 출급·회수청구를 하여야 한다(공탁규칙 제39조 제2항).

② 배당 등에 의한 지급을 청구하는 경우에는 공탁규칙 제43조 제2항은 제33조, 제34조에 대한 특칙이므로 공탁서나 공탁통지서 또는 출급·회수청구권 증명서면은 첨부할 필요가 없다.

(3) 배당표에 따라 갖게 되는 공탁금 출급청구권에 대하여 압류·전부명령을 받은 자의 공탁금 출급청구권 행사

> **배당표에 따라 갖게 되는 공탁금 출급청구권에 대하여 압류·전부명령을 받은 자가 출급청구권을 행사하는 방법**
> 공탁사무처리규칙 제39조(현 제43조)는 공탁물의 지급이 배당 기타 관공서의 결정에 의하여 이루어지는 경우 그 공탁물의 출급절차에 관한 특별 규정이므로, 집행법원이 배당이의 소송을 제기당한 채권자에 대한 배당액을 민사소송법 제589조 제3항에 의하여 공탁한 경우, 위 배당이의소송에서 청구를 일부 인용하는 판결이 확정된 후 채권자가 그 공탁금 중 경정된 배당표에 따른 자신의 배당액을 출급받기 위해서는, 같은 규칙 제39조가 정하는 바에 따라

우선 집행법원에 배당이의소송의 판결이 확정된 사실 등을 증명하여 배당금의 교부를 신청하여야 하고, 그 신청을 접수한 집행법원은 공탁관에게 그 채권자에 대한 배당액에 상당한 금액의 지급위탁서를 송부하고 그 채권자에게는 그의 지급을 받을 자격에 관한 증명서를 교부하면, 그 채권자는 이 증명서를 첨부하여 공탁관에게 공탁금의 출급을 청구하여야 하고, 한편 채권의 압류·전부명령은 피압류채권의 귀속자에 대한 변경을 가져올 뿐 그 피압류채권의 행사절차에는 아무런 변경을 가져오지 아니하므로, 그 채권자가 갖게 되는 공탁금 출급청구권에 대하여 압류·전부명령을 받은 자가 전부받은 그 공탁금 출급청구권을 행사함에 있어서도 역시 같은 규칙 제39조가 정하는 절차에 따라야 할 것이다(대결 2000.3.2. 99마6289).

Ⅴ 신분확인에 의한 공탁금 출급·회수

행정예규 제744호[신분확인에 의한 공탁금 출급·회수 업무처리지침]

1. 목 적

   이 예규는 「공탁규칙」(다음부터 "규칙"이라 한다) 제37조 제3항 제1호에 따라 인감증명서를 첨부하지 아니하고 신분에 관한 증명서(주민등록증·여권·운전면허증 등)에 의하여 출급·회수청구를 할 수 있는 공탁금액의 구체적인 기준 및 신분확인 시 유의사항 등을 정함을 목적으로 한다.

2. 공탁금액의 적용 기준

   규칙 제37조 제3항 제1호가 적용되는 공탁금액의 범위는 다음 각 호의 기준에 의한다.

   가. 출급·회수청구하는 공탁금액(유가증권의 경우 총 액면금액을 말함)이 1,000만원 이하라 함은 원칙적으로 "공탁서에 기재되어 있는 공탁금액"이 1,000만원 이하인 경우를 말한다.

   나. 공탁서상의 공탁금액이 1,000만원 이하인 때에는 출급 또는 회수청구하는 금액이 이자를 포함하여 1,000만원을 초과한 경우에도 적용한다.

   다. 공탁서상의 공탁자 또는 피공탁자가 여러 사람인 때에는 공탁서상의 전체 공탁금액이 1,000만원을 초과하더라도 해당 출급 또는 회수청구를 하는 공탁자 또는 피공탁자에 대한 공탁서상의 공탁금액이 1,000만원 이하인 경우에도 적용한다.

   라. 배당 등에 따라 공탁금액을 여러 사람에게 나누어 지급하는 때에는 그 지급권자의 청구금액이 1,000만원 이하인 경우에도 적용한다.

   마. 1,000만원을 초과하는 공탁금액을 1,000만원 이하로 임의로 분할하여 출급 또는 회수청구하는 경우에는 적용하지 아니한다.

   바. 공탁물이 액면금액의 표시가 없는 유가증권인 경우와 공탁물이 물품인 경우에는 적용하지 아니한다.

3. 공탁관의 신분확인 시 유의사항

   공탁관이 규칙 제37조 제3항 제1호에 따라 공탁금의 출급·회수청구를 받은 때에는 신분에 관한 증명서의 사진, 주소, 주민등록번호 등으로 본인 또는 대리인임을 철저히 확인하여야 하고, 그 신분에 관한 증명서 사본을 해당 공탁기록에 철하여야 한다.

| 제1절 | 총 설 |

| 제2절 | 공탁물 출급 · 회수청구서 |

01 공탁금지급절차에 관한 다음 설명 중 가장 옳은 것은? 2021년

① 같은 사람이 여러 건의 공탁에 관하여 전자공탁시스템을 이용하여 출급청구를 하는 경우에 그 사유가 같은 때에는 공탁종류에 따라 하나의 청구서로 일괄청구할 수 있다.

② 공탁관은 토지수용보상금을 절대적 불확지공탁한 사건 중 그 공탁의 공탁 당시 공탁금이 1천만원 이상이고 공탁일로부터 만 3년이 경과한 사건에 대하여 출급청구서를 접수한 경우 공탁관은 이를 인가하기 전에 소속과장의 결재를 받아야 한다.

③ 공탁관의 불수리결정에 대하여 불복하는 자는 항고법원에 즉시항고를 할 수 있으며, 이 경우 즉시항고장은 항고법원에 제출하여야 한다.

④ 변제공탁금출급청구에 대하여 공탁관의 인가를 받은 공탁금출급청구서를 공탁금보관자에게 제출하기 전에 피공탁자가 분실한 경우 공탁관은 공탁금이 남아 있더라도 이미 한 출급청구에 대한 인가를 반드시 취소하여야 한다.

⑤ 피공탁자가 공탁물출급청구서에 공탁통지서를 첨부할 수 없는 경우 공탁물출급청구에 대하여 이해관계를 가지고 있는 자의 승낙서를 첨부하여 출급청구를 할 수 있는데 이때 위 이해관계인의 인감증명서 제출은 요하지 않는다.

....

[**❶** ▸ ×] 전자공탁의 경우, 공탁규칙 제35조의 일괄청구규정이 적용되지 아니한다(공탁규칙 제73조 제5항 참조).

> **공탁규칙 제73조(전자문서의 작성 · 제출)**
> ① 등록사용자의 전자문서 제출은 전자공탁시스템에서 요구하는 사항을 빈칸 채우기 방식으로 입력한 후 나머지 사항을 해당란에 직접 입력하거나 전자문서를 등재하는 방식으로 하여야 한다.
> ⑤ 제1항의 경우 제22조 및 제35조는 적용하지 아니한다.

[**❷** ▸ O] 행정예규 제1310호 제5조·제9조

> **행정예규 제1310호[장기미제 공탁사건 등의 공탁금 지급 시 유의사항]**
> **제5조(인가 전 결재)**
> 1. 인가 전 결재할 공탁사건 등 : 공탁관은 "장기미제 공탁사건 중 공탁 당시 공탁금이 1천만원 이상인 공탁사건(공탁규칙 제43조에 따라 지급하는 경우는 제외한다)" 또는 "고액공탁사건(지급청구금액이 10억원 이상인 경우에 한한다)"에 대하여 출급·회수청구서를 접수한 경우 이를 인가하기 전에 청구서의 여백에 [별지 1]과 같은 결재란을 만들어 <u>소속과장(시·군법원의 경우 시·군법원 판사)의 결재를 받아야 한다</u>. 소속과장의 부재 시에는 사무국장의 결재를, 소속과장과 사무국장의 부재 시에는 법원장 또는 지원장의 결재를 받아야 한다. 다만, 법원서기관이 공탁관 또는 대리공탁관으로 공탁사무를 처리하는 경우와 공탁법 제14조 제1항에 따라 지급하는 경우는 제외한다.
>
> **제9조(절대적 불확지공탁에의 적용)**
> 제4조, 제5조, 제6조 내지 제8조는 토지수용보상금을 절대적 불확지공탁한 경우, 그 공탁의 공탁 당시 공탁금이 1천만원 이상이고 공탁일로부터 만 3년이 경과한 공탁사건에 대하여도 적용한다.

[**❸** ▸ ×] 공탁법 제12조

> **공탁법 제12조(처분에 대한 이의신청)**
> ① 공탁관의 처분에 불복하는 자는 <u>관할 지방법원에 이의신청</u>을 할 수 있다.
> ② 제1항에 따른 이의신청은 <u>공탁소에 이의신청서를 제출함으로써 하여야 한다.</u>

[**❹** ▸ ×] 청구인이 제3조에 따라 발급받은 <u>사실증명서를 제출하여 공탁물의 출급 또는 회수를 청구하는 경우 공탁물보관자는 분실한 공탁물지급청구서에 의하여 이미 공탁물을 지급한 때 등과 같은 특별한 사정이 없는 한 그 청구에 따라 공탁물을 지급하여야 한다</u>(행정예규 제949호 제4조).

[**❺** ▸ ×] 공탁통지서를 공탁물출급청구서에 첨부할 수 없는 경우 공탁물출급청구자는 공탁물출급청구에 대하여 이해관계를 갖고 있는 자의 승낙서를 첨부하여 출급청구할 수 있다(공탁규칙 제33조 제1호). 공탁서를 공탁물회수청구서에 첨부할 수 없는 경우에도 마찬가지이다(공탁규칙 제34조 제1호). 이와 같이 본래 첨부하여야 할 공탁통지서 또는 공탁서 대신 이해관계인의 승낙서를 첨부하여 출급 또는 회수하는 것을 승낙지급이라고 한다. <u>승낙서에는 작성자인 이해관계인의 인감을 날인하고 인감증명서를 첨부하여야 한다.</u>

답 ❷

제3절 │ 공탁물 출급·회수시 첨부서면

02
□□□

민법 제487조 변제공탁절차에서 공탁물 출급·회수청구 시 인감증명서 제출이 면제되는 경우를 모두 고른 것은?

2022년

ㄱ. 피공탁자 甲의 위임을 받은 친구 乙이 공탁금 500만원을 출급청구하는 경우
ㄴ. 공탁서상 공탁금액이 990만원이지만 출급청구하는 금액이 이자를 포함하여 1,050만원인 경우
ㄷ. 공탁서상 피공탁자가 '甲과 乙', 공탁서상 전체 공탁금액이 1,500만원이고 乙이 자신의 지분에 해당하는 750만원을 출급청구하는 경우
ㄹ. 공탁서상 피공탁자 '甲', 공탁금액이 2,000만원이지만 甲이 임의로 500만원만 출급청구하는 경우
ㅁ. 공탁서상 공탁금액이 2,000만원이고, 출급청구하는 유가증권의 총 액면금액이 2,000만원인 경우

① ㄱ, ㄴ
② ㄱ, ㄹ
③ ㄱ, ㅁ
④ ㄴ, ㄷ
⑤ ㄴ, ㅁ

···

[ㄱ ▶ 면제×] 乙은 본인이나 법정대리인 등에 해당하지 않으므로 공탁금액이 1,000만원 이하이더라도 인감증명서 제출이 면제되지 않는다(공탁규칙 제37조 제3항 제1호 참조).

> **공탁규칙 제37조(인감증명서의 제출)**
> ① 공탁물 출급·회수청구를 하는 사람은 공탁물 출급·회수청구서 또는 위임에 따른 대리인의 권한을 증명하는 서면에 찍힌 인감에 관하여 인감증명법 제12조와 상업등기법 제16조에 따라 발행한 인감증명서를 제출하여야 한다.
> ② 제1항은 법정대리인, 지배인, 그 밖의 등기된 대리인, 법인·법인 아닌 사단이나 재단의 대표자 또는 관리인이 공탁물 출급·회수청구를 하는 경우에는 그 법정대리인, 지배인, 그 밖의 등기된 대리인, 대표자나 관리인에 대하여 준용한다.
> ③ 제1항과 제2항은 다음 각 호의 경우에는 적용하지 아니한다.
> 1. <u>본인이나 제2항에서 말하는 사람이 공탁금을 직접 출급·회수청구하는 경우로써, 그 금액이 1,000만원 이하(유가증권의 총 액면금액이 1,000만원 이하인 경우를 포함한다)이고, 공탁관이 신분에 관한 증명서(주민등록증·여권·운전면허증 등을 말한다. 이하 "신분증"이라 한다)로 본인이나 제2항에서 말하는 사람임을 확인할 수 있는 경우</u>
> 2. 관공서가 공탁물의 출급·회수청구를 하는 경우

[ㄴ ▶ 면제○] 행정예규 제1308호 2. 나.
[ㄷ ▶ 면제○] 행정예규 제1308호 2. 다.
[ㄹ ▶ 면제×] 행정예규 제1308호 2. 마.
[ㅁ ▶ 면제×] 행정예규 제1308호 2. 가.

답 ❹

03 다음 중 공탁금 회수청구 시 공탁서 제출이 면제되는 경우를 모두 고른 것은? 2022년

ㄱ. 회수청구하는 공탁금액이 6,000만원인 경우
ㄴ. 총 액면금액이 4,000만원인 유가증권을 회수하는 경우
ㄷ. 비법인사단이 회수청구하는 공탁금액이 4,000만원인 경우
ㄹ. 용인시가 회수청구하는 공탁금액이 4,000만원인 경우
ㅁ. 공탁금회수청구권에 대하여 채권압류 및 추심명령을 얻은 채권자가 회수청구하는 공탁금액이 4,000만원인 경우

① ㄴ, ㅁ   ② ㄱ, ㅁ
③ ㄷ, ㅁ   ④ ㄷ, ㄹ
⑤ ㄹ, ㅁ

....

[ㄱ ▶ 면제×] [ㄴ ▶ 면제○] [ㄷ ▶ 면제×] [ㄹ ▶ 면제×] 공탁규칙 제34조 제1호 가목
[ㅁ ▶ 면제○] 공탁물 회수청구권에 대하여 압류 및 추심명령 또는 전부명령을 얻은 추심채권자 또는 전부채권자가 공탁물을 회수청구하는 경우에는 집행채무자인 공탁자로부터 공탁서를 교부받는 것이 어렵기 때문에 공탁서를 첨부하지 않아도 된다(공탁규칙 제34조 제1호 다목 참조).

공탁규칙 제34조(공탁물 회수청구서의 첨부서류)

공탁물을 회수하려는 사람은 공탁물 회수청구서에 다음 각 호의 서류를 첨부하여야 한다.

1. 공탁서 다만, 다음 중 어느 하나의 사유가 있는 경우에는 그러하지 아니하다.

   가. 회수청구하는 공탁금액이 5,000만원 이하인 경우(유가증권의 총 액면금액이 5,000만원 이하인 경우를 포함한다) 다만, 청구인이 관공서이거나 법인 아닌 사단이나 재단인 때에는 그 금액이 1,000만원 이하인 경우

   나. 이해관계인의 승낙서를 첨부한 경우

   다. 강제집행이나 체납처분에 따라 공탁물 회수청구를 하는 경우

답 ❶

제4절 ┃ 공탁관의 인가 및 공탁물 지급

04 공탁관의 심사권에 관한 다음 설명 중 가장 옳지 않은 것은? 2023년

① 공탁자가 조건부 공탁을 한 경우에 피공탁자가 조건을 이행할 의무가 있는지 여부에 대하여 공탁관은 실질적으로 심사할 권한이 없다.

② 형식적 심사권밖에 없는 공탁관으로서는 전부명령의 유·무효를 심사할 수는 없는 것이므로 공탁물회수청구채권이 미리 압류 및 전부되었다는 이유로 공탁금회수청구를 불수리한 공탁관의 처분은 정당하다.

③ 저당채무의 변제는 원칙적으로 근저당권설정등기의 말소에 앞서 이행되어야 하므로 저당채무의 변제와 근저당권설정등기의 말소를 동시이행하기로 하는 특약을 한 사실이 없음에도, 채무자 또는 소유자가 근저당권으로 담보된 채무를 변제공탁함에 있어 근저당권설정등기의 말소에 소요될 서류 일체의 교부를 반대급부로 한 경우에는 위 공탁은 변제의 효력이 없다. 다만, 공탁관은 그러한 특약을 한 사실이 없음에도 특약이 있는 것으로 하는 공탁신청이 있으면, 그러한 특약의 유무에 대하여 심사할 권한이 없으므로 이를 수리할 수밖에 없다.

④ 공탁신청 시 공탁서 및 첨부서면의 기재 자체로 보아 공탁사유가 존재하지 않는 것이 분명한 경우나 해당 계약이 무효라서 공탁에 의하여 면책을 얻고자 하는 채무의 부존재가 일견 명백한 경우에는 공탁신청을 불수리할 수 있다.

⑤ 공탁관은 조사단계에서 서류에 불비한 점이 있거나 공탁사유 또는 지급사유가 없으면 보정이나 취하를 권유할 수 있고, 신청인이 이에 응하지 않은 경우 접수를 거절할 수 있다.

[❶ ▸ ○] 공탁공무원은 공탁신청에 대하여 공탁서 및 첨부서면에 의하여서만 그 신청이 절차상 실체상 일체의 법률요건을 구비하고 있는지를 심사하는 형식적 심사권만을 갖는바, 공탁자가 조건부 공탁을 한 경우에 있어서도 피공탁자가 조건을 이행할 의무가 있는지 여부에 대하여 공탁공무원은 이를 실질적으로 심사할 권한이 없으므로 이를 수리할 수밖에 없는 것이다(공탁선례 제1-66호).

[❷ ▸ ○] 형식적 심사권밖에 없는 공탁공무원으로서는 그 전부명령의 유·무효를 심사할 수는 없는 것이므로 공탁물회수청구채권이 이미 압류 및 전부되었다는 이유로 이 사건 공탁금회수청구를 불수리한 공탁공무원의 처분은 정당하고, 공탁물회수청구채권에 대한 실질적 권리관계의 확정은 관계당사자 간의 문제로서 별도로 해결되어야 할 것이다(대결 1983.2.5. 82마733).

[❸ ▸ ○] 저당채무의 변제는 원칙적으로 근저당권설정등기의 말소에 앞서 이행되어야 하므로 저당채무의 변제와 근저당권설정등기의 말소를 동시이행하기로 하는 특약을 한 사실이 없음에도, 채무자 또는 소유자가 근저당권으로 담보된 채무를 변제공탁함에 있어 근저당권설정등기의 말소에 소요될 서류 일체의 교부를 반대급부로 한 경우에는 위 공탁은 변제의 효력이 없다. 다만, 공탁공무원은 그러한 특약을 한 사실이 없음에도 특약이 있는 것으로 하는 공탁신청이 있으면, 그러한 특약의 유무에 대하여 심사할 권한이 없으므로 이를 수리할 수밖에 없으나, 근저당권자는 특약이 없음을 이유로 변제공탁의 효력을 부인할 수 있을 것이다(공탁선례 제2-32호).

[❹ ▸ ○] 공탁관의 심사권에 대해서는 심사의 방법과 심사의 범위를 분리하여 살펴보아야 한다. 즉, 심사의 방법은 간이·신속·획일적 처리를 의도하는 공탁제도의 취지에 비추어 볼 때 법정서면인 공탁서 또는 지급청구서 등과 그 첨부서면만에 의한 형식적인 방법으로 제한하되, 심사의 범위에 대해서는 절차법적 요건은 물론 실체법적 요건도 함께 신청서 및 첨부서면의 범위 내에서 심사하여야 한다. 따라서 공탁신청 시 공탁서 및 첨부서면의 기재 자체로 보아 공탁사유가 존재하지 않는 것이 분명한 경우나 해당 계약이 무효라서 공탁에 의하여 면책을 얻고자 하는 채무의 부존재가 일견 명백한 경우에는 공탁신청을 불수리할 수 있다.

[❺ ▸ ✕] 공탁공무원은 조사단계에서 서류에 불비한 점이 있거나 공탁사유 또는 지급사유가 없으면 보정이나 취하를 권유할 수는 있을 것이다. 그러나 신청인이 이에 응하지 않을 경우에는 공탁서 또는 청구서에 불수리취지를 기재하여 날인하고 그중 한 통과 첨부서류를 공탁자 또는 청구자에게 반환하여야 하고, 서면으로써 그 취지를 통지하여야 하며 <u>접수 자체를 거절할 수는 없을 것이다</u>(공탁선례 제2-23호).

답 ❺

05
☐☐☐

계좌입금에 의한 공탁금출급·회수절차에 관한 업무처리지침(행정예규 제1045호)에 관한 다음 설명 중 가장 옳지 않은 것은?

2020년

① 전국공통 포괄계좌입금신청은 국가와 지방자치단체만 신청할 수 있으며, 금융기관은 신청할 수 없다.

② 전국공통 포괄계좌입금신청은 전국 모든 공탁소에 할 수 있으며, 그 입금신청을 해지하는 경우에도 전국 모든 공탁소에 할 수 있다.

③ 공탁관은 공탁금 출급 또는 회수청구자가 계좌입금신청을 한 경우에는 공탁금출급·회수청구서를 1통만 제출하도록 한다.

④ 계좌입금에 의해 공탁금의 출급·회수를 청구하는 경우 청구서에 계좌입금을 신청한다는 취지와 입금계좌번호 및 실명번호를 기재하고, 실명번호의 확인을 위해 주민등록번호(개인)나 사업자등록번호(법인)를 소명할 수 있는 자료를 제출하여야 한다.

⑤ 공탁관은 계좌입금신청인이 출급지시 전에 계좌입금신청을 철회하거나 포괄계좌입금신청을 해지하지 아니하는 한 계좌입금방식으로 공탁금을 지급하여야 하고, 신청인이나 그 대리인에게 직접 지급하여서는 아니 된다.

....

[❶ ▸ ○] 국가·지방자치단체가 전국공통 포괄계좌입금신청을 하는 경우에는 공탁사무 문서양식에 관한 예규 제9-5호 양식의 전국공통 포괄계좌입금신청서(국가·지방자치단체용)를 제출하여야 한다(행정예규 제1045호 제3조의2 제1항).

[❷ ▸ ✕] 제1항의 전국공통 포괄계좌입금신청을 해지하고자 하는 때에는 <u>전국공통 포괄계좌입금신청을 한 공탁소에</u> 위 예규 제9-6호 양식의 해지신청서(국가·지방자치단체용)를 제출하여야 한다(행정예규 제1045호 제3조의2 제2항).

[❸ ▸ ○] 공탁관은 공탁금 출급 또는 회수청구자가 계좌입금신청을 한 경우에는 공탁금출급·회수청구서를 1통만 제출하도록 한다(행정예규 제1045호 제4조 제1항).

[❹ ▸ ○] 계좌입금에 의해 공탁금의 출급·회수를 청구하는 자는 청구서에 계좌입금을 신청한다는 취지와 입금계좌번호 및 실명번호를 기재하고 실명번호의 확인을 위해 주민등록번호(개인)나 사업자등록번호(법인)를 소명할 수 있는 자료를 제출하여야 한다. 다만, 이미 포괄계좌입금신청을 하였을 경우에는 실명번호 확인을 위한 소명자료를 제출하지 아니할 수 있다(행정예규 제1045호 제4조 제2항).

[❺ ▸ ○] 공탁관은 계좌입금신청인이 출급지시 전에 계좌입금신청을 철회하거나 포괄계좌입금신청을 해지하지 아니하는 한 계좌입금방식으로 공탁금을 지급하여야 하고, 신청인이나 그 대리인에게 직접 지급하여서는 아니 된다(행정예규 제1045호 제4조 제4항).

답 ❷

04 변제공탁

제1절 | 개 설

Ⅰ 의의와 기능

1. 변제공탁의 의의

변제공탁이란 금전 기타 재산의 급부를 목적으로 하는 채무를 부담하는 채무자가 채권자 측에 존재하는 일정한 사유(채권자의 수령거절이나 수령불능으로 인하여 변제를 할 수 없거나, 채무자의 과실 없이 채권자가 누구인지를 알 수 없어 변제를 할 수 없는 사정이 있는 경우46))가 있는 경우에 채무의 목적물을 공탁함으로써 채무를 면할 수 있도록 하는 제도이다.

2. 기 능

① 변제를 위하여 채권자의 수령을 필요로 하는 경우에 채무자가 적법한 변제의 제공을 하였음에도 불구하고 채권자가 수령을 거절하거나 수령할 수 없는 때에는 채무불이행의 책임을 벗어나고(민법 제461조), 채권자는 수령지체의 책임을 진다(민법 제400조).

② 그러나 변제의 제공에 의하여 채무자는 비록 책임이 경감되더라도 채무 자체는 소멸되지 않고 담보권 등도 소멸되지 않으며, 채무자가 채권자에 대하여 동시이행채권을 갖고 있는 경우에는 그 이행청구도 쉽게 할 수 없는 불이익을 받으므로, 그러한 불공평을 해소하고 성실한 채무자를 보호하기 위하여 인정된 것이 바로 변제공탁제도이다. 결국 채무소멸이 변제공탁의 궁극적 목표이다.

③ 변제공탁의 일반적 근거법규는 민법 제487조이나, 민법의 다른 조문이나 다른 법률에서 규정하고 있는 특별한 변제공탁도 다수 있다.

---

46) 채권자가 사망하였는데 그 상속인이 불명한 경우

Ⅰ 관 할[47)]

1. 원 칙

① 민법 제488조 제1항의 규정에 의하면 변제공탁은 채무이행지의 공탁소에 하여야 한다. 이 규정은 다른 법률의 규정에 의한 변제공탁에 대하여도 특별한 규정이 없는 한 원칙적으로 유추적용된다.[48)]

② 채무이행지라 함은 채무가 현실적으로 행하여져야 할 장소를 말하는 것으로 1차적으로는 당사자의 의사표시 또는 채무의 성질에 의해 정해지나(민법 제467조 제1항), 법률에서 채무이행지에 관해 특별히 규정하고 있는 경우에는 그 법률의 규정에서 정한 장소가 채무이행지이다.

③ 또한, 민법은 위 기준에 의해 채무이행지를 정할 수 없는 경우를 위하여 보충적인 규정을 두었다.

특정물인도채무	특정물인도채무 이외의 채무
채권이 성립하였을 당시에 그 물건이 있었던 장소 (민법 제467조 제1항)	채권자의 현주소(민법 제467조 제2항) → 거소지 → 최후주소지

2. 구체적 사례

(1) 특별규정이 있는 경우

어음법상의 변제공탁	약속어음발행인(환어음의 지급인)의 영업소 또는 주소지(어음법 제42조, 제77조 제1항)
수용보상금	토지소재지 또는 피공탁자 주소지(토지보상법 제40조 제2항)
매매대금(동시이행)	목적물의 인도장소(민법 제586조)
임치물 반환의 채무이행지	임치물의 보관장소(민법 제700조, 상법 제156조 제2항)

'수령권자의 수령거부나 불분명'으로 공탁할 경우 관할공탁소

농어촌정비법에 의한 농업기반 정비사업의 시행에 따른 환지청산금 공탁은 민법 제487조의 규정에 의하여 공탁할 수 있고, 이 경우 농어촌정비법에 관할공탁소에 관한 별도의 규정이 없으므로 민법 제488조 제1항 및 제467조 제2항의 규정에 따라 청산금수령권자 주소지 관할공탁소에 공탁할 수 있다(공탁선례 제1-14호).

정부(지방자치단체)가 공동수급체인 甲 및 乙에게 공탁하는 경우

정부 또는 지방자치단체가 공동수급체인 甲 및 乙과 공동도급계약을 체결하여 그 공사대금을 「공동계약운용요령(기획재정부 회계예규)」에 의하여 甲과 乙의 각 출자비율에 따라 지급하려 하였으나, 甲과 乙이 국세 및 지방세의 체납으로 「국세징수법」 제5조 제1호에 따른 납세증명서를 발급받을 수 없어 정부 또는 지방자치단체에 공사대금청구를 할 수 없는 경우, 정부 또는 지방자치단체는 공사대금을 공동수급체 구성원별로 각 채무이행지의 공탁소에 변제공탁할 수 있다(공탁선례 제201008-1호).

---

47) 제1장 제4절에서 설명한 관할에 관한 부분 참조

48) 공탁사무는 지방법원 또는 지방법원 지원이나 시 군법원의 공탁관이 담당하므로, 결국 채무이행지의 공탁소라 함은 각급법원의 설치와 관할구역에 관한 법률에 의한 채무이행지 관할법원 소재 공탁소를 의미하고, 따라서 우리나라의 경우 채무이행지에 공탁소가 없는 경우란 사실상 없다.

(2) 채권자가 다수일 경우

가분채권	• 각 채권자별로 그 채무이행지 소재 공탁소에 공탁함이 원칙이다. • 채권자의 사망으로 수인의 상속인에게 법정상속비율로 변제공탁하는 것은 그 채권의 성질이 가분채권이므로 채권자인 상속인들의 주소지가 다를 때에는 특약이 없는 한 각 채권자의 주소지를 관할하는 공탁소에 상속인별로 나누어서 공탁하여야 하고, 교통사고 등 불법행위로 인하여 피해자가 다수인 경우에 있어 피해자들에게 손해배상금 등을 공탁하는 경우에도 이와 같다. • 그러나 상속인들 및 피해자의 주소가 같은 공탁소 관할이라면 1건의 공탁사건으로 신청[49]할 수 있고, 이 경우 각 채권자별 공탁금액은 공탁서상의 공탁원인사실란 등에 기재한다.
불가분채권	수인의 채권자 중 1인의 채무이행지 소재 공탁소에 공탁할 수 있다.

(3) 불확지 변제공탁의 경우

상대적 불확지	절대적 불확지
피공탁자들의 주소가 서로 달라 채무이행지가 달라지는 경우에는 피공탁자들 중 1인의 채무이행지	토지소재지

(4) 외국인 등 공탁사건의 특례

공탁법의 개정(법률 제7501호, 2005.5.26. 공포, 2005.8.26. 시행)으로 국내에 주소나 거소가 없는 외국인이나 재외국민을 위한 변제공탁은 대법원 소재지의 공탁소에 할 수 있다(공탁법 제5조).

(5) 형사공탁의 특례

① 형사변제공탁의 경우 원칙적으로 채무이행지인 채권자(= 피해자) 주소지 관할 공탁소에 공탁하여야 하나, 형사사건의 피고인이 법령 등에 따라 피해자의 인적사항을 알 수 없는 경우에 그 피해자를 위하여 하는 변제공탁은 해당 형사사건이 계속 중인 법원 소재지의 공탁소에 할 수 있다(공탁법 제5조의2 제1항).

② 군사법원에 계속 중인 사건의 형사공탁은 아래 군사법원 소재지의 지방법원 본원 공탁소에 할 수 있다(형사공탁에 관한 업무처리지침 제2조).

군사법원의 명칭	공탁소
중앙지역군사법원	서울서부지방법원
제1지역군사법원	대전지방법원
제2지역군사법원	수원지방법원
제3지역군사법원	춘천지방법원
제4지역군사법원	대구지방법원

---

49) 일괄공탁(공탁당사자가 다르더라도 공탁원인·공탁물·관할이 동일하다면 1건의 공탁사건으로 공탁할 수 있다)

3. 관할위반 공탁의 효력

① 변제공탁은 채무의 내용에 따른 것이어야 하므로 토지관할 없는 공탁소에 한 변제공탁은 설사 수리되었더라도 원칙적으로 무효이고, 따라서 공탁자는 착오에 의한 공탁으로 회수할 수 있으며, 다시 관할공탁소에 변제공탁하여야 할 것이다.

② 그러나 변제공탁의 토지관할은 피공탁자(채권자)의 이익을 위한 것이므로, 관할위반의 공탁이 절대적으로 무효인 것은 아니고 피공탁자가 공탁을 수락하거나 공탁물의 출급을 받은 때에는 그 흠결이 치유되어 그 공탁은 처음부터 유효한 공탁이 된다.

4. 관할공탁소 이외의 공탁소에서의 공탁사건처리 특칙

행정예규 제1167호[관할공탁소 이외의 공탁소에서의 공탁사건처리 지침]

1. 목 적

이 지침은 공탁당사자가 관할공탁소와 멀리 떨어져 있는 경우 직접 관할공탁소를 방문해서 공탁업무를 처리해야 하는 불편을 덜어주기 위해 관할공탁소 이외의 공탁소에서 금전변제공탁신청 및 공탁금지급청구에 관련된 공탁업무를 처리함에 필요한 특칙을 마련하는 것을 목적으로 한다.

2. 정 의

가. "관할공탁소"라 함은 금전변제공탁신청에 있어서는 채무이행지를 관할하는 공탁소를 말하고, 공탁금지급청구에 있어서는 공탁금이 보관되어 있는 공탁소를 말한다.

나. "접수공탁소"라 함은 이 지침에 따라 공탁서 등이나 청구서 등을 접수하는 공탁소를 말한다.

다. "공탁서 등"이라 함은 공탁신청 시 제출하는 공탁서와 회수제한신고서 등의 첨부서류 일체를 말한다.

라. "청구서 등"이라 함은 공탁금지급청구시 제출하는 공탁금출급·회수청구서와 공탁금(포괄)계좌입금신청서 등의 첨부서류 일체를 말한다.

3. 적용범위

가. 이 지침은 공탁신청의 경우에는 금전변제공탁에 한하여 적용하고, 공탁금지급청구의 경우에는 공탁의 종류를 불문하고 모든 금전공탁(유가증권·물품 제외)에 적용하되 규칙 제37조 제3항 각 호(인감증명서 제출의 예외규정)에 해당되는 경우 및 법인의 위임을 받은 대리인이 1,000만원 이하 금액을 청구하는 경우에 한하여 적용한다(관공서의 경우에는 액수불문하고 접수공탁소 적용).

나. 이 지침은 접수공탁소 및 관할공탁소 모두가 지방법원 본원 또는 지원인 경우에 한하여 적용한다(시군법원 ×).

다. 이 지침은 접수공탁소와 관할공탁소가 같은 특별시 또는 광역시에 소재한 경우와 토지수용·사용과 관련한 보상금 공탁신청의 경우에는 적용하지 아니한다.

4. 공탁처리절차접수공탁소에의 공탁신청 또는 공탁금지급청구

가. 공탁신청의 경우

1) 공탁자는 공탁서 등(공탁서 1부와 첨부서류)을 접수공탁소에 제출하면서 우편료(원본서류를 관할공탁소에 등기속달 우편으로 송부하기 위함)를 함께 납부하여야 하고, 지연처리로 인해 공탁서 등을 배달증명 우편으로 송부받기 위한 경우에는 추가로 우편료를 납부하여야 한다.

2) 공탁자는 공탁수리결정 후 접수공탁소 공탁관으로부터 받은 공탁금 계좌납입 안내문에 기재된 공탁금납입 가상계좌로 공탁금을 납입한다.

나. 공탁금지급청구의 경우

1) 공탁금지급청구인은 청구서 등(공탁금출급·회수청구서 1부와 첨부서류)을 접수공탁소에 제출하면서 우편료를 함께 납부하여야 하고, 지연처리로 인해 불수리결정서 등을 배달증명 우편으로 송부받기 위한 경우에는 추가로 우편료를 납부하여야 한다.

2) 공탁금지급청구인은 청구서 등의 제출에 앞서 접수공탁소 공탁금보관은행을 경유하여 공탁금이자소득세 원천징수에 필요한 사항을 등록하고 "공탁금(포괄)계좌입금신청서" 하단에 등록확인인을 받아야 한다.

3) 공탁금(포괄)계좌입금신청서상의 계좌는 반드시 청구인 명의의 계좌이어야 한다.

5. 접수공탁소와 관할공탁소간의 서류전송방법

6. 접수공탁소 공탁관의 처리

　가. 공탁신청의 경우

　　1) 공탁서의 기재사항과 첨부서류를 통해 관할의 확인 등 형식적인 사항을 조사한 후(흠결이 있으면 이를 보정하게 하고, 보정을 거부하는 경우에는 그러한 사정을 메모 등을 통해 관할공탁소에 알림) 공탁서에 접수공탁소의 접수인을 찍고 별지 제1호 서식의 "관할공탁소로 송부한 공탁사건 접수부(공탁신청)"에 등재한다.

－ 이하 생략 －

　나. 공탁금지급청구의 경우

－ 이하 생략 －

7. 관할공탁소 공탁관의 처리

　가. 공탁신청의 경우

　나. 공탁금지급청구의 경우

8. 접수공탁소 공탁금보관은행의 처리

　가. 공탁신청의 경우

　　1) 공탁자가 공탁금을 무통장입금 등의 방법으로 납입하고자 할 때 한도금액을 초과하는 경우에는 공탁금보관은행 사이의 영업망을 이용하는 등의 방법으로 송금한다.

　　2) 공탁자로부터 공탁금을 납입 받은 때에는 공탁자가 지참한 공탁서 상에 공탁금을 납입받았다는 취지를 기재하고 날인 후 공탁자에게 교부한다.

　나. 공탁금지급청구의 경우 : 이자소득세 원천징수에 필요한 사항을 등록하고 "공탁금(포괄)계좌입금신청서" 하단에 등록확인인을 날인한다.

9. 관할공탁소 공탁금보관은행의 처리

　가. 공탁신청의 경우

　나. 공탁금지급청구의 경우

10. 관할공탁소 공탁관의 보통예금계좌를 통한 공탁금 납입 절차

　가. 가상계좌 채번이 안 되거나 가상계좌 입금이 안 되는 등 부득이한 경우에는 관할공탁소 공탁관의 보통예금계좌를 통해 공탁금을 납입받을 수 있다.

　나. 지방법원 본원 및 지원에 소속된 공탁관은 규칙 제57조 제1항에 의해 설치한 계좌 외에 지정된 공탁금보관은행에 보통예금계좌를 설치한다. 이 경우 보통예금계좌의 명의를 "○○법원(○○지원) 공탁관"으로 지정해 공탁관의 변경 시에도 계속적으로 이용할 수 있도록 하며 "공탁금으로 이체되는 경우 외에는 지급하지 않는다"는 특약으로 무통장 개설한다.

　다. 위 가.의 공탁금을 납입 받는 방식으로 관할공탁소에서 공탁수리 결정을 하는 경우, 관할공탁소 공탁관은 접수공탁소에서 전송되어온 공탁서 여백에 「공탁금 납입효력은 관할공탁소 공탁관 계좌(○○은행 ---)에 입금될 때 발생합니다」 라는 문구를 기재하고 기명날인한 후 지체 없이 접수공탁소로 전송한다(이 경우 계좌번호는 위 나.의 보통예금계좌번호를 기재함).

　라. 위 다.에 따라 전송된 공탁서를 받은 접수공탁소 공탁관은 이를 출력하여 그 공탁서 상단 여백에 [별표 1]의 "대법원 행정예규 제 호에 의함"이라는 주인을 한 후 공탁자에게 교부하여 납입기한 내에 공탁서에 기재되어 있는 관할공탁소 공탁관의 보통예금계좌로 공탁금을 납입하도록 하고, 납입영수증을 가지고 오거나 시스템상 납입사실이 확인이 되면 공탁서 하단 납입증명란에 기명날인 후 공탁자에게 교부한다.

　마. 관할공탁소 공탁금보관은행은 공탁관의 보통예금계좌에 공탁금이 입금된 경우, 입금 당일 그 해당액을 인출하여 공탁관의 공탁금계좌로 납입한 후 그 결과를 관할공탁소 공탁관에게 전송한다.

Ⅱ 공탁의 목적물

본서 제1장 제5절 참조

Ⅲ 공탁당사자[50]

1. 공탁자

변제공탁은 채무자 본인이 공탁자가 되는 것이 원칙이나 일정한 경우에는 제3자도 공탁을 할 수 있다.

2. 피공탁자

피공탁자의 지정과 그 소명은 전적으로 공탁자의 행위에 의존할 수밖에 없는 것으로 형식적 심사권만을 가지는 공탁관으로서는 공탁서 및 첨부서류를 심사하여 그 수리여부를 결정하는 것이다(등기선례 제1-199호).

> **복수의 채권자를 피공탁자로 일괄 표시한 변제공탁**
>
> 부동산소유권이전등기절차의 이행을 명하는 판결에서 피고 6인에 대한 금원의 지급이 상환조건으로 붙여진 경우에 피고들이 동 금원의 수령을 거부하고 피고 각인의 몫을 산정하기 곤란하다면, 그러한 취지를 기재하고 피고 6인을 피공탁자로 일괄 표시하여 공탁할 수 있다(공탁선례 제2-109호).
>
> **자격에 대해 다툼중인 직무집행대행자의 공탁금 출급청구에 대한 수리 및 인가의 적법성**
>
> 1. 변제공탁에 있어서 피공탁자의 지정과 그 소명은 전적으로 공탁자의 행위에 의존할 수밖에 없는 것으로 형식적 심사권만을 가지는 공탁관으로서는 공탁서 및 첨부서류를 심사하여 그 수리여부를 결정하는 것이고,
> 2. 또한 공탁금 출급청구에 있어서 공탁서에 피공탁자의 대표자로 기재된 직무대행자가 공탁금출급청구에 필요한 서류를 갖추어 공탁금을 출급청구 하는 경우 그 직무집행대행자가 공탁후에 그 지위를 상실하였다 하더라도 출급청구시 대표자의 자격을 증명하는 서류가 제출된 이상 형식적심사권의 범위 내에서 인가여부를 결정하는 공탁관으로서는 출급청구를 인가할 수밖에 없다(공탁선례 제1-33호).

Ⅳ 공탁통지서 발송

1. 의 의

① 변제공탁의 피공탁자에게 변제공탁사실을 알려 공탁물출급청구권을 행사하도록 하기 위하여 변제공탁자는 공탁성립(공탁물 납입)후 지체 없이 피공탁자에게 공탁통지를 하도록 하고 있다(민법 제488조 제3항).

② 그러나 실무상으로는 공탁통지를 보다 확실하게 할 수 있도록 하기 위하여 아예 공탁신청 시에 공탁자로 하여금 공탁통지서를 공탁소에 제출하게 하고, 공탁물이 납입된 후에 공탁관이 공탁자 대신 피공탁자에게 공탁통지서를 발송하도록 하고 있다(공탁규칙 제29조 제1항).

③ 따라서 공탁자가 피공탁자에게 공탁통지를 하여야 할 경우에는 공탁통지서를 피공탁자의 수만큼 첨부하여야 한다(공탁규칙 제23조 제1항). 공탁관은 공탁통지서를 발송하기 위한 봉투의 발신인란에 공탁소의 명칭과 그 소재지 및 공탁관의 성명을 적어야 한다(공탁규칙 제23조 제3항).

---

50) 제1장 제6절 Ⅱ. 1. 변제공탁 참조

2. 공탁통지서의 발송절차

(1) 발송시기

공탁자가 공탁물을 공탁물보관자에게 납입한 때에 공탁이 성립되므로, 공탁관은 공탁물보관자로부터 공탁규칙 제27조의 전송이나 공탁물품납입통지서를 받은 때에 공탁통지서를 피공탁자에게 발송하여야 한다(공탁규칙 제29조 제1항).[51]

(2) 발송방법

> **변제공탁의 경우 공탁통지서의 발송 방법**
> 1. 위와 같은 공탁통지서의 발송은 배달증명에 의한 우편발송의 방법에 의하여야 할 뿐(공탁규칙 제22조), 법원이 직권으로 소송상의 서류를 소송당사자 기타 이해관계인에게 송달하는 경우에 적용되는 민사소송법상 송달에 관한 규정은 적용할 수 없을 것이며, 따라서 공탁통지서의 발송은 민사소송법 제175조 제1항에 규정되어 있는 휴일 또는 일출 전이나 일몰 후의 집행관 등에 의한 송달방법에 의할 수는 없다.
> 2. 공탁통지서를 공탁물을 수령할 자의 주소로 발송한 이상 그 통지서가 수취인부재로 반송된 경우라 하더라도 채무소멸이라는 변제공탁의 효력은 발생하는 것이며, 다만 공탁자의 과실로 공탁물을 수령할 자의 주소표시가 잘못되어 공탁통지가 이루어지지 않았다면 공탁자에게 그에 따른 손해배상책임이 발생할 수도 있다(공탁선례 제2-113호).

3. 공탁통지가 되지 않은 경우의 효과

> **채권자에게 공탁통지를 하지 않아도 채무가 소멸되는지 여부(적극)**
> 채무자가 변제공탁을 하였을 경우에 공탁자가 채권자에게 공탁통지를 하는 것은 공탁의 유효요건이 아니므로 공탁통지를 하지 않았어도 채무는 소멸된다(대판 1976.3.9. 75다1200).

4. 형사공탁의 경우

① 형사공탁의 경우 피공탁자에 대한 공탁통지는 공탁관이 전자공탁홈페이지에 공고하는 방법으로 할 수 있다. 이 경우 공탁관은 공탁물보관자로부터 공탁물 납입사실의 전송이나 공탁물품납입통지서를 받은 때에는 특별한 사정이 없는 한 다음 날까지 "공탁신청 연월일, 공탁소, 공탁번호, 공탁물, 공탁근거 법령 조항, 해당 형사사건이 계속 중인 법원과 사건번호 및 공소장에 기재된 검찰청과 사건번호, 공탁서에 기재된 피공탁자의 성명(다만, 피공탁자의 성명이 비실명 처리되어 있지 않거나 가명이 아닌 경우에는 성(姓)을 제외한 이름은 비실명 처리한다), 공탁물 수령·회수와 관련된 사항"을 공고하여야 한다.

② 또한, 공고 내용 중 명백한 착오가 있는 경우 공탁관은 이를 수정한 후 정정공고를 하여야 하고, 규칙 제30조 제4항에 따른 공탁서 정정신청이 수리된 때에도 이와 같다.

---

51) 과거 한때는 공탁통지서를 발송하기 위한 봉투의 발신인란에 공탁자의 성명과 주소를 기재하도록 하여, 공탁통지서의 배달증명(통지)서 또는 주소불명 등으로 반송될 경우에 공탁통지서가 공탁자에게 송부 또는 반송되었기 때문에 공탁관으로서는 공탁통지서의 도달 여부를 확인할 수 없어 공탁물출급청구권에 대한 소멸시효의 기산점을 알 수 없는 등의 불편이 있었으므로, 1998.12.4. 공탁규칙을 개정하여 현재는 공탁통지서를 발송하기 위한 봉투의 발신인란에 공탁관이 공탁소의 명칭과 그 소재지 및 공탁관의 성명을 기재하도록 하고 있다(공탁규칙 제23조 제3항).

I 변제공탁의 목적인 채무

> **사례**
>
> 甲은 乙과의 손해배상채무액에 대한 다툼이 있어 소송이 진행되고 있던 중 원고인 乙 승소의 가집행선고부 판결이 있어 가집행선고부 판결의 주문에 표시된 금원을 변제공탁하였다.
>
> 1. 甲의 변제공탁은 채무를 확정적으로 소멸시키는가?
>
> 2. 甲이 변제공탁을 한 후 항소를 제기한 경우에 항소심에서는 甲의 금원지급사실을 참작하여야 하는가?

1. 현존하는 확정채무

(1) 의 의

① 변제공탁의 목적인 채무는 현존하는 확정채무임을 요하므로 장래의 채무나 불확정채무는 원칙적으로 변제공탁의 목적이 되지 못한다. 따라서 정지조건부 채무나 시기부채무는 그 조건이 성취되거나 기한이 도래하여 채무가 현실적으로 발생하여야만 공탁할 수 있을 것이다.

② 금전소비대차 등과 같이 채무가 이미 발생되어 있고 단지 채무이행에 관해서만 기한을 붙인 경우에는 변제기 전이라도 채무자가 기한의 이익을 포기하고 변제기까지의 이자를 붙여서 공탁할 수 있다.

(2) 구체적 사례

① 차임 : 가옥 등 임대차의 경우 장래 발생할 차임은 나중에 목적물을 사용·수익함으로써 구체적으로 발생하는 채무이므로, 임차인은 원칙적으로 사용·수익 전에 기한의 이익을 포기하고 미리 공탁할 수는 없다. 다만, 차임선불특약이 있는 경우에는 그 약정기한의 도래시에 변제공탁이 가능하다.

> **장래의 채무에 대한 변제공탁의 가부**
>
> 주위토지통행권자가 통행지소유자에게 매월 정기적으로 지급하기로 판결이 확정된 손해보상금에 관해서 통행지소유자가 수령을 거부하는 경우에는 과거 수개월분의 손해보상금을 모아서 공탁할 수는 있으나 장래의 손해보상금 수개월분까지 일괄 공탁할 수는 없다(공탁선례 제1-45호).

② 불법행위로 인한 손해배상채무 등

㉠ 불법행위로 인한 손해배상채무, 부당이득반환채무, 지상권 당사자의 지료증감청구(민법 제286조)로 인한 지료의 금액처럼 나중에 재판을 통하여 구체적인 금액이 확정될 수 있는 채무도 이론적으로는 이미 객관적으로 채무금액이 확정되어 있다고 볼 수 있으므로 확정채무로 보아 공탁할 수 있다.

㉡ 따라서 불법행위 채무자 등은 스스로 주장하는 채무액 전액에 불법행위일로부터 변제제공일까지의 지연손해금을 합해서 변제공탁을 할 수 있다.

③ 가집행선고부 판결의 주문에 표시된 금원

    ㉠ 채권자와 채무자 사이에 손해배상채무액에 대해 다툼이 있어 소송이 진행되는 경우, 그 판결이 확정되기 전이라도 채무자가 가집행선고부 판결의 주문에 표시된 금액을 이행 제공하고 이에 대해 채권자의 수령거부, 수령불능 등의 변제공탁사유가 있으면 공탁할 수 있다.

    ㉡ 다만, 이때의 공탁은 채무를 확정적으로 소멸시키는 것이 아니라 가집행선고로 인한 지급으로서의 성질을 갖는다는 점이 원래의 변제공탁과는 다르다 할 것이다(공탁선례 제2-117호).

> **가집행선고 있는 판결에 기한 변제의 효과 및 그것이 청구이의사유가 되는지 여부(적극)**
> 가집행이 붙은 제1심 판결을 선고받은 채무자가 선고일 약 1달 후에 그 판결에 의한 그때까지의 원리금을 추심 채권자에게 스스로 지급하기는 하였으나 그 제1심 판결에 대하여 항소를 제기하여 제1심에서 인용된 금액에 대하여 다투었다면, 그 채무자는 제1심 판결이 인용한 금액에 상당하는 채무가 있음을 스스로 인정하고 이에 대한 확정적 변제행위로 추심 채권자에게 그 금원을 지급한 것이 아니라, 제1심 판결이 인용한 지연손해금의 확대를 방지하고 그 판결에 붙은 가집행 선고에 기한 강제집행을 면하기 위하여 그 금원을 지급한 것으로 봄이 상당하고, 이와 같이 제1심 판결에 붙은 가집행선고에 의하여 지급된 금원은 확정적으로 변제의 효과가 발생하는 것이 아니어서 채무자가 그 금원의 지급 사실을 항소심에서 주장하더라도 항소심은 그러한 사유를 참작하지 않으므로, 그 금원 지급에 의한 채권 소멸의 효과는 그 판결이 확정된 때에 비로소 발생한다고 할 것이며, 따라서 채무자가 그와 같이 금원을 지급하였다는 사유는 본래의 소송의 확정판결의 집행력을 배제하는 적법한 청구이의사유가 된다(대판 1995.6.30. 95다15827).

2. 공법상의 채무

(1) 조세채무·연금보험료채무

① 변제공탁의 목적인 채무의 발생원인에는 제한이 없으므로 공법상의 채무라도 변제공탁의 대상이 될 수 있다.

② 따라서 조세채무(법정 제3302-282호)나 국민연금법에 의한 연금보험료채무도 민법 제487조에 의한 변제공탁의 목적이 될 수 있다(공탁선례 제1-60호).

> **공유수면 매립지 부분에 해당하는 세액을 변제공탁함으로써 조세채무를 면할 수 있는지 여부(적극)**
> 변제공탁의 목적인 채무의 발생원인에 대해서는 제한이 없으며 공법상의 채무라도 변제공탁의 대상이 될 수 있으므로, 사안의 경우 납세자는 "A시 또는 B시"를 피공탁자로 하고, 과실 없이 진정한 채권자(징수권리자)를 알 수 없다는 것을 공탁원인으로 하는 상대적 불확지 변제공탁을 함으로써 조세채무를 면할 수 있을 것이다(공탁선례 제2-102호).

(2) 벌금납부의무

벌금납부의무는 본질상 공법상의 채권채무라 할 수 없고, 만약 국가(검사)가 벌금의 수납을 거부하는 경우에는 벌금집행에 관한 검사의 처분에 대한 이의신청을 하여 구제를 받을 수 있으므로, 벌금납부의무는 변제공탁의 목적인 채무에 포함되지 않는다고 보아야 할 것이다.

1. **채무소멸의 효과는 판결이 확정된 때이지 변제공탁한 때가 아니다.**

   채권자와 채무자 사이에 손해배상채무액에 대해 다툼이 있어 소송이 진행되는 경우, 그 판결이 확정되기 전이라도 채무자가 가집행선고부 판결의 주문에 표시된 금액을 이행 제공하고 이에 대해 채권자의 수령거부, 수령불능 등의 변제공탁사유가 있으면 공탁할 수 있다. 다만, 이때의 공탁은 채무를 확정적으로 소멸시키는 것이 아니라 가집행선 고로 인한 지급으로서의 성질을 갖는다는 점이 원래의 변제공탁과는 다르다 할 것이다(공탁선례 제1-57호).

2. **참작해서는 안 된다.**

   가집행이 붙은 제1심 판결을 선고받은 채무자가 선고일 약 1달 후에 그 판결에 의한 그때까지의 원리금을 추심 채권자에게 스스로 지급하기는 하였으나 그 제1심 판결에 대하여 항소를 제기하여 제1심에서 인용된 금액에 대하여 다투었다면, 그 채무자는 제1심 판결이 인용한 금액에 상당하는 채무가 있음을 스스로 인정하고 이에 대한 확정적 변제행위로 추심 채권자에게 그 금원을 지급한 것이 아니라, 제1심 판결이 인용한 지연손해금의 확대를 방지하고 그 판결에 붙은 가집행 선고에 기한 강제집행을 면하기 위하여 그 금원을 지급한 것으로 봄이 상당하고, 이와 같이 제1심 판결에 붙은 가집행선고에 의하여 지급된 금원은 확정적으로 변제의 효과가 발생하는 것이 아니어서 채무자가 그 금원의 지급 사실을 항소심에서 주장하더라도 항소심은 그러한 사유를 참작하지 않으므로, 그 금원 지급에 의한 채권 소멸의 효과는 그 판결이 확정된 때에 비로소 발생한다고 할 것이며, 따라서 채무자가 그와 같이 금원을 지급하였다는 사유는 본래의 소송의 확정판결의 집행력을 배제하는 적법한 청구이의사유가 된다(대판 1995.6.30. 95다15827).

Ⅱ 공탁원인의 존재

1. 채권자의 수령거절

(1) 의 미

채권자의 협력을 필요로 하는 채무에 있어서 변제자가 채무의 내용에 좇은 변제의 제공을 하였는데도 채권 자가 이를 수령하지 아니할 때에는 그 주관적 이유를 묻지 않고 변제자는 변제공탁을 할 수 있다. 여기서 채무의 내용에 좇은 변제의 제공이라 함은 변제자가 변제수령권자에게 본래 채무의 목적물을 정해진 기일에 정해진 장소에서 제공하는 것을 의미한다.

(2) 변제자

① 채무의 변제는 제3자도 할 수 있으나, 채무의 성질 또는 당사자의 의사표시로 제3자의 변제를 허용하지 아니하는 때에는 제3자가 변제하지 못하며, 또한 이해관계 없는 제3자는 채무자의 의사에 반하여 변제하 지 못한다(민법 제469조 제1항, 제2항).

② 제3자가 변제공탁하는 경우에 변제제공자와 공탁자는 동일인임을 요한다.

> **이해관계 없는 제3자의 대위변제에 있어 채무자의 의사에 반하는지 여부의 판단**
> 이해관계 없는 제3자의 대위변제가 채무자의 의사에 반하는지의 여부를 가림에 있어서 채무자의 의사는 제3자가 변제할 당시의 객관적인 제반사정에 비추어 명확하게 인식될 수 있는 것이어야 하며 함부로 채무자의 반대의사를 추정함으로써 제3자의 변제효과를 무효화시키는 일은 피하여야 한다(대판 1988.10.24. 87다카1644).

(3) 변제제공의 상대방

① 변제제공의 상대방은 원칙적으로 채권자 본인이다.
② 채권자 이외에 변제수령을 할 수 있는 권한이 주어진 자에 대한 변제제공도 유효한 변제제공이 된다.

채권자 → 권한부여	• 추심위임을 받은 수임인 • 임의대리인 • 부재자의 재산관리인 등
법령규정 또는 법원선임 → 권한부여	• 무능력자의 법정대리인 • 대항요건 갖춘 채권질권자 • 파산관재인 • 압류 및 추심명령을 얻은 압류채권자 • 법원이 선임한 부재자의 재산관리인 • 채권자대위권을 행사하는 자 등

> **매도인이 사망한 경우의 변제제공의 상대방**
> 매매잔대금을 사망한 매도인의 상속인인 채권자들에게 제공하여 보지도 않은 채 매도인의 대리인이었던 자에게 제공하였다가 받지 아니하자 채권자들에 대하여 변제공탁을 한 것은 무효이다(대판 1968.11.26. 68다1163).
>
> **매수인이 매매잔대금을 매도인을 대리하여 이를 수령할 권한을 가진 자를 공탁물수령자로 지정하여 한 변제공탁의 효력**
> 매수인이 매도인을 대리하여 매매잔대금을 수령할 권한을 가지고 있는 병에게 잔대금의 수령을 최고하고, 병을 공탁물 수령자로 지정하여 한 잔대금 변제공탁은 매도인에 대한 잔대금 지급의 효력이 있고, 또 매수인이 위 공탁을 함에 있어서 반대급부로서 소유권이전등기 절차에 필요한 서류 등의 교부를 요구하였다고 하여도 위 반대급부의 이행을 요구받은 상대방은 매도인이라고 할 것이며, 위 반대급부조건을 붙여서 한 위 공탁은 유효하다(대판 1981.9.22. 81다236).

(4) 변제제공의 시기

변제의 제공은 변제기에 하는 것이 원칙이고, 변제기는 당사자의 의사표시나 채무의 성질 또는 법률의 규정에 의하여 결정되나, 이러한 표준에 의하여 변제기를 결정할 수 없는 경우에는 채권이 발생함과 동시에 변제기에 있다고 본다. 변제기일의 정함이 없는 경우에는 언제나 변제제공이 가능하다. 그러나 변제기가 아닌 때에 변제를 할 수 있는 경우가 있다. 그 예는 다음과 같다.

① 기한의 이익을 포기 또는 상실한 때
② 채무이행이 유예된 때
③ 동시이행의 항변권을 가질 때 등

(5) 변제제공의 목적물

① 변제공탁에 의하여 채무소멸의 효과가 생기는 것은 그 공탁이 변제와 동일한 이익을 채권자에게 주기 때문이므로 변제제공의 목적물은 채무의 내용에 따른 것이어야 하고, 따라서 특별한 경우(민법 제490조의 자조매각 등)를 제외하고는 변제제공의 목적물도 원칙적으로 본래 채무의 목적물과 동일하여야 한다.
② 채권의 전액에 관하여 공탁이 있었다 하더라도 그 전제로 되는 변제제공이 일부에 관하여서만 행하여진 경우에는 공탁원인의 흠결로 그 공탁이 무효로 된다.

(6) 변제제공의 방법

① **현실제공** : 민법은 변제제공의 방법으로 변제완료를 위한 채권자의 협력의 정도에 따라 현실제공과 구두제공 두 가지 방법을 인정하고 있는 바 현실제공을 변제제공의 원칙적 방법으로 하고 있다(민법 제460조 본문).

② **구두제공**

　㉠ 구두제공이란 채권자가 미리 변제받기를 거절하거나 채무이행에 채권자의 행위를 요하는 경우에 채권자가 협력한다면 바로 변제를 할 수 있을 만큼의 준비를 완료하였음을 채무자가 채권자에게 통지하고, 그 수령 기타의 협력을 최고하는 것을 말한다(민법 제460조 단서).

　㉡ 그러나 판례는 변제공탁에는 수령지체의 요건을 구비할 필요가 없으므로 아래와 같이 일정한 경우에는 구두의 제공을 할 필요 없이 바로 공탁할 수 있다고 한다.

③ **구두의 제공도 필요하지 않은 경우**

　㉠ 채권자로부터 미리 수령을 거절할 의사가 표명된 경우(대판 1955.7.14. 4288민상124)

　㉡ 채권자의 태도로 보아 채무자가 설사 채무의 이행제공을 하였더라도 그 수령을 거절하였을 것이 명백한 경우(대판 1994.8.26. 93다42276)

　㉢ 변제를 수령하지 않을 의사가 명백하여 전의 수령거절의사를 번의할 가능성이 보이지 않는 경우(대판 1976.11.9. 76다2218)

　㉣ 분할적 회귀적 지급채무(지료, 차임 등의 지급채무)에 있어서 채무자가 1회분의 제공을 하였음에도 불구하고, 채권자가 수령을 거절함으로써 수령지체가 된 경우에는 채권자가 그 수령지체에서 벗어나지 않는 한 채무자는 차회 이후의 변제에 관하여는 구두의 제공을 하지 않더라도 바로 변제공탁할 수 있다.

2. 채권자의 수령불능

채권자가 변제를 받을 수 없는 경우에는 사실상의 불능이든 법률상의 불능이든 관계없이 채무자는 변제공탁할 수 있다. 다만, 이 경우에도 채권자지체의 요건은 갖출 필요가 없으므로 채권자의 귀책사유를 필요로 하지 않는다.

사실상 수령불능	• 채권자의 부재 : 지참채무의 경우 변제기일에 채권자 등 변제수령권자가 변제장소에 부재중이어서 채무자가 변제할 수 없는 경우는 수령불능의 사유에 해당된다. 채권자의 일시적 부재의 경우에도 구체적 사안에 따라 수령불능 사유에 해당된다. • 채권자의 주소불명 : 채권자의 주소가 불명이어서 채무자가 변제를 할 수 없는 경우 등도 수령불능의 사유가 된다.
법률상 수령불능	무능력자인 채권자에게 법정대리인이 없는 경우 : 이 경우에는 법률상의 수령불능에 해당되고, 무능력자를 피공탁자로 공탁원인을 수령불능으로 하여 채무자는 변제공탁을 할 수 있다.

3. 채권자 불확지

사례

A는 채권자 甲에게 금 3천만원, 채권자 乙에게 금4천만원, 채권자 丙에게 금 5천만원의 채무가 있다. A가 이를 변제하지 아니하자 채권자 甲, 乙, 丙은 A가 B에게 가지고 있는 임대차보증금 1억 5천만원에 대하여 압류 및 전부명령을 받았는데 모든 압류 및 전부명령이 동시에 제3채무자인 임대인 B에게 송달되었다.

1. 전부명령은 모두 효력이 있는가?

2. 임대차 관계가 만료되는 시점에 임대인이 임차보증금에서 밀린 차임등을 공제한 나머지 금액이 금 1억원인 경우에도 전부명령은 유효한가?

3. 위 2.의 경우 임대인이 취할 가장 적합한 조치는?

(1) 의 의

① 채권자 불확지라 함은 객관적으로 채권자 또는 변제수령권자가 존재하고 있으나 채무자가 선량한 관리 자의 주의를 다하여도 채권자가 누구인지를 알 수 없는 경우를 말한다(대판 1996.4.26. 96다2583).

② 채권자 불확지의 원인은 사실상의 이유(채권자가 사망하였으나 그 상속인을 알 수 없는 경우 등)나 법률 상의 이유(채권양도의 효력에 대해 양도인과 양수인이 다투는 경우 등)를 모두 포함한다.

③ 변제공탁제도는 채무자가 채권자(피공탁자)를 지정할 의무를 지고, 형식적 심사권을 갖는 공탁관은 채무 자가 지정해 준 채권자(피공탁자)에게 공탁금을 출급하는 등의 업무를 처리하는 것을 그 기본원리로 삼고 있다. 따라서 우리 공탁제도상 채권자가 특정되거나 적어도 채권자가 상대적으로나마 특정되는 상대적 불확지의 공탁만이 허용될 수 있는 것이고, 채권자가 누구인지 전혀 알 수 없는 절대적 불확지의 공탁은 원칙적으로 허용되지 않지만, 공익사업토지보상법 제40조 제2항 제2호와 같이 특별규정이 있는 경우에는 예외적으로 허용된다(대판[전합] 1997.10.16. 96다11747).

④ 절차지연 등을 이유로 채권자 불확지공탁을 할 수 없다(공탁선례 제1-44호).

보상금의 수령권자가 불분명할 뿐만 아니라 배분 금액도 다투는 경우, 다투는 모든 사람을 채권자 불확지로 하여 변제공탁을 할 수 있는지 여부(적극)

공탁자가 지급하여야 할 보상금의 총액은 확정되어 있으나 보상금 수령권자가 불분명할 뿐만 아니라 그 배분 금액도 다투는 경우에는 다투는 자 전원을 피공탁자로 지정하고, 공탁원인 사실에 채권자 불확지 사유를 구체적으 로 기재하여 채권자 불확지공탁을 할 수 있다(공탁선례 제2-121호).

(2) 사망한 매도인을 피공탁자로 한 변제공탁

매매계약의 중도금 지급기일을 앞두고 사망한 매도인에게 상속인들이 여러 명 있고 그중에는 출가한 딸들도 있을 뿐만 아니라 출가하였다가 자식만 남기고 사망한 딸들도 있는 등 매수인인 원고들로서는 매도인의 공동상속인들이나 그 상속인들의 상속지분을 구체적으로 알기 어렵다면, 원고들이 중도금지급기일에 사망 한 매도인을 피공탁자로 하여 중도금의 변제공탁을 한 것은 민법 제487조 후단에 해당하여 유효하다(대판 1991.5.28. 91다3055).

(3) 채권양도금지특약에 반하여 채권양도가 이루어진 경우

채권양도금지특약에 반하여 채권양도가 이루어진 경우, 그 양수인이 <u>양도금지특약이 있음을 알았거나 중대한 과실로 알지 못하였던 경우에는 채권양도는 효력이 없게 되고</u>, 반대로 양수인이 중대한 과실 없이 양도금지특약의 존재를 알지 못하였다면 채권양도는 유효하게 되어 채무자로서는 양수인에게 양도금지특약을 가지고 그 채무이행을 거절할 수 없게 되어 <u>양수인의 선의, 악의 등에 따라 양수채권의 채권자가 결정되는</u>바, 이와 같이 양도금지의 특약이 붙은 채권이 양도된 경우에 양수인의 악의 또는 중과실에 관한 입증책임은 채무자가 부담하지만, 그러한 경우에도 채무자로서는 <u>양수인의 선의 등의 여부를 알 수 없어 과연 채권이 적법하게 양도된 것인지에 관하여 의문이 제기될 여지가 충분히 있으므로 특별한 사정이 없는 한 민법 제487조 후단의 채권자 불확지를 원인으로 하여 변제공탁을 할 수 있다</u>(대판 2000.12.22. 2000다55904).

(4) 채권양도금지의 특약 있는 채권에 대한 전부명령이 확정된 경우

채권양도금지의 특약 있는 채권에 대한 전부명령이 확정된 경우에는 양도금지의 특약 있는 채권이라도 <u>전부채권자의 선의 여부를 불문하고 전부채권자에게 이전되므로 채무자는 채권자 불확지 변제공탁을 할 수 없다</u>(대판 2002.8.27. 2001다71699).

(5) 채권이 이중으로 양도된 경우

확정일자 있는 증서에 의한 채권양도 통지가 동시에 이루어졌거나 그 도달의 선후가 불분명하다면 채무자는 이중변제의 위험이 있으므로 채권자 불확지에 해당된다(대판[전합] 1994.4.26. 93다24223).

(6) 채권양도의 통지가 있었으나 그 후 통지가 철회되는 경우

① 특정채권에 대하여 채권양도의 통지가 있었으나 그 후 통지가 철회되는 등으로 채권이 <u>적법하게 양도되었는지 여부에 관하여 의문이 있는 경우도 채권자 불확지에 해당된다</u>(대판 1996.4.26. 96다2583).[52]

② 채권양도 통지와 (가)압류결정정본이 같은 날 도달되었는데 그 선후관계에 대하여 달리 입증이 없으면 동시에 도달된 것으로 추정한다.

(7) 채권에 대하여 처분금지가처분이 있는 경우

① 채권에 대하여 처분금지가처분이 있는 경우는 가처분채권자와 가처분채무자 사이에 채권의 귀속에 관해 다툼이 있는 것으로 보아 채권자 불확지에 해당된다.

② 갑이 을의 병에 대한 채권에 대해 압류 및 전부명령을 하였는데, 그 전부금채권에 대하여 다시 정이 갑을 가처분채무자, 병을 제3채무자로 하는 추심 및 지급금지가처분을 한 경우 병은 가처분채무자 갑 또는 가처분채권자 정을 피공탁자로 하여 <u>채권자 불확지를 이유로 한 변제공탁을 할 수 있다</u>(대판 1991.3.8. 90다17606 참조).

---

52) 특정 채권에 대하여 채권양도의 통지가 있었으나 그 후 통지가 철회되는 등으로 채권이 적법하게 양도되었는지 여부에 관하여 의문이 있어 민법 제487조 후단의 채권자 불확지를 원인으로 하는 변제공탁 사유가 생기고, 그 채권양도 통지 후에 그 채권에 관하여 다수의 채권가압류 또는 채권압류 결정이 동시 또는 순차로 내려짐으로써 그 채권양도의 효력이 발생하지 아니한다면 압류경합으로 인하여 민사소송법 제581조 제1항 소정의 집행공탁의 사유가 생긴 경우에, 채무자는 민법 제487조 후단 및 민사소송법 제581조 제1항을 근거로 하여 채권자 불확지를 원인으로 하는 변제공탁과 압류경합 등을 이유로 하는 집행공탁을 아울러 할 수 있고, 이러한 공탁은 변제공탁에 관련된 채권양수인에 대하여는 변제공탁으로서의 효력이 있고 집행공탁에 관련된 압류채권자 등에 대하여는 집행공탁으로서의 효력이 있다(대판 1996.4.26. 96다2583).

(8) 전부명령이 송달된 후 강제집행정지결정이 송달된 경우

전부명령이 송달된 후 강제집행정지결정이 송달된 경우에 제3채무자로서는 전부명령의 발령 전에 강제집행정지결정이 집행기관에 제출됨으로써 강제집행정지의 효력이 발생하였는지(민사집행법 제49조) 여부나 전부명령이 과연 적법하게 발령되었는지 여부를 알 수 없으므로 채권자 불확지에 해당된다.

(9) 장래의 불확정채권에 대하여 수개의 전부명령이 존재하고, 그 후 확정된 피압류채권액이 각 전부금액의 합계액에 미달하는 경우

장래의 불확정채권에 대하여 수개의 전부명령이 존재하고, 그 후 확정된 피압류채권액이 각 전부금액의 합계액에 미달하는 경우에도 각 전부명령이 그 송달 당시 압류의 경합이 없어 유효한 이상 각 전부채권자는 확정된 피압류채권액의 범위 안에서 자신의 전부금액 전액의 지급을 제3채무자에 대하여 구할 수 있고, 제3채무자로서는 전부채권자 중 누구에게라도 그 채무를 변제하면 다른 채권자에 대한 관계에서도 유효하게 면책되며, 한편 제3채무자는 이중지급의 위험이 있을 수 있으므로 민법 제487조 후단을 유추적용하여 채권자를 알 수 없다는 이유로 변제공탁을 함으로써 법률관계의 불안으로부터 벗어날 수 있다(대판 1998.8.21. 98다15439).

(10) 예금계약의 출연자와 예금명의자가 서로 다른 경우

예금계약의 출연자와 예금명의자가 서로 다르고 양자 모두 예금채권에 관한 권리를 적극 주장하고 있는 경우로서 금융기관이 그 예금의 지급시는 물론 예금계약 성립 시의 사정까지 모두 고려하여 선량한 관리자로서의 주의의무를 다하여도 어느 쪽이 진정한 예금주인지에 관하여 사실상 혹은 법률상 의문이 제기될 여지가 충분히 있다고 인정되는 때에는 채무자인 금융기관으로서는 민법 제487조 후단의 채권자 불확지를 원인으로 하여 변제공탁을 할 수 있다고 보아야 한다(대판 2004.11.11. 2004다37737).

> **채권자인 예금주가 사망한 후 그 상속지분에 대하여 상속인들 간의 다툼이 있는 경우 채권자 불확지 변제공탁 가능 여부(적극)**
>
> 채권자인 예금주가 사망한 후 상속인 중의 일부가 은행을 상대로 자신의 상속지분에 상당하는 돈의 지급을 구하는 소를 제기한데 대하여 다른 상속인이 '자신에게 기여분이 있고, 망인이 상속인 중 망인의 처와 자신에게 대부분의 재산을 상속시킨다는 취지의 유언공정증서를 남겼다'는 등의 이유로 위 돈의 지급을 하지 말 것을 은행에 요구하고 있는 경우, 채무자인 은행은 상속인들을 피공탁자로 지정하고 그 상속지분을 알 수 없는 이유를 공탁원인사실에 구체적으로 기재하여 채권자 불확지 변제공탁을 할 수 있다(공탁선례 제2-123호).
>
> **선량한 관리자의 주의의무**
>
> 증권예탁결제원이 선량한 관리자의 주의를 다하여도 보관 중인 주권을 누구에게 반환해야 하는지 알 수 없는 경우, 채권자 불확지를 원인으로 이를 변제공탁할 수 있다(대판 2008.10.23. 2007다35596).
>
> **출급청구권에 대한 압류 이후에 피공탁자들 사이의 조정효력**
>
> 상대적 불확지공탁의 피공탁자들 중 일방의 공탁금 출급청구권에 대하여 공탁금을 초과하는 압류가 있는 경우 이후 피공탁자들 사이에 조정이 성립되었다고 하더라도 압류채무자인 피공탁자는 공탁금 출급청구권을 처분할 권한이 제한된 점에 비추어 압류채권자들이 위 조정에 동의하였음을 인정할 자료가 없는 이상 위 압류채권자들이 배제된 채 피공탁자들 사이에 성립된 위 조정조서는 공탁금 출급청구권증명서면이 될 수 없다(의정부지법 2013.8.13. 2012라381).
>
> **공탁자 상대 출급청구권 확인의 소의 이익[53)]**
>
> 채권자가 사망하고 과실 없이 그 상속인을 알 수 없는 경우 채무자는 민법 제487조 후문에 따라 변제공탁을 할 수 있고, 피공탁자인 상속인은 가족관계증명서, 제적등본 등 상속을 증명하는 서류를 첨부하여 공탁관에게 공탁물 출급을 청구할 수 있다. 공탁관이 가족관계증명서, 제적등본 등의 첨부서류만으로는 출급청구인이 진정한 상속인인지 여부를 심사할 수 없는 경우에는 공탁물출급청구를 불수리할 수밖에 없다. 그러한 경우에는 공탁물출급청구권 확인을 구하는 것이 출급청구인이 진정한 상속인이라는 실질적 권리관계를 확정하는 데 가장 유효, 적절한 수단이 되고, 정당한 공탁물수령권자는 그 법률상 지위의 불안이나 위험을 제거하기 위하여 공탁자를 상대방으로 하여 그 공탁물출급청구권의 확인을 구하는 소송을 제기할 이익이 있다고 할 것이다(대판 2014.4.24. 2012다40592).

---

53) 보상금을 받을 자가 주소불명으로 인하여 그 보상금을 수령할 수 없는 때에 해당함을 이유로 하여 토지보상법 제40조 제2항 제1호의 규정에 따라 사업시행자가 보상금을 공탁한 경우에 있어서는, (중략) 피공탁자 또는 정당한 공탁금수령권자라고 하더라도 직접 국가를 상대로 하여 민사소송으로써 그 공탁금의 지급을 구하는 것은 원칙적으로 허용되지 아니하는 점 등에 비추어 볼 때, 정당한 공탁금수령권자이면서도 공탁공무원으로부터 공탁금의 출급을 거부당한 자는 그 법률상 지위의 불안·위험을 제거하기 위하여 공탁자인 사업시행자를 상대방으로 하여 그 공탁금 출급권의 확인을 구하는 소송을 제기할 이익이 있다(대판 2007.2.9. 2006다68650).

사례해설

1. **전부명령은 모두 효력이 발생한다.**

   각 전부명령이 그 송달 당시 압류의 경합이 없어 유효한 이상 각 전부채권자는 확정된 피압류채권액의 범위 안에서 자신의 전부금액 전액의 지급을 제3채무자에 대하여 구할 수 있다(대판 1998.8.21. 98다15439).

2. **전부명령은 모두 유효하다.**

   장래의 불확정채권에 대하여 수개의 전부명령이 존재하고, 그 후 확정된 피압류채권액이 각 전부금액의 합계액에 미달하는 경우에도 각 전부명령이 그 송달 당시 압류의 경합이 없어 유효한 이상 각 전부채권자는 확정된 피압류채권 액의 범위 안에서 자신의 전부금액 전액의 지급을 제3채무자에 대하여 구할 수 있고, 제3채무자로서는 전부채권자 중 누구에게라도 그 채무를 변제하면 다른 채권자에 대한 관계에서도 유효하게 면책된다(대판 1998.8.21. 98다15439).

3. **상대적 불확지 변제공탁을 할 수 있다.**

   제3채무자는 이중지급의 위험이 있을 수 있으므로 민법 제487조 후단을 유추적용하여 채권자를 알 수 없다는 이유로 변제공탁을 함으로써 법률관계의 불안으로부터 벗어날 수 있다(대판 1998.8.21. 98다15439).

Ⅲ   변제공탁의 내용

1. 개 요

변제공탁에 의하여 채무소멸의 효과가 생기는 것은 그 공탁이 변제와 동일한 이익을 채권자에게 주기 때문 이므로 변제공탁의 내용은 채무의 내용에 따른 것이어야 한다. 이와 관련하여 채무액 일부의 공탁과 반대급 부조건부공탁의 유효여부가 특히 문제가 되고 있다.

2. 일부공탁

사례

근저당권자 甲은 채무자 乙의 부동산에 대하여 임의경매를 신청하였고, 그 이후에 丙은 乙로부터 경매부동산을 취득하 였다. 丙이 근저당권으로 담보되는 채권최고액 금 1억원을 변제공탁하고 근저당권말소등기청구의 소를 제기하였다. 丙의 변제공탁은 유효한가?

① 채무자가 변제공탁에 의하여 그 채무를 면하려면 채무액 전부를 공탁하여야 하므로, 일부의 공탁은 일부의 채무이행이 유효하다고 인정될 수 있는 특별한 사정이 있는 경우를 제외하고는 채권자가 이를 수락하지 않는 한 그에 상응하는 효력을 발생할 수 없고(대판 1983.11.22. 83다카161), 채무자는 채무의 일부소멸의 효과도 주장할 수 없다.

② 유효한 경우

    ㉠ 공탁금액이 아주 근소하게 부족한 경우 : 채권자에 대한 변제자의 공탁금액이 채무의 총액에 비하여 아주 근소하게 부족한 경우에는 당해 변제공탁은 신의칙상 유효한 것이라고 보아야 한다. 공탁서상의 공탁원인사실란에 그 일부공탁이 유효할 수 있는 근거를 기재하여야 하나 그에 대한 소명자료까지 첨부할 필요는 없다.

    ㉡ 1개월분의 차임 및 지연손해금 공탁 : 매월 말에 차임을 지급하기로 약정한 경우에 비록 수개월분의 차임이 연체되어 있더라도 그중 1개월분의 차임 및 지연손해금의 변제공탁은 채무의 내용에 따른 변제공탁으로서 유효하다.

    ㉢ 이의유보 없이 한 공탁금을 수령한 경우 : 채무금액에 다툼이 있는 채권에 관하여 채무자가 채무전액의 변제임을 공탁원인 중에 밝히고 공탁한 경우 채권자가 그 공탁금을 수령할 때 채권의 일부로서 수령한다는 등 별단의 유보의사표시를 하지 않은 이상 그 수령이 채권의 전액에 대한 변제공탁의 효력을 인정하여야 한다(대판 1983.6.28. 83다카88, 89).

    ㉣ 제3취득자의 채권최고액과 경매비용의 공탁 : 경매부동산의 제3취득자가 그 부동산으로 담보하는 채권최고액과 경매비용을 변제공탁한 경우 그 변제공탁은 유효하다(대결 1971.5.15. 71마251).

    ㉤ 원천징수세액을 공제한 나머지 금액 공탁 : 사업시행자가 토지소유자에게 지급할 보상금이 원천징수의 대상이 되는 경우에는, 사업시행자는 토지소유자에게 지급할 보상금에서 그 원천징수세액을 공제한 나머지 금액을 공탁할 수 있다. 원천징수세액의 공제를 소명하는 자료는 제출할 필요가 없다(공탁선례 제200405-1호).

    ㉥ 원금 이외에 이자, 지연손해금, 비용 등의 공탁 : 원금 이외에 이자, 지연손해금, 비용 등이 발생한 경우에는 이들 모두를 포함한 금액을 공탁하여야 전부공탁이 된다. 이 경우 지연손해금은 변제기 다음 날로부터 유효한 변제제공일까지 계산한 금액으로 한다.

    ㉦ 임대차보증금 : 임대차관계가 종료되는 경우에 그 임대차보증금 중에서 목적물을 반환받을 때까지 생긴 연체차임 등 임대차관계에서 당연히 발생하는 모든 채무를 공제한 나머지 금액에 대한 변제공탁은 유효하다.

③ 무효인 경우

    ㉠ 대납한 전기요금을 공제한 나머지 금액 공탁 : 공익사업토지보상법에 의한 수용보상금의 공탁은 특별한 사정이 없는 한 보상금 전액을 공탁하여야 하므로 사업시행자가 피수용자의 전기요금 등을 대납하였다 하더라도 그만큼을 공제한 차액만을 공탁할 수는 없다(공탁선례 제1-61호).

    ㉡ 채무자의 공탁원인과 다른 내용의 이의를 유보하고 공탁금을 수령한 경우 : 채권자가 단지 채무액에 대해서만 이의를 유보한 것이 아니라 채무자의 공탁원인인 부당이득반환 채무금과 다른 손해배상 채무금으로서 공탁금을 수령한다는 이의를 유보한 때에는 그 공탁금 수령으로 채무자의 공탁원인인 부당이득반환채무의 일부 소멸의 효과가 발생하지 않음은 당연하고 채권자가 공탁금을 수령함에 있어 유보한 취지대로 손해배상채무가 인정되지도 않는 이상 그 공탁의 하자가 치유되어 손해배상채무의 일부 변제로서 유효하다고 할 수도 없다(대판 1996.7.26. 96다14616).

ⓒ 채무자가 부족분을 추가공탁한 경우 : 채무자가 채무액의 일부만을 변제공탁하였으나 그 후 <u>부족분을 추가로 공탁하였다면 그때부터는 전 채무액에 대하여 유효한 공탁</u>이 이루어진 것으로 볼 수 있는 것이고, 이 경우 채권자가 공탁물수령의 의사표시를 하기 전이라면 추가공탁을 하면서 <u>제1차 공탁시에 지정된 공탁의 목적인 채무의 내용을 변경하는 것도 허용될 수 있다</u> 할 것이다(대판 1991.12.27. 91다35670).

ⓔ 근저당권의 피담보채무 일부의 공탁 : 근저당권의 피담보채무에 관하여 전액이 아닌 일부에 대하여 공탁한 이상 그 피담보채무가 계속적인 금전거래에서 발생하는 다수 채무의 집합체라고 하더라도 공탁금액에 상응하는 범위에서 채무소멸의 효과가 발생하는 것은 아니다(대판 1998.10.13. 98다17046).

채무자 겸 근저당권설정자가 근저당권설정등기의 말소를 구하기 위하여 변제할 채무액
<u>채무자의 채무액이 근저당 채권최고액을 초과하는 경우에 채무자 겸 근저당권설정자가 그 채무의 일부인 채권최고액과 지연손해금 및 집행비용만을 변제하였다면 채권전액의 변제가 있을 때까지 근저당권의 효력은 잔존채무에 미치는 것이므로 위 채무일부의 변제로써 위 근저당권의 말소를 청구할 수 없다</u>(대판 1981.11.10. 80다2712). → 원칙적으로 그 변제공탁은 무효이다.

채무의 일부에 대한 변제공탁이 일부 변제로 유효하게 되기 위한 요건
변제공탁이 유효하려면 채무 전부에 대한 변제의 제공 및 채무 전액에 대한 공탁이 있어야 하고 채무 전액이 아닌 일부에 대한 공탁은 그 부분에 관하여서도 효력이 생기지 않으나, 채권자가 공탁금을 채권의 일부에 충당한다는 유보의 의사표시를 하고 이를 수령한 때에는 그 공탁금은 채권의 일부의 변제에 충당되고, 그 경우 유보의 의사표시는 반드시 명시적으로 하여야 하는 것은 아니다(대판 2013.2.14. 2012다33297).

사례해설

무효이다.
경매부동산을 매수한 제3취득자가 그 부동산으로 담보하는 채권최고액과 경매비용을 변제공탁한 경우 그 변제공탁은 유효하다(대결 1971.5.15. 71마251).

3. 반대급부 조건부 공탁

① 변제공탁이 채무소멸의 원인이 되는 이유는 공탁을 함으로써 채권자가 공탁물출급청구권을 취득하게 되기 때문이므로, 변제공탁이 유효하려면 <u>채권자의 공탁물출급청구권과 본래 채권자가 채무자에 대하여 가지고 있는 채권은 그 권리의 성질과 범위가 동일하여야 한다.</u>

② 따라서 변제공탁의 목적인 채무가 조건 없는 채무인 경우에는 그 변제공탁도 무조건적으로 하여야 하므로, 채무자(공탁자)가 채권자(피공탁자)에 대하여 선이행의 항변권 또는 동시이행의 항변권을 가지는 경우에만 채권자의 반대급부의 이행을 공탁물 수령의 조건으로 하여 공탁을 할 수 있다(대판 1970.9.22. 70다1061). 이 경우 공탁자는 공탁서에 반대급부의 내용을 기재하여야 한다(공탁규칙 제20조 제2항 제7호).

③ 이에 반해 본래의 채권에 부착하고 있지 않은 조건을 붙여서 한 공탁은 채권자가 이를 수락하지 않는 한 조건뿐만 아니라 공탁 그 자체가 무효로 된다.

④ 부당한 반대급부 조건을 붙여서 한 변제공탁이라 할지라도 그 반대급부 조건이 이미 성취되어 공탁물 <u>수령에 아무런 지장이 없으면 그 공탁은 유효한 것으로 된다</u>(대판 1969.2.18. 66다1244).

⑤ 반대급부 조건부 공탁이 유효한 경우

　㉠ 매수인이 <u>잔대금을 변제공탁</u>하면서 소유권이전등기에 필요한 일체 서류의 교부를 반대급부 조건으로 한 것은 유효하다(공탁선례 제1-63호).

　㉡ 소유권 이외의 권리관계가 없는 부동산에 대하여 매매계약을 체결하고 계약금과 중도금까지 이행된 후 잔대금 지급기일 전에 목적 부동산 위에 근저당권설정등기 및 압류등기가 이루어진 경우에는 특약이 없는 한 매수인의 잔대금 지급의무와 매도인의 기타권리등기의 말소의무는 동시이행관계에 있으므로, 매수인이 <u>잔대금을 변제공탁</u>하면서 소유권 이외의 권리 일체를 말소할 것을 반대급부 조건으로 하는 것은 유효하다(공탁선례 제1-63호).

　㉢ <u>채무를 변제공탁</u>하면서 어음반환·영수증을 반대급부 조건으로 한 것은 유효하다(대판 1992.12.22. 92다8712).

　㉣ 전세권설정자가 <u>전세금을 공탁</u>하면서 전세권말소를 반대급부 조건으로 한 것은 유효하다(공탁선례 제1-167호).

"전세권말소"를 반대급부로 하여 전세금을 공탁한 경우(유효)

가. 전세권자의 전세목적물 인도의무 및 전세권설정등기말소 이행의무와 전세권설정자의 전세금 반환의무는 서로 동시이행의 관계에 있기 때문에, 전세권설정자가 전세금을 공탁하면서 반대급부 내용란에 '전세권말소'라고 기재한 것은 반대급부의 내용이 유효조건이므로 적법한 공탁이라고 할 수 있다.

나. 공탁공무원은 직접 반대급부 내용물을 수령하는 것은 불가하므로 반대급부의 내용물을 공탁공무원에게 이행할 수는 없으며, 반대급부를 내용으로 하는 변제공탁에 있어서 피공탁자가 공탁물을 출급청구하려면 반대급부를 이행하였다는 증명서를 공탁소에 제출하여야 한다.

다. 따라서 피공탁자(전세권자)가 전세권설정등기의 말소에 필요한 모든 서류를 구비하고 공탁자(전세권설정자)의 의무이행을 구하였으나 공탁자가 위 말소등기에 필요한 의무이행을 하지 않을 때에는 위 관계서류를 내용증명 및 배달증명 우편으로 송달하고 그 내용증명 및 배달증명서를 첨부하여 공탁금 출급청구를 하거나, 또는 변제공탁의 요건이 갖추어지면 위 관계서류를 물품공탁한 후에 공탁증서를 교부받아서 이를 첨부하여 공탁금 출급청구를 할 수도 있을 것이다(공탁선례 제2-128호).

---

⑥ 기타 동시이행관계가 인정되는 경우

　㉠ 가등기담보에 있어 청산금지급채무와 부동산의 소유권이전등기 및 인도의무

　㉡ 임대차계약기간이 만료된 경우에 임차인이 임차목적물을 명도할 의무와 임대인이 보증금 중 연체차임 등 당해 임대차에 관하여 명도시까지 생긴 모든 채무를 청산한 나머지를 반환할 의무

⑦ 반대급부 조건부 공탁이 무효인 경우

　㉠ 근저당권의 피담보채무를 변제공탁하면서 근저당권설정등기의 말소에 필요한 일체 서류의 교부를 반대급부 조건으로 한 경우 특약이 없는 한 그 공탁은 무효이다(대결 1966.4.29. 65마210, 대판 1975.12.23. 75다1134).

　㉡ 채무자가 변제공탁을 하면서 가등기 및 본등기의 말소를 반대급부 조건으로 하였다면 그 공탁은 무효이다(대판 1982.12.14. 82다카1321·1322).

　㉢ 사업시행자가 수용보상금의 공탁을 하면서 매매계약서, 등기필증, 인감증명서, 주민등록표초본, 부동산등기사항증명서를 반대급부 조건으로 한 경우 그 공탁은 무효이다(대판 1979.10.30. 78누378 참조).

　㉣ 채무자가 근저당권의 피담보채무의 변제공탁을 하면서 경매신청취하와 근저당권설정등기 말소의 선이행을 반대급부 조건으로 한 경우 그 공탁은 무효이다(대판 1970.9.22. 70다1061).

ⓜ 건물명도와 동시이행관계에 있는 임차보증금의 변제공탁을 함에 있어서 건물을 명도하였다는 확인서를 첨부할 것을 반대급부 조건으로 붙인 경우 그 변제공탁은 명도의 선이행을 조건으로 한 것이라고 볼 수밖에 없으므로 무효이다(대판 1991.12.10. 91다27594). 다만, "건물명도"를 반대급부 조건으로 한 변제공탁은 할 수 있다.

ⓑ 임대인의 임대차보증금 반환의무와 임차인의 주택임대차보호법 제3조의3에 의한 임차권등기 말소의무가 동시이행관계에 있는 것은 아니므로(대판 2005.6.9. 2005다4529), 임차보증금을 변제공탁하면서 주택임대차보호법 제3조의3에 의한 임차권등기 말소를 반대급부 조건으로 공탁할 수 없다.

ⓢ 채무자가 채권전부를 변제한 때에는 채권자에게 채권증서의 반환을 청구할 수 있으나(민법 제475조), 영수증 교부와는 달리 변제와 동시이행의 관계에 있는 것이 아니므로(대판 2005.8.19. 2003다22042), 채권증서의 반환을 반대급부 조건으로 공탁할 수는 없다.

Ⅳ 변제공탁의 시기

변제공탁의 시기에 관하여 특별한 규정은 없으나 채권자의 수령거절을 원인으로 하는 경우에는 채무의 내용에 따른 변제제공 후 상당기간 내에 공탁하면 될 것이다.

제4절 │ 변제공탁의 효과

> **사례**
>
> 채무자 甲은 채권자 乙을 피공탁자로 하는 변제공탁을 하였으나 피공탁자에 대한 공탁통지가 이루어지지 않았다.
>
> 1. 채무소멸의 효과는 발생하는가?
> 2. 甲의 채권자 丙이 甲에 대한 채권으로 甲이 가지고 있는 공탁금회수청구권에 대하여 압류 및 전부명령을 받아 공탁금을 회수한 경우에도 甲의 채무소멸의 효과는 여전히 유효한가?

Ⅰ 채무의 소멸

1. 채무소멸의 의의

① 변제공탁을 하면 변제가 있었던 것처럼 채무가 소멸되고(민법 제487조) 그 이자의 발생도 정지된다.

② 이러한 채무소멸의 효과는 공탁관이 공탁을 수리하고 공탁자가 공탁물보관자에게 공탁물을 납입한 때에 발생하는 것이지 피공탁자에 대한 공탁통지나 피공탁자의 수익의 의사표시가 있는 때에 공탁의 효력이 생기는 것은 아니다(대결 1972.5.15. 72마401).

2. 채무소멸의 효력발생시기

(1) 문제점

공탁물회수청구권과 관련하여 공탁에 의한 채무소멸의 효력발생시기를 언제로 볼 것인지 견해의 대립이 있다.

(2) 견해의 대립

① 해제조건설은 변제공탁의 성립에 의하여 채권은 소멸하지만 공탁자가 공탁물을 회수하면 공탁 시에 소급해서 채무소멸의 효과가 발생하지 않는 것으로 보고 있다.

② 정지조건설은 변제공탁에 의한 채무의 소멸은 공탁물회수청구권의 소멸을 정지조건으로 하지만 채무소멸의 효과는 공탁을 한 때에 소급한다고 보고 있다.

3. 검토 및 판례

공탁에 의해 채무가 소멸한다는 민법 제487조의 규정과 공탁물의 회수로 인하여 공탁이 없었던 것으로 본다는 민법 제489조 제1항의 명문규정에 비추어 볼 때 해제조건설이 타당하고, 판례의 입장이다.

> **피공탁자가 공탁자에 대한 별도 채권에 의한 집행권원에 기하여 압류 및 전부의 방법으로 공탁물을 회수한 경우**
>
> 적법한 변제공탁으로써 공탁원인 사실에 특정되어 있는 채권이 소멸되는 효과가 발생되는 것이기는 하나, 한편 공탁자가 공탁물 회수권의 행사에 의하여 공탁물을 회수한 경우에는 공탁하지 아니한 것으로 보아 채권소멸의 효력은 소급하여 없어진다고 할 것이고, 이와 같이 채권소멸의 효력을 소급적으로 소멸시키는 공탁물의 회수에는 공탁자에 의하여 이루어진 경우뿐만 아니라, 제3자는 물론 피공탁자가 공탁자에게 대하여 가지는 별도 채권의 채무 명의로써 공탁자의 공탁물 회수청구권을 압류 및 전부 받아 그 집행으로 공탁물을 회수한 경우도 이에 포함된다 할 것이다(대판 1981.2.10. 80다77).

> **제3자가 공탁자에 대하여 가지는 별도 채권의 집행권원에 기하여 회수청구권에 대한 압류 및 추심명령을 받아 공탁금을 회수한 경우**
>
> 변제공탁이 적법한 경우에는 채권자가 공탁물 출급청구를 하였는지 여부와는 관계없이 공탁을 한 때에 변제의 효력이 발생하나, 변제공탁자가 공탁물 회수권의 행사에 의하여 공탁물을 회수한 경우에는 공탁하지 아니한 것으로 보아 채권소멸의 효력은 소급하여 없어진다. 이와 같이 채권소멸의 효력을 소급적으로 소멸시키는 공탁물의 회수에는 공탁자에 의하여 이루어진 경우뿐만 아니라, 제3자가 공탁자에게 대하여 가지는 별도 채권의 집행권원으로써 공탁자의 공탁물 회수청구권에 대하여 압류 및 추심명령을 받아 그 집행으로 공탁물을 회수한 경우도 포함된다(대판 2014.5.29. 2013다212295).

Ⅱ 담보의 소멸

변제공탁이 성립하면 채무가 소멸하므로 그 채무에 수반된 물적담보(질권, 저당권 등)나 인적담보(보증채무 등)도 변제공탁의 성립으로 담보물권의 부종성에 의해 당연히 소멸한다.

Ⅲ 　공탁물 지급청구권의 발생

변제공탁으로 피공탁자는 공탁소에 대하여 공탁물출급청구권을 취득[54]하고, 공탁자는 공탁물회수청구권을 취득한다. 피공탁자의 공탁물출급청구권은 본래의 채권에 갈음하는 권리로서 그 권리의 성질과 범위는 본래의 채권과 동일한 것이라고 할 것이므로, <u>본래의 채권이 압류금지채권이라면 그 공탁물출급청구권도 압류금지채권으로 된다.</u>

Ⅳ 　공탁물 소유권의 이전

1. 공탁물이 금전 기타 소비물인 경우(공탁자 → 공탁소 → 피공탁자)

① 이 경우에는 소비임치가 성립하므로(민법 제702조), 공탁물의 소유권은 공탁 성립 시에는 일단 공탁소가 취득하였다가 그 후에 피공탁자가 공탁소로부터 공탁물을 수령한 때에 공탁물의 소유권을 취득한다.

② 회수청구를 한 경우에는 공탁자 → 공탁소 → 공탁자로 소유권이 변동한다.

2. 공탁물이 특정물인 경우(공탁자 → 피공탁자)

① 공탁소가 공탁물의 소유권을 취득하는 것이 아니라 공탁자로부터 피공탁자에게로 직접 공탁물의 소유권이 이전된다고 보아야 하므로, 그 소유권이전 시기는 물권변동의 효력발생시기에 관한 일반원칙에 따라야 한다는 것이 통설이다.

② 즉, 피공탁자가 공탁소로부터 목적물을 인도받은 때에 소유권이 이전된다고 본다. 회수청구하는 경우에는 공탁자의 소유권에 대한 변동이 없다.

사례해설

1. 채무소멸의 효과는 발생한다.

변제공탁을 하면 변제가 있었던 것처럼 채무가 소멸되고(민법 제487조) 그 이자의 발생도 정지된다. 이러한 채무소멸의 효과는 공탁관이 공탁을 수리하고 공탁자가 공탁물보관자에게 공탁물을 납입한 때에 발생하는 것이지 피공탁자에 대한 공탁통지나 피공탁자의 수익의 의사표시가 있는 때에 공탁의 효력이 생기는 것은 아니다(대결 1972.5.15. 72마401).

2. 채무소멸의 효과는 소급하여 소멸한다.

적법한 변제공탁으로써 공탁원인 사실에 특정되어 있는 채권이 소멸되는 효과가 발생되는 것이기는 하나, 한편 공탁자가 공탁물 회수권의 행사에 의하여 공탁물을 회수한 경우에는 공탁하지 아니한 것으로 보아 채권소멸의 효력은 소급하여 없어진다고 할 것이고, 이와 같이 채권소멸의 효력을 소급적으로 소멸시키는 공탁물의 회수에는 공탁자에 의하여 이루어진 경우뿐만 아니라, 제3자는 물론 피공탁자가 공탁자에게 대하여 가지는 별도 채권의 채무 명의로써 공탁자의 공탁물 회수청구권을 압류 및 전부 받아 그 집행으로 공탁물을 회수한 경우도 이에 포함된다 할 것이다(대판 1981.2.10. 80다77).

---

54) 공탁을 제3자를 위한 임치계약으로 보는 견해에 의하더라도 출급청구권의 취득에 <u>채권자의 수익의 의사표시를 필요로 하지 않는다.</u>

I 의 의

① 공탁이 성립되면 공탁자에게는 회수청구권이, 피공탁자에게는 출급청구권이 각각 독립하여 공탁과 동시에 발생한다. 이들 양 권리를 합하여 강학상 지급청구권이라 한다.

② 공탁물 지급청구권은 공탁자 또는 피공탁자에게 귀속하는 일종의 지명채권의 성질을 가지며 일신전속권이 아니므로 상속의 대상이 되고, 양도·질권설정 등의 임의처분은 물론 압류·가압류·가처분·전부·추심명령·체납처분 등 집행의 대상이 될 수 있으며, 채권자대위권의 목적이 될 수 있다.

③ 공탁물출급청구권과 공탁물회수청구권은 하나의 동일한 공탁에 의하여 발생된 두 개의 권리인 점에서 그중 어느 일방의 권리가 행사되면 타방의 권리도 소멸되나, 그 전까지는 양 권리는 서로 독립한 별개의 청구권이므로 원칙적으로 어느 일방에 대한 양도, 압류 등은 타방에 대하여 아무런 영향을 미치지 않는다.

II 변제공탁물의 출급

1. 의 의

① 공탁물의 출급이라 함은 출급청구권자인 피공탁자 등의 청구에 의하여 공탁의 본래 목적에 따라 피공탁자 등에게 공탁물을 지급하는 것을 의미한다.

② 공탁법에는 피공탁자의 공탁물출급청구권을 명문으로 규정하고 있지 않으나, 공탁규칙 제32조 이하에서 공탁물 출급절차에 관하여 규정하고 있고 공탁이 변제에 준하여 채무소멸의 원인이 되는 것도 피공탁자가 이 공탁물출급청구권을 취득하기 때문이다.

2. 출급청구권자

(1) 피공탁자

① 변제공탁의 공탁물출급청구권자는 피공탁자이다. 피공탁자는 공탁서의 기재에 의하여 형식적으로 결정되므로, 실체법상의 채권자라고 하더라도 피공탁자로 지정되어 있지 않다면 공탁물출급청구권을 행사할 수 없다.

② 가분채권 : 수용보상금을 공탁하면서 수용대상토지의 공유자 전원을 피공탁자로 한 경우 그 수용보상금을 가분채권으로 보아 공유자 각자가 자기의 등기부상 지분에 해당하는 공탁금을 출급청구할 수 있다(공탁선례 제1-103호).

③ **불가분채권** : 불가분채권의 목적물이 공탁된 경우에는 수인의 피공탁자 전원이 함께 공탁금을 출급하여야 하고, 따라서 조합재산을 공익사업토지보상법에 의하여 수용하고 그 보상금을 공탁하면서 합유자인 조합원 전체를 피공탁자로 한 경우에는 조합원의 지분을 특정하였더라도 그 보상금은 조합원 전체의 합유이므로 위 공탁금을 출급청구함에 있어서는 조합원 전원의 청구에 의하여야 한다(공탁선례 제1-101호 참조).

불가분채권자 전원을 피공탁자로 지정하여 변제공탁을 한 경우 공탁물 출급 방법

1. 변제공탁에서 공탁물 출급청구권자는 공탁서의 기재에 의하여 형식적으로 결정되고, 형식적 심사권만을 갖는 공탁관은 피공탁자로 지정된 자에게만 공탁금을 출급할 수 있다.
2. 따라서 실체법상 불가분채권자 1인이 모든 채권자를 위하여 단독으로 이행을 청구할 수 있더라도 채무자인 공탁자가 변제공탁을 하면서 공탁서에 불가분채권자 2인을 피공탁자로 기재하였다면 비록 피공탁자 중 1인이 공탁자의 출급동의서를 첨부하였더라도 단독으로 공탁금 출급청구를 할 수 없고, 피공탁자 전원이 함께 청구하거나 피공탁자 1인이 나머지 피공탁자의 위임을 받아 청구하여야 한다(공탁선례 제2-133호).

---

(2) 피공탁자의 승계인

① 피공탁자로부터 출급청구권을 상속, 채권양도, 추심(전부)명령 기타 원인으로 승계받은 자는 그 사실을 증명하는 서면을 첨부하여 피공탁자의 승계인으로서 공탁물출급청구권을 행사할 수 있다.

② **전부채권자** : 전부채권자는 피공탁자의 특정승계인으로서 출급청구할 수 있다(공탁선례 제200103-2호).

③ **집행채권의 양수인** : 추심채권자가 집행채권을 제3자에게 양도한 경우 해당 추심채권자로서의 지위도 집행채권의 양도에 수반하여 양수인에게 이전되므로, 집행채권의 양수인은 다시 국가를 제3채무자로 하여 압류 및 추심명령을 받을 필요까지는 없지만(공탁선례 제2-335호), 승계집행문은 부여받아야 한다.

④ **임금채권의 대리인** : 사용자가 임금 또는 퇴직금을 변제공탁한 경우 근로자 본인이 아닌 대리인은 원칙적으로 공탁물출급청구를 할 수 없으나, 근로자가 질병 등 부득이한 사정으로 직접 청구할 수 없는 사유가 있음을 소명하고 그 배우자나 자녀가 공탁금출급청구를 한 경우와 같이 사실상 본인이 청구한 것과 동일하게 볼 수 있는 때에는 예외적으로 공탁물을 출급청구할 수도 있다(공탁선례 제1-112호).

(3) 공탁당사자 아닌 제3자

① 공탁당사자가 아닌 제3자가 피공탁자를 상대로 하여 공탁물출급청구권 확인판결을 받았다 하더라도 그 확인판결을 받은 제3자가 직접 공탁물출급청구를 할 수는 없다(대결 1993.12.15. 93마1470).

② 이 경우 피공탁자로부터 공탁물출급청구권을 양도받거나, 자발적으로 양도하지 않으면 피공탁자를 상대로 "공탁물출급청구권에 대한 양도의 의사표시를 하고 채무자인 국가(소관 공탁관)에게 통지하라"는 내용의 판결을 받아 출급청구할 수 있을 것이다.

3. 출급청구권의 행사

사례

채무자 甲은 채권자 乙을 피공탁자로 하여 부당이득금에 대해서 변제공탁을 하였다.

1. 乙이 손해배상금으로 공탁금을 수령한다는 이의를 유보하고 출급청구한 경우 손해배상금 채무는 소멸하는가?

2. 乙의 채권자 丙이 乙에 대한 채권으로 乙이 가지고 있는 공탁금 출급청구권에 대하여 압류 및 전부명령을 받은 경우 丙이 이의를 유보하고 출급청구할 수 있는가?

3. 乙의 채권자 丙이 乙에 대한 채권으로 乙이 가지고 있는 공탁금 출급청구권에 대하여 압류명령을 받은 경우 丙이 이의유보의사표시를 할 수 있는가?

(1) 이의유보 의사표시

① 의 의

㉠ 공탁물의 수령에 관한 이의유보의 의사표시는 변제공탁의 피공탁자가 공탁물출급청구시 공탁원인에 승복하여 공탁물을 수령하는 것이 아님을 분명히 함으로써 공탁한 취지대로 채무소멸의 효과가 발생함을 방지하고자 하는 의사표시이다.

㉡ 그러나 이의유보의 의사표시는 채권의 성질에 다툼이 있는 경우에는 할 수 없으므로, 채권자가 채무액에 대해서만 이의를 유보한 것이 아니라 공탁원인인 부당이득반환채무금과 다른 손해배상채무금으로서 공탁금을 수령한다는 이의를 유보하고 공탁물을 수령한 경우에는 채무자의 공탁원인인 부당이득반환채무의 일부소멸의 효과는 발생하지 않고, 또한 이의유보의 취지대로 손해배상채무의 일부변제로서 유효하다고 할 수도 없다.

㉢ 따라서 채권자의 공탁금 수령은 법률상 원인 없는 것이 되고 이로 인하여 채무자는 위 공탁금을 회수할 수도 없게 됨으로써 동액 상당의 손해를 입었다 할 것이므로 채권자는 채무자에게 출급한 공탁금을 반환하여야 한다(대판 1996.7.26. 96다14616).

② 의사표시를 할 수 있는 자

㉠ 이의유보의 의사표시를 할 수 있는 자는 원칙적으로 변제공탁의 피공탁자이나, 공탁물출급청구권에 대한 양수인, 상속인, 전부채권자, 추심채권자, 채권자대위권을 행사하는 일반 채권자도 이의유보의 의사표시를 할 수 있다.

㉡ 그러나 공탁물출급청구권의 압류 또는 가압류채권자는 당해 공탁물출급청구권의 처분권한을 갖지 못하므로 채권자대위에 의하지 않는 한 이의유보의 의사표시를 할 수는 없다.

③ 의사표시의 상대방

㉠ 이의유보 의사표시의 상대방은 반드시 공탁관에 국한할 필요가 없고 공탁자에 대하여도 할 수 있다(대판 1993.9.14. 93누4618).

㉡ 한국토지주택공사의 사장이 정관으로 정하는 바에 따라 선임하는 직원은 공사의 대리인으로서 공사의 업무수행에 필요한 재판상 또는 재판 외의 모든 행위를 할 수 있으므로(한국토지주택공사법 제7조 참조) 이의유보 의사표시의 상대방이 될 수 있으나, 국립원호병원의 토지수용담당 주무과장은 원칙적으로 이의유보 의사표시의 상대방이 될 수 없다.

④ 의사표시의 방법 : 공탁관에게 이의유보 의사표시를 하려면 공탁물출급청구서의 "청구 및 이의유보 사유"란에 이의유보의 취지를 기재하면 되고, 공탁자에게 이의유보 의사표시를 하려면 공탁자에게 이의유보의 취지를 통지한 후 그 서면을 공탁물출급청구서에 첨부하면 된다(공탁선례 제1-92호 참조).

(2) 묵시적 이의유보 의사표시

① 의의 : 피공탁자가 그 공탁금을 수령하면서 공탁관이나 공탁자에게 채권의 일부로 수령한다는 등 이의유보의 의사표시를 한 바 없다면 피공탁자는 그 공탁의 취지에 따라 이를 수령하였다고 보아야 하지만, 피공탁자가 위 공탁금을 수령함에 있어 이의유보의 의사표시를 명시적으로 하지 않았다 하더라도 일정한 사정 아래서는 공탁자에 대하여 채권의 일부로 수령한다는 묵시적인 이의유보의 의사표시가 있었다고 보아야 한다(대판 1997.11.11. 97다37784).

② 묵시적 이의유보 의사표시를 부정한 사례

㉠ 사업시행자가 토지수용보상금을 공탁한 경우에, 피공탁자인 토지소유자가 위 재결에 대하여 이의신청을 제기하거나 소송을 제기하고 있는 중이라고 할지라도 그 쟁송 중에 보상금 일부의 수령이라는 등 이의유보의 의사표시를 함이 없이 공탁금을 수령하였다면, 공탁금 수령당시 이의신청이나 소송이 계속중이라는 사실만으로 공탁금의 수령에 관한 이의유보의 의사표시가 있는 것과 같이 볼 수는 없다 (대판[전합] 1982.11.9. 82누197 참조).

㉡ 사업시행자가 토지수용보상금을 공탁한 경우에, 피공탁자가 아무런 이의도 유보하지 아니한 채 공탁금을 수령하였다면 원재결에서 정한 보상금을 증액하기로 원재결을 변경한 이의신청의 재결에 대하여 피공탁자가 제기한 행정소송이 공탁금수령시 계속중이었다는 사실만으로는, 공탁금의 수령에 관하여 묵시적인 이의유보의 의사표시가 있었다고 볼 수 없다(대판 1990.1.25. 89누4109 참조).

㉢ 피공탁자가 수용재결에서 정한 손실보상금을 수령할 당시 이의유보의 뜻을 표시하였다 하더라도 이의재결에서 증액된 손실보상금을 수령하면서 이의유보의 뜻을 표시하지 아니한 이상 이의재결의 결과에 승복하여 수령한 것으로 보아야 하고, 추가보상금을 수령할 당시 이의재결을 다투는 행정소송이 계속중이라는 사실만으로는 추가보상금의 수령에 관하여 이의유보의 의사표시가 있는 것과 같이 볼 수 없다(대판 1995.9.15. 93누20627).

③ 묵시적 이의유보 의사표시를 긍정한 사례

㉠ 채권자가 제기한 대여금 청구소송에서 채무자와 채권자 사이에 이자의 약정 여부에 관하여 다툼이 있던 중 채무자가 채권자를 피공탁자로 하여 원금과 법정이율에 의한 이자를 변제공탁하자 채권자가 그 공탁금을 원금과 약정이율에 따른 이자에 충당하는 방법으로 계산한 뒤 남은 금액을 청구금액으로 하여 청구취지를 감축하고 그 청구취지감축 및 원인변경신청서가 채무자에게 송달된 후에 공탁금을 수령한 경우, 위 공탁금 수령시 채권의 일부로 수령한다는 채권자의 묵시적 이의유보의 의사표시가 있었다고 볼 것이다(대판 1997.11.11. 97다37784).

㉡ 채권자가 1심에서 금 13,523,461원의 손해를 입었다고 주장하여 그중 금 9,697,704원을 인용하는 가집행선고부 일부 승소판결이 선고되었는데, 채무자의 불복 항소로 사건이 2심에 계속중일 때 채권자가 채무자가 공탁한 금 2,838,000원을 아무런 이의유보 의사표시를 하지 않은 채 수령하였고, 그 수령에 앞서 변호사를 선임하여 채무자의 항소를 다투어 왔으며, 공탁금 수령 즉시 제1심 판결에 기하여 금 9,697,704원을 청구금액으로 한 부동산강제경매신청을 하여 그 강제경매개시결정이 그 무렵 채무자에게 송달된 경우와 같은 사정 아래서는 채권자가 위 공탁금을 수령함에 있어서 채무자에 대하여 채권의 일부로 수령한다는 묵시적인 이의유보의 의사표시가 있었다고 보아야 한다(대판 1989.7.25. 88다카11053).

(3) 이의유보 의사표시의 효과

채권액에 다툼이 있는 채권에 대하여 채무자가 채무전액의 변제임을 공탁원인 중에 밝히고 공탁한 경우 피공탁자가 그 공탁금을 수령할 때 채권의 일부로서 수령한다는 이의를 유보하고 공탁물을 출급받는다면 이러한 이의유보부 출급으로 채권자는 그 나머지 잔액에 대하여도 다시 청구할 수 있다.

(4) 이의유보 의사표시 없는 공탁물 수령의 효과

① **공탁원인대로 효과 발생** : 공탁자가 공탁원인으로 들고 있는 사유가 법률상 효력이 없는 것이어서 공탁이 부적법하다고 하더라도, 피공탁자가 그 공탁물을 수령하면서 아무런 이의도 유보하지 아니하였다면, 특별한 사정이 없는 한 공탁자가 주장한 공탁원인을 수락한 것으로 보아 공탁자가 공탁원인으로 주장하는 대로 법률효과가 발생한다(대판 1992.5.12. 91다44698).

② **채권전액에 대한 변제의 효과** : 피공탁자가 아무런 이의유보의 의사표시 없이 공탁물을 출급받은 때에는 공탁서에 기재된 공탁원인을 승낙하는 효과가 발생하여 채권전액에 대한 변제의 효과가 발생하게 된다 (대판 1973.11.13. 72다1777).

> **이의유보 없는 공탁물수령의 효과**
>
> 매매계약 해제를 위하여 계약금의 배액인 금원을 변제공탁하고 그 공탁금을 수령한 이상 피공탁자인 원고가 공탁관에 대하여 유보를 붙인 환부청구를 한 것이 아닌 한 공탁서에 기재된 대로의 공탁원인으로 채무소멸의 효과가 발생하는 것이다(대판 1973.11.13. 72다1777).

③ **공탁의 취지에 따른 변제충당** : 따라서 채권자가 아무런 이의 없이 공탁금을 수령하였다면 이는 공탁의 취지에 의하여 수령한 것이 되어 그에 따른 법률효과가 발생하는 것이므로, 채무자가 변제충당할 채무를 지정하여 공탁한 것을 채권자가 아무런 이의 없이 수령하였다면 그 공탁의 취지에 따라 변제충당된다(대판 1987.4.14. 85다카2313).

④ **공탁의 취지에 따른 해제의 효과** : 매도인이 매수인의 채무불이행을 이유로 매매계약을 해제하면서 그가 받은 중도금을 변제공탁하였고 매수인이 이를 아무 이의 없이 수령하였다면 실제로 매수인의 채무불이행이 있었는지 여부를 불문하고 채무불이행으로 인한 매도인의 해제의 법률효과가 발생한다(대판 1980.7.22. 80다1124).

> **일부금을 이의를 유보하고 출급한 경우 미출급된 공탁금에 대하여 공탁수락의 의사표시가 미치는지 여부**
>
> 변제공탁의 피공탁자가 공탁된 금원 중 일부금을 이의를 유보하고 출급한 경우, 미출급된 공탁금에 대해서는 공탁수락의 의사표시가 미치지 않는다고 보아 공탁자의 공탁금회수청구권은 소멸되지 않는다(공탁선례 제2-331호).

1. 손해배상금 채무소멸의 효과는 발생하지 않는다.

채권자가 채무액에 대해서만 이의를 유보한 것이 아니라 공탁원인인 부당이득반환채무금과 다른 손해배상채무금으로서 공탁금을 수령한다는 이의를 유보하고 공탁물을 수령한 경우에는 채무자의 공탁원인인 부당이득반환채무의 일부소멸의 효과는 발생하지 않고, 또한 이의유보의 취지대로 손해배상채무의 일부변제로서 유효하다고 할 수도 없다. 따라서 채권자의 공탁금 수령은 법률상 원인 없는 것이 되고 이로 인하여 채무자는 위 공탁금을 회수할 수도 없게 됨으로써 동액 상당의 손해를 입었다 할 것이므로 채권자는 채무자에게 출급한 공탁금을 반환하여야 한다(대판 1996.7.26. 96다14616).

2. 丙은 이의유보 의사표시를 할 수 있다.

이의유보의 의사표시를 할 수 있는 자는 원칙적으로 변제공탁의 피공탁자이나, 공탁물출급청구권에 대한 양수인, 상속인, 전부채권자, 추심채권자, 채권자대위권을 행사하는 일반 채권자도 이의유보의 의사표시를 할 수 있다.

3. 할 수 없다.

공탁물출급청구권의 압류 또는 가압류채권자는 당해 공탁물출급청구권의 처분권한을 갖지 못하므로 채권자대위에 의하지 않는 한 이의유보의 의사표시를 할 수는 없다.

4. 출급의 효과

(1) 공탁절차의 종료

공탁물의 출급으로 공탁절차는 본래의 목적을 달성하고 종료하며, 피공탁자의 출급청구권은 물론 공탁자의 회수청구권도 소멸한다.

(2) 부적법 공탁의 하자 치유

피공탁자가 이의를 유보하지 않은 채 공탁을 수락하고 공탁물을 출급청구하였다면 원칙적으로 공탁서에 기재된 공탁자의 주장을 다툴 수 없게 되고 공탁의 무효를 주장할 수도 없게 되므로, 형식적 요건이나 실체적 요건의 흠결이 있는 공탁일지라도 특별한 사정이 없는 한 그 흠결이 치유되어 유효한 공탁이 된다.

Ⅲ 변제공탁물의 회수

사례

채무자 甲은 채권자 乙을 피공탁자로 하여 변제공탁을 하였다. 乙은 甲을 상대로 하여 대여금청구소송을 제기하였고 소송과정에서 甲이 공탁하였음을 주장하여 변제공탁이 유효함을 이유로 乙은 패소 확정판결을 받았다.

1. 甲은 공탁금을 회수청구할 수 있는가?
2. 만약 乙이 패소한 확정판결 정본을 아직 공탁소에 제출하지 아니하는 동안에 甲이 공탁금을 회수청구한다면 공탁관은 이를 인가할 수 있는가?
3. 甲이 공탁금을 회수한 경우 乙이 취할 조치는?

> **공탁물의 수령·회수(공탁법 제9조)**
>
> ① 공탁물을 수령하려는 자는 대법원규칙으로 정하는 바에 따라 그 권리를 증명하여야 한다.
> ② 공탁자는 다음 각 호의 어느 하나에 해당하면 그 사실을 증명하여 공탁물을 회수할 수 있다.
>   1. 민법 제489조에 따르는 경우
>   2. 착오로 공탁을 한 경우
>   3. 공탁의 원인이 소멸한 경우
>
> **공탁물의 회수(민법 제489조)**
>
> ① 채권자가 공탁을 승인하거나 공탁소에 대하여 공탁물을 받기를 통고하거나(공탁수락의 의사표시) 공탁유효의 판결이 확정되기까지는 변제자는 공탁물을 회수할 수 있다. 이 경우에는 공탁하지 아니한 것으로 본다.
> ② 전항의 규정은 질권 또는 저당권이 공탁으로 인하여 소멸한 때에는 적용하지 아니한다.

1. 의 의

① 공탁자는 민법 제489조에 의한 경우, 착오로 공탁을 한 경우, 공탁원인이 소멸한 경우에 공탁물을 회수할 수 있다(공탁법 제9조 제2항).

② 민법 제489조에 의한 회수는 변제공탁의 특유한 회수사유이고, 착오나 공탁원인소멸을 원인으로 한 회수는 공탁법상의 회수사유로서 제한규정이 없는 한 원칙적으로 모든 공탁의 회수사유이다.

③ 민법상의 회수사유와 공탁법상의 회수사유는 그 법률적 성질이 다르므로 나누어 살펴본다.

2. 민법상의 회수

(1) 의 의

① 변제공탁자는 공탁으로 인하여 질권, 저당권 등이 소멸하지 않는 경우에 피공탁자가 공탁을 승인하거나 공탁소에 대하여 공탁물을 받기를 통고하거나 공탁유효판결이 확정되기까지는 공탁물을 회수할 수 있다(민법 제489조 제1항).

② 즉, 회수청구권 소멸사유가 없는 한 변제자(공탁자)는 언제든지 공탁물을 회수할 수 있다. 이것이 민법상의 회수이다.

(2) 근 거

> **민법 제489조**
>
> ① 변제공탁자는 공탁으로 인하여 질권, 저당권 등이 소멸하지 않는 경우에 ② 피공탁자가 공탁을 승인하거나 공탁소에 대하여 공탁물을 받기를 통고(공탁수락의 의사표시)하거나 ③ 공탁유효판결이 확정되기까지는 공탁물을 회수할 수 있다(민법 제489조 제1항). 즉, 회수청구권 소멸사유가 없는 한 변제자(공탁자)는 언제든지 공탁물을 회수할 수 있다. 이것이 민법상의 회수이다.[55]

---

55) 변제공탁은 채무자의 과실 없이 변제를 할 수 없는 특별한 사정이 있는 경우에 채무자가 채권관계의 구속으로부터 벗어날 수 있도록 성실한 채무자를 보호하기 위하여 인정된 제도이기 때문에, 공탁 후의 사정변경 등으로 변제자가 공탁물을 회수하기를 원할 경우에는 허용하는 것이 공탁제도의 취지에 부합한다고 할 수 있다.

민법 제489조에 의한 회수 불가

토지수용보상금의 공탁은 공익사업토지보상법 제42조에 의하여 간접적으로 강제되는 것으로서 자발적으로 이루어지는 것이 아니므로, 민법 제489조의 규정은 배제되어 사업시행자인 공탁자는 그 공탁금을 자유롭게 회수할 수 없고 착오공탁 또는 공탁사유의 소멸을 원인으로 한 공탁물회수청구만이 인정된다.

기업자의 손실보상금 공탁에 대한 민법 제489조의 적용은 배제

토지수용법 제61조 제2항에 의하여 기업자가 하는 관할토지수용위원회가 토지수용재결에서 정한 손실보상금의 공탁은 동법 제65조(공익사업을 위한 토지 등의 취득 및 보상에 관한 법률 제42조)에 의해 간접적으로 강제되는 것이고, 이와 같이 그 공탁이 자발적이 아닌 경우에는 민법 제489조의 적용은 배제되어 피공탁자가 공탁자에게 공탁금을 수령하지 아니한다는 의사를 표시하였다 할지라도 기업자는 그 공탁금을 회수할 수 없고, 따라서 공탁관은 기업자 자신의 공탁금회수청구에 대하여는 물론 기업자가 위 공탁금을 회수할 수 있음을 전제로 위 공탁금회수청구채권에 대하여 전부명령을 받은 자의 공탁금회수청구에 대하여도 그 공탁금을 지급할 수는 없다 할 것이다(대결 1988.4.8. 88마201).

수용보상금을 민법 제489조에 의해 회수청구할 수 없고, 부적법하게 공탁금이 회수된 경우에도 공탁은 유효하다.

[1] 토지수용법 제61조 제2항에 의한 손실보상금의 공탁은 민법 제489조의 적용은 배제되어 피공탁자가 공탁자에게 공탁금을 수령하지 아니한다는 의사를 표시하였다 할지라도 기업자는 그 공탁금을 회수할 수 없으므로 기업자가 피공탁자가 공탁금 수령을 거절한다는 이유로 그 공탁금을 회수한 것은 부적법하다.

[2] 기업자가 토지수용법의 규정에 따라 적법하게 보상금을 공탁하는 등의 수용절차를 마친 이상 수용 목적물의 소유권을 원시적으로 적법하게 취득하므로 그 후에 부적법하게 공탁금이 회수된 사정만으로 종전의 공탁의 효력이 무효로 되는 것은 아니다(대판 1997.9.26. 97다24290).

(3) 회수의 효과

① 채무소멸효력의 소급적 실효

　　㉠ 민법 제489조 제1항 단서는 변제자가 공탁물을 회수한 때에는 공탁하지 아니한 것으로 본다고 규정하고 있다.56)

　　㉡ 판례도 공탁자가 공탁물을 회수하는 경우에는 공탁하지 아니한 것으로 보아 채무소멸의 효력은 소급하여 없어진다고 보고 있다. 즉, 채권은 소멸하지 아니하는 것으로 된다.

공탁물 회수의 효과

채권자가 공탁을 승인하거나 공탁소에 대하여 공탁물을 받기를 통고하거나 공탁유효의 판결이 확정되기까지는 변제자는 공탁물을 회수할 수 있고 이 경우에는 공탁하지 아니한 것으로 되어 채무소멸의 효력은 소급하여 없어진다(대판 1967.11.28. 67다2120).

---

56) 통설인 해제조건설의 입장에서는 공탁물의 회수는 해제조건의 성취이므로, 공탁물의 회수에 의하여 공탁은 소급적으로 효력을 상실하고 채권은 소멸하지 아니한 것으로 된다.

② 질권, 저당권 이외의 담보권의 부활

　　㉠ 질권과 저당권이 소멸한 경우 질권과 저당권은 변제공탁의 성립으로 당연히 소멸되므로, 변제공탁의 성립과 동시에 민법 제489조에 의한 공탁물회수청구권은 확정적으로 소멸된다.

　　㉡ 공탁물의 회수가 있게 되면 채무는 처음부터 소멸하지 않았던 것으로 되고 따라서 담보권 역시 소멸하지 않았던 것으로 되나, 이렇게 되면 제3자(공탁 후 회수 전의 담보물의 제3취득자 등)에게 불측의 손해를 줄 수밖에 없으므로 민법은 공탁으로 인하여 질권 또는 저당권이 소멸한 경우에는 공탁자가 공탁물을 회수할 수 없는 것으로 규정하였다(민법 제489조 제2항).

　　㉢ 질권과 저당권이외의 담보권이 소멸한 경우 양도담보권·가등기담보권 등이 변제공탁으로 소멸된 경우에도 공탁자는 공탁물을 회수할 수 있고 이로 인하여 양도담보권·가등기담보권은 부활한다(대판 1982.7.27. 81다495).

　　㉣ 전세권의 경우 전세권의 소멸사유는 민법에 규정되어 있고 <u>전세권이 소멸되어야 전세금반환의무가 발생할 뿐</u> 전세금을 반환하여야 전세권이 소멸되는 경우란 상정할 수 없으므로, 전세권설정자가 전세금을 공탁한 후 다시 이를 회수한 경우에는 전세권의 <u>부활 여부를 논의할 여지가 없다.</u>

> **변제공탁으로 가등기담보권이나 양도담보권이 소멸하는 경우라 하더라도 공탁물을 회수할 수 있는지 여부**
>
> 민법 제489조의 규정은 다만 공탁으로 인하여 질권 또는 저당권이 소멸한 경우를 제외하고, 채권자가 공탁을 승인하거나 공탁소에 대하여 공탁물을 받기를 통고하거나 공탁유효의 판결이 확정되기까지, 변제자는 공탁물을 회수할 수 있고 이 경우에는 공탁하지 아니한 것으로 본다고 규정하고 있을 뿐, 공탁으로 인하여 <u>가등기담보권이나 양도담보권이 소멸하는 경우에도 역시 변제자가 공탁물을 회수할 수 없다는 취지를 포함하고 있지 않으며 또 위와 같은 경우까지 포함하는 규정이라고 해석하여야만 할 근거도 없으므로</u> 원고주장의 공탁금은 그 공탁으로 인하여 가등기담보나 양도담보에 관한 피고의 권리가 소멸한 여부에 관계없이 변제자인 원고가 민법 제489조 제1항에 의하여 회수할 수 있다 할 것이다(대판 1982.7.27. 81다495).

③ **이자의 부활** : 공탁으로 인하여 정지되었던 이자는 공탁의 소급적 실효로 약정이율이나 법정이율은 그대로 공탁 당시부터 다시 이자를 계산하여 지급하여야 한다.

④ **공탁물의 소유권**

　　㉠ 금전 기타 소비물인 경우 : 소비임치가 성립하므로 공탁물의 소유권은 공탁 성립 시에 일단 공탁소에 귀속되나, 공탁물이 회수되면 그 소유권은 다시 공탁자에게 복귀하게 된다(공탁자 → 공탁소 → 공탁자).

　　㉡ 특정물인 경우 : 공탁물의 소유권 이전시기에 대하여는 특정물인 동산의 공탁물 소유권은 공탁물의 인도시에 공탁자로부터 직접 피공탁자에게 이전한다. 공탁물의 회수시에는 아직 공탁물의 소유권이 공탁자에게 남아 있어 공탁물의 회수로 인한 <u>공탁물 소유권의 복귀 문제는 발생할 여지가 없다.</u>

(4) 회수권의 제한

① **공탁금 회수제한의 신고** : 공탁자는 공탁소에 대한 의사표시로 공탁물회수청구권을 포기하거나 제한할 수 있다. 특히, 변제공탁자는 공탁신청과 동시에 또는 공탁을 한 후에 "피공탁자의 동의가 없으면 특정 형사사건에 대하여 '불기소결정(단, 기소유예는 제외)이 있거나 무죄판결이 확정될 때까지' 회수청구권을 행사하지 않겠다"는 취지를 기재한 서면(공탁금회수제한신고서)을 제출할 수 있다(행정예규 제1014호).

'회수제한신고서'를 제출한 경우 공탁금 회수 방법
형사사건과 관련하여 공탁자(가해자 등)가 피공탁자에게 변제공탁을 하면서 회수제한신고서를 제출하였으나, 변제공탁 후 공탁서 및 회수제한신고서를 재판부에 제출하지 못한 경우라고 하더라도 가해자가 관련 형사사건으로 유죄판결을 받아 확정되었다면 피공탁자의 동의서를 첨부하지 않는 한 공탁금 회수청구를 할 수 없다(공탁선례 제201002-1호).

② 회수제한신고서가 제출된 경우의 공탁금회수청구

　㉠ "특정 형사사건에 대하여 불기소결정이 있거나 무죄재판이 확정될 때까지 공탁금회수청구권을 행사하지 않겠다."는 취지의 공탁금회수제한 신고는 만약 유죄판결이 확정된다면 공탁금회수청구권을 행사하지 않겠다는, 즉 공탁금회수청구권의 조건부 포기의 의사표시로 해석된다.

　㉡ 따라서 위와 같은 내용의 공탁금회수제한신고서를 제출한 공탁자가 형사재판에서 유죄가 인정되어 집행유예의 확정판결을 받은 경우에는 공탁통지서가 피공탁자의 수취거절로 반송된 사실과는 관계없이 민법 제489조에 의한 공탁금회수청구권을 행사할 수는 없다 할 것이다.

　㉢ 착오로 공탁을 하거나 공탁원인이 소멸된 때에 한하여 공탁법 제9조 제2항의 규정에 의한 공탁금회수청구를 할 수 있을 뿐이다(공탁선례 제2-145호). 또한, 피공탁자의 동의가 있다면 형사사건의 종결이나 결과 여부에 관계없이 공탁금의 회수가 가능하다.

　㉣ 공탁금회수제한신고서가 제출된 경우 공탁자 또는 그 승계인이 공탁금의 회수를 청구하기 위해서는 착오공탁이나 공탁원인소멸이 아닌 한 그 회수제한신고서에 기재된 대로 회수청구의 조건이 구비되었음을 증명하는 서면을 첨부하여야 한다.

　㉤ 따라서 형사재판 과정에서 피공탁자가 공탁금 수령거절의 의사표시를 한 경우, 공탁금 회수청구에 대한 동의로 볼 수 없으므로, 공탁자는 피공탁자의 동의서를 첨부하지 않으면 공탁금을 회수할 수 없다.

피공탁자가 공탁금회수동의서를 공탁소에 제출한 경우에도 피공탁자는 출급청구할 수 있다.
형사사건과 관련하여 보상금이 변제공탁된 후 피공탁자가 공탁금회수동의서를 공탁소에 제출한 경우에도 피공탁자의 공탁금 출급청구권에는 영향이 없으므로 공탁금이 회수되지 않은 상태라면 피공탁자는 출급청구할 수 있다(공탁선례 제201010-1호).

사례해설

1. **회수청구할 수 없다.**

   변제공탁자는 공탁으로 인하여 질권, 저당권 등이 소멸하지 않는 경우에 피공탁자가 공탁을 승인하거나 공탁소에 대하여 공탁물을 받기를 통고(공탁수락의 의사표시)하거나 공탁유효판결이 확정되기까지는 공탁물을 회수할 수 있다(민법 제489조 제1항).

2. **인가할 수 있다.**

   공탁유효판결이 있으므로 甲의 공탁금회수청구권은 소멸하였으나 형식적 심사권밖에 없는 공탁관으로서는 공탁유효판결의 서류가 제출되기 전까지는 인가할 수밖에 없다.

3. **부당이득반환청구를 행사할 수 있다.**

   甲은 공탁금회수청구권이 없음에도 공탁금을 회수하여 이득을 얻고 乙에게 손해를 입혔으므로 乙은 甲에 대하여 부당이득반환청구권을 행사할 수 있다.

(5) 회수청구권의 소멸

사례

채무자 甲은 채권자 乙을 피공탁자로 하여 변제공탁을 하였다.

1. 甲이 유효한 반대급부조건부 공탁을 하였고 乙이 아직 반대급부를 이행할 수 없는 경우에 甲이 공탁금을 회수할 수 없게 하기 위한 乙의 조치는?

2. 乙이 공탁금 출급청구권을 丙에게 양도하고 양도통지를 한 경우에도 甲은 공탁금을 회수청구할 수 있는가?

3. 乙이 공탁금 출급청구권을 丙에게 양도하고 양도통지를 하였으나 양도계약서나 양도통지서에 乙의 인감증명이 첨부되지 아니한 경우 乙은 공탁금을 출급청구할 수 있는가?

① 공탁수락의 의사표시

의 의	피공탁자가 공탁을 승인하거나 공탁소에 대하여 공탁물을 받기를 통고하면 공탁자는 민법상의 공탁물회수청구권을 행사할 수 없는데 이러한 승인이나 통고를 공탁수락이라 한다.
기 능	변제공탁의 공탁원인사실에 대하여 당사자 간에 다툼이 있다든지 또는 공탁물출급청구시 반대급부의 이행을 증명하여야 한다든지 하여 피공탁자가 바로 출급청구권을 행사할 수 없는 사정이 있는 경우에 공탁물출급청구권을 행사할 의사가 있음을 미리 표시함으로써 공탁자의 민법 제489조의 규정에 의한 공탁물회수청구권을 소멸케 하는 데에 공탁수락을 인정하는 실익이 있다.
주 체	공탁수락의 의사표시를 할 수 있는 자는 원칙적으로 피공탁자 및 출급청구권의 양수인, 상속인, 추심채권자, 전부채권자, 및 채권자대위권을 행사하는 일반채권자이다. 그러나 압류·가압류채권자는 전부 또는 추심명령을 받지 않는 한 당해 청구권의 처분권한을 가지지 아니하므로 채권자대위에 의한 경우가 아니면 공탁수락의 의사표시를 할 수 없다.
상대방	공탁수락의 의사표시는 공탁소 또는 공탁자에 대하여 할 수 있으나, 공탁자에게 공탁수락의 의사표시를 한 경우에는 공탁을 수락한다는 뜻을 적은 서면을 공탁관에게 제출하는 방법으로 하여야 한다.[57]

---

57) 공탁자에게만 공탁수락의 의사표시를 하고 공탁소에는 알리지 아니한 경우에는 공탁관은 이 사실을 알 수 없으므로, 그 후에 공탁관이 공탁물회수청구를 인가하여 공탁물을 지급한 경우에도 공탁관은 아무런 과실이 없게 되고, 단지 공탁절차 외에서 공탁자와 피공탁자 사이에 부당이득반환 등의 방법으로 분쟁을 해결할 수밖에 없다.

방 식	공탁자에 대한 공탁수락의 의사표시는 제한 규정이 없으므로 구두나 서면으로 할 수 있으나, 공탁소에 대한 공탁수락의 의사표시는 공탁을 수락한다는 취지가 기재된 서면으로 하여야 한다.
시 기	공탁수락서의 제출은 공탁자가 적법한 공탁물회수청구서를 <u>공탁소에 제출하여 수리될 때까지</u> 하면 된다.
유보부	공탁수락은 전부가 아닌 일부만 할 수도 있으나 때에 따라서는 일정한 내용을 유보하고 수락할 수 있을 것이다. 다만, 채권의 성질을 달리하는 유보부 공탁수락은 허용되지 않는다. 또한, 현재 소송 계속 중이어서 공탁물을 수령할 수 없으나 소송이 끝나는 대로 수령할테니 공탁자의 회수청구를 인가하지 말아 달라는 취지의 조건부 수락도 허용된다.
철 회	공탁수락의 의사표시는 공탁자 기타 이해관계인의 권리에 영향이 크므로 원칙적으로 그 철회는 인정할 수 없고, 다만 착오 또는 사기・강박을 이유로 한 취소의 경우에만 허용된다.
효 과	• 공탁수락의 주된 효과는 공탁수락으로 공탁자의 "민법 제489조"에 의한 공탁물회수청구권이 소멸된다는 것이다. 부적법한 공탁의 공탁물을 채권자가 이의유보 없이 수령하면 그 공탁은 적법한 공탁으로 된다는 점에서 <u>부적법한 공탁에 대한 공탁수락의 의사표시도 공탁을 유효한 것으로 하여 공탁물회수청구권은 소멸</u>된다. • 또한, 피공탁자가 아무런 <u>이의유보 없이 공탁을 수락한 경우에는 피공탁자는 공탁서에 기재된 공탁자의 주장을 다툴 수 없게 되고 공탁의 무효를 주장할 수도 없게 되므로</u>, 형식적 요건의 흠결이 있는 공탁은 물론 실체적 요건의 흠결이 있는 공탁이라도 특별한 사정이 없는 한 공탁수락으로 그 흠결이 치유되어 유효한 공탁이 된다.

공탁불수락의 의사표시를 하더라도 공탁금 출급청구권에 대하여 강제집행을 할 수 있다.

적법한 변제공탁이 있으면 피공탁자의 공탁금 출급청구권이 발생하고, 이러한 피공탁자의 공탁금 출급청구권은 피공탁자가 공탁불수락의 의사표시를 하더라도 그 존부에는 영향을 미친다고 볼 수 없으므로, 피공탁자의 채권자가 피공탁자의 공탁금 출급청구권에 대하여 강제집행을 함에 있어 아무런 지장이 없다(공탁선례 제2-342호).

공탁물출급청구권에 대한 채권압류 및 전부명령58)이 제3채무자에게 송달된 경우 공탁수락의 의사표시로 볼 수 없다.

피공탁자의 공탁물출급청구권에 대한 채권압류 및 전부명령 중에는 공탁관에 대하여 공탁을 수락할 수 있는 권리가 포함되어 있다 할 것이나 위 명령의 제3채무자에 대한 송달로써 공탁수락의 의사표시까지 있었다고는 볼 수 없다(서울민사지법 1989.5.22. 89가합2801 제37부 판결).

행정예규 제779호[공탁금 지급청구권의 양도통지가 있는 경우 주요업무처리지침]

1. 공탁수락의 의사표시로 볼 수 있는지 여부
   변제공탁의 경우 공탁관에게 도달된 공탁금 출급청구권의 양도통지서에 공탁수락의 의사표시가 명시적으로 기재되어 있지 않더라도 적극적인 불수락의 의사표시가 기재되어 있지 않는 한 그 양도통지서의 도달과 동시에 공탁수락의 의사표시가 있는 것으로 보아 공탁자의 민법 제489조 제1항에 의한 회수청구권은 소멸된다.

② 공탁유효판결이 확정된 경우
  ㉠ 공탁유효판결이 확정되면 민법 제489조 제1항에 의한 공탁물 회수청구권은 소멸한다.
  ㉡ 공탁유효판결은 확인판결에 한하지 않고 이행판결도 포함된다. 그러나 공탁의 유효에 대한 판단이 판결주문 중에 나타나야 하는가 아니면 판결이유 중에서 판단되어도 충분한가 하는 것이 문제가 된다.

---

58) 출급청구권에 대한 전부명령은 출급청구권자의 교체일 뿐이고 그 전부명령은 피공탁자의 의사와는 무관한 것이라 해석되며, 전부채권자도 별도의 공탁수락의 의사표시를 할 수는 있다.

ⓒ 실제 판결주문에 공탁유효가 선고되는 판결59)은 거의 없다는 점에서, 판결이유 중에서 공탁유효가 판단된 판결도 공탁유효판결에 포함된다고 보는 것이 타당하고 이것이 통설의 입장이다.

　例 채무이행의 소에서 채무자가 공탁을 하였다는 항변이 인정되어 원고의 청구를 기각한 판결

ⓡ 화해, 인낙, 포기조서는 그 조서 중에 공탁의 유효를 인정한 사실이 있는 경우에는 그 조서를 공탁유효판결과 동일하게 취급하여야 한다. 그러나 비록 형사사건에서 공탁에 기한 정상참작을 받은 사실이 판결이유 중에 나타나더라도 그 형사판결은 공탁의 유효 여부에 대하여 법적 판단을 할 수 없으므로 공탁유효판결에 포함되지 않는다.

③ 공탁으로 인하여 질권, 저당권이 소멸한 경우

ⓖ 민법은 공탁으로 인하여 질권 또는 저당권이 소멸한 경우에는 공탁자가 공탁물을 회수할 수 없는 것으로 규정하고 있다(민법 제489조 제2항).

ⓛ 근저당권설정자가 피담보채무를 변제공탁한 경우에는 공탁자는 공탁서상의 근저당권등기가 말소되지 않은 등기사항증명서를 첨부하여 민법 제489조 제1항에 의한 공탁물 회수청구를 할 수 없다.

의사진술을 명하는 판결에 집행문을 부여받은 경우의 회수청구

채무자의 변제와 채권자의 의사진술을 동시에 이행할 것을 명한 확정판결에 따라 채무자가 반대급부를 조건으로 변제공탁을 하고, 위 공탁을 근거로 동시이행관계에 있는 채권자의 의무가 이행된 후, 공탁자가 공탁불수락을 이유로 공탁금을 회수한다면 채권자는 부당하게 동시이행항변권을 상실하게 되어 형평에 반하므로 신의성실의 원칙상 공탁불수락을 원인으로 해서는 공탁물을 회수할 수 없다. 나아가 변제자가 확정판결에 따라 변제공탁을 한 후 동시이행관계에 있는 채권자의 의사진술을 명하는 확정판결에 따라 집행문 부여신청을 하여 집행문을 부여받는 경우 이로써 채권자의 의사진술의 효과가 발생하므로 변제자로서는 집행문을 부여받는 시점에 공탁물회수청구권을 포기하였다고 판단함이 상당하므로 이 시점 이후 공탁자의 공탁물 회수는 신의성실의 원칙상 허용될 수 없다(서울중앙지법 2011.2.23. 2010비단38).

사례해설

1. **공탁수락의 의사표시를 할 수 있다.**
   피공탁자가 공탁을 승인하거나 공탁소에 대하여 공탁물을 받기를 통고하면 공탁자는 민법상의 공탁물회수청구권을 행사할 수 없다(민법 제489조 제1항).

2. **회수청구할 수 없다.**
   변제공탁의 경우 공탁관에게 도달된 공탁금 출급청구권의 양도통지서에 공탁수락의 의사표시가 명시적으로 기재되어 있지 않더라도 적극적인 불수락의 의사표시가 기재되어 있지 않는 한 그 양도통지서의 도달과 동시에 공탁수락의 의사표시가 있는 것으로 보아 공탁자의 민법 제489조 제1항에 의한 회수청구권은 소멸된다(행정예규 제779호).

3. **출급청구할 수 없다.**
   乙은 공탁금 출급청구권을 丙에게 양도하였으므로 공탁금 출급청구권을 행사할 수 없다. 인감증명서의 첨부는 공탁금 출급청구권 양도의 효력에 어떠한 영향을 미칠 수도 없다.

---

59) 과거의 법률관계에 대한 존부확인의 소는 청구할 수 없다는 통설, 판례에 의하면 공탁의 유효 또는 무효확인의 소는 청구할 수 없고, 공탁이 유효 또는 무효인 경우를 전제로 한 현재의 권리 또는 법률관계의 확인 또는 이행의 소를 청구할 수밖에 없으므로, 판결주문상에 공탁유효가 선고되는 판결은 실제로는 거의 없다.

3. 공탁법상의 회수[60]

(1) 착오를 이유로 한 공탁물회수청구

① **착오의 의미** : 공탁법 제8조 제2항 제2호 소정의 '착오로 공탁한 때'라 함은 공탁으로서 필요한 유효요건을 갖추고 있지 아니한 경우를 말하고, 공탁요건을 갖추고 있는지의 여부는 어디까지나 공탁서에 기재된 공탁원인사실을 기준으로 하여 객관적으로 판단하여야 한다(대결 1995.7.20. 95마190).

헌법재판소가 위 법률조항을 위헌으로 결정한 경우 위헌결정이 있기 전에 이루어진 공탁은 착오공탁이라 볼 수 없다.
구 공특법 제6조 제2항에 따라 사업시행자가 토지 등에 대한 보상금을 공탁한 후 헌법재판소가 위 법률조항을 위헌으로 결정한 경우, 위헌으로 결정된 법률조항은 그 결정이 있는 날로부터 효력을 상실하므로(헌법재판소법 제47조 제2항) 위헌결정 전에 이루어진 위 공탁을 착오공탁이라 볼 수는 없을 것이다(공탁선례 제2-154호).

초과공탁한 금액을 원인 없는 착오공탁으로 회수청구할 수 있다.
기업자가 중앙토지수용위원회가 재결한 손실보상금액의 전부를 공탁하면서 그 보상금에 관한 재결부분에 대하여 이의신청을 토지소유자와 함께 각각 제기하였는바, 중앙토지수용위원회가 그 이의신청에 대한 재결을 함에 있어서 손실보상금액을 처음 중앙토지수용위원회가 재결한 손실보상금액보다 감액하는 재결을 하고 그 재결이 확정됨으로써 이의신청에 대한 재결상의 손실보상금액이 확정되었다면, 기업자가 이의신청에 대한 중앙토지수용위원회의 재결에서 확정된 손실보상금액보다 초과하여 공탁한 부분에 관하여는 원인 없는 착오의 공탁으로 보아야 할 것이므로, 기업자는 착오를 이유로 하여 초과 공탁한 손실보상금액을 공탁법상의 회수절차에 따라 회수할 수 있다(공탁선례 제2-244호).

착오를 원인으로 해방공탁금의 회수청구 여부
가압류등기 후 제3자 앞으로 소유권이전등기가 마쳐진 부동산에 대하여 가압류권자의 신청에 의한 강제경매절차가 진행되자, 가압류채무자(부동산의 전소유자)의 해방공탁 및 가압류 집행취소로 위 부동산에 대한 가압류등기를 말소한 후, 가압류채무자가 가압류등기 말소를 이유로 강제경매개시결정의 취소신청을 하였으나 위 신청이 기각된 경우, 가압류채무자는 말소된 가압류등기의 회복 없이 착오에 의한 공탁을 이유로 해방공탁금을 회수할 수는 없다(공탁선례 제2-302호).

착오공탁의 경우 피공탁자의 공탁물출급청구권 여부
공탁자가 착오로 공탁한 때 또는 공탁의 원인이 소멸한 때에는 공탁자가 공탁물을 회수할 수 있을 뿐 피공탁자의 공탁물출급청구권은 존재하지 않으므로, 이러한 경우 공탁자가 공탁물을 회수하기 전에 위 공탁물출급청구권에 대한 전부명령을 받아 공탁물을 수령한 자는 법률상 원인 없이 공탁물을 수령한 것이 되어 공탁자에 대하여 부당이득반환의무를 부담한다(대판 2008.9.25. 2008다34668).

② **첨부서면** : 피공탁자가 공탁물을 출급하기 전까지는 실체관계에 부응하지 않는 공탁관계를 바로 잡을 필요가 있으므로, 공탁법은 착오사실 증명서면을 첨부하여 공탁물을 회수할 수 있도록 하였다.
   예 공탁무효판결을 받은 경우에는 그 판결문, 채권양도 후에 양도인을 피공탁자로 한 경우에는 그 양도통지서 등

---

60) 민법 제489조에 의한 공탁물회수시에는 회수청구권 증명서면을 첨부하지 않아도 되나 착오 또는 공탁원인의 소멸로 인한 회수시에는 그 증명서면을 첨부하여야 하는 점에서 민법상의 회수가 가능한 때에는 별도로 공탁법상의 회수를 인정할 실익은 없고, 민법상의 회수가 불가능한 때에 공탁법상의 회수를 인정할 실익이 있다.

(2) 공탁원인 소멸로 인한 공탁물회수청구

① **원인소멸의 의미** : 공탁원인의 소멸이라 함은 공탁이 유효하게 성립된 이후의 사정변경으로 더 이상 공탁을 지속시킬 필요가 없게 된 경우를 의미한다. 공탁원인 소멸여부는 당해 공탁의 근거법령과 공탁서에 기재된 공탁원인사실에 따라 각 경우마다 구체적으로 따져보아야 할 것이다.

> **항소심 판결에서 피고의 이행의무가 감축된 경우에는 공탁원인 소멸을 이유로 공탁금을 회수청구할 수 있다.**
> 변제공탁의 피공탁자가 공탁소에 대하여 공탁수락서면을 제출한 경우에 공탁자의 민법 제489조에 의한 공탁물회수청구권은 소멸하며, 착오로 공탁을 하였거나 공탁원인이 소멸한 경우에만 공탁물을 회수할 수 있다. 가집행선고부 판결에 기한 공탁은 채무를 확정적으로 소멸시키는 원래의 변제공탁이 아니므로, 가집행선고부 제1심판결의 채무액이 항소심 판결에서 일부 취소되었다면 그 차액에 대해서는 공탁원인이 소멸하였다 할 것이므로 공탁자가 회수할 수 있다고 판단된다(공탁선례 제1-181호).

② **첨부서면** : 공탁원인의 소멸을 이유로 공탁자가 회수청구하는 경우에도 그 공탁원인이 소멸되었음을 증명하는 서면이 필요하다.

   예 변제공탁 후 채권자가 채권을 포기한 경우에는 그 채권포기를 증명하는 서면

> **공탁원인 소멸(= 토지수용재결의 효력이 상실되었다는 확정판결)**
> 이 건 질의와 같이 토지수용보상금공탁이 부적법하여 토지수용재결의 효력이 상실된 경우 공탁자인 기업자는 공탁법 제8조 제2항 제3호의 규정에 의해 공탁금을 회수할 수 있다. 공탁금의 회수를 청구하는 때에는 회수청구서에 위 확정판결 외에 수용된 토지의 등기부상 기업자 명의의 소유권 이전등기가 말소된 등기사항증명서를 첨부할 필요는 없다(공탁선례 제1-177호).

제6절 │ 특수한 성질의 변제공탁

Ⅰ 질권자의 권리실행

> **질권의 목적이 된 채권의 실행방법(민법 제353조)**
> ① 질권자는 질권의 목적이 된 채권을 직접 청구할 수 있다.
> ② 채권의 목적물이 금전인 때에는 질권자는 자기채권의 한도에서 직접 청구할 수 있다.
> ③ 전항의 채권의 변제기가 질권자의 채권의 변제기보다 먼저 도래한 때에는 질권자는 제3채무자에 대하여 그 변제금액의 공탁을 청구할 수 있다. 이 경우에 질권은 그 공탁금에 존재한다.

① 질권자는 질권의 목적이 된 채권의 목적물이 금전인 때에는 질권자의 채권의 한도에서 직접 청구할 수 있고(민법 제353조 제1항, 제2항), 이 경우 질권의 목적물이 된 채권의 변제기가 질권자의 채권의 변제기보다 먼저 도래한 때에는 질권자는 제3채무자에 대하여 그 변제금액의 공탁을 청구할 수 있다. 공탁이 되면 질권은 그 공탁금에 존재하게 된다(민법 제353조 제3항). 즉 질권은 피공탁자인 질권설정자의 공탁금 출급청구권 위에 존재하게 된다.

② 따라서 이 경우에 질권자는 위 공탁된 금액에 대해 직접 출급청구를 할 수 있는데, 출급청구권의 발생 및 그 범위는 질권설정계약에 의하여 입증되므로 그 계약서가 출급청구권의 증명서면이 될 것이고, 질권자가 질권실행을 강제집행의 방법으로 한 경우에는 전부명령 정본(확정증명 포함) 등이 출급청구권의 증명서면이 될 것이다.

Ⅱ 가등기담보권자의 권리실행

청산금의 공탁(가등기담보 등에 관한 법률 제8조)
① 청산금채권이 압류 또는 가압류된 경우에 채권자는 청산기간이 경과한 후 이에 해당하는 청산금을 채무이행지를 관할하는 지방법원 또는 지원에 공탁하여 그 범위에서 채무를 면할 수 있다.
② 제1항의 규정에 의한 공탁이 있는 경우에는 채무자등의 공탁금 출급청구권이 압류 또는 가압류된 것으로 본다.
③ 채권자는 제14조에 규정한 경우외에는 공탁금의 회수를 청구할 수 없다.
④ 채권자는 제1항의 규정에 의하여 공탁을 한 경우에는 채무자등과 압류채권자 또는 가압류채권자에게 지체 없이 공탁의 통지를 하여야 한다.

① 청산금채권이 압류 또는 가압류된 경우에 채권자(청산금채무자)는 청산기간이 경과한 후 이에 해당하는 청산금을 채무이행지를 관할하는 지방법원 또는 지원에 공탁하여 그 범위에서 채무를 면할 수 있다(가등기담보 등에 관한 법률 제8조 제1항).

② 채권자가 이와 같이 공탁을 한 경우에는 채무자 등과 압류채권자 또는 가압류채권자에게 지체 없이 공탁통지를 하여야 하고, 그 공탁금 출급청구권은 압류 또는 가압류된 것으로 보며, 채권자는 가등기담보 등에 관한 법률 제14조에 규정한 경우 외에는 공탁금의 회수를 청구할 수 없다(가등기담보 등에 관한 법률 제8조 제2항·제3항·제4항).

정리 #20	변제공탁신청 시 첨부서면	
주소소명	피공탁자 주민등록등·초본(+ 공탁통지서) - 피공탁자의 수만큼	
주소불명 사유소명	최종주소 소명(계약서·재판서·재결서, 등기사항증명서) + 불거주 소명(피공탁자가 최종주소에 거주하지 않는다는 통·반장 또는 피공탁자의 최종주소에 주민등록을 한 거주민의 확인서 등)	
(공탁자의) 자격 증명서면	법인의 대표자(등기된 지배인)	법인등기사항증명서
	비법인사단·재단의 대표자	정관·규약·대표자선임결의서
	법정대리인	기본·가족관계증명서 등
	임의대리인	위임장
기 타	• 배서·양도증서 • 회수제한신고서	• 기명식 유가증권 공탁 • 형사사건 관련 변제공탁

정리 #21　관할공탁소 이외의 공탁소

목 적	관할공탁소 이외의 공탁소에서 금전변제공탁신청 및 공탁금지급청구	
정 의	관할공탁소	• 금전변제공탁신청 → 채무이행지를 관할하는 공탁소 • 공탁금지급청구 → 공탁금이 보관되어 있는 공탁소
	접수공탁소	공탁서 등이나 청구서 등을 접수하는 공탁소
	공탁서 등	공탁신청 시 제출하는 공탁서와 회수제한신고서 등
	청구서 등	공탁금지급청구시 제출하는 공탁금출급・회수청구서등
적용범위	• 공탁신청의 경우에는 금전변제공탁에 한함(수용보상금공탁은 제외) • 공탁금지급청구의 경우에는 공탁의 종류를 불문하고 모든 금전공탁(유가증권・물품 제외)에 적용하되 인감증명서를 제출하지 않아도 되는 경우 및 법인의 위임을 받은 대리인이 1천만원 이하의 지급청구시에 한하여 적용 • 접수・관할공탁소가 지방법원 본원 또는 지원인 경우에 한하여 적용 • 접수・관할공탁소가 같은 특・광역시에 소재한 경우에는 적용 ×	
접수공탁소에의 공탁신청 또는 공탁금지급청구		
공탁신청	공탁자는 공탁서 등(공탁서 1부와 첨부서류)을 접수공탁소에 제출	
	공탁자는 관할공탁소 공탁관의 보통예금계좌로 공탁금을 납입	
공탁금 지급청구	• 공탁금지급청구인은 청구서등(지급서 1부와 첨부서류)을 접수공탁소에 제출하여야 한다. • 청구서 등의 제출에 앞서 접수공탁소 공탁금보관은행을 경유하여 공탁금이자소득세 원천징수에 필요한 사항을 등록하고 "공탁금(포괄)계좌입금신청서" 하단에 등록확인인을 받아야 한다. • 공탁금(포괄)계좌입금신청서상의 계좌는 반드시 청구인 명의의 계좌이어야 한다.	

정리 #22　반대급부조건부 공탁의 가부

유 효	무 효
전세금반환 vs 전세목적물의 인도 및 전세권설정등기의 말소	피담보채무 vs 근저당권설정등기의 말소
임대차보증금의 반환 vs 임차목적물의 인도	임대차보증금의 반환 vs 건물을 명도하였다는 확인서・임차권등기 말소
• 채무 vs 어음의 반환 • 채무 vs 영수증	채무 vs 채권증서
청산금지급채무 vs 소유권이전등기 및 인도의무	피담보채무 vs 가등기 및 본등기의 말소
매매잔대금 vs 소유권이전등기에 필요한 일체의 서류・소유권이외의 권리일체의 말소	–

정리 #23　공탁수락의 의사표시로 볼 수 있는지 여부

• 일부금 이의유보부출급시 잔부금에 대한 공탁수락의 의사표시 (×)
• 공탁금 출급청구권에 대한 전부명령의 송달과 공탁수락의 의사표시 (×)
• 공탁금 출급청구권양도통지서의 도달과 공탁수락의 의사표시 (○)

정리 #24　구두제공 없이도 공탁할 수 있는 경우

• 미리 수령거절한 때
• 채권자의 태도로 보아
• 수령거절의사 번복가능성이 없는 때
• 분할적・회귀적 채무에서 1회의 수령지체 후 차회의 변제 시

구 분	이의유보의사표시		공탁수락의 의사표시	
주 체	• 피공탁자와 승계인(출급청구권의 양수인상속인 · 추심채권자 · 전부채권자 · 대위채권자) • (가)압류채권자 ×			
상대방	공탁관	공탁자	공탁소	공탁자
	○	토지주택공사의 대리인 ○	○	○
방 식	명시적 ○	명시적 ○ 묵시적 ○	서면(명시적 ○) • 양도통지서 ○ • 전부명령송달 × • 일부유보부출급시 잔부금 ×	구두 · 서면
		이의신청이나 행정소송이 계속중(이의유보)		
효 과	• 공탁서에 기재된 공탁원인대로 효과 발생 × • if not, 공탁자가 주장하는 공탁원인대로의 법률 　효과 발생		• 민법 제489조에 의한 공탁물회수청구 × • 착오 · 원인소멸로 인한 회수청구 ○	
대 상	채무액 ○		시 기	회수청구 수리 전까지
	채권의 성질 ×	차임 → 손해배상 × 부당이득 → 손해배상 ×	유보부	일부 · 조건부 수락 ○ 채권의 성질 달리하지 못함
			불수락	출급청구권 존부에 영향 ×, 강제집행가능
			철 회	×
			착오 · 사기 · 강박 → 취소	○

04 변제공탁

| 제1절 | 개 설

| 제2절 | 변제공탁의 신청

01
□□□
관할공탁소 이외의 공탁소에서의 공탁사건처리 지침(행정예규 제1167호)에 관한 다음 설명 중 가장 옳은 것은?
2023년

① 위 지침은 공탁금지급청구의 경우에는 공탁의 종류를 불문하고 모든 공탁(금전·유가증권·물품) 에 적용한다.

② 위 지침은 접수공탁소 및 관할공탁소 모두가 지방법원 본원인 경우에 한하여 적용한다.

③ 공탁자는 공탁서 등(공탁서 1부와 첨부서류)을, 공탁금지급청구인은 청구서 등(공탁금출급·회수 청구서 1부와 첨부서류)을 접수공탁소에 제출하면서 우표를 붙인 봉투(원본서류를 관할공탁소에 국내특급우편으로 송부하기 위함)를 함께 제출하여야 한다.

④ 甲이 乙에 대한 물품대금채무(5백만원)를 서울중앙지방법원(관할공탁소)에 금전변제공탁한 경우, 피공탁자 乙은 서울북부지방법원(접수공탁소)에 공탁금 출급청구서를 제출할 수 있다.

⑤ 위 지침은 민사집행법 제248조 제1항에 따라 제3채무자가 금전채권에 대한 압류가 경합되어 있음 을 이유로 집행공탁을 신청하는 경우에 적용된다.

···

[❶ ▸ ×] [❺ ▸ ×]　이 지침은 공탁신청의 경우에는 금전변제공탁에 한하여 적용하고, 공탁금지급청 구의 경우에는 공탁의 종류를 불문하고 모든 금전공탁(유가증권·물품 제외)에 적용하되 공탁규칙 제37 조 제3항 각 호에 해당되는 경우 및 법인의 위임을 받은 대리인이 1,000만원 이하 금액을 청구하는 경우에 한하여 적용한다(행정예규 제1167호 3. 가.).

[❷ ▸ ×]　이 지침은 접수공탁소 및 관할공탁소 모두가 지방법원 본원 또는 지원인 경우에 한하여 적용한다(행정예규 제1167호 3. 나.).

[**❸** ▸ ○] 행정예규 제1167호 4. 가. 1), 나. 1)

> **행정예규 제1167호[관할공탁소 이외의 공탁소에서의 공탁사건처리 지침]**
> 4. 접수공탁소에의 공탁신청 또는 공탁금지급청구
>   가. 공탁신청의 경우
>   1) 공탁자는 공탁서 등(공탁서 1부와 첨부서류)을 접수공탁소에 제출하면서 우표를 붙인 봉투(원본서류를 관할공탁소에 등기속달 우편으로 송부하기 위함)를 함께 제출하여야 하고, 지연처리로 인해 공탁서 등을 배달증명 우편으로 송부받기 위한 경우에는 추가로 우표를 붙인 봉투를 제출하여야 한다.
>   나. 공탁금지급청구의 경우
>   1) 공탁금지급청구인은 청구서 등(공탁금출급·회수청구서 1부와 첨부서류)을 접수공탁소에 제출하면서 우표를 붙인 봉투(원본서류를 관할공탁소에 등기속달 우편으로 송부하기 위함)를 함께 제출하여야 하고, 지연처리로 인해 불수리결정서 등을 배달증명 우편으로 송부받기 위한 경우에는 추가로 우표를 붙인 봉투를 제출하여야 한다.

[**❹** ▸ ✕] 이 지침은 접수공탁소와 관할공탁소가 같은 특별시 또는 광역시에 소재한 경우와 토지수용·사용과 관련한 보상금 공탁신청의 경우에는 적용하지 아니한다(행정예규 제1167호 3. 다.).

답 **❸**

---

02 □□□ **공탁법 제5조의2 형사공탁의 특례에 관한 다음 설명 중 가장 옳은 것은?** 2023년

① 공탁자는 피공탁자의 인적사항을 모르는 경우 공탁서의 피공탁자란에 해당 형사사건의 사건번호 등을 기재할 수 있지만, 인적사항을 아는 경우에는 피공탁자의 성명, 주민등록번호, 주소를 기재하여야 한다.
② 형사공탁은 반드시 피공탁자의 주소지 관할법원 소재 공탁소에 신청하여야 한다.
③ 기소되지 않은 형사사건의 피의자도 법령 등에 따라 피해자의 인적사항을 알 수 없는 경우에 형사공탁을 할 수 있다.
④ 군사법원에 계속 중인 형사사건의 피고인도 법령 등에 따라 피해자의 인적사항을 알 수 없는 경우에 형사공탁을 할 수 있다.
⑤ 공탁관은 공탁물보관자로부터 공탁물 납입사실의 전송을 받은 때 전자공탁 홈페이지에 형사공탁의 공고를 함과 동시에 피공탁자의 주소지로 공탁통지서를 발송하여야 한다.

....

[**❶** ▸ ✕] 제20조 제2항 제5호에도 불구하고 형사공탁의 공탁서에는 공소장, 조서, 진술서, 판결서에 기재된 피해자의 성명(성·가명을 포함한다)과 해당 형사사건이 계속 중인 법원과 사건번호 및 사건명, 공소장에 기재된 검찰청과 사건번호를 기재하여야 한다. 다만, 피공탁자의 주소와 주민등록번호는 기재하지 아니한다(공탁규칙 제82조).
[**❷** ▸ ✕] [**❸** ▸ ✕] 형사사건의 피고인이 법령 등에 따라 피해자의 인적사항을 알 수 없는 경우에 그 피해자를 위하여 하는 변제공탁(이하 "형사공탁"이라 한다)은 해당 형사사건이 계속 중인 법원 소재지의 공탁소에 할 수 있다(공탁법 제5조의2 제1항).

[**❹** ▸ ○] 군사법원에 계속 중인 사건의 형사공탁은 [별표 2] 기재 군사법원 소재지의 지방법원 본원 공탁소에 할 수 있다(행정예규 제1321호 제2조).

[**❺** ▸ ×] 피공탁자에 대한 공탁통지는 공탁관이 <u>전자공탁홈페이지에 공고하는 방법으로 할 수 있다</u>(공탁규칙 제84조 제1항).

답 ❹

03
☐☐☐

민법 제487조 변제공탁이 성립된 후 공탁소의 공탁통지서 발송에 관한 다음 설명 중 가장 옳지 않은 것은?　　2021년

① 공탁소에서 공탁통지서를 발송하기 전이라도 피공탁자는 공탁소에 출석하여 공탁통지서의 교부를 청구할 수 있다.

② 공탁통지서의 송달은 민사소송법 제190조 제1항에 따른 집행관에 의한 휴일 특별송달방법에 의할 수 있다.

③ 공탁통지서가 공탁소로 반송된 후 피공탁자가 대리인을 통하여 공탁통지서를 교부청구하는 경우 피공탁자 본인의 인감도장이 찍힌 위임장과 그 인감증명서를 공탁관에게 제출하여야 한다.

④ 공탁통지서가 피공탁자의 주소불명으로 공탁소로 반송된 경우에 공탁자는 피공탁자의 주소에 대한 공탁서 정정을 신청할 수 있다.

⑤ 전자공탁시스템에 의하여 공탁이 이루어져 전자공탁시스템으로 제출된 공탁통지서를 발송한 후 공탁통지서가 반송된 경우 공탁관은 이를 폐기할 수 있다.

···

[**❶** ▸ ○] [**❸** ▸ ○] 행정예규 제1309호 3. 나. 1), 다.

행정예규 제1309호[공탁통지서가 반송된 경우의 업무처리지침]

3. 반송된 공탁통지서 교부절차 : 공탁통지서가 반송된 경우 피공탁자 또는 그 대리인이 법원에 출석하여 직접 교부청구를 하는 경우에는 다음의 절차에 따라 이를 교부한다.

　가. 피공탁자 본인이 교부청구를 한 경우

　　1) 공탁관은 신분에 관한 증명서(주민등록증·여권·운전면허증 등을 말한다. 이하 "신분증"이라 한다)에 의하여 피공탁자의 신분을 확인한 다음 피공탁자로부터 공탁통지서 수령사실 및 수령일시가 기재된 영수증을 제출받고 공탁통지서를 교부한다.

　　2) 이때 공탁관은 피공탁자의 신분증을 복사하여 위 영수증과 함께 해당 공탁기록에 철한다.

　나. 대리인이 교부청구를 한 경우

　　1) <u>대리인이 교부청구를 하는 경우에는 피공탁자 본인의 인감도장이 찍힌 위임장과 그 인감증명서를 공탁관에게 제출하여야 한다.</u>

　　2) 공탁관은 신분증에 의하여 대리인의 신분을 확인한 다음 대리인으로부터 공탁통지서 수령사실 및 수령일시가 기재된 영수증을 제출받고 공탁통지서를 교부한다.

　　3) 이때 공탁관은 대리인의 신분증을 복사하여 위 영수증, 위임장, 인감증명서와 함께 해당 공탁기록에 철한다.

다. "가"항 및 "나"항은 공탁통지서를 발송하기 전에 피공탁자 또는 그 대리인이 법원에 출석하여 직접 교부청구를 한 경우에도 준용한다.

라. "가항 2)" 및 "나항 2)"의 경우 본인 또는 그 대리인이 제출하는 신분에 관한 증명서가 이동통신단 말장치에 암호화된 형태로 설치되는 등 사본화가 적합하지 않은 경우에는 신분확인서(공탁사무 문서양식에 관한 예규 별지 제20호 양식)를 해당 공탁기록에 철한다.

[❷ ▸ ✕] 민법 제487조의 규정에 의한 변제공탁을 한 공탁자는 지체 없이 채권자에게 공탁통지를 하여야 하는데(위 같은 법 제488조 제3항), 이 경우에 있어서 공탁공무원은 공탁자가 제출한 공탁통지서를 공탁자를 위하여 발송하여 주는 것에 불과하므로(공탁규칙 제29조), 위와 같은 공탁통지서의 발송은 배달증명에 의한 우편발송의 방법에 의하여야 할 뿐(위 같은 규칙 제23조 제2항), 법원이 직권으로 소송상의 서류를 소송당사자 기타 이해관계인에게 송달하는 경우에 적용되는 민사소송법상 송달에 관한 규정은 적용할 수 없을 것이며, 따라서 공탁통지서의 발송은 민사소송법 제190조 제1항에 규정되어 있는 휴일 또는 일출 전이나 일몰 후의 집달관 등에 의한 송달방법에 의할 수는 없다(공탁선례 제1-67호).

[❹ ▸ ○] 공탁통지서가 피공탁자의 주소불명으로 공탁소에 반송된 경우에 공탁자는 피공탁자의 주소에 대한 공탁서의 정정을 신청할 수 있다. 이 경우에는 공탁통지서 등을 새로 첨부하도록 하여 피공탁자의 새로운 주소로 공탁통지서를 발송하여야 한다(공탁규칙 제30조 제6항).

[❺ ▸ ○] 행정예규 제1354호 제12조 제2항

> **행정예규 제1354호[전자공탁시스템에 의한 공탁사무처리지침]**
>
> **제12조(공탁통지서의 발송)**
> ① 전자공탁시스템에 의하여 공탁이 이루어진 경우 공탁통지서의 발송은 전자공탁시스템으로 제출된 공탁통지서를 출력하여 한다.
> ② 제1항에 따라 발송한 공탁통지서가 반송된 경우 공탁관은 이를 폐기할 수 있다. 이 경우 공탁자가 피공탁자에게 공탁통지서를 다시 발송하여 줄 것을 신청하면 제1항에 따라 다시 출력하여 발송한다.

답 ❷

04 반대급부 조건부 공탁절차에 관한 다음 설명 중 가장 옳지 않은 것은? 2023년

① 임대인이 임차보증금을 변제공탁하면서 주택임대차보호법 제3조의3에 의한 임차권등기 말소를 반대급부 조건으로 공탁할 수 없다.

② 전세권설정자가 전세금을 공탁하면서 전세권말소를 반대급부 조건으로 한 것은 유효하다.

③ 피공탁자가 공탁자에게 공탁서에 기재된 반대급부의 이행을 제공하였으나 공탁자가 그 수령을 거절하는 때에는 그 반대급부를 변제공탁하고, 그 공탁서를 첨부하여 공탁물 출급청구를 할 수 있다.

④ 부당한 반대급부 조건을 붙인 변제공탁에 대하여 피공탁자가 이를 수락하여 공탁물을 출급하기 위해서는 반대급부 조건을 이행하고 반대급부이행 증명서면을 첨부하여야 한다.

⑤ 공탁자가 공탁물수령자로부터 공탁자 앞으로의 소유권이전등기에 필요한 일체의 서류를 공탁자에게 교부하라는 반대급부 조건을 붙여 변제공탁한 후 이와는 별도로 같은 부동산에 관한 소유권이전등기절차이행의 소를 제기하여 승소확정판결을 받은 경우 위 판결은 반대급부이행 증명서면에 해당한다.

....

[❶ ▸ ○] 주택임대차보호법 제3조의3 규정에 의한 임차권등기는 이미 임대차계약이 종료하였음에도 임대인이 그 보증금을 반환하지 않는 상태에서 경료되게 되므로, 이미 사실상 이행지체에 빠진 임대인의 임대차보증금의 반환의무와 그에 대응하는 임차인의 권리를 보전하기 위하여 새로이 경료하는 임차권등기에 대한 임차인의 말소의무를 동시이행관계에 있는 것으로 해석할 것은 아니고, 특히 위 임차권등기는 임차인으로 하여금 기왕의 대항력이나 우선변제권을 유지하도록 해 주는 담보적 기능만을 주목적으로 하는 점 등에 비추어 볼 때, 임대인의 임대차보증금의 반환의무가 임차인의 임차권등기 말소의무보다 먼저 이행되어야 할 의무이다(대판 2005.6.9. 2005다4529). 따라서 임차보증금을 변제공탁하면서 주택임대차보호법 제3조의3에 의한 임차권등기 말소를 반대급부 조건으로 할 수 없다.

[❷ ▸ ○] 전세권자의 전세목적물 인도의무 및 전세권설정등기말소 이행의무와 전세권설정자의 전세금 반환의무는 서로 동시이행의 관계에 있기 때문에, 전세권설정자가 전세금을 공탁하면서 반대급부 내용란에 "전세권말소"라고 기재한 것은 반대급부의 내용이 유효조건이므로 적법한 공탁이라고 할 수 있다(공탁선례 제1-167호).

[❸ ▸ ○] 공탁물을 수령하려고 하는 사람이 공탁자에게 공탁서에 기재된 반대급부의 이행을 제공하였으나 공탁자가 그 수령을 거절하는 때에는 그 반대급부를 변제공탁하고 공탁공무원으로부터 교부받은 공탁서를 공탁법 제9조 소정의 반대급부가 있었음을 증명하는 공정서면으로 첨부하여 공탁물출급청구를 할 수 있고, 이 경우에 반대급부이행채무는 반대급부의 공탁 시에 즉시 소멸하고 반대급부를 공탁한 자가 공탁물을 회수한 경우에 한하여 채무소멸의 효과가 소급하여 없어지는 것이므로, 반대급부의 공탁자가 공탁물을 회수하였다는 소명이 없는 한 공탁공무원은 위 공탁물출급청구에 응하여 공탁물의 출급을 하여야 한다(대결 1990.3.31. 89마546).

[**❹** ▸ O] 건물명도와 동시이행관계에 있는 임차보증금을 변제공탁을 함에 있어서 건물을 명도하였다는 확인서를 첨부할 것을 반대급부조건으로 붙였다면 위 변제공탁은 명도의 선이행을 조건으로 한 것이라고 볼 수밖에 없어 채권자가 이를 수락하지 않는 한 변제의 효력이 없는 무효의 공탁이지만, 공탁물수령자가 공탁자가 붙인 조건을 그대로 수락하여(공탁금 출급청구에 위 수락의 의사표시가 있는 것으로 본다) 공탁물의 출급을 받으려고 한다면 먼저 반대급부조건을 이행하여야 하므로 반대급부조건을 이행하였음을 증명하는 서면으로서 공탁자의 서면(반대급부 영수증, 확인서, 반대급부면제서 등)이나 재판(판결, 결정, 명령, 화해, 인낙조서 등), 공정증서(공증인이나 합동법률사무소 작성의 공정증서), 기타의 공정서면(관공서 작성문서, 관공서 인증사문서 등)을 첨부하여야 공탁금을 수령할 수 있다(공탁선례 제 2–75호).

[**❺** ▸ X] 공탁자가 공탁물 수령자로부터 공탁자 앞으로의 소유권이전등기에 필요한 등기권리증, 매도증서, 인감증명 등 서류를 공탁자에게 교부하라는 반대급부조건을 붙여 변제공탁한 후 이와는 별도로 같은 부동산에 관한 소유권이전등기절차이행의 소를 제기하여 승소확정판결을 받은 경우 비록 위 판결에 기하여 앞서 반대급부조건으로 요구한 위 각 서류 없이 강제집행의 방법으로 그 부동산에 관한 공탁자명의의 소유권이전등기를 필할 수 있게 되었다 하더라도 그와 같은 사유만으로써 위 공탁의 반대급부가 이행된 것으로 볼 수는 없다(대결 1985.12.28. 85마712). 따라서 위 판결을 반대급무이행 증명서면으로 볼 수 없다.

답 ❺

05

변제공탁의 요건, 내용 등에 관한 다음 설명 중 가장 옳지 않은 것은? 2022년

① 변제공탁의 목적인 채무는 현존하는 확정채무임을 요하므로, 채권자와 채무자 사이에 손해배상채무액에 대해 다툼이 있어 소송이 진행되는 경우, 그 판결이 확정되기 전에 채무자가 가집행선고부 판결의 주문에 표시된 금액에 대하여는 채권자의 수령거절 등의 변제공탁사유가 있더라도 변제공탁을 할 수 없다.

② 매수인 甲이 매도인 乙을 대리하여 매매잔대금 수령 권한을 가지고 있는 丙에게 잔대금 수령을 최고하고, 丙을 피공탁자로 지정하여 한 잔대금 변제공탁은 乙에 대한 잔대금 지급의 효력이 있고, 또 甲이 반대급부로서 소유권이전등기절차에 필요한 서류 등의 교부를 요구하였다고 하여도 반대급부의 이행을 요구받은 상대방은 乙이다.

③ 채권자가 사망하고 과실 없이 상속인을 알 수 없는 경우 채무자는 채권자 불확지 변제공탁을 할 수 있는데, 위 공탁 이후 공탁관이 제적등본 등의 첨부서류만으로는 출급청구인이 진정한 상속인인지 심사할 수 없다는 이유로 공탁물 출급청구를 불수리한 경우, 정당한 공탁물수령권자는 공탁자를 상대방으로 하여 공탁물출급청구권의 확인을 구하는 소송을 제기할 이익이 있다.

④ 임대차관계가 종료되는 경우에 그 임대차보증금 중에서 목적물을 반환받을 때까지 생긴 연체차임 등 임대차관계에서 당연히 발생하는 모든 채무를 공제한 나머지 금액에 대한 변제공탁은 유효하다.

⑤ 건물인도와 동시이행관계에 있는 임차보증금의 변제공탁을 하면서 '건물을 인도하였다는 확인서를 첨부할 것'을 반대급부 조건으로 붙인 경우 그 변제공탁은 인도의 선이행을 조건으로 한 것이라고 볼 수밖에 없으므로 변제의 효력이 없다.

[**❶ ▸ ×**] 채권자와 채무자 사이에 손해배상채무액에 대해 다툼이 있어 소송이 진행되는 경우, 그 판결이 확정되기 전이라도 채무자가 가집행선고부 판결의 주문에 표시된 금액을 이행제공하고 이에 대해 채권자의 수령거부, 수령불능 등의 변제공탁사유가 있으면 공탁할 수 있다. 다만, 이때의 공탁은 채무를 확정적으로 소멸시키는 것이 아니라 가집행선고로 인한 지급으로서의 성질을 갖는다는 점이 원래의 변제공탁과는 다르다 할 것이다(공탁선례 제2–117호).

[**❷ ▸ ○**] 매수인이, 매도인을 대리하여 매매잔대금을 수령할 권한을 가지고 있는 병에게 잔대금의 수령을 최고하고, 병을 공탁물 수령자로 지정하여 한 잔대금 변제공탁은 매도인에 대한 잔대금 지급의 효력이 있고, 또 매수인이 위 공탁을 함에 있어서 반대급부로서 소유권이전등기절차에 필요한 서류 등의 교부를 요구하였다고 하여도 위 반대급부의 이행을 요구받은 상대방은 매도인이라고 할 것이며, 위 반대급부조건을 붙여서 한 위 공탁은 유효하다(대판 1981.9.22. 81다236).

[**❸ ▸ ○**] 채권자가 사망하고 과실 없이 그 상속인을 알 수 없는 경우 채무자는 민법 제487조 후문에 따라 변제공탁을 할 수 있고, 피공탁자인 상속인은 가족관계증명서, 제적등본 등 상속을 증명하는 서류를 첨부하여 공탁관에게 공탁물출급을 청구할 수 있다. 한편 공탁관은 공탁물출급청구서와 그 첨부서류만으로 공탁당사자의 공탁물지급청구가 공탁관계 법령에서 규정한 절차적, 실체적 요건을 갖추고 있는지 여부를 심사하여야 하는 형식적 심사권만을 가지고 있으므로, 공탁관이 가족관계증명서, 제적등본 등의 첨부서류만으로는 출급청구인이 진정한 상속인지 여부를 심사할 수 없는 경우에는 공탁물출급청구를 불수리할 수밖에 없다. 그러한 경우에는 공탁물출급청구권확인을 구하는 것이 출급청구인이 진정한 상속인이라는 실질적 권리관계를 확정하는 데 가장 유효, 적절한 수단이 되고, 정당한 공탁물수령권자는 그 법률상 지위의 불안이나 위험을 제거하기 위하여 공탁자를 상대방으로 하여 그 공탁물출급청구권의 확인을 구하는 소송을 제기할 이익이 있다고 할 것이다(대판 2014.4.24. 2012다40592).

[**❹ ▸ ○**] 임대차관계가 종료되는 경우에 그 임대차보증금 중에서 목적물을 반환받을 때까지 생긴 연체차임 등 임대차관계에서 당연히 발생하는 모든 채무를 공제한 나머지 금액에 대한 변제공탁은 유효하다(대판 2002.12.10. 2002다52657 참조). 이와 관련하여 판례는, 부동산임대차에 있어서 임차인이 임대인에게 지급하는 임대차보증금은 임대차관계가 종료되어 목적물을 반환하는 때까지 그 임대차관계에서 발생하는 임차인의 모든 채무를 담보하는 것으로서, 임대인의 임대차보증금 반환의무는 임대차관계가 종료되는 경우에 그 임대차보증금 중에서 목적물을 반환받을 때까지 생긴 연체차임 등 임차인의 모든 채무를 공제한 나머지 금액에 관하여서만 비로소 이행기에 도달하는 것이라고 판시하였다(대판 2002.12.10. 2002다52657).

[**❺ ▸ ○**] 건물명도와 동시이행관계에 있는 임차보증금의 변제공탁을 함에 있어서 건물을 명도하였다는 확인서를 첨부할 것을 반대급부조건으로 붙였다면 위 변제공탁은 명도의 선이행을 조건으로 한 것이라고 볼 수밖에 없으므로 변제의 효력이 없다고 보아야 할 것이다(대판 1991.12.10. 91다27594).

답 ❶

다음 중 채무액의 일부 공탁으로 공탁이 무효인 경우는?

① 경매부동산을 매수한 제3취득자가 그 부동산으로 담보하는 채권최고액과 경매비용을 변제공탁한 경우

② 채무자가 채무액의 일부만을 변제공탁하였으나 그 후 부족분을 추가로 공탁한 경우

③ 임대인이 임대차관계가 종료된 후 그 임대차보증금 중에서 목적물을 반환받을 때까지 생긴 연체차임 등 임대차관계에서 발생하는 모든 채무를 공제한 나머지 금액만을 변제공탁한 경우

④ 채권자에 대한 변제자의 공탁금액이 채무의 총액에 비하여 아주 근소하게 부족한 경우

⑤ 사업시행자가 토지수용보상금을 공탁하면서 수용대상토지에 대한 상속등기를 대위신청할 때 소요된 등록세액 그 밖의 비용을 공제한 나머지 금액만을 공탁한 경우

··

[❶ ▸ 유효] 경매부동산을 매수한 제3취득자는 그 부동산으로 담보하는 채권최고액과 경매비용을 변제공탁하면 그 저당권의 소멸을 청구할 수 있다(대결 1971.5.15. 71마251).

[❷ ▸ 유효] 채무자가 채무액의 일부만을 변제공탁하였으나 그 후 부족분을 추가로 공탁하였다면 그때부터는 전 채무액에 대하여 유효한 공탁이 이루어진 것으로 볼 수 있는 것이고, 이 경우 채권자가 공탁물수령의 의사표시를 하기 전이라면 추가공탁을 하면서 제1차 공탁 시에 지정된 공탁의 목적인 채무의 내용을 변경하는 것도 허용될 수 있다 할 것이다(대판 1991.12.27. 91다35670).

[❸ ▸ 유효] 임대차관계가 종료되는 경우에 그 임대차보증금 중에서 목적물을 반환받을 때까지 생긴 연체차임 등 임대차관계에서 당연히 발생하는 모든 채무를 공제한 나머지 금액에 대한 변제공탁은 유효하다(대판 2002.12.10. 2002다52657 참조). 이와 관련하여 판례는, 부동산임대차에 있어서 임차인이 임대인에게 지급하는 임대차보증금은 임대차관계가 종료되어 목적물을 반환하는 때까지 그 임대차관계에서 발생하는 임차인의 모든 채무를 담보하는 것으로서, 임대인의 임대차보증금 반환의무는 임대차관계가 종료되는 경우에 그 임대차보증금 중에서 목적물을 반환받을 때까지 생긴 연체차임 등 임차인의 모든 채무를 공제한 나머지 금액에 관하여서만 비로소 이행기에 도달하는 것이라고 판시하였다(대판 2002.12.10. 2002다52657).

[❹ ▸ 유효] 채권자에 대한 변제자의 공탁금액이 채무의 총액에 비하여 아주 근소하게 부족한 경우에는 당해 변제공탁은 신의칙상 유효한 것이라고 보아야 한다(대판 1988.3.22. 86다카909).

[❺ ▸ 무효] 토지수용법상 수용의 효과를 발생시키는 보상금의 공탁은 재결에서 정해진 보상금 전액의 공탁을 의미하므로, 피수용토지에 대한 상속등기를 대위신청할 때 소요될 등록세액 기타 비용을 공제한 나머지 금액만을 공탁한다면 이는 유효한 공탁이 될 수 없다. 따라서 기업자가 대신 지출한 상속등기비용은 별도로 수용보상금채권자들에게 구상하여야 할 것이다(공탁선례 제2-125호).

답 ❺

제4절 | 변제공탁의 효과

제5절 | 변제공탁물의 지급

07
☐☐☐

공탁금 출급절차에 관한 다음 설명 중 가장 옳지 않은 것은?　　2022년

① 실체법상 채권자라고 하더라도 공탁서에 피공탁자로 기재되어 있지 않다면 공탁물출급청구권을 행사할 수 없다.

② '수령거절'을 이유로 사업시행자가 수용보상금을 공탁하면서 수용대상토지의 공유자 전원을 피공탁자로 한 경우 공유자 각자는 자기의 등기기록상 지분에 해당하는 공탁금을 출급청구할 수 있다.

③ 채무자인 공탁자가 변제공탁을 하면서 공탁서에 불가분채권자 2인을 피공탁자로 기재한 경우 피공탁자 중 1인이 공탁자의 출급동의서를 첨부한 경우에는 단독으로 공탁금 출급청구를 할 수 있다.

④ 토지수용보상금이 상대적 불확지공탁된 경우 공탁자를 상대로 한 공탁물출급청구권 확인의 확정판결은 출급청구권 증명서면이 될 수 없다.

⑤ 토지수용보상금이 상대적 불확지공탁된 경우 피공탁자 전원이 공동으로 출급청구하는 경우에는 별도의 출급청구권 증명서면을 제출할 필요가 없다.

....

[❶ ▸ ○] 피공탁자는 공탁서의 기재에 의하여 형식적으로 결정되므로, 실체법상의 채권자라고 하더라도 피공탁자로 지정되어 있지 않다면 공탁물출급청구권을 행사할 수 없다.

[❷ ▸ ○] 기업자가 토지의 일부를 수용하고 수용보상금을 그 토지의 공유자 전원을 피공탁자로 하여 공탁한 경우에는 공유토지에 대한 수용보상 공탁금을 가분채권으로 보아 공유자 각자가 자기의 등기부상 지분에 해당하는 공탁금을 출급청구할 수 있으며, 비록 수용된 토지부분에 대한 공유자 내부의 실질적인 지분 비율이 등기부상 지분 비율과 다르다고 하더라도 이는 공유자 내부 간에 별도로 해결하여야 할 문제이다(공탁선례 제2-202호).

[❸ ▸ ✕] 변제공탁에서 공탁물 출급청구권자는 공탁서의 기재에 의하여 형식적으로 결정되고, 형식적 심사권만을 갖는 공탁관은 피공탁자로 지정된 자에게만 공탁금을 출급할 수 있다. 따라서, 실체법상 불가분채권자 1인이 모든 채권자를 위하여 단독으로 이행을 청구할 수 있더라도 채무자인 공탁자가 변제공탁을 하면서 공탁서에 불가분채권자 2인을 피공탁자로 기재하였다면 비록 피공탁자 중 1인이 공탁자의 출급동의서를 첨부하였더라도 단독으로 공탁금 출급청구를 할 수 없고, 피공탁자 전원이 함께 청구하거나 피공탁자 1인이 나머지 피공탁자의 위임을 받아 청구하여야 한다(공탁선례 제2-133호).

[❹ ▸ ○] 토지수용보상금이 상대적 불확지공탁된 경우 공탁자의 승낙서나 공탁자 또는 국가를 상대로 한 공탁물출급청구권 확인판결 등은 출급청구권이 있음을 증명하는 서면으로 볼 수 없다.

[❺ ▸ ○] 토지수용보상금이 상대적 불확지공탁된 경우 피공탁자 전원이 공동으로 출급청구하는 경우에는 출급청구서의 기재에 의하여 상호 승낙이 있는 것으로 볼 수 있으므로 별도의 출급청구권 증명서면이 필요 없다.

답 ❸

공탁물의 출급에 관한 다음 설명 중 가장 옳지 않은 것은?

① 변제공탁의 공탁물출급청구권자는 피공탁자 또는 그 승계인이다.

② 피공탁자는 공탁서의 기재에 의하여 형식적으로 결정된다.

③ 실체법상의 채권자라고 하더라도 피공탁자로 지정되어 있지 않으면 공탁물출급청구권을 행사할 수 없다.

④ 공탁자가 착오로 공탁한 때 또는 공탁의 원인이 소멸한 때에는 공탁자가 공탁물을 회수할 수 있을 뿐 피공탁자의 공탁물출급청구권은 존재하지 않는다.

⑤ 피공탁자 아닌 제3자가 피공탁자를 상대로 하여 공탁물출급청구권확인판결을 받으면 직접 공탁물출급청구를 할 수 있다.

[❶ ▸ O] [❷ ▸ O] [❸ ▸ O] [❺ ▸ ✕]　　<u>변제공탁의 공탁물출급청구권자는 피공탁자 또는 그 승계인이고 피공탁자는 공탁서의 기재에 의하여 형식적으로 기재되므로, 실체법상의 채권자라고 하더라도 피공탁자로 지정되어 있지 않으면 공탁물출급청구권을 행사할 수 없고, 따라서 피공탁자가 아닌 제3자가 피공탁자를 상대로 하여 공탁물출급청구권확인판결을 받았더라도 그 확인판결을 받은 제3자가 직접 공탁물출급청구를 할 수 없으므로</u>, 피공탁자 중 1인을 채무자로 하여 그의 공탁물출급청구권에 대하여 채권압류 및 추심명령을 받은 추심채권자라는 등의 특별한 사정이 없는 한 피공탁자가 아닌 제3자는 피공탁자를 상대로 하여 공탁물출급청구권의 확인을 구할 이익이 없다(대판 2016.3.24. 2014다3122).

[❹ ▸ O]　공탁자가 착오로 공탁한 때 또는 공탁의 원인이 소멸한 때에는 공탁자가 공탁물을 회수할 수 있을 뿐 피공탁자의 공탁물출급청구권은 존재하지 않으므로, 이러한 경우 공탁자가 공탁물을 회수하기 전에 위 공탁물출급청구권에 대한 전부명령을 받아 공탁물을 수령한 자는 법률상 원인 없이 공탁물을 수령한 것이 되어 공탁자에 대하여 부당이득반환의무를 부담한다(대판 2008.9.25. 2008다34668).

目 ❺

변제공탁물의 지급에 관한 다음 설명 중 가장 옳지 않은 것은?

① 사업시행자가 수용보상금을 그 토지의 공유자 전원을 피공탁자로 하여 공탁한 경우에는 공유토지에 대한 수용보상 공탁금을 가분채권으로 보아 공유자 각자가 자기의 등기부상 지분에 해당하는 공탁금을 출급청구할 수 있다.

② 추심채권자가 집행채권을 제3자에게 양도한 경우 해당 추심채권자로서의 지위도 집행채권의 양도에 수반하여 양수인에게 이전되므로, 집행채권의 양수인은 다시 국가를 제3채무자로 하여 압류 및 추심명령을 받을 필요는 없다.

③ 사해행위취소 및 가액배상을 구하는 소송을 제기한 수인의 취소채권자들 전부를 피공탁자로 하여 상대적불확지공탁을 한 경우 피공탁자 각자는 공탁서의 기재에 따라 각자의 소송에서 확정된 판결 등에서 인정된 가액배상금의 비율에 따라 공탁금을 출급청구할 수 있다.

④ 공탁자 및 공탁소에 대한 공탁수락의 의사표시는 구두나 서면으로 할 수 있다.

⑤ 공탁자가 착오로 공탁한 후 공탁물을 회수하기 전에 공탁물출급청구권에 대한 전부명령을 받아 공탁물을 수령한 자는 공탁자에 대하여 부당이득반환의무를 부담한다.

....

[**❶ ▸ ○**] 기업자가 토지의 일부를 수용하고 수용보상금을 그 토지의 공유자 전원을 피공탁자로 하여 공탁한 경우에는 공유토지에 대한 수용보상 공탁금을 가분채권으로 보아 공유자 각자가 자기의 등기부상 지분에 해당하는 공탁금을 출급청구할 수 있으며, 비록 수용된 토지부분에 대한 공유자 내부의 실질적인 지분 비율이 등기부상 지분 비율과 다르다고 하더라도 이는 공유자 내부 간에 별도로 해결하여야 할 문제이다(공탁선례 제2-202호).

[**❷ ▸ ○**] 추심채권자가 집행채권을 제3자에게 양도한 경우 당해 추심권자로서의 지위도 집행채권의 양도에 수반하여 양수인에게 이전된다고 할 것이므로 집행채권의 양수인은 다시 국가를 제3채무자로 하여 압류 및 추심명령을 받을 필요는 없다(공탁선례 제2-335호).

[**❸ ▸ ○**] 동일한 금액 범위 내의 사해행위취소 및 가액배상을 구하는 소송을 제기한 수인의 취소채권자들 중 누구에게 가액배상금을 지급하여야 하는지 알 수 없다는 이유로 채권자들의 청구금액 중 판결 또는 화해권고결정 등에 의하여 가장 다액으로 확정된 금액 상당을 공탁금액으로 하고 그 취소채권자 전부를 피공탁자로 하여 상대적 불확지공탁을 한 경우, 피공탁자 각자는 공탁서의 기재에 따라 각자의 소송에서 확정된 판결 또는 화해권고결정 등에서 인정된 가액배상금의 비율에 따라 공탁금을 출급청구할 수 있을 뿐이다(대판 2007.5.31. 2007다3391).

[**❹ ▸ ✕**] <u>공탁소에 대한 민법 제489조 제1항의 승인이나 통고는 피공탁자가 공탁을 수락한다는 뜻을 적은 서면을 공탁관에게 제출하는</u> 방법으로 하여야 한다(공탁규칙 제49조 제1항).

[**❺ ▸ ○**] 공탁자가 착오로 공탁한 때 또는 공탁의 원인이 소멸한 때에는 공탁자가 공탁물을 회수할 수 있을 뿐 피공탁자의 공탁물출급청구권은 존재하지 않으므로, 이러한 경우 공탁자가 공탁물을 회수하기 전에 위 공탁물출급청구권에 대한 전부명령을 받아 공탁물을 수령한 자는 법률상 원인 없이 공탁물을 수령한 것이 되어 공탁자에 대하여 부당이득반환의무를 부담한다(대판 2008.9.25. 2008다34668).

답 ❹

변제공탁의 공탁물 수령에 관한 이의유보의 의사표시 등에 관한 다음 설명 중 가장 옳지 않은 것은?

① 매도인이 매수인의 채무불이행을 이유로 매매계약을 해제하면서 그가 받은 중도금을 변제공탁하였고 매수인이 이를 아무 이의 없이 수령하였다면 실제로 매수인의 채무불이행이 있었는지 여부를 불문하고 매수인의 잔대금 채무불이행으로 인한 매도인의 해제의 법률효과가 발생한다.

② 채무의 변제로써 공탁한 공탁물이 채권액에 미치지 못한 경우, 피공탁자가 공탁자에 대하여 채권의 일부에 충당한다는 뜻을 통지하거나 공탁물 출급청구서의 '청구 및 이의유보 사유'란에 같은 내용의 유보의사를 기재하고 공탁물을 출급한 경우에는 채권액 전액에 대한 변제의 효과가 발생하지 않는다.

③ 사업시행자가 토지수용위원회가 재결한 수용보상금을 토지소유자의 수령거절을 이유로 변제공탁한 경우에, 피공탁자인 토지소유자가 위 재결에 대하여 이의신청을 제기하거나 소송을 제기하고 있는 중이라고 할지라도 그 쟁송 중에 보상금 일부의 수령이라는 등 이의유보의 의사표시를 함이 없이 공탁금을 수령하였다면, 이는 종전의 수령거절 의사를 철회하고 재결에 승복하여 공탁한 취지대로 보상금 전액을 수령한 것이라고 볼 수밖에 없다.

④ 채권자가 채무액에 대해서만 이의를 유보한 것이 아니라 공탁원인인 부당이득반환채무금과 다른 손해배상채무금으로서 공탁금을 수령한다는 이의를 유보하고 수령한 경우, 공탁원인인 부당이득반환채무의 일부소멸의 효과는 발생하지 않지만, 이의유보 취지대로 손해배상채무의 일부변제로서의 효과는 발생한다.

⑤ 이의유보의 의사표시를 할 수 있는 자는 원칙적으로 변제공탁의 피공탁자이나, 공탁물 출급청구권에 대한 양수인, 전부채권자, 추심채권자도 이의유보의 의사표시를 할 수 있다.

....

[❶ ▶ ○] 매도인이 매매계약을 해제하면서 그가 받은 중도금을 변제공탁하였고 매수인이 이를 아무 이의 없이 수령하였다면 이는 공탁의 취지에 따라 수령한 것이 되어 공탁사유에 따른 법률효과가 발생한다(대판 1980.7.22. 80다1124).

[❷ ▶ ○] 변제공탁이 유효하려면 채무 전부에 대한 변제의 제공 및 채무 전액에 대한 공탁이 있음을 요하고 채무 전액이 아닌 일부에 대한 공탁은 그 부분에 관하여서도 효력이 생기지 않으나, 채권자가 공탁금을 채권의 일부에 충당한다는 유보의 의사표시를 하고 이를 수령한 때에는 그 공탁금은 채권의 일부의 변제에 충당되고, 그 경우 유보의 의사표시는 반드시 명시적으로 하여야 하는 것은 아니다(대판 2009.10.29. 2008다51359).

[❸ ▶ ○] 기업자가 토지수용법 제61조 제2항 제1호에 의하여 토지수용위원회가 재결한 토지수용보상금을 공탁한 경우에 그 공탁은 기업자가 토지소유자에 대하여 부담하는 토지수용에 따른 보상금 지급의무의 이행을 위한 것으로서 민법상 변제공탁과 다를 바 없으므로 토지소유자가 아무런 이의를 유보함이 없이 공탁금을 수령하였다면 토지소유자는 토지수용위원회의 재결에 승복하여 그 공탁의 취지에 따라 보상금을 수령한 것이라고 봄이 상당하므로 이로써 기업자의 보상금 지급의무가 확정적으로 소멸하는 것이고, 토지소유자가 위 재결에 대하여 이의신청을 제기하거나 소송을 제기하고 있는 중이라고 할지라도 그 쟁송 중에 보상금 일부의 수령이라는 등 유보의 의사표시를 함이 없이 공탁금을 수령한 이상, 이는 종전의 수령거절 의사를 철회하고 재결에 승복하여 공탁한 취지대로 보상금 전액을 수령한 것이라고 볼 수밖에 없음은 마찬가지이며, 공탁금 수령 당시 이의신청이나 소송이 계속 중이라는 사실만으로 공탁금 수령에 관한 이의유보의 의사표시가 있는 것과 같이 볼 수는 없다(대판[전합] 1982.11.9. 82누197).

[**④** ▸ ×] 채권자가 단지 채무액에 대해서만 이의를 유보한 것이 아니라 채무자의 공탁원인인 부당이득반환 채무금과 다른 손해배상 채무금으로서 공탁금을 수령한다는 이의를 유보한 때에는, 그 공탁금 수령으로 채무자의 공탁원인인 부당이득반환채무의 일부 소멸의 효과가 발생하지 않음은 당연하고, 채권자가 공탁금을 수령함에 있어 유보한 취지대로 손해배상채무가 인정되지도 않는 이상 그 공탁의 하자가 치유되어 손해배상채무의 일부 변제로서 유효하다고 할 수도 없다(대판 1996.7.26. 96다14616).

[**⑤** ▸ ○] 이의유보의 의사표시를 할 수 있는 자는 원칙적으로 변제공탁의 피공탁자이나, 공탁물출급청구권에 대한 양수인, 상속인, 전부채권자, 추심채권자, 채권자대위권을 행사하는 일반 채권자도 이의유보의 의사표시를 할 수 있다.

답 **④**

11
□□□

불법행위로 인한 손해배상의 채무자가 변제공탁을 하면서 공탁소에 '피공탁자의 동의가 없으면 특정 형사사건에 대하여 불기소결정이 있거나 무죄판결이 확정될 때까지 공탁금회수청구권을 행사하지 않겠다'는 취지의 공탁금 회수제한신고를 한 경우에 관한 다음 설명 중 가장 옳지 않은 것은?

2021년

① 피공탁자가 공탁금회수동의서를 공탁소에 제출하였다면 공탁금이 회수되지 않은 상태라도 피공탁자는 공탁금출급청구를 할 수 없다.
② 형사재판 과정에서 피공탁자가 한 공탁금 수령거절의 의사표시는 공탁금회수청구에 대한 동의로 볼 수 없다.
③ 변제공탁 후 공탁서 및 공탁금회수제한신고서를 형사재판부에 제출하지 못한 경우라고 하더라도 가해자는 형사재판에서 유죄판결을 받아 확정되었다면 피공탁자의 동의서를 첨부하지 않는 한 공탁금회수청구를 할 수 없다.
④ 피공탁자의 동의가 있다면 형사사건의 종결이나 결과 여부와 관계없이 공탁금의 회수가 가능하다.
⑤ 공탁자는 유죄판결이 확정되더라도 착오로 공탁하거나 공탁원인이 소멸된 사실을 증명하면 공탁법 제9조 제2항의 규정에 의한 공탁금회수청구를 할 수 있다.

....

[**❶** ▸ ×] 형사사건과 관련하여 보상금이 변제공탁된 후 피공탁자가 공탁금회수동의서를 공탁소에 제출한 경우에도 피공탁자의 공탁금출급청구권에는 영향이 없으므로 공탁금이 회수되지 않은 상태라면 피공탁자는 출급청구할 수 있다(공탁선례 제201010-1호).

[**❷** ▸ ○] 형사사건의 가해자(공탁자)가 피해자(피공탁자)에 대한 손해배상금을 변제공탁하면서 피공탁자의 동의가 없으면 형사사건에 대하여 불기소결정이 있거나 무죄재판이 확정될 때까지 공탁금에 대한 회수청구권을 행사하지 않겠다는 취지의 공탁금회수제한신고서를 제출하였다면, 그러한 신고는 만약 유죄판결이 확정된다면 피공탁자의 동의가 없는 한 공탁금회수청구권을 행사하지 않겠다는 공탁금회수청구권의 조건부포기의 의사표시로 해석되고, 형사공판과정에서 피공탁자가 한 공탁금 수령거절의 의사표시는 공탁금회수청구에 대한 동의로 볼 수 없으므로 공탁자는 피공탁자의 동의서를 첨부하지 않는 한 공탁금회수청구를 할 수 없다고 판단된다(공탁선례 제1-197호).

[❸ ▸ O] 형사사건과 관련하여 공탁자(가해자 등)가 피공탁자에게 변제공탁을 하면서 "공탁자는 피공탁자의 동의가 없으면 형사사건에 대하여 불기소결정(단, 기소유예는 예외)이 있거나 무죄판결이 확정될 때까지 공탁금에 대한 회수청구권을 행사하지 않겠다"는 회수제한신고서를 제출하였으나, 변제공탁 후 공탁서 및 회수제한신고서를 재판부에 제출하지 못한 경우라고 하더라도 가해자가 관련 형사사건으로 유죄판결을 받아 확정되었다면 피공탁자의 동의서를 첨부하지 않는 한 공탁금회수청구를 할 수 없다(공탁선례 제2-148호).

[❹ ▸ O] 피공탁자의 동의가 있다면 형사사건의 종결이나 결과 여부에 관계없이 공탁금의 회수가 가능하다.

[❺ ▸ O] 형사재판에서 유죄가 인정되어 집행유예의 확정판결을 받은 공탁자는 공탁통지서가 피공탁자의 수취거절로 반송된 사실과는 관계없이 민법 제489조의 규정에 의한 공탁금회수청구권을 행사할 수는 없다 할 것이고, 단지 착오로 공탁을 하거나 공탁의 원인이 소멸한 때에 한하여 공탁법 제9조 제2항의 규정에 의한 공탁금회수청구를 할 수 있을 뿐이다(공탁선례 제1-186호).

답 ❶

제6절 │ 특수한 성질의 변제공탁

05 수용보상금 공탁

제1절 총 설

I 토지수용의 의의 및 일반절차

1. 토지수용의 의의

토지수용이라 함은 공공복리의 증진과 사유재산권과의 조절을 도모함으로써 국토의 합리적인 이용·개발과 산업의 발전에 기여함을 목적으로 공익사업에 필요한 토지 등의 재산권을 법률이 정하는 바에 따라서 강제적으로 취득하는 것을 말한다.

2. 토지수용의 근거법률

종전에는 토지수용에 관한 법률이 '토지수용법'과 '공공용지의 취득 및 손실보상에 관한 특례법'으로 이원화되어 있었으나, 두 법을 폐지하고 그 내용을 보완하여 단일 법률인 '공익사업을 위한 토지 등의 취득 및 보상에 관한 법률(이하 토지보상법이라 함)'을 새로 제정하여 2003.1.1.부터 시행하고 있다.

3. 토지수용의 일반절차

사업인정 고시	특정사업이 토지수용을 할 수 있는 공익사업에 해당함을 인정하는 '사업인정'을 고시함으로써 수용할 목적물의 범위를 확정하고, 수용의 목적물에 관한 현재 및 장래의 권리자에게 대항할 수 있는 일종의 공법상의 물권으로서의 효력을 발생
토지조서 작성	사업시행자가 공익사업을 위하여 '수용 또는 사용'을 필요로 하는 토지 등의 내용을 일정한 절차를 거쳐 작성함으로써 수용 또는 사용할 목적물의 범위를 확정하는 절차
협의 확인	먼저 사업시행자와 토지소유자 간에 손실보상금액·지급시기 등에 대하여 협의를 한다. 이 협의절차는 의무적인 것으로 협의절차를 거치지 않고 재결을 신청하는 것은 위법이 된다. 협의가 성립된 경우에는 사업시행자는 수용재결 신청기간 내에 그 확인을 신청할 수 있다. 토지수용위원회의 협의성립확인이 있으면 수용재결로 간주되며, 사업시행자는 수용의 시기(협의한 시기)까지 보상금을 지급하여야 하고 일정한 사유가 있으면 보상금을 공탁할 수 있다(토지보상법 제40조).
재 결	재결이란 협의의 불성립 또는 협의의 불능시 사업시행자의 신청에 의하여 관할 토지수용위원회가 사업시행자에 의한 보상금 지급을 조건으로 수용할 토지구역, 손실보상, 수용의 개시일 등을 결정하여 그 토지에 관한 권리를 사업시행자가 취득하게 하고, 피수용자는 그 권리를 상실하게 하는 효과를 발생하는 형성행위이다. 재결에 불복하는 자는 중앙토지수용위원회에 이의신청(이의 재결) 또는 행정소송을 통해 다투어야 한다.

Ⅱ 수용보상금의 지급 또는 공탁

1. 수용개시일

수용개시일이란 토지소유자와 사업시행자 간에 협의가 성립되어 그 확인을 받은 경우에는 그 협의한 지급시기, 협의의 불성립 또는 협의의 불가능으로 인하여 사업시행자의 신청에 의해 관할 토지수용위원회가 재결에서 정한 수용의 개시일을 말한다.

2. 보상금의 지급 또는 공탁

보상금 지급	사업시행자는 수용의 개시일까지 토지소유자에게 관할 토지수용위원회가 재결한 보상금을 지급하여야 하고, 사업시행자가 수용의 개시일까지 보상금을 지급하지 아니하면 당해 재결은 그 효력을 상실한다(토지보상법 제40조 제1항, 제42조 제1항).
보상금 공탁	만약에 토지소유자 등의 보상금 수령거절 등으로 인하여 수용개시일까지 보상금을 지급할 수 없다면 사업시행자로서는 당해 토지의 소유권을 취득할 수 없게 되므로, 귀책사유 없는 사업시행자의 보호를 위해 공익사업토지보상법은 일정한 경우 보상금을 공탁할 수 있도록 규정하고 있다. 따라서 사업시행자는 공익사업토지보상법 제40조 제2항 각 호의 1에 해당하는 사유가 있을 때에는 공탁할 수 있고, 수용의 개시일까지 관할 토지수용위원회가 재결한 보상금을 지급 또는 공탁함으로써 토지를 수용한 날에 그 소유권을 취득하게 된다(대판 1991.5.10. 91다8654).

> **사업시행인가효력정지 가처분결정이 있는 경우 수용재결에 따른 공탁 가부**
> 사업시행자가 「도시 및 주거환경정비법」에 의하여 도시환경정비사업의 사업시행인가를 받고 이어 수용재결을 얻었으나 수용개시일 전에 사업시행인가의 효력을 정지하는 가처분결정이 있는 경우에도 사업시행자는 수용재결에 따른 공탁을 할 수 있다(공탁선례 제2-156호).

Ⅲ 토지보상법상 공탁의 종류

1. 근거법령(토지보상법)

> **시급을 요하는 토지의 사용(토지보상법 제39조)**
> ① 제28조의 규정에 의한 재결의 신청을 받은 토지수용위원회는 그 재결을 기다려서는 재해를 방지하기 곤란하거나 그 밖에 공공의 이익에 현저한 지장을 줄 우려가 있다고 인정하는 때에는 사업시행자의 신청에 의하여 대통령령이 정하는 바에 따라 담보를 제공하게 한 후 즉시 당해 토지의 사용을 허가할 수 있다. 다만, 국가 또는 지방자치단체가 사업시행자인 경우에는 담보를 제공하지 아니할 수 있다.
>
> **보상금의 지급 또는 공탁(토지보상법 제40조)**
> ① 사업시행자는 제38조 또는 제39조의 규정에 의한 사용의 경우를 제외하고는 수용 또는 사용의 개시일(토지수용위원회가 재결로서 결정한 수용 또는 사용을 개시하는 날을 말한다. 이하 같다)까지 관할 토지수용위원회가 재결한 보상금을 지급하여야 한다.
> ② 사업시행자는 다음 각 호의 1에 해당하는 때에는 수용 또는 사용의 개시일까지 수용 또는 사용하고자 하는 토지 등의 소재지의 공탁소에 보상금을 공탁할 수 있다.
>   1. 보상금을 받을 자가 그 수령을 거부하거나 보상금을 수령할 수 없는 때
>   2. 사업시행자의 과실 없이 보상금을 받을 자를 알 수 없는 때

    3. 관할 토지수용위원회가 재결한 보상금에 대하여 사업시행자가 불복할 때

    4. 압류나 가압류에 의하여 보상금의 지급이 금지된 때

③ 사업인정고시가 있은 후 권리의 변동이 있는 때에는 그 권리를 승계한 자가 제1항의 규정에 의한 보상금 또는 제2항의 규정에 의한 공탁금을 수령한다.

④ 사업시행자는 제2항 제3호의 경우 보상금을 받을 자에게 자기가 산정한 보상금을 지급하고 그 금액과 토지수용위원회가 재결한 보상금과의 차액을 공탁하여야 한다. 이 경우 보상금을 받을 자는 그 불복의 절차가 종결될 때까지 공탁된 보상금을 수령할 수 없다(출급제한).

재결의 실효(토지보상법 제42조)

① 사업시행자가 수용 또는 사용의 개시일까지 관할 토지수용위원회가 재결한 보상금을 지급 또는 공탁하지 아니한 때에는 당해 토지수용위원회의 재결은 그 효력을 상실한다.

② 사업시행자는 제1항의 규정에 의하여 재결의 효력이 상실됨으로 인하여 토지소유자 또는 관계인이 입은 손실을 보상하여야 한다.

③ 제2항에 따른 손실보상에 관하여는 제9조 제5항부터 제7항까지의 규정을 준용한다.

현금보상 등(토지보상법 제63조)

① 손실보상은 다른 법률에 특별한 규정이 있는 경우를 제외하고는 현금으로 지급하여야 한다. 다만, 토지소유자가 원하는 경우로서 사업시행자가 해당 공익사업의 합리적인 토지이용계획과 사업계획 등을 고려하여 토지로 보상이 가능한 경우에는 토지소유자가 받을 보상금 중 본문에 따른 현금 또는 제7항 및 제8항에 따른 채권으로 보상받는 금액을 제외한 부분에 대하여 기준과 절차에 따라 그 공익사업의 시행으로 조성한 토지로 보상할 수 있다.

② 제1항 단서에 따라 토지소유자에게 토지로 보상하는 면적은 사업시행자가 그 공익사업의 토지이용계획과 사업계획 등을 고려하여 정한다. 이 경우 그 보상면적은 주택용지는 990제곱미터, 상업용지는 1천100제곱미터를 초과할 수 없다.

이의의 신청(토지보상법 제83조)

① 중앙토지수용위원회의 제34조의 규정에 의한 재결에 대하여 이의가 있는 자는 중앙토지수용위원회에 이의를 신청할 수 있다.

② 지방토지수용위원회의 제34조의 규정에 의한 재결에 대하여 이의가 있는 자는 당해 지방토지수용위원회를 거쳐 중앙토지수용위원회에 이의를 신청할 수 있다.

③ 제1항 및 제2항의 규정에 의한 이의의 신청은 재결서의 정본을 받은 날부터 30일 이내에 하여야 한다.

이의신청에 대한 재결(토지보상법 제84조)

① 중앙토지수용위원회는 제83조의 규정에 의한 이의신청이 있는 경우 제34조의 규정에 의한 재결이 위법 또는 부당하다고 인정하는 때에는 그 재결의 전부 또는 일부를 취소하거나 보상액을 변경할 수 있다.

② 제1항의 규정에 따라 보상금이 증액된 경우 사업시행자는 재결의 취소 또는 변경의 재결서 정본을 받은 날부터 30일 이내에 보상금을 받을 자에게 그 증액된 보상금을 지급하여야 한다. 다만, 제40조 제2항 제1호·제2호 또는 제4호에 해당하는 때에는 이를 공탁할 수 있다.

행정소송의 제기(토지보상법 제85조)

① 사업시행자·토지소유자 또는 관계인은 제34조의 규정에 의한 재결에 대하여 불복이 있는 때에는 재결서를 받은 날부터 90일 이내에, 이의신청을 거친 때에는 이의신청에 대한 재결서를 받은 날부터 60일 이내에 각각 행정소송을 제기할 수 있다. 이 경우 사업시행자는 행정소송을 제기하기 전에 제84조의 규정에 따라 증액된 보상금을 공탁하여야 하며, 보상금을 받을 자는 공탁된 보상금을 소송종결 시까지 수령할 수 없다.

2. 근거법령(토지보상법 시행령)

> **권리를 승계한 자의 보상금 수령(토지보상법 시행령 제21조)**
> 법 제40조 제3항의 규정에 의하여 보상금(공탁된 경우에는 공탁금을 말한다. 이하 이 조에서 같다)을 받는 자는 보상금을 받을 권리를 승계한 사실을 증명하는 서류를 사업시행자(공탁된 경우에는 공탁관을 말한다)에게 제출하여야 한다.

3. 공탁의 종류

토지보상법 제39조 제1항	시급을 요하는 토지사용을 위한 담보공탁
토지보상법 제40조 제2항 제1호	수령거절 · 수령불능에 의한 변제공탁
토지보상법 제40조 제2항 제2호	채권자 불확지 변제공탁
토지보상법 제40조 제2항 제3호	사업시행자의 수용재결에 대한 불복시 차액공탁
토지보상법 제40조 제2항 제4호	보상금지급청구권에 대한 (가)압류를 원인으로 한 집행공탁
토지보상법 제84조 제2항 단서	이의신청에 대한 재결에서 증액된 보상금의 동법 제40조 제2항 제1 · 2 · 4호의 사유에 의한 공탁
토지보상법 제85조 제1항	사업시행자의 이의재결에 대한 행정소송제기시 이의재결에서 증액된 보상금공탁

제2절 | 수용보상금 공탁신청절차

I 관할공탁소

1. 구 분

(1) 채무이행지(토지소유자의 현주소지 등)
① 토지수용보상금 공탁도 기본적으로는 변제공탁의 성질을 가지므로 민법 제488조 제1항에 따라 <u>채무이행지</u>의 공탁소에 공탁할 수 있다.
② 지참채무의 원칙상 토지소유자(보상금지급청구권자)의 <u>현주소지 또는 현영업소 관할법원 소재</u> 공탁소에 공탁할 수 있다.
③ 피보상자가 특정된 경우에는 그의 <u>주소지</u> 관할공탁소에 공탁할 수 있고, 피보상자가 특정되지 아니한 상대적 불확지공탁의 경우에는 <u>그중 1인의 주소지</u> 관할공탁소에 공탁할 수 있다.

(2) 토지소재지 공탁소
보상금지급청구권자의 현주소지 등을 알 수 없는 경우에는 그 공탁소 관할이 문제가 될 수 있으므로 원활한 토지수용을 위하여 토지보상법은 사업시행자로 하여금 수용 또는 사용하고자 하는 <u>토지 등의 소재지</u>의 공탁소에서도 수용보상금을 공탁할 수 있도록 하고 있다(토지보상법 제40조 제2항).

2. 원 칙

(1) 시·군법원 공탁관의 직무범위에서 제외

종전에는 시·군법원 공탁관의 직무범위에 제한이 없어 수용보상금 공탁도 시·군법원에서 이루어졌으나, 공탁규칙 개정으로 수용보상금 공탁은 시·군법원 공탁관의 직무범위에서 제외되었다(공탁규칙 제2조).

(2) 관할공탁소 외 공탁신청 제한

사업시행자는 「관할공탁소 이외의 공탁소에서의 공탁사건처리 지침」에 따라 관할공탁소가 아닌 공탁소에서 공탁신청을 할 수 없다.

Ⅱ 공탁물

특별한 사정이 없는 한 보상금 전액을 현금으로 공탁하여야 하나(토지보상법 제63조 제1항) 대통령령이 정하는 일정한 금액을 초과하는 경우에는 그 보상금 중 일부에 대하여 해당 사업자가 발행하는 채권(債券)으로 공탁할 수 있다(토지보상법 제63조 제2항).

> **수용보상금을 유가증권으로 공탁한 후 유가증권과 현금으로 공탁물변경이 가능한지 여부(소극)**
>
> 수용보상금을 유가증권으로 공탁한 후 동일한 금액으로 유가증권과 현금으로 공탁물을 변경하는 것은 유가증권 일부를 회수하고 회수한 부분만큼 현금으로 새로운 공탁을 하는 것이므로 공탁의 동일성이 유지되지 않아 허용될 수 없다(공탁선례 제2-39호).
>
> **압류 및 가압류가 있는 수용보상금을 사업시행자가 채권(債券)과 현금으로 지급하고자 할 경우 공탁 방법**
>
> 1. 압류나 가압류가 있는 수용보상금을 사업시행자가 채권(債券)과 현금으로 지급하고자 할 경우에는 압류나 가압류의 피압류채권이 금전채권인 수용보상금채권이라면 〈현금으로 지급하는 수용보상금 부분〉은 집행공탁할 수 있다.
> 2. 그러나 〈채권(債券)으로 지급하는 수용보상금 부분〉은 집행공탁으로 할 수 없고, 「공익사업을 위한 토지 등의 취득 및 보상에 관한 법률」 제40조 제2항 각 호의 공탁사유가 있다면 유가증권공탁의 공탁물적격이 인정되므로 유가증권 공탁의 절차에 따라 공탁할 수 있다(변제공탁)(공탁선례 제201004-1호).

Ⅲ 공탁원인 및 피공탁자

1. 토지보상법 제40조 제2항 제1호 사유(채권자의 수령거절 또는 수령불능)

민법 제487조에 의한 변제공탁사유인 채권자의 수령거절 및 수령불능과 그 요건이 동일하다. 이는 확지공탁에 해당하며 사업인정고시 후 토지소유자의 변동이 있는 경우 아래 사항이 문제된다.

① 누구를 피수용자로 하여 재결을 하여야 하는지
② 누구를 피공자로 하여 공탁을 하여야 하는지
③ 누가 보상금(공탁금)수령권자인지

재결의 상대방	토지수용위원회의 재결의 상대방은 재결당시의 소유자라 할 것이므로 사업인정고시 후 수용대상 토지의 소유권자가 변동되었음에도 이를 간과하고 종전소유자를 상대로 재결한 경우에는 사업시행자가 수용으로 인한 소유권이전등기신청 시에 경정재결서 등본을 첨부하여야 한다.
피공탁자	사업시행자가 채권자의 수령불능 또는 거부를 이유로 보상금을 공탁하는 경우에는 재결의 상대방이 누구인 지를 불문하고 공탁당시의 소유자를 피공탁자로 기재하여 공탁하여야 한다. 공탁이후 소유자가 변동되었어 도 사업시행자의 보상금 공탁은 유효하며, 재결이 무효로 되지 않는 한 사업시행자는 수용일에 토지소유권을 취득한다.
보상금 (공탁금) 수령권자	수용보상금은 토지수용으로 수용대상토지의 소유권이 상실되는 토지소유자의 손실을 보상하는 것이므로, 보상금(공탁금)지급청구권자는 수용대상토지의 소유권이 토지소유자에서 사업시행자에게 넘어가는 시점인 수용일 당시의 토지소유자가 될 것이다. 따라서 재결의 상대방이 누구인지, 누가 피공탁자인지를 불문하고 수용일 당시의 토지소유자는 등기사항증명서를 첨부하여 보상금(공탁금)을 수령할 수 있다.

사업인정고시 후 소유권이 변동되었음에도 종전 소유자를 상대로 재결이 이루어진 경우 수용보상금 공탁 시 피공탁자

도시철도건설자가 도시철도법에 따라 토지소유자의 지하부분 사용을 위한 구분지상권의 설정 등을 내용으로 하는 수용 또는 사용의 재결을 받았으나 사업인정고시 후 재결 전에 소유권변동이 있었음에도 종전 소유자를 상대로 재결이 이루어진 경우에 손실보상금의 수령권자는 소유권을 승계한 수용 당시의 현재 등기부상 소유자가 될 것이므로 도시철도건설자는 현 소유자에게 보상금을 지급하거나 공탁할 경우 현 소유자를 피공탁자로 하여 공탁하여야 할 것이다(공탁선례 제2-161호).

'갑'의 수용보상금에 대해 '을'의 채권가압류가 있었고 그 후 수용시기 이전에 '병'이 '갑'의 소유권을 승계한 경우 피공탁자(= 병)

'갑' 소유의 토지에 대한 수용재결이 있은 후 수용시기 이전에 '병'이 '갑'으로부터 위 토지의 소유권을 승계한 경우에는 수용당시의 소유자인 '병'이 토지수용에 의한 손실보상금이나 기업자가 이를 공탁한 경우 그 공탁금의 수령권자가 되며, 비록 '병'이 소유권을 취득하기 전에 '을'이 '갑'의 손실보상금 채권을 가압류하였다고 하더라도 그것만으로는 '갑'의 위 토지처분행위를 저지하거나 '병'의 소유권취득에 우선할 수 있는 효력이 없으며, 수용당시에 '갑'은 위 토지의 소유권자가 아님으로서 손실보상금 채권자가 될 수 없게 되었으므로 위 가압류명령은 수용당시에 이르러 피가압류채권인 손실보상금 채권이 부존재하게 되어 무효가 되는 것이므로, 위 보상금을 공탁하는 경우의 피공탁자는 '병'이 되는 것이다(공탁선례 제2-163호).

수용당시 토지등기부상의 가등기권자

수용 대상 부동산의 가등기권자는 공익사업을 위한 토지 등의 취득 및 보상에 관한 법률 제40조에 의하여 공탁된 보상금에 대하여 따로 그 권리를 주장하는 처분금지가처분 또는 가압류 등의 조치를 취하지 않는 이상 그 공탁금 출급청구권에 관하여 권리를 주장할 수 있는 이해관계인이라 할 수 없다(공탁선례 제2-155호).

2. 토지보상법 제40조 제2항 제2호 사유(채권자 불확지)

(1) 상대적 불확지

① 보상금지급청구권자는 수용대상토지의 소유권자이므로, 수용대상토지의 소유권 귀속자체에 대한 분쟁이 있는 경우에만 그 결과에 따라 보상금지급청구권자가 달라지게 되어 상대적 불확지공탁을 할 수 있고, 그와 달리 현 토지소유자의 소유권을 인정하는 전제하에서 자신에게 소유권을 이전해 달라는 등의 분쟁이 있는 경우에는 그 결과에 상관없이 현 토지소유자가 보상금지급청구권자이므로 상대적 불확지공탁을 할 수 없다.

② 인정되는 경우

㉠ 수용대상토지에 소유권등기말소청구권을 피보전권리로 하는 처분금지가처분등기가 경료되어 있는 경우 : 소유권등기말소청구권을 피보전권리로 하는 처분금지가처분등기 경료시 가처분의 피보전권리가 소유권말소등기청구권인지 아니면 소유권이전등기청구권인지가 공시되어 있지 않은 경우[61]에도 토지소유자 또는 가처분채권자를 피공탁자로 하는 상대적 불확지공탁이 인정된다. 다만, 사해행위취소에 따른 소유권등기말소청구권을 피보전권리로 하는 처분금지가처분등기가 경료된 경우에는 그 가처분채권자는 종전 소유자에 대한 채권자로서의 지위에 있을 뿐 직접 그 소유권이 가처분채권자 자신에게 속한다고 다투는 것이 아니므로 상대적 불확지공탁을 할 수 없다(대판 2009.11.12. 2007다53785).

가처분의 피보전권리가 공시되어 있지 아니한 경우

기업자인 한국토지개발공사가 토지를 수용하고 그 보상금을 공탁함에 있어서, 그 수용대상 토지에 가처분등기가 경료되어 있는 경우에는 그 가처분의 피보전권리가 소유권말소등기청구권인지 아니면 소유권이전등기청구권인지가 등기부상 공시되어 있지 아니하므로 일단은 그 토지의 소유권 귀속에 관하여 다툼이 있는 것으로 보아 피공탁자의 상대적 불확지를 이유로 공탁을 할 수 있을 것이나(법정행예 제73호 "2"의 '나' 참조), 그 가처분의 피보전권리가 소유권이전등기청구권임이 확인(가처분결정문 첨부)된 때에는 피공탁자의 상대적 불확지를 이유로 하는 공탁을 할 수는 없고 다른 공탁사유가 있는 경우에 한하여 등기부상 소유명의인을 피공탁자로 하는 확지공탁을 하여야 하는 것이므로, 그러한 경우에는 기존의 확지공탁을 상대적 불확지공탁으로 바꾸는 공탁서 정정을 할 수는 없는 것이다(공탁선례 제2-51호).

㉡ 수용대상토지에 소유권자가 다른 중복등기가 경료되어 있는 경우 : 수용대상토지에 관하여 갑 명의로 소유권이전등기가 되어 있고, 또 다른 등기부에 을 명의의 소유권이전등기가 되어 있어, 기업자가 과실 없이 진정한 토지소유자를 알 수 없는 때에는 공탁물을 수령한 자는 갑 또는 을로 표시하여야 할 것이다(대판 1992.10.13. 92누3212).

㉢ 공유지분의 합계가 1을 초과하거나 미달되는 경우 : 토지등기부상 공동소유자들의 공유지분 합계가 1을 초과하거나 미달되어 기업자로서는 보상금을 받을 자인 공동소유자들의 정당한 공유지분을 알 수 없어 개인별 보상금액을 구체적으로 산정할 수 없다면 피보상자 불확지를 사유로 공탁할 수 있으며, 그 경우 피공탁자는 공동소유자 전부를 기재하면 될 것이다(공탁선례 제1-24호).

㉣ 보상받을 사람이 사망하였으나 과실 없이 그 상속인들의 정당한 상속지분을 알 수 없는 경우

㉤ 분할 전 토지대장과 분할 이후의 토지대장의 소유명의인이 다른 경우 : 미등기토지에 대한 토지 수용을 원인으로 한 공탁에 있어 분할 전 토지의 토지대장에 갑이 사정받은 것으로 되어있으나 분할된 이후의 토지대장에는 을 명의로 소유권이전등록이 되어 있다면 "갑"과 "을"중 누가 진정한 소유자인지 알 수 없으므로 "갑 또는 을"을 피공탁자로 하여 상대적 불확지공탁을 할 수 있다(공탁선례 제2-174호).

미등기인 수용대상 건물에 대하여 소유권 다툼이 있는 경우

미등기건물의 수용보상금을 공탁하고자 하는데 그 소유권에 대한 다툼이 있어 과실 없이 누가 진정한 수용대상 건물의 소유자인지 알지 못하는 경우에는 피공탁자를 "건축물대장상 소유자 또는 실제 소유자라고 주장하는 자"로 하여 상대적 불확지공탁을 할 수 있다(공탁선례 제2-175호).

---

61) 부동산처분금지가처분 기입등기 시 피보전권리를 기재하는 것은 1997.9.11. 등기예규 제881호가 제정 시행된 이후이다. 따라서 예규 시행 이전에 이루어진 가처분의 경우 피보전권리가 등기부상 공시되어 있지 않다.

ⓑ 수용보상금채권에 대하여 보상금 처분금지가처분이 있는 경우

㉮ 가처분권자가 수용보상금채권에 대하여 권리의 귀속을 다투는 경우에는 피공탁자를 '가처분채무자(부동산 소유자) 또는 가처분채권자'로 하는 상대적 불확지공탁을 할 수 있다.

㉯ 그러나 사해행위취소에 따른 원상회복청구권을 피보전권리로 한 채권처분금지가처분결정이 제3채무자에게 송달된 경우 그 가처분권자는 채무자에 대한 채권자의 지위에 있을 뿐 채권이 가처분권자 자신에게 귀속한다고 다투는 경우가 아니므로 제3채무자는 상대적 불확지 변제공탁을 할 수는 없고, 공탁근거법령을 토지보상법 제40조 제2항 제1호 피공탁자를 '가처분채무자'로 하는 확지공탁을 하되, 위 가처분에 관한 사항을 공탁원인사실에 기재하여야 할 것이며, 이때 가처분의 효력은 가처분채무자의 공탁금출급청구권에 대하여 존속한다(공탁선례 제201101-2호).

② 인정되지 않는 경우

㉠ 수용대상토지등에 대하여 담보물권 · 소유권이전등기청구권 보전을 위한 가처분등기 또는 가등기가 마쳐져 있는 경우

㉡ 수용대상토지등에 대하여 가압류, 압류, 경매개시, 공매공고(납세담보물의 공매공고 포함) 등의 기입등기가 마쳐져 있는 경우

> **수용토지가 (가)압류되어 있거나 근저당권이 설정되어 있는 경우**
> 수용대상 토지가 일반 채권자에 의하여 압류 또는 가압류되어 있거나 수용대상 토지에 근저당권설정등기가 마쳐져 있더라도 그 토지의 수용에 따른 보상금청구권 자체가 압류 또는 가압류되어 있지 아니한 이상 보상금의 지급이 금지되는 것은 아니므로, 이러한 사유만으로 토지수용법 제61조 제2항 제2호 소정의 '기업자가 과실 없이 보상금을 지급받을 자를 알 수 없을 때'의 공탁사유에 해당한다고 볼 수 없다(대판 2000.5.26. 98다22062).

(2) 절대적 불확지공탁

토지보상법 제40조 제2항 제2호는 토지수용의 주체인 사업시행자가 과실 없이 보상금을 받을 자를 알 수 없을 때에는 절대적 불확지의 공탁이 허용됨을 규정하고 있다.

① 수용대상토지등이 미등기이고 다음의 어느 하나에 해당하는 경우

㉠ 대장상 소유자란이 공란으로 되어 있는 경우

㉡ 대장상 성명은 기재되어 있으나 주소의 기재(동 · 리의 기재만 있고 번지의 기재가 없는 경우도 해당됨)가 없는 경우

㉢ 대장상 주소는 기재되어 있으나 성명의 기재가 없는 경우

② 등기는 되어 있으나 등기부상 소유자를 특정할 수 없는 경우

㉠ 등기부상에 소유자의 주소 표시가 없는 경우 소유자를 특정할 수 없으므로 수용자인 국가가 피공탁자를 절대적 불확지로 하여 공탁한 것은 정당한 것이나, 그 후 피공탁자를 등기부상 소유자 표시와 같이 정정한 경우라 하더라도 소유자가 특정된 것으로 볼 수는 없어 정정의 효력은 없는 것이므로, 위 공탁은 여전히 피공탁자를 절대적 불확지로 한 공탁이라고 보아야 할 것이다.

㉡ 따라서 위 공탁금 출급청구권에 대한 소멸시효는 진행될 수 없으므로 소멸시효완성 여부의 문제는 없다.

ⓒ 그러므로 이 경우 질의인 등은 등기부상의 소유명의인인 최종락이 질의인 등의 피상속인임을 입증하여 공탁자인 국가로 하여금 피공탁자를 질의인 등으로 정정하게 한 후 위 공탁금을 출급하거나, 이를 거부당할 경우에는 공탁자인 국가를 상대로 질의인 등이 위 <u>공탁금의 출급청구권자임을 확인하는 판결</u>을 받아 이를 공탁금 출급청구권을 증명하는 서면으로 하여 공탁금을 출급청구할 수 있다(법정 제935호).

③ **등기부의 일부인 공동인명부와 토지대장상의 공유자연명부가 멸실한 경우** : <u>등기부의 일부인 공동인명부와 토지대장상의 공유자연명부가 멸실된 토지</u>에 대하여 기업자가 토지소유자를 알 수 없어 협의를 할 수 없음을 이유로 관할 토지수용위원회에 재결을 신청하고 그에 따라 피수용자를 불확지로 한 수용재결을 얻은 경우에는 기업자는 과실 없이 보상금을 받을 자를 알 수 없는 것이므로 재결한 보상금을 토지수용법 제61조 제2항 제2호의 규정에 의하여 공탁할 수 있으며, 이때 <u>공탁서상의 공탁물을 수령할 자의 성명과 주소란에는 불확지(절대적 불확지공탁)</u>로 기재하면 될 것이다(등기선례 제3-758호).

④ **보상받을 사람이 사망하였으나 과실 없이 그 상속인의 전부 또는 일부를 알 수 없는 경우**
  ㉠ 상속인 전부를 알 수 없는 경우 보상금 전부(피공탁자 : 망 ○○○[주민등록번호 또는 주소 병기]의 상속인)
  ㉡ 상속인 중 일부를 알 수 없는 경우 그 알 수 없는 상속인에 대한 보상금 부분(피공탁자 : 망 ○○○의 상속인 ◇◇◇[주민등록번호와 주소 병기] 외 상속인)

⑤ **피수용자의 등기부상 주소지가 미수복지구인 경우**
  ㉠ 기업자가 피공탁자의 주소를 미수복지구인 '개풍군 중면 대용리'로 기재하고 공탁 관계 법령을 토지수용법 제61조 제2항 제1호로 기재한 경우, 피공탁자의 주소 표시가 제대로 되지 아니하고 공탁통지서도 송달할 수 없으므로 피공탁자가 특정되지 않았다고 할 것이다.
  ㉡ 이어서 '공탁을 하게 된 관계 법령'의 기재가 사실에 합치되지 아니하지만 그렇다고 위 공탁이 바로 무효로 되는 것은 아니고, 이러한 경우라도 <u>객관적으로 진정한 공탁 원인이 존재하면 그 공탁을 유효로 해석</u>하여야 하므로, 그 공탁을 토지수용법 제61조 제2항 제2호에서 정한 '기업자가 과실 없이 보상금을 받을 자를 알 수 없는 때'에 허용되는 <u>절대적 불확지의 공탁으로 볼 수밖에 없다</u>(대판[전합] 1997.10.16. 96다11747).

⑥ **영업손실보상금** : 토지보상법상의 사업시행자는 동법 제40조의 <u>수용의 개시일까지 관할 토지수용위원회가 재결한 보상금을 지급</u>하여야 하고 과실 없이 보상금을 받을 자를 알 수 없는 때에는 수용하고자 하는 <u>토지 등의 소재지의 공탁소에 보상금을 공탁할 수 있</u>는 바, 사업시행자는 위 조항에 따라 토지에 대한 보상금(동법 제70조, 제71조), 건축물 등에 대한 보상금(동법 제75조)뿐 아니라 광업권 등 권리에 대한 보상금(동법 제76조), 영업의 손실에 대한 보상금(동법 제77조)도 절대적 불확지공탁을 할 수 있다(공탁선례 제200610-1호).

3. 공익사업토지보상법 제40조 제2항 제3호 사유(사업시행자 불복)

(1) 의 의

관할 토지수용위원회가 재결한 보상금에 대하여 사업시행자가 불복하려는 때에는, 사업시행자는 보상금을 받을 자에게 자기가 산정한 보상금을 지급하고 그 금액과 토지수용위원회가 재결한 보상금과의 차액을 공탁하여야 한다.[62]

(2) 출급제한

보상금을 받을 자는 그 불복의 절차가 종결될 때까지 공탁된 보상금을 수령할 수 없다(토지보상법 제40조 제4항). 물론 사업시행자가 산정한 보상금(각주 62의 예에서 3,000만원)의 지급도 토지보상법 제40조 제2항 제1호, 제2호, 제4호의 사유가 있으면 공탁할 수 있다.

4. 토지보상법 제40조 제2항 제4호 사유(압류·가압류)

(1) 의 의

토지수용보상금이 압류 또는 가압류에 의하여 지급이 금지된 때에는 사업시행자는 공탁할 수 있다.

(2) 공탁사유

① 집행공탁의 사유와 동일하다. 따라서 일반채권에 기한 압류 외에 담보권리자의 물상대위권 행사에 의한 압류도 포함된다. 그러나 국세징수법상의 강제징수 또는 지방세법상 체납처분 압류만이 있는 경우에는 이 공탁사유에 해당하지 않는다(공탁선례 제2-286호 참조).

② 하지만 민사집행법에 따른 압류와 체납처분에 의한 압류가 있는 경우(선후 불문)는 이 공탁사유에 해당한다.

(3) 공탁절차

① 보상금지급청구권에 대하여 민사집행법에 따른 압류 또는 가압류가 있는 경우의 공탁절차는 「제3채무자의 권리공탁에 관한 업무처리절차(행정예규 제1018호)」에서 정한 절차에 준하여 처리하고, 민사집행법에 따른 압류와 체납처분에 의한 압류가 있는 경우(선후불문)의 공탁절차는 「금전채권에 대하여 민사집행법에 따른 압류와 체납처분에 의한 압류가 있는 경우의 공탁절차 등에 관한 업무처리지침(행정예규 제1060호)」에서 정한 절차에 준하여 처리한다.

② 이 경우 보상금지급청구권에 대하여 민사집행법에 따른 압류가 있거나 민사집행법에 따른 압류와 체납처분에 의한 압류가 있는 때에는 "공익사업을 위한 토지 등의 취득 및 보상에 관한 법률 제40조 제2항 제4호 및 민사집행법 제248조 제1항"을, 보상금지급청구권에 대하여 가압류가 있는 때에는 "공익사업을 위한 토지 등의 취득 및 보상에 관한 법률 제40조 제2항 제4호, 민사집행법 제291조 및 제248조 제1항"을 각 공탁근거법령으로 한다.

③ 「민법」 제489조에 의한 공탁금 회수청구는 인정하지 않는다.

---

62) 예를 들면, 재결이 있기 전에 사업시행자가 3천만원을 협의보상금액으로 제시하였으나 협의가 성립되지 않아 재결을 신청하였더니 보상금액이 5천만원으로 재결되어 사업시행자가 보상금이 너무 많다는 이유로 이의신청을 제기하는 경우 5천만원 중 3천만원에 대하여서는 다툼이 없이 당초부터 보상금액으로 제시하였던 금액이기 때문에 이를 지급하고, 2천만원에 대하여만 다툼이 있는 금액이기 때문에 토지보상법 제40조 제2항 제3호의 규정에 의하여 공탁하도록 한 것이다.

수용보상금채권에 대하여 압류 및 전부명령이 송달된 경우

1. 수용보상금채권에 대하여 압류 및 전부명령이 송달되어 <u>전부명령이 확정되었다면</u> 전부채권자에게 지급하여야 하고, <u>전부명령이 확정되기 전이나 확정 여부를 알 수 없는 경우</u>에는 공익사업을 위한 토지 등의 취득 및 보상에 관한 법률 제40조 제2항 제4호 및 민사집행법 제248조 제1항에 의한 집행공탁을 할 수 있다.
2. 수용보상금채권의 <u>일부분만이 압류된 경우</u>에 제3채무자의 선택에 따라 압류된 금전채권만을 공탁할 수도 있고, 압류에 관련된 금전채권 전액을 공탁할 수도 있으며, 압류와 관련된 전액을 공탁할 경우 압류의 효력이 미치는 금전채권액은 집행공탁이지만 압류의 효력이 미치지 않는 부분은 변제공탁의 성격이므로 피공탁자란에 압류채무자를 기재한다.
3. 위의 경우 압류의 효력이 미치는 부분은 집행공탁이므로 제3채무자는 공탁 후 집행법원에 사유신고를 하여야 한다(공탁선례 제201011-1호).

수용보상금채권에 대한 전부명령의 확정여부를 알 수 없는 경우

1. 토지수용보상금채권의 일부에 대하여 압류 및 전부명령이 제3채무자인 기업자에게 송달되었으나 전부명령의 확정 여부를 알 수 없는 경우에는 제3채무자는 피공탁자를 압류채무자(토지 소유자)로 하고, 공탁근거법령을 공익사업을 위한 토지 등의 취득 및 보상에 관한 법률 제40조 제2항 제4호 및 민사집행법 제248조 제1항으로 하여 보상금 전액을 공탁할 수 있다.
2. 압류된 보상금 부분은 공탁근거법령을 「공익사업을 위한 토지 등의 취득 및 보상에 관한 법률」 제40조 제2항 제4호 및 민사집행법 제248조 제1항으로 하고 피공탁자란은 기재하지 않는 집행공탁으로 하고, 압류되지 아니한 보상금 부분은 압류채무자(토지 소유자)에게 공익사업을 위한 토지 등의 취득 및 보상에 관한 법률 제40조 제2항 제1호 또는 제2호에 따른 공탁사유가 있는 경우에는 피공탁자를 압류채무자(토지 소유자)로 하여 변제공탁할 수도 있다.
3. 제3채무자인 기업자는 위와 같이 집행공탁을 한 경우에는 압류명령을 발령한 법원에 공탁사유신고를 하여야 한다(공탁선례 제201012-1호).

(4) 담보물권자가 물상대위권을 행사하지 아니한 경우

① 담보물권의 변형물인 보상금에 대하여 이미 제3자가 압류하여 특정된 이상 담보물권자는 스스로 이를 압류하지 않고서도 물상대위권을 행사할 수 있다 할 것이나, 그 권리실행은 민사집행법 제273조에 의하여 채권에 대한 강제집행절차를 준용하여 채권압류 및 전부명령을 받거나 배당요구를 하는 등의 방법으로 하여야 할 것이다.

② 따라서 근저당권 등기가 되어 있는 토지에 대한 수용재결이 있은 후 제3자가 보상금채권을 압류하였으나 근저당권자가 물상대위권을 행사하지 아니한 경우에 사업시행자는 압류에 의하여 보상금의 지급이 금지되었음을 이유로 보상금을 공탁하여야 할 것이며, 압류하지 않는 근저당권자도 압류한 것으로 취급하여 공탁할 것은 아니다(법정 제3302-357호).

수용 전 토지에 대한 체납처분에 의한 우선권이 수용보상금채권에 대한 배당절차에서 종전 순위대로 유지된다고 볼 수 없다.

구 토지수용법(2002.2.4. 법률 제6656호로 폐지되기 전의 것) 제67조 제1항에 의하면, 기업자는 토지를 수용한 날에 그 소유권을 취득하며 그 토지에 관한 다른 권리는 소멸하는 것인바, 수용되는 토지에 대하여 <u>체납처분에 의한 압류가 집행되어 있어도 토지의 수용으로 기업자가 그 소유권을 원시취득함으로써 그 압류의 효력은 소멸되는 것이고, 토지에 대한 압류가 그 수용보상금청구권에 당연히 전이되어 그 효력이 미치게 된다고는 볼 수 없다</u>고 할 것이므로, 수용 전 토지에 대하여 체납처분으로 압류를 한 체납처분청이 다시 수용보상금에 대하여 <u>체납처분에 의한 압류를 하였다고 하여</u> 물상대위의 법리에 의하여 <u>수용 전 토지에 대한 체납처분에 의한 우선권이 수용보상금채권에 대한 배당절차에서 종전 순위대로 유지된다고 볼 수도 없다</u>(대판 2003.7.11. 2001다83777).

5. 토지보상법 제84조 제2항에 의한 공탁

토지소유자 또는 사업시행자가 제기한 수용재결에 대한 이의신청사건(이의재결절차)에서 중앙토지수용위원회가 원재결의 취소·변경으로 보상금을 증액한 경우에 사업시행자는 이의재결서 정본을 송달받은 날로부터 30일 이내에 그 증액된 보상금을 피수용자에게 지급하여야 하나, 토지보상법 제40조 제2항 제1·2·4호 사유가 있으면 공탁할 수 있다.

6. 이의신청에 대한 재결에서 보상금이 증액된 경우(토지보상법 제85조 제1항)

① 중앙토지수용위원회가 이의신청에 대한 재결에서 보상금을 증액한 경우 사업시행자는 행정소송을 제기하기 전에 그 증액된 보상금을 공탁하여야 하고, 이 경우에 보상금을 받을 자는 공탁된 보상금을 소송종결 시까지 수령할 수 없다.

② 이 공탁의무규정은 사업시행자가 행정소송을 제기한 경우에 한한다. 따라서 토지소유자 또는 이해관계인만이 이의재결에 대하여 행정소송을 제기한 경우에는 이의유보의 의사표시를 하여 공탁된 보상금을 지급받을 수 있다(공탁선례 제1-96호).

> **사업시행자가 이의재결로 증액된 수용보상금을 공탁하고 토지소유자 또는 이해관계인만이 이의재결에 대하여 행정소송을 제기한 경우**
>
> 사업시행자가 중앙토지수용위원회의 이의재결로 증액된 토지수용 보상금을 공익사업을 위한 토지 등의 취득 및 보상에 관한 법률 제85조 제1항에 의하여 공탁하고 행정소송을 제기한 경우에는 보상금을 받을 자(토지소유자 또는 이해관계인)는 그 행정소송의 종결 시까지는 공탁된 보상금을 지급받을 수 없을 것이나, 토지소유자 또는 이해관계인만이 이의재결에 대하여 행정소송을 제기한 경우에는 이의유보의 의사표시를 하여 공탁된 보상금을 지급받을 수 있을 것이다(공탁선례 제1-96호).

7. 재결 전 수용대상토지의 사용을 위한 담보공탁(토지보상법 제39조 제1항)

① 이 경우의 공탁은 사업시행자의 보상금지급채무를 담보한다는 점에서 담보공탁의 성질을 갖는다.

② 사업시행자가 토지수용위원회의 재결에 의한 보상금의 지급시기까지 이를 지급하지 아니하는 때에는 토지소유자 등은 관할 토지수용위원회의 확인을 받아 담보공탁의 전부 또는 일부를 취득한다(동법 제41조 제2항, 동법 시행령 제22조 제1항).

공탁서 작성시 유의사항

> 사업시행자 甲은 토지소유자 乙을 피공탁자로 하여 토지수용보상금을 공탁하고자 한다.
>
> 1. 토지에 저당권이 설정되어 있는 경우 소멸할 저당권의 표시를 기재할 수 있는가? 토지에 가압류등기가 경료된 경우에는 어떠한가?
>
> 2. 甲이 아직 수용보상금공탁을 하고 있지 아니한 동안 토지의 가압류권자 丙이 토지수용보상금에 대해 가압류한 경우 甲이 취할 수 있는 조치는?

1. 공탁원인사실의 기재

① 공탁원인사실란에 불확지를 원인으로 공탁하는 경우에는 그 불확지 사유를, 집행공탁하는 경우에는 그 (가)압류의 내용을 구체적으로 명시하여야 한다.

② 수용대상토지에 대하여 담보물권, 가압류, 경매개시 등의 등기가 되어 있다고 하더라도 공탁서상의 어느 난에도 기재할 필요가 없다.

2. 법령조항의 기재

① 민법 제487조를 별도로 기재하지 않고 토지보상법 제40조 제2항 몇 호까지 구체적으로 기재하여야 한다.

② 압류를 원인으로 집행공탁하는 경우에는 "토지보상법 제40조 제2항 제4호 및 민사집행법 제248조 제1항"으로, 가압류를 원인으로 공탁하는 경우에는 "토지보상법 제40조 제2항 제4호, 민사집행법 제291조 및 제248조 제1항"으로 기재한다.

3. 공탁으로 인하여 소멸하는 저당권 등의 표시 여부

공탁으로 인하여 질권, 저당권이 소멸하는 경우에는 그 질권, 저당권을 표시하여야 한다. 그러나 수용보상금 공탁의 경우에는 공탁으로 인하여 소멸하는 권리를 기재해야 할 경우는 없으며, 그 권리자도 "피공탁자란"에 기재하여서는 안 된다[63].

4. 반대급부의 기재 여부

사업시행자는 소유권이전등기 서류의 교부를 반대급부로 하거나 수용대상토지등에 있는 제한물권이나 처분 제한의 등기의 말소를 반대급부로 기재하여서는 안 된다(행정예규 제1345호 제7조 제3항).

---

63) 수용보상금공탁은 피담보채무를 변제하는 공탁이 아니라 토지소유권의 상실에 대한 보상금공탁이다.

5. 첨부서류

토지대장, 등기사항증명서, 재결서 등은 필요적 첨부서면은 아니지만 실무 대부분은 재결서, 토지대장, 등기사항증명서를 첨부하고 있다. 다만, 토지대장, 등기사항증명서, 재결서 등이 법정첨부서면은 아니더라도 주소불명사유를 소명하는 서면으로 첨부되는 경우는 있다(공탁선례 제1-7호).

사례해설

1. **기재할 필요가 없다.**
   수용대상토지에 대하여 담보물권, 가압류, 경매개시 등의 등기가 되어 있다고 하더라도 공탁서상의 어느 난에도 기재할 필요가 없다.

2. **집행공탁을 할 수 있다.**
   사업시행자 甲은 가압류를 이유로 가압류된 금액 또는 가압류와 관련된 전액을 집행공탁할 수 있다.

제3절 │ 수용보상금 공탁의 효과

Ⅰ 사업시행자의 소유권 취득

1. 원시취득

① 사업시행자가 수용의 개시일까지 관할 토지수용위원회가 재결한 보상금을 공탁한 때에는 수용의 개시일에 토지나 물건의 소유권을 취득한다(토지보상법 제45조 제1항). 이 경우 소유권의 취득은 원시취득이다(대판 1995.12.22. 94다400765).

② 수용재결의 재결서 정본이 피수용자에게 적법하게 송달되기 이전에 사업시행자가 한 보상금의 공탁도 그것이 수용개시일 이전에 이루어진 것이라면 효력이 있다(대판 1995.6.30. 95다13159).

Ⅱ 토지소유자의 공탁금 출급청구권 취득

보상금의 공탁으로 사업시행자에 대한 손실보상금 채권은 소멸하고 토지소유자는 공탁소에 대한 공탁금 출급청구권을 취득한다. 양 권리는 형식상 별개이나 실질상 공탁금 출급청구권은 보상금지급청구권에 갈음하는 것이므로 양 권리의 성질과 범위는 동일하다고 할 것이다.

Ⅲ 수용재결의 실효

1. 수용보상금을 지급 또는 공탁하지 아니한 때

(1) 재 결

사업시행자가 수용개시일까지 보상금 전액을 지급 또는 공탁하지 아니하였다면 당해 재결은 실효되어 무효가 된다(토지보상법 제42조 제1항).

(2) 이의재결

이의신청에 의한 재결절차는 수용재결에 대한 불복절차이면서 수용재결과는 확정의 효력 등을 달리하는 별개의 절차이므로 사업시행자가 <u>이의신청에 대한 재결에서 증액된 보상금을 일정한 기한 내에 지급 또는 공탁하지 아니하였다 하더라도</u> 그 때문에 이의신청에 대한 <u>재결 자체가 당연히 실효되는 것은 아니다</u>(대판 1992.3.10. 91누8081).

2. 공탁이 무효인 경우

(1) 공탁요건 흠결

사업시행자가 일단 수용보상금을 공탁하였다 하더라도 그 공탁이 무효라면 사업시행자가 수용개시일까지 보상금을 지급 또는 공탁하지 아니하였을 때에 해당하므로 그 수용재결은 효력을 상실하게 된다(대판 1996.9.20. 95다17373).

> **공탁이 무효인 경우 수용재결의 효력**
> [2] 기업자가 일단 수용재결에 따른 보상금을 공탁하였다고 하더라도 그 공탁이 무효라면 '기업자가 수용의 시기까지 보상금을 지불 또는 공탁하지 아니하였을 때'에 해당하므로 그 수용재결은 효력을 상실하고, 따라서 기업자는 해당 토지의 소유권을 취득할 수 없다.
> [3] 토지 소유자가 그 토지에 대한 수용재결이 있기 전에 등기부상 주소를 실제 거주지로 변경등기하였음에도 불구하고 기업자가 토지소유자의 주소가 불명하다 하여 수용재결에서 정한 수용보상금을 토지소유자 앞으로 공탁한 경우, 그 공탁은 요건이 흠결된 것이어서 무효이다(대판 1996.9.20. 95다17373).

(2) 수용시기 후의 공탁 및 보상금지급

수용시기가 지난 후 공탁을 한 경우에는 수용재결은 무효가 된다. 이러한 수용재결을 유효한 것으로 보고서 한 이의재결도 위법하여 당연무효가 된다.

> **수용시기 경과 후의 공탁 또는 공탁보상금 지급**
> <u>수용시기가 지난 후에 기업자가 공탁서의 공탁원인사실과 피공탁자의 주소와 성명을 정정하고 토지소유자가 이의를 유보한 채 공탁보상금을 수령하더라도 이미 실효된 수용재결이 다시 효력이 생기는 것이 아니므로 이의재결은 무효이다</u>(대판 1993.8.24. 92누9548).

(3) 조건부공탁의 경우

이행의무가 없는 반대조건을 붙여 무효가 된 공탁을 수용의 개시일 이전에 반대급부가 없는 공탁으로 정정하면 그 공탁이 유효하게 되나, 수용의 개시일이 지난 후에는 반대급부 없는 공탁으로 정정하였다 하더라도 그 효력이 수용의 개시일까지 소급되지 아니하므로 재결의 효력이 상실된다(대판 1986.8.19. 85누280).

Ⅳ 공탁흠결의 치유

보상금의 일부만을 공탁하거나 조건을 붙여서 한 공탁은 무효이지만 수용시기 이전에 그 공탁금을 피공탁자가 이의유보 없이 수령하면 보상금의 일부공탁이나 조건부공탁의 무효원인인 하자가 치유되어 공탁일에 소급하여 그 공탁은 보상금을 지급한 것과 같은 효력을 발생하게 된다. 다만, 수용일 이후의 이의유보 없는 수령은 이미 무효가 된 수용재결을 유효하게 하지 못한다.

│ 제4절 │ 수용보상 공탁금의 출급

Ⅰ 피공탁자(및 승계인)의 출급청구권 행사

출급에 있어서 수용보상금 공탁의 경우에는 변제공탁의 경우와는 다른 점이 많다.

사례

사업시행자 甲은 토지소유자 乙을 피공탁자로 하여 토지수용보상금을 공탁하였다. 그 후 수용일 이전에 丙이 토지소유권이전등기를 경료하였다.

1. 丙은 공탁금을 직접 출급청구할 수 있는가?

2. 丙이 토지수용으로 인하여 소유권이전등기를 경료받지 못하고 매매계약상의 소유권이전등기의무가 이행불능된 경우의 구제책은?

---

1. 확지공탁의 경우

① 사업시행자가 수용보상금을 공탁하면서 피공탁자를 특정하여 공탁하였다면 일반 변제공탁의 경우와 마찬가지로 출급청구권자는 피공탁자 또는 승계인이다.

② 공탁물출급청구시 공탁서나 공탁통지서의 기재 자체에 의하여 출급청구권자와 출급청구권의 발생 및 범위를 알 수 있으므로 원칙적으로 별도의 출급청구권 증명서면을 제출할 필요가 없다.

　㉠ 토지의 공유자 전원을 피공탁자로 하여 공탁한 경우

　　㉮ 기업자가 토지의 일부를 수용하고 수용보상 공탁금을 그 토지의 공유자 전원을 피공탁자로 하여 공탁한 경우에는 공유토지에 대한 수용보상 공탁금을 가분채권으로 보아 공유자 각자가 자기의 등기부상 지분에 해당하는 공탁금을 출급청구할 수 있으며, 비록 수용된 토지부분에 대한 공유자 내부의 실질적인 지분 비율이 등기부상 지분 비율과 다르다고 하더라도 이는 공유자 내부 간에 별도로 해결하여야 할 문제이다(공탁선례 제1-207호).

ⓙ 기업자가 그 토지를 수용하면서 <u>등기부상 소유명의인 50명을 공탁물을 받을 자로 지정하여 위</u> 토지에 대한 손실보상금을 공탁하였다면 위 공탁물을 수령할 자는 공탁자가 지정한 등기부상 소유명의인 50명 각자가 되는 것이다. 위 토지의 전부에 대한 <u>실제 소유자가 다른 피공탁자들(공탁물을 수령할 자)</u>을 상대로 하여 공탁금 출급청구권존재 확인판결을 받는다 하더라도 그 판결은 <u>공탁물출급청구권을 증명하는 서면으로 볼 수는 없으므로</u> 실제 소유자가 그러한 확인판결에 기하여 직접 공탁금출급청구를 할 수는 없다(공탁선례 제1-104호).

ⓛ 합유자의 지분을 특정하여 공탁한 경우(합유토지) : 조합재산을 토지수용법에 의하여 수용하고 그 보상금을 합유자 전체 명의로 공탁하면서 합유자의 지분을 특정한 경우라 하더라도 그 보상금은 합유자의 소유에 속한다 할 것이므로, 위 공탁금을 출급청구함에 있어서는 합유자 전원의 청구에 의하여야 할 것이다(공탁선례 제1-101호).

ⓔ 공탁물을 수령할 자를 "갑 과 을"로 하여 공탁한 경우 : 기업자가 토지보상법 제40조 제2항에 따라서 관할토지수용위원회가 재결한 토지수용보상금을 공탁한 경우, 그 공탁서에 공탁물을 수령할 자가 재결서에 수용대상토지의 소유자로 표시된 갑과 을의 2인으로 기재되어 있다면, <u>갑이 단독으로 공탁관에게 공탁금 출급청구를 하면서 수용대상토지가 갑 한사람의 소유임을 증명하는 서류를 첨부하였더라도, 공탁관으로서는 공탁금출급청구를 불수리 할 수밖에 없는 것이다</u>(대결 1989.12.1. 89마821).

ⓡ 지장물건에 대하여 소유권 분쟁이 있어 그 보상금이 공탁된 경우 : 지장물건에 대하여 소유권 분쟁이 있어 그 수용보상금이 공탁된 경우, 공탁서상 피공탁자로 기재된 자는 직접 공탁관에 대하여 공탁금의 출급청구권을 행사하여 이를 수령하면 되는 것이고, 구태여 피공탁자가 아닌 위 소유권 분쟁 당사자를 상대로 공탁금의 출급청구권이 자신에게 있다는 확인을 구할 필요는 없다(대판 2001.6.26. 2001다19776).

2. 보상금이 소유권승계 전의 소유자에게 공탁된 경우

(1) 개 설

① 보상금은 관할 토지수용위원회가 재결하면서 재결서에 기재된 토지의 소유자에게 지급하거나 공탁하게 된다. 그런데 재결서에 기재된 토지의 소유자가 진실한 보상금 채권자라야 하나, <u>진실한 보상금채권자는 수용당시를 기준으로 한 수용대상토지의 소유자이므로 재결서에 기재된 수용대상토지의 소유자와는 차이가 생길 수 있는 여지가 많다.</u>

② 따라서 재결서에 기재된 수용대상토지의 소유자를 피공탁자로 하여 수용보상금을 공탁하였으나 수용개시일 전에 수용대상토지의 소유권이 변동된 경우에는 피공탁자의 정정은 불가능하므로 원칙적으로 사업시행자는 피수용자를 경정하는 재결을 받아서 착오를 이유로 공탁물을 회수한 후 정당한 보상금 수령권자에게 보상금을 지급하거나 공탁하는 것이 타당할 것이다.

③ 그러나 공탁물을 회수하게 되면 소급적으로 공탁이 실효되므로 그 공탁을 전제로 한 재결의 효력도 무효가 되는 문제가 발생한다. 따라서 공익사업토지보상법은 사업시행자는 사업인정의 고시가 있은 후 소유권 등의 변동이 있는 경우에는 그 소유권 등을 승계한 자에게 보상금을 지급하거나 공탁된 보상금을 수령할 수 있도록 하고(토지보상법 제40조 제3항), 그 경우에 공탁금을 받을 권리를 승계한 사실을 증명하는 서면을 공탁관에게 제출하도록 규정하고 있다(토지보상법 시행령 제21조).

④ 문제는 승계인의 범위를 어떻게 정하느냐에 따라서 승계인으로서 공탁물을 직접 출급할 수 있는 경우와, 승계인으로 볼 수 없어 공탁물을 직접 출급할 수 없고 피공탁자의 공탁물출급청구권을 양도받아서 출급할 수 있는 경우가 나누어지게 되므로 공탁물 출급절차가 달라진다.

(2) 소유권의 승계인(보상금·공탁금 수령권자)인지 여부

수용일 당시를 기준으로 토지의 소유권자가 누구인지가 기준이 된다.

법률행위에 의한 소유권 변동(매매 등)	법률규정에 의한 소유권 변동(경매 등[64])
수용개시일 전에 소유권이전등기경료	수용개시일 전에 원인이 발생 (수용일 전 매각대금납부)

① 수용 전 소유권이전등기 승소판결을 받고 수용 후 등기를 경료한 경우 : 매수인이 매도인을 상대로 매매를 원인으로 한 토지소유권이전등기 절차이행의 승소판결을 받았으나 그에 따른 소유권이전등기를 경료하지 않고 있던 중 토지주택공사에서 위 토지를 수용하고 그 보상금을 매도인 앞으로 공탁함으로써 수용의 시기에 수용의 효력이 발생하였다면, 그 이후 수용을 원인으로 한 토지주택공사 앞으로의 소유권이전등기가 경료되기 전에 매수인이 자기 명의로의 소유권이전등기를 경료하였다 하더라도 그 매수인은 피공탁자인 매도인으로부터 공탁금 출급청구권을 양도받지 않는 한 직접 공탁금의 출급청구를 할 수 없다 (공탁선례 제1-152호).

② 상속인 상대로 소이등 승소판결을 받고 수용 후 등기 경료한 경우 : 기업자가 미등기 토지를 수용하면서 토지대장에 등록된 사망한 소유자를 피공탁자로 지정하여 토지수용보상금을 공탁하였다면, 사망한 토지대장상의 소유자와 매매계약을 체결한 매수인이 토지대장에 등록된 소유자의 상속인들을 상대로 소유권이전등기절차이행의 소를 제기하여 승소확정판결을 받아 수용시기 이후에 대위로 상속인들 명의로 소유권보존등기를 하고 이어 매수인 앞으로의 소유권이전등기를 경료한 경우라 하더라도, 공탁된 토지수용보상금을 출급청구할 수 없으며, 상속인들에게 공탁금 출급청구권의 양도를 청구하여 양도받은 후(상속인들이 자발적으로 양도하지 않으면 공탁금 출급청구권의 양도의사를 표시하고 채무자인 국가에게 이를 통지하라는 내용의 판결을 구할 수 있을 것임)공탁금출급청구를 할 수 있을 것이다(공탁선례 제1-157호).

③ 수용 전 처분금지가처분을 하고 수용 후 소이등 승소판결을 받은 경우 : 토지를 수용할 당시에 그 토지가 갑의 소유로 등기되어 있어 수용의 시기에 갑에 대하여 보상금을 공탁하고 토지수용에 따른 소유권이전등기까지 마친 경우에는, 을이 수용의 시기 이전에 그 토지에 대하여 처분금지가처분[65]을 하고 수용의 시기가 지난 후에 소유권이전등기청구소송의 승소확정판결을 얻었다고 하더라도, 을은 위 판결을 집행하여 자기 명의로의 소유권이전등기를 경료할 수도 없고 수용보상 공탁금의 수령권자로 될 수도 없다(공탁선례 제1-147호).

④ 피공탁자 상대로 소유권보존등기말소판결을 받은 수용토지의 진정한 소유자 : 피수용토지의 진정한 소유자가 수용대상토지에 대한 소유권의 귀속에 관하여 수용시기 전에 등기부상 소유권보존등기명의인을 상대로 하여 소유권보존등기말소 등기절차이행의 소를, 국가를 상대로 하여 소유권확인의 소를 각 제기하여 수용시기 이후에 각 승소확정판결을 받아 그 피수용토지의 소유자로 확인되었다 하더라도 그 판결을 근거로 하여 수용의 효과를 다툴 수는 없는 것이지만, 판결문상에 피수용토지의 진정한 소유자가 누구임이 명시되어 있는 경우 그 진정한 소유자는 보상금(공탁금)을 수령할 지위에 있는 자이므로, 공탁서의 정정 없이도 직접 공탁금의 출급청구를 할 수 있을 것이다(공탁선례 제1-155호).

---

64) 수용개시일 이후에 사망한 피공탁자의 상속인들이 상속인의 지위에서 공탁물을 수령하는 것은 별론으로 한다.
65) 소유권이전등기청구권 보전의 가등기를 경료한 경우에도 마찬가지이다.

⑤ **명의신탁** : 종중이 피수용토지에 대한 명의신탁을 해지하였다고 하더라도 <u>수용시기 전에 소유권등기를 회복하지 못하였다면</u>, 토지수용보상금의 출급청구권은 수용당시의 소유자인 망 종원의 상속인이 취득하는 것이고 종중은 망 종원의 상속인으로부터 <u>공탁금 출급청구권을 양도받지 않는 한 공탁금 출급청구권을 취득할 수는 없는 것이므로</u>, 종중은 위 상속인에게 대상(代償)으로 취득한 공탁금 출급청구권의 양도를 청구하여 양도받은 후(위 상속인이 자발적으로 양도하지 않으면 공탁금 출급청구권의 양도의사를 표시하고 채무자인 국가에게 이를 통지하라는 내용의 판결을 구할 수 있다) 공탁금출급청구를 할 수 있다(공탁선례 제1-154호).

⑥ **경매로 인한 소유권 취득** : 임의경매절차의 경락인은 <u>매각대금 납부시에 경락부동산의 소유권을 취득하는 것이므로</u>, 경매부동산이 경락대금 납부 전에 수용 완료되었다면 경락인이 <u>수용완료 후에 경락대금을 납부하였다고 하더라도 경매부동산의 소유권을 취득할 수 없고</u>, 따라서 경매부동산에 대한 수용보상금인 공탁금에 대하여도 직접적인 권리행사는 할 수 없다(공탁선례 제1-149호).

토지수용에 따른 이행불능 효과로서 대상청구권의 내용 및 행사

소유권이전등기의무의 목적 부동산이 수용되어 그 소유권이전등기의무가 이행불능이 된 경우, 등기청구권자는 등기의무자에게 대상청구권의 행사로써 등기의무자가 지급받은 수용보상금의 반환을 구하거나 또는 <u>등기의무자가 취득한 수용보상금청구권의 양도를 구할 수 있을 뿐</u> 그 수용보상금청구권 자체가 등기청구권자에게 귀속되는 것은 아니다(대판 1996.10.29. 95다56910).

수용 개시일 이후에 부동산소유권 이전등기 등에 관한 특별조치법에 의하여 토지대장상 소유자로 이전등록

사업시행자가 미등기 토지에 관하여 피공탁자를 알 수 없다는 이유로 토지대장에 소유자로 등재된 "망 갑의 상속인"을 피공탁자로 하여 보상금을 적법하게 공탁하였다면, 그 이후 「부동산소유권 이전등기 등에 관한 특별조치법」에 의한 확인서를 발급받고, 토지의 토지대장상 소유자 명의를 을 명의로 변경등록을 마쳤다고 하더라도, 을은 위 법률에 의한 확인서 또는 변경등록된 토지대장등본만으로는 위와 같이 공탁된 토지수용보상금을 출급청구할 수 없고, 피공탁자인 망 갑의 상속인으로부터 공탁금 출급청구권을 양도받아야 공탁금을 출급할 수 있다(공탁선례 제2-226호).

사업시행자가 소유권을 취득한 이후에 부동산 소유권이전등기 등에 관한 특별조치법에 의하여 소유권이전등기경료

사업시행자가 보상금을 공탁하고 수용개시일 이후에 「부동산 소유권이전등기 등에 관한 특별조치법」에 의하여 이전등기를 마친 갑은 위와 같이 공탁된 토지수용보상금을 직접 출급청구할 수 없고, 피공탁자인 을로부터 공탁금 출급청구권을 양도받거나, 을을 상대로 하여 공탁금 출급청구권을 양도하고 제3채무자인 국가에게 양도통지를 하라는 취지의 확정판결을 받아 공탁금을 출급청구할 수 있다(공탁선례 제2-229호).

합유로 등기되어 있는 토지를 수용하고, 이미 사망한 합유자를 포함한 전체 합유자를 피공탁자로 하여 수용보상금을 공탁한 후 또 일부 합유자가 사망한 경우에 공탁금 출급청구절차

합유로 등기되어 있는 토지를 기업자(공탁자)가 수용하고 수용보상금을 공탁하면서 수용되기 전에 사망한 5명을 포함한 16명의 합유자를 피공탁자로 하여 공탁한 이후 합유자 중 2명이 공탁된 이후에 사망한 경우에, 특약이 없는 한 사망한 사람의 상속인들에게는 공탁금 출급청구권이 승계되지 않으므로 잔존 합유자들은 사망자에 대한 사망사실을 입증하는 서면을 제출하고 잔존 합유자 전원의 청구에 의하여 공탁금 출급청구를 할 수 있다(공탁선례 제201006-1호).

3. 상대적 불확지공탁

피공탁자 사이에 분쟁이 있는 경우	피공탁자 사이에 분쟁이 없는 경우
피공탁자를 상대로 한 공탁금 출급청구권 확인판결(조정·화해조서 포함)	• 피공탁자 전원이 공동 출급청구 • 피공탁자의 승낙서 또는 협의성립서
공탁자·국가 상대 판결(×)	공탁자의 승낙서(×)

① 공유지분의 합계가 1을 초과하여 불확지공탁을 한 경우 : 토지수용시 기업자가 토지등기부상 공유자들의 공유지분 합계가 1을 초과하여 각 공유자의 정당한 지분을 알 수 없어 개인별 보상금액을 산정할 수 없다는 사유로 보상금을 공탁하였다면 이는 일종의 불확지공탁이라고 볼 수 있고, 이러한 경우 공유자(피공탁자) 전원이 합의하기에 이르렀다면 전원의 합의에 의한 개인별 또는 전원의 공탁금 출급청구가 가능하다 할 것이나, 공유자 전원의 합의가 이루어지지 않는다면 재판에 의하여 각 공유자의 지분을 확정한 후 출급청구하여야 할 것이고, 이 사안은 공유자들 전원의 정당한 지분을 알 수 없어 공탁한 것이므로 공유자 중 일부가 자기 지분에서 일정부분 차감함으로써 공유지분 합계를 1로 하여 산정된 개인별 공탁금을 출급청구할 수는 없다(법정 제3302-131호).

② 소유권등기 말소등기소송판결 : 상대적 불확지공탁의 피공탁자 중 어느 일방이 공탁물 출급청구를 하기 위하여는 공탁사무처리규칙 제30조 제2호의 출급청구권을 갖는 것을 증명하는 서면으로 다른 피공탁자의 승낙서면(인감증명 첨부)이나 다른 피공탁자를 상대로 자신에게 출급청구권이 있음을 증명하는 내용의 확정판결(조정조서, 화해조서 포함)을 제출하여야 한다. 이 사건 공탁과 같이 예고등기를 이유로 "소제기자 또는 토지소유자"를 피공탁자로 하는 상대적 불확지공탁이 이루어지고 그 후 예고등기의 원인이 된 소유권등기말소소송에서 토지소유자가 승소확정되었다면, 토지소유자는 그 판결을 규칙 제30조 제2호의 '출급청구권을 갖는 것을 증명하는 서면'으로 하여 공탁금출급청구를 할 수 있고, 별도로 다른 피공탁자의 승낙서나 그에 대한 공탁금 출급청구권확인판결을 얻을 필요는 없다(공탁선례 제1-131호).

> **피공탁자를 '가처분권자 또는 토지소유자'로 한 상대적 불확지공탁**
>
> 1. 수용대상토지에 소유권등기말소청구권을 피보전권리로 한 처분금지가처분등기가 되어 있어 사업시행자가 피공탁자를 '가처분권자 또는 토지소유자'로 하는 상대적불확지공탁을 한 경우, 가처분권자가 토지소유자를 상대로 제기한 소유권이전등기말소청구의 소에서 패소확정의 본안판결을 받았다면 토지소유자는 그 확정판결을 공탁금 출급청구권 증명서면으로 하여 공탁금 출급청구를 할 수 있을 것이다.
> 2. 가처분권자가 토지소유자를 상대로 제기한 소유권이전등기말소청구의 소에서 상속회복청구권의 제척기간 도과를 이유로 소각하판결이 확정된 경우, 토지소유자는 그 판결을 공탁금 출급청구권 증명서면으로 하여 공탁금 출급청구를 할 수 있을 것이다(공탁선례 제1-132호).
>
> **합유자와 가처분권자를 피공탁자로 한 상대적 불확지공탁**
>
> 1. 공탁자가 토지를 수용하면서 가처분권자가 있어서 그 토지의 합유자들과 위 가처분권자를 피공탁자로 한 상대적 불확지공탁을 한 경우에 합유자들이 공탁금을 출급하기 위하여는 공탁 이후에 가처분권자의 가처분취하로 인한 가처분취하증명원은 공탁금 출급청구권이 있음을 증명하는 서면이 될 수 없고, 가처분권자의 승낙서(인감증명서 첨부) 등이 필요하다.
> 2. 공탁금의 소유형태를 합유로 하여 공탁한 이후에 그 합유자 중에 1인이 사망하면 특약이 없는 한 사망한 사람의 상속인들에게 공탁금 출급청구권이 승계되지 않으므로 잔존 합유자들은 합유자 간의 특약 유무에 대한 소명 없이 공탁금 출급청구를 할 수 있다(공탁선례 제2-231호).

제3채무자가 채무자에게 지급할 금전채권에 대하여 갑(甲)의 채권압류 및 전부명령을 송달받은 후 위 전부금채권에 대하여 사해행위취소에 따른 원상회복으로서의 채권양도청구권을 피보전권리로 한 채권처분금지가처분결정을 송달받은 경우 그 가처분권자는 채무자에 대한 채권자의 지위에 있을 뿐 채권이 가처분권자 자신에게 귀속한다고 다투는 경우가 아니므로 제3채무자는 피공탁자를 '전부권자(甲) 또는 가처분권자'로 한 상대적 불확지 변제공탁을 할 수 없다(공탁선례 제201010-2호).

4. 절대적 불확지공탁

공탁물 출급청구권에 대한 정당한 권리자는 공탁자를 상대로 자신을 피공탁자로 지정하는 공탁서 정정을 하도록 하거나 공탁물에 대한 출급청구권이 자신에게 있다는 확인판결정본 및 확정증명(조정조서, 화해조서 포함)을 첨부하여 공탁물을 출급할 수 있다.

① 사업시행자인 국가를 상대로 하여 "토지소유권확인판결"을 받은 경우

  ㉠ 토지대장상의 소유자 표시란에 평택군 포승면 숙성리 박인영으로만 기재되어 있는 경우에는, 소유자가 특정되었다고 할 수 없어 소유자를 알 수 없으므로(위와 같은 대장의 기재만으로는 소유권보존등기를 할 수 없고 설사 숙성리 박인영으로 등기가 된다고 하더라도 특정이 되지 않으므로 등기의 효력이 없을 것임) 채권자 절대적 불확지 재결 및 공탁을 하여야 한다.

  ㉡ 그런데 수용자인 국가가 보상금을 공탁하면서 피수용자를 숙성리 박인영으로 기재하고 공탁원인을 주소불명으로 인한 수령불능으로 한 것은 부적절하나 절대적 불확지공탁을 한 것으로 보아야 할 것이다.

  ㉢ 절대적 불확지공탁의 경우에는 공탁자를 상대로 자신이 공탁금 출급청구권자임을 증명하는 판결을 받거나 공탁서에 피공탁자로 정정 기재(공탁서 정정)된 자가 공탁금을 출급청구하여야 하는데, 본건 판결의 경우에는 수용자인 국가(국방부)를 상대로 공탁금 출급청구권 확인판결을 받은 것이 아니고 토지 소유권확인판결을 받은 것이나, 판결에 의하여 원고인 박진영이 수용당시의 소유자임이 확인되어 있으므로 그 판결을 공탁금 출급청구권을 증명하는 서면으로 볼 수 있다(공탁선례 제1-123호).

② 상속인의 경우

  ㉠ 토지수용 절차에서 사업시행자가 사망한 등기부상 소유자를 상대로 수용재결하고 그를 피공탁자로 하여 보상금을 공탁한 경우, 피공탁자인 망인의 상속인들이 공탁금을 출급받기 위하여는 상속을 증명하는 서면을 첨부하여 상속인 전원이 출급청구하거나 상속인 각자가 자기 지분에 해당하는 공탁금을 출급청구할 수 있다.

  ㉡ 또한 공탁자가 공탁 이후에 상속인들을 알게 된 때에는 그들을 피공탁자로 지정하는 공탁서 정정신청을 하여 상속인들이 직접 출급청구할 수 있을 것이며, 공탁자가 공탁서 정정신청을 하지 않을 경우 상속인들은 공탁자를 상대로 하여 공탁금에 대한 출급청구권이 자신에게 있다는 확인판결(조정, 화해조서 등)을 받아 출급청구할 수도 있을 것이다.

  ㉢ 공익사업을 위한 토지 등의 취득 및 보상에 관한 법률 제18조의 규정에 의하여 발급된 소유사실확인서를 첨부하여 공탁금을 출급청구할 수는 없다(공탁선례 제200411-2호).

1. 직접 출급청구할 수 있다.

토지보상법은 사업시행자는 사업인정의 고시가 있은 후 소유권 등의 변동이 있는 경우에는 그 소유권 등을 승계한 자에게 보상금을 지급하거나 공탁된 보상금을 수령할 수 있도록 하고(토지보상법 제40조 제3항), 그 경우에 공탁금을 받을 권리를 승계한 사실을 증명하는 서면을 공탁관에게 제출하도록 규정하고 있다(동법 시행령 제21조).

2. 丙은 대상청구권을 행사할 수 있다.

소유권이전등기의무의 목적 부동산이 수용되어 그 소유권이전등기의무가 이행불능이 된 경우, 등기청구권자는 등기의무자에게 대상청구권의 행사로써 등기의무자가 지급받은 수용보상금의 반환을 구하거나 또는 등기의무자가 취득한 수용보상금청구권의 양도를 구할 수 있을 뿐 그 수용보상금청구권 자체가 등기청구권자에게 귀속되는 것은 아니다(대판 1996.10.29. 95다56910).

Ⅱ 담보물권자의 물상대위권 행사

甲의 토지가 수용되었다.

1. 甲토지의 근저당권자는 어떠한 조치를 취하여야 하는가?

2. 근저당권자가 물상대위권을 행사하기 전에 甲의 채권자 乙이 토지수용보상금에 대하여 압류 및 전부명령을 얻은 경우 근저당권자는 여전히 물상대위권을 행사하여 우선변제를 받을 수 있는가?

1. 의 의

① 저당목적물의 멸실·훼손 또는 공용징수로 저당권을 사실상, 법률상 행사할 수 없게 된 경우에 그로 인하여 저당권설정자가 받을 금전 기타 물건이 있으면 그 금전 기타 물건(저당목적물의 가치변형물)에 대하여 저당권의 효력이 미치는 것을 저당권의 물상대위라 한다.

② 따라서 사업시행자가 보상금을 공탁한 경우 근저당권자는 토지의 변형물인 공탁금이 특정성을 유지하는 한 물상대위권을 행사하여 우선변제를 받을 수가 있다.

2. 물상대위권 행사방법

① 채권압류 및 전부명령 또는 배당요구(담보권존재를 증명) : 물상대위권의 행사방법은 민사집행법 제273조에 의하여 담보권의 존재를 증명하는 서류를 제출하여 채권압류 및 전부명령을 신청하거나 민사집행법 제247조 제1항에 의하여 배당요구를 하는 것이다. 일반채권자로서 강제집행을 하는 것이 아니므로 집행권원을 필요로 하지 않는다.

② **지급 전 압류**(토지보상법 제47조) : 물상대위권을 행사하기 위해서는 압류를 요한다.[66) 그러나 압류는 반드시 저당권자 스스로 하여야 하는 것은 아니고, 이미 제3자가 압류하여 그 금전 또는 물건이 특정된 이상 저당권자는 스스로 이를 압류하지 않고서도 물상대위권을 행사할 수 있다(대판 1996.7.12. 96다21058).

③ **제3자에 의한 압류 이후 물상대위권을 행사하지 아니한 경우**

저당권자가 물상대위권을 행사하지 아니한 경우

저당권자가 물상대위권의 행사에 나아가지 아니한 채 단지 수용대상토지에 대하여 <u>담보물권의 등기가 된 것만으로는 그 보상금으로부터 우선변제를 받을 수 없고</u>, 저당권자가 물상대위권의 행사에 나아가지 아니하여 우선변제권을 상실한 이상 다른 채권자가 그 보상금 또는 이에 관한 변제공탁금으로부터 이득을 얻었다고 하더라도 저당권자는 <u>이를 부당이득으로서 반환청구할 수 없다</u>. 그리고, 저당권에 의하여 담보된 채권이었으나 그 저당목적물의 변형물인 금전에 대하여 물상대위의 행사에 나아가지 아니한 이상, <u>그 채권을 국세징수법 제81조 제1항 제3호에 규정된 '압류재산에 관계되는 저당권에 의하여 담보된 채권'으로 볼 수는 없다</u>(대판 2010.10.28. 2010다46756).

국세징수법상의 체납처분에 의한 압류만을 이유로 하여 사업시행자가 집행공탁을 한 후 사유신고를 한 경우

1. 국세징수법상의 체납처분에 의한 압류만을 이유로 하여 사업시행자가 집행공탁을 할 수는 없으므로, 체납처분에 의한 압류만을 이유로 집행공탁이 이루어지고 사업시행자가 법원에 공탁사유를 신고하였다고 하더라도, 이러한 공탁사유의 신고로 인하여 배당요구 종기가 도래하고 그 후의 배당요구를 차단하는 효력이 발생한다고 할 수는 없다.

2. 공익사업보상법상의 보상금채권에 관하여 위와 같이 요건을 흠결한 집행공탁이 이루어지고 이에 기하여 배당절차가 진행되는 경우, 수용되는 부동산의 근저당권자가 사업시행자의 공탁사유신고 이후 배당금이 지급되기 전에 공탁금 출급청구권에 관한 압류 및 추심명령을 받아 위 배당절차에서 배당요구를 하였다면, 이는 적법하게 물상대위권을 행사한 것으로 볼 수 있다.

3. 공익사업보상법상의 보상금채권에 관하여 이루어진 집행공탁이 요건을 갖추지 못한 경우라 하더라도, 보상금채권에 관한 채권자가 집행공탁의 하자를 추인하며 그 집행공탁에 기초하여 진행된 배당절차에 참여하여 배당요구를 함에 따라 보상금채권에 관계된 채권자들에게 우선순위에 따라 배당이 이루어졌다면, 집행공탁의 하자는 치유되고 보상금채무 변제의 효력이 발생한다.

4. 따라서 위와 같이 요건을 흠결한 집행공탁에 기한 공탁사유 신고 이후 배당금의 지급 전에 물상대위권을 행사한 근저당권자를 제외하는 것으로 배당표가 작성된 경우, 위 근저당권자는 그가 배당받을 수 있었던 금액 상당의 금원을 배당받은 후순위의 채권자를 상대로 배당이의 소를 제기할 수 있다(대판 2008.4.10. 2006다60557).

---

④ **일반채권자의 지위에서 권리실행한 경우** : 담보권을 가지는 자도 일반채권자의 지위에서 권리를 실현할 수 있음은 당연하다. 이와 관련하여 다음의 문제가 있다.

　㉠ 압류경합된 상태에서 집행권원에 기한 압류 및 전부명령을 얻은 경우 : 저당권에 기한 물상대위권을 갖는 채권자가 동시에 집행권원을 가지고 있으면서 집행권원에 의한 강제집행의 방법을 선택하여 채권의 압류 및 전부명령을 얻은 경우에는 비록 그가 물상대위권을 갖는 실체법상의 우선권자라 하더라도 원래 일반 집행권원에 의한 강제집행절차와 담보권의 실행절차와는 그 개시요건이 다를 뿐만 아니라 다수의 이해관계인이 관여하는 집행절차의 안정과 평등배당을 기대한 다른 일반 채권자의 신뢰를 보호할 필요가 있는 점에 비추어 압류가 경합된 상태에서 발부된 전부명령은 무효로 볼 수밖에 없다(대판 1990.12.26. 90다카24816).

---

66) 압류를 요하는 이유는 압류를 통하여 물상대위의 목적인 채권의 특정성을 유지하도록 함으로써 그 효력을 보전함과 동시에 제3자에게 불측의 손해를 입히지 않으려는 것이고, 만약 담보권설정자에게 지급된 후에도 물상대위권을 인정하면 일반재산 위에 우선권을 인정하는 결과가 되어 물상대위권을 인정하는 제도의 취지에 반하기 때문이다.

ⓛ 근저당권자가 일반채권에 기하여 가압류만 한 경우 : 근저당권자 '갑'이 수용보상공탁금에 대하여 물상대위권 행사를 위한 압류를 하지 아니하고 일반채권에 기하여 가압류만 하고 있던 중에 다른 채권자가 압류를 하게 되면 공탁관은 압류와 가압류의 경합을 사유로 하여 압류법원에 사유신고를 하게 되므로(공탁규칙 제58조) 그 이후에는 '갑'은 물상대위권 행사를 위한 압류나 배당요구를 할 수 없으므로(민사집행법 제247조 참조) '갑'은 위 배당절차에서 근저당권자가 아닌 단순한 가압류채권자로서 다른 채권자들과 안분배분을 받을 수 있을 뿐이다(공탁선례 제1-232호).

3. 물상대위권 행사의 시기 및 종기

(1) 시 기

> **저당권자가 물상대위권에 기하여 보상금지급청구권을 추급할 수 있는 시기**
> 담보권자는 사업인정의 고시가 있으면 수용대상토지에 대한 손실보상의 지급이 확실시되므로 토지수용의 재결 이전 단계에서도 물상대위권의 행사로서 피수용자의 기업자에 대한 손실보상금 채권을 압류 및 전부받을 수 있다(대판 1998.9.22. 98다12812).

수용보상금이 공탁되기 이전	수용보상금이 공탁된 이후
보상금지급청구권에 대하여 제3채무자를 사업시행자로 하여 압류	공탁금 출급청구권에 대하여 제3채무자를 국가(소관 공탁관)로 하여 압류

(2) 종 기

① 공탁금의 출급 전 : 토지수용에 있어 기업자가 보상금을 변제공탁하였다고 하더라도 이 공탁금이 출급되어 수용 대상 부동산 소유자의 일반재산에 혼입되기까지는 토지수용법 제69조 단서가 규정하는 지불이 있었다고 할 수 없고, 이는 보상금의 변제의 효과와는 별개의 문제라고 할 것이다(대판 1992.7.10. 92마380·381).

> **저당권자가 물상대위권에 기하여 보상금지급청구권을 추급할 수 있는 종기**
> 설사 그 압류 전에 양도 또는 전부명령 등에 의하여 보상금 채권이 타인에게 이전된 경우라도 보상금이 직접 지급되거나 보상금지급청구권에 관한 강제집행절차에 있어서 배당요구의 종기에 이르기 전에는 여전히 그 청구권에 대한 추급이 가능하다(대판 1998.9.22. 98다12812).
>
> **토지수용보상금이 지급되기 전에 우선권 있는 저당권자가 물상대위에 의하여 토지수용보상금채권을 압류한 경우**
> 토지수용보상금이 지급되기 전에 우선권 있는 저당권자가 물상대위에 의하여 토지수용보상금채권을 압류한 경우, 그 압류를 전후하여 토지수용보상금채권에 대한 체납처분에 의한 압류가 있었다고 하더라도 민사집행법 제248조 제1항에 의한 집행공탁을 할 수 있다(공탁선례 제201210-1호).

② 공탁사유신고(추심신고) 전 : 보상금에 대하여 다른 일반채권자가 먼저 가압류나 압류의 집행을 하였다고 하더라도 담보물권자는 물상대위권을 행사하여 우선변제를 받을 수 있으나, 일단 사업시행자가 공탁하고 공탁사유신고를 한 때 또는 출급청구권에 대한 압류의 경합으로 공탁관이 사유신고를 한 때 또는 추심채권자가 추심하고 추심신고를 한 때에는 배당요구의 종기가 지난 후이므로 물상대위권을 행사할 수 없다.

사례해설

1. **물상대위를 행사하여 우선변제 받을 수 있다.**

   수용된 토지의 근저당권자는 수용보상금이 지급되기 전에 수용보상금에 대하여 물상대위를 행사하여 우선변제받을 수 있다.

2. **보상금이 지급되기 전이라면 물상대위를 행사하여 우선변제 받을 수 있다.**

   근저당권자가 물상대위를 행사하기 전에 다른 채권자의 압류 및 전부명령이 있다 할지라도 아직 지급되기 전이라면 근저당권자는 압류 및 전부명령을 받아 선행한 전부채권자보다 우선변제를 받을 수 있다.

III 수용보상 공탁금의 출급제한

1. 사업시행자의 수용재결에 대한 불복시 차액공탁(토지보상법 제40조 제2항 제3호)

① 관할 토지수용위원회가 재결한 보상금액 중 불복이 있는 부분(재결한 보상금액과 사업시행자가 인정한 보상금의 차액)에 대하여 사업시행자가 피수용자에게 지급하지 않고 공탁하도록 한 이유는 사업시행자의 불복이 받아들여졌을 경우 공탁금을 회수하게 하여 종결된 보상금액의 정산을 쉽게 하고자 하는 데 있다.

② 이 경우 피공탁자(보상금을 받을 자)는 그 불복의 절차가 종결될 때까지는 공탁된 보상금을 수령할 수 없다(토지보상법 제40조 제4항).

2. 사업시행자의 (이의)재결에 대한 행정소송 제기시 증액된 보상금공탁(토지보상법 제85조 제1항)

① 사업시행자·토지소유자 또는 관계인은 토지보상법 제34조의 규정에 의한 재결에 대하여 불복이 있는 때에는 재결서를 받은 날부터 90일 이내에, 이의신청을 거친 때에는 이의신청에 대한 재결서를 받은 날부터 30일 이내에 각각 행정소송을 제기할 수 있다.

② 이 경우 사업시행자가 행정소송을 제기하기 전에 동법 제84조의 규정에 따라 증액된 보상금을 공탁하여야 하며, 보상금을 받을 자는 공탁된 보상금을 소송종결 시까지 수령할 수 없다(토지보상법 제85조 제1항).

③ 그러나 사업시행자가 아닌 토지소유자 또는 이해관계인만이 이의재결에 대하여 행정소송을 제기한 경우에는 이의유보의 의사표시를 하고 공탁된 보상금을 지급받을 수 있다(대판 1987.2.24. 86누759, 2003.5.26. 공탁법인 제3302-122호).

제5절 │ 수용보상 공탁금의 회수[67]

I 민법 제489조에 의한 회수(불가)

수용보상금 공탁의 경우는 민법 제489조의 규정은 배제되어 어느 경우이든 사업시행자인 공탁자의 민법 제489조에 의한 공탁금회수청구는 인정되지 않는다고 할 것이다. 따라서 사업시행자가 토지보상법상 적법하게 보상금을 공탁하는 등의 수용절차를 마친 이상 수용목적물의 소유권을 원시적으로 적법하게 취득하므로, 그 후에 사업시행자가 민법 제489조 제1항에 따라 부적법하게 공탁금을 회수한 사정만으로 종전 공탁의 효력이 무효로 되는 것은 아니다(대판 1997.9.26. 97다24290).

II 착오 또는 공탁원인 소멸에 의한 회수(가능)

사업시행자는 착오로 공탁을 한 때 또는 재결이 당연무효이거나 취소된 경우와 같이 공탁의 원인이 소멸한 때는 공탁법에 의하여 공탁금을 회수할 수 있다(공탁선례 제1-178호).

1. 피공탁자의 지정에 착오가 있는 경우

① 기업자가 일단 수용재결에 따른 보상금을 공탁하였다고 하더라도 그 공탁이 무효라면 공익사업을 위한 토지등의 취득 및 보상에 관한 법률 제42조 소정의 '기업자가 수용의 시기까지 보상금을 지불 또는 공탁하지 아니하였을 때'에 해당하여 그 수용재결은 효력을 상실한다 할 것이므로 기업자는 해당 토지의 소유권을 취득할 수 없다 할 것이고, 공탁자가 공탁물을 받을 권리를 갖지 않는 자를 피공탁자로 착오지정한 경우에는 그 공탁은 실질적 요건을 갖추지 아니한 무효인 공탁이므로 공탁자는 공탁법 제9조 제2항 제2호 소정의 착오 공탁을 이유로 회수청구할 수 있으나 이미 공탁물의 지급으로 공탁절차가 종료되었다면 회수청구권은 의미가 없다.

② 공탁자는 실체적인 공탁금 출급청구권이 없음에도 이를 행사하여 공탁금을 출급하여 간 피공탁자에 대하여 부당이득금 반환을 청구할 수 있고, 그 반환청구권을 행사할 수 있는 자는 공탁관이 아니라 과실로 피공탁자를 잘못 지정한 기업자이다(공탁선례 제1-178호).

---

67) 자세한 것은 제4장 변제공탁 해당부분 참조

착오로 수용보상금을 공탁한 경우와 공탁금 회수

사업시행자 갑(甲)이 재결을 받아 2필지에 대한 수용보상금을 1건으로 공탁한 후 수용을 원인으로 하여 소유권이전등기를 마쳤으나, 위 수용된 토지 중 1필지의 토지는 갑(甲)이 수용하기 몇 년 전에 이미 사업시행자 을(乙)이 수용하고 등기를 미루다가 뒤늦게 수용을 원인으로 소유권이전등기를 하여 위 갑(甲) 명의의 소유권이전등기가 말소된 경우 갑(甲)은 위 토지의 등기사항증명서를 착오를 증명하는 서면으로 첨부하여 위 1필지에 대한 공탁금을 회수할 수 있다(공탁선례 제2-248호).

사업시행자가 피공탁자를 착오로 지정한 경우 공탁금 회수 가부(적극)

수용보상금(공동운영 영업보상금 등) 수령권자가 3명임에도 불구하고 사업시행자가 착오로 그중 1명만을 피수용자로 하여 재결을 받고 그 자를 피공탁자로 잘못 지정하여 공탁을 하였다면 공탁자는 공탁법 제9조 제2항 제2호에 따라 착오공탁을 이유로 공탁금 전부를 회수할 수 있다(공탁선례 제2-246호).

초과공탁한 금액을 회수청구할 수 있는지 여부(적극)

기업자가 중앙토지수용위원회가 재결한 손실보상금액의 전부를 공탁하면서 그 보상금에 관한 재결부분에 대하여 이의신청을 토지소유자와 함께 각각 제기하였던바, 중앙토지수용위원회가 그 이의신청에 대한 재결을 함에 있어서 손실보상금액을 처음 중앙토지수용위원회가 재결한 손실보상금액보다 감액하는 재결을 하고 그 재결이 확정됨으로써 이의신청에 대한 재결상의 손실보상금액이 확정되었다면, 기업자가 이의신청에 대한 중앙토지수용위원회의 재결에서 확정된 손실보상금액보다 초과하여 공탁한 부분에 관하여는 원인 없는 착오의 공탁으로 보아야 할 것이므로, 기업자는 착오를 이유로 하여 이의신청에 대한 재결에서 정한 공탁금액보다 초과공탁한 손실보상금액을 공탁법 상의 회수절차에 따라 회수할 수 있다(공탁선례 제2-244호).

2. 수용 후 사업의 일부 변경으로 해당 사업지구에서 제외된 토지

기업자가 중앙토지수용위원회의 수용재결이 있은 후 토지보상법 제40조 제2항의 규정에 의하여 수용의 시기까지 보상금을 공탁하였다면 그 수용재결이 당연무효이거나 소송 등에 의하여 취소되지 아니하는 한 기업자는 수용한 날에 소유권을 취득함과 동시에 기업자의 공탁금회수청구권은 소멸되는 것이므로, 그 후 사업의 일부가 변경되어 해당 사업지구에서 제외된 토지가 있다 하더라도 그 사유로 인하여 그 제외된 토지에 대한 공탁금회수청구권이 부활하는 것이 아니다(공탁선례 제1-184호).

행정예규 제1345호[토지수용 등의 보상금의 공탁에 관한 사무처리지침]

제1장 총 칙

제1조(목적)

이 예규는 「공익사업을 위한 토지 등의 취득 및 보상에 관한 법률」(이하 "토지보상법")에 따라 토지수용위원회가 재결한 보상의 공탁에 필요한 사항을 정함을 목적으로 한다.

제2조(관할공탁소)

① 보상받을 사람이 특정된 경우 그의 주소지 관할공탁소에 공탁할 수 있다.

② 여러 사람 중 보상받을 사람이 특정되지 아니한 상대적 불확지공탁의 경우 그중 한 사람의 주소지 관할공탁소에 공탁할 수 있다.

③ 제1항과 제2항에도 불구하고 사업시행자는 토지보상법 제40조 제2항 에 따라 수용하거나 사용하려는 토지 등(이하 "수용대상토지등"이라 한다)의 소재지 관할공탁소에 공탁할 수 있다.

제3조(관할공탁소 외 공탁신청 제한)

사업시행자는 「관할공탁소 이외의 공탁소에서의 공탁사건처리 지침」에 따라 관할공탁소가 아닌 공탁소에서 공탁신청을 할 수 없다.

제2장 공탁신청절차

제4조(공탁사유)

사업시행자는 다음 각 호의 어느 하나에 해당하는 경우 보상금을 공탁할 수 있다. 다만, 제1호부터 제4호까지는 수용 또는 사용의 개시일까지 공탁하여야 한다.

  1. 보상금을 받을 자가 그 수령을 거부하거나 보상금을 수령할 수 없을 때
  2. 사업시행자가 과실 없이 보상금을 받을 자를 알 수 없을 때
  3. 관할 토지수용위원회가 재결한 보상금에 대하여 사업시행자가 불복할 때
  4. 압류나 가압류에 의하여 보상금의 지급이 금지되었을 때
  5. 이의신청에 대한 재결에서 증액된 보상금에 대하여 제1호, 제2호 또는 제4호의 사유가 있을 때
  6. 이의신청에 대한 재결에서 증액된 보상금에 대하여 사업시행자가 행정소송을 제기할 때

제5조(상대적 불확지공탁)

① 사업시행자는 다음 각 호의 어느 하나에 해당하는 경우 상대적 불확지공탁을 할 수 있다.

  1. 수용대상토지등에 대하여 소유권등기말소청구권을 피보전권리로 하는 처분금지가처분등기가 마쳐져 있는 경우(피공탁자 : 소유자 또는 가처분채권자). 다만, 사해행위취소에 따른 소유권등기말소청구권을 피보전권리로 하는 가처분등기가 마쳐진 경우는 제외
  2. 수용대상토지등에 대한 등기기록이 2개 개설되어 있고 그 소유명의인이 각각 다른 경우(피공탁자 : 소유명의인 갑 또는 을)
  3. 등기기록상 공유지분의 합계가 1을 초과하거나 미달되어 공유자들의 정당한 공유지분을 알 수 없는 경우(피공탁자 : 공시된 공유자 전부)
  4. 보상받을 사람이 사망하였으나 과실 없이 그 상속인들의 정당한 상속지분을 알 수 없는 경우(피공탁자 : 상속인들 전부)

② 사업시행자는 다음 각 호의 어느 하나에 해당하는 경우 상대적 불확지공탁을 할 수 없다.

  1. 수용대상토지등에 대하여 담보물권 · 소유권이전등기청구권 보전을 위한 가처분등기 또는 가등기가 마쳐져 있는 경우
  2. 수용대상토지등에 대하여 가압류, 압류, 경매개시, 공매공고(납세담보물의 공매공고 포함) 등의 기입등기가 마쳐져 있는 경우

제6조(절대적 불확지공탁)

사업시행자는 다음 각 호의 어느 하나에 해당하는 경우 절대적 불확지공탁을 할 수 있다.

  1. 수용대상토지등이 미등기이고 다음 각 목의 어느 하나에 해당하는 경우(피공탁자 : 소유자 불명)
    가. 대장상 소유자란이 공란으로 되어 있는 경우
    나. 대장상 성명은 기재되어 있으나 주소의 기재(동 · 리의 기재만 있고 번지의 기재가 없는 경우도 해당됨)가 없는 경우
    다. 대장상 주소는 기재되어 있으나 성명의 기재가 없는 경우
  2. 수용대상토지등이 등기는 되어 있으나 등기기록상 소유자를 특정할 수 없는 경우(피공탁자 : 소유자 불명)
  3. 보상받을 사람이 사망하였으나 과실 없이 그 상속인의 전부 또는 일부를 알 수 없는 경우
    가. 상속인 전부를 알 수 없는 경우 보상금 전부(피공탁자 : 망 ○○○[주민등록번호 또는 주소 병기]의 상속인)
    나. 상속인 중 일부를 알 수 없는 경우 그 알 수 없는 상속인에 대한 보상금 부분(피공탁자 : 망 ○○○의 상속인 ◇◇◇[주민등록번호와 주소 병기] 외 상속인)

제7조(공탁서 기재 시 유의사항)

① 사업시행자가 불확지공탁을 하는 경우 그 사유를 공탁원인사실에 구체적으로 명시하여야 한다.

② 수용대상토지등에 설정된 지상권, 전세권, 저당권, 지역권, 임차권 등은 공탁으로 인하여 소멸하는 질권, 전세권, 저당권란에 기재할 사항은 아니며, 그 권리자도 피공탁자란에 기재하여서는 안 된다.

③ 사업시행자는 소유권이전등기 서류의 교부를 반대급부로 하거나 수용대상토지등에 있는 제한물권이나 처분제한의 등기의 말소를 반대급부로 기재하여서는 안 된다.

제8조(보상금 전액 공탁)

사업시행자는 보상금이 「소득세법」 또는 「법인세법」에 따라 원천징수의 대상이 되는 등의 특별한 사정이 없는 한 재결서에 기재된 보상금 전액을 공탁하여야 한다.

제3장 공탁물 지급절차

제9조(회수제한)

공탁자는 민법 제489조 제1항 에 따라서는 공탁물을 회수할 수 없다. 다만, 착오로 공탁을 한 때 또는 수용재결이 당연무효이거나 취소되는 등으로 공탁원인이 소멸한 때에는 공탁물을 회수할 수 있다.

제10조(확지공탁의 출급)

① 피공탁자로부터 상속·채권양도·전부명령 그 밖의 원인으로 출급청구권을 승계받은 사람은 그 사실을 증명하는 서면을 첨부하여 공탁물을 출급할 수 있다.

② 수용개시일 전에 수용대상토지등의 소유권을 피공탁자로부터 승계받은 사람은 공탁서 정정 없이도 소유권 승계사실을 증명하는 서면을 첨부하여 공탁물을 출급할 수 있다.

③ 피공탁자가 아닌 사람으로서 다음 각 호의 어느 하나에 해당하는 사람은 공탁물을 출급할 수 없다.

　1. 수용개시일 이후 수용으로 인한 소유권이전등기를 하기 전에 소유권이전등기를 마친 매수인

　2. 매매 또는 명의신탁해지 등을 원인으로 소유권이전등기절차이행의 승소확정판결을 받았으나 수용개시일 전에 그 등기를 마치지 못한 사람(공탁 이전에 가등기나 처분금지가처분등기를 마친 경우도 동일함)

　3. 구 토지보상법 제18조(2007.10.17. 법률 제8665호로 폐지되기 전의 것)에 따라 시·구·읍·면의 장으로부터 소유사실확인서를 발급받은 사람

　4. 피공탁자를 상대로 공탁물 출급청구권이 자기에게 있다는 확인판결을 받은 제3자

제11조(상대적 불확지공탁의 출급)

① 피공탁자 사이에 권리의 귀속에 관하여 분쟁이 없는 경우 다른 피공탁자의 승낙서 또는 협의성립서를 첨부(인감증명서 또는 본인서명사실확인서나 전자본인서명확인서의 발급증 포함)하여 공탁물을 출급할 수 있다. 다만, 피공탁자 전원이 공동으로 출급을 청구할 때에는 별도의 서면을 첨부하지 않아도 된다.

② 피공탁자 사이에 권리의 귀속에 관하여 분쟁이 있는 경우 피공탁자 사이에 어느 일방에게 출급청구권이 있음을 증명하는 내용의 확인판결정본 및 확정증명(조정조서, 화해조서 포함)을 첨부하여 공탁물을 출급할 수 있다.

③ 제1항 또는 제2항에서 공탁자의 승낙서나 공탁자 또는 국가를 상대로 한 판결 등은 출급청구권이 있음을 증명하는 서면으로 볼 수 없다.

제12조(절대적 불확지공탁의 출급)

공탁물 출급청구권에 대한 정당한 권리자는 공탁자를 상대로 자신을 피공탁자로 지정하는 공탁서 정정을 하도록 하거나 공탁물에 대한 출급청구권이 자신에게 있다는 확인판결정본 및 확정증명(조정조서, 화해조서 포함)을 첨부하여 공탁물을 출급할 수 있다.

제13조(출급제한)

① 사업시행자가 관할 토지수용위원회가 재결한 보상금에 대하여 불복하면서 보상금을 받을 사람에게 자기가 산정한 보상금을 지급하고 그 금액과 관할 토지수용위원회가 재결한 보상금과의 차액을 공탁한 경우(토지보상법 제40조 제2항 제3호) 피공탁자는 그 불복절차가 종결될 때까지 공탁물을 출급할 수 없다.

② 중앙토지수용위원회가 관할 토지수용위원회의 재결에 대한 이의신청절차에서 보상금을 증액하였으나 사업시행자가 이에 불복하여 행정소송을 제기하면서 증액된 보상금을 공탁한 경우(토지보상법 제85조 제1항) 피공탁자는 행정소송이 종결될 때까지 공탁물을 출급할 수 없다.

③ 제1항 또는 제2항의 공탁물을 출급할 때 피공탁자는 관할 토지수용위원회가 발급한 재결확정증명서 또는 행정소송 확정판결 등 불복절차가 종결되었음을 확인할 수 있는 서면 등을 첨부하여야 한다.

제4장 보상금 지급청구권에 대한 압류 등이 있을 때의 공탁절차

제14조(집행공탁)

① 보상금 지급청구권에 대하여 「민사집행법」에 따른 압류가 있거나 「민사집행법」에 따른 압류와 체납처분에 따른 압류가 있는 때(체납처분에 따른 압류만 있는 경우는 제외)에는 토지보상법 제40조 제2항 제4호와 민사집행법 제248조 제1항에 따라, 민사집행법에 따른 가압류가 있는 때에는 토지보상법 제40조 제2항 제4호와 민사집행법 제291조 및 제248조 제1항에 따라 각각 공탁할 수 있다.

② 수용대상토지등에 대하여 압류, 가압류 등이 집행되어 있는 경우는 제1항에 따른 공탁사유에 해당하지 않는다.

제15조(집행공탁절차)

보상금 지급청구권에 대하여 민사집행법에 따른 압류 또는 가압류가 있는 경우의 공탁절차는 제3채무자의 권리공탁에 관한 업무처리절차에서 정한 절차에 준하여 처리하고, 민사집행법에 따른 압류와 체납처분에 따른 압류가 있는 경우(선후 불문)의 공탁절차는 금전채권에 대하여 민사집행법에 따른 압류와 체납처분에 의한 압류가 있는 경우의 공탁절차 등에 관한 업무처리지침에서 정한 절차에 준하여 처리한다.

제16조(상대적 불확지공탁)

보상금 지급청구권에 대한 처분금지가처분결정이 제3채무자인 사업시행자에게 송달된 경우 사업시행자는 가처분채무자 또는 가처분채권자를 피공탁자로 하는 상대적 불확지공탁을 할 수 있다. 다만, 처분금지가처분이 사해행위취소에 따른 원상회복청구권을 피보전권리로 하는 때에는 가처분채무자를 피공탁자로 지정하여야 한다(이때 가처분의 효력은 가처분채무자의 공탁금 출급청구권에 대하여 존속함).

정리 #26	토지수용보상금의 공탁
관 할	• 피보상자의 주소지 • 그중 1인의 주소지 • 토지 소재지

공탁신청	피수용자 불확지를 사유로 공탁하는 경우
	• 절대적 불확지공탁이 인정되는 경우 : 주소·번지·성명의 기재 ×
	• 상속인 전부 또는 일부를 알 수 없는 경우 등
	  – 상대적 불확지공탁이 인정되는 경우
	  – 상대적 불확지공탁을 할 수 없는 경우
	• 수용토지에 대하여
	  – 담보물권
	  – 소이등청구권 보전을 위한 가처분등기 또는 가등기
	  – (가)압류·경매개시 등의 기입등기가 경료되어 있는 경우

	반대급부 이행조건부 공탁의 불인정
	공탁서의 기재 시 유의할 사항 : 토지에 등기된 지상권, 전세권, 저당권 등은 "공탁으로 인하여 소멸하는 질권, 전세권, 저당권란"에 기재할 사항, 그 권리자도 "피공탁자란"에 기재

공탁금지급	공탁금회수청구의 불인정	
	공탁금의 출급청구절차	
	피공탁자가 특정된 경우	
	• 피공탁자가 아닌 자로서 출급청구권을 갖는 경우	
	– 출급청구권	
	– 수용시기 전에 토지의 소유권을 승계받은 자	
	– 명의신탁자가 수용시기 전에 소유권등기를 회복한 경우	
	– 사자를 피공탁자로 한 공탁의 경우 그 상속인	
	• 피공탁자가 아닌 자로서 출급청구권을 갖지 못하는 자	
	– 수용시기 이후 소유권이전등기를 경료한 매수인	
	– 매매(명의신탁해지) 등을 원인으로 소이등절차이행의 승소확정판결을 받았으나 수용시기 전에 그 등기를 경료하지 못한 자(비록 공탁 이전에 가등기나 처분금지가처분등기를 경료한 경우도 동일함)	
	– 시·구·읍·면의 장으로부터 소유자확인서를 발급받은 자	
	– 피공탁자를 상대로 공탁금 출급청구권 확인판결을 받은 제3자	
	피공탁자가 특정되지 아니한 경우(채권자 불확지공탁)	
	• 상대적 불확지공탁	
	• 절대적 불확지공탁	
	공탁금 출급제한사유의 확인·차액 공탁·증액공탁	
지급청구권 (가) 압류	공탁사유	• (가)압류·물상대위권에 의한 압류·처분금지가처분 ○ • 국세체납처분에 의한 압류 ×
	공탁절차	집행공탁절차에 준하여

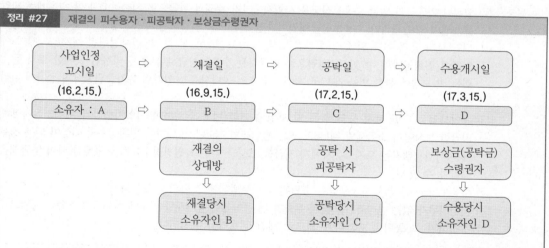

정리 #27 　재결의 피수용자·피공탁자·보상금수령권자

- 사업자가 공탁하는 경우에는 재결의 상대방이 누구인지는 중요하지 않다. 공탁당시의 소유자를 피공탁자로 하면 그러한 공탁은 유효한 공탁이 된다. 공탁이 유효하면 수용개시일에 사업시행자는 소유권을 취득하게 되고 부동법상의 소이등절차와 보상금(공탁금)의 실질적 수령권자(수용개시일 당시의 소유자)에게 공탁금을 수령할 수 있는 절차만 마련해주면 된다.
- 재결의 문제는 부동법에서 경정재결로 해결
- 실질적 보상금(공탁금)수령권자의 공탁금 출급절차 : 승계사실증명서면 첨부(등기사항증명서)하여 직접출급청구
  → 실질적 공탁금수령권자는 수용개시일 당시를 기준으로 소유권을 취득·회복한 자이다(민법 제186조·제187조에 의해 판단).
  → 실질적 수령권자가 아닌 자는 양도 또는 대용판결에 의해 처리
- 수용으로 인한 소이등 : (경정)재결서 + 공탁서첨부(D를 등기의무자로 기재)

| 제1절 | 총 설 |

| 제2절 | 수용보상금 공탁신청절차 |

01 수용보상금 공탁절차에 관한 다음 설명 중 가장 옳지 않은 것은? 　2023년
□□□

① 토지소유자의 채권자가 손실보상이 현금으로 지급될 것을 예상하여 수용보상금에 대하여 압류를 한 경우에도 토지수용보상금을 채권으로 지급하는 것이 토지수용의 채권보상요건을 충족하고 공탁 사유가 있으면 채권으로 공탁할 수 있다.

② 압류나 가압류가 있는 수용보상금을 사업시행자가 채권과 현금으로 지급하고자 할 경우에는 피압류채권이 금전채권인 수용보상금채권이라면 현금으로 지급하는 수용보상금 부분은 공익사업을 위한 토지 등의 취득 및 보상에 관한 법률 제40조 제2항 제4호 및 민사집행법 제248조 제1항에 의하여 집행공탁할 수 있고, 채권으로 지급하는 수용보상금 부분은 공익사업을 위한 토지 등의 취득 및 보상에 관한 법률 제40조 제2항 각 호의 공탁사유가 있다면 유가증권공탁의 절차에 따라 공탁할 수 있다.

③ 공익사업을 위한 토지 등의 취득 및 보상에 관한 법률에 의하여 사업시행자가 토지소유자에게 지급할 보상금이 소득세법 제156조 또는 법인세법 제98조에 의하여 원천징수의 대상이 되는 경우에는 사업시행자는 토지소유자에게 지급할 보상금에서 그 원천징수세액을 공제한 나머지 금액을 공탁할 수 있다.

④ 수용보상금 공탁은 시·군법원 공탁관의 직무범위에 포함되지 않는다.

⑤ 이행의무가 없는 반대조건을 붙여 무효가 된 공탁을 수용개시일 이후에 반대급부가 없는 공탁으로 정정하면 그 공탁이 유효하게 되므로 재결의 효력이 유지된다.

[❶ ▶ ○] 토지수용법 제45조 제5항의 규정에 의하면 대통령령으로 정하는 일정한 기업자 등은 수용대상 토지가 부재부동산소유자의 토지이고 그 보상금이 일정한 금액을 초과하는 경우 그 초과하는 금액에 대하여 기업자가 발행하는 채권으로 수용보상금을 지급할 수 있으므로 이 사건 토지수용보상금을 채권으로 지급하는 것이 위와 같은 토지수용의 채권보상 요건을 충족하고, 위 보상금 채권에 대하여 토지수용법 제61조 제2항 각 호의 공탁사유가 있다면 유가증권 공탁의 공탁물 적격을 갖는다고 할 것이다. 또한, 토지수용법상 수용보상금에 대한 압류가 있는 경우에는 현금으로 지급하여야 한다는 규정이 없으므로 수용보상금에 대한 압류(압류의 경합 여부를 불문한다)가 있다 하더라도 위와 같은 공탁물 적격을 부정할 수 없다 할 것이다(공탁선례 제2-242호).

[❷ ▸ O] 압류나 가압류가 있는 수용보상금을 사업시행자가 채권과 현금으로 지급하고자 할 경우에는 압류나 가압류의 피압류채권이 금전채권인 수용보상금채권이라면 현금으로 지급하는 수용보상금 부분은 공익사업을 위한 토지 등의 취득 및 보상에 관한 법률 제40조 제2항 제4호 및 민사집행법 제248조 제1항에 의하여 집행공탁할 수 있다. 그러나 채권으로 지급하는 수용보상금 부분은 공익사업을 위한 토지 등의 취득 및 보상에 관한 법률 제40조 제2항 제4호 및 민사집행법 제248조 제1항에 의한 집행공탁으로 할 수 없고, 공익사업을 위한 토지 등의 취득 및 보상에 관한 법률 제40조 제2항 각 호의 공탁사유가 있다면 유가증권공탁의 공탁물적격이 인정되므로 유가증권공탁의 절차에 따라 공탁할 수 있다(공탁선례 제201004-1호).

[❸ ▸ O] 공익사업을 위한 토지 등의 취득 및 보상에 관한 법률에 의하여 사업시행자가 토지소유자에게 지급할 보상금이 소득세법 제156조 또는 법인세법 제98조에 의하여 원천징수의 대상이 되는 경우에는 사업시행자는 토지소유자에게 지급할 보상금에서 그 원천징수세액을 공제한 나머지 금액을 공탁할 수 있다(공탁선례 제2-173호).

[❹ ▸ O] 시·군법원 공탁관의 직무범위는 해당 시·군법원의 사건과 관련된 변제공탁, 재판상 보증공탁, 집행공탁, 몰취공탁의 업무에 한한다(공탁규칙 제2조 참조).

[❺ ▸ ×] 변제공탁의 경우 채권자가 반대급부 또는 기타 조건의 이행을 할 의무가 없음에도 불구하고 채무자가 이를 조건으로 공탁한 때에는 채권자가 이를 수락하지 않는 한 그 변제공탁은 효력이 없으며 그 뒤 채무자의 공탁에 붙인 조건의 철회정정청구에 따라 공탁공무원으로부터 위 정정청구의 인가결정이 있었다 하더라도 그 변제공탁은 인가결정 시부터 반대급부조건이 없는 변제공탁으로서의 효력을 갖는 것으로서 그 효력이 당초의 변제공탁 시로 소급하는 것은 아니다. 토지수용에 있어서 기업자가 지방토지수용위원회의 원재결에 정한 토지수용보상금을 공탁함에 있어 토지소유권이전에 필요한 일체의 서류를 반대급부로 제공할 것을 조건으로 하였고 원재결수용시기 이후에야 반대급부 없는 공탁으로 정정인가결정이 있었다면 토지수용에 있어서 토지소유자가 위 서류를 반대급부로 제공할 의무가 없고 그 정정인가의 효력이 당초의 공탁 시나 원재결수용시기에 소급되는 것이 아니므로 위 공탁은 원재결대로의 보상금 지급의 효력이 없으며 따라서 원재결은 토지수용법 제65조에 의한 기업자가 수용시기까지 재결보상금을 지급 또는 공탁하지 아니한 때에 해당하여 그 효력을 상실하였다 할 것이고 실효된 원판결을 유효한 재결로 보고서 한 중앙토지수용위원회의 이의재결도 또한 위법하여 무효이다(대판 1986.8.19. 85누280).

탑 ❺

수용보상금 공탁에 관한 다음 설명 중 가장 옳지 않은 것은? 2022년

① 소유권이전등기청구권을 피보전권리로 하는 처분금지가처분등기가 경료되어 있는 수용대상토지에 대한 소유권의 귀속에 관하여 다툼이 있는 경우에는 피공탁자의 상대적 불확지를 이유로 공탁할 수 있다.

② 분할 전과 후의 토지대장의 소유명의인이 다른 경우 상대적 불확지공탁을 할 수 있다.

③ 등기사항증명서상 공유지분의 합계가 1을 초과하거나 미달되어 피수용자들의 정당한 공유지분을 알 수 없는 경우 피보상자 불확지를 사유로 공탁할 수 있다.

④ 수용대상토지가 일반채권자에 의하여 압류 또는 가압류가 되어 있는 경우에는 상대적 불확지공탁 사유에 해당하지 않는다.

⑤ 미등기인 수용대상토지가 토지대장에 주소는 기재됨이 없이 소유자의 성명만 기재되어 있는 경우에는 절대적 불확지공탁을 할 수 있다.

．．．

[❶ ▸ ✕] [❹ ▸ ○]   행정예규 제1345호 제5조 제2항

> **행정예규 제1345호[토지수용 등의 보상금의 공탁에 관한 사무처리지침]**
> **제5조(상대적 불확지공탁)**
> ② 사업시행자는 다음 각 호의 어느 하나에 해당하는 경우 상대적 불확지공탁을 할 수 없다.
>   1. 수용대상토지등에 대하여 담보물권·소유권이전등기청구권 보전을 위한 가처분등기 또는 가등기가 마쳐져 있는 경우
>   2. 수용대상토지등에 대하여 가압류, 압류, 경매개시, 공매공고(납세담보물의 공매공고 포함) 등의 기입등기가 마쳐져 있는 경우

[❷ ▸ ○]   미등기토지에 대한 토지수용을 원인으로 한 공탁에 있어 분할 전 토지의 토지대장에 갑이 사정받은 것으로 되어 있으나 본건 토지로 분할된 이후의 토지대장에는 을 명의로 소유권이전등록이 되어 있다면 '갑과 을' 중 누가 진정한 소유자인지 알 수 없으므로 '갑 또는 을'을 피공탁자로 하여 상대적 불확지공탁을 할 수 있다(공탁선례 제2-174호).

[❸ ▸ ○]   행정예규 제1345호 제5조 제1항 제3호

> **행정예규 제1345호[토지수용 등의 보상금의 공탁에 관한 사무처리지침]**
> **제5조(상대적 불확지공탁)**
> ① 사업시행자는 다음 각 호의 어느 하나에 해당하는 경우 상대적 불확지공탁을 할 수 있다.
>   1. 수용대상토지등에 대하여 소유권등기말소청구권을 피보전권리로 하는 처분금지가처분등기가 마쳐져 있는 경우(피공탁자 : 소유자 또는 가처분채권자). 다만, 사해행위취소에 따른 소유권등기말소청구권을 피보전권리로 하는 가처분등기가 마쳐진 경우는 제외
>   2. 수용대상토지등에 대한 등기기록이 2개 개설되어 있고 그 소유명의인이 각각 다른 경우(피공탁자 : 소유명의인 갑 또는 을)
>   3. 등기기록상 공유지분의 합계가 1을 초과하거나 미달되어 공유자들의 정당한 공유지분을 알 수 없는 경우(피공탁자 : 공시된 공유자 전부)
>   4. 보상받을 사람이 사망하였으나 과실 없이 그 상속인들의 정당한 상속지분을 알 수 없는 경우(피공탁자 : 상속인들 전부)

[**❺** ▸ ○] 행정예규 제1345호 제6조 제1호 나목

> **행정예규 제1345호[토지수용 등의 보상금의 공탁에 관한 사무처리지침]**
>
> **제6조(절대적 불확지공탁)**
> 사업시행자는 다음 각 호의 어느 하나에 해당하는 경우 절대적 불확지공탁을 할 수 있다.
>
> 1. 수용대상토지등이 미등기이고 다음 각 목의 어느 하나에 해당하는 경우(피공탁자 : 소유자 불명)
>   가. 대장상 소유자란이 공란으로 되어 있는 경우
>   나. 대장상 성명은 기재되어 있으나 주소의 기재(동·리의 기재만 있고 번지의 기재가 없는 경우도 해당됨)가 없는 경우
>   다. 대장상 주소는 기재되어 있으나 성명의 기재가 없는 경우
> 2. 수용대상토지등이 등기는 되어 있으나 등기기록상 소유자를 특정할 수 없는 경우(피공탁자 : 소유자 불명)
> 3. 보상받을 사람이 사망하였으나 과실 없이 그 상속인의 전부 또는 일부를 알 수 없는 경우
>   가. 상속인 전부를 알 수 없는 경우 보상금 전부(피공탁자 : 망 ○○○[주민등록번호 또는 주소 병기]의 상속인)
>   나. 상속인 중 일부를 알 수 없는 경우 그 알 수 없는 상속인에 대한 보상금 부분(피공탁자 : 망 ○○○의 상속인 ◇◇◇[주민등록번호와 주소 병기] 외 상속인)

답 ❶

---

03 □□□

수용보상금 공탁절차에 관한 다음 설명 중 가장 옳지 않은 것은? 2022년

① 수용대상토지에 대하여 경매개시결정의 기입등기가 마쳐져 있더라도 '토지소유자'를 피공탁자로 기재하여야 한다.
② 보상금지급청구권에 대하여 민사집행법에 따른 압류가 있는 경우 공탁근거법령은 '공익사업을 위한 토지 등의 취득 및 보상에 관한 법률 제40조 제2항 제4호 및 민사집행법 제248조 제1항'으로 기재한다.
③ 수용대상토지에 저당권이 등기된 경우 '공탁으로 인하여 소멸하는 질권, 전세권, 저당권란'에 그 취지의 기재를 하여야 한다.
④ 수용보상금의 공탁서에 '소유권이전등기 서류의 교부'를 반대급부로 기재하여서는 아니 된다.
⑤ 수용보상금 공탁신청을 시·군법원 공탁관에게 하는 것은 인정되지 않는다.

....

[**❶** ▸ ○] 수용대상토지에 대하여 (근)저당권, 가압류, 경매개시결정 등의 등기가 되어 있다고 하더라도 그것만으로는 토지소유자가 보상금지급청구권자임에 변동이 없으므로 수용보상금을 공탁하는 경우의 피공탁자는 토지소유자가 되고, (근)저당권자, 가압류채권자, 압류채권자 등은 공탁서상의 어느 난에도 기재할 필요가 없다.

[**❷** ▸ ○] 보상금 지급청구권에 대하여 민사집행법에 따른 압류가 있거나 민사집행법에 따른 압류와 체납처분에 따른 압류가 있는 때(체납처분에 따른 압류만 있는 경우는 제외)에는 토지보상법 제40조 제2항 제4호와 민사집행법 제248조 제1항에 따라, 민사집행법에 따른 가압류가 있는 때에는 토지보상법 제40조 제2항 제4호와 민사집행법 제291조 및 제248조 제1항에 따라 각각 공탁할 수 있다(행정예규 제1345호 제14조 제1항).

[❸ ▸ ✕] 수용대상토지등에 설정된 지상권, 전세권, 저당권, 지역권, 임차권 등은 공탁으로 인하여 소멸하는 질권, 전세권, 저당권란에 기재할 사항은 아니며, 그 권리자도 피공탁자란에 기재하여서는 안 된다(행정예규 제1345호 제7조 제2항). 이는 수용대상토지에 등기된 지상권, 전세권, 저당권 등은 수용의 효과로 소멸되는 것이지 피담보채무의 변제로 소멸하는 것이 아니기 때문이다.

[❹ ▸ ○] 사업시행자는 소유권이전등기 서류의 교부를 반대급부로 하거나 수용대상토지등에 있는 제한물권이나 처분제한의 등기의 말소를 반대급부로 기재하여서는 안 된다(행정예규 제1345호 제7조 제3항).

[❺ ▸ ○] 2002.7.1. 공탁규칙 개정으로 수용보상금 공탁은 시·군법원 공탁관의 직무범위에서 제외되었다(공탁규칙 제2조 참조).

답 ❸

제3절 | 수용보상금 공탁의 효과

제4절 | 수용보상 공탁금의 출급

04
□□□

수용보상공탁금의 출급에 관한 다음 설명 중 가장 옳은 것은? 2021년

① 수용보상금을 받을 자가 주소불명으로 인하여 그 보상금을 수령할 수 없는 때에 해당함을 이유로 하여 보상금이 공탁된 경우 정당한 공탁금수령권자이면서도 공탁공무원으로부터 공탁금의 출급을 거부당한 자는 공탁자인 사업시행자를 상대방으로 하여 그 공탁금출급권의 확인을 구하는 소송을 제기할 이익이 있다.

② 수용보상금의 공탁서에 공탁물을 수령할 자로 甲, 乙로 기재되어 있더라도, 甲은 수용대상토지가 자신의 단독 소유임을 증명하는 서류를 첨부하여 단독으로 공탁관에게 공탁금출급청구를 할 수 있다.

③ 사업시행자가 이미 사망한 사람을 피공탁자로 하여 공탁하였다면 이는 무효이므로, 그 피공탁자의 상속인들이 직접 공탁금을 출급청구할 수 없다.

④ 매수인이 매도인을 상대로 매매를 원인으로 한 토지소유권이전등기절차 이행의 승소판결을 받았으나 그에 따른 소유권이전등기를 마치지 않고 있던 중 사업시행자가 해당 토지를 수용하고 매도인 앞으로 수용보상금을 공탁함으로써 수용의 효력이 발생한 경우 그 수용을 원인으로 한 소유권이전등기가 마쳐지기 전에 매수인이 자기 명의로 소유권이전등기를 마쳤다면 그 매수인은 직접 공탁금의 출급청구를 할 수 있다.

⑤ 종중이 수용대상토지에 관한 명의신탁을 해지하였으나 수용시기 전에 소유권등기를 회복하지 못하였다 해도, 종중이 명의수탁자를 상대로 명의신탁의 해지를 이유로 공탁금출급청구권확인판결을 받았다면 종중은 위 확인판결에 기하여 직접 공탁금출급청구를 할 수 있다.

[❶▸O] 보상금을 받을 자가 주소불명으로 인하여 그 보상금을 수령할 수 없는 때에 해당함을 이유로 하여 공익사업을 위한 토지 등의 취득 및 보상에 관한 법률 제40조 제2항 제1호의 규정에 따라 사업시행자가 보상금을 공탁한 경우에 있어서는, 변제공탁제도가 본질적으로는 사인 간의 법률관계를 조정하기 위한 것이라는 점, 공탁공무원은 형식적 심사권을 가질 뿐이므로 피공탁자와 정당한 보상금수령권자라고 주장하는 자 사이의 동일성 등에 관하여 종국적인 판단을 할 수 없고, 이는 공탁공무원의 처분에 대한 이의나 그에 대한 불복을 통해서도 해결될 수 없는 점, 누가 정당한 공탁금수령권자인지는 공탁자가 가장 잘 알고 있는 것으로 볼 것인 점, 피공탁자 또는 정당한 공탁금수령권자라고 하더라도 직접 국가를 상대로 하여 민사소송으로써 그 공탁금의 지급을 구하는 것은 원칙적으로 허용되지 아니하는 점 등에 비추어 볼 때, 정당한 공탁금수령권자이면서도 공탁공무원으로부터 공탁금의 출급을 거부당한 자는 그 법률상 지위의 불안·위험을 제거하기 위하여 공탁자인 사업시행자를 상대방으로 하여 그 공탁금출급권의 확인을 구하는 소송을 제기할 이익이 있다(대판 2007.2.9. 2006다68650·68667).

[❷▸×] 기업자가 토지수용법 제61조 제2항에 따라서 관할 토지수용위원회가 재결한 토지수용보상금을 공탁한 경우, 그 공탁서에 공탁물을 수령할 자가 재결서에 수용대상토지의 소유자로 표시된 갑과 을의 2인으로 기재되어 있다면, 갑이 단독으로 공탁공무원에게 공탁금출급청구를 하면서 수용대상토지가 갑 한 사람의 소유임을 증명하는 서류를 첨부하였더라도, 공탁공무원으로서는 공탁금출급청구를 불수리할 수밖에 없는 것이다(대결 1989.12.1. 89마821).

[❸▸×] 토지수용 절차에서 사업시행자가 사망한 등기부상 소유자를 상대로 수용재결하고 그를 피공탁자로 하여 보상금을 공탁한 경우, 피공탁자인 망인의 상속인들이 공탁금을 출급받기 위하여는 상속을 증명하는 서면(호적·제적등본 등)을 첨부하여 상속인 전원이 출급청구하거나 상속인 각자가 자기 지분에 해당하는 공탁금을 출급청구할 수 있다(공탁선례 제2-222호).

[❹▸×] 매수인이 매도인인 등기부상 소유명의인을 상대로 매매를 원인으로 한 토지소유권이전등기절차 이행의 승소판결을 받았으나 그에 따른 소유권이전등기를 경료하지 않고 있던 중 대한주택공사에서 위 토지를 수용하고 그 보상금을 매도인 앞으로 공탁함으로써 수용의 시기에 수용의 효력이 발생하였다면, 그 이후 수용을 원인으로 한 대한주택공사 앞으로의 소유권이전등기가 경료되기 전에 매수인이 자기 명의로의 소유권이전등기를 경료하였다 하더라도 그 매수인은 피공탁자인 매도인으로부터 공탁금출급청구권을 양도받지 않는 한 직접 공탁금의 출급청구를 할 수 없다(공탁선례 제2-208호).

[❺▸×] 종중이 피수용토지에 대한 명의신탁을 해지하였다고 하더라도 수용시기 전에 소유권등기를 회복하지 못하였다면, 토지수용보상금의 출급청구권은 수용 당시의 소유자인 망 종원의 상속인이 취득하는 것이고 종중은 망 종원의 상속인으로부터 공탁금출급청구권을 양도받지 않는 한 공탁금출급청구권을 취득할 수는 없는 것이므로, 비록 종중이 망 종원의 상속인을 피고로 하여 명의신탁의 해지를 이유로 공탁금출급청구권확인판결(공탁금출급청구권을 증명하는 서면이 될 수는 없음)을 받았다고 하더라도 종중은 위 확인판결에 기하여 직접 공탁금출급청구를 할 수는 없을 것이다. 다만 종중은 위 상속인에게 대상으로 취득한 공탁금출급청구권의 양도를 청구하여 양도받은 후(위 상속인이 자발적으로 양도하지 않으면 공탁금출급청구권의 양도의사를 표시하고 채무자인 국가에게 이를 통지하라는 내용의 판결을 구할 수 있다) 공탁금출급청구를 할 수 있다(공탁선례 제1-154호).

답 ❶

제5절 │ 수용보상 공탁금의 회수

06 담보공탁

제1절 총 설

Ⅰ 정 의

1. 정의 및 구분

(1) 정 의

① 담보공탁이라 함은 기존채권 또는 장래 피공탁자에게 발생할 손해배상채권을 담보하기 위한 공탁이다.

② 그 종류로는 재판상 담보공탁, 영업보증공탁, 납세담보공탁 등이 있다. 이와 같이 담보공탁은 공탁물에 대하여 피공탁자 등 일정한 상대방에게 일종의 우선변제권을 부여함으로써 담보제공의 기능을 하게 된다.

(2) 구 분

① "재판상 담보공탁"은 당사자의 소송행위(소송비용의 담보)나 가압류·가처분, 강제집행의 정지·실시·취소 등 법원의 처분으로 인하여 담보권리자가 받게 될 손해를 담보하기 위한 공탁이다.

② "영업보증공탁"은 영업거래 등으로 발생할 피해자의 손해배상채권 등을 담보하기 위한 공탁이다.

③ "납세담보공탁"은 국세, 지방세 등의 징수유예나 상속세나 증여세의 연부연납 허가 시 그 세금의 납부나 징수를 담보하기 위한 공탁이다.

④ 이와 같이 담보공탁은 공탁물에 대하여 피공탁자 등 일정한 상대방에게 일종의 <u>우선변제권</u>을 부여함으로써 담보제공의 기능을 하게 된다.

제2절 ┃ 재판상 담보공탁

I 개 설

1. 의 의

① 재판상 담보공탁이라 함은 당사자의 소송행위(소송비용의 담보)나 재판상의 처분(가압류·가처분, 강제 집행의 정지·실시·취소 등)으로 인하여 상대방이 받게 될 손해를 담보하기 위한 공탁이다.

② 재판상 담보에 관한 규정으로는 민사소송법, 민사집행법에 여러 조문들이 있으나, 민사소송법상의 담보 공탁보다는 민사집행법상의 담보공탁이 더 많고, 그중에서도 가압류와 가처분에 관련된 담보공탁이 대 부분을 차지하고 있다.

③ 재판상 담보공탁은 담보권리자가 받게 될 손해를 담보하기 위한 것이므로, 집행의 목적물이나 이에 갈음 하는 금전을 공탁하는 "집행공탁"과 구별된다.

2. 재판상 담보공탁의 종류

(1) 민사소송법상의 담보

"민사소송법상의 담보"라 함은 당사자의 소송행위 또는 법원이 한 처분에 의하여 상대방에게 생길지 모를 손해의 배상을 미리 확보하기 위한 소송상의 수단을 말한다.

① "소송비용의 담보"란 원고가 소를 제기하는 경우 그 패소시에 피고의 소송비용액 상환청구권의 이행을 확보하기 위하여 피고의 신청에 의해 법원이 제공을 명한 담보를 말한다(민사소송법 제117조).

② "가집행선고의 담보"는 가집행선고 있는 판결의 집행이 실시되는 경우에 나중에 가집행선고가 취소 또는 변경되는 것을 예상하여 채무자가 입게 되는 손해를 담보하는 것을 말하고(민사소송법 제213조 제1항), "가집 행 면제선고의 담보"는 가집행을 하지 못함으로 인하여 승소채권자가 입게 되는 일체의 손해를 담보하는 것이다(민사소송법 제213조 제2항).

③ 그 밖에도 재심의 소 제기 또는 상소의 추후보완신청 시 강제집행정지·실시·취소를 위한 담보공탁, 가집행선고가 붙은 판결에 대한 상소 또는 정기금의 지급을 명한 확정판결에 대한 변경의 소 제기시 강제집행정지·실시·취소를 위한 담보공탁(민사소송법 제501조) 등이 있다.

(2) 민사집행법상의 담보

민사집행법상의 담보라 함은 당사자 또는 제3자가 집행을 실시하거나 또는 집행을 정지·취소함으로 인하 여 상대방에게 주는 손해를 담보하기 위하여 제공되는 것이다.

채무자	• 즉시항고에 의한 집행정지 • 집행이의신청에 의한 집행정지 • 집행문부여 등에 관한 이의신청에 의한 집행정지 • 청구에 관한 이의의 소에 의한 집행정지·취소 • 가압류·가처분에 대한 이의신청에 의한 변경 또는 취소 결정 • 담보제공을 이유로 한 가압류의 취소신청에 의한 취소

채권자	• 즉시항고에 있어서 상대방이 하는 집행의 속행 • 집행이의신청 시 채권자가 하는 집행의 속행 • 집행문부여 등에 관한 이의신청에 있어서 상대방이 하는 집행의 속행 • 청구에 관한 이의의 소에서 집행정지에 대하여 피고가 하는 집행의 속행 • 가압류·가처분에 대한 이의신청에 있어서 인가 또는 변경결정 • 가압류·가처분의 취소결정에 대한 즉시항고로 인한 취소결정의 효력정지
제3자	• 제3자이의의 소에 의한 집행의 정지, 취소 • 제3자가 제기한 집행이의신청에 의한 집행정지

3. 담보제공절차

① 소송비용의 담보에 있어서 피고의 담보제공신청이 있으면 법원은 결정으로 담보액과 담보제공의 기간을 정하여 담보의 제공을 명한다(민사소송법 제120조 제1항). 이와 같이 담보를 제공할 의무는 법원의 담보제공을 명하는 재판에 의하여 구체화되므로 담보제공명령이 있어야만 공탁할 수 있다.

② 담보제공명령은 법원이 직권으로 하며 담보액과 담보제공의 기간을 정하여야 한다. 다만, 가집행을 위한 담보나 가집행을 면제받기 위한 담보의 경우에는 판결주문에 담보액이 표시되며 담보의 제공이 정지조건으로 되므로 담보제공의 기간을 정할 필요가 없다.

③ 집행정지결정, 가압류·가처분결정 등의 담보제공명령은 재판이 있기 전에 미리 독립한 결정으로 하는 방법(흔히 이를 담보제공명령 또는 공탁명령이라 부른다)과 가집행의 선고가 있는 판결이나 집행정지결정, 가압류·가처분결정 등의 재판에 포함시켜 하는 방법이 있다.

④ 유가증권으로 담보를 제공하고자 하는 경우에는 그 종류와 수량을 명시한다. 예컨대, "장기신용채권 제8호 액면 ○○원 권, ○○장" 등과 같다.

⑤ 담보의 제공은 금전 또는 법원이 인정하는 유가증권을 공탁하거나 대법원규칙이 정하는 바에 따라 지급보증위탁계약을 맺은 문서를 제출하는 방법에 의한다(민사집행법 제19조 제3항, 민사소송법 제122조).

⑥ 즉, 담보제공자는 공탁법의 절차에 따라 공탁관에게 공탁을 한 후 공탁을 수리한다는 취지의 기재가 있는 공탁서(은행의 납입증명이 있는 것)를 받아 이를 법원에 제출하거나 대법원규칙이 정하는 바에 따라 지급보증위탁계약을 맺은 문서원본을 법원에 제출한다.

> **재판상 담보공탁의 경우, 법원의 담보제공명령이 필요한지 여부**
> 당사자의 소송행위나 가압류·가처분, 강제집행의 정지·실시·취소 등 법원의 처분으로 인하여 상대방이 받게 될 손해를 담보하기 위한 재판상 담보공탁의 경우에는 법원의 담보제공을 명하는 재판에 의하여 비로소 담보를 제공할 의무가 구체화되므로 담보제공명령(담보액과 담보제공의 기간을 결정)이 있어야만 공탁을 할 수 있다(대결 2010.8.24. 2010마459).

Ⅱ 공탁신청절차

사례

채권자 甲은 채무자 乙소유의 토지에 대하여 대전지방법원에 강제경매를 신청하였다. 채무자 乙은 채무소멸을 이유로 청구이의의 소를 제기하면서 집행정지 신청을 하였고 법원은 담보제공을 조건으로 집행정지결정을 하였다. 이에 담보를 제공하고자 한다.

1. 채무자 乙이 아닌 丙이 채권자의 甲의 동의 또는 법원의 허가를 얻지 아니하고 담보공탁한 경우에도 담보제공이 있었다고 볼 수 있는가?

2. 채무자 乙이 대구지방법원 공탁소에 담보공탁을 한 경우에도 유효한가?

1. 관할공탁소

공탁법상 공탁소의 토지관할에 대하여는 일반적 규정을 두고 있지 않으므로 담보공탁의 토지관할도 원칙적으로 제한이 없다.[68]

2. 공탁물

재판상 담보공탁의 목적물은 금전 또는 법원이 인정하는 유가증권이지만(민사소송법 제122조), 담보는 성질상 종국에는 현금화할 수 있어야 하므로 공탁하는 유가증권은 환가가 용이하지 않거나 시세의 변동이 심하여 안정성이 없는 것은 적당하지 않다(대결 2000.5.31. 2000그22).

3. 공탁당사자

(1) 공탁자

법령상 담보제공의무자	담보공탁에 있어서 공탁자로 될 자는 원칙적으로 법령상 담보제공의 의무를 지는 자가 된다.
제3자	민사소송법과 민사집행법에는 담보제공을 당사자에 한하여 할 수 있다는 규정이나 제3자가 담보제공을 하는 것을 금하는 규정이 없으므로 담보제공의무자를 위하여 제3자가 자신 소유의 금전 또는 유가증권을 자기 명의로 공탁할 수 있다. 이때 제3자는 일종의 물상보증인으로서 공탁당사자적격을 가진다고 볼 수 있다.

---

68) 원자력 손해배상법상의 영업보증공탁의 경우에는 원자력사업자의 주사무소 공탁소에 한다(원자력 손해배상법 제11조)는 규정이 있으나 위 규정과 다르게 영업보증공탁을 한 때에도 유효하다고 해석한다. 만약 무효로 한다면 착오를 이유로 언제든지 공탁물을 회수할 수 있고 실질상 무담보 영업을 하게 되어 피해자를 보호하기 위한 영업보증공탁의 취지에 부합하지 않기 때문이다.

> **제3자의 강제집행정지를 위한 보증(담보)공탁 가부와 피공탁자가 공탁금을 출급하는 방법 및 공탁금 회수청구권자는 누구인지 등**
>
> 1. 재판상 보증공탁은 담보제공명령을 받은 당사자가 공탁자가 되는 것이 원칙이지만, <u>제3자도 담보제공명령을 받은 자를 대신하여 공탁할 수 있다.</u> 이 경우 공탁자(제3자)는 공탁서의 공탁자란에 자신의 성명 및 주소를, 비고란에는 제3자로서 공탁한다는 취지를 기재하면 되며 <u>상대방(피공탁자)의 동의는 요하지 않는다.</u>
> 2. 위 공탁은 강제집행정지로 인하여 손해가 발생할 경우에 그 손해배상의 확보를 위한 것이고 강제집행의 기본채권을 위한 것이 아니므로, 피공탁자는 강제집행의 정지로 인하여 발생한 손해배상채권에 대해 별도의 확정판결 기타 집행권원을 얻어 공탁자가 갖는 공탁금회수청구권에 대해 집행할 수 있는 것이다. 그 집행방법으로서는 집행권원에 기해 공탁자의 공탁물회수청구권에 대해 압류 및 전부 또는 추심명령을 받은 후 공탁자를 대위하여 담보취소결정을 받아 공탁금 회수청구를 할 수 있을 것이다.
> 3. 제3자가 공탁한 재판상 보증공탁금의 <u>회수청구권자는 공탁자인 제3자</u>이며, 공탁자는 <u>담보취소결정 또는 담보권자의 동의</u>69)를 얻어 공탁금을 회수할 수 있다(공탁선례 제2-16호).

(2) 피공탁자

① 담보공탁에 있어서 피공탁자로 될 자는 공탁물에 대하여 법정의 담보권 또는 우선변제권을 취득할 자이다.
② 재판상 담보공탁은 피공탁자의 손해를 담보하기 위한 공탁으로 공탁신청 당시에 담보권리자가 될 자가 특정되므로 공탁서에 담보권리자를 피공탁자로 기재한다.

사례해설

1. 유효한 담보공탁이다.

재판상 보증공탁은 담보제공명령을 받은 당사자가 공탁자가 되는 것이 원칙이지만, <u>제3자도 담보제공명령을 받은 자를 대신하여 공탁할 수 있다.</u> 이 경우 공탁자(제3자)는 공탁서의 공탁자란에 자신의 성명 및 주소를, 비고란에는 제3자로서 공탁한다는 취지를 기재하면 되며 <u>상대방(피공탁자)의 동의는 요하지 않는다.</u>

2. 유효한 담보공탁이다.

공탁법상 공탁소의 토지관할에 대하여는 일반적 규정을 두고 있지 않으므로 담보공탁의 토지관할도 원칙적으로 제한이 없다. 다만, 담보공탁을 한 후에 담보제공명령을 발한 대전지방법원에 공탁서를 제출하여야 하므로 편의상 담보제공명령을 발한 법원에 공탁하는 것뿐이다.

Ⅲ 담보권의 성질 및 담보권의 범위

1. 담보권의 성질

① 민사소송법은 담보권리자는 담보물에 대하여 질권자와 동일한 권리가 있다고 규정하고 있고(민사소송법 제123조), 민사집행법에서도 이를 준용하고 있다(민사집행법 제19조).
② 담보권의 성질에 대해 견해의 대립이 있는 바, 법정질권설은 담보권리자가 담보의무자의 공탁물회수청구권 위에 채권질권을 갖는 것으로 보고 있고, 우선적 출급(환부)청구권설은 담보권리자가 공탁물출급청구권을 행사함으로써 우선적 만족을 얻을 수 있다고 보고 있다.

---

69) 담보권자의 동의를 얻더라도 담보취소신청을 거쳐야 하는 점에 주의한다.

③ 공탁물회수청구권은 담보권의 불발생 또는 소멸을 조건으로 생기는 것이므로, 담보권이 발생하면 공탁물회수청구권은 없는 것으로 확정되고, 따라서 공탁물회수청구권을 담보권의 목적으로 보는 법정질권설은 논리적인 모순이 있다는 비판이 있다.

④ 그러나 판례(대판 2015.9.10. 2014다34126)는 법정질권설의 입장을 취하고 있다.

2. 담보권의 범위

① **가압류(가처분)가 부집행·집행불능된 경우** : 가처분명령이 집행되지 아니하고 집행기간이 도과된 경우에도 가처분명령의 존재만으로도 피신청인에게 정신상 손해를 주었을 수 있고 또한 그 보증공탁이 담보하는 피신청인의 손해배상 범위에는 그 가처분명령 자체를 다투는데 필요한 소송비용도 든다 할 것이므로 특별한 사정이 없는 한 그 담보사유는 소멸되었다 할 수 없다(대판 1967.12.29. 67마1009).

② **가압류해방 공탁으로 가압류 채무자가 입은 손해의 범위** : 본안소송에서 패소 확정된 보전처분 채권자에 대하여 손해배상을 청구하는 경우, 가압류채무자가 가압류 청구금액을 공탁하고 그 집행취소 결정을 받았다면, 가압류 채무자는 적어도 그 가압류 집행으로 인하여 가압류해방 공탁금에 대한 민사 법정이율인 연 5푼 상당의 이자와 공탁금의 이율 상당의 이자와의 차액 상당의 손해를 입었다고 보아야 한다(대판 1995.12.12. 95다34095·34101).

③ **가집행선고부 판결에 대한 강제집행정지를 위하여 한 담보공탁** : 건물명도 및 그 명도시까지의 차임 상당액의 지급을 명한 가집행선고부 판결에 대한 강제집행정지를 위하여 담보공탁을 한 경우, 그 건물의 명도집행이 지연됨으로 인한 손해에는 반대되는 사정이 없는 한 집행의 정지가 효력을 갖는 기간 내에 발생된 차임 상당의 손해가 포함되고, 그 경우 차임 상당의 그 손해배상청구권[70]은 기본채권 자체라 할 것은 아니어서 명도집행정지를 위한 공탁금의 피담보채무가 된다(대판 2000.1.14. 98다24914).

> **가집행선고부 판결에 대한 강제집행의 정지를 위하여 공탁한 담보의 피담보채무의 범위**
> 가집행선고부 판결에 대한 강제집행정지를 위하여 공탁한 담보는 강제집행정지로 인하여 채권자에게 생길 손해를 담보하기 위한 것이고 정지의 대상인 기본채권 자체를 담보하는 것은 아니므로, 채권자는 그 손해배상청구권에 한하여서만 질권자와 동일한 권리가 있을 뿐 기본채권에까지 담보적 효력이 미치는 것은 아니다(대판 2000.1.14. 98다24914).

④ **근저당권에 기한 경매절차의 정지를 위한 담보공탁** : 근저당권에 기한 경매절차의 정지를 위한 보증공탁은 그 경매절차의 정지 때문에 채권자에게 손해가 발생할 경우에 그 손해배상의 확보를 위하여 하는 것이므로, 그 담보적 효력이 미치는 범위는 위 손해배상청구권에 한하고, 근저당권의 피담보채권이나 근저당권설정등기말소소송의 소송비용에까지 미치는 것은 아니다(대결 1992.10.20. 92마728).

⑤ **담보권리자가 권리행사를 위하여 제기한 소송의 소송비용** : 강제집행정지를 위하여 제공된 공탁금은 채권자가 강제집행정지 자체로 인하여 입은 손해배상금채권을 담보하는 것이나, 그 손해의 범위는 민법 제393조에 의하여 정해져야 할 것인바, 담보제공자의 권리행사최고에 따라 담보권리자가 권리행사를 위하여 제기한 소송의 소송비용은 강제집행정지로 인하여 입은 통상손해에 해당한다고 할 것이므로 위 소송비용은 강제집행정지를 위하여 법원의 명령으로 제공된 담보공탁금의 피담보채권이 된다고 할 것이다(대결 2004.7.5. 2004마177).

---

70) 이에 관한 지급을 명한 확정판결 부분은 강제집행정지를 위한 담보공탁의 피담보채권이 발생하였음을 입증하는 서면이 된다(행정예규 제952호).

⑥ 이자 : 담보공탁의 법정과실에 대하여는 피공탁자의 담보권이 미치지 않는다는 공탁법 제7조 단서의 취지가 공탁물이 금전인 경우에도 적용된다고 해석하면 담보공탁의 경우 공탁금의 이자는 공탁자에게 귀속된다.

> **2차에 걸친 담보공탁과 항소심 종결 전 1차 공탁금의 회수 가부**
>
> 근저당권설정등기의 채무자로서 부동산임의경매절차 진행 중 근저당권설정등기 말소등기청구소송을 제기하면서 보증공탁을 하고 제1심 판결선고 시까지 경매절차정지결정을 받았으나 패소한 후, 항소하면서 다시 보증공탁을 하고 항소심 판결선고 시까지 경매절차정지결정을 받아 현재 항소심 계속중인 경우, 2차에 걸친 공탁은 각기 당해 심급에 관한 채권자의 손해를 담보하는 것이다. 따라서 1심에서 제공한 담보에 관하여는 항소심에서 다시 담보가 제공되었다는 이유로 담보사유가 소멸되었다고 할 수 없으며, 담보를 제공한 당사자의 승소판결이 확정된 경우 또는 그것에 준하는 경우에만 담보의 사유가 소멸하는 것이다. 그러므로 공탁자는 담보권리자의 동의가 있는 경우를 제외하고는 공탁자의 승소판결이 확정되거나, 패소의 경우에는 소송의 완결 후 담보권리자가 권리행사최고기간 내에 그 행사를 하지 않는 경우에 비로소 담보취소결정을 받아 공탁금을 회수할 수 있다(공탁선례 제2-259호).

Ⅳ 담보공탁의 출급(담보권의 실행)

> **사례**
>
> 채권자 甲은 채무자 乙소유의 토지에 대하여 강제경매를 신청하였다. 채무자 乙은 채무소멸을 이유로 청구이의의 소를 제기하면서 집행정지 신청을 하였고 법원의 담보제공명령에 의해 甲을 피공탁자로 하는 담보공탁을 하였다.
>
> 1. 甲이 청구이의의 소에서 승소한 경우 甲은 집행정지로 인한 손해배상채권을 만족하기 위하여 공탁금을 직접 출급청구할 수 있는가?
> 2. 공탁자인 乙이 청구이의의 소에서 승소한 경우에는 승소확정판결정본만을 첨부하여 회수청구할 수 있는가?

1. 개 설

(1) 의 의

"담보권의 실행"이라 함을 담보권을 행사할 수 있는 사유가 발생한 때, 즉 소송비용의 담보에 있어서는 원고가 패소하여 원고가 소송비용 부담의 재판을 받은 때, 또는 강제집행절차에 있어서 담보제공으로써 보전할 손해가 담보권리자에게 발생한 때에 담보권리자가 제공된 담보로부터 소송비용 또는 손해를 변상받는 절차를 말한다.

(2) 실행방법

① 재판상 담보공탁(금전)의 피공탁자(담보권리자)가 담보권을 실행하는 방법 및 공탁관의 관련 업무처리지침을 규정하기 위하여 대법원 행정예규 제952호 "재판상 담보공탁금의 지급청구절차 등에 관한 예규"가 제정되어 있다.

② 위 예규에 따르면 담보권리자의 담보권의 실행방법은 직접 출급청구를 하는 경우 및 질권실행을 위한 압류 등을 하는 경우의 2가지만을 들고 있지만, 피담보채권 자체를 집행권원으로 하여 담보취소에 기초하여 공탁금 회수청구를 하는 경우도 담보권 실행방법으로 볼 수 있다(대판 2004.11.26. 2003다19183, 대판 2019.12.12. 2019다256471 참조).

2. 직접 출급청구를 하는 경우

공탁관은 재판상 담보공탁의 피공탁자(담보권리자)가 공탁원인사실에 기재된 피담보채권이 발생하였음을 증명하는 서면[71]을 제출하여 공탁금을 출급청구한 경우에는 공탁금을 피공탁자에게 교부한다. 그러나 담보취소결정정본 및 확정증명[72]이 이미 제출된 경우에는 그러하지 아니한다.

(1) 피담보채권이 발생하였음을 증명하는 서면

① 피담보채권에 관한 확정판결(이행판결과 확인판결을 모두 포함), 이에 준하는 서면(화해조서, 조정조서, 공정증서 등) 또는 공탁자의 동의서(인감증명서 첨부)는 특별한 사정이 없는 한 피담보채권이 발생하였음을 증명하는 서면으로 본다.

② 위 확정판결은 공탁자의 부당한 보전처분이나 강제집행정지 등으로 피공탁자에게 손해가 발생하였음을 청구원인으로 한 판결을 말한다.

③ 또한, 금전 및 이에 대한 다 갚는 날까지의 지연손해금의 지급을 명한 판결이나 건물명도 및 그 명도시까지의 차임 상당액의 지급을 명한 가집행선고부 판결에 대한 강제집행정지를 위하여 담보공탁을 한 경우, 그 가집행이 지연됨으로 인한 손해에는 반대의 사정이 없는 한 집행의 정지 효력이 있는 기간 내에 발생된 지연손해금이나 차임 상당의 손해가 포함되므로, 이에 관한 지급을 명한 확정판결 부분은 강제집행정지를 위한 담보공탁의 피담보채권이 발생하였음을 입증하는 서면이 된다.[73]

(2) 공탁관의 심사

① 공탁관은 피공탁자가 제출한 서면이 담보공탁의 피담보채권이 발생하였음을 증명하는 서면에 해당하는지 여부를 신중히 판단하여야 한다.

② 피공탁자가 출급청구한 금액 중 일부에 관하여 피담보채권이 발생된 것으로 인정되는 경우에는 그 범위 내에서 출급청구를 수리한다.

③ 피담보채권이 발생하였는지 여부가 명확하지 아니한 경우에는 출급청구를 수리하지 아니한다.

3. 질권실행을 위한 압류 등을 하는 경우

① 공탁관은 담보공탁의 피공탁자가 피담보채권에 터 잡아 민사집행법 제273조에서 정한 채권에 대한 강제집행절차(담보권실행을 위한 경매)에 따라 공탁자의 공탁금회수청구권을 압류하고 추심명령이나 확정된 전부명령을 얻어 공탁금출급청구한 경우에도 공탁물을 피공탁자에게 지급한다.

② 이 경우에 피공탁자는 공탁금출급청구서와 함께 질권(담보권)실행을 위한 압류명령 정본, 추심명령(송달증명) 또는 전부명령(확정증명) 정본을 제출하여야 한다.

---

71) 별도의 손해배상청구소송의 확정판결이 대표적이다.
72) 이로 인해 담보권이 소멸되었다고 보면 될 것이다. 따라서 담보권을 실행할 수 없는 것이다.
73) 별도의 손해가 발생하였음을 청구원인으로 한 판결은 불요하다.

4. 담보취소에 기초한 공탁금회수청구

(1) 일반강제집행절차

담보권리자가 공탁자에 대한 집행권원(피담보채권 자체를 집행권원으로 한 경우도 포함)에 기초하여 일반 강제집행절차(강제경매절차)에 따라 공탁자의 공탁금회수청구권을 압류하고 추심명령 또는 전부명령을 얻어 공탁금회수청구를 하는 경우에는, 공탁금회수청구서와 함께 담보취소 결정정본 및 확정증명, 질권(담보권) 실행이 아닌 일반 강제집행절차에 의한 압류명령 정본, 추심명령(송달증명) 또는 전부명령(확정증명) 정본을 제출하여야 한다. 실무상 이 방법이 많이 활용된다.

(2) 피담보채권 자체를 집행권원으로하는 경우

① 이때 피담보채권을 집행채권으로 하는 경우에는 담보권의 실행방법으로 인정되므로, 그 실질은 공탁금 출급청구와 다르지 않다. 그러나 피담보채권을 집행채권으로 하지 않는 경우에는 담보권리자로서 공탁 금출급청구권을 가질 수 없으며, 일반 채권자의 지위에서 공탁금회수청구권을 강제집행하는 것에 불과 하다. 따라서 후자의 경우에는 피공탁자의 출급청구권 또는 회수청구권을 압류하더라도 이러한 압류는 효력을 인정할 수 없다.

> **담보권리자가 피담보채권 자체를 집행권원으로 하여 공탁금회수청구**
>
> 민사소송법 제123조에 의하면, 재판상 담보공탁에 있어 담보권리자(피공탁자)는 담보물에 대하여 질권자와 동일한 권리가 있는바, 담보권리자가 공탁금회수청구권을 압류하고 추심명령이나 확정된 전부명령을 받은 후 담보취소결 정을 받아 공탁금회수청구를 하는 경우에도 그 담보공탁금의 <u>피담보채권을 집행채권으로 하는 것인 이상</u>, 담보권리 자의 위와 같은 담보취소신청은 어디까지나 담보권을 포기하고 일반 채권자로서 강제집행을 하는 것이 아니라 오히려 적극적인 담보권실행에 의하여 그 공탁물회수청구권을 행사하기 위한 방법에 불과하다고 보는 것이 합리적 이므로 이는 담보권의 실행방법으로 인정되고, 따라서 <u>이 경우에도 질권자와 동일한 권리가 있다고 할 것이므로 그에 선행하는 일반 채권자의 압류 및 추심명령이나 전부명령으로 이에 대항할 수 없다</u>[74](대판 2004.11.26. 2003다 19183).

② 이처럼 담보권의 실행방법의 하나로써 담보권리자가 공탁금회수청구권에 대한 압류·전부명령을 받은 후 담보취소결정을 받아 공탁금 회수청구를 하는 경우에는 그 전부명령은 확정되어 효력이 있는 것이어 야 한다(대결 2007.6.14. 2007마214).

③ 담보권리자는 피담보채권이 아닌 다른 일반채권을 가지고 있는 경우에도 공탁자의 공탁금회수청구권에 대하여 강제집행할 수 있으나 이 경우에는 다른 일반채권자보다 우선적 지위를 갖지 못한다.

5. 가처분채권자가 담보공탁 후 파산선고를 받은 경우(대판 2015.9.10. 2014다34126)

① 가처분채권자가 가처분으로 인하여 가처분채무자가 받게 될 손해를 담보하기 위하여 법원의 담보제공명 령으로 일정한 금전을 공탁한 경우에, 피공탁자로서 담보권리자인 가처분채무자는 담보공탁금에 대하여 질권자와 동일한 권리가 있다(민사집행법 제19조 제3항, 민사소송법 제123조).

② 한편 가처분채권자가 파산선고를 받게 되면 가처분채권자가 제공한 담보공탁금에 대한 공탁금회수청구 권에 관한 권리는 파산재단에 속하므로, 가처분채무자가 공탁금회수청구권에 관하여 질권자로서 권리를 행사한다면 이는 별제권을 행사하는 것으로서 파산절차에 의하지 아니하고 담보권을 실행할 수 있다.

---

74) 담보권의 우선적 효력을 인정한다는 의미(실무제요 제308면)

③ 그런데 담보공탁금의 피담보채권인 가처분채무자의 손해배상청구권이 파산채무자인 가처분채권자에 대한 파산선고 전의 원인으로 생긴 재산상의 청구권인 경우에는 채무자 회생 및 파산에 관한 법률(이하 '채무자회생법') 제423조에서 정한 파산채권에 해당하므로, 채무자회생법 제424조에 따라 파산절차에 의하지 아니하고는 이를 행사할 수 없다. 그리고 파산채권에 해당하는 채권을 피담보채권으로 하는 별제권이라 하더라도, 별제권은 파산재단에 속하는 특정재산에 관하여 우선적이고 개별적으로 변제받을 수 있는 권리일 뿐 파산재단 전체로부터 수시로 변제받을 수 있는 권리가 아니다. 따라서 가처분채무자가 가처분채권자의 파산관재인을 상대로 파산채권에 해당하는 위 손해배상청구권에 관하여 이행소송을 제기하는 것은 파산재단에 속하는 특정재산에 대한 담보권의 실행이라고 볼 수 없으므로 이를 별제권의 행사라고 할 수 없고, 결국 이는 파산절차 외에서 파산채권을 행사하는 것이어서 허용되지 아니한다.

④ 한편 이러한 경우에 가처분채무자로서는 가처분채권자의 파산관재인을 상대로 담보공탁금의 피담보채권인 손해배상청구권의 존부에 관한 확인의 소를 제기하여 확인판결을 받는 등의 방법에 의하여 피담보채권이 발생하였음을 증명하는 서면을 확보한 후, 민법 제354조에 의하여 민사집행법 제273조에서 정한 담보권 존재 증명 서류로서 위 서면을 제출하여 채권에 대한 질권 실행 방법으로 공탁금회수청구권을 압류하고 추심명령이나 확정된 전부명령을 받아 담보공탁금 출급청구를 함으로써 담보권을 실행할 수 있고, 또한 피담보채권이 발생하였음을 증명하는 서면을 확보하여 담보공탁금에 대하여 직접 출급청구를 하는 방식으로 담보권을 실행할 수도 있다.

6. 공탁관의 사유신고

행정예규 제952호에서는 담보공탁금에 대한 압류의 경합 등이 있는 경우 사유신고 등에 관한 절차를 규정하고 있는데, 그 내용은 다음과 같다.

① 공탁관은 공탁자의 채권자 등이 공탁자의 공탁금회수청구권에 대하여 일반 강제집행절차에 따라 한 압류가 경합된 경우, 공탁원인의 소멸을 증명하는 서면(담보취소결정정본 및 확정증명)이 제출된 때에 먼저 송달된 압류명령의 집행법원에 사유신고를 한다.

② 공탁자의 채권자가 공탁자의 공탁금회수청구권에 대하여 일반 강제집행 절차에 따라 (가)압류하였거나, 공탁자의 공탁금회수청구권이 제3자에게 양도된 경우에도, 피공탁자가 담보권을 실행하면 피공탁자에게 공탁금을 지급한다. 그러나 담보취소결정정본 및 확정증명이 이미 제출된 경우에는 그러하지 아니하다.

③ 피공탁자가 담보권을 실행함으로써 가지게 되는 공탁금 출급청구권에 대하여 피공탁자의 채권자가 (가)압류한 때에는, 피공탁자가 담보권실행으로서 공탁금출급청구를 하더라도 피공탁자에게 공탁금을 지급하지 아니한다.

④ 공탁관은 공탁금 출급청구권에 대하여 압류가 경합된 경우에는 담보권실행 요건을 갖춘 때(즉, 출급청구권 입증서면이 제출되거나 질권실행을 위한 압류 및 현금화명령이 효력을 발생한 경우)에 먼저 송달된 압류명령의 집행법원에 사유신고를 한다.

사례해설

1. **직접 출급청구할 수 있다.**
   담보공탁을 한 경우에는 피공탁자에게 질권과 동일한 효력이 있다. 따라서 피공탁자는 공탁자의 회수청구권을 대위행사하거나 압류 및 추심(전부)명령을 하지 아니하고 직접 출급청구할 수 있다.

2. **회수청구할 수 없다.**
   乙은 승소확정판결 정본을 첨부하여 담보제공명령을 발령한 법원에 담보명령취소신청을 하여 담보취소결정정본 및 확정증명을 받아 이를 공탁원인소멸증명서면으로 하여 회수청구할 수 있다.

V 담보공탁의 회수

사례

채권자 甲은 채무자 乙소유의 토지에 대하여 강제경매를 신청하였다. 채무자 乙은 채무소멸을 이유로 청구이의의 소를 제기하면서 집행정지 신청을 하였고 법원의 담보제공명령에 의해 甲을 피공탁자로 하는 담보공탁을 하였다.

1. 乙이 청구이의의 소에서 승소한 경우, 乙의 채권자 丙이 乙의 공탁금회수청구권에 대하여 압류 및 추심명령을 받아 회수청구하기 위하여 필요한 절차는?

2. 乙이 담보권리자인 甲의 담보취소에 대한 동의서를 받은 경우, 회수하기 위한 절차는?

3. 청구이의의 소에서 乙이 패소한 경우 회수청구하기 위한 절차는?

1. 공탁물의 회수

보전처분 결정 전	보전처분 결정 후
보전처분 결정 전에 그 신청을 취하하였거나 신청이 각하된 경우에는 담보취소절차 없이 결정전 취하증명 또는 각하결정으로 공탁원인소멸을 증명하여 공탁물을 회수할 수 있다.	공탁자는 법원의 담보취소결정정본(및 확정증명)으로 공탁원인소멸을 증명하고 공탁금을 회수할 수 있다.

> **공동명의로 담보공탁을 하였으나 실제로 담보공탁금을 전액 출연한 공탁자의 공탁금 회수방안**
> 2인이 공동명의로 담보제공명령을 받아 담보공탁을 하면서 각자의 공탁금액을 나누어 기재하지 않고 공동으로 하나의 공탁금액을 기재한 경우 공탁자들은 균등한 비율로 공탁한 것으로 보아야 한다. 따라서 담보취소결정 등으로 공탁원인이 소멸한 경우 공탁자 중 1인은 공탁금 중 1/2의 회수를 청구할 수 있다. 한편, 제3자가 위와 같은 2인의 공동공탁자 중 어느 1인의 공탁금회수청구권에 대하여 압류 및 추심명령을 한 경우에는 그 공탁자가 실제로 담보공탁금을 출연하였는지 여부와 관계없이 그 압류 및 추심명령은 공탁금 중 1/2의 한도 내에서 효력이 있다(공탁선례 제201510-1호).

2. 담보의 취소

(1) 의의

① "담보의 취소"라 함은 앞에서 본 담보권실행의 경우에 대응하는 것으로서 담보제공자(공탁자)가 담보의 필요(사유)가 소멸된 경우 제공한 담보를 반환받는 절차를 말한다.

② 민사소송법은 담보제공자가 담보의 사유가 소멸된 것을 증명한 때, 또는 담보권리자의 동의가 있음을 증명한 때에는 법원은 신청에 의하여 담보취소의 결정을 하여야 한다고 규정하여(민사소송법 제125조 제1항, 제2항), 반드시 법원의 결정을 거치도록 하고 있다.

(2) 신청인

① 담보취소신청을 할 수 있는 사람은 담보를 제공한 사람 또는 그 승계인이다. 승계인은 포괄승계인은 물론, 담보제공자의 담보물반환청구권(공탁물회수청구권)에 대한 양수인 및 압류·전부·추심명령을 받은 사람과 같은 특정승계인을 포함한다. 담보제공자의 일반채권자가 채권자대위의 요건을 갖춘 경우 역시 담보취소를 신청할 수 있다.

② 담보취소신청사건은 담보제공을 명한 법원 또는 그 기록을 보관하고 있는 법원의 전속관할에 속한다(민사소송규칙 제23조 제1항).

> **재판상 담보공탁에 있어서 담보권리자가 공탁금회수청구권에 대해 압류·전부명령을 받은 후 담보취소결정을 받아 공탁금회수청구를 하는 경우, 그 전부명령은 확정되어 효력이 있는 것이어야 한다.**
> 재판상 담보공탁에 있어서 담보권리자(피공탁자)는 담보물에 대하여 질권자와 동일한 권리가 있으나 그 담보권의 실행방법의 하나로서 담보권리자가 공탁금회수청구권에 대해 압류·전부명령을 받은 후 담보취소결정을 받아 <u>공탁금회수청구를 하는 경우에는 그 전부명령은 확정되어 효력이 있는 것이어야 한다</u>(대결 2007.6.14. 2007마214).

3. 담보취소의 요건

- 담보사유의 소멸(민사소송법 제125조 제1항)
- 담보권리자의 동의(민사소송법 제125조 제2항)
- 권리행사 최고기간의 만료(민사소송법 제125조 제3항)

---

(1) 담보사유의 소멸

담보제공의 원인사실이 부존재하거나 손해발생의 가능성이 없는 경우로서, 담보제공자(공탁자)가 본안의 승소확정판결을 받은 때가 이에 해당한다.

① **소송비용의 담보** : 담보의무자(제공자)인 원고가 국내에 주소·사무소 또는 영업소를 가지게 된 때, 원고가 전부 승소하여 소송비용이 피고의 부담으로 된 때에는 담보의 필요성이 없어진다.

② **가집행의 정지[75]를 위해 제공된 담보**

  ㉠ 제1심에서 가집행의 정지를 위해 제공된 담보는 <u>항소심에서 그 가집행선고부 제1심 판결이 취소된 경우에도 그 판결이 미확정인 상태에서는 담보사유가 소멸되지 않는다</u>(대결[전합] 1999.12.3. 99마2078) 그 항소심 판결이 확정되어야 담보의 사유가 소멸된다(대결 1983.9.28. 83마435).

  ㉡ 항소심의 가집행선고부 판결에 대한 강제집행정지를 위해 제공된 담보는 상고심에서 그 항소심 판결이 파기되어 환송된 경우에는 담보의 사유가 소멸한다[76](대결 1984.4.26. 84마171).

③ **가압류·가처분을 위해 제공된 담보**

  ㉠ 이러한 담보는 본안소송이 계속 중인 한 그 담보사유가 소멸되지 아니하고 채권자(담보제공자)가 본안에서 승소의 확정판결을 받지 아니하면 담보의 사유는 소멸되지 아니한다.

  ㉡ 가압류집행이 불능인 경우(대결 1967.4.19. 67마154), 가처분명령이 집행되지 아니하고 집행기간을 도과한 경우(대결 1967.12.29. 67마1009), 보전처분의 집행불능 후 보전처분신청이 취하된 경우(대결 1981.12.22. 81마290)에는 담보사유가 소멸되지 아니한다.

  ㉢ 이는 <u>보전처분의 존재만으로도 채무자에게 신용훼손이나 정신적 손해를 주었을 수 있고, 또한 담보공탁이 담보하는 손해배상의 범위에는 보전처분 자체를 다투는 데 필요한 소송비용도 포함되기 때문이다</u>(대결 1967.12.29. 67마1009, 대결 1981.12.22. 81마290).

---

75) 가집행을 위하여 제공된 담보에 있어서는 가집행선고부 판결이 취소됨이 없이 원고가 승소의 확정판결을 받은 경우에 담보사유가 소멸된다.

76) 상고심에서 그 항소심 판결이 파기되면 더 이상 불복절차가 없기 때문이다.

④ 가압류·가처분명령의 취소를 위하여 제공한 담보 : 이러한 담보에 있어서는 채무자의 이의신청에 의해 종국적으로 가압류·가처분명령을 취소하는 판결이 확정된 때에 담보의 사유가 소멸한다. 그러나 판결이 확정되었다는 이유만으로 담보사유가 소멸되는 것은 아니므로 제공할 것을 명한 담보의 성질과 관련하여 담보를 취소할 수 있는 사유를 살펴보아야 한다.

> **종국판결로 가처분의 취소를 선고하면서 담보제공을 명한 경우 가처분취소판결의 확정이 담보사유가 소멸된 경우인지 여부(소극)**
> 법원이 가처분채무자의 이의신청에 의하여 민사소송법 제715조와 제704조 제3항에 따라서 종국판결로 가처분의 취소를 선고하면서 적당한 담보를 제공할 것을 명한 경우 제공된 담보는 가처분의 취소 자체로 인하여 가처분채권자가 입은 손해를 담보하기 위한 것으로 봄이 상당하고, 가처분을 취소하는 재판이 부당한 것으로 판명되는 경우에 한하여 가처분채권자가 입게 될 손해만을 담보하는 것이라고 볼 수 없다. 위의 가처분취소판결이 확정된 경우 법원은 담보권리자에게 그 권리를 행사할 기회를 주지 아니한 채 담보사유가 소멸된 것으로 보아 담보취소의 결정을 할 수 있다고 볼 수는 없다(대결 1992.12.22. 92마782).

(2) 담보권리자의 동의

① 담보제공자는 담보취소에 관한 담보권리자의 동의를 얻은 것을 증명하여 담보취소의 신청을 할 수 있다(민사소송법 제125조 제2항). 담보권리자의 동의는 공탁물에 대한 권리의 포기라고 인정되므로 동의가 있는 이상 법원은 본안사건 종료 전이라 하더라도 담보취소결정을 할 수 있다.

② 담보취소의 동의는 담보의 전부에 관하여 함이 보통이겠지만, 담보의 일부에 관한 동의도 허용되므로, 이 경우엔 담보의 일부 취소결정을 할 수 있다.

③ 보전처분의 채무자가 채권자의 공탁금회수청구권을 압류 및 추심명령 또는 전부명령을 받아 담보취소를 대위신청[77]하는 경우에는 담보권리자와 담보취소신청인이 동일인이므로 별도의 담보권리자의 동의서나 항고권포기서를 제출할 필요가 없다.

④ 실무에서는 담보권리자의 동의서와 함께 항고권포기서를 받는다. 담보취소결정은 확정되어야 효력이 발생하므로 항고권포기서를 받음으로써 선고와 동시에 확정되는 효과를 얻기 위함이다.

(3) 권리행사 최고기간 만료

소송완결 후 담보제공자의 신청이 있는 때에는 법원은 담보권리자에게 일정한 기간 이내에 그 권리를 행사할 것을 최고하고, 담보권리자가 그 행사를 하지 아니하는 때에는 담보취소에 대한 담보권리자의 동의가 있는 것으로 본다(민사소송법 제125조 제3항).

① 소송의 완결

  ㉠ 소송의 완결이라 함은 담보권의 객체인 피담보채권(소송비용상환청구권 또는 손해배상청구권)이 확정되고 그 금액의 계산에 장애가 없어진 상태를 말한다.

  ㉡ 소송비용의 담보에 있어서는 소송절차가 종결되어 소송비용부담의 재판이 내려진 경우에 소송이 완결된다.

  ㉢ 가압류사건의 경우 가압류의 본안사건이 계속 중이라면 가압류사건이 완결되었다 하여도 담보권리자에게 그 권리행사를 최고할 수 있는 소송완결이 있다고 할 수 없다(대결 1969.12.12. 69마967).

  ㉣ 그러나 이에 반하여, 채권가압류결정에 대한 이의의 소가 완결된 이상 그에 관한 본안소송이 완결되지 않았다 하더라도 소송완결이 있는 경우에 해당된다는 취지의 판례도 있다(대결 1970.2.21. 69마970).

---

77) 일반채권자의 지위에서 담보취소에 기초한 회수청구권을 행사하는 방법이다.

ⓜ 가압류・가처분의 취하가 있더라도 <u>본안소송이 계속 중이라면 소송완결이 있다고 할 수 없다.</u> 다만, 본안소송이 제기되기 전에 가처분사건이 완결된 경우에는 그 가처분사건의 완결로써 소송완결이 있는 것으로 해석함이 옳다.

② 권리행사의 최고

㉠ 권리행사최고는 신청인의 신청에 의하여 법원이 담보권리자에게 한다. 법원은 사건이 완결되었는가의 여부를 조사하고 완결되었다고 인정되는 경우에는 권리행사최고서를 작성하여 송달하는데, 권리행사기간은 1주일 내지 2주일 정도가 보통이다.

㉡ 담보권리자의 주소불명 등 공시송달의 요건이 있는 때에는 신청에 의해 공시송달할 수 있다.

③ 담보권리자의 권리 불행사

㉠ 권리행사는 피담보채권 자체에 대한 재판상의 청구이어야 한다. 피담보채권에 대한 소제기, 지급명령, 제소전화해신청 등이 이에 해당한다. 소송비용의 담보의 경우에는 소송비용액확정신청이 권리행사가 될 것이다.

㉡ 권리행사기간 안에 일단 담보권리자에 의한 소의 제기가 있었으나, 그 후 그 소가 취하되거나 취하간주되어 그 기간이 경과하면, 담보권리자가 담보취소에 동의한 것으로 간주함이 상당하다.

㉢ 최고를 받은 담보권리자가 집행권원을 제출하면 이미 권리행사를 한 것으로 보아 담보취소를 할 수 없다.

㉣ 최고에서 정한 권리행사 기간 안에 권리를 행사하지 않아 담보취소결정이 있었더라도 그 결정이 확정되기 전에 권리행사가 있으면 담보취소결정은 유지될 수 없다.

(4) 담보취소 신청에 대한 재판

① 법원은 신청이 적법하고 담보취소의 요건이 구비되어 있다고 인정되는 때에는 담보취소결정을 한다(민사소송법 제125조). 실무상 서면심리에 의하는 것이 통례이다.

② 이 결정은 양쪽 당사자에게 정본을 송달하여 고지한다. 담보취소를 인용한 결정에 대하여는 즉시항고(민사소송법 제125조 제4항)로, 각하한 결정에 대하여는 보통항고로써 불복할 수 있다.

(5) 공탁금의 회수

담보취소결정이 확정되면 담보제공자는 담보취소결정의 정본이나 등본 및 확정증명서와 함께 공탁금회수청구에 필요한 일반적인 절차를 밟아 공탁소로부터 공탁물을 회수할 수 있다.

> **피공탁자가 위 담보공탁금에 대한 출급청구를 한 경우, 공탁관은 피공탁자의 공탁금 출급청구권에 기한 청구인지 공탁자의 공탁금회수청구권에 대한 압류 및 추심명령 등에 기한 청구인지 확인하여 각각의 경우에 요구되는 서면이 제출되었는지를 확인하여야 하는지 여부(적극) 및 서면이 확인되지 않은 경우, 공탁관은 보정을 명하거나 불수리결정을 하여야 하는지 여부(적극)**
>
> 피공탁자로부터 재판상 담보공탁금에 대하여 출급청구를 받은 공탁관은 피공탁자가 자신의 <u>공탁금 출급청구권에 기하여 청구한 것인지</u>, 아니면 공탁자의 공탁금회수청구권에 대한 압류 및 추심명령이나 확정된 전부명령을 받아 청구한 것인지를 먼저 확인한 다음, 〈전자에 해당할 경우〉에는 공탁원인 사실에 기재된 <u>피담보채권이 발생하였음을 증명하는 서면</u>, 즉 피담보채권인 '강제집행정지로 인한 손해배상채권'에 관한 확정판결, 이에 준하는 서면(화해조서, 조정조서, 공정증서 등) 또는 공탁자의 동의서가 제출되었는지를 확인하여야 하고, 〈후자에 해당할 경우〉에는 재판상 담보공탁의 피공탁자가 피담보채권에 기초하여 공탁자의 공탁금회수청구권에 대하여 받은 압류명령 정본, 추심명령 또는 전부명령 정본, 위 명령의 송달증명, 전부명령의 경우에는 전부명령에 관한 확정증명이 제출되었는지를 확인하여야 하며, 각 위와 같은 서면이 확인된 경우에만 공탁금을 지급하여야 하고 확인되지 않은 경우에는 <u>보정을 명하거나 불수리결정을 하여야 한다</u>(대결 2017.4.28. 2016다277798).

1. 丙은 乙을 대위하여 담보취소신청을 할 수 있고, 담보취소결정을 받아 압류 및 추심명령정본을 첨부하여 회수청구할 수 있다.

   乙이 본안승소확정판결을 받았으므로 담보사유가 소멸하였다. 따라서 담보취소의 요건이 갖추어졌으므로 丙은 乙을 대위하여 담보취소신청을 할 수 있고 담보취소결정을 받아 회수청구할 수 있다.

2. 담보취소결정을 받아 회수청구할 수 있다.

   담보권리자의 동의가 있다할지라도 법원의 담보취소결정이 있어야 회수청구할 수 있다.

3. 乙은 법원에 권리행사최고를 신청하고 이에 기해 법원이 일정한 기간을 정하여 권리행사를 최고하였음에도 그 기간 내에 손해배상의 권리를 행사하지 아니하는 경우에는 담보취소에 대한 동의가 있는 것으로 간주되므로 乙은 이를 이유로 담보취소신청을 하여 담보취소결정을 받아 회수청구할 수 있다.

행정예규 제952호[재판상 담보공탁금의 지급청구절차 등에 관한 예규]

1. 목 적

   이 예규는 재판상 담보공탁(금전)의 피공탁자(담보권리자)가 담보권을 실행하는 방법 및 공탁관의 관련 업무처리지침을 규정함을 목적으로 한다.

2. 재판상 담보공탁의 담보범위

   가. 재판상 담보공탁의 의의 : 이 예규에서 말하는 재판상 담보공탁이란 당사자의 소송행위(소송비용의 담보)나 법원의 처분(강제집행의 정지, 실시, 취소 등)으로 인하여 담보권리자가 받게 될 손해를 담보하기 위한 금전공탁을 말한다.

   나. 담보권의 내용

   (1) 재판상 담보공탁의 피공탁자(담보권리자)는 소송비용 또는 담보되는 손해에 관하여 담보물(공탁금회수청구권)에 대하여 질권자와 동일한 권리를 가진다(민사소송법 제123조, 제502조 제3항, 민사집행법 제19조 제3항).

   (2) 예를 들어, 가집행선고부 판결에 대한 강제집행정지를 위하여 공탁한 담보(민사소송법 제501조)는 강제집행정지로 인하여 채권자에게 생길 손해(○)를 담보하기 위한 것으로서 정지의 대상인 기본채권 자체(×)를 담보하는 것은 아니므로, 채권자는 강제집행 정지로 인한 손해배상청구권에 한하여서만 질권자와 동일한 권리가 있다.

3. 공탁의 관할

   재판상 담보공탁의 관할에 대하여는 법률에 규정이 없으나, 담보제공명령을 한 법원의 소재지를 관할하는 지방법원(지원) 공탁소에서 공탁을 수리함이 바람직하다.

4. 담보권리자의 담보권 실행방법

   가. 직접 출급청구

   (1) 공탁관은 재판상 담보공탁의 피공탁자(담보권리자)가 공탁원인 사실에 기재된 피담보채권이 발생하였음을 증명하는 서면을 제출하여 공탁금을 출급청구(청구서에 회수청구라고 기재한 때에도 출급청구한 것으로 본다)한 경우에는 공탁금을 피공탁자에게 교부한다. 그러나 담보취소결정정본 및 확정증명이 이미 제출된 경우에는 그러하지 아니한다.

   (2) 피담보채권에 관한 확정판결(이행판결과 확인판결을 모두 포함), 이에 준하는 서면(화해조서, 조정조서, 공정증서 등) 또는 공탁자의 동의서(인감증명서 첨부)는 특별한 사정이 없는 한 피담보채권이 발생하였음을 증명하는 서면으로 본다.

(3) 금전 및 이에 대한 완제일까지의 지연손해금의 지급을 명한 판결이나 건물명도 및 그 명도시까지의 차임 상당액의 지급을 명한 가집행선고부 판결에 대한 강제집행정지를 위하여 담보공탁을 한 경우, 그 가집행이 지연됨으로 인한 손해에는 반대의 사정이 없는 한 집행의 정지 효력이 있는 기간 내에 발생된 지연손해금이나 차임 상당의 손해가 포함되므로, 이에 관한 지급을 명한 확정판결 부분은 강제집행정지를 위한 담보공탁의 피담보채권이 발생하였음을 입증하는 서면이 된다.

(4) 공탁관은 피공탁자가 제출한 서면이 담보공탁의 피담보채권이 발생하였음을 증명하는 서면에 해당하는지 여부를 신중히 판단하여야 하며, 피공탁자가 출급청구한 금액 중 일부에 관하여 피담보채권이 발생된 것으로 인정되는 경우에는 그 범위 내에서 출급청구를 수리하되, 피담보채권이 발생하였는지 여부가 명확하지 아니한 경우에는 출급청구를 수리하지 아니한다.

나. 질권실행을 위한 압류 등

공탁관은 담보공탁의 피공탁자가 피담보채권에 터잡아 민사집행법 제273조에서 정한 채권에 대한 강제집행절차에 따라 공탁자의 공탁금회수청구권을 압류하고 추심명령이나 확정된 전부명령을 얻어 공탁금 출급청구(청구서의 표시를 회수청구라고 기재한 때에도 같다)한 경우에도 공탁물을 피공탁자에게 교부한다. 이 경우에, 피공탁자는 공탁금출급청구서와 함께 질권(담보권) 실행을 위한 압류명령 정본, 추심명령 또는 전부명령 정본, 위 명령의 송달증명, 전부명령에 관한 확정증명을 제출하여야 한다(담보권실행의 신청을 할 때 담보권의 존재를 증명하는 서류를 제출하므로 따로 담보취소결정을 받을 필요는 없음).

5. 담보취소에 기초한 공탁금 회수청구

담보권리자가 공탁자에 대한 집행권원(피담보채권 자체를 집행권원으로 한 경우도 포함)에 기초하여 일반 강제집행절차에 따라 공탁자의 공탁금회수청구권을 압류하고 추심명령 또는 전부명령을 얻어 공탁금 회수청구를 하는 경우에는, 공탁금회수청구서와 함께 담보취소 결정정본 및 확정증명, 질권(담보권) 실행이 아닌 일반 강제집행절차에 의한 압류명령 정본, 추심명령 또는 전부명령 정본, 위 명령의 송달증명, 전부명령에 관한 확정증명을 제출하여야 한다.

6. 압류의 경합 및 사유신고 등

가. 공탁관은 공탁자의 채권자 등이 공탁자의 공탁금회수청구권에 대하여 일반 강제집행절차에 따라 한 압류가 경합된 경우(대법원 행정예규 제387호·1. 가.항 참조, 이하 같음), 공탁원인의 소멸을 증명하는 서면(담보취소 결정정본 및 확정증명)이 제출된 때에 먼저 송달된 압류명령의 집행법원에 사유신고를 한다.

나. 공탁자의 채권자가 공탁자의 공탁금회수청구권에 대하여 일반 강제집행 절차에 따라 (가)압류하였거나, 공탁자의 공탁금회수청구권이 제3자에게 양도된 경우에도, 피공탁자가 제4항의 절차에 따라 담보권을 실행하면 피공탁자에게 공탁금을 지급한다. 그러나 담보취소결정정본 및 확정증명이 이미 제출된 경우에는 그러하지 아니하다.

다. 피공탁자가 담보권을 실행함으로써 가지게 되는 공탁금 출급청구권에 대하여 피공탁자의 채권자가 (가)압류한 때에는[(가)압류 채권목록의 기재를 피공탁자가 담보권을 실행함으로써 갖는 공탁금회수청구권으로 한 경우도 같다], 피공탁자가 제4항의 절차에 따라 공탁금 출급청구(청구서의 표시를 회수청구라고 한 때에도 같다)를 하더라도 피공탁자에게 공탁금을 지급하지 아니한다.

라. 공탁관은 위 다.항의 공탁금 출급청구권에 대하여 압류가 경합된 경우에는 제4항에 의한 담보권 실행 요건을 갖춘 때(즉, 출급청구권 입증서면이 제출되거나 질권실행을 위한 압류 및 현금화명령이 효력을 발생한 경우)에 먼저 송달된 압류명령의 집행법원에 사유신고를 한다.

담보 범위	의 의	당사자의 소송행위나 법원의 처분(강제집행의 정지, 취소 등)으로 인하여 담보권리자가 받게 될 손해를 담보하기 위한 금전공탁
	내 용	가집행선고부 판결에 대한 강제집행정지를 위하여 공탁한 담보는 • 강제집행정지로 인하여 채권자에게 생길 손해를 담보 • 정지의 대상인 기본채권 자체를 담보 • 채권자는 강제집행 정지로 인한 손해배상청구권에 한하여서만 담보물(공탁금회수청구권)에 대하여 질권자와 동일한 권리가 있다.
관 할		법률에 규정 ×
담보권실행방법 (출급)	직접 출급청구	피담보채권이 발생하였음을 증명하는 서면을 제출, • 피담보채권에 관한 확정판결(이행판결과 확인판결을 모두 포함) • 이에 준하는 서면(화해조서, 조정조서, 공정증서 등) • 공탁자의 동의서(인감증명서 첨부) 금전 및 지연손해금의 지급을 명한 판결이나 건물명도 및 차임 상당액의 지급을 명한 가집행선고부 판결에 대한 집행정지를 위하여 담보공탁을 한 경우, (그 가집행이 지연됨으로 인한 손해에는 반대의 사정이 없는 한 집행의 정지 효력이 있는 기간 내에 발생된 지연손해금이나 차임 상당의 손해가 포함되므로) 이에 관한 지급을 명한 확정판결 부분은 강제집행정지를 위한 담보공탁의 피담보채권이 발생하였음을 입증하는 서면이 됨.
	질권실행	피담보채권에 터잡아 민사집행법 제273조에서 정한 채권에 대한 강제집행절차에 따라 공탁금회수청구권을 압류하고 추심·전부명령을 얻어 공탁금 출급청구 → 임의경매절차
공탁금회수청구		집행권원(피담보채권 자체를 집행권원으로 한 경우도 포함)에 기초하여 일반 강제집행절차에 따라 공탁금회수청구권을 압류하고 추심·전부명령을 얻어 공탁금 회수청구 → 강제경매절차(질권자가 일반채권자처럼)
		담보취소 결정정본 및 확정증명
사유신고		공탁관은 공탁자의 채권자 등이 공탁자의 공탁금회수청구권에 대하여 일반 강제집행절차에 따라 한 압류가 경합된 경우, 공탁원인의 소멸을 증명하는 서면(담보취소결정정본 및 확정증명)이 제출된 때에 먼저 송달된 압류명령의 집행법원에 사유신고
		공탁금 출급청구권에 대하여 압류가 경합된 경우에는 담보권 실행 요건을 갖춘 때(즉, 출급청구권 입증서면이 제출되거나 질권실행을 위한 압류 및 현금화명령이 효력을 발생한 경우)에 먼저 송달된 압류명령의 집행법원에 사유신고

제3절 ┃ 영업보증공탁

Ⅰ 의 의

영업보증공탁이라 함은 거래의 상대방이 불특정 다수인이고 거래가 광범위하고 번잡하게 행해지므로 영업자의 신용이 사회 일반에 대하여 보장되지 않으면 안되는 영업이나, 기업의 규모와 내용이 주위의 토지, 건물 등에 손해를 끼치는 것이 불가피한 산업에 관하여 그 영업거래상 채권을 취득하는 거래의 상대방이나 그 기업활동에 의하여 손해를 입을 피해자를 보호하기 위하여 특별히 인정되는 보증공탁이다.

Ⅱ 영업보증공탁의 종류

① 신용카드업자가 선불카드에 의하여 물품 또는 용역을 제공한 신용카드가맹점에게 지급하여야 할 선불카드대금 및 미상환선불카드의 잔액을 상환할 수 없게 될 때에 당해 신용카드가맹점 및 미상환선불카드의 잔액을 상환할 목적으로 하는 공탁(여신전문금융업법 제25조 제1항)

② 원자력사업자가 원자로의 운전 등으로 인하여 생기는 손해를 배상함에 필요한 조치의 하나로서 하는 공탁(원자력 손해배상법 제5조 제2항)

③ 개업공인중개사가 중개행위를 함에 있어서 고의·과실로 인하여 또는 자기의 사무소를 다른 사람의 중개행위의 장소로 제공함으로써 거래당사자에게 발생하게 한 재산상의 손해배상책임을 보장하기 위한 공탁(공인중개사법 제30조 제3항)

Ⅲ 관 할

영업보증공탁은 각 근거법규에서 관할공탁소가 법정되어 있는 경우가 많다.

예 여신전문금융업법상의 보증공탁은 선불카드를 발행한 신용카드업자의 본점 또는 주된 사무소 소재지의 공탁소(여신전문금융업법 제25조 제2항), 원자력 손해배상법상의 보증공탁은 원자력사업자의 주사무소를 관할하는 공탁소(원자력 손해배상법 제11조)에 각각 공탁하여야 한다.

Ⅳ 공탁물의 종류

1. 근거법령

영업보증공탁의 공탁물은 각 영업보증공탁의 근거법령에서 정하여진다.

① 여신전문금융업법에 의한 공탁목적물은 현금, 한국증권거래소에 상장된 국채·공채, 사채, 한국증권거래소에서 상장된 후 3개월이 경과한 주권 또는 출자지분(여신전문금융업법 시행규칙 제8조)

② 원자력 손해배상법에 의한 공탁목적물은 금전 또는 대통령령이 정하는 유가증권(원자력 손해배상법 제11조)

③ 중개업자는 중개행위를 함에 있어서 거래 당사자에게 손해배상책임을 부담하게 될 경우 그 책임의 보증으로 보증보험 또는 공제에 가입하거나 공탁을 하도록 규정되어 있으나(공인중개사법 제30조 제3항), 공탁물의 종류에는 명확한 규정이 없다.

Ⅴ 공탁당사자

1. 공탁자

영업보증공탁에 있어서는 영업자의 신용력 확인이라는 목적이 있으므로, 제3자에 의한 공탁은 허용되지 않는다고 해석함이 일반적이다.

2. 피공탁자

영업보증공탁에 있어서 피공탁자는 피담보채권이 구체적으로 발생한 때에 비로소 확정되는 것이므로, 공탁서의 피공탁자란은 두지 않는다.

Ⅵ 공탁물의 출급

공탁자인 사업자와의 거래에 의하여 채권을 취득한 자, 또는 그 사업활동에 의하여 손해를 입은 자는 공탁물에 대하여 다른 채권자에 우선하여 변제를 받을 수 있는 권리(담보권 또는 출급청구권)를 갖는다.

Ⅶ 공탁물의 회수와 입증

① 영업보증공탁은 착오공탁이 아닌 한, 공탁의 원인이 소멸되어야 회수할 수 있다. 공탁원인소멸을 입증하는 서면은 대부분 감독관청의 승인서가 될 것이다.
② 그런데 공인중개사법은 공탁물의 회수절차에 관하여 특별히 규정한 바는 없으나, 중개업자가 폐업 또는 사망한 날부터 3년 이내에는 이를 회수할 수 없다는 제한규정을 두고 있다(동법 제30조 제4항).

제4절 | 납세담보공탁

Ⅰ 의의 · 관할

1. 의 의

① 납세담보공탁이란 국세나 지방세 등의 징수유예나 상속세 및 증여세의 연부연납 허가 시 그 세금의 징수나 납부를 담보하기 위한 공탁을 말한다.
② 납세담보라 함은 조세채권에 대하여 그 징수를 확보하기 위하여 납세자 등으로부터 제공받은 담보를 말한다.

2. 관 할

납세담보공탁의 경우에는 각종 세법에 관할에 관한 별도의 규정이 없으나 실무에 있어서는 당해 세무서를 관할하는 공탁소에 공탁하고 있다.

Ⅱ 목적물 및 당사자

1. 목적물

납세담보물로 공탁이 가능한 것은 금전 또는 유가증권이다(국세징수법 제20조 제1항).

2. 공탁당사자

공탁자	피공탁자
국세나 지방세의 징수유예, 연납 등의 허가를 구하려는 자	국가 · 지방자치단체 등 과세관청

CHAPTER

06 담보공탁

| 제1절 | 총 설

| 제2절 | 재판상 담보공탁

01 재판상 담보공탁의 담보권이 미치는 범위 등에 관한 다음 설명 중 가장 옳지 않은 것은?
□□□

2023년

① 보전명령이 부집행·집행불능인 경우라도 그 명령의 존재만으로 피공탁자는 명예훼손 또는 신용저하, 불안 등 정신상의 손해를 입을 수 있으므로 이 정신적 손해배상청구권도 피담보채권의 범위에 든다 할 것이며, 위 보전명령 그 자체를 다투는 데 필요한 소송의 비용도 위 피담보채권의 범위에 포함된다.

② 강제집행정지를 위하여 법원의 명령으로 제공된 공탁금은 채권자가 강제집행정지 자체로 인하여 입은 손해배상금채권을 담보하는 것이므로, 담보제공자의 권리행사최고에 따라 담보권리자가 권리행사를 위하여 제기한 소송의 소송비용은 강제집행정지로 인하여 입은 통상손해에 해당한다고 볼 수 없으므로 위 소송비용은 강제집행정지를 위하여 법원의 명령으로 제공된 담보공탁금의 피담보채권에 해당하지 않는다.

③ 피담보채권에 관한 확정판결(이행판결과 확인판결을 모두 포함), 이에 준하는 서면(화해조서, 조정조서, 공정증서 등) 또는 공탁자의 동의서(인감증명서 첨부)는 특별한 사정이 없는 한 피담보채권이 발생하였음을 증명하는 서면으로 본다.

④ 가압류를 위하여 법원의 명령으로 제공된 공탁금은 부당한 가압류로 인하여 채무자가 입은 손해를 담보하는 것인바, 채권자가 본안의 소를 제기함에 따라 그 응소를 위하여 채무자가 지출한 소송비용은 가압류로 인하여 입은 손해라고 할 수 없으므로, 가압류의 본안소송에 관한 소송비용은 가압류를 위하여 제공된 공탁금이 담보하는 손해의 범위에 포함되지 않는다.

⑤ 특별사정으로 인한 가처분취소(민사집행법 제307조)의 경우, 가처분채무자가 제공하는 담보는 가처분채권자가 본안소송에서 승소하였음에도 가처분의 취소로 말미암아 가처분목적물이 존재하지 않게 됨으로써 입는 손해를 담보하기 위한 것이므로, 가처분채권자는 가처분취소로 인하여 입은 손해배상 청구소송의 승소판결을 얻은 후에 그 담보에 대하여 질권자와 동일한 권리를 가지고 우선변제를 받을 수 있다.

[**❶ ▸ ○**] 가처분명령이 집행되지 아니하고 집행기간이 도과된 경우에도 가처분명령의 존재만으로도 피신청인에게 정신상 손해를 주었을 수 있고 또한 그 보증공탁이 담보하는 피신청인의 손해배상 범위에는 그 가처분명령 자체를 다투는 데 필요한 소송비용도 든다 할 것이므로 특별한 사정이 없는 한 그 담보사유는 소멸되었다 할 수 없다(대결 1967.12.29. 67마1009).

[**❷ ▸ ✕**] 강제집행정지를 위하여 법원의 명령으로 제공된 공탁금은 채권자가 강제집행정지 자체로 인하여 입은 손해배상금채권을 담보하는 것이나, 그 손해의 범위는 민법 제393조에 의하여 정해져야 할 것인바, <u>담보제공자의 권리행사최고에 따라 담보권리자가 권리행사를 위하여 제기한 소송의 소송비용은 강제집행정지로 인하여 입은 통상손해에 해당한다고 할 것이므로 위 소송비용은 강제집행정지를 위하여 법원의 명령으로 제공된 담보공탁금의 피담보채권이 된다고 할 것이다</u>(대결 2004.7.5. 2004마177).

[**❸ ▸ ○**] 피담보채권에 관한 확정판결(이행판결과 확인판결을 모두 포함), 이에 준하는 서면(화해조서, 조정조서, 공정증서 등) 또는 공탁자의 동의서(인감증명서 첨부)는 특별한 사정이 없는 한 피담보채권이 발생하였음을 증명하는 서면으로 본다[행정예규 제952호 4. 가. (2)].

[**❹ ▸ ○**] 가압류를 위하여 법원의 명령으로 제공된 공탁금은 부당한 가압류로 인하여 채무자가 입은 손해를 담보하는 것이므로, 가압류의 취소에 관한 소송비용은 가압류를 위하여 제공된 공탁된 공탁금이 담보하는 손해의 범위에 포함된다(대결 2013.2.7. 2012마2061 참조). 그러나 채권자가 본안의 소를 제기함에 따라 그 응소를 위하여 채무자가 지출한 소송비용은 가압류로 인하여 입은 손해라고 할 수 없으므로, 가압류의 본안소송에 관한 소송비용은 가압류를 위하여 제공된 공탁금이 담보하는 손해의 범위에 포함되지 않는다(대결 2009.10.23. 2009마1105, 대결 2013.5.16. 2013마454 참조).

[**❺ ▸ ○**] 민사집행법 제307조에서 특별한 사정이 있을 때 담보의 제공을 조건으로 가처분의 취소를 구할 수 있게 한 것은, 가처분을 존속시키는 것이 공평의 관념상 부당하다고 생각되는 경우, 즉 가처분에 의하여 보전되는 권리가 금전적 보상으로써 그 종국의 목적을 달할 수 있다는 사정이 있거나 또는 가처분 집행으로 가처분채무자가 특히 현저한 손해를 받고 있는 경우에 가처분채무자로 하여금 담보를 제공하게 하여 가처분의 집행뿐 아니라 가처분명령 자체를 취소하여 가처분채무자로 하여금 목적물을 처분할 수 있도록 하는 데에 있고, 따라서 처분채무자가 제공하는 담보는 가처분채권자가 본안소송에서 승소하였음에도 가처분의 취소로 말미암아 가처분목적물이 존재하지 않게 됨으로써 입는 손해를 담보하기 위한 것이므로, 가처분채권자는 가처분취소로 인하여 입은 손해배상 청구소송의 승소판결을 얻은 후에 민사소송법 제475조 제3항, 제113조에 의하여 그 담보에 대하여 질권자와 동일한 권리를 가지고 우선변제를 받을 수 있다(대판 1998.5.15. 97다58316).

답 ❷

재판상 담보공탁에 관한 다음 설명 중 가장 옳은 것은?

① 담보제공명령의 당사자가 아닌 제3자도 담보제공의무자를 대신하여 공탁할 수 있지만 법원의 허가 또는 담보권리자의 동의를 요한다.

② 금전 및 이에 대한 지연손해금의 지급을 명한 가집행선고부 판결에 대한 강제집행 정지를 위하여 담보공탁을 한 경우 집행의 정지가 효력이 있는 기간 내에 발생한 지연손해금뿐만 아니라 원금에 대하여도 담보권의 효력이 미친다.

③ 피담보채권에 관한 확정판결 이외에도 공탁자의 동의서(인감증명서 첨부)도 공탁원인사실란에 기재된 피담보채권이 발생하였음을 증명하는 서면이 된다.

④ 피공탁자가 피담보채권에 기하여 민사집행법 제273조에서 정한 채권에 대한 강제집행절차에 따라 공탁자의 공탁금회수청구권을 압류 및 추심명령을 얻어 공탁금출급청구를 하는 경우에도 담보취소 결정을 받아야 한다.

⑤ 제1심에서 가집행의 정지를 위하여 제공된 담보의 경우 항소심에서 제1심판결이 취소되었다면 그 항소심판결이 미확정인 상태일지라도 담보사유는 소멸한다.

....

[❶ ▶ ✕] 담보공탁에서 공탁자로 될 자는 원칙적으로 법령상 담보제공의 의무를 지는 자가 된다. 그러나 민사소송법과 민사집행법에는 담보제공을 당사자에 한하여 할 수 있다는 규정이나 제3자가 담보제공을 하는 것을 금하는 규정이 없으므로 담보제공 의무자를 위하여 제3자가 자신 소유의 금전 또는 유가증권을 자기 명의로 공탁할 수 있다. 따라서 당사자 본인에게 공탁명령이 나간 경우에도 제3자 는 당사자를 대신하여 공탁할 수 있고, 이 경우 법원의 허가나 담보권리자의 동의는 필요 없으나 제3자가 당사자를 대신하여 공탁함을 공탁서에 기재하여야 한다(공탁선례 제2-16호).

[❷ ▶ ✕] 가집행선고부 판결에 대한 강제집행 정지를 위하여 공탁한 담보는 강제집행 정지로 인하여 채권자에게 생길 손해를 담보하기 위한 것이고 정지의 대상인 기본채권 자체를 담보하는 것은 아니므로 채권자는 그 손해배상청구권에 한하여서만 질권자와 동일한 권리가 있을 뿐 기본채권에까지 담보적 효력이 미치는 것은 아닌바, 가옥의 명도집행이 지연됨으로 인한 손해에는 반대되는 사정이 없는 한 집행의 정지가 효력을 갖는 기간 내에 발생된 차임 상당의 손해가 포함되고, 그 경우 차임 상당의 그 손해배상청구권은 기본채권 자체라 할 것은 아니어서 명도집행 정지를 위한 공탁금의 피담보채무가 된다(대판 2000.1.14. 98다24914).

[❸ ▶ ○] 피담보채권에 관한 확정판결(이행판결과 확인판결을 모두 포함), 이에 준하는 서면(화해조 서, 조정조서, 공정증서 등) 또는 공탁자의 동의서(인감증명서 첨부)는 특별한 사정이 없는 한 피담보채권 이 발생하였음을 증명하는 서면으로 본다[행정예규 제952호 4. 가. (2)].

[❹ ▶ ✕] 공탁관은 담보공탁의 피공탁자가 피담보채권에 터 잡아 민사집행법 제273조에서 정한 채권 에 대한 강제집행절차에 따라 공탁자의 공탁금회수청구권을 압류하고 추심명령이나 확정된 전부명령을 얻어 공탁금출급청구(청구서의 표시를 회수청구라고 기재한 때에도 같다)한 경우에도 공탁물을 피공탁 자에게 교부한다. 이 경우에, 피공탁자는 공탁금출급청구서와 함께 질권(담보권) 실행을 위한 압류명령 정본, 추심명령 또는 전부명령 정본, 위 명령의 송달증명, 전부명령에 관한 확정증명을 제출하여야 한다 (담보권 실행의 신청을 할 때 담보권의 존재를 증명하는 서류를 제출하므로 따로 담보취소결정을 받을 필요는 없음)(행정예규 제952호 4. 나.).

[**❺ ▸ ✕**]　제1심판결에 붙은 가집행선고는 그 본안판결을 변경한 항소심판결에 의하여 변경의 한도에서 효력을 잃게 되지만 그 실효는 변경된 그 본안판결의 확정을 해제조건으로 하는 것이어서 그 항소심판결을 파기하는 상고심판결이 선고되면 가집행선고의 효력은 다시 회복되기에, 그 항소심판결이 확정되지 아니한 상태에서는 가집행선고부 제1심판결에 기한 가집행이 정지됨으로 인하여 입은 손해의 배상을 상대방에게 청구할 수 있는 가능성이 여전히 남아 있다고 할 것이므로 가집행선고부 제1심판결이 항소심판결에 의하여 취소되었다 하더라도 그 항소심판결이 미확정인 상태에서는 가집행선고부 제1심판결에 대한 강제집행 정지를 위한 담보는 그 사유가 소멸되었다고 볼 수 없다(대결[전합] 1999.12.3. 99마2078).

답 ❸

03
☐☐☐

가처분채권자가 담보공탁한 후 파산선고를 받았고, 담보공탁금의 피담보채권인 가처분채무자의 손해배상청구권이 파산채권인 경우에 관한 다음 설명 중 가장 옳은 것은?　　2021년

① 가처분채무자는 파산절차에 의하지 아니하고 질권을 실행할 수 있다.
② 가처분채무자로서는 가처분채권자를 상대로 담보공탁금의 피담보채권인 손해배상청구권의 존부에 관한 확인의 소를 제기하여 확인판결을 받는 등의 방법에 의하여 피담보채권이 발생하였음을 증명하는 서면을 확보할 수 있다.
③ 가처분채무자는 이행의 소를 제기할 수도 있다.
④ 가처분채권자는 담보공탁금에 대하여 질권자와 동일한 권리가 있다.
⑤ 가처분채권자가 제공한 담보공탁금에 대한 회수청구권에 관한 권리는 파산재단에 속하지 않는다.

....

[**❶ ▸ ○**] [**❺ ▸ ✕**]　가처분채권자가 파산선고를 받게 되면 가처분채권자가 제공한 담보공탁금에 대한 공탁금회수청구권에 관한 권리는 파산재단에 속하므로, 가처분채무자가 공탁금회수청구권에 관하여 질권자로서 권리를 행사한다면 이는 별제권을 행사하는 것으로서 파산절차에 의하지 아니하고 담보권을 실행할 수 있다(대판 2015.9.10. 2014다34126).
[**❷ ▸ ✕**]　가처분채무자로서는 가처분채권자의 파산관재인을 상대로 담보공탁금의 피담보채권인 손해배상청구권의 존부에 관한 확인의 소를 제기하여 확인판결을 받는 등의 방법에 의하여 피담보채권이 발생하였음을 증명하는 서면을 확보한 후, 민법 제354조에 의하여 민사집행법 제273조에서 정한 담보권 존재 증명 서류로서 위 서면을 제출하여 채권에 대한 질권 실행 방법으로 공탁금회수청구권을 압류하고 추심명령이나 확정된 전부명령을 받아 담보공탁금출급청구를 함으로써 담보권을 실행할 수 있고, 또한 피담보채권이 발생하였음을 증명하는 서면을 확보하여 담보공탁금에 대하여 직접 출급청구를 하는 방식으로 담보권을 실행할 수도 있다(대판 2015.9.10. 2014다34126).
[**❸ ▸ ✕**]　가처분채무자가 가처분채권자의 파산관재인을 상대로 파산채권에 해당하는 위 손해배상청구권에 관하여 이행소송을 제기하는 것은 파산재단에 속하는 특정 재산에 대한 담보권의 실행이라고 볼 수 없으므로 이를 별제권의 행사라고 할 수 없고, 결국 이는 파산절차 외에서 파산채권을 행사하는 것이어서 허용되지 아니한다(대판 2015.9.10. 2014다34126).
[**❹ ▸ ✕**]　가처분채권자가 가처분으로 인하여 가처분채무자가 받게 될 손해를 담보하기 위하여 법원의 담보제공명령으로 일정한 금전을 공탁한 경우에, 피공탁자로서 담보권리자인 가처분채무자는 담보공탁금에 대하여 질권자와 동일한 권리가 있다(민사집행법 제19조 제3항, 민사소송법 제123조)(대판 2015.9.10. 2014다34126).

답 ❶

| 제3절 | 영업보증공탁

| 제4절 | 납세담보공탁

07 집행공탁

제1절 | 총 설

Ⅰ 의의 및 기능

1. 의 의

집행공탁은 강제집행 또는 보전처분절차에서 일정한 경우에 집행기관이나 집행당사자(추심채권자 등) 또는 제3채무자가 민사집행법상의 권리·의무로서 집행목적물을 공탁소에 공탁하여 그 목적물의 관리와 집행법원의 지급위탁에 의한 집행당사자에의 교부를 공탁절차에 따라 행하게 하는 제도이다.

2. 기 능

집행공탁은 다른 공탁과는 달리 집행절차의 일환으로서 집행절차를 보조하여 집행절차를 원활하게 하는 기능을 수행한다.

3. 변제공탁과의 차이

집행공탁도 그 공탁의 목적물이 궁극적으로는 채무의 변제로서 채권자에게 돌아가고, 집행공탁에 대하여 변제의 효력을 인정하고 있으므로 집행공탁도 큰 의미에서는 변제공탁의 범주에 포함된다고 볼 수 있다. 그러나 양자는 공탁요건, 공탁절차, 공탁물의 출급절차에 있어 큰 차이가 있으므로 집행공탁의 사유가 있음에도 불구하고 변제공탁을 하거나(변제공탁의 사유가 없음에도), 그 반대인 경우에 그 공탁을 부적법한 것으로 보아 수리해서는 안 되고, 만약 수리를 하였다 하더라도 그 공탁 자체가 부적법한 공탁으로서 무효인 이상 변제의 효력이 발생하지 않는다.

Ⅱ 집행공탁의 종류

1. 금전채권에 대한 강제집행

> **민사집행법 제236조(추심의 신고)**
> ① 채권자는 추심한 채권액을 법원에 신고하여야 한다.
> ② 제1항의 신고 전에 다른 압류 가압류 또는 배당요구가 있었을 때에는 채권자는 추심한 금액을 바로 공탁하고 그 사유를 신고하여야 한다.

> **민사집행법 제248조(제3채무자의 채무액 공탁)**
>
> ① 제3채무자는 압류에 관련된 금전채권의 전액을 공탁할 수 있다.
> ② 금전채권에 관하여 배당요구서를 송달받은 제3채무자는 배당에 참가한 채권자의 청구가 있으면 압류된 부분에 해당하는 금액을 공탁하여야 한다.
> ③ 금전채권 중 압류되지 아니한 부분을 초과하여 거듭 압류명령 또는 가압류명령이 내려진 경우에 그 명령을 송달받은 제3채무자는 압류 또는 가압류채권자의 청구가 있으면 그 채권의 전액에 해당하는 금액을 공탁하여야 한다.
> ④ 제3채무자가 채무액을 공탁한 때에는 그 사유를 법원에 신고하여야 한다. 다만, 상당한 기간 이내에 신고가 없는 때에는 압류채권자, 가압류채권자, 배당에 참가한 채권자, 채무자, 그 밖의 이해관계인이 그 사유를 법원에 신고할 수 있다.
>
> **민사집행법 제297조(제3채무자의 공탁)**
>
> 제3채무자가 가압류 집행된 금전채권액을 공탁한 경우에는 그 가압류의 효력은 그 청구채권액에 해당하는 공탁금액에 대한 채무자의 출급청구권에 대하여 존속한다.

추심채권자의 공탁	채권추심의 신고 전에 다른 (가)압류 또는 배당요구가 있는 때에 추심채권자가 금전을 공탁하는 경우
제3채무자의 권리(의무)공탁	(가)압류채권의 제3채무자가 채무를 면하기 위하여 채무액을 공탁하는 경우

2. 보전처분

> **민사집행법 제282조(가압류해방금액)**
>
> 가압류명령에는 가압류의 집행을 정지시키거나 집행한 가압류를 취소시키기 위하여 채무자가 공탁할 금액을 적어야 한다.
>
> **민사집행법 제294조(가압류를 위한 강제관리)**
>
> 가압류의 집행으로 강제관리를 하는 경우에는 관리인이 청구채권액에 해당하는 금액을 지급받아 공탁하여야 한다.
>
> **민사집행법 제296조(동산가압류집행)**
>
> ① 동산에 대한 가압류의 집행은 압류와 같은 원칙에 따라야 한다.
> ② 채권가압류의 집행법원은 가압류명령을 한 법원으로 한다.
> ③ 채권의 가압류에는 제3채무자에 대하여 채무자에게 지급하여서는 아니 된다는 명령만을 하여야 한다.
> ④ 가압류한 금전은 공탁하여야 한다.
> ⑤ 가압류물은 현금화를 하지 못한다. 다만, 가압류물을 즉시 매각하지 아니하면 값이 크게 떨어질 염려가 있거나 그 보관에 지나치게 많은 비용이 드는 경우에는 집행관은 그 물건을 매각하여 매각대금을 공탁하여야 한다.

가압류해방공탁	보전집행의 정지·취소를 위하여 채무자가 목적물에 갈음하는 금전을 공탁하는 경우
관리인의 청구채권액 공탁	가압류집행으로 강제관리를 하는 경우
가압류한 금전 또는 가압류물 매각대금 공탁	집행관이 가압류한 금전을 공탁하거나 가압류물을 매각하여 매각대금을 공탁하는 경우

3. 부동산 또는 선박에 대한 강제집행

> **민사집행법 제130조(매각허가여부에 대한 항고)**
> ③ 매각허가결정에 대하여 항고를 하고자 하는 사람은 보증으로 매각대금의 10분의 1에 해당하는 금전 또는 법원이 인정하는 유가증권을 공탁하여야 한다.
>
> **민사집행법 제160조(배당금액의 공탁)**
> ① 배당을 받아야 할 채권자의 채권에 대하여 다음 각 호 가운데 어느 하나의 사유가 있으면 그에 대한 배당액을 공탁하여야 한다.
> ② 채권자가 배당기일에 출석하지 아니한 때에는 그에 대한 배당액을 공탁하여야 한다.
>   1. 채권에 정지조건 또는 불확정기한이 붙어 있는 때
>   2. 가압류채권자의 채권인 때
>   3. 제49조 제2호 및 제266조 제1항 제5호에 규정된 문서가 제출되어 있는 때
>   4. 저당권설정의 가등기가 마쳐져 있는 때
>   5. 제154조 제1항에 의한 배당이의의 소가 제기된 때
>   6. 민법 제340조 제2항 및 동법 제370조에 따른 배당금액의 공탁청구가 있는 때

항고인의 보증공탁	부동산의 매각허가결정에 대하여 항고하고자 하는 경우의 항고인의 보증공탁
배당받아야 할 채권자의 배당액 공탁	부동산 등 경매절차에 있어서 배당을 받아야 할 채권자에게 정지조건 또는 불확정기한이 있는 등 즉시 지급할 수 없거나 지급하는 것이 적당하지 않아 배당액을 공탁하는 경우

Ⅲ 관할공탁소

1. 관할에 관한 규정

① 집행공탁의 경우 관할에 관한 규정이 없다.
② 민사집행법 제19조 제1항은 "이 법의 규정에 의한 공탁은 채권자나 채무자의 보통재판적이 있는 곳의 지방법원 또는 집행법원에 할 수 있다"고 규정하고 있으나, 이 규정은 집행공탁의 토지관할을 정한 것은 아니므로 집행공탁은 어느 공탁소에 공탁하여도 무방하다(법정 제3302-140호).
③ 그러나 가압류해방공탁의 경우 공탁 후 공탁서를 첨부하여 가압류집행취소를 신청하는 것과 관련하여 볼 때 집행법원에 공탁하는 것이 편리할 것이다.
④ 민사집행법 제248조에 의한 공탁도 공탁 이후 사유신고는 먼저 송달된 압류명령을 발령한 법원에 사유신고를 하여야 하므로(민사집행규칙 제172조 제3항), 사유신고와 관련하여 볼 때 먼저 송달된 압류명령을 발령한 집행법원의 소재지 공탁소에 공탁하는 것이 여러모로 편리할 것이다(공탁선례 제1-55호 참조).

IV 집행공탁의 목적물 및 당사자

1. 목적물

① 집행공탁에 있어서 공탁물은 금전에 한한다.

② 그러나 경매절차에서 매각허가결정에 대한 항고보증공탁은 법원이 인정한 유가증권을 공탁할 수 있고(민사집행법 제130조 제3항), 선박에 대한 강제집행에 있어서 채무자가 집행정지문서를 제출하고 매수신고 전에 보증의 제공으로 공탁하는 경우에는 법원이 인정한 유가증권도 가능하다(민사집행법 제181조, 민사집행규칙 제104조).

> **가압류해방금을 유가증권으로 공탁할 수 있는지 여부(소극)**
>
> 민사소송법 제702조의 가압류해방금액은 채무자가 입을 수 있는 손해를 담보하는 취지의 이른바 소송상의 담보와는 달리 가압류의 목적물에 갈음하는 것으로서, 금전에 의한 공탁만이 허용되고, 유가증권에 의한 공탁은 그 유가증권이 실질적 통용가치가 있는 것이라고 하더라도 허용되지 않는다(대결[전합] 1996.10.1. 96마162).

2. 당사자

(1) 공탁자

집행공탁에서 공탁자로 될 자는 해당 집행절차의 집행기관이나 집행채무자 또는 제3채무자 등이다.

(가)압류를 원인으로 한 집행공탁	제3채무자
가압류 해방공탁	가압류채무자
그 외의 집행공탁	집행관, 추심채권자, 항고인

(2) 제3자 공탁 가부

① 집행절차에 부수해서 행해지는 집행공탁의 성질상 제3자는 공탁자에 갈음하여 공탁할 수 없다.

② 다만 가압류 이후에 채무자가 사망하였다면 가압류채권자는 상속인을 상대로 판결 등 집행권원을 받아 집행할 것이므로, 상속인 등 채무자의 권리·의무를 포괄적으로 승계한 자는 해방공탁을 할 수 있을 것이다.

(3) 피공탁자

① 민사집행법 제248조 제1항에 의하여 금전채권의 일부에 대한 압류를 원인으로 하여 제3채무자가 압류에 관련된 금전채권액 전액을 권리공탁하는 경우에는 피공탁자란에 압류명령의 채무자를 기재한다.

② 민사집행법 제291조 및 제248조 제1항에 의하여 금전채권의 전부 또는 일부에 대한 가압류를 원인으로 하여 제3채무자가 권리공탁하는 경우에는 피공탁자란에 가압류채무자를 기재하고 공탁통지서도 발송하도록 하였다. 이 경우는 변제공탁적 측면이 있기 때문이다.

집행공탁	압류 경합 →	압류된 금액 공탁	피공탁자 기재 ×
	전부(일부) 압류 →		
	일부 압류 →	압류와 관련된 전액 공탁	압류채무자
	가압류 →	가압류된 금액 공탁 가압류와 관련된 전액 공탁	가압류채무자
가압류해방공탁			피공탁자 기재 × (원시적부존재)

민사집행법 제248조(제3채무자의 채무액 공탁)

① 제3채무자는 압류에 관련된 금전채권의 전액을 공탁할 수 있다.

② 금전채권에 관하여 배당요구서를 송달받은 제3채무자는 배당에 참가한 채권자의 청구가 있으면 압류된 부분에 해당하는 금액을 공탁하여야 한다.

③ 금전채권 중 압류되지 아니한 부분을 초과하여 거듭 압류명령 또는 가압류명령이 내려진 경우에 그 명령을 송달받은 제3채무자는 압류 또는 가압류채권자의 청구가 있으면 그 채권의 전액에 해당하는 금액을 공탁하여야 한다.

④ 제3채무자가 채무액을 공탁한 때에는 그 사유를 법원에 신고하여야 한다. 다만, 상당한 기간 이내에 신고가 없는 때에는 압류채권자, 가압류채권자, 배당에 참가한 채권자, 채무자, 그 밖의 이해관계인이 그 사유를 법원에 신고할 수 있다.

I 권리공탁

사례

[사례 1]

갑(甲)의 을(乙)에 대한 대여금채권(1억원)에 대하여 갑(甲)의 채권자 병(丙)이 대전지방법원에 채권압류 및 추심명령을 신청하여 채권압류 및 추심명령(3천만원)이 2010.5.1. 을(乙)에게 송달되었고, 그 후 갑(甲)의 다른 채권자 정(丁)이 수원지방법원에 또 다른 압류 및 추심명령을 신청하여 압류 및 추심명령(5천만원)이 2010.5.7. 을(乙)에게 송달되었다.

1. 乙은 丙 또는 丁에게 변제하고 변제의 효과를 주장할 수 있는가?

2. 乙이 공탁을 한다면 공탁할 수 있는 금액은 얼마인가?

3. 乙이 공탁한 후에 사유신고할 법원은?

[사례 2]

甲은 乙에 대하여 2억원의 물품대금채무를 이행하여야 하는데, 乙의 채권자 丙이 그 물품대금채권액 중 1억 5천만원에 대하여 압류 및 추심명령을 하여 甲이 2억원 전부를 민사집행법 제248조 제1항에 따라 공탁한 후 사유신고하였다.

1. 甲은 피공탁자로 누구를 기재하여야 하고 공탁통지서를 누구에게 보내야 하는가?

2. 丙이 압류 및 추심명령정본 및 송달증명을 첨부하여 1억 5천만원에 대하여 공탁금을 출급청구한 경우 공탁관의 처분은?

---

78) 민사집행법이 시행되기 전에는 <u>압류가 경합하는 경우</u>나 <u>압류에 관하여 배당요구가 있는 경우</u>의 제3채무자의 공탁에 관하여 규정하고 있었으나(구 민사소송법 제581조 제1항), 압류채권자가 한사람인 경우에 관하여 아무런 규정이 없었고, 금전채권에 관하여 1개의 압류 또는 가압류가 집행된 것만으로는 제3채무자는 공탁을 할 수 없었다. 그런데 민사집행법에서는 권리공탁의 요건을 완화하여 채권자가 경합하는 경우에 한정하지 않고 <u>압류채권자가 한사람인 경우 또는 가압류가 집행된 경우</u>에도 압류에 관련된 금전채권의 면책을 위하여 그 전액에 상당하는 금액을 공탁(권리공탁)하는 것을 인정하고 있다(민사집행법 제248조 제1항, 제297조).

3. 丙의 압류 및 추심명령이 공탁 후 취소된 경우 1억 5천만원에 대하여 누가 어떠한 절차로 공탁금을 지급받을 수 있는가?

[사례 3]

甲은 乙에 대하여 2억원의 물품대금채무를 이행하여야 하는데, 乙의 채권자 丙이 그 물품대금채권액 중 1억 5천만원에 대하여 압류 및 추심명령을 받았다. 다시 乙의 채권자 丁이 물품대금채권액 중 1억원에 대하여 압류 및 추심명령을 받았다.

1. 甲이 추심채권자 丙에게 2억원을 지급하고 채권자 乙에 대하여 변제의 효과를 주장할 수 있는가? 丙은 추심한 금액에 대하여 자신의 채권에 충당할 수 있는가?

2. 추심채권자 丁이 甲에 대하여 공탁청구를 한 경우, 甲은 반드시 공탁하여야 하는가?

3. 만약 丁의 압류 및 추심명령이 甲이 丙에게 지급한 이후라면 丁의 압류 및 추심명령은 배당요구의 효력이 있는가?

4. 丙과 丁의 추심명령 이후에 甲이 채권전액 2억원을 집행공탁하고 사유신고를 하기 전에 乙의 다른 채권자 戊가 배당요구를 하려면 어느 법원에 하여야 하는가?

1. 의 의

민사집행법 제248조 제1항은 "제3채무자는 압류에 관련된 금전채권의 전액을 공탁할 수 있다"라고 규정하여 제3채무자로 하여금 채권자의 공탁청구, 추심청구, 경합여부 등을 따질 필요 없이 당해 압류에 관련된 채권 전액을 공탁할 수 있도록 하고 있다.[79]

2. 권리공탁이 가능한 경우

가 능	가압류를 원인으로 한 집행공탁	• 단일의 가압류 • 복수의 가압류
	압류를 원인으로 한 집행공탁	• 단일의 압류 • 복수의 압류(압류경합 불문)[80]
제 한	질권이 설정되어 있는 채권	압류된 채권에 압류의 효력이 생기기 전에 질권이 설정되어 있는 때에는 질권자에 의한 채권압류 또는 민법 제353조 제3항에 따른 공탁청구가 없는 한 공탁할 수 없다.

---

[79] 원래 제3채무자의 권리에 의한 집행공탁은 제3채무자가 집행관계에서 이탈할 수 있도록 하자는 데에 그 취지가 있으므로 압류된 채권액에 한하여 공탁하도록 하는 것이 원칙일 것이다. 그러나 이 원칙을 그대로 적용하면 제3채무자로서는 채무 중 일부만이 압류된 경우에 압류부분은 집행공탁하면서도 나머지 부분은 따로 변제공탁의 요건을 갖추어 공탁하여야 하는 등 채무관계의 완전한 청산을 위하여는 압류가 되지 아니한 나머지 부분에 대하여 별도의 조치를 취하여야 하는 번거로움이 있고, 그 반면 이러한 경우에 제3채무자가 압류채권액 전부를 공탁한다고 하여 채무자에게 큰 불이익이 생기는 것은 아니다.

[80] 압류의 경합이 있어도 제3채무자는 압류채권자 중 1인에게 변제할 수 있다.

3. 이자, 지연손해금 등

(1) 송달 후의 이자 또는 손해금

압류명령의 효력은 압류명령 송달 후에 발생하는 이자, 손해금 등에 미치므로 압류채권에 대한 <u>압류명령</u> <u>송달 후의 이자 또는 손해금을 포함하여 공탁</u>해야 한다.

(2) 송달일 이후부터 공탁일까지의 지연손해금

압류명령이 <u>변제기 이후에</u> 송달된 경우에는 <u>송달일 이후부터 공탁일까지의 지연손해금</u>을 더한 합계액을 공탁하여야 한다.

(3) 변제기 이후부터 공탁일까지의 지연손해금

① 압류명령이 변제기 이전에 송달된 경우에는 <u>변제기 이후부터 공탁일까지의 지연손해금</u>을 더한 합계액을 공탁하여야 한다.

② 다만, 이자가 생기는 채권에 대하여는 송달일 이후부터 변제기까지의 이자를 포함하여 공탁하여야 한다.

4. 공탁절차

(1) 압류된 금전채권액을 공탁하는 경우

① 압류채권액의 범위를 특정하여 압류된 채권액을 공탁하는 경우

② 복수의 압류가 있어 압류된 채권액의 합계액이 압류에 관련된 금전채권액보다 적어 압류된 채권액의 합계액을 공탁하는 경우

③ 압류의 경합이 있어 채권전액을 공탁하는 경우가 여기에 해당한다.

④ 공탁신청절차

공탁근거법령	민사집행법 제248조 제1항
피공탁자	집행법원의 배당절차에 의하여 배당채권자로 확정된 자만이 피공탁자가 되므로, 공탁신청 시에는 피공탁자가 있을 수 없다.
첨부서면	압류결정문 사본, 공탁통지서(×)
	제3채무자는 공탁 후 공탁서를 첨부하여 집행법원에 사유신고를 하여야 하며, 사유신고를 한 때가 배당요구의 종기
사유신고	둘 이상의 채권압류가 있어 집행공탁한 경우의 사유신고는 먼저 송달된 압류명령의 발령법원에 하여야 한다.
배당절차 개시	배당법원은 공탁사유신고를 한 때, 즉 사유신고서가 제출된 때 공탁사실을 알 수 있게 되므로(민사집행법 제252조 참조) 배당법원은 공탁사유신고를 한 때 배당절차를 개시한다.

⑤ 공탁금 지급절차

출급	• 집행법원의 배당절차에 의하여 배당채권자로 확정된 자만이 피공탁자가 되어 집행법원의 지급위탁에 의하여 공탁금이 출급된다. • 압류채무자는 압류명령의 효력이 실효된 경우(공탁원인소멸)에 한해 집행법원의 지급위탁에 의하여 출급청구할 수 있고, <u>압류채무자가 압류명령의 실효를 이유로 직접 공탁금을 출급할 수가 없다.</u>
회수	<u>집행공탁의 원인이 없음에도 착오로 집행공탁을 한 것임을 이유로 공탁사유신고를 철회한 경우, 그 집행공탁이 원인이 없는 것으로서 무효임이 명백하다면, 집행법원으로서는 공탁사유신고를 불수리하는 결정을 할 수 있고, 공탁자는 공탁관에게 집행법원의 위 결정을 제출하여 착오공탁을 이유로 공탁금을 회수할 수 있다</u>(대결 1999.1.8. 98마363).

> **제3채무자가 채무 전액을 공탁하지 않아 집행공탁의 효력이 인정되지 않는 공탁금에 대하여 배당절차가 종료된 경우, 그 공탁금에 대하여 변제의 효력이 인정된다.**
>
> 압류 및 추심명령의 제3채무자가 채무 전액을 공탁하지 않아 집행공탁의 효력이 인정되지 않는다고 하여도 그 공탁이 수리된 후 공탁된 금원에 대하여 배당이 실시되어 배당절차가 종결되었다면 그 공탁되어 배당된 금원에 대하여는 변제의 효력이 있다(대판 2014.7.24. 2012다91385).

(2) 압류와 관련된 금전채권의 전액을 공탁하는 경우[81]

① 위 (1)의 압류된 금전채권액을 공탁하는 경우 중 ①과 ③에서 압류와 관련된 채권 전액을 공탁하는 경우 공탁금 중 압류의 효력이 미치는(압류된) 금전채권액은 집행공탁으로 보아야 할 것이나, 압류된 금액을 초과하는 부분은 변제공탁으로 보아야 할 것이다.

신청서	제3채무자는 압류에 관련된 금전채권 전액을 공탁할 수 있으므로 금전채권 전액에 대하여 1건으로 공탁 신청을 할 수 있다. 압류의 효력이 미치지 아니하는 부분에 대해서는 별도의 변제공탁사유가 없어도 1건으로 공탁할 수 있다.
근거법령	민사집행법 제248조 제1항
피공탁자	피공탁자란에 압류채무자를 기재(압류금액을 초과하는 부분은 압류의 효력이 미치지 아니하므로 변제 공탁의 성질을 가지고 있다.)
첨부서면	압류결정문사본, 공탁통지서(압류채무자에게 공탁통지서 발송)
사유신고	제3채무자는 공탁 후 공탁서를 첨부하여 집행법원에 사유신고를 하여야 하며(민사집행법 제248조 제4항) 사유신고를 한 때가 배당요구의 종기가 된다(민사집행법 제247조 제1항 제1호).
	둘 이상의 채권압류가 있어 집행공탁한 경우의 사유신고는 먼저 송달된 압류명령의 발령법원에 하여야 한다.

② 공탁금 지급절차

구 분	압류의 효력 ○	압류의 효력 ×
출 급	4. (1)의 공탁금 지급절차와 동일	피공탁자인 압류채무자가 출급(변제공탁의 예에 따라)
회 수		공탁자가 민법 제489조 제1항에 의해 회수청구할 수 있으며, 이 경우에는 집행법원으로부터 공탁서를 보관하고 있다는 사실을 증명하는 서면을 교부받아 이를 공탁금회수청구서에 첨부하여야 한다.

> **금전채권의 일부만이 압류되었음에도 그 채권 전액을 공탁한 경우, 그 공탁의 성격**
>
> 민사집행법 제248조 제1항은 "제3채무자는 압류에 관련된 금전채권의 전액을 공탁할 수 있다"고 규정하여 채권자의 공탁청구, 추심청구, 경합 여부 등을 따질 필요 없이 당해 압류에 관련된 채권 전액을 공탁할 수 있도록 규정하고 있는바, 이에 따라 금전채권의 일부만이 압류되었음에도 그 채권 전액을 공탁한 경우에는 그 공탁금 중 압류의 효력이 미치는 금전채권액은 그 성질상 당연히 집행공탁으로 보아야 하나, 압류금액을 초과하는 부분은 압류의 효력이 미치지 않으므로 집행공탁이 아니라 변제공탁으로 보아야 한다. 따라서 전액이 아닌 압류의 효력이 미치는 금전채권액만이 배당가입차단효가 있다(대판 2008.5.15. 2006다74693).

---

81) 집행채권자가 피압류채권의 압류의 범위를 제한하지 아니하고 전액을 압류한 경우에는 피압류채권전액을 공탁하여야 한다.

[사례 1]

1. 변제의 효과를 주장할 수 있다.

추심채권자가 여러 명 있는 경우에도 제3채무자인 乙은 추심채권자 중 1인에게 변제하고 변제의 효과를 주장할 수 있다.

2. 8천만원 또는 1억원을 공탁할 수 있다.

제3채무자는 압류된 금액 또는 압류와 관련된 전액을 공탁할 수 있다.

3. 대전지방법원이다.

압류가 경합한 경우 제3채무자가 공탁 후 사유신고할 법원은 먼저 송달된 압류명령을 발령한 법원이다(민사집행규칙 제172조 제3항).

[사례 2]

1. 乙을 피공탁자로 기재하고 乙에게 공탁통지서를 발송한다.

압류의 효력이 미치지 아니하는 금액은 변제공탁의 효력이 있으므로 피공탁자를 甲의 채권자인 乙을 기재하고 공탁통지서도 乙에게 발송한다.

2. 공탁관은 불수리하여야 한다.

공탁금 중에서 압류의 효력이 미치는 부분(1억 5천만원)에 대하여 압류채권자(丙)는 집행법원의 지급위탁에 의하여 공탁금의 출급을 청구할 수 있다(공탁규칙 제43조). 따라서 압류 및 추심명령정본(송달증명)을 첨부하여서는 출급청구를 할 수 없다.

3. 채무자인 乙은 집행법원의 지급위탁 절차에 의한다.

금전채권에 대한 압류를 이유로 제3채무자가 민사집행법 제248조 제1항에 의하여 공탁한 후에, 압류명령이 취소되거나 신청의 취하 등으로 인하여 압류가 실효된 경우, 채무자(乙)는 압류된 채권액(1억 5천만원)에 대하여 집행법원의 지급위탁에 의하여 공탁금의 출급을 청구할 수 있다.

[사례 3]

1. 甲은 변제의 효과를 주장할 수 있고, 丙은 자신의 채권에 충당할 수 없고 추심금을 공탁하여야 한다.

제3채무자인 甲은 추심채권자 중 1인에게 자신의 채무액을 지급하고 자신의 채무변제를 주장할 수 있다. 추심을 받은 추심채권자는 다른 추심채권자나 배당요구한 채권자가 있으면 추심한 금액을 공탁하여야 하고, 이를 자신의 채권에 충당할 수 없다. 추심채권자가 1인이라면 추심신고함으로써 자신의 채권에 충당할 수 있을 것이다.

2. 甲은 반드시 공탁하여야 한다.

압류 및 추심명령이 있는 경우 제3채무자는 압류경합여부와 상관없이 압류된 금액 또는 압류와 관련된 전액을 공탁하거나 추심채권자 모두 또는 1인에게 지급할 수 있다. 그러나 다른 추심채권자나 배당을 요구한 채권자의 공탁청구가 있으면 추심채권자에게 지급하여서는 안 되고 반드시 집행공탁을 하여야 자신의 채무에서 벗어날 수 있다.

3. 丁의 압류 및 추심명령은 어떠한 효력도 발생하지 않는다.

　추심채권자가 이미 추심을 마친 경우에는 제3채무자는 채무자에 대하여 어떠한 채무도 부담하지 아니하므로 압류 및 추심의 대상이 없으므로 丁의 압류 및 추심명령은 효력이 없으며, 더불어 이러한 압류 및 추심명령을 배당요구한 것으로 볼 수는 없다.

4. 집행공탁이 되었으나 아직 사유신고를 하기 전이라면 배당요구를 할 수 있는 바, 이러한 배당요구를 할 수 있는 법원은 압류 및 추심명령을 발령한 어느 법원에도 할 수 있다.

Ⅱ 의무공탁

1. 개 설

① 제3채무자는 배당에 참가한 채권자의 청구가 있으면 압류된 부분에 해당하는 금액을 공탁하여야 하고(민사집행법 제248조 제2항), 압류경합의 경우에 제3채무자는 압류 또는 가압류채권자의 청구가 있으면 그 채권의 전액에 해당하는 금액을 공탁하여야 한다(민사집행법 제248조 제3항).

② 제3채무자는 채권자가 경합하는 경우에 채권자가 경합하는 사정만으로는 공탁의무가 생기는 것이 아니고 위와 같은 배당을 받을 채권자의 청구가 있는 때에만 공탁의무가 생기는 것이다.

③ 이때의 배당요구는 압류절차에 참가하는 것으로, 압류경합과는 달리 압류의 효력을 확장시키지 않는다.

④ 그러나 압류가 중복되어 경합하는 경우에도 경합한 집행채권의 합계액보다 피압류채권의 총액이 더 많은 때에는 민사집행법 제248조 제3항에서 말하는 압류의 경합이 아니므로 채권자의 청구가 있더라도 공탁할 의무는 없다. 따라서 제3채무자는 압류된 부분에 해당하는 금액에 대해서만 공탁의무를 지는 것이다.

2. 공탁의무의 성격 등

(1) "공탁하여야 한다."의 의미

여기서 "공탁하여야 한다."라는 것은 공탁의 방법에 의하지 않고서는 면책받을 수 없다는 것을 의미한다. 따라서 공탁의무가 있는데도 불구하고 제3채무자가 추심채권자에게 변제한 경우에는 다른 채권자에 대한 관계에서는 채무의 소멸을 주장할 수 없다.

(2) 지급거절의 사유가 있는 경우

제3채무자가 채무자에 대하여 기한미도래, 동시이행, 선이행의 항변 등 지급거절사유를 갖는 때에는 집행의 경합이 있더라도 공탁의무를 부담하지 아니한다.

> 민사집행법 제248조 제3항의 공탁의무를 부담하는 제3채무자가 추심채권자 중 한 사람에게 임의로 변제하거나 일부 채권자가 강제집행절차 등에 의하여 추심한 경우, 제3채무자가 공탁청구한 채권자에게 채무소멸을 주장할 수 있는지 여부(소극)
> 민사집행법 제248조 제3항은 "금전채권 중 압류되지 아니한 부분을 초과하여 거듭 압류명령 또는 가압류명령이 내려진 경우에 그 명령을 송달받은 제3채무자는 압류 또는 가압류채권자의 청구가 있으면 그 채권의 전액에 해당하는 금액을 공탁하여야 한다."고 규정하고 있다. 여기서 '공탁하여야 한다.'란 공탁의 방법에 의하지 아니하고는

> 면책을 받을 수 없다는 의미이므로, 제3채무자가 추심채권자 중 한 사람에게 임의로 변제하거나 일부 채권자가 강제집행절차 등에 의하여 추심한 경우, 제3채무자는 이로써 공탁청구한 채권자에게 채무의 소멸을 주장할 수 없고 이중지급의 위험을 부담한다. 그런데 민사집행법 제248조 제3항에서 정한 공탁의무는 민사집행절차에서 발생하는 제3채무자의 절차협력의무로서 제3채무자의 실체법상 지위를 변경하는 것은 아니다. 또한 공탁의무를 부담하는 제3채무자가 추심채권자 중 한 사람에게 임의로 변제하거나 일부 채권자가 강제집행절차 등에 의하여 추심한 경우에도 제3채무자는 공탁청구한 채권자 외의 다른 채권자에게는 여전히 채무의 소멸을 주장할 수 있다고 보아야 한다(대판 2012.2.9. 2009다88129).

(3) 제3채무자가 공탁의무를 이행하지 아니하는 경우

> **민사소송법 제582조 제1항에 의한 공탁청구의 소를 제기할 원고적격**
> 민사소송법 제581조에 의하면 배당참가채권자는 제3채무자에 대하여 채무액의 공탁을 청구할 권리가 있으나 추심명령을 받은 압류채권자에 한하여 위 공탁청구의 소를 제기할 수 있고 추심명령을 받지 아니한 압류채권자는 위 소를 제기할 원고 적격이 없다(대판 1979.7.24. 79다1023).

3. 공탁하여야 할 금액

(1) 압류 후 배당요구채권자의 공탁청구에 의한 의무공탁

압류된 부분만 공탁할 의무가 있고 나머지 부분은 권리공탁의 대상이다.

(2) 압류경합의 경우

압류경합의 경우 즉, 집행채권의 합계액이 피압류채권의 총액보다 더 많은 경우에는 각각 압류의 효력이 채권전액으로 확장되므로(민사집행법 제235조), 그 채권전액을 공탁하여야 한다.

4. 공탁절차

민사집행법 제248조 제2항, 제3항에 의한 의무공탁의 법적 성질도 당연히 전형적인 집행공탁이므로 그 공탁절차 등은 앞의 "공탁절차"에서 설명한 바와 같다.

5. 공탁비용의 문제

① 민사집행법 제248조의 규정에 따라 채무액을 공탁한 제3채무자는 압류의 효력이 미치는 부분에 해당하는 금액의 공탁을 위하여 지출한 비용 및 같은 조 제4항의 공탁신고서 제출을 위한 비용을 집행법원에 신청하면 공탁금에서 지급을 받을 수 있다(민사소송비용법 제10조의2).

② 이 제3채무자가 청구하는 비용의 우선순위에 대하여는 명문의 규정이 없지만, 집행법원이 제3채무자의 청구에 따라 공탁금 중에서 지급하는 것이고, 본질적으로는 배당절차 전에도 집행법원의 지급결정에 기초하여 지급할 수 있는 것이므로 엄밀하게는 배당금으로서 지급되는 것은 아니라고 하더라도 이를 배당표에 적는다고 한다면 절차비용보다도 우선하는 최선순위로 적어야 한다고 해석된다.

1. 채무변제의 효과[82]

제3채무자가 민사집행법 제248조에 따라 공탁을 하게 되면 기본적인 효과로서 채무자에 대한 채무를 면하게 된다.

2. 배당가입차단효의 발생[83]

① 배당가입의 차단효란 배당절차 등에 가입하는 것이 차단되는 효력을 말한다.

② 예를 들어, 을이 병에 대하여 가지는 채권을 갑이 압류한 경우에 또 다른 채권자가 과연 어느 때까지 그 채권에 대해 압류, 가압류 또는 배당요구를 하면 위 갑과 동일하게(채권자평등주의) 그 이후에 집행법원에 의해 행해지는 배당 등 절차에서 배당 등을 받을 채권자로 취급될 수 있을 것인가라는 문제인 것이며, 이는 배당절차에서 배당을 받을 수 있는 채권자의 범위를 확정하기 위하여 필요한 개념이다.

③ 집행공탁이 된 금전에 대하여 배당가입의 차단효가 발생하지 않는다면 그 공탁금을 대상으로 한 배당절차는 개시될 수 없고 또한 개시해서도 안 된다. 집행공탁에 있어서 만약에 배당가입의 차단효란 개념을 상정하지 않는다면 당해 배당절차에서 배당을 받을 채권자를 특정지을 수가 없게 되기 때문에 집행법원으로서는 누구를 상대로 배당 절차를 진행해야 되는지 확정할 수 없게 되는 것이다.

④ 배당요구의 종기에 관하여 민사집행법 제247조 제1항 제1호는 제3채무자가 민사집행법 제248조 제4항에 의하여 공탁사유신고를 한 때까지라고 규정하고 있다.

3. 압류명령의 취하 또는 취소의 불가

① 채권자는 현금화절차가 끝나기 전까지 압류명령의 신청을 취하할 수 있는데(대판 2009.11.12. 2009다48879), 채권자가 채무자의 제3채무자에 대한 채권을 압류한 상태에서 제3채무자가 민사집행법 제248조에 따라 공탁을 하게 되면 압류명령은 공탁에 의한 목적달성으로 인하여 그 존재 의의를 잃고 장래에 향하여 소멸하게 된다. 즉 제3채무자가 민사집행법 제248조에 따라 공탁을 하게 되면 압류된 채권이 현금화된 것으로 볼 수 있고, 압류명령으로 인한 집행이 종료된다.

② 따라서 위 공탁 이후에는 압류채권자의 지위가 배당을 받을 채권자로 전환되는 것이므로(민사집행법 제252조), 사유신고 전이라 하더라도 압류채권자의 압류명령 신청의 취하가 허용되지 않는다. 압류채권자가 신청취하서를 제출하더라도 취하의 효력이 발생하지 않고, 압류채권자의 '배당금 교부청구권의 포기'일 뿐이라고 보아야 하며 집행법원에서는 그대로 배당재단을 유지하면서 배당절차를 진행하게 되는데, 위 신청취하서를 제출한 압류채권자는 배당에서 제외된다.

---

82) 앞에서 제3채무자의 공탁제도의 존재이유에서 보았듯이, 제3채무자에게 곧바로 채권자에 대한 변제를 시키는 것이 적당하지 않은 경우에 변제의 목적물을 확실하게 보관하기 위한 제도로서 공탁제도를 마련하고, 제3채무자에 대하여 변제에 대신하여 금전을 제공시키는 경우에 위 공탁제도를 이용하게 함으로써 제3채무자의 면책방법을 도모하고 있는 것이 바로 제3채무자 공탁규정이기 때문이다.

83) 민사집행법 제248조 제1항은 "제3채무자는 압류에 관련된 금전채권의 전액을 공탁할 수 있다"고 규정하여 채권자의 공탁청구, 추심청구, 경합 여부 등을 따질 필요 없이 당해 압류에 관련된 채권 전액을 공탁할 수 있도록 규정하고 있는바, 이에 따라 금전채권의 일부만이 압류되었음에도 그 채권 전액을 공탁한 경우에는 그 공탁금 중 압류의 효력이 미치는 금전채권액은 그 성질상 당연히 집행공탁으로 보아야 하나, 압류금액을 초과하는 부분은 압류의 효력이 미치지 않으므로 집행공탁이 아니라 변제공탁으로 보아야 한다. 따라서 전액이 아닌 압류의 효력이 미치는 금전채권액만이 배당가입차단효가 있다(대판 2008.5.15. 2006다74693).

③ 따라서 민사집행법 제248조의 공탁 이후에 압류채권자가 압류명령을 취하하거나 또는 취소한다고 해도 그것이 압류명령의 효력을 소급적으로 변화 또는 소멸시키는 것은 아니며, 이는 배당수령권 여하의 문제로만 남게 되는 것이다.

④ 비록 금전채권에 대한 압류를 원인으로 한 공탁이 성립된 후 그 공탁원인이 된 압류명령의 효력이 상실되었다고 하더라도 압류채무자는 집행법원의 지급위탁에 의하여 자격증명서를 첨부하여 피공탁자로서 출급해 갈 수 있으므로, 공탁원인소멸을 이유로 한 공탁자의 공탁금회수청구권은 인정될 수 없다.[84]

행정예규 제1018호[제3채무자의 권리공탁에 관한 업무처리절차]

1. 목 적

이 예규는 금전채권에 대하여 압류 또는 가압류가 이루어진 경우에 제3채무자가 민사집행법 제248조 및 제291조에 의하여 압류 또는 가압류에 관련된 금전채권을 공탁하고 그 공탁금을 출급하는 업무처리에 관한 절차를 규정함을 목적으로 한다.

2. 금전채권의 일부에 대하여 압류가 있는 경우

가. 총 칙

(1) 제3채무자는 압류된 채권액 또는 압류와 관련된 금전채권액 전액을 공탁할 수 있고, 공탁을 한 후 즉시 공탁서를 첨부하여 그 내용을 서면으로 집행법원에 사유신고하여야 한다. 이 경우 공탁근거 법령조항은 민사집행법 제248조 제1항으로 한다.

(2) 제3채무자는 공탁신청 시 압류결정문 사본을 첨부하여야 한다.

(3) 압류채권자는 집행법원의 지급위탁에 의하여 공탁금의 출급을 청구할 수 있다.

나. 제3채무자가 압류된 채권액에 대하여만 공탁한 경우 공탁서의 피공탁자란은 기재하지 아니한다.

다. 제3채무자가 압류와 관련된 금전채권액 전액을 공탁한 경우

(1) 제3채무자는 공탁서의 피공탁자란에 압류명령의 채무자를 기재하며, 규칙 제23조 제1항에서 정한 공탁통지서를 첨부하며, 같은 조 제2항에 따라 우편료를 납부하여야 한다.

(2) 공탁관은 피공탁자(압류채무자)에게 위 (1)항의 공탁통지서를 발송하여야 한다.

(3) 공탁금 중에서 압류의 효력이 미치는 부분에 대하여는, 집행법원의 지급위탁에 의하여 공탁금의 출급을 청구할 수 있다.

(4) 공탁금 중에서 압류의 효력이 미치지 않는 부분에 대하여는, 변제공탁의 예에 따라 피공탁자(압류채무자)가 출급을 청구할 수 있으며, 공탁자도 회수청구할 수 있다.

(5) 제3채무자가 압류의 효력이 미치지 않는 부분에 대하여 회수청구를 할 경우에는, 집행법원으로부터 공탁서를 보관하고 있다는 사실을 증명하는 서면을 교부받아 이를 공탁금회수청구서에 첨부하여야 한다.

라. 둘 이상의 채권압류(가압류를 포함한다)가 있고 압류된 채권액의 합계액이 압류와 관련된 금전채권액보다 적은 경우 : 제3채무자는 압류・가압류된 채권액의 합계액 또는 압류・가압류와 관련된 금전채권 전액을 위 나. 및 다.항의 예에 따라 공탁할 수 있으며, 이때에 사유신고는 먼저 송달된 압류명령의 발령법원에 하여야 한다.

3. 금전채권의 전부에 대하여 압류가 있거나 압류의 경합이 있는 경우

가. 제3채무자는 압류된 채권 전액에 대하여 공탁할 수 있다.

나. 공탁 및 공탁금의 출급에 관한 절차는 위 2. 의 가. 및 나. 항의 예에 따르되, 압류의 경합을 원인으로 한 공탁의 경우에는 먼저 송달된 압류명령의 발령법원에 사유신고하여야 한다.

---

84) 집행공탁에 있어 공탁자가 회수해 가는 경우는 착오로 인한 공탁불수리 결정을 받았을 때뿐임을 주의

4. 금전채권의 일부 또는 전부에 대하여 가압류가 있는 경우
　가. 총 칙
　　(1) 제3채무자는 가압류된 채권액 또는 가압류와 관련된 금전채권액 전액을 공탁할 수 있고, 공탁을 한 후 즉시 공탁서를 첨부하여 그 내용을 서면으로 가압류발령법원에 신고하여야 한다.
　　(2) 위의 경우 공탁서의 피공탁자란에는 가압류채무자를 기재하고, 공탁근거 법령조항은 민사집행법 제291조 및 제248조 제1항으로 한다.
　　(3) 제3채무자는 공탁신청 시 가압류결정문 사본과 규칙 제23조 제1항에서 정한 공탁통지서를 첨부하여야 하며, 위 공탁통지서의 발송과 아래 (4)항에서 정하는 공탁사실 통지를 위하여 같은 조 제2항에 따라 우편료를 납부하여야 한다.
　　(4) 공탁을 수리한 공탁관은 전산시스템에 가압류 사실을 기재하고 공탁금 출급청구권에 대한 가압류가 있는 경우에 준하여 처리하여야 하며(민사집행법 제297조), 피공탁자(가압류채무자)에게 공탁통지서를 발송하고, 가압류채권자에게는 별지 양식에 의하여 공탁사실을 통지하여야 한다.
　　(5) 가압류채권자가 가압류를 본압류로 이전하는 압류명령을 받은 경우에는, 집행법원의 지급위탁에 의하여 공탁금의 출급을 청구할 수 있다.
　나. 제3채무자가 가압류된 채권액에 대하여만 공탁한 경우 : 피공탁자는 가압류가 실효되지 않는 한 공탁금의 출급을 청구할 수 없고, 가압류채권자는 가압류를 본압류로 이전하는 압류명령을 얻은 후 집행법원의 지급위탁에 의하여 공탁금의 출급을 청구할 수 있다.
　다. 제3채무자가 가압류에 관련된 금전채권 전액을 공탁한 경우
　　(1) 공탁금 중에서 가압류의 효력이 미치는 부분에 대하여는, 가압류채권자가 가압류를 본압류로 이전하는 압류명령을 얻은 후 집행법원의 지급위탁에 의하여 공탁금의 출급을 청구할 수 있다.
　　(2) 공탁금 중에서 가압류의 효력이 미치지 않는 부분에 대하여는, 변제공탁의 예에 따라 피공탁자(가압류채무자)가 출급을 청구할 수 있으며, 공탁자도 회수청구할 수 있다.
　　(3) 제3채무자가 가압류의 효력이 미치지 않는 부분에 대하여 회수청구를 할 경우에는 위 2.의 다. (5)항의 예에 따른다.
　라. 둘 이상의 가압류가 있는 경우 : 제3채무자는 가압류된 채권액의 합계액 또는 가압류와 관련된 금전채권액 전액을 위 나. 및 다.항의 예에 따라 공탁할 수 있으며, 이때에 공탁자는 즉시 공탁서를 첨부하여 먼저 송달된 가압류명령의 발령법원에 그 내용을 서면으로 신고하여야 한다.
5. 제3채무자의 공탁 후 압류 또는 가압류가 실효된 경우
　가. 압류가 실효된 경우 : 금전채권에 대한 압류를 이유로 제3채무자가 민사집행법 제248조 제1항에 의하여 공탁한 후에, 압류명령이 취소되거나 신청의 취하 등으로 인하여 압류가 실효된 경우, 채무자는 압류된 채권액에 대하여 집행법원의 지급위탁에 의하여 공탁금의 출급을 청구할 수 있다.
　나. 가압류가 실효된 경우 : 금전채권에 대한 가압류를 이유로 제3채무자가 민사집행법 제291조 및 제248조 제1항에 의하여 공탁한 후에, 가압류명령이 취소되거나 신청의 취하 등으로 인하여 가압류가 실효된 경우, 가압류채무자(피공탁자)는 공탁통지서와 가압류가 실효되었음을 증명하는 서면을 첨부하여 공탁관에게 공탁금의 출급을 청구할 수 있다.
6. 공탁관이 제3채무자인 경우
　가. 공탁물 출급·회수청구권에 대하여 압류 또는 가압류가 되었으나 압류의 경합이 성립하지 않는 경우, 공탁관은 민사집행법 제248조 제1항에 의한 공탁 및 사유신고를 하지 아니한다.
　나. 금전채권에 대한 가압류를 원인으로 제3채무자가 민사집행법 제291조 및 제248조 제1항에 의하여 공탁한 후에, 피공탁자(가압류채무자)의 공탁금 출급청구권에 대한 압류가 이루어져 압류의 경합이 성립하거나, 공탁사유인 가압류를 본압류로 이전하는 압류명령이 있는 경우에는, 공탁관은 즉시 먼저 송달된 압류명령의 발령법원에 그 사유를 신고하여야 한다.
7. 종전예규의 폐지
　이 예규의 시행과 동시에 대법원 행정예규 제232호는 폐지한다.

제3절 | 금전채권 가압류를 원인으로 하는 공탁

사례

갑(甲)의 을(乙)에 대한 물품대금채권(1억원)에 대하여 갑(甲)의 채권자 병(丙)이 광주지방법원에 가압류 신청을 하여 가압류명령(가압류청구금액 – 6천만원)이 2009.1.15. 을(乙)에게 송달되었고, 그 후 갑(甲)의 다른 채권자 정(丁)이 부산지방법원에 가압류 신청을 하여 그 가압류명령(가압류청구금액 – 7천만원)이 2009.4.20. 을(乙)에게 송달되었다.

1. 乙이 공탁할 수 있는 금액과 피공탁자는?

2. 乙이 집행공탁한 후 공탁금 출급청구권에 대하여 체납처분에 의한 압류통지가 이루어진 경우 공탁관은 사유신고를 하여야 하는가?

3. 乙이 1억원을 집행공탁한 후 甲이 丙의 가압류에 대하여 해방공탁을 하여 가압류집행이 취소된 경우에 甲이 출급청구할 수 있는 금액과 첨부서면은?

I   의 의

민사집행법은 제248조 제1항을 준용할 수 있는 원칙적 규정(민사집행법 제291조)을 두어 채권가압류의 경우에도 제3채무자가 공탁을 할 수 있도록 하는 한편, 그 가압류의 효력은 청구채권액에 상응하는 공탁금에 대한 채무자의 출급청구권에 대하여 존속[85]하는 것으로 하였다(민사집행법 제297조).

II   공탁의 법적 성질

채권가압류를 원인으로 하는 공탁은 원래의 채권자인 가압류채무자를 피공탁자로 하는 일종의 변제공탁이고 가압류의 효력은 그 청구채권액에 해당하는 공탁금액에 대한 가압류채무자의 공탁금 출급청구권에 존속하는 것으로 보아야 하므로(민사집행법 제297조), 채권압류를 원인으로 하는 민사집행법 제248조 제1항에 의한 공탁과는 그 성질이 다르고, 민사집행법 제291조에 의하여 민사집행법 제248조 제1항이 준용된다고 하더라도 이는 단지 공탁의 근거를 부여하는 데 불과하다.

> **채권가압류를 이유로 한 제3채무자의 공탁에 배당가입차단효가 있는지 여부(소극) 및 위 공탁금에 대한 배당절차의 실시요건**
>
> 채권가압류를 이유로 한 제3채무자의 공탁은 압류를 이유로 한 제3채무자의 공탁과 달리 그 공탁금으로부터 배당을 받을 수 있는 채권자의 범위를 확정하는 효력이 없고, 가압류의 제3채무자가 공탁을 하고 공탁사유를 법원에 신고하더라도 배당절차를 실시할 수 없으며, 공탁금에 대한 채무자의 출급청구권에 대하여 압류 및 공탁사유신고가 있을 때 비로소 배당절차를 실시할 수 있다(대판 2006.3.10. 2005다15765).

---

85) 가압류해방금 공탁의 경우에 가압류의 효력은 공탁금에 대한 채무자의 공탁금회수청구권에 대하여 미친다.

Ⅲ 공탁신청 및 지급절차

1. 공탁신청절차

공탁금액	금전채권의 일부 또는 전부에 대하여 가압류가 있는 경우 제3채무자는 가압류된 채권액 또는 가압류와 관련된 채권전액을 공탁할 수 있다.
근거법령	민사집행법 제291조 및 제248조 제1항
피공탁자	공탁 이후에는 가압류의 효력이 그 청구채권액에 해당하는 공탁금액에 대한 가압류채무자의 출급청구권에 미치므로(민사집행법 제297조), 채권압류를 원인으로 하는 집행공탁과는 달리 가압류된 금액만을 공탁하거나 가압류와 관련된 채권전액을 공탁하는 경우에 가압류의 효력이 미치는 부분이나 미치지 않는 부분이나 <u>모두 공탁신청 시에 피공탁자가 존재한다.</u> 따라서 가압류채무자를 피공탁자로 기재한다.
첨부서면	가압류결정문 사본과 공탁통지서를 첨부하여야 하며, 위 피공탁자(가압류채무자)에 대한 공탁통지서의 발송과 가압류채권자에 대하여 공탁사실통지를 위해 필요한 우편료를 납부하여야 한다.
공탁관의 조치	공탁관은 공탁금 출급청구권에 대한 가압류가 있는 경우에 준하여 처리하여야 하며, 피공탁자(가압류채무자)에게 공탁통지서를 발송하고, 가압류채권자에게는 공탁사실을 통지하여야 한다.
사유신고	• 제3채무자는 공탁 후 공탁서를 첨부하여 집행법원에 사유신고를 하여야 한다(민사집행법 제248조 제4항). • 둘 이상의 채권가압류가 있어 집행공탁한 경우의 사유신고는 먼저 송달된 가압류명령의 발령법원[86]에 하여야 한다.

2. 공탁금의 지급절차

(1) 가압류된 채권액에 대하여만 공탁한 경우

가압류 채권자	가압류를 본압류로 이전하는 압류명령이 송달되면 공탁관은 즉시 압류명령의 발령법원에 그 <u>사유를 신고</u>하여야 하며 가압류채권자는 집행법원의 지급위탁에 의하여 출급청구할 수 있다.
가압류 채무자	• 가압류명령이 취소되거나 신청의 취하 등으로 인하여 가압류가 실효된 경우, 가압류채무자는 공탁통지서와 가압류가 실효되었음을 증명하는 서면을 첨부하여 출급청구할 수 있다[87]. • 가압류 채무자(피공탁자) 을이 가압류 이의를 신청하여 민사집행법 제286조의 규정에 의하여 가압류를 취소하는 결정을 받았다면, 을로서는 공탁통지서와 가압류 취소결정 정본 및 그 송달증명을 첨부하여 공탁금의 출급을 청구할 수 있을 것이고, 이때 가압류 취소결정의 확정증명을 별도로 첨부할 필요는 없다(공탁선례 제2-281호). • 금전채권에 대하여 2개 이상의 가압류가 경합되었음을 이유로 제3채무자가 권리공탁을 한 후, 가압류채무자(피공탁자)가 그중 1개의 가압류에 대하여 <u>해방공탁을 하여 그 가압류집행이 취소</u>되었다면, 가압류채무자(피공탁자)는 집행공탁금 중 <u>집행취소되지 않은</u> 나머지 가압류사건의 가압류청구금액을 초과하는 공탁금에 대하여 공탁통지서, 가압류집행취소결정정본, 송달증명서를 첨부하여 출급청구할 수 있다(공탁선례 제2-282호).

---

86) 이때 제3채무자가 공탁 후 그 내용을 서면으로 가압류발령법원에 신고한다는 의미는, 본압류를 위한 보전 처분에 불과한 채권가압류를 원인으로 한 공탁 및 사유신고만으로는 그 공탁금으로부터 배당 등을 받을 수 있는 채권자의 범위를 확정하는 배당가입 차단효과도 없고 배당절차를 개시하는 사유도 되지 아니하므로, 채권압류로 인한 공탁 후 하는 사유신고와는 그 의미가 달라서 <u>단순히 가압류발령법원에 공탁사실을 알려주는 의미밖에 없다</u>(공탁선례 제2-280호).
87) 압류명령이 실효된 경우에는 압류채무자는 지급위탁절차에 의하는 점에 주의한다.

(2) 가압류와 관련된 금전채권 전액을 공탁한 경우

가압류의 효력이 미치는 부분에 대한 지급절차는 가압류된 채권액만을 공탁한 경우와 동일하다. 이하에서는 가압류의 효력이 미치지 아니하는 부분에 대한 지급절차를 살펴보기로 한다.

가압류 채무자	가압류채무자는 변제공탁의 예에 따라 그 부분에 해당하는 금액을(공탁통지서를 첨부하여) 출급청구할 수 있다.
공탁자 (제3채무자)	공탁자인 제3채무자는 변제공탁의 예에 따라 그 부분에 해당하는 금액을(공탁신고를 한 가압류발령법원으로부터 공탁서를 보관하고 있다는 사실을 증명하는 서면을 교부받아 이를 첨부하여) 회수청구할 수 있다.

채무자를 대신하여 전부 변제한 연대보증인의 공탁금출급절차

1. 집행법원의 배당절차에서 가압류채권자에게 배당된 공탁금을 출급청구하기 위해서는 본안소송에서 가압류채권자가 승소하여 집행력 있는 종국판결 등을 받아 집행법원에 제출하면 법원사무관 등은 그 자격에 관한 증명서를 교부하는 지급위탁절차에 의하여 배당채권자에게 공탁금이 지급된다.
2. 연대보증인이 자신의 출재로 채무자를 대신하여 주채무를 전부 변제하고, 집행법원의 배당절차에서 채권자의 가압류채권으로 배당된 공탁금을 출급청구하기 위해서는, 변제자대위에 의하여 종래 채권자의 가압류의 피보전권리를 대위행사할 수 있는 지위에 있으므로 가압류채권에 대한 본안소송이나, 종래 채권자로부터 주채무자에 대한 채권을 양도받은 경우 그에 대한 양수금청구소송에서 승소한 집행력 있는 종국판결을 취득하여 위 1항과 같은 절차에 따라 공탁금 출급청구를 할 수 있다.
3. 다만, 이때는 집행법원에서 연대보증인에게 교부하는 증명서 및 공탁관에게 송부하는 지급위탁서에 수령인의 표시를 '가압류채권자 ○○○의 승계인 ○○○'으로 기재하면 될 것이다(공탁선례 제201101-1호).

(3) 가압류를 원인으로 한 집행공탁과 사유신고

① 채권가압류로 인한 공탁 후 가압류채무자가 가지는 공탁금 출급청구권에 대하여 다른 채권자가 압류를 하여 압류의 경합이 생기면 공탁관은 (먼저 송달된)압류명령의 발령법원에 사유신고를 하여야 한다. 공탁금은 사유신고 후 집행법원의 지급위탁에 의하여 채권자들에게 지급된다.

② 채권가압류로 인한 공탁 후 그 가압류채권자가 가압류로부터 본압류로 이전하는 채권압류 및 추심·전부명령을 받은 경우에도 공탁관은 집행법원에 사유신고를 하여야 한다(행정예규 제1018호).[88]

금전채권에 대한 가압류를 원인으로 제3채무자가 공탁한 경우

1. 금전채권에 대한 가압류를 원인으로 제3채무자가「민사집행법」제291조 및 제248조 제1항을 근거법령으로 공탁한 경우에는, 공탁공무원은 공탁 수리 후 피공탁자(가압류채무자)에게는 공탁통지서를 가압류채권자에게는 공탁사실을 통지하고, 피공탁자의 공탁금 출급청구권에 압류의 경합이 성립하거나, 공탁사유인 가압류를 본압류로 이전하는 압류명령이 있는 경우에는 집행법원에 사유신고를 한 후 지급위탁에 의해 공탁금을 출급하여야 한다.
2. 금전채권에 대한 가압류의 경합을 원인으로「민사집행법」제291조 및 제248조 제1항을 근거법령으로 공탁한 경우에 대한민국(소관 : ○○법원 공탁공무원)이 아닌 공탁자를 제3채무자로 하는 압류 및 전부명령은 제3채무자의 상이 및 선행하는 가압류로 인하여 무효이므로 공탁공무원의 사유신고 대상이 될 수 없을 것이다(공탁선례 제2-283호).

---

88) 우리 민사집행법은 채권압류로 인한 공탁의 배당요구 종기를 사유신고한 때라고 규정(민사집행법 제247조 제1항 제1호)하였기 때문에 채권가압류로 인한 공탁이 성립된 후 그 가압류가 본압류로 이전된 경우에도 배당요구의 종기를 명백히 하고 배당법원에 배당절차 개시사유 및 공탁 후 다른 채권자의 (가)압류 등이 있는지 여부를 알려주기 위해서는 제3채무자인 공탁관으로 하여금 사유신고를 하도록 하는 것이 타당하기 때문이다.

> 금전채권에 대한 가압류를 원인으로 제3채무자가 민사집행법 제291조, 제248조 제1항에 따라 공탁을 한 이후 가압류를 본압류로 이전하는 압류명령이 국가에 송달된 경우, 가압류의 효력이 미치는 부분에 대한 법률관계
>
> 금전채권에 대한 가압류를 원인으로 제3채무자가 민사집행법 제291조, 제248조 제1항에 따라 공탁을 하면 공탁에 따른 채무변제 효과로 당초의 피압류채권인 채무자의 제3채무자에 대한 금전채권은 소멸하고, 대신 채무자는 공탁금 출급청구권을 취득하며, 가압류의 효력은 그 청구채권액에 해당하는 공탁금액에 대한 채무자의 공탁금 출급청구권에 대하여 존속한다(민사집행법 제297조). 이후 <u>공탁사유인 가압류를 본압류로 이전하는 압류명령이 국가(공탁관)에게 송달되면 민사집행법 제291조, 제248조 제1항에 따른 공탁은 민사집행법 제248조에 따른 집행공탁으로 바뀌어 공탁관은 즉시 압류명령의 발령법원에 그 사유를 신고하여야 하는데, 이로써 가압류의 효력이 미치는 부분에 대한 채무자의 공탁금 출급청구권은 소멸하고, 그 부분 공탁금은 배당재단이 되어 집행법원의 배당절차에 따른 지급위탁에 의하여만 출급이 이루어질 수 있게 된다</u>(대판 2014.12.24. 2012다118785).

(4) 가압류가 실효된 경우

금전채권에 대한 가압류를 이유로 제3채무자가 민사집행법 제291조 및 제248조 제1항에 의하여 공탁한 후에, 가압류명령이 취소되거나 신청의 취하 등으로 인하여 가압류가 실효된 경우, 가압류채무자(피공탁자)는 공탁통지서와 가압류가 실효되었음을 증명하는 서면을 첨부하여 공탁관에게 공탁금의 출급을 청구할 수 있다.

Ⅳ 변제공탁의 허용 여부

1. 관련법

① 민사집행법 시행 전에는 채권가압류가 있는 경우 제3채무자는 민법 제487조에 의한 변제공탁을 할 수 있다고 하였으나(대판 1994.12.13. 93다951) 이 문제를 근본적으로 해결하기 위해서 민사집행법은 채권가압류의 경우에도 공탁할 수 있도록 명문 규정을 두었다.

② 그러나 제3채무자의 선택에 따라 민사집행법 제248조 제1항에 의한 공탁과 민법 제487조에 의한 변제공탁을 모두 할 수 있는 것으로 한다면 어느 절차를 택하느냐에 따라서 공탁절차가 달라져 오히려 혼란 및 또 다른 분쟁만 초래할 우려가 있으므로, 민법 제487조에 의한 변제공탁은 허용되지 않는다고 보는 것이 타당할 것이고, 실무에서도 이러한 경우 <u>변제공탁을 허용하지 않고 있다</u>.

사례해설

1. 금 1억원, 甲

가압류의 효력이 미치는 채권액 전액을 공탁할 수 있고 피공탁자는 제3채무자의 채권자인 가압류채무자 甲을 기재한다.

2. 사유신고할 수 없다.

가압류를 이유로 공탁한 후에 체납처분에 의한 압류통지가 이루어진 경우 공탁관은 사유신고를 할 것이 아니라 체납처분청에 지급해야 한다. 즉 체납처분에 의한 압류와 가압류가 있는 경우에는 순위에 상관없이 체납처분에 의한 압류가 우선한다(등기예규 제1225호 1. 다).

3. 3천만원, 공탁통지서, 가압류집행취소결정정본 및 송달증명서

해방공탁한 금액이 6천만원이지만 다른 가압류채권자의 가압류청구금액이 7천만원이므로 가압류의 효력이 미치지 아니하는 3천만원에 대하여만 출급청구할 수 있다. 이때 첨부할 서면은 공탁통지서, 가압류집행취소결정정본 및 송달증명서이다.

구 분		압 류			가압류		
		압류된	압류와 관련된 전액		가압류된	가압류와 관련된 전액	
			효력 ○	효력 ×		효력 ○	효력 ×
신청절차	피공탁자 기재	×	압류채무자		가압류채무자		
	근거조항	민사집행법 제248조 제1항			민사집행법 제291조 및 제248조 제1항		
	첨부서면	압류결정문 사본			가압류결정문 사본 + 공탁통지서 + 우편료(공탁사실통지)		
		×	공탁통지서				
공탁관의 처리		×	공탁통지서 발송(압류채무자)		• 공탁통지서 발송(가압류채무자) • 공탁사실통지(가압류채권자)		
사유신고		• 제3채무자가 (먼저 송달된)가압류명령을 발령한 법원에 신고 • 공탁서 첨부					
					공탁관(가압류 → 본압류)		
		압류 + 가압류 → 압류명령발한 법원에 신고					
지급절차	출급 채권자	지급위탁	×		지급위탁 (가압류 → 본압류)		×
	출급 채무자	지급위탁 (압류실효)	공탁통지서 (변제공탁의 예)		지급위탁 × (공탁통지서 + 가압류실효증명)		공탁통지서 (변제공탁의 예)
	회수 제3채무자	• 착오회수 ○ (공탁사유신고불수리결정) • 민법 제489조 회수 × • 원인소멸회수 ×	변제공탁의 예		• 착오회수 ○ (해석상 공탁사유신고불수리결정) • 민법 제489조 회수 × • 원인소멸회수 ×		변제공탁의 예

• 제3채무자가 변제공탁의 예에 따라 회수청구하는 경우에는 공탁서(법원에 제출)를 가지고 있지 아니하므로 (가)압류발령법원으로부터 공탁서를 보관하고 있다는 사실을 증명하는 서면을 첨부한다.
• 공탁원인 소멸은 공탁법상 공탁자의 회수사유에 해당하나, 집행공탁(민사집행법 제248조 제1항, 민사집행법 제291조, 제248조 제1항)에서는 공탁원인이 소멸한 경우에는 공탁자는 회수청구할 수 없고 (가)압류채무자가 출급청구한다(다만, 첨부서면에 차이가 있다).

사례

[사례 1]

甲은 피공탁자를 乙로 하는 변제공탁을 하였다.

1. 乙의 공탁금 출급청구권에 대하여 체납처분에 의한 압류가 있었고, 그 후에 乙의 채권자 丙이 乙의 공탁금 출급청구권에 대하여 압류 및 추심명령을 받은 경우 공탁관은 사유신고를 하여야 하는가?

2. 乙의 공탁금 출급청구권에 대하여 乙의 채권자 丙이 (가)압류집행을 한 경우 공탁관은 사유신고를 하여야 하는가?

3. 乙의 공탁금 출급청구권에 대하여 乙의 채권자 丙이 압류 및 추심명령을 한 후 乙의 공탁금 출급청구권이 丁에게 양도되고 양도통지도 공탁관에게 도달하였다. 그 후에 乙의 채권자 戊가 乙의 공탁금 출급청구권에 대하여 압류 및 추심명령을 얻은 경우 공탁관은 사유신고를 하여야 하는가?

4. 만약 甲이 피공탁자를 乙과 丙으로 하는 상대적 불확지공탁(1억원)을 하였고, 乙의 채권자 정(丁)(8천만원)과 무(戊)(7천만원)는 乙의 공탁금 출급청구권에 대하여 압류 및 추심명령을 얻었다. 공탁관은 곧바로 사유신고를 하여야 하는가?

[사례 2]

甲은 가압류를 원인으로 하는 집행공탁을 하였다.

1. 甲이 집행공탁 후에 사유신고를 하였는데, 가압류채권자 丙이 가압류에서 본압류로 이전하는 압류 및 추심명령을 얻은 경우 공탁관은 다시 사유신고를 하여야 하는가?

2. 가압류채무자 乙의 채권자 丁이 가압류채무자의 출급청구권에 대하여 압류 및 추심명령을 얻은 경우 공탁관은 사유신고를 하여야 하는가?

[사례 3]

甲은 乙을 피공탁자로 하는 담보공탁(1억원)을 하였다.

1. 甲의 채권자 丙(8천만원)과 丁(7천만원)은 甲의 공탁금회수청구권에 대하여 압류 및 추심명령을 얻었다. 공탁관은 곧바로 사유신고를 하여야 하는가?

2. 乙의 공탁금 출급청구권에 대하여 乙의 채권자 丙(8천만원)과 丁(7천만원)은 압류 및 추심명령을 얻었다. 공탁관은 곧바로 사유신고를 하여야 하는가?

1. 제3채무자의 사유신고

민사집행법 제248조의 공탁에는 앞에서 본 바와 같이 권리공탁과 의무공탁이 있지만, 제3채무자는 어느 공탁을 하든지 그 사유를 집행법원에 신고하여야 한다(민사집행법 제2489조 제4항).[89]

2. 공탁관의 사유신고

제3채무자가 가압류를 원인으로 「민사집행법」 제291조 및 제248조 제1항에 의하여 공탁한 후에, 피공탁자 (가압류채무자)의 공탁금 출급청구권에 대한 압류가 이루어져 압류의 경합이 성립하거나, 공탁사유인 가압류를 본압류로 이전하는 압류명령이 있는 경우에는 공탁관이 사유신고를 하여야 한다(행정예규 제1225호).[90]

II 제3채무자의 사유신고

1. 사유신고서의 제출·내용 등

① 민사집행법 제248조 제4항의 규정에 따라 제3채무자 등이 사유신고시 일정한 사항을 기재한 서면과 공탁서를 제출하여야 한다.

② 제3채무자가 상당한 기간 내에 공탁사유신고를 하지 않으면 압류채권자, 가압류채권자, 배당에 참가한 채권자, 채무자 그 밖의 이해관계인이 그 사유를 법원에 신고할 수 있다(민사집행법 제248조 제4항).[91] 이 경우에는 공탁서를 첨부할 필요가 없다.

> [1] 제3채무자의 집행공탁 전에 동일한 피압류채권에 대하여 다른 채권자의 신청에 따라 압류·가압류명령이 발령되었으나 집행공탁 후에 제3채무자에게 송달된 경우, 압류·가압류의 효력이 생기는지 여부(소극)
> [2] 다른 채권자의 신청으로 발령된 압류·가압류명령이 제3채무자의 집행공탁 후에 제3채무자에게 송달되었음에도 배당요구의 효력이 인정되는 경우 및 이러한 법리는 혼합공탁의 경우에도 그대로 적용되는지 여부(적극)
>
> 금전채권에 대한 가압류를 원인으로 제3채무자가 민사집행법 제291조, 제248조 제1항에 따라 공탁을 하면 공탁에 따른 채무변제 효과로 당초의 피압류채권인 채무자의 제3채무자에 대한 금전채권은 소멸하고, 대신 채무자는 공탁금 출급청구권을 취득하며, 가압류의 효력은 그 청구채권액에 해당하는 공탁금액에 대한 채무자의 공탁금 출급청구권에 대하여 존속한다. 이후 공탁사유인 가압류를 본압류로 이전하는 압류명령이 국가(공탁관)에게 송달

---

89) 민사집행법 제252조 제2호는 제3채무자가 제248조의 규정에 따라 공탁한 때에 배당절차가 개시된다고 규정하고 있지만, 제3채무자가 공탁하였다 하더라도 그 사실을 집행법원에 사유신고하지 않는 한 집행법원이 이를 알 수 없으므로, 실제로는 사유신고를 해야만 집행법원이 배당절차를 개시할 수 있을 것이다. 이러한 신고를 제3채무자의 사유신고라 하고, 사유신고가 있을 때 비로소 배당요구의 종기에 이르게 된다(민사집행법 제247조 제1항 제1호).

90) 가압류해방금 공탁의 경우 가압류채권자의 본압류로 이전하는 신청이 있는 경우에는 사유신고대상이 아님에 주의

91) 이는 제3채무자가 공탁을 하였더라도 사유신고를 하지 않는 한 배당요구의 종기가 도래하지 아니하여 배당 등의 절차가 사실상 진행되지 못하는 등 절차의 신속한 진행에 지장이 있으므로 다른 이해관계인에게 사유신고할 수 있는 권리를 더불어 인정한 것이다.

되면 민사집행법 제291조, 제248조 제1항에 따른 공탁은 민사집행법 제248조에 따른 집행공탁으로 바뀌어 공탁관은 즉시 압류명령의 발령법원에 그 사유를 신고하여야 하는데, 이로써 가압류의 효력이 미치는 부분에 대한 채무자의 공탁금 출급청구권은 소멸하고, 그 부분 공탁금은 배당재단이 되어 집행법원의 배당절차에 따른 지급위탁에 의하여만 출급이 이루어질 수 있게 된다(대판 2014.12.24. 2012다118785).

2. 사유신고서 제출법원

① (가)압류명령을 송달받은 제3채무자는 원칙적으로 당해 (가)압류명령을 발령한 법원에 사유신고를 하여야 한다. 채권자가 경합된 경우라면 먼저 송달된 (가)압류명령을 발령한 법원에 사유신고를 하여야 한다(민사집행규칙 제172조 제3항).

② 가압류와 압류가 경합된 경우에는 압류를 발령한 법원에 사유신고를 하여야 한다.

3. 사유신고불수리 결정

① 제3채무자로부터 사유신고서를 접수받은 집행법원은 사유신고가 적법하면 이를 수리하여 배당절차를 진행한다. 그러나 배당절차에 의할 것이 아니라고 판단될 경우에는 그 신고서를 불수리하는 결정을 하게 된다.

② 불수리결정이 있는 경우에는 사유신고로 인해 새로운 권리자의 배당가입을 차단하는 이른바 배당가입차단효가 발생하지 않는다.

> **집행공탁에 대하여 공탁사유신고 각하결정이 내려진 경우 배당가입차단의 효력이 인정되는지 여부(소극)**
> 채무액을 공탁한 제3채무자가 구 민사소송법(2002.1.26. 법률 제6626호로 전문 개정되기 전의 것) 제581조 제3항에 따라 그 사유를 법원에 신고하면 배당절차가 개시되는 것이 원칙이지만 법원이 사유신고서를 접수한 결과 배당절차에 의할 것이 아니라고 판단될 경우 그 신고서를 불수리하는 결정을 할 수 있고, 이 경우에는 배당절차가 개시되는 것이 아니므로 그 사유신고에는 새로운 권리자의 배당가입을 차단하는 동법 제580조 제1항 제1호 소정의 효력이 없다(대판 2005.5.13. 2005다1766).

4. 사유신고의 철회 또는 취하

일단 제출되어진 사유신고는 철회 또는 취하할 수 없는 것이 원칙이다. 다만, 제3채무자의 착오나 오류에 의해 무효인 집행공탁을 한 것이라면 사유신고의 철회와 집행공탁금의 회수를 인정할 필요가 있다.

> **집행법원의 공탁사유신고 불수리결정 가부 및 회수청구시 첨부서면**
> 집행법원이 집행공탁금의 배당을 실시하기 전에 공탁자가 집행공탁의 원인이 없음에도 착오로 집행공탁을 한 것임을 이유로 공탁사유신고를 철회한 경우, 그 집행공탁이 원인이 없는 것으로서 무효임이 명백하다면, 집행법원으로서는 공탁사유신고를 불수리하는 결정을 할 수 있고, 공탁자는 공탁관에게 집행법원의 위 결정을 제출하여 공탁법 제8조 제2항 제2호에 따라 공탁금을 회수할 수 있다(대결 1999.1.8. 98마363).

Ⅲ 공탁관의 사유신고

① 공탁금출급·회수청구권에 대하여 압류 또는 가압류가 되었으나 압류의 경합이 성립하지 않는 경우, 공탁관은 민사집행법 제248조 제1항에 의한 공탁 및 사유신고를 하지 아니한다.[92]

② 그러나 공탁금출급·회수청구권에 대하여 압류경합이 있는 경우에는 공탁관의 자의적인 처분을 지양하고 그 대신 배당(집행)법원의 배당절차를 통한 채권자들 간의 공정한 배분이 필요하므로, 공탁관은 압류명령을 발령한 법원에 사유신고를 하여야 한다.

③ 가압류를 원인으로 제3채무자가 민사집행법 제291조 및 제248조 제1항에 의하여 집행공탁한 후에, 피공탁자(가압류채무자)의 공탁금 출급청구권에 대한 압류가 이루어져 압류의 경합이 성립하거나, 공탁사유인 가압류를 본압류로 이전하는 압류명령이 있는 경우에는 공탁관은 사유신고를 하여야 한다.

④ 공탁금 지급청구권에 대하여 민사집행법에 따른 압류와 체납처분에 의한 압류가 있고(선후 불문) 그 압류금액의 총액이 피압류채권액을 <u>초과하는 경우</u>에는 공탁관은 집행법원에 사유신고를 하여야 한다.

사례해설

[사례 1]

1. 공탁관은 사유신고를 할 수 있다.

공탁관은 제3채무자와 달리 공탁금 지급청구권에 대하여 압류의 경합이 있는 경우에 사유신고를 할 수 있다. 체납압류와 민사집행법상의 압류가 있는 경우에는 그 선후를 불문하고 사유신고를 하여야 한다.

2. 사유신고할 수 없다.

공탁금 지급청구권에 대하여 압류경합이 아닌 단일의 (가)압류가 있는 경우에는 공탁관의 사유신고 대상이 아니다.

3. 사유신고할 수 없다.

공탁금 지급청구권에 압류 및 추심명령이 있고 나서 채권이 양도되었으며, 그 이후에 압류 및 추심명령이 있는 경우에는 압류경합이라고 볼 수 없으므로 공탁관은 사유신고를 할 것이 아니라 선행하는 압류 및 추심채권자의 지급청구에 응하여야 한다.

4. 공탁관은 乙에게 공탁금 출급청구권이 있음을 확인하는 서면이 제출된 이후에 사유신고를 하여야 한다.

상대적 불확지공탁이 된 후에 피공탁자 중 1인의 채권자들이 압류 및 추심명령이 있어 압류가 경합된 경우에는 당해 압류채무자인 피공탁자에게 공탁금 출급청구권이 있음을 확인하는 서면이 제출되어야 사유신고를 할 수 있다.

---

92) 민사집행법 제248조 제1항에 의한 공탁은 일반 제3채무자의 이익보호를 위하여 인정된 권리공탁이므로, 공탁금 지급청구권에 대하여 압류·가압류 등이 있는 경우에는 공탁관으로 하여금 군이 일반 제3채무자와 똑같이 민사집행법 제248조 제4항에 의한 사유신고를 하도록 할 필요가 없기 때문이다.

[사례 2]

1. **공탁관은 사유신고를 하여야 한다.**

   가압류를 원인으로 하는 집행공탁후 제3채무자의 사유신고가 있더라도 이는 진정한 의미의 사유신고가 아니므로 가압류가 본압류로 이전되었을 경우 공탁관은 사유신고를 하여야 한다. 제3채무자의 사유신고는 배당요구 종기의 의미도 가지지 아니하고 공탁관이 사유신고한 경우에 배당요구의 종기가 된다.

2. **공탁관은 사유신고를 하여야 한다.**

   가압류채무자의 공탁금 출급청구권에 이미 가압류채권자의 가압류집행이 이루어진 상태이므로 가압류채무자 乙의 채권자 丁이 가압류채무자의 공탁금 출급청구권에 압류 및 추심명령을 받은 경우에는 공탁금출급청구권에 압류경합이 있게 되므로 공탁관은 사유신고를 하여야 한다.

[사례 3]

1. **공탁관은 지체 없이 사유신고를 할 수 없다.**

   담보공탁의 공탁금회수청구권에 압류경합이 있는 경우 공탁관은 담보원인 소멸증명서면이 제출되었을 때 사유신고를 할 수 있다.

2. **공탁관은 사유신고를 할 수 없다.**

   담보공탁의 공탁금 출급청구권에 압류경합이 있는 경우 공탁관은 출급청구권이 있음을 증명하는 서면이 제출된 때 사유신고를 할 수 있다.

제5절 | 민사집행법 제248조와 관련된 그 밖의 공탁관계

Ⅰ 압류 및 전부명령이 있는 경우

1. 전부명령이 확정된 경우

① 전부명령이 확정된 때에는 피전부채권은 권면액으로 전부채권자에게 이전하는 것이므로 제3채무자로서는 채권양도의 경우와 동일하게 전부채권자에게 직접 지급하여야 한다.

② 전부명령의 확정에 의하여 전부채권에 대한 집행절차는 당연히 종료되고 압류의 효력도 그 목적을 이루어 소멸하므로, 민사집행법 제248조 제1항에 의한 집행공탁도 인정되지 않는다.

③ 다만, 전부채권자에 대한 별도의 변제공탁사유가 있는 경우에는 민법 제487조 전단에 따라 변제공탁할 수 있다.

2. 전부명령이 확정되기 전의 경우

전부명령이 발령되어졌다 하더라도 그 전부명령이 확정되기 전이라면 단순히 압류만이 존재하는 상태이므로 제3채무자는 민사집행법 제248조 제1항에 따라 권리공탁을 할 수 있다.

3. 전부명령의 확정 유무를 알 수 없는 경우

① 제3채무자를 보호하는 관점에서 전부명령이 실제로 확정되었다고 하더라도 전부명령의 확정을 알 수 없는 제3채무자에 대하여 민사집행법 제248조 제1항에 의한 공탁을 인정하게 된다.

② 따라서 공탁서 기재상 전부명령이 확정되어 있음이 명확한 경우를 제외하고는 제3채무자의 민사집행법 제248조 제1항에 의한 공탁신청이 있는 경우에는 공탁관은 공탁을 수리할 수밖에 없다.

4. 전부명령과 다른 압류명령 등이 경합하는 경우

(1) (가)압류명령이 송달된 후에 전부명령이 송달된 경우

전부명령이 제3채무자에게 송달될 때까지 그 금전채권에 대하여 다른 채권자에 의한 압류·가압류 또는 배당요구가 있는 경우에는 전부명령의 효력은 생기지 않는 것으로 된다(민사집행법 제229조 제5항). 이 경우는 선행하는 가압류·압류명령과 전부명령의 전제가 되는 압류만이 경합하는 것으로 되기 때문에 제3채무자로서는 민사집행법 제248조 제1항 내지 제3항을 근거로 공탁을 할 수 있게 된다.

(2) 전부명령 송달 후에 (가)압류명령 등이 송달된 경우

전부명령이 제3채무자에게 송달된 후에 다른 채권자의 (가)압류명령 또는 배당요구가 있어도 그 후 전부명령이 확정되면 제3채무자에게 송달된 시점에 소급하여 채권이전의 효력이 생기므로, 그 후의 (가)압류 등이 제3채무자에게 송달되더라도 전부명령은 유효하게 확정되게 된다. 따라서 전부채권자에 대한 별도의 변제공탁사유가 있는 경우에는 민법 제487조 전단에 따라 변제공탁할 수 있다.

(3) 전부명령과 전부명령이 경합하는 경우

전부명령과 전부명령이 경합하는 경우 후행의 전부명령은 다른 채권자가 압류한 이후의 전부명령이므로 그 효력이 생기지 않기 때문에, 전부명령 후에 다른 압류명령 등이 송달된 경우와 동일한 상황이 된다. 따라서 선행의 전부명령이 확정된 경우에는 후행의 전부명령은 무효가 된다.

> **전부명령이 동시에 송달된 경우, 압류경합인지 여부**
>
> 전부명령이 제3채무자에게 송달될 때까지 그 금전채권에 관하여 다른 채권자가 압류·가압류 또는 배당요구를 한 경우에는 전부명령은 효력을 가지지 아니한다. 그리고 동일한 채권에 대하여 두 개 이상의 채권압류 및 전부명령이 발령되어 제3채무자에게 동시에 송달된 경우에는 그 각 채권압류액을 합한 금액이 피압류채권액을 초과하는지 여부를 기준으로 전부명령의 효력을 가려야 하며, 전자가 후자를 초과한다면 그 전부명령들은 모두 채권의 압류가 경합된 상태에서 발령된 것으로서 무효이다(대판 2014.8.28. 2014다23096).

(4) 압류명령 등과 질권 등 담보권 실행에 의한 전부명령이 경합하는 경우

① 전부명령이 제3채무자에게 송달될 때까지 전부명령에 관계된 금전채권에 대하여 다른 채권자가 압류 등을 한 경우에는 그 전부명령의 효력이 생기지 않는 것이지만, 질권 등 담보권 실행에 기초한 채권자인 경우에는 그 전부명령은 유효하다.[93]

② 따라서 질권 등 담보권에 기초한 압류명령 및 전부명령이 송달된 경우에는 그전에 다른 압류명령 등이 송달되어 있었더라도 제3채무자로서는 전부명령이 확정되면 전부채권자에게 직접 변제하면 된다.

③ 그런데 이 경우도 전부명령이 송달되어진 채권에 대하여 그것이 우선권 있는 채권인지 아닌지에 대하여 는 일반의 제3채무자가 알지 못하는 경우도 많고, 실제로 제3채무자로 하여금 그 우선권 유무에 대하여 정확한 판단을 내리도록 기대하기란 어렵다. 이러한 의미에서 이 경우도 제3채무자가 민사집행법 제248 조 제1항에 따라 집행공탁하는 것을 인정할 필요가 있다.

Ⅱ 체납처분에 의한 압류가 있는 경우

1. 개 설

(1) 의 의

① 체납처분은 협의의 체납처분과 교부청구 및 참가압류로 나누어진다. "협의의 체납처분"은 과세권자인 국가 또는 지방자치단체가 납세자의 재산을 압류하여 조세채권의 만족을 얻는 절차로서 재산압류, 압류 재산의 매각, 매각대금의 충당배분의 각 행정처분으로 이루어진다.

② 현재 민사집행절차와 체납처분절차는 각기 다른 법령과 집행기관에 의하여 별도의 독립한 절차로 진행 되기 때문에 동일한 채권에 대하여 (가)압류와 체납처분에 의한 압류가 경합하는 경우가 생기게 된다.

③ 이 경우 (가)압류절차와 체납처분절차의 경합을 인정할 수 있을 것인지, 만일 경합을 인정한다면 그 공탁관계를 어떻게 합리적으로 조정할 것인지 여부가 문제로 제기된다.

(2) 판례의 변화

① 종전 판례는, "현행법상 국세체납 절차와 민사집행 절차는 별개의 절차로서 양 절차 상호 간의 관계를 조정하는 법률의 규정이 없으므로 한 쪽의 절차가 다른 쪽의 절차에 간섭할 수 없는 반면, 쌍방 절차에서 각 채권자는 서로 다른 절차에 정한 방법으로 그 다른 절차에 참여할 수밖에 없고, 동일 채권에 관하여 양 절차에서 각각 별도로 압류하여 서로 경합하는 경우에도 공탁 후의 배분(배당)절차를 어느 쪽이 행하 는가에 관한 법률의 정함이 없어 제3채무자의 공탁을 인정할 여지가 없다."고 하였다(대판 1999.5.14. 99다 3686).

② 최근 판례는, "제3채무자는 체납처분에 따른 압류채권자와 민사집행절차에서 압류 및 추심명령을 받은 채권자 중 어느 한 쪽의 청구에 응하여 그에게 채무를 변제하고 변제 부분에 대한 채무의 소멸을 주장할 수 있으며, 또한 민사집행법 제248조 제1항에 따른 집행공탁을 하여 면책될 수도 있다."라고 하였다(대판 2015.7.9. 2013다60982).

---

93) 수용토지에 대한 근저당권자가 수용보상금출급청구권에 대하여 전부명령을 받은 경우를 생각하면 될 것이다.

(3) 예규의 제정

이러한 판례의 변화에 따라 금전채권에 대하여 민사집행법에 따른 압류와 체납처분에 의한 압류가 있는 경우의 공탁절차 등에 관한 업무처리지침(행정예규 제1060호)이 제정되어 시행되고 있다. 따라서 현재는 체납처분에 의한 채권압류와 민사집행법상 채권압류의 집행 선후에 관계없이 집행공탁이 가능하다.

2. 단일 또는 복수의 체납처분압류가 있는 경우

① 국세징수법 제41조에 의한 채권압류의 효력은 피압류채권의 채권자와 채무자에 대하여 그 채권에 관한 변제, 추심 등 일체의 처분행위를 금지하고, 추심채권자가 체납자에 대신하여 추심할 수 있게 하는 것이므로, 제3채무자는 피압류채권에 관하여 체납자(압류채무자)에게는 변제할 수 없고, 추심채권자인 국에게만 이행할 수 있을 뿐이다(대판 1999.5.14. 99다3686).

② 따라서 체납처분에 의한 압류가 있음을 이유로 압류채무자(체납자)를 피공탁자로 한 변제공탁은 할 수 없고, 단지 압류채권자와의 관계에서 별도의 변제공탁사유가 있을 때만 압류권자(체납처분청)를 피공탁자로 하는 변제공탁을 할 수 있다.

③ 체납처분에 의한 압류는 민사집행절차와는 별개 절차이므로 민사집행법 제248조 제1항에 의한 집행공탁을 할 수는 없다.

국세체납처분에 의한 압류를 이유로 집행공탁 가부 및 민사집행법 제248조 제1항에 의한 집행공탁 시 피공탁자를 기재하는 경우

1. 현행 법체계상 체납처분절차는 민사집행절차와 별개의 절차이므로 토지수용보상금에 대하여 세무서의 압류가 있는 경우에는 민사집행법 제248조 제1항이나 공익사업을 위한 토지 등의 취득 및 보상에 관한 법률 제40조 제2항에 의한 집행공탁을 할 수 없다.

2. 민사집행법 제248조 제1항에 의한 집행공탁은 그 성질상 피공탁자가 배당을 받을 단계에 이르러야 확정되므로 공탁신청 시에 피공탁자를 기재하지 않음이 원칙이나, 금전채권의 일부에 대하여 압류가 있는데 압류와 관련된 채권액 전부를 공탁하는 경우 및 금전채권에 대하여 가압류가 있어(둘 이상의 가압류가 경합하는 경우 포함) 공탁하는 경우는 실질상 변제공탁의 성질도 가지고 있으므로 공탁서의 피공탁자란에 (가)압류채무자를 기재할 것이다(공탁선례 제200504-1호).

---

④ 결국, 제3채무자는 제3채무자는 하나 또는 여럿의 체납처분에 의한 채권압류가 있다는 사유만으로는 체납자를 피공탁자로 한 변제공탁이나 민사집행법 제248조 제1항에 의한 집행공탁을 할 수 없다(행정예규 제1060호 2.).

체납처분에 의한 압류가 민사집행법 제229조 제5항의 '다른 채권자의 압류'나 제236조 제2항의 '다른 압류'에 해당하는지 여부(적극)

체납처분에 의한 압류는, 비록 그 자체만을 이유로 집행공탁을 할 수 있는 민사집행법 제248조 제1항의 '압류'에는 포함되지 않지만, 제3채무자에게 채무자에 대한 지급을 금지하고 채무자에게 채권의 처분과 영수를 금지하는 효력을 가지는 것으로서 민사집행절차에서 압류명령을 받은 채권자의 전속적인 만족을 배제하고 배당절차를 거쳐야만 하게 하는 민사집행법 제229조 제5항의 '다른 채권자의 압류'나 민사집행법 제236조 제2항의 '다른 압류'에는 해당한다(대판 2015.8.27. 2013다203833).

3. 체납처분에 의한 압류와 강제집행에 의한 압류가 경합하는 경우

(1) 변제공탁

제3채무자는 대하여 민사집행법에 따른 압류와 체납처분에 의한 압류가 있다는 사유만으로는 민법 제487조에 의한 변제공탁을 할 수 없다.

(2) 집행공탁

① 총칙 : 제3채무자는 민사집행법 제248조 제1항에 근거하여 압류와 관련된 금전채권액 전액을 공탁할 수 있다. 즉 제3채무자는 압류된 금액만 공탁할 수도 있고, 압류와 관련된 금전채권 전액을 공탁할 수도 있다.

② 민사집행법에 따른 압류와 체납처분에 의한 압류금액의 총액이 피압류채권액을 초과하는 경우

　㉠ 공탁절차

　　㉮ 공탁자는 제3채무자이고, 공탁서의 피공탁자란은 기재하지 않는다.

　　㉯ 공탁서의 공탁원인사실란에 민사집행법에 따른 압류사실 및 체납처분에 의한 압류사실을 모두 기재하여야 한다.

　㉡ 첨부서면 : 제3채무자는 공탁신청 시 압류결정문 사본(민사집행법에 따른 압류) 및 채권압류통지서 사본(체납처분에 의한 압류)을 첨부하여야 한다.

　㉢ 사유신고 : 공탁을 한 후 즉시 공탁서를 첨부하여 그 내용을 서면으로 압류명령을 발령한 집행법원에 사유신고하여야 한다. 이 경우 민사집행법에 따른 압류가 둘 이상 경합하는 경우의 사유신고는 먼저 송달된 압류명령의 발령법원에 하여야 한다.

　㉣ 지급절차 : 민사집행법에 따른 압류채권자 및 체납처분에 의한 압류채권자는 집행법원의 지급위탁에 의하여 공탁금의 출급을 청구할 수 있다.

③ 민사집행법에 따른 압류와 체납처분에 의한 압류금액의 총액이 피압류채권액을 초과하지 않는 경우

　㉠ 공탁절차

　　㉮ 제3채무자는 민사집행법 제248조 제1항에 근거하여 압류와 관련된 금전채권액 전액을 공탁할 수 있으므로 공탁서의 피공탁자란에는 압류명령의 채무자를 기재한다.

　　㉯ 공탁서의 공탁원인사실란에 민사집행법에 따른 압류사실 및 체납처분에 의한 압류사실을 모두 기재하여야 한다.

　㉡ 첨부서면

　　㉮ 제3채무자는 공탁신청 시 압류결정문 사본(민사집행법에 따른 압류) 및 채권압류통지서 사본(체납처분에 의한 압류)을 첨부하여야 한다.

　　㉯ 제3채무자는 공탁신청 시 공탁통지서를 첨부하여야 하고, 피공탁자(압류채무자)에게 할 공탁통지서의 발송과 체납압류권자에게 할 공탁사실 통지를 위하여 우편료를 납입하여야 한다.

　㉢ 사유신고 : 공탁을 한 후 즉시 공탁서를 첨부하여 그 내용을 서면으로 압류명령을 발령한 집행법원에 사유신고하여야 한다. 이 경우 민사집행법에 따른 압류가 둘 이상 경합하는 경우의 사유신고는 먼저 송달된 압류명령의 발령법원에 하여야 한다.

ⓜ 공탁관의 조치
　㉮ 공탁을 수리한 공탁관은 피공탁자(압류채무자)에게 공탁통지서 및 안내문을 발송하고, 체납처분에 의한 압류채권자에게는 공탁사실을 통지하여야 한다.
　㉯ 안내문 예시

> **체납처분에 의한 압류로 인한 공탁금 출급청구권 제한 안내**
>
> 귀하를 피공탁자로 하는 이 사건 공탁은 귀하께서 제3채무자에게 가지고 있는 채권에 대하여 민사집행법에 따른 압류와 체납처분에 의한 압류가 있음을 이유로 제3채무자가 민사집행법 제248조 제1항에 따라 공탁한 사안입니다.
>
> 이러한 경우 공탁금 중 민사집행법에 따른 압류의 효력이 미치는 부분은 배당절차에 의하여 공탁금이 지급되고, 민사집행법에 의한 압류의 효력은 미치지 않지만 체납처분압류의 효력이 미치는 부분은 체납처분에 의한 압류채권자에게 공탁금을 출급할 권한이 있습니다.
>
> 그러므로 귀하께서는 공탁금 중 민사집행법에 따른 압류 및 체납처분에 의한 압류의 효력이 미치지 않는 부분에 대해서만 공탁금을 출급할 권한이 있사오니 이 점 양지하시기 바랍니다.

　㉰ 공탁관은 공탁금 중에서 민사집행법에 따른 압류의 효력은 미치지 않지만 체납처분에 의한 압류의 효력이 미치는 부분을 공탁금 출급청구권에 대하여 체납처분에 의한 압류가 있는 경우에 준하여 처리하여야 한다. 즉 지급위탁절차가 아닌 체납처분에 따른 공탁금 출급절차에 의한다.
ⓗ 지급절차
　㉮ 공탁금 중에서 민사집행법에 따른 압류의 효력이 미치는 부분은 집행법원의 지급위탁에 의하여 공탁금의 출급을 청구할 수 있다.
　㉯ 공탁금 중에서 민사집행법에 따른 압류의 효력은 미치지 않지만 체납처분에 의한 압류의 효력이 미치는 부분은 체납처분에 의한 압류채권자가 공탁관에게 공탁금의 출급을 청구할 수 있다.
　㉰ 공탁금 중에서 민사집행법에 따른 압류의 효력 및 체납처분에 의한 압류의 효력이 미치지 않는 부분은 변제공탁의 예에 따라 피공탁자(압류채무자)가 출급을 청구할 수 있으며, 공탁자도 회수청구할 수 있다.
　㉱ 제3채무자가 위의 회수청구를 할 경우에는 집행법원으로부터 공탁서를 보관하고 있다는 사실을 증명하는 서면을 교부받아 이를 공탁금회수청구서에 첨부하여야 한다.

4. 공탁관이 제3채무자인 경우
① 공탁금지급청구권에 대하여 민사집행법에 따른 압류와 체납처분에 의한 압류가 있고(선후 불문) 그 압류금액의 총액이 피압류채권액을 초과하는 경우에는 공탁관은 집행법원에 사유신고를 하여야 한다.
② 위 ①의 '체납처분에 의한 압류'에는 위 3. (2) ③의 공탁관의 조치의 '체납처분에 의한 압류가 있는 경우에 준하는 경우'가 포함된다.

5. 민사집행법에 따른 압류채권자의 공탁 및 사유신고 의무
금전채권에 대하여 민사집행법에 따른 압류와 체납처분에 의한 압류가 있고(선후 불문) 그 압류금액의 총액이 피압류채권액을 초과하는 경우에 민사집행절차에서 압류 및 추심명령을 받은 채권자가 제3채무자로부터 압류채권을 추심하면 민사집행법 제236조 제2항에 따라 추심한 금액을 바로 공탁하고 그 사유를 신고하여야 한다.

행정예규 제1060호[금전채권에 대하여 민사집행법에 따른 압류와 체납처분에 의한 압류가 있는 경우의 공탁절차 등에 관한 업무처리지침]

1. 목 적

   이 예규는 금전채권에 대하여 민사집행법에 따른 압류와 국세징수법의 규정 또는 그 예에 의하는 각종 징수절차(이하 "체납처분"이라고 한다)에 의한 압류가 있는 경우의 공탁절차 및 공탁금지급절차를 규정함을 목적으로 한다.

2. 금전채권에 대하여 체납처분에 의한 압류가 있는 경우

   제3채무자는 하나 또는 여럿의 체납처분에 의한 채권압류가 있다는 사유만으로는 체납자를 피공탁자로 한 변제공탁이나 민사집행법 제248조 제1항에 의한 집행공탁을 할 수 없다.

3. 금전채권에 대하여 민사집행법에 따른 압류와 체납처분에 의한 압류가 있는 경우(선후 불문)

   가. 변제공탁 : 제3채무자는 금전채권에 대하여 민사집행법에 따른 압류와 체납처분에 의한 압류가 있다는 사유만으로는 체납자(압류채무자)를 피공탁자로 하여 민법 제487조에 의한 변제공탁을 할 수 없다.

   나. 집행공탁

   (1) 총 칙

   (가) 제3채무자는 민사집행법 제248조 제1항에 근거하여 압류와 관련된 금전채권액 전액을 공탁할 수 있고, 공탁을 한 후 즉시 공탁서를 첨부하여 그 내용을 서면으로 압류명령을 발령한 집행법원에 사유신고하여야 한다. 이 경우 민사집행법에 따른 압류가 둘 이상 경합하는 경우의 사유신고는 먼저 송달된 압류명령의 발령법원에 하여야 한다.

   (나) 제3채무자는 공탁신청 시 압류결정문 사본(민사집행법에 따른 압류) 및 채권압류통지서 사본(체납처분에 의한 압류)을 첨부하여야 하고, 공탁서의 공탁원인사실란에 민사집행법에 따른 압류사실 및 체납처분에 의한 압류사실을 모두 기재하여야 한다.

   (2) 민사집행법에 따른 압류와 체납처분에 의한 압류금액의 총액이 피압류채권액을 초과하는 경우

   (가) 공탁서의 피공탁자란은 기재하지 아니한다.

   (나) 민사집행법에 따른 압류채권자 및 체납처분에 의한 압류채권자는 집행법원의 지급위탁에 의하여 공탁금의 출급을 청구할 수 있다.

   (3) 민사집행법에 따른 압류와 체납처분에 의한 압류금액의 총액이 피압류채권액을 초과하지 않는 경우

   (가) 공탁절차 및 공탁관의 처리

   1) 공탁서의 피공탁자란에는 압류명령의 채무자를 기재한다.

   2) 제3채무자는 공탁신청 시 「공탁규칙」 제23조 제1항에서 정한 공탁통지서를 첨부하여야 하고, 위 공탁통지서의 발송과 아래 3)항에서 정하는 공탁사실 통지를 위하여 같은 조 제2항에 따른 우편료를 납입하여야 한다.

   3) 공탁을 수리한 공탁관은 피공탁자(압류채무자)에게 공탁통지서 및 별지 제1호 양식의 안내문을 발송하고, 체납처분에 의한 압류채권자에게는 별지 제2호 양식에 의하여 공탁사실을 통지하여야 한다.

   4) 공탁관은 공탁금 중에서 민사집행법에 따른 압류의 효력은 미치지 않지만 체납처분에 의한 압류의 효력이 미치는 부분을 공탁금 출급청구권에 대하여 체납처분에 의한 압류가 있는 경우에 준하여 처리하여야 한다.

   (나) 공탁금 지급절차

   1) 공탁금 중에서 민사집행법에 따른 압류의 효력이 미치는 부분은 집행법원의 지급위탁에 의하여 공탁금의 출급을 청구할 수 있다.

   2) 공탁금 중에서 민사집행법에 따른 압류의 효력은 미치지 않지만 체납처분에 의한 압류의 효력이 미치는 부분은 체납처분에 의한 압류채권자가 공탁관에게 공탁금의 출급을 청구할 수 있다.

3) 공탁금 중에서 민사집행법에 따른 압류의 효력 및 체납처분에 의한 압류의 효력이 미치지 않는 부분은 변제공탁의 예에 따라 피공탁자(압류채무자)가 출급을 청구할 수 있으며, 공탁자도 회수청구할 수 있다.

4) 제3채무자가 위 3)항의 회수청구를 할 경우에는 집행법원으로부터 공탁서를 보관하고 있다는 사실을 증명하는 서면을 교부받아 이를 공탁금회수청구서에 첨부하여야 한다.

4. 공탁관이 제3채무자인 경우

　가. 공탁금 지급청구권에 대하여 민사집행법에 따른 압류와 체납처분에 의한 압류가 있고(선후 불문) 그 압류금액의 총액이 피압류채권액을 초과하는 경우에는 공탁관은 집행법원에 사유신고를 하여야 한다.

　나. 전항의 '체납처분에 의한 압류'에는 3. 나. (3) (가) 4)항의 '체납처분에 의한 압류가 있는 경우에 준하는 경우'가 포함된다.

5. 민사집행법에 따른 압류채권자의 공탁 및 사유신고 의무

금전채권에 대하여 민사집행법에 따른 압류와 체납처분에 의한 압류가 있고(선후 불문) 그 압류금액의 총액이 피압류채권액을 초과하는 경우에 민사집행절차에서 압류 및 추심명령을 받은 채권자가 제3채무자로부터 압류채권을 추심하면 민사집행법 제236조 제2항에 따라 추심한 금액을 바로 공탁하고 그 사유를 신고하여야 한다.

6. 체납처분에 의한 압류와 가압류가 경합하는 경우

① 채권가압류와 체납처분에 의한 압류가 함께 있는 경우에는 가압류채무자(체납자)를 피공탁자로 하는 변제공탁은 인정되지 않는다.

② 또한 재판상 배당을 전제로 하는 압류경합에 해당하지 않으므로 압류경합을 이유로 한 집행공탁은 허용될 수 없다. 그러나 민사집행법은 채권가압류의 경우에도 공탁을 허용하고 있으므로(민사집행법 제291조, 제248조 제1항) 체납처분에 의한 압류와는 별개의 절차인 채권가압류를 원인으로 한 집행공탁은 허용된다고 볼 여지가 있다.

> **공탁금 출급청구권에 대한 채권가압류와 체납처분에 의한 압류가 있는 경우 체납처분에 의한 채권압류권자의 채권추심 가능 여부(적극)**
>
> 1. 민사집행법 시행 전에 단일 또는 복수의 채권가압류가 있어 제3채무자가 민법 제487조에 의하여 변제공탁을 한 후 피공탁자(가압류채무자)에 대한 체납처분에 의한 압류통지가 이루어져서 체납처분에 의한 압류채권자가 추심청구를 하면 공탁관은 이를 거절할 수 없다. 이는 민사집행법 시행 후 채권가압류를 원인으로 민사집행법 제248조 제1항 및 제291조에 의하여 집행공탁한 후 위 사안과 같은 경우에도 동일하게 적용된다.
>
> 2. 위 1항의 경우 체납처분에 의한 피압류채권에 대하여 근로기준법에 의한 우선변제권을 가지는 임금 등의 채권에 기한 가압류집행이 되어 있다 하더라도, 체납처분에 의한 압류채권자의 추심청구를 공탁관은 거절할 수 없다.
>
> 3. 위와 같이 체납처분에 의한 압류채권자의 추심청구에 의하여 공탁금이 출급된 경우 공탁관은 채권가압류권자들에게 위 공탁금 지급사실을 통지할 필요는 없다(공탁선례 제2-351호).

제6절 | 가압류해방공탁

사례

갑(甲)은 을(乙)에 대한 물품대금채권(1억원)에 기하여 을(乙)의 소유인 부동산을 가압류하였다(가압류 청구금액 – 1억원).

1. 乙이 해방공탁을 하는 경우 피공탁자를 기재하는가?

2. 乙로부터 가압류된 부동산을 매수한 丙은 가압류를 말소하기 위하여 해방공탁할 수 있는가?

3. 乙이 1억원을 해방공탁한 후 甲은 乙을 상대로 한 본안승소의 확정판결을 첨부하여 공탁물을 회수청구할 수 있는가?

4. 甲이 乙을 상대로 승소확정판결을 받아 이에 기해 강제경매가 진행 중이다. 그 후 乙은 가압류해방금을 공탁하고 가압류집행취소결정을 받아 가압류등기를 말소하였다. 乙이 경매절차를 취소신청할 수 있는가?

가압류해방금액(민사집행법 제282조)

가압류명령에는 가압류의 집행을 정지시키거나 집행한 가압류를 취소시키기 위하여 채무자가 공탁할 금액을 적어야 한다.

가압류집행의 취소(민사집행법 제299조)

① 가압류명령에 정한 금액을 공탁한 때에는 법원은 결정으로 집행한 가압류를 취소하여야 한다.
② 삭제 〈2005.1.27.〉
③ 제1항의 취소결정에 대하여는 즉시항고를 할 수 있다.
④ 제1항의 취소결정에 대하여는 제17조 제2항의 규정을 준용하지 아니한다.

I 개설

1. 의의

① 가압류의 집행정지나 집행한 가압류를 취소하기 위하여 채무자가 공탁할 금액을 해방금액 또는 해방공탁금이라 하는데, 가압류채무자가 가압류명령에 정한 금액을 공탁하는 것이 민사집행법 제282조의 가압류해방공탁이다.

② 가처분의 경우에는 해방공탁금에 관한 민사집행법 제282조가 준용되지 않는다(대결 2002.9.25. 2000마282).

2. 기능

(1) 공탁금회수청구권에 가압류집행의 효력 유지

가압류제도는 금전적 청구권을 보전하기 위한 것이므로 채무자가 금전적 청구권보전에 필요한 충분한 금액을 공탁한 경우에는 채권자로서는 가압류집행이 필요 없게 되고, 가압류의 효력을 공탁금회수청구권 위에 생기게 함으로써 채권자는 여전히 공탁금회수청구권 위에 가압류의 효력을 유지하는 결과가 되므로 아무런 불이익을 받지 아니한다.

(2) 장래의 강제집행 보전

가압류는 금전적 청구권을 보전하기 위한 수단이므로 집행목적재산 대신 상당한 금전을 공탁하면 구태여 가압류집행을 할 필요 없이 채권보전의 목적을 달성할 수 있게 되므로 채무자로 하여금 불필요한 집행을 당하지 않도록 마련한 제도가 가압류해방공탁이다.

Ⅱ 해방공탁금의 법적 성질

① 해방공탁금은 가압류의 집행정지나 취소로 인한 채권자의 손해를 담보하는 것이 아니고 가압류의 목적재산에 갈음하는 것이므로 소송비용의 담보에 관한 규정이 준용되지 않고, 채권자는 여기에 대하여 우선변제권이 없다.

② 가압류해방공탁금은 가압류목적물에 갈음하는 것으로서, 가압류해방공탁이 된 경우에 가압류명령 그 자체의 효력은 소멸되는 것이 아니라 공탁자인 가압류채무자의 공탁금회수청구권에 가압류명령의 효력이 미치게 되는 것이다.

③ 가압류해방금액을 공탁하게 하는 목적은 가압류의 집행과 마찬가지로 피보전채권의 강제집행을 보전하는 데 있으므로, 가압류해방공탁은 채무변제를 위한 공탁이 아니므로 가압류채무자는 가압류해방공탁에 의하여 채무의 소멸을 주장할 수 없다.

Ⅲ 공탁신청절차

1. 관 할

관할에 관한 명문의 규정이 없다. 다만, 가압류해방공탁의 경우 공탁 후 공탁서를 첨부하여 가압류집행취소를 신청하는 것과 관련하여 볼 때 집행법원에 공탁하는 것이 편리할 것이다(공탁선례 제1-16호).

2. 공탁물

(1) 금 전

가압류해방금액은 채무자가 입을 수 있는 손해를 담보하는 취지의 이른바 소송상의 담보와는 달리 가압류의 목적물에 갈음하는 것으로서, 금전에 의한 공탁만이 허용되고, 유가증권에 의한 공탁은 그 유가증권이 실질적 통용가치가 있는 것이라고 하더라도 허용되지 않는다(대결[전합] 1996.10.1. 96마162).

(2) 전부공탁

① 가압류채무자가 가압류의 집행취소신청을 하기 위해서는 가압류명령에서 정한 금액 전부를 공탁하여야 하며, 가압류명령에서 정한 금액의 일부만을 공탁하고 가압류집행의 일부취소를 구하는 것은 허용되지 않는다.

② 가압류결정에서 가압류채무자 '을', '병' 및 '정'을 공동채무자로 하여 청구금액 1억원을 공탁하고 가압류의 집행취소를 신청할 수 있도록 정한 경우에는 '병' 및 '정'은 상속채무액 만큼만 공탁하여 자신들이 공유하는 부동산에 대한 가압류의 집행취소를 구할 수는 없다(공탁선례 제2-291호).

③ 집행한 가압류를 취소시키기 위한 해방공탁을 하였으나 공탁금액이 가압류명령에 정한 해방금액 전부가 아니라 그 일부에 불과하였다면, 그 공탁은 가압류의 집행을 취소시킬 수 있는 해방공탁으로서의 효력이 없어 '착오로 공탁을 한 경우'에 해당한다(대결 2013.9.13. 2013마949).

3. 공탁당사자

(1) 공탁자(가압류채무자 및 그 포괄승계인)

① 가압류해방공탁을 할 수 있는 자는 가압류채무자이다. 제3자에 의한 가압류해방공탁은 허용되지 않는다.

② 다만, 상속·합병 등으로 가압류채무자에 대한 권리·의무를 포괄적으로 승계한 자는 해방공탁을 할 수 있을 것이다.

(2) 피공탁자

해방공탁의 경우 피공탁자는 원시적으로 있을 수 없으므로 공탁서에 피공탁자를 기재할 수는 없다.

4. 가압류 채무자의 가압류 집행취소 신청

해방금액을 공탁한 가압류채무자는 그 공탁서를 첨부하여 가압류 집행법원에 가압류집행취소를 신청하고, 이러한 집행취소 신청이 있으면 집행법원은 집행취소의 결정을 하여야 한다.

> **가압류집행이 본집행으로 이행된 경우, 가압류집행의 효력을 다툴 수 있는지 여부(소극) 및 가압류집행 취소결정이 본집행에 영향을 미치는지 여부(소극)**
>
> • 가압류집행이 있은 후 그 가압류가 강제경매개시결정으로 인하여 본압류로 이행된 경우에 가압류집행이 본집행에 포섭됨으로써 당초부터 본집행이 있었던 것과 같은 효력이 있고, 본집행의 효력이 유효하게 존속하는 한 상대방은 가압류집행의 효력을 다툴 수는 없고 오로지 본집행의 효력에 대하여만 다투어야 하는 것이므로, 본집행이 취소, 실효되지 않는 한 가압류집행이 취소되었다고 하여도 이미 그 효력을 발생한 본집행에는 아무런 영향을 미치지 않는다(대결 2002.3.15. 2001마6620).
>
> • 가압류가 본압류로 이행되어 강제집행이 이루어진 경우에는 가압류집행은 본집행에 포섭됨으로써 당초부터 본집행이 있었던 것과 같은 효력이 있게 되므로, 본집행이 되어 있는 한 채무자는 가압류에 대한 이의신청이나 취소신청 또는 가압류집행 자체의 취소 등을 구할 실익이 없게 되고, 특히 강제집행조차 종료한 경우에는 그 강제집행의 근거가 된 가압류결정 자체의 취소나 가압류집행의 취소를 구할 이익은 더 이상 없다. 본집행으로 가압류를 취소할 이익이 없어지게 되어 가압류취소를 원인으로 본집행의 취소도 불가하므로 가압류해방금공탁으로 가압류집행취소가 되었다 하여도 이를 이유로 강제경매개시결정을 취소할 수는 없다(민사집행법 제50조, 제49조 참조, 대결 2004.12.10. 2004다54725).

1. 가압류채권자의 권리행사

(1) 회수청구권에 대한 강제집행

가압류의 효력은 공탁금 자체가 아니라 공탁자인 가압류채무자의 공탁금회수청구권에 미치는 것이고 가압류채권자는 <u>본안 승소확정판결 등을</u> 집행권원으로 하여 공탁금회수청구권에 대하여 가압류로부터 본압류로 이전하는 채권압류 및 추심(또는 전부)명령을 받아 공탁소에 대하여 회수청구를 할 수 있으며(전부명령은 확정증명, 추심명령은 송달증명 각 첨부), 그 경우의 집행권원으로는 확정판결뿐만 아니라 가집행선고부 종국판결도 포함된다(공탁선례 제2-293호).

> **채무자가 해방공탁을 하여 가압류가 집행취소된 상태에서 본안소송계속 중에 원고가 해방공탁금을 지급받을 수 있는 방안**
>
> 가압류채권자가 해방공탁금을 지급받기 위해서는 <u>본안 승소확정판결을</u> 집행권원으로 하여 <u>공탁금회수청구권에</u> 대하여 가압류로부터 본압류로 전이하는 압류 및 전부명령을 받아 공탁소에 대하여 <u>회수청구를</u> 할 수 있는바, 위와 같은 집행권원으로는 위 확정판결뿐만 아니라 가집행선고부 종국판결도 포함된다(공탁선례 제2-293호).

(2) 가압류의 피보전권리와 집행채권의 동일성 소명[94]

① 본안소송에서 승소확정판결을 받은 가압류채권자가 가압류채무자의 해방공탁금회수청구권에 대한 채권압류 및 전부명령을 받아 지급청구권을 행사하는 경우에 그 채권압류가 <u>가압류를 본압류로 전이하는 채권압류가 아닌 한</u> 가압류의 피보전권리와 압류의 집행채권의 <u>동일성을 소명해야</u> 할 것이다.

② 다만 가압류 취하증명을 첨부하는 경우에는 채권의 동일성을 소명하지 않아도 무방할 것이고, 가압류해방공탁금을 가압류채무자인 공탁자가 회수하고자 할 경우의 첨부서면은 일반적인 첨부서면 이외에 공탁원인의 소멸을 증명하는 서면으로써 가압류결정취소결정정본 및 그 송달증명서나 가압류신청취하 또는 해제증명서 등을 첨부하여야 한다(공탁선례 제2-294호).

(3) 동일성여부가 불분명한 경우

> **가압류해방공탁금에 대하여 압류 및 전부명령을 받은 경우 공탁금의 지급을 청구하는 절차**
>
> 갑이 을에 대한 금전채권을 보전하기 위하여 을의 부동산을 가압류하자 을이 해방공탁을 하여 가압류가 집행취소된 상태에서 갑이 가압류채권에 대한 본안판결에서 승소확정을 받아 해방공탁금의 회수청구권에 대한 압류 및 전부명령을 받은 경우에는, 가압류채권과 압류 및 전부명령을 받은 채권은 동일한 것이므로(즉 압류가 해방금의 공탁으로 집행정지 또는 집행취소된 가압류로부터 전이된 경우) 이때에는 다른 가압류가 경합되지 않은 한 압류가 경합되지 아니하게 되어 채권의 동일성을 소명하는 서면을 첨부하여 전부명령에 기한 회수청구를 하면 공탁금을 지급받을 수 있을 것이나, 이 경우 <u>공탁관이</u> 압류가 가압류로부터 전이된 것이 명백하지 않다고 하여 가압류와 압류가 경합되어 전부명령의 효력이 없는 것으로 판단하여 집행법원에 <u>사유신고를</u> 한 때에는 <u>집행법원의 배당결정에 의하여 교부하는 지급위탁서를</u> 첨부하여 공탁금의 회수청구를 하여야 할 것이다(공탁선례 제2-296호).

---

94) 이러한 동일성을 소명하지 아니하면 채권자가 같은 경우라도 채권이 다른 것으로 취급되어 압류의 경합이 생기고 이로 인해 배당절차에 의해 공탁금을 지급받기 때문이다.

(4) 소명시기

공탁관은 공탁금 지급청구권에 대하여 압류경합이 있음을 이유로 지체 없이 사유신고를 하게 되므로(행정예규 제1225호에 의하여 3일 이내), 가압류채권자는 공탁관이 집행법원에 사유신고를 하기 전까지만 동일성을 소명하면 된다.

(5) 우선변제권 여부

> **해방공탁금 회수청구권에 대하여 다른 채권자가 강제집행절차를 밟을 경우, 집행법원이 배당절차를 개시할 수 있는지 여부(적극)**
>
> 가압류해방공탁금은 가압류목적물에 갈음하는 것으로서, 가압류채권자가 가압류목적물에 대하여 우선변제를 받을 권리가 없는 것과 마찬가지로 가압류해방공탁금에 대하여도 우선변제권이 없으므로 집행력 있는 집행권원을 가진 다른 채권자가 가압류해방공탁금 회수청구권에 대하여 강제집행절차를 밟는다고 하여 가압류 채권자에게 별다른 손해를 주는 것도 아니며, 만일 가압류채권자가 다른 채권자의 채권이 허위채권이라거나 청구채권액이 부당히 과다하다고 판단한다면 이를 이유로 배당이의를 하여 다른 채권자에 대한 배당을 보류시키면 되는 것이므로, 가압류채권자의 배당이의가 있다고 하여 배당절차의 개시 자체가 위법하게 되는 것은 아니다(대결 1996.11.11. 95마252).

(6) 공탁관의 사유신고

가압류채무자의 다른 채권자가 가압류해방공탁금 회수청구권에 대하여 압류명령을 받은 경우에는 가압류채권자의 가압류와 다른 채권자의 압류는 경합하게 되므로 공탁관은 지체 없이 집행법원에 그 사유를 신고하여야 하고, 압류 및 추심명령을 받은 채권자 등에게 공탁금을 지급하여서는 안 된다(대판 2002.8.27. 2001다73107 참조).

(7) 공탁관의 사유신고시 첨부서면

공탁관은 사유신고를 함에 있어 사유신고서에 공탁서 사본을 첨부하여야 한다.

> **재판예규 제866-25호[가압류해방공탁금의 회수청구권에 대한 압류명령이 있는 경우의 사유신고시기 등]**
>
> 1. 가압류해방금의 공탁금회수청구에 관하여 압류명령이 송달된 때에는 공탁관은 지체 없이 집행법원에 그 사유를 신고하여야 한다.
>   다만, 그 압류가 해방금의 공탁으로 집행정지 또는 집행취소된 가압류(이하 "해방가압류"라 한다)로부터 전이된 본압류임이 명백하고 다른 가압류(해방가압류 이외의 것)의 경합이 없는 경우에는 그러하지 아니하다.
> 2. 공탁관은 제1항의 사유신고를 함에 있어 사유신고서에 민사집행규칙 제172조 제1항에 규정된 사항 이외에 해당가압류 사건의 표시 및 그 가압류 채권자의 성명을 기재하고 공탁서의 사본을 첨부하여야 한다.
> 3. 법원이 해방공탁금에 관한 배당금의 지급을 위하여 공탁관에게 송부하는 지급위탁서에는 공탁서의 첨부를 요하지 아니한다.

(8) 가압류채무자에게 해방공탁금의 용도로 대여한 자

> **해방공탁금의 용도로 금원을 대여한 자가 해방공탁금 회수청구권에 대한 (가)압류의 효력을 가압류 채권자에게 주장할 수 있는지 여부(소극)**
>
> 해방금액의 공탁에 의한 가압류 집행취소 제도의 취지에 비추어 볼 때, 가압류 채권자의 가압류에 의하여 누릴 수 있는 이익이 가압류 집행취소에 의하여 침해되어서는 안 되므로, 가압류 채무자에게 해방공탁금의 용도로 금원을 대여하여 가압류집행을 취소할 수 있도록 한 자는 비록 가압류 채무자에 대한 채권자라 할지라도 특별한 사정이 없는 한 가압류 채권자에 대한 관계에서 가압류 해방공탁금 회수청구권에 대하여 위 대여금 채권에 의한 압류 또는 가압류의 효력을 주장할 수는 없다(대판 1998.6.26. 97다30820).

2. 가압류채무자의 회수

(1) 회수청구권의 법적 성질

① 가압류해방공탁금에 대하여는 가압류채권자의 공탁금 출급청구권은 없고 가압류채무자의 공탁금회수청구권만 있다. 공탁자인 가압류채무자의 해방공탁금회수청구권은 공탁원인의 소멸을 정지조건으로 하는 청구권이므로 그와 같은 조건이 성취되면 공탁자는 그것을 입증하고 해방공탁금을 회수할 수 있다.

② 채무자인 공탁자의 공탁금회수청구권에 대한 양수인 등도 마찬가지이다.

(2) 공탁원인 소멸[95]

① 가압류채무자(공탁자)가 해방공탁금을 회수하기 위해서는 해방공탁금 위에 미치고 있는 가압류의 효력을 이의신청 또는 사정변경에 의한 가압류결정취소신청 등으로 깨뜨리거나, 가압류채권자와 합의를 보아 해방공탁금에 대한 가압류를 풀어야 한다.

② 공탁원인소멸 증명서면으로는 가압류를 취소하는 결정정본 및 송달증명, 제소기간 도과로 인한 가압류결정취소결정 및 송달증명, 집행 후 3년간 본안의 소 부제기로 인한 가압류취소결정 및 송달증명 가압류취하(간주)증명, 가압류해방공탁금에 대한 가압류집행해제증명 등이 있다.

③ 가압류채권자가 본안소송에서 패소하여 그 판결이 확정된 경우에는 가압류채무자는 사정변경에 따른 가압류취소신청을 하여 가압류취소결정(및 송달증명)을 받아 공탁금을 회수할 수 있다. 또한 가압류해방공탁은 가압류로 인한 손해담보공탁이 아니므로 가압류해방공탁금 회수청구시 담보취소결정이 필요 없음은 물론이다.

> **해방공탁후 가압류채권자의 채권자가 '가압류채권자의 가압류채무자에 대한 본안판결 확정 후 제3채무자인 국가에 대하여 회수청구할 공탁금채권을' 피압류채권으로 하여 채권가압류를 받은 경우, 가압류채무자가 공탁금을 회수청구할 수 있는지 여부(적극)**
>
> 1. 민사집행법 제282조에 의한 가압류해방금액이 공탁된 경우 그 가압류의 효력은 공탁금 자체가 아닌 공탁자인 가압류채무자(乙)의 공탁금 회수청구권에 대하여 미치는 것이고 가압류채권자(甲)는 공탁금에 대하여 우선변제를 받을 권리가 없으며, 가압류 채권자(甲)가 해방공탁금을 지급받기 위하여는 본안승소확정판결 등을 집행권원으로 하여 공탁금 회수청구권에 대한 별도의 현금화명령(추심명령 또는 전부명령 등)을 받아야 한다.

---

95) 가압류채무자가 가압류의 집행을 취소하기 위하여 가압류해방금공탁을 하고 이와 별도로 가압류채권자에게 변제를 하는 경우가 종종 있다. 이는 가압류채권자에게 변제를 하면 가압류해방공탁금을 곧바로 회수할 수 있다는 생각에 기인한 것이나, 이러한 경우에도 사정변경에 따른 가압류취소신청을 하여 회수하여야 한다.

2. 따라서 가압류채권자(甲)의 채권자(丙)가 '가압류채권자(甲)의 가압류채무자 (乙)에 대한 본안판결 확정 후 제3채무자인 국가에 대하여 회수청구할 공탁금채권'을 피압류채권으로 채권가압류를 받았다 하더라도 가압류의 효력이 소멸되었을 경우에 공탁자가 가지는 공탁금회수청구권 행사에 아무 영향도 줄 수 없으므로 공탁자인 가압류채무자(乙)가 일반적인 첨부서면 이외에 가압류해방공탁의 원인이 된 그 가압류의 효력이 소멸되었음을 증명하는 서면을 첨부하여 공탁금 회수청구를 하는 경우 공탁관은 그 회수청구를 인가하여야 할 것이다(공탁선 례 제1-225호).

가집행선고부 판결에 의하여 집행이 된 가압류해방공탁금에 대한 압류 및 전부명령의 성질

가집행선고부 판결에 의하여 집행이 완결된 사건에 있어서는 그 본안판결이 항소심에서 취소 또는 변경되더라도 이를 이유로 이미 완결된 강제집행을 취소할 수는 없으므로, 가압류채권자인 '갑'이 가집행선고부판결을 받아 해방공탁금의 회수청구권을 압류 및 전부받은 후라면 비록 전부채권자인 '갑'이 해방공탁금을 회수하기 전에 가압류채무자인 '을'이 항소심에서 전부 승소판결(갑의 청구기각판결)을 받아 사정변경에 의한 가압류결정취소판결을 받았다 하더라도 '을'은 이미 집행완료된 해방공탁금을 막바로 회수할 수는 없으며, '을'은 '갑'으로부터 이미 전부된 회수청구권을 다시 양도(부당이득의 원상회복)받거나 '갑'을 상대로 손해배상 또는 부당이득금 반환청구를 하여 별도의 채무명의를 얻어 집행하여야 할 것이다(공탁선례 제1-220호).

가압류해방공탁금 회수청구권에 대하여 채권압류 및 전부명령을 받은 채권자의 공탁금회수청구절차

전부명령이 제3채무자에게 송달될 때까지 압류된 금전채권에 관하여 다른 채권자가 압류·가압류 또는 배당요구를 한 경우에는 전부명령은 효력을 가지지 아니하고, 가압류집행의 목적물에 갈음하여 가압류해방금이 공탁된 경우에는 그 가압류의 효력은 공탁금자체가 아니라 공탁자인 채무자의 공탁금회수청구권에 대하여 미치는 것이므로 채무자의 다른 채권자가 가압류해방공탁금 회수청구권에 대하여 압류 및 전부명령을 받은 경우에는 전부명령은 효력이 없고, 가압류채권자의 가압류와 압류가 경합하게 되므로 공탁관의 사유신고로 개시되는 집행법원의 배당실시절차에서 배당금수령채권자로서 그 지급받을 자격을 증명하는 증명서를 교부받아야만 공탁금회수청구를 할 수 있다(공탁선례 제2-344호).

(3) 착오를 이유로 한 회수청구

집행한 가압류를 취소시키기 위한 해방공탁을 하였으나 공탁금액이 가압류명령에 정한 해방금액 전부가 아니라 그 일부에 불과하였다면, 그 공탁은 가압류의 집행을 취소시킬 수 있는 해방공탁으로서의 효력이 없어 '착오로 공탁을 한 경우'에 해당한다(대결 2013.9.13. 2013마949).

3. 이자의 귀속문제

가압류해방공탁금에 대한 이자의 귀속 문제

가압류해방공탁금의 회수청구권에 대하여 가압류로부터 본압류로 전이하는 압류 및 전부명령이 확정된 때에는 그 명령이 제3채무자인 국가에 송달된 때에 채무자의 공탁금회수청구권은 지급에 갈음하여 전부명령상 권면액의 범위 내에서 채권자에게 이전하는 것이므로, 공탁일로부터 위 명령이 제3채무자인 국가에 송달되기 전일까지의 공탁금에 대한 이자는 공탁자(채무자)에게 지급되어야 할 것이고 그 이후의 공탁금에 대한 이자는 전부채권자에게 지급되어야 할 것이다(공탁선례 제2-98호).

1. **기재하지 않는다.**
   가압류해방공탁의 경우 피공탁자는 기재하지 않는다(피공탁자의 원시적 부존재).

2. **해방공탁할 수 없다.**
   부동산을 매수한 제3취득자는 가압류해방공탁을 할 수 없다. 가압류해방공탁의 경우 제3자에 의한 공탁은 인정되지 않는다.

3. **할 수 없다.**
   가압류채권자는 가압류를 본압류로 이전하는 압류 및 추심(또는 전부)명령을 얻어 회수청구할 수 있다. 승소확정판결만으로는 회수청구할 수 없다.

4. **할 수 없다.**
   가압류집행이 있은 후 그 가압류가 강제경매개시결정으로 인하여 본압류로 이행된 경우에 가압류집행이 본집행에 포섭됨으로써 당초부터 본집행이 있었던 것과 같은 효력이 있고, 본집행의 효력이 유효하게 존속하는 한 상대방은 가압류집행의 효력을 다툴 수는 없고 오로지 본집행의 효력에 대하여만 다투어야 하는 것이므로, 본집행이 취소, 실효되지 않는 한 가압류집행이 취소되었다고 하여도 이미 그 효력을 발생한 본집행에는 아무런 영향을 미치지 않는다.

정리 #30	해방금의 공탁신청절차와 공탁금 지급절차

해방금의 공탁신청절차

공탁자	가압류채무자(○), 제3자공탁(×)
피공탁자	부존재(따라서 기재하지도 않는다)
공탁물	금 전
	가압류명령에서 정한 금액 전부
공탁할 금액	가압류결정문 사본
첨부서면	법원은 결정으로 집행한 가압류를 취소하여야 함

공탁 후 채무자의 가압류집행취소 신청 시 가압류의 효력은 가압류채무자의 회수청구권위에 존속

공탁금 지급절차

출급청구	출급청구권 없음		
회수청구	가압류 채권자	본안승소확정판결(가집행선고부종국판결포함)을 받아 가압류에서 본압류(동일성소명불요)	사유신고(×)
		• 압류의 경합 • 가압류에서 이전된 것이 불명확	사유신고(○) → 지급위탁
	가압류 채무자	공탁원인소멸증명(가압류의 효력이 소멸되었음을 증명) • 이의신청/사정변경/제소기간도과/3년간 본안의 소 부제기/담보제공 → 가압류결정취소결정정본 및 송달증명 • 가압류취하(간주)증명 • 가압류집행해제증명	

| 제7절 | 매각허가여부에 대한 항고보증공탁(민사집행법 제130조 제3항) |

매각허가여부에 대한 항고(민사집행법 제130조)

① 매각허가결정에 대한 항고는 이 법에 규정한 매각허가에 대한 이의신청사유가 있다거나, 그 결정절차에 중대한 잘못이 있다는 것을 이유로 드는 때에만 할 수 있다.

② 민사소송법 제451조 제1항 각 호의 사유는 제1항의 규정에 불구하고 매각허가 또는 불허가결정에 대한 항고의 이유로 삼을 수 있다.

③ 매각허가결정에 대하여 항고를 하고자 하는 사람은 보증으로 매각대금의 10분의 1에 해당하는 금전 또는 법원이 인정한 유가증권을 공탁하여야 한다.

⑥ 채무자 및 소유자가 한 제3항의 항고가 기각된 때에는 항고인은 보증으로 제공한 금전이나 유가증권을 돌려 줄 것을 요구하지 못한다.

⑦ 채무자 및 소유자 외의 사람이 한 제3항의 항고가 기각된 때에는 항고인은 보증으로 제공한 금전이나, 유가증권을 현금화한 금액 가운데 항고를 한 날부터 항고기각결정이 확정된 날까지의 매각대금에 대한 대법원규칙이 정하는 이율에 의한 금액(보증으로 제공한 금전이나, 유가증권을 현금화한 금액을 한도로 한다)에 대하여는 돌려 줄 것을 요구할 수 없다. 다만, 보증으로 제공한 유가증권을 현금화하기 전에 위의 금액을 항고인이 지급한 때에는 그 유가증권을 돌려 줄 것을 요구할 수 있다.

⑧ 항고인이 항고를 취하한 경우에는 제6항 또는 제7항의 규정을 준용한다.

준용규정(민사집행법 제268조)

부동산을 목적으로 하는 담보권 실행을 위한 경매절차에는 제79조 내지 제162조의 규정을 준용한다.

I 의 의

무익한 항고의 제기로 인한 절차지연을 방지하기 위하여 매각허가결정에 불복하는 모든 항고인에 대하여 보증금을 공탁하도록 되어 있다. 민사집행법 제130조의 규정은 매각허가결정에 대한 항고시에 적용되는 것이므로, 매각불허가결정에 대하여는 보증의 제공을 요하지 않는다.

II 공탁물의 지급

1. 항고가 기각(각하)·취하된 경우

① 채무자 및 소유자가 한 항고가 기각된 때에는 항고인은 보증으로 제공한 금전이나 유가증권을 돌려 줄 것을 요구하지 못한다.

② 채무자 및 소유자 외의 사람이 한 항고가 기각된 때에는 항고인은 보증으로 제공한 금전이나, 유가증권을 현금화한 금액 가운데 항고를 한 날부터 항고기각결정이 확정된 날까지의 매각대금에 대한 대법원규칙이 정하는 이율에 의한 금액(보증으로 제공한 금전이나, 유가증권을 현금화한 금액을 한도로 한다)에 대하여는 돌려 줄 것을 요구할 수 없다.

③ 다만, 보증으로 제공한 유가증권을 현금화하기 전에 위의 금액을 항고인이 지급한 때에는 그 유가증권을 돌려 줄 것을 요구할 수 있다.

④ 매각허가결정에 대한 항고가 기각되기 전에 항고인의 공탁금회수청구권에 대하여 압류 및 전부명령이 있었다고 하여도 이는 집행채권자에게 그 회수청구권을 이전케 하는 효과를 발생할 뿐 공탁금 출급청구권에는 아무런 영향을 미칠 수는 없는 것이므로 위 공탁금의 출급청구를 받은 공탁공무원으로서는 공탁금회수청구권에 대한 압류 및 전부명령이 있었다는 이유로 그 출급청구를 거부할 수는 없는 것이다(대결 1991.11.18. 91마501).

2. 항고가 인용된 경우

항고가 인용된 경우에는 확정증명을 제출하여 바로 보증금을 회수할 수 있으며, 공탁의 성질이 담보공탁이 아닌 집행공탁이기 때문에 담보취소절차를 밟을 필요가 없다.

3. 경매신청이 취하되거나 경매절차가 취소된 경우

항고인은 이러한 사실을 증명하는 서면을 첨부하여 공탁금의 회수청구를 할 수 있다.

행정예규 제980호[매각허가결정에 대한 항고시 보증으로 공탁한 현금 또는 유가증권의 지급절차]

제1조(목적)
이 예규는 「민사집행법」 제130조 제3항에 따라 매각허가결정에 대한 항고를 할 때 보증으로 공탁한 현금이나 유가증권의 출급 또는 회수에 관한 공탁사무 처리절차를 규정함을 목적으로 한다.

제2조(공탁자가 회수하는 경우의 절차)
공탁의 사유가 소멸된 경우에는 공탁자가 공탁서와 항고인용의 재판이 확정되었음을 증명하는 서면 또는 당해 보증이 배당할 금액에 포함될 필요가 없게 되었음을 증명하는 서면(집행법원의 법원사무관 등이 발급한 것에 한한다)을 첨부하여 공탁물 회수청구를 할 수 있다.

제3조(공탁금을 배당금의 일부로 출급하는 절차)
금전을 공탁한 경우 집행법원은 보증으로 공탁된 금액을 포함하여 배당을 한 후 공탁금에 관하여 「공탁규칙」 제43조 제1항에 따라 공탁관에게 지급위탁서를 보내고 배당받은 집행채권자에게는 공탁금 출급을 청구하는데 필요한 증명서 1통을 주어야 한다.

제4조(공탁유가증권을 현금화하기 위하여 출급하는 절차)
집행법원이 「민사집행규칙」 제80조의 규정에 따라 항고보증으로 공탁한 유가증권을 현금화하고자 할 때에는 유가증권현금화명령을 첨부하여 공탁유가증권 출급청구를 하여야 하고, 그 청구를 받은 공탁관은 집행법원에게 공탁유가증권 출급을 인가하여야 한다.

I 민사집행법 제222조 제1항에 의한 공탁(매각대금공탁)

매각대금의 공탁(민사집행법 제222조)
① 매각대금으로 배당에 참가한 모든 채권자를 만족하게 할 수 없고 매각허가된 날부터 2주 이내에 채권자 사이에 배당협의가 이루어지지 아니한 때에는 매각대금을 공탁하여야 한다.
② 여러 채권자를 위하여 동시에 금전을 압류한 경우에도 제1항과 같다.
③ 제1항 및 제2항의 경우에 집행관은 집행절차에 관한 서류를 붙여 그 사유를 법원에 신고하여야 한다.

II 민사집행법 제236조 제2항에 의한 공탁(추심권자의 공탁)

추심의 신고(민사집행법 제236조)
① 채권자는 추심한 채권액을 법원에 신고하여야 한다.
② 제1항의 신고 전에 다른 압류·가압류 또는 배당요구가 있었을 때에는 채권자는 추심한 금액을 바로 공탁하고 그 사유를 신고하여야 한다.

1. 추심채권자의 추심신고의무

① 추심채권자가 채권을 추심한 때에는 추심한 채권액을 법원에 신고하여야 한다(민사집행법 제236조 제1항).
② 이러한 추심신고가 있으면 다른 채권자들에 의한 배당요구는 더 이상 허용되지 않는다(민사집행법 제247조 제1항 제2호).

2. 추심채권자의 공탁의무

① 채권자가 추심의 신고를 하기 전에 다른 압류, 가압류 또는 배당요구가 있었을 때에는 채권자는 추심한 금액을 바로 공탁하고 그 사유를 신고하여야 한다(민사집행법 제236조 제2항).
② 추심채권자는 피압류채권의 행사에 제약을 받게 되는 채무자를 위하여 선량한 관리자의 주의의무를 가지고 채권을 행사하고, 나아가 제3채무자로부터 추심금을 지급받으면 지체 없이 공탁 및 사유신고를 함으로써 압류 또는 배당에 참가한 모든 채권자들이 배당절차에 의한 채권의 만족을 얻도록 하여야 할 의무를 부담한다 할 것인바, 만일 추심채권자가 추심을 마쳤음에도 지체 없이 공탁 및 사유신고를 하지 아니한 경우에는 그로 인한 손해배상으로서, 제3채무자로부터 추심금을 지급받은 후 공탁 및 사유신고에 필요한 상당한 기간을 경과한 때부터 실제 추심금을 공탁할 때까지의 기간 동안 금전채무의 이행을 지체한 경우에 관한 법정지연손해금 상당의 금원도 공탁하여야 할 의무가 있다(대판 2005.7.28. 2004다8753).

3. 공탁금의 지급

민사집행법 제236조 제2항의 규정에 따라 추심채권자가 공탁한 때 법원은 배당절차를 개시한다(민사집행법 제252조). 배당절차를 거쳐 법원은 지급위탁서를 공탁관에게 송부하고 지급을 받을 자에게는 그 자격에 관한 증명서를 교부하여 공탁금이 배당채권자에게 지급되게 될 것이다.

Ⅲ 민사집행법 제258조 제6항의 공탁(민사집행규칙 제142조 제3항의 공탁)

집행공탁과는 달리 공탁금의 지급은 피공탁자(채무자)의 출급청구에 따라 이루어진다.[96]

> **부동산 등의 인도청구의 집행(민사집행법 제258조)**
> ⑥ 채무자가 그 동산의 수취를 게을리한 때에는 집행관은 집행법원의 허가를 받아 동산에 대한 강제집행의 매각절차에 관한 규정에 따라 그 동산을 매각하고 비용을 뺀 뒤에 나머지 대금을 공탁하여야 한다.

> **민사집행법 제258조 제6항 및 민사집행규칙 제142조 제3항에 의한 공탁 시 공탁통지서 등의 첨부 여부(적극)**
> 민사집행법 제258조 제6항 및 민사집행규칙 제142조 제3항에 의한 공탁은 그 내용이 피공탁자의 수령지체 등을 원인으로 하는 변제공탁이므로 이 규정에 의한 공탁을 할 때에는 규칙 제23조의 규정에 따라 공탁통지서를 첨부하여야 한다(공탁선례 제2-305호).

Ⅳ 회생위원의 개인회생채권자를 위한 공탁

1. 의의

개인회생채권자는 개인회생채권자집회의 기일 종료 시까지 변제계획에 따른 변제액을 송금받기 위한 금융기관 계좌 번호를 회생위원에게 신고하여야 하는데, 위 신고를 하지 아니한 개인회생채권자에 대하여 지급할 변제액은 변제계획에서 정하는 바에 따라 공탁할 수 있다(채무자 회생 및 파산에 관한 규칙 제84조 제1항, 제2항).

2. 공탁절차

① 회생위원은 공탁하기 전에 개인회생채권자에게 공탁예정통지서를 발송하여 통지서를 송달받은 날부터 1주일 한에 계좌번호를 신고하지 아니하면 변제액을 공탁한다는 점을 알려 주는 등의 절차를 거쳐 연 1회 변제액을 공탁할 수 있다(재민 제2004-4호 제11조의5 제1항·제3항).

② 회생위원은 계좌입금에 의한 공탁금 납입을 신청하여야 한다(재민 제2004-4호 제11조의5 제4항).

③ 공탁관의 공탁 수리 후 회생위원은 「가상계좌에 의한 공탁금 납입절차에 관한 업무지침」에 따라 공탁금을 납입한다. 이 경우 회생위원은 법원과 공탁금 보관은행 사이에 연계된 전산시스템을 이용하여 공탁예정액을 지정된 계좌에 입금하는 방식으로 공탁금을 납입한다(재민 제2004-4호 제11조의5 제5항).

---

96) 민사집행법상의 의무로서 집행관이 공탁한다는 점에서 형식상 집행공탁이나 매각대금의 보관 및 지급의 책임을 면하기 위한 공탁인 점에서 실질상 변제공탁인 성질을 갖는다.

3. 공탁금의 지급

공탁금을 출급받으려는 채권자가 있는 경우 회생위원은 공탁규칙 제43조에서 정한 절차에 따라 공탁관에게 지급위탁서를 보내고 지급받을 채권자에게 그 자격에 관한 증명서를 주어야 한다(재민 제2004-4호 제11조의5 제7항).

Ⅴ 회생위원의 채무자를 위한 공탁

1. 의 의

회생위원은 개인회생절차폐지의 결정 또는 면책의 결정이 확정된 후에도 임치된 금원(이자를 포함)이 존재하는 경우에는 이를 채무자에게 반환하여야 한다. 다만, 채무자가 수령을 거부하거나 채무자의 소재불명 등으로 반환할 수 없는 경우에는 채무자를 위하여 공탁할 수 있다(채무자 회생 및 파산에 관한 법률 제617조의2).

2. 공탁절차

① 회생위원은 채무자가 개인회생절차개시신청서에 기재한 금융기관 계좌번호와 전화번호에 오류가 있고, 채무자의 소재불명 등의 사유로 채무자와 연락이 되지 않는 경우에는 채무자 회생 및 파산에 관한 법률 제617조의2에 따라 임치된 금원을 공탁할 수 있다. 이 경우 사전에 채무자용 공탁예정통지서[전산양식 D5508-1]를 발송할 수 있다(재민 제2004-4호 제11조의5 제2항).

② 회생위원은 계좌입금에 의한 공탁금 납입을 신청하여야 한다(재민 제2004-4호 제11조의5 제4항).

③ 공탁관의 공탁 수리 후 회생위원은 「가상계좌에 의한 공탁금 납입절차에 관한 업무지침」에 따라 공탁금을 납입한다. 이 경우 회생위원은 법원과 공탁금 보관은행 사이에 연계된 전산시스템을 이용하여 공탁예정액을 지정된 계좌에 입금하는 방식으로 공탁금을 납입한다(재민 제2004-4호 제11조의5 제5항).

3. 공탁금의 지급

공탁금을 출급받으려는 채무자가 있는 경우 회생위원은 공탁규칙 제43조에서 정한 절차에 따라 공탁관에게 지급위탁서를 보내고 지급받을 채무자에게 그 자격에 관한 증명서를 주어야 한다(재민 제2004-4호 제11조의5 제7항).

07 집행공탁

제1절 │ 총 설

제2절 │ 금전채권압류를 원인으로 하는 공탁

01 집행공탁에 관한 다음 설명 중 가장 옳지 않은 것은? 2023년

① 제3채무자가 민사집행법 제248조 제1항에 따라 금전채권의 일부가 압류되어 압류와 관련된 금전채권의 전액을 공탁하는 경우, 공탁금 중에서 압류의 효력이 미치지 않는 부분에 대하여는 변제공탁의 예에 따라 피공탁자(압류채무자)가 출급을 청구할 수 있으며, 공탁자도 민법 제489조 제1항에 의하여 회수청구할 수 있다.

② 제3채무자가 민사집행법 제248조 제1항에 따라 압류가 경합되어 있음을 이유로 한 집행공탁이 유효하려면 피압류채무에 해당하는 채무 전액을 공탁하여야 하므로, 제3채무자가 채무 전액을 공탁하지 않아 집행공탁의 효력이 인정되지 않는 경우에는 그 공탁이 수리된 후 공탁된 금원에 대한 배당절차가 종결되었더라도 그 공탁되어 배당된 금원에 대하여는 변제의 효력이 생기지 않는다.

③ 대여금 채권(100만원)에 대하여 甲의 가압류결정(100만원)이 제3채무자에게 송달된 후 甲이 가압류신청 취하서를 가압류발령 법원에 제출했지만 법원사무관등의 취하통지서가 제3채무자에게 도달하기 전에 동일한 권리에 대하여 압류 및 전부명령(100만원)이 제3채무자에게 도달한 경우 제3채무자는 민사집행법 제248조 제1항에 따라 압류경합을 이유로 집행공탁을 할 수 있다.

④ 금전채권에 대하여 민사집행법에 따른 압류와 체납처분에 의한 압류가 있고(선후 불문) 그 압류금액의 총액이 피압류채권액을 초과하는 경우에, 민사집행절차에서 압류 및 추심명령을 받은 채권자가 제3채무자로부터 압류채권을 추심하면 민사집행법 제236조 제2항에 따라 추심한 금액을 바로 공탁하고 그 사유를 신고하여야 한다.

⑤ 민사집행법 제248조 제1항에 따른 제3채무자의 집행공탁 전에 동일한 피압류채권에 대하여 다른 채권자의 신청에 따라 압류·가압류명령이 발령되었더라도, 제3채무자의 집행공탁 후에야 그에게 송달된 경우 그 압류·가압류의 효력이 생기지 아니한다.

[**❶** ▸ ○] 공탁금 중에서 압류의 효력이 미치지 않는 부분에 대하여는, 변제공탁의 예에 따라 피공탁자 (압류채무자)가 출급을 청구할 수 있으며, 공탁자도 회수청구할 수 있다[행정예규 제1018호 2. 다. (4)].

[**❷** ▸ ×] 압류 및 추심명령의 제3채무자가 채무 전액을 공탁하지 않아 집행공탁의 효력이 인정되지 않는다고 하여도 그 공탁이 수리된 후 공탁된 금원에 대하여 배당이 실시되어 배당절차가 종결되었다면 그 공탁되어 배당된 금원에 대하여는 변제의 효력이 있다(대판 2014.7.24. 2012다91385).

[**❸** ▸ ○] 전부명령은 선행 가압류신청의 취하통지서가 제3채무자에게 송달되어 그 가압류집행의 효력이 소멸되기 전에 압류가 경합된 상태에서 발령된 경우에 해당하여 무효이고, 한번 무효로 된 전부명령은 그 후 채권가압류의 집행해제로 압류의 경합 상태에서 벗어났다고 하여 되살아나지 않는다(대판 2008.1.17. 2007다73826). 따라서 제3채무자는 압류경합을 이유로 집행공탁을 할 수 있다.

[**❹** ▸ ○] 제3채무자는 체납처분에 따른 압류채권자와 민사집행절차에서 압류 및 추심명령을 받은 채권자 중 어느 한 쪽의 청구에 응하여 그에게 채무를 변제하고 변제 부분에 대한 채무의 소멸을 주장할 수 있으며, 또한 민사집행법 제248조 제1항에 따른 집행공탁을 하여 면책될 수도 있다. 그리고 체납처분에 의한 압류채권자가 제3채무자에게서 압류채권을 추심하면 국세징수법에 따른 배분절차를 진행하는 것과 마찬가지로, 민사집행절차에서 압류 및 추심명령을 받은 채권자가 제3채무자에게서 압류채권을 추심한 경우에는 민사집행법 제236조 제2항에 따라 추심한 금액을 바로 공탁하고 사유를 신고하여야 한다(대판 2015.7.9. 2013다60982).

[**❺** ▸ ○] 제3채무자가 압류나 가압류를 이유로 민사집행법 제248조 제1항이나 민사집행법 제291조, 제248조 제1항에 따라 집행공탁을 하면 그 제3채무자에 대한 피압류채권은 소멸한다. 채권에 대한 압류·가압류명령은 그 명령이 제3채무자에게 송달됨으로써 효력이 생기므로(민사집행법 제227조 제3항, 제291조), 제3채무자의 집행공탁 전에 동일한 피압류채권에 대하여 다른 채권자의 신청에 의하여 압류·가압류명령이 발령되었더라도, 제3채무자의 집행공탁 후에야 그에게 송달되었다면 그 압류·가압류명령은 집행공탁으로 인하여 이미 소멸한 피압류채권에 대한 것이어서 효력이 생기지 아니한다(대판 2021.12.16. 2018다226428).

답 **❷**

甲은 乙에 대하여 물품대금채무 2천만원을 부담하고 있는데, 丙의 채권압류 및 추심명령(집행채권액 1천만원) 및 丁의 채권압류 및 추심명령(집행채권액 500만원)을 순차적으로 각 송달받고, 물품대금채무 2천만원을 민사집행법 제248조 제1항 집행공탁을 하려고 한다. 다음 설명 중 옳은 것을 모두 고른 것은?(다툼이 있는 경우 판례·예규 및 선례에 따르고 전원합의체 판결의 경우 다수의견에 의함. 이하 같음)

2021년

ㄱ. 공탁서의 피공탁자란에 피공탁자를 기재하지 않는다.
ㄴ. 공탁사유신고는 丙의 채권압류명령을 발령한 집행법원에 하여야 한다.
ㄷ. 甲은 위 공탁금 중 500만원 부분에 대하여 민법 제489조 제1항에 근거하여 공탁금회수청구를 할 수 있다.
ㄹ. 위 공탁이 성립한 후 丙과 丁의 압류가 모두 실효된 경우 乙은 집행법원의 지급위탁절차에 의하지 아니하고 공탁금 전액(2천만원)에 대하여 출급청구할 수 있다.
ㅁ. 위 공탁이 성립한 후 공탁금출급청구권에 대하여 戊의 채권압류 및 추심명령(집행채권액 300만원)이 공탁소에 도달한 경우 공탁관은 지체 없이 집행법원에 사유신고를 하여야 한다.

① ㄱ, ㄴ, ㄷ   ② ㄴ, ㄷ
③ ㄷ, ㄹ, ㅁ   ④ ㄴ, ㄹ
⑤ ㄴ, ㅁ

[ㄱ▸×] [ㄴ▸○] [ㄷ▸○]　행정예규 제1018호 2. 다. (1)·(4), 라.

행정예규 제1018호[제3채무자의 권리공탁에 관한 업무처리절차]
　2. 금전채권의 일부에 대하여 압류가 있는 경우
　　다. 제3채무자가 압류와 관련된 금전채권액 전액을 공탁한 경우
　　　(1) 제3채무자는 공탁서의 피공탁자란에 압류명령의 채무자를 기재하고, 공탁규칙 제23조 제1항에서 정한 공탁통지서를 첨부하며, 같은 조 제2항에 따라 우편료를 납입하여야 한다.
　　　(2) 공탁관은 피공탁자(압류채무자)에게 위 (1)항의 공탁통지서를 발송하여야 한다.
　　　(3) 공탁금 중에서 압류의 효력이 미치는 부분에 대하여는, 집행법원의 지급위탁에 의하여 공탁금의 출급을 청구할 수 있다.
　　　(4) 공탁금 중에서 압류의 효력이 미치지 않는 부분에 대하여는, 변제공탁의 예에 따라 피공탁자(압류채무자)가 출급을 청구할 수 있으며, 공탁자도 회수청구할 수 있다.
　　　(5) 제3채무자가 압류의 효력이 미치지 않는 부분에 대하여 회수청구를 할 경우에는, 집행법원으로부터 공탁서를 보관하고 있다는 사실을 증명하는 서면을 교부받아 이를 공탁금회수청구서에 첨부하여야 한다.
　　라. 둘 이상의 채권압류(가압류를 포함한다)가 있고 압류된 채권액의 합계액이 압류와 관련된 금전채권액보다 적은 경우 : 제3채무자는 압류·가압류된 채권액의 합계액 또는 압류·가압류와 관련된 금전채권 전액을 위 나. 및 다.항의 예에 따라 공탁할 수 있으며, 이때에 사유신고는 먼저 송달된 압류명령의 발령법원에 하여야 한다.

[ㄹ ▸ ×] 금전채권에 대한 압류를 이유로 제3채무자가 민사집행법 제248조 제1항에 의하여 공탁한 후에, 압류명령이 취소되거나 신청의 취하 등으로 인하여 압류가 실효된 경우, 채무자는 압류된 채권액에 대하여 집행법원의 지급위탁에 의하여 공탁금의 출급을 청구할 수 있다(행정예규 제1018호 5. 가.).

[ㅁ ▸ ×] 공탁물출급·회수청구권에 대하여 압류 또는 가압류가 되었으나 압류의 경합이 성립하지 않는 경우, 공탁관은 민사집행법 제248조 제1항에 의한 공탁 및 사유신고를 하지 아니한다(행정예규 제1018호 6. 가.). 즉, 공탁금출급청구권에 대한 戊의 채권압류는 압류경합이 아니므로, 공탁관은 사유신고를 하지 아니한다.

답 **❷**

제3절 | 금전채권 가압류를 원인으로 하는 공탁

03
☐☐☐

甲은 乙에 대하여 물품대금 채무 1백만원을 부담하고 있는데, 丙의 채권가압류결정(집행채권액 : 2백만원)을 송달받고, 위 채무 1백만원 전액을 민사집행법 제291조 및 제248조 제1항 가압류 집행공탁을 하였다. 다음 중 옳은 것을 모두 고른 것은?

2023년

ㄱ. 乙은 피공탁자로서 공탁금을 출급할 수 있다.
ㄴ. 甲은 민법 제489조에 기하여 공탁금을 회수할 수 있다.
ㄷ. 위 공탁이 성립한 후 丁의 채권압류 및 추심명령(집행채권액 : 2백만원)이 공탁소에 도달한 경우 공탁관은 집행법원에 사유신고를 하여야 한다.
ㄹ. 위 공탁이 성립한 후 고양시의 체납처분에 의한 압류통지(집행채권액 : 2백만원)가 공탁소에 도달한 경우 고양시는 직접 공탁금을 출급할 수 있다.
ㅁ. 위 공탁이 성립한 후 丙의 가압류로부터 본압류로 이전하는 채권압류 및 추심명령(집행채권액 : 1백만원)이 공탁소에 도달한 경우 丙은 공탁금을 직접 출급할 수 있다.

① ㄱ, ㄴ
② ㄱ, ㄷ
③ ㄱ, ㄹ
④ ㄷ, ㄹ
⑤ ㄹ, ㅁ

....

[ㄱ ▸ ×] 피공탁자는 가압류가 실효되지 않는 한 공탁금의 출급을 청구할 수 없고, 가압류채권자는 가압류를 본압류로 이전하는 압류명령을 얻은 후 집행법원의 지급위탁에 의하여 공탁금의 출급을 청구할 수 있다(행정예규 제1018호 4. 나.).

[ㄴ ▸ ×] 집행공탁이므로 변제공탁의 특유한 회수사유인 민법 제489조에 의한 회수가 허용되지 않는다.

[ㄷ ▸ ○] 금전채권에 대한 가압류를 원인으로 제3채무자가 민사집행법 제291조 및 제248조 제1항에 의하여 공탁한 후에, 피공탁자(가압류채무자)의 공탁금출급청구권에 대한 압류가 이루어져 압류의 경합이 성립하거나, 공탁사유인 가압류를 본압류로 이전하는 압류명령이 있는 경우에는 공탁관은 사유신고를 하여야 한다[행정예규 제1225호 1. 나. (1)].

[ㄹ▸O] 민사집행법 시행 전에 단일 또는 복수의 채권가압류가 있어 제3채무자가 민법 제487조에 의하여 변제공탁을 한 후 피공탁자(가압류채무자)에 대한 체납처분에 의한 압류통지가 이루어져서 체납 처분에 의한 압류채권자가 추심청구를 하면 공탁관은 이를 거절할 수 없다. 이는 민사집행법 시행 후 채권가압류를 원인으로 민사집행법 제248조 제1항 및 제291조에 의하여 집행공탁한 후 위 사안과 같은 경우에도 동일하게 적용된다(공탁선례 제2-351호).

[ㅁ▸×] 가압류채권자가 가압류를 본압류로 이전하는 압류명령을 받은 경우에는, 집행법원의 지급위 탁에 의하여 공탁금의 출급을 청구할 수 있다[행정예규 제1018호 4. 가. (5)].

답 ④

04 □□□ 甲은 乙에 대하여 대여금 채무 1천만원을 부담하고 있는데, 丙의 가압류결정(집행채권액 : 2천 만원)을 송달받고, 위 채무 1천만원 전액을 민사집행법 제291조 및 제248조 제1항에 의하여 가압류 집행공탁을 하였다. 다음 설명 중 가장 옳은 것은?
2022년

① 위 공탁이 성립한 후 甲은 민법 제489조에 근거하여 공탁금을 직접 회수할 수 있다.
② 위 공탁이 성립한 후 乙의 공탁금출급청구권에 대하여 용인시의 체납처분에 의한 압류(집행채권액 : 1천만원)통지가 공탁소에 송달되어 용인시가 추심청구를 하는 경우 공탁관은 이에 응해야 한다.
③ 위 공탁이 성립한 후 공탁금출급청구권에 대하여 丙의 가압류로부터 본압류로 이전하는 채권압류 ·추심명령(집행채권액 : 1천만원)이 송달되어 丙이 추심청구를 하는 경우 공탁관은 이에 응해야 한다.
④ 위 공탁이 성립한 후 공탁금출급청구권에 대하여 丁의 채권압류·추심명령(집행채권액 : 1천만원) 이 송달되어 丁이 추심청구를 하는 경우 공탁관은 이에 응해야 한다.
⑤ 위 공탁이 성립한 후 乙은 공탁통지서를 첨부하여 공탁금 전액을 출급할 수 있다.

[❶▸×] 민법 제489조에 의한 공탁물 회수는 변제공탁의 특유한 회수사유로서, 집행공탁에 해당하는 채권 가압류를 원인으로 하는 공탁에는 적용되지 않는다. 다만, 금전채권의 일부만이 가압류 되었는데 가압류에 관련된 금전채권 전액을 공탁한 경우에는 공탁금 중 가압류 금액을 초과하는 부분은 변제공탁 절차에 의하여 회수할 수 있다.

[❷▸O] 민사집행법 시행 전에 단일 또는 복수의 채권가압류가 있어 제3채무자가 민법 제487조에 의하여 변제공탁을 한 후 피공탁자(가압류채무자)에 대한 체납처분에 의한 압류통지가 이루어져서 체납 처분에 의한 압류채권자가 추심청구를 하면 공탁관은 이를 거절할 수 없다. 이는 민사집행법 시행 후 채권가압류를 원인으로 민사집행법 제248조 제1항 및 제291조에 의하여 집행공탁한 후 위 사안과 같은 경우에도 동일하게 적용된다(공탁선례 제2-351호).

[❸▸×] [❺▸×] 피공탁자(가압류채무자)는 가압류가 실효되지 않는 한 공탁금의 출급을 청구할 수 없고, 가압류채권자가 가압류를 본압류로 이전하는 압류명령이 국가(공탁관)에 송달되면 공탁관은 즉시 압류명령의 발령법원에 그 사유를 신고하여야 하며, 가압류채권자는 집행법원의 지급위탁에 의하 여 집행법원으로부터 발급받은 지급증명서를 첨부하여 공탁금을 출급청구할 수 있다.

[**❹ ▸ ×**] 금전채권에 대한 가압류를 원인으로 제3채무자가 민사집행법 제291조 및 제248조 제1항을 근거법령으로 공탁한 경우에는, 공탁공무원은 공탁 수리 후 피공탁자(가압류채무자)에게는 공탁통지서를 가압류채권자에게는 공탁사실을 통지하고, 피공탁자의 공탁금 출급청구권에 압류의 경합이 성립하거나, 공탁사유인 가압류를 본압류로 이전하는 압류명령이 있는 경우에는 집행법원에 사유신고를 한 후 지급위탁에 의해 공탁금을 출급하여야 한다(공탁선례 제2-283호).

답 ❷

05
☐☐☐

> 금전채권에 대한 가압류를 이유로 제3채무자가 민사집행법 제291조 및 제248조 제1항에 의하여 공탁을 하는 경우에 관한 다음 설명 중 가장 옳은 것은?
>
> 2021년

① 제3채무자가 가압류된 채권액에 대하여만 공탁하는 경우에도 공탁서의 피공탁자란에 가압류채무자를 기재한다.

② 둘 이상의 가압류가 있는 경우 제3채무자는 민사집행법 제291조 및 제248조 제1항 공탁을 한 후 즉시 공탁서를 첨부하여 먼저 송달된 가압류명령의 발령법원에 공탁사유신고를 하여야 하고 그로 인하여 배당절차가 개시되고 배당요구종기가 도래하게 된다.

③ 금전채권에 대한 가압류를 이유로 제3채무자가 민사집행법 제291조 및 제248조 제1항에 의하여 공탁한 후에, 가압류명령이 취소되거나 신청의 취하 등으로 인하여 가압류가 실효되더라도 가압류채무자는 가압류된 채권액에 대하여 집행법원의 지급위탁에 의하여 공탁금의 출급을 청구할 수 있다.

④ 가압류채권자가 가압류를 본압류로 이전하는 압류명령을 얻은 경우 집행법원의 지급위탁에 의하지 않고 공탁소로부터 직접 공탁금을 출급할 수 있다.

⑤ 제3채무자가 가압류와 관련된 금전채권 전액을 공탁을 한 경우 가압류의 효력이 미치지 않는 부분에 대하여도 변제공탁의 예에 따른 피공탁자(가압류채무자)의 공탁금출급청구는 인정되지 않는다.

....

[**❶ ▸ ○**] 행정예규 제1018호 4. 가. (1)·(2)

> **행정예규 제1018호[제3채무자의 권리공탁에 관한 업무처리절차]**
> 4. 금전채권의 일부 또는 전부에 대하여 가압류가 있는 경우
>   가. 총 칙
>   (1) 제3채무자는 가압류된 채권액 또는 가압류와 관련된 금전채권액 전액을 공탁할 수 있고, 공탁을 한 후 즉시 공탁서를 첨부하여 그 내용을 서면으로 가압류발령법원에 신고하여야 한다.
>   (2) 위의 경우 공탁서의 피공탁자란에는 가압류채무자를 기재하고, 공탁근거법령 조항은 민사집행법 제291조 및 제248조 제1항으로 한다.

[❷ ▸ ×] 제3채무자는 가압류된 채권액의 합계액 또는 가압류와 관련된 금전채권액 전액을 위 나. 및 다.항의 예에 따라 공탁할 수 있으며, 이때에 공탁자는 즉시 공탁서를 첨부하여 먼저 송달된 가압류명령의 발령법원에 그 내용을 서면으로 신고하여야 한다(행정예규 제1018호 4. 라.). 이와 관련하여 판례는, 채권가압류를 이유로 한 제3채무자의 공탁은 압류를 이유로 한 제3채무자의 공탁과 달리 그 공탁금으로부터 배당을 받을 수 있는 채권자의 범위를 확정하는 효력이 없고, 가압류의 제3채무자가 공탁을 하고 공탁사유를 법원에 신고하더라도 배당절차를 실시할 수 없으며, 공탁금에 대한 채무자의 출급청구권에 대하여 압류 및 공탁사유신고가 있을 때 비로소 배당절차를 실시할 수 있다고 판시하고 있다(대판 2006.3.10. 2005다15765).

[❸ ▸ ×] 금전채권에 대한 가압류를 이유로 제3채무자가 민사집행법 제291조 및 제248조 제1항에 의하여 공탁한 후에, 가압류명령이 취소되거나 신청의 취하 등으로 인하여 가압류가 실효된 경우, 가압류채무자(피공탁자)는 공탁통지서와 가압류가 실효되었음을 증명하는 서면을 첨부하여 공탁관에게 공탁금의 출급을 청구할 수 있다(행정예규 제1018호 5. 나.).

[❹ ▸ ×] 금전채권에 대한 가압류를 원인으로 제3채무자가 민사집행법 제291조 및 제248조 제1항에 의하여 공탁한 후에, 피공탁자(가압류채무자)의 공탁금출급청구권에 대한 압류가 이루어져 압류의 경합이 성립하거나, 공탁사유인 가압류를 본압류로 이전하는 압류명령이 있는 경우에는, 공탁관은 즉시 먼저 송달된 압류명령의 발령법원에 그 사유를 신고하여야 한다(행정예규 제1018호 6. 나.). 따라서 가압류채권자는 집행법원의 지급위탁에 의하지 아니하고 공탁소로부터 직접 공탁금을 출급할 수 없다.

[❺ ▸ ×] 제3채무자가 가압류와 관련된 금전채권 전액을 공탁을 한 경우 공탁금 중에서 가압류의 효력이 미치지 않는 부분에 대하여는, 변제공탁의 예에 따라 피공탁자(가압류채무자)가 출급을 청구할 수 있으며, 공탁자도 회수청구할 수 있다[행정예규 제1018호 4. 다. (2)].

답 ❶

제4절 | 민사집행법 제248조와 공탁사유신고

제5절 | 민사집행법 제248조와 관련된 그 밖의 공탁관계

06
□□□

甲은 乙에 대하여 대여금채무 100만원을 부담하고 있는데, 자동차세미납을 이유로 한 용인시의 체납처분에 의한 압류통지(집행채권액 : 10만원)와 丙의 채권압류 및 추심명령(집행채권액 : 30만원)을 순차적으로 각 송달받고, 대여금채무 100만원을 민사집행법 제248조 제1항에 의하여 집행공탁 하려고 한다. 다음 설명 중 옳은 것을 모두 고른 것은?

2022년

> ㄱ. 甲은 공탁서의 공탁원인사실란에 민사집행법에 따른 압류사실 및 체납처분에 의한 압류사실을 모두 기재하여야 한다.
> ㄴ. 甲은 위 공탁이 성립된 후 丙의 압류명령을 발령한 집행법원에 사유신고를 하여야 한다.
> ㄷ. 용인시는 공탁금 중 10만원에 대하여 공탁관에게 공탁금의 출급을 청구할 수 있다.
> ㄹ. 丙은 공탁금 중 30만원에 대하여 집행법원의 지급위탁에 의하지 아니하고 공탁관에게 공탁금의 출급을 청구할 수 있다.
> ㅁ. 乙은 공탁금 중 60만원에 대하여 집행법원의 지급위탁에 의하지 아니하고 공탁관에게 공탁금의 출급을 청구할 수 있다.

① ㄱ, ㄴ, ㄷ, ㄹ
② ㄱ, ㄴ, ㄷ, ㅁ
③ ㄱ, ㄷ, ㄹ, ㅁ
④ ㄱ, ㄴ, ㄹ, ㅁ
⑤ ㄴ, ㄷ, ㄹ, ㅁ

⋯⋯⋯

[ㄱ ▶ ○] [ㄴ ▶ ○] 행정예규 제1060호 3. 나. (1) (가), (나)

> **행정예규 제1060호[금전채권에 대하여 민사집행법에 따른 압류와 체납처분에 의한 압류가 있는 경우의 공탁절차 등에 관한 업무처리지침]**
>
> 3. 금전채권에 대하여 민사집행법에 따른 압류와 체납처분에 의한 압류가 있는 경우(선후 불문)
>   나. 집행공탁
>   (1) 총 칙
>   (가) 제3채무자는 민사집행법 제248조 제1항에 근거하여 압류와 관련된 금전채권액 전액을 공탁할 수 있고, 공탁을 한 후 즉시 공탁서를 첨부하여 그 내용을 서면으로 압류명령을 발령한 집행법원에 사유신고하여야 한다. 이 경우 민사집행법에 따른 압류가 둘 이상 경합하는 경우의 사유신고는 먼저 송달된 압류명령의 발령법원에 하여야 한다.❿
>   (나) 제3채무자는 공탁신청 시 압류결정문 사본(민사집행법에 따른 압류) 및 채권압류통지서 사본(체납처분에 의한 압류)을 첨부하여야 하고, 공탁서의 공탁원인사실란에 민사집행법에 따른 압류사실 및 체납처분에 의한 압류사실을 모두 기재하여야 한다.❿

[ㄷ▸O] [ㄹ▸×] [ㅁ▸O] 행정예규 제1060호 3. 나. (3) (나)

> **행정예규 제1060호[금전채권에 대하여 민사집행법에 따른 압류와 체납처분에 의한 압류가 있는 경우의 공탁절차 등에 관한 업무처리지침]**
>
> 3. 금전채권에 대하여 민사집행법에 따른 압류와 체납처분에 의한 압류가 있는 경우(선후 불문)
>   나. 집행공탁
>   (3) 민사집행법에 따른 압류와 체납처분에 의한 압류금액의 총액이 피압류채권액을 초과하지 않는 경우
>   (나) 공탁금 지급절차
>   1) 공탁금 중에서 민사집행법에 따른 압류의 효력이 미치는 부분은 집행법원의 <u>지급위탁에 의하여</u> 공탁금의 출급을 청구할 수 있다.ㄷ
>   2) 공탁금 중에서 민사집행법에 따른 압류의 효력은 미치지 않지만 체납처분에 의한 압류의 효력이 미치는 부분은 체납처분에 의한 압류채권자가 공탁관에게 공탁금의 출급을 청구할 수 있다.ㄹ
>   3) 공탁금 중에서 민사집행법에 따른 압류의 효력 및 체납처분에 의한 압류의 효력이 미치지 않는 부분은 변제공탁의 예에 따라 피공탁자(압류채무자)가 출급을 청구할 수 있으며, 공탁자도 회수청구할 수 있다.ㅁ

답 ❷

07
□□□

채무자 甲은 채권자 乙의 채권가압류결정(해방금액 1천만원)을 송달받고, 민사집행법 제282조 가압류해방공탁을 하려고 한다. 다음 설명 중 옳은 것을 모두 고른 것은?

2023년

> ㄱ. 실질적 통용가치가 있는 유가증권은 가압류해방공탁의 공탁물이 될 수 있다.
> ㄴ. 甲의 친구 丙이 甲을 대신하여 가압류해방공탁을 할 수는 없다.
> ㄷ. 위 공탁이 성립한 후 고양시의 체납처분에 의한 압류통지(집행채권액 1천만원)이 공탁소에 도달하면 공탁관은 지체 없이 가압류 발령 법원에 사유신고를 하여야 한다.
> ㄹ. 위 공탁이 성립한 후 丙의 채권압류 및 추심명령(집행채권액 1천만원)이 공탁소에 도달한 경우 공탁관은 지체 없이 압류를 발령한 집행법원에 사유신고를 하여야 한다.

① ㄱ, ㄴ   ② ㄴ, ㄹ
③ ㄱ, ㄷ   ④ ㄱ, ㄹ
⑤ ㄴ, ㄷ

[ㄱ ▸ ✕] 가압류해방금액은, 채무자가 입을 수 있는 손해를 담보하는 취지의 이른바 소송상의 담보와는 달리 가압류의 목적물에 갈음하는 것으로서, 금전에 의한 공탁만이 허용되고, 유가증권에 의한 공탁은 그 유가증권이 실질적 통용가치가 있는 것이라고 하더라도 허용되지 않는다(대결[전합] 1996.10.1. 96마162).

[ㄴ ▸ ○] 채무자가 가압류명령에 기재된 해방금액을 공탁하였을 때에는 법원은 집행한 가압류를 취소하여야 하며, 이때 가압류의 효력은 공탁자인 채무자의 공탁금 회수청구권에 대하여 미치며, 가압류명령 그 자체의 효력이 소멸되는 것은 아니다. 그런데, 채무자 아닌 제3자가 해방공탁금을 공탁할 수 있느냐에 관하여는 나중에 채권자가 채무자에 대한 채무명의(판결 등)를 받아도 그 해방금액에 대한 집행을 할 근거가 없게 되므로 부정하여야 할 것이다(공탁선례 제1-215호).

[ㄷ ▸ ✕] 가압류와 체납처분에 의한 압류가 있는 경우에는 그 선후를 불문하고 공탁관의 사유신고 요건에 해당하지 않는다(행정예규 제1225호 1. 다. ② 참조).

[ㄹ ▸ ○] 가압류집행의 목적물에 갈음하여 가압류해방금이 공탁된 경우에 그 가압류의 효력은 공탁금 자체가 아니라 공탁자인 채무자의 공탁금 회수청구권에 대하여 미치는 것이므로 채무자의 다른 채권자가 가압류해방공탁금 회수청구권에 대하여 압류명령을 받은 경우에는 가압류채권자의 가압류와 다른 채권자의 압류는 그 집행대상이 같아 서로 경합하게 된다(대결 1996.11.11. 95마252). 따라서 이 경우 공탁관은 지체 없이 집행법원에 그 사유를 신고하여야 하고, 압류 및 추심명령을 받은 채권자 등에게 공탁금을 지급하여서는 안 된다.

답 ❷

가압류해방공탁에 관한 다음 설명 중 가장 옳지 않은 것은? 2022년

① 해방공탁으로 인한 가압류집행취소가 이루어져도 가압류명령 그 자체의 효력은 소멸되지 않고 공탁자인 가압류채무자의 공탁금회수청구권에 대하여 미치게 된다.

② 가압류채권자의 채권자가 '가압류채권자의 가압류채무자에 대한 본안판결 확정 후 제3채무자인 국가에 대하여 회수청구할 공탁금채권'을 피압류채권으로 채권가압류를 받았다 하더라도, 공탁자 (가압류채무자)가 해방공탁의 원인이 된 그 가압류의 효력이 소멸되었음을 증명하는 서면을 첨부하여 공탁금 회수청구를 하는 경우 공탁관은 그 회수청구를 인가하여야 한다.

③ 공탁자인 가압류채무자의 다른 채권자가 해방공탁금 회수청구권에 대하여 압류 및 추심명령을 받은 경우에는 가압류채권자의 가압류와 위 다른 채권자의 압류가 경합하게 되므로, 공탁관은 지체 없이 집행법원에 그 사유를 신고하여야 한다.

④ 가압류채권자(甲)가 가집행선고부 판결을 받아 해방공탁금의 회수청구권을 압류 및 전부받은 경우에도, 전부채권자(甲)가 해방공탁금을 회수하기 전에 가압류채무자(乙)가 항소심에서 전부 승소판결을 받아 사정변경에 의한 가압류결정취소결정을 받았다면 '乙'은 전부된 회수청구권을 다시 양도 (부당이득의 원상회복)받을 필요 없이 곧바로 해방공탁금을 회수할 수 있다.

⑤ 해방공탁금에 대하여 가압류채권자의 채권자들이 '가압류채권자의 채무자에 대한 본안재판 판결확정 후 제3채무자인 국가에 대하여 출급청구할 공탁금채권'에 대하여 압류 및 전부명령을 순차적으로 받은 경우, 각 압류 및 전부명령은 그 대상채권이 존재하지 않아 무효이므로, 공탁관은 압류경합을 이유로 사유신고하거나 형식상 전부명령이 확정된 채권자에게 공탁금을 지급할 수는 없다.

....

[❶ ▶ ○] 해방공탁으로 인한 가압류집행취소가 이루어져도 가압류명령 그 자체의 효력은 소멸되는 것이 아니라 공탁자인 가압류채무자의 공탁금회수청구권에 대하여 미치게 된다.

[❷ ▶ ○] 가압류채권자(갑)의 채권자(병)가 '가압류채권자(갑)의 가압류채무자(을)에 대한 본안판결 확정 후 제3채무자인 국가에 대하여 회수청구할 공탁금채권'을 피압류채권으로 채권가압류를 받았다 하더라도, 가압류의 효력이 소멸되었을 경우에 공탁자가 가지는 공탁금회수청구권 행사에 아무 영향도 줄 수 없으므로, 공탁자인 가압류채무자(을)가 일반적인 첨부서면 이외에 가압류해방공탁의 원인이 된 그 가압류의 효력이 소멸되었음을 증명하는 서면을 첨부하여 공탁금 회수청구를 하는 경우 공탁공무원은 그 회수청구를 인가하여야 할 것이다(공탁선례 제1-225호).

[❸ ▶ ○] 가압류집행의 목적물에 갈음하여 가압류해방금이 공탁된 경우에 그 가압류의 효력은 공탁금 자체가 아니라 공탁자인 채무자의 공탁금 회수청구권에 대하여 미치는 것이므로 채무자의 다른 채권자가 가압류해방공탁금 회수청구권에 대하여 압류명령을 받은 경우에는 가압류채권자의 가압류와 다른 채권자의 압류는 그 집행대상이 같아 서로 경합하게 된다(대결 1996.11.11. 95마252).

[❹ ▶ ×] 가집행선고부 판결에 의하여 집행이 완결된 사건에 있어서는 그 본안판결이 항소심에서 취소 또는 변경되더라도 이를 이유로 이미 완결된 강제집행을 취소할 수는 없으므로, 가압류채권자인 갑이 가집행선고부판결을 받아 해방공탁금의 회수청구권을 압류 및 전부받은 후라면 비록 전부채권자인 갑이 해방공탁금을 회수하기 전에 가압류채무자인 을이 항소심에서 전부 승소판결(갑의 청구기각판결) 을 받아 사정변경에 의한 가압류결정취소판결을 받았다 하더라도 을은 이미 집행완료된 해방공탁금을 곧바로 회수할 수는 없으며, 을은 갑으로부터 이미 전부된 회수청구권을 다시 양도(부당이득의 원상회복) 받거나 갑을 상대로 손해배상 또는 부당이득금 반환청구를 하여 별도의 채무명의를 얻어 집행하여야 할 것이다(공탁선례 제2-300호).

[**❺** ▸ **O**] 채무자의 해방공탁금에 대하여 가압류채권자의 채권자들이 '가압류채권자의 채무자에 대한 본안재판 판결확정 후 제3채무자인 국가에 대하여 출급청구할 공탁금채권'에 대하여 압류 및 전부명령을 순차적으로 받은 경우 민사집행법 제282조에 의한 가압류해방금액의 공탁이 있으면 가압류의 효력은 공탁자(채무자)가 갖는 공탁금 회수청구권에 대하여 미치며, 가압류채권자는 회수청구권에 대하여 가압류를 본압류로 이전하는 압류 및 현금화명령을 얻어 채권의 만족을 얻을 수 있을 뿐이고 채무자의 가압류 해방공탁으로 인하여 채권자에게 공탁금 출급청구권이 생기는 것은 아니므로(공탁서의 피공탁자란도 공란으로 둔다) 위의 압류 및 전부명령들은 그 대상채권이 존재하지 않아 무효라고 할 것이다. 따라서 공탁공무원은 압류경합을 이유로 사유신고하거나 형식상 전부명령이 확정된 채권자에게 공탁금을 지급할 수는 없다(공탁선례 제2-297호).

답 **❹**

09
□□□
채무자의 가압류해방공탁에 관한 다음 설명 중 가장 옳지 않은 것은?   2021년

① 가압류해방금액은 금전에 의한 공탁만 허용되고 유가증권에 의한 공탁은 허용되지 않는다.
② 가압류해방금이 공탁된 경우 가압류의 효력은 공탁금 자체가 아니라 공탁자인 채무자의 공탁금회수청구권에 대하여 미친다.
③ 가압류해방금이 공탁된 경우 채무자(공탁자)의 다른 채권자가 공탁금회수청구권에 대하여 압류명령을 받은 경우 가압류채권자의 가압류와 다른 채권자의 압류는 그 집행대상이 같아 서로 경합하게 된다.
④ 가압류채권자가 본안승소확정판결을 집행권원으로 하여 해방공탁금회수청구권에 대하여 가압류로부터 본압류로 이전하는 압류 및 전부명령을 받아 해방공탁금에 관하여 회수청구를 할 수 있다.
⑤ 가압류채권자는 가압류해방공탁금에 관하여 우선변제권을 행사할 수 있다.

··

[**❶** ▸ **O**] 민사소송법 제702조의 가압류해방금액은, 채무자가 입을 수 있는 손해를 담보하는 취지의 이른바 소송상의 담보와는 달리 가압류의 목적물에 갈음하는 것으로서, 금전에 의한 공탁만이 허용되고, 유가증권에 의한 공탁은 그 유가증권이 실질적 통용가치가 있는 것이라고 하더라도 허용되지 않는다(대결 [전합] 1996.10.1. 96마162).
[**❷** ▸ **O**] [**❸** ▸ **O**] 가압류 집행의 목적물에 갈음하여 가압류해방금이 공탁된 경우에 그 가압류의 효력은 공탁금 자체가 아니라 공탁자인 채무자의 공탁금회수청구권에 대하여 미치는 것이므로 채무자의 다른 채권자가 가압류해방공탁금회수청구권에 대하여 압류명령을 받은 경우에는 가압류채권자의 가압류와 다른 채권자의 압류는 그 집행대상이 같아 서로 경합하게 된다(대결 1996.11.11. 95마252).
[**❹** ▸ **O**] 가압류채권자가 해방공탁금을 지급받기 위하여는 본안승소확정판결 등을 집행권원으로 하여 공탁금회수청구권에 대한 별도의 현금화명령(추심명령 또는 전부명령 등)을 받아야 한다(공탁선례 제2-295호). 즉 가압류채권자는 본안승소확정판결 등을 집행권원으로 하여 공탁금회수청구권에 대하여 가압류로부터 본압류로 이전하는 채권압류 및 추심명령이나 전부명령을 받아 공탁소에 대하여 회수청구를 할 수 있다.

[**⑤ ▸ ✕**] 채무자의 가압류해방공탁금회수청구권이 가압류채권자의 본안소송에서의 패소확정 등을 정지조건으로 하는 조건부 채권이라고 하더라도 가압류해방공탁금은 가압류목적물에 갈음하는 것으로서 이를 공탁하게 하는 목적이 가압류의 집행과 마찬가지로 피보전채권의 강제집행을 보전하는 데 있고, 가압류채권자가 가압류목적물에 대하여 우선변제를 받을 권리가 없는 것과 마찬가지로 가압류해방공탁금에 대하여도 우선변제권이 없다(대결 1996.11.11. 95마252).

답 **⑤**

제7절 | 매각허가여부에 대한 항고보증공탁(민사집행법 제130조 제3항)

10
☐☐☐

매각허가결정에 대한 항고보증공탁에 관한 다음 설명 중 가장 옳은 것은?   2020년

① 유가증권은 공탁할 수 없다.
② 항고가 기각된 경우 항고인이 소유자인 경우는 보증으로 금전을 제공하였다면 그 일부가 배당할 금액에 포함된다.
③ 항고인용의 재판이 확정된 경우 공탁자는 공탁한 보증금을 회수할 수 있으며, 담보취소절차를 밟을 필요가 없다.
④ 항고가 기각되면 경매신청이 취하되더라도 항고인은 보증금을 반환받을 수 없다.
⑤ 공탁서와 항고인용의 재판이 확정되었음을 증명하는 서면 이외의 다른 서면을 첨부하여 공탁물의 회수청구를 할 수는 없다.

....

[**① ▸ ✕**] 매각허가결정에 대하여 항고를 하고자 하는 사람은 보증으로 매각대금의 10분의 1에 해당하는 금전 또는 법원이 인정한 유가증권을 공탁하여야 한다(민사집행법 제130조 제3항).
[**② ▸ ✕**] 채무자 및 소유자가 한 항고가 기각된 때에는 항고인은 보증으로 제공한 금전이나 유가증권을 돌려줄 것을 요구하지 못한다(민사집행법 제130조 제6항). 따라서 그 전액을 배당할 금액에 편입시킨다.
[**③ ▸ ○**] 항고가 인용된 경우에는 확정증명을 제출하여 바로 보증금을 회수할 수 있으며, 공탁의 성질이 담보공탁이 아닌 집행공탁이기 때문에 담보취소절차를 밟을 필요가 없다.
[**④ ▸ ✕**] 반환받지 못한 보증금은 나중에 배당할 금액에 산입되지만(민사집행법 제147조 제1항 제3호, 제4호), 항고가 기각되었더라도 경매신청이 취하되거나 매각절차가 취소된 때에는 항고인이 보증금을 반환받을 수 있다.
[**⑤ ▸ ✕**] 항고인이 공탁물을 회수할 경우에는 공탁서와 항고인용의 재판이 확정되었음을 증명하는 서면 또는 해당 보증금이 배당할 금액에 포함될 필요가 없게 되었음을 증명하는 서면(집행법원 법원사무관 등이 발급한 것에 한함)을 첨부하여 공탁물회수청구를 한다(행정예규 제980호).

답 **③**

11
□□□

회생위원의 공탁(채무자 회생 및 파산에 관한 법률 제617조의2, 채무자 회생 및 파산에 관한 규칙 제84조 제2항)에 관한 다음 설명 중 가장 옳지 않은 것은? 2021년

① 금융기관 계좌번호를 회생위원에게 일정 기간 내에 신고하지 아니한 개인회생채권자(미신고 채권자)에 대하여 지급할 변제액은 변제계획에서 정하는 바에 따라 공탁할 수 있다.
② 회생위원이 임치된 금원을 채무자를 위하여 공탁할 수 있는 경우가 있다.
③ 회생위원은 공탁을 하는 경우 계좌입금에 의한 공탁금 납입을 신청하여야 한다.
④ 회생위원이 미신고 채권자에게 공탁하는 경우에는 공탁예정통지서를 발송하지 않아도 된다.
⑤ 공탁금을 출급받으려는 채권자 또는 채무자가 있을 경우 회생위원은 그자에게 자격에 관한 증명서를 주어야 한다.

┄┄┄

[❶ ▸ ○] 채무자 회생 및 파산에 관한 규칙 제84조 제2항

> **채무자 회생 및 파산에 관한 규칙 제84조(계좌번호의 신고)**
> ① 개인회생채권자는 법 제613조의 규정에 따른 개인회생채권자집회의 기일종료 시까지 변제계획에 따른 변제액을 송금받기 위한 금융기관(은행법에 의한 금융기관을 말한다) 계좌번호를 회생위원에게 신고하여야 한다.
> ② 위 신고를 하지 아니한 개인회생채권자에 대하여 지급할 변제액은 변제계획에서 정하는 바에 따라 공탁할 수 있다.

[❷ ▸ ○] 회생위원은 개인회생절차폐지의 결정 또는 면책의 결정이 확정된 후에도 임치된 금원(이자를 포함한다)이 존재하는 경우에는 이를 채무자에게 반환하여야 한다. 다만, 채무자가 수령을 거부하거나 채무자의 소재불명 등으로 반환할 수 없는 경우에는 채무자를 위하여 공탁할 수 있다(채무자 회생 및 파산에 관한 법률 제617조의2).

[❸ ▸ ○] [❹ ▸ ✕] [❺ ▸ ○] 재판예규 제1849호 제11조의5 제3항·제4항·제7항

> **재판예규 제1849호[개인회생사건 처리지침(재민 제2004-4호)]**
> **제11조의5(개인회생공탁 등)**
> ① 회생위원은 변제액을 송금받기 위한 금융기관 계좌번호를 신고하지 아니한 채권자(신고한 계좌번호에 오류가 있는 채권자도 포함한다. 다음부터 "미신고 채권자"라고 한다)에 대하여는 규칙 제84조 제2항(2006.3.31. 이전에 개인채무자회생법에 따라 개인회생절차개시신청을 한 사건은 개인채무자회생규칙 제18조 제2항) 및 변제계획에 따라 연 1회(변제계획인가일부터 1년이 지날 때마다 1회) 변제액을 공탁할 수 있다.
> ② 회생위원은 채무자가 개인회생절차개시신청서에 기재한 금융기관 계좌번호와 전화번호에 오류가 있고, 채무자의 소재불명 등의 사유로 채무자와 연락이 되지 않는 경우에는 법 제617조의2에 따라 임치된 금원을 공탁할 수 있다. 이 경우 사전에 채무자용 공탁예정통지서[전산양식 D5508-1]를 발송할 수 있다.

③ 회생위원은 미신고 채권자에 대하여는 전화, 전자우편, 팩시밀리 등 적절한 방법으로 계좌번호를 신고하도록 촉구하여야 하고, 제1항의 공탁을 하기 전에 공탁예정통지서[전산양식 D5508]를 발송하여 통지서를 송달받은 날부터 1주일 안에 계좌번호를 신고하지 아니하면 변제액을 공탁한다는 점을 알려 주어야 한다. 다만, 해당 채권자에 대하여 법 제10조에 따라 송달에 갈음하는 공고를 한 경우에는 그러하지 아니하다.

④ 제1항 또는 제2항의 공탁은 공탁사무 문서양식에 관한 예규 제1-1호 양식에 의하여 공탁규칙이 정한 절차에 따른다. 이 경우 회생위원은 계좌입금에 의한 공탁금 납입을 신청하여야 한다.

⑦ 제1항 또는 제2항의 공탁금을 출급받으려는 채권자 또는 채무자가 있을 경우 회생위원은 공탁규칙 제43조에서 정한 절차에 따라 공탁관에게 지급위탁서를 보내고 지급받을 채권자 또는 채무자에게 그 자격에 관한 증명서를 주어야 한다.

답 ❹

08 혼합공탁

| 제1절 | 총 설

> 甲소유의 토지가 수용되었다. 토지에는 乙이 소유권이전등기 말소등기청구권을 피보전권리로 하여 처분금지가처분을 하였고, 甲을 가압류채무자, 사업시행자 丙을 제3채무자로 하는 수용보상금에 대한 丁의 가압류가 있었다.
>
> 1. 丙이 취할 공탁과 관할은?
>
> 2. 丙이 혼합공탁을 한 경우 乙이 공탁금을 출급하기 위한 절차(서면)는?
>
> 3. 乙이 甲을 상대로 제기한 본안소송에서 패소판결을 받은 경우 甲이 출급청구하기 위한 절차(서면)는?

Ⅰ 의 의

혼합공탁이라 함은 공탁원인사실 및 공탁근거법령이 다른 실질상 두 개 이상의 공탁을 공탁자97)의 이익보호를 위하여 하나의 공탁절차에 의하여 하는 공탁을 말한다.

Ⅱ 혼합공탁의 요건

혼합공탁은 변제공탁의 공탁근거법령과 집행공탁의 공탁근거법령 쌍방을 공탁근거법령으로 한 공탁으로서 변제공탁과 집행공탁의 성질을 함께 갖는 공탁이므로, 그 요건은 채권자 불확지 변제공탁 사유와 집행공탁 사유98)가 함께 존재하여야 한다(대판 2005.5.26. 2003다12311).

---

97) 여기서의 공탁자는 변제공탁의 변제자와 집행공탁의 제3채무자의 지위를 가지고 있다.

98) 민법 제487조 후단의 채권자 불확지 변제공탁 사유와 민사집행법 제248조 제1항의 집행공탁 사유가 함께 발생하여 혼합공탁사유가 발생한 경우 : 민사집행법 제248조 제1항의 집행공탁 사유는 압류경합이 없어도 가능하다. 혼합공탁을 하기 위해서는 압류의 경합은 필요 없고 단일의 압류가 있어도 혼합공탁요건을 갖추었다면 혼합공탁이 가능하다(대판 2008.1.17. 2006다56015).

Ⅲ 혼합공탁의 효력

① 혼합공탁은 변제공탁에 관련된 채권자들에 대하여는 변제공탁으로서의 효력이 있고, 집행공탁에 관련된 집행채권자들에 대하여는 집행공탁으로서의 효력이 있다(대판 2005.5.26. 2003다12311).

② 공탁은 공탁자가 자기의 책임과 판단하에 하는 것으로서, 채권양도 등과 압류가 경합된 경우에 공탁자는 나름대로 누구에게 변제를 하여야 할 것인지를 판단하여 그에 따라 변제공탁이나 집행공탁 또는 혼합공탁을 선택하여 할 수 있다(대판 2005.5.26. 2003다12311).

③ 제3채무자가 변제공탁을 한 것인지, 집행공탁을 한 것인지, 아니면 혼합공탁을 한 것인지는 피공탁자의 지정 여부, 공탁의 근거조문, 공탁사유, 공탁사유신고 등을 종합적·합리적으로 고려하여 판단하는 수밖에 없다(대판 2005.5.26. 2003다12311).

④ 제3채무자가 채권양도 및 압류경합을 공탁사유로 공탁을 하면서 피공탁자 내지 채권자 불확지의 취지를 기재하지 않고 공탁근거조문으로 민사집행법 제248조 제1항만을 기재한 경우 위 공탁은 변제공탁으로서의 효과는 없다(대판 2005.5.26. 2003다12311).

제2절 | 혼합공탁 사유

Ⅰ 채권양도가 선행하고 (가)압류명령이 후행하는 경우

1. 확정일자 있는 양도통지(양도 효력에 의문이 없는 경우)

① 동일채권에 대하여 (가)압류집행을 한 자와 양수인 사이의 우열은 (가)압류명령의 송달과 확정일자 있는 양도 통지의 선후에 의하여 결정하게 된다(대판[전합] 1994.4.26. 93다24223 참조).

② 확정일자 있는 채권양도 통지가 제3채무자에게 먼저 송달된 후에 채권이 (가)압류된 경우에는 원칙적으로 채권양도가 우선하게 되고 (가)압류채권자는 존재하지 않는 채권을 (가)압류한 셈이 되어 그 채권(가)압류는 효력을 발생할 수 없게 된다(대판 1981.9.22. 80누484 참조). 따라서 제3채무자는 양수인에게만 변제 의무를 부담하게 되므로 양수인에게 지급하거나 양수인의 수령거절 등으로 변제공탁사유가 있어야 민법 제487조에 의한 변제공탁을 할 수 있고 혼합공탁을 할 수는 없다.

> **채권압류 및 전부명령 송달 당시에는 타에 양도되었던 채권에 대하여 그 후 동 채권양도 계약이 해제된 경우 전부명령의 효력**
>
> 채권압류 및 전부명령 송달 당시에 피전부채권이 이미 제3자에 대한 대항요건을 갖추어 양도되었다가, 위 전부명령 송달 후에 위 채권양도계약이 해제되어, 동 채권이 원채권자에게 복귀하였다고 하여도 동 채권은 위 압류채권자에게 전부되지 아니한다(대판 1981.9.22. 80누484).

2. 채권양도의 효력에 대하여 다툼이 있는 경우

① 양도된 채권에 대하여 양도금지특약이 있거나 채권자로부터 양도철회 내지 취소통지 등 채권양도의 효력유무에 대하여 다툼이 있는 경우에는, 그 채권양도의 효력 유무에 따라 변제공탁(채권양도가 유효한 경우) 또는 집행공탁(채권양도가 무효인 경우)이 될 수 있으므로, 채무자(제3채무자)는 변제공탁과 집행공탁을 합한 혼합공탁을 할 수 있다.

> **동일한 채권에 대하여 (가)압류집행을 한 자와 양수인 사이의 우열**
>
> 1. 동일한 채권에 대하여 (가)압류집행을 한 자와 양수인 사이의 우열은 가압류결정의 송달일자와 확정일자 있는 양도통지서의 송달일자의 선후에 의하여 결정된다.
> 2. 따라서 확정일자부 양도통지서의 송달일자가 양도인을 가압류채무자로 하는 가압류결정의 송달일자보다 **빠른** 경우에는 제3채무자(채권양도의 경우에는 채무자)는 양수인에게 채무를 변제하여야 하고 이를 이유로 혼합공탁을 할 수 없다.
> 3. 다만, 채권이 적법하게 양도되었는지 여부에 관하여 의문이 있거나 채권양도와 가압류의 선후관계에 의문이 있는 경우에는 「민법」 제487조 후단, 「민사집행법」 제248조 제1항에 의한 혼합공탁을 할 수 있다.
> 4. 이와 같은 사유로 혼합공탁이 이루어진 경우 피공탁자인 양수인은 다른 피공탁자인 양도인의 승낙서(인감증명서 첨부)나 양도인에 대한 공탁금 출급청구권 승소확정판결 이외에 가압류채권자 승낙서(인감증명서 첨부) 또는 그를 상대로 한 공탁금 출급청구권 승소확정판결을 출급청구권을 갖는 것을 증명하는 서면으로 첨부하여야만 공탁금을 출급할 수 있다(공탁선례 제201103-3호).

② 채권양도의 통지가 있었으나 그 후 통지가 철회되는 경우 : 특정채권에 대하여 채권양도의 통지가 있었으나 그 후 통지가 철회되는 등으로 채권이 적법하게 양도되었는지 여부에 관하여 의문이 있는 경우도 채권자 불확지에 해당된다(대판 1996.4.26. 96다2583).[99]

Ⅱ 채권 (가)압류명령이 선행하고 채권양도가 후행하는 경우

1. 채권압류명령 → 채권양도

채권압류명령이 먼저 이루어진 이후에 채권양도가 이루어진 경우에는 원칙적으로 채권 압류명령이 우선하게 되므로 채권양도는 효력을 발생할 수 없고, 따라서 채무자(제3채무자)는 추심명령 또는 전부명령을 얻은 압류채권자에게 채무를 이행하면 되고 혼합공탁을 할 수는 없다.

---

99) 특정 채권에 대하여 채권양도의 통지가 있었으나 그 후 통지가 철회되는 등으로 채권이 적법하게 양도되었는지 여부에 관하여 의문이 있어 민법 제487조 후단의 채권자 불확지를 원인으로 하는 변제공탁 사유가 생기고, 그 채권양도 통지 후에 그 채권에 관하여 다수의 채권가압류 또는 채권압류 결정이 동시 또는 순차로 내려짐으로써 그 채권양도의 효력이 발생하지 아니한다면 압류경합으로 인하여 민사소송법 제581조 제1항 소정의 집행공탁의 사유가 생긴 경우에, 채무자는 민법 제487조 후단 및 민사소송법 제581조 제1항을 근거로 하여 채권자 불확지를 원인으로 하는 변제공탁과 압류경합 등을 이유로 하는 집행공탁을 아울러 할 수 있고, 이러한 공탁은 변제공탁에 관련된 채권양수인에 대하여는 변제공탁으로서의 효력이 있고 집행공탁에 관련된 압류채권자 등에 대하여는 집행공탁으로서의 효력이 있다(대판 1996.4.26. 96다2583).

2. 채권가압류명령 → 채권양도

① 가압류 이후에 채권양도가 있는 경우[100] 그 가압류는 이후에 취소 등의 사유로 그 효력을 상실할 수도 있으므로, 가압류 중인 상태에서 제3채무자로서는 채권자가 양도인이 될지 양수인이 될지 알 수 없다. 따라서 채무자(제3채무자)는 양도인 또는 양수인을 피공탁자로 한 채권자 상대적 불확지 변제공탁과 채권가압류가 있음을 이유로 한 집행공탁을 합한 혼합공탁을 할 수 있다.

② 이와 같은 혼합공탁에 있어서는 가압류의 효력 여하에 따라 채권양도의 효력 유무가 결정되므로 채권양도 그 자체의 효력 유무는 혼합공탁의 요건이 아니다.

> **채권양도를 받았으나 대항요건을 갖추지 아니하는 사이에 양도된 채권이 가압류된 경우, 그 채권양도의 효력**
> [1] 가압류된 채권도 이를 양도하는데 아무런 제한이 없다 할 것이나, 다만 가압류된 채권을 양수받은 양수인은 그러한 가압류에 의하여 권리가 제한된 상태의 채권을 양수받는다고 보아야 할 것이고, 이는 채권을 양도받았으나 확정일자 있는 양도통지나 승낙에 의한 대항요건을 갖추지 아니하는 사이에 양도된 채권이 가압류된 경우에도 동일하다.
> [2] 채권가압류의 처분금지의 효력은 본안소송에서 가압류채권자가 승소하여 채무명의를 얻는 등으로 피보전권리의 존재가 확정되는 것을 조건으로 하여 발생하는 것이므로 채권가압류결정의 채권자가 본안소송에서 승소하는 등으로 집행권원을 취득하는 경우에는 가압류에 의하여 권리가 제한된 상태의 채권을 양수받는 양수인에 대한 채권양도는 무효가 된다(대판 2002.4.26. 2001다59033).

Ⅲ 기타 문제되는 경우

1. 채권(가)압류명령의 송달과 채권양도 통지가 동시에 도달된 경우

기판력의 이론상 제3채무자는 이중지급의 위험이 있을 수 있으므로, 제3채무자는 송달의 선후가 불명한 경우에 준하여 채권자 불확지 변제공탁과 (가)압류를 원인으로 집행공탁을 합한 혼합공탁을 할 수 있다.

> **채권가압류명령과 확정일자 있는 채권양도 통지가 제3채무자에게 동시에 도달한 경우, 후행의 다른 채권자는 그 가압류에 따른 집행절차에 참가할 수 없다.**
> 압류의 효력발생 전에 채무자가 처분한 경우에는 그보다 먼저 압류한 채권자가 있어 그 채권자에게는 대항할 수 없는 사정이 있더라도 그 처분 후에 집행에 참가하는 채권자에 대하여는 처분의 효력을 대항할 수 있는 것이고, 이는 가압류의 경우에도 마찬가지이므로 동일한 채권에 관하여 가압류명령의 송달과 확정일자 있는 양도통지가 동시에 제3채무자에게 도달함으로써 채무자가 가압류의 대상인 채권을 양도하고 채권양수인이 채권양도의 대항요건을 갖추었다면 다른 채권자는 더 이상 그 가압류에 따른 집행절차에 참가할 수는 없다(대판 2004.9.3. 2003다22561).

---

100) 즉, 채권가압류의 처분금지의 효력으로 인하여 가압류채권자가 본안소송에서 승소하는 등으로 채무명의를 취득하는 경우, 그 가압류에 의하여 권리가 제한된 상태의 채권을 양수받는 양수인에 대한 채권양도의 효력은 무효가 되며(대판 2002.4.26. 2001다59033), 반대로 가압류채권자가 본안소송에서 패소하거나 가압류신청이 취하되거나 가압류결정이 취소되면 채권양도는 완전히 유효하게 된다.

2. 채권일부 양도 → (가)압류

① 채권양도가 된 부분에 대하여는 채권양수인만이 배타적인 채권자가 되므로 양수인에게 변제하면 되고, 양도가 이루어지지 아니한 부분에 대하여는 가압류나 압류가 있으므로 집행공탁을 하면 된다.

② 그러나 양도의 효력에 문제가 있는 경우에는 양도된 부분에 대하여는 채권자 불확지 변제공탁과 (가)압류를 원인으로 집행공탁을 합한 혼합공탁을 할 수 있고 양도되지 않은 부분에 대하여는 집행공탁이 가능하다.

3. 채권전부 가압류 → 채권일부 양도 → 압류

① 양도되지 않은 부분에 대하여는 가압류와 양도 이후의 압류가 경합되고 있으므로 제3채무자는 집행공탁을 한 후 집행법원에 사유신고하게 되면 집행법원은 곧바로 배당절차를 진행할 수 있다.

② 양도된 부분에 대하여는 채권자 불확지 변제공탁과 집행공탁을 합한 혼합공탁을 할 수 있으나 가압류가 취하 또는 취소되거나 혹은 본안소송의 패소로 인하여 그 효력을 상실할 수도 있으므로 집행법원은 곧바로 배당절차를 진행할 수 없는 처지에 놓이게 된다.

4. 채권일부 가압류 → 채권전부 양도 → 압류

① 가압류된 부분에 대하여는 양도인 또는 양수인을 피공탁자로 하는 혼합공탁을 할 수 있다.

② 가압류된 부분을 제외한 나머지에 대하여는 양도의 효력에 의문이 있는 경우에는 채권자 불확지 변제공탁과 집행공탁을 합한 혼합공탁을 할 수 있다.

근저당권부 채권에 대하여 압류가 경합된 경우 담보부동산의 제3취득자가 근저당권을 소멸시키기 위한 공탁 방법
근저당권부 채권에 대하여 압류 등이 경합된 부동산의 제3취득자는 근저당권을 소멸시키기 위하여 변제공탁과 집행공탁이 결합된 혼합공탁을 하여야 하고, 공탁서에 피공탁자를 채무자(근저당권자)로 기재하여야 한다(공탁선례 제2-315호).

채권양도의 효력 자체에 대하여 다툼이 없고, 채권자 불확지 변제공탁을 할 만한 사정이 없음에도 혼합공탁을 한 경우
확정일자 있는 채권양도 통지를 받은 후 양도인을 가압류채무자로 하는 채권가압류(3건)가 있는데 선행 채권양도에 대한 다툼이 없고, 채권자 불확지 변제공탁을 할 만한 사정이 없는데도 제3채무자가 피공탁자를 "양도인 또는 양수인"으로 지정하고, 혼합공탁을 한 경우, 이는 혼합공탁의 요건을 갖추지 못해 유효한 공탁으로 볼 수 없으므로 공탁자(제3채무자)는 착오로 인한 공탁금회수 청구를 할 수 있다(공탁선례 제2-307호).

채권양도 사실을 간과하고 집행공탁을 한 경우 착오를 이유로 공탁금을 회수할 수 있고, 혼합공탁으로 하는 공탁서 정정은 할 수 없다.
1. 제3채무자에게 채권가압류결정이 송달된 이후 채권양도통지가 있었는데 제3채무자가 채권양도 사실을 간과한 채 채권가압류를 이유로 집행공탁을 한 경우 착오를 증명하는 서면을 첨부하여 공탁금 회수청구를 할 수 있다.
3. 채권가압류를 이유로 "갑(甲)"을 피공탁자로 하여 집행공탁을 한 후, 피공탁자를 "갑(甲) 또는 을(乙)"로 하고, 공탁원인사실에 채권양도로 인한 변제공탁 사유를 추가하여 혼합공탁으로 하는 공탁서 정정은 공탁의 동일성을 해하므로 허용될 수 없다(공탁선례 제2-309호).

제3절 | 공탁신청절차

I 관할공탁소

집행공탁은 원칙적으로 관할에 관한 규정이 없고 변제공탁은 채무이행지(지참채무의 원칙상 채권자의 주소지) 관할법원 소재 공탁소에 공탁하도록 되어 있으므로, 채권자 불확지 변제공탁과 집행공탁을 합한 혼합공탁에 있어서의 관할공탁소는 피공탁자들 중 1인의 주소지 공탁소가[101] 관할공탁소가 될 것이다.

> **혼합공탁의 경우 관할공탁소**
> 채권가압류 이후에 채권양도가 있어 제3채무자가 양도인 또는 양수인을 피공탁자로 하는 채권자 불확지 변제공탁과 채권가압류가 있음을 이유로 한 집행공탁을 합한 혼합공탁을 하는 경우, 위 채무가 지참채무라면 피공탁자들 중 1인의 주소지 공탁소가 관할공탁소가 된다(공탁선례 제2-12호).

II 공탁당사자

1. 공탁자

채무자(제3채무자)가 공탁자가 된다.

2. 피공탁자

공탁서상의 피공탁자란에는 "양도인(집행채무자) 또는 양수인"[102]을 피공탁자로 기재하고 집행채권자(가압류나 압류채권자)들은 공탁서에 피공탁자로 기재하지 않는다.

III 공탁서의 기재

1. 근거법령의 기재

채권양도와 채권가압류의 경합을 원인으로 한 혼합공탁의 공탁근거 법령조항란에는 "민법 제487조 후단 및 민사집행법 제291조, 제248조 제1항"을, 채권양도와 채권압류의 경합을 원인으로 한 혼합공탁의 공탁근거 법령조항란에는 "민법 제487조 후단 및 민사집행법 제248조 제1항"을 기재한다.

2. 공탁원인사실의 기재

공탁원인사실란에는 가압류, 압류, 압류경합 등의 사실을 구체적으로 기재하여야 한다. 공탁서에는 중간의 채권양도 및 그 후의 가압류나 압류명령의 송달이 있었던 사실이 있는 경우 이를 함께 기재한다.

---

101) 집행공탁은 원칙적으로 관할에 관한 규정이 없고, 변제공탁은 채무이행지 주소지(지참채무의 원칙상 채권자의 주소지)에 공탁하도록 되어 있기 때문에, 변제공탁의 일면을 가지는 혼합공탁에 있어서 채권자인 피공탁자의 주소지 공탁소가 관할공탁소가 될 것이다. 또한, 상대적 불확지 변제공탁에 있어 채권자들의 주소지가 달라 채무이행지가 다른 경우에는 그중 1인의 주소지 관할공탁소에 공탁하여도 무방하다(행정예규 제1345호).
102) 상대적 불확지에 해당하기 때문이다.

Ⅳ 공탁통지

1. 공탁통지서와 우편료

피공탁자들(양도인과 양수인)에게 대하여는 변제공탁인 점에서 공탁통지를 하여야 한다. 따라서 공탁신청시에 피공탁자 수만큼의 공탁통지서와 공탁사실통지서 발송에 필요한 우편료를 납입하여야 한다.

2. 혼합공탁의 경우

채권가압류가 선행하고 채권양도가 후행하거나, 채권가압류와 채권양도가 동시에 도달하여 혼합공탁을 하는 경우에는 가압류채권자에게도 공탁사실통지를 하여야 한다.

Ⅴ 사유신고

1. 채권양도(효력다툼 있음)가 선행하고 채권압류가 후행한 경우

① 혼합공탁도 집행공탁의 일면을 가지므로 공탁자는 공탁한 후 즉시 집행법원에 사유신고를 하여야 한다. 혼합공탁을 전제로 하는 사유신고를 받은 집행법원은 채권양도의 유효, 무효가 확정되지 않는 이상 그 후의 절차를 진행할 수 없으므로, 그 유·무효가 확정될 때까지는 사실상 절차를 정지하여야 한다(대판 2001.2.9. 2000다10079 참조).[103]

② 집행법원이 배당절차를 진행하기 위해서는 압류의 대상이 된 채권이 압류채무자에게 귀속하는 것을 증명하는 문서(혼합해소문서)를 제출하여야 하고, 만일 압류채무자에게 피압류채권이 귀속되지 않는 것으로 확정된 경우에는 정지조건의 불성취가 확정되었으므로 사유신고를 불수리하여야 할 것이다.

2. 채권가압류가 선행하고 채권양도가 후행한 경우

가압류발령법원에 공탁사실을 신고하지만, 이 경우의 신고는 배당가입의 차단효가 발생하지 않고 배당절차를 개시하는 사유도 되지 않는다. 다만, 나중에 그 가압류에서 본압류로 이전하는 채권압류가 있으면 공탁관은 집행법원에 사유신고하여야 한다.

---

103) 혼합공탁의 효력은 집행채무자(채권양도인)가 진정한 채권자인 것을 정지조건으로 하는 조건부공탁의 성질을 갖기 때문에 일반 집행공탁과는 사유신고 후의 절차가 다르다.

제4절 │ 공탁물 지급

I 채권양도 → (가)압류(채권양도 효력에 대하여 의문)

1. 양도무효(집행공탁)

① 양도인이 진정한 채권자이므로 조건성취로 인해 혼합공탁은 집행공탁으로써 효력을 가지므로 집행법원의 지급위탁절차에 의한다.

② (가)압류채권자는 양도인의 양수인에 대한 출급청구권확인의 소의 승소판결정본과 확정증명서[104]를 집행법원에 제출함으로써 배당절차가 실시된다.

2. 양도유효(변제공탁)

① 채권양도가 유효하면 혼합공탁은 변제공탁으로써 효력을 가지므로 변제공탁의 지급절차에 의한다.

② 양수인은 공탁금 출급청구권입증서면을 첨부하여 공탁금을 출급청구할 수 있는데, 양도인의 승낙서 또는 그에 대항하는 판결(양수인의 양도인에 대한 출급청구권확인의 소의 판결정본 및 확정증명서) 및 (가)압류채권자의 승낙서 또는 그에 대항하는 (가)압류채권자들에 대한 공탁금 출급청구권확인 승소확정판결도 첨부하여야 한다(공탁선례 제2-316호).

③ 혼합공탁에서 피공탁자가 공탁물의 출급을 청구하는 경우, 집행채권자에 대한 관계에서도 공탁물출급청구권이 있음을 증명하는 서면을 구비·제출하여야 한다(대판 2012.1.12. 2011다84076).

II 가압류 → 채권양도

1. 본압류로 이전하는 압류 및 추심(전부)명령(집행공탁)

공탁 이후에 가압류채권자의 가압류에서 본압류로 이전하는 채권압류 및 추심명령이나 전부명령이 송달되어지면 공탁관이 집행법원에 사유신고 후 집행법원의 지급위탁절차에 의하여 공탁금이 지급될 것이다.

2. 가압류취소(변제공탁)

채권양수인은 선행의 가압류채권자가 공탁금 출급청구권에 대한 현금화절차(추심 또는 전부명령)를 게을리하여 공탁을 방치하거나, 또는 그 피보전권리나 보전의 필요성이 소멸된 경우에는 사정변경으로 인한 가압류취소 또는 제소명령신청권이나 제소기간 도과에 의한 가압류취소신청권을 대위행사함으로써 자신의 권리를 확보할 수 있을 것이다.

---

104) 상대적 불확지 변제공탁이므로 양도인은 피공탁자인 양수인을 상대로 출급청구권확인의 소를 제기하여 출급청구권이 있음을 증명하는 서면(또는 양수인의 승낙서)을 첨부하여야 하는 바, 집행채권자들은 양도인을 대위하여 위의 소를 제기할 수 있다.

제3채무자가 혼합공탁하였으나 채권양수인이 제3채무자를 상대로 받은 집행권원으로 채권만족을 얻은 경우 제3채무자의 공탁금 회수방법

채무자 병(丙)이 채권자 갑(甲)으로부터 을(乙)에게 자신의 채권을 양도하였다는 통지를 받았으나 그 다음 날 채권양도인 갑의 채권자 정(丁)이 위 양도대상 채권을 가압류하였다는 결정정본을 송달받았고, 그 후 채권양도인 갑과 양수인 을 사이에 채권양도의 효력을 둘러싸고 다툼이 발생하자, 병은 위 채권 전액을 혼합공탁을 하였는데, 그 후 을이 병을 상대로 제기한 양수금청구소송에서 얻은 화해권고결정을 집행권원으로 병의 다른 책임재산에 대한 강제집행에 의하여 채권만족을 얻은 경우에, 병은 착오공탁을 원인으로 한 공탁금회수청구를 할 수는 없으나, 공탁원인소멸을 원인으로 하는 공탁금회수청구는 할 수 있다(공탁선례 제2-318호).

다수의 압류가 경합된 상황에서 선행하는 채권압류 및 전부명령의 유효여부를 알 수 없어 공탁을 한 경우 혼합공탁에 해당하는지 여부(소극) 및 공탁사유신고 불수리결정을 첨부하여 공탁금회수청구를 할 수 있는지 여부(적극)

1. 혼합공탁이란 공탁원인사실 및 공탁근거법령이 다른, 실질상 두 개 이상의 공탁을 하나의 공탁절차에 의하여 하는 공탁을 의미하므로, 다수의 압류가 경합된 상황에서 그중 선행하는 채권압류 및 전부명령이 유효한지 여부를 알지 못함을 이유로 제3채무자가 민사집행법 제248조 제1항에 따른 공탁을 한 것은 혼합공탁에 해당하지 않는다.

2. 위 공탁에서 집행법원이 선행하는 채권압류 및 전부명령이 이미 확정되어 있음을 이유로 공탁사유신고를 불수리하였다면, 이는 착오로 공탁을 한 경우에 해당하므로 공탁자는 공탁법 제9조 제2항 제2호에 따라 공탁사유신고 불수리결정을 첨부하여 공탁금 회수청구를 할 수 있다(공탁선례 제201608-1호).

혼합공탁된 공탁금이 배당된 경우, 공탁금에서 적법하게 변제받을 지위에 있는 채권자가 배당이의의 소로써 집행채권자들에 대한 배당액 중 변제공탁에 해당하는 부분으로 배당재단이 될 수 없는 부분을 경정하여 자신에게 배당할 것을 청구할 수 있음

집행공탁과 민법의 규정에 의한 변제공탁이 혼합되어 공탁된 이른바 혼합공탁의 경우에 어떠한 사유로 배당이 실시되었고 그 배당표상의 지급 또는 변제받을 채권자와 금액에 관하여 다툼이 있으면 이를 배당이의의 소라는 단일한 절차에 의하여 한꺼번에 분쟁을 해결함이 타당하므로, 공탁금에서 지급 또는 변제받을 권리가 있음에도 불구하고 지급 또는 변제받지 못하였음을 주장하는 자는 배당표에 배당받는 것으로 기재된 다른 채권자들을 상대로 배당이의의 소를 제기할 수 있다. 따라서 공탁금에서 적법하게 변제받을 지위에 있는 채권자는 배당이의의 소를 통하여 집행채권자들에 대한 배당액 중 변제공탁에 해당하는 부분으로서 배당재단이 될 수 없는 부분을 경정하여 이를 자신에게 배당할 것을 청구할 수 있다(대판 2014.11.13. 2012다117461).

혼합공탁된 공탁금으로부터 전부금채권 상당액을 배당받기 위하여 집행채권자가 압류전부명령에 기한 전부금채권을 가지고 있다는 것의 확인을 구하는 것은 그 확인판결의 제출로 집행법원이 공탁금의 배당절차를 개시할 수 없으므로 확인의 이익이 없음

집행채권자가 혼합공탁된 공탁금으로부터 전부금채권 상당액을 배당받기 위하여는 공탁금이 채무자에게 귀속하는 것을 증명하는 문서를 집행법원에 제출하여야 하는데, 집행채권자가 압류전부명령에 기한 전부금채권을 가지고 있다는 것의 확인을 구하는 것은 그 확인판결의 제출로 집행법원이 공탁금의 배당절차를 개시할 수 없으므로 분쟁을 근본적으로 해결하는 가장 유효, 적절한 수단이라고 볼 수 없어 확인의 이익이 없다(대판 2008.1.17. 2006다56015).

1. **혼합공탁, 甲 또는 乙의 주소지 관할 공탁소**

   공탁자가 수용대상토지에 처분금지가처분등기가 되어 있어 상대적 불확지 변제공탁과 채권가압류로 인한 집행공탁을 합한 혼합공탁을 할 수 있고, 상대적 불확지변제공탁과 동일한 관할이므로 피공탁자들 중 1인의 주소지 공탁소가 관할공탁소가 된다.

2. **甲의 승낙서 또는 甲을 상대로 한 공탁금 출급청구권 확인의 승소판결과 丁의 승낙서 또는 丁을 상대로 한 공탁금 출급청구권 확인의 승소판결**

   혼합공탁이 이루어진 경우, 피공탁자인 양수인은 다른 피공탁자인 양도인의 승낙서(인감증명서 첨부)나 양도인에 대한 공탁금 출급청구권확인 승소확정판결 이외에 가압류채권자들의 승낙서(인감증명서 첨부) 또는 그들에 대한 공탁금 출급청구권확인 승소확정판결을 출급청구권을 갖는 것을 증명하는 서면으로 첨부하여야만 공탁금을 출급청구할 수 있다(공탁선례 제201103-3호).

3. **확정판결과 채권가압류가 실효되었음을 증명하는 서면**

   공탁자가 피공탁자를 "가처분권자 갑(甲) 또는 가처분권자 을(乙) 또는 토지소유자"로 한 상대적 불확지 변제공탁과 채권가압류로 인한 집행공탁을 합한 혼합공탁을 한 경우, 가처분권자들이 토지소유자를 상대로 제기한 본안소송에서 패소판결을 받아 확정된 때에는 토지소유자는 공탁금 출급청구권이 자신에게 있음을 증명하는 서면으로 그 확정판결과 채권가압류가 실효되었음을 증명하는 서면 등을 첨부하여 위 공탁금에 대한 출급청구를 할 수 있다(공탁선례 제2-325호).

08 혼합공탁

제1절 | 총 설

제2절 | 혼합공탁 사유

01

채권양도(양도의 효력에 다툼이 있음) 후에 양도인에 대한 채권가압류가 있어 혼합공탁하는 경우에 관한 다음 설명 중 가장 옳지 않은 것은? **2020년**

① 민법 제487조 후단, 민사집행법 제291조, 제248조 제1항의 혼합공탁을 할 수 있다.
② 혼합공탁 후 채권양도가 무효로 판명되지 않더라도 가압류를 본압류로 이전하는 압류명령이 송달되면 공탁관은 바로 사유신고를 해야 한다.
③ 혼합공탁을 하더라도 그로써 배당가입차단효가 발생하지는 아니한다.
④ 채권양도가 유효로 판명되면 양수인이 진정한 채권자가 된다.
⑤ 양수인은 양도인의 승낙서(인감증명 첨부) 이외에 가압류채권자의 승낙서(인감증명 첨부)를 첨부해서 공탁금을 출급할 수 있다.

[❶▸○] [❺▸○] 장래 발생할 채권까지 포함된 물품대금채권에 대하여 양도 및 확정일자부 통지가 이루어진 이후 다시 물품대금채권에 대하여 양도인을 채무자로 하는 4건의 가압류가 이루어져 채권양도의 효력 및 채권양도와 가압류 간의 우열에 대해 의문이 있을 수 있는 경우, 채무자는 <u>민법 제487조,</u> <u>민사집행법 제291조 및 제248조 제1항을 근거로 양도인 또는 양수인을 피공탁자로 하는 혼합공탁을</u> <u>할 수 있다.</u> 이와 같이 혼합공탁이 이루어진 경우, 피공탁자인 양수인은 다른 피공탁자인 양도인의 승낙서(인감증명서 첨부)나 양도인에 대한 공탁금출급청구권확인 승소확정판결 이외에 가압류채권자들의 승낙서(인감증명서 첨부) 또는 그들에 대한 공탁금출급청구권확인 승소확정판결을 출급청구권을 갖는 것을 증명하는 서면으로 <u>첨부하여야만 공탁금을 출급청구할 수 있다</u>(공탁선례 제2-316호).
[❷▸×] [❹▸○] 혼합공탁 이후에 채권양도가 무효로 판명되면 양도인에 대한 채권가압류명령은 유효하기 때문에 양도인이 진정한 채권자로 확정되므로, <u>양도인에 대하여 가압류한 가압류채권자의</u> <u>가압류를 본압류로 이전하는 압류명령이 송달되면 공탁관이 사유신고를 하게 되고,</u> 집행법원의 지급위탁에 의하여 공탁금 지급이 이루어진다. 반대로, <u>채권양도가 유효로 판명되면 양도인에 대한 채권가압류</u> 명령은 무효로 되고 양수인이 진정한 채권자로 된다.

[**❸ ▶ ○**] 채권양도와 가압류를 원인으로 하는 혼합공탁의 경우에도 공탁사실을 가압류발령 법원에 신고하여야 할 것이지만, 압류와는 달리 가압류를 원인으로 한 경우에는 집행공탁을 하더라도 배당가입의 차단효가 발생하지 않고 단지 가압류채무자가 가지는 공탁금출급청구권 위에 가압류의 효력이 존속하는 것으로만 되어 있기 때문에(민사집행법 제297조) 배당절차를 개시하는 사유가 되지 않고, 나중에 가압류에서 본압류로 이전하는 채권압류가 있으면 공탁관이 집행법원에 사유신고하고 그때 배당절차를 진행하기 위한 요건의 충족 여부를 판단하여야 할 것이다.

답 **❷**

제3절 │ 공탁신청절차

02
☐☐☐
甲은 乙에게 대여금채무(1천만원, 양도금지특약 있음)를 부담하고 있는데 위 채무금 전액에 대하여 확정일자 있는 채권양도통지서(양수인 丙)와 丁의 채권압류 및 추심명령을 순차적으로 송달받고 혼합공탁을 하려고 한다. 다음 설명 중 옳은 것을 모두 고른 것은?   2023년

ㄱ. 甲은 민법 제487조 후단 및 민사집행법 제248조 제1항을 공탁근거법령으로 피공탁자를 '乙 또는 丙'으로 기재하여야 한다.
ㄴ. 甲이 혼합공탁을 한 후 乙에게 공탁금 출급청구권이 귀속하는 것을 증명하는 문서가 공탁소에 제출된 때에 공탁관이 집행법원에 사유신고를 하여야 한다.
ㄷ. 丁은 乙과 丙을 피고로 하여 공탁금출급청구권이 자신에게 있다는 것을 확인하는 공탁금출급청구권확인의 확정판결을 첨부하여 직접 공탁금을 출급할 수 있다.
ㄹ. 丙은 乙과 丁을 피고로 하여 공탁금 출급청구권이 자신에게 있다는 것을 확인하는 공탁금출급청구권확인의 확정판결을 첨부하여 직접 공탁금을 출급할 수 있다.

① ㄱ, ㄴ   ② ㄱ, ㄷ
③ ㄱ, ㄹ   ④ ㄴ, ㄹ
⑤ ㄴ, ㄷ

···

[ㄱ ▶ ○] 채권양도(효력다툼 있음)가 선행하고 채권압류가 후행한 경우, 채권양도와 채권압류가 동시에 도달한 경우 공탁근거 법령조항은 '민법 제487조 후단, 민사집행법 제248조 제1항'이다. 공탁서상의 피공탁자란에는 양도인(집행채무자) 또는 양수인을 피공탁자로 기재하고, 집행채권자(가압류나 압류채권자)들은 공탁서에 피공탁자로 기재하지 않지만, 공탁서상의 공탁원인사실란에는 가압류나 압류, 압류경합 등의 사실을 구체적으로 기재하여야 한다.
[ㄴ ▶ ✕] 혼합공탁은 집행공탁의 성질도 가지므로 채권양도와 압류를 원인으로 하는 혼합공탁의 경우 공탁자는 공탁 후 즉시 공탁서를 첨부하여 집행법원에 사유신고를 하여야 한다. 공탁원인사실인 채권양도 등의 유·무효가 확정되지 않는 이상 그 후의 절차를 진행할 수 없으므로 사유신고가 있더라도 혼합해소문서가 제출될 때까지는 배당절차를 진행하지 못하지만 혼합해소문서가 제출되더라도 공탁관이 사유신고를 할 필요는 없다.

[ㄷ ▸ ✕] 채권양도의 통지 이후에 양도인을 압류채무자로 하는 압류명령의 송달이 있고 그 채권양도의 효력 유무에 대하여 다툼이 있어 혼합공탁을 한 경우에 압류채권자가 공탁금을 출급청구하기 위해서는, 채권양도가 무효이므로 양도인(집행채무자)에게 공탁금출급청구권이 있다는 취지의 혼합해소문서를 집행법원에 제출하여 <u>집행법원의 배당절차를 거친 후 집행법원의 지급위탁 및 지급증명서를 첨부하여야 할 것이다.</u>

[ㄹ ▸ ○] 혼합공탁이 이루어진 경우, 피공탁자인 양수인은 다른 피공탁자인 양도인의 승낙서(인감증명서 첨부)나 양도인에 대한 공탁금 출급청구권확인 승소확정판결 이외에 가압류채권자들의 승낙서(인감증명서 첨부) 또는 그들에 대한 공탁금 출급청구권확인 승소확정판결을 출급청구권을 갖는 것을 증명하는 서면으로 첨부하여야만 공탁금을 출급청구할 수 있다(공탁선례 제2-316호).

답 ❸

---

03 □□□

혼합공탁에 관한 다음 설명 중 가장 옳지 않은 것은?

2022년

① 채권자 불확지 변제공탁 사유와 집행공탁 사유가 함께 발생한 경우, 이른바 혼합공탁을 할 수 있고, 이러한 공탁은 변제공탁에 관련된 채권양수인에 대하여는 변제공탁으로서의 효력이 있고, 집행공탁에 관련된 압류채권자 등에 대하여는 집행공탁으로서의 효력이 있다.

② 채권가압류 이후 채권양도가 있어 제3채무자가 양도인 또는 양수인을 피공탁자로 하는 채권자 불확지 변제공탁과 채권가압류가 있음을 이유로 한 집행공탁을 합한 혼합공탁을 하는 경우 위 채무가 지참채무라면 피공탁자들 중 1인의 주소지 공탁소가 관할공탁소가 된다.

③ 혼합공탁에 있어서 피공탁자는 공탁물의 출급을 청구함에 있어서 다른 피공탁자에 대한 관계에서만 공탁물출급청구권이 있음을 증명하는 서면을 갖추는 것으로는 부족하고, 집행채권자에 대한 관계에서도 공탁물출급청구권이 있음을 증명하는 서면을 구비·제출하여야 한다.

④ 혼합공탁의 요건을 갖추지 못하여 유효한 공탁으로 볼 수 없는 경우에는 공탁자는 착오로 인한 공탁금회수 청구를 할 수 있다.

⑤ 채무자가 채권양도 및 압류경합을 공탁사유로 공탁을 하면서 피공탁자 내지 채권자 불확지의 취지를 기재하지 않고 공탁근거조문으로 집행공탁에 관한 근거조항만 기재한 경우, 위 공탁은 새로운 채권자에 대한 변제공탁으로서의 효력이 없다고 볼 수 없다.

···

[❶ ▸ ○] 특정 채권에 대하여 채권양도의 통지가 있었으나 그 후 통지가 철회되는 등으로 채권이 적법하게 양도되었는지 여부에 관하여 의문이 있어 민법 제487조 후단의 채권자 불확지를 원인으로 하는 변제공탁 사유가 생기고, 그 채권양도 통지 후에 그 채권에 대하여 채권가압류 또는 채권압류 결정이 내려짐으로써 민사집행법 제248조 제1항의 집행공탁의 사유가 생긴 경우에, 채무자는 민법 제487조 후단 및 민사집행법 제248조 제1항을 근거로 하여 채권자 불확지를 원인으로 하는 변제공탁과 압류 등을 이유로 하는 집행공탁을 아울러 할 수 있고, 이러한 공탁은 변제공탁에 관련된 채권양수인에 대하여는 변제공탁으로서의 효력이 있고, 집행공탁에 관련된 압류채권자 등에 대하여는 집행공탁으로서의 효력이 있다(대판 2008.1.17. 2006다56015).

[**②** ▶ **O**] 채권가압류 이후에 채권양도가 있어 제3채무자가 양도인 또는 양수인을 피공탁자로 하는 채권자 불확지 변제공탁과 채권가압류가 있음을 이유로 한 집행공탁을 합한 혼합공탁을 하는 경우, 위 채무가 지참채무라면 피공탁자들 중 1인의 주소지 공탁소가 관할공탁소가 된다(공탁선례 제2-12호).

[**③** ▶ **O**] 혼합공탁이 이루어진 경우 피공탁자인 양수인은 다른 피공탁자인 양도인의 승낙서(인감증명서 첨부)나 양도인에 대한 공탁금 출급청구권 승소확정판결 이외에 가압류채권자 승낙서(인감증명서 첨부) 또는 그를 상대로 한 공탁금 출급청구권 승소확정판결을 출급청구권을 갖는 것을 증명하는 서면으로 첨부하여야만 공탁금을 출급할 수 있다(공탁선례 제201103-3호).

[**④** ▶ **O**] 확정일자 있는 채권양도 통지를 받은 후 양도인을 가압류채무자로 하는 채권가압류(3건)가 있는데 선행 채권양도에 대한 다툼이 없고, 채권자 불확지 변제공탁을 할 만한 사정이 없는데도 제3채무자가 피공탁자를 '양도인 또는 양수인'으로 지정하고, 공탁근거법령으로 민법 제487조, 민사집행법 제248조 제1항 및 제291조에 의한 혼합공탁을 한 경우, 이는 혼합공탁의 요건을 갖추지 못해 유효한 공탁으로 볼 수 없으므로 공탁자(제3채무자)는 착오로 인한 공탁금회수 청구를 할 수 있다(공탁선례 제2-307호).

[**⑤** ▶ **×**] 제3채무자가 채권양도 및 압류경합을 공탁사유로 공탁을 하면서 피공탁자 내지 채권자 불확지의 취지를 기재하지 않고 공탁근거조문으로 집행공탁근거조문인 민사집행법 제248조 제1항만을 기재한 경우, 위 공탁은 <u>변제공탁으로서의 효과는 없다</u>(대판 2005.5.26. 2003다12311).

답 **⑤**

제4절 | 공탁물 지급

04 □□□ **혼합공탁에 관한 다음 설명 중 가장 옳지 않은 것은?** 2021년

① 혼합공탁은 변제공탁에 관련된 새로운 채권자에 대해서는 변제공탁으로서 효력이 있고 집행공탁에 관련된 압류채권자 등에 대해서는 집행공탁으로서 효력이 있으며, 이 경우에도 적법한 공탁으로 채무자의 채무는 소멸한다.

② 제3채무자가 변제공탁을 한 것인지, 집행공탁을 한 것인지 아니면 혼합공탁을 한 것인지는 피공탁자의 지정 여부, 공탁의 근거조문, 공탁사유, 공탁사유신고 등을 종합적·합리적으로 고려하여 판단하는 수밖에 없다.

③ 혼합공탁의 경우에 어떠한 사유로 배당이 실시되었고 배당표상의 지급 또는 변제받을 채권자와 금액에 관하여 다툼이 있는 경우, 공탁금에서 지급 또는 변제받을 권리가 있음에도 불구하고 지급 또는 변제받지 못하였음을 주장하는 자는 배당표에 배당받는 것으로 기재된 다른 채권자들을 상대로 배당이의의 소를 제기할 수 있다.

④ 혼합공탁에서 피공탁자가 공탁물의 출급을 청구하려면 다른 피공탁자에 대한 관계에서 공탁물출급청구권이 있음을 증명하는 서면을 갖추는 것으로 충분하다.

⑤ 혼합공탁에서 변제공탁에 해당하는 부분에 대하여는 제3채무자의 공탁사유신고에 의한 배당가입 차단효가 발생할 여지가 없다.

[**❶ ▸ ○**] 혼합공탁은 변제공탁의 공탁근거법령과 집행공탁의 공탁근거법령 양자를 공탁근거법령으로 한 공탁이며, 변제공탁과 집행공탁의 성질을 함께 갖는 공탁이다. 따라서 혼합공탁은 변제공탁에 관련된 채권자들에 대하여는 변제공탁으로서의 효력이 있고, 집행공탁에 관련된 집행채권자들에 대하여는 집행공탁으로서의 효력이 있다(대판 1996.4.26. 96다2583).

[**❷ ▸ ○**] 집행공탁의 경우에는 배당절차에서 배당이 완결되어야 피공탁자가 비로소 확정되고, 공탁 당시에는 피공탁자의 개념이 관념적으로만 존재할 뿐이므로, 공탁 당시에 피공탁자를 지정하지 아니하였더라도 공탁이 무효라고 볼 수 없으나, 변제공탁은 집행법원의 집행절차를 거치지 아니하고 피공탁자의 동일성에 관한 공탁공무원의 형식적 심사에 의하여 공탁금이 출급되므로 피공탁자가 반드시 지정되어야 하며, 또한 변제공탁이나 집행공탁은 공탁근거조문이나 공탁사유, 나아가 공탁사유신고의 유무에 있어서도 차이가 있으므로, 제3채무자가 채권양도 등과 압류경합 등을 이유로 공탁한 경우에 제3채무자가 변제공탁을 한 것인지, 집행공탁을 한 것인지, 아니면 혼합공탁을 한 것인지는 피공탁자의 지정 여부, 공탁의 근거조문, 공탁사유, 공탁사유신고 등을 종합적·합리적으로 고려하여 판단하는 수밖에 없다(대판 2005.5.26. 2003다12311).

[**❸ ▸ ○**] 집행공탁과 민법의 규정에 의한 변제공탁이 혼합되어 공탁된 이른바 혼합공탁의 경우에 어떠한 사유로 배당이 실시되었고 배당표상의 지급 또는 변제받을 채권자와 금액에 관하여 다툼이 있으면 이를 배당이의의 소라는 단일한 절차에 의하여 한꺼번에 분쟁을 해결함이 타당하므로, 공탁금에서 지급 또는 변제받을 권리가 있음에도 불구하고 지급 또는 변제받지 못하였음을 주장하는 자는 배당표에 배당받는 것으로 기재된 다른 채권자들을 상대로 배당이의의 소를 제기할 수 있다(대판 2014.11.13. 2012다117461).

[**❹ ▸ ✕**] 혼합공탁이 이루어진 경우 피공탁자인 양수인은 <u>다른 피공탁자인 양도인의 승낙서(인감증명서 첨부)나 양도인에 대한 공탁금출급청구권 승소확정판결 이외에 가압류채권자 승낙서(인감증명서 첨부) 또는 그를 상대로 한 공탁금출급청구권 승소확정판결을 출급청구권을 갖는 것을 증명하는 서면으로 첨부하여야만 공탁금을 출급할 수 있다</u>(공탁선례 제201103-3호).

[**❺ ▸ ○**] 민사집행법 제247조 제1항에 의한 배당가입차단효는 배당을 전제로 한 집행공탁에 대하여만 발생하므로, 집행공탁과 변제공탁이 혼합된 소위 혼합공탁의 경우 변제공탁에 해당하는 부분에 대하여는 제3채무자의 공탁사유신고에 의한 배당가입차단효가 발생할 여지가 없다(대판 2008.5.15. 2006다74693).

답 ❹

09 보관·몰취공탁 등

제1절 | 보관공탁

Ⅰ 의 의

보관공탁이라 함은 목적물 그 자체의 보관을 위한 공탁이다. 변제공탁, 담보공탁, 집행공탁은 궁극적으로 청구권의 만족을 위한 제도이나 보관공탁은 그와 같은 목적이 없고 단순히 목적물 자체의 보관을 위한 공탁으로서 피공탁자가 원시적으로 존재하지 아니하므로 공탁물출급청구권은 없고, 회수청구권만 존재한다.

Ⅱ 보관공탁의 종류

1. 상법 제491조에 의한 보관공탁

> **소집권자(상법 제491조)**
> ② 사채의 종류별로 해당 종류의 사채 총액(상환 받은 액은 제외한다)의 10분의 1 이상에 해당하는 사채를 가진 사채권자는 회의 목적인 사항과 소집 이유를 적은 서면 또는 전자문서를 사채를 발행한 회사 또는 사채관리회사에 제출하여 사채권자집회의 소집을 청구할 수 있다.
> ④ 무기명식의 채권을 가진 자는 그 채권을 공탁하지 아니하면 전2항의 권리를 행사하지 못한다.

2. 상법 제492조에 의한 보관공탁

> **의결권(상법 제492조)**
> ① 각 사채권자는 그가 가지는 해당 종류의 사채 금액의 합계액(상환 받은 액은 제외한다)에 따라 의결권을 가진다.
> ② 무기명식의 채권을 가진 자는 회일로부터 1주간 전에 채권을 공탁하지 아니하면 그 의결권을 행사하지 못한다.

1. 관할공탁소

① 공탁소의 토지관할에 관한 일반적 규정은 없으며 공탁의 근거법령에서 관할규정을 두고 있지 않은 경우에 공탁소는 직무관할 및 공탁물에 의한 관할범위 내에서 일체의 공탁에 대하여 관할권을 갖는다. 따라서 상법 제491조 제4항이나 상법 제492조 제2항에 따라 무기명식 사채권을 공탁하고자 하는 사람은 시·군법원 공탁소를 제외한 모든 공탁소에서 공탁할 수 있다.

② 상법부칙 제7조에 의하여 제491조 제4항, 제492조 제2항 또는 그 준용규정에 의하여 할 공탁은 공탁관에게 하지 아니하는 경우에는 대법원장이 정하는 은행 또는 신탁회사에 하여야 하므로 대법원장에게 공탁기관의 지정을 구하여 그 지정된 은행 또는 신탁회사에 공탁할 수도 있다(등기선례 제2-327호).

2. 공탁물

상법상의 공탁은 "무기명식 사채권"으로 법정되어 있다. 공탁에 적합한 신탁법상의 재산은 금전, 유가증권 기타 물품이 될 것이다.

3. 당사자

피공탁자는 원시적으로 존재하지 아니하므로 기재하지 않는다.

Ⅳ 공탁물의 지급

피공탁자가 원시적으로 존재하지 아니하므로 출급청구란 있을 수 없다. 회수 등의 절차에 관하여는 법정된 바 없으므로 각 절차가 완료되었다면 이를 증명하여 사채권자 등 공탁자가 회수하면 된다.

제2절 ┃ 몰취공탁

Ⅰ 의 의

① 몰취공탁이란 일정한 사유가 발생하였을 때 공탁물을 몰취함으로써 소명에 갈음하는 선서 등의 진실성 또는 상호가등기제도의 적절한 운용 등을 간접적으로 담보하는 기능을 수행하는 제도이다.

② 몰취공탁은 특정의 상대방에 대한 손해담보가 아니라 국가에 대하여 자신의 주장이 허위이거나 국가에서 정한 의무의 이행을 하지 아니할 때에는 국가로부터 몰취의 제재를 당하여도 이를 감수하겠다는 뜻에서 제공하는 징벌적 성질을 가진 공탁이라 볼 수 있다.

Ⅱ 종 류

1. 소명에 갈음하는 공탁

재판상의 상대방에 대한 손해담보가 아니라, 국가에 대하여 자기의 주장이 허위인 때에는 몰취의 제재를 당하여도 감수한다는 뜻에서 제공하는 제재적 성질을 가진 공탁이다.

> **소명의 방법(민사소송법 제299조)**
> ① 소명은 즉시 조사할 수 있는 증거에 의하여야 한다.
> ② 법원은 당사자 또는 법정대리인으로 하여금 보증금을 공탁하게 하거나, 그 주장이 진실하다는 것을 선서하게 하여 소명에 갈음할 수 있다.

2. 상호가등기 공탁

> **상호의 가등기를 위한 공탁(상업등기법 제41조)**
> 상호의 가등기 및 제40조 제1항에 따른 예정기간 연장의 등기를 신청할 때에는 1천만원의 범위 안에서 대법원규칙으로 정하는 금액을 공탁하여야 한다.

Ⅲ 공탁의 신청

1. 관 할

관할에 대하여 법정된 바는 없다. 소명에 갈음하는 공탁은 시·군법원의 직무관할이 적용된다.

2. 공탁의 목적물

① 소명에 갈음하는 몰취공탁(민사소송법 제299조 제2항)의 공탁물은 금전이다. 상호가등기 몰취공탁도 금전만이 허용될 뿐 지급보증위탁계약체결문서(보증보험증권)를 제출할 수는 없다(재판예규 제1787호).
② 상호가등기 몰취공탁은 아래와 같이 일정한 금액을 공탁하도록 하고 있다(상업등기규칙 제79조).

상호의 가등기의 공탁금액

공탁금액 상호가등기의 종류	상호의 가등기 신청 시		예정기간 연장의 등기 신청 시
	예정기간이 6월 이하인 경우	예정기간이 6월을 초과하는 경우	
「상법」 제22조의2 제1항의 규정에 의한 상호의 가등기	200만원	200만원에다가 초과되는 예정기간 6월(6월 미만의 기간은 6월로 봄)마다 100만원을 추가한 금액	연장기간 6월(6월 미만의 기간은 6월로 봄)마다 100만원을 추가한 금액
「상법」 제22조의2 제2항 및 제3항의 규정에 의한 상호의 가등기	150만원	150만원에다가 초과되는 예정기간 6월(6월 미만의 기간은 6월로 봄)마다 70만원을 추가한 금액	연장기간 6월(6월 미만의 기간은 6월로 봄)마다 70만원

3. 당사자

① 몰취공탁에서의 공탁자는 소송당사자나 법정대리인(민사소송법 제299조 제2항) 또는 등기신청인 등으로 법정되어 있다.

② 성질상 제3자에 의한 공탁이 허용되지 않는다.

③ 몰취공탁에서의 피공탁자는 국가이므로 공탁서상의 피공탁자란에는 '대한민국' 또는 '국'이라고 기재한다.

Ⅳ 공탁물의 지급

1. 소명에 갈음하는 몰취공탁

(1) 출급(몰취로 인한 국고귀속)

보증금을 공탁한 당사자 또는 법정대리인이 거짓 진술을 한 때 법원은 결정으로 보증금을 몰취한다(민사소송법 제300조). 공탁금 몰취절차를 정한 규정은 없으나 국고귀속되는 공탁금에 관한 규정인 공탁규칙 제62조 제3항을 준용한다.

(2) 회 수

보증금을 몰취할 것이 아닌 때에는 사건완결 후 공탁을 명한 법원은 공탁금환부결정을 하고, 공탁자는 공탁금환부결정정본 및 공탁서를 첨부하여 공탁금을 회수하게 된다.

2. 상호가등기 몰취공탁

(1) 출급(몰취로 인한 국고귀속)

① 예정기간 내에 본등기를 하지 아니한 경우

② 주식회사 또는 유한회사를 설립하고자 할 때의 상호의 가등기와 본점을 이전하고자 할 때의 상호의 가등기 및 목적을 변경하고자 할 때의 상호의 가등기의 경우 상호를 변경한 경우

③ 상호나 목적 또는 상호와 목적을 변경하고자 할 때의 상호의 가등기의 경우 본점을 다른 특별시, 광역시, 시 또는 군에 이전할 경우

(2) 회 수

예정기간 내에 본등기를 한 때에는 등기관은 상호의 가등기를 직권으로 말소하여야 하고(상업등기법 제43조 제1호), 회사 또는 발기인 등은 등기관으로부터 교부받은 공탁원인소멸증명서를 첨부하여 공탁금을 회수할 수 있다.

제3절 │ 몰수보전 · 추징보전 관련 공탁

I 의 의

① 특정공무원범죄를 통한 불법수익 또는 마약관련 불법수익 등을 철저히 추적·환수하기 위한 "공무원범죄에 관한 몰수 특례법"과 "마약류 불법거래 방지에 관한 특례법"은 몰수재판의 집행을 보전하기 위한 몰수보전 및 추징재판의 집행을 보전하기 위한 추징보전에 관한 규정과 금전채권에 관하여 몰수보전 또는 추징보전이 된 경우에 채무자 또는 제3채무자의 공탁을 허용하는 규정을 두고 있다.

② 그 밖에 여러 법률에도 관련 규정이 있지만 여기에서는 "공무원범죄에 관한 몰수 특례법"과 "공무원범죄의 몰수보전 등에 관한 규칙"을 중심으로 살펴보기로 한다.

II 몰수보전공탁

1. 의 의

① 몰수보전이란 법률에 의한 몰수재판의 집행을 확보하기 위하여 몰수할 수 있는 재산에 대한 처분을 일시적으로 금지하는 강제처분을 말한다.

② 몰수보전은 민사집행법에 의한 다툼의 대상에 대한 가처분제도를 형사절차에 차용한 것으로 그 효력은 상대적이므로, 몰수보전된 금전채권이라도 몰수의 재판이 있기까지는 채권자의 양도 등의 처분을 할 수 있고 그 처분행위는 당사자 간에는 유효하지만 그 후 몰수의 재판이 확정되면 그 효력이 부정된다.

2. 공탁절차

① 금전채권의 제3채무자는 해당 채권이 몰수보전이 된 후 그 몰수보전의 대상이 된 채권에 대하여 강제집행에 의한 (가)압류명령을 송달받은 경우 또는 강제집행에 의하여 (가)압류된 금전채권에 대하여 몰수보전이 있는 경우에는 몰수보전명령에 관련된 금전채권의 전액을 채무이행지의 지방법원 또는 지원의 공탁소에 공탁함으로써 면책받을 수 있다(공무원범죄에 관한 몰수 특례법 제36조 제1항, 제4항).

② 제3채무자가 공탁을 한 때에는 그 사유를 몰수보전명령을 발한 법원 및 (가)압류명령을 발한 법원에 신고하여야 한다. 이때 공탁사유신고서에 공탁서를 첨부해야 하는데, 몰수보전이 된 후 (가)압류명령을 송달받은 사유로 공탁한 경우에는 몰수보전명령을 발한 법원에 (가)압류된 금전채권에 대하여 몰수보전이 있는 사유로 공탁한 경우에는 (가)압류명령을 발한 법원에 제출하여야 한다(공무원범죄에 관한 몰수 특례법 제36조 제2항, 제40조 제3항, 공무원범죄의 몰수보전 등에 관한 규칙 제14조 제2항, 제15조 제2항).

③ 금전의 지급을 목적으로 하는 채권에 대하여 몰수보전이 되어 그 채무자(제3채무자)가 공탁을 한 경우 그 공탁을 수리한 공탁관은 몰수보전명령을 발한 법원 및 이에 대응하는 검찰청의 검사 또는 고위공직자 범죄수사처에 소속된 검사에게 공탁사실을 통지하여야 한다(공무원범죄의 몰수보전 등에 관한 규칙 제9조).

(3) 공탁금의 지급

채권이 몰수보전된 후 그 몰수보전의 대상이 된 채권에 대하여 강제집행에 의한 압류명령을 송달받아 제3채무자가 공탁한 경우 집행법원은 공탁된 금액 중에서 몰수보전된 금전채권의 금액에 상당하는 부분에 관하여는 몰수보전이 실효된 때에, 그 나머지 부분에 관하여는 공탁된 때에 배당 절차를 시작하거나 변제금의 지급을 실시한다(공무원범죄에 관한 몰수 특례법 제36조 제3항).

Ⅲ 추징보전공탁

1. 의의

① 추징보전이란 법률에 의하여 추징재판의 집행을 확보하기 위하여 피고인이나 피의자의 재산의 처분을 일시적으로 금지하는 강제처분을 말한다.

② 몰수대상재산의 몰수가 불가능한 때 또는 재산의 성질, 사용상황, 그 재산에 관한 범인 외의 자의 권리 유무 그 밖의 사정으로 몰수대상재산을 몰수함이 상당하지 않다고 인정된 때에는 그 가액을 추징할 수 있는데 추징재판의 집행을 보전하기 위하여 금전채권에 관하여 추징보전이 된 경우에는 민사집행법에 의한 가압류가 된 경우와 같은 효력이 인정된다.

2. 공탁절차

① 추징보전명령을 할 때에는 추징보전명령의 집행정지나 집행처분의 취소를 위하여 피고인이 공탁하여야 할 금액(추징보전해방금)을 정하여야 한다(공무원범죄에 관한 몰수 특례법 제42조 제3항).

② 추징보전명령에 따라 추징보전이 집행된 금전채권의 채무자(제3채무자)는 그 채권액에 상당한 금액을 공탁할 수 있다. 이 경우 채권자(피고인)의 공탁금출급청구권에 대하여 추징보전이 집행된 것으로 본다(공무원범죄에 관한 몰수 특례법 제45조).

③ 이러한 공탁을 수리한 공탁관은 추징보전명령을 발한 법원 및 검사 또는 수사처 검사에게 공탁사실을 통지하여야 한다(공무원범죄의 몰수보전 등에 관한 규칙 제23조).

3. 공탁금의 지급

① 추징보전해방금이 공탁된 후에 추징재판이 확정된 때 또는 가납재판이 선고된 때에는 공탁된 금액의 범위에서 추징 또는 가납재판의 집행이 있는 것으로 본다(공무원범죄에 관한 몰수 특례법 제46조 제1항). 이 경우 국가는 형사사건 판결정본과 확정증명서 등 추징재판이 확정되었음을 증명하는 서면을 첨부하여 지급청구할 수 있다.

② 추징선고된 경우 공탁된 추징보전해방금이 추징금액을 초과할 때에는 법원은 그 초과액을 피고인에게 돌려주어야 한다(공무원범죄에 관한 몰수 특례법 제46조 제2항).

③ 이때 피고인은 공탁된 금액 중 추징금액을 넘는 초과액에 대하여 별도의 추징보전명령의 취소를 받지 않더라도 공탁서 등 일반적인 첨부서면 외에 공탁원인 소멸을 증명하는 서면으로서 그 형사사건의 제1심 판결정본과 확정증명서를 첨부하여 직접 회수할 수 있다(대결 2010.4.29. 2010초기282).

| 제1절 | 보관공탁 |

| 제2절 | 몰취공탁 |

| 제3절 | 몰수보전 · 추징보전 관련 공탁 |

01 몰수보전, 추징보전 관련 공탁에 관한 다음 설명 중 가장 옳지 않은 것은? 2022년

① 금전채권의 제3채무자는 해당 채권이 몰수보전이 된 후 그 몰수보전의 대상이 된 채권에 대하여 강제집행에 의한 (가)압류명령을 송달받은 경우 또는 강제집행에 의하여 (가)압류된 금전채권에 대하여 몰수보전이 있는 경우에는 몰수보전명령에 관련된 금전채권의 전액을 채무이행지의 지방법원 또는 지원의 공탁소에 공탁함으로써 면책받을 수 있다.

② 위 ①의 제3채무자가 공탁을 한 때에는 그 사유를 몰수보전명령을 발한 법원 및 (가)압류명령을 발한 법원에 신고하여야 하는데, 이때 공탁사유신고서에 첨부되는 공탁서는 몰수보전이 된 후 (가)압류명령을 송달받은 사유로 공탁한 경우와 (가)압류된 금전채권에 대하여 몰수보전이 있는 사유로 공탁한 경우 모두 몰수보전명령을 발한 법원에 제출하여야 한다.

③ 추징보전명령에 따라 추징보전이 집행된 금전채권의 채무자(제3채무자)가 그 채권액에 상당한 금액을 공탁한 경우 채권자(피고인)의 공탁금출급청구권에 대하여 추징보전이 집행된 것으로 본다.

④ 피고인이 추징보전명령의 집행정지를 위하여 추징보전해방금을 공탁한 후에 추징재판이 확정된 때에는 공탁된 금액의 범위 안에서 추징재판의 집행이 있은 것으로 보므로, 국가는 형사사건 판결정본과 확정증명서 등 추징재판이 확정되었음을 증명하는 서면을 첨부하여 지급청구할 수 있다.

⑤ 추징보전해방금이 공탁된 후 추징을 포함한 형사사건의 재판이 확정된 때에는, 피고인은 공탁금 중 추징금액을 넘는 초과액에 대하여 별도의 추징보전명령의 취소를 받지 않더라도 일반적인 첨부서면 외에 공탁원인소멸 증명서면으로서 그 형사사건의 판결정본과 확정증명서를 첨부하여 직접 회수할 수 있다.

[**❶** ▸ ○] 공무원범죄에 관한 몰수 특례법 제36조 제1항, 제4항

> **공무원범죄에 관한 몰수 특례법 제36조(제3채무자의 공탁)**
> ① 금전 지급을 목적으로 하는 채권(이하 "금전채권"이라 한다)의 채무자(이하 "제3채무자"라 한다)는 해당 채권이 몰수보전된 후에 그 몰수보전의 대상이 된 채권에 대하여 강제집행에 의한 압류명령을 송달받은 때에는 그 채권의 전액을 채무 이행지(履行地)의 관할 지방법원 또는 지원에 공탁(供託)할 수 있다.
> ④ 강제집행에 의하여 압류된 금전채권에 관하여 몰수보전이 된 경우에 제3채무자의 공탁에 관하여는 제1항과 제2항을 준용한다.

[**❷** ▸ ×] 공탁사유신고서에 첨부되는 공탁서는 몰수보전이 된 후 (가)압류명령을 송달받은 사유로 공탁한 경우에는 몰수보전명령을 발한 법원에 (가)압류된 금전채권에 대하여 몰수보전이 있는 사유로 공탁한 경우에는 압류명령을 발한 법원에 제출하여야 한다(공무원범죄에 관한 몰수 특례법 제36조 제2항, 공무원범죄의 몰수보전 등에 관한 규칙 제14조 제2항, 제15조 제2항).

> **공무원범죄에 관한 몰수 특례법 제36조(제3채무자의 공탁)**
> ② 제3채무자가 제1항에 따른 공탁을 하였을 때에는 그 사유를 몰수보전명령을 한 법원 및 압류명령을 한 법원에 신고하여야 한다.
>
> **공무원범죄의 몰수보전 등에 관한 규칙 제14조(몰수보전된 금전채권에 대하여 강제집행에 의하여 압류가 된 경우 공탁사유신고의 방식등)**
> ① 법 제36조 제2항의 규정에 의한 신고는 다음 각 호의 사항을 기재한 서면으로 하여야 한다.
> 1. 몰수보전사건 및 강제집행사건의 표시
> 2. 피고인 또는 피의자의 성명
> 3. 강제집행에 의한 압류명령에 있어서의 채권자 및 채무자의 성명
> 4. 공탁한 금액 및 공탁사유
> ② 제1항의 경우 몰수보전명령을 발한 법원에 대한 공탁사유신고서에는 공탁서를 첨부하여야 한다.
>
> **공무원범죄의 몰수보전 등에 관한 규칙 제15조(강제집행에 의하여 압류가 된 금전채권에 대하여 몰수보전이 된 경우 공탁사유신고의 방식등)**
> ① 제14조 제1항은 법 제36조 제4항에 의하여 준용되는 동조 제2항의 규정에 의한 공탁사유신고에 준용한다.
> ② 제1항의 경우 압류명령을 발한 법원에 대한 공탁사유신고서에는 공탁서를 첨부하여야 한다.

[**❸** ▸ ○] 추징보전명령에 따라 추징보전이 집행된 금전채권의 채무자는 그 채권액에 상당한 금액을 공탁할 수 있다. 이 경우 채권자의 공탁금출급청구권(供託金出給請求權)에 대하여 추징보전이 집행된 것으로 본다(공무원범죄에 관한 몰수 특례법 제45조).

[**❹** ▸ ○] 추징보전해방금이 공탁된 후에 추징재판이 확정된 때 또는 가납재판(假納裁判)이 선고된 때에는 공탁된 금액의 범위에서 추징 또는 가납재판의 집행이 있은 것으로 본다(공무원범죄에 관한 몰수 특례법 제46조 제1항). 따라서 국가는 형사사건 판결정본과 확정증명서 등 추징재판이 확정되었음을 증명하는 서면을 첨부하여 공탁금을 출급청구할 수 있다.

[**❺** ▸ ○] 피고인은 공탁된 금액 중 추징금액을 넘는 초과액에 대하여 별도의 추징보전명령의 취소를 받지 않더라도 공탁서 등 일반적인 첨부서면 외에 공탁원인 소멸을 증명하는 서면으로서 그 형사사건의 제1심판결정본과 확정증명서를 첨부하여 직접 회수할 수 있다(대결 2010.4.29. 2010초기282).

답 ❷

10 공탁물품의 매각에 의한 공탁

물품공탁의 처리(공탁법 제11조)

공탁물보관자는 오랫동안 보관하여 공탁된 물품이 그 본래의 기능을 다하지 못하게 되는 등의 특별한 사정이 있으면 공탁당사자에게 적절한 기간을 정하여 <u>수령을 최고</u>하고, 그 기간에 수령하지 아니하면 대법원규칙으로 정하는 바에 따라 공탁된 물품을 매각하여 그 <u>대금을 공탁</u>하거나 <u>폐기</u>할 수 있다.

공탁물의 매각·폐기 등(공탁규칙 제47조)

① 「공탁법」 제11조에 따라 보관중인 공탁물품을 매각하거나 폐기하고자 할 경우에는 <u>공탁물보관자의 신청</u>으로 해당 공탁사건의 공탁소 소재지 또는 공탁물품의 소재지를 관할하는 법원의 <u>허가를 얻어야 한다.</u>
② 법원은 <u>직권</u> 또는 공탁물보관자의 <u>신청</u>으로 제1항의 허가재판을 변경할 수 있다.
③ 공탁물품의 매각은 「민사집행법」에 따른다. 다만, 공탁물보관자는 법원의 <u>허가를 받아 임의매각</u> 등 다른 방법으로 환가할 수 있다.
④ 법원은 제1항부터 제3항까지의 허가나 변경재판을 하기 전에 <u>공탁물보관자, 공탁자 또는 피공탁자를 심문할 수 있다.</u> 그 밖에 재판절차는 「비송사건절차법」에 따른다.
⑤ 제1항부터 제3항까지의 허가나 변경한 재판에 대하여는 <u>불복 신청을 할 수 없다.</u>
⑥ 공탁물보관자가 법원의 허가를 받아 공탁물품을 폐기할 때에는 개인정보가 유출되지 않도록 하여야 한다.

행정예규 제937호[공탁물품의 매각·폐기에 관한 예규]

제1조(목적)
이 예규는 「공탁법」 및 기타 법령에 따라 공탁물보관자로 지정·선임된 은행 또는 창고업자 등이 보관하고 있는 공탁물품 가운데 장기간 보관으로 인하여 물품 본래의 기능을 다하지 못하게 되는 등 특별한 사유가 있어 「공탁법」 제11조 및 「공탁규칙」 제47조에 따라 이를 매각 또는 폐기하는 절차를 정함을 목적으로 한다.

제2조(공탁물품의 정의)
공탁물품이란 공탁물보관자가 보관하고 있는 공탁물 중 금전, 유가증권을 제외한 물품을 말한다.

제3조(최고절차)
공탁물보관자는 공탁물품을 수령할 자에게 30일 이상의 기간을 정하여 이를 수령할 것과 이에 응하지 아니하는 경우에는 법원의 허가를 얻어 그 공탁물품을 매각 또는 폐기한다는 내용의 최고서(별지서식 제1호)를 등기우편으로 발송하여야 한다.

제4조(매각·폐기 허가신청)

① 공탁물을 수령할 자가 제3조의 최고에 응하지 아니한 때에는 공탁물보관자는 관할 법원에 매각 또는 폐기 허가신청을 할 수 있다. 다만, 공탁물보관자가 제3조의 최고를 할 수 없거나 공탁물품이 멸실 또는 훼손될 염려가 있는 때에는 최고 없이 허가신청을 할 수 있다.

② 제1항에 따라 허가신청을 하는 때에는 그 사유를 소명하여야 한다.

제5조(경매신청)

공탁물보관자가 법원허가를 얻어 공탁물품을 경매로 매각하려 할 때에는 「민사집행법」 제274조에 따른다.

제6조(공탁관에 대한 통지 등)

① 공탁물보관자는 매각·폐기신청에 대한 허가 또는 그 변경결정이 있는 때에는 그 재판서 사본을 첨부하여 공탁관에게 통지하여야 한다.

② 제1항의 통지를 받은 공탁관은 이를 해당 물품공탁사건 기록에 가철하고, 원장에 그 사실을 등록하여야 한다.

③ 공탁물보관자는 매각 또는 폐기절차가 완료된 때에는 지체 없이 별지 서식 제2호에 의하여 공탁관에게 그 사실을 통지하여야 한다.

④ 제3항의 통지를 받은 공탁관은 이를 해당 물품공탁사건 기록에 가철하고, 원장 및 관련 장부에 공탁물품의 매각 또는 폐기사실을 등록한 후 그 물품공탁사건을 완결 처리한다.

제7조(매각대금의 공탁)

① 공탁물보관자는 공탁물품의 매각대금 중에서 매각허가 신청비용, 매각비용 및 공탁물 보관비용을 공제한 잔액을 물품공탁 법원에 공탁하여야 한다.

② 제1항의 공탁을 할 때에는 공탁서에 다음과 같이 기재하고, 공탁물보관자가 기명날인 또는 서명하여야 한다.

1. 공탁자와 피공탁자 : 물품공탁사건의 공탁자와 피공탁자로 기재
2. 법령조항 : 「공탁법」 제11조
3. 공탁원인사실 : 물품공탁 사건번호, 「공탁법」 제11조에 따라 법원의 허가를 얻어 공탁물을 매각하고 비용을 공제한 잔액을 공탁한다는 취지
4. 그 밖에 필요한 사항

③ 공탁물보관자는 제1항의 공탁서에 공탁통지서를 첨부하고, 「공탁규칙」 제23조 제2항에 따라 우편료를 납부하여야 한다.

④ 공탁관이 제1항의 공탁을 수리한 때에는 그 공탁사건 기록에 해당 물품공탁사건 기록을 첨철한다. 그 물품공탁기록은 매각대금 공탁기록의 보존기간에 따라 보존한다.

제8조(출급·회수청구에 따른 심사방법)

제7조의 공탁금에 대한 출급·회수청구를 받은 공탁관은 종전 물품공탁사건의 출급·회수 인가요건도 참작하여 인가 여부를 결정한다.

제9조(공탁물 수령할 자에 대한 통지)

공탁물보관자는 공탁물품에 대한 매각 또는 폐기절차가 완료된 때에는 10일 이내에 공탁물을 수령할 자에게 별지서식 제3호에 의하여 통지하여야 한다.

다음 설명 중 가장 옳은 것은? 2011년

① 공탁자가 공탁서에 첨부한 원본 서면의 반환을 청구하는 경우에 공탁관은 그 원본과 같다는 뜻을 적은 사본을 직권으로 작성하여 그 사본에 원본 반환 취지를 적고 도장을 찍어야 한다.
② 공탁자가 가상계좌납입을 신청한 경우 공탁관은 공탁물보관자로부터 가상계좌번호를 전송받은 후 공탁서를 공탁자에게 교부하여 동 계좌로 납부하게 하여야 한다.
③ 공탁물품을 매각하거나 폐기하고자 할 경우에는 공탁물보관자의 신청으로 해당 공탁사건의 공탁소 소재지나 공탁물품의 소재지를 관할하는 법원의 허가를 받아야 한다.
④ 공탁자의 위임을 받은 대리인이 공탁서 정정신청을 하는 경우 인감증명서를 첨부할 필요가 없다.
⑤ 대공탁을 청구하는 경우 원칙적으로 공탁서를 첨부하여야 한다.

··

[❶▸✕] 공탁서, 공탁서 정정신청서, 대공탁·부속공탁청구서, 공탁물 출급·회수청구서 등에 첨부한 원본인 서면의 반환을 청구하는 경우에 청구인은 그 원본과 같다는 뜻을 적은 사본을 제출하여야 한다(공탁규칙 제15조 제2항).
[❷▸✕] 공탁관은 공탁금보관자로부터 가상계좌번호를 전송받은 후 공탁서는 보관하고 [별지 1]과 같은 납입안내문을 출력하여 공탁자에게 교부하여 납입기한 안에 동 계좌로 납부하게 하여야 한다(행정예규 제936호 3. ③).
[❸▸○] 「공탁법」 제11조에 따라 보관중인 공탁물품을 매각하거나 폐기하고자 할 경우에는 공탁물보관자의 신청으로 해당 공탁사건의 공탁소 소재지나 공탁물품의 소재지를 관할하는 법원의 허가를 받아야 한다(공탁규칙 제47조 제1항).
[❹▸✕] 위임에 따른 대리인이 공탁서 정정신청을 하는 경우에는 대리인의 권한을 증명하는 서면에 인감도장을 찍고 인감증명서를 첨부하여야 한다(공탁규칙 제30조 제2항, 제59조 제2항 준용).
[❺▸✕] 대공탁은 기본공탁과 동일성을 유지하면서 단지 공탁유가증권을 공탁금으로 변경하는 절차이므로, 대공탁에 있어서는 당사자가 공탁물을 출급 또는 회수하는 절차와는 달리 공탁서 원본은 첨부할 필요가 없다.

답 ❸

11 공탁물 지급청구권의 변동

제1절 │ 총 설

I 공탁물 지급청구권의 의의

① 공탁물 지급청구권은 공탁물회수청구권과 공탁물출급청구권을 통칭하는 개념이다.
② 공탁물출급청구권이라 함은 공탁성립 후 피공탁자가 공탁소에 대하여 공탁물을 출급할 수 있는 권리를 말하고, 공탁물회수청구권이라 함은 공탁자가 일정한 요건하에 공탁물을 회수할 수 있는 권리를 말한다.

II 공탁물 지급청구권의 성질

공탁물 지급청구권은 공탁자 또는 피공탁자에게 귀속하는 일종의 지명채권의 성질을 가지며 일신전속권이 아니므로 상속의 대상이 되고, 양도, 질권 설정 등의 임의처분은 물론 압류·가압류·가처분·전부·추심명령·체납처분 등 집행의 대상이 될 수 있으며, 채권자대위권의 목적이 될 수 있다.

제2절 │ 공탁물출급청구권과 공탁물회수청구권의 상호관계

I 일방 권리의 처분이 타방 권리에 미치는 영향

1. **상호관련성**

① 공탁물출급청구권과 공탁물회수청구권은 동일한 공탁물에 대한 두 개의 권리인 점에서 각별의 청구자에게 속하는 독립·별개의 권리이다.
② 따라서 원칙적으로 일방에 대한 양도, 질권 설정, 압류 기타의 처분은 타방에 대하여 아무런 영향을 미치지 아니하고 일방에 대한 양도 후에도 타방에 대한 양도·압류 등의 처분이 가능하다.
③ 그러나 공탁물은 하나이므로 출급 또는 회수의 어느 일방의 청구권이 일단 행사되어 공탁물이 지급됨으로써 공탁관계가 종료하면 다른 청구권도 당연히 소멸한다. 이 점에서 두 청구권은 전혀 별개의 청구권은 아니고 상호 관련성이 있다.

Ⅱ 양 권리의 우선적 효력

1. 재판상 담보공탁의 우선성

① 재판상 담보공탁은 담보권리자가 받게 될 손해를 담보하기 위한 공탁으로 피공탁자는 담보물에 대하여 질권자와 동일한 권리를 가진다. 따라서 피공탁자는 피담보채권이 발생하였음을 증명하여 공탁물에 대하여 담보권을 실행할 수 있다. 그러나 공탁자가 회수청구권을 행사하려면 담보취소가 선행되어야 하므로 재판상 담보공탁의 공탁물 출급청구권은 공탁물 회수청구권보다 우선한다.

② 따라서 재판상 담보공탁의 공탁물 회수청구권에 대한 양도·전부 등이 있더라도 담보권이 소멸되지 않는 한 양수인 등이 권리를 행사할 수는 없으며, 피공탁자는 여전히 출급청구권을 행사할 수 있다.

2. 항고보증공탁(집행공탁)의 경우

매각허가결정에 대한 항고보증으로 공탁한 현금 또는 유가증권은 그 항고가 기각된 경우에는 배당할 금액에 포함되어 공탁자는 그 회수청구권을 행사할 수 없게 되고 경매법원이 배당재단에 귀속된 공탁금을 배당채권자에게 배당하였을 때에는 배당채권자는 공탁금출급청구권을 가지게 되는 것인바, 경락허가결정에 대한 항고가 기각되기 전에 항고인의 공탁금회수청구권에 대하여 압류 및 전부명령이 있었다고 하여도 이는 집행채권자에게 그 회수청구권을 이전케 하는 효과를 발생할 뿐 공탁금출급청구권에는 아무런 영향을 미칠 수는 없는 것이므로 위 공탁금의 출급청구를 받은 공탁공무원으로서는 공탁금회수청구권에 대한 압류 및 전부명령이 있었다는 이유로 그 출급청구를 거부할 수는 없다(대결 1991.11.18. 91마501).

3. 변제공탁출급청구권의 비우선성

① 변제공탁 이외의 공탁은 착오공탁이거나, 공탁원인이 소멸되지 않는 한 회수청구권은 인정하지 않음이 원칙이나, 변제공탁에 있어서는 민법 제489조 제1항의 회수청구권이 소멸되지 않는 한 공탁자는 자유롭게 공탁물 회수청구권을 행사할 수 있으므로 회수청구권과 출급청구권은 우열이 없어 먼저 행사한 쪽이 우선한다.

② 다만, 수용보상금 공탁은 토지보상법 제42조에 따라 간접적으로 강제되고 자발적으로 이루어지는 공탁이 아니므로 착오공탁이거나, 공탁원인이 소멸되지 않는 한 민법 제489조 제1항에 의한 회수가 인정되지 않는다.

4. 그 밖의 공탁

가압류해방공탁, 보관공탁 등과 같이 회수청구권만 있고 출급청구권이 없는 공탁도 있다. 특히, 가압류해방공탁은 가압류의 효력이 해방공탁금의 회수청구권에 존속하므로 공탁자는 가압류가 취하나 취소 등으로 그 효력이 소멸될 때까지는 회수청구를 할 수 없으며, 가압류채무자에 대한 다른 채권자도 해방공탁금 회수청구권에 대하여 자유로이 강제집행을 할 수 있게 된다. 이 경우 가압류채권자의 가압류와 채무자의 다른 채권자의 압류는 서로 경합하게 되어 서로 간에 우열은 없다.

5. 선후결정의 기준

공탁물 출급청구권과 공탁물 회수청구권 행사의 선후관계를 결정함에 있어서도 공탁관의 지급인가의 전후에 의하는 것이 아니라, 지급요건이 충족된 지급청구서가 접수된 때를 기준으로 선후관계를 결정하여야 한다.

I 양 도

1. 의 의

공탁물 지급청구권도 일종의 지명채권의 성질을 가지며 일신전속권이 아니므로 법률의 규정에 의하여 양도가 제한되거나 양도금지에 관한 당사자의 의사표시(양도금지특약)가 없는 한 원칙적으로 양도성을 가지며, 지명채권양도에 관한 민법의 규정이 그대로 적용된다.

2. 양도통지

(1) 대항요건

공탁물 지급청구권의 양도도 지명채권양도와 같이 양도인과 양수인의 낙성·불요식의 양도계약에 의하여 그 효력이 생긴다고 할 것이나 채무자인 국가(소관 공탁관)에게 통지하거나 채무자가 승낙하지 아니하면[105] 채무자 기타 제3자에게 대항하지 못하고, 위 통지나 승낙은 확정일자 있는 증서에 의하지 아니하면 채무자 이외의 제3자에게 대항하지 못하므로(민법 제450조), 실제로는 서면(양도통지서)에 의한 통지가 이루어지고 있다.

공탁금 출급청구권 양수인의 출급청구 요건

토지수용보상 공탁금의 출급청구권자는 토지수용 당시의 소유자 또는 그로부터 공탁금 출급청구권을 상속·양도 등으로 인하여 승계한 자이고, 사자를 피공탁자로 한 공탁은 상속인에 대한 공탁으로써 유효하므로, 공탁금 출급청구권자는 망인의 상속인들 또는 그로부터 공탁금 출급청구권을 승계한 자라고 할 것이다. 그리고 사자를 피공탁자로 한 공탁에 있어서 그 상속인이 공탁금 출급청구권자인 경우에는 공탁금 출급청구권을 갖는 것을 증명하는 서면으로써 (중략) 상속인이 국가를 상대로 하여 피수용토지의 상속인인 사실을 이유로 공탁금수령권한이 있다는 내용의 확인판결을 받은 경우에는 그러한 판결도 공탁금 출급청구권을 갖는 것을 증명하는 서면에 해당한다고 할 것이다. 그러나 상속인 중 1인이 다른 상속인들 중 일부로부터 출급청구권을 양도받아 공탁금 출급청구권자가 된 경우에는 그 양도를 증명하는 서면을 첨부하여야 하는 외에 양도인이 제3채무자인 국가에게 그 사실을 통지하는 것이 필요하므로, 공탁금 출급청구권을 양도받은 사실을 이유로 국가를 상대로 공탁금수령권한이 있다는 확인판결을 받은 것만으로는 양도를 증명하는 서면은 갖추었으나 양도인의 적법한 통지가 있다고 볼 수 없으므로 공탁금을 출급할 수 없다(공탁선례 제1-141호).

출급청구권 양도 의사표시 및 통지를 명하는 판결과 그 확정증명을 공탁관에 송부하거나 제시하고 공탁금을 출급받을 수 있는지(적극)

1. 의사표시를 명하는 판결이 있는 경우 집행권원에 반대의무의 이행과 같은 조건이 붙지 않는 경우라면 별도의 집행절차나 집행문부여 없이 재판의 확정시에 채무자의 의사표시가 있는 것으로 보게 되나, 상대방이 있는 의사표시는 의사표시 의제의 효력이 발생한 사실을 당해 집행권원을 제시하거나 송부함으로써 상대방에게 도달시켜야 할 것이다.
2. 공탁금 출급청구권 양도의 의사표시 및 그 통지를 명하는 판결이 확정되었다면 양도의 의사표시가 있는 것으로 의제되고 양수인은 위 판결과 그 확정증명 등을 채무자인 대한민국(소관 : ○○법원 공탁관)에 송부하거나 제시하고 공탁금을 출급받을 수 있다(공탁선례 제2-339호).

---

(2) 통지의 주체

공탁물 지급청구권의 양도통지는 양도인이 채무자인 국가(소관 공탁관)에게 하여야 하며, 양수인 자신이 통지하거나 양도인을 대위하여 통지할 수는 없다. 다만, 양수인은 양도인의 사자 또는 대리인의 자격으로서 통지할 수는 있다.

(3) 양도통지의 방법

① **양도통지서** : 양도통지서는 특별한 형식을 요하지 아니하나 양도목적물을 특정하기 위하여 공탁번호, 공탁물의 표시, 양도인과 양수인의 성명·주소 등을 기재한다.

② **인감증명 첨부 요부** : 양도인의 인감증명서 첨부 없이 양도통지가 있어도 공탁관은 일단 적법한 양도통지가 있는 것으로 취급하여야 한다. 다만, 양수인이 공탁금지급청구를 할 경우에는 양도인의 인감증명서를 제출하여야 한다(행정예규 제779호).

③ **통지의 상대방** : 공탁금 지급청구권의 채무자는 국가이기 때문에 양도통지서가 내용증명 우편으로 검찰청을 통하여 도달되는 경우가 많다. 이때에는 해당공탁소에서 양도통지서를 검찰청으로부터 송부받은 때에 양도통지의 효력이 생기는 것이 아니라, 양도통지서가 검찰청에 도달된 때에 통지의 효력이 생긴다고 보아야 한다.

④ **공탁관의 양도통지서 접수** : 양도통지가 검찰청을 통하여 이루어지지 않고 직접 공탁관에게 도달된 경우, 공탁관은 공탁물 지급청구권의 양도통지서를 받은 때에는 동 문서에 접수연월일, 시, 분을 기재하도록 되어 있고(공탁규칙 제44조), 국가기관인 공탁소에서 사문서인 양도통지서에 기입한 일자는 확정일자로 볼 수 있으므로(민법부칙 제3조 제4항), 별도의 확정일자 있는 증서에 의하지 아니하여도 공탁관의 접수시부터 채무자 이외의 제3자에게 대항할 수 있게 된다.

⑤ **양도통지와 공탁수락의 의사표시** : 공탁관에게 도달된 변제공탁금 출급청구권의 양도통지서에 공탁수락의 의사표시가 명시적으로 기재되어 있지 않더라도 적극적인 불수락의 의사표시가 기재되어 있지 않는 한 그 양도통지서의 도달과 동시에 공탁수락의 의사표시가 있는 것으로 보아 공탁자의 민법 제489조 제1항에 의한 회수청구권은 소멸한다(행정예규 제779호).

3. 양수인의 지급청구

(1) 양수인의 지급청구시 첨부서면

양수인이 공탁금의 지급을 청구할 때에는 지급청구권의 요건사실 뿐만 아니라 양수사실을 증명하는 서면도 첨부하여야 한다(등기선례 제1-173호).[106]

(2) 양도통지서에 인감증명서가 첨부되지 않은 경우

공탁금 지급청구권의 양도통지서에 날인된 양도인의 인영에 대하여 인감증명서가 첨부되지 아니한 경우, 양수인이 공탁금을 지급청구할 때에는 양도인의 인감증명서를 첨부하여야 한다. 그러나 양도증서를 공증받아 제출하는 경우에는 양도인의 인감증명서는 첨부하지 않아도 된다.

---

106) 반대급부이행증명서면, 공탁원인소멸증명 등

4. 동시도달된 경우

양도통지서나 압류명령 등을 받은 때에는 접수연월일, 시, 분을 기재하여 공탁관이 기명날인 하도록 되어 있다. 그러나 현실적으로 다수의 우편물을 동시에 수령하는 것이 보통이므로 공탁관이 실제로 동시도달된 우편물을 들어 본 순서대로 접수시분을 기재하는 것은 타당하지 않고, 공탁관이 동시에 2개 이상의 양도통지서 또는 (가)압류명령을 받았을 때는 접수순위는 동일하며 선후관계는 없는 것으로 처리한다.

5. 가압류 이후 양도통지가 있는 경우

채권가압류결정의 채권자가 본안소송에서 승소하는 등으로 채무명의를 취득하는 경우에는 가압류에 의하여 권리가 제한된 상태의 채권을 양수받은 양수인에 대한 채권양도는 무효가 된다(대판 2002.4.26. 2001다59033).

6. 양도계약의 해제 · 취소

공탁물 지급청구권의 양도계약이 적법하게 해제된 경우에는 그 해제통지를 양수인이 채무자인 국가(소관 공탁관)에게 하여야만 채무자 기타 제3자에게 대항할 수 있으므로(대판 1993.8.27. 93다17379), 양도인이 공탁관에 대하여 공탁물 지급청구권의 양도통지를 한 후 양도인이 다시 일방적으로 양도계약을 해제한 뜻의 통지를 하여도 양수인이 양도인의 위 채권양도 통지철회에 동의하였다고 볼 증거가 없으면 그 효력이 생기지 아니한다(대판 1993.7.13. 92다4178).

> **채권양도통지를 한 양도인이 양수인의 동의 없이 한 채권양도통지 철회의 효력**
> 채권양도인이 양수인에게 전대차계약상의 차임채권 중 일부를 양도하고 전차인인 채무자에게 위 양도사실을 통지한 후에 채무자에게 위 채권양도통지를 취소한다는 통지를 하였더라도 양수인이 양도인의 위 채권양도통지철회에 동의하였다고 볼 증거가 없다면 위 채권양도통지철회는 효력이 없다(대판 1993.7.13. 92다4178).

설정계약의 요물성(민법 제347조)
채권을 질권의 목적으로 하는 경우에 채권증서가 있는 때에는 질권의 설정은 그 증서를 질권자에게 교부함으로써 그 효력이 생긴다.

지명채권에 대한 질권의 대항요건(민법 제349조)
① 지명채권을 목적으로 한 질권의 설정은 설정자가 제450조의 규정에 의하여 제3채무자에게 질권설정의 사실을 통지하거나 체3채무자가 이를 승낙함이 아니면 이로써 제3채무자 기타 제3자에게 대항하지 못한다.

질권설정자의 권리처분제한(민법 제352조)
질권설정자는 질권자의 동의없이 질권의 목적된 권리를 소멸하게 하거나 질권자의 이익을 해하는 변경을 할 수 없다.

질권이 목적이 된 채권의 실행방법(민법 제353조)
① 질권자는 질권의 목적이 된 채권을 직접 청구할 수 있다.
② 채권의 목적이 금전인 때에는 질권자는 자기채권의 한도에서 직접 청구할 수 있다.

동전(민법 제354조)
질권자는 전조의 규정에 의하는 외에 민사집행법에 정한 집행방법에 의하여 질권을 실행할 수 있다.

1. 의 의

채권에 대한 질권이라 함은 채권자(질권자)가 자기 채권의 담보로서 채무자 또는 제3자의 채권을 점유하고 그 채권에서 다른 채권자에 우선하여 자기채권의 변제를 받을 수 있는 권리를 말한다. 공탁물지급청구권도 지명채권이므로 질권의 목적이 될 수 있다.

2. 질권설정 절차

(1) 채권증서의 교부

① 질권의 설정은 당사자의 계약에 의하여 성립하나, 채권을 질권의 목적으로 하는 경우에 채권증서가 있는 때에는 그 증서를 질권자에게 교부함으로써 그 효력이 생긴다(민법 제347조).
② 공탁물회수청구권에 질권을 설정한 경우에는 공탁서 원본을, 변제공탁물의 출급청구권에 질권을 설정한 경우에는 공탁통지서를 위 채권증서에 준하는 것으로 보아 질권자에게 교부함으로써 효력이 생긴다고 보아야 할 것이다.

(2) 질권설정통지

① 지명채권을 목적으로 한 질권의 설정은 설정자가 민법 제450조의 규정에 의하여 제3채무자에게 질권설정의 사실을 통지하거나, 제3채무자가 이를 승낙하지 아니하면 이로써 제3채무자 기타 제3자에게 대항하지 못하고, 위 통지나 승낙은 확정일자 있는 증서에 의하지 아니하면 채무자 이외의 제3자에게 대항하지 못한다(민법 제349조 제1항).

② 다만, 공탁관이 질권설정통지서를 받은 때에는 양도통지를 받은 경우와 마찬가지로 그 통지서에 접수연월일, 시, 분을 기재하여 기명날인하여야 한다(공탁규칙 제44조). 이는 공무소가 사문서인 질권설정통지서에 기입한 일자이므로 확정일자로 볼 수 있고(민법부칙 제3조 제4항), 따라서 확정일자 없는 질권설정의 통지라도 공탁관의 접수시부터 제3자에게 대항할 수 있다.

3. 질권설정의 효력

① 질권자는 채권증서인 공탁서나 공탁통지서 등을 점유하고 변제가 있을 때까지 이를 유치할 수 있다(민법 제355조, 제335조).

② 공탁물 출급·회수청구권에 대하여 질권이 설정된 경우 질권설정자인 공탁자·피공탁자는 질권자의 동의 없이 질권의 목적인 공탁물 출급·회수청구권을 소멸하게 하거나 질권자의 이익을 해하는 변경을 할 수 없다(민법 제352조).

4. 질권의 실행

(1) 공탁물의 직접 청구

① 질권자는 질권의 목적인 공탁물출급·회수청구권을 직접 행사하여 자기명의로 제3채무자인 국가(소관 공탁관)에 대하여 공탁물의 출급 또는 회수를 청구할 수 있다(민법 제353조 제1항).

② 여기서 "직접 청구"한다고 함은 제3채무자에 대한 집행권원이나 질권설정자의 추심위임 등을 요하지 않으며 질권설정자의 대리인으로서가 아니라 질권자 자신의 이름으로 추심할 수 있다는 의미이다.

③ 따라서 질권자는 공탁물이 금전인 때에는 자기채권의 한도에서 직접 청구할 수 있고(민법 제353조 제2항), 공탁물이 유가증권인 때에는 유가증권의 인도를 받아 집행관에게 제출하면 집행관이 강제집행규정을 준용하여 이를 경매하고 그 매각대금에서 우선변제를 받을 수 있다(민법 제353조 제2항, 제338조, 민사집행법 제271조).

④ 이때에는 채권증서에 준하여 교부받은 공탁서 또는 공탁통지서를 첨부하여야 한다.

(2) 강제집행

① 질권자는 민사집행법에서 정한 집행방법, 즉 채권에 대한 강제집행방법에 의하여 질권을 실행할 수도 있다.

② 따라서 공탁물이 금전인 경우 질권자는 집행권원 없이 질권의 존재를 증명하는 서류를 첨부하여 질권의 목적인 공탁물출급·회수청구권에 대하여 압류 및 추심(또는 전부)명령을 얻어 출급·회수를 청구할 수 있다(민사집행법 제273조).

③ 강제집행에 의하여 공탁물을 출급·회수할 경우에는 공탁서 또는 공탁통지서는 첨부하지 않아도 된다(공탁규칙 제33조 제1항 다목, 제34조 제1항 다목).

Ⅲ 압류명령

1. 의 의

공탁금 지급청구권도 일반 지명채권과 마찬가지로 압류의 대상이 될 수 있으므로, 채권자는 공탁금 지급청구권을 압류할 수 있다.

2. 피압류채권의 특정문제

① 채권자는 압류명령신청서에 압류할 채권(피압류채권)의 종류와 액수를 밝혀야 한다(민사집행법 제225조). 압류명령의 대상인 채권의 표시는 이해관계인 특히 제3채무자로 하여금 다른 채권과 구별할 수 있을 정도로 기재가 되어 그 동일성의 인식을 저해할 정도에 이르지 않으면 충분하다(대판 2011.4.28. 2010다89036). 피압류채권의 선택적 기재는 제3채무자의 지위를 불안하게 하고 집행의 명확성을 해치므로 허용되지 않는다.

② 공탁금 지급청구권에 대하여 압류명령을 신청할 경우에는 집행의 대상이 공탁금 출급청구권인지 공탁금 회수청구권인지를 특정하여야 한다. 채권자가 이를 명확히 모르는 경우 실무상 피압류채권의 표시를 "공탁금 지급청구권", "공탁금 출급청구권 또는 회수청구권"으로 기재한 채 압류명령을 발령하기도 한다.

③ 공탁번호, 공탁자, 피공탁자, 공탁원인, 공탁연월일, 공탁금액 등으로 특정될 수 있는데, 공탁번호를 반드시 적을 필요는 없으나 기재하는 것이 바람직하다(법원실무제요 민사집행 Ⅳ 223면 참조).

3. 공탁유가증권 지급청구권에 대한 집행방법

① 공탁유가증권 지급청구권에 대한 강제집행은 유체동산인도청구권에 대한 강제집행절차에 의하여야 한다.

② 유체동산인도청구권에 대한 강제집행은 곧바로 인도청구권 자체를 처분하여 그 대금으로 채권의 만족을 얻는 것이 아니고, 먼저 그 청구권의 내용을 실현하여 유체동산의 소유와 점유를 채무자에게 귀속시킨 다음 강제집행을 실시하는 것이므로(대판 1994.3.25. 93다42757), 공탁유가증권지급청구권을 압류하는 경우에는 법원이 제3채무자인 국가(소관 공탁관)에 대하여 공탁유가증권을 채권자의 위임을 받은 집행관에게 인도하도록 명한다(민사집행법 제243조 제1항).

③ 압류채권자로부터 집행의 위임을 받은 집행관은 공탁관에게 공탁유가증권의 지급청구를 하고 공탁관으로부터 유가증권의 인도를 받으면 압류한 유체동산의 현금화에 관한 규정을 적용하여 현금화한 후 현금화된 금전을 제출하면 법원은 배당을 실시한다(민사집행규칙 제183조).

④ 인도명령이 있음에도 불구하고 제3채무자가 임의로 목적물을 인도하지 않는 경우에는 채권자는 집행법원에 대하여 추심명령을 신청할 수 있다(민사집행규칙 제243조 제2항). 유체동산인도청구권에 대하여는 전부명령을 하지 못한다(민사집행규칙 제245조).

4. 압류명령의 송달

① 제3채무자인 국가(소관 공탁관)에 대한 송달은 국가를 당사자로 하는 소송에 관한 법률 제9조를 준용하여 소관청이 아니라 집행법원을 기준으로 서울·대전·대구·부산·광주·수원지방법원과 그 지원인 경우에는 해당 고등검찰청의 장에게, 그 밖의 경우에는 해당 지방검찰청의 장에게 송달한다.

② 압류명령이 직접 공탁관에게 송달된 경우에도 유효하다는 선례(공탁선례 제1-230호)가 있으나, 실무상은 재판예규(재민 제81-15호, 재일 제2003-9호)에 따라 검찰청을 통하여 압류명령이 송달되고 있다.

> **공탁금회수청구권의 압류통지 및 양도통지가 공탁관에게 직접 송달된 경우의 유효 여부**
> 제3채무자가 공탁관(국가)인 경우의 채권공탁금회수 또는 출급청구권 압류의 통지는 국가를 당사자로 하는 소송에 관한 법률 제9조에 의하여 공탁관 소속법원에 대응하는 검찰청의 장에게 송달함이 타당하나 공탁금회수청구권의 양도통지가 공탁관에게 직접 송달된 경우에도 유효하므로 공탁금에 대한 압류의 통지가 공탁관에게 직접 송달된 경우에도 유효하다(공탁선례 제1-230호).

5. 압류명령의 효력

(1) 압류의 효력발생

압류명령은 제3채무자인 국가(소관 공탁관)에게 송달된 때에 압류의 효력이 생긴다.

(2) 본래의 채권이 압류금지채권인 경우

본래의 채권이 압류금지채권인 경우, 예를 들면, 사용자가 퇴직한 직원의 퇴직금을 수령거부 또는 수령불능을 원인으로 변제공탁한 경우 그 공탁금은 임금채권의 성질을 유지하고 있다고 공탁금 출급청구권도 압류금지채권이다(공탁선례 제1-215호).

(3) 이자에 미치는 범위

압류의 효력은 종된 권리에도 미치므로 공탁원금만을 명시하여 압류명령이 발해진 때에도 원칙적으로 압류의 효력발생 이후의 공탁금의 이자에 압류의 효력이 미치나, 압류의 효력발생 당시 이미 변제기가 도래한 공탁금의 이자에 대하여는 원본채권으로부터의 독립성이 있으므로 압류명령에 목적채권으로 명시된 경우에만 그 효력이 미친다고 할 것이다.

6. 압류에 따른 공탁관의 사유신고

① 공탁관은 공탁금 지급청구권에 대한 압류명령이 송달되더라도 압류의 경합이 성립하지 않은 경우에는 사유신고를 하지 아니하나(단, 가압류를 원인으로 공탁한 후 가압류가 본압류로 이전되는 경우에는 사유신고 하여야 함), 공탁금 지급청구권에 대한 압류경합 등으로 집행법원에 사유신고할 사정이 발생하였을 때에는 일반의 제3채무자와는 달리 공탁관은 반드시 공탁을 유지한 채 집행법원에 사유신고를 하여야 한다.

② 공탁규칙 제58조 제1항은 공탁금의 출급·회수청구권에 대한 압류 등의 경합 등의 사정이 있는 경우 공탁관에게 반드시 집행법원에 그 사유를 신고하여야 하는 직무상 의무를 규정한 것이다(대판 2002.8.27. 2001다73107).

Ⅳ 추심명령

1. 의 의

① 추심명령은 압류채권자가 집행채무자에 대신하여 제3채무자로부터 직접 추심할 수 있는 권능을 부여하는 것으로서 공탁물 지급청구권도 추심명령의 대상이 됨은 물론이다.

② 추심명령은 전부명령과는 달리 압류의 경합이 있어도 할 수 있다.

2. 추심명령의 효력

① 공탁물 지급청구권에 대한 추심명령은 제3채무자인 국가(소관 공탁관)에게 송달되었을 때에 그 효력이 생기므로 추심명령에 대하여 즉시항고가 제기되더라도 추심명령의 효력발생에는 아무런 영향을 미치지 아니한다.

② 공탁금 출급청구권에 대하여 압류 및 추심명령이 발해진 경우에 그 명령이 공탁금의 이자채권에 대하여 언급이 없을 때에는 압류 전의 이자에 대한 추심권이 없고, 그 압류 전 이자채권에 대하여 추심권을 행사하려면 별도의 압류 및 추심명령을 받아야 한다(공탁선례 제1-231호). 전부명령의 경우도 마찬가지이다.

3. 추심채권자의 추심권 행사

추심채권자는 추심명령정본 및 그 송달증명서를 첨부하여 공탁관에게 공탁금의 지급을 청구할 수 있고, 확정증명서나 공탁서·공탁통지서를 제출할 필요가 없다.

4. 추심권의 포기 등

추심채권자는 추심권을 포기할 수 있으며, 추심권포기의 경우에도 기본채권에는 영향이 없다. 추심권뿐만 아니라 압류에 의한 권리 그 자체를 포기하기 위하여는 압류명령을 취하하여야 한다.

Ⅴ 전부명령

1. 의 의

전부명령은 채무자가 제3채무자에 대하여 가지는 채권을 집행채권의 변제에 갈음하여 권면액으로 압류채권자에게 이전하는 것으로서 공탁물 지급청구권도 전부명령의 대상이 된다.

2. 공탁물 지급청구권의 피전부적격

전부명령의 대상인 채권은 금전채권이어야 하므로 금전채권이 아닌 공탁유가증권 지급청구권에 대하여는 전부명령을 할 수 없다(민사집행법 제245조 참조). 판례는 장래의 채권, 조건부채권, 반대급부에 걸린 채권에 관하여 대체로 전부명령을 허용하고 있다.

(1) 변제공탁

회수청구권	• 공탁금회수청구권은 즉시 행사할 수 있는 권리이므로 피전부적격이 있다. • 다만, 변제공탁으로 인하여 질권이나 저당권이 소멸한 경우라면 피전부적격이 없다.
출급청구권	• 반대급부 조건이 붙지 않는 변제공탁의 출급청구권은 즉시 행사할 수 있는 권리이므로 피전부적격이 있으며, 또한 반대급부 조건이 붙은 변제공탁의 출급청구권도 반대급부이행을 증명하여야 이를 행사할 수 있으나, 집행채권자가 집행채무자(피공탁자)의 반대급부 불이행으로 인한 불이익의 위험을 각오하고 독점적 지위를 얻는 것을 굳이 거부할 이유는 없으므로 피전부적격이 있다. • 다만, 민사집행법 제246조 제1항 제5호 소정의 압류금지채권인 근로자의 퇴직금 1/2 상당액을 근로자의 수령거절을 이유로 공탁한 때에는 근로자의 출급청구권도 압류금지채권이라 할 것이므로 그 출급청구권에 대한 압류 및 전부명령은 무효라 할 것이다(대판 1987.3.24. 86다카1588).

(2) 담보공탁

담보공탁의 회수청구권은 공탁원인소멸을 정지조건으로 하는 권리로서 조건이 성취되기까지는 그 권리를 행사할 수 없으나 권면액을 가지며 또한 담보권리자의 담보권 행사에 기한 전부명령 소급소멸의 위험을 각오하고 독점적 지위를 얻는 것을 굳이 거부할 이유는 없으므로 피전부적격이 있다(대결 1984.6.26. 84마3, 대결 1996.11.25. 95마601 참조).

> **가집행선고부 판결의 강제집행정지를 위한 보증공탁금의 회수청구권을 피전부채권으로 한 채권압류 및 전부명령의 적부 (적극)**
>
> 가집행선고부 판결에 대한 강제집행정지를 위한 보증공탁금회수청구권도 피전부적격이 인정되므로 그 채권에 대하여 압류명령 및 전부명령을 얻은 채권자는 다른 특단의 사정이 없는 한 당해 보증공탁금으로부터 집행채권의 만족을 얻을 수 있다(대결 1996.11.25. 95마601).

(3) 집행공탁의 출급청구권

① 집행공탁의 출급청구권은 그 존부 및 범위를 불확실하게 하는 요소를 내포하고 있는 장래의 채권이라고 하더라도 피전부적격이 있다(대결 2000.3.2. 99마6289 참조).

② 다만, 장래의 채권에 대한 전부명령이 확정된 후에 피압류채권의 전부 또는 일부가 존재하지 아니한 것으로 밝혀졌다면 그 부분에 대한 전부명령의 실체적 효력은 소급하여 실효된다(대판 2001.9.25. 99다15177, 대판 2002.7.12. 99다68652).

③ 집행공탁 중 가압류해방공탁은 출급청구권이 없고 회수청구권만 있는데, 회수청구권에 대하여는 가압류채권자의 가압류가 있는 것으로 보게 되므로 회수청구권에 대한 전부명령은 허용되지 않고, 따라서 그 회수청구권에 대하여 압류 및 전부명령이 송달된 경우에는 전부명령의 효력은 없으나 압류의 효력은 있기 때문에 공탁관은 가압류와 압류의 경합이 있는 것으로 보아 집행법원에 사유신고를 하여야 한다.

④ 다만, 가압류에서 본압류로 이전하는 압류 및 전부명령일 경우에는 압류경합이 아니라서 사유신고를 하지 않으며, 전부명령이 확정되면 전부채권자에게 공탁금을 지급하면 된다.

3. 전부명령의 효력

(1) 전부명령 효력발생의 소급효

① 전부명령의 기본적인 효력은 피전부채권의 전부채권자에로의 이전(권리이전효과)과 그로 인한 집행채권의 소멸(변제효)이다.

② 이러한 효력은 전부명령의 확정시 발생하지만 그 확정에 의하여 발생하는 효력은 전부명령이 제3채무자인 국가(소관 공탁관)에게 송달된 때로 소급한다.

(2) 다른 절차와의 경합

① 전부명령이 제3채무자에게 송달될 때까지 그 금전채권에 관하여 다른 채권자가 압류·가압류 또는 배당요구를 한 때에는 전부명령은 효력을 가지지 않는다(민사집행법 제229조 제5항).

② 이처럼 전부명령이 제3채무자에게 송달될 당시에 압류 등의 경합이 있으면 그 전부명령은 무효이고, 후에 경합된 압류나 가압류 또는 배당요구 등의 효력이 소멸하더라도 그 전부명령의 효력이 되살아나지 않음에 주의하여야 한다.

(3) 우선권 있는 질권 등 담보권 실행에 의한 전부명령

① 민사집행법상 채권압류의 경합에 관한 규정들은 경합하는 집행채권자들이 평등한 관계가 있음을 전제로 하여 그들 사이의 이해관계를 조절하기 위한 것이므로, 우선변제권이 있는 담보권리자가 물상대위권을 행사하기 위하여 피담보채권을 압류한 경우에는 채권압류의 경합에 관한 규정들이 적용될 수 없다.

② 주로 수용보상금 공탁에 대하여 수용대상토지의 근저당권자가 물상대위권을 행사하는 경우나, 재판상 담보공탁의 피공탁자가 공탁자가 가지는 회수청구권에 대하여 담보권을 행사하는 경우에 발생될 수 있다.

(4) 집행채무자에 대한 효력

① 집행채무자(공탁자 또는 피공탁자)는 피전부채권(공탁금 지급청구권)에 대한 청구권자의 지위를 상실한다.

② 가집행선고부 판결에 의한 채권압류 및 전부명령이 확정된 경우 그 가집행의 효력이 상소심의 판결에 의하여 소멸하기에 앞서 이미 집행절차가 완료된 경우에는 집행처분을 취소할 여지가 없으므로 이미 이루어진 집행처분의 효력(전부명령)은 아무런 영향을 받지 아니한다.

③ 따라서 피전부채권 상실의 효과에는 변함이 없다. 다만, 전부채권액에 상당하는 부당이득의 반환문제가 생긴다.

(5) 제3채무자에 대한 효력

① 제3채무자인 국가(소관 공탁관)는 피전부채권(공탁금 지급청구권)이 존재하는 한 종전의 공탁자 또는 피공탁자(집행채무자)에게 부담했던 것과 동일한 채무를 전부채권자에게 부담한다.[107]

② 전부명령이 그 방식에 있어 적법한 이상, 그 내용이 위법 무효라 하더라도 그것이 발부되어 채무자와 제3채무자에게 송달되면 강제집행종료의 효력은 가지므로 형식적 심사권밖에 없는 공탁관으로서는 그 전부명령의 유·무효를 심사할 수는 없다.

③ 따라서 공탁물회수청구권에 대하여 압류 및 전부명령을 송달받은 공탁관은 공탁자의 공탁금회수청구를 불수리한 처분은 정당하다(대결 1983.3.25. 82마733).

---

107) 체납처분에 의한 압류 후의 전부명령은 그 체납처분에 의한 압류와 경합하는 범위에서 추심명령이 발령된 채권에 대한 전부명령과 마찬가지로 무효라고 해석하는 것이 통설이다.

4. 전부채권자의 권리행사

① 전부채권자는 원래의 채권자인 집행채무자에 갈음하여 그의 채권을 취득하며 자기의 채권으로 이를 자유롭게 처분할 수 있고, 따라서 이를 추심하거나 양도·포기하는 등의 일체의 행위를 할 수 있다.

② 또한, 전부채권자는 공탁자 또는 피공탁자에 갈음하여 공탁금의 지급을 청구할 수 있고, 재판상 담보공탁의 회수청구권에 대해 전부명령을 얻은 전부채권자는 담보취소신청권도 있다.

③ 전부명령은 확정되어야 효력을 발생하므로 전부채권자의 지위에서 권리를 행사할 때에는 확정증명서가 필요하다.

5. 전부명령의 송달과 공탁수락의 의사표시

변제공탁의 출급청구권에 대한 전부명령의 송달만으로는 공탁수락의 의사표시가 있는 것으로 보지 않는 것이 타당하다(서울민사지법 1989.5.22. 89가합2801).108)

Ⅵ 체납처분에 의한 압류

1. 의 의

공탁금 지급청구권도 일반채권과 같이 체납처분의 대상이 되고 그 효과도 일반채권과 동일하다. 국세, 지방세 이외에도 국민건강보험법, 국민연금법 등의 특별법에 의해 건강보험료, 연금보험료 등의 징수에도 체납처분을 할 수 있다.

2. 체납처분에 의한 압류의 효력

(1) 개 설

① 세무서장 또는 지방자치단체의 장이 공탁물 지급청구권을 압류한 때에는 그 뜻을 채무자(체납자의 채무자인 제3채무자를 의미하므로 이하 제3채무자라 한다)에게 통지하여야 한다. 공탁물 지급청구권에 대한 체납처분에 의한 압류의 효력은 채권압류통지서가 제3채무자인 국가(소관 공탁관)에게 송달된 때에 발생한다(국세징수법 제52조 제1항, 지방세징수법 제52조).

② 공탁물 지급청구권에 대한 체납처분에 의한 압류는 일반 민사집행법상의 압류와 마찬가지로 제3채무자인 국가(소관 공탁관)에게 체납자(공탁자 또는 피공탁자)에 대한 공탁물의 지급을 금지시키고 체납자에게는 공탁물 지급청구권의 처분 및 공탁금 수령을 금지시키는 효력이 있음은 물론, 국가(세무서장) 또는 지방자치단체의 장이 체납자에 대위하여 공탁물의 지급을 청구할 수 있는 효력이 있다.

③ 여기서 "대위"라 함은 세무서장이 공탁물 지급청구권의 추심권을 취득한다는 의미로 해석할 수 있을 것이므로 제3채무자인 공탁관은 이행기가 도래한 때에 대위채권자인 세무서장에게 공탁금을 지급할 의무가 생긴다. 다만 국세징수법 제31조 제2항 또는 지방세징수법 제33조 제2항에 의하여 국세 또는 지방세 확정 전의 압류로서 채권을 압류한 경우에는 국세 또는 지방세가 확정되었을 때 국가 또는 지방자치단체가 피압류채권에 대하여 추심권을 취득한다(대판 1997.4.22. 95다41611).

---

108) 이는 출급청구권에 대한 전부명령은 출급청구권자의 교체일 뿐이고 그 전부명령은 출급청구권자인 피공탁자의 의사와는 무관한 것이기 때문이라고 해석되며, 전부채권자도 별도로 공탁수락의 의사표시를 할 수는 있다. 채권양도통지와 다름에 주의

(2) 체납처분에 의한 압류의 효력 범위

① 강제집행에 의한 압류에 있어서는 채권의 일부가 압류된 뒤에 그 나머지 부분을 초과하여 다시 압류명령이 내려진 때에는 각 압류의 효력은 그 채권의 전부에 미친다(민사집행법 제235조).

② 그러나 체납처분에 의한 압류에 있어서는 채권의 일부가 압류된 뒤에 그 후 강제집행에 의한 압류가 있고 그 압류된 금액의 합계가 피압류채권의 총액을 초과한다고 하더라도 <u>우선권 있는 채권에 기한 체납처분의 압류의 효력이 피압류채권 전액으로 확장되지 아니한다.</u> 따라서 체납처분에 의한 압류 후에 전부명령이 발령된 경우에는 체납처분에 의한 압류가 미치는 범위를 제외한 나머지 부분에 대하여는 전부명령의 효력이 있다(대판 1991.10.11. 91다12233).

③ 체납처분압류의 효력은 압류재산에서 생기는 법정과실에도 미치므로(국세징수법 제44조 제1항, 지방세징수법 제46조 본문) 체납처분압류의 통지를 받은 날 이후의 공탁금의 이자에 대하여도 그 효력이 있다.

(3) 선행가압류와 체납처분압류의 효력

① 공탁물 지급청구권에 대한 선행 가압류가 있는 경우에도 이후 체납처분압류가 있고 추심권을 갖는 체납처분권자의 지급청구가 있으면 공탁관은 공탁물을 지급할 수 있을 것이다(대판 1999.5.14. 99다3686 참조).

② 현행 예규에서도 가압류와 체납처분에 의한 압류가 있는 경우(그 선후를 불문)에는 사유신고의 대상이 되지 않는다고 하고 있다(행정예규 제1225호).

국세체납처분에 의한 채권압류 후 그 피압류채권에 대하여 근로기준법에 의한 우선변제권을 가지는 임금 등의 채권에 기한 가압류집행이 된 경우, 제3채무자가 체납처분에 의한 압류채권자의 추심청구를 거절할 수 있는지 여부(소극)
국세체납처분에 의한 피압류채권에 대하여 근로기준법에 의한 우선변제권을 가지는 임금 등의 채권에 기한 가압류집행이 되어 있다 하더라도, 그 우선변제권은 채무자의 재산에 대한 강제집행의 경우 그에 의한 환가금에서 일반채권에 우선하여 변제받을 수 있음에 그치는 것이고, <u>이미 다른 채권자에 의하여 이루어진 압류처분의 효력까지 배제하여 그보다 우선적으로 직접 지급을 구할 수 있는 권한을 부여한 것으로는 볼 수 없으므로,</u> 제3채무자로서는 체납처분에 의한 채권압류 후에 행해진 피압류채권에 대한 가압류가 그러한 임금 등의 채권에 기한 것임을 내세워 체납처분에 의한 압류채권자의 추심청구를 거절할 수는 없다(대판 1999.5.14. 99다3686).

(4) 선행가처분과 체납처분압류의 효력

처분금지가처분의 등기 후 체납처분에 의한 압류등기가 되고 이어 가처분권자가 본안소송에서 승소판결을 받아 확정되었다면 체납처분의 효력을 부정할 수 있다.
국세징수법 제35조에서 "체납처분은 재판상의 가압류 또는 가처분으로 인하여 그 집행에 영향을 받지 아니한다"고 규정하고 있으나, 이는 선행의 가압류 또는 가처분이 있다고 하더라도 체납처분의 진행에 영향을 미치지 않는다는 취지의 절차진행에 관한 규정일 뿐이고 체납처분의 효력이 가압류, 가처분의 효력에 우선한다는 취지의 규정은 아니므로 부동산에 관하여 처분금지가처분의 등기가 된 후에 가처분권자가 본안소송에서 승소판결을 받아 확정이 되면 피보전권리의 범위 내에서 가처분 위반행위의 효력을 부정할 수 있고 이와 같은 가처분의 우선적 효력은 그 위반행위가 체납처분에 기한 것이라 하여 달리 볼 수 없다(대결[전합] 1993.2.19. 92마903).

(5) 민사집행법상 압류와 체납처분에 의한 압류의 효력

① 공탁금 지급청구권에 대하여 강제집행에 의한 압류와 체납처분에 의한 압류가 있고(선후 불문) 그 압류금액의 총액이 피압류채권액을 초과하는 경우에는 공탁관은 집행법원에 사유신고를 하여야 한다(행정예규 제1060호, 제1225호).

② 피압류채권의 일부에 대하여 체납처분에 의한 압류가 있은 후 그 나머지 부분을 초과하여 민사집행법에 따른 압류 및 전부명령이 있는 경우에, 체납처분에 의한 압류는 민사집행법 제229조 제5항의 '다른 채권자의 압류'에 해당되므로 그러한 전부명령은 압류가 중첩되는 부분에 관해서는 무효이지만, 체납처분에 의한 압류의 효력이 피압류채권의 전액으로 확장되는 것은 아니어서 나머지 부분에 관해서는 유효하다 (대판 2015.8.27. 2013다203833).

3. 체납처분권자의 공탁물 지급청구

① 체납처분압류 후 세무서장 또는 지방자치단체장이 공탁금의 지급을 청구하는 경우에도 공탁법이 정하는 첨부서류와 절차에 의하여야 한다. 따라서 소유권이전등기에 필요한 일체의 서류의 교부를 반대급부조건으로 한 변제공탁의 출급청구권을 체납처분에 의한 압류를 한 경우에 세무서장 또는 지방자치단체장은 반대급부이행증명서면을 첨부하여야만 공탁금의 출급청구를 할 수 있다.

② 체납처분 압류에 의한 출급 또는 회수청구시 공탁통지서나 공탁서를 첨부할 필요가 없다(공탁규칙 제33조·제34조).

제4절 ┃ 공탁물 지급청구권에 대한 처분의 경합

Ⅰ 의 의

공탁이 성립된 후 공탁물의 지급에 의하여 공탁관계가 종료하기까지 공탁물 지급청구권은 변동될 수 있는데, 그 권리변동에 경합이 있는 때에는 공탁소에 대한 통지의 도달, 또는 송달의 선후에 의하여 그 우열이 결정된다.

Ⅱ 처분경합의 유형

1. 양도와 타처분

(1) 양도와 양도

이중으로 양도된 양도통지서를 공탁관이 동시에 접수한 경우에는 확정판결 등 정당한 양수인임을 확인할 수 있는 서면을 첨부하여 청구한 자에 한하여 지급을 인가하여야 할 것이다.

(2) 양도와 압류 · 전부명령

① 양도 후에 압류 및 전부명령이 있는 경우에는 그 압류 및 전부명령은 타인의 권리에 대해서 행해진 것으로 무효이다.

② 전부명령 송달 당시에 이미 제3자에 대한 대항요건을 갖추어 양도되었다가, 위 전부명령 송달 후에 위 채권양도계약이 해제되어 동 채권이 원채권자에게 복귀되었다고 하여도 동 채권은 위 압류채권자에게 전부되지 않는다(대판 1981.9.22. 80누484).

③ 그러나 양도통지와 압류 및 전부명령이 동시에 도달된 경우에는 위와 같이 이중양도통지의 동시도달의 경우에 준하여 처리한다.

(3) 양도와 압류 · 추심명령

선행하는 채권양도가 유효하다면 후행하는 압류 및 추심명령은 효력을 발생할 수 없다.

(4) 양도와 가압류

① 채권이 양도되고 가압류도 된 경우 확정일자 있는 채권양도 통지와 가압류결정 정본의 국가(소관 공탁관)에 대한 도달의 선후에 의하여 그 우열을 결정하여야 한다(대판[전합] 1994.4.26. 93다24223).

② 동일한 공탁금 지급청구권에 관하여 가압류명령과 확정일자 있는 양도통지가 동시에 국가(소관 공탁관)에 도달한 경우, 채권양수인은 그 후에 압류나 가압류를 한 다른 채권자에 대해서는 이미 채권이 전부 양도되었음을 주장하여 대항할 수 있으므로 그러한 후행 압류권자 등은 더 이상 공탁금 지급청구권에 관한 집행절차에 참가할 수 없다(대판 2013.4.26. 2009다89436 참조).

2. 가압류와 타처분

(1) 가압류와 가압류

채권에 대하여 이중의 가압류도 가능하며 양 가압류 사이에는 우열이 없다. 양 가압류가 모두 본집행으로 이행하면 안분배당이 행해지고, 일방만이 본집행으로 이행되면 타방은 배당요구채권자와 마찬가지로 취급된다.

(2) 가압류와 압류

보전처분인 가압류와 본집행인 압류와는 저촉의 문제가 생기지 아니하며, 가압류한 후에도 제3자는 가압류 목적물에 대하여 다시 압류할 수 있다(민사집행법 제235조) 이 경우 가압류는 배당요구를 한 것과 마찬가지로 취급된다.

(3) 가압류와 전부명령

가압류된 지급청구권에 대하여 다른 채권자가 압류 및 전부명령을 얻거나 가압류와 압류가 경합하고 있는 때에 압류채권자가 전부명령을 얻었을 경우에는 압류명령은 유효하나 전부명령은 무효이며, 후일 가압류가 해제되더라도 전부명령의 효력이 되살아나는 것은 아니다.

(4) 가압류와 추심명령

가압류된 채권에 대하여 압류 및 추심명령이 있는 경우에는 그 추심명령은 유효하므로 추심채권자는 동 채권의 추심을 할 수 있으나, 가압류가 있으므로 추심채권자는 추심한 금액을 지체 없이 공탁하고 그 사유를 신고하여야 한다(민사집행법 제236조 제2항).

3. 압류와 타처분

(1) 압류와 가압류

압류된 지급청구권에 대하여 민사집행법 제247조의 배당요구시기까지는 가압류를 할 수 있다. 이 경우 가압류는 배당요구를 한 것과 같은 효력이 있다.

(2) 압류와 압류

민사집행법은 동일채권에 대한 이중압류를 금하는 규정이 없으므로 압류된 채권에 대한 이중의 압류도 허용된다. 일방의 압류는 타방의 압류에 대하여 배당요구의 효력을 가진다.

(3) 압류와 전부명령

압류된 지급청구권에 대하여 다른 채권자가 압류 및 전부명령을 얻은 경우 전부명령은 무효이나, 압류명령까지 무효인 것은 아니므로 두 개의 압류가 경합하는 경우와 같다.

(4) 압류와 추심명령

공탁금지급청구권에 대하여 압류와 압류 및 추심명령이 경합된 때에는 공탁관은 추심채권자에게 지급할 수 없고 반드시 사유신고를 하여야 한다(행정예규 제1225호 참조).

4. 전부명령과 전부명령

① 제1의 압류 및 전부명령이 공탁관에게 송달된 다음 제2의 압류 및 전부명령이 송달되고 그 후 먼저 송달된 전부명령이 확정되면 그 전부명령이 우선하게 되므로 제2의 압류 및 전부명령은 그 효력을 잃게 된다.

② 그러나 공탁관으로서는 제1의 압류 및 전부채권자가 확정증명서를 제출하여 공탁금이 출급되기 전에는 전부명령의 확정 여부를 알 수 없으므로 일단 압류가 경합된 것으로 보고 법원에 사유신고를 할 수밖에 없을 것이다.

③ 판례는 "동일한 채권에 대하여 두 개 이상의 채권압류 및 전부명령이 발령되어 제3채무자에게 동시에 송달된 경우 당해 전부명령이 채권압류가 경합된 상태에서 발령된 것으로서 무효인지의 여부는 그 각 채권압류명령의 압류액을 합한 금액이 피압류채권액을 초과하는지를 기준으로 판단하여야 하므로 전자가 후자를 초과하는 경우에는 당해 전부명령은 모두 채권의 압류가 경합된 상태에서 발령된 것으로서 무효로 될 것이지만 그렇지 않은 경우에는 채권의 압류가 경합된 경우에 해당하지 아니하여 당해 전부명령은 모두 유효하게 된다고 할 것이며, 그때 동일한 채권에 관하여 확정일자 있는 채권양도통지가 그 각 채권압류 및 전부명령 정본과 함께 제3채무자에게 동시에 송달되어 채권양수인과 전부채권자들 상호간에 우열이 없게 되는 경우에도 마찬가지라고 할 것이다."라고 판시하였다(대판 2002.7.26. 2001다68839).

사례

甲은 乙에 대하여 1천만원의 물품대금채권을 가지고 있다. 甲의 채권자 丙이 물품대금채권에 대하여 가압류를 하였고 乙은 가압류를 이유로 집행공탁하였다.

1. 乙이 집행공탁한 후 사유신고를 한 경우에 배당절차가 진행되는가?

2. 丙이 가압류를 본압류로 전이하는 압류 및 추심명령을 받은 경우 공탁관은 사유신고를 하여야 하는가?

3. 甲의 다른 채권자 丁이 甲에 대한 승소확정판결을 가지고 있는 경우 乙이 가압류를 이유로 집행공탁한 후에 丁이 취할 수 있는 조치는?

I 개 설

공탁금 지급청구권에 대한 압류의 경합 등으로 공탁관이 집행법원에 사유신고할 사정이 발생하였을 때에는 제3채무자인 국가(소관 공탁관)는 공탁을 지속하고 그 사실을 집행법원에 신고하여야 한다.

1. 제3채무자의 사유신고

일반 제3채무자는 압류경합 등이 있을 경우 반드시 공탁할 의무가 있는 것이 아니라 배당에 참가한 채권자나 (가)압류채권자의 청구가 있어야 비로소 공탁의무가 발생하고 공탁한 이후에는 집행법원에 사유신고를 하여야 한다.

2. 공탁관의 사유신고

① 공탁금 지급청구권에 대한 압류경합 등으로 사유신고할 사정이 발생한 경우에는 일반 제3채무자와는 달리 공탁관은 공탁을 지속하면서 그 사실을 집행법원에 반드시 신고하여야 하고, 추심채권자 등의 공탁금 지급청구를 수리하여서는 안 된다(대판 2002.8.27. 2001다73107).

② 위 판례는 공탁규칙 제58조 제1항의 사유신고에 관한 규정은 공탁금 지급청구권에 대한 압류경합 등의 사정이 있는 경우 공탁관은 반드시 집행법원에 그 사유를 신고하여야 한다는 직무상의 의무규정이라고 해석하고 있다.

사유신고의 요건

1. 일반적인 경우

① 공탁금 지급청구권에 대하여 <u>채권자 경합</u>이 생기고(예 압류명령을 송달받은 후 다른 채권자의 배당요구 통지를 받은 때, 압류(또는 가압류)명령을 송달받은 후 다른 채권자의 전부(추심)명령을 송달받은 때, 압류명령을 송달받은 후 다른 채권자의 압류명령 또는 가압류명령을 송달받은 때 등), <u>집행채권의 총액이 피압류채권(공탁금 지급청구권) 총액을 초과하여 재판상 배당을 필요로 하는 경우</u>에 공탁관은 사유신고를 하여야 한다.

② 다만, 동일한 채권자가 서로 다른 채권에 기초하여 압류를 한 후 다시 압류(또는 가압류)를 한 경우에도 채권자 경합이 있는 것으로 본다.

2. 특별한 경우

(1) 가압류를 원인으로 제3채무자가 공탁한 경우

금전채권에 대한 가압류를 원인으로 제3채무자가 민집 제291조 및 제248조 제1항에 의하여 공탁한 후에, 피공탁자(가압류채무자)의 공탁금출급청구권에 대한 압류가 이루어져 압류의 경합이 성립하거나, 공탁사유인 가압류를 본압류로 이전하는 압류명령이 국가(공탁관)에게 송달되면, 민사집행법 제291조, 제248조 제1항에 따른 공탁은 민사집행법 제248조에 따른 집행공탁으로 바뀌어 공탁관은 즉시 압류명령의 발령법원에 그 사유를 신고하여야 한다(대판 2019.1.31. 2015다26009).[109]

(2) 압류경합여부의 판단이 곤란한 경우

공탁관의 입장에서 보아 압류의 경합이 있는지 여부에 대한 판단이 곤란하다고 보이는 객관적 사정이 있는 경우에는 공탁관은 사유신고를 할 수 있다(대판 1996.6.14. 96다5179).

(3) 민사집행법에 따른 압류와 체납처분에 의한 압류가 있는 경우

① 공탁금 지급청구권에 대하여 민사집행법에 따른 압류와 체납처분에 의한 압류가 있고(선후 불문) 그 <u>압류금액의 총액이 피압류채권액을 초과하는 경우</u>에는 공탁관은 집행법원에 사유신고를 하여야 한다.

② 위 ①의 '체납처분에 의한 압류'에는 '체납처분에 의한 압류가 있는 경우에 준하는 경우'가 포함된다.

(4) 재판상 담보공탁의 경우

① 회수청구권에 대하여 압류가 경합된 경우 : 공탁자의 채권자 등이 공탁자의 공탁금회수청구권에 대하여 일반 강제집행절차에 따라 한 압류가 경합된 경우, 공탁원인의 소멸을 증명하는 서면(담보취소결정정본 및 확정증명서)이 제출되면 먼저 송달된 압류명령의 집행법원에 사유신고하여야 한다(행정예규 제952호).

② 출급청구권에 대하여 압류가 경합된 경우 : 담보권 실행요건을 갖춘 때(즉 출급청구권 입증서면이 제출되거나 질권실행을 위한 압류 및 현금화명령이 효력을 발생한 경우)에 먼저 송달된 압류명령의 집행법원에 사유신고하여야 한다(행정예규 제952호).

---

109) 민사집행법 시행 이전에는 가압류를 원인으로 공탁한 후 가압류에서 본압류로 이전하는 채권압류 및 추심이나 전부명령이 있는 경우 공탁관이 별도로 집행법원에 사유신고하지 않고 추심채권자나 전부채권자에게 공탁금을 지급하였으나, 민사집행법 시행 이후에는 집행공탁의 형식을 취하고 있고, 배당요구의 종기를 명백히 하고 배당법원에 배당절차 개시사유 및 공탁 후 다른 채권자의 (가)압류 등이 있는지 여부를 알려주기 위해서 공탁관이 직접 공탁금을 지급하지 않고 집행법원에 사유신고하여 집행법원의 지급위탁에 의하여 공탁금이 지급되도록 하고 있다.

3. 사유신고의 요건에 해당하지 않는 경우

다음과 같은 경우는 비록 복수의 (가)압류가 있고 집행채권의 총액이 피압류채권(공탁금 지급청구권)총액을 초과하더라도 사유신고의 대상이 아니다.

① 복수의 가압류만 있는 경우
② 가압류와 체납처분에 의한 압류가 있는 경우(그 선후를 불문)
③ 공탁금 지급청구권의 양도(대항요건 ○) → (가)압류
④ (가)압류 → 공탁금 지급청구권의 양도(대항요건 ○) → (가)압류
⑤ 유가증권 또는 물품공탁의 지급청구권에 대하여 압류가 경합된 경우

Ⅲ 사유신고의 대상 여부

1. 물상대위에 의한 수개의 채권압류 등

> **공탁된 수용보상금에 대해 물상대위권 실행을 위한 채권압류(추심)명령이 순차적으로 국가에게 송달된 경우 공탁관의 사유신고 적법 여부**
> 공탁된 토지수용보상금에 대해 물상대위에 의한 수 개의 채권 압류 및 추심명령이 공탁관에게 송달된 경우, 공탁관은 그 압류 및 추심권자들 사이의 우열에 대한 판단이 곤란하므로 민사집행법 제248조 제1항의 규정을 유추적용하여 사유신고할 수 있다. 따라서 공탁관의 이 사건 사유신고는 적법하다 할 것이다(공탁선례 제2-353호).

2. 가압류해방공탁금의 회수청구권

① 가압류해방공탁금의 회수청구권에 대하여 압류명령이 송달된 때에는 공탁관은 지체 없이 집행법원에 그 사유를 신고하여야 한다(재민 제84-6호).

> **재판예규 제866-25호[가압류해방공탁금의 회수청구권에 대한 압류명령이 있는 경우의 사유신고시기 등]**
>
> 1. 가압류해방금의 공탁금회수청구에 관하여 압류명령110)이 송달된 때에는 공탁관은 지체 없이 집행법원에 그 사유를 신고하여야 한다.
>   다만, 그 압류가 해방금의 공탁으로 집행정지 또는 집행취소된 가압류(이하 "해방가압류"라 한다)로부터 전이된 본압류임이 명백하고 다른 가압류(해방가압류 이외의 것)의 경합이 없는 경우에는 그러하지 아니하다.
> 2. 공탁관은 제1항의 사유신고를 함에 있어 사유신고서에 민사집행규칙 제172조 제1항에 규정된 사항 이외에 해당가압류 사건의 표시 및 그 가압류 채권자의 성명을 기재하고 공탁서의 사본을 첨부하여야 한다.
> 3. 법원이 해방공탁금에 관한 배당금의 지급을 위하여 공탁관에게 송부하는 지급위탁서에는 공탁서의 첨부를 요하지 아니한다.

---

110) 압류명령서에 "가압류에서 본압류로 이전하는"이라는 문구가 기재되기 때문에 가압류에서 본압류로 이전 여부를 알 수 있다.

② 가압류해방공탁금 회수청구권에 대하여 가압류채권자가 가압류에서 본압류로 이전하지 않고 별도의 압류명령을 받은 때에는 가압류의 피보전권리와 압류의 집행채권의 동일성 여부가 불명하므로 공탁관은 압류의 경합에 준하여 사유신고를 하여야 한다.

③ 그러나 사유신고 이전에 채권자가가(추심이나 전부 등 현금화명령까지 받은 경우) 가압류채권의 피보전권리와 압류채권의 동일성을 소명하는 서면(예컨대, 가압류신청서, 소장, 판결 등)을 첨부하여 지급청구할 경우 양 채권의 동일성이 인정되면 공탁관은 사유신고절차를 거칠 필요 없이 공탁금을 지급할 수 있다.

3. 체납처분에 의한 압류와 가압류가 있는 경우

가압류와 체납처분의 경우 그 선후불문하고 사유신고의 대상이 아니다.

4. 전부명령이 있는 경우

① 선행하는 압류 및 전부명령의 송달이 있고 그 전부명령이 확정되기 전에 다른 압류 및 전부명령을 송달받은 경우라도 선행의 전부명령이 실효되지 않는 한 압류의 경합은 생기지 아니하므로, 차후에 그 전부명령이 확정되면 공탁관은 사유신고할 필요가 없다.

② 그러나 선행의 전부명령의 확정여부를 알 수 없는 공탁관으로서는 선행의 압류 및 전부명령과 후행의 압류 및 전부명령의 유효여부와 우선순위 문제, 압류의 경합이 있는지에 관하여 판단이 어려운 처지에 있다고 보여지므로 공탁사유신고를 할 수 있다(대판 1989.1.31. 88다카42 참조).

> **선행 가압류와 후행 압류 및 전부명령이 경합된 후 선행 가압류가 해제된 경우 전부명령의 효력과 공탁관의 사유신고시기 등**
>
> 제1채권자가 공탁금회수청구권의 일부에 대하여 가압류를 한 후 제2, 제3채권자가 동일한 공탁금회수청구권의 전부에 대하여 각 압류 및 전부를 하였을 때에는 청구채권 총액이 피압류채권 총액을 초과하여 민사소송법 제568조의2(압류의 경합)에 의하여 채권이 경합된 상태이므로, 제2, 제3채권자가 받은 전부명령은 무효이며 <u>후일 선행 가압류가 해제되더라도 전부명령은 부활하지 않으므로</u>(대판 1965.5.18. 65다336 참조), 제3채무자인 공탁관으로서는 민사집행법 제248조 각항 및 규칙 제58조의 규정에 의하여 <u>법원에 사유신고</u>를 한 다음 <u>집행법원의 배당절차에 따라 위 공탁금을 각 채권자에게 분할지급하여야 한다</u>(공탁선례 제1-229호).

Ⅳ 사유신고의 시기

1. 일반적인 경우

공탁금 지급청구권에 대하여 압류의 경합 등으로 사유신고를 할 사정이 발생한 때에는 공탁관은 지체 없이 집행법원에 사유신고를 하여야 한다. 여기서 "지체 없이"란 사유신고할 사정이 발생한 그 익일부터 3일 이내를 말한다(행정예규 제1225호).

2. 예외적인 경우

다음의 압류경합의 경우에는 그 지급요건이 충족된 때에 사유신고를 하여야 한다.

재판상 담보공탁금의 회수청구권	공탁원인의 소멸을 증명하는 서면(담보취소결정정본 및 확정증명서)이 제출된 때
재판상 담보공탁금의 출급청구권	담보권실행요건을 갖춘 때 (출급청구권 입증서면이 제출되거나 질권실행을 위한 압류 및 현금화명령이 효력을 발생한 때)
상대적 불확지공탁에 있어서 피공탁자 중 일방의 공탁금 출급청구권	당해 피공탁자에게 공탁금 출급청구권이 있음을 증명하는 서면이 제출된 때

V 사유신고절차

① 공탁관은 사유신고를 할 사정이 발생한 때는 지체 없이 사유신고서 2통을 작성하여 그 1통을 집행법원에 보내고 다른 1통은 당해 공탁기록에 편철한다(공탁규칙 제58조 제1항).
② 공탁관은 사유신고서에 공탁서 사본과 경합된 압류, 가압류 또는 배당요구통지서 등의 사본을 첨부하여야 한다. 제3채무자가 국가이고 그 소관이 공탁관이기 때문에 재공탁을 하지 않고 공탁을 그대로 지속하면서 사유신고하기 때문에 일반의 제3채무자와는 달리 공탁서 원본을 첨부할 필요가 없다.

VI 사유신고를 할 법원

경합된 압류명령이 서로 다른 법원에 의하여 발하여진 경우에는 공탁관은 먼저 송달된 압류명령을 발령한 법원에 사유신고를 하여야 하고, 가압류명령과 압류명령이 경합하는 경우에는 압류명령을 발령한 법원에 사유신고를 하여야 한다(민사집행규칙 제172조 제3항, 행정예규 제1225호).

VII 사유신고 이후의 절차

① 배당절차는 사유신고가 있은 후에야 사실상 개시될 수 있고 사유신고에 의하여 배당요구의 종기가 확정된다.
② 공탁금 지급청구권에 대한 압류의 경합으로 공탁관이 집행법원에 사유신고를 한 이후에 다른 채권자로부터 압류나 가압류 등이 있더라도 추가로 사유신고를 할 필요는 없다.

사례해설

1. **배당절차로 진행되지 않는다.**
   가압류를 원인으로 한 집행공탁이 이루어지고 사유신고가 있는 경우에도 이는 배당할 사유가 발생한 것이 아니므로 배당절차가 진행될 수 없다.

2. **공탁관은 사유신고를 하여야 하고 이는 직무상 의무이다.**
   민사집행법 시행 이전에는 가압류를 원인으로 공탁한 후 가압류에서 본압류로 이전하는 채권압류 및 추심이나 전부명령이 있는 경우 공탁관이 별도로 집행법원에 사유신고하지 않고 추심채권자나 전부채권자에게 공탁금을 지급하였으나, 민사집행법 시행 이후에는 집행공탁의 형식을 취하고 있고, 배당요구의 종기를 명백히 하고 배당법원에 배당절차 개시사유 및 공탁 후 다른 채권자의 (가)압류 등이 있는지 여부를 알려주기 위해서 공탁관이 직접 공탁금을 지급하지 않고 집행법원에 사유신고하여 집행법원의 지급위탁에 의하여 공탁금이 지급되도록 하고 있다.

3. 丁은 甲의 공탁금 출급청구권에 대해 채권에 대한 집행(압류명령)을 할 수 있다.

가압류를 원인으로 집행공탁한 경우에는 가압류채무자의 공탁금 출급청구권 위에 가압류채권자의 가압류의 효력이 미치고 있다. 따라서 가압류채무자의 다른 채권자는 가압류채무자의 공탁금 출급청구권을 집행의 대상으로 삼아 채권에 대한 압류 및 추심명령을 신청할 수 있다.

행정예규 제1225호[공탁관의 사유신고에 관한 업무처리지침]

1. 사유신고의 요건
   가. 일반적인 경우 : 공탁금 지급청구권에 대하여 채권자 경합이 생기고 ① 압류명령을 송달 받은 후 다른 채권자의 배당요구통지를 받은 때, ② 압류(또는 가압류)명령을 송달 받은 후 다른 채권자의 전부(추심)명령을 송달 받은 때, ③ 압류명령을 송달받은 후 다른 채권자의 압류명령 또는 가압류명령을 송달 받은 때 등, 집행채권의 총액이 피압류채권(공탁금 지급청구권)총액을 초과하여 재판상 배당을 필요로 하는 경우에 공탁관은 사유신고를 하여야 한다. 다만 동일한 채권자가 서로 다른 채권에 기초하여 압류를 한 후 다시 압류(또는 가압류)를 한 경우에도 채권자 경합이 있는 것으로 본다.
   나. 특별한 경우
      (1) 금전채권에 대한 가압류를 원인으로 제3채무자가 민사집행법 제291조 및 제248조 제1항에 의하여 공탁한 후에, 피공탁자(가압류채무자)의 공탁금 출급청구권에 대한 압류가 이루어져 압류의 경합이 성립하거나, 공탁사유인 가압류를 본압류로 이전하는 압류명령이 있는 경우에는 공탁관은 사유신고를 하여야 한다.
      (2) 공탁금 지급청구권에 대하여 민사집행법에 따른 압류와 체납처분에 의한 압류가 있고(선후 불문) 그 압류금액의 총액이 피압류채권액을 초과하는 경우에는 공탁관은 집행법원에 사유신고를 하여야 한다.
      (3) 전항의 '체납처분에 의한 압류'에는 「금전채권에 대하여 민사집행법에 따른 압류와 체납처분에 의한 압류가 있는 경우의 공탁절차 등에 관한 업무처리지침」 3. 나. (3) (가) 4)항의 '체납처분에 의한 압류가 있는 경우에 준하는 경우'가 포함된다.
      (4) 공탁금 지급청구권에 대하여 복수의 압류명령 등이 있더라도 각 압류의 법률적 성질상 압류액의 총액이 피압류채권액을 초과하지 아니하여 본래의 의미에서의 압류의 경합으로 볼 수 없는 경우에도, 공탁관의 입장에서 보아 그 우선순위에 대하여 문제가 있는 등 압류의 경합이 있는지 여부에 대한 판단이 곤란하다고 보이는 객관적 사정이 있는 경우에는 공탁관은 사유신고를 할 수 있다.
   다. 사유신고의 요건에 해당하지 아니하는 경우의 예시 : 다음과 같은 경우는 비록 복수의 압류가 있고 집행채권의 총액이 피압류채권(공탁금 지급청구권)총액을 초과하더라도 사유신고의 대상이 아니다.
      ① 복수의 가압류만 있는 경우
      ② 가압류와 체납처분에 의한 압류가 있는 경우(그 선후를 불문한다)
      ③ 삭제 〈2015.12.9. 제1062호〉
      ④ 공탁금 지급청구권이 제3자에게 양도되어 대항요건을 갖춘 후에 압류, 가압류 등이 경합한 경우
      ⑤ 선행의 압류(또는 가압류) 후에 목적채권인 공탁금 지급청구권이 제3자에게 양도되어 대항요건을 갖춘 후 압류, 가압류 등이 경합한 경우
      ⑥ 금전공탁이 아닌 유가증권 또는 물품공탁의 지급청구권에 대하여 압류가 경합된 경우
2. 사유신고 시기
   가. 일반적인 경우 : 공탁금 지급청구권에 대한 압류의 경합 등으로 사유신고를 할 사정이 발생한 때(예컨대 최후에 압류명령 등이 송달된 날)에는 공탁관은 그 익일부터 3일 이내에 집행법원에 사유신고를 하여야 한다.
   나. 예외적인 경우 : 그러나 다음과 같은 경우에는 그 지급요건이 충족된 때에 사유신고를 하여야 한다.
      (1) 재판상 보증공탁금의 회수청구권에 압류의 경합이 있는 경우 : 공탁원인의 소멸을 증명하는 서면(법원의 담보취소결정정본 및 확정증명서)이 제출된 때

(2) 재판상 보증공탁금의 출급청구권에 압류의 경합이 있는 경우 : 담보권 실행요건을 갖춘 때(출급청구권 입증서면이 제출되거나 질권실행을 위한 압류 및 현금화명령이 효력을 발생한 때)

(3) 상대적 불확지공탁에 있어서 피공탁자 중 일방의 공탁금출급 청구권에 대하여 압류의 경합이 있는 경우 당해 피공탁자에게 공탁금 출급청구권이 있음을 증명하는 서면이 제출된 때

3. 사유신고를 할 법원

가. 경합된 압류명령이 서로 다른 법원에 의하여 발하여진 경우에는 공탁관은 먼저 송달된 압류명령을 발령한 법원에 사유신고를 하여야 한다.

나. 가압류명령과 압류명령이 경합하는 경우에는 공탁관은 압류명령을 발령한 법원에 사유신고를 하여야 한다.

4. 사유신고서에 첨부할 서면

공탁관은 사유신고서에 공탁서 사본과 경합된 압류, 가압류 또는 배당요구통지서 등의 사본을 첨부하여야 한다.

5. 사유신고 후에 압류 등이 있는 경우

공탁금 지급청구권에 대한 압류의 경합으로 공탁관이 집행법원에 사유신고를 한 이후에 다른 채권자로부터 압류나 가압류 등이 있더라도 추가로 사유신고를 할 필요는 없다.

정리 #31	공탁관의 사유신고		
사유신고의 요건	일반적인 경우	채권자 경합 (채권자가 동일한 경우 포함) + 집행채권의 총액이 피압류채권(공탁금 지급청구권)총액을 초과	
	특별한 경우	가압류원인으로 공탁 후 → 가압류채무자의 출급청구권에 다른 채권자의 압류, 가압류원인으로 공탁 후 가압류가 본압류로 이전된 경우, 판단이 곤란하다고 보이는 객관적 사정	
	사유신고의 요건에 해당하지 아니하는 경우 • 복수의 가압류만 가압류와 체납처분에 의한 압류(선후불문) • 양도(대항요건) → (가)압류 • (가)압류 → 양도(대항요건) → (가)압류, 가압류 • 유가증권 또는 물품공탁의 지급청구권에 대하여 압류		
사유신고 시기	원 칙		공탁관은 그 익일부터 3일 이내
	예 외	재판상 담보공탁	회수청구권에 압류의 경합이 있는 경우 공탁원인의 소멸을 증명하는 서면(법원의 담보취소결정정본 및 확정증명서)이 제출된 때
			출급청구권에 압류의 경합이 있는 경우 → 담보권 실행요건을 갖춘 때 → 출급청구권 입증서면이 제출된 때 → 질권실행을 위한 압류·현금화명령이 효력을 발생한 때
		상대적 불확지	출급 청구권에 대하여 압류의 경합이 있는 경우 당해 피공탁자에게 출급청구권이 있음을 증명하는 서면이 제출된 때
사유신고 할 법원	• 압류 → 압류(먼저 송달된 압류명령을 발령한 법원) • 압류 → 가압류 / 가압류 → 압류(압류명령을 발령한 법원)		
첨부할 서면	공탁서 사본 + 경합된 압류, 가압류 또는 배당요구통지서 등의 사본		
신고 후에 압류 등이 있는 경우	추가로 사유신고를 할 필요는 없으나 압류 등 사본을 집행법원에 송부		

공탁물 지급청구권의 변동

| 제1절 | 총 설 |

| 제2절 | 공탁물출급청구권과 공탁물회수청구권의 상호관계 |

| 제3절 | 공탁물지급청구권의 처분유형 |

01
□□□

공탁물지급청구권의 처분에 관한 다음 설명 중 가장 옳지 않은 것은?   2020년

① 상속인 중의 1인이 다른 상속인들 중 일부로부터 출급청구권을 양도받아 공탁금출급청구권자가 된 경우에는 공탁금출급청구권을 양도받은 사실을 이유로 국가를 상대로 공탁금수령권한이 있다는 확인판결을 받으면 별도로 국가에 그 양도사실을 통지할 필요 없이 공탁금을 출급청구할 수 있다.

② 공탁금지급청구권의 양도통지가 검찰청을 통하여 이루어지지 않고 공탁공무원에게 직접 도달된 경우에도 유효하다.

③ 양도인이 공탁관에 대하여 공탁물지급청구권의 양도통지를 한 후 양도인이 다시 일방적으로 양도계약을 해제한 뜻의 통지를 하여도 양수인이 양도인의 위 채권양도통지 철회에 동의하였다고 볼 증거가 없으면 그 효력이 생기지 아니한다.

④ 공탁금지급청구권의 양도통지서에 날인된 양도인의 인영에 대하여 인감증명서가 첨부되지 아니한 경우, 양수인이 공탁금을 지급청구할 때에는 양도인의 인감증명서를 첨부하여야 한다. 그러나 양도증서를 공증받아 제출하는 경우에는 양도인의 인감증명서 제출 없이도 양수인은 공탁금지급청구를 할 수 있다.

⑤ 변제공탁의 경우 공탁관에게 도달된 공탁금출급청구권의 양도통지서에 공탁수락의 의사표시가 명시적으로 기재되어 있지 않더라도 적극적인 불수락의 의사표시가 기재되어 있지 않는 한 공탁자의 민법 제489조 제1항에 의한 회수청구권은 소멸된다.

[❶ ▸ ✗] 상속인 중 1인이 다른 상속인들 중 일부로부터 출급청구권을 양도받아 공탁금출급청구권자가 된 경우에는 그 양도를 증명하는 서면을 첨부하여야 하는 외에 양도인이 제3채무자인 국가에게 그 사실을 통지하는 것이 필요하므로, <u>공탁금출급청구권을 양도받은 사실을 이유로 국가를 상대로 공탁금수령권한이 있다는 확인판결을 받은 것만으로는 양도를 증명하는 서면은 갖추었으나 양도인의 적법한 통지가 있다고 볼 수 없으므로 공탁금을 출급할 수 없다</u>(공탁선례 제1-141호).

[❷ ▸ ○] 제3채무자가 공탁공무원(국가)인 경우의 채권공탁금 회수 또는 출급청구권 압류의 통지는 국가를 당사자로 하는 소송에 관한 법률 제9조에 의하여 공탁공무원 소속 법원에 대응하는 검찰청(공탁공무원이 소속한 법원이 지방법원 지원의 경우에는 지방법원에 대응하는 검찰청)의 장에게 송달함이 타당하나, 공탁금회수청구권의 양도통지가 공탁공무원에게 직접 송달된 경우에도 유효하므로 공탁금에 대한 압류의 통지가 공탁공무원에게 직접 송달된 경우에도 유효하다(공탁선례 제1-230호).

[❸ ▸ ○] 공탁물지급청구권의 양도계약이 적법하게 해제된 경우에는 그 해제통지를 양수인이 채무자인 국가(소관 공탁관)에게 하여야만 채무자 기타 제3자에게 대항할 수 있으므로(대판 1993.8.27. 93다17379 참조), 양도인이 공탁관에 대하여 공탁물지급청구권의 양도통지를 한 후 양도인이 다시 일방적으로 양도계약을 해제한 뜻의 통지를 하여도 양수인이 양도인의 위 채권양도통지 철회에 동의하였다고 볼 증거가 없으면 그 효력이 생기지 아니한다(대판 1993.7.13. 92다4178 참조).

[❹ ▸ ○] 행정예규 제779호 2. 나.

> **행정예규 제779호[공탁금지급청구권의 양도통지가 있는 경우 주요업무처리지침]**
>
> 2. 양도통지서에 인감증명서가 첨부되지 않은 경우
>   가. 양도인의 공탁금지급청구 : 공탁금지급청구권의 양도통지서에 날인된 양도인의 인영에 대하여 인감증명서가 첨부되지 아니한 경우라 하더라도 양도인은 공탁금의 지급청구를 할 수 없다.
>   나. 양수인의 공탁금지급청구
>   (1) 공탁금지급청구권의 양도통지서에 날인된 양도인의 인영에 대하여 인감증명서가 첨부되지 아니한 경우, <u>양수인이 공탁금을 지급청구할 때에는 양도인의 인감증명서를 첨부하여야 한다.</u>
>   (2) <u>양도증서를 공증받아 제출하는 경우에는 양도인의 인감증명서 제출 없이도 양수인은 공탁금 지급청구를 할 수 있다.</u>

[❺ ▸ ○] 변제공탁의 경우 공탁관에게 도달된 공탁금출급청구권의 양도통지서에 공탁수락의 의사표시가 명시적으로 기재되어 있지 않더라도 적극적인 불수락의 의사표시가 기재되어 있지 않는 한 그 양도통지서의 도달과 동시에 공탁수락의 의사표시가 있는 것으로 보아 공탁자의 민법 제489조 제1항에 의한 회수청구권은 소멸된다(행정예규 제779호 1.).

답 ❶

제5절 | 공탁관의 사유신고

02
□□□

다음 중 공탁금지급청구권(피압류채권)에 대하여 복수의 압류(가압류)가 있고 집행채권의 총액이 피압류채권 총액을 초과하더라도 사유신고의 대상이 아닌 경우를 모두 고른 것은?

2023년

ㄱ. 복수의 가압류만 있는 경우
ㄴ. 가압류와 체납처분에 의한 압류가 있는 경우
ㄷ. 체납처분에 의한 압류가 선행하고, 강제집행에 의한 압류가 후행한 경우
ㄹ. 공탁금지급청구권이 제3자에게 양도되어 대항요건을 갖춘 후에 압류, 가압류 등이 경합된 경우
ㅁ. 선행의 압류(또는 가압류) 후에 목적채권인 공탁금지급청구권이 제3자에게 양도되어 대항요건을 갖춘 후 압류, 가압류 등이 경합한 경우
ㅂ. 금전공탁이 아닌 유가증권 또는 물품공탁의 지급청구권에 대하여 압류가 경합된 경우

① ㄱ, ㄴ, ㄹ, ㅁ, ㅂ
② ㄱ, ㄴ, ㅁ, ㅂ
③ ㄱ, ㄴ, ㄹ, ㅁ
④ ㄴ, ㄷ, ㄹ, ㅁ, ㅂ
⑤ ㄴ, ㄷ, ㅁ, ㅂ

[ㄱ, ㄴ, ㄹ, ㅁ, ㅂ ▶ 사유신고의 대상×]

> **행정예규 제1225호[공탁관의 사유신고에 관한 업무처리지침]**
> 1. 사유신고의 요건
>   다. 사유신고의 요건에 해당하지 아니하는 경우의 예시 : 다음과 같은 경우는 비록 복수의 압류가 있고 집행채권의 총액이 피압류채권(공탁금지급청구권)총액을 초과하더라도 사유신고의 대상이 아니다.
>   ① 복수의 가압류만 있는 경우⊙
>   ② 가압류와 체납처분에 의한 압류가 있는 경우(그 선후를 불문한다)⊙
>   ③ 삭제(2015.12.9. 제1062호)
>   ④ 공탁금지급청구권이 제3자에게 양도되어 대항요건을 갖춘 후에 압류, 가압류 등이 경합한 경우⊙
>   ⑤ 선행의 압류(또는 가압류) 후에 목적채권인 공탁금지급청구권이 제3자에게 양도되어 대항요건을 갖춘 후 압류, 가압류 등이 경합한 경우⊙
>   ⑥ 금전공탁이 아닌 유가증권 또는 물품공탁의 지급청구권에 대하여 압류가 경합된 경우⊙

[ㄷ ▶ 사유신고의 대상○] 공탁금지급청구권에 대하여 민사집행법에 따른 압류와 체납처분에 의한 압류가 있고(선후 불문) 그 압류금액의 총액이 피압류채권액을 초과하는 경우에는 공탁관은 집행법원에 사유신고를 하여야 한다[행정예규 제1225호 1. 나. (2)].

답 ❶

① 상대적 불확지 변제공탁에 있어서 피공탁자 중 일방의 공탁금출급청구권에 대하여 압류의 경합이 있는 경우에는 해당 피공탁자에게 공탁금출급청구권이 있음을 증명하는 서면이 제출되기 전이라도 공탁관은 먼저 송달된 압류명령을 발령한 법원에 사유신고를 하여야 하고, 사유신고를 받은 집행법원은 공탁금출급청구권의 귀속에 관한 증명서면이 제출될 때까지 배당절차를 정지한다.

② 공탁된 토지수용보상금의 출급청구권에 대하여 물상대위에 의한 수개의 채권압류·추심명령이 공탁관에게 송달된 경우, 공탁관은 그 추심채권자들 사이의 우열에 대한 판단이 곤란하다고 보아 사유신고를 할 수 있다.

③ 금전채권에 대한 가압류를 원인으로 제3채무자가 민사집행법 제291조 및 제248조 제1항에 의하여 공탁한 후에, 피공탁자(가압류채무자)의 공탁금출급청구권에 대한 압류가 이루어져 압류의 경합이 성립하거나, 공탁사유인 가압류를 본압류로 이전하는 압류명령이 국가(공탁관)에게 송달되면 공탁관은 사유신고를 하여야 한다.

④ 공탁금출급청구권에 대하여 압류 또는 가압류가 되었으나 압류의 경합이 성립하지 않는 경우, 공탁관은 민사집행법 제248조 제1항에 의한 공탁 및 공탁사유신고를 하지 않는다.

⑤ 제1채권자의 공탁금회수청구권의 일부에 대한 선행 가압류가 있고, 제2, 제3채권자의 동일한 공탁금회수청구권의 전부에 대한 후행 각 압류 및 전부명령이 있을 경우, 집행채권 총액이 피압류채권 총액을 초과하여 압류가 경합된 상태이므로 공탁관은 집행법원에 사유신고하여 집행법원의 배당절차에 의하여 공탁금을 지급하여야 한다.

[**❶ ▶ ✕**] 상대적 불확지공탁에 있어서 피공탁자 중 일방의 공탁금출급 청구권에 대하여 압류의 경합이 있는 경우에는 당해 피공탁자에게 <u>공탁금출급청구권이 있음을 증명하는 서면이 제출된 때</u>에 공탁관은 사유신고를 하여야 한다[행정예규 제1225호 2. 나. (3)].

[**❷ ▶ ○**] 공탁된 토지수용보상금에 대해 물상대위에 의한 수개의 채권 압류 및 추심명령이 공탁공무원에게 송달된 경우, 공탁공무원은 그 압류 및 추심권자들 사이의 우열에 대한 판단이 곤란하므로 민사소송법 제581조[현 민사집행법 제248조(註)] 제1항의 규정을 유추적용하여 사유신고할 수 있다. 따라서 공탁공무원의 이 사건 사유신고는 적법하다 할 것이다(공탁선례 제2-353호).

[**❸ ▶ ○**] 금전채권에 대한 가압류를 원인으로 제3채무자가 민사집행법 제291조 및 제248조 제1항에 의하여 공탁한 후에, 피공탁자(가압류채무자)의 공탁금출급청구권에 대한 압류가 이루어져 압류의 경합이 성립하거나, 공탁사유인 가압류를 본압류로 이전하는 압류명령이 있는 경우에는 공탁관은 사유신고를 하여야 한다[행정예규 제1225호 1. 나. (1)].

[**❹ ▶ ○**] 금전채권에 대하여 단일의 압류 또는 가압류가 있는 경우에도 제3채무자의 공탁을 허용한 민사집행법의 시행 이후에도 일반의 제3채무자의 경우와는 달리 공탁관은 공탁금의 보관·관리를 관장 사무로 하는 국가기관으로서 공탁금을 현실적으로 지급할 필요성이 없으므로, 압류의 경합이 없는 한 공탁금 지급청구권에 대하여 압류 또는 가압류가 있는 경우에도 민사집행법 제248조 제1항에 의한 공탁 및 공탁사유신고를 하지 아니한다.

[**❺ ▶ ○**] 제1채권자가 공탁금 회수청구권의 일부에 대하여 가압류를 한 후 제2, 제3채권자가 동일한 공탁금 회수청구권의 전부에 대하여 각 압류 및 전부를 하였을 때에는 청구채권 총액이 피압류채권 총액을 초과하여 민사소송법 제568조의2(압류의 경합)[현 민사집행법 제235조(註)]에 의하여 채권이 경합된 상태이므로, 제2, 제3채권자가 받은 전부명령은 무효이며 후일 선행 가압류가 해제되더라도

전부명령은 부활하지 않으므로(대판 1965.5.18. 65다336 참조), 제3채무자인 공탁공무원으로서는 민사소송법 제581조[현 민사집행법 제248조(註)] 각 항 및 공탁사무처리규칙 제52조[현 공탁규칙 제58조(註)]의 규정에 의하여 법원에 사유신고를 한 다음 집행법원의 배당절차에 따라 위 공탁금을 각 채권자에게 분할지급하여야 한다(공탁선례 제2-354호).

답 ❶

04 ☐☐☐ 공탁관의 사유신고에 관한 다음 설명 중 가장 옳지 않은 것은? 2021년

① 공탁금의 지급청구권에 대한 압류 경합이 있는 경우 공탁관은 집행법원에 그 사유를 신고하여야 할 직무상 의무가 있다.

② 공탁금지급청구권에 대하여 민사집행법에 따른 압류와 체납처분에 의한 압류가 있고(선후 불문) 그 압류금액의 총액이 피압류채권(공탁금지급청구권) 총액을 초과하는 경우에는 공탁관은 집행법원에 사유신고를 하여야 한다.

③ 공탁금지급청구권에 관하여 사유신고를 할 사정이 발생한 때에는 공탁관은 그 익일부터 3일 이내에 집행법원에 사유신고를 하여야 한다.

④ 가압류명령과 압류명령이 경합하는 경우에는 공탁관은 압류명령을 발령한 법원에 사유신고를 하여야 한다.

⑤ 금전공탁이 아닌 유가증권 또는 물품공탁의 지급청구권에 대하여 압류가 경합된 경우에도 공탁관은 집행법원에 사유신고를 하여야 한다.

[❶ ▸ ○] 공탁사무처리규칙 제58조 제1항은 "공탁금의 출급·회수청구권에 대한 압류 등의 경합 등으로 사유신고를 할 사정이 발생한 때에는 공탁공무원은 지체 없이 사유신고서 2통을 작성하여 그 1통을 관할 집행법원에 송부하고 다른 1통은 당해 공탁기록에 합철한다"고 규정하고 있는바, 이 규정은 공탁공무원이 사유신고를 할 경우의 세부절차만을 정한 규정이 아니라 공탁금의 출급·회수청구권에 대한 압류 등의 경합 등의 사정이 있는 경우 공탁공무원으로서는 반드시 집행법원에 그 사유를 신고하여야 한다는 직무상의 의무를 정한 규정이라고 할 것이다(대판 2002.8.27. 2001다73107).

[❷ ▸ ○] 공탁금지급청구권에 대하여 민사집행법에 따른 압류와 체납처분에 의한 압류가 있고(선후 불문) 그 압류금액의 총액이 피압류채권액을 초과하는 경우에는 공탁관은 집행법원에 사유신고를 하여야 한다[행정예규 제1225호 1. 나. (2)].

[❸ ▸ ○] 공탁금지급청구권에 대한 압류의 경합 등으로 사유신고를 할 사정이 발생한 때(예컨대 최후에 압류명령 등이 송달된 날)에는 공탁관은 그 익일부터 3일 이내에 집행법원에 사유신고를 하여야 한다(행정예규 제1225호 2. 가.).

[❹ ▸ O] 가압류명령과 압류명령이 경합하는 경우에는 공탁관은 압류명령을 발령한 법원에 사유신고를 하여야 한다(행정예규 제1225호 3. 나.).

[❺ ▸ ×] 행정예규 제1225호 1. 다. ⑥

> **행정예규 제1225호[공탁관의 사유신고에 관한 업무처리지침]**
>
>   1. 사유신고의 요건
>   다. 사유신고의 요건에 해당하지 아니하는 경우의 예시 : 다음과 같은 경우는 비록 복수의 압류가 있고 집행채권의 총액이 피압류채권(공탁금지급청구권) 총액을 초과하더라도 <u>사유신고의 대상이 아니다.</u>
>   ① 복수의 가압류만 있는 경우
>   ② 가압류와 체납처분에 의한 압류가 있는 경우(그 선후를 불문한다)
>   ③ 삭제(2015.12.9. 제1062호)
>   ④ 공탁금지급청구권이 제3자에게 양도되어 대항요건을 갖춘 후에 압류, 가압류 등이 경합한 경우
>   ⑤ 선행의 압류(또는 가압류) 후에 목적채권인 공탁금지급청구권이 제3자에게 양도되어 대항요건을 갖춘 후 압류, 가압류 등이 경합한 경우
>   ⑥ <u>금전공탁이 아닌 유가증권 또는 물품공탁의 지급청구권에 대하여 압류가 경합된 경우</u>

답 ❺

12 공탁금 지급청구권

제1절 | 소멸시효와 국고귀속절차

I 의 의

1. 의의 및 주의점

① 공탁금 지급청구권의 소멸시효라 함은 공탁금의 출급 또는 회수청구권을 행사할 수 있음에도 불구하고 이를 일정 기간 행사하지 않는 경우에 그 권리를 소멸시키는 제도이다.

② 공탁금 지급청구권은 공탁당사자가 그 권리를 행사할 수 있는 때로부터 10년간 행사하지 아니하면 시효에 의하여 소멸된다(공탁법 제9조 제3항). 따라서 소멸시효가 완성된 공탁금은 국고수입 납부 전에 있어서도 환불할 수 없음에 주의하여야 한다(공탁규칙 제61조).

③ 그러나 공탁유가증권 및 공탁물품에 대하여는 소유권에 기한 청구가 가능하므로 소멸시효에 걸리지 않는다.

II 소멸시효의 기산점

소멸시효는 권리를 행사할 수 있는 때로부터 진행한다(민법 제166조 제1항). 따라서 공탁금 지급청구권의 소멸시효 기산점은 공탁금 지급청구권을 행사할 수 있는 때이다.

> **소멸시효의 기산점인 '권리를 행사할 수 있는 때'의 의미**
>
> 소멸시효의 기산점인 "권리를 행사할 수 있는 때"라 함은 권리를 행사함에 있어서 법률상의 장애(예 이행기 미도래, 정지조건 미성취)가 없는 경우를 말하며, 권리자의 개인적 사정이나 법률지식의 부족, 권리존재의 부지 또는 채무자의 부재 등 사실상 장애로 권리를 행사하지 못하였다 하여 시효가 진행하지 아니하는 것이 아니며, 이행기가 정해진 채권은 그 기한이 도래한 때부터 소멸시효가 진행한다(대판 1982.1.19. 80다2626).

Ⅲ 공탁금 지급청구권의 소멸시효 기산일(행정예규 제948호)

1. 변제공탁

원 칙	공탁금 회수청구권은 공탁일로부터, 공탁금 출급청구권은 공탁통지서 수령일로부터 기산함이 원칙이다.
예 외	• 공탁의 기초가 된 사실관계에 대하여 공탁자와 피공탁자 사이에 다툼이 있는 경우에는 공탁금 출급 및 회수청구권 모두 그 "분쟁이 해결된 때"로부터 기산한다. • 채권자의 수령불능을 원인으로 한 공탁과 절대적 불확지공탁의 경우 공탁금 출급청구권은 공탁서 정정 등을 통한 공탁통지서의 수령 등에 의하여 "피공탁자가 공탁사실을 안 날(공탁통지서 수령일)"로부터 기산한다. • 상대적 불확지공탁의 경우 공탁금 출급청구권은 "공탁금의 출급청구권을 가진 자가 확정된 때"로부터 기산한다. • 반대급부의 조건이 있는 경우 공탁금 출급청구권은 "반대급부가 이행된 때"로부터 기산한다. • 정지조건 또는 시기부 공탁인 경우 공탁금 출급청구권은 "조건이 성취된 때 또는 기한이 도래된 때"로부터 기산한다.

> **절대적 불확지로 하여 보상금을 공탁한 후 피공탁자를 등기부상 소유자표시와 같이 정정한 경우에 있어서 공탁금 출급청구권의 소멸시효**
> 등기부상에 소유자의 주소 표시가 없는 경우(이러한 등기는 원래는 불가능함)에는 소유자를 특정할 수 없으므로 수용자인 국가가 피공탁자를 절대적 불확지로 하여 공탁한 것은 정당한 것이나, 그 후 피공탁자를 등기부상 소유자 표시와 같이 정정한 경우라 하더라도 소유자가 특정된 것으로 볼 수는 없어 정정의 효력은 없는 것이므로, 위 공탁은 여전히 피공탁자를 절대적 불확지로 한 공탁이라고 보아야 할 것이다. 따라서 위 공탁금 출급청구권에 대한 소멸시효는 진행될 수 없으므로 소멸시효완성 여부의 문제는 없다. 그러므로 이 경우 질의인 등은 등기부상의 소유명의인인 최종락이 질의인 등의 피상속인임을 입증하여 공탁자인 국가로 하여금 피공탁자를 질의인 등으로 정정하게 한 후 위 공탁금을 출급하거나, 이를 거부당할 경우에는 공탁자인 국가를 상대로 질의인 등이 위 공탁금의 출급청구권자임을 확인하는 판결을 받아 이를 공탁금 출급청구권을 증명하는 서면으로 하여 공탁금을 출급청구할 수 있다(공탁선례 제2-358호).

2. 재판상 담보공탁

출급 청구권	담보권을 행사할 수 있는 사유가 발생한 때로부터		
회수 청구권	담보제공자가 본안소송에서	승소한 때	재판확정일 또는 종국일로부터
		패소한 때	담보취소결정 확정일로부터
	• 본안소송 종국 전 담보취소를 결정한 경우 • 재판(결정)이 있은 후 그 재판(결정)을 집행하지 않았거나 집행불능인 경우		담보취소결정 확정일로부터
	재판(결정) 전에 그 신청이 취하된 경우		취하일로부터

3. 집행공탁

배당 기타 관공서의 결정에 의하여 공탁물의 지급을 하는 경우에는 "증명서 교부일"로부터 기산하고, 경매절차에서 채무자에게 교부할 잉여금을 공탁한 경우 또는 배당받을 채권자의 불출석으로 인하여 민사집행법 제160조 제2항에 따라 공탁한 경우에는 "공탁일"로부터 기산한다.

4. 기 타

① 공탁원인이 소멸된 경우의 공탁금회수청구권의 소멸시효는 "공탁원인이 소멸된 때"로부터 기산한다.
② 착오공탁의 경우의 공탁금회수청구권의 소멸시효는 "공탁일"로부터 기산한다.

5. 공탁금 이자

일반적으로 공탁금 이자는 원금과 같이 지급되어 이자청구권 자체의 소멸시효는 문제되지 않으나, 예외적으로 공탁금과 이자의 수령권자가 다른 경우에는 공탁금 이자의 지급청구권의 소멸시효는 "공탁금 원금 지급일"로부터 기산한다.

6. 지급 인가된 청구서에 의한 현금청구권

공탁금지급청구가 이유 있다 하여 지급 인가된 동 청구서에 의한 현금청구권도 인가한 날로부터 10년이 경과하면 소멸시효가 완성된다.

7. 기타의 경우

① 변제공탁, 재판상 담보공탁, 집행공탁을 제외한 나머지 공탁사건의 공탁금지급청구권의 소멸시효는 원칙적으로 「공탁금의 지급청구권을 행사할 수 있는 때」로부터 기산한다.
② 공탁원인이 소멸된 경우 공탁금회수청구권의 소멸시효는 「공탁원인이 소멸된 때」로부터 기산한다.
③ 착오공탁의 경우 공탁금회수청구권의 소멸시효는 「공탁일」로부터 기산한다.
④ 공탁유가증권의 상환으로 인하여 그 상환금·이자가 대공탁·부속공탁된 경우 공탁금 회수청구권의 소멸시효는 「대공탁·부속공탁일」로부터 기산한다.
⑤ 공탁으로 인하여 소멸한 채권의 소멸시효는 공탁금지급청구권의 소멸시효와 관련이 없다.

Ⅳ 소멸시효 진행의 중단사유 해당 여부 등

1. 소멸시효 진행의 중단사유로 볼 수 있는 사유

① **공탁사실증명서의 교부** : 시효기간 중에 공탁사실증명서를 교부한 경우에는 채무의 승인으로서 그때에 시효는 중단된다. 다만 공탁사실증명서는 공탁당사자(공탁자, 피공탁자) 등 지급청구권자에게 교부한 것만이 시효중단사유가 된다.
② **공탁사건의 완결여부의 문의서 발송** : 공탁관이 공탁자 또는 피공탁자 등 정당한 권리자에 대하여 공탁사건의 완결 여부의 문의서를 발송한 경우에는 시효가 중단된다.
③ **일부지급** : 일괄 공탁한 공탁금의 일부에 대해 출급 또는 회수청구를 인가하였다면 나머지 잔액에 대하여도 시효가 중단된다.
④ **열람** : 공탁확인을 목적으로 공탁관계서류를 열람시킨 경우에는 시효가 중단된다.
⑤ **공탁금의 지급가능 답변(구두)** : 공탁관이 공탁자 또는 피공탁자에 대하여 당해 사건의 공탁금을 지급할 수 있다는 취지를 구두로 답한 경우에는 채무의 승인에 해당하므로 시효가 중단된다.

⑥ **불수리결정** : 공탁금의 지급청구에 대해 첨부서면의 불비를 이유로 불수리한 경우, 이는 채무의 승인으로 보아 시효가 중단된다.

⑦ **공탁금출급·회수청구 안내문의 송달** : 공탁금출급·회수청구안내문이 공탁자 및 피공탁자에게 송달된 때에는 공탁금 출급회수청구권의 시효가 중단된다.

⑧ **공탁서 정정** : 불확지공탁을 하였다가 공탁물을 수령할 자를 지정하거나 공탁원인사실을 정정하는 공탁서 정정신청을 인가한 경우, 공탁금회수청구권의 소멸시효는 중단된다.

2. 소멸시효의 중단사유로 볼 수 없는 사유

① **공탁수락서의 제출** : 변제공탁에 대해 피공탁자로부터 제출된 수락서를 공탁관이 받았다 해도 그것만으로 출급청구권의 시효가 중단되지 않는다.

② **지급청구권의 압류 등** : 공탁금 지급청구권에 대한 압류, 가압류, 가처분은 피압류채권 즉 공탁금 지급청구권의 시효중단사유는 되지 않는다. 다만, 채권자가 확정판결에 기한 채권의 실현을 위하여 채무자의 제3채무자에 대한 채권에 관하여 압류 및 추심명령을 받아 그 결정이 제3채무자에게 송달되었다면 거기에 소멸시효 중단사유인 최고(催告)로서의 효력은 있다(대판 2003.5.13. 2003다16238).

③ **수인 중 1인에 대한 시효중단** : 시효의 중단은 시효중단에 직접 관계된 공탁당사자 및 그 승계인에게만 효력이 있으므로(민법 제169조), 피공탁자가 수인인 경우 그 1인에 대한 시효중단사유는 다른 출급청구권자의 시효진행에 영향을 미치지 않는다.

④ **출급청구권·회수청구권의 일방에 대한 중단** : 공탁금회수청구권에 대한 시효중단은 출급청구권의 시효진행에 영향을 미치지 않고, 그 반대의 경우도 동일하다.

⑤ **공탁금지급절차 등에 대한 일반적인 설명** : 공탁관이 피공탁자의 요구에 대해 지급절차 등에 대해 일반적인 설명을 한 것만으로는 시효의 중단사유로 되지 않는다.

Ⅴ 시효이익의 포기 간주

공탁금 지급청구권에 대한 소멸시효가 완성된 후 공탁사실증명서의 교부청구가 있는 경우에는 그 증명서를 교부해서는 아니 되나, 착오로 이를 교부한 경우에는 시효이익을 포기한 것으로 처리한다.

Ⅵ 공탁금의 편의 시효처리절차 등

1. 시효완성 여부가 불분명한 경우

① 변제공탁을 한 후 10년을 경과한 공탁금에 대하여 출급 또는 회수청구가 있을 경우 공탁서, 지급청구서 및 기타 첨부서류에 의하여 공탁금 지급청구권의 소멸시효 완성여부를 형식적 심사권에 의하여 조사한다.

② 조사 결과 소멸시효가 완성되지 않는 경우는 물론 소멸시효의 완성여부가 불분명한 경우에는 이를 인가하여도 무방하다.

③ 공탁관은 공탁원금 또는 이자의 출급·회수청구권의 소멸시효, 완성시기 등을 조사하기 위하여 법원 기타 관공서에 공탁원인소멸 여부 및 시기 등을 조회할 수 있다(공탁규칙 제60조).

2. 편의적 국고귀속조치

공탁일로부터 15년이 경과된 미제 공탁사건의 공탁금은 편의적으로 소멸시효가 완성된 것으로 보아 공탁규칙 제62조의 규정에 따라 국고귀속조치를 취하되, 그 후 소멸시효가 완성되지 아니한 사실을 증명하여 공탁금지급청구를 한 경우에는 착오 국고귀속 공탁금의 반환절차에 따라 처리한다.

3. 공탁유가증권상의 상환청구권이 시효소멸된 경우의 조치

① 공탁유가증권 지급청구권은 시효로 소멸되지 않으나 공탁된 유가증권의 상환금청구권은 시효로 소멸한다. 그러나 공탁유가증권의 상환금청구권이 시효로 소멸된 경우에도 소유권에 기한 유가증권의 반환청구는 인정된다.

② 공탁된 유가증권의 상환금청구권이 시효소멸된 경우 공탁유가증권의 유가증권성도 소멸하므로 그러한 유가증권을 공탁물보관자에게 계속 보관토록 하는 것은 적당하지 않다. 따라서 공탁유가증권의 상환금청구권이 시효소멸된 경우 공탁관은 그 시효완성을 이유로 유가증권 보관은행 등에 대하여 매년 1회 이상 시효소멸된 당해 유가증권의 회수청구를 할 수 있다.

4. 몰취공탁의 경우

민사소송법 제299조 제2항에 의한 소명에 갈음하는 공탁이나, 상호가등기를 하기 위한 공탁을 한 경우에 일정한 사유가 발생하면 공탁금을 몰취하여 국고에 귀속하는 절차를 취하여야 한다.

VII 국고귀속 절차

공탁관은 공탁원금 또는 이자의 출급·회수청구권의 소멸시효완성시기 등을 조사하기 위하여 법원 기타 관공서에 공탁원인소멸여부 및 시기 등을 조회할 수 있다(공탁규칙 제60조). 소멸시효가 완성된 공탁금은 국고수입 납부 전이라도 출급·회수청구를 인가하여서는 안 된다(공탁규칙 제61조).

1. 공탁관의 국고귀속조서 작성·송부

공탁관은 출급·회수청구권의 소멸시효가 완성되어 국고귀속되는 공탁원금이나 이자가 있는 때에는 해당 연도분을 정리한 다음 "공탁금국고귀속조서"를 작성하여 다음 해 1월 20일까지 이를 해당 법원의 세입세출외 현금출납공무원에게 보낸다(공탁규칙 제62조 제1항).

2. 출납공무원의 국고귀속조서 송부

출납공무원이 공탁관으로부터 공탁금국고귀속조서를 받은 때에는 1월 31일까지 이를 해당 법원의 수입징수관에게 보내야 한다(공탁규칙 제62조 제2항).

3. 수시 국고귀속 등

① 공탁관은 공탁규칙 제62조 제1항의 규정에 의한 경우 이외의 사유로 국고귀속되는 공탁원금이나 이자가 있는 때에는 그때마다 공탁금국고귀속조서를 작성하여 출납공무원에게 보내고 출납공무원은 지체 없이 해당 법원의 수입징수관에게 보내야 한다(공탁규칙 제62조 제3항).

② 이는 실무상 몰취공탁의 경우에 해당된다.

4. 납부고지서의 작성 · 송부

수입징수관이 출납공무원으로부터 공탁금국고귀속조서를 받은 때에는 이를 조사한 후 총액에 대한 납부고지서 2통을 해당 출납공무원에게 보낸다(공탁규칙 제63조 제1항).

5. 일괄청구

출납공무원은 수입징수관으로부터 위 납부고지서를 받은 때에는 지체 없이 그중 1통을 첨부하여 해당 공탁관에게 하나의 청구서로 지급청구를 하여야 한다(공탁규칙 제63조 제2항).

6. 공탁관의 인가

공탁관이 국고귀속공탁금의 일괄지급청구를 받은 때에는 공탁규칙 제35조와 제39조에 따라 인가한다(공탁규칙 제63조 제3항).

7. 수입납부

출납공무원은 일괄지급청구에 대한 공탁관의 인가를 받은 때에는 지체 없이 그 금액을 해당 수입징수관 앞으로 납부하여야 한다(공탁규칙 제63조 제4항).

Ⅷ 착오 국고귀속 공탁금의 반환절차 등

공탁금 지급청구권의 소멸시효가 완성되지 않았음에도 불구하고 공탁관이 착오로 공탁금의 국고귀속조치를 취한 경우에는 공탁관을 과오납부자로 보아 공탁규칙 제64조(국고금관리법 시행규칙)의 규정에 의하여 처리한다.

행정예규 제948호[공탁금 지급청구권의 소멸시효와 국고귀속절차]

1. 소멸시효 기간
   가. 공탁물이 금전인 경우 그 원금 또는 이자의 수령, 회수에 대한 권리는 그 권리를 행사할 수 있는 때부터 10년간 행사하지 아니할 때에는 시효로 인하여 소멸한다(공탁법 제9조 제3항).
   나. 공탁유가증권 및 공탁물품에 대하여는 소유권에 관한 청구가 가능하므로 소멸시효가 완성되지 아니한다.
2. 공탁금 지급청구권의 소멸시효 기산일 등
   가. 변제공탁의 경우 : 공탁금회수청구권은 「공탁일」로부터, 공탁금 출급청구권을 「공탁통지서 수령일」로부터 기산함이 원칙이나, 다음의 경우에는 그 기산일에 주의를 요한다.
      (1) 공탁의 기초가 된 사실관계에 대하여 공탁자와 피공탁자 사이에 다툼이 있는 경우에는 공탁물출급 및 회수청구권 모두 그 「분쟁이 해결된 때」로부터 기산한다.
      (2) 채권자의 수령불능을 원인으로 한 공탁과 절대적 불확지공탁의 경우, 공탁금 출급청구권은 공탁서 정정 등을 통한 공탁통지서의 수령 등에 의하여 「피공탁자가 공탁사실을 안 날(공탁통지서 수령일)」로부터 기산한다.
      (3) 상대적 불확지공탁의 경우, 공탁금 출급청구권은 「공탁금의 출급청구권을 가진 자가 확정된 때」로부터 기산한다.
      (4) 공탁에 반대급부의 조건이 있는 경우에는 「반대급부가 이행된 때」로부터, 공탁이 정지조건 또는 시기부 공탁인 경우에는 「조건이 성취된 때 또는 기한이 도래된 때」로부터 기산한다.

나. 재판상 보증(담보)공탁의 경우
  (1) 담보권리자(피공탁자)의 공탁금 출급청구권의 기산일은 담보권을 행사할 수 있는 사유가 발생한 때로부터 기산한다.
  (2) 담보제공자(공탁자)의 공탁금회수청구권의 기산일은,
    (가) 담보제공자가 본안소송(화해, 인락, 포기 포함)에서 승소한 때에는 「재판확정일 또는 종국일」로부터, 패소한 때에는 「담보취소결정 확정일」로부터 각 기산한다.
    (나) 본안소송 종국 전에 담보취소결정을 한 경우 또는 재판(결정)이 있은 후 그 재판(결정)을 집행하지 않았거나 집행불능인 경우에는 「담보취소결정 확정일」로부터, 재판(결정) 전에 그 신청이 취하된 경우에는 「취하일」로부터 각 기산한다.

다. 집행공탁의 경우
  (1) 배당 기타 관공서의 결정에 의하여 공탁물의 지급을 하는 경우에는 그 「증명서 교부일」로부터 기산한다.
  (2) 경매절차에서 채무자에게 교부할 잉여금을 공탁한 경우 또는 배당받을 채권자의 불출석으로 인하여 민사집행법 제160조 제2항에 따라 공탁한 경우에는 「공탁일」로부터 기산한다.

라. 기타의 경우
  (1) 위 2. 가. 나. 다. 항에 규정되어 있지 아니한 공탁사건의 공탁금 지급청구권의 소멸시효는 원칙적으로 「공탁금의 지급청구권을 행사할 수 있는 때」로부터 기산한다.
  (2) 공탁원인이 소멸된 경우 공탁금회수청구권의 소멸시효는 「공탁원인이 소멸된 때」로부터 기산한다.
  (3) 착오공탁의 경우 공탁금회수청구권의 소멸시효는 「공탁일」로부터 기산한다.
  (4) 공탁유가증권의 상환으로 인하여 그 상환금·이자가 대공탁·부속공탁된 경우 공탁금 회수청구권의 소멸시효는 「대공탁·부속공탁일」로부터 기산한다.
  (5) 공탁으로 인하여 소멸한 채권의 소멸시효는 공탁금 지급청구권의 소멸시효와 관련이 없다.

마. 공탁금 이자의 경우 : 공탁금 이자의 지급청구권은 「공탁금 원금 지급일」로부터 기산한다.

바. 지급 인가된 청구서에 의한 현금청구권의 소멸시효 여부 : 공탁금지급청구가 이유 있다 하여 지급 인가된 동 청구서에 의한 현금청구권도 소멸시효의 대상이 된다(인가한 날로부터 10년).

3. 공탁 소멸시효 진행의 중단사유 해당 여부 등
가. 소멸시효 진행의 중단사유로 볼 수 있는 사유
  (1) 시효기간 중에 공탁사실 증명서를 교부한 경우
  (2) 공탁관이 공탁자 또는 피공탁자 등 정당한 권리자에 대하여 공탁사건의 완결 여부의 문의서를 발송한 경우
  (3) 공탁금의 지급청구에 대해 첨부서면의 불비를 이유로 불수리한 경우
  (4) 공탁관이 공탁자 또는 피공탁자에 대하여 당해 사건의 공탁금을 지급할 수 있다는 취지를 구두로 답한 경우
  (5) 공탁의 확인을 목적으로 공탁관계서류를 열람시킨 경우
  (6) 일괄 공탁한 공탁금의 일부에 대해 출급 또는 회수청구를 인가하였다면 나머지 잔액에 대하여도 시효가 중단된다.
  (7) 불확지공탁을 하였다가 공탁물을 수령할 자를 지정하거나 공탁원인 사실을 정정하는 공탁서 정정신청을 인가한 경우, 공탁금 회수청구권의 소멸시효는 중단된다.

나. 소멸시효의 중단사유로 볼 수 없는 사유
  (1) 변제공탁에 대해 피공탁자로부터 제출된 수락서를 공탁관이 받았다 해도 그것만으로 출급청구권의 시효가 중단되지 않는다.
  (2) 공탁금 지급청구권에 대한 압류, 가압류, 가처분은 피압류채권 즉 공탁금 지급청구권의 시효중단사유가 되지 않는다.
  (3) 피공탁자가 수인인 경우 그 1인에 대한 시효중단사유는 다른 출급청구권자의 시효진행에 영향을 미치지 않는다.

(4) 공탁금회수청구권에 대한 시효중단은 출급청구권의 시효진행에 영향을 미치지 않는다. 그 반대의 경우도 동일하다.

(5) 공탁관이 피공탁자의 요구에 대해 지급절차 등에 대해 일반적인 설명을 한 것만으로는 시효의 중단사유로 되지 않는다.

다. 시효 중단 시 공탁관의 처리

4. 시효이익의 포기 간주

공탁금 지급청구권에 대한 소멸시효가 완성된 후 공탁사실증명서의 교부청구가 있는 경우에는 그 증명서를 교부해서는 아니 되나, 착오로 이를 교부한 경우에는 시효이익을 포기한 것으로 처리한다.

5. 공탁금의 편의 시효처리절차 등

가. 시효완성 여부가 불분명한 경우 : 변제공탁을 한 후 10년을 경과한 공탁금에 대하여 출급 또는 회수청구가 있을 경우 공탁서, 지급청구서, 그 밖의 첨부서류, 전산시스템에 입력된 사항 등에 의하여 <u>소멸시효의 완성 여부가 불분명한 경우에는 이를 인가하여도 무방하다.</u>

나. 편의적 국고귀속조치 : 공탁일로부터 15년이 경과된 미제 공탁사건의 공탁금은 편의적으로 소멸시효가 완성된 것으로 보아 규칙 제62조의 규정에 따라 국고귀속조치를 취하되, 그 후 소멸시효가 완성되지 아니한 사실을 증명하여 공탁금지급청구를 한 경우에는 착오 국고귀속 공탁금의 반환절차에 따라 처리한다.

다. 공탁유가증권상의 상환청구권이 시효소멸된 경우의 조치

(1) 공탁유가증권의 상환금청구권이 시효소멸된 경우에도 그 소유권에 기한 반환청구는 인정된다.

(2) 공탁유가증권의 상환금청구권이 시효소멸된 경우 공탁관은 그 시효완성을 이유로 유가증권 보관은행 등에 대하여 매년 1회 이상 시효소멸된 당해 유가증권의 회수청구를 할 수 있다.

(3) 보관은행 등으로부터 유가증권을 회수한 경우 공탁관은 공탁서 및 공탁기록 표지 비고란에 그 취지를 기재하고 날인한 다음 전산시스템('사건메모란' 등)에 이를 입력하고, 그 사건은 완결된 것으로 처리하며, 당해 유가증권은 공탁기록에 편철하여 5년간 공탁기록과 같이 보관한다.

(4) 위 (3)의 절차를 마친 경우에도 폐기 전에는 당해 공탁유가증권의 소유권에 기한 반환청구는 인정된다.

6. 착오 국고귀속 공탁금의 반환절차 등

가. 국고귀속 대상(시효소멸) 여부 조사 등

(1) 공탁관은 공탁금의 국고귀속조치를 취하기 전에 공탁금지급청구권의 시효소멸 여부 및 그 시기 등을 법원 기타 관공서에 조회를 통하여 조사하여야 한다(공탁규칙 제60조).

(2) 소멸시효가 완성된 공탁금은 국고귀속조치를 하기 전이라도 이를 지급하여서는 아니 된다(공탁규칙 제61조).

나. 착오로 국고귀속조치를 취한 경우 공탁금지급절차 : 공탁금 지급청구권의 소멸시효가 완성되지 않았음에도 불구하고 공탁관이 착오로 공탁금의 국고귀속조치를 취한 경우에는 공탁관을 과오납부자로 보아 공탁규칙 제64조(국고금관리법시행령 제17조, 제17조의2, 제18조, 제28조, 동법 시행규칙 제29조, 제30조 등)에 따라 다음과 같이 처리한다.

(1) 착오로 귀속된 공탁금의 반환신청

(2) 수입징수관의 과오납금 반환결정 및 통지 등

(3) 수입징수관의 한국은행 등에 대한 과오납금 반환금 지급요구

(4) 공탁관의 출급 및 지급

(5) 공탁기록에의 편철과 기재 등

소멸시효 기간	10년 / 공탁유가증권 및 공탁물품(소멸시효에 걸리지 않는다)		
소멸시효 기산일 등	변제공탁	회수청구권 : 공탁일, 출급청구권 : 공탁통지서 수령일로부터	
		수령불능 절대적 불확지공탁	피공탁자가 공탁사실을 안 날(공탁통지서 수령일)
		상대적 불확지공탁	공탁금의 출급청구권을 가진 자가 확정된 때
		반대급부의 조건	반대급부가 이행된 때
		정지조건・시기부	조건이 성취된 때 또는 기한이 도래된 때
	재판상 담보공탁	출급청구권	담보권을 행사할 수 있는 사유가 발생한 때
		회수청구권	담보제공자가 본안소송에서 • 승소한 때 → 재판확정일 또는 종국일 • 패소한 때 → 담보취소결정 확정일
			• 본안소송 종국 전에 담보취소결정을 한 경우 • 재판(결정) 후 집행하지 않았거나 집행불능인 경우 　→ 담보취소결정 확정일
			재판(결정) 전에 그 신청이 취하된 경우 → 취하일
	집행공탁	채무자에게 교부할 잉여금 공탁한 경우 또는 채권자의 불출석으로 공탁한 경우 → 공탁일	
	기 타	(이자 → 원금지급일) (착오공탁 → 공탁일) 지급 인가된 동 청구서에 의한 현금청구권 → 인가한 날	

제2절 ┃ 공탁금 출급・회수청구 안내문 발송에 관한 업무처리지침

행정예규 제1302호[소멸시효 완성 전 공탁금 출급 및 회수청구 안내에 관한 업무처리지침]

제1조(목적)
이 예규는 「공탁법」 제9조 제4항 및 「공탁규칙」 제60조의2에 따른 소멸시효 완성 전에 하는 공탁금 출급・회수청구 안내(이하 "안내"라 한다)에 관한 업무처리절차를 정함에 목적이 있다.

제2조(담당)
안내에 관한 업무는 법원행정처 사법등기국에서 처리하며 사법등기심의관이 담당한다.

제3조(안내 방법)
① 안내는 공탁금 출급・회수청구에 관한 안내문(이하 "안내문"이라 한다)을 발송하는 방법으로 한다.
② 안내문은 우편으로 발송하되, 필요한 경우 전자적인 방법 등을 이용하여 알릴 수 있다.

제4조(대상사건 및 대상자)

① 직전 연도 말 기준 만 2년, 4년, 6년 및 8년 전인 해에 수리된 공탁사건 중 잔액이 10만원 이상인 다음 각 호의 사건 및 대상자를 안내 대상으로 한다. 다만, 절대적 불확지 변제공탁사건 또는 대상자의 주소가 불명인 경우에는 안내 대상에서 제외한다.

  1. 변제·집행공탁사건의 피공탁자

  2. 재판상 보증공탁사건의 공탁자

  3. 개인회생채권자 및 채무자를 위한 공탁사건의 피공탁자

② 제1항의 경우 공탁금 출급·회수청구권에 관한 지급제한사유가 있는지 여부와 관계없이 안내문을 발송할 수 있다.

③ 공탁종류, 잔액 그 밖의 사정에 따라 안내문 발송이 필요하다고 판단하는 경우에는 제1항 각 호 이외의 공탁사건 및 대상자에 대하여도 안내문을 발송할 수 있다.

④ 공탁관이 장기미제 공탁사건 등 관할 공탁사건에 대하여 안내문 발송을 요청하는 경우에는 제1항 각 호 이외의 공탁사건 및 대상자에 대하여도 안내문을 발송할 수 있다.

제5조 삭제(2019.12.26. 제1203호)

제6조(안내문 발송)

① 안내문 발송 대상자에 대하여 주소변경 여부 등을 전산시스템 등으로 조회하고 주소가 변경된 경우에는 변경된 주소로 발송한다.

② 다음 각 호의 양식에 따른 안내문을 발송한다.

  1. 변제공탁사건의 경우 : [별지 1](공탁금 출급청구에 관한 안내)

  2. 집행공탁사건의 경우 : [별지 2](공탁금 출급청구에 관한 안내)

  3. 재판상 보증공탁사건의 경우 : [별지 3](공탁금 회수청구에 관한 안내)

  4. 개인회생공탁사건의 경우 : [별지 4](공탁금 출급청구에 관한 안내)

  5. 그 밖의 공탁사건의 경우 : [별지 4](공탁금 출급·회수청구에 관한 안내)

③ 안내문이 반송된 경우에는 폐기한다. 다만, 반송사유가 폐문부재 또는 수취인부재일 경우에는 안내문을 다시 발송할 수 있다.

제6조의2(안내문 발송사건의 처리방법)

① 안내문을 발송한 경우 그 송달정보는 전산시스템에 의하여 관리하여야 한다.

② 소멸시효가 진행 중인 사건의 공탁자 또는 피공탁자에게 안내문이 송달된 경우에는 시효가 중단되고 송달된 날부터 다시 10년의 소멸시효가 진행한다. 다만, 공탁일부터 15년이 경과하면 편의적 국고귀속 처리한다.

③ 소멸시효가 진행 중인 사건에 관하여 안내문이 송달되지 않은 경우에는 공탁금 출급·회수청구권을 행사할 수 있는 때부터 10년이 경과하면 국고귀속 처리한다.

④ 소멸시효가 진행하지 않은 사건은 안내문의 송달 여부와 관계없이 공탁일부터 15년이 경과하면 편의적 국고귀속 처리한다.

제7조(보고)

매년 1월 31일까지 다음 각 호의 사항을 법원행정처장에게 보고한다.

  1. 직전 연도의 안내문 발송 건수 및 도달 건수

  2. 직전 연도의 안내문 발송 후 공탁금을 출급·회수한 사건 수 및 그 지급액

  3. 그 밖에 안내문 발송결과 보고를 위하여 필요한 사항

제8조(유의사항)

안내문은 공탁서 또는 공탁통지서를 대신하여 공탁금 출급·회수청구시의 첨부서류가 될 수 없다.

제1절 | 소멸시효와 국고귀속절차

01 공탁금지급청구권의 소멸시효 중단에 관한 다음 설명 중 가장 옳지 않은 것은? **2023년**
□□□

① 공탁관이 공탁자 또는 피공탁자 등 정당한 권리자에 대하여 공탁사건의 완결 여부의 문의서를 발송한 경우에는 시효가 중단된다.

② 공탁관이 공탁자 또는 피공탁자에 대하여 해당 사건의 공탁금을 지급할 수 있다는 취지를 구두로 답한 경우에는 시효가 중단된다.

③ 변제공탁에 대해 피공탁자로부터 제출된 수락서를 공탁관이 받은 경우에는 그것만으로 출급청구권의 시효가 중단된다.

④ 공탁금지급청구권에 대한 압류, 가압류, 가처분은 피압류채권, 즉 공탁금지급청구권의 시효중단사유가 되지 않는다.

⑤ 공탁금회수청구권에 대한 시효중단은 출급청구권의 시효진행에 영향을 미치지 않고, 그 반대의 경우도 동일하다.

....

[❶ ▸ ○] 행정예규 제948호 3. 가. (2)

[❷ ▸ ○] 행정예규 제948호 3. 가. (4)

[❸ ▸ ✕] 행정예규 제948호 3. 나. (1)

[❹ ▸ ○] 행정예규 제948호 3. 나. (2)

[❺ ▸ ○] 행정예규 제948호 3. 나. (4)

> **행정예규 제948호[공탁금지급청구권의 소멸시효와 국고귀속절차]**
> 3. 공탁 소멸시효 진행의 중단사유 해당 여부 등
>   가. 소멸시효 진행의 중단사유로 볼 수 있는 사유
>   (1) 시효기간 중에 공탁사실 증명서를 교부한 경우
>   (2) 공탁관이 공탁자 또는 피공탁자 등 정당한 권리자에 대하여 공탁사건의 완결 여부의 문의서를 발송한 경우❶
>   (3) 공탁금의 지급청구에 대해 첨부서면의 불비를 이유로 불수리한 경우
>   (4) 공탁관이 공탁자 또는 피공탁자에 대하여 당해 사건의 공탁금을 지급할 수 있다는 취지를 구두로 답한 경우❷
>   (5) 공탁의 확인을 목적으로 공탁관계서류를 열람시킨 경우

(6) 일괄 공탁한 공탁금의 일부에 대해 출급 또는 회수청구를 인가하였다면 나머지 잔액에 대하여도 시효가 중단된다.

(7) 불확지공탁을 하였다가 공탁물을 수령할 자를 지정하거나 공탁원인 사실을 정정하는 공탁서 정정신청을 인가한 경우, 공탁금 회수청구권의 소멸시효는 중단된다.

나. 소멸시효의 중단사유로 볼 수 없는 사유

(1) <u>변제공탁에 대해 피공탁자로부터 제출된 수락서를 공탁관이 받았다 해도 그것만으로 출급청구권의 시효가 중단되지 않는다.</u>❸

(2) 공탁금지급청구권에 대한 압류, 가압류, 가처분은 피압류채권, 즉 공탁금지급청구권의 시효 중단사유가 되지 않는다.❹

(3) 피공탁자가 수인인 경우 그 1인에 대한 시효중단사유는 다른 출급청구권자의 시효진행에 영향을 미치지 않는다.

(4) 공탁금회수청구권에 대한 시효중단은 출급청구권의 시효진행에 영향을 미치지 않는다. 그 반대의 경우도 동일하다.❺

(5) 공탁관이 피공탁자의 요구에 대해 지급절차 등에 대해 일반적인 설명을 한 것만으로는 시효의 중단사유로 되지 않는다.

답 ❸

공탁금지급청구권의 소멸시효와 국고귀속에 관한 다음 설명 중 가장 옳지 않은 것은?

2022년

① 상대적 불확지 변제공탁의 공탁금출급청구권의 소멸시효는 '공탁금출급청구권을 가진 자가 확정된 때'로부터 기산한다.
② 경매절차에서 배당받을 채권자의 불출석으로 인하여 민사집행법 제160조 제2항에 따라 공탁한 경우 '공탁일'로부터 소멸시효를 기산한다.
③ 공탁원인이 소멸된 경우 공탁금회수청구권의 소멸시효는 '공탁원인이 소멸한 때'로부터 기산한다.
④ 착오공탁의 경우 공탁금회수청구권의 소멸시효는 '공탁일'로부터 기산한다.
⑤ 공탁금출급청구권에 대한 소멸시효가 완성된 경우라도 공탁관은 국고수입 납부 전이라면 공탁금 출급청구가 있는 경우 이를 인가하여야 한다.

....

[**❶ ▸ ○**] 상대적 불확지공탁의 경우, 공탁금출급청구권은 '공탁금의 출급청구권을 가진 자가 확정된 때'로부터 기산한다[행정예규 제948호 2. 가. (3)].
[**❷ ▸ ○**] 경매절차에서 채무자에게 교부할 잉여금을 공탁한 경우 또는 배당받을 채권자의 불출석으로 인하여 민사집행법 제160조 제2항에 따라 공탁한 경우에는 '공탁일'로부터 기산한다[행정예규 제948호 2. 다. (2)].
[**❸ ▸ ○**] 공탁원인이 소멸된 경우 공탁금회수청구권의 소멸시효는 '공탁원인이 소멸된 때'로부터 기산한다[행정예규 제948호 2. 라. (2)].
[**❹ ▸ ○**] 착오공탁의 경우 공탁금회수청구권의 소멸시효는 '공탁일'로부터 기산한다[행정예규 제948호 2. 라. (3)].
[**❺ ▸ ✕**] 소멸시효가 완성된 공탁금에 대하여 출급·회수청구가 있는 경우 <u>공탁관은 국고수입 납부 전이라도 출급·회수청구를 인가하여서는 안 된다</u>(공탁규칙 제61조).

답 **❺**

03
☐☐☐

소멸시효 완성 전 공탁금 출급 및 회수청구 안내에 관한 업무처리지침(행정예규 제1302호)에 관한 설명 중 가장 옳지 않은 것은?　　　　　　　　　　　　　　2020년 기출수정

① 안내에 관한 업무는 법원행정처 사법등기국에서 처리하며 사법등기심의관이 담당한다.
② 안내는 공탁금출급·회수청구에 관한 안내문을 발송하는 방법으로 하며, 안내문은 우편으로 발송하되, 필요한 경우 전자적인 방법 등을 이용하여 알릴 수 있다.
③ 직전 연도 말 기준 만 2년, 4년, 6년 및 8년 전인 해에 수리된 공탁사건 중 잔액이 10만원 이상인 변제·집행공탁사건의 피공탁자, 재판상 보증공탁사건의 공탁자, 개인회생채권자 및 채무자를 위한 공탁사건의 피공탁자를 안내대상으로 한다.
④ 공탁금출급·회수청구권에 관한 지급제한사유가 있는지 여부와 관계없이 안내문을 발송할 수 있다.
⑤ 안내문은 공탁서 또는 공탁통지서를 대신하여 공탁금출급·회수청구 시의 첨부서류가 될 수 있다.

··

[**❶** ▸ ○] 안내에 관한 업무는 법원행정처 사법등기국에서 처리하며 사법등기심의관이 담당한다(행정예규 제1302호 제2조).

[**❷** ▸ ○] 행정예규 제1302호 제3조

> **행정예규 제1302호[소멸시효 완성 전 공탁금 출급 및 회수청구 안내에 관한 업무처리지침]**
> **제3조(안내방법)**
> ① 안내는 공탁금출급·회수청구에 관한 안내문(이하 "안내문"이라 한다)을 발송하는 방법으로 한다.
> ② 안내문은 우편으로 발송하되, 필요한 경우 전자적인 방법 등을 이용하여 알릴 수 있다.

[**❸** ▸ ○] [**❹** ▸ ○] 행정예규 제1302호 제4조 제1항·제2항

> **행정예규 제1302호[소멸시효 완성 전 공탁금 출급 및 회수청구 안내에 관한 업무처리지침]**
> **제4조(대상사건 및 대상자)**
> ① 직전 연도 말 기준 만 2년, 4년, 6년 및 8년 전인 해에 수리된 공탁사건 중 잔액이 10만원 이상인 다음 각 호의 사건 및 대상자를 안내대상으로 한다. 다만, 절대적 불확지변제공탁사건 또는 대상자의 주소가 불명인 경우에는 안내대상에서 제외한다.
>   1. 변제·집행공탁사건의 피공탁자
>   2. 재판상 보증공탁사건의 공탁자
>   3. 개인회생채권자 및 채무자를 위한 공탁사건의 피공탁자
> ② 제1항의 경우 공탁금출급·회수청구권에 관한 지급제한사유가 있는지 여부와 관계없이 안내문을 발송할 수 있다.
> ③ 공탁종류, 잔액 그 밖의 사정에 따라 안내문 발송이 필요하다고 판단하는 경우에는 제1항 각 호 이외의 공탁사건 및 대상자에 대하여도 안내문을 발송할 수 있다.

[**❺** ▸ ×] 안내문은 공탁서 또는 공탁통지서를 대신하여 공탁금출급·회수청구 시의 첨부서류가 될 수 없다(행정예규 제1302호 제8조).

답 **❺**

13 공탁관계서류

| 제1절 | 공탁관계서류의 열람

열람 및 증명청구(공탁규칙 제59조)

① 공탁당사자 및 이해관계인은 공탁관에게 공탁관계 서류의 열람 및 사실증명을 청구할 수 있다.
② 위임에 따른 대리인이 제1항의 청구를 하는 경우에는 대리인의 권한을 증명하는 서면(위임장)에 인감도장을 찍고 인감증명서를 첨부하여야 한다.
③ 제2항은 자격자대리인 본인이 직접 열람 및 사실증명을 청구하는 경우에는 적용하지 아니한다.
④ 제1항의 청구를 하는 사람은 열람신청서나 사실증명청구서를 제출하여야 한다. 사실증명을 청구하는 때에는 증명을 받고자 하는 수에 1통을 더한 사실증명청구서를 제출하여야 한다.
⑤ 삭제〈2012.10.30.〉
⑥ 공탁관은 제1항의 열람신청이나 사실증명청구에 대하여 전산정보처리조직을 이용하여 열람하게 하거나 증명서를 발급해 줄 수 있다.

▌I ▐ 의 의

① 공탁당사자 및 이해관계인은 공탁관에게 공탁관계서류의 열람 및 사실증명을 청구할 수 있다(공탁규칙 제59조 제1항).

② 공탁은 등기와는 달리 공탁내용을 공시하기 위한 제도는 아니지만 공탁당사자나 이해관계인은 공탁에 관한 서류를 열람하여 그 권리상태를 알아 볼 필요가 있을 수 있고, 공탁에 관한 사항의 사실증명을 발급받아 재판 등 입증자료로 제출할 필요도 있을 것이다.

Ⅱ 청구권자 및 대상서류

1. 청구권자

① 공탁관계서류의 열람 및 사실증명의 교부청구를 할 수 있는 자는 공탁에 관하여 "직접 법률상 이해관계를 가지는 자"이어야 한다. 공탁당사자(공탁자, 피공탁자) 및 상속인등 일반 승계인, 양수인, 질권자, 가압류·압류채권자, 체납처분권자 등 공탁기록에 나타난 이해관계인[111])이어야 한다.

② 따라서 공탁자 또는 피공탁자의 공탁금 지급청구권에 대하여 (가)압류하려고 하는 자는 이해관계인에 포함되지 않는다. 또한, 공탁의 일방 당사자인 피공탁자로부터 공탁에 관한 권리를 양수한 것이 아니고 본안소송에서 피고의 소송상의 권리만을 양수한 자는 이해관계인에 해당하지 않는다.

2. 대상서류

① 열람의 대상이 되는 서류는 공탁관계서류이다(공탁규칙 제59조 제1항).

② 공탁관계서류라 함은 공탁서와 그 첨부서류, 공탁물 지급청구서와 첨부서류, 가압류, 가처분, 압류, 양도 등에 관한 서류, 공탁금납입통지서, 공탁물 지급결과통지서 등 공탁기록상의 서류를 의미한다. 따라서 공탁관계 장부 등은 공탁관계서류가 아니다.

Ⅲ 열람신청과 절차

1. 열람신청

① 열람청구를 하는 자는 열람신청서를 제출하여야 한다(공탁규칙 제59조 제4항).

② 이해관계인인지 여부는 공탁기록상 인정되는 것이므로 <u>별도의 이해관계인임을 증명하는 서면은 필요하지 않다.</u>

③ 공탁당사자 본인이나 이해관계인 본인이 직접 청구하는 경우에는 신분증 등에 의하여 본인임을 확인할 수 있으므로 인감증명서를 첨부할 필요가 없다.

④ 위임에 따른 대리인이 청구하는 경우에는 위임장에 날인된 인영에 대하여 인감증명서를 첨부하여야 한다(공탁규칙 제59조 제2항).

⑤ 자격자대리인이 열람을 청구하는 경우에는 위임장에 인감도장을 찍을 필요가 없고, 본인의 인감증명서를 첨부할 필요도 없다(공탁규칙 제59조 제3항).

2. 열람절차

① 공탁관은 열람신청서를 접수한 후 정당한 열람청구권자임을 확인하면 열람에 응한다. 공탁관계서류가 공탁소 밖에 반출되지 않아야 하고, 공탁관계서류의 오손·기입이나 정정 등의 행위를 하지 못하도록 공탁담당직원의 감독하에 열람이 이루어져야 한다.

② 공탁관은 공탁관계서류의 열람신청이 있는 경우 전산정보처리조직을 이용하여 직접 열람하게 할 수 있다(공탁규칙 제59조 제6항).

---

111) 민사재판기록의 열람·복사는 이해관계를 소명한 제3자도 가능하다.

3. 전자공탁시스템을 이용한 열람_(행정예규 제1354호)

① 공탁당사자 및 이해관계인(전산시스템에 성명, 주민등록번호 등 인적사항이 입력되어 있는 경우에 한한다)은 전자공탁시스템을 이용하여 전자문서로 제출된 공탁관계서류에 대한 열람을 청구할 수 있다. 이 경우 공탁관은 신청인의 전자서명이 이루어진 것인지를 심사하여야 한다.

② 전자공탁시스템을 이용한 전자기록의 열람은 공탁관이 열람을 승인한 날부터 1주 이내에 할 수 있다.

③ 열람을 승인하거나 사실증명서를 발급하는 경우 공탁관은 그 뜻을 전산시스템에 등록하여야 한다.

④ 공탁관계서류를 열람하게 하거나 사실증명서를 발급하는 경우 공탁관은 개인정보보호를 위하여 공탁자 또는 피공탁자의 주소 등 일부 인적사항을 제외하고 제공할 수 있다.

4. 형사공탁의 경우

① 피공탁자나 그 포괄승계인 또는 법정대리인(이하, "피공탁자등"이라 한다)의 인적사항이 기재되어 있는 공탁관계 서류 및 전자기록에 대하여 열람 및 사실증명의 청구가 있는 경우 공탁관은 피공탁자등의 인적사항이 공개되지 않도록 개인정보 보호를 위한 비실명 처리 후 이를 열람하게 하거나 증명서를 발급하여야 한다_(공탁규칙 제87조).

② 이때 비실명 처리할 피공탁자의 인적사항은 성명과 그에 준하는 것(호, 아이디, 닉네임 등), 주소 등 연락처(거주지, 전화번호, 이메일 주소 등), 금융정보(계좌번호, 신용카드 번호, 수표번호 등), 기타 개인을 특정할 수 있는 정보(주민등록번호, 여권번호, 운전면허번호, 외국인등록번호 등)이다_(형사공탁에 관한 업무처리지침 제14조).

③ 공탁관계서류에 대한 열람·복사의 청구가 있는 경우 공탁관은 위 비실명처리대상정보에 접착식메모지, 접착식메모테이프, 라벨지 등을 부착하여 복사한 사본 또는 비실명처리대상정보의 내용을 알아볼 수 없도록 검은색으로 칠한 사본을 열람·복사의 청구에 제공한다. 한편, 공탁관은 공탁관계서류 및 전자기록에 나타난 정보에 대하여 사실증명 청구가 있는 경우 비실명처리대상정보의 내용을 전산 또는 수작업으로 가리거나('○, * 등'처리) 기재하지 않고 제공한다_(형사공탁에 관한 업무처리지침 제15조, 제16조).

Ⅳ 복 사

공탁서 기타 부속서류에 관하여 법령의 근거가 없으므로 그 등·초본이나 인증된 사본을 교부할 수 없으나, 사본교부의 청구가 있으면 공탁규칙 제59조에 의한 열람청구의 연장으로 보아 <u>공탁관의 인증이 없는 단순한 사본은 교부할 수 있다</u>_(행정예규 제1326호. [별표] 제16-1호 양식).

제2절 │ 공탁관계서류의 사실증명

I 의 의

① 공탁당사자 및 이해관계인은 공탁관에게 사실증명을 청구할 수 있다(공탁규칙 제59조 제1항). 공탁서 또는 공탁 통지서는 재교부할 성질이 아니므로 공탁자가 공탁서를 분실하여 <u>공탁한 사실을 증명하는 서면</u>이 필요한 경우나 공탁당사자나 이해관계인이 공탁사건의 내용에 관한 사실을 증명받아 소송 등의 증거서류로 사실증 명서를 제출할 필요가 있다.

② 또한, 공탁금 지급청구권자가 <u>시효를 중단</u>시키기 위하여 사실증명을 청구하는 경우도 있을 것이다.

> **토지수용의 재결서정본과 공탁서원본을 분실 또는 훼손한 경우 토지수용으로 인한 소권이전등기신청 시 첨부할 서면**
>
> 토지수용을 원인으로 한 소유권이전등기신청서(촉탁서)에 첨부하여야 할 등기원인을 증명하는 서면은 재결서등본이므로 이를 분실 또는 훼손한 경우에는 재발급 받을 수 있을 것이며, 공탁서원본을 분실 또는 훼손하여 이를 첨부할 수 없는 경우에는 공탁번호 및 그 연월일, 공탁자 및 피공탁자의 주소, 성명, 공탁금액, 공탁원인사실 등이 기재된 공탁사실 증명서(공탁규칙 제59조 참조)를 첨부하여 소유권이전등기를 신청할 수 있다(공탁선례 제2-365호).

③ 사실증명의 종류로는 공탁사실증명, 공탁물 지급사실증명, 공탁물의 출급 또는 회수의 인가가 있었다는 사실 증명(공탁관이 수리한 출급 또는 회수청구서를 가지고 은행에 가서 공탁물을 지급받기 전에 분실한 경우 증명을 받아 은행에 지급 청구하는 경우), 미지급사실증명 등이 있다.

II 청구권자

사실증명을 청구할 수 있는 자도 열람의 경우와 마찬가지로 공탁당사자 및 이해관계인이다(공탁규칙 제59조 제1항).

III 대상서류

사실증명의 대상이 되는 서류도 열람대상서류와 같다(공탁규칙 제59조 제1항).

IV 증명의 신청 및 절차

1. 신 청

공탁사실증명을 청구하는 자는 사실증명청구서를 제출하여야 하고 증명을 받고자 하는 수에 1통을 더한 사실증명청구서를 제출하여야 한다(공탁규칙 제59조 제4항).

2. 절 차

① 사실증명청구를 받은 공탁관은 정당한 청구권자의 증명청구가 이유 있으면 접수한 사실증명청구서 하단에 증명하는 뜻을 기재하고 기명날인하여 신청한 통수만큼 청구인에게 교부하고 1통은 해당 공탁기록에 편철한다.

② 공탁관은 전산정보처리조직을 이용하여 증명서를 발급해 줄 수 있다(공탁규칙 제59조 제6항).

③ 이 경우에도 열람과 마찬가지로 시효기간 중에 공탁사실 증명서를 교부한 경우에는 소멸시효가 중단된다.

V 공무상 열람청구 및 문서송부촉탁 등

1. 열람청구

① 수사기관은 수사 목적을 달성하기 위하여 필요한 조사를 할 수 있고 공공기관 기타 공사단체에 조회하여 필요한 사항의 보고를 요구할 수 있으며(형사소송법 제199조), 세무공무원은 체납처분을 집행함에 있어서 압류재산의 소재 또는 수량을 알고자 할 때에는 체납자와 채권채무관계가 있는 자에 대하여 장부나 서류 기타 물건을 검사할 수 있다(국세징수법 제36조, 지방세징수법 제36조).

② 따라서 수사기관이 수사 목적으로 공탁관계서류의 열람청구를 하거나, 세무공무원이 체납처분을 위하여 공탁관계서류의 열람청구를 하는 경우에는 이를 허용하여도 무방할 것이다.

2. 촉 탁

① 공탁에 관한 서류로서 지급이 완료되지 않은 것은 천재지변 등 긴급한 상황에서 서류의 보존을 위하여 필요한 경우가 아니면 사무실 밖으로 옮기지 못하므로(공탁규칙 제19조), 민사소송과 관련하여 법원으로부터 공탁관계서류의 송부촉탁이 있는 경우에 완료되지 않은 공탁사건에 있어서는 송부촉탁에 응할 수 없으나, 완료된 공탁사건에 있어서는 사무처리상 지장이 없는 한 송부촉탁에 응하여도 무방할 것이다.

② 현재 민사소송 실무에서 문서송부촉탁의 경우 대부분 인증등본의 송부촉탁이 이루어지고 있으므로 공탁기록 자체를 촉탁할 경우는 거의 없다.

13 공탁관계서류

제1절 | 공탁관계서류의 열람

01 공탁관계서류의 열람에 관한 다음 설명 중 가장 옳지 않은 것은? 2023년
□□□

① 피공탁자의 채권자가 공탁금 출급청구권을 압류할 목적으로 하는 공탁관계 서류에 대한 열람 신청은 허용되지 않는다.

② 공탁자 甲이 친구 乙에게 공탁관계서류의 열람을 위임한 경우 대리인의 권한을 증명하는 서면에 甲의 인감도장을 찍고 인감증명서를 첨부하여야 한다.

③ 지급이 완료되지 않은 공탁사건에 관하여 공탁의 확인을 목적으로 공탁관계서류를 열람시킨 경우 소멸시효가 중단된다.

④ 공탁당사자는 전자공탁시스템을 이용하여 전자문서로 제출된 공탁관계서류에 대한 열람을 청구할 수 있는데, 열람을 신청한 자는 공탁관이 열람을 승인한 날부터 2주일 이내에 공탁관계서류를 열람할 수 있다.

⑤ 변제공탁의 공탁자는 전자공탁시스템을 이용하여 전자문서로 제출된 공탁관계서류에 대한 열람뿐만 아니라 전자공탁시스템으로 처리한 공탁사무에 대한 사실증명을 청구할 수 있다.

[❶▸O] 공탁관계서류의 열람 및 사실증명의 교부청구를 할 수 있는 이해관계인으로는 그 공탁에 관하여 직접 법률상 이해관계를 가지는 자로서 해당 공탁에 대한 압류채권자, 양수인, 일반승계인 등을 말하며 단지 압류하려고 하는 공탁물지급청구권자의 채권자는 여기에 포함되지 않는다.

[❷▸O] 공탁규칙 제59조 제2항

> **공탁규칙 제59조(열람 및 증명청구)**
> ① 공탁당사자 및 이해관계인은 공탁관에게 공탁관계 서류의 열람 및 사실증명을 청구할 수 있다.
> ② 위임에 따른 대리인이 제1항의 청구를 하는 경우에는 대리인의 권한을 증명하는 서면에 인감도장을 찍고 인감증명서를 첨부하여야 한다.

[❸ ▸ ○] 지급이 완료되지 않은 공탁사건에 관하여 공탁의 확인을 목적으로 공탁관계서류를 열람시킨 경우는 채무의 승인으로 보아 시효중단사유가 되므로 전산시스템에 열람신청 내역을 공탁기록표지 비고란에 해당 공탁사건에 대하여 열람이 있었다는 취지를 기재하여야 한다[행정예규 제948호 3. 가. (5), 다. 참조].

[❹ ▸ ×] 전자공탁시스템을 이용한 전자기록의 열람은 공탁관이 열람을 승인한 날부터 <u>1주</u> 이내에 할 수 있다(행정예규 제1354호 제16조 제3항).

[❺ ▸ ○] 행정예규 제1354호 제2조 제3호·제4호, 제16조 제1항

행정예규 제1354호[전자공탁시스템에 의한 공탁사무처리지침]

제2조(적용 범위)
규칙 제69조에 따라 공탁관이 전자공탁시스템을 이용하여 접수 및 처리하는 업무는 다음 각 호와 같다.
  3. 제1호 및 제2호에 따라 전자문서로 제출된 공탁관계서류에 대한 열람 청구
  4. 전자공탁시스템으로 처리한 공탁사무에 대한 사실증명 청구

제16조(전자문서의 열람 및 증명청구 등)
① 공탁당사자 및 이해관계인(전산시스템에 성명, 주민등록번호 등 인적사항이 입력되어 있는 경우에 한한다)이 전자공탁시스템을 이용하여 제2조 제3호·제4호의 열람 또는 사실증명을 청구하는 경우에는 제10조를 준용한다.

답 ❹

| 제2절 | 공탁관계서류의 사실증명 |

14 처분에 대한 불복

제1절 | 공탁관의 불수리처분

처분에 대한 이의신청(공탁법 제12조)
① 공탁관의 처분에 불복하는 자는 관할 지방법원에 이의신청을 할 수 있다.
② 제1항에 따른 이의신청은 공탁소에 이의신청서를 제출함으로써 하여야 한다.

공탁관의 조치(공탁법 제13조)
① 공탁관은 제12조에 따른 이의신청이 이유있다고 인정하면 신청의 취지에 따르는 처분을 하고 그 내용을 이의신청인에게 알려야 한다.
② 공탁관은 이의신청이 이유없다고 인정하면 이의신청서를 받은 날부터 5일 이내에 이의신청서에 의견을 첨부하여 관할 지방법원에 송부하여야 한다.

이의신청에 대한 결정과 항고(공탁법 제14조)
① 관할 지방법원은 이의신청에 대하여 이유를 붙인 결정(決定)으로써 하며 공탁관과 이의신청인에게 결정문을 송부하여야 한다. 이 경우 이의가 이유 있다고 인정하면 공탁관에게 상당한 처분을 할 것을 명하여야 한다.
② 이의신청인은 제1항의 결정에 대하여 「비송사건절차법」에 따라 항고(抗告)할 수 있다.

불수리 결정(공탁규칙 제48조)
① 공탁관이 공탁신청이나 공탁물 출급 회수청구를 불수리할 경우에는 이유를 적은 결정으로 하여야 한다.
② 제1항의 불수리 결정에 관하여 필요한 사항은 대법원 예규로 정한다.

I 불수리처분의 대상

공탁관이 불수리할 수 있는 대상이 되는 것은 구체적인 명문의 규정은 없으나, 공탁신청이나 출급·회수 청구 이외에도 대공탁·부속공탁신청, 공탁서 정정신청, 열람 및 사실증명청구 등 부수처분도 불수리의 대상이 된다고 해석된다.

불수리 결정

공탁관의 불수리 결정에 관하여는 행정예규 제1013호[공탁신청 및 출급 회수에 대한 불수리결정 업무처리지침] 참조

제2절 ┃ 공탁관의 불수리처분에 대한 불복

Ⅰ 불복방법

공탁관의 처분에 대하여 불복이 있는 때에는 관할 지방법원에 이의신청을 할 수 있다(공탁법 제12조). 이러한 절차를 거침이 없이 곧바로 국가를 상대로 민사소송으로 공탁금 지급청구를 함은 허용되지 않는다.

> **채권자(피공탁자)를 불확지로 한 공탁에 있어 국가를 상대로 직접 민사소송으로 공탁금지급청구를 함의 허부(소극)**
> 채권자(피공탁자)를 불확지로 한 공탁의 경우 공탁금을 지급받기 위하여는 먼저 공탁법과 공탁규칙이 정하고 있는 절차에 따라 공탁관에게 공탁물출급청구를 하고 그에 대한 공탁관의 불수리처분 등에 관하여 불복이 있는 때에는 공탁법 소정의 이의신청절차를 통하여 다투어야 하며 이러한 절차를 거침이 없이 국가를 상대로 직접 민사소송으로서 공탁금지급청구를 함은 허용되지 아니한다(대판 1992.7.28. 92다13011).

Ⅱ 불복대상

1. 불복대상

공탁관의 처분에는 수리, 인가, 불수리 등이 있는데, 이의신청의 대상이 되는 공탁관의 처분이라 함은 공탁이나 공탁물 지급청구권에 대한 공탁관의 불수리처분만을 의미하고 공탁관의 수리, 인가처분은 포함되지 않는다고 한다(서울지법 1999.6.14. 99파168).

> **공탁관의 처분에 대한 이의신청 대상에 "수리, 불수리" 처분이 포함되는지 여부**
> 1. 공탁관의 처분에 대하여 불복할 수 있는 자는 공탁당사자(공탁자, 피공탁자) 및 권리승계인이다.
> 2. 공탁관의 처분에는 "수리, 인가, 불수리" 등이 있으며, 이의신청의 대상이 되는 공탁관의 처분이란 공탁신청이나 공탁물 지급청구권에 대한 공탁관의 "불수리" 처분만을 의미하고, 공탁관의 "수리, 인가" 처분은 그 대상에 포함되지 않는다(공탁선례 제201112-1호).

2. 불복할 수 있는 자

공탁관의 처분에 대하여 불복할 수 있는 자는 공탁당사자(공탁자, 피공탁자) 및 권리승계인이다.

III   이의신청서

1. 제 출

① 공탁관의 처분에 대하여 불복이 있는 자는 관할 지방법원112)에 이의신청을 할 수 있다(공탁법 제12조 제1항). 구체적으로는 공탁소에 이의신청서를 제출하는 방법으로 이의신청을 한다(공탁법 제12조 제2항).

② 이의사건에 대한 재판은 단독판사 관할이다.

2. 이의신청 기간

이의신청 기간에 관하여는 따로 정한 바 없으므로 실익이 있는 한 언제든지 이를 할 수 있다.

IV   이의신청의 이익

공탁금회수청구권에 대한 압류·전부채권자가 공탁관에게 전부금액에 해당하는 공탁금회수청구를 하였으나 공탁관이 선행하는 가압류가 존재한다는 이유로 이를 불수리하고 압류의 경합을 이유로 사유신고를 한 경우, 특단의 사정이 없는 한 집행법원은 배당절차를 개시하게 되고, 그 이후에는 공탁관으로서는 집행법원의 배당절차에 따라 공탁금을 각 채권자들에게 분할 지급할 수 있을 뿐 당해 공탁사건에 관하여 더 이상 어떠한 처분을 할 지위에 있지 않게 되는 것이므로, 이 경우 공탁관의 처분에 대한 이의신청은 그 이익이 없어 부적법하게 된다(대결 2001.6.5. 2000마2605).

> **공탁관의 처분에 대한 이의에 있어서 신청의 이익**
>
> 공탁사무의 처리와 관련한 공탁관의 처분에 대한 이의에 있어서는 즉시 항고와 같은 <u>신청기간의 제한은 없으나</u>, 이의의 이익이 있고 또한 존속하고 있는 동안에 신청하여야 하므로, 공탁관의 처분에 대한 이의에 의하여 그 처분의 취소 등 상당한 처분을 명하여 줄 것을 구하는 경우, <u>공탁관이 당해 공탁사무와 관련하여 더 이상 어떠한 처분을 할 수 없게 된 경우에는</u> 이미 그 이의의 이익이 없어 이의의 신청을 할 수 없다(대결 2001.6.5. 2000마2605).

---

112) 관할 지방법원이라 함은 지방법원 본원 및 본원 소속 시·군법원 공탁관의 처분에 대하여는 지방법원 본원을 말하고, 지방법원 지원 및 지원 소속 시·군법원 공탁관의 처분에 대하여는 지방법원 지원을 말한다.

Ⅴ 공탁관의 조치

1. 이유 있는 경우

공탁관은 공탁법 제12조에 따른 이의신청이 이유 있다고 인정하면 신청의 취지에 따르는 처분을 하고 그 내용을 이의신청인[113]에게 알려야 한다(공탁법 제13조 제1항).

2. 이유 없는 경우

공탁관은 이의신청이 이유 없다고 인정하면 이의신청서를 받은 날부터 5일 이내에 이의신청서에 의견을 첨부하여 이를 관할지방법원에 송부하여야 한다(공탁법 제13조 제2항).

Ⅵ 이의신청에 대한 재판

1. 심 판

① 공탁관의 의견서가 첨부된 이의신청서가 관할법원에 송부되면 법원은 서면에 의하여 심리하고 필요한 경우에는 이의신청인이나 이해관계인을 심문할 수 있다.
② 관할 지방법원은 이의신청에 대하여 이유를 붙인 결정으로써 하며 공탁관과 이의신청인에게 결정문을 송부하여야 한다. 이 경우 이의가 이유 있다고 인정하면 공탁관에게 상당한 처분을 할 것을 명하여야 한다(공탁법 제14조 제1항).

2. 불수리처분의 부당판단 기준시점

① 공탁관의 불수리처분이 부당한 것인가의 여부는 공탁관의 형식적 심사권을 전제로 하여 불수리처분을 한 시점을 기준으로 판단하여야 한다.
② 따라서 공탁관이 처분을 할 때에 제출된 신청서류 등의 증거방법을 가지고 공탁관이 가지는 심사권한의 범위 안에서 처분이 제대로 이루어진 것인지를 판단하여야 하며 사후의 자료나 주장은 고려할 사항이 아니다.

> **회수청구권이 압류 및 전부된 경우 회수청구에 대한 불수리처분(적법)**
> <u>전부명령이 그 방식에 있어 적법한 이상 그 내용이 위법, 무효라 하더라도 그것이 발부되어 채무자와 제3채무자에게 송달되면 강제집행 종료의 효력을 가진다.</u> 형식적 심사권밖에 없는 공탁관으로서는 그 <u>전부명령의 유·무효를 심사할 수 없으므로, 공탁물회수청구권이 이미 압류 및 전부되었다는 이유로 공탁금회수청구를 불수리한 공탁관의 처분은 정당하고,</u> 공탁물 회수청구채권에 대한 실질적 권리관계의 확정은 관계당사자 간의 문제로서 별도로 해결되어야 할 것이다(대결 1983.3.25. 82마733).

---

113) 종전에는 이의신청이 이유 있다고 인정하는 경우에 처분을 변경하고 그 내용을 법원에도 통지하도록 규정되어 있었으나(구 공탁법 제10조 제1항), 이의사건 기록이 관할법원에 송부되지 않았으므로 사실상 법원에 하는 통지가 무의미하여 개정 공탁법에서는 법원에 통지하도록 한 규정을 삭제하였다.

Ⅶ 항고 및 재항고

1. 항고 및 재항고 규정

① 이의신청인은 관할 지방법원 결정에 대하여 「비송사건절차법」에 따라 항고할 수 있다(공탁법 제14조 제2항).

② 민사소송법에 의한 항고에 관한 규정은 특별한 규정이 있는 것을 제외하고는 비송사건절차법에 의한 항고에 이를 준용하므로(비송사건절차법 제23조), 항고의 제기는 항고장을 원심법원에 제출함으로써 하고(민사소송법 제445조), 원심법원이 항고에 정당한 이유가 있다고 인정하는 때에는 그 재판을 경정하여야 한다(민사소송법 제446조).

③ 항고법원의 재판은 이유를 붙여야 한다(비송사건절차법 제22조).

④ 항고법원의 결정에 대하여는 재판에 영향을 미친 헌법, 법률, 명령 또는 규칙의 위반을 이유로 드는 때에만 대법원에 재항고할 수 있다(민사소송법 제442조).

| 제1절 | 공탁관의 불수리처분 |

| 제2절 | 공탁관의 불수리처분에 대한 불복 |

01
□□□

공탁관의 처분에 대한 불복 등에 관한 다음 설명 중 가장 옳지 않은 것은?　　　2023년

① 집행법원이 공탁관에게 지급위탁서를 송부하고 채권자에게 자격증명서를 교부하는 사무는 공탁관의 공탁사무가 아니므로 그 사무에 관한 집행법원의 처분에 대하여 불복하려면 공탁관의 처분에 대한 이의신청을 할 것이 아니라 집행에 관한 이의신청을 하여야 한다.

② 공탁신청이 불수리된 후 신청인이 이의신청을 하지 않은 때에는 불수리결정연도 다음 해부터, 관할 지방법원이 이의신청을 기각하거나 각하한 때에는 기각 또는 각하결정이 있는 다음 해부터 5년간 공탁기록을 보존한다.

③ 공탁금 회수청구권에 대한 압류·전부채권자가 전부금액에 해당하는 공탁금 회수청구를 하였으나 공탁관이 선행하는 가압류가 존재한다는 이유로 이를 불수리하고 압류의 경합을 이유로 사유신고하여 배당절차가 개시된 경우, 공탁관은 여전히 해당 공탁사건에 관하여 일정한 처분을 할 지위에 있으므로, 위 공탁관의 불수리처분에 대한 이의신청은 그 이익이 있어 적법하다.

④ 공탁관의 처분에 대하여 불복이 있는 자는 관할 지방법원 공탁소에 이의신청서를 제출하는 방법으로 이의신청을 하여야 한다.

⑤ 법원은 공탁관의 처분에 대한 이의신청을 심리할 경우 공탁관의 형식적 심사권을 전제로 처분 당시 제출된 신청서류 등에 의하여 그 처분의 당부를 판단하여야 한다.

....

[❶ ▶ ○] 집행법원이 공탁공무원에게 지급위탁서를 송부하고 채무자에게 자격증명서를 교부하는 사무는 공탁공무원의 공탁사무가 아니라 집행법원이 공탁된 배당 잔여액의 출급을 위하여 집행절차에 부수하여 행하는 사무로 보아야 하므로 그 사무에 관한 집행법원의 처분에 대하여 불복하려면 공탁법 제10조가 정한 공탁공무원의 처분에 대한 이의신청을 할 것이 아니라 민사소송법 제504조가 정한 집행에 관한 이의신청을 하여야 한다(대결 1999.6.18. 99마1348).

[**❷** ▸ ○] 행정예규 제1013호 제7조 제1항, 제2항

행정예규 제1013호[공탁신청 및 출급 · 회수에 대한 불수리결정 업무처리지침]
제7조(공탁기록의 보존기간)
① 공탁신청이 불수리된 후 신청인 등이 이의신청을 하지 않은 때에는 해당 공탁기록은 불수리결정연도의
   다음 해부터 5년간 보존한다.
② 관할지방법원이 이의신청을 기각하거나 각하(이의신청 취하 포함)한 때에는 해당 공탁기록은 기각 또는
   각하결정이 있는 다음 해부터 5년간 보존한다.

[**❸** ▸ ×] 공탁금회수청구권에 대한 압류 · 전부채권자가 공탁공무원에게 전부금액에 해당하는 공탁
금회수청구를 하였으나 공탁공무원이 선행하는 가압류가 존재한다는 이유로 이를 불수리하고 압류의
경합을 이유로 사유신고를 한 경우, 특단의 사정이 없는 한 집행법원은 배당절차를 개시하게 되고,
그 이후에는 공탁공무원으로서는 집행법원의 배당절차에 따라 공탁금을 각 채권자들에게 분할 지급할
수 있을 뿐 당해 공탁사건에 관하여 더 이상 어떠한 처분을 할 지위에 있지 않게 되는 것이므로 이
경우 공탁공무원의 처분에 대한 이의신청은 그 이익이 없어 부적법하게 된다(대결 2001.6.5. 2000마2605).

[**❹** ▸ ○] 공탁법 제12조 제2항

공탁법 제12조(처분에 대한 이의신청)
① 공탁관의 처분에 불복하는 자는 관할 지방법원에 이의신청을 할 수 있다.
② 제1항에 따른 이의신청은 공탁소에 이의신청서를 제출함으로써 하여야 한다.

[**❺** ▸ ○] 공탁관의 불수리처분이 부당한 것인가의 여부는 공탁관의 형식적 심사권을 전제로 하여
불수리처분을 한 시점을 기준으로 판단하여야 한다. 따라서 공탁관이 처분을 할 때에 제출된 신청서류
등의 증거방법을 가지고 공탁관이 가지는 심사권한의 범위 안에서 처분이 제대로 이루어진 것인지를
판단하여야 하며 사후의 자료나 주장은 고려할 사항이 아니다.

답 ❸

전자공탁시스템에 의한 공탁

행정예규 제1354호[전자공탁시스템에 의한 공탁사무처리지침]

제1장 총 칙
제1조(목 적)
이 예규는 전자공탁시스템을 이용한 공탁·출급·회수 등의 업무처리에 필요한 사항과 이에 관하여 「공탁규칙」(이하 "규칙"이라 한다)에서 위임한 사항 및 법원행정처장이 지정하도록 한 사항을 규정함을 목적으로 한다.

제2조(적용 범위)
규칙 제69조에 따라 공탁관이 전자공탁시스템을 이용하여 접수 및 처리하는 업무는 다음 각 호와 같다.
1. 금전공탁신청사건
2. 5천만원 이하의 공탁금에 대한 출급·회수청구
3. 제1호 및 제2호에 따라 전자문서로 제출된 공탁관계서류에 대한 열람 청구
4. 전자공탁시스템으로 처리한 공탁사무에 대한 사실증명 청구
5. 전자신청에 대하여 한 공탁관의 처분에 대한 「공탁법」(이하 "법"이라 한다) 제12조에 따른 이의신청

제3조(공탁관의 고지방법 등)
전자공탁시스템을 이용한 신청에 대한 처분결과의 고지 및 규칙 제72조 제2항에 따른 통지는 제5조 제7항에 따라 신청인이 지정한 방식으로 할 수 있다.

제4조(공탁서 등의 위·변조 방지를 위한 조치)
① 전자공탁시스템을 이용한 전자양식의 목록을 별표 제1호와 같이 하고, 그 양식은 별지 제1-1호부터 제10호까지와 같이 한다.
② 전자공탁시스템을 이용하여 발급하는 공탁서, 공탁금 출급·회수청구서, 사실증명서 등(이하 "공탁서 등"이라 한다)에는 그 진위 여부를 전자공탁시스템 또는 전자공탁홈페이지에서 확인할 수 있도록 발급확인번호 16자리를 부여하여야 한다.
③ 공탁서 등에는 공탁정보를 암호화하여 저장한 2차원 바코드가 인쇄되도록 하여 이를 스캐너 등으로 복원할 수 있도록 하여야 하고, 공탁서 등을 복사기 등을 이용하여 복사하는 경우에 사본임을 인식할 수 있도록 매장마다 복사방지장치를 하여야 한다.

제2장 사용자등록
제5조(사용자등록)
① 전자공탁시스템을 이용하려는 자가 규칙 제70조 제1항에 따라 사용자등록을 신청할 때 입력하여야 하는 정보와 전자서명을 위한 인증서는 별표 제2호와 같다.
② 규칙 제70조 제3항에 따라 공탁소에 출석하여야 하는 법인회원은 국가 또는 지방자치단체를 제외한 법인 중 「공탁규칙」에 따른 인증서를 사용하여 사용자등록을 하는 법인을 말하고, 법인회원이 공탁소에 출석하여 제출하여야 하는 신청서의 서식은 별지 제11호와 같다.

③ 공탁관은 규칙 제70조 제3항에 따른 신청이 정당하다고 인정되는 경우 별지 제12호 서식에 따라 전자공탁시스템에서의 사용자등록을 위한 접근번호를 부여하여야 한다.
④ 변호사회원 또는 법무사회원이 규칙 제70조 제4항에 따라 사용자등록의 신청을 위하여 공탁소에 제출하는 신청서의 서식은 별지 제13호와 같다.
⑤ 공탁관은 제4항의 신청을 받은 경우 별지 제14호 서식에 따라 전자공탁시스템에서의 사용자등록을 위한 접근번호를 부여하여야 한다.
⑥ 사용자등록 신청인이 외국인(법인인 경우 법인의 대표자)일 경우 제출할 전자서명을 위한 인증서에는 가입자(「전자서명법」 제2조 제9호의 가입자를 말한다)의 성명정보가 한글로 표기되고 외국인등록번호나 국내거소신고번호를 담고 있어야 한다.
⑦ 사용자등록을 할 때에는 공탁관으로부터 공탁사건 처리결과 등을 고지받기 위해 필요한 다음 각 호 가운데 어느 하나의 방법을 지정하여야 한다.
   1. 전자우편주소로 받는 방법
   2. 문자메시지로 받는 방법
   3. 전자우편주소와 문자메시지로 받는 방법

제6조(사용자등록의 말소 등)
법원행정처장은 다음 각 호의 어느 하나에 해당하는 사유가 있는 경우에는 규칙 제72조 제1항에 따라 등록사용자의 사용을 정지하거나 사용자등록을 말소할 수 있다.
   1. 사용자등록이 절차 지연 등 본래의 용도와 다른 목적으로 이용되는 경우
   2. 사용자등록을 한 자격자대리인이 자격을 상실하거나 자격이 정지된 경우
   3. 사용자등록을 한 법인의 등기기록이 폐쇄된 경우

제7조(사용자등록신청서의 관리)
① 공탁관은 사용자등록신청서철을 비치하고 사용자등록신청서 등 사용자등록에 관한 서류를 접수순서에 따라 편철하여야 한다.
② 제1항의 사용자등록신청서철은 접수연도별로 구분하여 관리하고 5년간 보존한다.

제3장 전자서명 및 전자문서
제8조(전자서명)
전자공탁시스템을 이용하여 전자문서를 제출하려는 자가 규칙 제73조 제2항에 따라 전자문서에 하여야 하는 전자서명은 다음 각 호와 같다.
   1. 국가, 지방자치단체 : 「전자정부법」에 따른 행정전자서명
   2. 제1호를 제외한 법인회원 : 「공탁규칙」에 따른 전자서명 또는 「상업등기법」에 따른 전자서명
   3. 개인회원, 변호사 회원, 법무사 회원 : 「공탁규칙」에 따른 전자서명

제9조(전자문서)
규칙 제74조 제1항에 따라 전자공탁시스템을 이용하여 제출할 수 있는 전자문서의 파일 형식과 용량은 다음 각 호와 같다.
   1. 문서의 파일 형식 : PDF
      단, 신청인이 작성한 문서가 HWP, DOC, DOCX, XLS, XLSX, TXT 파일인 경우에는 전자공탁시스템에서 PDF 파일로 변환할 수 있다.
   2. 용량
      가. 1파일 당 용량은 10MB를 초과하여서는 아니 되고, 이를 초과할 경우 10MB 이하 크기의 파일로 나누어서 제출하여야 한다.
      나. 전자문서 1건에 첨부하여 제출하는 파일 전체의 용량 합계가 50MB를 초과하여서는 아니 된다.

제4장 공탁절차
제10조(공탁신청)
① 전자공탁시스템을 이용하여 공탁서가 제출된 경우 공탁관은 그 공탁서가 규칙 제73조 제1항에서 정한 방식으로 작성되고 신청인(자격자대리인이 제출하는 경우 대리인)의 전자서명이 이루어진 것인지를 심사하여야 한다.
② 제1항의 심사 결과 공탁신청에 잘못이 있거나 전자문서에 판독이 어려운 부분이 있는 등 보완이 필요한 경우 공탁관은 상당한 기간을 정하여 이를 보정하도록 권고할 수 있다.
③ 제2항의 보정권고에 따른 보정은 인감증명서의 제출과 같이 전자공탁시스템을 이용하는 것이 불가능한 경우 등의 특별한 사정이 없는 한 전자공탁시스템을 이용하도록 하여야 한다.

제11조(공탁금의 납입 및 공탁서 출력)
① 공탁관은 공탁을 수리하는 경우 납입기한을 정하여 공탁자로 하여금 다음 각 호 가운데 어느 하나의 방법으로 공탁금 (공탁통지를 하는 경우 우편료 포함)을 규칙 제78조 제1항에 따라 지정된 가상계좌번호에 납입하도록 하여야 한다.
  1. 전자자금이체(텔레뱅킹, 인터넷뱅킹, 모바일뱅킹 등)로 납입하는 방법
  2. 금융기관에서 직접 납입하는 방법(자동화기기 포함)
② 공탁금을 납입한 신청인이 전자공탁시스템의 장애 등 신청인의 책임 없는 사유로 규칙 제78조 제4항에 따라 공탁서를 정상 출력하지 못하였음을 소명하는 경우, 신청인이 공탁서를 다시 출력할 수 있도록 하여야 한다.

제12조(공탁통지서의 발송)
① 전자공탁시스템에 의하여 공탁이 이루어진 경우 공탁통지서의 발송은 전자공탁시스템으로 제출된 공탁통지서를 출력하여 한다.
② 제1항에 따라 발송한 공탁통지서가 반송된 경우 공탁관은 이를 폐기할 수 있다. 이 경우 공탁자가 피공탁자에게 공탁통지서를 다시 발송하여 줄 것을 신청하면 제1항에 따라 다시 출력하여 발송한다.

제13조(공탁서의 정정)
① 전자공탁시스템을 이용하여 이루어진 공탁사건에 대하여 공탁서 정정신청이 있는 경우 공탁관은 그 정정신청이 전자공탁시스템을 이용하여 규칙 제73조 제1항에서 정한 방식으로 이루어진 것인지와 신청인(자격자대리인이 제출하는 경우 대리인)이 제8조에서 정한 전자서명을 하였는지를 심사하여야 한다.
② 공탁관은 공탁서 정정신청을 수리하는 경우 규칙 제77조 제1항에 따른 조치를 하여야 한다.
③ 공탁서 정정신청을 수리한 공탁관은 신청인이 전자공탁시스템에 접속하여 공탁서 정정신청서를 출력할 수 있도록 하여야 한다. 이 경우 제11조 제2항을 준용한다.
④ 공탁서 중 피공탁자의 주소가 정정된 경우에는 제12조를 준용한다.

제5장 출급 또는 회수절차
제14조(공탁금 출급·회수청구)
① 전자공탁시스템을 이용하여 공탁금 출급 또는 회수청구서가 제출된 경우 공탁관은 그 청구서가 규칙 제73조 제1항에서 정한 방식으로 작성되고 청구인의 전자서명이 이루어진 것인지를 심사하여야 한다.
② 변호사회원 또는 법무사회원이 제1항의 청구서를 제출한 경우 공탁관은 변호사회원 또는 법무사회원의 전자서명과 청구인 본인의 전자서명이 함께 제출되었는지도 심사하여야 한다.
③ 공탁관은 전자공탁시스템을 이용하여 제출된 공탁금 출급 또는 회수청구서에 공탁금 지급방법으로 다음 각 호 가운데 어느 하나가 선택되어 있는지를 확인하여야 한다.
  1. 청구인 본인의 예금계좌로 지급받는 방법
    가. 미리 포괄계좌 입금신청을 하지 아니한 개인회원이 청구인 본인의 예금계좌번호를 입력한 다음 금융기관으로부터 그 계좌가 청구인 본인의 계좌임을 인증받아 지급받는 방법
    나. 미리 포괄계좌 입금신청을 한 개인회원과 법인회원(국가 및 지방자치단체 포함)이 당해 포괄계좌로 지급받는 방법
  2. 공탁금 출급·회수청구서를 출력하여 공탁금 보관은행에 제출하는 방법
④ 공탁금 출급 또는 회수청구서에 대한 공탁관의 심사에 대하여는 제10조를 준용한다.

제15조(공탁금의 지급)

공탁금 출급 또는 회수청구를 인가하는 경우 공탁관은 다음 각 호 가운데 어느 하나의 방법으로 공탁금을 지급하여야 한다.

1. 청구인이 제14조 제3항 제1호의 방법을 선택한 때에는 공탁금을 청구인이 지정한 예금계좌에 입금한다.
2. 청구인이 제14조 제3항 제2호의 방법을 선택한 때에는 청구인이 전자공탁시스템에 접속하여 공탁금 출급·회수 청구서를 출력한 다음 이를 해당 공탁금 보관은행(취급지점)에 제출하여 공탁금을 수령할 수 있도록 하여야 한다. 이 경우 제11조 제2항을 준용한다.

제6장 열람 및 증명청구 등

제16조(전자문서의 열람 및 증명청구 등)

① 공탁당사자 및 이해관계인(전산시스템에 성명, 주민등록번호 등 인적사항이 입력되어 있는 경우에 한한다)이 전자공 탁시스템을 이용하여 제2조 제3호·제4호의 열람 또는 사실증명을 청구하는 경우에는 제10조를 준용한다.
② 제1항의 열람을 승인하거나 사실증명서를 발급하는 경우 공탁관은 그 뜻을 전산시스템에 등록하여야 한다.
③ 전자공탁시스템을 이용한 전자기록의 열람은 공탁관이 열람을 승인한 날부터 1주 이내에 할 수 있다.
④ 전자공탁시스템을 이용하여 사실증명서를 발급하는 경우에는 제11조 제2항을 준용한다.
⑤ 제3항 및 제4항에 따라 공탁관계서류를 열람하게 하거나 사실증명서를 발급하는 경우 공탁관은 개인정보보호를 위하여 공탁자 또는 피공탁자의 주소 등 일부 인적사항을 제외하고 제공할 수 있다.

제17조(이의신청)

① 전자공탁시스템을 이용하여 제2조 제5호의 이의신청을 하는 경우에는 제10조를 준용한다.
② 법 제13조 제2항에 따라 이의신청서를 관할 지방법원에 송부하는 경우 공탁관은 전자문서로 제출된 이의신청서를 출력하여 송부하여야 한다.
③ 전자공탁시스템으로 처리한 공탁사건에 대하여 서면으로 이의신청을 한 경우 공탁관은 이의신청이 제출된 사실을 전산시스템에 등록하여야 한다.

제18조(전자문서가 아닌 형태로 제출된 서류의 관리)

① 전자공탁시스템을 이용하여 공탁이 이루어진 사건에 다음 각 호 중 어느 하나의 사유가 있는 경우, 공탁관은 공탁기록 표지를 출력한 후 제출된 서면을 접수순서에 따라 편철하여 별도의 공탁기록으로 관리·보존하고 전산시스템에 그 뜻을 입력하여야 한다.
  1. 규칙 제44조 제1항에서 정한 서면이 제출된 경우
  2. 공탁금 출급·회수청구서가 서면으로 접수된 경우
  3. 공탁관의 보정권고에 따라 첨부자료 등이 서면으로 접수된 경우
  4. 공탁당사자로부터 열람을 청구하는 서면이 제출된 경우
  5. 서면에 의한 이의신청에 대하여 공탁관이 법 제13조 제1항에 따른 처분을 한 경우
  6. 법 제14조 제1항에 따라 관할 지방법원으로부터 이의신청에 대한 결정문을 송부받은 경우
  7. 그 밖에 별도의 공탁기록으로 관리할 상당한 사유가 있는 서면이 있는 경우
② 전자공탁시스템을 이용하여 공탁이 이루어진 사건에 공탁당사자가 아닌 자(소멸시효 진행과 관련이 없는 자)의 열람 또는 사실증명 청구서, 공탁기록에 대한 문서송부촉탁서, 사실조회서 등 제1항 각 호에 규정되지 아니한 서면이 접수된 경우, 공탁관은 전산시스템에 그 뜻을 입력하고 접수된 서면을 기타 문서철에 편철하여 보관할 수 있다.

전자공탁시스템에 의한 공탁

01
☐☐☐

전자공탁시스템을 이용한 공탁절차에 관한 다음 설명 중 옳은 것을 모두 고른 것은?

2023년

ㄱ. 공탁규칙 제70조 제1항 제1호 '개인회원'은 공탁소를 방문하지 않고도 공탁규칙 제70조 '사용자등록'을 할 수 있다.
ㄴ. 민법 제487조 변제공탁(공탁액 6천만원)사건의 피공탁자인 丙은 전자공탁시스템을 이용하여 공탁금 출급청구를 할 수 있다.
ㄷ. 甲은 전자공탁시스템을 이용하여 乙에 대한 채무 1억원을 민법 제487조 변제공탁을 할 수 있다.
ㄹ. 전자공탁시스템에 사용자등록을 한 법무사회원이 전자공탁시스템을 이용하여 공탁금 출급청구서를 제출하는 경우 법무사회원이 전자서명을 하였다면 청구인 본인의 전자서명은 요하지 않는다.
ㅁ. 전자공탁시스템을 이용하여 공탁금 출급청구를 하는 경우에 청구인은 공탁금 출급청구서를 출력하여 공탁금 보관은행에 제출하는 방법으로 공탁금을 수령할 수도 있다.

① ㄱ, ㄴ, ㄷ
② ㄴ, ㄷ, ㄹ
③ ㄷ, ㄹ, ㅁ
④ ㄴ, ㄹ, ㅁ
⑤ ㄱ, ㄷ, ㅁ

[ㄱ ▶ ○] 개인회원이나 법인 전자증명서를 이용하는 법인회원, 국가 또는 지방자치단체의 경우에는 공탁소를 방문하지 않고도 사용자등록을 할 수 있다.

> **공탁규칙 제70조(사용자등록)**
> ① 전자공탁시스템을 이용하려는 자는 전자공탁시스템에 접속하여 다음 각 호의 회원 유형별로 전자공탁홈페이지에서 요구하는 정보를 해당란에 입력한 후 인증서를 사용하여 사용자등록을 신청하여야 한다. 이 경우 등록한 사용자 정보는 인증서의 내용과 일치하여야 한다.
> 1. 개인회원
> 2. 법인회원
> 3. 변호사회원
> 4. 법무사회원
> ③ 대법원예규로 정하는 법인회원은 공탁소에 출석하여 대법원예규로 정하는 사항을 적은 신청서를 제출하여야 하며, 그 신청서에는 상업등기법 제16조에 따라 신고한 인감을 날인하고 그 인감증명과 자격을 증명하는 서면을 첨부하여야 한다.
> ④ 사용자등록을 신청하는 변호사회원 또는 법무사회원은 공탁소에 출석하여 그 자격을 증명하는 서면을 제출하여야 한다.

[ㄴ▸×] [ㄷ▸○] 금전공탁사건에 관한 신청 또는 청구는 이 규칙에서 정하는 바에 따라 전자공탁시스템을 이용하여 전자문서로 할 수 있다. 다만, 5천만원을 초과하는 공탁금에 대한 출급 또는 회수청구의 경우에는 그러하지 아니하다(공탁규칙 제69조). 즉, 5천만원을 초과하는 공탁금에 대한 출급 또는 회수청구는 전자공탁시스템으로 청구하지 못하지만, 금전공탁사건을 전자공탁 시에는 금액제한이 없다.

[ㄹ▸×] 변호사회원 또는 법무사회원이 전자문서에 의하여 공탁금의 출급 또는 회수를 청구하는 경우에는 청구인의 전자서명도 함께 제출하여야 한다(공탁규칙 제79조 제2항).

[ㅁ▸○] 행정예규 제1354호 제15조 제2호

답 ❺

02
□□□

전자공탁에 관한 다음 설명 중 가장 옳지 않은 것은?   2021년

① 변호사 또는 법무사회원이 전자문서에 의하여 지급청구를 하는 경우에는 변호사회원 또는 법무사회원의 전자서명과 청구인 본인의 전자서명을 함께 제출하여야 한다.
② 법인 전자증명서를 이용하는 법인회원은 공탁소를 방문하지 않고도 사용자등록을 할 수 있다.
③ 1억원의 금전담보공탁은 전자공탁으로 할 수 없다.
④ 공동의 이해관계를 가진 여러 당사자나 대리인이 공동으로 출급을 신청하는 경우에는 해당 전자문서에 공동명의자 전원이 전자서명을 하여 제출하는 방법에 따라 공동명의로 된 하나의 전자문서를 제출할 수 있다.
⑤ 공탁관은 공탁을 수리하는 경우 납입기한을 정하여 공탁자로 하여금 가상계좌로 공탁금(공탁통지를 하는 경우 우편료 포함)을 납입하게 하여야 한다.

[**❶ ▸ ○**] 변호사회원 또는 법무사회원이 전자문서에 의하여 공탁금의 출급 또는 회수를 청구하는 경우에는 청구인의 전자서명도 함께 제출하여야 한다(공탁규칙 제79조 제2항).

[**❷ ▸ ○**] 법인 "전자증명서"를 사용하여 전자공탁시스템에 사용자등록을 하는 경우, 공탁소를 방문하지 않고 온라인으로 등록이 가능하다(행정예규 제1354호). 즉 법인이 전자공탁시스템을 이용하기 위하여 사용자등록을 신청할 때 전자서명법에 따른 "공인인증서(법인용)"외에 상업등기법에 따른 법인 "전자증명서"를 추가하였고(위 예규 제5조 제1항, 별표), 전자서명법에 따른 "공인인증서(법인용)"를 사용하는 경우에 공탁소에 방문하여 사용자등록을 위한 접근번호를 부여 받아야 하지만, 법인 "전자증명서"를 사용하는 경우에는 공탁소를 방문하지 않고 온라인으로 사용자등록이 가능하다(위 예규 제5조 제2항).

[**❸ ▸ ✕**] 금전공탁사건에 관한 신청 또는 청구는 이 규칙에서 정하는 바에 따라 <u>전자공탁시스템을 이용하여 전자문서로 할 수 있다</u>. 다만, 5천만원을 초과하는 공탁금에 대한 출급 또는 회수청구의 경우에는 그러하지 아니하다(공탁규칙 제69조). 즉, 금전공탁신청 시 금액제한은 없으나, 출급 또는 회수청구 시에는 금액제한이 있음에 유의하여야 한다.

[**❹ ▸ ○**] 공탁규칙 제73조 제3항

공탁규칙 제73조(전자문서의 작성·제출)
③ 공동의 이해관계를 가진 여러 당사자나 대리인이 공동으로 공탁·출급·회수 등을 신청하는 경우에는 다음 각 호 가운데 어느 하나의 방법에 따라 공동명의로 된 하나의 전자문서를 제출할 수 있다.
1. 해당 전자문서에 공동명의자 전원이 전자서명을 하여 제출하는 방법
2. 해당 전자문서를 제출하는 등록사용자가 다른 공동명의자 전원의 서명 또는 날인이 이루어진 확인서를 전자문서로 변환하여 함께 제출하는 방법(공탁금을 출급 또는 회수하는 경우에는 제외한다)

[**❺ ▸ ○**] 행정예규 제1354호 제11조 제1항

행정예규 제1354호[전자공탁시스템에 의한 공탁사무처리지침]
제11조(공탁금의 납입 및 공탁서 출력)
① 공탁관은 공탁을 수리하는 경우 납입기한을 정하여 공탁자로 하여금 다음 각 호 가운데 어느 하나의 방법으로 공탁금(공탁통지를 하는 경우 우편료 포함)을 규칙 제78조 제1항에 따라 지정된 가상계좌번호에 납입하도록 하여야 한다.
1. 전자자금이체(텔레뱅킹, 인터넷뱅킹, 모바일뱅킹 등)로 납입하는 방법
2. 금융기관에서 직접 납입하는 방법(자동화기기 포함)

답 ❸

실패의 99%는
변명하는 습관이 있는 사람들에게서 온다.

– 조지 워싱턴 –

SD에듀 법무사 1차 부동산등기법 · 공탁법 [최신판]

초 판 발 행	2024년 01월 30일(인쇄 2024년 01월 03일)
발 행 인	박영일
책 임 편 집	이해욱
편 저	시대법학연구소
편 집 진 행	김성열 · 정호정 · 김민지
표지디자인	조혜령
편집디자인	표미영 · 곽은슬
발 행 처	(주)시대고시기획
출 판 등 록	제10-1521호
주 소	서울시 마포구 큰우물로 75 [도화동 538 성지 B/D] 9F
전 화	1600-3600
팩 스	02-701-8823
홈 페 이 지	www.sdedu.co.kr
I S B N	979-11-383-5186-7(13360)
정 가	55,000원

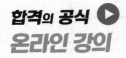
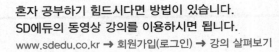